Mosquito Verlag

# Das Ich-Phantom

... und der Weg zum wahren Selbst

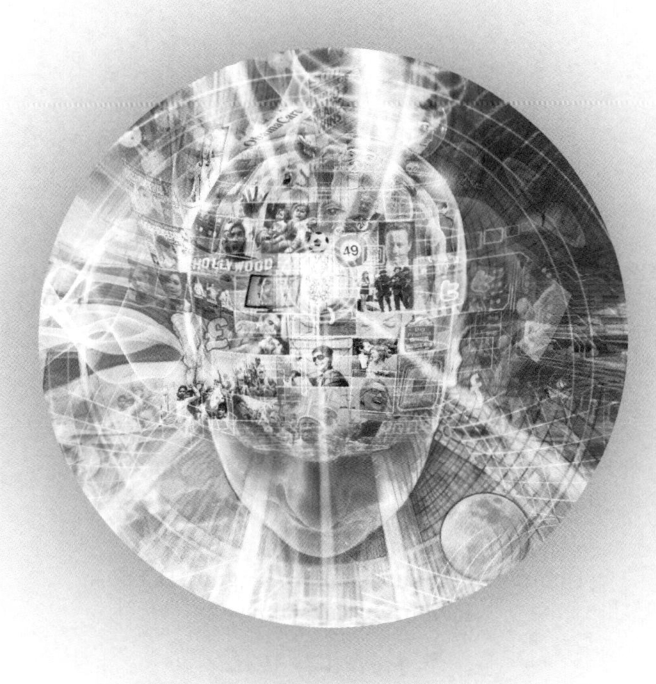

David Icke

David Icke
**DAS ICH-PHANTOM**

Titel der Originalausgabe: „Phantom Self“

2. Auflage, 2018

Übersetzung: Ch. Köppl, D. Wagner, D. Loose
Layout: Inna Kralovyetts

www.mosquito-verlag.de



ISBN 978-3-943238-54-9

## Widmung

Dem gesunden Menschenverstand

Die Originale der in diesem Buch veröffentlichten
Illustrationen stammen von

**Neil Hague.**

Neil ist ein britischer Künstler, Illustrator und Visionär, der sein Schaffen den „Wahrheitsschwingungen" widmet.

Seit über 15 Jahren erscheinen Arbeiten von Neil auf den Einbänden von Büchern aus aller Welt. In Großbritannien wurden seine äußerst individuellen, fantasie- und ideenreichen Bilder bereits in zahlreichen Ausstellungen gezeigt.

Die Hörer seiner Vorlesungen bezeichnen Neils Werke oft als neoschamanisch, heilend und aus dem Herzen kommend.

Bisher verfasste Neil drei Bücher, zuletzt seinen ersten illustrierten Grafikroman
*Kokoro – The New Jerusalem & the Rise of the True Human Being.*

Weitere Informationen über Neils Bücher, Vorträge, Drucke, Workshops und die Originale der in diesem Buch veröffentlichten Bilder finden Sie unter

**www.neilhague.com.**

„Icke ist verrückt – er ist nicht normal".

Sei die Anomalie. Die Abweichung. Die Störung. Das Unbequeme. Das Andere. Der Strang Junk-DNS. Der eigensinnige Apfel, der irgendwohin fällt, nie aber auch nur in die Nähe eines Stammes oder überhaupt irgendwelcher Bäume. Sei der Narr. Der Holzkopf. Der Depp der Runde. Lass sie ihre Konsensköpfe über dich schütteln. Lass sie beschämt sein wegen dir. In Verlegenheit geraten. Aus der Haut fahren. Sie werden dich beschimpfen – und du musst sie lassen. Lass sie höhnen. Lass sie mit dem Finger auf dich zeigen. Lass sie lachen. Bleib standhaft gegen ihren Spott. Bleib ihre Witzfigur. Bleib in ihren Augen der größte Versager. Ein Tiger zerbricht sich nicht den Kopf über die Ansichten der Schafe. Geh weiter. Sei die Scharte in ihrem Weltbild. In ihrer Normalität. Sie werden dich verabscheuen. Sie werden dich fürchten.

Sie werden sich wünschen, wie du zu sein.

*Ich hole mir mein Leben aus dieser verrückt gewordenen Welt zurück.*
*Ich breche mit dem Plan, den die Welt für mich vorgesehen hat, um dafür meine Träume auszuleben.*
*Ich kapsele mich von der abgestumpften Konformität ab. Von jetzt an werde ich dieses Leben auf meine Art führen.*

**S. C. Lourie**

*Lass dich nie zum Schweigen bringen. Lass dich nie zum Opfer machen. Lass dir von niemandem sagen, wie du dein Leben zu leben hast, sondern bestimme selbst darüber.*

**Harvey Fierstein**

*Wer wie jemand anders sein will, vergeudet das, was er ist.*

**Kurt Cobain**

*Konzentriere dich nie zu sehr auf das, was du suchst, denn du könntest dabei die Sache übersehen, die du findest.*

**Ann Patchett**

*Das Geheimnis des Lebens … besteht darin, sieben Mal zu fallen und acht Mal aufzustehen.*

**Paulo Coelho**

*Die Zahl derer, die von der eigenen Urteilsbildung erschöpft sind, ist wahrlich gering.*

**Richard Brinsley Sheridan**

*Die Menschen sind doch sonderbare Wesen. Sie gebrauchen nie die Freiheit, die sie haben, sondern fordern die, die sie nicht haben: Denkfreiheit haben sie, Redefreiheit fordern sie.*

**Søren Kierkegaard**

*Denk, bevor du sprichst. Lies, bevor du denkst.*

**Fran Lebowitz**

**Phan|tom** (engl. Definition)

Subst.

1. etwas angeblich Gesehenes, Gehörtes oder Wahrgenommenes, das keine physische Realität hat; ein Geist bzw. eine Erscheinung
2. ein nur im Geist auftauchendes Bild; eine Illusion

Adj.

1. fiktiv bzw. nicht existent, meist mit Täuschungsabsicht
2. für echt gehalten, obwohl nur eingebildet

# Inhaltsverzeichnis

Geschichten aus dem Kaninchenbau ........ 15

Kapitel 1: Letzte Frage ........ 21
- Der Lauf des „Lebens" ........ 29
- „Guten Morgen, liebe Kinder, herzlich willkommen im Gefängnis" ........ 33
- Ihr wahres Wesen wird verheimlicht ........ 36
- Konformitätsdownload ........ 39
- Systemmenschen ........ 44
- Vom Schulprogramm zum Arbeitsprogramm ........ 46
- Schwindelsüchtig ........ 48

Kapitel 2: Erste Frage ........ 54
- Das Universum ist ein „Computer" ........ 57
- Rendezvous mit der Unendlichkeit ........ 61
- Wir leben in einer Simulation ........ 66
- In der Rolle verloren ........ 74
- Die Illusion der fünf Sinne ........ 77
- Ja, es fühlt sich fest an ... aber ... ........ 80
- Zeitsteuerung ........ 86
- Mach mal ein bisschen ... Raum ........ 91

Kapitel 3: „Paranormal" ist normal ........ 95
- Der Ruf der Unendlichkeit ........ 96
- Hier spukt es ........ 100
- Eine (buchstäblich) spannungsgeladene Atmosphäre ........ 103
- Elektrischer Sonnenschein ........ 108
- Zahlenspiele ........ 110
- Rätsel? Welche Rätsel? ........ 113
- Auf den Punkt gebracht ........ 118
- Sie sind ein Stern – oder besser: Sie sind der ganze Himmel ........ 120
- Kartenspielchen ........ 123
- Sie können meine Gedanken lesen? ........ 125
- Erdgitternetz ........ 127
- Ähem ... wir sind nicht allein ........ 130
- Verzeihen Sie meine Offenheit ........ 131

Kapitel 4: Das Geheimnis – Pssssst! ........ 133
- Geheimwissen ........ 135
- Meine Damen und Herren – die Archonten ........ 138
- Eine Ebene tiefer: Es ist ein „Virus" ........ 141
- Besessenheit ist real ........ 146
- „Er sagt, die Welt wird von zwei Meter großen Echsen beherrscht" ........ 149
- Menschheit mit Schwarmintelligenz ........ 155
- Archontisch-reptiloide „Elite" ........ 160

Hybride Bluttrinker ... 164
Hybride Hierarchie ... 169
„Königliche“ Anzugträger ... 170

Kapitel 5: Archontische Matrix ... 179

Eine Frage der Fraktale ... 183
Eingeloggte Menschen ... 185
Die andere „Erde“ ... 186
Naturprogramme ... 190
~~Leben~~ Tod ... 193
Der Herr der Ringe ... 195
Das Saturnmuster ... 198
Die Ringe der Wirklichkeit ... 202
Unser Verstand kommt vom Mond ... 210
Der Himmel in der Matrix ... 216
Der magische Saturnkreis ... 220
Die saturnische linke Gehirnhälfte ... 222
Alles hängt miteinander zusammen ... 225

Kapitel 6: Saturnismus ... 228

Alles schon dagewesen ... 229
Saturnverehrung ... 235
Die Geheimnisse des Saturn ... 241
Opfer für die Götter ... 246
Satanistische Königshäuser ... 250
Archontische Pädophilie ... 253
Pädophile in der *El*-ite ... 256
Pädophile Königshäuser ... 259
Schwarzäugige Archonten ... 264
Die Geschichte einer Therapeutin ... 269
Satanisten kommunizieren über Symbole ... 271
Das Siegel des Saturn ... 277

Kapitel 7: Tropfen im Ozean ... 281

Und so funktioniert es ... 282
Politische Korrektheit? Rutsch mir den Buckel runter ... 286
Geld für Wahnvorstellungen ... 291
Je berühmter, desto besser ... 296
Kenne deinen Platz ... 298
Programmierte Programmierer ... 300
Wer verliert zuerst? ... 304
Angstprogrammierung der Massen ... 307
Alles ist schon seit Langem geplant ... 313
Steter Tropfen höhlt den Stein … ... 317
„Spirituelle“ und „radikale“ Phantome ... 321
„Alternative“ Phantome ... 325
Superphantome ... 327

Kapitel 8: Wir sind frei, Schatz ... 332

Das archontische Spinnennetz ... 335
Unwissenheit als System ... 339

Wahrnehmungskontrolle durch die Medien ... 340
Alles nur Falschgeld ... 342
Geld aus dem Nichts ... 345
Für Krieg gibt's immer genug Geld ... 349
Wem gehört Ihr Körper? ... 355
Medizinische Wahlfreiheit adieu ... 360
Wenn Impfungen obligatorisch werden ... 363
Das Ende *jeder* freien Wahl ... 367

Kapitel 9: Mach alles neu ... 370

Was auf uns zukommen wird – wenn wir es zulassen ... 373
Die Hierarchie der Hungerspiele-Gesellschaft ... 377
Kämpfen für die Diktatur ... 380
Polizeistaatliche Diktatur ... 387
Kein Ort mehr, um sich zu verstecken ... 394
Arrangierter Terror ... 400
Das Schachbrett ... 402
Ein dritter Weltkrieg? ... 411
„Einheimischer Terrorismus“ ... 413

Kapitel 10: Mach alles neu (2) ... 419

Computer liefern die Beweise ... 422
Manipulierte Zahlen ... 425
Die Agenda 2030 ... 432
Die Bevölkerung wird ausgedünnt ... 436
Die Entvölkerung ländlicher Gebiete ... 438
Sie manipulieren das Wetter – wann immer sie wollen ... 441
Die Schwächung des Feindes ... 447
Frankenstein-Nahrung ... 451
GVO sind sicher – und der Mond besteht aus Käse ... 453
Die Invertierung der schlechten Kopie ... 456
Die Wahrnehmung wird in die Falle gelockt ... 458
... und sie nehmen kein Blatt vor den Mund ... 463
Bis hierhin und nicht weiter ... 475

Kapitel 11: Transphantomismus ... 478

Die technologische Subrealität ... 481
„Smart“ steht für „dämlich“ ... 483
Verrückt nach (bzw. durch) Smartphones ... 489
Videodownload ... 494
Das intelligente Stromnetz ... 495
Intelligente Städte ... 499
Google und das Internet der Zukunft ... 501
Ins Innere des Körpers ... 503
Der Mensch als Computerterminal ... 505
Künstliche Intelligenz – der *Virus* ... 509
Neuverdrahtung von oben ... 512
Der „neue“ Mensch wird eingeatmet ... 516
Ein Kollektivbewusstsein für alle ... 520
Bewusstseinskontrolle für die breite Masse ... 523
Transformation der Atmosphäre ... 526

Von Robotern beherrscht ... 532
Armee der Roboter ... 534
Der Staat als Drogendealer ... 537

Kapitel 12: Das vergessene Selbst ... 540
Neue Identität ... 544
Mehr als ein „Ich“ ... 549
Ein Albtraum als Geschenk ... 551
Gedankenkontrolle ... 555
Von Herzen ... 558
Herzmenschen ... 563
Checkliste ... 565
Zeit der Stille ... 569
„Was sollen wir tun?“ ... 574

Kapitel 13: Jenseits des Phantoms ... 578

Nachtrag ... 587
Immer dieselbe Leier ... 591
Der Weg in den dritten Weltkrieg ... 594
Das Mekka der Klima-Gläubigen ... 596

Bibliografie ... 599

Index ... 601

# Geschichten aus dem Kaninchenbau

*Erst ignorieren sie dich, dann lachen sie dich aus, dann bekämpfen sie dich – am Ende gewinnst du.*
**Mahatma Gandhi zugeschrieben**

Mein Leben und meine Bücher sind untrennbar miteinander verbunden, daher möchte ich neuen Lesern einen kurzen, aber notwendigen Einblick in meinen Lebensweg geben, damit sie das Gesagte besser einordnen können. Meine Geschichte ist wirklich erstaunlich, und sie entwickelt sich noch immer jeden Tag weiter.

Ich wurde am 29. April 1952 im englischen Leicester geboren und habe von Kindesbeinen an gespürt, dass ich hier „etwas zu erledigen" habe. Allerdings wusste ich nicht, was dieses „Etwas" sein soll, weshalb ich zunächst meinte, ich müsse Fußballprofi werden. Das war mein Kindheitstraum, und dank zahlreicher „Zufälle" und „glücklicher Fügungen" ging ich diesen Weg, bis meine Karriere im Alter von 21 Jahren von einer rheumatischen Arthritis beendet wurde. Solche „glücklichen Zufälle" hat es in meinem Leben und bei

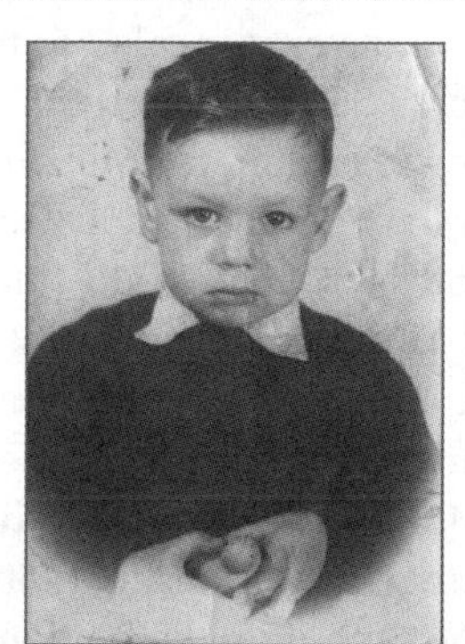

**Abb. 1:** *Meine Reise zur Vernunft.*

meiner Tätigkeit immer wieder gegeben, daher bin ich überzeugt, dass mich eine unsichtbare Macht durch das ganze Labyrinth geführt hat. Als Nächstes wurde ich Zeitungs-, Radio- und Fernsehreporter sowie Sprecher der Grünen Partei Großbritanniens, bevor ich dann Anfang der 1990er zu einer der größten Witzfiguren der britischen Geschichte wurde (Abb. 1). Heute allerdings, wo sich viele meiner „verrückten Theorien" und Enthüllungen als wahr herausgestellt haben, hat sich einiges geändert. Mehr Menschen als je zuvor betrachten die Welt und das Weltgeschehen mit neuen Augen. Natürlich ist es noch immer und lange nicht die Mehrheit, doch verglichen mit der Situation vor einem Vierteljahrhundert grenzt die Entwicklung an ein Wunder. Menschen, die mich damals verspottet haben, lesen jetzt meine Bücher, und ich hoffe, dass ich durch mein Leben andere dazu anregen konnte, ungeachtet der Folgen – wie unangenehm diese auch sein mögen – das zu sagen, was sie für die Wahrheit halten. Ob das, was man sagt, Hand und Fuß hat, wird sich erst später herausstellen – doch bevor es überprüft werden kann, muss man es erst einmal aussprechen. Der Mut, öffentlich seine Meinung zu äußern, ist ein entscheidender Faktor, um das globale Netz der Täuschung aufzudecken, das die Menschheit zu Sklaven einer gezielt herbeigeführten Unwissenheit macht.

Wie gesagt, war ich Sportreporter bei der *BBC* und setzte mich für die Sache der britischen Grünen ein, als mein Leben im Jahr 1989 eine abrupte und außergewöhnliche Wendung nahm. Schon das ganze Jahr über hatte ich eine Präsenz um mich herum wahrgenommen, die ich am deutlichsten spürte, wenn ich allein war. Das Gefühl wurde zunehmend stärker, bis es im Frühjahr 1990 so intensiv wurde, dass es mir vorkam, als könne ich das, was dort war, beinahe mit den Händen greifen. Eines Nachts – ich arbeitete noch für die *BBC* – saß ich in einem Londoner Hotelzimmer und spürte die Präsenz so deutlich, dass ich sagte: „Falls da irgendjemand ist: Würdest du bitte Kontakt zu mir aufnehmen? Du machst mich völlig wahnsinnig!" Ein paar Tage später schlenderte ich in einen örtlichen Zeitungsladen, doch als ich gehen wollte, blieb ich mit einem Mal wie angewurzelt auf der Schwelle stehen, als würde ich magnetisch an ihr festkleben. Heute weiß ich, dass ich damals in einem elektromagnetischen Feld stand. Wie aus dem Nichts schoss mir ein klarer Gedanke durch den Kopf: „Geh und schau dir die Bücher am anderen Ende an." Es war nicht das, was man eine Stimme nennen würde, kam dem aber ziemlich nahe. Im selben Augenblick konnte ich meine Beine wieder bewegen und spazierte verdutzt auf ein kleines Regal zu, in dem hauptsächlich Liebesromane standen. Dabei fiel mir ein Buch ins Auge, das aus der Masse herausstach: „Mind to Mind", geschrieben von der professionellen Hellseherin Betty Shine (Abb. 2).

**Abb. 2:** *Das Buch, das mir an dem Tag in die Hände fiel, der mein Leben verändert hat.*

Innerhalb eines Tages hatte ich das Buch verschlungen und fragte mich, ob die Dame mir wohl erklären könne, was es mit meiner „Präsenz" auf sich hatte. Gut eine Woche später stand ich in ihrem Empfangszimmer. Alles, was ich ihr sagte, war, dass ich Arthritis hätte und die von ihr praktizierte Heilmethode des Handauflegens (bei der es zu einem Energieaustausch kommt) womöglich helfen könne. Ich wollte sehen, ob sie etwas merken würde, ohne dass ich sie mit der Nase darauf stieß. Während der ersten zwei Besuche passierte nichts Ungewöhnliches, erst beim dritten. Ich lag auf Bettys Behandlungsliege und sie war gerade mit meinem linken Knie beschäftigt, als ich eine Art Spinnennetz in meinem Gesicht spürte. Das erinnerte mich an die Passage in ihrem Buch, in der sie erwähnt hatte, dass so etwas auftreten kann, wenn Wesen aus anderen Dimensionen der Wirklichkeit mit einem zu sprechen versuchen. Ich werde später erläutern, wie das alles funktioniert. Das „Spinnennetz" war nichts anderes als elektromagnetische Energie; dasselbe Prinzip kommt zum Tragen, wenn einem in einer tosenden Menschenmenge oder einem Geisterhaus die Haare zu Berge stehen. All das sind nur unterschiedliche elektromagnetische Zustände. Ich erzählte Betty nichts von dem, was ich spürte – das war allerdings auch nicht nötig. Knapp 10 bis 15 Sekunden später warf sie ihren Kopf in den Nacken und sagte: „Wow! Das ist heftig. Für diese Sache werde ich wohl meine Augen zumachen müssen." Sie sagte, dass sie im Geist ein Wesen wahrnehme, das mir über Betty „seine" Worte kundtun wolle. Zuallererst wurde mir gesagt, „sie" wüssten, dass ich mit ihnen in Kontakt habe treten wollen, dass es jedoch bis jetzt nicht dazu habe kommen können, weil die Zeit noch nicht reif gewesen sei. Betty hatte keine Ahnung, was ich in dem Londoner Hotelzimmer gesagt hatte. Hier sind einige der Informationen, die mir an jenem Tag durch Betty zugetragen wurden:

- Er ist ein Heiler, der hier ist, um die Welt zu heilen, und er wird weltberühmt werden.
- Spirituell gesehen ist er noch ein Kind, doch er wird zu spirituellem Reichtum gelangen.
- Manchmal wird er Dinge sagen, ohne zu wissen, woher die Worte kamen. Es werden unsere Worte sein.
- Manchmal wird ihm Wissen eingegeben werden, und manchmal wird er zu Wissen hingeführt werden.
- Schon als Jugendlicher wurde er wegen seines Mutes ausgewählt. Er ist geprüft worden und hat alle Prüfungen bestanden.
- Er wurde zum Fußballspielen geführt, um Disziplin zu lernen. Doch als er genug gelernt hatte, wurde es für ihn Zeit, weiterzugehen. Auch musste er lernen, mit Enttäuschungen umzugehen; er musste all die damit verbundenen Gefühle durchleben und lernen, wieder aufzustehen und weiterzumachen. Der spirituelle Weg ist steinig und für niemanden leicht.
- Er wird immer haben, was er braucht [das hätte gerne auch „will" heißen können], aber nicht mehr.

- Er wird auf enormen Widerstand stoßen, doch wir werden immer da sein, um ihn zu beschützen.

Eine Woche später sah ich Betty zum vierten und letzten Mal. Bei diesem Treffen übermittelte sie mir weitere Botschaften:

- Ein Mensch allein kann die Welt nicht verändern, doch er kann die Botschaft überbringen, die die Welt verändern wird.
- Versuche nicht, alles alleine zu machen. Arbeite Hand in Hand mit anderen, sodass ihr euch gegenseitig aufhelfen könnt, wenn einer strauchelt.
- Er wird innerhalb von drei Jahren fünf Bücher schreiben.
- Politik ist nichts für ihn. Er ist zu spirituell. Politik ist unspirituell und würde ihn sehr unglücklich machen.
- Er wird aus der Politik aussteigen. Dafür muss er gar nichts tun. Es wird allmählich, im Laufe eines Jahres geschehen.
- Es wird eine andere Art von Flugmaschine geben, die sich stark von den heutigen Flugzeugen unterscheidet.
- Zeit wird keine Bedeutung mehr haben. Wo man sein will, wird man sein.

Ein anderes Medium, dem ich kurz nach meinem Treffen mit Betty Shine begegnete, sagte mir ganz ähnliche Dinge, unter anderem Folgendes:

> Es ist nicht nötig, mühsam zu suchen. Der Pfad ist bereits vorgegeben. Du brauchst nur den Hinweisen zu folgen. [...] Wir führen dich einen bereits festgelegten Weg entlang. Alles wurde bereits arrangiert, bevor du inkarniert bist.

Von da an wurde mein Leben zu einer einzigen Aneinanderreihung von unglaublichen Zufällen bzw. Synchronizitäten, über die ich an bestimmtes Wissen herangeführt wurde – durch Menschen, Bücher, Dokumente oder persönliche Erfahrungen. Ich brauchte tatsächlich nie mühsam zu suchen, denn die Informationen fanden mich. Während der ganzen Zeit musste ich auch ständig an die beiden Zeilen zurückdenken „Manchmal wird er Dinge sagen, ohne zu wissen, woher die Worte kamen – es werden unsere Worte sein" und „Manchmal wird ihm Wissen eingegeben werden und manchmal wird er zu Wissen hingeführt werden". Genau das passierte nämlich. Mein erstes Buch über diese Themen – „Truth Vibrations" – verfasste ich 1990, und ich sollte tatsächlich fünf Bücher in drei Jahren schreiben, denen viele weitere folgten. Anfang 1991 reiste ich nach Peru, einzig weil ich mir intuitiv absolut sicher war, dass ich dort hinmusste. Es wurde eine außergewöhnliche Reise, gespickt mit umwerfenden Synchronizitäten und Erlebnissen. Der „Zufall" führte mich schließlich nach Sillustani, einer peruanischen Grabstätte in der Nähe der Stadt Puno in den Anden, die etwa 3.800 Meter über dem Meeresspiegel am Ufer des Titicacasees liegt. Mein peruanischer Führer hatte mir in der Nacht zuvor ein Hotel gebucht, das ebenfalls „Sillustani" hieß, und als ich die Bilder der Stätte an der Wand betrachtete, wusste ich, was mein Ziel war. Ich begab mich zusammen mit meinem Führer und einem Fahrer in einem kleinen Taxibus dorthin (Abb. 3). Sillustani war wunderschön, doch nachdem ich mich dort umgesehen hatte, war ich enttäuscht, weil das Gefühl, das mich dort hingezogen hatte, um so vieles stärker gewesen war als das, was ich letztlich dort erlebt hatte. Ich kehrte zum Bus zurück, und wir machten uns wieder in Richtung Puno auf. Wir waren gerade ein paar Minuten die Straße hinabgefahren und ich träumte vor mich hin, während ich auf einen Hügel am Straßenrand starrte, als mir plötzlich wiederholt die Worte „Komm zu mir, komm zu mir, komm zu mir" in den Kopf schossen. Ich bat den Fahrer anzuhalten, stieg auf den Hügel, um zu sehen, was passieren würde – und fand mich plötzlich in einer ähnlichen Situation wie im Zeitschriftenladen wieder, nur dass die Energie viel gewaltiger war. Meine Füße wurden so stark magnetisiert, dass die Sohlen fast zu brennen anfingen. Von oben drang Energie in meinen Schädel ein und wanderte durch mich in die Erde, während ein anderer Strom in die Gegenrichtung unterwegs war. Dann streckten sich meine Arme in einem Winkel von 45 Grad von mir, ohne dass ich das bewusst gewollt hätte (Abb. 4).

**Abb. 3:** *Wundervolles Sillustani.*

**Abb. 4:** *2012 kehrte ich nach Sillustani zurück und stellte das nach, was vor 25 Jahren geschehen war.*

In meinem Kopf hörte ich eine „Stimme" bzw. eine Gedankenform, die sagte: „Es wird vorbei sein, wenn du den Regen spürst." Der Himmel über mir war wolkenlos und blau, sodass das ziemlich abwegig klang. Die mich durchströmende Energie wurde so intensiv, dass mein ganzer Körper zu zittern begann; ständig wechselte ich zwischen einem Zustand, in dem ich alles bewusst wahrnahm und einem, in dem ich irgendwo ganz weit „da draußen" war, hin und her. In einem der klaren Momente bemerkte ich über ein paar Bergen am Horizont einen hellgrauen Nebel, der sich zunehmend verfinsterte und schließlich als Unwetter entpuppte, das in meine Richtung unterwegs war. Als es mich in erstaunlich kurzer Zeit erreicht hatte, stand ich vor einer strömenden Regenwand. Die Energie hatte mir derart zugesetzt, dass ich kaum noch stehen konnte – doch in dem Augenblick, als mich die ersten Regentropfen berührten und ich im Nullkommanichts komplett durchnässt war, versiegte der Energiestrom. Die ganze Zeit hatten meine Arme in

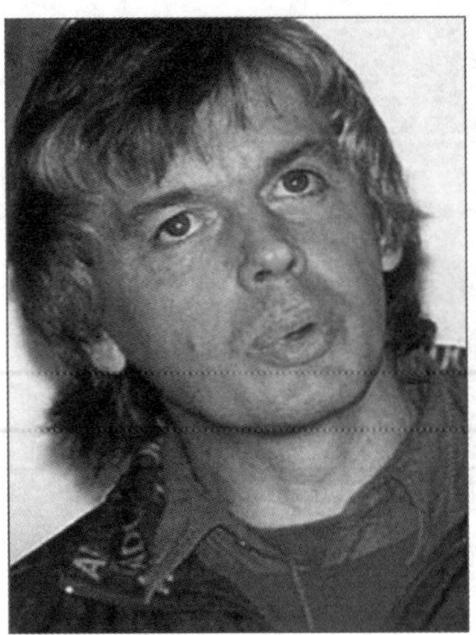
**Abb. 5:** *1990 war ich völlig von der Rolle – doch es war unglaublich wichtig für das, was kommen sollte.*

einem Winkel von 45 Grad in die Höhe geragt und ich hatte nichts gemerkt, nun fielen mir fast die Schultern ab und meine Beine hätten Bambi alle Ehre gemacht.

Ich hatte keine Ahnung, was geschehen war, doch waren die Auswirkungen nicht zu übersehen. Mich durchströmte eine derartige Masse an Informationen, Konzepten und Einsichten, dass mein Gehirn wie ein überlasteter Computer förmlich einfror. Ein Muster bzw. ein Gedanke, der dabei immer wiederkehrte, lautete: „Du bist ein Sohn Gottes." Drei Monate lang wusste ich kaum, wo ich war, und in diesem Zustand trat ich zur Primetime im Fernsehen auf, um zu erklären, was da gerade mit mir ablief. Dass ich es nicht wusste, machte es nicht leichter – und die Erwähnung des „Sohn Gottes" trug mir jahrzehntelangen Spott ein, der seinesgleichen sucht. Diejenigen, die weder hören noch lesen, was genau ich zu sagen habe, lachen wahrscheinlich heute noch (Abb. 5).

Meine inzwischen 26-jährige Reise verlief zumeist recht einsam, allerdings habe ich auch Millionen Menschen erwachen und erkennen sehen, dass die Welt weder so ist, wie sie gedacht hatten, noch so, wie es ihnen von staatlichen Behörden und Institutionen erzählt worden ist. Mittlerweile habe ich eine ganze Reihe Bücher geschrieben und spreche regelmäßig bei Vorträgen in der ganzen Welt vor Tausenden über die Informationen, an die ich über die Synchronizitäten in meinem Leben gelangt bin. Dabei decke ich ein weites Spektrum an Themen ab, die miteinander in Beziehung stehen. Zwar sind auch einzelne Punkte interessant, doch die Einsicht, die folgt, wenn man diese *verbindet*, ist erschütternd. In den ersten Jahren nach meinen Erlebnissen mit Betty Shine und in Peru führten mich die Synchronizitäten zunächst an Wissen über die Welt der fünf Sinne heran. Ich deckte das Netzwerk an Geheimgesellschaften und Gruppen auf, die das Schicksal der menschlichen Gemeinschaft manipulieren und diktieren, indem sie sich der Politiker und anderer Marionetten bedienen, die nur scheinbar an der Macht sind. Darauf folgten die Bloßstellung der nichtmenschlichen „Verdeckten Hand" hinter diesem Netz sowie Enthüllungen über die illusorische Natur der „physischen", „materiellen" Wirklichkeit. Bringt man all das zusammen, wie ich es in diesem Buch tue, sieht die Welt, die die Menschen zu kennen meinen, völlig anders aus.

„Das Ich-Phantom" richtet sich an Leser meiner früheren Werke und spinnt deren Faden weiter, ist aber auch für jene geschrieben, die zum ersten Mal auf das stoßen, was ich zu sagen habe. Meines Erachtens kommt das Buch genau zum richtigen Zeitpunkt, denn das aktuelle Weltgeschehen und ihre eigenen Lebenserfahrungen veranlassen viele Menschen dazu, sich zu fragen: „Was zum Teufel geht hier eigentlich vor sich?" und: „Worum geht es im Leben eigentlich?"

**Mögen die Enthüllungen beginnen.**

KAPITEL 1

# Letzte Frage

***Wenn du nicht die Richtung wechselst, könntest du dort landen, wo du hinsteuerst.***
**Laotse zugeschrieben**

Es mag seltsam anmuten, mit dem „Letzten" zu beginnen, doch wird – wie immer in der menschlichen Gesellschaft – umgekehrt ein Schuh draus. Ist Ihnen das schon aufgefallen? Immer wieder stellt sich heraus, dass die Wahrheit das Gegenteil dessen ist, was uns glauben gemacht wurde. Wenn man die Welt eingehender betrachtet, wird das so offenkundig, dass man, will man das Geheimnis des Lebens ergründen, am besten damit beginnt, alles, was einem je beigebracht wurde, einfach umzukehren.

Natürlich gibt es immer wieder Beispiele, für die das nicht zutrifft – doch in den allermeisten Fällen funktioniert es. Inzwischen habe ich zweieinhalb Jahrzehnte damit zugebracht, die Lügen und Täuschungen aufzudecken, die „das System" uns als „Wahrheit" verkauft, und einer der Grundsätze meiner Arbeit bestand darin, die wahrgenommene und akzeptierte „Wirklichkeit" in fast allen Lebensbereichen auf den Kopf zu stellen. Das „System" ist ein Konstrukt zur Täuschung und Kontrolle und wurde von einer verborgenen Macht geschaffen, auf die ich später im Detail zu sprechen komme. Bis dahin werde ich von der verborgenen Macht bzw. Verdeckten Hand sprechen, die hinter dem steht, was oberflächlich betrachtet zufällige und zusammenhangslose Ereignisse sind (Abb. 6).

**Abb. 6:** „Alles nur Zufall? – Hahahahahaha ..." – *Die Welt wird von denen kontrolliert, die man nie zu Gesicht bekommt.*

Es ist bekannt, dass wir die Welt eigentlich auf dem Kopf stehend sehen und das Gehirn sie für uns aufrichtet. Ich drehe sie – zumindest bildlich gesprochen – wieder richtig herum. Wenn man wieder Herr seiner eigenen Wahrnehmung wird, passiert das automatisch: Man erkennt, dass alles, was einen glauben gemacht wurde, eine Inversion bzw. Umkehrung dessen ist, was wirklich stimmt. In diesem Buch erläutere ich, wie es dazu gekommen ist und wie die Menschheit dadurch kollektiv kontrolliert werden kann.

Das Abenteuer, das für mich noch immer weitergeht, begann – jedenfalls, soweit mir das bewusst ist – im Jahr 1990, als ich herauszufinden versuchte, warum nachweisliche Fakten über die Natur der Realität vom „Bildungswesen", den Medien und einem Großteil der Gesellschaft nahezu völlig ignoriert wurden. Die Menschen wurden mit „wissenschaftlichen" Tatsachen bombardiert, die beweisen sollten, dass diese Welt alles sei, was es gibt. Als vermeintlichen Gegenpol gab es die Religionen, in denen man sich für irgendeinen Gott zu entscheiden hatte. Was aber war mit der Flut an Belegen, die eine Erklärung für die Wirklichkeit lieferten, die beiden Ansätzen die Grundlage entzog? Es reichte nicht, dass sie weder in der Schule angesprochen noch von den Medien näher beleuchtet wurden – sie wurden sogar noch reflexartig abgelehnt und lächerlich gemacht. Die fantastischsten Konzepte und deren mögliche Auswirkungen auf die Menschheit wurden auf Unterhaltungen über „kleine grüne Männchen" und Sätze wie „Hey, Peter glaubt an Geister – was für ein Idiot" reduziert. Das alles ergab für mich keinen Sinn, und ich wollte herausfinden, was da los war – denn irgendwas war eindeutig los. Es war der Startschuss zu einer unglaublichen Reise, auf der ich Entdeckungen machte, die für mich wie auch für die ganze Gesellschaft von Bedeutung sind. Denn wenn eines klar wurde, dann das: Die Menschheit lebt eine so faustdicke, absolute und allumfassende Lüge, dass die Lüge für die universelle Wahrheit gehalten wird – denn „das weiß doch jeder" (Abb. 7).

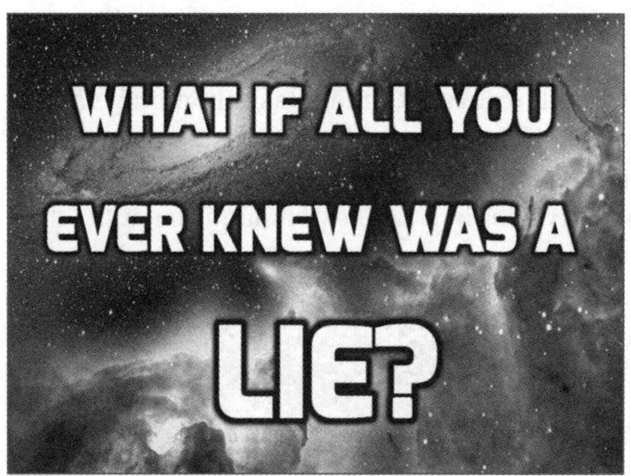


**Abb. 7:** „Was, wenn alles, was du zu wissen glaubst, eine Lüge ist?" – *„Jeder weiß doch" – nichts.*

Diese Lüge durchdringt sämtliche Lebensbereiche und ist so allgegenwärtig, dass sie uns schlichtweg systematisch beigebracht und aufgezwungen wird. Allerdings sind wir nicht zufällig über diese Lüge gestolpert; sie beruht auf einem ausgeklügelten Plan. Die Menschen haben keine Ahnung von der Realität, die sie gerade erleben, weil eine verborgene Macht am Werk ist, die nicht *will*, dass sie das erfahren. Als ich entdeckte, dass diese Macht das „Bildungswesen", die Medien, die „Wissenschaft" und die Religionen kontrolliert, hatte ich meine Ausgangsfrage, warum die Fakten über die Natur der Wirklichkeit unterdrückt wurden, im Grunde bereits beantwortet. Jedoch stand dahinter weit mehr, denn als sich nach zahlreichen Enthüllungen und Einsichten die einzelnen Punkte zusammenzusetzen begannen, ergab sich ein merkwürdiges Bild. Ich stellte nämlich fest, dass die gesamte menschliche Gesellschaft ein einziger Schwindel ist, eine simulierte „Computer"-Realität, die die Menschen für „real" halten – und dass diese Welt ein planetares Alcatraz ist, weil sie genau das sein soll. Sie leben in keinem Gefängnis? Warum tun dann die meisten Menschen etwas, das sie gar nicht tun wollen? Warum tun sie nicht einfach, worauf sie Lust haben? Warum wird das allmorgendliche Klingeln des Weckers seufzend und nicht fröhlich zur Kenntnis genommen? Warum gaben 35 Prozent der Briten in einer

Umfrage an, dass sie ihren Job für sinnlos halten? Der amerikanische Komiker George Carlin sagte:

> Wie, Sie hassen Ihren Job? Warum haben Sie das nicht gleich gesagt? Dafür haben wir doch eine Selbsthilfegruppe. Sie nennt sich „Jedermann" und trifft sich in der Kneipe.

Warum schleppen sich Menschen mit Gedanken ans Wochenende durch die Woche, während Kinder kaum das Schulklingeln erwarten können, das ihnen verkündet, dass die Wächter sie bis zum nächsten Tag freilassen? Und selbst diese zumindest vorübergehende Freiheit ist reichlich fadenscheinig. Im Internet fand ich dazu einen passenden Satz: „Geh zur Arbeit, heirate, zeuge Kinder, verhalte dich normal, geh auf dem Bürgersteig, schau fern, halte dich ans Gesetz, spare fürs Alter, und dann sprich mir nach: Ich bin *freeeeiiiiii*!" (Abb. 8)

**Abb. 8:** „Ich bin nicht im Gefängnis – ich kann jederzeit gehen, wenn es mir erlaubt wird" – *Menschen sind Gefangene, die meinen, frei zu sein.*

Wie kann ein Mensch – völlig gleich, was er tut – wahrhaft frei sein, wenn er nicht weiß, wer er ist, wo er sich befindet und wo er „herkommt"? Ein Faktor, der entscheidend daran beteiligt ist, dass die Menschheit weiterhin umfassend kontrolliert werden kann, ist der Glaube an ein falsches Selbst – das *Ich-Phantom* (Abb. 9). Das, was Sie für sich selbst halten, sind ganz und gar nicht *Sie*. Sie wurden nur manipuliert und programmiert *zu glauben*, es handele sich um Ihr „Ich" – was ganz im Interesse eines globalen Gefängnisstaates liegt. Erst wenn Sie sich aus Ihrem Phantom herauszuschälen beginnen, werden Sie erkennen, dass die Erde ein Gefängnis ist. Das Ich-Phantom ist ein Konstrukt, ein Fantasiegebilde der manipulierten Wahrnehmung.

**Abb. 9:** „Das Ich-Phantom" – *Ich bin eine Maske, also bin ich.*

Die ganze menschliche Unterdrückung basiert darauf, dass „Sie" sich für Ihr Phantom halten. Daraus ergibt sich alles andere. Wenn man sich die Definitionen des englischen Wortes „phantom" ansieht, ist eigentlich alles über das Ich-Phantom gesagt: „etwas angeblich Gesehenes, Gehörtes oder Wahrgenommenes, das keine physische Realität hat"; „ein nur im Geist auftauchendes Bild; eine Illusion", „fiktiv bzw. nicht existent, meist mit Täuschungsabsicht"; „für echt gehalten, obwohl nur eingebildet". Das Ich-Phantom ist

**Abb. 10:** „Unendliches Gewahrsein – Körper/Intellekt" – *Die gleiche „Welt", aber eine völlig andere Wahrnehmung – je nachdem, ob man mit dem Unendlichen Selbst in Verbindung bleibt oder als Ich-Phantom abgespalten wird.*

ein Identitätsdownload: Es hat denselben Namen wie Sie, kommt aus demselben Land, entstammt demselben Volk, derselben Kultur, hat dasselbe religiöse bzw. wissenschaftliche Glaubenssystem, dieselbe Familien- und Lebensgeschichte sowie dieselben „Bildungs"- bzw. Medieninhalte verinnerlicht. Diese Informations- und Wahrnehmungsquellen legen das Bild fest, das jeder von sich selbst hat. Dadurch bleibt unsere Aufmerksamkeit hauptsächlich auf die Welt der fünf Sinne gerichtet und wir werden von den Einsichten, dem Wissen und dem erweiterten Gewahrsein des Unendlichen Selbst getrennt, das sich außerhalb des Körpers befindet und all das sehen, wahrnehmen und verstehen kann, was dem Ich-Phantom verwehrt ist. Das Unendliche Selbst teilt sich uns über Intuition und direktes Wissen mit – ein Gewahrseinszustand jenseits der Gedanken und der eingeschränkten Wahrnehmung der fünf Sinne. Wenn wir den Kontakt zum Unendlichen Selbst verlieren, verkapseln wir uns im Ich-Phantom, sodass uns nur noch das System bleibt, um an Informationen und Erkenntnisse über das Leben und die Welt an sich zu gelangen: „Bildungswesen", Medien, Wissenschaft und andere Vertreter der zutiefst kontrollierten Fünf-Sinnes-Wirklichkeit (Abb. 9). Eigentlich sollen wir mit dem Unendlichen Selbst in Verbindung bleiben und – vor allem im Hinblick auf unsere Vorstellung von der Wirklichkeit – *in* dieser Welt existieren, nicht völlig *von* ihr sein (Abb. 10). Der Großteil der Menschen aber wird so manipuliert, dass er sich in einer isolierten Gewahrseins- und Identitätsblase aufhält – dem Ich-Phantom (Abb. 11). Ist man erst einmal darin gefangen, lebt man eine Scheinidentität innerhalb des Wahrnehmungsgefängnisses und verfängt sich in dessen lebenslangen Beschränkungen aus „Ich kann das nicht" oder „Ich bin viel zu klein".

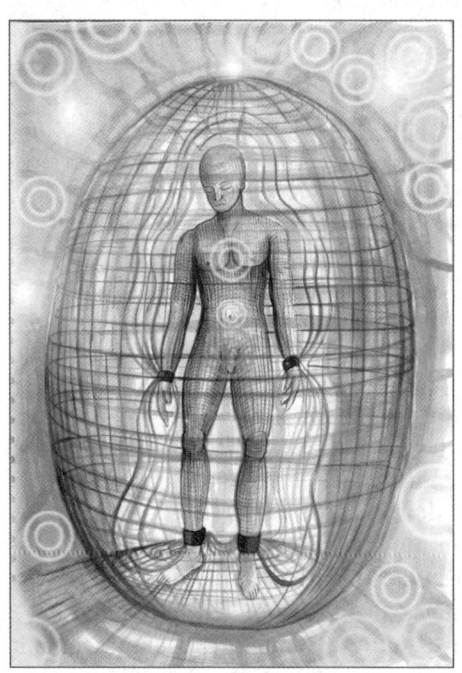

**Abb. 11:** *Verschlossener Verstand, verschlossene Welt.*

Bleiben wir mit unserem Unendlichen Selbst verbunden, sehen wir die Welt, wie sie wirklich ist (Abb. 12) – andernfalls eben nur das, was uns über sie *glauben gemacht* wird. Die Ebene, in der sich das Unendliche Selbst befindet, wird von Nahtoderfahrenen und anderen, die für einen Augenblick von der Kurzsichtigkeit des Phantoms – des Körpers/Intellekts – befreit wurden, immer wieder einhellig beschrieben. Ein Nahtoderfahrener schilderte den außerkörperlichen Zustand wie folgt:

> [...] alles von Anbeginn an, meine Geburt, meine Vorfahren, meine Kinder, meine Frau, alles kommt gleichzeitig zusammen. Ich sah alles, was mit mir und all denen zu tun hatte, die um mich herum waren. Ich sah all das, was sie im Augenblick dachten, was sie früher gedacht hatten, was früher geschehen war, was gerade geschah. Es gab keine Zeit, keine Abfolge von Ereignissen, keinerlei Beschränkungen durch Entfernungen, Zeit oder Ort. Ich konnte gleichzeitig überall dort sein, wo ich sein wollte.

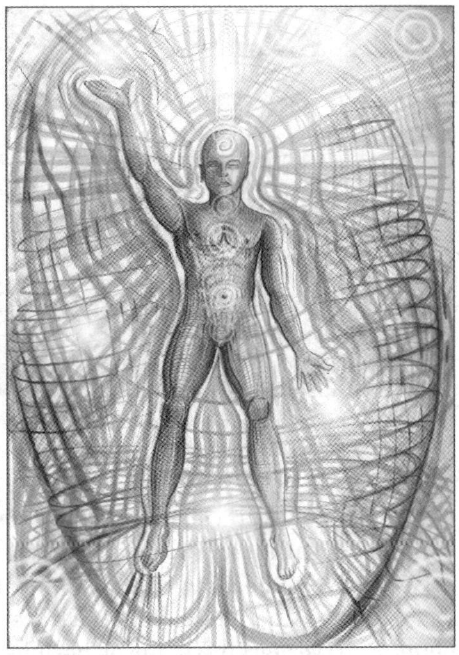

**Abb. 12:** *In der Welt, aber nicht von ihr.*

Das beschreibt in etwa die Perspektive des Unendlichen Selbst – nur wurde dessen Stimme in den meisten Menschen von einer Macht zum Schweigen gebracht, die die Kontrolle der Massen anstrebt. Ich werde später näher darauf eingehen. Sobald die Aufmerksamkeit nur noch im Ich-Phantom gefangen ist und eine andere Perspektive fehlt, werden wir zu Spielbällen der Tyrannei dieser versteckten Macht, die die menschliche Gesellschaft, in der wir heute leben, geschaffen hat und kontrolliert. Wir sind nicht das Ich-Phantom – wir *erleben* es nur. Nur weil wir Phantom und Unendliches Selbst verwechseln (wobei die Manipulation natürlich genau darauf abzielt), können wir kollektiv kontrolliert, in programmierten Beschränkungen sowie der Vorstellung eingepfercht werden, unser „kleines Ich" sei machtlos. Würde man das Unendliche Gewahrsein mit einem Ozean vergleichen, wäre das der fünf Sinne ein Wellenkamm bzw. ein Aufmerksamkeitsbrennpunkt innerhalb dieses Ozeans (Abb. 13 und 14). Verliert das Gewahrsein der fünf Sinne den Kontakt zum Ozean und handelt es nur noch getrennt von ihm, befinden wir uns im Ich-Phantom. Kennen Sie den Spruch: „Wir sehen die Dinge nicht, wie sie sind, sondern wie *wir* sind"? Alles ist eine Frage der Wahrnehmung, aus der sich wiederum

**Abb. 13:** *Eine Welle und ihr Kamm sind verschiedene Aspekte desselben Ozeans.*

**Abb. 14:** *Wir sind ein Brennpunkt der Aufmerksamkeit im unendlichen Ozean des Gewahrseins.*

unser gesamtes Verhalten ableitet – das, was wir tun oder eben nicht tun werden. Das eigene Wesen oder das der Wirklichkeit zu ergründen steht auf der Prioritätenliste der meisten Menschen ziemlich weit unten. *Wer bin ich?* Obwohl das eine der ersten Fragen sein sollte, wird sie meist als Letztes gestellt. Sie liegt weit abgeschlagen hinter den für wichtiger erachteten Fragen: Welchen Beruf soll ich ausüben? Was für Sachen soll ich anziehen? Welches Smartphone soll ich kaufen? Wie kann ich einen Haufen Geld machen? Wen soll ich heiraten? Wohin soll es am Samstagabend gehen? Allein der Sport steht für viele Lichtjahre vor der Frage: „Was ist die Wirklichkeit?" Ich will damit nicht sagen, dass die genannten Fragen gar nicht gestellt werden sollten oder man in der Freizeit überhaupt keinen Sport treiben oder zur Unterhaltung anschauen sollte – das mache ich nämlich auch. Doch wenn wir diesen Fragen einen zu hohen Stellenwert beimessen, verlieren wir unser peripheres Sehvermögen – und das ist entscheidend, um die Dinge zu sehen, die die Mächtigen vor uns verbergen wollen. In seinem Roman „1984" schreibt George Orwell: „Fußball, Bier und vor allem Glücksspiele – weiter reichte ihr geistiger Horizont nicht. Es war nicht schwer, sie unter Kontrolle zu halten."

Wie können wir überhaupt irgendeine Frage sinnvoll beantworten, wenn wir nicht ein paar der *Haupt*fragen geklärt haben – Wer bin ich? Wo bin ich? Was ist diese „Wirklichkeit", die ich hier tagtäglich erlebe? Wenn Sie zum Beispiel nicht wüssten, was es mit dem Element Wasser auf sich hat, könnten sie versucht sein, darauf zu laufen und würden ertrinken. Immerhin dürften Sie inzwischen so viel darüber wissen, dass Sie sich entweder davon fernhalten oder schwimmen lernen sollten. Die Menschheit versinkt in Verwirrung, Verunsicherung und Chaos, weil sie nicht versteht, was es mit der Welt auf sich hat, in der sie lebt. Wir wissen weder, wie grundlegend wir mit der Welt und untereinander verbunden sind und wie wir uns gegenseitig beeinflussen, noch dass wir – ob wir es nun mögen oder nicht – unsere eigene Wirklichkeit erschaffen. Schon seltsam, dass Kindern bereits in jungen Jahren die Sache mit dem Wasser eingebläut wird, weil man das für unabdinglich hält, sie aber ihr ganzes Leben verbringen können, ohne viele Gedanken daran zu verschwenden, was es eigentlich mit der Realität

**Abb. 15:** „Ja, alles klar, jetzt sehe ich es" – *Der Selbstbetrug des Ich-Phantoms.*

auf sich hat. Dadurch treten sie ihre Glaubenssätze und ihre Vorstellungen an das Ich-Phantom ab: Sie schlafwandeln durch ihr Leben, glauben aber, sie seien putzmunter, und blicken mit verbundenen Augen in die Welt, meinen aber, sie sehen (Abb. 15). Viel besser hätte es für die Möchtegern-Manipulatoren nicht kommen können, denn die Menschheit zu dem zu machen, was sie *längst geworden ist*, stünde auf ihrem Wunschzettel sicherlich an erster Stelle (Abb. 16).

**Abb. 16:** *Ist es nicht wundervoll, an der Spitze der Evolution zu stehen?*

Wie wir sehen werden, ist das alles kein Zufall. Auch der Begriff „Schlafwandeln" passt an dieser Stelle, denn das Ich-Phantom lebt zwar im Unterbewusstsein, bestimmt aber, wie wir bewusst reagieren, uns verhalten und wahrnehmen – Dinge, von denen das Bewusstsein fälschlicherweise meint, sie unterstünden seiner Kontrolle. Sämtliche Erfahrungen, alle Ge- und Verbote, Gesetze, Regeln und Realitätsprogramme des Systems werden vom Unterbewusstsein absorbiert, das uns daraus die falsche Identität konstruiert, die ich das Ich-Phantom nenne. Während das Unterbewusstsein *alles* aufsaugt, nehmen wir verhältnismäßig wenig bewusst wahr. Das machen sich auch subliminale Werbung und Botschaften zunutze, die ins Unterbewusstsein sickern und schließlich in Form bewusster Entscheidungen wie „Ich werde das und das tun" oder „Ich möchte dies und jenes kaufen" wieder an die Oberfläche treten. Subliminal bedeutet so viel wie „unterschwellig" (also unterhalb der Wahrnehmungsschwelle), wobei hinzugefügt werden muss, dass über 99 Prozent der Informationen, mit denen wir konfrontiert werden, ungefiltert ins Unterbewusstsein gelangen – die Heimat des Ich-Phantoms. Da unser Unterbewusstsein über Symbole kommuniziert, sind Träume fast immer symbolischer Natur und selten wortwörtlich zu nehmen. Auch das System bedient sich einer eigenen Symbolsprache, auf die ich noch näher zu sprechen kommen werde, da mit ihrer Hilfe unser Unterbewusstsein und damit auch unsere Wahrnehmung programmiert werden sollen.

Die Wirklichkeit, die wir erleben, ähnelt einer Computersimulation (was das für das Ich-Phantom bedeutet, wird im weiteren Verlauf immer deutlicher werden). Es dürfte daher kaum überraschen, dass man in der Computerterminologie fündig wird, wenn man die missliche Lage beschreiben will, in der sich die Menschheit befindet. Insbesondere gilt das für das Verb „programmieren", das folgendermaßen definiert wird: „(Daten) in einer geeigneten Form zusammenstellen, die von einem Computer verarbeitet werden kann" bzw. „eine Abfolge verschlüsselter Anweisungen, die in einen Computer eingespeist werden, damit er Daten auf bestimmte Art logisch verknüpfen oder Rechenoperationen mit ihnen durchführen kann". Das beschreibt den Großteil der menschlichen Gedankenprozesse, die zusammengenommen das bilden, was wir die menschliche Gesellschaft nennen: Informationen (Daten) werden ins Bewusstsein eingespeist (via Bildungswesen, Medien und unzähligen anderen Quellen), anschließend ins Unterbewusstsein heruntergeladen und weiterverarbeitet, um dann zur menschlichen Vorstellung bzw. dem zu werden, was ich als Ich-Phantom bezeichne. Was ist das Ich-Phantom? Es ist ein *Programm*. Und dieses Programm besteht letzten Endes aus zig Unterprogrammen, die uns als menschliche Wesenszüge und menschliches Verhalten bekannt sind. Das bedeutet nicht etwa, dass wir – das Unendliche „Ich" – ein Programm sind, sondern nur, dass die Selbst- und Realitäts*wahrnehmung* des Phantoms ein Programm ist, das bestimmt, was die Menschen denken, fühlen, tun oder nicht tun, was sie unterstützen oder was nicht. Darunter fällt auch ihre Vorstellung von dem, was sie „sich selbst" oder eben das „Leben" nennen. Was wir als „Leben" bezeichnen, ist nichts anderes als ein Programm, das von einem anderen Programm wahrgenommen wird – dem Ich-Phantom. Im weiteren Verlauf des Buches werden Sie merken, dass sich aus dieser Perspektive einige der „Rätsel" und augenscheinlichen Widersprüche des „Lebens" erklären lassen und in Wohlgefallen auflösen. Ich-Phantome werden programmiert, um andere Ich-Phantome zu programmieren. Kinder betreten unsere Realitätsebene mit dem Potenzial, das erweiterte Gewahrsein des Unendlichen Selbst auszudrücken, doch sofort machen sich die programmierten Programmierer in Gestalt ihrer Eltern an die Arbeit und laden ihre Phantom-Vorstellungen in ihre Kinder hoch. Oft wird das mit besten Absichten getan, doch wer hegt diese? Das Ich-Phantom. Jim Morrison, Sänger der Sixties-Band The Doors, drückte es folgendermaßen aus:

> Die liebevollsten Eltern und Verwandten morden mit einem Lächeln auf den Lippen. Sie nötigen uns, den Menschen zu zerstören, der wir wirklich sind – eine subtile Art zu morden.

Auf diese Weise programmieren die Ich-Phantome einer Generation die Ich-Phantome der folgenden Generationen – eine Art Perpetuum mobile, das immer wieder dieselbe Programmierungsschleife durchläuft. Jene, die dieser systematischen Täuschung unterliegen, meinen, sie würden ihre eigenen Gedanken denken und ihre eigenen Vorstellungen haben, obwohl das quasi unmöglich ist. Dröselt man ihre Überzeugungen und Ansichten auf und verfolgt sie bis zu ihrem Ursprung, sind sie nichts anderes als eine Wiederholung dessen, was sie von jemand anderem gehört haben – einem Lehrer, Nachrichtensprecher, Politiker, Wissenschaftler oder Arzt. Und was sind diese Menschen dann? Nur weitere Ich-Phantome, die *ihre* Ansichten und Meinungen von anderen Ich-Phantomen geerbt haben, die wiederum die immer gleiche Systemsoftware aufgespielt bekommen haben. Das System erteilt Anweisungen und seine folgsamen Programme erzeugen eine Generation nach der anderen (Abb. 17). Dieser kollektiven Wiederho-

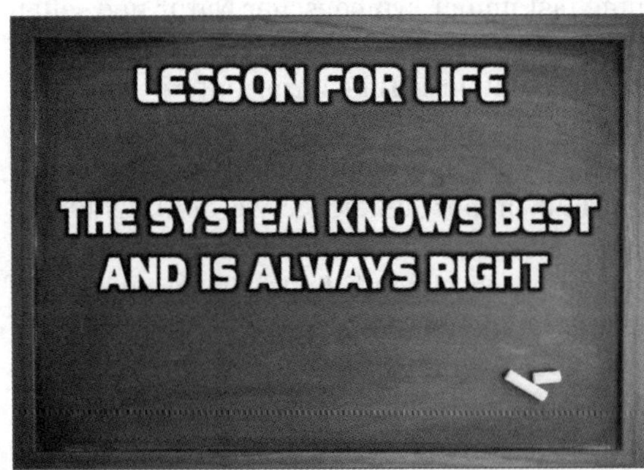


**Abb. 17:** „Lektion fürs Leben: Das System weiß es am besten und hat immer Recht" – *Alles, was Sie wissen müssen, um ein Leben als Sklave zu führen.*

lungsschleife entstammt auch die Welt des „Jeder weiß doch". Aber wir wissen es *eben nicht*. Was die Menschen zu wissen *meinen*, weil es ihnen von jemand anderem gesagt wurde, sollte nicht mit dem verwechselt werden, was tatsächlich der Fall ist (Abb. 18). Allerdings ist dieser Trugschluss weitverbreitet, denn die Gesellschaft – der menschliche Kollektivgeist – wurde so stark in die Irre geführt, manipuliert und umprogrammiert, dass nur noch das Lügenprogramm heruntergeladen wird. Für diejenigen, die mit offenen Augen durchs Leben gehen und die geistreich genug sind, sich dem Programm zu widersetzen und sich nicht mehr von ihm vernebeln zu lassen, ist das völlig offensichtlich.

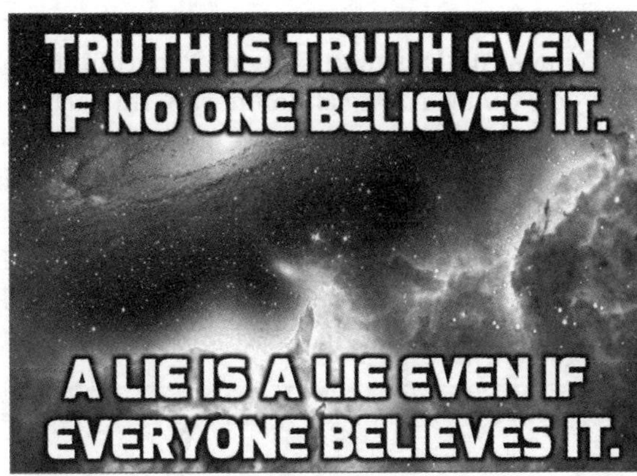


**Abb. 18:** „Die Wahrheit bleibt die Wahrheit, auch wenn sie niemand glaubt. – Eine Lüge bleibt eine Lüge, selbst wenn sie jeder glaubt." – *Wie man den ganzen Quatsch durchschaut.*

## Der Lauf des „Lebens"

Die Programmierung beginnt, sobald wir den Mutterleib verlassen haben. Zumeist wird sie von fürsorglichen Eltern durchgeführt, die denken, sie würden „das Beste für ihr Kind" tun – doch wer oder was „denkt" hier? Ich-Phantome, die vom System programmiert wurden, ein Ich-Phantom zu *sein* (Abb. 19). Die Annahme, dass sie „das Beste für ihr Kind" tun, beruht auf einer lebenslangen Programmierung der Wahrnehmung – durchgeführt von Ich-Phantomen in Gestalt von Lehrern, Dozenten, Wissenschaftlern, Journalisten, Politikern, Ärzten und diversen selbsternannten „Experten", die einem allesamt bis ins kleinste Detail verklickern, was man glauben soll. Wer sagt den Eltern, wie sie ihre Kinder am besten „erziehen"? Das System. Wer sagt ihnen, wie sie am besten deren Gesundheit „schützen"? Das System. Wer sagt ihnen, was sie tun müssen, um ihren Kindern eine „Zukunft" (als Sklaven des Systems) zu ermöglichen? Das *System*. Alle Wege führen zum selben Herrn und Meister, zum selben Programmierer –

**Abb. 19:** „Ich weiß ganz genau, wo ich bin." – *Wie man eine Illusion lebt und sie für wirklich hält.*

doch um das zu erkennen, müssten die Menschen ihre Scheuklappen ablegen und die Welt mit neuen Augen sehen. Mit der Programmierung durch die Eltern wächst das Ich-Phantom des Kindes recht schnell heran. Im Verlauf dieses Prozesses lässt die Verbindung zum Unendlichen Selbst, zu dessen Eingebungen und Erkenntnissen immer mehr nach, was durch die alles übertönende Kakofonie aus Geräuschen und anderen Wahrnehmungen bestärkt wird, die beständig die fünf Sinne attackieren und ablenken. Du bist jetzt auf dich allein gestellt, mein Kind. Alle Wahrnehmungsfilter von außerhalb des Programmes, mit denen sich das Programm *erkennen* lässt, sind dahin. Nun *bist* du das Programm – und das war erst der Anfang.

**Abb. 20:** *Wiederholen, wiederholen, wiederholen – sei normal, Bürschchen.*

Der nächste Schritt, den wir amüsanterweise „Bildung" nennen, legt den Grundstock für alle anderen. Formell wird „Bildung" wie folgt definiert: „der Akt bzw. Prozess, sich Wissen anzueignen, vornehmlich systematisch in der Kindheit und Jugend". Wissen wiederum ist „die Summe bzw. das Spektrum dessen, was man wahrgenommen, entdeckt oder gelernt hat". Bildung ist also „angeeignetes Wissen", das aber nicht zwangsläufig wahr sein muss – eher ist das Gegenteil der Fall, wie uns die Geschichte immer wieder lehrt. Wissen ist nur das, was Sie für wahr *halten*, das, von dem andere *gesagt* haben, es sei wahr. Diejenigen aber, die Ihnen erzählen, was Sie wissen sollten, sind zum überwiegenden Teil Ich-Phantome – Programme des Systems, die dafür Sorge tragen, dass auch jeder andere das Systemprogramm herunterlädt (Abb. 20).

Wissen ist also „die Summe bzw. das Spektrum dessen, was man wahrgenommen, entdeckt oder gelernt hat". Doch wie viel von dem, was mancher sein „Wissen" nennt, hat er aus erster Hand durch eigene Erfahrungen und Nachforschungen erlangt? Erschreckend wenig – oft *gar nichts*. Der Mensch erkennt meist nur das, was man ihn zu erkennen gelehrt hat, entdeckt, was man ihm als Entdeckung geschildert hat, und lernt das, was man ihm eintrichtert. Stellt man mutmaßliche Tatsachen oder Wahrheiten infrage, erwidern die Befragten oft, dass sie das doch „in der Schule (oder an der Universität) gelernt" hätten. Dabei sind diejenigen, von denen diese Informationen stammen, die dann zu den Vorstellungen anderer wurden, auch nur Ich-Phantome, die dieselbe Programmierungsroutine durchlaufen haben. Sie haben nichts anderes getan, als die Programmierung unhinterfragt zu übernehmen und so tief zu verinnerlichen, dass sie als Lehrer und Akademiker zu Statthaltern und Betreuern der Maschine geworden sind. Das System entscheidet darüber, was als wahr und was als falsch gilt, was in „Bildungseinrichtungen" gelehrt werden darf und was unterdrückt oder ignoriert wird. Gut veranschaulicht wird das durch die Gleichung „2 + 2 = 5" aus George Orwells Roman „1984". Wenn Ihre Eltern

Ihnen seit frühester Kindheit erzählen, dass 2 + 2 = 5 ist, und Ihnen Lehrer, Dozenten, Wissenschaftler, die Medien und sämtliche Menschen in Ihrem Umfeld, die dieselbe Programmierung durchlaufen haben, immer wieder bestätigen, dass 2 + 2 = 5 ist, werden Sie mit großer Wahrscheinlichkeit Ihr Leben in dem Glauben verbringen, 2 plus 2 sei 5, obwohl es in Wahrheit 4 ergibt. Unterhalten Sie sich einmal mit Lehrern und Dozenten, die ihre Schüler bzw. Studenten dazu ermutigen, den Konformismus und die offizielle „Wahrheit" infrage zu stellen, und dann verfolgen Sie, was mit den meisten von ihnen passiert. Das System braucht nur Systemtreue; es ist keine Vettern-, sondern eine ganze Phantomwirtschaft, die sich über alle gesellschaftlichen Bereiche erstreckt – die Wissenschaft, die Medizin, die Medien, das akademische Umfeld, die Exekutive und ganz sicher die Politik. Wann hat es je ein Freidenker, der die Architektur des Programms infrage gestellt hat, in einem der genannten Bereiche bis an die Spitze geschafft? Eben.

Das System will Wiederholung, keine Spontaneität, es will Maschinen, keine Rebellen. Spontane, rebellische Freidenker gefährden das System, das in Sachen Wahrnehmung blinden Gehorsam fordert, um überleben und wachsen zu können. Mystiker, Seher und Freidenker, die mit ihrem Unendlichen Selbst in Kontakt stehen, wurden seit Menschengedenken von den Mächtigen ins Visier genommen. Heute ist es nicht anders, und auch die Methoden sind dieselben geblieben: Man macht sich über sie lustig, verteufelt sie oder bezeichnet sie als „Extremist", „verrückt" oder „Gefahr für die Gesellschaft" – weil sie das System und das Programm gefährden. Sie werden von Akademiker- und Journalisten-Phantomen öffentlich beleidigt und lächerlich gemacht, und die Masse der Phantome hetzt dabei willfährig mit, indem sie deren Beschimpfungen und Schmähungen wie abgerichtete Papageien nachplappern. Dabei wird immer wieder die Schablone angelegt, die das System als „normal" definiert hat (Abb. 21). Ich habe bereits die schlimmsten Auswüchse eines solchen Umgangs erlebt und stehe noch immer in der Schusslinie (Abb. 22).

Giordano Bruno, der auf dem Scheiterhaufen verbrannt wurde, weil er das

**Abb. 21:** „Wenn ein Mensch unter Wahnvorstellungen leidet, nennen wir ihn geisteskrank. Wenn die ganze Gesellschaft darunter leidet, nennen wir das … normal." – *Der ganz alltägliche Wahnsinn.*

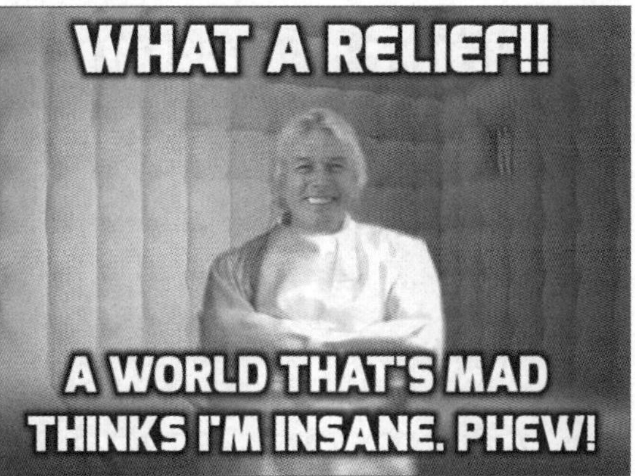


**Abb. 22:** „Was für eine Erleichterung!! Eine verrückt gewordene Welt hält mich für geisteskrank. Puh!" – *In einer verrückt gewordenen Welt gilt der gesunde Menschenverstand als – verrückt.*

**Abb. 23:** „@anonym: ein Paradebeispiel – @Ernährungsfragen: Ich bin ein 30-jähriger Fitnessfan und Ernährungsexperte und du liegst falsch, du Depp." – *Soziale Medien als Spielwiese für das Ich-Phantom.*

**Abb. 24:** „Der Preis für den lächerlichsten Auftritt … geht an alle" – *Ohne Worte.*

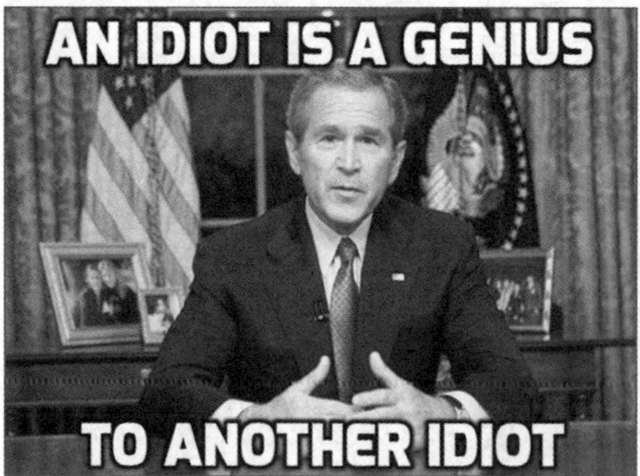


**Abb. 25:** „Für einen anderen Idioten ist ein Idiot ein Genie" – *Der abgebildete Mann wurde Präsident der USA. Wie sollte da etwas anderes herauskommen als eine Irrenanstalt?*

Programm durchschaut hatte, sagte: „Heroische Liebe ist eine Eigenschaft jener überlegenen Naturen, die man als geisteskrank bezeichnet, nicht weil sie nicht wissen, sondern weil sie im Übermaß wissen." Wenn man am eigenen Leib erfährt, wie der programmierte Kollektivgeist auf eine einfache Dateneingabe reagiert – „Der Typ ist anders, also muss ich ihn auslachen" –, liefert das erhellende Einsichten darüber, wie stark das Ich-Phantom die menschliche Gesellschaft bereits verblendet hat. Die meisten Menschen sind zu stark programmiert und glauben zu kindlich-naiv an das System, das sie wie Vater und Mutter groß gezogen hat, um zu merken, dass „anders" nicht mit „verrückt" gleichzusetzen ist. Oder wie George Orwell es ausgedrückt hat: „Vielleicht war ein Geisteskranker nur eine Einmann-Minderheit." Die Wahrheit ist die Wahrheit, selbst wenn sie niemand glaubt, und die Lüge bleibt eine Lüge, selbst wenn sie jeder glaubt.

Ähnlich verhält es sich bei sozialen Medien und Internetforen, wo man sich in der Anonymität verkriechen kann, um seinen gärenden Hass, seine Vorurteile und seine völlige Ahnungslosigkeit zum Besten zu geben. Dadurch wurden die extremeren Seiten des Ich-Phantoms hervorgekehrt, die früher nur in der Familie und im engeren Bekanntenkreis geäußert oder – mangels Anonymität – gezwungenermaßen für sich behalten wurden, damit nach außen der Schein gewahrt blieb (Abb. 23). Das Internet hat die Phantome von der Leine gelassen – nun projizieren sie ihren Hass, ihre Borniertheit und ihre psychischen Störungen auf jeden, den sie aus reinem Vergnügen kränken oder ärgern wollen.

Es bestätigt nur, was wachsame Augen längst erkannt haben: Das auch als „menschliche Gesellschaft“ bezeichnete Irrenhaus hat gigantische Ausmaße angenommen (Abb. 24). Allerdings sollte das nicht weiter verwundern, denn die Gestörtesten schmeißen den ganzen Laden und haben in Politik und Finanzwesen das Sagen – eine Tatsache, auf die ich später noch ausführlich zu sprechen komme (Abb. 25).

Die folgenden Worte stammen vom Schriftsteller Jonathan Swift, und sie gelten heute genauso wie im 18. Jahrhundert, als er sie verfasst hat: „Wenn ein großes Genie in der Welt erscheint, erkennt man es an diesem Zeichen: Es bringt alle Schwachköpfe gegen sich auf.“ Oder anders ausgedrückt: Wenn das erweiterte Gewahrsein auftaucht, kann man es daran erkennen, dass alle Phantome sich dagegen verbünden werden. Der altgriechische Philosoph Platon schrieb einst, dass diejenigen, die die Schattenbilder und Lügen ihrer Kultur durchschauen können, von der Masse nie verstanden werden, ja, dass man ihnen nicht einmal glauben würde.

Doch nichts von all dem, was ich gesagt habe, ist naturgegeben. Um nicht länger ein bloßes Anhängsel des Programms zu sein, müssen die Menschen nur wieder Herr ihrer eigenen Sinne werden und andere Entscheidungen treffen, indem sie schlicht ihren eigenen Kopf benutzen.

## „Guten Morgen, liebe Kinder, herzlich willkommen im Gefängnis“

Die von den Eltern-Phantomen präparierten und heranwachsenden Ich-Phantome (Kinder) verlassen ab einem Alter von vier bis sechs Jahren wochentags jeden Morgen ihr Zuhause und begeben sich in ein Gefängnis namens „Schule“. Die Schule ist kein Gefängnis? Nun, können die Kinder einfach zu Hause bleiben? Können sie einfach gehen, wenn sie keine Lust mehr haben? Zweimal nein. Ab dem ersten Tag im Schulgefängnis wird von Autoritätspersonen festgelegt, wann sie zu erscheinen und wann sie zu gehen haben, wann sie essen oder spielen (nicht viel und immer weniger), ja, wann sie zur Toilette gehen dürfen (Abb. 26).

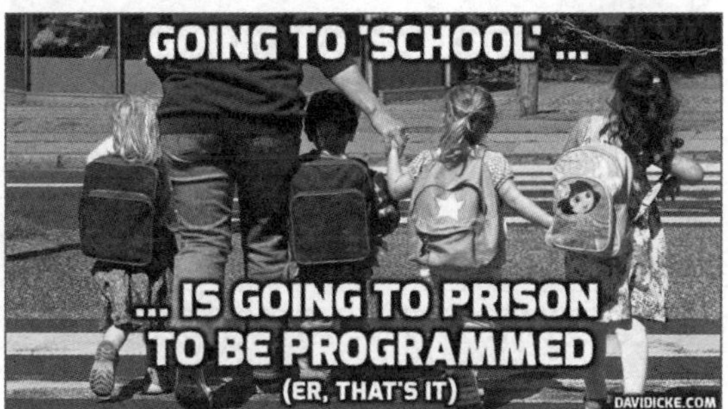


**Abb. 26:** „Der Weg zur ‚Schule'… ist der Weg ins Gefängnis, um programmiert zu werden. (Äh, das ist alles)“ – *Auf geht's, Kinder, lasst euch sagen, was ihr denken sollt.*

Dort lernt das sich entwickelnde Ich-Phantom rasch die wichtigsten Lektionen des Gefängnisschullebens: Die „Wahrheit“ wird einem von der Obrigkeit vermittelt; Intelligenz ist die Fähigkeit, sich zu erinnern und zu wiederholen; Gedächtnis und Anpassung werden belohnt; und Nichteinhaltung von Regeln wird bestraft. Diese Lektionen soll das Phantom sein Leben lang behalten – und das wird es auch, denn es wird „Respekt vor der Obrigkeit" haben, „den Kopf einziehen" und „keinen Ärger machen", getreu dem japanischen Motto: „Sei nicht der Nagel, der höher als der Rest heraussteht, denn der wird als Erstes getroffen."

Inzwischen nimmt dieser Anpassungswahn immer skurrilere Formen an: Manche Schulen schreiben den Kindern immer stärker vor, wie sie ihre Freizeit zu verbringen haben (siehe Texas, das hier eine Vorreiterrolle einnimmt), und in Großbritannien müssen die Eltern beispielsweise für „unentschuldigtes Fehlen" 60 Pfund Strafe zahlen, die sich auf 120 Pfund erhöht, wenn sie nicht innerhalb von drei Wochen beglichen wird. Das Bußgeld kann bis auf 2.500 Pfund anwachsen und zu drei Monaten *Gefängnis*aufenthalt führen (Abb. 27). Als „unentschuldigtes Fehlen" gilt auch ein Familienurlaub während der Schulzeit, der in dieser Zeit natürlich weitaus billiger ist. 2014 wurden 16.430 Eltern wegen dieses Vergehens strafrechtlich belangt – 25 Prozent mehr als im Jahr zuvor. Das Netz zieht sich immer enger, die Eltern haben immer weniger Verfügungsgewalt über ihre eigenen Kinder. Ähnliche Regelungen werden auch in anderen Ländern eingeführt. Ein sauber durchprogrammiertes Ich-Phantom, das in der Presse als „head teachers' leader" – „Oberhaupt der Schulleiter" – vorgestellt wurde, behauptete, regelmäßige Anwesenheit sei „absolut entscheidend". Was für ein Mumpitz. Entscheidend ist das *Lernen* – aber Lernen und keine Fehltage sind zwei Paar Schuhe.

Inzwischen ist die Orwellsche Überwachung und Kontrolle auch in den Schulen eingekehrt: Wir haben Kameras, Fingerabdruckscanner für Schulmahlzeiten und Bibliotheksausleihe,

**Abb. 27:** „Elternbußgelder für unentschuldigtes Fehlen in der Schule steigen sprunghaft an, während die Kinder verstaatlicht werden (und das ist erst der Anfang)" – *Direkt vor Ihren Augen übernimmt der Staat Ihre Kinder.*

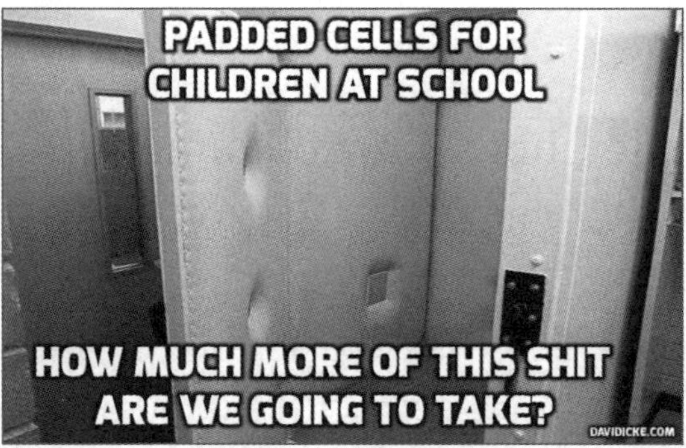


**Abb. 28:** „Gummizellen für Schulkinder – Was lassen wir uns noch alles gefallen?" – *Wenn wir das hinnehmen, können sie alles mit uns machen.*

**Abb. 29:** „Busse, die darauf warten, ihre Insassen in die Programmierzentren zu bringen" – *Kinder müssen gut programmiert … äh … ausgebildet werden.*

elektronische Fußfesseln (wieder einmal in Texas) und Einzelzellen, die deren wahren Zweck erkennen lassen – Gefängnisse für den Nachwuchs (Abb. 28). Diese Orwellschen Maßnahmen werden eingeführt, damit die Kinder von früh an auf permanente Massenüberwachung getrimmt werden, sie also keinen Widerstand leisten, wenn der Rest der Welt genauso aussieht (Abb. 29). Die Maßnahmen zur „Terrorismusbekämpfung" der britischen Regierung sehen sogar vor, dass Kindergärtner und amtlich zugelassene Tagesmütter Kleinkinder melden, die ihrer Meinung nach terroristisch veranlagt sein könnten. Untersuch mal den Schnuller, es könnte eine Bombe sein. Wahnsinn.

Ich habe einige Debatten verfolgt, in denen es darum ging, *wie* die Kinder unterrichtet werden sollen. Nur selten wurde allerdings darüber diskutiert, *was* ihnen beigebracht wird. Das erinnert mich an meine Mutter, die den Zeugen Jehovas, wenn sie bei uns anklopften, immer sagte: „Wir gehören der Kirche von England an." Das stimmte nicht, denn unsere Familie sah das Innere einer Kirche – Gott sei Dank – nur zu Hochzeiten und Beerdigungen. Irgendwie aber hatte meine Mutter mit der Aussage, dass wir der Kirche von England angehören, unsere spirituelle Ausrichtung offiziell festgezurrt. Auf ganz ähnliche Weise hinterfragen die wenigsten Menschen das, was ihnen in der Schule beigebracht wird – genau wie bei meiner Mutter „Ist es eben so". Wir wohnten in England, und da gab es eine Kirche, also reichte die Aussage: „Wir gehören der Kirche von England an." Mehr brauchte man nicht zu wissen, basta. Die meisten Menschen verfahren mit dem Bildungswesen nicht anders. Es ist eine *Schule*, mehr braucht man doch nicht zu wissen, Schluss aus. Ja, und was machen die da genau? Na, sie haben Unterricht und so. Was für Unterricht „und so"? Nun, ihnen wird eben das beigebracht, was sie wissen müssen. Und was ist das? Na das, was sie so im Unterricht lernen.

Das Ich-Phantom hat eine – vom Programm eingeimpfte – Vorstellung davon, wie die Dinge laufen, doch in den meisten Bereichen kennt es sich kaum aus und will es auch gar nicht so genau wissen. Würden die Eltern sich wirklich für die Entwicklung ihres Kindes interessieren und sein Recht auf Freiheit und Einzigartigkeit schützen wollen, würden sie sich den „Unterricht und so" genauer ansehen … und entsetzt sein. Schulen sind nicht nur Gefängnisse; sie sind *psychiatrische* Gefängnisse, in denen die jungen Köpfe in die Wahrnehmungsfalle des Systems geführt und nach dessen Willen geformt werden. Dort wird ihnen das gesagt („beigebracht"), was sie das System glauben machen will – und zwar *in sämtlichen Bereichen*.

Das heutige Bildungswesen wurde als globales System installiert, um Kinder für den Rest ihres Lebens zu programmieren. „Bildung" ist nicht dazu da, um freigeistige Unikate zu schaffen, sondern schlafende, blinde Sklaven, die körperlich wie geistig ihren Platz als machtlose Rädchen in einer gnadenlosen Maschinerie akzeptieren, die ihre Energie und Kreativität absaugt. John D. Rockefeller, der 1903 die Stiftung General Education Board aus der Taufe hob, sagte: „Ich will keine Nation von Denkern. Ich will eine Nation von Arbeitern." Eine Nation von Sklaven. Und wenn der Sklave nicht mehr arbeiten kann, spuckt das System ihn aus und er geht in „Rente" – für viele gewöhnlich ein paar zusätzliche Jährchen mit finanziellen Sorgen und Nöten, bevor sie von hinnen scheiden. Sobald Sie nicht mehr mit Leib und Seele dienen können, schert es das System einen feuchten Kehricht, was aus Ihnen wird. Trauern wir, wenn sich im Autogetriebe ein Zahnrad verabschiedet? Nein. Wir setzen ein neues ein – und genauso verfährt auch das System. Das ist die Geisteshaltung der geheimen Lenker der Welt, deren Wirken ich in anderen Büchern detailliert enthüllt habe und von denen noch die Rede sein wird. Der Physiker Albert Einstein (1879–1955), dessen Name ein Synonym für den Verstand geworden ist (Menschen, die man für schlau hält, werden auch als „ein Einstein" bezeichnet), hatte den Mythos des „Bildungswesens" durchschaut. Davon zeugen ihm zugeschriebene Zitate wie: „Bildung ist das, was übrig bleibt, wenn man vergisst, was man in der Schule gelernt hat" oder „Das Einzige, was meinem Lernen im Wege steht, ist meine Ausbildung". Von ihm soll auch der folgende äußerst passende Ausspruch stammen: „Jeder ist ein Genie. Aber wenn du einen Fisch danach beurteilst, ob er auf einen Baum klettern kann, wird er sein ganzes Leben lang denken, er sei dumm." Das Ich-Phantom wurde für den Dienst im System maßgeschneidert und wird „ausgebildet" (als Programm installiert), um den Plänen und Interessen des Systems zu dienen. Wenn Sie ein Fisch sind, der nicht klettern kann, werden Sie abgeschrieben, ausgegrenzt, an den Rand gedrängt und als „langsamer Lerner" oder „beschränkt" eingestuft, denn das System benötigt nur Baumkletterer ... die sich mit Sicherheit in seinem Wald verlaufen.

## Ihr wahres Wesen wird verheimlicht

Der Eintrittspunkt ins System wird Geburt genannt, der Austrittspunkt Tod – und das Stückchen dazwischen ist allseits unter dem Pseudonym „Menschenleben" bekannt. Der Schwindel mit der „Bildung" ist der Schlüssel, um die lebenslange Gefolgschaft von Körper und Geist sicherzustellen und das Ich-Phantom prägen und formen zu können. Dieses Ich-Phantom existiert nur in einem schmalen Frequenzband innerhalb des möglichen Gewahrseins und nimmt alles allein durch die Scheuklappen der fünf Sinne wahr; seine Wirklichkeit besteht zum größten Teil aus dem, was es berühren, schmecken, hören, sehen und riechen kann. Wie ich noch ausführen werde, bildet sich das programmierte Gehirn diese „Sinne" bloß ein, doch das System will nicht, dass Sie davon erfahren. Es will, dass Sie weiterhin seinen Interessen dienen, indem Sie die „physische" Illusion der fünf Sinne als „reale Welt" betrachten und die Unendliche Wirklichkeit als Hirngespinst abtun – dabei ist es genau andersherum (Abb. 30).

**Abb. 30:** „Dieser Ort ist ein Traum. Nur der Träumer hält ihn für die Wirklichkeit. Dann kommt der Tod wie die Morgendämmerung; du erwachst und lachst über das, was für dich Kummer war.' – Rumi" – ***Die Illusion ist gigantisch groß.***

Hier haben wir sie wieder, die Inversion, die Umkehrung. Das Bildungswesen ist darauf ausgelegt, den Glauben an eine rein „materielle" Wirklichkeit zu stärken, weil das die Wahrnehmung in der Knechtschaft der fünf Sinne hält und die Pforte zum Unendlichen Selbst jenseits des Programms zuschlägt. Die akademische Welt, Produkt und Schöpfung des Systems, betet die Erkenntnisse der Mainstreamwissenschaft und -medizin nach, die ebenso unhinterfragt von den Mainstreammedien verbreitet werden. Alles, was „Mainstream“ ist, vertritt und transportiert die Inhalte des Systems – *deshalb* ist es ja Mainstream (Abb. 31). Die meisten, die innerhalb dieses facettenreichen Mainstreams arbeiten, sind sich überhaupt nicht bewusst, dass sie einem Schwindel aufgesessen sind. Doch sie alle haben dieselbe Massenbildungsmaschine durchlaufen und wurden so lange mit demselben Mainstream-Einheitsbrei gefüttert, dass sie inzwischen dem Schwindel verfallen sind – ja, sie halten ihn für die „reale Welt“ (Abb. 32). Jeder, der den Schwindel aufdeckt oder infrage stellt, wird gezwungenermaßen in der „realen Welt“ nicht geduldet und reflexartig verspottet, abgewiesen und verachtet (Abb. 33).

**Abb. 31:** „Aktuelle BBC-Propaganda: ‚Guten Abend … hier sind die Nachrichten, die das System Sie glauben machen will …‘“ – *Die Massenmedien sind die Propagandafront des Mainstream-Einheitsbreis.*

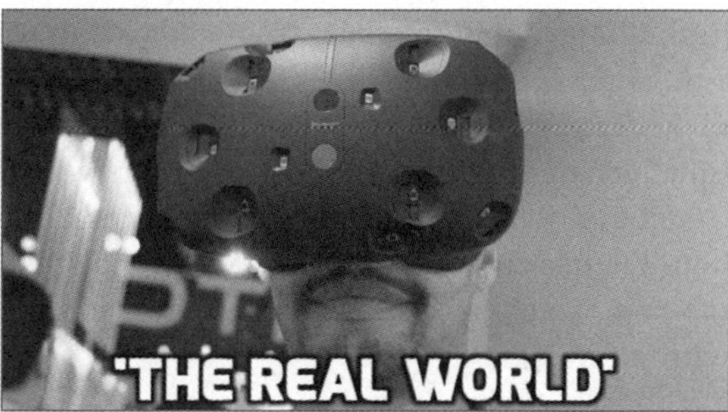


**Abb. 32:** „Die reale Welt“ – *„Für mich ist alles sonnenklar.“*

**Abb. 33:** „Die Arroganzblase: ‚Das ist lächerlich – du bist bescheuert.‘“ – *Die Arroganz der Ignoranz.*

Richard Dawkins, der Oxford-Professor, der auf jeden alternativen Ansatz wie ein Vampir auf Knoblauch reagiert, verpackte die einer solch ignoranten Haltung innewohnende Arroganz in die folgenden Sätze:

> Man kann nicht sowohl vernünftig als auch gebildet sein, und dennoch nicht an die Evolution glauben. Die Beweise sind so überzeugend, dass jeder vernünftige, gebildete Mensch an die Evolution glauben muss.

Mit „Evolution“ meint er, dass es nur diese eine Welt, dieses eine Leben gibt und dass das unser Schicksal sei – plus den ganzen Quark, den Charles Darwin mit seiner Lehre vom „Überleben des Stärkeren“ verzapft hat, mit der auch die Eugeniker ihre Thesen untermauerten. Dawkins scheint geradezu besessen davon zu sein, dass nach dem Tod alles zu Ende ist, und verhalf uns zu der wohlüberlegten Einsicht: „Belügen Sie sich nicht selbst, indem Sie glauben, Sie würden noch einmal leben, nachdem Sie gestorben sind; denn das werden Sie nicht." Genau das will das System Sie glauben machen, denn so kann es Ihnen Angst vor dem Tod einflößen (was Sie auf vielfache Art manipulierbar macht) und gleichzeitig vermitteln, dass das Leben gewissermaßen sinnlos ist (dito). Die andere hoffähige Alternative ist der Glaube, dass Sie ins Paradies gelangen werden, wenn Sie auf das Wort Ihres Gottes (eine weitere Maske des Systems) hören und genau das tun, was „Ihm" wohlgefällt. Die Mainstream- bzw. Schulwissenschaft ist nur eine weitere verkappte Religion, der größtenteils (wenn auch nicht gänzlich) dieselben engstirnigen Dogmen zugrunde liegen. Menschen wie Dawkins geißeln und verteufeln die Religion, sind aber Hohepriester ihrer eigenen – des Szientismus.

Die Quantenphysik hat dem wissenschaftlichen Dogma einigen Sand ins Getriebe gestreut, denn sie konnte zeigen, dass unsere Realität alles andere als „physisch", vorhersagbar oder gar unabhängig vom Bewusstsein ist. Einige Physiker gehen inzwischen sogar völlig neue Wege und behaupten ganz richtig, dass das Bewusstsein die Materie schafft und nicht etwa andersherum. Im Grunde sollte die Quantenphysik genügen, um den Mainstream-Einheitsbrei zu widerlegen – nur hat das System etwas dagegen. Zwar sah sich der Einheitsbrei schweren Herzens gezwungen, die Existenz der immateriellen Quantenwelt einzugestehen, doch ignoriert er die fundamentalen Implikationen solcher Enthüllungen und fabuliert weiter über den „physischen" Schwindel in all seinen Formen.

In einer Zusammenfassung zu einem Buch von „Dogma" Dawkins ist zu lesen, er glaube nicht daran, dass die Wirklichkeit formbar sei (obwohl die Quantenphysik dies klar zeigt). Im gleichen Atemzug aber gibt der hochverehrte Herr Professor zu, sein Verständnis der Quantenphysik sei „ziemlich diffus", weshalb er sich auch „weigert, sich eingehender mit dem Thema zu befassen". Ein Musterbeispiel erster Güte. Ich kann so lange ich will an meinem Glaubenssystem festhalten, wenn ich nur nie etwas lese, das es infrage stellen würde.

„Du hast etwas entdeckt?"

„Ja."

„Wo ist es denn?"

„Da drüben."

„Ah, alles klar – solange ich also nicht da rübergehe, kann ich jederzeit behaupten, dass dein Etwas nicht existiert, weil ich es nicht gesehen habe."

„Na toll."

Für mich ist das der Grund, warum Dawkins in Fernsehdokus und anderswo so vehement gegen alternative Weltbilder und Heilmethoden vorgeht. Mir ist, als müsse er in einem entlegenen Winkel seiner Psyche *sich selbst* genauso stark wie seine Zuhörer davon überzeugen, dass alles, was sein Dogma anficht, keine Beweiskraft hat. Seinem stattlichen Ego zum Trotz hat es die aber sehr wohl. Auch setzt Dawkins – wieder ein Musterbeispiel – Intelligenz mit „gebildet" und das wiederum mit vernünftig gleich: „Man kann nicht sowohl vernünftig als auch gebildet sein, und dennoch nicht an die Evolution glauben.“ Anders ausgedrückt, können nur diejenigen „vernünftig“ und „gebildet“ sein, die glauben, was er glaubt. Wie zweckdienlich, wo doch das Bildungswesen dahingehend manipuliert wurde, dass Dawkins und Seinesgleichen sich unwissentlich gegenseitig in die Tasche lügen. Das System-Bildungswesen (Indoktrination) hebt das hervor, was geglaubt werden soll, während *gefährliche* Informationen – die enthüllen, was das System Sie nicht wissen lassen will – ignoriert, abgekanzelt, selten erwähnt oder als „unwichtig“ abgespeichert werden. Seit geraumer Zeit lege ich in meinen Büchern dar, dass die „physische“ Welt eine Illusion ist, deren wahrgenommene Gestalt auf einen Decodierungsprozess zurückgeht, der durch den Akt der Beobachtung in Gang gesetzt wird. Ich komme später darauf zurück. Als ich mit der Arbeit an diesem Buch begann, verlautbarte eine Gruppe echter, aufrichtig nach Antworten suchender Wissenschaftler, ein jüngst durchgeführtes Experiment würde stark darauf hindeuten, dass „die Welt nur existiert, wenn wir sie beobachten“. In Anbetracht der Tatsache, dass eine solche Entdeckung sich radikal auf sämtliche Lebensbereiche des Menschen auswirken könnte, hätte sie eigentlich auf alle Titelseiten gehört – doch wurde nur wenig darüber berichtet, und wenn, dann wurde es nicht an die große Glocke gehängt. Der Grund dafür ist einfach: Würde ein System, das die Wahrnehmung kontrolliert, über seine eigenen Institutionen Informationen preisgeben, die diese Wahrnehmungskontrolle beenden könnten? Würden Gefängniswärter den Insassen erzählen, wie sie aus ihrer Zelle ausbrechen können? Die Frage lässt sich auch auf das Bildungswesen übertragen: Warum sollten diejenigen, die hinter dem Bildungswesen stehen, ein gut informiertes Volk wollen, wenn das den Bann brechen würde, der sie zu Sklaven des Systems macht? Aus diesem Grund soll Bildung eben nicht im besten Sinne aufklären und informieren, sondern nur die Vorstellungen einspeisen, die dann zum Ich-Phantom verschmelzen. Beachten Sie, dass ich bewusst von denen *hinter* dem Bildungswesen spreche, denn alle anderen – von Lehrern bis zu hochgeachteten Professoren – sind selbst nur Zöglinge des Schwindels und tanzen nach der Pfeife des Systems. Sie sind Insassen und Wärter zugleich, die das Gefängnis nicht sehen können, das sie verwalten und pflegen. Es ist schon zum Heulen, wenn man die Welt sieht, wie sie ist.

## Konformitätsdownload

Um sicherzugehen, dass man seine Einzigartigkeit tatsächlich an das System und das Ich-Phantom abtritt, wird die Programmierung regelmäßig getestet. In unzähligen Klassenarbeiten und Prüfungen wird man dazu angehalten, das zu wiederholen, was einem das System eingebläut hat. Hier haben wir eine weitere kolossale Umkehrung: Es gilt nämlich als Erfolg, wenn man eine Prüfung besteht – also die „Stufe“ seiner Programmierung bestätigt –; fällt man durch, gilt man als Versager. Um diesen Konformismus zu fördern, werden Leistungsanreize und Belohnungen (der nächste Schwindel) ausgelobt. Ein solcher

Anreiz besteht beispielsweise darin, dass viele Jobs und Berufe nur von Menschen ausgeübt werden dürfen, die einen Abschluss – die Prüfung bestanden – haben.

An dieser Stelle kommen übermotivierte „Helikopter-Eltern“ ins Spiel, um die nächste Front im Krieg gegen die Freiheit, die Einzigartigkeit und die freie Wahl ihrer Kinder zu eröffnen. Helikopter-Eltern (für mich eine Form von Kindesmissbrauch) versuchen, den Lebensweg ihrer Kinder über deren Köpfe hinweg festzulegen und manipulieren sie auf empörende Weise via Schuldgefühl und Anerkennungsbedürfnis, um sie so in die Höhle zu hetzen, in der das System lauert. Im Grunde spulen sie damit nur ihre Programmierung ab. Sie behandeln ihren Nachwuchs nicht als Ausdruck des Unendlichen Gewahrseins, sondern als Anhängsel und Fortführung ihres eigenen Lebens; als Kopie der Maske, die sie selbst der Welt zeigen. *„Mein“* Kind ist auf eine gute Schule gegangen und hat gute Noten bekommen. Nicht schlecht – haben *Sie* also deren Prüfung bestanden? Dann spielen sie die Karte mit den Schuldgefühlen aus, um die Berufswahl des Kindes vorzuschreiben, was eine lebenslange Narbe hinterlassen kann. Mir sind 60-Jährige begegnet, die noch immer von Schuldgefühlen geplagt waren, weil sie „ihre Eltern enttäuscht“ und nicht den Weg eingeschlagen hatten, den diese für sie vorgesehen hatten. Wenn die Eltern selbst etwas erreichen wollen, sollen sie es tun, aber ihre Kinder sind eigenständige Wesen und keine bloßen Fortsätze der Menschen, die Sex hatten, um sie zur Welt zu bringen. Das gilt natürlich in beide Richtungen. Genauso wenig sollten sich die Eltern von ihren Kindern Vorschriften machen lassen. „Mutter, hör auf damit – das ist peinlich.“ Auf der Ebene des Ich-Phantoms neigt der Mensch zur gegenseitigen Programmierung. Respekt vor der Einzigartigkeit eines jeden Menschen und unverwechselbare Individuen sind Dinge, die dem System keine Ruhe lassen, weshalb es auch beständig bemüht ist, Unikaten den Wind aus den Segeln zu nehmen und sie zu maßregeln.

Haben die Kindercharakterschänder in Gestalt der Helikopter-Eltern erst entschieden, was ihr Kind werden soll – Rechtsanwalt, Arzt, Wissenschaftler, Politiker usw. –, beginnt das Rennen um die Abschlüsse, die das System für nötig befindet. Man braucht den Schulabschluss, um studieren zu dürfen und damit einen akademischen Grad (der Programmierung) zu erlangen, der wiederum nötig ist, um die vom Gruppendruck oder den Eltern definierten Systemziele zu erreichen. Oder eben das, was in der „realen Welt“ (der Welt des Schwindels) als „Erfolg“ wahrgenommen wird – ein Begriff, den das System längst für seine Zwecke umdefiniert hat (Geld, Ruhm, Status, bestandene Prüfungen). Menschen, die innerlich nicht gefestigt sind – also die meisten – und deshalb von anderen als erfolgreich „angesehen“ werden wollen, beugen sich zwangsläufig den vom System definierten „Erfolgskriterien“. Stellt man seine eigenen Kriterien auf, wird man mit hoher Wahrscheinlichkeit als Versager abgestempelt.

Im Grunde werden uns hier nur unsere Träume verkauft, damit wir schön weiterschlummern. Mir sind bereits sehr reiche (und unglückliche) Menschen begegnet, die die meiste Zeit im kleinsten Zimmer ihrer Villa verbringen. Das mag zunächst widersprüchlich klingen – ein Riesenhaus und Unmengen an Geld zu besitzen, aber im kleinsten Zimmer zu wohnen. Tatsächlich aber steht die Villa für ihre externalisierte öffentliche „Erfolgsperson“, die ihnen Sicherheit verleiht, während das kleine Zimmer ihren Wunsch repräsentiert, das Leben zu leben, das sie leben wollen. Die sogenannte „äußere" Welt ist nur ein Spiegel unseres Inneren.

Wenn wir der Version von Erfolg nachjagen, die das System als solchen definiert hat, wird unsere Kindheit zu einem einzigen Albtraum aus Druck, Angst und Unbehagen, zu einer Hatz nach „erfolgreich bestandenen" Tests und Prüfungen – obwohl die Kindheit doch eigentlich eine Zeit sein sollte, in der wir gelassen, fröhlich und ungehindert die Welt entdecken. Das Leben wird zu einem einzigen Muss – arbeiten müssen, wiederholen müssen, bestehen müssen, erinnern müssen. Apropos *erinnern*. Das nämlich ist der eigentliche Sinn von Prüfungen. Die „Wiederholung" von Lernstoff dient nur dazu, Fakten und mutmaßliche Tatsachen bis zum Tag der Prüfung im *Gedächtnis* zu behalten. Stellen Sie doch den Absolventen ein paar Wochen nach der Prüfung oder Jahre später, wenn sie erwachsen sind, noch einmal genau die Fragen, die bei der Prüfung gestellt wurden. Die meisten werden sagen: „Keine Ahnung – hab ich vergessen." Das Bestehen einer Prüfung – das als wichtiges Maß für Intelligenz gilt – sagt im Grunde nur etwas über die Fähigkeit aus, sich an einem bestimmten Tag an tatsächliche und vermeintliche Fakten erinnern zu können. Wer sich erinnert, gilt als „erfolgreich"; wer sich nicht erinnert, als „Versager". Ein Unding eigentlich – aber so viele Eltern glauben diesen Unfug, obwohl sie ihre Kinder eigentlich davor bewahren sollten.

Vieles von dem, woran man sich erinnern soll, ist darüber hinaus für das eigene Leben völlig irrelevant. Ich denke da zum Beispiel an Algebra. Worum geht es da? „Wie groß ist x?" Mir doch schnuppe; gib ihm einen beliebigen Wert, Kumpel, denn das ist völlig nebensächlich (Abb. 34). Wie viele Menschen haben in ihrem Leben je wieder mit Gleichungen rechnen müssen oder auch nur einen Gedanken daran verschwendet, sobald sie die Schule verlassen hatten? Eben. Nur dass eben Ihre gesamte Zukunft von Ihrer Prüfungsleistung abhängt – müssen, müssen, müssen. *Blödsinn*.

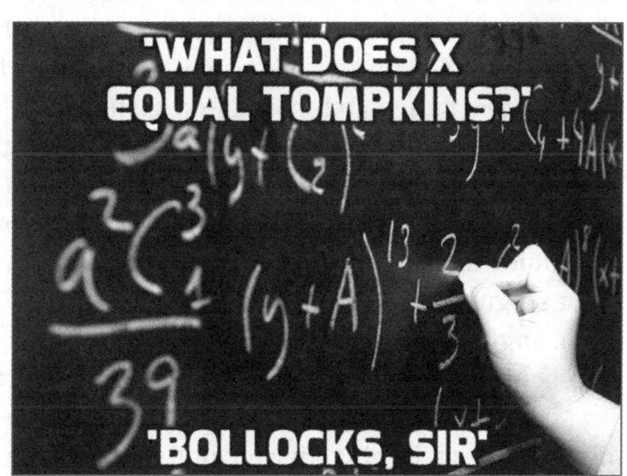


**Abb. 34:** „Wie groß ist x, Tompkins?' – ‚Piepegal, Herr Lehrer.'" *– 2 + 3 = 8.456*

All das hat nur eine einzige Bewandtnis: Wenn für diesen speziellen Tag Informationen aufgesaugt und eingeprägt werden, wird den meisten Menschen – sei es bewusst oder unbewusst – gleichzeitig das Lebens-, Selbst- und Weltbild des Systems eingespeist. Stimmt das etwa nicht? Dann gehen Sie einmal in sich und beantworten Sie ehrlich die Frage, wo die meisten Ihrer Ansichten, Annahmen und reflexartigen Vorstellungen und Reaktionen ihren Ursprung haben. Wenn Sie *wirklich* aufrichtig mit sich sind, werden Sie feststellen, dass diese zum überwiegenden Teil aus Schule, College oder Universität stammen bzw. auf Eltern, Medien und andere Quellen zurückgehen, die dieselbe Programmierungsmaschine durchlaufen haben. Das Ganze lässt sich mit zwei Worten ausdrücken: „Das Sys-

**Abb. 35:** „Prüfungsangst? Keine Sorge, Kinder … alles ausgemachter Schwindel." – *So viel grundloser Stress.*

tem". Ausnahmen wird es immer geben: Menschen nämlich, die ernsthaft bemüht sind, das Programm herauszufiltern und ihre eigenen Schlüsse ziehen – doch selbst heute, wo so viele die Welt mit anderen Augen zu sehen beginnen, sind das tragischerweise sehr wenige. Inzwischen habe ich unzählige Menschen mit einst unverrückbaren Ansichten getroffen, die sich irgendwann mit den Fakten beschäftigt haben und feststellen mussten, wie sehr sie an der Nase herumgeführt worden sind. Aber nein, das System kann gewiss nicht falsch liegen. Es wird Sie auch sicher nicht manipulieren, denn es will ja nur das Beste für uns alle, nicht wahr?

Inzwischen gibt es Begriffe wie „Prüfungsstress" und „Prüfungsangst", die dem Trauma einen Namen geben, das Kindern und Jugendlichen vom System und seinen Vertretern – Eltern, Lehrern und allen anderen – aufgezwungen wird und das sie zu bewältigen haben (Abb. 35). Einige von ihnen begehen sogar Selbstmord, weil sie entweder schlechte Prüfungsergebnisse hatten oder sich vor solchen fürchten. Wie viele Helikopter-Eltern, wie viele Lehrer haben sich je die Zeit genommen, sich durch den Kopf gehen zu lassen, wie verrückt das alles eigentlich ist? Diejenigen, die ihre Tests erfolgreich hinter sich bringen, haben ein verzerrtes Bild ihrer eigenen Intelligenz („Das heißt, man muss Prüfungen bestehen, siehst du?"), wenn sie auf die Welt losgelassen werden – und die Durchgefallenen fühlen sich als ewige Versager, was man an Kommentaren à la „Ich war in der Schule nicht so gut" sehen kann. Es sind die „Fische" aus dem Einstein-Zitat weiter oben. Der Mann sagte übrigens auch: „Vorstellungskraft ist wichtiger als Wissen." Dem kann ich nur beipflichten. Da die Fantasie mit dem erweiterten Gewahrsein in Verbindung steht, wird ein Mangel an ihr belohnt. Oder sie wird, wenn sie nicht dem System dient, in ein Gehege mit der Aufschrift „Bis hierher und nicht weiter" gepfercht.

Neulich habe ich einen amüsanten Prüfungsfragebogen gesehen, in dem sich der Prüfling einen Jux aus sämtlichen Fragen gemacht hat. Die Frage nach dem wichtigsten Scheidungsgrund wurde mit „Ehe" beantwortet; die Frage, wie die Hälfte eines Apfels aussieht, mit „wie die andere Hälfte"; und schließlich wurde noch gefragt, was es nie zum Mittag- oder Abendessen geben kann – „Frühstück". Die Arbeit wurde mit „ungenügend" bewertet, weil das Kind dem System nicht gesagt hatte, was es hören wollte (er oder sie hatte den Test „verpatzt"); der Lehrer allerdings hatte als persönliche Benotung eine „1+ für Kreativität" vergeben. Ist es nicht das, was wir eigentlich wollen – Kreative mit lebhafter Fantasie? Nun, das würde die Welt ganz sicher besser, lebendiger und interessanter machen, doch es wäre natürlich auch der Todesstoß fürs System, weil es niemand mehr ernst nähme. Noch an meinem ersten Schultag rannte ich zwischen den Stunden nach Hause und sagte meiner Mutter, dass ich dort nicht mehr hin wolle. Nennen wir es Intuition.

Bringen wir das Gesagte noch einmal auf den Punkt: Wenn Sie Prüfungen bestehen, heißt das nicht, dass Sie intelligent sind; wenn Sie daran scheitern, heißt das nicht, dass Sie dumm sind. Ich habe in meinem ganzen Leben keine größere Prüfung abgelegt, weil ich die Schule mit 15 Jahren verlassen habe, um mein Geld mit Fußball zu verdienen. Inzwischen habe ich über 20 Bücher geschrieben und ganztägige Vorträge über die verschiedensten Themenbereiche gehalten. Nicht ein einziges Mal haben mich die fehlenden Prüfungen daran gehindert, etwas zu begreifen – eher im Gegenteil: Ich war nicht mit bedeutungslosem Müll zugeschüttet worden, der mich am freien Denken hätte hindern können. Überlegen Sie, wie viele Menschen ein wundervolles Leben hatten und in ihrem frei gewählten Betätigungsfeld hochbegabt waren, ohne je auch nur in die Nähe des Klassenbesten gekommen zu sein. Prüfungen sind kein Maß für Intelligenz, Erfolg und Versagen, sondern nur Teil des ganzen Schwindels. Die Ausbildung an der Universität, zu der nur diejenigen mit den entsprechenden Erinnerungszertifikaten zugelassen werden, verleiht dem Ich-Phantom den letzten Schliff. Studenten, deren Eltern nicht reich genug sind, um den Unibesuch zu bezahlen, müssen sich dafür heute bis über beide Ohren verschulden. Laut der britischen Zeitung *Independent on Sunday*, die sich auf Regierungsdokumente beruft, kostet ein Universitätsabschluss in Großbritannien insgesamt bis zu 100.000 Pfund. Lass sie sich verschulden, wenn sie jung sind, und du wirst sie ein Leben lang kontrollieren (Abb. 36 und 37).

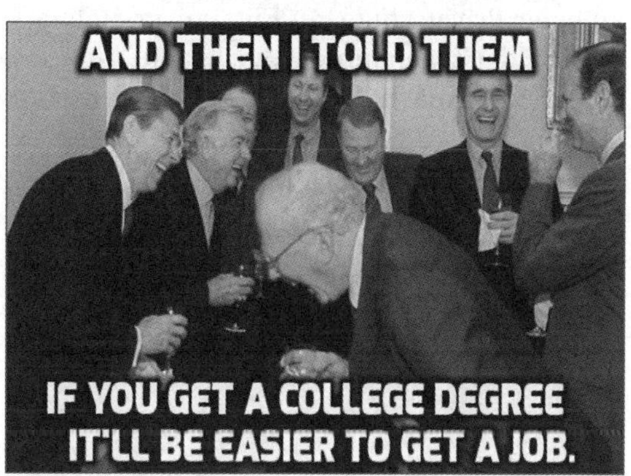


**Abb. 36:** „Und dann hab ich zu ihnen gesagt: Wenn ihr einen Collegeabschluss macht, wird es leichter, einen Job zu finden." *– Die machen sich wirklich über uns lustig.*

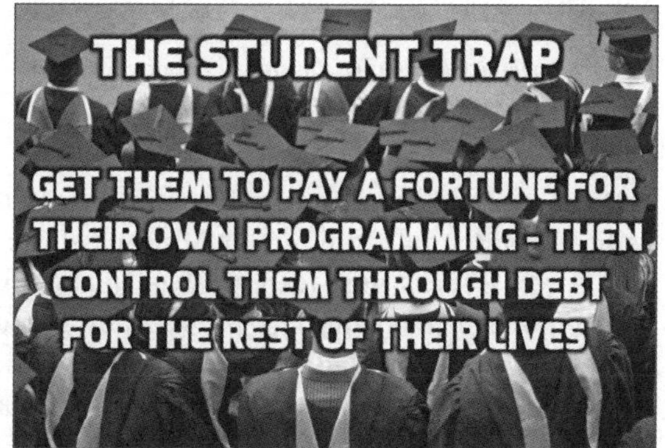


**Abb. 37:** „Die Studentenfalle: Bring sie dazu, ein Vermögen für ihre eigene Programmierung auszugeben – dann kontrolliere sie für den Rest ihres Lebens über die Schulden." *– Sie wollen programmiert werden? Macht dann 100.000 Pfund, bitte. Wir nehmen auch Schecks.*

# Systemmenschen

Die Berufsstände, von denen das System verwaltet wird, sind mit Hochschulabsolventen durchsetzt. An den einflussreichsten Positionen sitzen Menschen, die ihren Abschluss an einer Privatschule, an Eliteuniversitäten wie Oxford bzw. Cambridge (Großbritannien) bzw. an der sogenannten „Ivy League" – einer der acht prestigeträchtigsten Universitäten der USA – gemacht haben. Hier geben sich angehende Politiker, Regierungsbeamte, Richter, Anwälte, Ärzte, Bankiers, Firmenchefs und Journalisten die Klinke in die Hand. Danach üben sie zwar verschiedene Berufe aus, doch ist ihnen dasselbe Betriebssystem aufgespielt worden. Ihre Gehirne sind so vom System durchdrungen, dass sie prinzipiell dieselbe Sicht auf die Welt und die Wirklichkeit haben – die des Systems. Es mag Ausnahmen geben, die sich einen Rest ihrer Einzigartigkeit bewahrt haben, doch ist das die Minderheit. So jung sie auch sind: Durch die beständige Wahrnehmungsprogrammierung ist das System zu ihrem Gott geworden, vor dem sie die Knie beugen und den sie stets in Schutz nehmen werden (Abb. 38).

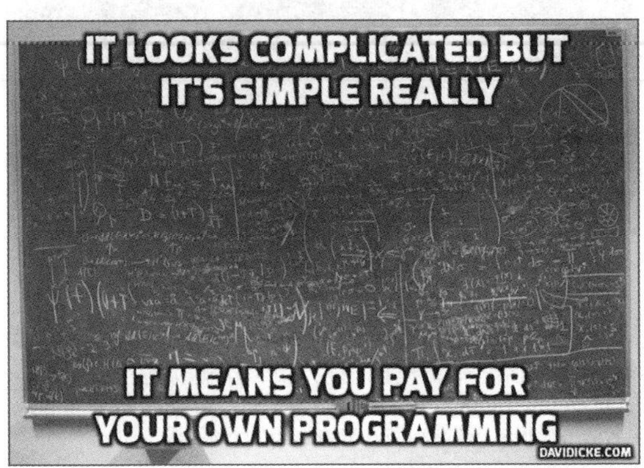


**Abb. 38:** „Es sieht verzwickt aus, ist aber recht simpel: Es bedeutet, dass du deine eigene Programmierung bezahlst." – *Hinter vermeintlich komplexen Zusammenhängen verstecken sich einfache Wahrheiten.*

Das Ergebnis kann man allerorten bewundern: Der Weg des Systems ist der einzig wahre Weg. Ich habe von einer Mutter gelesen, die wegen einer Krebsbehandlung ihres Sohnes vor Gericht aussagen musste. Nachdem sie mitbekommen hatte, wie fatal sich der konventionelle „medizinische" Ansatz auf Körper und Geist ihres Kindes ausgewirkt hatte, wollte sie ihren Sohn alternativmedizinisch behandeln lassen. Für mich war abzusehen, wie die Sache ausgehen würde, denn das Ergebnis ist quasi immer dasselbe – so auch hier. Der Richter (Systemprogramm) stützte die Auffassung des Arztes (Systemprogramm), nicht die der Mutter (die das System infrage stellte). Norman Tebbit, in den 1980ern Minister in der Thatcher-Regierung, beantwortete die Frage, warum während der Thatcher-Jahre so wenig gegen pädophile Politiker unternommen worden war, mit folgenden aufschlussreichen Sätzen:

> Damals, so meine ich, dürften die meisten Menschen gedacht haben, dass das Establishment, das System, geschützt werden müsse. Selbst wenn hier und da das ein oder andere schief gelaufen war, so war es doch wichtiger, das System zu schützen, als sich eingehender damit auseinanderzusetzen.

Das „damals" hätte er sich auch schenken können. Es war davor schon immer so gewesen, und bis heute hat sich nichts daran geändert. Für die Angestellten und Verwalter des

Systems ist es weitaus wichtiger, das System zu schützen als schändlich missbrauchte Kinder. Und das wird sich auch nicht ändern, solange die Ich-Phantome, die dem System dienen, nicht aus ihrer Programmierung erwachen. Im Film „Matrix" brachte es Morpheus folgendermaßen auf den Punkt:

> Die Matrix ist ein System, Neo. Dieses System ist unser Feind. Was aber siehst du, wenn du dich innerhalb des Systems bewegst? Geschäftsleute, Lehrer, Anwälte, Tischler. Die mentalen Projektionen der Menschen, die wir zu retten versuchen. Bis es dazu kommt, sind diese Menschen immer noch Teil des Systems – und das macht sie zu unseren Feinden. Du musst wissen, dass die meisten von ihnen noch nicht so weit sind, abgekoppelt zu werden. Viele dieser Menschen sind so angepasst und vom System abhängig, dass sie alles dafür tun, um es zu schützen.

Genau das machen die Menschen in vielerlei Hinsicht. Was wir hier sehen, ist eine Art kollektives Stockholm-Syndrom: „ein psychologisches Phänomen, bei dem Geiseln Mitgefühl mit ihren Geiselnehmern entwickeln und ein positives emotionales Verhältnis zu ihnen aufbauen, was sogar so weit gehen kann, dass sie diese verteidigen". Wo man auch hinschaut, sieht man menschliche Sklaven, die das System verteidigen, von dem sie versklavt werden. Wie heißt es so schön? „Sie pinkeln auf uns und wir sagen, es regnet." Das Stockholm-Syndrom ist der Stallgefährte der kognitiven Dissonanz, die der Psychiater und Philosoph Frantz Fanon wie folgt beschreibt:

> Manchmal haben Menschen einen sehr starken Kernglauben. Werden sie mit Belegen konfrontiert, die diesem Glauben widersprechen, können sie diese neuen Belege nicht akzeptieren. Das würde ein äußerst unangenehmes Gefühl mit sich bringen – die kognitive Dissonanz. Und da es so wichtig ist, den Kernglauben zu schützen, werden sie alles, was sich nicht mit diesem Kernglauben vereinbaren lässt, wegerklären, ignorieren oder sogar abstreiten.

Auf das freie Denken und die vorurteilsfreie Wahrnehmung wirkt sich die Kombination aus Stockholm-Syndrom und kognitiver Dissonanz verheerend aus. Die Welt wird – zumindest offiziell – von Politikern (Systemprogrammen) regiert, denen das Weltbild des Systems eingeimpft wurde und die Gesetze erlassen, die auf dieser systemgegebenen Version der Wirklichkeit beruhen. Das wiederum wird von den Medien (Systemprogrammen) berichtet und mitgetragen, die die Geschichte gemäß ihrer vom System geprägten Wahrnehmung wiedergeben.

Die meisten Vertreter des Mainstream-Einheitsbreis täuschen und vertreten die Lüge nicht vorsätzlich – das machen nur die wenigsten. Viel öfter führen sie die Masse in die Irre, weil sie selbst getäuscht worden sind. Viele sind genauso Sklaven wie die, an deren Versklavung sie mitarbeiten. Sie mögen Geld oder Ansehen haben, dienen aber wie alle anderen dem Programm. Mit all den verschiedenen politischen Parteien und Ausrichtungen, dem augenscheinlichen Wettbewerb und den verschiedenen Arbeitsbekleidungen – vom schwarzen Anzug bis zum Grubenhelm – erscheint die Gesellschaft sehr vielfältig, doch verstärkt das die Illusion und Täuschung nur. Das, was wir Unterschiede und Vielfalt nennen, agiert nur innerhalb der Regeln und Grenzen desselben Systems. Während eines

Zivilprozesses kam ich einmal mit der zuständigen Rechtsanwältin ins Gespräch. Sie war wie besessen, wusste auf alles eine Antwort und hatte sich spitzfindig jedes noch so kleinen Details bedient, um im Namen ihres Klienten dessen Gegenüber finanziell zu ruinieren. Ich sagte ihr, wie sehr ich es bedauere, dass sie einen solchen Job machen müsse. Ihre Antwort kam wie aus der Pistole geschossen: „Ich liebe meinen Job." Ich erwiderte, dass sie mir nun noch mehr leidtue. Sie war eine unangenehme, streitsüchtige und zutiefst unsympathische Zeitgenossin, die nur auf juristische Siege erpicht war, weshalb man sie gewiss als „erfolgreiche Anwältin" bezeichnen konnte. Im Grunde aber war sie tot. Sie hatte leblose Augen und nicht einen Funken Herz. Tagein, tagaus durchkämmte sie mechanisch ganze Papierwälder und reichte Anträge bei „Euer Ehren" ein. Sie nahm den ganzen Zirkus um sich herum so verdammt ernst, dass ich nur ungläubig den Kopf schütteln konnte. Für mich war es komisch, ja, fast rührselig, sie dort schuften zu sehen – für das Ich-Phantom der Dame aber war das die ganze Lebensgrundlage. Ich wette, ihre Eltern waren fürchterlich stolz auf ihre erstklassigen Prüfungsergebnisse sowie die Tatsache, dass sie es „geschafft hatte". Das Programm hatte sie sich mit Haut und Haaren einverleibt, sodass ich bezweifle, dass sie jemals auf den Trichter kommen wird, wie absurd ihr Leben eigentlich ist – sie würde einfach Nacht für Nacht durchrackern, um einen weiteren glorreichen Sieg einzufahren, indem sie das nächste menschliche Wesen ruiniert. Aber wer weiß, vielleicht wacht sie doch noch auf? Ich kann das nur hoffen und wünsche ihr alles Gute. Haben sich Menschen erst einmal vom Hass übermannen lassen oder ihr Mitgefühl auf andere Weise ausgelöscht, sind sie tot; ihr Atem täuscht bloß noch Leben vor. Tote Menschen können weiterlaufen – nur tote Körper können das nicht.

## Vom Schulprogramm zum Arbeitsprogramm

Haben die rasch heranwachsenden Ich-Phantome die offizielle Ausbildungsphase des Programms abgeschlossen, ist dessen Standardweltbild fest in ihnen verwurzelt: dass die Realität materiell ist, die Gesellschaft nur mit hierarchisch geordneten Machtstrukturen funktionieren und man mit Geld alles erreichen kann. Das verwundert kaum, denn diese Vorstellungen und Glaubenssätze sind ihnen mit der Muttermilch eingeflößt worden – erst recht ab dem Zeitpunkt, als sie die Schwelle zu dem psychiatrischen Gefängnis überschritten haben, das euphemistisch als „Bildungswesen" bezeichnet wird. So verlassen Generationen von Ich-Phantomen das Fließband, bekleiden Posten, von denen aus die Gesellschaft organisiert wird, und erzählen der Masse von Ich-Phantomen, was sie zu tun und zu denken hätten – nämlich genau das, was *ihnen* vom System erzählt wurde (Abb. 39). Die Blinden werden von Blinden geführt, die Programmierten von Programmierten. Das ist die „menschliche Gesellschaft" – die Welt des Ich-Phantoms (Abb. 40).

Die kanadische Schriftstellerin Danielle LaPorte stellte einmal die Frage: „Können Sie sich erinnern, wer Sie waren, bevor Ihnen die Welt gesagt hat, wer Sie sein sollen?" Jede Generation konditioniert die nächste, wobei sowohl Führer als auch Geführte letztlich

Sklaven einer unsichtbaren Macht sind, die sie im Verborgenen steuert. Präsidenten, Premierminister, Bankmagnaten und Firmenchefs sind nur Laufburschen der wahren Machthaber, die so gut wie nie in der Öffentlichkeit zu sehen sind. Natürlich fügt sich nicht jeder in die Gussform des durchprogrammierten Ich-Phantoms. Die meisten aber tun das und werden es so lange tun, bis die Menschheit den Schwindel durchschaut und ihr eigenes Unendliches Wesen wiederentdeckt. Führer *und* Geführte, „Chefs" *und* „Angestellte" fallen auf den Schwindel herein und werden gesteuert, entweder mit Zuckerbrot oder mit Peitsche. Das Zuckerbrot ist der „Erfolg" – oder zumindest das Überleben –, und wenn das nicht Ansporn genug ist, wird die Peitsche herausgeholt. Damit das Zuckerbrot auch wie eine Karotte an einer Angel vor der Nase hängt, ist es entscheidend, dass alle für „gut" oder besser befundenen Dinge in eine illusorische „Zukunft" projiziert werden. Wie ich später erläutern werde, gibt es weder Zukunft noch Vergangenheit – für diese Methode der Massenausbeutung sind es aber unabdingliche Konzepte. Alles, was das System braucht, ist der Glaube an eine Zukunft, sodass alle guten und besseren Dinge (Karotten bzw. Zuckerbrote) in diesem eingebildeten Morgen versteckt werden können (Abb. 41).

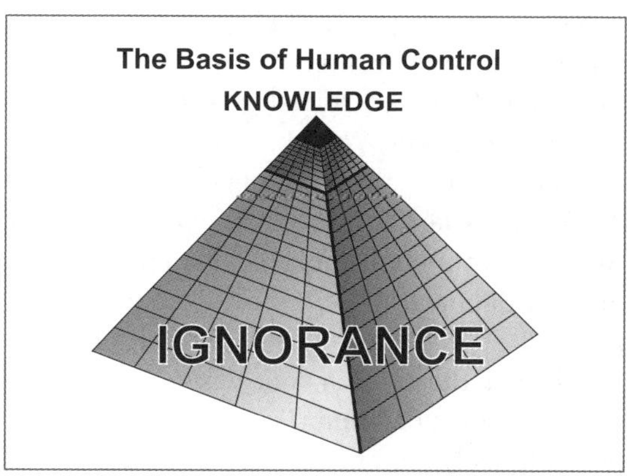


**Abb. 39:** „Die Basis der Kontrolle der Menschheit: Wissen – Unwissenheit" – *Die Pilzmethode: Halte sie im Dunkeln und füttere sie mit Abfall.*

**Abb. 40:** „Ich – bin – ein – mensch – li – ches – We – sen – Ich – die – ne – dem – Sys – tem" – *Ich möchte meinem Gefängnis stets zu Diensten sein.*

**Abb. 41:** „Ich hol sie mir noch" – *Wie man Esel austrickst.*

Unser ganzes Leben lang wird uns erzählt, wir müssten nur härter arbeiten, damit wir *morgen* ins Nirwana gelangen. Dieses „Nirwana" kann eine Beförderung sein, Ruhm und Reichtum, oder schlicht die Tatsache, genug zu essen und ein Dach über dem Kopf zu haben. Genauso gut kann damit gemeint sein, Schulden aufzunehmen, um ein Haus, das neueste Auto oder einfach nur einen fahrbaren Untersatz zu „kaufen". Vielleicht sind Sie auch Anwalt und Ihre

Karotte wäre es, Richter zu werden. Wenn Sie immer fleißig weiterarbeiten, lernen und das Hamsterrad des Systems in Gang halten, werden Sie ins verheißene Paradies gelangen. Im Grunde ist es nur die Fortsetzung des Ausbildungsprogramms, bei dem es ja auch darum geht, härter zu arbeiten und intensiver zu lernen, um am Ende seine Belohnung entgegenzunehmen. Doch als was stellt sich diese Belohnung dann heraus? Sie reißen jahrelang Stunden herunter, um am Ende im Chefsessel zu landen – oder um Richter, Politiker, CEO oder Handwerksmeister zu sein. Womöglich werden Sie sogar richtig reich und leben in Saus und Braus. Wie aber fühlt es sich an, wenn Sie „dort angekommen" sind – Sie also Ihr heiß ersehntes Nirwana erreicht haben? Nach all den Mühen, den Opfern und Nerven, die Sie investiert haben, nachdem Sie zum ersten Mal von der (vom System übertragenen) Ambitionskrankheit infiziert wurden, sollte es sich sicher ganz fantastisch anfühlen. Aus meinen Beobachtungen und Begegnungen mit zahlreichen Menschen weiß ich, dass das Ziel, das sie ihr ganzes Leben verfolgt haben, selten das Glück und die Zufriedenheit mit sich bringt, die sie sich vom Erreichen des Ziels erhofft hatten. Sie „kommen an", aber im Grunde ändert das innerlich gar nicht viel. Dann gibt es noch jene, die weder zu Reichtum noch Status kommen, aber dennoch das Programm geschluckt haben. Arbeite hart, tu, was dein Chef sagt, pass dich an, halt dich raus und man wird schon für dich sorgen. Das geht so lange gut, bis Ihre Firma feststellt, dass sie Menschen aus Fernost noch stärker ausbeuten kann – und während Sie in den Trümmern Ihres Lebens herumstochern, verkünden die Politiker Ihnen und Ihrem arbeitslosen Kollegen, dass Sie nur härter und für weniger Geld arbeiten müssen, damit alles gut wird.

## Schwindelsüchtig

Ob Sie nun reich und „erfolgreich" sind oder auf Ihre alten Tage im Jobcenter hocken – irgendwann kommen Sie wahrscheinlich an den Punkt, an dem Sie sich fragen: „Worum ging es hier eigentlich die ganze Zeit?" und „Was hatte das alles für einen Zweck?" Keinen. Oder zumindest nicht den, den Sie sich die ganze Zeit eingebildet haben – denn das vom System versprochene Nirwana war erstunken und erlogen. Selbst die meisten der als erfolgreich geltenden Menschen – die „Gewinner" – gelangen irgendwann in eine Phase der Selbstreflexion (auch wenn sie es vielleicht nicht offen zugeben), denn für das Ich-Phantom gibt es *kein* Nirwana, nur ein eingebildetes. Die Leere, die diese Menschen trotz Geld, Status, Vorzeigefrau und sämtlicher „Errungenschaften" noch immer empfinden, basiert darauf, dass sie die Lüge leben, seit sie auf die Welt gekommen sind. Sie fühlen sich leer, weil sie den Kontakt zu ihrem „Inneren" verloren haben – zum strahlenden Glanz ihrer Unendlichkeit, den das Programm von Beginn an einzudämmen versucht hat. Diese Verbindung können Sie mit keinem Geld der Welt erkaufen, so reich Sie auch sein mögen – allerdings müssen Sie das auch gar nicht. Sie ist nicht nur gratis, sondern *bereits in Ihnen vorhanden*. Das System hat Sie das nur vergessen lassen. Der in Großbritannien geborene Philosoph Alan Watts (1915–1973) hat den ganzen Schwindel in den folgenden Zeilen auf brillante Weise beschrieben:

> In der Musik ist das Ende eines Stücks nicht der Sinn und Zweck der Komposition. Wenn dem so wäre, wären die schnellsten Dirigenten die besten, und es gäbe Komponisten, die nur Finale komponieren würden. Menschen würden nur deshalb auf Konzerte gehen, um den einen krachenden Akkord zu hören – weil es auf diesen hinausläuft!
>
> Es ist aber nicht zu erkennen, dass solche Gedanken über unsere Erziehung in unser Alltagsleben einfließen. Unser Schulsystem hinterlässt einen gänzlich anderen Eindruck. Alles wird klassifiziert. Und wir, wir locken unser Kind in den Flur dieses Klassifizierungssystems, indem wir etwas wie „putt, putt, putt" sagen, und schon gehst du in den Kindergarten. Und das ist ganz wunderbar, denn wenn du den geschafft hast, kommst du in die erste Klasse, aber hey: Die erste führt in die zweite und so weiter, bis du die Grundschule verlässt. Irgendwann geht es zur Highschool, und nun nimmt das Ganze Fahrt auf – du kommst der Sache näher. Dann musst du natürlich aufs College und, bei Gott, du schaffst es bis auf die weiterfuhrende Hochschule. Und wenn du die hinter dich gebracht hast, kann die Welt kommen!
>
> Und dann bekommst du irgendeinen Job, bei dem du Versicherungen verkaufst. Die haben eine bestimmte Quote zu erfüllen, und die schaffst du dann auch. Und die ganze Zeit kommst du der Sache, um die es eigentlich geht, näher. Es wird, es wird! Das große Ding, der Erfolg, für den du arbeitest. Mit 40 Jahren wachst du dann eines Tages auf und sagst dir: „Mein Gott! Ich bin angekommen! Ich bin da". Und eigentlich fühlst du dich gar nicht groß anders als sonst.
>
> Und dann macht sich eine gewisse Enttäuschung breit, denn du spürst, dass du auf einen Schwindel hereingefallen bist. Und es war ein Schwindel. Ein wirklich mieser Schwindel. Sie haben es geschafft, dass du alles verpasst hast. Wir hatten das Leben für eine Reise gehalten, eine Pilgerreise mit einem ernst zu nehmenden Ziel, und dass es darum ging, dorthin zu gelangen. Erfolg oder was auch immer, vielleicht der Himmel, nachdem man gestorben bist.
>
> Die ganze Zeit aber haben wir nicht verstanden, worum es eigentlich geht: Die Sache hatte mit Musik zu tun, und wir hätten zur Musik singen oder tanzen sollen.

Aber wir *sollen* eben nicht verstehen, worum es eigentlich geht – das ist ja der Plan, der wahre Grund für all das, was ich in diesem einführenden Kapitel beschrieben habe. Diejenigen, die die Musik hören, werden nicht dem System dienen. Carl Sagan (1934–1996), der große amerikanische Kosmologe, bezeichnete diese Irreführung als „bamboozle" (Abb. 42) – und das, was er darüber sagt, passt perfekt zu dem, was ich hier dargelegt habe. Er schrieb:

> Eine der traurigsten Lehren aus der Geschichte ist folgende: Wenn wir nur lange genug hereingelegt worden sind, neigen wir dazu, jeden Beweis für diesen Betrug abzulehnen. Wir wollen die Wahrheit gar nicht mehr wissen. Der Schwindel

hält uns völlig gefangen. Es wäre dann einfach zu schmerzhaft, sich einzugestehen – und sei es auch nur vor sich selbst –, dass man darauf hereingefallen ist. Gibt man einem Scharlatan einmal Macht über sich, wird man sie kaum jemals zurückbekommen.

Oder, um es mit Mark Twain zu sagen: „Es ist leichter, die Menschen zu täuschen, als sie davon zu überzeugen, dass man sie getäuscht hat." Einige werden ihr Leben als Ich-Phantom genießen, obwohl sie keinen Gradmesser haben, mit dem sich feststellen ließe, wie ihr Leben unter Einfluss des Unendlichen Selbst im Vergleich dazu verlaufen würde. Viele andere wiederum lassen sich zwar vom Ich-Phantom verblenden (was in gewissem Maß auf jeden von uns zutrifft), erleben aber trotzdem Augenblicke oder gar längere Phasen, in denen sie von den Ein- und Ansichten des Unendlichen Selbst durchströmt werden. Es gibt viele Bezeichnungen dafür – von „inspirierter Eingebung" bis hin zu „spiritueller" oder „göttlicher Erfahrung". Der Themenkreis aber, den ich hier beleuchtet habe, ist in der Welt der Phantome – dem seelenlosen System („seelenlos" = unter Ausschluss der unendlichen Wirklichkeit) – angesiedelt und dort nahezu allmächtig. Die sozialen Medien und das Internet im Allgemeinen haben uns erkennen lassen, zu welcher Größe das Ich-Phantom inzwischen angewachsen ist und wie es die Welt bereits durchdringt; wie gut es mit programmierter Dummheit, Gehässigkeit und himmelschreiender Unwissenheit um sich werfen kann.

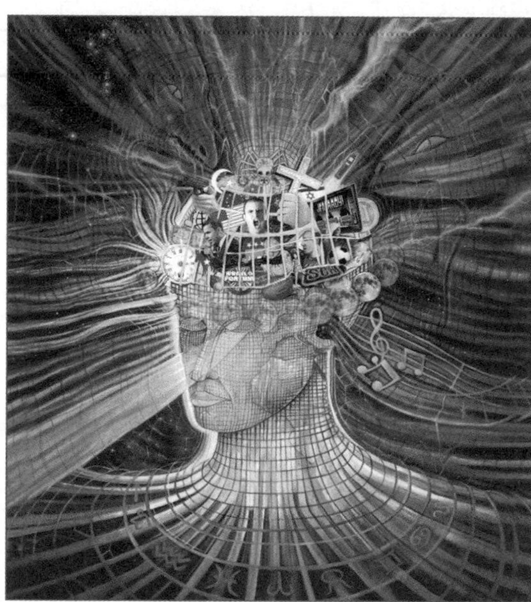

**Abb. 42:** *Alles klar im Kopf?*

**Abb. 43:** „Jemand hat mich grad normal genannt." – *Was für eine Beleidigung.*

Doch das alles muss nicht so sein. Wir müssen unsere Unendliche Einzigartigkeit nicht an ein fabriziertes Selbstbild abtreten – und sobald wir das nicht mehr tun, wird sich das Gefängnis in ein Paradies verwandeln. Zumindest aber wird es dem ziemlich nahe kommen (Abb. 43). Letztlich können wir gar nicht wissen, wie sich das „Paradies" („ein Zustand der Freude bzw. des Glücks") anfühlt, wenn wir nicht alle Möglichkeiten ausprobiert haben – und selbst dann ist es ein subjektiv, nicht objektiv erfahrbarer Zustand. Eine Welt aber, die von ganzem Herzen gelebt wird, in der jeder seine unbegrenzte Kreativität und Individualität ausdrücken und feiern kann, in der vorurteilsfrei nach Wissen gestrebt wird, ist eine völlig andere als die, in der wir uns gerade befinden. Die nämlich gründet sich darauf, dass wir in Unwissenheit, im Bann der Ignoranz gehalten werden – der *Igno-Trance* (Abb. 44). Wir leben in einer Welt, in der die Unwissenheit so allgegenwärtig ist, dass sie als Intelligenz bezeichnet wird (Abb. 45).

Ich möchte hier niemanden wegen seiner Unwissenheit verurteilen. Tatsache aber ist, dass wir sie nicht überwinden können, wenn wir sie uns nicht eingestehen. Darauf haben all die Menschen in der Weltgeschichte hingewiesen, die sich aus den Fesseln des Ich-Phantoms befreit haben (Abb. 46). Beim chinesischen Philosophen Konfuzius hieß das in etwa: „Wahres Wissen bedeutet, zu wissen, was man alles nicht weiß", während der griechische Philosoph Sokrates bekanntermaßen sagte: „Ich weiß, dass ich nicht weiß". Eine andere Variante lautet: „Die Weisheit scheint in dem Maß zu wachsen, in dem man sich seiner eigenen Unwissenheit bewusst wird." Um eine Bevölkerung, die man versklaven will, von solchen Einsichten abzulenken und sie in die Fänge des Ich-Phantoms zu treiben, muss die Unwissenheit neu verpackt und als Intelligenz und Klugheit verkauft werden. Das ist die wichtigste

**Abb. 44:** „Schlafende Menschheit – die Igno-Trance" – *Das System als Hypnotiseur.*

**Abb. 45:** „Das Blasenprogramm: Medien, Politik, Bildungssystem, Eltern, Wissenschaft, Freunde, Ärzte, Experten, Geschichte" – ***eingebildete Intelligenz.***

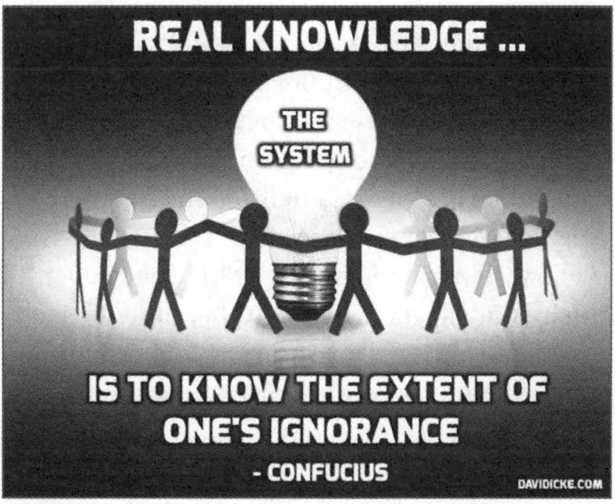


**Abb. 46:** „‚Wahres Wissen bedeutet, zu wissen, was man alles nicht weiß' – Konfuzius" – ***zeitlose Weisheitslehren.***

**Abb. 47:** „‚Die Welt ist verrückt … Wenn Sie das erst einmal erkannt haben, wird Ihnen alles klar.' – David Icke" – ***Wenn der Groschen endgültig fällt.***

**Abb. 48:** „Irrenanstalt Erde" – ***Die Welt, wie sie wirklich ist.***

aller Umkehrungen, aus der sich alle anderen ergeben. Man kann sie gut an der kollektiven Inversion erkennen, die als menschliche Gesellschaft bezeichnet wird. Das System ist nur eine schön angestrichene Fassade, die den Anschein erweckt, wir wären die Speerspitze der menschlichen „Evolution" – aber hinter der Fassade verbirgt sich ein Tollhaus, eine Irrenanstalt, eine verrückte Trickfilm-App (Abb. 47). Mein aufrichtiges Beileid an alle Anstreicher und Fassadenbauer. Alles ist auf den Kopf gestellt, und wenn man aus dem Programm auszusteigen beginnt, wird man vom Großteil der Gesellschaft, die noch immer im Programm gefangen ist, als verrückt und geistesgestört betrachtet.

Stellen Sie sich vor, Sie wären in einem Irrenhaus groß geworden und alles, was Sie je als Erfahrung verbucht hätten, wäre innerhalb der Anstalt geschehen. Ohne irgendwelche anderen Bezugspunkte würden Sie die Irren für „normal" halten – Sie würden Unwissenheit für Intelligenz halten. Oder, um es mit den Worten des Autors und Filmemachers Alejandro Jodorowsky zu sagen: „Vögel, die in einem Käfig geboren wurden, halten Fliegen für eine Krankheit." Würde jemand von außerhalb die Irrenanstalt besuchen und darauf hinweisen, dass es sich *tatsächlich* um eine Anstalt handelt, würden Sie ihn bzw. sie für verrückt bzw. „unnormal" halten – was eigentlich ja *Ihr* normal ist, Ihre *Vorstellung* von dem, was normal ist, jedenfalls laut Ihren Lebenserfahrungen … *in der Anstalt* (Abb. 48). Ich habe gerade den Weg des Menschen von der Wiege bis zur Bahre beschrieben, ein Weg, der gemeinhin als „Leben" bezeichnet wird. Und dieses „Leben" soll genauso ablaufen, denn nur so kann die Macht, die wir nie zu Gesicht bekommen, sicherstellen, dass die Menschen in ihrem Sinne versklavt werden. Die Autorin Ellen Goodman hat das, was innerhalb der Anstalt als „normal" gilt – das, was die Geisteskranken als „Erfolg" bezeichnen – einmal so beschrieben:

> Normal heißt, dass Sie Kleidung anziehen, die Sie für die Arbeit gekauft haben, und dass Sie sich in einem Auto, das Sie noch immer abbezahlen, durch den Verkehr wühlen – um zu der Arbeit zu gelangen, die Sie machen müssen, um die Kleidung,

> das Auto und das Haus bezahlen zu können, das Sie den ganzen Tag leer stehen lassen, damit Sie es sich leisten können, darin zu wohnen.

Die Menschheit fliegt bereits kollektiv übers Kuckucksnest, doch kann ich nur immer wieder betonen, dass wir das nicht tun müssen. Wir müssen in keiner Irrenanstalt leben. Wir können etwas anderes daraus machen. Es geht aber nur, wenn wir uns selbst ändern – und das wird langsam höchste Zeit.

KAPITEL 2

# Erste Frage

***Eine Verurteilung ohne vorherige Untersuchung ist der Gipfel der Ignoranz.***
**Albert Einstein zugeschrieben**

Hat man den Wahnwitz erst einmal durchschaut und weiß, wie er zustande kommt und was es damit auf sich hat, bleibt einem nichts anderes übrig, als wieder ganz von vorn anzufangen. Damit meine ich, *echte* Grundsatzfragen zu stellen wie: „Was ist die Realität?" Ich kenne keinen Politiker, der auch nur in die Nähe dieser Frage gekommen ist. Doch wie können wir überhaupt irgendetwas Sinn- und Gehaltvolles über die Welt wissen, wenn wir nicht einmal ansatzweise verstehen, was diese Wirklichkeit ist, die wir „Leben" nennen?

Wie können wir in der „wirklichen Welt" leben, wenn diese Welt gar nicht wirklich ist – zumindest nicht in dem Maße, wie wir glauben? Zumindest müsste das doch die erste Frage, der Startpunkt für jeden sein, der die menschliche Existenz verstehen will, oder etwa nicht? Nun, offenbar nicht – denn sie wird meist als Letztes gestellt, nicht als Erstes. Daher verwundert es kaum, dass die Menschen so verunsichert und verwirrt sind: Die „feste" Wirklichkeit, die viele von uns für ach so real halten, ist eine gigantische Illusion, in der nichts so ist, wie es scheint. Politik, Wissenschaft, Medizin, Wirtschaft, Medien und alle anderen gesellschaftlichen Institutionen aber, die darüber bestimmen, wohin die Reise gehen soll, welche Vorstellungen wir von der Welt haben und was in ihr möglich ist, gehen davon aus, dass die Welt fest ist – was aber nachweislich nicht stimmt. Diese fehlerhafte Grundannahme korrumpiert die ganze Gesellschaft. Aus Mumpitz wird immer neuer Mumpitz – so, als schlüge man in die Mitte eines Spiegels, von wo aus die Risse dann in alle Richtungen wegführen (Abb. 49). Wenn es also darum geht, was wir *überhaupt* wissen, liegen wir schon 6:0 zurück, bevor das Spiel angepfiffen wurde. Punkt eins: Es gibt kein „fest", nur unsere *Wahrnehmung* von fest (Abb. 50).

**Abb. 49:** „Mumpitz schafft neuen Mumpitz" – *Die fehlerhafte Grundannahme dringt bis in jeden Winkel der Gesellschaft vor.*

Pro Sekunde verarbeitet das menschliche Gehirn etwa 11 Millionen „Empfindungen" bzw. „Sinneseindrücke" – Informationen, die es als Bilder, Geräusche, Geruch, Geschmack und Gefühl bzw. Berührung decodiert. Von diesen 11 Millionen werden jedoch nur rund *40* herausgefiltert, aus denen unser Bild von der Wirklichkeit generiert wird. In jeder Minute werden also 2.400 Eindrücke von 660 Millionen möglichen ausgewählt – rechnen Sie das einmal auf den ganzen Tag um. Dass diese Fragmente für uns eine kontinuierliche Realität ergeben, liegt daran, dass das Hirn die Lücken mit dem füllt, was *seines Erachtens* dort hineingehört. Das, meine sehr verehrten Damen und Herren, ist Ihre „reale Welt".

**Abb. 50:** „Sie meinen, das sei nicht real?" – *Genau.*

Das Gehirn erzeugt allerdings nicht das Bewusstsein, sondern fungiert nur als Decoder für das Bewusstsein/die Informationen. Decodiert es nichts, können wir auch nichts sehen. Über die Forschungen zur „Computertheorie des Geistes" bin ich erst während der Arbeit an diesem Buch gestolpert, dabei passen sie perfekt zu dem, was ich in meinen früheren Büchern geschrieben habe. Die Theorie geht davon aus, dass das menschliche Gehirn/der menschliche Intellekt ein Informationsverarbeitungssystem und Denken eine Art Rechnen ist. Sie wurde schon vor längerer Zeit, nämlich 1961, von dem amerikanischen Philosophen, Mathematiker und Informatiker Hilary Putnam ins Gespräch gebracht und passt wie die Faust aufs Auge. Ganz ähnliche Auffassungen vertreten aber auch traditionelle und neuzeitliche Schamanen sowie gestandene Wissenschaftler auf aktuellsten Forschungsgebieten. Der Physiker Nikola Tesla etwa, das Genie, das einige Grundsteine für die Moderne – wie etwa den Wechselstrom – gelegt hat, meinte: „Mein Gehirn ist nur ein Empfänger." Auf den ersten Blick scheinen Physiker und indigene Schamanen zwar in völlig unterschiedlichen Welten zu leben, doch sprechen aufgeschlossene Wissenschaftler, Schamanen, Mystiker und Erwachte dieselbe Sprache. Der mexikanische Schamane Don Juan Matus, der in den Büchern von Carlos Castaneda zitiert wird, sagte:

> Wir sind Wahrnehmer, wir sind Gewahrsein; wir sind keine Objekte; wir haben keine Stabilität. Wir sind grenzenlos [...] Wir, oder besser gesagt unser Verstand, vergisst das – und deshalb verstricken wir unsere Absolutheit in einen Teufelskreis, aus dem wir zeit unseres Lebens kaum je entkommen.

Noch ein weiterer Punkt zur Illusion: Selbst die Schulwissenschaft streitet nicht ab, dass wir nur einen winzigen Ausschnitt von dem „sehen", was es zu sehen gibt – und ich meine hier *wirklich winzig*. Es heißt, dass das elektromagnetische Spektrum gerade einmal 0,005 Prozent von dem ausmacht, was im Universum an Materie, Masse und Energie existiert (Abb. 51). Das „sichtbare Licht" – der einzige Frequenzbereich, den wir mit den Augen wahrnehmen können – ist nur ein *Bruchteil* dieser 0,005 Prozent (Abb. 52). Manche setzen die Prozentzahl für das elektromagnetische Spektrum etwas, aber nicht viel höher an. Die Welt, die wir wahrnehmen, ist also keinesfalls die Welt, „in" der wir leben. Wir leben in einem von vielen Frequenzbändern bzw. -bereichen, die manche auch als Dimensionen bzw. Dichten bezeichnen, und diese durchdringen sich gegenseitig – genau wie Radio- und Fernsehsender, die auf verschiedenen Wellenlängen senden, aber denselben „Raum" einnehmen (Abb. 53). Mit „Dichte" ist in diesem Kontext die Energiedichte gemeint, die sich durch bestimmte Frequenzen ergibt.

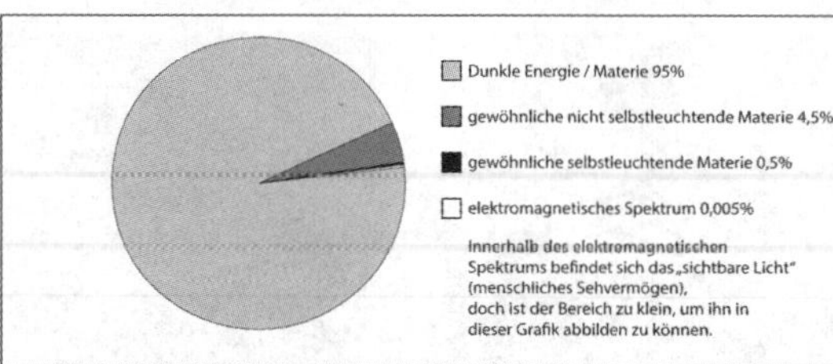


**Abb. 51:** *Alles, was wir „sehen" können …*

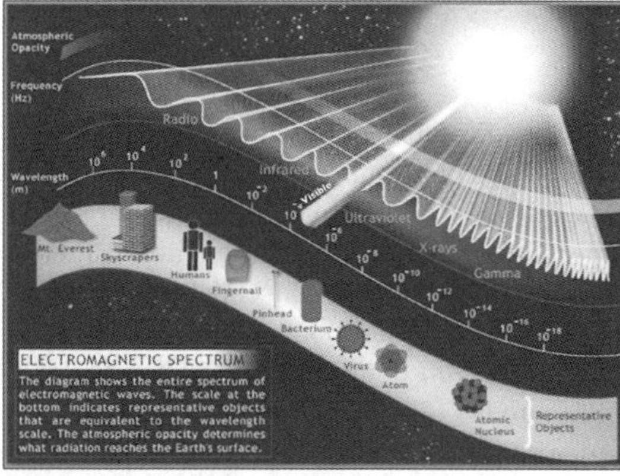


**Abb. 52:** *Der Frequenzbereich des Systems, auf den unsere Sinne beschränkt sind. Das System selbst hat aber den kompletten Überblick.*

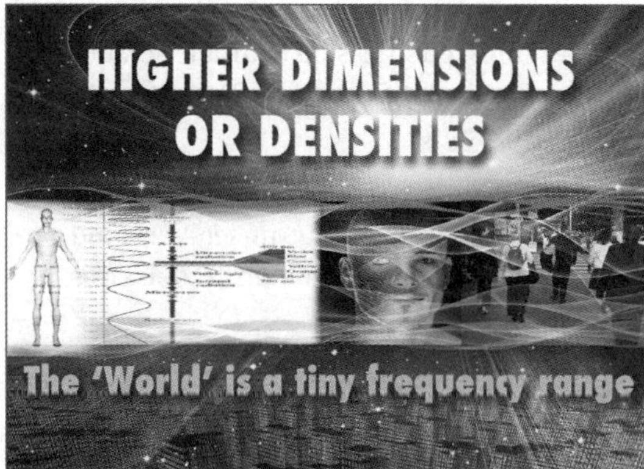


**Abb. 53:** „Höhere Dimensionen bzw. Dichten – Die ‚Welt' ist nur ein winziger Frequenzbereich" – *Was wir als Welt bezeichnen, ist nur ein kleiner Ausschnitt.*

Ich komme gerade erst in Fahrt, dabei liegt das, was wir als „reale Welt" wahrnehmen, schon in Trümmern. Der Künstler und Filmemacher Sergio Toporek, der sich intensiv mit den Grundlagen der Wahrnehmung auseinandergesetzt hat, sagte:

> Bedenken Sie, dass Sie weniger als ein Prozent des elektromagnetischen Spektrums sehen und weniger als ein Prozent des Schallspektrums hören. Während Sie diese Zeilen lesen, reisen Sie mit 220 km/s durch die Galaxis. 90 Prozent der Zellen in Ihrem Körper haben ihre eigene mikrobielle DNS und sind nicht „Sie". Die Atome in Ihrem Körper sind zu 99,9999999999999999 Prozent leerer Raum, und mit keinem davon wurden Sie geboren […] Menschen haben 46 Chromosomen, zwei weniger als eine Kartoffel.
>
> Dass es einen Regenbogen gibt, hängt mit den zapfenförmigen Fotorezeptoren in Ihrem Auge zusammen; für Tiere, die keine Zapfen besitzen, gibt es keinen Regenbogen. Daher schauen Sie einen Regenbogen nicht nur an, Sie erschaffen ihn. Das ist ziemlich verblüffend, vor allem, wenn man bedenkt, dass all die hüb-

schen Farben, die Sie sehen, weniger als ein Prozent des elektromagnetischen Spektrums ausmachen.

Der Wissenschaftler Isaac Newton hat das Wort „Spektrum“ ganz richtig gewählt – im Lateinischen bedeutete es nämlich „Erscheinung“ bzw. „Phantom“ (daher auch das englische „spectre“ für „Gespenst“). Wie alles andere in unserer Realität sind Farben auf bestimmten Frequenzen transportierte Informationen, die das Gehirn und andere Sender/Empfänger-Systeme im Körper/Intellekt in das übersetzen, was wir zu sehen meinen. Ein „Objekt“ hat nicht etwa eine bestimmte Farbe bzw. Farben, sondern ist eine Illusion, die durch die Frequenzen (Farben) entsteht, die reflektiert bzw. absorbiert werden. Wir sehen nicht das, was absorbiert, sondern das, was reflektiert wird – wenn wir etwas als „blau“ oder „rot“ bezeichnen, decodieren wir nur die zurückgestrahlten Frequenzen. Wir können nur reflektiertes Licht sehen: Während wir also eine Landschaft, ein Haus oder einen Stuhl anzuschauen scheinen, sehen wir eigentlich nur das Licht, das von ihnen zurückgeworfen wird. Etwas Pechschwarzes, das kein Licht reflektiert, können wir nicht erkennen. Das sichtbare Licht ist die Energie/Information in einem (winzigen) Frequenzbereich. Mehr können wir Menschen nicht sehen, weil unser visuelles Decodierungssystem im Normalfall nur Informationen aus diesem Bereich verarbeitet. Was für uns unsichtbar ist, könnte allerdings für andere (auch nichtmenschliche bzw. „außerirdische“) Spezies mit größerem visuellem Spektrum sichtbar sein. Tiere mit übersinnlichen Fähigkeiten, wie etwa Katzen, sehen mehr Frequenzen. Daher reagieren sie auch auf Dinge, die Menschen nicht sehen können – „Was macht die Katze da? Da ist doch nichts.“

## Das Universum ist ein „Computer“

Die Wirklichkeit der fünf Sinne – das „Universum“ – ist folglich nichts anderes als codierte (verschlüsselte) und wieder decodierte (entschlüsselte) Information; sie funktioniert nach demselben Prinzip wie das Internet oder ein Computerspiel. So hieß es beispielweise in der Einleitung zu einem Artikel im Mainstream-Wissenschaftsjournal *Scientific American*, in dem Schwarze Löcher mit Computern verglichen wurden:

> Die meisten Menschen halten Computer für spezialisierte Gadgets: schnittige Kästen auf einem Schreibtisch oder fingernagelgroße Chips, die in Hightech-Kaffeekannen verbaut sind. Für einen Physiker aber sind alle physikalischen Systeme Computer. Auf Felsen, Atombomben und Galaxien mag vielleicht kein Linux laufen, doch auch sie erkennen und verarbeiten Informationen. Jedes Elektron, Photon und andere Elementarteilchen speichert Datenbits, und immer, wenn zwei dieser Teilchen interagieren, werden diese Bits umgewandelt. Materielle Existenz und Informationsgehalt sind untrennbar miteinander verbunden.

Das Universum ähnelt also einem gigantischen, vernetzten Computersystem, in dem beständig Informationen codiert und decodiert werden. Die Ähnlichkeit kommt nicht von

**Abb. 54:** „Das Universum ist eine Simulation" – *Wir leben in einer hoch entwickelten Version eines Computerprogramms.*

ungefähr: Wir leben in einer technisch hochkomplexen Version einer Computersimulation (Abb. 54); unsere Fünf-Sinnes-Realität ist ein Quantencomputer mit nahezu unvorstellbarer Informationsverarbeitungskapazität. Die derzeit gebräuchlichen Computer verwenden Binärziffern (bzw. Bits, von engl.: „binary digit") als Code, die durch die Ziffern 1 und 0 bzw. elektrische Schalterzustände (Ein/Aus) repräsentiert werden. Quantencomputer hingegen nutzen *Quanten*bits („Qubits"), speichern und verarbeiten Informationen also mithilfe von Atomen, Photonen und Elektronen etc. Quantensysteme können mehrere Zustände gleichzeitig annehmen (und sind nicht nur auf 1 und 0 beschränkt), weshalb sie millionenfach leistungsfähiger sind als die besten heute verfügbaren Supercomputer. Und nun stellen Sie sich vor, was für eine Informationsverarbeitungskapazität ein Quantencomputer in der Größe des Universums hat.

Quantenphysikern wird mehr und mehr klar, dass alle Materie (konzentrierte Energie) eine Art Computer ist. Tatsächlich aber kann *jede* Form von Energie Informationen verarbeiten – weil sie *bewusst* ist. Das Universum ist also nicht nur ein außergewöhnlich leistungsstarker, sondern auch ein *bewusster* Computer. Alles ist in der einen oder anderen Form bewusst. Seit Jahren sage ich, dass der Körper ein biologischer bzw. lebendiger Computer ist – oder anders gesagt: ein Quantencomputer. „Biologisch" wird unter anderem definiert als „das Leben bzw. lebende Organismen sowie das, was diese betrifft, von diesen erzeugt oder beeinflusst wird". Ein biologischer Computer verfügt über Bewusstsein und kann bis zu einem gewissen Punkt für sich selbst denken – das, was etwa das Immunsystem die ganze Zeit macht, wenn es Entscheidungen trifft oder auf veränderte Umstände reagiert. Computer haben einen Stand-by-Modus (wie auch der Körper); sie können kaputtgehen bzw. „sterben" (wie auch der Körper); sie haben einen Prozessor bzw. eine CPU (das Gehirn); eine Festplatte (DNS); und ein Antivirenprogramm (das Immunsystem). Inzwischen gibt es Schnittstellen zwischen Gehirn und Computer, mit denen dem Computer gedanklich Anweisungen erteilt werden können. Das ist deshalb möglich, weil durch diese Technologie zwei Computer miteinander verbunden werden. In einer Studie des Massachusetts Institute of Technology (MIT) hieß es:

> Die Biologie ist von Grund auf diskret, sie basiert auf Gruppen von Nuklein- und Aminosäuren, die sich zu Genen und Proteinen zusammensetzen. Computer sind ebenfalls von Grund auf diskret, sie basieren auf Datenbits, die über Logikgatter verarbeitet werden. Die Letztgenannten wurden lange Zeit verwendet, um die Erstgenannten zu untersuchen, doch ist es durch eine Reihe an neu entwickelten Technologien möglich geworden, diese beiden Repräsentationen direkt ineinander umzuwandeln.

> Genau wie Analog-Digital- und Digital-Analog-Wandler eine Schnittstelle zwischen Computern und der physikalischen Welt von Sensoren und Aktoren bilden, ermöglichen es „Biologie-Digital"- und „Digital-Biologie"-Wandler Computern, biologische Welten zu schaffen und zu steuern.

Biologen sind gerade dabei, synthetische Zellen zu konstruieren. Was sind wir also, wenn das, was wir im Spiegel sehen, ein biologischer Computer ist? Wir denken zwar, *wir* seien unser Körper, unser Name, unsere Nationalität usw. – doch das ist nur das Ich-Phantom, die Erfahrung, ein Mensch zu sein. Menschen aber kommen und gehen, leben und sterben. Das Ewige Unendliche Selbst ist Gewahrsein – ein Zustand reinen *Bewusst*seins (Abb. 55). Wir sind Aufmerksamkeitsbrennpunkte innerhalb des Unendlichen Gewahrseins, des Unendlichen *Alls* – alle Gedanken, Gefühle, Möglichkeiten, alles Wissen, Potenzial, *Gewahrsein* –, das seit Menschengedenken mit einer endlosen Reihe an Namen bedacht wird (darunter natürlich auch „Gott"). Ich bevorzuge die Bezeichnung *Alles Was Ist, War und Je Sein Kann*.

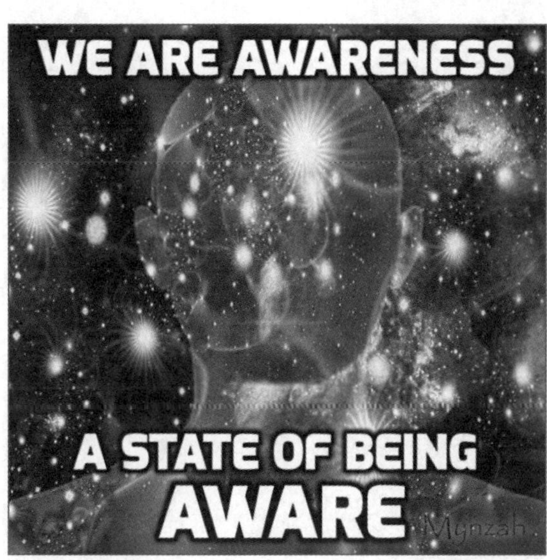

**Abb. 55:** „Wir sind Gewahrsein – ein Zustand reinen Bewusstseins" – *Wir sind ewiges Gewahrsein, das eine Erfahrung macht.*

Auf den ersten Blick klingt das lächerlich. Wie können wir das sein, was ist, war und je sein kann? Es ist allerdings nur eine andere Bezeichnung für die Gesamtheit aller Möglichkeiten – und das zu Recht, denn das Unendliche Gewahrsein *ist* die Gesamtheit aller Möglichkeiten. Die Nahtoderfahrene Anita Moorjani, Autorin des Buches „Heilung im Licht", sagte über die außerkörperlichen Welten: „Wenn wir, Sie und ich und wir alle, uns nicht im physischen Körper ausdrücken, [...] sind wir alle Ausdrucksformen desselben Bewusstseins." Was wir „Schöpfung", die „Welten der Form" oder „illusionäre Körperlichkeit" nennen, ist Unendliches Gewahrsein, das *sich selbst erfährt*. Albert Einstein schrieb in einem Brief: „Jeder, der sich ernsthaft mit der Wissenschaft beschäftigt, ist irgendwann davon überzeugt, dass ein Geist den Gesetzen des Universums innewohnt, der dem des Menschen bei Weitem überlegen ist." Der theoretische Physiker Max Planck (1858–1947), der die Quantentheorie entwickelte, hatte ganz Ähnliches zu sagen:

> Alle Materie entsteht und besteht nur durch eine Kraft, [...] hinter [der wir] einen bewussten, intelligenten Geist annehmen [müssen]. Dieser Geist ist der Urgrund aller Materie.

Die großen Religionen verspotten oder verteufeln jeden, der verbreitet, wir seien „Gott" (um diesen irreführenden Begriff zu verwenden). Uns wird gesagt, wir seien minderwer-

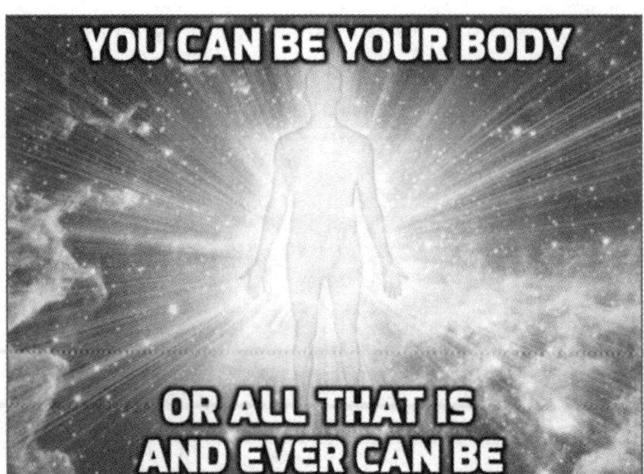


**Abb. 56:** „Sie können Ihr Körper sein … oder Alles Was Ist und Je Sein Kann" – *Ich-Phantom oder Unendliches Gewahrsein – nur verschiedene Formen der Wahrnehmung.*

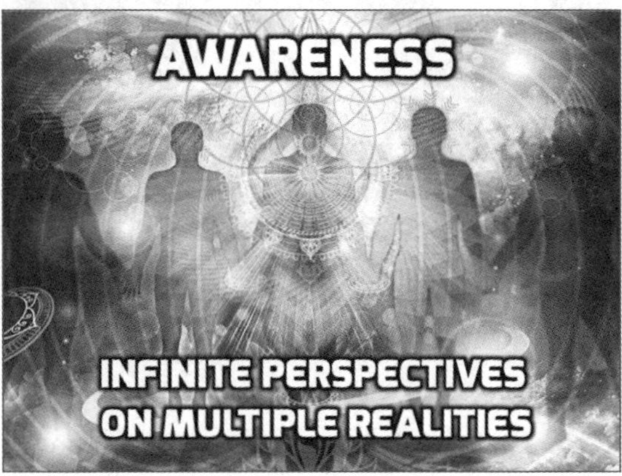


**Abb. 57:** „Gewahrsein … unendliche Perspektiven auf multiple Wirklichkeiten" – *Gewahrsein – von Stecknadelkopfgröße bis zur Unendlichkeit.*

**Abb. 58:** *Was wir ein „Menschenleben" nennen, ist ein Brennpunkt der Aufmerksamkeit innerhalb unseres Unendlichen Selbst.*

tige, niedere Sünder, die „Gott" anzubeten hätten, obwohl wir in Wahrheit ein Aufmerksamkeitsbrennpunkt innerhalb „Gottes" sind, der sich selbst erfährt. Nur ist dieser „Gott" eben nicht der „Gott" der Religionen – sondern Unendliches Gewahrsein mit endlosen Brennpunkten der Aufmerksamkeit, die alles Mögliche sein können, von beschränkt bis allwissend. Liegt Ihr Fokus auf der Welt der fünf Sinne, wird Ihr Gewahrsein eher beschränkt sein. Sie können es jedoch bis zum Punkt der Allwissenheit erweitern, wo Sie nur noch ein Unendlicher Brennpunkt der Aufmerksamkeit sind (Abb. 56). Anita Moorjani meinte, die menschliche Realität sei, als leuchte man mit einer Taschenlampe (dem Aufmerksamkeitsbrennpunkt) in eine völlig dunkle Lagerhalle. Man sehe einzig und allein das, worauf man die Taschenlampe richte. Verlässt das Gewahrsein aber den Körper, dann sei das, als würden alle Lichter in der Lagerhalle angeschaltet, wodurch man alles sehen könne. Sie fügte hinzu:

> Es gibt so viel mehr, das gleichzeitig und neben den Dingen existiert, die Sie sehen können […] Sie wissen: Nur weil Sie es nicht sehen, nicht erfahren können, heißt das nicht, dass es nicht existiert.

Über ihren außerkörperlichen Zustand sagte sie: „Worauf auch immer ich mein Gewahrsein richtete – dort war ich." Wer sind wir in jedem Augenblick? Wir sind ein Brennpunkt der Aufmerksamkeit oder gar mehrere, ja unendlich viele Aufmerksamkeitsbrennpunkte; je nachdem, wie stark wir unser Gewahrsein bereits erweitert haben (Abb. 57). Unser Körper bündelt unsere Aufmerksamkeit auf den verschwindend kleinen Frequenzbereich des sichtbaren Lichts, von dem wir nicht einmal besonders viel sehen ... ganz zu schweigen von all dem anderen, was sich jenseits unseres winzigen Wahrnehmungsbereichs abspielt (Abb. 58). Es gibt ein Internetvideo, in dem man mehrere Personen einen Basketball hin- und herwerfen sieht. Der Zuschauer soll zählen, wie oft sich diejenigen, die weiß gekleidet sind, den Ball zuspielen. Am Ende wird gefragt: „Haben Sie den Gorilla gesehen?“ Einer Harvard-Studie zufolge sieht ihn die Hälfte der Zuschauer nicht; wenn man das Video aber ein zweites Mal abspielt und sich nicht auf den Ball konzentriert, sieht man eindeutig, wie jemand in einem Gorillakostüm ins Bild läuft. In Sachen Wahrnehmung ist die Aufmerksamkeit der entscheidende Faktor. Dass unser Körper diese Aufmerksamkeit in Anspruch nimmt, wird vom System auf unterschiedliche Weise gefördert, wie ich später erläutern werde.

## Rendezvous mit der Unendlichkeit

Im Jahr 2003 erlebte ich im brasilianischen Regenwald das Gewahrsein außerhalb des Körpers/Intellekts bewusst selbst. Dort trat ich zweimal in einen Zustand veränderter und erweiterter Wahrnehmung ein, nachdem ich einen psychoaktiven Sud namens „Ayahuasca“ getrunken hatte. Die gleichnamige Regenwaldpflanze, aus der er gewonnen wird, enthält den Neurotransmitter DMT bzw. Dimethyltriptamin, der auch im natürlichen Stoffwechsel von Säugetieren und Pflanzen vorkommt. Ayahuasca kann sehr unterschiedlich – von angenehm bis weniger angenehm – wirken, Sie aus dem Gewahrsein der fünf Sinne befreien und Sie Zustände erfahren lassen, in denen Sie weitaus mehr bewusst wahrnehmen. Ich selbst erlebte das in fünf unglaublichen Stunden.

DMT stimuliert die im Zwischenhirn gelegene Zirbeldrüse, einen Teil des Decodierungssystems, der als „Drittes Auge“ bekannt ist und uns mit Wirklichkeitsebenen in Verbindung bringen kann, die jenseits des Wahrnehmungsbereichs der fünf Sinne liegen (Abb. 59). Die Zirbeldrüse ist nicht größer als ein Reiskorn und sieht einem Kiefern- bzw. Pinienzapfen ähnlich, weshalb dieser von vielen Kulturen als Symbol für die Zirbeldrüse verwendet wurde. Im Vatikan beispielsweise dominiert die Skulptur eines Pinienzapfens den „Cortile della Pigna“, den „Hof des Pinienzapfens“ (Abb. 60 und 61). Die Zirbeldrüse hat – ähnlich wie die DNS, aber auch die Körper- und Genstrukturen selbst – kristalline Eigenschaften, weil alle diese Systeme Informationen senden und empfangen. Es gibt sogar militärische Geräte, die mittels Knochenschall Informationen übertragen. Jede Zellmembran ist eine Art Flüssig-

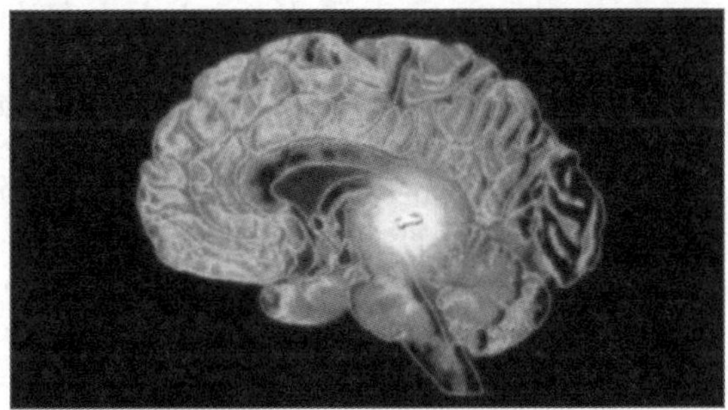

**Abb. 59:** *Die Zirbeldrüse verbindet uns mit „da draußen“ – Frequenzbereichen jenseits der Welt, die wir „sehen“.*

**Abb. 60:** *Die Zirbeldrüse wurde häufig als Pinienzapfen dargestellt.*

**Abb. 61:** *„Pinienzapfen" an einem Tempel.*

kristall – und wir haben Billionen von Zellen. Was kommt gleich nochmal in der Kommunikationstechnik zum Einsatz? Richtig, Kristalle. Aus demselben Grund wurden auch uralte Megalith- und Steinkreise aus kristallinem Gestein gefertigt: Sie fungierten als Sender und Empfänger von Informationen, die zwischen den Erbauern und den „Göttern" bzw. anderen Frequenzbereichen der Realität ausgetauscht wurden.

Ähnlich verhält es sich mit der Ayahuasca-Pflanze, die nicht umsonst den Beinamen „Pflanze der Götter" trägt: Sie kann den Geist öffnen, damit man „die Götter" (nichtmenschliche Wesen) in anderen Frequenzwelten sehen kann. Abgesehen von ein paar wenig wirksamen „Zauberpilzen", die ich bei einer anderen Gelegenheit probierte, blieb die Erfahrung in Brasilien das einzige Mal in meinem Leben, dass ich einen psychoaktiven Trunk bzw. eine solche Substanz eingenommen habe. Was aber zählt, ist die Qualität, nicht die Quantität der Erfahrung – und das, was ich in Brasilien erlebt habe, ließ mich nicht nur in jener Nacht unglaublich viel erkennen, sondern auch während der Recherchen, die ich im Nachhinein dazu anstellte. Ich hatte etwa eine Stunde auf dem Boden einer kleinen runden Holzhütte im Wald gelegen, bevor das Ayahuasca zu wirken begann. Dann meldete sich in meinem Kopf laut und deutlich eine Frauenstimme (mit einem irrwitzigen Sinn für Humor), die mir darlegte, wie illusionär die physische Wirklichkeit ist. „David", begann die Stimme, „wir werden dich dorthin führen, wo du herkommst, damit du dich daran erinnerst, wer du bist." Im selben Augenblick wurde mein Gewahrsein in einen Bereich unbeschreiblicher Seligkeit fortgetragen, in dem ich reines Bewusstsein war. Dort gab es keine Form, keine Zeit, keine Teilung. Alles war ein nahtlos verbundenes Bewusstsein, in dem ich alles und alles ich war. Es gab keinen Punkt, an dem ich endete und alles andere begann. Ich war mir sowohl meiner selbst als „Ich" gewahr (ein Aufmerksamkeitsbrennpunkt namens David Icke), hatte aber als Brennpunkt der Aufmerksamkeit innerhalb des Unendlichen Ganzen zugleich ein – gewissermaßen unendliches – Kollektivbewusstsein. „Das ist die Unendlichkeit, David", sagte die Stimme. „Aus ihr kommst du, und zu ihr wirst du zurückkehren." Ich erlebte das echte „Selbst" – wobei

**Abb. 62:** *Die blendende Finsternis der ruhigen und stillen Gesamtheit aller Möglichkeiten, des gesamten Potenzials, des Alles Was Ist Und Je Sein Kann.*

die Bezeichnung nicht ganz zutrifft –, und aus dieser Perspektive waren die Begrenzungen und Illusionen des Ich-Phantoms (Name, Volkszugehörigkeit, Familiengeschichte usw.) deutlich zu erkennen. Die Stimme sagte, alles, was ich wirklich zu wissen brauche, sei das Folgende: „Unendliche Liebe ist die einzige Wahrheit – *alles* andere ist Illusion." Diese Worte wiederholte sie immer wieder: „Unendliche Liebe ist die einzige Wahrheit – *alles* andere ist Illusion."

Wenn die Stimme schwieg, erlebte ich diesen unendlichen Zustand als Stille, manchmal auch als Wellen, die sich in extremer Zeitlupe fortbewegten. Alles war in vollkommener Harmonie, ohne Polarität oder Teilung, und auch wenn das, was ich wahrnahm, eine Art Finsternis war, ging davon eine enorme Strahlkraft aus. Andere, die diesen Zustand erlebt haben, sagen ganz ähnliche Dinge. Der Nahtoderfahrene Dr. Eben Alexander etwa, der 15 Jahre als Professor für Neurochirurgie in Harvard gearbeitet hatte, nannte das, was er sah, „blendende Finsternis". Er selbst räumte ein, dass es vor seinem Erlebnis keinen gläubigeren Verfechter der Mainstream-„Wissenschaft" und ihrer Annahme hätte geben können, dass das Bewusstsein im Gehirn entstehe. Dann aber schaltete sein Gehirn während einer Nahtoderfahrung 2008 ab, doch sein Gewahrsein blieb ihm die ganze Zeit erhalten. In seinem Buch „Blick in die Ewigkeit" bezeichnet er den „Kern" bzw. die „blendende Finsternis" als etwas, dem die reinste Liebe und alles Wissen entströmt (Abb. 62).

Das ist die sich ihrer selbst bewusste Unendlichkeit, ein Zustand des Gewahrseins, der weiß, was er ist: *Alles Was Ist Und Je Sein Kann, das gesamte Potenzial, die Gesamtheit aller Möglichkeiten*. Ein weiterer Begriff, der über die Jahrhunderte verwendet wurde, um die blendende Finsternis zu beschreiben, lautet „Leere". Aus dieser manifestiert sich alle „Schöpfung" und jede Form, damit das Unendliche sich selbst erfahren kann. Die Welten der (illusionären) Form sind Frequenz- und Schwingungsbereiche (Abb. 63 und 64). Die Stimme sagte dazu:

> Wenn etwas schwingt, ist es eine Illusion. Das Unendliche [im Gewahrsein seiner selbst] schwingt nicht; es ist die Harmonie und Einheit von allem. Nur die Illusion schwingt – das, was von der Vorstellungskraft und den Täuschungen des Intellekts erschaffen wird.

Es mag seltsam erscheinen, dass etwas, das so ruhig und still ist, der Ursprung aller Formen und Möglichkeiten ist. Aber auch in diesem Fall trifft das Gegenteil zu. Wer schweigend dasitzt, ist die Gesamtheit aller Möglichkeiten, die auf ihre Verwirklichung

**Abb. 63:** *Aus der Gesamtheit aller Möglichkeiten entstehen über informationscodierte Frequenzen bzw. Schwingungen die Welten der erschaffenen Formen.*

**Abb. 64:** *Verschiedene „Welten" bzw. Realitäten können denselben „Raum" einnehmen, weil sie in verschiedenen Frequenzbereichen operieren.*

wartet. Sobald man den Mund öffnet, entscheidet man sich für eine der vielen Möglichkeiten. Schließt man den Mund wieder, kehrt man in das Schweigen der Gesamtheit aller Möglichkeiten zurück. Dasselbe gilt für Bewegung und Reglosigkeit. Unter einem Mikroskop bewegt sich alles und schwingt – weil es die Welt der Form ist, nicht die blendende Finsternis, aus der sich alles durch die Vorstellungskraft des Unendlichen bildet. Der geniale Physiker Nikola Tesla meinte:

> Im Universum gibt es einen Kern, aus dem wir unser Wissen, unsere Kraft und unsere Inspiration beziehen. Ich habe die Geheimnisse dieses Kerns noch nicht ergründet, doch ich weiß, dass er existiert.

Unsere Vorstellungskraft ist ein Ausdruck der Unendlichen Vorstellungskraft, weil wir – weil *Sie* – das Unendliche sind, das sich selbst erfährt (Abb. 65). Größe, Tiefgang und Kapazität dieser Vorstellungskraft mögen je nach individueller Ausdrucksform variieren, doch ist es dieselbe Kraft, dieselbe Grunderfahrung. Wir sind der Tropfen, das Unendliche ist der Ozean. Wenn nun aber der Tropfen mit dem Ozean *verbunden* ist – wo endet dann der Tropfen, und wo beginnt der Ozean? Diesen Punkt gibt es nicht. Beide sind dasselbe *Einssein*. Durch die diversen Namen und Bezeichnungen verlieren wir bloß den Blick für diese Einheit – ganz so, wie wir vom Atlantischen, Pazifischen und Indischen Ozean sprechen, obwohl sie ja alle dasselbe Gewässer sind.

**Abb. 65:** „Wir sind Unendliches Gewahrsein, das sich selbst erfährt" – *Alles ist das Unendliche, das sich selbst erlebt.*

Auch hat die „Liebe", die mit Unendlicher Liebe gemeint ist, eine andere Bedeutung als die Illusion, die die meisten von uns Liebe nennen. Das, was wir damit meinen, ist eine elektrochemische Anziehung – ich nenne sie „Kopfliebe". Einige meiner Kontakte, die mit Bewusstseinskontrollprogrammen der Regierung und des Militärs zu tun hatten, haben mir geschildert, dass Menschen, die sich normalerweise überhaupt nicht anziehend finden, dazu gebracht werden können, sich heillos ineinander zu „verlieben", einfach indem bestimmte Neurotransmitter im Gehirn angeregt werden. Man sagt: „Liebe vergeht nicht." Für die Unendliche Liebe trifft das zwar zu – wie oft aber trennen sich zwei Kopfverliebte, weil die Anziehung zwischen beiden längst Geschichte und nur noch Bitterkeit davon übrig geblieben ist? Unendliche Liebe ähnelt einer ewig währenden, echten Freundschaft und hat mit der vergänglichen Hals-über-Kopf-Verknalltheit nichts zu tun. Unendliche Liebe ist einfach da. Sie stellt keinerlei Bedingungen. Sie muss nicht einmal mögen, was Sie tun. Sie liebt, weil sie Liebe *ist*. Wir verwenden Begriffe wie „bedingungslose Liebe", um zwischen der Kopfliebe und ihrer unendlichen Version – dem Zustand der Harmonie, in dem alle Dinge, alle Kräfte im Gleichgewicht sind – zu unterscheiden. Von diesem Zustand der Unendlichen Liebe aber wurde die Menschheit systematisch getrennt. Warum das geschehen ist und wie es dazu kommen konnte, wird im Verlauf meiner Ausführungen klar werden. Es ist der Grund, warum die Welt ist, wie sie ist – allerdings können wir uns jederzeit wieder mit dieser Liebe verbinden, wenn wir wollen.

Ich werde von nun an die Welten der Form „Schöpfung" nennen, während ich die Quelle dieser Schöpfung, die sich durch ihre unendlichen Aufmerksamkeitsbrennpunkte ausdrückt, als *Alles Was Ist* bzw. „blendende Finsternis" bezeichnen werde. Die Schöpfung entstand, als die blendende Finsternis im Gewahrsein ihrer selbst sagte: „Es werde Licht, und es ward Licht" (ein Satz, auf den ich in einem anderen Kontext zurückkommen werde). Nur ist nicht die gesamte Schöpfung ihr Werk – denn auch die Ausdrucksformen des Unendlichen Gewahrseins, die sich ihres unendlichen Wesens nicht bewusst sind, können Welten bzw. simulierte Welten erschaffen. Jemand, der ein Haus oder ein Auto entwirft, bedient sich dazu noch immer seiner kreativen Vorstellungskraft, die ein Ausdruck der Unendlichen Vorstellungskraft ist – beide unterscheiden sich nur hinsichtlich ihrer Bewusstseinsstufe und ihres Manifestationspotenzials. Aus demselben Grund kann ein Erwachsener eine Gehirnoperation durchführen, ein Kind aber nicht. Dafür verfügt das Kind über das Potenzial, sein Bewusstsein zu erweitern, bis es eine solche Operation durchführen kann. Genau dasselbe gilt für den Unterschied zwischen dem Gewahrsein des *Alles Was Ist* und Menschen, die sich nur ihres Menschseins bewusst sind. Die Wahrnehmung, ein Mensch zu sein, ist nur eine vorübergehende Erfahrung des Unendlichen

Gewahrseins – *Ihre* und unser aller Erfahrung. Das Ich-Phantom aber befindet sich in einem Zustand stark eingeschränkten Gewahrseins, weil es zu dem falschen Glauben verleitet wurde, es sei die Erfahrung – obwohl es in Wirklichkeit das Unendliche Gewahrsein ist, das eine Erfahrung *macht*. Im Eröffnungskapitel habe ich ein paar der Grundlagen erläutert, durch die dieser Betrug funktioniert, und ich werde später noch ausführlicher darauf eingehen, was sich hinter dieser Manipulation verbirgt und warum es sie gibt. Hier sollte es zunächst genügen festzuhalten, dass die meisten Menschen eine falsche Persönlichkeit ausleben, weil sie das, was sie *sind*, mit dem verwechseln, was sie *erleben* – ihren Namen, ihre Volkszugehörigkeit, Kultur, Religion und Familiengeschichte. Während ich die Unendliche Wirklichkeit erlebte, fragte mich die Stimme: „Verspürst du an diesem Ort hier etwa Frustration oder Wut?" Nein, das tat ich nicht. „Verspürst du dort, wo du jetzt gerade bist, irgendwelche Sorgen oder Schuldgefühle?" Nein. Es gab nur Harmonie, Frieden, Liebe und Glückseligkeit. „Frustration, Wut, Angst, Schuldgefühle und Schmerz sind nichts als Illusionen, Hirngespinste des abgekoppelten Intellekts", fuhr die Stimme fort. „Sie existieren allein in deiner Vorstellung." Später wurde mir ziemlich übel (was bei der Einnahme von Ayahuasca nicht selten vorkommt), doch ging es mir sofort besser, als die Stimme sagte:

> Woher kommt deine Übelkeit? Glaubst du vielleicht, das Unendliche verspüre gerade Übelkeit? Das bedeutet also, dass du dich gerade mit deinem Körper identifizierst. Es ist eine Illusion, David; dein Körper ist eine Illusion, und somit muss auch die Übelkeit, die du körperlich zu empfinden meinst, eine Illusion sein. Denn wenn dein Körper nicht existiert, wie könnte es dann Übelkeit oder Schmerz geben?

Ich meine, man kann es getrost als Untertreibung des Jahrhunderts bezeichnen, wenn man sagt, die Menschen und das Unendliche nehmen die Welt unterschiedlich wahr.

## Wir leben in einer Simulation

Als ich 2003 aus Brasilien zurückkehrte, begann ich mich intensiver mit dem zu beschäftigen, was die „Stimme" mir in den gut fünf Stunden erzählt hatte. Während meiner Recherchen wurde mir klar, dass unsere Wirklichkeit im Grunde eine höchst fortschrittliche Computersimulation ist – ganz ähnlich wie die in den „Matrix"-Filmen –, und dass unsere „Welt" aus dieser Perspektive um einiges verständlicher wird (Abb. 66). Darüber hinaus stellte ich fest, dass aktuellste Strömungen innerhalb der Schulwissenschaft längst bewiesen hatten, wie illusionär unsere Realität ist. Da aber das gesamte Wissenschaftsgebäude derart fragmentiert ist und jede Disziplin nur ihr eigenes Süppchen kocht, waren diese Entdeckungen größtenteils ignoriert worden – wohl in der Hoffnung, sie würden einfach wieder verschwinden. Die Rede ist von der Quantenphysik – der Erforschung der unsichtbaren Energieebenen, aus denen unsere „physische" Scheinwelt hervorgeht –, die die Grundfesten der Mainstreamwissenschaft erschüttert hat, obwohl man sich noch immer größte Mühe gibt, das nicht einzugestehen.

Die „physikalischen Gesetze" sind nur die für die Simulation bzw. das „Spiel" definierten Regeln und Begrenzungen, weshalb sie auch nur innerhalb der Simulation gelten. Erweitern Sie Ihr Gewahrsein über das Spiel hinaus, werden Sie auch das Spiel und dessen einprogrammierte Grenzen verlassen. Die Dinge, die dann geschehen können, werden meist als „Wunder" bezeichnet – was sie aber keineswegs sind. So etwas wie Wunder gibt es nicht – nur ein erweitertes Verständnis davon, wie alles funktioniert. Die Stimme in Brasilien erzählte mir, dass unsere derzeitigen Gesetze der Physik illusorische „Gesetze" seien, mit denen sich ein illusorisches Universum messen lasse. „Glaubst du etwa, das Unendliche brauche ‚Gesetze', um sich zum Ausdruck zu bringen?", fragte die Stimme. Es gebe keinerlei Gesetze, nur die Vorstellungen von diesen Gesetzen. Gesetze und Begrenzungen seien nur ein *Glaube* an Gesetze und Begrenzungen, so die Stimme. Und das stimmt ganz offensichtlich. Denn wie kann es sonst sein, dass man sich die Füße verbrennt, wenn man durchs Feuer läuft – dies aber nicht passiert, wenn man sich in einem veränderten Bewusstseinszustand befindet (d.h. an andere Gesetze und Begrenzungen glaubt)? Genau das nämlich tun Feuerläufer, denen ich selbst dabei zugesehen habe (Abb. 67).

**Abb. 66:** *Die Welt, von der wir denken, sie sei „dort draußen", ist eine Simulation, die wir zu der Realität decodieren, die wir täglich erleben. Alles passiert „hier drinnen" – innerhalb unserer Decodierungsprozesse.*

Was Sie glauben, werden Sie wahrnehmen, und was Sie wahrnehmen, werden Sie erleben. Seit Langem schreibe und rede ich nun schon davon, dass wir in einer Simulation bzw. in einer „matrixartigen" Welt leben. Das, was ich aus eigenen Nachforschungen und Quellen erfahren habe, wird zunehmend durch die Erkenntnisse von Mainstreamwissenschaftlern mit wahrem Forschergeist gestützt, die nicht nur Gelerntes nachbeten. Selbst in den Massenmedien sind hier und da ein paar Berichte dazu auf-

**Abb. 67:** „Brennende Füße – alles ist eine Illusion" – *Wie können Menschen über glühende Kohlen laufen, ohne sich Verbrennungen zuzuziehen, wenn unsere Wirklichkeit „real" ist?*

getaucht. Physiker an der Universität Bonn etwa haben verlautbart, sie hätten Belege dafür, dass das Universum eine Computersimulation sei. Ihre Befunde haben sie in einer Abhandlung namens „Constraints on the Universe as a Numerical Simulation" [dt. etwa: „Beschränkungen, denen das Universum unterliegt, wenn man es als numerische Simulation betrachtet"] veröffentlicht. Darin stellen sie unter anderem das Greisen-Zatsepin-Kuzmin- bzw. GZK-Cutoff heraus, eine Grenze für kosmische Strahlenpartikel, die sich durch deren Wechselwirkung mit der kosmischen Hintergrundstrahlung ergibt. Sie behaupten, dieses „Beschränkungsmuster" sei genau das, was man bei einer Computersimulation vorfinden würde. „Wie ein Gefangener in einer stockfinsteren Zelle wären wir nicht in der Lage, die ‚Wände' unseres Gefängnisses zu sehen", so das Team, doch „mithilfe der Physik könnten wir sie ermitteln".

Ganz wie Computerspiele, deren Regeln von den Entwicklern vorgegeben werden, können Simulationen ihre eigenen „physikalischen Gesetze" haben. Wenn man sich fragt, warum bestimmte Dinge möglich sind, lässt sich das oft genug mit „Klick, Klick, Enter" beantworten – sie sind es ganz einfach deshalb, weil die Simulation so programmiert wurde. Schon länger argumentiere ich in meinen Büchern, dass die äußere „Wand" der Simulation das ist, was die Wissenschaft als Lichtgeschwindigkeit (offiziell 299.792.458 m/s im Vakuum) bezeichnet. Zwar meinte Albert Einstein, das sei die höchstmögliche Geschwindigkeit, doch möchte ich starke Zweifel anmelden. Zunächst einmal kann es innerhalb der Gesamtheit aller Möglichkeiten keine Höchstgeschwindigkeit geben, weshalb die Lichtgeschwindigkeit im Vergleich zu dem, was außerhalb der Simulation geschieht, auch wie die eines Spaziergängers anmutet. In der Nähe der Lichtgeschwindigkeitsgrenze fangen Realität und „Zeit" nur deshalb an, verrückt zu spielen, weil wir an die Grenzen der Simulation gelangen und uns einem Bereich nähern, in dem ganz andere „physikalische Gesetze" gelten (Abb. 68). Selbst die Zeit ist nur ein Programm innerhalb der Simulation und beginnt sich zu dehnen, wenn man an deren Grenzen gelangt.

**Abb. 68:** „Virtual-Reality-Universum" – *Die Matrix arbeitet (auf der Ebene, die wir wahrnehmen) innerhalb der Lichtgeschwindigkeitsgrenze.*

Das Bewusstsein jenseits der fünf Sinne kann die Begrenzungen der Simulation außer Kraft setzen, was zum Beispiel häufig in Träumen passiert, in denen wir von einer Klippe oder von anderswo hinunterstürzen, ohne dass uns etwas passiert. Versucht man dasselbe innerhalb des Programms, wird man „sterben" – oder zumindest der Körper. So wurde das Programm geschrieben: Es soll sich Ihrer Wahrnehmung bemächtigen und diese beschränken. Der Glaube an die Lichtgeschwindigkeit als Grenze des Möglichen kann Sie im Programm gefangen halten, weil Ihre Vorstellung von der Realität zu Ihrer erlebten Wirklichkeit wird. Ein Beispiel, um das Prinzip zu verdeutlichen: Bis Mitte des 20. Jahrhunderts hatten die meisten Menschen geglaubt, dass niemand die Britische Meile unter vier Minuten laufen könne, doch als Roger Bannister das 1954 mit einem Sekundenbruchteil gelungen war, folgten weitere, die noch schneller liefen. Im Jahr 2015 lag der Weltrekord für die Meile fast *17 Sekunden* unter vier Minuten.

Wenn sich das Gewahrsein eines Nahtoderfahrenen aus dem Körper zurückzieht – sich also sein Aufmerksamkeitsbrennpunkt von der begrenzten Sinneswahrnehmung abwendet, die speziell für unsere „physische" Realität (Matrix-Simulation) programmiert wurde –, findet er sich in einer völlig anderen Wirklichkeit wieder, die auch völlig anderen „physikalischen Gesetzen" folgt. Das Ich-Phantom bzw. das Fünf-Sinnes-Ich unterliegt den Beschränkungen der Simulation, weil es ein Teil des Programms ist; das Unendliche Selbst kann sie überschreiten, weil es nicht zum Programm gehört. Dann können auch „Wunder" geschehen, die allerdings häufig als eine Art Sinnestäuschung abgetan werden: „So etwas kann nicht passieren!" Wie oft hört man solche Sätze aus dem Mund eines Ich-Phantoms, das an die Simulation gekoppelt ist und daher auch an deren Gesetze und Regeln glaubt? Natürlich gibt es auch Tricks und Illusionen auf der Ebene des Ich-Phantoms – denken wir zum Beispiel an Zauberkünstler –, doch das Unendliche Selbst braucht keine Tricks, um die Grenzen zu überschreiten – schließlich ist es *Alles Was Ist und Je Sein Kann*.

Auch der Oxford-Gelehrte Nick Bostrom hält es für möglich, dass unsere Welt eine Computersimulation ist, und hat sogar die dafür benötigten „Rechenanforderungen" kalkuliert. Darüber hinaus ist er Verfechter des Transhumanismus, einer Strömung, die die Verschmelzung von Mensch und Technologie anstrebt. Zu diesem Thema werde ich noch einiges zu sagen haben; wichtig ist hier vor allem, dass jedem bewusst wird, in welchem Ausmaß der Mensch mithilfe des Transhumanismus kontrolliert werden kann. Inzwischen verfügen wir nämlich über Technologie, die die Simulation quasi kopiert. Dazu zählen Virtual-Reality-Spiele, bei denen die Spieler von der Wirklichkeit ihrer virtuellen Welt völlig überzeugt sind (Abb. 69 und 70), oder VR-Technik, die bei der Pilotenausbildung und bei anderen Schulungen zum Einsatz kommt. Auch computergenerierte Szenen in Kinofilmen und Videospiele sehen der „echten" Welt immer ähnlicher (Abb. 71 und 72). In manchen Krankenhäusern spielt man schon heute Patienten mit Verbrennungen eine virtuelle Realität ein, damit sie sich auf eine andere Wirklichkeit konzentrieren, während ihnen die

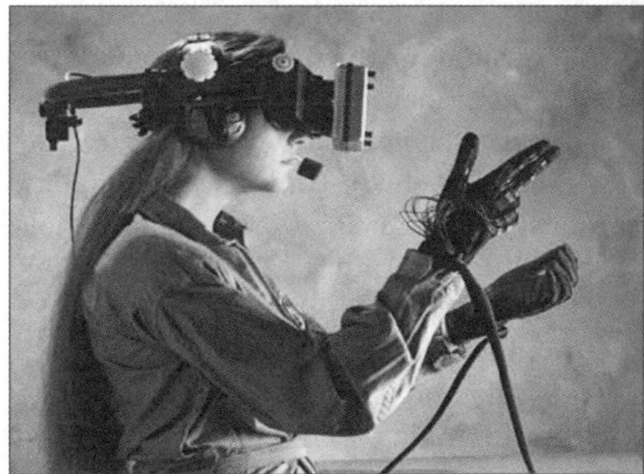

**Abb. 69:** *VR-Spiele entführen die fünf Sinne mithilfe eingespielter Informationen in eine projizierte Scheinwelt.*

**Abb. 70:** *Die Täuschung kann genauso echt wirken wie die von uns erlebte Realität.*

**Abb. 71:** *Computerspiele werden der Realität, die wir als Welt erfahren, immer ähnlicher.*

**Abb. 72:** *Wie lange wird es noch dauern, bis wir den Unterschied nicht mehr erkennen?*

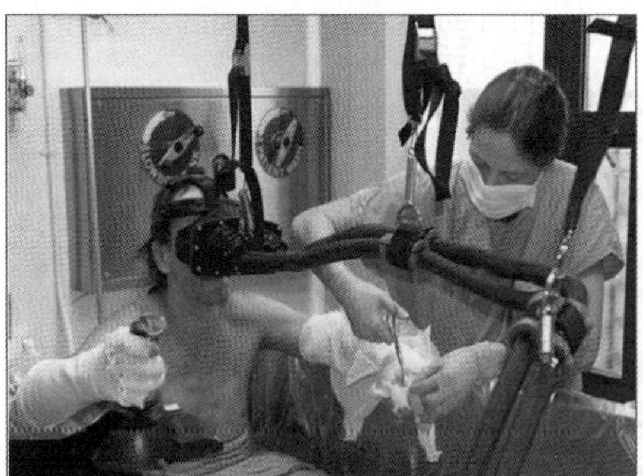

**Abb. 73:** *Konzentriert man sich auf eine virtuelle Realität, kann das den Verstand von den Schmerzen ablenken, die beim Wechseln von Verbänden auftreten. Was das Gehirn nicht decodiert, können wir mit unseren fünf Sinnen nicht erfassen.*

Verbände gewechselt werden (Abb. 73). Diejenigen, die an der vordersten Front der VR-Entwicklung tätig sind, behaupten, es werde nicht mehr lange dauern, bis virtuelle Realitäten erschaffen werden, die sich von unserer „realen Welt“ (Simulation) nicht mehr unterscheiden lassen. Silas Beane, Leiter des Forschungsteams an der Universität Bonn, meinte:

> Die Idee dahinter ist, dass Menschen künftig problemlos in der Lage sein werden, ganze Universen zu simulieren. In Anbetracht der geraumen Zeit, die noch vor uns liegt, wird es wohl eine riesige Anzahl solcher Simulationen geben. Wenn Sie also fragen: „Leben wir in der einen wahren Realität oder in einer der vielen Simulationen?“, lautet die Antwort – rein statistisch gesehen –, dass es wahrscheinlicher ist, dass wir in einer Simulation leben.

Ein weiterer Mainstreamphysiker, der sich mit der Frage auseinandersetzt, ob wir in einer Simulation leben, ist James Gates, John-S.-Toll-Professor für Physik an der University of Maryland sowie Leiter des dort ansässigen Zentrums für String- und Teilchentheorie. In einem 2010 im Magazin *Physics World* erschienenen Artikel sagte er, es gebe tatsächlich Hinweise darauf, dass unsere Wirklichkeit derjenigen ähnele, die in den „Matrix“-Filmen dargestellt wird. Im Artikel führte er aus, wie sein Team innerhalb von Gleichungen, die die Struktur des Universums beschreiben, digitalen Computercode in Form von Einsen und Nullen entdeckt hat – das Binärsystem also, das unter Verwendung von elektrischen Ein-/Aus-Schaltern auch in Computern zum Einsatz kommt. Er bekundete seine Auffassung, dass die „Natur“ auf Gleichungen reduziert werden kann, wie sie auch in Computerprogrammen verwendet werden, und meinte daher, die Entdeckung dieser Codes stütze die Ansicht, dass wir in einer Simulation leben. Genauer gesagt hatten er und sein Team mathematische Zahlenfolgen entdeckt, die auch als fehlerkorrigierende Codes bzw. Blockcodes in Computern und anderen elektrotechnischen Geräten zur Anwendung kommen. Sie dienen dazu, Daten wieder in ihren Originalzustand zurückzuversetzen, falls sie während der Übertragung irgendwie beeinflusst und verändert wurden. Gates sagte auch, er wisse nicht, was sie in der Struktur unserer Realität zu suchen hätten – meines Erachtens aber gehören sie zu der Software, die die Simulation in situ hält, wenn andere Daten oder Informationsquellen ihre Stabilität gefährden. Diese Fehlerkorrekturcodes stehen auch mit der scheinbaren Begrenzung (den Wänden der Matrix) in Verbindung, die als Lichtgeschwindigkeit bekannt ist. Max Tegmark, Physiker am Massachusetts Institute of Technology (MIT), bezeichnet das Universum als ein mathematisches Gebilde „ähnlich einem Würfel oder einem Tetraeder“ und sagt ebenfalls, es könne vollständig mit Zahlen und Mathematik beschrieben werden – ganz ähnlich dem Programmcode eines Videospiels. Tegmark, der auch das Buch „Unser mathematisches Universum“ verfasst hat, meinte in einem Interview, dass die Physik in Computerspielen und in unserer Welt grundsätzlich dieselbe sei:

> Stellen Sie sich vor, Sie seien eine Figur in Minecraft oder in einem technisch noch viel ausgereifteren Computerspiel, das eine wirkliche gute Grafik hat, sodass Sie gar nicht merken, dass Sie sich in einem Spiel befinden. Sie haben das Gefühl, dass Sie wirklich an reale Objekte anecken, sich verlieben und von bestimmten Dingen begeistert sind. Würden Sie nun die physikalische Welt in diesem Videospiel zu untersuchen beginnen, würden Sie schließlich entdecken: „Wow! Alles besteht aus Pixeln, und alles, was ich für ‚Dinge‘ gehalten habe, kann eigentlich mit ein paar Zahlen beschrieben werden.“ Zweifellos würden einige ihrer Freunde daran etwas auszusetzen haben und sagen: „Komm schon, das ist bescheuert. Es sind doch trotzdem noch Dinge.“ Aber [jemand, der] das Videospiel von außen betrachtet, würde erkennen, dass tatsächlich alles nur aus Zahlen besteht.
>
> Genau in dieser Situation befinden wir uns in unserer Welt. Wenn wir uns umsehen, sieht sie nicht sonderlich mathematisch aus, aber alles, was wir sehen, besteht aus Elementarteilchen wie Quarks und Elektronen. Und was für Eigenschaften hat ein Elektron? Hat es einen Geruch, eine Farbe, eine Konsistenz? Nein. Soweit wir sagen können, hat das Elektron nur die Eigenschaften -1, ½ und 1. Wir Physiker haben uns schlaue Namen für diese Eigenschaften ausgedacht – wie elektrische Ladung, Spin oder Leptonenzahl –, doch das Elektron schert es nicht, wie wir sie nennen. Die Eigenschaften sind einfach nur Zahlen.

Simulationen arbeiten innerhalb spezifischer Frequenzbänder; sie sind – ganz im Gegensatz zur Ruhe und Stille der Unendlichen Gesamtheit aller Möglichkeiten, die sich ihrer selbst gewahr ist – die Welten der Energiewellen, Schwingungen und Zahlen. Diese Wellen und Schwingungen sind verschlüsselte *Informationen*, die der menschliche Körper/Intellekt zu der Welt entschlüsselt, die wir als materiell erleben (Abb. 74). Wie das genau geschieht, erläutere ich gleich. Die Simulation ist zudem interaktiv: Wir entschlüsseln Informationen aus den Informationsfeldern, die wir als Universum bezeichnen, verändern das Universum aber auch, indem wir mittels Gedanken und Emotionen (Informationen) unsere eigenen Vorstellungen in die Felder einspeisen. Daher bezeichne ich das Universum – die Simulation – als „kosmisches Internet" (Abb. 75). Im Grunde funktioniert es nach demselben Prinzip wie das Internet, was sich am besten an der Drahtloskommunikation veranschaulichen lässt. Drahtlos übertragene Informationen aus dem Internet tauchen auf Ihrem Computerbildschirm als Bilder, Worte, Grafiken und Videos auf – doch sehen Sie etwa, wie diese Daten durch Ihr Zimmer in Ihren Computer fliegen? Die Informationen befinden sich natürlich in Ihrem Zimmer, allerdings in Gestalt unsichtbarer (WLAN-) Informationsfelder, die der Computer erst in Bilder, Worte, Grafiken und Videos *übersetzt*. Genauso verhält es sich mit dem Körper/Intellekt: Er stellt einen biologischen Computer dar, der die Informationen aus dem unsichtbaren kosmischen Internet in die „sichtbare" Welt des bewussten Fünf-Sinnes-Intellekts übersetzt. Das Bild von WLAN-Informationsfeldern, die wir codieren und decodieren, gibt ziemlich genau wieder, wie das Universum an sich funktioniert (Abb. 76 und 77).

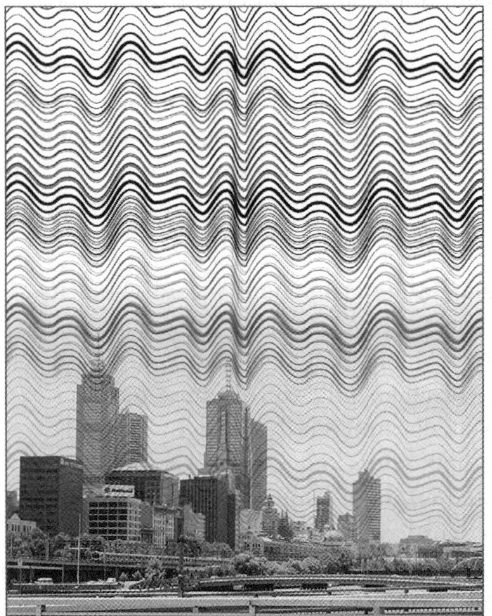

**Abb. 74:** *Unsere Realität besteht aus Informationsfeldern, die wir in eine illusorische „physische" Realität decodieren.*

**Abb. 75:** „Der interaktive drahtlose Kosmos" – *Um das Universum zu verstehen, kann man es sich wie ein WLAN-Feld oder ein kosmisches Internet vorstellen.*

Wir leben in einem energetischen „Meer" aus Informationen – der Simulation bzw. Matrix. Was als World Wide Web bezeichnet wird, existiert für uns nur in der Form, die wir wahrnehmen, wenn ein Computer entschlüsselte Informationen auf unserem Bildschirm ausgibt; und genauso existiert unsere „physische" Wirklichkeit für uns nur in der Form, die wir wahrnehmen, wenn unser Gehirn Informationen entschlüsselt und auf unserem inneren „Bildschirm" abspielt. Es gibt kein „da draußen" – das „da draußen" ist reine Illusion. Oft werde ich gefragt, wie es denn sein könne, dass wir alle die gleiche Landschaft, das gleiche Haus oder Auto sehen, wenn wir, wie ich behaupte, unsere eigene Realität erschaffen? Nun, wir alle decodieren die gleichen Hintergrundinformationsfelder, das gleiche Informationskonstrukt – nur eben nicht mit derselben Detailgenauigkeit. Jeder von uns nimmt die Welt auf seine Art wahr. Können wir also wissen, was andere sehen? Wir mögen vielleicht dieselbe grundlegende Kulisse sehen (dasselbe kosmische Internet decodieren), doch können die Informationen, die wir bewusst entschlüsseln, und das, was wir über das „Gesehene" denken, stark variieren. Wie oft hört man, wenn jemand etwas völlig anderes wahrnimmt, die Frage: „Auf welchem Planeten lebst denn du?" Treffender wäre wohl zu fragen, welchen Planeten der andere decodiert bzw. wahrnimmt. Erinnern Sie sich daran, dass im Gehirn 11 Millionen „Empfindungen" bzw. „Sinneseindrücke" (Daten) pro Sekunde eingehen, das Gehirn unser Bild von der Wirklichkeit aber aus nur 40 davon zusammensetzt, während es die Lücken mit dem füllt, was ihm zufolge dorthin gehört. Wollen wir wirklich behaupten, jedes Gehirn füllt diese Lücken genau gleich? Letzten Endes entscheidet auch die Weltsicht des Beobachters darüber, was decodiert und was daraus gemacht wird – wie im Beispiel des halbvollen und halbleeren Glases.

**Abb. 76:** *Wie es aussehen würde, wenn wir WLAN-Felder visuell wahrnehmen könnten …*

**Abb. 77:** *… doch unsere Realität arbeitet nach demselben Prinzip. Informationsfelder werden vom Körpercomputer in die Wirklichkeit übersetzt, die uns so real vorkommt.*

Jetzt noch etwas, das später sehr wichtig werden wird: Man kann einen Computer so programmieren, dass er Informationen auf bestimmte Weise decodiert – er also bestimmte Informationen entschlüsselt und alle anderen ignoriert. Genau dasselbe gilt für den Körper/Intellekt, der ja ein biologischer Computer ist. Wenn Sie die Kontrolle der Massen anstreben – würden Sie das dann nicht für Ihre Zwecke ausnutzen? Natürlich würden Sie das tun – und es *wurde bereits getan*. Das Programm, das dem Körper/Intellekt aufgespielt wurde, heißt Ich-Phantom.

# In der Rolle verloren

Der Körper/Intellekt ist so konstruiert, dass er direkt mit der Simulation interagieren kann. Er ist aber auch das Vehikel, über das unser Ausdruck des Unendlichen Gewahrseins – das, was einige die „Seele" oder das Überbewusstsein nennen – diese Realität erfahren und mit ihr interagieren kann. Diese „Seele" hat eine viel höhere Frequenz als die Simulation, die wir „sehen"; in ihrer reinsten, unendlichen Form befindet sie sich sogar jenseits der Frequenz- und Schwingungswelten. Genauso, wie die Frequenz eines Radiosenders nicht die eines anderen Senders beeinflussen (stören) kann, weil sie auf unterschiedlichen Wellenlängen senden, könnte die „Seele" keine Gabel in die Hand nehmen oder Auto fahren. Diesen Frequenzunterschied überbrückt die ewige Seele, indem sie ihren Aufmerksamkeitsbrennpunkt in den biologischen Computer des Körpers/Intellekts überträgt, durch den sie direkt mit der Simulation in Kontakt treten kann. Dabei kann es – wie im Fall der Menschheit – vorkommen, dass unser Brennpunkt der *Aufmerksamkeit* nicht mehr zwischen dem Gewahrsein des Körpers/Intellekts und seinem eigenen Unendlichen Gewahrsein unterscheiden kann und sich nur noch mit dem Körper/Intellekt (dem Ich-Phantom) und dessen Namen, Volkszugehörigkeit, Kultur und Familiengeschichte identifiziert. In dem William Shakespeare zugeschriebenen Stück „Wie es euch gefällt" heißt es:

Die ganze Welt ist Bühne

Und alle Frau'n und Männer bloße Spieler.

Sie treten auf und gehen wieder ab,

Sein Leben lang spielt einer manche Rollen.

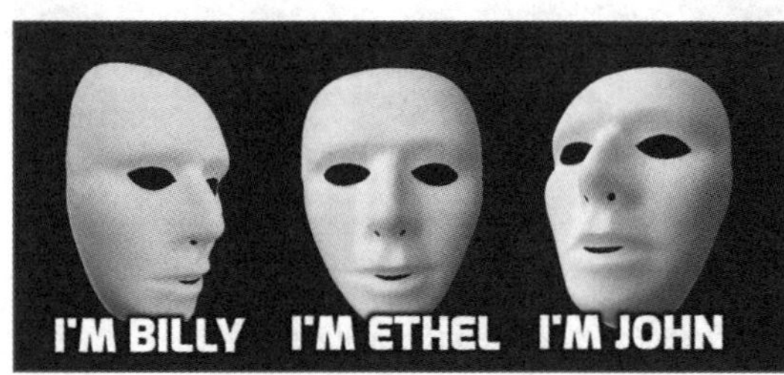


**Abb. 78:** „Ich bin Billy – Ich bin Ethel – Ich bin John" – *Das Gesicht, das wir der Welt zeigen, ist das Ich-Phantom.*

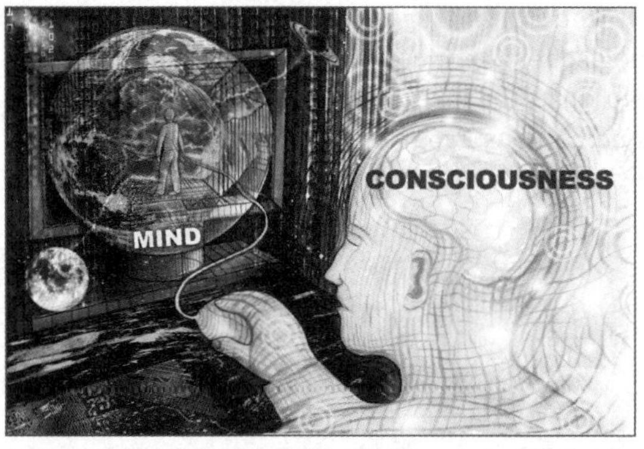


**Abb. 79:** „Intellekt – Bewusstsein" – *Wenn der Computer vom Benutzer getrennt wird und seine eigenen Wege geht, fehlt ihm die größere Perspektive auf die Wirklichkeit. Für ihn scheint es nur noch die Computerwelt zu geben.*

Das Ich-Phantom ist ein Schauspieler, der derart verwirrt ist, dass er seine fiktionale Figur für sich selbst hält. Allerdings wird diese Verwirrung auch gefördert und forciert – warum und von welchen Mächten, werde ich noch erläutern. Wie passend, dass das Wort „Person" auf das lateinische „persona" zurückgeht, die „Maske des Schauspielers" (Abb. 78). Sie könnten sich auch jemanden vorstellen, der an einem Computer sitzt: Tastatur und Maus würden in diesem Beispiel die Seele repräsentieren, der Computer selbst den Körper/Intellekt und die fünf Sinne (Abb. 79). Wenn nun der Computer den Kontakt zu diesem „Jemand" verlöre, müsste er selbst entscheiden, welche Internetseiten er aufrufen und was er tun soll. Genau diese Dynamik meine ich, wenn ich vom Unterschied zwischen „Seele" und Körper/Intellekt bzw. Ich-Phantom spreche.

Eigentlich sollten wir uns mehrerer Ebenen gleichzeitig gewahr sein, sodass wir zwar *in* dieser Welt (Körper/Intellekt), aber nicht *von* ihr (Seele) sind. Beide Ebenen sollten dabei in bewusster Harmonie zusammenarbeiten und Informationen und Erkenntnisse austauschen. Je mehr wir unser Gewahrsein erweitern, desto mehr Brennpunkte der Aufmerksamkeit werden uns bewusst – „Ich konnte gleichzeitig überall dort sein, wo ich sein wollte", wie der Nahtoderfahrene sagte. Das System aber wurde speziell darauf ausgelegt, den Körper/Intellekt vom Einfluss und den Einsichten der Seele zu trennen und Wahrnehmung, Aufmerksamkeit und Gewahrsein im Körper/Intellekt einzusperren. So entsteht das Ich-Phantom, das sein Unendliches Selbst vergisst.

Das Folgende wird vom wissenschaftlichen Mainstream als Tatsache anerkannt – nur wird eben meist übersehen, welche tief greifenden Folgen es für unsere Auffassung von der Realität hat: Unsere fünf Sinne – Sehen, Hören, Tasten, Riechen und Schmecken – übersetzen in Wellenform codierte Informationen (das, was ich das „drahtlose" kosmische Internet nennen würde) in elektrische Informationen, die dann ans Gehirn übertragen werden, wo sie in die „physische Welt" umgerechnet werden (Abb. 80). Unsere „äußere Welt" ist in Wirklichkeit nur eine innere, denn sie existiert nur im Gehirn. Fast alles – ja, vielleicht sogar *alles* – ist genau anders

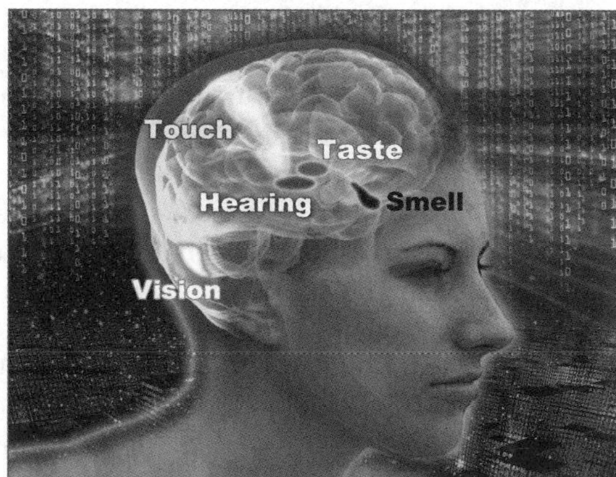


**Abb. 80:** „Tasten – Schmecken – Hören – Riechen – Sehen" – *Die „physische Welt da draußen" ist eine Realität, die in dieser Form nur in unserem Gehirn existiert. Was das Gehirn nicht decodiert, können wir nicht sehen.*

**Abb. 81:** *Die Realität besteht aus Informationen, die auf mehreren Ebenen existieren. Diese werden zu dem entschlüsselt, was wir – fälschlicherweise – für eine feste Realität halten.*

**Abb. 82:** „Wellenförmig – digital – holografisch" – *Alle diese Ebenen existieren simultan; es sind die gleichen Informationen, nur in unterschiedlicher Gestalt.*

herum, als wir es wahrnehmen. Das bringt mich zum nächsten Punkt, der inzwischen relativ geläufig sein sollte. Was wir als fest und physisch erfahren, ist eigentlich digital/holografisch, lässt sich also mit handelsüblichen Hologrammen vergleichen: Sie scheinen fest und dreidimensional zu sein, sind es aber nicht. Die im Körper/Intellekt ablaufenden Decodierungsprozesse erzeugen verschiedene Versionen der gleichen „Welt", indem sie die gleichen Informationen in verschiedene Erscheinungsformen übersetzen – die in Wellenform vorhandenen Informationen des kosmischen Internets werden zu elektrischen/elektromagnetischen und später zu digitalen und holografischen Informationen umgewandelt (Abb. 81). Der Körper/Intellekt agiert auf all diesen Ebenen. Die sogenannte Aura spiegelt die wellenförmige/elektrische/elektromagnetische Ebene des Körpers/Intellekts wider, während das Gehirn und die Erbsubstanz für die elektrische, digitale und holografische Ebene zuständig sind. Wissenschaftler wundern sich, dass Teilchen *gleichzeitig* auch als Welle existieren können, was aber dadurch erklärt werden kann, dass es verschiedene Erscheinungsformen derselben Information auf verschiedenen Stufen des Decodierungsprozesses sind (Abb. 82). Ein weiteres vermeintliches Rätsel ist die Frage, wie die feste Welt aus Atomen bestehen kann, die selbst nicht fest sind (Abb. 83). Wie kann aus etwas, das keine Festigkeit hat, eine „feste" Welt entstehen? Diese Frage kann mit einer weiteren einfachen Tatsache beantwortet werden: Es gibt keine materielle bzw. feste Welt, daher brauchen die Atome auch nicht fest zu sein – Atome sind energetische Informationspakete, ein Teil des Decodierungsprozesses, mehr nicht. Alles, was wir als Realität bezeichnen, ist verschlüsselte und entschlüsselte Information. Was ist das Universum? *Information*. Im Fall des „physischen" Universums handelt es sich um *decodierte* Informationen – genau wie ein Computer im Grunde nur aus Informationen besteht, die wiederum Informationen aus Software oder dem Internet auslesen (Abb. 84).

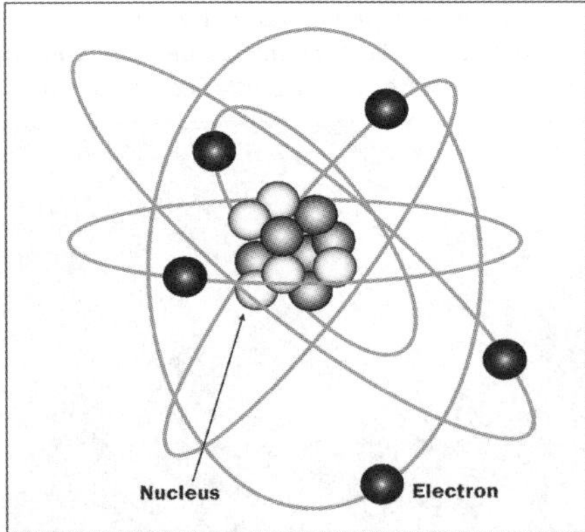


**Abb. 83:** „Kern – Elektron" – *Atome sind elektrische Energiepakete (Informationen), und leere Atome können keine feste Welt bilden.*

**Abb. 84:** *Das Universum besteht aus Informationen, die Informationen entschlüsseln.*

# Die Illusion der fünf Sinne

Die fünf Sinne sind Decodierungssysteme, die in Wellenform existierende Informationen in elektrische umwandeln, um sie dann ans Gehirn zu übertragen – so lautet zumindest eine vereinfachte Erklärung dafür, wie die Welt der Erscheinungsformen entsteht. (Am Ende des Kapitels folgt dazu noch ein wichtiger Nachtrag.) Wenn die fünf Sinne in Virtual-Reality-Spielen in eine andere Welt entführt werden, indem man Informationen an den Seh-, Gehör- und Tastsinn (über Handschuhe) übermittelt, bedient man sich dazu desselben Decodierungssystems, das auch unsere „normale" Realität erzeugt – nur dass man eben andere Informationen einspielt. Es ist kaum in Worte zu fassen, wie wichtig dieser Fakt später noch werden wird.

Die Ohren entschlüsseln in Wellenform eintreffende Informationen und übertragen sie ans Gehirn, wo sie zu Geräuschen decodiert werden. Alles, was verhindert, dass diese Informationen das Gehirn korrekt erreichen oder was den Decodierungsprozess unterbricht, wird dazu führen, das der bzw. die Betroffene taub wird. Wenn wir miteinander reden, vernehmen wir Worte – allerdings *nur* dann, wenn die von den Stimmbändern erzeugten Schallfelder mit den enthaltenen Informationen auch vom Gehirn in Worte decodiert werden. Denn in Wirklichkeit unterhalten wir uns nicht in Worten, sondern in schwingenden Informationsfeldern. Die Worte haben wir dem Gehirn zu verdanken, das wiederum so programmiert werden kann, dass es verschiedene Informationen aus den Stimmbändern verschieden übersetzt – wir nennen das Sprachen. Ein Paradebeispiel für Informationen, die in Wellenform vorhanden sind und vom Gehirn in Geräusche decodiert werden, ist die Musik. Ein Konzert liefert unzählige Welleninformationen aus Stimmbändern, Streichinstrumenten und Trommeln, die unser Gehirn zu dem entschlüsselt, was wir „hören". Musik kann übrigens auch als mathematischer Code ausgedrückt werden. Mit Schmerzen verhält es sich ähnlich: Wir verspüren sie nur dann, wenn ein Schlag aufs Knie auf elektrischem Weg an das Gehirn übertragen wird, das uns dann ein „Aua" signalisiert. Eine heute gängige Methode der Schmerzlinderung besteht darin, diese Übertragung zu unterdrücken, denn wir können den Schmerz nicht spüren, wenn das Gehirn ihn nicht registriert. Schließlich haben wir noch den Geschmacks- und den Geruchssinn: Wir schmecken nur dann etwas, wenn das Gehirn die von der Zunge übermittelten Informationen in „lecker" und „igitt" umwandelt, und auch Geruch entsteht erst, wenn das Gehirn die elektrischen Botschaften entschlüsselt, die von der Nase eintreffen. Chemische „Geschmacksverstärker" wie Mononatriumglutamat werden Nahrungsmitteln, die schwerlich als „Essen" zu bezeichnen sind, zugesetzt, damit das Gehirn einen Geschmack decodiert, der gar nicht vorhanden ist.

Für jeden der genannten Sinne sind bestimmte Gehirnareale zuständig, die darauf spezialisiert sind, die jeweiligen Informationen zu entschlüsseln – unsere gesamte sichtbare Wirklichkeit etwa entspringt ein paar Kubikzentimetern im Hinterkopf. Jawohl, so real ist die physische Realität. Die folgende Aussage im Film „Matrix", in der Morpheus die Illusion der Körperlichkeit erläutert, basiert auf Tatsachen:

> Was ist real? Wie definiert man „real"? Wenn du über das sprichst, was du fühlen, schmecken, tasten und sehen kannst, dann bezeichnest du nur die elektrischen Signale als „real", die dein Gehirn interpretiert.

Das ist alles – das ist die „reale Welt". Ein Gehirn sitzt in einem stockdusteren Schädel und „sieht" Licht nur dann, wenn es elektrische Informationen entschlüsselt, die vom Sehsinn bereitgestellt werden. Der Philosoph und Mystiker Alan Watts meinte dazu ganz richtig:

> [Ohne das Gehirn] fehlt der Welt Licht, Wärme, Gewicht, Festigkeit, Bewegung, Raum, Zeit oder jede andere erdenkliche Eigenschaft. All diese Phänomene sind Schwingungen, die an eine bestimmte Anordnung von Nervenzellen übertragen werden oder mit dieser wechselwirken.

All das ist nicht allein auf das Gehirn beschränkt. An der Entschlüsselung der Realität sind die gesamte Erbsubstanz sowie die Körpergewebe beteiligt, darunter auch das Empfänger/Sender-System namens DNS (Desoxyribonukleinsäure) und das zentrale Nervensystem. In einem Internetartikel fand ich folgende gute Beschreibung der DNS:

> Durch die charakteristische Form der Doppelhelix stellt die DNS eine geradezu ideale elektromagnetische Antenne dar. Einesteils ist sie langgestreckt und damit eine Stabantenne, die sehr gut elektrische Impulse aufnehmen kann. Andererseits ist sie, von oben gesehen, ringförmig und damit eine sehr gute magnetische Antenne.

Sie ist aber auch ein Softwareprogramm, wie in einem Artikel im *San Francisco Chronicle* zu lesen war: „Die DNS ist ein universaler Softwarecode. Die grundlegenden Instruktionen des Lebens sind vom Bakterium bis hin zum Menschen in ein und derselben Sprache verfasst." Die DNS besteht aus vier (biologischen Computer-)Codes, die als A, C, G und T bekannt sind und deren Anordnung darüber entscheidet, ob das holografische Gebilde ein Virus, eine Maus oder ein Mensch ist (Abb. 85 und 86). Dabei können schon geringe Unterschiede zu völlig unterschiedlichen Erscheinungsformen führen.

Der gesamte Körper/Intellekt ist eine Software, die programmiert wurde, um mit dem übergeordneten Programm der Simulation bzw. Matrix zu interagieren. Wenn man das erkannt hat, werden unsere verrückte Welt und das Ich-Phantom um einiges verständlicher. Die Körper/Intellekt-Software ist nur darauf ausgelegt, den als „sichtbares Licht"

```
CCCAACACCCAAATATGGCTCGAGAAGGGCAGCGACATTCCTGCGGGGTGGCGCGGAGGGAATGCCC
GCGGGCTATATAAAACCTGAGCAGAGGGACAAGCGGCCACCGCAGCGGACAGCGCCAAGTGAAGCCT
CGCTTCCCCTCCGCGGCGACCAGGGCCCGAGCCGAGAGTAGCAGTTGTAGCTACCCGCCCAGGTAGG
GCAGGAGTTGGGAGGGGACAGGGGGACAGGGCACTACCGAGGGGAACCTGAAGGACTCCGGGGCAGA
ACCCAGTCGGTTCACCTGGTCAGCCCCAGGCCTCGCCCTGAGCGCTGTGCCTCGTCTCCGGAGCCAC
ACGCGCTTTAAAAAGGAGGCAAGACAGTCAGCCTCTGGAAATTAGACTTCTCCAAATTTTTCTCTAG
CCCTTTGGGCTCCTTTACCTGGCATGTAGGATGTGCCTAGGGAGATAAACGGTTTTGCTTTAGTTGT
CGCCAAGGCAGTTCCCTTCCAAACTAGCGCTAGAGCGAATGAGCGAGCAGCCAGGACCACCATTCTG
GGTTTCCAACAGGCGAAAAGGCCCTTTCTGAGTTTGAAATGTCACAGGGTTCCTAACAGGCCACTCT
TCCCTGGATGGGGTGCCAACGCCTTTCCCATGGGCATCTCCTTCCACCCTCACGCTGGCCCAGCAAG
CAGGCAGTGCTGAGGCCTTATCTCCCTAGGTGACAGATGTGGTCAGGGAGGCGCAGAGAGGATGGGC
ACTAGCGTCCAGCTCCTGGAACAGGTGTCAGGCAGGGAGGGCAGACAGGTCTTGGGAACATGTTCCC
CTGGCTATGTGGACAGAGGACTTCTCAGTGGGTCTCGCGACCCTGTGCCCCTTTTCCTGGTTCAGGG
CAGCCTTAGCCGGGGCAAAGGTCGAGAAGAGAACCCCTGGTCGCCGCCCTGGCAGAATTTGAGTGGC
TCCGGCAGGAGATGTCCCTAGGTTCCTGGGGAGGGAGGACGTCGGGGCCAGCCAGGCTTACCCCCCC
CTGCCGCTGAGACTTCTGCGCTGATGCACCGCGCCTCTTCGCGGTCTCCCTGTCCTTGCAGAAACTA
GACACAATGTGCGACGAAGACGAGACCACCGCCCTCGTGTGCGACAATGGCTCCGGCCTGGTGAAAG
CCGGCTTCGCCGGGGATGACGCCCCTAGGGCCGTGTTCCCGTCCATCGTGGGCCGCCCCCGACACCA
GGTCAGGCTGCCCCTCCGCAGAGGGAGCCGGCTCGGGGTCCCCGCGTAAGCCAGCCTGGTGCCACC
```

**Abb. 85:** *Durch den DNS-Code aus A, C, G und T ist vorgegeben, welche Form daraus entstehen wird …*

**Abb. 86:** *… und er gleicht verblüffend dem aus Einsen und Nullen zusammengesetzten Computercode sowie dem Zahlencode, der im Film „Matrix" dargestellt wird.*

bezeichneten winzigen Frequenzbereich zu entschlüsseln, um unsere Sinneswahrnehmungen auf Kosten der bewussten Verbindung mit dem Unendlichen Gewahrsein in der Fünf-Sinnes-Realität zu bündeln und dort gefangen zu halten. Warum und wozu das getan wird, werde ich noch erläutern – und damit auch einige Rätsel der Menschheit lösen.

Da die Wissenschaft keine Ahnung davon hat, was die DNS wirklich macht, hat sie in ihrer Einfältigkeit 98 Prozent davon als „Junk"- bzw. „nichtcodierende" DNS bezeichnet und behauptet, *sie hätte keine Funktion*. Auf eine solche Herangehensweise stößt man in der Schulwissenschaft und im gesamten Mainstream-Einheitsbrei immer wieder: „Wir verstehen nicht, wie das funktioniert, also kann es nicht funktionieren." Unfassbar. Echte Wissenschaftler haben längst erkannt, was für ein Nonsens dieses Konzept einer „nichtcodierenden DNS" ist, und viele ihrer Funktionen dingfest gemacht. Ein russisches Team hat beispielsweise festgestellt, dass sie denselben Regeln gehorcht wie die menschliche Sprache, was die Forscher zu der Annahme führte, dass die gesprochenen Sprachen kein Zufall seien, sondern die DNS (die Software) widerspiegeln. Natürlich – schließlich ist *alles* ein Programm. Das von dem russischen Biophysiker und Molekularbiologen Pjotr Garjajev geleitete Team entdeckte zudem, dass dies auch in der Gegenrichtung funktioniert: Menschliche Sprache kann – via Frequenzübertragung – die DNS beeinflussen. Wenn Menschen mit Hunden oder Pflanzen „sprechen", werden ebenfalls Stimmfrequenzen an die DNS übertragen – wenn wir reden, erzeugen wir mit unseren Stimmbändern schwingende Informationsfelder, die von Tieren und Pflanzen entschlüsselt werden können. Ganz offensichtlich verstehen sie uns nicht, weil sie unsere Sprache sprechen, sondern weil sie ein eigenes Gefühl bzw. einen eigenen Eindruck aus den Informationsfeldern gewinnen, die sie empfangen. Auf ähnliche Weise können bestimmte Songs bei Menschen gute oder weniger gute Gefühle auslösen, die sich nicht immer in Worte fassen lassen. Experimente, bei denen elektrische Ströme von Pflanzen gemessen wurden, haben gezeigt, dass diese positiv auf freundliche bzw. negativ auf ausfallende Worte reagieren und sogar ihren Peiniger wiedererkennen, wenn dieser den Raum betritt. Wir können uns mit Worten, Gedanken und Visualisierungen (konzentrierten Gedanken) heilen oder krank machen (ins bzw. aus dem Gleichgewicht bringen), weil deren Schwingungen auf uns wirken. Nach dem gleichen Prinzip funktionieren (echte) elektrische/energetische Heilgeräte oder das „Handauflegen", bei dem Energie (Frequenz/Schwingung/Informationen) ausgetauscht wird. Von Pjotr Garjajev und seinen Forscherkollegen stammt auch der folgende Satz: „Chromosomen in vivo arbeiten als solitonisch-holografische Computer unter Verwendung der endogenen DNS-Laserstrahlung." Mit „solitonisch" ist eine bestimmte Wellenart gemeint, während das „holografisch" genau zu dem passt, was ich Ihnen gleich über die Realität sagen werde.

# Ja, es fühlt sich fest an ... aber ...

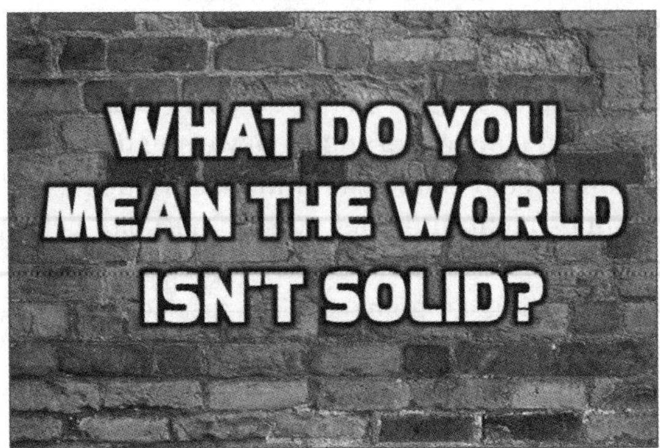


**Abb. 87:** „Was meinen Sie damit, dass die Welt nicht fest ist?" – *Die Welt muss fest sein – ach ja?*

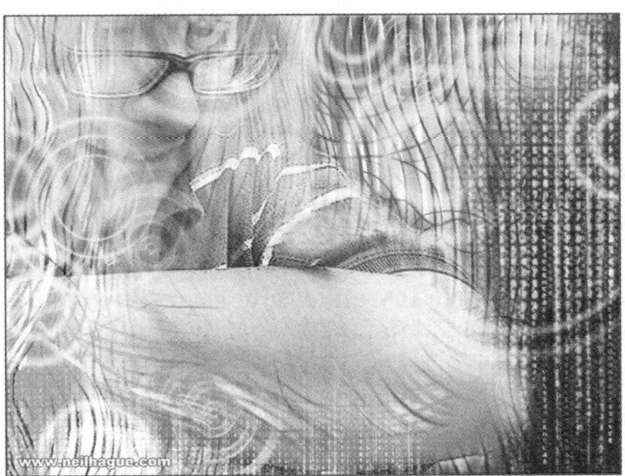


**Abb. 88:** *Nichts existiert in der Form, die wir sehen, bis wir sie entschlüsseln ...*

**Abb. 89:** *... und das, was den Decodierungsprozess in Gang setzt, ist unsere Aufmerksamkeit.*

Die Frage ist berechtigt: Wenn die feste Welt eine Illusion ist – wie kommt es dann, dass ich gegen eine Wand stoße, wenn ich durch sie hindurchgehen will? Hier muss ich zumindest eingestehen, dass die Welt definitiv fest *erscheint* (Abb. 87). Doch ich kann die Frage mit einer Geschichte beantworten, die alles, was ich hier vorbringe, hervorragend illustriert. Sie stammt aus dem Buch „Das holographische Universum" von Michael Talbot, einem amerikanischen Autor und Forscher. In seinem herausragenden Werk trägt er Untersuchungen von Mainstreamwissenschaftlern – den etwas aufgeschlosseneren Exemplaren, versteht sich – zusammen, die allesamt zu dem Schluss gelangt sind, unsere Wirklichkeit sei holografischer Natur und ihre Festigkeit nur illusionär. An einer Stelle beschreibt Talbot, wie sein Vater zu einer Party, die er für seine Freunde gab, einen Bühnenhypnotiseur eingeladen hatte, der die Gäste unterhalten sollte. Irgendwann im Verlauf der Show hatte der Hypnotiseur einen Mann namens Tom auf einem Stuhl auf der Bühne in einen Trancezustand versetzt. Tom wurde gesagt, wenn er wieder in den Wachzustand zurückkehre, würde er seine Tochter nicht mehr sehen können. Diese bat der Hypnotiseur dann, sich direkt vor ihren Vater zu stellen, als er aus der Trance geholt wurde. Tom wurde gefragt, ob er seine Tochter sehen könne. Nein, sagte er, obwohl er direkt auf ihren Bauch starrte. Als Nächstes versteckte der Hypnotiseur seine Hand hinter dem Rücken der Tochter und fragte, ob Tom sehen könne, was er in der Hand halte. Ja, erwiderte Tom, er halte eine Uhr in der Hand. Seine Tochter stand zwischen ihm und der Uhr, aber er konnte die Uhr noch immer erkennen. Tom wurde auch gefragt, ob er eine Gravur auf ihr vorlesen könne – was er daraufhin tat.

Bitten Sie doch einmal Schulwissenschaftler vom Schlage eines Richard „Dogma" Dawkins um ihre Meinung zu dieser Geschichte. Womöglich werden Ihnen die meisten entweder sagen, dass das nicht möglich sei, oder dass es sich um irgendeinen Trick gehandelt haben müsse. Weiß man allerdings, dass die „physische" Realität eine Illusion ist, gibt es für all das eine simple Erklärung. Das Universum besteht eigentlich aus informationscodierten Wellen, die vom Gehirn in eine scheinbar physische (holografische) Gestalt decodiert werden. Das gilt für alles, auch den Körper. Selbst ihn rechnen wir in eine holografische Form um. Das, was wir vom Körper/Intellekt sehen, ist nicht dessen eigentliche Gestalt – es handelt sich um energetische Informationsfelder, die zu dem entschlüsselt werden, was wir zu sehen *meinen* (Abb. 88 und 89). Findet dieser Decodierungsprozess nicht statt, kann der Körper/Intellekt in seinem energetischen Zustand nicht vom bewussten/holografischen Intellekt wahrgenommen werden. Dieser sieht dann nicht einmal das Gehirn, das in seiner ursprünglichen Form ebenfalls energetisch ist. Zwar ist alles Energie, doch verwende ich den Begriff „energetisch" an dieser Stelle, um zwischen den „physischen" und „nichtphysischen" Zuständen zu unterscheiden.

Das alles bringt mich auf den in einer britischen Tageszeitung veröffentlichten Artikel zurück, auf den ich bereits weiter oben angespielt habe. Unter der Schlagzeile „Ihr ganzes Leben ist eine ILLUSION" war dort zu lesen: „Neue Studien stützen die Theorie, dass die Welt nicht existiert, bis wir sie beobachten". Dem Artikel zufolge haben Physiker an der Australischen Nationaluniversität mit einem Experiment die Behauptungen anderer Quantenphysiker untermauern können, dass das uns bekannte Universum nur existiert, wenn es beobachtet wird. Ich würde sogar noch weitergehen und sagen: „Die Welt existiert nicht, bis wir sie *entschlüsseln*." Das Beobachten bzw. „Ansehen" ist fokussierte *Aufmerksamkeit*, die wiederum den Decodierungsprozess in Gang setzt.

Aus dieser Perspektive lässt sich das, was Tom mit seiner Tochter erlebt hat, leicht nachvollziehen. Die hypnotische Suggestion, dass Tom seine Tochter nicht sehen könne, fungierte wie eine Firewall in seinem Gehirn, die verhinderte, dass es ihre energetischen

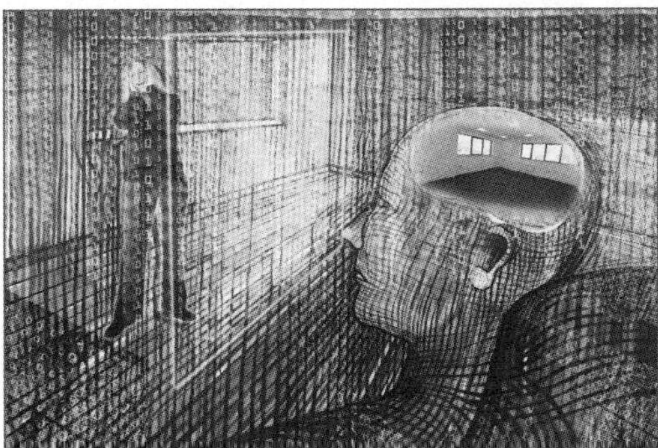

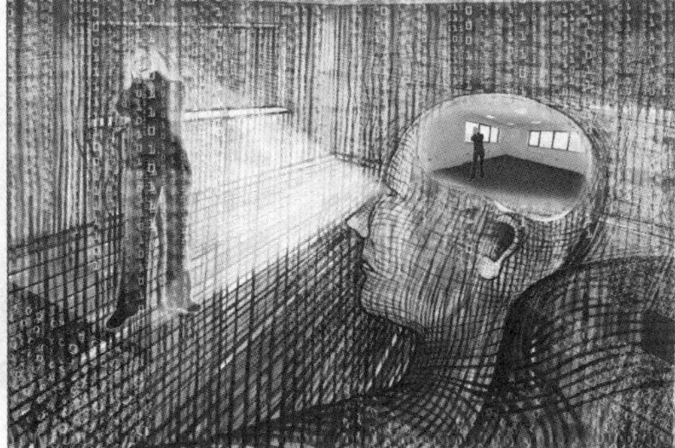

**Abb. 90:** *Wenn wir energetische Informationen nicht in holografische Formen umrechnen, tauchen sie nicht in der Realität des bewussten Intellekts auf.*

Informationsfelder in die holografische Realität umwandelte. Solange es das nicht tat, würde seine Tochter die „Welt" seines bewussten Intellekts im Frequenzband des sichtbaren Lichts nicht betreten. Für seinen holografischen Beobachtungsapparat war sie nicht Teil der Szene, die sein Gehirn decodierte, und so konnte sie Tom auch nicht den Blick auf die Uhr versperren (Abb. 90).

Widmen wir uns nun der Eingangsfrage, warum Menschen gegen eine Wand stoßen können, wenn die Welt nicht fest ist. Unsere simulierte Realität ist ein energetisches Informationskonstrukt, das auf einer Ebene auch elektromagnetisch ist. Die Wechselwirkungen, die auf Ebene der holografischen („physischen") Formen stattfinden, geschehen eigentlich auf Ebene der Wellenformen bzw. auf der elektromagnetischen Ebene; die holografische Realität ist nur eine entschlüsselte Version dieser Informationen. Wenn Sie sich nun an einer Wand stoßen, passiert das nicht etwa deshalb, weil sie fest ist – allein die Quantenphysik zeigt uns, dass sie das ganz sicher nicht ist –, sondern Sie treffen auf einen Widerstand, weil elektromagnetische Zustände bzw. Informationsfelder aufeinandertreffen. Nur aus der Perspektive, mit der wir die Realität innerhalb der Illusion wahrnehmen, scheint Festes auf Festes zu treffen. Wenn Augenzeugen davon berichten, dass Geister oder andere Gestalten Wände durchquert hätten, ist das deshalb möglich, weil der „Geist" sich in einem anderen Frequenzbereich befindet und es daher keinen energetischen Widerstand gibt. Dieser Frequenzunterschied sorgt dafür, dass Geister für uns durchsichtig wirken; würden wir sie aus ihrem eigenen Frequenzband heraus betrachten, wären sie so fest wie Sie und ich.

Die „physische" Realität basiert auf ganz ähnlichen Prinzipien wie die Hologramme, die wir immer häufiger bei Bühnenshows, im Fernsehen und in der Werbung zu sehen bekommen. Manchmal werden damit längst verstorbene Sänger und Entertainer in dreidimensionaler Form wieder zum Leben erweckt. Ich erinnere mich beispielsweise an Celine Dion, die ein Duett mit einem holografischen Elvis sang, sowie an den inzwischen verstorbenen britischen Komiker Les Dawson, der in seiner eigenen Fernsehshow als Hologramm auftauchte (Abb. 91). Die besten Hologramme wirken fest, sind es aber nicht, denn man kann direkt durch sie hindurchgehen (Abb. 92 und 93).

Hologramme werden mithilfe von gerichtetem Licht aufgezeichnet. Zunächst wird dazu ein Laserstrahl in einen „Referenz-" und einen „Objektstrahl" aufgeteilt. Der Referenzstrahl wird direkt auf das Trägermaterial gelenkt, auf dem das Hologramm gespeichert

**Abb. 91:** *Die „reale" Celine Dion singt mit einem Elvis-Hologramm.*

**Abb. 92:** *So echt sie auch wirken – es sind Hologramme.*

**Abb. 93:** *Zwei Männer zusammen auf der Bühne? Der auf der rechten Seite ist eine holografische Projektion aus einer anderen Stadt.*

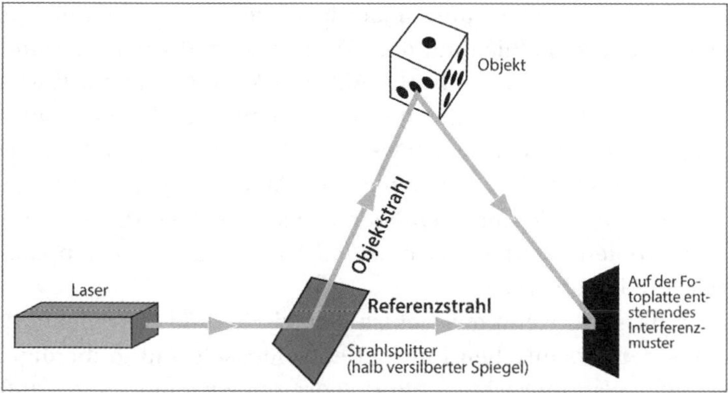


**Abb. 94:** *Wie die holografische Illusion der dreidimensionalen Festigkeit erzeugt wird.*

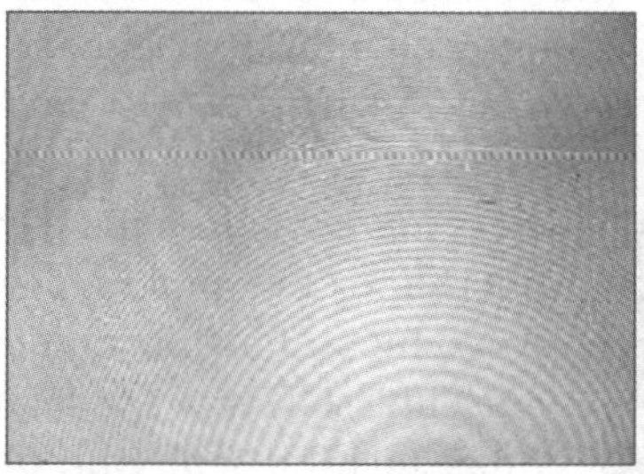

**Abb. 95:** *Eine holografische Aufnahme bzw. das „Interferenzmuster" auf einem holografischen Trägermaterial enthält die Informationen über das Objekt in Wellenform. Dass das Bild einem Fingerabdruck ähnelt, kommt nicht von ungefähr, denn auch der menschliche Körper ist eine holografische Projektion von Welleninformationen.*

**Abb. 96:** *Ein ähnliches Wellenmuster ergibt sich, wenn sich Wasserwellen überlagern. Das Prinzip ist dasselbe.*

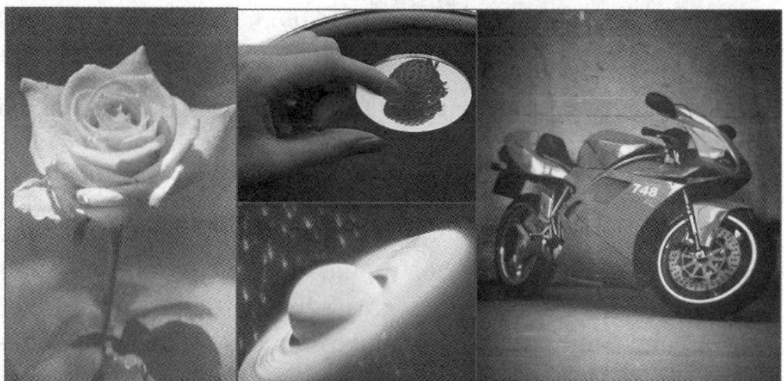


**Abb. 97:** *Alles „feste" Hologramme, durch die Sie hindurchgehen könnten. (Bilder: „Strawberry" Mirage – 3D Hologramm-Generator, www.eyetricks.com/mirage • „Rose" mit freundlicher Genehmigung des Holography Studio, All-Russian Exhibition Center, Moskau, siehe www.holography.ru • „Saturn" mit freundlicher Genehmigung der Royal Holographic Art Gallery, siehe www.holograms.bc.ca)*

werden soll, während der andere das Objekt in Wellenform aufnimmt (Abb. 94). Beide Teile des Strahls treffen schließlich auf dem Trägermaterial wieder zusammen, auf dem ein sogenanntes Interferenzmuster entsteht (Abb. 95). Vom Prinzip her lässt sich das damit vergleichen, dass man zwei Kieselsteine in einen Teich wirft und die aufeinandertreffenden Wellen ein Muster bilden, aus dem sich ablesen lässt, wo und mit welcher Geschwindigkeit die Kiesel auf die Wasseroberfläche getroffen sind (Abb. 96). Das holografische Trägermaterial enthält folglich die Welleninformationen eines beliebigen Objekts. Wenn schließlich ein Laser auf diese Wellen-„Matrix" gerichtet wird, erscheint – wie von Zauberhand – ein dreidimensionales Bild (Abb. 97).

Genau dasselbe passiert, wenn das Gehirn elektrische und in Wellenform existierende Informationen aus dem kosmischen Internet entschlüsselt und in die digitale und holografische „physische" Welt umrechnet. Ein Hologramm wird nur dann sichtbar, wenn der Laser das Interferenzmuster auf dem Trägermaterial „ausliest" bzw. dessen Informationen decodiert, während unsere „physische" Wirklichkeit nur in der Form existiert, die wir erleben, wenn unser Gehirn die elektrischen und in Wellenform vorhandenen Informationen ausliest und in die holografische Welt umrechnet. Unser Laser ist dabei der Akt der Beobachtung, unser Fokus ... die *Aufmerksamkeit*. Einmal mehr ist die Metapher eines Computers, der das Internet (verschlüsselte Informationen) zu dem entschlüsselt, was wir letztlich auf dem Bildschirm sehen, eine hervorragende Analogie. Inzwischen werden Hologramme auch digital erstellt, wodurch sie der von uns als fest erlebten Realität noch ähnlicher werden. Unser Gehirn konstruiert also digitale Hologramme – und diese digitale Wirklichkeit wurde im Film „Matrix" großartig dargestellt (Abb. 98). In einem Medienbericht über digitale Hologramme hieß es:

**Abb. 98:** *Die digitale Wirklichkeit im Film „Matrix".*

> Und diese sehen vollkommen real aus – so real, dass Menschen stehen blieben, als Ford ein Konzeptfahrzeug als [digitales] Hologramm vorführte, weil sie nicht hineinlaufen wollten. Sie dachten, das holografische Auto sei tatsächlich da.

Das ist der Grund, warum unsere Realität so fest erscheint, obwohl sie das gar nicht ist. Es gibt auch einige Wissenschaftler, die behaupten, das Universum sei holografisch – und ihre Befunde sollten mit den Ergebnissen der Wissenschaftler zusammengeführt werden, denen zufolge wir in einer Simulation leben. Nur wenn die verschiedenen Disziplinen sich im Geiste echter, unvoreingenommener Forschung untereinander austauschen, werden sie die Zusammenhänge erkennen und verstehen, was die Realität wirklich ist. In einer Ausgabe des Mainstream-Wissenschaftsjournals *New Scientist* aus dem Jahr 2009 etwa war auf dem Cover der Titel zu lesen: „Sie sind ein Hologramm ... projiziert vom Rande des Universums“ (Abb. 99). Nun, „wir“ sind kein Hologramm – „wir“ sind Unendliches Gewahrsein –, aber unser *Vehikel*, mit dem wir diese Wirklichkeit erfahren, ist ein Hologramm. Außerdem stammt die Projektion nicht vom Rande des Universums – alles spielt sich innerhalb der Decodierungssysteme des Gehirns und der Erbsubstanz ab. Auch in einer anderen wissenschaftlichen Fachzeitschrift, dem *Scientific American*, lautete 2003 ein Aufmacher: „Sind Sie ein Hologramm? (Laut Quantenphysik könnte das für das ganze Universum gelten)“ (Abb. 100). Ein weiterer Artikel, der ein Jahr später im selben Magazin veröffentlicht wurde und die Frage behandelte, ob das Universum nach Computerprinzipien funktioniere, kam zu dem Schluss:

> Besonders bedeutsam aber könnte sein, dass das Ergebnis direkt zum holografischen Prinzip führt, demzufolge unser dreidimensionales Universum auf tiefe, aber unergründliche Weise zweidimensional ist.

**Abb. 99:** *Auch die Mainstreamwissenschaft untersucht inzwischen die holografische Natur der Realität, um den Sackgassen der Orthodoxie zu entkommen.*

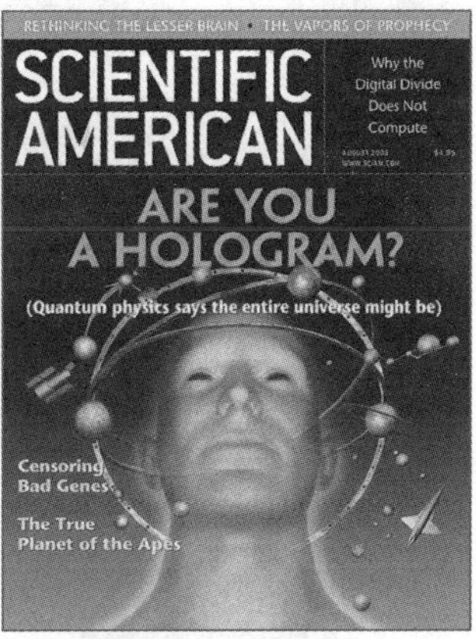


**Abb. 100:** *Die Wahrheit kann nicht ewig verleugnet werden.*

Nun, vielleicht ist das Prinzip gar nicht so unergründlich. Die derzeit entwickelten holografischen Fernsehsysteme arbeiten mit zweidimensionalen Informationen, die als dreidimensionale Formen wahrgenommen werden. In einem Video über holografisches Fernsehen sagte der Sprecher aus dem Off:

> Und es sieht dreidimensional aus, wenn Sie davorsitzen [es beobachten] [...] Das Bild ist auf dem Film gespeichert oder wird in diesem Fall auf dem Bildschirm als Überlagerung mehrerer Interferenzmuster dargestellt, die nur dann zu einem Bild werden, wenn Sie es aus dem richtigen Winkel betrachten und gut beleuchten.

Zwei weitere wissenschaftliche Pioniere, die der Auffassung waren, dass die „physische“ Wirklichkeit nach holografischen Prinzipien aufgebaut sein könnte, waren der Quantenphysiker David Bohm (1917–1992) und Karl Pribram, der als Professor für Psychologie und Psychiatrie an den amerikanischen Universitäten Stanford und Radford unterrichtet hat. Pribram und Bohm arbeiteten gemeinsam an einem „holonomen Gehirnmodell“, demzufolge das Gehirn ein holografisches Speichernetzwerk ist. Pribram sprach in diesem Zusammenhang von Schwingungswellen, die im Gehirn Interferenzmuster bilden und dadurch Gedächtnisinhalte codieren.

Irgendwann wird die Gebetsmühlen-„Wissenschaft“ der Wahrheit ins Gesicht sehen müssen: Dass nämlich ihre Grundannahmen über das Wesen der Realität so unsäglich wie unermesslich falsch sind – und dass wir tatsächlich in einer computerartigen Simulation leben, zu der auch eine holografische „physische" Komponente gehört. Nikola Tesla meinte: „Wenn Sie das Universum verstehen wollen, dann denken Sie an Energie, Frequenz und Schwingung." Nun können Sie der Liste noch Hologramme hinzufügen.

## Zeitsteuerung

Zeit und Raum sind Informationen, die in codierter Form in der Struktur des Universums enthalten sind. Entschlüsseln wir sie, erscheinen sie uns real – das sind sie aber nicht. Wenn Sie ein Virtual-Reality-Spiel spielen, wird es auch dort „Zeit" (eine Abfolge von Ereignissen bzw. Szenen) und Raum (dreidimensionale Perspektive) geben, und doch besteht das ganze Spiel nur aus decodierten Informationen, die mit ein paar Klicks plus der Entertaste als Programmcode eingegeben wurden. Nahtoderfahrene berichten, dass Zeit und Raum in der von ihnen erlebten außerkörperlichen Welt nicht so waren, wie wir sie innerhalb dessen wahrnehmen, was ich die Simulation nenne. Im bereits angeführten Zitat heißt es:

**Abb. 101:** *Leonardo da Vinci war seiner „Zeit" nicht voraus – er befand sich jenseits der „Zeit".*

> Ich sah all das, was sie im Augenblick dachten, was sie früher gedacht hatten, was früher geschehen war, was gerade geschah. Es gab keine Zeit, keine Abfolge von Ereignissen, keinerlei Beschränkungen durch Entfernungen, Zeit oder Ort. Ich konnte gleichzeitig überall dort sein, wo ich sein wollte.

Wie so viele andere sagte auch die Nahtoderfahrene Anita Moorjani, dass sie überall „gleichzeitig" sein konnte, wenn sie sich über ihren Körper hinaus „ausdehnte". Das, was wir als Zeit bezeichnen, ist davon abhängig, wer sie wahrnimmt, beobachtet – *decodiert*. In der ganzen uns bekannten Geschichte hat es immer wieder Menschen gegeben, denen man nachsagte, sie seien ihrer Zeit voraus, weil sie Dinge wussten und tun konnten, die ihre Zeitgenossen für unmöglich hielten. Spontan fallen mir Leonardo da Vinci (1452–1519) und Giordano Bruno (1548–1600) ein (Abb. 101 und 102). Da Vinci erfand technische Geräte gut 500 Jahre, bevor mit Nachbauten gezeigt werden konnte, dass sie funktionieren, während Bruno ein so fortschrittliches Verständnis der Wirklichkeit hatte, dass er von der Römisch-Katholischen Kirche auf dem Scheiterhaufen verbrannt wurde. Beide, aber auch andere, waren ihrer Zeit

**Abb. 102:** *Giordano Bruno sagte: „Heroische Liebe ist eine Eigenschaft jener überlegenen Naturen, die man als geisteskrank bezeichnet, nicht weil sie nicht wissen, sondern weil sie im Übermaß wissen."*

jedoch nicht voraus – sie befanden sich *jenseits* von ihr (Abb. 103). Sie konnten ihr Gewahrsein so stark ausweiten, dass sie in Frequenzbereiche des Wissens vordrangen, die sich außerhalb der Simulationsmauer befinden.

Zu diesem Wissen haben wir jederzeit Zugang, egal, ob wir uns in der imaginären Zeitlinie der Simulation nun in der Steinzeit oder im Raumfahrtzeitalter befinden. Diejenigen, die sich mit dieser Ebene des Gewahrseins verbinden können, werden entweder (im „Rückblick") als ihrer Zeit voraus oder (zeit ihres Lebens) als verrückt und gefährlich bezeichnet. Der Psychologe John Eliot sagte: „Die Geschichte zeigt uns, dass Menschen, die letzten Endes die Welt verändern, immer verrückt sind – bis man ihnen Recht gibt und sie als Genies gelten." Zu einem solchen „Genie" wird man, wenn man Gewahrseinsbereiche betritt, die jedem zur Verfügung stehen, die aber nur von wenigen erschlossen werden. Albert Einstein soll die Relativität der Zeit einmal wie folgt erklärt haben:

**Abb. 103:** *„Zeit" ist ein Konstrukt der Simulation. Wenn Sie Ihr Gewahrsein über die fünf Sinne hinaus ausdehnen, gelangen Sie in einen Bereich unendlichen Wissens und unendlicher Erkenntnis.*

> Eine Stunde mit einem hübschen Mädchen vergeht wie eine Minute, aber eine Minute auf einem heißen Ofen scheint eine Stunde zu dauern.

Nobuhiro Hagura vom Institut für kognitive Neurowissenschaften am University College in London hat in einer Studie erforscht, wie Zeit von unseren besten Sportlern und Sportlerinnen wahrgenommen wird. Jeder, der ein Tennis- oder Baseballspiel gesehen hat, wird sich sicher schon einmal erstaunt gefragt haben, wie ein Ball bei so hoher Geschwindigkeit so präzise getroffen werden kann. Hagura hat herausgefunden, dass begabte Sportler über „matrixartige Fähigkeiten" verfügen, mit denen sie die „Zeit" verlangsamen: Sie verarbeiten visuelle Informationen schneller als üblich, sodass sich die Welt für sie langsamer zu bewegen scheint. Was sagt man zuweilen über großartige Sportler? Dass für sie anscheinend die *„Zeit"* stillsteht. Jetzt sollte klar sein, wie das geht. Da die Simulation interaktiv ist, kann eine solche Begabung durch Training zusätzlich verbessert werden: Wenn wir uns bewusst entschließen, das kosmische Internet anders zu entschlüsseln, werden wir dessen Informationen auch auf andere Weise empfangen – und je nachdem, wie langsam oder schnell wir diese verarbeiten, werden wir auch die „Zeit“ anders empfinden. Wenn Sportler also das Bedürfnis haben, die Zeit zu verlangsamen, um einen exakten Treffer zu landen, kann diese Fähigkeit durch ihren Wunsch – ihren *Willen* – aktiviert werden, ihr Spiel zu verbessern. Ganz ähnlich funktioniert die sogenannte „Evolution“: Wenn verschiedene Spezies den Drang verspüren, besondere Talente und Fähigkeiten entwickeln zu müssen, um auf ihre sich wandelnde Umwelt zu reagieren, können dadurch Mutationen eingeleitet werden.

Im britischen *Daily Telegraph* wurde über ein Team von Wissenschaftlern berichtet, die spekulierten, man könne irgendwann in der Zukunft das Zeitempfinden von Gefangenen mittels Drogen oder Computern so stark verändern, dass diese eine – in ihrer Wahrnehmung – extrem lange Haftstrafe in ein paar Stunden absäßen. Die Leiterin des Teams Rebecca Roache sagte:

> Wenn man den Verstand eines verurteilten Kriminellen [in einen Computer] hochladen und eine Million Mal schneller arbeiten lassen würde, könnte der hochgeladene Kriminelle eine 1.000-jährige Haftstrafe in achteinhalb Stunden absitzen. Das wäre für den Steuerzahler eindeutig billiger, als die Lebensspanne des Kriminellen zu verlängern, damit er die 1.000 Jahre in Echtzeit verbüßen kann.

Lassen wir den letzten abstrusen Satz einmal dahingestellt sein, so lässt sich der rote Faden erkennen, der sich durch das Gesagte zieht: Zeit ist eine Illusion, die vom Beobachter abhängig ist. Wieder kann man auch dieses Phänomen – dass sich die erlebte Zeit zu verlangsamen scheint, wenn man Informationen extrem schnell verarbeitet – mit Szenen aus dem Film „Matrix“ veranschaulichen: mit den Szenen nämlich, in denen sich die Filmfiguren so schnell bewegen, dass sie Kugeln ausweichen können (Abb.

**Abb. 104:** „Veränderliche Zeit“ – *Zeit hängt vom Decodierer ab.*

**Abb. 105:** „Uhrzeit – Illusion“ – *Eine künstliche „Zeit“, die unsere Wahrnehmung kontrolliert.*

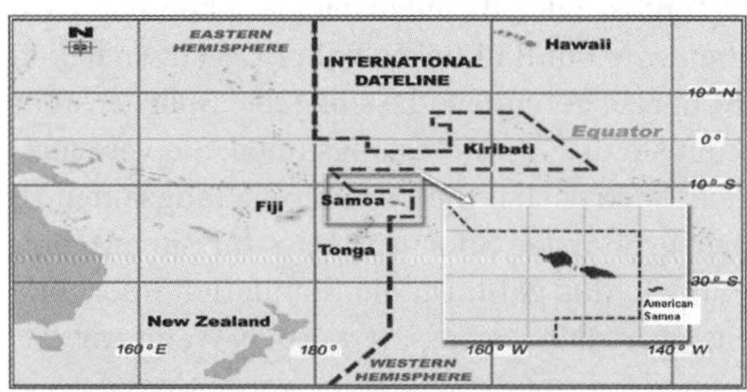


**Abb. 106:** *Die internationale Datumsgrenze: eine imaginäre Linie für ein imaginäres Phänomen.*

104). Stellen Sie sich ein Video im Schnellvorlauf vor, das Sie selbst aber in Normalgeschwindigkeit sehen. Wir haben diese Zeitillusion sogar noch auf die Spitze getrieben und verschärft, indem wir „Uhrzeit" und „Kalenderzeit" erfunden haben, die reine menschliche Konstrukte sind (Abb. 105). Wie kann die Zeit so sein, wie wir sie uns vorstellen, wenn man die internationale Datumsgrenze überqueren und ins Morgen oder Gestern reisen kann? Die Linie ist übrigens nicht einmal gerade (Abb. 106).

In einem Meme, das ich im Internet fand, hieß es:

> Zeit existiert nicht, Uhren existieren. Zeit ist nur ein Konstrukt, auf das wir uns geeinigt haben. Wir haben Entfernungen (eine Drehung um die Erdachse und eine Umkreisung der Sonne) genommen, in Abschnitte unterteilt und den Abschnitten Namen gegeben. Zwar hat das auch seinen Nutzen, doch sind wir darauf programmiert worden, unser Leben an diesem Konstrukt auszurichten, als wäre es real. Wir haben unser gemeinsames Konstrukt mit etwas Realem verwechselt und sind dadurch zu dessen Sklaven geworden.

Wie wahr. Nehmen Sie zur Zeit noch das Geld hinzu, und das System, mit dem die Menschen kontrolliert werden, ist so gut wie komplett. Warum kannst du nicht das tun, was du tun willst? Mir fehlen die Zeit und das Geld. Es heißt: „Zeit ist Geld" – dabei gibt es weder das eine noch das andere (später mehr dazu). Allerdings tun sich die meisten Menschen schwer damit, die Illusion der Zeit zu durchschauen, weil uns die fünf Sinne ein Leben lang rund um die Uhr bestätigen, dass die Zeit existiert: Wie spät ist es? Zu der Zeit also? Ich bin zu spät. Wo ist die Zeit geblieben? Das alles ist Illusion, denn die einzige Zeit, die es gibt, ist das JETZT. Es gibt nur das JETZT, das Unendliche JETZT. Aber was ist mit Vergangenheit und Zukunft? Nun: Wo sind wir, wenn wir über die Vergangenheit nachdenken? Im JETZT. Wo sind wir, wenn wir über die „Zukunft" sinnieren? Im JETZT. Alles passiert im JETZT – und es kann nur dort passieren. Vergangenheit und Zukunft sind bloße Vorstellungen (Überzeugungen), die im JETZT entworfen werden. Auf einer DVD befindet sich der gesamte Kinofilm zur gleichen „Zeit" – doch während sie ihn auf dem Bildschirm anschauen, haben Sie eine *Vorstellung* von Vergangenheit, Gegenwart und Zukunft. Die Szene, die Sie gerade sehen, kommt Ihnen wie die Gegenwart vor; die zurückliegenden nehmen Sie als „Vergangenheit" wahr; und die, die noch folgen, als „Zukunft" (Abb. 107). Welche auf der DVD gespeicherte Szene Sie auch anschauen, sie spielt immer im JETZT.

**Abb. 107:** *Jede Szene auf einer DVD existiert im selben Moment – als Programmcode auf derselben DVD –, doch die Abspielreihenfolge vermittelt uns die Illusion einer Vergangenheit, die sich durch die Gegenwart in die Zukunft bewegt.*

Eine weitere Illusion ist die Vorstellung, dass „die Zeit knapp wird". Wie soll sie knapp werden, wenn es gar keine Zeit gibt? Alles, was wir tun, ist Entscheidungen darüber zu treffen, wie wir handeln wollen. Der Satz: „Die Zeit wird langsam knapp und ich muss noch zu Soundso" hat nichts mit Zeit zu tun. Es ist nur die Willensentscheidung, in einem bestimmten Augenblick zu Soundso zu gelangen. Wie oft bringen uns diese imaginäre Vergangenheit und Zukunft um unsere Freude und den Frieden im JETZT, weil wir die „Vergangenheit" bereuen, sie uns verbittert gemacht hat oder wir eine illusionäre Zukunft fürchten, wünschen oder heraufbeschwören? Wenn Ihre Aufmerksamkeit von den Trugbildern der Vergangenheit und Zukunft eingenommen wird, mindert das Ihre Kraft, den einzigen Moment zu beeinflussen, in dem Sie etwas tun bzw. ändern können – das JETZT. Von John Lennon stammt die Aussage, dass das Leben das ist, was einem widerfährt, während man geschäftig andere Pläne schmiedet. Das Leben geschieht im JETZT. Lebe im Augenblick – er ist *alles, was es gibt*. Laotse sagte:

> Wenn du traurig bist, lebst du in der Vergangenheit. Wenn du ängstlich bist, lebst du in der Zukunft. Wenn du im Frieden bist, lebst du in der Gegenwart.

Die Sequenz, die wir als Zeit bezeichnen, entsteht zum Großteil in der linken Gehirnhälfte. Ich werde später näher auf die Bedeutung der beiden Gehirnhälften eingehen, denn ihre unterschiedlichen Aufgaben verraten viel über das menschliche Verhalten und geben Aufschluss darüber, wie das System die Wirklichkeit beherrscht. Die im JETZT decodierten Informationen werden von der linken Hirnhälfte in eine Reihenfolge gebracht, die für uns den Anschein erweckt, als verginge Zeit. Wie wir im Beispiel der Sportprofis gesehen haben, bestimmt die Geschwindigkeit, in der diese Sequenz abläuft, darüber, wie wir die „Zeit" erfahren.

Bisher sind Wissenschaftler davon ausgegangen, dass Zeit sich nur in Richtung „Zukunft" bewegen kann, doch haben Experimente gezeigt, dass es sich auf der für uns unsichtbaren Quantenebene anders verhält. Beispielsweise wurden im Magazin *Nature Physics* veröffentlichte Forschungsergebnisse so interpretiert, dass die Zeit rückwärts laufen und die Zukunft die Vergangenheit beeinflussen kann. Ich meine, dass alles im gleichen JETZT geschieht und sich Ereignisse im JETZT auf andere Ereignisse im JETZT auswirken und damit auch beeinflussen, welche Möglichkeiten und Wahrscheinlichkeiten zur holografischen Wirklichkeit werden. Ich werde beizeiten, nein, rechtzeitig auf das Thema Zeit zurückkommen, da sie bei der Kontrolle der Menschheit eine zentrale Rolle spielt.

# Mach mal ein bisschen ... Raum

Oh nein, der wird jetzt nicht auch noch erzählen, es gebe keinen Raum, oder? Ich meine, ich sitze hier in meinen vier Wänden, und da gibt es einen Abstand zwischen mir und dem Bildschirm, genau wie zwischen mir und der Wand. Natürlich gibt es Raum. Wenn ich nach oben in den Nachthimmel schaue, sehe ich die ganzen Sterne, die Tausende und Abertausende von Lichtjahren entfernt sind. Ein Lichtjahr sind rund 9,461 Billionen Kilometer – es muss Raum geben. Der Kerl ist nicht ganz bei Trost.

Ich weiß, dass es einem so vorkommt, als wäre der Raum real, aber lassen Sie mich kurz ausreden. Das, was wir als sichtbare Wirklichkeit wahrnehmen, entsteht in einem nur wenige Kubikzentimeter großen Stück Gehirn im Hinterkopf, in dem die elektrischen Informationen, die von unseren Augen geliefert werden, in unsere digitale/holografische „Welt" umgerechnet werden. Wie können diese Sterne dann Tausende und Abertausende, ja Milliarden von Lichtjahren entfernt sein? In dieser Form existieren sie nur in den paar Kubikzentimetern Gehirnmasse (Abb. 108). Wenn Sie in ein Planetarium gehen, scheint der Nachthimmel dort ebenfalls unglaublich weit weg zu sein – er ist aber nur eine Deckenprojektion. Und auch die Landschaftspanoramen, die Sie auf Ihrem Computerbildschirm betrachten, sind nur decodierte Informationen. Im bereits erwähnten Artikel des *Scientific American*, in dem Schwarze Löcher mit Computern verglichen wurden, war auch der folgende Satz zu lesen: „Das Messen von Entfernungen und Zeitintervallen ist eine Form von Berechnung und unterliegt denselben Beschränkungen wie ein Computer." Genau – denn es handelt sich nur um Informationscodes. Der „Raum" ist wie die Zeit als codierte Information in der Simulation enthalten und wird zur Illusion von „Raum" entschlüsselt – „Ihr ganzes Leben ist eine ILLUSION".

Was die menschliche Raumfahrt anbelangt, so scheinen wir eine unvorstellbar lange „Zeit" zu benötigen, um unvorstellbare „Entfernungen" zu überbrücken – doch ist diese Vorstellung auf die illusorische Realität des holografischen Bereichs begrenzt, in der „massive" Raumfahrzeuge mit der begrenzten Leistung „massiver" Triebwerke durch „massiven" Raum gefeuert werden müssen. Fortschrittliche außerirdische Lebensformen „reisen"

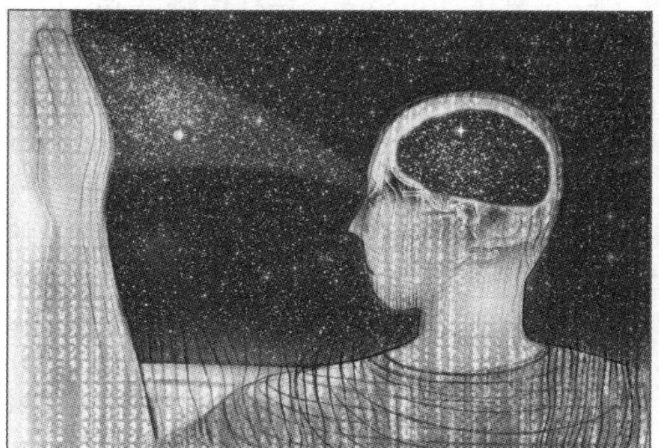

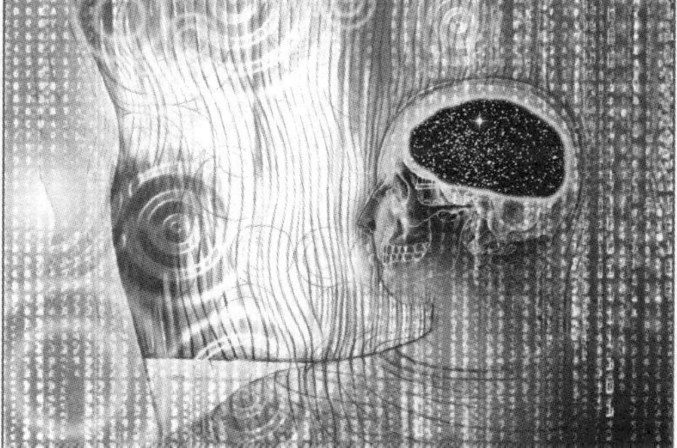

**Abb. 108:** *Millionen von Lichtjahren an „Entfernung" befinden sich in Wirklichkeit in ein paar Kubikzentimetern Gehirnmasse, in denen die visuelle Wahrnehmung entschlüsselt wird.*

durch die energetischen Bereiche des Universums und unterliegen daher nicht den „physikalischen" Klick-Klick-Enter-„Gesetzen" der holografischen Simulation. Ich höre öfter, wie Geschichten über Erfahrungen mit Außerirdischen als „unmöglich" abgetan werden – dabei ist es in Wahrheit doch so, dass die Skeptiker, die so etwas äußern, die Wirklichkeit nicht gut genug kennen. Sie wissen einfach nicht, wie man das umsetzen kann, was sie für unmöglich halten. „Ich kann es nicht" und „Ich weiß nicht, wie man es macht" ist aber nicht das Gleiche wie „Es geht nicht". Was hatte ich noch über die Unwissenheit gesagt, die so allgegenwärtig ist, dass man sie Intelligenz nennt?

Lange haben Wissenschaftler über der Frage gebrütet, wie zwei Teilchen über Milliarden von Kilometern ohne Zeitverlust miteinander kommunizieren können, aber auch in diesem Fall denken sie zu „materiell". Teilchen sind nur holografische Ausdrucksformen energetischer Zustände – beide „Teilchen" sind also im Grunde dasselbe energetische Feld (Bewusstsein/Gewahrsein), das mit *sich selbst* kommuniziert. Die Kommunikation zwischen beiden findet ohne Zeitverlust – instantan – statt, weil beide Teilchen *eins* sind. Ein Stecknadelkopf ist dasselbe wie die Unendlichkeit, nur ist das eine eben nur eine Ausdrucksform des anderen. Wenn Sie Ihr Gewahrsein über Zeit und Raum – die holografische Illusion – hinaus ausdehnen, ist das alles völlig eingängig; für das Ich-Phantom aber kann es eine echte Herausforderung darstellen. Giordano Bruno sagte über die Realität:

> Es gibt kein Oben oder Unten, keine absolute Position im Raum. Es gibt nur zueinander relative Positionen. Die relativen Positionen im Universum sind unaufhörlich im Wandel, und der Beobachter [Decodierer] steht stets im Mittelpunkt.

Durch das erweiterte Gewahrsein agieren Menschen wie Bruno und Da Vinci auf einer weitaus höheren Frequenz. Es ist erwiesen, dass bei einer Frequenzerhöhung die Energiemenge, die von einer Welle transportiert werden kann, proportional zu dieser Frequenz steigt. Je höher die Frequenz, desto mehr Energie (Information) kann abgerufen und verarbeitet werden. Energie (auf einer bestimmten Ebene auch Strahlung) ist Information, die über Frequenzen bzw. Wellen transportiert und kommuniziert wird.

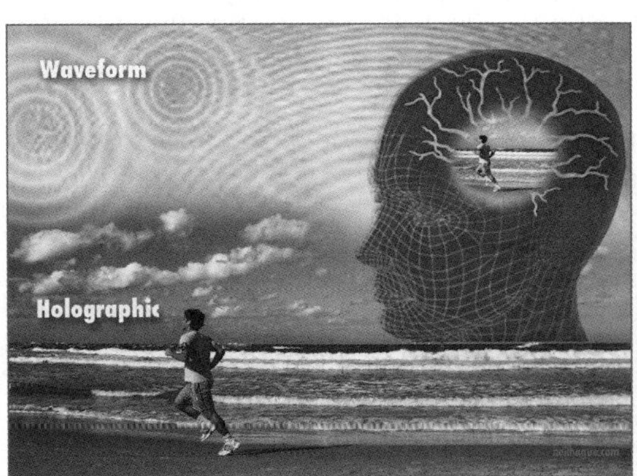


**Abb. 109:** „Wellenförmig – holografisch" – *Die „physische" Wirklichkeit ist eine holografische Projektion von Informationen, die eigentlich in Wellenform existieren. In Wirklichkeit geschieht alles nur auf Wellenebene.*

Zum Schluss des Kapitels möchte ich noch einen letzten Punkt ansprechen, der uns noch tiefer in den Kaninchenbau der Illusion hinabführt. Es geht dabei um das Gehirn und die fünf Sinne. Auf den ersten Blick scheint unser holografischer Körper seine Informationen ja von „außerhalb" zu erlangen: Die fünf Sinne verarbeiten Informationen in Wellenform, die sie als elektrische Informationen an das Gehirn übermitteln. Das stimmt zwar, doch ist der Vorgang nicht so „physisch", wie es den Anschein hat. Die elektromagnetischen bzw. in Wellenform vorliegenden Informationen werden nämlich von den wellenförmigen/elektromagnetischen Aurafeldern sowie den *energetischen* Ebenen des Gehirns, der DNS und der fünf Sinne weiterverarbeitet. Alles, was wir für „materiell" halten – von einer Wand über einen Baum bis hin zur DNS, dem Gehirn und den fünf Sinnen –, ist nur das holografische Abbild der elektromagnetischen bzw. Wellenebene. Tatsächlich werden die Informationen vom Gehirn, der DNS und den fünf Sinnen in ihrer *Wellenform*, im *elektromagnetischen* bzw. *energetischen* Zustand verarbeitet – auf der Ebene von „Toms Tochter" also, die Tom nicht in seine holografische Wirklichkeit umrechnen konnte. Nur durch die holografische Projektion und Illusion scheint sämtliche Aktivität auf der „physischen" Ebene abzulaufen – doch der Schein trügt (Abb. 109).

Nahtoderfahrene verlassen ihren Körper und können dennoch ohne ihre holografischen Augen und Gehirne sehen. Oft hört man von einer 360-Grad-Sicht – das, was die „Augen" sehen, ist eher nebensächlich. Wenn ein Laser auf ein holografisches Trägermaterial mit wellenförmigem Interferenzmuster gerichtet wird und ein Hologramm entsteht, werden die Informationen auf Wellenebene verarbeitet und zusammengestellt, nicht auf der Ebene des projizierten Hologramms. Was wir sehen (und Ärzte „behandeln"), ist demnach nur eine holografische Projektion dessen, was in den energetischen Informationsfeldern des Körpers geschieht. Auch Medikamente sind Informationsfelder, die mit unserer energetischen Ebene wechselwirken. Nur auf der Ebene, auf der wir die Realität entschlüsseln, scheinen „physische" Medikamente einen „physischen" Körper zu behandeln. Wenn ein Hologramm von einem Trägermaterial, auf dem dessen Welleninformationen gespeichert sind, projiziert wird, steht es bereits fest; es „macht" selbst gar nichts. Auch „physische" Körper tun im Grunde *nichts* – sie können es auch gar nicht, denn sie sind nur Projektionen des in Wellenform existierenden energetischen Selbst, das *alles* tut. Holografische Körper sind Projektionen aus Ihrem eigenen Inneren, genau wie die Bilder auf Ihrem Computerbildschirm nur entschlüsselte Projektionen der Informationen aus dem Inneren des Computers sind. Das, was das Ich-Phantom vom erweiterten Gewahrsein trennt, ist also nicht zwischen der ewigen „Seele" und dem „physischen" Körper zu verorten, sondern zwischen der Seele und den wellenförmigen/elektromagnetischen Informationsfeldern, aus denen auch der Körper holografisch manifestiert wird (Abb. 110). Diese Trennung von Seelen- und Aurafeldern ist auf den Frequenzunterschied

**Abb. 110:** *Eigentlich soll das „inkarnierte" Selbst bewusst mit dem Unendlichen Selbst in Verbindung bleiben. Geht diese Verbindung verloren, werden wir zum Ich-Phantom.*

**Abb. 111:** *Wenn wir die Wahrnehmungen des Ich-Phantoms übernehmen, begeben wir uns in eine niederfrequente energetische Wirklichkeitsblase, die uns vom Einfluss des Unendlichen Gewahrseins trennt.*

zwischen beiden Feldern zurückzuführen – und der wiederum entsteht durch die unterschiedliche Wahrnehmung (Abb. 111). Die Nahtoderfahrene Anita Moorjani sagte:

> Ich glaube, dass die größten Wahrheiten des Universums nicht außerhalb von uns, nicht im Studium der Sterne und Planeten liegen. Sie finden sich tief in unserem Inneren, in der Großartigkeit unseres Herzens, unseres Geistes und unserer Seele. Solange wir nicht verstehen, was uns innewohnt, können wir nicht verstehen, was draußen ist.

Die Wirklichkeit unterscheidet sich also gewaltig von der „echten Welt" des Systems – und das hat radikale Auswirkungen auf unser aller Leben, denn es bestimmt darüber, wie frei wir sind und wie stark wir kontrolliert werden können.

KAPITEL 3

# „Paranormal" ist normal

*Die Wirklichkeit überlässt vieles der Vorstellungskraft.*
**John Lennon**

Ich spreche oft von der „Umkehrung" bzw. „Inversion". Man kann die menschliche Gesellschaft nicht verstehen, wenn man nicht erkennt, dass nahezu alles auf dem Kopf steht bzw. ins Gegenteil verkehrt ist – und dafür gibt es kaum bessere Beispiele als den Begriff „paranormal".

Definiert wird das Wort als „außerhalb des normalen Erfahrungsbereichs liegend oder wissenschaftlich nicht erklärbar". Das bringt uns zu der Frage zurück, was eigentlich „normal" ist – denn für normal halten die Menschen ja nur das, was sie für gewöhnlich erleben und aufgrund ihrer Alltagserfahrungen als normal wahrnehmen. Immer, wenn wir von „normal" sprechen, müssen wir daher auch die *Wahrnehmung* erwähnen, denn mehr ist dieses „normal" nicht – eine Wahrnehmung der Wirklichkeit. Jemand, der mitten im Nirgendwo in einem Haus wohnt, wird normalerweise allein sein. Sobald ein Auto vorbeifährt, wäre das bereits *para*normal – allerdings nur für den, der dort im Nirgendwo lebt. Für jemanden, der an einer befahrenen Straße in der Stadt wohnt, sind vorbeifahrende Autos normal, wohingegen friedliche Stille für ihn *para*normal wäre.

Das Ich-Phantom wird darauf programmiert, an die Version von „normal" zu glauben, die ihm vom System vorgekaut wird: Normal ist, was man über die fünf Sinne wahrnimmt sowie die Annahme, dass die Welt grundsätzlich fest sei. Geschieht etwas, das die „Wissenschaft" nicht erklären kann, wird es als „paranormal" bezeichnet – obwohl es völlig *normal* ist, wenn man die Wirklichkeit verstanden hat. Geht man von einer festen Welt aus, ist vieles von dem, was als paranormal gilt, gar nicht möglich, weshalb es auch als merkwürdig und verwirrend angesehen, als „schwarze Kunst" verunglimpft oder als Hirngespinst oder Einbildung abgetan wird. Solche Reaktionen verhindern jede ernsthafte Untersuchung, die dafür sorgen könnte, dass wir das, was wir für „normal" halten, hinterfragen und den Begriff neu definieren. Und so dreht sich das Rad der Ignoranz munter weiter im Kreis.

# Der Ruf der Unendlichkeit

In diesem Kapitel werde ich zahlreiche Beispiele für das völlig normale *Para*normale anführen und möchte dabei mit übersinnlichen Phänomenen beginnen. Natürlich gibt es viele, die sich selbst als Hellseher oder Medium bezeichnen, die aber Trickbetrüger sind und auf unlautere Methoden zurückgreifen, um es so aussehen zu lassen, als hätten sie Kontakt zum Jenseits. Solche Hochstapler begegnen uns in jeder Schicht der Gesellschaft, doch der Mainstream-Einheitsbrei schert wie üblich *alle* medialen Begabungen und übersinnlichen Aktivitäten über einen Kamm und qualifiziert sie als Schwindel ab. Ich habe mehrmals sowohl falsche als auch echte Hellseher und Medien erlebt und kann Ihnen sagen, dass es zwischen ihnen definitiv einen Unterschied gibt. Die geheime Macht hinter dem System (um die es im nächsten Kapitel gehen wird) versucht krampfhaft, alle übersinnlichen Phänomene zu diskreditieren, denn nur so kann ihre Wahrnehmungsfalle weiterhin funktionieren.

**Abb. 112:** „Wenn einer kippt, kippen alle" – *Verteidige den ersten Dominostein – sonst fallen alle.*

Hat man akzeptiert, dass es übersinnliche Aktivitäten und Fähigkeiten tatsächlich gibt, stellt sich die nächste Frage: „Wie funktioniert das?" Plötzlich kann man der Theorie, dass alles fest ist und es nur diese eine Welt gibt, nur noch mit Schaufel und Besen beikommen. Das System bedient sich in solchen Fällen immer wieder einer Methode, die ich „Verteidigung des ersten Dominosteins" nenne: Sobald ein Dominostein fällt (man etwa übersinnliche Phänomene für real hält), kippen auch die nächsten in der Reihe, bis schließlich die ganze Wahrnehmungsfalle in sich zusammenstürzt und Unterdrückung und Unwissenheit ein Ende haben (Abb. 112). Um das zu verhindern, wird jeder „erste Dominostein" im gesamten Themenspektrum gut gehütet, und so erhält man statt der Feststellung „Es gibt falsche und echte Hellseher" die Aussage: „Alles Quatsch". Genauso werden alternative Heilmethoden und alles „Paranormale" abgehandelt. Die Märchen, mit denen der Mainstream-Einheitsbrei hausieren geht, sind so fadenscheinig und unhaltbar, dass sie stets Gefahr laufen, entlarvt zu werden – daher wird alles aufgeboten, um jede Anfechtung im Keim zu ersticken. Und so wird jeder, der von sich behauptet, medial begabt zu sein, als Scharlatan oder nicht ganz richtig im Kopf bezeichnet. Dabei ist es amtlich: Echte Hellseher und Medien erzählen Dinge, die sie nie hätten wissen können, sagen Ereignisse voraus, die später tatsächlich eintreffen und klären Verbrechen auf, die die Polizei nicht aufklären konnte. Doch all das wird mit einem arroganten Wink abgetan – von der Wissenschaft und der akademischen Welt allgemein, aber auch von den vielen obrigkeitsgläubigen Jasagern, die glauben, was man sie zu glauben gelehrt hat.

Ein großer Nachteil für das Verständnis des völlig normalen Paranormalen ist es, dass die vom System kolportierte Version der Wirklichkeit dermaßen verzerrt und ins Gegenteil verkehrt ist, dass die meisten Menschen gar nicht begreifen können, wie das sogenannte Paranormale überhaupt möglich sein soll. Das ist einer der Hauptgründe, warum ich dieses Buch schreibe. Wenn man die Welt für fest hält, ergeben übersinnliche Geschehnisse überhaupt keinen Sinn. Ich meine, wie soll man Kontakt zu Verstorbenen aufnehmen, wenn sie für tot erklärt und entweder in einem Sarg vergraben werden oder in Flammen aufgehen? Es ist sonnenklar, dass hier nicht der ehemalige Körper kontaktiert werden kann – aber „wir“ sind ja auch nicht unser Körper. „Wir“ – das Gewahrsein, das Bewusstsein, der Aufmerksamkeitsbrennpunkt – erfahren nur mithilfe des Körpers/Intellekts den Frequenzbereich, der als menschliche Gesellschaft bekannt ist. Funktioniert der menschliche Körper nicht mehr, zieht das Unendliche „Wir“ seine Aufmerksamkeit von ihm ab und richtet sie auf einen neuen Frequenzbereich (Abb. 113). Die Hinterbliebenen können ihre verstorbenen Lieben nicht mehr sehen, weil deren körperlose Aufmerksamkeit nun mit höheren Frequenzbereichen in Resonanz steht, die sich jenseits der holografischen Welt befinden (denken Sie hier wieder an Toms Tochter). Diese Frequenzlücke zwischen der „materiellen“ Welt und den Welten der „Seele“ kann von echten Hellsehern und medial Begabten überbrückt werden: Sie stellen ihr Gewahrsein auf die höhere Frequenz ein und übersetzen die dort zugänglichen Informationen in menschliche Laute, also in unseren Frequenzbereich (Abb. 114). Genau das hat Betty Shine

**Abb. 113:** *Der Tod ist nicht das Ende des Lebens – nur das Ende der menschlichen Erfahrung.*

**Abb. 114:** *Echte Hellseher und Medien können ihr Gewahrsein mit anderen Wirklichkeiten verbinden und dort Informationen und Erkenntnisse erlangen, die sie dann in unsere Realität übermitteln.*

für mich getan, als sie die Botschaften übermittelte, mit denen 1990 meine bewusste Reise begann. Das „Spinnennetz", das ich im Gesicht spürte, war der elektromagnetische Kanal bzw. die Verbindung zwischen einer anderen „Frequenzwelt" und der unseren. Der Begriff „Medium" wird übrigens unter anderem definiert als „eine dazwischenliegende Substanz, durch die etwas anderes übertragen oder befördert wird".

Eine weitere Form der Kommunikation zwischen den Frequenzbereichen ist als „Channeling" bekannt. Während ein Hellseher bzw. Medium die Informationen, die mit ihm bzw. ihr ausgetauscht werden, selbst sehen oder hören kann, gestattet das Channelmedium beim Channeling einem anderen Gewahrsein, den eigenen Körper und Stimmapparat zu übernehmen, um sich zu äußern. Ich habe das bei vielen Menschen auf der ganzen Welt live miterlebt; einige waren lächerlich schlecht, andere äußerst beeindruckend. Wie überall kommt es auf Talent und Begabung an. In einigen Fällen konnte ich selbst beobachten, wie sich Gesichter und Stimmen der Channelmedien drastisch veränderten, als das Energiefeld des kontaktierten Gewahrseins das holografische Feld des Mediums zu beeinflussen begann.

**Abb. 115:** *Durch den menschlichen Körper/Intellekt kann das Gewahrsein in sehr unterschiedlichen Bewusstseinszuständen zur gleichen „Zeit" dieselbe „Welt" erfahren.*

**Abb. 116:** „Restselbstbild" – *Viele verstorbene „Seelen" bleiben mit ihrem Gewahrsein so sehr am „Physischen" kleben, dass sie ganz in der Nähe unseres Frequenzbands verweilen.*

Durch den Körper/Intellekt kann das Gewahrsein in mannigfaltigen Bewusstseinszuständen dieselbe „Welt" erleben; sobald es sich aber aus dem Körper zurückzieht, kann es nur noch mit Frequenzbereichen interagieren, die auf seiner Wellenlänge liegen. Einige Menschen verlassen ihren Körper und werden in Schwingungsebenen des reinen, formlosen Gewahrseins gezogen, während andere noch immer so stark der „physischen" Welt, deren Reizen und ihrer Programmierung verhaftet sind, dass sie sich weiterhin in der Nähe dieser Realität aufhalten (Abb. 116). Dabei können sie wie ein energetisches Abbild ihres früheren „physischen" Selbst aussehen (das, was im Film „Matrix" als „Restselbstbild" bezeichnet wird), weil

**Abb. 117:** *Geister sind außerkörperliches Gewahrsein und erscheinen uns in ätherischer Form – eine Art sichtbare Frequenzüberlagerung.*

ihre programmierte Wahrnehmung weiterhin ihr Selbst- und Realitätsempfinden beherrscht – sie nehmen sich also noch immer als ihre ehemalige „physische" Persönlichkeit wahr. Manche bleiben unserem „physischen" Frequenzband so nahe, dass sie gar nicht merken, dass sie bereits ihren Körper verlassen haben, und nicht verstehen, warum ihre alten Bekannten nicht auf sie reagieren oder mit ihnen sprechen. Feinfühlige Freunde und Familienangehörige, die die Schwingung der Verstorbenen spüren, sagen Dinge wie: „Ich kann ihn/sie die ganze Zeit um mich spüren." Das ist auch eine Erklärung (aber nur eine) für Geister und Geistererscheinungen: Sie sind unserem Frequenzband so nahe, dass sie wie bei einer Bildüberlagerung „durchscheinen" (Abb. 117). Stellt man im Radio die genaue Frequenz eines Radiosenders ein, wird man diesen störungsfrei, sauber und klar empfangen, doch wenn man die Frequenz nicht ganz trifft, kann der Ton von einem oder mehreren anderen Sendern überlagert werden. Eine „Geistererscheinung" basiert auf demselben Prinzip, nur dass es hier zu einer Art visueller Überlagerung kommt. Damit hätten wir wohl das nächste „paranormale" Rätsel auf einfache Art erklärt: Geister oder Gespenster wirken meist deshalb nicht fest, weil sich der Beobachter nicht im selben Frequenzbereich befindet, genau wie ein Radiosender nicht kristallklar empfangen werden kann, wenn sich die Frequenzen überschneiden.

Wir Menschen werden die ganze Zeit über aus anderen Frequenzbereichen beeinflusst, ohne es zu merken. Manchmal kommt uns wie aus dem Nichts ein Gedanke oder eine Idee, und wir fragen uns, woher sie wohl kam. Zwar könnten beide auch unserem Unterbewusstsein entstammen, doch genauso gut können sie uns telepathisch aus anderen Frequenzbereichen der Wirklichkeit übermittelt worden sein. Mir ging es seit meiner Begegnung mit Betty Shine so, denn ich bin auf telepathischem Weg an Informationen herangeführt und geleitet worden – „Manchmal wird er Dinge sagen, ohne zu wissen, woher die Worte kamen." … „Manchmal wird ihm Wissen eingegeben werden und manchmal wird er zu Wissen hingeführt werden." Ebenso können inspirierte, intuitive Eingebungen – wenn Menschen Sätze äußern wie „Keine Ahnung, warum ich das weiß, ich weiß es einfach" – auf telepathische Übertragungen zwischen den Frequenzbändern zurückgehen.

**Abb. 118:** *Hellseher und Medien stellen ihr Gewahrsein auf andere Wirklichkeiten ein und übermitteln die empfangenen Informationen. In unserer Realität geschieht das über elektromagnetische Felder bzw. Kanäle.*

Wirklich begabte Hellseher und Medien vergrößern den Frequenzbereich ihres Empfänger/Sender-Systems und stellen sich so auf Schwingungen ein, die wir nicht sehen können (Abb. 118). Manche können nur Schwingungen in der Nähe unseres Frequenzbands empfangen, wie beispielsweise viele Hellseher im Fernsehen (ich meine hier natürlich nur die authentischen), die sich nur auf Menschen und Ereignisse in dieser Wirklichkeit einlassen und konzentrieren. Beispiele dafür sind Aussagen wie: „Ich bekomme hier einen Bill herein, kennt jemand einen Bill?" oder: „Fred bedankt sich für die Betreuung seiner Katze." Andere medial Begabte sowie Menschen, die sich in stark veränderte Bewusstseinszustände begeben, können ihren Empfangsbereich so weit ausdehnen, dass sie das reine Gewahrsein empfangen, durch das ihnen außergewöhnliche Einsichten zuteilwerden. Ich denke da zum Beispiel an meine Ayahuasca-Erfahrung im brasilianischen Regenwald. Meiner Ansicht nach *bringt* einen das Ayahuasca nicht in diese höheren Frequenzbereiche, sondern entfernt vielmehr die programmierten Grenzen, die verhindern, dass man dorthin gelangt. Eigentlich sollten wir alle auch ohne Hilfsmittel wie Drogen oder Zaubertränke dazu in der Lage sein. Wir sind von Natur aus ein multidimensionales Gewahrsein und können über das gesamte Frequenzspektrum kommunizieren – nur sind wir von der geheimen Macht, die das System und unsere simulierte Realität geschaffen hat und kontrolliert, in einen unnatürlichen Zustand hineinmanövriert worden. Echte Hellseher und Medien senden und empfangen Informationen in einem größeren Frequenzspektrum als die meisten anderen Menschen. Manche stimmen sich auf visuelle Informationen ein (Hellsichtige), andere auf Töne (Hellhörige), wieder andere können beides. Viele Rätsel und „Unmöglichkeiten" jedenfalls lassen sich relativ einfach erklären und lösen sich in Wohlgefallen auf, wenn man die Wirklichkeit einmal verstanden hat.

## Hier spukt es

Bei Geistererscheinungen und anderen gespenstischen Zwischenfällen kann es sich auch um energetische Aufzeichnungen handeln. Das Universum ist ein Quantencomputer, der Informationen codiert und decodiert, und jede Erfahrung wird im Gefüge der Realität gespeichert bzw. darin veröffentlicht. Auf diese „Universalbibliothek" geht beispielsweise die Vorstellung von den „Akasha"-Feldern bzw. der „Akasha-Chronik" zurück. Der

Sanskritbegriff „Akasha" bedeutet so viel wie „Himmel", „Weltraum", „leuchtend" oder „Äther", und es heißt, dass dort sämtliche Gedanken und Ereignisse gespeichert werden. Ich würde jedoch eher von der „Festplatte" des universellen Quantencomputers sprechen.

Im Laufe der Jahre sind mir etwa Geschichten zu Ohren gekommen, dass Menschen an den Schauplätzen „ehemaliger" blutiger Auseinandersetzungen noch immer Kriegsgeräusche gehört haben – für mich klingt das eher nach einer Quantenaufzeichnung als nach einer Geistererscheinung in „Echtzeit". Auf der englischen Isle of Wight, auf der ich wohne, wollen Augenzeugen zwischen zwei altrömischen Ausgrabungsstätten eine Garnison römischer Soldaten marschieren gesehen haben, was aber ebenfalls nicht bedeuten muss, dass dort wirklich Geistertruppen unterwegs waren. Wie gesagt, kann es sich bei diesen bezeugten Zwischenfällen um besonders intensive Aufzeichnungen handeln, die ins energetische Feld eingeschrieben wurden und von sensiblen Menschen wahrgenommen werden können.

Manche Menschen sehen diese Dinge, andere nicht – nicht jeder ist dafür empfänglich. Zuweilen kann jemand etwas sehr deutlich sehen oder hören, aber ein anderer, der direkt neben ihm steht, sieht oder hört nichts. Diese Feinfühligkeit heißt allerdings nicht automatisch, dass man ein besserer Mensch oder weiter entwickelt ist. Es bedeutet einfach nur, dass man für Frequenzen außerhalb des sichtbaren Lichtspektrums empfänglicher ist. Weisheit und Erleuchtung erwachsen nicht aus übersinnlichen Erfahrungen, sondern daraus, wie man mit ihnen umgeht und im Nachhinein handelt. Menschen, die solche außergewöhnlichen, für nicht „normal" gehaltenen Erfahrungen gemacht haben, sollten von diesen erzählen, um das Korsett unserer Wahrnehmungsprogrammierung zu lockern. Keinesfalls sollten sie diese verschweigen, weil sie fürchten, andere (Ich-Phantome) würden sie für verrückt halten.

Ich habe auch Berichte über Geistererscheinungen gesehen, die sich nur zu bestimmten Jahreszeiten wiederholen. Das lässt sich durch astronomisch bzw. astrologisch bedingte Schwankungen im Energiefeld erklären, die dieselben „Aufzeichnungen" zu denselben Zeiten an den immer gleichen Orten aktivieren – genau wie ein Laser Informationen aus einer DVD ausliest.

Gefühle sind sehr starke Energien und können daher Erfahrungen ins Energiefeld einprägen (im Quantencomputer speichern) – mit entsprechenden Folgen. Sie sind der Grund, warum es vor allem in Häusern und an Orten, wo gemordet und gekämpft wurde oder andere schreckliche Ereignisse stattgefunden haben, zu vermehrten paranormalen Aktivitäten oder gespenstischen Zwischenfällen kommt. Zuweilen heißt es, die Erscheinungen würden den Ort „heimsuchen", was daran liegen könnte, dass die beteiligten Wesen in niederfrequenten Zuständen ganz in der Nähe unserer Realität gefangen sind. So etwas kann zum Beispiel Selbstmördern widerfahren, die aufgrund ihres Geistes- und Gefühlszustands beim „Übergang" in diesen Zuständen hängen bleiben. Solche Geister sind nicht gefährlich, und wenn man weiß, was man tut, kann man ihnen aus ihrer Wahrnehmungsfalle heraushelfen, die auch der Grund dafür ist, dass sie in diesem Frequenzbereich gefangen sind. Es gibt in der unsichtbaren Welt andere Wesen, die heimtückischere Pläne verfolgen, auf die ich jedoch später zurückkommen werde.

**Abb. 119:** *Starke (oft unbewusste) Gefühle können das energetische Umfeld stören und als Spuk oder Poltergeistaktivität in Erscheinung treten.*

Immer wieder hört man in Spukgeschichten von sich bewegenden Objekten und Poltergeistern – „ein Geist, der sich selbst durch Lärm oder Klopfen sowie dadurch bemerkbar macht, dass er Unordnung stiftet". Erinnern wir uns: Ein „physisches" Objekt ist die holografische Projektion energetischer Informationen. Ändert man diese Informationen, verändert sich auch die holografische Projektion. Paranormale Erlebnisse spiegeln nur das wider, was auf energetischer, nicht etwa auf „physischer" Ebene geschieht – bewegt man das Informationsfeld eines Objekts, wird sich auch dessen holografische (vom Beobachter entschlüsselte) Projektion bewegen. Nach dem gleichen Prinzip funktionieren Schallwellen, mit denen „feste" Objekte zum Schweben gebracht werden können. Ich habe diverse Berichte über Poltergeistaktivitäten und sich bewegende Objekte gelesen, die sich in Häusern abspielten, in denen (vor allem weibliche) Jugendliche lebten, die emotional extrem belastet waren. Ließ dieser innere Druck nach, verschwanden auch die „Heimsuchungen" (Abb. 119). Wie gesagt, sind Gefühle sehr kraftvolle Energien, die sich auf das Energiefeld eines Orts auswirken – und dort können sie eben starke Störungen verursachen, die sich als Geister- oder Poltergeistaktivitäten manifestieren. Sogar Objekte können dabei durch die Luft fliegen. Die Beteiligten haben meist keine Ahnung, dass sie sich durch eine unterbewusste und extreme Form der Telekinese (die Fähigkeit, Objekte nur mit dem Geist zu bewegen) im Grunde *selbst heimsuchen*. Störe das Energiefeld eines Objekts, und du bringst seine holografische Form durcheinander.

Bei Spukereignissen kommt es nicht selten vor, dass sich elektrisches Licht oder elektrische Geräte von selbst an- und wieder abschalten, obwohl der Strom dafür ja irgendwo herkommen muss. Mir ist das in der ersten Nacht während meiner Ayahuasca-Erfahrung in Brasilien passiert. Ich lag auf dem Boden, und die einzige andere Person im Raum saß direkt neben mir. Plötzlich spürte ich eine fantastische Energie, die mit unvorstellbarer Kraft aus der Mitte meiner Brust strömte. Es gibt einen Grund, warum sie ausgerechnet von dort kam, aber darauf gehe ich in einem anderen Kapitel ein. Fast im selben Augenblick, als ich die Energie verspürte, schaltete sich die Stereoanlage ab. Danach ging sie mehrmals an und wieder aus. Der Raum war dunkel, aber dann leuchtete eine Neonröhre auf, gefolgt von einer zweiten und einer dritten. Ich lag da und fragte mich, warum mein Begleiter das Licht angemacht hatte, bemerkte aber im selben Moment, dass er noch immer neben mir saß und unmöglich an den Lichtschalter hätte gelangen können. Die elektrische/elektromagnetische Energie, die ich gespürt hatte und die durch mich in den Raum gelangt war, hatte sich auch auf die elektrischen Schaltkreise der Stereoanlage und der Beleuchtung ausgewirkt. Betty Shine erzählte mir, dass es ihr mit ihrem Plattenspieler zuweilen ganz ähnlich ergangen sei. Elektrische Geräte reagieren deshalb so sensibel auf Wesen und Energien aus anderen Dimensionen, weil diese auf elektromagnetischem Weg mit unserer Welt interagieren. Wenn Menschen sich an Orten aufhalten, an denen es spukt, sagen sie manchmal, dass ihnen ein Schauer über den Rücken läuft – das ist die elektromagnetische Wirkung auf ihr zentrales Nervensystem. Andere meinen, der Raum sei plötzlich eiskalt geworden, und auch das lässt sich erklären: Wenn ein Wesen bzw. Gewahrsein versucht, mit unserer Wirklichkeit in Kontakt zu treten, zieht es die als Wärme im Raum vorhandene Energie ab, die es benötigt, um die Verbindung herstellen und in Erscheinung treten zu können.

## Eine (buchstäblich) spannungsgeladene Atmosphäre

Wir sind von Elektrizität und Elektromagnetismus umgeben – was sollte man in einer Computersimulation auch anderes erwarten? Das Universum hat verschiedene Ausdrucksformen, und neben der Wellenebene sowie den digitalen und holografischen Bereichen gibt es auch die Elektrizität bzw. den Elektromagnetismus. Mit den beiden zuletzt genannten beschäftigt sich ein alternatives Forschungsfeld, das unter dem Begriff „Elektrisches Universum" zusammengefasst werden kann und immer mehr Anhänger gewinnt. Die Vertreter dieser Theorie widmen sich der Erforschung von Elektrizität, Magnetismus und deren Kombination – dem Elektromagnetismus –, untersuchen deren Funktionen und Eigenschaften und decken neue Zusammenhänge auf. Alle genannten Kräfte dienen der Informationsübertragung; mittels Elektromagnetismus können sich informationscodierte Wellen sogar mit Lichtgeschwindigkeit fortbewegen.

Die Forschungen zum Elektrischen Universum zeigen, dass das vom Mainstream-Einheitsbrei vertretene Bild vom Universum komplett überarbeitet werden muss. Zwei Pioniere auf diesem Gebiet sind der australische Physiker Wallace Thornhill und der Forscher David Talbott, die gemeinsam die großartigen Bücher „The Electric Universe" und „Thunderbolts of the Gods" verfasst haben. Sie und andere Verfechter der These, dass das Universum (auf einer Ebene) elektrisch ist, haben die verqueren Annahmen der Mainstreamwissenschaft über die Funktionsweise des Universums – im Bereich Elektrizität, Elektromagnetismus und auch in einigen anderen Bereichen – umfassend analysiert und neu formuliert. Gerade habe ich ein sehr wichtiges Wort verwendet: *Annahmen*. Weite Teile dessen nämlich, was wir inzwischen als wissenschaftliche Tatsache hinnehmen, sind letztlich nichts anderes als Annahmen, die nur gebetsmühlenartig von der Wissenschaft, der akademischen Welt und den Medien wiederholt wurden und in einem unhinterfragten „Jeder weiß doch, dass" verschmolzen sind. Es sind bloße Theorien, und oft basiert ein Resultat oder eine Grundannahme auf einer langen Liste anderer Annahmen. Im Folgenden führe ich eine Liste zentraler Annahmen auf, die vom Forscher und Biologen Rupert Sheldrake in seinem Buch „Science Set Free" aufgeführt werden. Alle genannten Punkte werden (a) als wissenschaftliche bzw. akademische „Tatsache“ akzeptiert oder über die Medien als solche kolportiert, obwohl das Unsinn ist, und stellen gleichzeitig (b) sicher, dass jeder, der sie glaubt, die Wirklichkeit nie verstehen wird:

1. Die Natur ist mechanisch.
2. Materie ist unbewusst.
3. Die Naturgesetze sind unabänderlich.
4. Die Gesamtmenge an Materie und Energie ist konstant.
5. Die Natur erfüllt keinen Zweck.
6. Biologische Vererbung erfolgt auf materieller Basis.
7. Erinnerungen werden materiell aufgezeichnet.
8. Der Geist befindet sich im Gehirn.
9. Telepathie und andere übersinnliche Phänomene sind Einbildungen.
10. Die einzige Medizin, die wirklich funktioniert, ist die mechanistische.

**Abb. 120:** „Urknall-Humbug“ – *„Gebt uns ein Wunder gratis, den Rest erklären wir dann schon.“*

Obwohl es sich hier um Grundannahmen der Mainstreamwissenschaft (wenn auch nicht der Quantenphysik) handelt, sind sie doch allesamt unsinnig. Die grundlegendste Annahme über das Universum ist der Urknall (Abb. 120). Diese Theorie – und es ist nicht mehr als eine Theorie – besagt, dass das Universum vor 13,7 Milliarden Jahren in einer sogenannten „Singularität“ verdichtet war, die die Größe eines Atomkerns hatte. Dann folgte ein ziemlicher Krach, als bei einer Explosion Temperaturen von mehreren Trilliarden Grad zustande kamen – und daraus bildeten sich dann irgendwie subatomare Teilchen, Energie, Materie, Raum und Zeit, später auch Planeten, Sterne und alles andere. Der amerikanische Schriftsteller und Forscher Terence McKenna hat diesen Wahnwitz brillant in einem Satz festgehalten: „Gebt uns ein Wunder gratis, den Rest erklären wir dann schon.“ Er schreibt:

> Jedes Modell des Universums hat einen Pferdefuß. Damit meine ich, dass immer irgendetwas schwer Verdauliches dabei ist – einen Punkt, an dem die Argumentation nicht darüber hinwegtäuschen kann, dass irgendetwas faul ist. Der Pferdefuß innerhalb der Wissenschaft ist die Sache mit dem Urknall. Lassen Sie uns das ein wenig näher betrachten. Es geht um die Idee, das Universum wäre innerhalb eines einzigen Augenblicks ohne ersichtlichen Grund aus dem Nichts hervorgegangen.

> Nun, bevor wir das genauer analysieren, sollten Sie zur Kenntnis nehmen, dass hier unsere Gutgläubigkeit aufs Äußerste strapaziert wird. Ob Sie nun persönlich an dieses Konzept glauben oder nicht – man kann sich doch wohl kaum etwas Unwahrscheinlicheres oder weniger Wahrscheinliches vorstellen, das geglaubt werden kann! Ich meine, ich frage Sie wirklich: Ist es nicht der unwahrscheinlichste Grenzfall, dass das Universum ohne jeden Grund von einem Moment auf den anderen aus dem Nichts entsteht? Also, wenn Sie das glauben, gibt Ihnen meine Familie auch gerne eine Leasing-Option für unsere Brücke über den Hudson – für nur fünf Dollar! Es ergibt einfach keinen Sinn.
>
> Die Urknalltheorie ist eigentlich nichts anderes als zu sagen: ‚Und Gott sprach, es werde Licht.‘ Im Grunde sagen diese Wissenschaftsphilosophen: Gebt uns ein Wunder gratis, den Rest machen wir dann schon – von der Entstehung der Zeit bis zum Jüngsten Gericht! Nur ein einziges Wunder frei Haus, und alles Weitere entfaltet sich von da an gemäß den Naturgesetzen und den bizarren Gleichungen, die kein Mensch versteht, die aber in diesem Metier heilig sind.

Die Urknalltheorie wurde 1927 ursprünglich als „Hypothese vom Uratom“ von Georges Lemaître (1894–1966) postuliert, einem Priester, der an der Katholischen Universität Löwen in Belgien lehrte. Selbst er sprach nie davon, dass es eine Tatsache sei, sondern nur von einer Hypothese. Neueste Entdeckungen haben die lächerliche Urknalltheorie und damit auch sämtliche Annahmen widerlegt, die auf dieser Grundannahme fußen. Doch der Mainstream-Einheitsbrei hält noch immer wie der Kapitän eines sinkenden Schiffes die Stellung – denn wenn diese Annahme über Bord geht, wird auch das Schiff selbst (siehe Liste oben) in den Strudel des aufgeschlossenen und gesunden Menschenverstandes hinabgezogen. Mit dem Gedanken im Hinterkopf, wie sehr die Schulwissenschaft von ihren Annahmen abhängt, musste ich lachen, als der aus den Medien bekannte amerikanische Kosmologe Neil deGrasse Tyson sagte:

> Verschwörungstheoretiker sind Menschen, die stillschweigend eingestehen, dass sie nicht genügend Daten besitzen, um ihre Argumentation zu beweisen. „Verschwörung!“ ist der Schlachtruf eines Menschen mit unzureichenden Daten.

Schockierend, welche Ausmaße der Selbstbetrug annehmen kann, wenn man bedenkt, dass auch die Mainstreamwissenschaft nur über „unzureichende Daten“ verfügt. Im folgenden Zitat von Tyson wird klar, wie sehr er den Mainstream-Einheitsbrei verehrt: „Das Gute an der Wissenschaft ist, dass sie wahr ist, ob man nun an sie glaubt oder nicht.“ Meint er damit etwa den Urknall? Inzwischen haben die Vertreter der Theorie des Elektrischen Universums einen ganzen Berg an Belegen zusammengetragen, die unzählige akzeptierte „Fakten“ (Annahmen) von Urknallgläubigen wie Tyson widerlegen, für den es ja augenscheinlich nirgendwo Verschwörungen, sondern nur unzureichende Daten gibt. Das Universum schwimmt geradezu in Elektrizität und elektromagnetischen Feldern – von winzig kleinen Nanofeldern bis hin zu riesig großen, die sich über ausgedehnte Bereiche des „Weltraums“ erstrecken. Sein Arbeitsumfeld besteht aus Plasma, das auch der Schulwissenschaft zufolge ein nahezu perfektes Medium für Elektrizität bzw. Elektro-

**Abb. 121:** *Plasma ist ein nahezu ideales Medium für Elektrizität.*

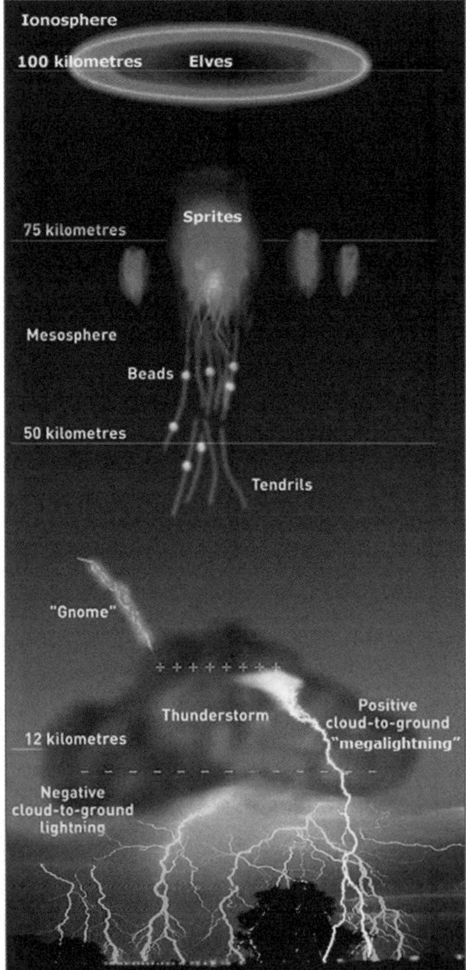


**Abb. 122:** *Blitze ereignen sich auf mehreren Ebenen und erstrecken sich bis in den Kosmos.*

magnetismus ist. Plasma wird auch als vierter Aggregatzustand der Materie bezeichnet – und 99,999 Prozent des beobachtbaren Universums bestehen daraus. Jeder wird wahrscheinlich schon einmal eine Plasmalampe gesehen haben, die blitzartig aufzuckt, wenn man sie berührt (Abb. 121).

Eine der offensichtlichsten Erscheinungsformen elektrischer Aktivität sind Blitze, die in der Atmosphäre freigesetzt werden, wenn diese sich stark aufgeladen hat. Die Blitze, die wir vom Erdboden aus wahrnehmen, sind dabei nur die Hälfte des Geschehens, denn derselbe elektrische Spannungsstoß findet sich auch in der mittleren und oberen Atmosphäre wieder. Den dort auftretenden Phänomenen hat die Wissenschaft Namen wie „Elfen", „Kobolde", „Gnome" und „Jets" verliehen. Ein Blitzschlag reicht also bis in die elektromagnetischen Felder des Kosmos (Abb. 122). Während eines Gewitters können sich zudem Tornados bilden, bei denen es sich um sehr schnell rotierende elektrische Felder handelt. Auch die Aurora Borealis – das Polarlicht – ist ein elektrisches Phänomen.

Trifft Plasma mit einer bestimmten elektrischen Ladung auf anders geladenes Plasma, bildet sich dazwischen eine Grenzschicht, die nach dem amerikanischen Nobelpreisträger Irving Langmuir (1881–1957), dem Entdecker des Plasmas, als „Langmuir-Schicht" bezeichnet wird. Solche „Plasmaschichten" begrenzen auch planetare Energiefelder bzw. Magnetosphären: Da Planeten eine andere elektrische Ladung abgeben als der sie umgebende Kosmos, bildet sich an deren Rand eine Langmuir-Grenzschicht (Abb. 123). Den Begriff „Plasma" wählte Irving Langmuir, weil er beobachtet hatte, dass es elektrische Kräfte auf ganz ähnliche Weise transportiert wie das Blutplasma die roten und weißen Blutzellen. Darüber hinaus stellte er fest, dass Plasma auf elektrische Veränderungen „lebensähnlich" reagiert und dass es zur Selbstorganisation fähig ist. Das steht auch zu erwarten, wenn man weiß, dass Plasma Teil eines bewussten Quantencomputers ist.

Das gesamte Universum ist von Elektromagnetismus durchdrungen. Diese Kraft – nicht etwa die Gravitation – hält alles zusammen und bestimmt darüber, wie und in welchen Bahnen sich Planeten (oder besser: deren verschlüsselte Informationen) bewegen. Die Vertreter der Theorie des Elektrischen Universums betonen, dass der Elektromagnetismus „Tausend Billionen Billionen Billionen Mal" stärker sei als die Gravitation (Abb. 124). Bringt etwas die Harmonie der elektromagnetischen Felder durcheinander, zieht das alles in Mitleidenschaft, was von deren Stabilität abhängig ist. Das kann alle möglichen Folgen haben – von Objekten, die bei Poltergeistaktivitäten durch die Luft fliegen, bis hin zu ganzen Planeten und Planetensystemen, die aus der Bahn geraten.

Elektrische Ströme fließen auch in Form von Filamenten unterschiedlicher Größe und Stärke durch das Universum. Sie sind die interstellare Version der sogenannten „Birkeland-Ströme", die nach ihrem Entdecker benannt sind, dem norwegischen Wissenschaftler Kristian Olaf Birkeland (1867–1917). Solche Ströme bzw. Filamente entstehen, wenn sich Elektrizität durch ein Plasma bewegt und der Elektronenstrom durch den sogenannten „Pinch-Effekt" des entstehenden Magnetfelds „zusammengepresst" wird. Unter bestimmten Umständen können sich zwei solcher Ströme umeinander winden, während sie aufgrund der elektromagnetischen Felder voneinander getrennt bleiben – und die verdrillten Filamente sind unserer DNS bemerkenswert ähnlich (Abb. 125). Das ist kein Zufall, wie wir noch sehen werden, denn auch der gesamte menschliche Körper, darunter Hirn und Herz, arbei-

**Abb. 123:** *An den Rändern von planetaren Energiefeldern bzw. Magnetosphären, an denen unterschiedlich geladene Plasmen aufeinandertreffen, bilden sich sogenannte Langmuir-Schichten.*

**Abb. 124:** „Pure Magnetkraft" – *Elektromagnetismus ist die Urkraft, die alles zusammen-, aber auch auf Abstand hält.*

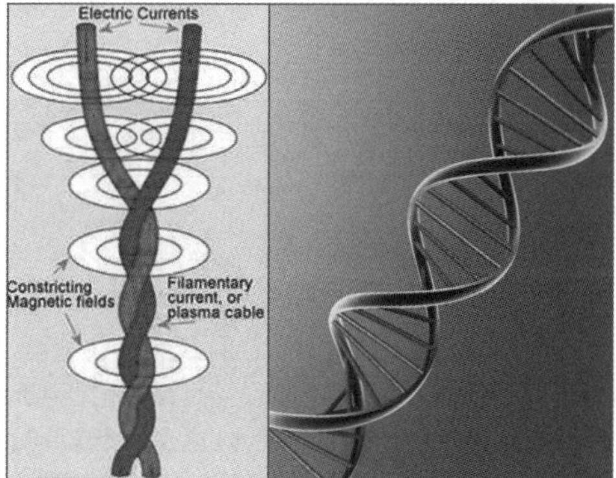


**Abb. 125:** *Der Pinch-Effekt bei verdrillten Filamenten im Plasma und die DNS.*

**Abb. 126:** *Die Kommunikation über das kosmische Internet läuft unter anderem auf elektrischer und elektromagnetischer Ebene ab.*

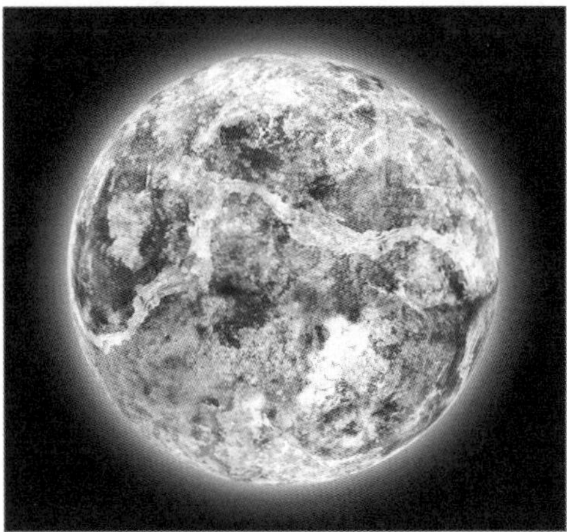

**Abb. 127:** *Die Sonne verarbeitet elektrische Energie aus dem kosmischen Feld, erzeugt Energie aber nicht selbst in ihrem Inneren.*

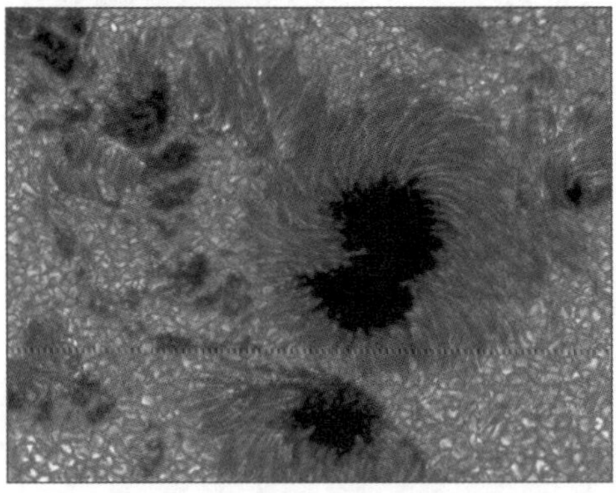

**Abb. 128:** *Gigantische Sonnenflecken geben Aufschluss über den Zyklus der Sonnenaktivität.*

tet mit Elektrizität und Elektromagnetismus. Allerdings stellt die elektrische Gehirnaktivität nur eine Ebene des Kommunikationssystems unseres Körpers dar. Die elektrische Informationsübertragung ist übrigens ein weiteres Beispiel für das kosmische Internet (Abb. 126).

## Elektrischer Sonnenschein

Der Mainstream-Einheitsbrei behauptet, die Sonne sei ein Fusionsreaktor, der in seinem Inneren Hitze und Licht erzeugt und irgendwann ausbrennen wird. Dazu meint der amerikanische Ingenieur Ralph Juergens, ebenfalls Vertreter der Theorie des Elektrischen Universums: „Dem modernen astrophysikalischen Konzept, das die Energie der Sonne thermonuklearen Reaktionen tief im Sonneninneren zuschreibt, widersprechen so ziemlich alle Aspekte, die bei der Sonne beobachtet werden können." Das liegt daran, dass die Sonne fast vollständig (zu 99 Prozent) aus Plasma besteht. Sie nimmt elektrische Ströme aus dem universellen Feld auf und wandelt sie dann in das „Licht" um, das wir sehen. Ihre Energie stammt also von der Oberfläche, nicht aus ihrem Inneren; die Sonne verarbeitet und wandelt um (decodiert), aber erzeugt nicht (Abb. 127).

Wenn die Sonnenenergie schwankt, sprechen wir von Sonnenzyklen, die wir anhand der Anzahl der Sonnenflecken bzw. riesigen „Löcher" messen, die auf ihrer Oberfläche sichtbar werden (Abb. 128). Dem Mainstream-Einheitsbrei zufolge werden diese Sonnenflecken von Kernenergien erzeugt, die aus dem Inneren an die Oberfläche brechen. Diese Theorie ist jedoch haltlos. Wissenschaftler behaupten nämlich, dass die Sonnenenergie über eine „Strahlungs-" und eine „Konvektionszone" an die Oberfläche gelangt, obwohl es keinen Hinweis auf eine Strahlungszone gibt, und eine Art „MRT-Scan" der Sonne hat gezeigt, dass die Konvektionszone gerade einmal *ein Prozent* der Größe hatte, die nötig gewesen wäre, um die Theorie zu bestätigen. Wir haben es hier mit einer weiteren Umkehrung zu tun: Die Löcher der Sonnenflecken werden nämlich durch gewaltige elektrische Entladungen erzeugt, die von außen, nicht von innen auf die Sonnenoberfläche treffen. Betrachtet man die Sonne im UV-Bereich, erkennt man einen Torus bzw. „Plasma-Donut", der den Sonnenäquator umkreist. Dort wird die Elektrizität aus dem Kosmos gespeichert (Abb. 129). Fließt zu viel Elektrizität in den Torus, entlädt sich dieser (ähnlich wie ein Blitz) in enormen elektrischen Schlägen, die Löcher in die Sonnenoberfläche reißen. Die Aktivität der Sonne und ihre Zyklen lassen sich deshalb anhand von Sonnenflecken bestimmen, weil die Entladungen zunehmen, je mehr elektrische Energie sich im Torus ansammelt. Im Grunde funktioniert die Sonne ganz ähnlich wie ein elektrisches Licht mit Dimmerschalter, denn auch die elektrische Energie im Sonnensystem durchläuft Zyklen, die sich wiederum auf die Helligkeit der Sonne auswirken. Man kann das zwar nicht mit bloßem Auge erkennen, aber es ist technisch messbar.

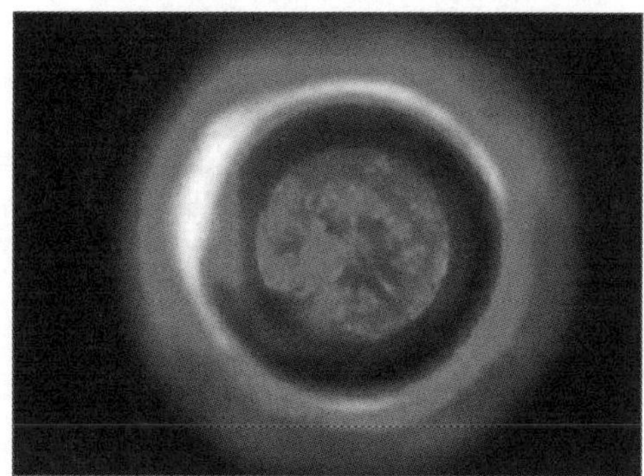

**Abb. 129:** *Der Torus, der Elektrizität speichert und im UV-Bereich um die Sonne gesehen werden kann.*

Hier ist noch eine Tatsache, die auf den Kopf gestellt wurde: Der heißeste Teil der Sonne befindet sich weit entfernt von der Oberfläche in der Korona. Dort können die Temperaturen bis auf 200 Millionen Kelvin ansteigen, während sie an der Oberfläche nur 5.000 Kelvin betragen. Da stellt sich mir doch die Frage, aus welcher Richtung die elektrische Energie wohl kommen mag? David Talbott und Wallace Thornhill fassen das elektrische Prinzip in „Thunderbolts of the Gods" zusammen:

> Alles in der Natur – vom kleinsten Teilchen bis hin zur größten galaktischen Formation – ist durch ein Netz aus elektrischen Schaltkreisen verbunden und vereint. Es organisiert Galaxien, speist Sterne, gebiert Planeten, kontrolliert auf unserer eigenen Welt das Wetter und haucht biologischen Organismen Leben ein. In einem elektrischen Universum gibt es keine isolierten Inseln.

Wenn um uns herum unbegrenzte elektrische Energie verfügbar ist, stellt sich die Frage, warum wir die Erde aufreißen, um Energiequellen wie Öl, Kohle und Gas anzuzapfen, mit denen wir dann die Elektrizität erzeugen, die wir nach Belieben aus dem Universum beziehen könnten. Mag sein, dass der Durchschnittsbürger noch nie von dieser Energie gehört hat – diejenigen, die das System betreiben, haben es ganz sicher. Schon in der ersten Hälfte des 20. Jahrhunderts sagte Nikola Tesla: „Allen Völkern der Welt sollten kostenlose Energiequellen zur Verfügung stehen [...] elektrische Energie ist überall in unbegrenzter Menge vorhanden und kann die Maschinen der Welt antreiben, ohne dass Kohle, Öl

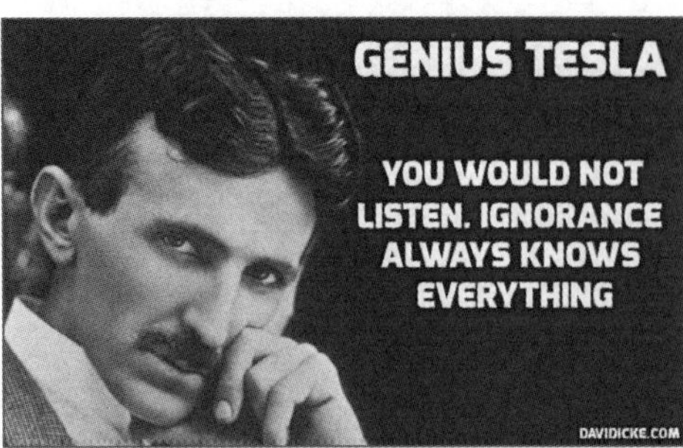


**Abb. 130:** „Genie Tesla: Ihr wolltet nicht hören. Die Dummen wissen immer alles besser." – *Nikola Tesla wusste schon in der ersten Hälfte des 20. Jahrhunderts, dass freie Energie existiert, doch das System wollte sie – und will sie noch immer – nicht.*

und Gas nötig sind." Tesla zeigte, dass Energie in einem elektrischen Kosmos tatsächlich frei verfügbar ist, doch wurden ihm ständig Steine in den Weg gelegt. Er starb 1943 quasi mittellos in einem New Yorker Hotelzimmer (Abb. 130). Auch viele andere, die Geräte entwickelt haben, um diese überall verfügbare elektrische Energiequelle zum Wohle der Menschheit anzuzapfen, bekamen den Zorn des Establishments zu spüren. Auch im Energiebereich hat das System eine Agenda, die vorsieht, dass die Bevölkerung weiter fleißig ihre Stromrechnungen bezahlt. Dasselbe Establishment aber, das die Nutzung frei verfügbarer elektrischer Energie unterdrückt, verurteilt die Energiegewinnung aus fossilen Brennstoffen, weil diese zur anthropogenen „Erderwärmung" beitragen (die es nicht gibt). Warum wird freie Energie unterdrückt, die ohne fossile Brennstoffe auskommt, aber gleichzeitig behauptet, die Emissionen aus fossilen Energieträgern gefährden die Existenz der gesamten Menschheit? Wieder ein Beispiel für einen vermeintlichen Widerspruch, der sich auflöst, sobald man das Spielchen kennt. Man hat den Menschen gesagt, um die „Erderwärmung zu bekämpfen", sollen sie Dieselfahrzeuge kaufen, weil diese etwas weniger Kohlendioxid ausstoßen als Benzinfahrzeuge – dafür aber spucken sie weitaus mehr Stickstoffoxid und -dioxid aus und verpesten die Luft mit der 22-fachen Menge an Feinstaub, der wiederum Lunge, Hirn und Herz schädigt. Die Umweltverschmutzung durch Diesel nimmt weiter zu, und man schätzt, dass sie allein in Großbritannien für Tausende Tode pro Jahr verantwortlich ist. Insbesondere in Städten wird dadurch die Luftqualität ruiniert – und alles nur wegen einer vorsätzlichen Lüge. Die Bedrohung durch die vom Menschen verursachte „Erderwärmung" ist erstunken und erlogen und bietet nur einen Vorwand, um die Weltgemeinschaft umzugestalten und die Menschheit wie geplant zu versklaven. Wenn wir fossile Brennstoffe durch frei verfügbare elektrische Energie ersetzen, würde das alle Pläne zunichte machen. Ich werde später noch mehr dazu zu sagen haben.

## Zahlenspiele

Die Schwingungen der elektrischen sowie der Wellenebene des Universums (der Simulation) interagieren mit denen der digitalen/holografischen Ebene. Diese digitale Ebene wurde einmal mehr in den „Matrix"-Filmen hervorragend veranschaulicht: Man sieht sie etwa in den Codes, die über die Computerbildschirme laufen, aber auch in der Welt, die Neo wahrnimmt, nachdem er den Tod überwunden hat und das Programm durchschauen kann (Abb. 131). Das Quantencomputer-Universum arbeitet also – wie ein Computer – mit elektrischen und digitalen Komponenten – und darauf basiert die „paranormale" Kunst der Numerologie, mit deren Hilfe die digitalen Ebenen der Wirklichkeit ausgelesen werden.

**Abb. 131:** *Auf einer Ebene ist die Matrix digital – das gilt sowohl für die in den Kinofilmen dargestellte, als auch für die echte.*

Zahlen sind digitale Ausdrucksformen von energetischen Zuständen (die als Schwingung bzw. in Wellenform vorliegen, siehe Abb. 132). Tauchen in Ihrem Leben immer wieder die gleichen Zahlen auf, stehen sie für wiederkehrende Informationen, Situationen und innere Zustände. Die Zahlen, mit denen wir uns umgeben, oder die wir in unser Leben ziehen (selbst die eigene Hausnummer), sind also nicht so zufällig, wie es den Anschein hat. Letzten Endes finden wir in allem, was wir als Natur wahrnehmen, Zahlen und Mathematik. Diese wurden von der Wissenschaft nicht etwa erfunden, wie man lange Zeit angenommen hat – sie hat sie nur *entdeckt*. Die vermeintliche Erfindung spiegelt nur die digitalen Ebenen der Matrix wider.

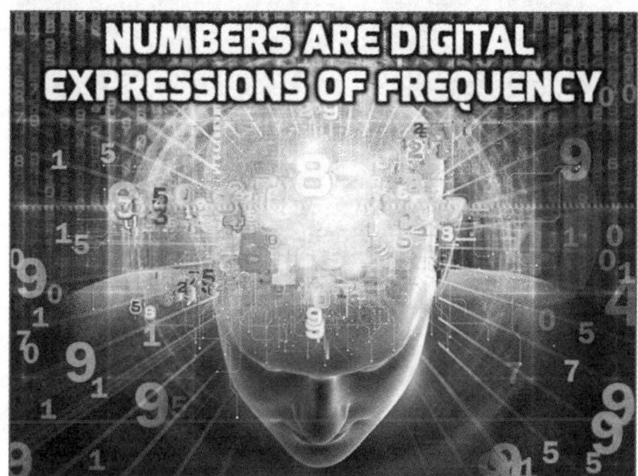


**Abb. 132:** „Zahlen sind digitale Ausdrucksformen der Frequenz" – *Frequenzen sind Zahlen, und Zahlen sind Frequenzen.*

Die Wirklichkeit ist von geometrischen Verhältnissen und wiederkehrenden Zahlen durchdrungen. Dazu zählen: Pi (das Verhältnis zwischen Umfang und Durchmesser eines Kreises, mit einem Wert von rund 3,14159 und unendlichen Nachkommastellen); der Goldene Schnitt (oder auch Phi = 1,6180339887499 – ebenfalls eine unendliche Zahl); sowie die Fibonacci-Folge (bei der immer zwei vorhergehende Zahlen addiert werden und die nachfolgende ergeben, wobei die Reihe mit 1, 1, 2, 3, 5, 8, 13, 21 beginnt). Der Goldene Schnitt bzw. Phi findet sich in der gesamten Natur – in den Proportionen des Körpers von Menschen und Tieren, der DNS, in Pflanzen, im Sonnensystem, in Supernovas, Musik, Licht- und Schallwellen und vielem mehr. Töne sind Mathematik und Mathematik ist Ton, weshalb sich auch Musik und menschliche Sprache in Zahlenfolgen ausdrücken lassen. Alles ist Zahl – weil wir in einer *Simulation* leben. Die Mathematik der „Fibonacci-Folge", die nach dem italienischen Mathematiker Leonardo Fibonacci (ca. 1170 – ca. 1240) benannt wurde, ist in Pflanzen, Blumen, Bäumen, Gehäusen und im menschlichen Gesicht nachgewiesen worden (Abb. 133).

Solche wiederkehrenden Zahlen sind Teil einer vernetzten Mathematik, die der Virtual-Reality-Simulation zugrunde liegt. Ich habe einmal einen Wissenschaftler über Blumen sagen hören: „Sie haben eine kleine Maschine in Gang gesetzt, die die Fibonacci-Folge pro-

**Abb. 133:** *Die Fibonacci-Spirale in der Natur (Simulation).*

duziert." Ich würde sagen, sie *sind* eine Maschine, denn sie sind eine Schöpfung der interaktiven Klick-Klick-Enter-Simulation und folgen dem Lebenszyklus, den die in ihnen verschlüsselte Informationsblaupause vorgibt. In der im amerikanischen *Public Broadcasting Service PBS* im Jahr 2015 ausgestrahlten Dokumentation „Decoding the Universe: The Great Math Mystery" (dt.: „Die Entschlüsselung des Universums: Das große Mathe-Rätsel") wurde gezeigt, dass Mathematik auf jeder Ebene des beobachtbaren Universums vorhanden ist. Natürlich wurde auch die Frage aufgeworfen, was das wohl zu bedeuten habe. Ich würde mit einer Gegenfrage kontern: Würde man sich denn wundern, wenn man in einem Computerprogramm allenthalben auf Mathematik stoßen würde? Max Tegmark, Physikprofessor am Massachusetts Institute of Technology (MIT), stellte in der Dokumentation zudem die Frage, ob das Universum wohl genauso berechenbar sei wie die Realität in einem Computerspiel? Nun, natürlich muss das so sein, denn es *ist* eine Computerspielrealität – wenn auch eine, die den uns bekannten Simulationen weit überlegen ist. Schon im antiken Griechenland glaubte Platon, dass Mathematik und Geometrie in einer eigenständigen Welt existieren und dass das, was wir als Wirklichkeit wahrnehmen, nur ein Spiegel dieser Welt sei – und tatsächlich gewähren die beiden Disziplinen einen Einblick in die verborgenen Blaupausen der „physischen" Wirklichkeit. Auch der italienische Astronom und Mathematiker Galileo Galilei (1564–1642) sagte, dass das Universum in der Sprache der Mathematik verfasst sei.

Digitalbilder bestehen aus Pixeln – der „Grundeinheit eines digitalen Bildes, die eine einzelne Farbe oder einen Helligkeitsgrad repräsentiert" –, und erst aus deren Zusammenspiel ergibt sich ein vollständiges Bild. Wir können Fernsehbilder nur dann sehen, wenn das Gehirn die Pixel auf dem Bildschirm in wahrnehmbare Einzelbilder übersetzt und diese dann so zusammenfügt, dass die Illusion von Bewegung entsteht. In dem 2009 im *New Scientist* veröffentlichten Artikel, in dem der Frage nachgegangen wurde, ob die Wirklichkeit holografisch sei, hieß es, dass „das Gefüge der Raumzeit körnig wird und letztlich aus pixelartigen kleinen Einheiten besteht", wenn man es in der Vergrößerung betrachte. In meinen früheren Werken habe ich von der amerikanischen Hirnforscherin Jill Bolte Taylor berichtet, die 1996 in ihrer linken Gehirnhälfte einen Schlaganfall erlitt, wodurch ihr Decodierungsprozess in Mitleidenschaft gezogen wurde. Danach erlebte sie die Wirklichkeit als ein nahtlos verbundenes, energetisches „Einssein", das für sie eben auch in Form von *Pixeln* wahrnehmbar war.

Den alten Eingeweihten war bekannt, dass man mittels mathematischer und geometrischer Verhältnisse Kontakt zum Universum herstellen kann. Sie wussten, dass sie ihre Gebäude – wie Kirchen und Tempel – nur in bestimmten geometrischen und mathematischen (digitalen) Proportionen errichten mussten, um automatisch die entsprechenden energetischen Zustände (Informationen und deren interdimensionale Verbindungen) zu erzeugen – schließlich sind Mathematik und Geometrie nur digitale Ausdrucksformen von elektrischen bzw. in Wellenform vorhandenen Informationen. Unsere „primitiven" Vorfahren konnten so etwas nicht wissen? Aber ja! Sie konnten und wussten es – zumindest die Eingeweihten der inneren Zirkel, deren Wissen bis in die inneren Zirkel heutiger Geheimbünde weitergereicht wurde. Alte Eingeweihte, die mit den Mysterien der Zahl vertraut waren – der berühmteste Vertreter ist wohl Pythagoras –, glaubten, dass „Brüche Entwicklungsstufen der Zahlen" sind. Dasselbe Prinzip finden wir auch in Quantencomputersimulationen, wo Elektronen und Atome „Entwicklungsstufen" der holografischen „materiellen" Wirklichkeit sind.

## Rätsel? Welche Rätsel?

Viele weitere „paranormale" Rätsel lösen sich in Wohlgefallen auf, wenn wir uns eine der interessantesten Eigenschaften von Hologrammen sowie die Art betrachten, wie in ihnen Informationen gespeichert und verteilt werden. Das lässt sich in einem Satz ausdrücken: Jeder Teil eines Hologramms ist eine kleinere Version des Ganzen. In diesen wenigen Worten verbirgt sich eine äußerst wichtige Erkenntnis. Schneidet man ein holografisches Trägermaterial mit den in Wellenform gespeicherten Informationen in vier Teile und richtet den Laser auf eines der Teile, wird immer das *ganze* Bild zu sehen sein, nur dass dieses ein Viertel der ursprünglichen Größe hat (Abb. 134). In jedem Teil des holografischen Fotos sind die Informationen des gesamten Bildes gespeichert. Dieses holografische Prinzip ist auch der wahre Ursprung der hermetischen Weisheit „Wie oben, so unten". Deshalb gleichen sich beispielsweise Abbildungen der elektrischen Gehirnaktivität und des Kosmos (Abb. 135). Die Fibonacci-Spiralen auf dem Gehäuse von Schalentieren wiederum ähneln Spiral-

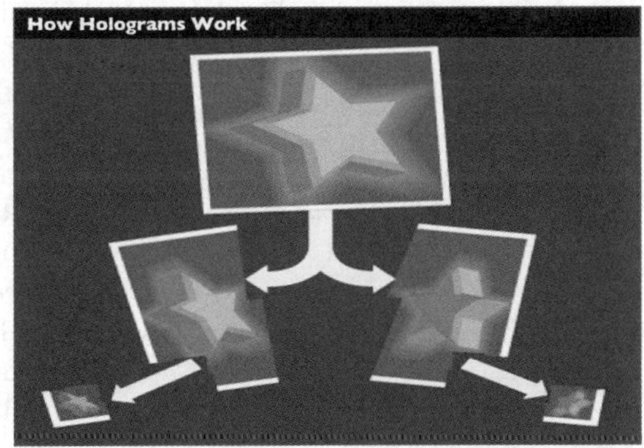


**Abb. 134:** *Jeder Teil eines Hologramms ist eine kleinere Version des Ganzen.*

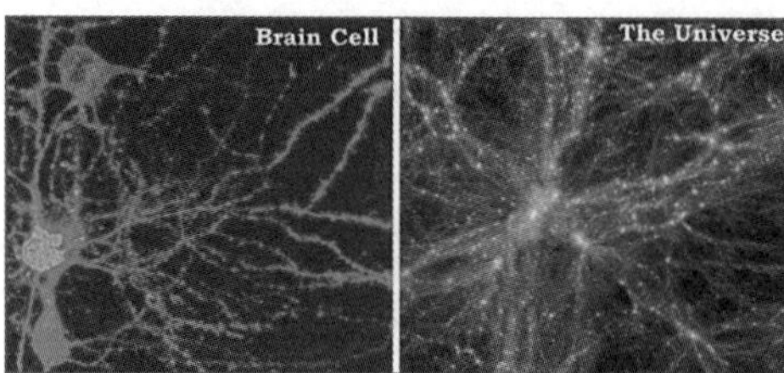


**Abb. 135:** *Menschliche Gehirnaktivität (links) und das Universum (rechts) – jeder Teil eines Hologramms ist eine kleinere Version des Ganzen.*

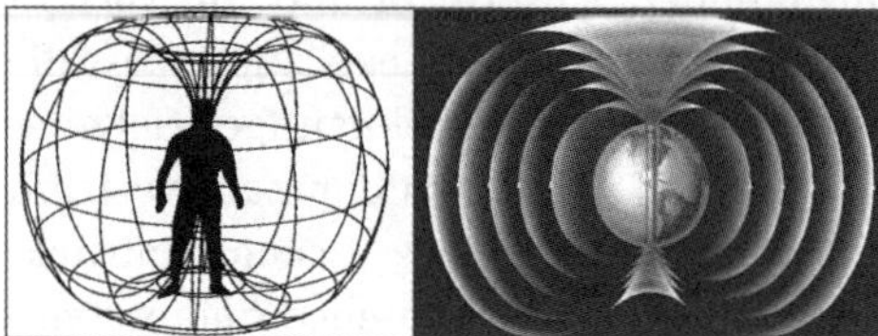

**Abb. 136:** *Das Energiefeld des Menschen und das der Erde.*

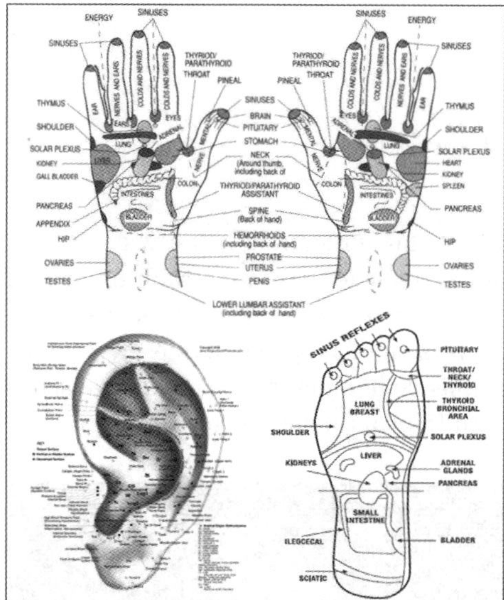


**Abb. 137:** *Der gesamte Körper ist in all seinen Teilen enthalten – weil er ein Hologramm ist.*

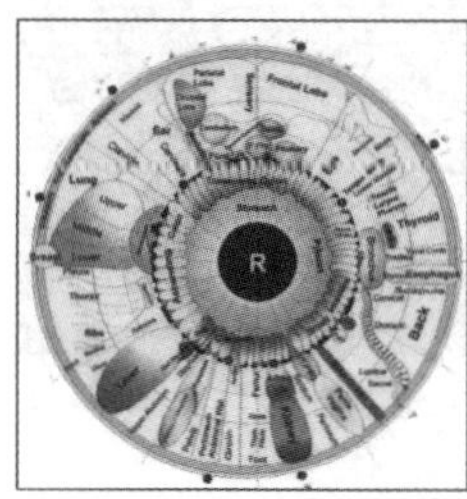


**Abb. 138:** *Jede Sektion im Auge steht für einen Körperteil.*

galaxien, und die menschliche Energie bzw. das Aurafeld ist eine kleinere Version des Erdfelds, mit dem es über holografische Informationsübertragung verbunden ist (Abb. 136). Je kleiner der Ausschnitt auf dem Trägermaterial, desto unschärfer wird das Bild; es enthält aber noch immer alle Informationen.

Nach demselben Prinzip sind in unserem holografischen Körper die Informationen des holografischen Universums verschlüsselt. Doch auch jeder Teil des Körpers bildet die Informationen über den gesamten Körper in Miniaturform ab – und das erklärt, warum bei der Akupunktur, der Reflexzonenmassage und bei anderen alternativen Heilmethoden diverse Punkte an Ohr, Hand, Fuß etc. für Herz, Hirn, Lunge, Leber und andere Organe stehen können (Abb. 137). Wenn der Körper ein Hologramm und jeder Teil eines Hologramms eine kleinere Version des Ganzen ist, kann es auch gar nicht anders sein. Die in den Händen verschlüsselten Informationen über den gesamten Körper können beispielsweise von sachkundigen Handlesern entziffert und interpretiert werden, während sie im Fall der Iridologie aus den Augen des Betroffenen herausgelesen werden (Abb. 138). Synästhesien – wenn einer der Sinne die Informationen eines anderen entschlüsselt und Geräusche als Farbe oder Geruch erscheinen – sind deshalb möglich, weil sich die Sinne aufgrund ihrer holografischen Natur gegenseitig enthalten. Ein weiteres Beispiel für das Prinzip „Wie oben, so unten" ist die Körpersprache, die einen Geisteszustand widerspiegelt. Schulwissenschaftler vom Schlage eines „Dogma" Dawkins machen in ihrer ignoranten Arroganz alternative Heilmethoden oder etwa Wahrsagemethoden nur deshalb lächerlich und lehnen sie ab, weil sie die dahinterstehenden Prinzipien nicht verstehen. Allerdings gilt das meiner Erfahrung nach auch für die meisten Menschen, die diese Methoden anwenden. Sie wissen, dass sie funktionieren, haben aber oft keinen blassen Schimmer, warum.

Diese Unwissenheit ist auch der Hauptgrund, warum die Homöopathie vom Mainstream-Einheitsbrei ins Lächerliche gezogen wird. Professorin Sally Davies etwa, als Chief Medical Officer oberste Gesundheitsbeamtin der britischen Regierung und entsprechend systemgewaschen und -gewalkt, bezeichnet die Homöopathie als „Mist" und nennt diejenigen, die sie praktizieren, „Hausierer". Als ein britischer Gesundheitsminister sich für die Homöopathie aussprach, wurde er vom *New Scientist* prompt zum „neuen Zaubereiminister" erklärt. Wie einfallsreich, wo doch schon beim Urknall (der ja von derartigen Publikationen auf Händen getragen wird) unbegreiflich viel herumgezaubert werden muss. Aber ein vom System durchprogrammierter Verstand glaubt ja auch, dass eine Pharmaindustrie, die Milliarden einfährt, weil die Leute krank sind, ernsthaft an deren Gesundheit interessiert sei.

Der homöopathische Ansatz jedenfalls basiert auf der Tatsache, dass alles – von einer Pflanze bis zu einem Wassertropfen – Information ist. Das muss auch so sein, denn wenn es keine Information wäre, könnte es gar nicht existieren. Seit Jahren schreibe ich lang und breit über die Informationsspeicherkapazität von Wasser. Einer, der die in Wasser enthaltenen Informationen sichtbar machen und zeigen konnte, wie diese durch menschliche und technische Einflüsse verändert werden können, war der (leider 2014 verstorbene) japanische Forscher Dr. Masaru Emoto. Seine Versuche bauten auf bereits früher durchgeführten Forschungen auf. Da unsere Arbeiten sich gegenseitig ergänzen, habe ich Dr. Emotos Zentrum in Tokio selbst besucht und in London ein Wochenende mit ihm verbracht, an dem wir ein Buch besprachen, das wir gemeinsam verfassen wollten und das in Japan erscheinen sollte. Selbst einige Schulwissenschaftler wurden schon angegriffen und belächelt, weil sie gesagt haben, dass Wasser ein Gedächtnis besitzt (also Informationen speichert) – dabei sind die Belege überwältigend. Außerdem muss es allein deshalb stimmen, weil *alles* Information ist.

Dr. Emoto hat mehrere Bildbände veröffentlicht, in denen anhand von Fotos gezeigt wurde, wie Gedanken, Gefühle und andere Schwingungsphänomene die Wasserstruktur beeinflussen (wobei das nicht nur für Wasser, sondern auch für alles andere gilt). Er befestigte Worte, Sprichwörter und technische Geräte wie Handys an Gefäßen mit Wasser, das er dann sehr schnell gefrieren ließ, um dessen Eiskristalle zu fotografieren. Das, was er dabei herausfand, bestätigt die Existenz des interaktiven kosmischen Internets auf beeindruckende Weise. Liebevolle und anerkennende Worte führten zu hübschen, ausgeglichenen, harmonischen Mustern, während Aussagen wie „Du machst mich krank, ich will dich töten" deformierte, chaotische Formen hervorbrachten (Abb. 139). Bei gesprochenen Worten

**Abb. 139:** „Liebe – Hass" – *Der fantastische Unterschied bei Wasserkristallen, nachdem sie die Schwingung von liebevollen oder hasserfüllten Worten angenommen haben.*

ist klar, dass es sich um schwingende Informationsfelder handelt, da sie hörbar von den Stimmbändern erzeugt werden. Das Gleiche gilt aber für geschriebene Worte. Wir meinen zwar, auf Papier oder Computerbildschirmen „Worte" zu sehen, doch handelt es sich nur um die holografischen Versionen von Informationszuständen, die eigentlich auf elektrischer, digitaler oder auf Wellenebene existieren. Auch geschriebene Worte sind Schwingungsfelder, die sich genau wie die von der Stimme erzeugten Frequenzen auf andere Schwingungsfelder auswirken können. Bei dem Wasser in Emotos Gefäßen handelt es sich ebenfalls um Informationen – und auf einer bestimmten Ebene sind es *Schwingungs*informationen. Das, was wir als Wasser sehen, ist nur seine holografische Gestalt; in seiner Urform ist es informationscodierte Energie. Setzen wir dieses Wasser nun den Schwingungsfeldern von geschriebenen oder gesprochenen Worten aus, verändert das dessen Informationsstruktur – und das sehen wir an den bemerkenswerten Unterschieden zwischen den Eiskristallen, die sich bei liebevollen bzw. anerkennenden Worten und beim Satz „Du machst mich krank, ich will dich töten" bildeten. Dr. Emoto konnte auch zeigen, dass dieselben chaotischen Formen bei verschmutztem Wasser auftraten oder wenn er es mit Heavy Metal beschallte. Da sowohl Heavy-Metal-Musik als auch Schmutzwasser (genau wie Handystrahlung) starke energetische Verzerrungszustände sind, waren auch die resultierenden Eiskristalle völlig deformiert (Abb. 140 und 141). Auf der holografischen Ebene können wir die Verschmutzung von Flüssen sehen, doch auf einer tieferen Ebene kommt es zu einer Frequenzverzerrung, die sich auf das energetische Gleichgewicht des Flusses auswirkt. Am Ende steht das, was wir einen verseuchten (energetisch deformierten) Fluss nennen.

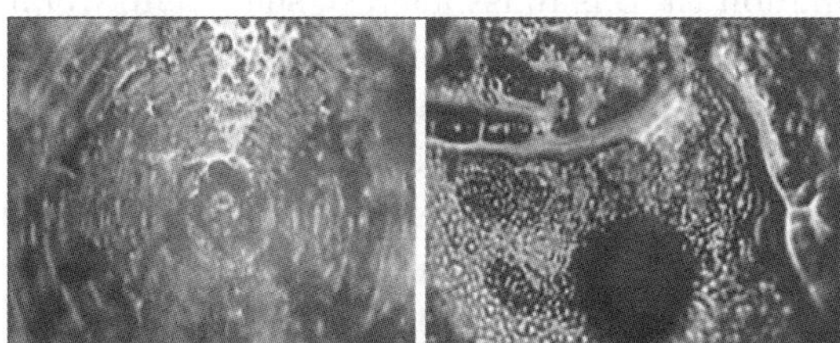

**Abb. 140:** *Kristalle aus Schmutzwasser und aus Wasser, das mit Heavy-Metal-Musik beschallt wurde.*

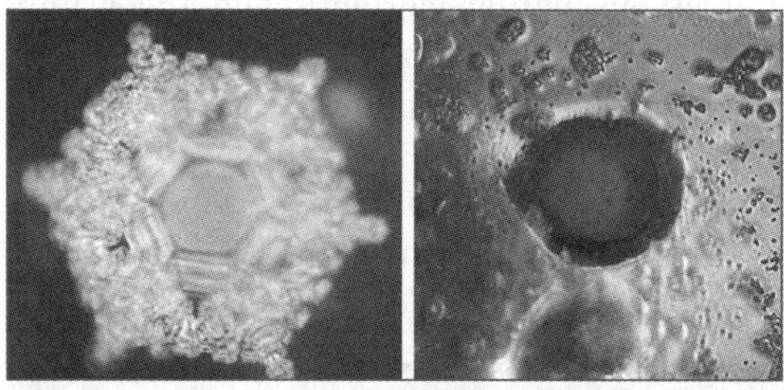

**Abb. 141:** *Was ein Mobiltelefon mit Wasser anstellt.*

Die Intention ist eine äußerst starke Energie, weshalb es auch nicht die Worte selbst sind, die sich energetisch am stärksten auswirken – sondern die hinter ihnen stehende *Absicht*. Auf die eben geschilderte Art kann daher auch die Absicht, etwas zu erreichen, Energiefelder (Menschen, Gelegenheiten etc.) beeinflussen, anziehen, abstoßen und umgestalten – und dadurch genau die gewünschte Absicht manifestiert werden. Es heißt zwar „Wenn du fest an etwas glaubst, wirst du es auch erreichen" – doch sollte in dem Satz das „glauben" besser mit *vorhaben* ersetzt werden. Menschen, die glauben, dass ihre Wünsche nie in Erfüllung gehen, prägen diese Information in ihr energetisches Umfeld ein und daher ... werden sie sich nicht erfüllen. Dasselbe gilt für pessimistische und optimistische Grundhaltungen, durch die man auf energetischer Ebene Menschen, Örtlichkeiten, Gelegenheiten, Lebensstile etc. abstoßen oder anziehen kann – denn bei all diesen Dingen handelt es sich wie gehabt um Informationsfelder. Ich bezeichne das Phänomen, bei dem sich elektromagnetische Felder mit unterschiedlichem Informationsgehalt anziehen oder abstoßen (d.h. Synchronizität vorliegt oder fehlt), als „Schwingungsmagnetismus". Glaubt irgendjemand tatsächlich, dass Menschen rein zufällig ihre Partner kennenlernen, einen Job bekommen oder an den seltsamsten Orten völlig unverhofft auf alte Bekannte treffen? Wie oft hört man Sätze wie „Ich bin so unglücklich" oder „Warum in aller Welt hat es ausgerechnet mich erwischt, nachdem mir das schon mal passiert ist"? Das war nicht etwa „Zufall", sondern es ist ein zweites Mal passiert, weil sich der persönliche Zustand (die „Einstellung"), der zu der ersten Erfahrung geführt hat, nicht verändert und daher auf elektromagnetischer Ebene eine Wiederholung angezogen hat. Albert Einstein soll gesagt haben, dass die Synchronizität Gottes Methode ist, um inkognito zu bleiben. Ich selbst habe solche Synchronizitäten tagtäglich zuhauf erlebt, nachdem ich die Hellseherin Betty Shine getroffen hatte.

Mittels Visualisierungen – konzentrierten Gedanken – lassen sich die Energiefelder, die man anzieht und abstößt, zusätzlich beeinflussen, um bestimmte Dinge zu verwirklichen. Forschungen an der medizinischen Fakultät in Harvard haben gezeigt, dass es bei Menschen, die sich vorstellten, Klavier zu spielen, zu strukturellen Veränderungen in der Gehirnregion kam, die für Fingerbewegungen zuständig ist. Diese Veränderungen waren fast identisch mit denen im Gehirn von Menschen, die tatsächlich Klavierspielen lernten.

Alles ist ein Zusammenspiel von Geist und Bewusstsein. Jede „materielle" Erfahrung ist die holografische Reflexion energetischer Zustände, und wenn man das holografische Ergebnis verändern will, muss man den energetischen Informationsgehalt mittels Visualisierung, Einstellung und Absicht verändern. Allein schon vorhandenes oder fehlendes Selbstvertrauen kann einen Auftritt oder ein Resultat in die eine oder andere Richtung beeinflussen. Dr. Emotos Arbeiten erbrachten den sichtbaren Beweis für dieses Naturgesetz, auf dessen Basis wir unsere eigene Wirklichkeit erschaffen – und was wird nochmal seit Jahrtausenden beim Beten gemacht? Man fokussiert und konzentriert seine Gedanken, und diese interagieren dann mit der energetischen Wirklichkeit.

Eine weitere wissenschaftliche Einrichtung, an der Forschungen zur Informationsspeicherung in Wasser durchgeführt wurden, ist das Institut für Statik und Dynamik der Luft- und Raumfahrtkonstruktionen an der Universität Stuttgart. Dort wurde auch ein wichtiges Verfahren entwickelt, diese Informationen festzuhalten – nämlich, indem Wassertropfen fotografiert wurden. Bei einem Experiment wurde beispielsweise eine Blume in einen Behälter mit Wasser gelegt und wieder herausgenommen. Das Wassertropfenfoto bestätigte zwei zentrale Charakteristika der Realität: zum einen das holografische Prinzip, da die Informationen der ganzen Blume in jedem Tropfen wiedergefunden werden konnten; zum anderen blieben die *Informationen* der Blume im Wasser enthalten, obwohl die „physische" Blume entfernt worden war. Ich sage nur eins: *Homöopathie*. Dass der Mainstream-Einheitsbrei die Homöopathie so arrogant ablehnt, basiert auf der Annahme, dass Präparate, die so oft mit Wasser verdünnt wurden, dass kein Wirkstoff mehr vorhanden ist, nicht wirken können – doch auch in diesem Fall wurde ein wesentlicher Punkt nicht verstanden. Selbst wenn sich der Wirkstoff (die holografische Illusion) verflüchtigt hat, verbleiben dessen *energetische Informationen* im Wasser. Diese führen dann zur Heilung, weil

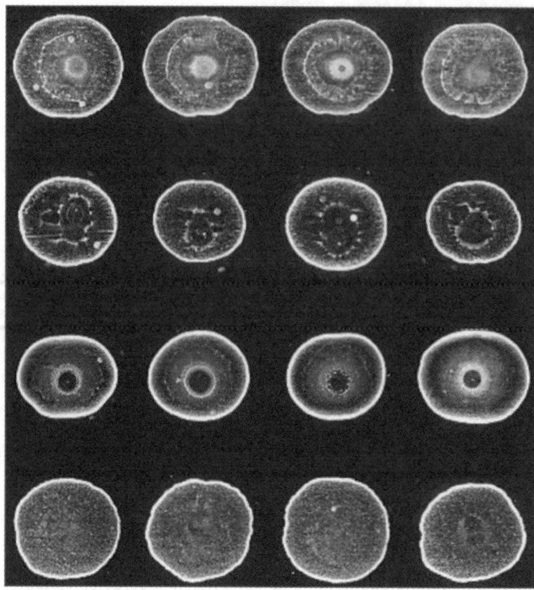
**Abb. 142:** *Die Stuttgarter Wassertropfen.*

sie auf das energetische Informationsfeld des Körpers einwirken. Bei einem anderen Experiment am Stuttgarter Institut wurden Personen aus dem Umfeld des Instituts gebeten, vier Wassertropfen aus einem Tank zu entnehmen und diese dann auf eine für sie vorgesehene Laborschale zu träufeln. Die Forscher fanden heraus, dass sich die Tropfen der jeweiligen Probanden unterschieden, doch das Viererset jedes Einzelnen nahezu identisch aussah (Abb. 142). Der simple Akt, einen Tropfen auf eine Schale zu träufeln, hatte zu einem Energie- bzw. Informationsaustausch zwischen den Energiefeldern des Wassers und der jeweiligen Person geführt. Nun, was hatte ich gesagt? Das Universum ist eine *interaktive* Virtual-Reality-Simulation – und dieses Experiment ist nur ein weiteres Indiz dafür, wie wir unsere Realität energetisch beeinflussen und sie dadurch kreieren. Auch beim sogenannten „Handauflegen" kommt es zu einem Energie- bzw. Informationsaustausch zwischen Heiler und Patient, wobei der (authentische) Heiler kosmische Energiefelder (Frequenzbereiche) anzapft. Ich sage nicht, dass jede alternative Behandlung von Erfolg gekrönt ist, denn das hängt immer vom Format des Heilpraktikers/Heilers und von der Beschaffenheit des Problems ab. Ich habe hier nur die Prinzipien geschildert, nach denen solche Behandlungen funktionieren können. Wählen Sie jemanden, der alternative Heilmethoden praktiziert, stets mit Bedacht aus, und versuchen Sie möglichst von früheren Patienten herauszufinden, wie hoch seine Erfolgsquote ist. Seien Sie allerdings genauso vorsichtig – oder besser: übervorsichtig –, wenn Sie einen Arzt aufsuchen. Das nämlich kann direkt tödlich enden, wie an den Statistiken für iatrogene Todesfälle zu erkennen ist.

## Auf den Punkt gebracht

Eine weitere alternative Heilmethode, die vom Mainstream-Einheitsbrei abgetan wird, ist die Akupunktur. Die Kritiker dieser altchinesischen (und vielleicht noch viel früher entstandenen) Heilkunst können nicht verstehen, wie es irgendeinen Einfluss auf die Gesundheit haben kann, wenn man hauchdünne Nadeln in die Haut steckt. Sie halten es für unlogisch, eine Nadel in den Fuß zu stecken, um Kopfschmerzen zu behandeln – aber sei's drum: Logik war noch nie die Stärke der Unwissenden (Abb. 143). Ein zentraler Teil des Informationsaustauschs zwischen Körper und Kosmos läuft über Energie- bzw. Informationskanäle ab, die als Akupunkturlinien oder auch Meridiane bekannt sind. Man könnte hier von der Hauptplatine des Körpercomputers sprechen (Abb. 144). Wenn Informationen (die von den Chinesen als „Chi" bezeichnet werden) in optimaler Geschwindigkeit durch die Meridiane zirkulieren und verarbeitet werden, ist der Körper gesund. Wird der Fluss aber auf irgendeine Weise gestört – werden Informationen also fehlerhaft oder gar nicht übertragen –, treten Fehlfunktionen in den Körpersystemen auf. Bekanntlich „laufen" Computer ja auch „langsamer", wenn deren Informationsfluss von einem Virus beeinträchtigt wird. Im Körper kann dieser Energie-/Informationsfluss reguliert werden, wenn mit Akupunkturnadeln (oder anderen Methoden) bestimmte Stellen auf den Meridianen behandelt werden: die sogenannten Akupunkturpunkte. Diese repräsentieren verschiedene Organe und Funktionen – hier haben wir also wieder das holografische Prinzip. Im alten China wurden die Akupunkteure übrigens bezahlt, wenn ihre Patienten gesund, nicht wenn sie krank waren, denn ihre Aufgabe bestand darin, das Chi im Gleichgewicht und ihre Patienten damit gesund zu halten.

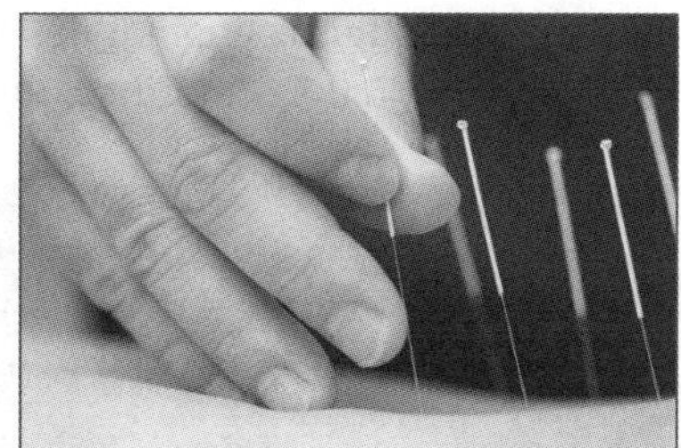

**Abb. 143:** *Manche Leute halten die Akupunktur für nutzlos – weil sie keine Ahnung haben, wie sie funktioniert. Sie täten besser daran, etwas gegen ihr Unwissen zu tun.*

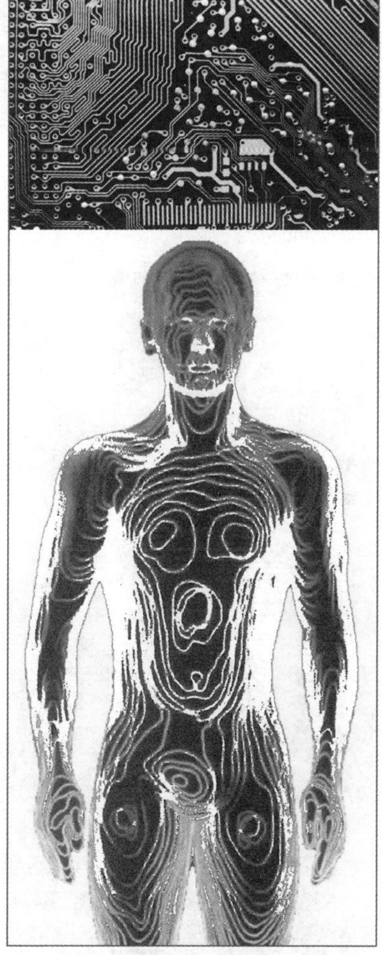

**Abb. 144:** *Das Meridiansystem – hier mithilfe einer radioaktiven Markierungssubstanz kenntlich gemacht – ist die Hauptplatine des Körpercomputers.*

Die Meridiane bilden verschiedene Kreisläufe und können daher vom Fuß bis zum Kopf und wieder zurück verlaufen. Aus diesem Grund können Kopfschmerzen durch einen blockierten oder gestörten Energiefluss im Fuß verursacht werden – und dann würde es wohl wenig Sinn ergeben, eine Nadel in den Kopf zu stecken, nicht wahr? Oder, wie der Akupunkteur und brillante Komplementärmediziner Mike Lambert von der Shen Clinic auf der Isle of Wight es ausdrückt: „Symptom und Ursache des Symptoms befinden sich selten am selben Ort." Schulmediziner (die Medikamentendealer des Pharmakartells) hingegen gehen *prinzipiell* davon aus, dass Symptom und Ursache am gleichen Ort liegen – ein weiteres Beispiel für eine Umkehrung, die tödliche Folgen haben kann.

Darüber hinaus sind die Akupunkturmeridiane mit den „Chakra"-Wirbeln im ganzen Körper verbunden, die ihn mit anderen Ebenen des Seins und anderen Wirklichkeiten verbinden (Abb. 145). Der Begriff „Chakra" stammt aus dem Sanskrit und bedeutet so viel wie „Lichtrad". Die wichtigsten Chakren sind: das Kronenchakra auf der Schädeldecke; das Stirnchakra bzw. „Dritte Auge" zwischen den Augenbrauen; das Hals- bzw. Kehlchakra; das Herzchakra in der Mitte der Brust; das Solarplexuschakra knapp unter dem Brustbein; das Sakralchakra direkt unter dem Nabel; und das Wurzelchakra am unteren Ende der Wirbelsäule. Jedes Chakra erfüllt eine bestimmte Funktion oder hat mehrere Funktionen. Da sie zum Energiefeld des Körpers gehören, sind die Chakren nicht mit bloßem Auge zu erkennen. Wir können sie aber wahrnehmen. Das Sakralchakra im unteren Bauchbereich steht beispielsweise mit Gefühlen in Verbindung, weshalb wir dort auch Furcht verspüren oder „Muffensausen" bekommen, wenn wir nervös oder ängstlich sind. Liebe und Mitgefühl empfinden wir in der Brustmitte – dort, wo sich der Wirbel des Herzchakras befindet (Abb. 146). Genau aus diesem Wirbel kam auch die Energie, die ich während meiner Ayahuasca-Erfahrung im brasilianischen Regenwald aus meiner Brust strömen spürte.

**Abb. 145:** *Das Chakrensystem bzw. die „Lichträder", die das Hologramm mit anderen Ebenen der Wirklichkeit verbinden.*

**Abb. 146:** *Das Herzchakra. Über die Rolle und Bedeutung des Herzens wird es noch einiges zu sagen geben.*

## Sie sind ein Stern – oder besser: Sie sind der ganze Himmel

Kommen wir als Nächstes zu Astrologie und Wahrsageformen wie Tarotkarten, Runen und Ähnlichem, die ebenfalls als paranormal gelten und nicht erklärt werden können. Wahrsagen wird definiert als „die Praxis, mit übersinnlichen Methoden Erkenntnisse über die Zukunft oder das Unbekannte zu gewinnen". Kaum etwas bringt Menschen aus der

„Dogma"-Dawkins-Riege mehr aus der Fassung als die Behauptung, dass die Astrologie eine Wissenschaft sei – aber sie ist es. Man könnte sie auch als Kunst bezeichnen, aber das läuft auf dasselbe hinaus. Da Skeptiker nicht die leiseste Ahnung haben, nach welchen Prinzipien die Astrologie funktionieren könnte, kann sie das laut ihrer Definition auch nicht. Gähn. Natürlich kann sie das und tut es auch, nur braucht es dazu einen sachkundigen Experten mit entsprechendem Tiefgang und Detailgenauigkeit.

Alles ist Information – und damit auch Planeten, Sterne und der „Weltraum". Durch ihre Bewegungen und Wechselwirkungen tauschen sie beständig Informationen mit dem universellen Feld bzw. dem kosmischen Internet aus und prägen ihm ihre Informationssignatur ein – genau wie die Teilnehmer am deutschen Wasserexperiment (Abb. 147 und 148). Die Bewegungssignatur der Planeten und Sterne, die mit der Erde in Beziehung stehen, wirkt sich wiederum auf das planetare Energie-/Informationsfeld aus – den „Energieozean", mit dem *wir* beständig in Kontakt stehen. Zu bestimmten Zeiten in den planetaren Zyklen üben bestimmte Planeten oder Planetengruppen einen stärkeren Einfluss auf das Erdfeld aus als andere. Deren Informationen werden sogar noch intensiver ins Feld eingeprägt, wenn sich der Einfluss mehrerer Planeten überschneidet und sich Konstellationen bilden, die in der Astrologie als Konjunktion, Opposition, Trigon, Sextil, Quadrat usw. bezeichnet werden.

Wir Menschen reagieren nun auf diese veränderlichen Einflüsse – nur eben jeder auf seine Art. Zum Kör-

**Abb. 147:** *Planeten und Sterne scheinen „materielle" Körper zu sein, doch es sind holografische Informationsfelder, deren Bewegungen und Wechselwirkungen sich ins universelle Informationsfeld einprägen – den Ozean aus Energie, in dem wir leben.*

**Abb. 148:** *Planeten und Sterne sind Informationsfelder, die andere Informationsfelder in der interaktiven Simulation verändern und beeinflussen.*

**Abb. 149:** *Die Informationsfelder des Energieozeans werden durch die Bewegung der Planeten verändert. Wir reagieren darauf gemäß unserer eigenen Informationsstruktur, die wiederum von dem Punkt bestimmt wird, an dem wir den Zyklus betreten haben – dem Zeitpunkt unserer Geburt.*

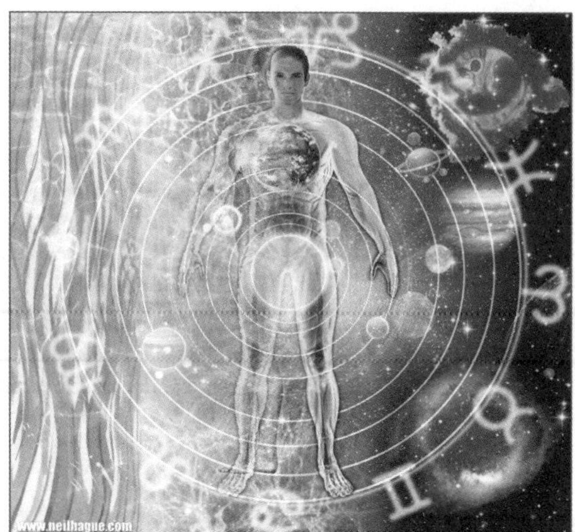


**Abb. 150:** *Wir sind das Universum, oder genauer gesagt: Wir sind, wie es war, als wir in den Zyklus eingetreten sind.*

per/Intellekt gehören nämlich auch astrologische Informationsfelder, die davon bestimmt werden, wo sich Planeten und Sterne auf ihrem Weg durchs All befanden, als der jeweilige Mensch geboren (manche sagen auch: empfangen) wurde. Selbst ein paar Minuten – in unserer Wahrnehmung – können einen feinen Unterschied machen. Das alles heißt nichts anderes, als dass wir alle gemäß dem holografischen Prinzip „wie oben, so unten" eine energetische Blaupause des Himmels in uns tragen – ein Abbild dessen, wie er war, als wir geboren bzw. empfangen wurden (Abb. 150).

Unsere Vorfahren unterteilten den Jahreszyklus (das Simulationsprogramm) in die sogenannten Tierkreiszeichen, die entsprechend bestimmter Planeten- und Sternkonstellationen bestimmte energetische bzw. Informationszustände repräsentieren. Auch innerhalb dieser Abschnitte gibt es Unterschiede, denn die Himmelskörper stehen nie still. Jemand, der beispielsweise im Sternzeichen Löwe geboren wurde, wird ein anderes astrologisches (Energie-/Informations-)Feld haben als jemand, der im Sternzeichen Widder geboren wurde. Beide werden im Verlauf ihres Lebens verschieden auf die Planetenbewegungen reagieren und anders von ihnen beeinflusst werden. Das ist die Grundlage der Astrologie. Die Astronomen des Altertums waren gleichzeitig Astrologen, weil sie wussten, dass man beide Disziplinen nicht voneinander trennen kann.

Horoskope in Zeitungen und Zeitschriften werden häufig mit dem Satz abgetan: „Wie kann eine Aussage für so viele Menschen gelten?" Ich stimme dem zumindest so weit zu, dass selbst die besten Zeitschriftenhoroskope stark verallgemeinert sind. Wenn man sich aber das Horoskop einer bestimmten Person genau ansieht, können die Einflüsse von einem fachkundigen Astrologen exakt bestimmt werden. Hier sei noch einmal betont, dass es sich bei diesen astrologischen Einflüssen um genau das handelt: *Einflüsse* – man wird also nicht von ihnen beherrscht.

Als ich im Internet zufällig auf einen Astrologen stieß, der mein eigenes Horoskop gedeutet hatte, musste ich schmunzeln. Zum einen beschrieb er dort Einflüsse, die den Lebensweg, den ich gegangen bin, energetisch unterstützen, zum anderen aber war dort auch zu lesen, dass ich auf der negativen Seite dafür empfänglich sein könnte, von Menschen hintergangen zu werden, die ich für Freunde gehalten hatte, genauso wie für Rechtsangelegenheiten. Ich habe (mit für mich erfolgreichem Ausgang) mit zwei Menschen vor Gericht gestanden, die mir früher gesagt hatten, wie sehr sie mich bei meiner Arbeit unterstützen würden – und die davon auch gelebt hatten –, die sich dann aber Geld unter den Nagel reißen wollten, das nicht ihnen gehörte. Einer von beiden wollte mir die

Gesamtrechte für meine Bücher stehlen, zu denen er nicht eine einzige Silbe beigesteuert hatte. Ein Dritter hatte seinen Lebensunterhalt ebenfalls dank meiner Arbeit verdient und es genauso auf mein Geld abgesehen. Er leitete rechtliche Schritte gegen mich ein, während ich an diesem Buch schrieb, obwohl ich ein Jahr lang keinen Ton von ihm gehört hatte. Ich nehme an, er wollte nur meine Arbeit unterstützen, die er für „so wichtig" empfunden hatte. Wie nobel.

Die Jahre von 2013 bis 2015 waren eine einzige Herausforderung für mich. Egal, wie sehr ich mich auch mühte, nichts lief so, wie ich wollte. Ich hatte selbst dann zu kämpfen, wenn ich gar nichts tat. Dann – als hätte sich eine Wolke aufgelöst – wurde plötzlich alles anders, und ich war wieder auf der Überholspur. Später erzählte mir ein Astrologe, dass die „Sterne" (das energetische Umfeld) für mich in diesem Zeitraum hinsichtlich Arbeit, Karriere, Geschäft und Rechtsangelegenheiten ziemlich schlecht gestanden hätten. Die Blockade hing mit der Position des Saturn, dessen Einfluss auf mein Energiefeld und damit auf die Lebensbereiche zusammen, die mit dieser Position in Verbindung stehen. Das alles änderte sich, wie gesagt, im September 2015: Die Arbeit gelang mir wieder und ich surfte auf der Energiewelle, anstatt ständig gegen sie ankämpfen zu müssen.

In der Astrologie geht es immer um Energieströme. Viele Firmenchefs beschäftigen Astrologen, die ihnen Ratschläge erteilen, wann sie geschäftlich aktiv werden sollen. Damit wollen sie sichergehen, dass das energetische Umfeld einen erfolgreichen Ausgang begünstigt. Vor Jahren hat ein Astrologe mir gegenüber beispielsweise auch bemerkt, dass große Umbrüche in meinem Leben immer wieder mit einer Mondfinsternis einhergingen. Astrologie mag nach Hokuspokus klingen – aber nur für Menschen, die die Wirklichkeit nicht verstehen. Wenn ich mein eigenes Leben betrachte, ist für mich klar zu sehen, mit welchen astrologischen Einflüssen meine Erfahrungen in Verbindung stehen.

## Kartenspielchen

Über Tarotkarten, Runensteine und andere Formen des Wahrsagens heißt es unter anderem, es handele sich dabei um Methoden, die Zukunft bzw. eine mögliche/wahrscheinliche Zukunft zu sehen. Nun, zuallererst kann es hier nicht um die Zukunft gehen, denn es gibt nur das JETZT. Daher lässt sich mit Wahrsagemethoden (und natürlich auch hier wieder nur, wenn sie von sachkundigen Experten durchgeführt werden) nur der wahrscheinliche Ablauf im JETZT erkennen. Wir existieren auf mehreren Ebenen, und auf all diesen Ebenen gibt es Informationen, Erkenntnisse, Wahrnehmungen und Entscheidungen. Dazu zählen die elektromagnetischen, mathematisch/digitalen, holografischen und Wellenebenen genauso wie das reine Bewusstsein/Gewahrsein. Auf jeder der genannten Ebenen gibt es ein „Ich" mit eigenem Aufmerksamkeitsbrennpunkt und eigener Perspektive. „David Icke" – das bin nicht etwa „Ich", sondern das ist nur mein holografisches „Ich" (Abb. 151). Unsere Entscheidungen sind das, was wir bewusst wahrnehmen, wenn es als „physisches" Ereignis in das Hologramm decodiert wird; davor handelt es sich nur um

**Abb. 151:** *Wir sind multidimensionale Wesen, und unsere holografische „physische" Erscheinung ist nur ein Teil von uns.*

Möglichkeiten/Wahrscheinlichkeiten in anderen energetischen Bereichen. Das folgende Zitat drückt es ganz gut aus:

Das war Zufall – so sagt man. Doch in einem Quantenuniversum gibt es keine Zufälle, nur Möglichkeiten und Wahrscheinlichkeiten, die sich durch die Wahrnehmung in die Existenz entfalten.

Die Wahrnehmung bestimmt über den Seinszustand, der wiederum ein Informations- bzw. Schwingungszustand ist, der darüber bestimmt, welche Möglichkeit/Wahrscheinlichkeit mit Ihnen resoniert, welche Sie also in die holografische Existenz projizieren und welche nicht. Das ist auch der Grund, warum die Menschheit einzig und allein dadurch kontrolliert werden kann, dass ihre *Wahrnehmung getäuscht* wird. Kontrolliere die Wahrnehmung, und du kontrollierst die menschliche Erfahrung.

Mit Tarotkarten und anderen Wahrsagemethoden sieht man also nicht etwa die Zukunft, sondern nur mögliche Ergebnisse von Entscheidungen und Prozessen, die sich im Unterbewusstsein abspielen. Der Begriff ist irreführend, da das Unterbewusste eigentlich bewusst ist – nur ist es das eben auf Gewahrseinsebenen, die unserem bewussten Verstand nicht zugänglich sind. Es ist bewusst – nur eben nicht für unsere fünf Sinne. Mithilfe von Tarotkarten lassen sich nun die Möglichkeiten und Wahrscheinlichkeiten (Informationen) aus den tieferen Schichten unser Energiefelder auslesen. Das ist deshalb möglich, weil der Energiefluss, der sich letztlich als holografisches Ergebnis manifestiert, nicht etwa von der Vergangenheit durch die Gegenwart in die Zukunft strömt, sondern durch verschiedene Schichten unserer Persönlichkeit im JETZT. Im Verlauf dieses Prozesses werden Möglichkeiten und Wahrscheinlichkeiten zu Wirklichkeiten. Auf jeder Karte sind Symbole abgebildet, die für geistige und emotionale Zustände bzw. für einen bestimmten Informationsgehalt stehen (Abb. 152). Genau wie Worte sind auch Symbole energetische Informationen – nur sind sie um einiges stärker. Tarotkarten sind also Informationsfelder, die auf energetischer Ebene das repräsentieren, was die Symbole zeigen. Wenn wir beim Kartenlegen eine Auswahl treffen, wählen nicht etwa wir die Karten – die Karten wählen uns. Dabei werden die Schwingungen des elektromagnetischen Felds der Karte (via Schwingungsmagnetismus) mit denen des elektromagnetischen Felds der betreffenden Person abgeglichen, wobei auch deren aktueller energetischer bzw. Informationszustand eine Rolle spielt (Abb. 153). Man wählt eine bestimmte und keine andere Karte, weil die eigene Schwingung mit der der Karte übereinstimmt. Werden ausgewählte Karten auf dem Tisch ausgelegt, blickt man auf eine „Informationslandkarte" seines energetischen Selbst. Sogar die Reihenfolge, in der die Karten ausgewählt werden, ist wichtig, genauso wie die Tatsache, ob sie auf dem Kopf stehen oder nicht. Auch das spiegelt einen bestimmten Informationszustand wider. Nach demselben Prinzip funktionieren übrigens auch andere Arten des Wahrsagens, wie Runensteine oder die afrikanische Methode des „Knochenwerfens".

**Abb. 152:** *Tarotkarten repräsentieren Energie- und Informationszustände. Wie im Text erläutert, haben die Symbole unterschiedliche Schwingungen.*

**Abb. 153:** *Die Auswahl der Tarotkarten erfolgt über eine elektromagnetische Verbindung zwischen der Person und den Karten.*

## Sie können meine Gedanken lesen?

Zur paranormalen Normalität zählen auch Telepathie, Synchronizitäten und Teleportation. Fangen wir mit Telepathie an. Menschen agieren in einem bestimmten Frequenzband, besitzen aber innerhalb dieses Bandes ihre eigene einzigartige Energiesignatur, die sich aus der Geistes- und Gemütsverfassung, der Vorstellungswelt sowie der Erbsubstanz ergibt. Über dieses Frequenzband und die ihnen eigene Signatur können sie telepathisch miteinander in Kontakt treten. Auf diese Art kommunizieren beispielsweise einige afrikanische Stammesvölker, was auch zu dem Begriff „Buschfunk" (engl.: „bush telegraph") geführt hat. Diese Völker können sich sogar auf das Frequenzband von Tieren einstimmen und instinktiv wissen, wo sich diese aufhalten.

**Abb. 154:** *Tiere reagieren äußerst sensibel auf energetische Veränderungen, weshalb sie ein Erdbeben oder schlechtes Wetter auch spüren können, bevor es eintritt. Recht hilfreich ist dabei wohl, dass sie weder das menschliche Bildungssystem durchlaufen, noch menschliche Wissenschaften studieren oder sich mit Medien beschäftigen müssen.*

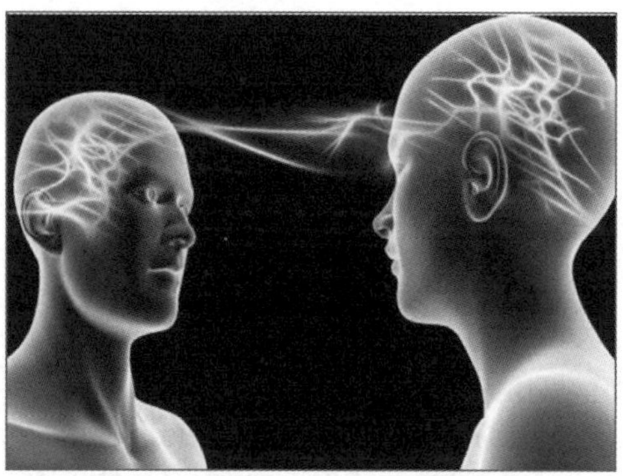

**Abb. 155:** *Telepathie ist eine energetische Kommunikationsform, die sich jenseits der fünf Sinne abspielt.*

Jede auf der Erde lebende Spezies hat ihre eigene, kollektive Frequenz – Tiere, darunter auch Insekten, sind allerdings empfänglicher für die energetischen Kommunikationsfelder, weil sie im Gegensatz zum Menschen kein System haben, das ihnen die übersinnlichen Kräfte wegerzieht (Abb. 154). Auf diesen Feldern beruht auch das Prinzip des „hundertsten Affen", demzufolge nur ein kleiner Teil einer Spezies etwas Neues lernen muss und plötzlich auch andere Exemplare derselben Art an entfernten Orten diese Fähigkeit haben, ohne dass es ihnen gezeigt wurde. Tiere sind für dieses Kommunikationssystem weitaus empfänglicher als Menschen, da ihnen diese höheren Sinne nicht ein Leben lang wegprogrammiert wurden; Ich-Phantome hingegen können energetisch so isoliert und „tot" sein, dass sie den Buschfunk nicht mehr wahrnehmen. Viele von uns aber können es noch – insbesondere, wenn es um enge Freunde oder Verwandte geht, mit denen wir (via Energie/Schwingung) tief verbunden sind. Ein Beispiel dafür ist etwa, wenn jemand etwas sagt, und sein Gegenüber antwortet: „Unglaublich! Dasselbe habe ich auch gerade gedacht!" So unglaublich ist das gar nicht – es ist Telepathie, der Buschfunk bzw. das menschliche Internet (Abb. 155). Nach demselben Prinzip funktioniert außersinnliche Wahrnehmung (ASW): Man weiß einfach, dass jemandem Nahestehenden etwas widerfahren ist, ohne dass einem dies explizit bestätigt wurde. Telepathie kann auch von anderen Wesen in anderen Gewahrseinsbereichen genutzt werden, die gute oder böswillige Absichten hegen können, um mit Menschen zu kommunizieren. Sind das wirklich Ihre Gedanken, die Sie gerade denken?

Synchronizitäten können verschiedenen Ursprungs sein, doch basieren sie stets auf demselben Prinzip: der Anziehung zwischen energetischen Zuständen und Frequenzen – also auf Schwingungsmagnetismus. Der Schweizer Psychiater Carl Gustav Jung hielt Synchronizitäten für den Beweis, dass es ein kollektives Unbewusstes gibt, und er lag richtig.

**Abb. 156:** *Teleportation ist die Übertragung von „Materie" als energetische Information.*

Auch hier haben wir es also mit Buschfunk zu tun.

Bei Teleportation schließlich handelt es sich um die „hypothetische Übertragung von Materie oder Energie von einem Punkt zum anderen, ohne den dazwischenliegenden physikalischen Raum zu durchqueren". Das ist eine Tatsache, keine Hypothese – und zwar aus dem einfachen Grund, weil es die Materie, die die Menschen wahrnehmen, nicht gibt. Teleportation ist eine Informationsübertragung zwischen zwei Punkten, und wenn man tief genug in die Wirklichkeit eindringt, entpuppen sich selbst diese „Punkte" als Illusion (Abb. 156). Quantenphysiker verwenden den Begriff „Verschränkung", womit im Grunde gemeint ist, dass man Informationen an einem anderen „Ort" herunterladen kann, wenn man den Ausgangsort mit dem Zielort synchronisiert. Wenn wir eine externe Datei auf unserem Computer speichern wollen, verbinden wir ihn mit dem Ort, an dem sich die Datei befindet, und sorgen dafür, dass sie kopiert wird – vom Prinzip her ist Teleportation nichts anderes. Beim „Beam mich hoch, Scotty" wird also illusionäre Materie (ein Informationszustand) in Form von Energie (ein anderer Informationszustand) übertragen und wieder in illusionäre Materie (den ursprünglichen Informationszustand) zurückverwandelt.

## Erdgitternetz

Paranormale „Rätsel" geben auch die sogenannten Ley-Linien, Steinkreise, Pyramiden und Ähnliches auf. Unser Planet wird von einem Geflecht aus Energielinien durchzogen, die unter anderem als Ley-Linien, Drachenlinien oder Meridiane bekannt sind. Gemäß dem holografischen Prinzip „wie oben, so unten" handelt es sich dabei um die planetaren Versionen der Akupunkturmeridiane im Körper (Abb. 157). An den Schnittpunkten der Linien bilden sich Wirbel- bzw. Vortexpunkte. Die größten davon sind die planetaren Energiezentren, auf denen unsere Vorfahren Steinkreise, wichtige Tempelanlagen und Pyramiden platziert haben, um die dort vorhandene Energie anzuzapfen und zu beeinflussen. Diese Orte dienten auch zur interdimensionalen Kommunikation. Damals wurde kristallines (Quarz-)Gestein in der Kommunikation mit den „Göttern" aus demselben Grund verwendet, aus dem heute Quarzkristalle in der Kommunikationstechnologie verwendet werden – um die Übertragung zu verbessern (Abb. 158). Wenn Eingeweihte die Kreise betraten, konnten sie die Botschaften empfangen, die aus anderen Wirklichkeitsebenen an die Steine übermittelt wurden. Diese alten Eingeweihten kannten auch die Geheim-

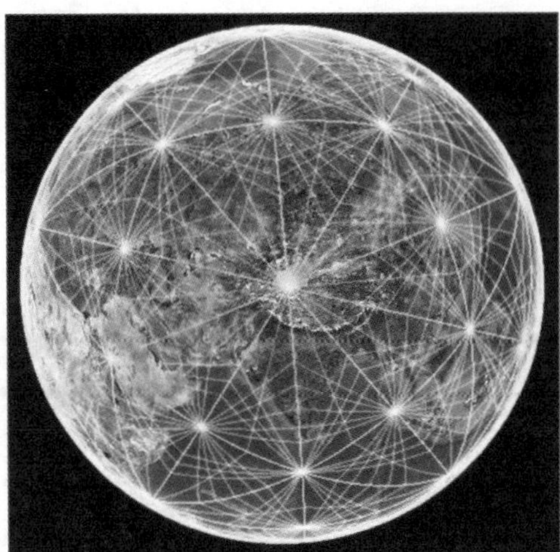

**Abb. 157:** *Über den Planeten zieht sich ein Geflecht aus energetischen Kraft- bzw. Informationslinien, ganz ähnlich denen, auf denen die Akupunktur basiert – das nächste Beispiel für das holografische Prinzip.*

**Abb. 158:** *An den Vortexpunkten des Erdgitternetzes wurde quarzhaltiges Gestein verwendet, um mit den „Göttern" zu kommunizieren, aber auch, um – genau wie es mit Akupunkturnadeln getan wird – den Energie- bzw. Informationsfluss auszubalancieren oder zu steuern.*

lehren und wussten weitaus mehr, als uns der Mainstream-Einheitsbrei erfahren lassen will. Wer einsieht, dass es in der Antike fortschrittliches Wissen gab, muss allerdings gleichzeitig fragen: „Wie konnten sie damals Dinge wissen, die wir gerade erst entdeckt haben oder immer noch nicht wissen?" Das hätte zur Folge, dass die offizielle Geschichtsschreibung hinterfragt werden müsste und einige Dominos kippen würden. Der erste Dominostein aber muss verteidigt werden.

Im Gegensatz zu dem, was uns glauben gemacht wird, entwickeln sich Gesellschaften nicht stetig linear weiter und verstehen immer mehr. Wenn Wissen unterdrückt wird, können Gesellschaften auch die Gegenrichtung einschlagen, immer dümmer werden und sich zurückentwickeln. Vergleichen Sie nur das alte mit dem modernen Ägypten. Die antiken Eingeweihten wussten eine ganze Menge mehr als moderne Schulwissenschaftler und kannten sich vor allem mit den fundamentalen Eigenschaften der Wirklichkeit aus. Auf dieses Wissen gründen sich auch heutige Geheimgesellschaften und viele Religionen, selbst wenn sie die Bibel vorschützen. Der Mormonentempel in Salt Lake City etwa wurde aus dem gleichen Grund wie Stonehenge aus kristallinem Gestein erbaut (Abb. 159). Auch die satanischen Symbole, die den Tempel umgeben, kommen nicht von ungefähr (Abb. 160).

Forscher waren erstaunt, dass viele Megalith- und Steinkreise, Pyramiden, alte Tempelanlagen und andere „heilige" Stätten trotz großer Entfernungen geometrisch miteinander verbunden sind, obwohl es keine historische Verbindung zwischen ihnen zu geben scheint und auch die beteiligten Kulturen oft keinen Kontakt zueinander hatten. Wenn man aber seine Gebäude und Anlagen auf den geometrisch angeordneten Vortexpunkten eines Gitters errichtet, sind diese automatisch über geometrische Beziehungen mit anderen auf den Gitterpunkten erbauten Stätten verbunden. Nicht anders verhält es sich mit christlichen Kathedralen und Kirchen, die auf alten heidnischen Stätten erbaut wurden – diese lagen nämlich ebenfalls auf den Vortexpunkten, und so kommt es zu sonst unerklärlichen geometrischen Verbindungen zwischen christlichen Kirchen und alten vorchristlichen Stätten. Soweit mir bekannt ist, befinden sich die britischen Inseln im Zentrum des Erdgitternetzes, weshalb sich in Großbritannien und Irland auch mehr Megalithen, Steinkreise und antike Erdwälle pro Quadratkilometer befinden als irgendwo sonst auf der Welt (insbesondere westlich des Zentrums und in ganz Irland). Dieses mächtige Energiepotenzial ist auch der Grund, warum diese winzigen Inseln sich geschichtlich als zentrale Weltmacht etablieren konnten – und im Hintergrund sind sie das noch immer. Die Druiden, die eingeweihten Priester der Kelten, hielten Britannien für heilig, vor allem Inseln wie die Isle of Man, Anglesey und die Isle of Wight. Erst in den Jahren, nachdem ich mich auf der Isle of Wight niedergelassen hatte, fiel mir auf, wie häufig doch das Freimaurertum und der Satanismus auf diesem recht kleinen Fleck vertreten sind. Auch das hat – obwohl das der Großteil der Freimaurer nicht wissen wird – energetische Gründe. Inseln sind von besonderer Bedeutung, da sie vom starken Energiefeld des Wassers umgeben sind.

**Abb. 159:** *Der innere Zirkel der Mormonenkirche weiß alles über die okkulten (geheimen) Wahrheiten.*

**Abb. 160:** *Es ist kein Zufall, dass satanische Symbole im Umfeld der Mormonenkirche zu finden sind.*

Werden wichtige Vortexpunkte manipuliert, kann das die Schwingung und die Informationen im Ley-Linien-Gitter verändern, was sich wiederum auf die Schwingung und den Informationszustand des Energieozeans auswirkt. Da wir in diesem Ozean leben, werden wir von dessen Informationszustand nachhaltig geistig und emotional beeinflusst. Aus Gründen, die noch ersichtlich werden, versuchen Satanisten, ihre Rituale auf genau diesen Vortexpunkten durchzuführen. Die Besten von ihnen – die sogenannten Schwarzmagier – können die Wirklichkeit direkt manipulieren, weil sie wissen, dass sie formbar ist.

# Ähem ... wir sind nicht allein

Die Vorstellung, dass sich das Leben, wie wir es kennen, nur auf einem kleinen Planeten in einem kleinen Sonnensystem entwickelt hat, könnte wahnwitziger nicht sein. Doch die akademische Welt, die Medien und der Rest der Mainstreammafia tun den Gedanken, dass Leben auf anderen Planeten existieren könnte, häufig mit der Standardphrase von den „kleinen grünen Männchen" ab. Astronomen schätzen, dass es mindestens hundert *Milliarden* Galaxien im beobachtbaren Universum gibt. Wohlgemerkt: im *beobachtbaren* Universum – Sie wissen schon, dieser winzige Frequenzbereich, den Menschen und die von ihnen entwickelte Technik erfassen können. Was ist mit dem Rest der Unendlichkeit, den wir nicht sehen können? In diesem Zusammenhang sei auch darauf hingewiesen, dass die Schulwissenschaft noch in den 1920er Jahren von nur einer einzigen Galaxie ausging, und dass diese Zahl in kurzer Zeit bis auf 100 Milliarden anstieg; manche reden gar von 500 Milliarden (Abb. 161). Wenn Ihnen Wissenschaftler erzählen, was man „weiß", ist es nur das, was sie im Augenblick zu wissen *glauben*. Morgen, nächste Woche oder nächstes Jahr wird es etwas anderes sein. Intelligentes Leben existiert auf allen Ebenen der Wirklichkeit – vom reinen Bewusstsein über die Wellen- und elektrische/elektromagnetische bis hin zur digitalen/holografischen Ebene.

Diejenigen allerdings, die zu „Aliens" (ein schrecklicher Begriff) forschen, scheinen sich fast völlig auf den von Menschen sichtbaren Frequenzbereich bzw. die „physische" Welt zu konzentrieren. Ich wurde zweimal im Rahmen der – an sich sehr guten – Dokumentationsreihe „Ancient Aliens" vom *History Channel* interviewt, doch war es für mich eher frustrierend, als ich versuchte, das Narrativ über das illusorische Physische hinaus zu erweitern. In einem 2012 in der Zeitschrift *Psychology Today* veröffentlichten Artikel über DMT, den aktiven Hauptbestandteil von Ayahuasca, war zu lesen, dass dessen Anwender „nichtmenschlichen Intelligenzen, die häufig Aliens ähneln, begegnen" können. Ich habe schon weiter oben erwähnt, dass Ayahuasca deshalb „Pflanze der Götter" genannt wird, weil sie die Frequenzkanäle zu den Dimensionen der Wirklichkeit öffnen kann, in denen die vermeintlichen „Götter" hausen. Kurz: Nichtmenschliches bzw. außerirdisches Leben existiert in mannigfaltiger Gestalt und unzähligen Erscheinungsformen – und das gilt allein schon für die Wesen, die die Erde besuchen oder beobachten. Einige sind uns wohlgesonnen, andere neutral, während wieder andere einen böswilligen Plan verfolgen, den ich seit Jahrzehnten enthülle. Über Tausende von Jahren sind diese Wesen den Menschen erschienen und haben so den Stoff für die zahllosen Mythen über „die Götter" geliefert. Auf diese Geschichten bezieht sich auch die Reihe im *History Channel* und präsentiert unter anderem Indizien für deren Wahrheitsgehalt. So werden etwa in altindischen Schriftstücken und Texten fortschrittliche Flugmaschinen beschrieben, in denen die Götter zu uns kamen. Laut Dr. V. Raghavan, dem ehemaligen

Leiter des Sanskrit-Instituts an der University of Madras, beschreiben jahrtausendealte, in der altindischen Sprache verfasste Dokumente außerirdische Besuche:

> Nach fünfzig Jahren, in denen ich diese antiken Schriften studiert habe, bin ich davon überzeugt, dass es lebendige Wesen auf anderen Planeten gibt, und dass sie die Erde schon vor 4000 v. Chr. besucht haben. In den vedischen Schriften, indischen Epen und anderen alten Sanskrittexten finden sich unzählige faszinierende Informationen über Flugmaschinen und sogar fantastisch anmutende futuristische Waffen.

Den inneren Kreisen der Regierung und des Militärs ist bekannt, dass unser Planet noch immer von Außerirdischen besucht wird, nur will man uns das verheimlichen. Die meisten „Aliens“ betreten während dieser Besuche unsere Wirklichkeit und verlassen sie danach wieder. Wenn Augenzeugen berichten, dass diese Wesen oder ihre Raumschiffe aus dem Nichts erschienen sind und sich genauso schnell wieder in Luft aufgelöst hätten, macht man sich häufig über sie lustig. Für den Phantomverstand ist das unmöglich – aber nur für ihn. Denn sie tauchen weder aus dem Nichts auf noch verschwinden sie wieder dorthin: Sie betreten nur den für Menschen sichtbaren Frequenzbereich und verlassen ihn wieder. Einen Augenblick lang sieht man sie, im nächsten Moment sind sie wieder weg. Darüber hinaus können außerirdische Rassen scheinbar enorme Entfernungen ohne Zeitverlust überbrücken, weil sie die illusorische Raumzeit umgehen. Manche Raumschiffe wirken „physisch“, doch die fortschrittlicheren bewegen sich als Energieform (eine Art Teleportation) und können alle möglichen Formen annehmen – von metallisch erscheinenden Raumschiffen bis hin zu Gebilden, die genau wie Wolken aussehen.

Andere UFO-ähnliche Fluggeräte, die für die meisten Menschen völlig „außerirdisch“ wirken, sind Geheimentwicklungen und werden von Menschen geflogen. Solche Antigravitationsraumschiffe werden seit Jahrzehnten vor allem in den USA in den geheimsten Militärbasen konstruiert. Zudem gibt es auf der ganzen Welt tief unter der Erde liegende Untergrundbasen, sogenannte „DUMBs“ („Deep Underground Military Bases“), in denen die menschliche „Elite“ mit Außerirdischen verkehrt. Auf den gesamten Themenkomplex, dass die Menschen von einer nichtmenschlichen Kraft kontrolliert werden, komme ich im nächsten Kapitel zu sprechen. Dabei wird es um weit mehr als nur um „Aliens“ gehen.

## Verzeihen Sie meine Offenheit

Der Mainstream-Einheitsbrei setzt alles daran, das „Paranormale“ bei jeder sich bietenden Gelegenheit zu verunglimpfen. Das ist einerseits von den geheimen Hintergrundmächten so geplant, andererseits aber auch der Ignoranz geschuldet, die ihre akademischen Fußsoldaten, die Sklaven des Systems, an den Tag legen. Das Ich-Phantom lehnt stets ab, was es nicht versteht. Da Akademiker ihre Informationen nur von anderen Akademikern beziehen, programmieren sie sich gegenseitig in eine akademische Kurzsichtigkeit. Für sie ist unvorstellbar, dass Nicht-Akademiker mehr wissen könnten als sie. Wäre dem dennoch so, würde das ihre „hervorragende Ausbildung“ als das entlarven, was sie ist – ein Schwindel.

Christopher French, Psychologie-Professor am Goldsmiths College der University of London und ehemaliger Chefredakteur des Magazins *The Skeptic*, wird oft in britischen Fernsehsendungen herangekarrt, um alles „Paranormale“ zu diskreditieren. Normalerweise schüttle ich nur mit dem Kopf, wenn er auf Sendung ist und seine entsetzlich dürftigen Erklärungen dafür abliefert, warum alles, was als übersinnlich bezeichnet wird, nicht existieren könne. Ich erinnere mich noch an seinen Vorgänger, der vor Jahren dafür zuständig war, alles Paranormale zu verunglimpfen. Er behauptete beispielsweise, wenn Menschen im Operationssaal sterben und ihren Körper von oben sehen würden, wäre das ihr Gehirn, das sich während des Sterbens an die im Leben gemachten Erfahrungen erinnern würde. Wie soll das bitteschön gehen, wenn die Person nicht irgendwann in ihrem Leben über ihrem Körper geschwebt und ihn von oben gesehen hat? Angesichts der wachsenden Belege versucht der Mainstream-Einheitsbrei unter Einsatz sämtlicher Kräfte, seine Stellung zu halten, was zur Folge hat, dass das akademische Narrativ immer extremere und bizarrere Züge annimmt. Die Erkenntnisse der Quantenphysik bedeuten allerdings, dass der Kampf längst verloren ist.

Zu allem Übel haben auch Psychiater keinen blassen Schimmer von den Kräften, die das Bewusstsein erzeugen und die beeinflussen können, was es wahrnimmt. Eine schockierende Anzahl von Menschen, die eindeutig erklärbare „paranormale“ Erlebnisse hatten, werden allein deswegen weggesperrt und mit Medikamenten vollgestopft, weil die Psychiatrie vom Virus der ignoranten Arroganz befallen ist. Psychiater können anderen ihren psychologischen Faschismus oktroyieren, weil sie zertifizierte Vertreter des Mainstream-Einheitsbreis sind. Sie haben die Definition des menschlichen Geistes in sich aufgesogen, die das System ihnen eingetrichtert hat, diese Definition in ihren Prüfungen nachgebetet, um das System zufriedenzustellen, und sich so als Vertreter des Systems „qualifiziert“. Damit haben sie zugleich das Recht erworben, vom System mittels Richtern und Gesetzen für psychisch Kranke unterstützt und geschützt zu werden. In Hollywood werden „Therapeuten“ mit dieser Steinzeitpsychiatrie zu Multimillionären. Wie lange waren Sie gleich in Therapie? „Fünfzehn Jahre.“ Verdammt, wird es dann nicht mal Zeit, dass sie anschlägt?

Das Leben und die Wirklichkeit sind nicht das, was der Menschheit über sie erzählt wurde. Wer die Wahrheit erkannt hat, für den lösen sich viele paranormale „Rätsel“ in Wohlgefallen auf. Doch die Illusion reicht noch tiefer – viel tiefer. Schnappen Sie sich einen Gurt und schnallen Sie sich an …

KAPITEL 4

# Das Geheimnis – Psssst!

***Wenn du der Einzige bist, der bei klarem Verstand ist, wirkst du wie der einzige Verrückte.***
**Criss Jami**

Bisher habe ich nur ganz allgemein von der Verdeckten Hand bzw. Macht gesprochen, die hinter dem System sowie der Simulation steht, die wir das Universum nennen. Sehen wir uns die Sache nun genauer an – kommen wir zum größten Geheimnis.

Was ich Ihnen gleich erzählen werde, ist ein guter Gradmesser dafür, wie tief manche Menschen bereits im Ich-Phantom verwurzelt bzw. wie offen sie sind; ob sie die Gesamtheit aller Möglichkeiten in Betracht ziehen oder nur das für möglich halten, was ihnen einprogrammiert wurde. Ich sage das, weil die Antworten auf die Fragen nach dem, was wirklich vor sich geht, warum es getan wird und wer dahintersteckt, an den Grundfesten des Ich-Phantoms rütteln: Begrenztheit, blinder Dogmatismus, Starrgläubigkeit und die Weigerung, über die Grenzen dessen hinauszublicken, was ihm als „normal" eingespeist wurde. Ja, genau das „normal", das Ihnen vom System eingetrichtert wurde. *Letzten Endes* nämlich wird die Menschheit weder von anderen Menschen kontrolliert und unterjocht, noch überhaupt von Wesen, die irgendeine Art „Gestalt" haben. Zwar tun die Menschen das Ihrige, um sich gegenseitig zu versklaven – doch die Macht, die das Kontrollsystem und die Simulation steuert, ist alles andere als menschlich. Das, was ich hier darlegen werde, wird ziemlich rasch die Ich-Phantome von jenen scheiden, deren Bewusstsein nicht mehr im Ich-Phantom verankert ist. An diesem Scheideweg geht es nicht etwa darum, ob die Menschen das, was ich sage, glauben oder nicht – es hat vielmehr damit zu tun, ob sie überhaupt bereit sind, sich unvoreingenommen mit Informationen auseinanderzusetzen und sich alles bis zum Schluss anzuhören, während eine Schicht nach der anderen aufgedeckt wird.

Im Extremfall werden Ich-Phantome alles ablehnen, was mit dem Programm im Widerspruch steht – und das ist ja letztlich genau das, was das Programm leisten soll (Abb. 162). Alles, was – vor allem grundlegend – vom vermeintlich Normalen abweicht, wird mit einer arroganten Handbewegung abgewatscht, gefolgt von einem Schwall klischeehafter Ausbrüche wie „Du bist übergeschnappt", „Das ist verrückt" und „Hast du deine Medikamente nicht genommen?" Das System drückt auf die Entertaste, das Ich-Phantom tanzt nach dem Programm, und diejenigen hinter dem System strahlen wie die Honigkuchenpferde, weil der nächste Insasse die Existenz seines eigenen Gefäng-

**Abb. 162:** „Es ist nicht das, wofür du es hältst." – „Du bist übergeschnappt, mein Junge." – *Ich weiß schon alles, du brauchst mir nichts zu erzählen.*

nisses verleugnet. Wenn Sie einer dieser Menschen sind, dann ist dieses Buch – und vor allem dieses Kapitel – nicht für Sie geschrieben. Die anderen Leser, die nicht nur geistige Marionetten des Ich-Phantoms sind, werden sich die Informationen zumindest ansehen, ohne sie vorschnell zu beurteilen oder reflexartig unter Beschuss zu nehmen.

Ich beschäftige mich nun schon seit Jahrzehnten eingehend mit diesen Themen. Im Laufe der Jahre konnte ich die einzelnen Informationen, an die ich über Synchronizitäten herangeführt wurde – das also, was mir durch das Medium Betty Shine prophezeit worden war –, zu einem stimmigen Gesamtbild zusammensetzen, in das ich viele rote Fäden integrieren konnte, die sich durch die gesamte sogenannte „Geschichte" der Menschheit ziehen. Einer dieser Fäden ist die Existenz einer geheimen Macht, die die Geschicke der Menschheit aus unsichtbaren Bereichen heraus manipuliert, die sich hinter den lächerlich engen Grenzen unserer decodierten visuellen Wirklichkeit befinden. Die genauen Hintergründe sowie detaillierte Belege dafür habe ich in anderen Büchern wie „Die Wahrnehmungsfalle" aufgeführt. Selbst einige Mainstreamwissenschaftler haben eingeräumt, dass wir mit anderen Wirklichkeitsdimensionen interagieren. Bernard Carr etwa, Mathematik- und Astronomie-Professor an der Queen Mary University in London, sagte:

> Unser Bewusstsein interagiert mit einer anderen Dimension. Unsere physischen Sensoren zeigen uns nur ein dreidimensionales Universum [...] Was in den höheren Dimensionen existiert, sind Wesen, an die wir mit unseren physischen Sensoren nicht heranreichen.

Ich werde die ganze Geschichte und ihre grundlegenden Zusammenhänge hier nur so weit ausführen, dass klar wird, wer das Ich-Phantom entworfen hat, warum es geschaffen wurde und wieso in der Welt das geschieht, was nun einmal geschieht. Dabei werde ich den Faden aus meinen anderen Büchern aufgreifen und weit über das bisher Gesagte hinausgehen.

Obwohl diese geheime Macht in der Antike und Moderne mit unterschiedlichen Namen bedacht wurde, wird sie selbst, ihre Ziele und ihr Modus Operandi doch erstaunlich konsistent beschrieben. Das Christentum verwendet den Begriff Dämonen; im Islam (und vorislamischen Arabien) sprach man von den Dschinn; heidnische Gnostiker warnten vor den Archonten; Zulu-Legenden berichten von den Chitauri; Schamanen aus Mittelamerika nannten sie unter anderem Flieger oder Jäger. Die Liste ließe sich mit Beispielen aus der ganzen Welt beliebig fortsetzen. Es sind verschiedene Bezeichnungen für *dieselbe* Macht, die – nahezu überall – als das Böse dargestellt wird, das die menschliche Wirklichkeit infiltriert und okkupiert hat. Diese Macht steht zudem hinter den meisten der zahllosen Götter und Göttinnen des Altertums, wo sie die unterschiedlichsten Namen trägt. Aus der Verehrung dieser vermeintlichen „Götter“ erwuchsen die heutigen monotheistischen Religionen – allen voran das Judentum, das Christentum und der Islam –, in denen die vielen Götter nur zu einem einzigen Gott verschmolzen. Alle diese Religionen glauben darüber hinaus an eine negative Macht, die Einfluss auf menschliche Angelegenheiten nimmt, und nennen sie wahlweise Teufel, Satan, Luzifer, Iblis, Asmodäus oder Samael („Todesengel“).

Man stößt ganz einfach deshalb überall auf dieses Thema, weil es diese Macht gibt und sie die menschliche Gesellschaft schon seit geraumer „Zeit“ kontrolliert. Was die Religionsverfechter hierbei meist übersehen, ist die Tatsache, dass ihr einzig wahrer Gott nur eine andere Version der Dämonengötter ist – eine weitere monumentale Umkehrung, auf die ich ausführlich in „Die Wahrnehmungsfalle“ eingegangen bin und auf die ich später noch einmal zurückkommen werde. Im Satanismus werden diese „bösen“ Götter, die einen grotesken Plan für die Menschheit verfolgen, bewusst für das verehrt, was sie sind – dunkel, heimtückisch und extrem bösartig. Satanisten wissen also, dass sie eine bösartige Macht anbeten, während die Gläubigen anderer Religionen ihre zusammengeklebten Götter für eine Kraft des Guten halten. In den Symbolen des Satanismus – umgekehrte Pentagramme und Kreuze usw. – wird die invertierte Realität dargestellt, die ihre „Götter“ geschaffen haben (Abb. 163). Ich habe bereits erwähnt, dass Symbole Informationsfelder sind, die ihren Betrachter noch tiefer beeinflussen als das gesprochene Wort. Daher werden Symbole nicht nur zur Schau verwendet, sondern wegen ihrer Wirkung.

**Abb. 163:** *Satanismus ist die Umkehrung alles Guten, Positiven und Liebevollen, was das Symbol auch widerspiegelt.*

# Geheimwissen

Unter dem Begriff Gnostizismus fasst man die Glaubensvorstellungen und Ansichten verschiedener religiöser Gruppen – der sogenannten Gnostiker – zusammen. Der Ausdruck geht auf das altgriechische Wort *gnōsis* für „Erkenntnis“ zurück. Mit Gnosis ist aber auch das den Gnostikern – den „Wissenden“ – bekannte Geheimwissen gemeint. Die Gnostiker waren spirituelle Außenseiter, gehörten keiner religiösen Hauptströmung an und wurden ständig gewaltsam und gnadenlos von der systemgeschaffenen römischen Kirche verfolgt, die sie als tödliche Bedrohung für ihr suggestives Dogma ansah. Ein berühmtes Beispiel ist der grauenhafte Kreuzzug gegen die gnostischen Katharer im südfranzösischen Languedoc, der 1244 in der Belagerung der Festung Montségur gipfelte und der Bewegung

**Abb. 164:** *Die königliche Bibliothek von Alexandria in Ägypten beherbergte einen unschätzbaren Fundus an antikem Wissen und antiker Geschichtsschreibung.*

**Abb. 165:** *Ein Gemälde, auf dem Hypatia dargestellt ist.*

der Katharer ein Ende setzte – zumindest offiziell.

Der nächste barbarische Angriff durch die Kräfte des Friedens und der Liebe erfolgte um das Jahr 415 n. Chr., als die von Gnostikern angeregte königliche Bibliothek von Alexandria in Ägypten geplündert und niedergebrannt wurde (Abb. 164). Darin befanden sich eine halbe Million Schriftrollen und Dokumente mit detaillierten historischen Aufzeichnungen und dem gesammelten Wissen der Antike, das die römische Kirche den Menschen vorenthalten wollte. Der Inhalt dieser Schriften hätte das haarsträubende Narrativ des Christentums, das dem Volk von der kirchlichen Hierarchie und ihren programmierten Lakaien so brutal auferlegt worden war, völlig zunichtegemacht. Ich bin mir sicher, dass das, was nicht in Flammen aufging, in den Kellergewölben des Vatikans weggeschlossen wurde und dort noch immer zu finden ist. Während des römischen Überfalls auf die königliche bzw. „große" Bibliothek wurde auch Hypatia (350–415 n. Chr.) bei lebendigem Leibe zerstückelt. Die Mathematikerin, Astronomin und Philosophin war Leiterin der neuplatonischen Schule in Alexandria und lehrte heidnische wie auch christliche Studenten die Sichtweisen der griechischen Philosophen Platon und Aristoteles (Abb. 165). In der königlichen Bibliothek trafen sich aufgeschlossene Vordenker, die die Geheimnisse der Welt ergründen wollten. Unter ihnen war beispielsweise ein Mann, der die Größe der Erde akkurat bestimmt hatte, und ein anderer, der festgestellt hatte, dass die Erde die Sonne umkreist – 2.000 Jahre vor der offiziellen Entdeckung durch den polnischen Mathematiker und Astronomen Nikolaus Kopernikus in der Renaissance.

Die Gnostiker suchten unvoreingenommen nach Erkenntnis und nahmen zu diesem Zweck auch psychoaktive Tränke zu sich, um ihr Gewahrsein zu erweitern – genau wie ich das mit Ayahuasca getan habe. Das von ihnen als Gnosis bezeichnete Wissen hatte nicht nur mit Namen, Daten und Orten zu tun, sondern ging auch mit einem tieferen Gewahrsein anderer Wirklichkeiten einher, aus deren Perspektive sie unsere Realität besser verstehen konnten. Im gnostischen Wissensbegriff schwingt immer auch das innere intuitive Wissen mit, mit dem sich das Programm durchschauen lässt. Ihr erweitertes Gewahrsein eröffnete ihnen daher Einsichten, die dem Ich-Phantom verwehrt sind, weil es von der Igno-Trance des Systems gefesselt ist.

Da Wissen für jede Tyrannei gefährlich ist, die auf der Unterdrückung von Wissen basiert, sorgte die römische Kirche dafür, dass kaum etwas von den gnostischen Erkenntnissen erhalten blieb. Nun, zumindest war das so, bis es 1945 zu einem überraschenden Fund in Nag Hammadi kam, einer ägyptischen Stadt, die rund 127 Kilometer von Luxor entfernt liegt. Dort entdeckte ein Ortsansässiger einen versiegelten Tonkrug, der 13 Kodizes und über 50 Texte heidnischer Gnostiker (nicht zu verwechseln mit den späteren christlichen Gnostikern, obwohl ihre Glaubensvorstellungen sich stark ähnelten) enthielt. Für diejenigen, die die wahre Bedeutung des Fundes in Nag Hammadi erkannten, waren die Schriften ein absoluter Wendepunkt, doch wurden sie (aus offensichtlichen Gründen) vom Mainstream-Einheitsbrei quasi totgeschwiegen (Abb. 166). Die Texte offenbarten, dass die Gnostiker die für uns sichtbare „materielle" Welt für eine Scheinwelt hielten und dass sie klar zwischen dem unterschieden, was sie *nous* (Ich-Phantom) und *pneuma* (Unendliches Selbst) nannten. Die „blendende Finsternis" (Alles Was Ist) bezeichneten sie als „Bythos" bzw. „Leere", die ihnen zufolge bereits existierte, bevor unsere Welt geschaffen wurde. Das sollte auch so sein, denn der Bythos ist die Gesamtheit aller Möglichkeiten und das gesamte Potenzial, aus dem letztlich alle (illusionären) Formen hervorgehen. Ich war ziemlich baff, als ich die Nag-Hammadi-Schriften las, denn sie beschrieben genau das, was ich mir mühsam auf anderem Wege und aus anderen Quellen erarbeitet hatte.

**Abb. 166:** *Der Fund in Nag Hammadi war sensationell, weshalb er auch vom Mainstream größtenteils ignoriert wurde.*

# Meine Damen und Herren – die Archonten

Ein Fünftel der in Nag Hammadi entdeckten gnostischen Texte beschäftigt sich mit nichtmenschlichen Wesen, die darin als „Archonten“ bezeichnet werden (der Name bedeutet im Griechischen „Herrscher“). Sie sind die Macht hinter der „Matrix“-Simulation, die wir als Universum erfahren, und hinter dem System, das die Menschen versklavt und unterjocht. Den gnostischen Texten zufolge können die Archonten den menschlichen Geist besetzen und dessen Wahrnehmung manipulieren. Die Texte erläutern auch, wie sich die Archonten verbergen (in einem anderen Frequenzbereich) und dass sie Trugbilder hervorrufen und Überzeugungen nähren können. Die Gnostiker beschreiben die Archonten als „Täuscher“, die sogenannte *phantasia* – Illusionen – erzeugen. Dazu zählt auch die menschliche Scheinwelt, Matrix bzw. Simulation, die ich im nächsten Kapitel näher erklären werde. Darüber hinaus heißt es, dass die Archonten die Realität ins Gegenteil verkehren. Die Umkehrung der Gesellschaft, die ich seit langer Zeit aufdecke, ist demnach nur der aktuelle Stand einer noch immer andauernden Invertierung, die uns allen von dieser einen Macht aufgezwungen wird (Abb. 167).

**Abb. 167:** *Archonten verkehren alles, was sie berühren, ins Gegenteil. Das spiegelt sich auch im Satanismus wider.*

Legen wir unsere Vorstellung von „Zeit“ zugrunde, haben die Archonten die Menschheit zur Zeit der Gnostiker, aber auch schon Äonen davor manipuliert. Dabei griffen sie stets auf dieselbe Methode zurück: Sie haben immer mehr Kontrolle erlangt, indem sie die globale Macht und Entscheidungsfindung zentralisiert haben. Genau das können wir auch heute in fortgeschrittenem Stadium beobachten. Den Nag-Hammadi-Texten zufolge fehlt den Archonten allerdings *ennoia* bzw. „Intentionalität“ – ein Begriff, für den ich lieber die Bezeichnung kreative Vorstellungskraft verwende. Die fehlende *ennoia* bedeutet, dass die Archonten nichts Neues hervorbringen können. Sie können nur das nachahmen, verändern, verfälschen und sich – quasi „huckepack“ – auf das stützen, was bereits erschaffen worden ist. Mit einem weißen Blatt Papier könnten sie also nichts anfangen. Doch auf einem Blatt, auf das ein Bild gemalt oder ein Wort geschrieben wurde, könnten sie das manipulieren, verfälschen und nachahmen, was *bereits vorhanden ist*. Durch das Wissen, das sie in anderen, höher entwickelten Wirklichkeitsebenen erlangt haben – nicht etwa aufgrund ihrer eigenen kreativen Vorstellungskraft –, verfügen sie allerdings über Fähigkeiten, die die von menschlichen Ich-Phantomen bei Weitem übersteigen.

Die Gnostiker bezeichneten die Archonten auch als Parasiten, was zum Teil darauf zurückgeht, dass sie sich von der kreativen Energie und Vorstellungskraft des Menschen ernähren, um ihren Nachteil wettzumachen. Damit dieser Status quo erhalten bleibt, müssen die Archonten dafür sorgen, dass die Menschheit nichts von ihrer Existenz – geschweige denn von ihren Manipulationen, Zielen und Illusionen – erfährt. Ein vorurteilsfreier Blick auf die Welt sollte zeigen, dass sie das noch heute tun: Wir leben in einer unglaublich parasitären Gesellschaft, in der allein schon das Polit- und Bankensystem via Unterdrückung, Steuern und Zinsschulden von der Kreativität und Arbeit der Menschen lebt. Das Finanzsystem sowie das System im Allgemeinen wurden von den Archonten speziell so angelegt, dass sie von der menschlichen Energie und Vorstellungskraft schmarotzen können.

Insgesamt stimmt das, was die Gnostiker über die „Archonten“ sagen, nicht nur mit dem überein, was ich in den letzten 26 Jahren bei meinen eigenen Forschungen herausgefunden habe. Es beschreibt auch das, was die islamische und vorislamische Welt über die Dschinn gesagt hat; die Christen von den Dämonen erzählen; mittelamerikanische Schamanen von den Fliegern und Räubern bzw. Prädatoren; die Zulu und andere afrikanische Stämme von den Chitauri; und andere Kulturen von ihren jeweiligen Äquivalenten dieser negativen Macht, die die Menschen manipuliert. Laut den Gnostikern gingen die Archonten aus „leuchtendem Feuer“ hervor, während die Dschinn dem Koran zufolge aus „rauchlosem Feuer“ gemacht wurden (Abb. 168). Der semitische Wortstamm, auf den der Begriff Dschinn zurückgeht, bedeutet so viel wie „unsichtbar“ oder „verstecken“. Man hält die Dschinn für übernatürliche Wesen, die in einer Parallelwelt (Frequenzband) leben und für uns unsichtbar sind. Dasselbe berichteten die Gnostiker von den Archonten, aber das Motiv findet sich auf der ganzen Welt. Auf das Wort Dschinn geht auch der englische Begriff „genie“ für „Geist“ zurück – Wesen also, die im ursprünglichen Zustand reine Energie sind, aber auch Gestalt annehmen können (Abb. 169). Auch das stimmt mit dem überein, was die Gnostiker über die Archonten und andere Kulturen über ihre Version desselben Phänomens gesagt haben.

**Abb. 168:** „Archonten / Dschinn, geschaffen aus leuchtendem / rauchlosem Feuer“ – *Viele Namen, dieselbe Macht.*

**Abb. 169:** *Archonten bzw. Dschinn sind im Urzustand reine Energie, können aber auch direkt Gestalt annehmen oder sich eines anderen Körpers bemächtigen. Von dem Wort Dschinn stammt zudem das englische „genie“ für „Geist“ ab.*

In den gnostischen Texten steht weiterhin, dass die Archonten dem „Herrn" (engl.: „Lord") bzw. Gott Archon – dem „Demiurgen" – dienen. Bei diesem soll es sich um den falschen „Gott" handeln, der unsere illusionäre „physische" bzw. „materielle" Wirklichkeit geschaffen hat; zudem soll er zwischen der Menschheit und dem „transzendenten" Gott (dem Unendlichen Gewahrsein) stehen. Dieses Hindernis konnte nur durch *gnosis*, also spirituelles Wissen (erweitertes Gewahrsein) überwunden werden. Den Gnostikern zufolge schuf der Demiurg die Archonten – was ganz der religiösen Vorstellung vom Teufel/Satan und seinen gefallenen Engeln entspricht (Abb. 170). Die gnostischen Texte gehen aber noch weiter – und ich gehe da komplett mit –, denn sie behaupten, beim „Gott" der Bibel handele es sich ebenfalls um den Demiurgen. Dasselbe gilt meines Erachtens für viele andere Glaubenssysteme.

**Abb. 170:** „Verschiedene Namen, gleiche Bedeutung: Demiurg / Teufel / Satan" – *Wenn man erkennt, dass sich hinter verschiedenen Namen und Bezeichnungen im Altertum dasselbe Wesen verbirgt, beginnt sich der Nebel zu lichten.*

**Abb. 171:** „Herr – Herrscher – Hierarchie – Architekt – Erzengel – Archonten" – *Die Mächte des Demiurgen treten in vielerlei Gewändern und Erscheinungsformen auf.*

Stellen Sie sich nur vor, welche radikalen Auswirkungen es auf die großen Religionen hätte, wenn das stimmt. Es würde unter anderem erklären, warum die Religionen, die einen liebenden Gott anzubeten behaupten, so viel blutiges Unheil über die Welt gebracht haben. Der „Gott" der Hauptreligionen – und vieler kleinerer Religionsgemeinschaften – ist nur der maskierte „Satan"? Die alttestamentarischen Engel und Dämonen sind allesamt Archonten? Was für ein Musterbeispiel für die Lieblingsbeschäftigung der Archonten, alles ins Gegenteil zu verkehren. Verstehen Sie nun, warum es für die Archonten so entscheidend ist, dass die Menschen über die wahre Natur der Wirklichkeit im Unklaren bleiben, und warum dieses Wissen hinter den Mauern der Täuschung und Unterdrückung – dem Mainstream-Einheitsbrei – versteckt werden muss? Wie sollten Sie begreifen, von wem, warum und wie wir – oder dass wir *überhaupt* – kontrolliert werden, wenn Sie nicht wissen, was die „physische" Illusion ist und wie diese manipuliert werden kann? Ich werde nun all die Themen, die ich bisher in diesem Buch angeschnitten habe, zusammenführen und mit dem verbinden, was ich in jahrzehntelanger Forschung und durch eigenes Nachdenken herausgefunden habe, um Ihnen verständlich zu machen, wie die Menschen über Generationen hinweg getäuscht wurden.

Archonten sind „Wesen", die Dinge ins Gegenteil verkehren und verzerren, weil sie *selbst* eine Umkehrung und Verzerrung sind. Alles ist Energie/Gewahrsein, und um die Archonten zu verstehen, muss man auch verstehen, was *alles* ist – eben Energie bzw. Gewahrsein. Lassen Sie einmal für den Augenblick Körper und Form außer Acht und denken Sie nur ans Gewahrsein, den Zustand reinen Bewusstseins. In diesem Zustand gibt es weder Körper noch Form; es ist pures Bewusstsein, das aber – wie beispielsweise im Fall von Geistern – Gestalt annehmen kann (Abb. 171). Wir alle sind reines Bewusstsein, egal, ob wir gerade eine Erfahrung als Mensch oder als Archont machen. Die Gestalt bzw. der Körper, über den das Gewahrsein die Welt beobachten und erfahren kann, ist nur eine Hülle, eine Maske für diese Erfahrungen – „die ganze Welt ist Bühne". Wenn wir uns mit den Masken gleichsetzen und vergessen, dass es nur Masken sind, verlieren wir den Überblick.

Ich will hier nicht sagen, dass jeder und alles *gleichermaßen* bewusst ist. Wenn wir durch die Augen der Körperprojektion sehen (bzw. denken, dass wir das tun), haben wir ganz offensichtlich nicht das gleiche Gewahrsein, wie wenn wir uns von der „Körperlinse" gelöst haben, die unsere Aufmerksamkeit auf das winzig kleine Frequenzband des sichtbaren Lichts fokussiert. Nahtoderfahrene und Menschen, die außerkörperliche Erfahrungen gemacht haben, berichten von einer enormen Erweiterung des Gewahrseins, die sich einstellt, sobald ihre Körperlinse ihr Realitätsempfinden nicht länger auf einen erbsengroßen Frequenzbereich bündelt. Eine Welt aus unendlichen Möglichkeiten bedeutet auch, dass es unendlich viele mögliche Gewahrseinszustände gibt. Daher gibt es das sich seiner selbst bewusste Unendliche – und eben Burschen wie George Bush. Auch die Archonten sind nur ein Ausdruck des Gewahrseins, das sich in alle möglichen illusionären Erscheinungsformen hüllt. Auf einer Ebene erscheinen sie uns als Archonten, Dschinn und „die da"; doch „die da" sind nur Ausdruck eines verkehrten und verzerrten Energiezustands, der sich auch in ihrem Verhalten widerspiegelt.

## Eine Ebene tiefer: Es ist ein „Virus"

Ausdrücke wie „der Demiurg und seine Archonten" oder „der Teufel und seine gefallenen Engel" bezeichnen eine energetische Verzerrung, die am besten als *Computervirus* beschrieben werden kann. Das meine ich nicht metaphorisch, sondern vielmehr wortwörtlich. Alles hat Gewahrsein, und der Demiurg/die Archonten sind eine *ihrer selbst gewahre* Verzerrung, ein *bewusster* Computervirus, der alles verfälscht, womit er in Berührung kommt (Abb. 172).

Computerviren können „Dateien beschädigen, das System verlangsamen, Nachrichten anzeigen und die Kontrolle übernehmen". Im Computerjargon spricht man von kleinen Softwareprogrammen, die *huckepack* auf echten Programmen aufsitzen. Ich habe

**Abb. 172:** *Was die Gnostiker „Demiurg" nannten, gleicht einem Computervirus – ein bewusster Virus, der sich replizieren kann (die Archonten).*

den Begriff bereits verwendet, als ich erläutert habe, wie die Archonten die menschliche Energie und Kreativität schmarotzen und sich dadurch der menschlichen Gesellschaft bemächtigen. Ein Virus schafft nichts Neues, sondern stützt sich auf bereits Bestehendes und verfälscht es – er macht also genau das, was die Gnostiker über die Archonten gesagt haben. Viren können – ich zitiere – *„sich reproduzieren* (indem sie sich an andere Programme anheften) oder verheerende Schäden anrichten". Eine andere Definition, die ebenfalls auf die archontische Unterwanderung übertragbar ist, besagt, dass ein Virus „ein Codeschnipsel [ist], der sich selbst kopieren kann und normalerweise schädliche Auswirkungen hat, etwa die Beschädigung des Systems oder die Zerstörung von Daten". Der Demiurg-Virus hat sich selbst reproduziert und kopiert; das Resultat nennen wir *Archonten*. Und dieser Virus und seine Kopien *haben* in der menschlichen Gesellschaft und in unserer Wirklichkeit allgemein bereits verheerende Schäden angerichtet. Hier ist noch eine Definition:

> Computerviren werden als Viren bezeichnet, weil sie einige Eigenschaften mit biologischen Viren gemeinsam haben. Ein Computervirus wird von Computer zu Computer übertragen, so wie ein biologischer Virus von Mensch zu Mensch übertragen wird. Im Gegensatz zu einer Zelle verfügt ein Virus über keine Möglichkeiten, sich selbst zu reproduzieren. Stattdessen muss ein biologischer Virus seine DNS in eine Zelle injizieren. Die virale DNS nutzt dann den vorhandenen Zellapparat, um sich zu reproduzieren.
>
> Ähnlich wie ein biologischer Virus in einer Zelle per Anhalter mitfährt, muss ein Computervirus huckepack auf anderen Programmen oder Dokumenten aufsitzen, um ausgeführt werden zu können. Sobald ein Computervirus aktiv ist, kann er andere Programme oder Dokumente infizieren.

Man könnte kaum eine bessere Zusammenfassung für das Vorgehen des Demiurgen/der Archonten und dafür, was sie der Menschheit angetan haben, finden – und doch wird hier ein Computervirus beschrieben. Nun ist aber die von uns erfahrene Wirklichkeit – „die Welt" – eine Quantencomputersimulation, und auch der Körper/Intellekt ist ein biologisches Computersystem. Beide können daher gehackt, von einem Virus infiltriert und verfälscht, ja, im Fall der Simulation sogar von ihm kontrolliert werden. Ein Virenbefall kann dazu führen, dass das, was wir auf dem Computerbildschirm sehen, verzerrt dargestellt wird – und das ist es auch, was der Demiurg/Archonten-Virus auf unserem „Bildschirm" bzw. mit der von uns decodierten Wirklichkeit gemacht hat (Abb. 173).

Die Gnostiker haben den Demiurgen/die Archonten in Begriffen beschrieben, die wir heute technisch nennen bzw. dem Computerjargon zuordnen würden. Sie sind eine Art *Künstlicher Intelligenz*. Mein Gott, was wird dieser Fakt noch wichtig werden, wenn es im weiteren Verlauf des Buches darum geht, was mit der menschlichen Gesellschaft geschieht. Dass sie eine KI sind, erklärt auch, warum es ihnen an „ennoia", also an kreativer Vorstellungskraft mangelt. Eine maschinenartige Macht, die komplett vom Unendlichen Gewahrsein abgekoppelt ist, hat keine Fantasie. Sie kann nur kopieren, infiltrieren und übernehmen, wie der Virus in einem Computer.

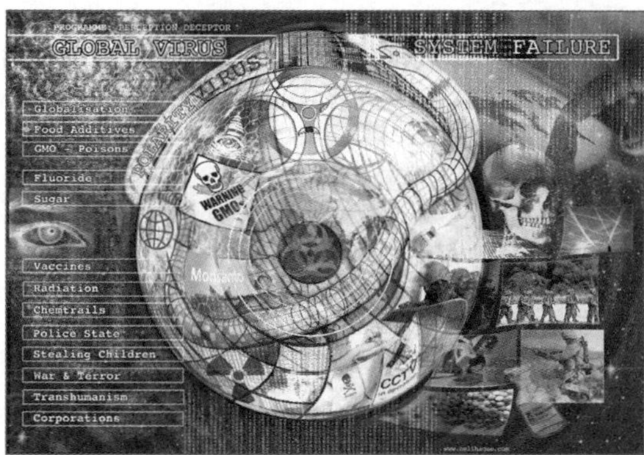


**Abb. 173:** *Der Demiurg-Virus hat jeden Bereich der menschlichen Gesellschaft infiziert.*

Weiter oben habe ich bereits beschrieben, dass die Simulation, die wir Universum nennen, ein Quantencomputer ist, der über ein eigenständiges Bewusstsein verfügt. Dort schrieb ich: „Quantenphysikern wird mehr und mehr klar, dass alle Materie (konzentrierte Energie) eine Art Computer ist. Tatsächlich aber kann *jede* Form von Energie Informationen verarbeiten – weil sie *bewusst* ist." Der Demiurg/die Archonten sind ein (bis zu einem gewissen Grad) bewusster KI-Virus, der vorhat, alles zu übernehmen (Abb. 174). Er kann nicht die gesamte Schöpfung übernehmen, weil er dafür bei Weitem zu schwach ist, doch kann er in unserer sowie in anderen Wirklichkeiten und „Welten" wüten – und hat es bereits getan. Als der Virus diese Welt infizierte, begannen die Menschen „zu wissen, was gut und böse" ist, denn durch ihn und seine vielen Erscheinungsformen kam das in die Welt, was wir das Böse nennen (eine *Verzerrung* der Ausgeglichenheit und Harmonie). Der Virus kann sich als reine Energie oder in endlosen anderen Formen manifestieren – Agent Smith in „Matrix" sieht zwar menschlich aus, doch ist „er" nur ein Computerprogramm, ein verlängerter Arm der Maschinen (KI), die hinter der simulierten Wirklichkeit stehen. Genau wie die Maschinen in „Matrix" nutzt der Demiurg/Archonten-Virus die Menschen als Energiequelle. Dasselbe gilt für einen Computervirus, der ohne die Energie des Computers nicht existieren könnte.

**Abb. 174:** „Die archontische Verzerrung bemächtigt sich der Wahrnehmung" – *Der Demiurg/Archonten-Virus hat die menschliche Gesellschaft übernommen, indem er die menschliche Wahrnehmung verzerrt. Das Ich-Phantom spielt dabei eine zentrale Rolle.*

Dieses Thema greift auch Morpheus in „Matrix" auf, als er eine Batterie hochhält und sagt, die Matrix sei „eine computergenerierte Traumwelt, die geschaffen wurde, um uns unter Kontrolle zu halten. Für sie sind wir nicht viel mehr als *das*." (Abb. 175).

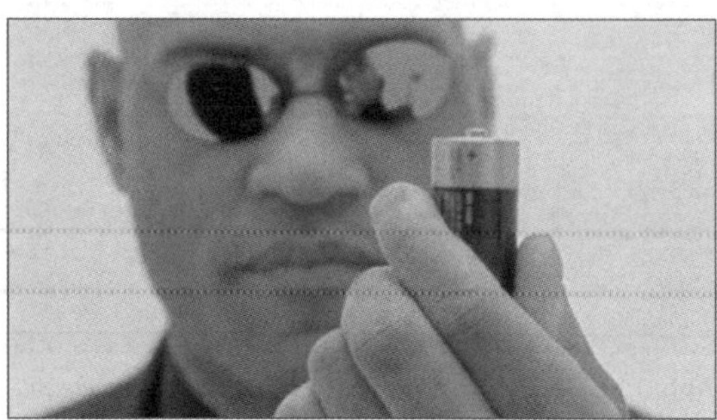

**Abb. 175:** *Die Menschen wurden zu einer Energiequelle für den Virus umfunktioniert.*

**Abb. 176:** „Angst und Tod: Energiequelle des Archonten-Virus" – *Der Demiurg/Archonten-Todeskult.*

**Abb. 177:** *Der Virus und all seine Erscheinungsformen ernähren sich von niederfrequenter menschlicher Energie – von Angst, Tod und ähnlich gelagerten Emotionen.*

Die Archonten können allerdings nicht auf jede Form der menschlichen Energie zugreifen. Sie muss sich im gleichen Frequenzbereich wie der Virus befinden, sonst kann er sie nicht verwerten. Die Energie, die auf der Wellenlänge des archontischen Virus liegt, ist ... die Energie niederfrequenter Gefühle, die auf *Angst* und ähnlich gelagerten Emotionen basieren, wie etwa Beklommenheit, Stress, Hass, Missgunst, Rache, Streitsucht, Niedergeschlagenheit und Konkurrenzdenken. Weitere Energiequellen für den Archonten-Virus sind Tod und Leid, aber auch sexueller Verkehr, bei dem keine Liebe im Spiel ist. Erinnert Sie das irgendwie an die Welt, in der wir leben? Menschenopfer für „die Götter" dienten – und dienen – dazu, durch blanken Terror extreme Gefühle freizusetzen und diese „den Göttern" (den für die Menschen nicht sichtbaren Archonten) als „Nahrung" darzubieten. Dazu passt, dass das englische Wort für „böse" – „evil" – rückwärts geschrieben „live" ergibt, also „leben" – eine Inversion. Da es zu ihren Wesenszügen zählt, das „Leben" ins Gegenteil zu verkehren, sind der Demiurg/die Archonten vom Tod besessen, ganz wie ihre Gestalt gewordenen Vertreter in unserer Wirklichkeit – Satanisten und Schwarzmagier (Abb. 176). Das ist auch der Grund, warum Menschen- und Tieropfer häufig auf Friedhöfen oder Kirchengrundstücken durchgeführt werden, die von Gräbern umgeben sind: Man ist auf die Energie des Todes und dessen spezielle Schwingung aus. All die Kriege, Massaker, vermeidbaren Hungertode und Krankheiten sind das Werk des globalen archontischen Todeskults, der die menschliche Gesellschaft lenkt und sich von der Energie ernährt, die er für sich produzieren lässt (Abb. 177).

Die in den Worten „evil" und „live" versteckte Umkehrung ist kein Zufall. Worte stehen für Schwingungszustände und diese wiederum für Bewusstseins- und Informationszustände. Die unendliche Wirklichkeit ist überwiegend im Gleichgewicht, ein Zustand, den wir als Liebe (im tiefsten Sinne), Harmonie, Freude, Güte und Mitgefühl erleben. All diese Eigenschaften sind trotz allem noch häufig in der menschlichen Gesellschaft anzutreffen. „Liebe" und Harmonie sind der Urzustand der Unendlichen Ewigkeit, und sie werden wieder Einzug halten, wenn der archontische Virus den Platz für das Unendliche Gewahrsein räumen muss, das Krieg, Ausbeutung, Unterdrückung, unnötigem Leid, Hass und Übergriffen aller Art ein Ende bereiten wird. Derzeit ertrinken wir geradezu in den genannten Übeln – den vom Virus hervorgerufenen Verzerrungen. Scrollen Sie fünf Minuten durch die sozialen Medien, und Sie werden sehen, wie stark die menschliche Vorstellung schon vom Hass verseucht ist, wie sehr die Menschen sich gegenseitig beschimpfen und das Trugbild ihres Ich-Phantoms rechtfertigen (Abb. 178). Facebook sollte wohl besser Phantombook genannt werden.

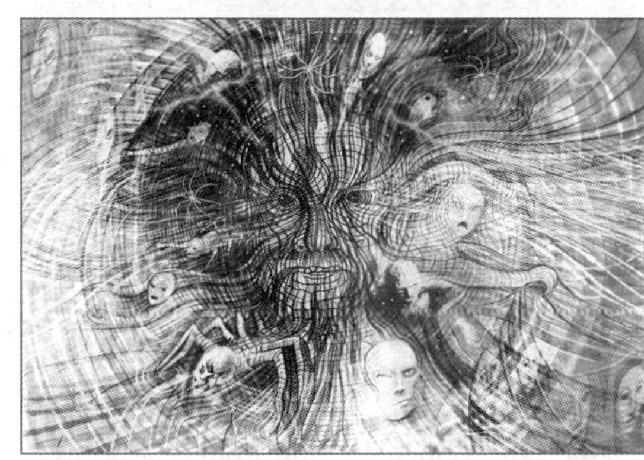

**Abb. 178:** *Der Demiurg-Virus, der die menschliche Wahrnehmung infiziert.*

Den Gnostikern zufolge sind der Demiurg/die Archonten ein „Fehler" und haben weder eine Seele noch eine direkte Verbindung zur Unendlichen Quelle. Auf diesen Umstand gehen auch die Mythen (Wahrheiten) über sogenannte seelenlose Wesen zurück. Ohne Verbindung zum Unendlichen Gewahrsein sind ihr Handlungsspielraum und ihre Wahrnehmung nur auf den Bereich des Intellekts bzw. der Künstlichen Intelligenz beschränkt. Die Verschwörung, die zum Ziel hat, den Menschen via Ich-Phantom im Körper/Intellekt einzukerkern, ist der Versuch, uns *zu ihrem Ebenbild* zu machen. Denken Sie in diesem Zusammenhang noch einmal über die ultimative Agenda zur Kontrolle des Menschen nach, die als Transhumanismus bezeichnet wird – eine *Trans-ition* von Menschen zu maschinenartigen Archonten. Der Transhumanismus sieht unter anderem vor, Menschen und Künstliche Intelligenz zu verschmelzen … und der archontische Virus *ist eine Künstliche Intelligenz*. Ich werde später noch einiges mehr dazu sagen.

Während der Fertigstellung dieses Buches wurde mir ein Link zu einer Reihe von Youtube-Videos mit der Überschrift „Black Goo Programmable Matter" zugesandt. In dieser Zusammenstellung finden sich ungewöhnlich viele Verweise auf Filme, Scifi-Sendungen, Musikvideos und Werbespots, die auf das Thema „intelligentes Black Goo" anspielen – eine Flüssigkeit, die den Menschen als Wirt zu nutzen versucht. Sie wird verschiedentlich als intelligente Substanz bzw. „außerirdische DNS" beschrieben, die ihre Gestalt ver-

**Abb. 179:** *Ein Beispiel dafür, wie das „Black Goo" dargestellt wird.*

ändern und Menschen übernehmen, verwandeln oder absorbieren kann, um sich ihrer Körper zu bedienen (Abb. 179). Das Thema wurde unter anderem von Christina Aguilera und Lady Gaga aufgegriffen, und es steht für den bewussten Demiurg/Archonten-Virus. In Musikvideos oder bei Bühnenshows wird das Goo/der Virus durch glänzendes schwarzes Leder oder schwarze Synthetikkleidung dargestellt; auch die Figur des Darth Vader aus der „Star Wars"-Reihe ist ein Beispiel dafür.

## Besessenheit ist real

Wenn die Gnostiker und andere Kulturen die Motive und Wesenszüge des Demiurgen/der Archonten (des „Virus") schildern, gemahnt das an die Beschreibung eines „Psychopathen": Laut Definition zeigen diese weder Mitgefühl, noch Reue oder Scham; zudem sind sie pathologische Lügner (Täuscher) und Parasiten, die tun, was immer nötig ist, um ihren Willen zu bekommen. Auch sagt man über die Archonten und ihre zahlreichen Erscheinungsformen und Pseudonyme auf der ganzen Welt, sie hätten keine Gefühle – und ein Wesenszug von Psychopathen ist deren „Oberflächlichkeit" bzw. ihre Unfähigkeit, Gefühle auszudrücken. Menschliche Psychopathen sind also schon stark mit dem Archonten-Virus infiziert, und es gibt mehr von ihnen in der Gesellschaft, als gemeinhin angenommen wird.

Das, was die Gnostiker als Demiurgen bezeichnen, ist die ursprüngliche Verzerrung/der Urvirus; die Archonten sind nur dessen Kopien bzw. Reproduktionen und seine Erfüllungsgehilfen. Um zu verstehen, was es damit auf sich hat, muss man sich gedanklich von der Welt der Formen lösen und sollte nicht das klassische Bild vom „Teufel" vor Augen haben. Das Böse an sich ist kein „Wesen", wie wir uns das vielleicht vorstellen würden, sondern eine verzerrte Energie, ein verfälschtes Gewahrsein, das Erscheinungsformen annehmen kann, die diese Verzerrung widerspiegeln. Die Bandbreite reicht von fratzenhaft verzerrten Gesichtern in klassischen Exorzismusfällen bis zu (psychopathischen) Bankdirektoren, die nach immer mehr Geld und Kontrolle gieren und dafür Armut und Leid in Kauf nehmen. Alle sogenannten Fälle von „dämonischer Besessenheit" sind letztlich auf einen Virenbefall des Körpercomputers zurückzuführen. Im Grunde ist das Thema uralt, denn die Berichte von dämonischen Wesen, die Gedanken, Gefühle und das Verhalten ihrer menschlichen Wirte übernehmen, finden sich in der gesamten Menschheitsgeschichte und in jeder Kultur – selbst heute noch. Wer sie ohne nähere Untersuchung abqualifiziert, ist entweder ein

Dummkopf oder gesteht mit seinem Spott und seiner Ablehnung nur ein, dass er insgeheim fürchtet, sie könnten doch wahr sein: „Sei still, das will ich nicht hören". Aus dem gleichen Grund reagiert der Großteil der Menschen ganz ähnlich, wenn das Thema Verschwörungen aufs Tapet kommt. Wer Besessenheit als „unmöglich" bezeichnet, verrät einmal mehr, wie wenig er über die Wirklichkeit weiß. Wenn der Mensch nur aus „fester" Materie bestehen würde, wie könnte es dann zu den in der Antike und Moderne geschilderten Fällen von Besessenheit kommen? Es wäre nicht möglich – doch der Mensch besteht eben *nicht* aus fester Materie. Wir sind Energie/Gewahrsein, weshalb wir auch von einer anderen Energie/einem anderen Gewahrsein besessen bzw. übernommen werden können, solange die beiden Schwingungsfelder miteinander kompatibel sind.

Zu Besessenheit kommt es, wenn ein Wesen bzw. eine Energieform (der Virus) sich an das menschliche Aurafeld anheftet und Gedanken, Gefühle und Wahrnehmungen zu diktieren beginnt. Befinden sich Menschen in Schwingungsfeldern mit höherer Frequenz, können sie nicht von einem böswilligen Wesen übernommen werden, doch sobald sie in niederfrequente (archontische) Schwingungszustände abdriften, kann es zu einem Frequenzaustausch und damit zu Besessenheit kommen. Das kann durch Drogen- und Alkoholmissbrauch geschehen, durch den die menschliche Schwingung bis in den Bereich des archontischen Virus herabgesetzt wird, aber auch durch sexuellen Kontakt mit einer besessenen Person, bei dem das eingedrungene Wesen/der Virus über die energetische Verbindung auf den Partner übertragen wird. Nach demselben Prinzip verbreiten sich Computerviren von Computer zu Computer.

**Abb. 180:** *Besessenheit ist real.*

**Abb. 181:** „Besessenheit: eine digital-holografische Verschiebung" – *Wenn die Informationsfelder des Wesens (des Virus), das von einem anderen Besitz ergreifen will, auf die Felder der befallenen Person einwirken, verändern und verzerren sich auch dessen holografische Wesenszüge und spiegeln die des Eindringlings wider.*

Besessenheit kann sich in vielerlei Gestalt äußern. Die verzerrten Gesichter und das dämonische Verhalten, die in Filmen wie „Der Exorzist" dargestellt werden, sind nur die extremsten Varianten (Abb. 180); meist ist Besessenheit viel subtiler und kaum wahrnehmbar. Die Spanne reicht also von unmerklichem bis zu voll ausgeprägtem psychopathischen Verhalten mit entstellten Gesichtszügen. Kann der Virus nicht tief genug in das Aurafeld des Befallenen eindringen, wird er sich kaum auf dessen Hologramm auswirken. Das trifft auf den Großteil der Betroffenen zu: Sie sehen weiterhin aus wie gewohnt, nur dass sich ihr Verhalten und ihre Wahrnehmung entsprechend dem Grad der Besessenheit verändern. Je stärker sich der Virus/das Wesen mit seinem Opfer verbinden kann, desto stärker beherrscht dessen „Persönlichkeit" auch das Verhalten und die Wahrnehmung des Befallenen – mit den Informationen, die vom Virus injiziert werden, ändert sich das Hologramm und damit auch die Erscheinung der befallenen Person (Abb. 181). In diesem Fall sieht man, wie sich das Gesicht oder der ganze Körper der besessenen Person verändert bzw. entstellt wird, wobei auch die Züge des Wesens in Erscheinung treten, von dem die Person befallen ist. Ich habe sowohl Menschen mit extrem verzerrten Gesichtszügen gesehen, andere, bei denen sich bis auf das Gesicht und geschwärzte Augen kaum etwas verändert hatte, nachdem von ihnen Besitz ergriffen worden war, aber auch solche, deren Persönlichkeit sich komplett gewandelt hatte.

Was ich hier gerade beschrieben habe, ist übrigens eine Form der *Gestaltwandlung*. Das Phänomen kann noch auf andere Art erklärt werden, doch darauf komme ich später zu sprechen. Seit jeher bin ich zum Gespött gemacht worden, weil ich behaupte, die Welt wird hinter den Kulissen von „Führern" beherrscht, die ihre Gestalt wandeln können – von Wesen, die zwischen menschlicher und reptiloider Gestalt sowie anderen Erscheinungsformen hin- und herwechseln können. So verrückt das für jemanden klingen mag, der sich noch nie näher mit diesen Themen befasst hat (also für die meisten) – es stimmt.

Besessene können sich zuweilen wie Schizophrene verhalten und zwischen zwei Persönlichkeiten (ihrer eigenen und der der besitzergreifenden Macht) hin- und herspringen (was eine mögliche Erklärung für schizophrenes Verhalten ist). Das passiert zum Beispiel, wenn der Einfluss des Virus etwas nachlässt und die Persönlichkeit des Besessenen zurückkehrt – doch sobald das fremde Wesen erneut die Kontrolle übernimmt, kann es beim Befallenen zu teils drastischen Persönlichkeitsveränderungen kommen. Menschen, die mit Satanisten zusammengelebt haben, berichten davon, dass diese bei Tag eine völlig andere Person gewesen seien als bei Nacht. Auch können solche Wesen die Besessenen als Vehikel benutzen und andere Menschen oder ganze Gruppen mit einer „netten" Maske betören, sich dann aber plötzlich mit einer Bösartigkeit gegen diese wenden, die den größtmöglichen Schaden anrichten will. Ich habe das mehrmals persönlich erlebt und meine, den Beteiligten war oft gar nicht bewusst, dass sie die bösen Absichten gar nicht selber hegten, sondern stattdessen von Wesen beeinflusst wurden, die von ihnen Besitz ergriffen hatten. Solchen Menschen kommt plötzlich in den Sinn, etwas zerstören oder jemanden verletzen zu wollen, und sie gehen davon aus, es sei ihr eigener Wille – dabei zieht die ganze Zeit über ein verzerrtes Gewahrsein die Fäden und instrumentalisiert sie für seine eigenen Zwecke. Das entlässt die Beteiligten nicht automatisch aus jeglicher Verantwortung, denn die Verbindung kann nur zustande kommen, wenn sie auf Frequenzebene kompatibel waren und sich für derartige Schwingungen geöffnet haben. Allerdings gibt es auch Unmengen an geheimen Bewusstseinskontrollprogrammen der Regierung und des Militärs, bei denen solche Zustände künstlich erzeugt werden und ansonsten unbescholtene Mitbürger durch fremde Wesen besessen und zu Erfüllungsgehilfen gemacht werden (siehe „Das größte Geheimnis"). Die wenigen, die das System und insbesondere den Archonten-Virus bloßstellen, müssen ständig auf der Hut sein, da sie aus offensichtlichen Gründen mit diesen und anderen Methoden unter Beschuss genommen werden. Ich bin mir sicher, dass das auch mit mir gemacht wurde. Die folgende sehr genaue Beschreibung eines besessenen Zustands wurde von Rumi verfasst, einem persischen Poeten, Islamgelehrten und Sufimystiker aus dem 13. Jahrhundert. Halten Sie sich vor Augen, wann die Zeilen verfasst wurden – im *13. Jahrhundert* –, und dass solche Dinge noch heute geschehen:

> Wenn ein Mann von einem bösen Geist besessen ist
> Geht er seiner menschlichen Eigenschaften verlustig.
> Was immer er sagt, wird in Wahrheit von jenem Geist gesagt,
> Auch wenn es dem Mund des Mannes zu entspringen scheint.
> Wenn der Geist ihn dergestalt regiert und beherrscht,
> Ist der Handelnde im Besitz des Geistes und nicht mehr Herr seiner selbst;
> Sein Selbst ist verschwunden, und er ist zum Geist geworden.

Das beschreibt nicht nur Besessene allgemein, sondern trifft vor allem auch auf Menschen in politischen, ökonomischen, militärischen und behördlichen Machtpositionen zu, denn diese sind in unserer Welt nur Erfüllungsgehilfen und Vehikel des archontischen Virus. Ich werde das in Kürze näher ausführen.

## „Er sagt, die Welt wird von zwei Meter großen Echsen beherrscht"

Also gut: gestaltwandelnde Echsen. Das sind die beiden Schlagwörter, die fast immer fallen, wenn mein Name in den (Massen-, aber auch meisten „alternativen") Medien oder von völlig ahnungslosen Personen genannt wird, die mich im Internet als den Mann verspotten, der an „Echsenmenschen" glaubt (Abb. 182). Sie alle meinen, sie würden etwas über mich sagen, dabei enthüllen sie nur ihre eigene Unreife und Unwissenheit – das Ich-Phantom. „David Icke glaubt, die Welt wird von gestaltwandelnden Echsen beherrscht", kichern und spötteln sie. Und damit hat es sich. Keine weiteren Fragen, keine weiteren Nachforschungen. Die Vorstellung,

**Abb. 182:** „Lacht, so viel ihr wollt – die Wahrheit wird herauskommen" – *Dass reptiloide Wesen in die menschlichen Geschicke eingreifen, ist und bleibt Tatsache – egal, wie viele Menschen sich über diese Aussage lustig machen.*

dass „gestaltwandelnde Echsen" oder Reptiloide, wie ich sie nenne, überhaupt existieren, geschweige denn die Welt beherrschen können, übersteigt das, was ihnen als möglich eingeimpft wurde, so weit, dass ihre Ich-Phantome die Wahrnehmungsfirewall nicht durchbrechen können. Damit bleibt ihnen nur eine der beiden voreingestellten Standardreaktionen ... verspotten oder verteufeln (meist beides). Warum sollten sie weitere Fragen stellen und der Sache nachgehen, wenn das Programm ihnen sagt, das alles sei offenkundiger Irrsinn? Die Reaktionen sind durch die Bank gleich: in den Massen- wie in den alternativen Medien, bei Reich und Arm, Linken und Rechten, Reaktionären und „Radikalen". Sie alle halten sich für ach so verschieden, dabei tragen sie in Wirklichkeit nur Masken, mit denen sie sich selbst täuschen, unter denen aber das gleiche Programm läuft. Wenn man den entsprechenden Knopf drückt und das Programm infrage stellt, reagieren sie alle gleich – weil das Programm sie bereits vereinnahmt hat. Unter dieser beschränkten Wahrnehmung leidet nahezu jeder, egal, welcher Titel vor seinem Namen steht, woher er stammt oder welches Einkommen er hat. Dagegen hilft stets nur eins: ein aufgeschlossener Geist. Wer sich seinen eigenen Kopf bewahrt hat und noch nicht vollständig vom Ich-Phantom kontrolliert wird, kann – ungeachtet seines gesellschaftlichen Standes – die Welt daher aus einer weit weniger stark programmierten Perspektive betrachten. Für diese aufgeschlossenen Geister werde ich nun erklären, warum die Sache mit den Reptiloiden gar nicht so verrückt ist.

Der sich seiner selbst bewusste Demiurg/Archonten-Virus kann vielerlei Gestalt annehmen und jede Erscheinungsform innerhalb seines Frequenzbereichs infiltrieren. Zwei der bekanntesten sind die Reptiloiden und die Wesen, die wegen ihrer grauen „Haut" und ihrer großen, schwarzen Augen als „Greys" bzw. „Graue" bekannt geworden sind (Abb. 183). Ich spreche hier nicht von allen Wesen, die diese Gestalt haben, sondern nur von denjenigen, die vom Archonten-Virus besessen und infiziert sind. Ein Thema, das sich durch alle Berichte über Archonten, Reptiloide und Greys zieht, ist, dass sie wie Ameisenkolonien oder Bienenvölker über eine Schwarmintelligenz verfügen, die einer zentralen Steuereinheit in Gestalt einer Königin untersteht. Das ergibt auch Sinn, schließlich sind sie allesamt Erscheinungsformen des Virus – und über dieses schwarmartige Netzwerk können sie kommunizieren und gesteuert werden. Die Archonten trachten danach, die Menschheit an dasselbe schwarmartige „Demiurgeninternet" anzuschließen, das auch die Wahrnehmung und das Verhalten der Archonten sowie der virusbefallenen Reptiloiden und Greys vorgibt. Das ist der eigentliche Sinn und Zweck des Transhumanismus.

**Abb. 183:** *Gnostische Texte, die mindestens aus dem 4. Jahrhundert n. Chr. stammen, beschreiben reptiloide und grauhäutige Wesen, die noch heute von Zeugen beobachtet und von UFO-Forschern beschrieben werden.*

Viele halten Reptiloide und Greys für ein modernes Phänomen, weil sie häufig von Forschern beschrieben werden, die sich mit UFOs und Außerirdischen beschäftigen. Eine

Menge Menschen auf der ganzen Welt behaupten jedenfalls, sie hätten diese Wesen gesehen und seien sogar von ihnen entführt worden – viele für genetische Experimente und hybride Kreuzungsprogramme. Tatsache aber ist, dass die Berichte über Reptiloide, Greys und andere nichtmenschliche Wesen alles andere als neu sind. Auf der ganzen Welt und in der gesamten Geschichte wurde und wird von reptiloiden „Göttern", nichtmenschlichen Wesen bzw. „Göttern" und etwa dem „Ameisenvolk" erzählt, mit dem die Greys gemeint sein könnten (Abb. 184). Im Vergleich zum Menschen sind manche Reptiloide sehr groß und manche Greys sehr klein, was zu den verschiedenen Mythen über „Riesen" bzw. das „kleine Volk" geführt hat. Laut den in Nag Hammadi entdeckten gnostischen Texten können die Archonten sowohl eine reptiloide Gestalt annehmen, als auch eine, die einem ungeborenen Baby bzw. Fötus gleicht. Letztere sollen eine graue Haut und dunkle, unbewegliche Augen haben. Was für eine exakte Beschreibung der „modernen" Greys – in Schriftrollen, die angeblich um das Jahr 400 n. Chr. versteckt worden sind.

**Abb. 184:** *Bild eines reptiloiden Wesens – eines Chitauri –, gemalt vom Zulu-Schamanen Credo Mutwa, der sich dabei von alten Überlieferungen und modernen Beschreibungen inspirieren ließ.*

In meinen anderen Büchern habe ich ganze Berge an Informationen über die Manipulation der Menschheit durch reptiloide Wesen zusammengetragen, wobei ich Berichte altertümlicher Kulturen und indigener Völker, aktuelle Forschungen sowie Insideraussagen von Whistleblowern als Belege angeführt habe. In den Zeugnissen über die Reptiloiden und Greys heißt es, sie könnten einfach auftauchen und wieder verschwinden (den menschlichen Frequenzbereich betreten und verlassen), aber auch, dass sie kaltherzig, mechanisch sowie gefühl- und gewissenlos sind. Dasselbe wird von den verschiedenen Erscheinungsformen und Tarnidentitäten der Archonten behauptet. Diese Deckungsgleichheit ist darauf zurückzuführen, dass die beteiligten Reptiloiden und Greys nur Verkörperungen des Demiurg/Archonten-Virus sind – Manifestationen der Verzerrung. Den altertümlichen wie auch den modernen Berichten zufolge können sich Reptiloide zudem des menschlichen Verstandes bemächtigen und das Verhalten ihrer Opfer steuern. Darüber hinaus sollen sie sich mit Menschen gekreuzt und hybride Blutlinien geschaffen haben, die teils menschlich, teils reptiloid (Archonten-Virus) sind – die hybriden Blutlinien der „Elite", die bis heute für die verborgenen Archonten das System steuern.

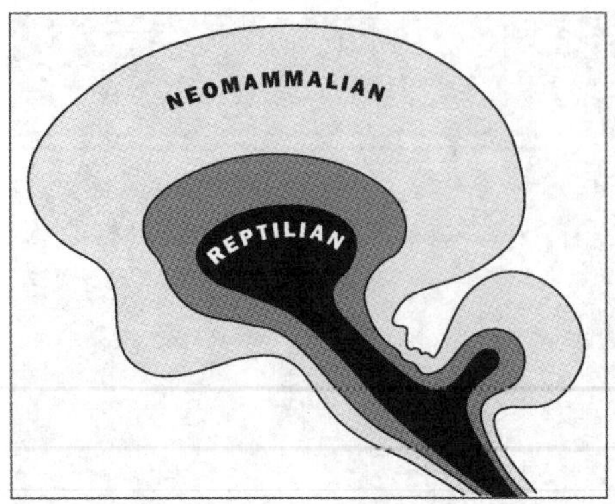


**Abb. 185:** *Der R-Komplex bzw. das Reptilienhirn ist maßgeblich an unserem Verhalten und unseren emotionalen Reaktionen beteiligt.*

Nichtsdestotrotz sind wir alle zu einem gewissen Teil Reptilien. Die Legionen der „Icke ist verrückt"-Fraktion werden wohl weder wissen, dass das menschliche Verhalten mit am stärksten vom Reptiliengehirn beeinflusst wird – dem Teil, der von der Wissenschaft als R-Komplex (Abb. 185) bezeichnet wird –, noch dass der menschliche Embryo zu Beginn seiner Entwicklung auch eine reptilische Phase durchläuft. Das Reptilienhirn ist vor allem mit Überleben beschäftigt, weshalb es auch ständig die Umgebung auf mögliche Bedrohungen überprüft, die dieses Überleben gefährden könnten. Das können konkrete „physische" oder finanzielle Bedrohungen sein, aber auch alle möglichen anderen Dinge – von Beziehungsproblemen bis hin zur Reputation. Das Reptilienhirn denkt nicht, es handelt – oft emotional –, und seine Währung ist die Angst. Es hat maßgeblichen Einfluss auf die Kampf-oder-Flucht-Reaktion. Laut offiziellen wissenschaftlichen Angaben ist der reptilische Teil unseres Gehirns für die folgenden Wesenszüge verantwortlich:

- kaltblütiges Verhalten und „Revierverhalten" – „das ist meins";
- Kontrollstreben;
- das Bedürfnis nach hierarchischen Machtstrukturen;
- Aggression;
- „der Stärkere hat Recht und der Sieger kassiert alles";
- Schutz von Status, Macht, Ansehen, Vorherrschaft und intellektueller Vorrangstellung;
- stillschweigende Billigung von Hierarchie und Autorität.

„Rein zufällig" sind das auch die Eigenschaften der Archonten/Reptiloiden/Greys. „Sie" arbeiten auf eine vollständige Kontrolle der menschlichen Gesellschaft hin – zugleich sind sie Erscheinungsformen des Virus, den sie entweder direkt verkörpern oder der sich ihrer via Besessenheit bedient. Mit „sie" meine ich die gesamte Namensflut ihrer Manifestationen, angefangen beim Demiurgen (Urvirus) über die Archonten, Dschinn, Dämonen, Flieger usw. bis hin zu den viral infizierten Reptiloiden und Greys. Im weiteren Verlauf des Buches werde ich die Begriffe Demiurg-Virus, Archonten-Virus, Demiurg, Archonten, archontische Reptiloide, Reptiloide und Greys synonym verwenden, da sie alle entweder der Virus selbst, Erscheinungsformen des Virus oder vom Virus befallen sind – wobei es selbst dann passieren kann, dass er sie vollständig kontrolliert.

Schauen wir uns noch einmal die Verhaltensmuster von Psychopathen an: Sie zeigen weder Mitgefühl, noch Reue oder Scham, sind pathologische Lügner (Täuscher) und Parasiten, die tun, was immer nötig ist, um ihren Willen zu bekommen. Das entspricht eins zu eins der Veranlagung der Archonten, Reptiloiden bzw. Greys, die via Besessenheit die treibende Kraft hinter Satanisten, Pädophilen und anderen Psychopathen sind. Dadurch erklärt sich auch die schwindelerregende Zahl an Pädophilen, die besonders in der vermeintlichen „Elite" zu finden sind.

Ein weiteres im gesamten Altertum verbreitetes Motiv, das unter dem Begriff „Söhne Gottes" sogar in die Bibel Einzug gefunden hat, ist die Vermischung von Menschen und „Göttern":

> In jenen Tagen waren die Riesen auf der Erde, und auch danach, als die Söhne Gottes zu den Töchtern der Menschen eingingen und sie ihnen Kinder gebaren. Das sind die Helden, die in der Vorzeit waren, die berühmten Männer. (Genesis 6,4)

Aus der Vereinigung von Menschen und „Göttern" soll eine hybride Rasse hervorgegangen sein, die in der Bibel als „Nefilim" bezeichnet wird. Allerdings sind es im Originaltext die Söhne der *Götter* (Plural), das heißt die Söhne der Elohim, wie in „bene ha'elohim". Die Elohim sind nichts anderes als die Archonten.

Wenn in alten Überlieferungen davon die Rede ist, dass sich nichtmenschliche „Götter" mit den Menschen vermischten, ist das Thema Reptilien oft nicht fern. Den Legenden des afrikanischen Volkes der San (den sogenannten „Buschmännern") zufolge wurde die Menschheit von einem „Großen Python" geschaffen, als dieser mit einer „Tasche voller Eier" in den Tsodilo-Hügeln in der botswanischen Kalahari-Wüste angekommen sei. Die bisher älteste entdeckte Form religiöser Verehrung ist der Schlangen- bzw. Pythonkult, der mindestens 70.000 Jahre „alt" ist und in ebendiesen Tsodilo-Hügeln verortet wird.

Die Verehrung von Schlangen und Schlangen-„Göttern" ist nicht nur unglaublich alt, sondern auf der ganzen Welt verbreitet. Rebecca Cann, Assistenzprofessorin für Genetik an der University of Hawaii, war Koautorin einer Studie, die 1987 im Magazin *Nature* veröffentlicht wurde. Darin wurden Indizien dafür präsentiert, dass der moderne Mensch von einer einzigen Mutter abstammt, die vor 200.000 Jahren in Afrika gelebt hat. Von einer einzigen Mutter? Oder stammt er vielleicht doch eher aus einem einzigen Hybridzuchtprogramm? Auch die Zulu-„Götter" Chitauri – die „Kinder der Schlange" – sollen reptiloid gewesen sein, und die mittelamerikanischen Maya behaupten, das erste Volk, das ihr Land besiedelt habe, seien die Chané – das „Volk der Schlange" – gewesen, die von ihrem Gott Itzamná angeführt wurden. Der Name soll auf das Wort „itzem" (Eidechse bzw. Leguan) zurückgehen, sodass sich Itzamná mit „Platz der Eidechse" bzw. „Leguanhaus" übersetzen ließe (Abb. 186). Die Maya-Mythen berichten zudem von den sogenannten „Leguanmenschen", einer reptiloiden Rasse, die vom Himmel kam

**Abb. 186:** *Kukulkan, ein weiterer Reptiliengott der Maya Mittelamerikas.*

**Abb. 187:** *Maya-Pyramide. Die Pyramiden wurden von Reptiloiden errichtet.*

**Abb. 188:** „Der ‚Sündenfall' … die Frequenzebenen hinab in die Polarität (um zu wissen, was gut und böse ist)" – *Variationen der Geschichte vom Garten Eden gibt es rund um die Welt, und im Zentrum der Ereignisse steht die Schlange.*

und sie den Pyramidenbau lehrte (Abb. 187). Die Reptiloiden haben auf der ganzen Welt Pyramiden errichtet, weil sich deren Frequenz negativ auf das Erdgitternetz auswirkt. Schließlich gibt es noch die Anunnaki, eine „außerirdische" Rasse, von der in Aufzeichnungen aus Sumer und Babylon (dem heutigen Irak) die Rede ist. Den Anunnaki werden ebenfalls reptiloide Züge zugeschrieben, und sie sollen während ihrer Mission auf der Erde von den beiden Brüdern Enki und Enlil angeführt worden sein – eine Geschichte, die sich zweifellos in den beiden berühmten Reptilienbrüdern Wowane und Mpanku widerspiegelt, von denen die Chitauri-Legenden der Zulu berichten.

Auch im biblischen Garten Eden (ähnlich geartete Geschichten gibt es auf der ganzen Welt) steht eine Schlange zusammen mit Adam und Eva im Mittelpunkt und sorgt letztlich für den „Sündenfall" (Abb. 188). Damit ist das archontisch-reptiloide Eingreifen in menschliche Angelegenheiten gemeint – der Punkt, an dem sich alles änderte; an dem das, was im Altertum als Goldenes Zeitalter bezeichnet wurde, ein Ende fand. Der „Fall" hat etwas mit Schwingungsebenen zu tun, wie ich noch erläutern werde. Das „Goldene Zeitalter" kann man sich in etwa so vorstellen wie die Welt des blauhäutigen Volkes der Na'vi aus dem Film „Avatar": Es war ein Zeitalter, in dem die Menschen ein weitaus größeres Gewahrsein hatten, telepathisch mit Tieren und Pflanzen sprechen konnten und wussten, dass alles mit allem verbunden ist. Was die Vorgänge im Garten Eden betrifft, so habe ich gläubigen Christen, die über die Vorstellung verborgener reptiloider Lehnsherren schmunzeln, einmal die Frage gestellt, ob sie eigentlich glauben, dass die Schlange im Garten Eden eine leibhaftige Schlange war, die sprechen konnte? Das Thema „Sündenfall" jedenfalls taucht im Zusammenhang mit Schlangenkulten auf der ganzen Welt auf, wie der Geistliche John Bathurst Deane entdeckt hat, der seine Forschungen zu diesem Thema 1933 im Buch „The Worship of the Serpent" veröffentlichte. Er fand nahezu überall reptiloide Götter und Darstellungen und schreibt zusammenfassend:

So scheint es denn, dass die Nationen geografisch nicht so weit voneinander entfernt und auch in religiösen Belangen nicht so uneins waren, dass sie nicht allesamt ein – nur ein einziges – abergläubisches Merkmal gemein hatten: Der Zivilisierteste ebenso wie der Barbarischste neigte ehrfurchtsvoll das Haupt vor derselben, alles vereinnahmenden Gottheit; und diese Gottheit war eine ihnen allen heilige Schlange oder wurde zumindest durch eine solche symbolisiert.

Ebenso scheint es, dass die meisten, wenn nicht gar alle zivilisierten Länder, in denen dieser Gottheit gehuldigt wurde, eine Fabel oder eine Überlieferung kannten, nach der diese Gottheit direkt oder indirekt am Sündenfall im Paradies teilhatte, bei dem ja die Schlange eine Rolle spielte.

Daraus folgt, dass das älteste der Zeugnisse, die sich über Ursache und Art dieser Versuchung auslassen, dasjenige sein muss, von denen sich alle übrigen herleiten, die von der siegreichen Schlange künden – von der Schlange, die über den Menschen in seinem Zustand der Unschuld triumphierte und dessen Seele der Sünde unterwarf, auf dass er sich auf schändlichste Weise selbst vergötterte und anbetete.

Legenden und Berichte über Schlangengötter finden sich überall, wobei sie in China, Japan und Fernost geradezu ins Auge springen: Dort nämlich ist ein Reptil in Gestalt eines Drachen ein zentraler Bestandteil der Kultur. Selbst der „Teufel und Satan“ in der biblischen Offenbarung des Johannes wird als Drache beschrieben. Die meisten Menschen amüsieren sich über die Vorstellung reptiloider „Götter“ – obwohl die Belege mit einem Minimum an Recherche in der ganzen Welt zu finden wären, wenn sie sich nur bequemen würden, das Programm für einen Augenblick abzuschalten.

## Menschheit mit Schwarmintelligenz

Die Archonten/Reptiloiden müssen sich nicht zwangsläufig auf geschlechtlichem Weg mit den Menschen vermischt haben. Man muss sich nur die heutigen technischen Methoden – etwa das Züchten von Körperteilen im Labor – ansehen, um zu wissen, was möglich ist. In dieser Hinsicht sind uns die Archonten/Reptiloiden mit ihrem Wissen über Biotechnologie und die illusionäre Wirklichkeit weit voraus. Während die Menschen in ihrer „Zeitlinie“ noch Steine aneinanderschlugen, hatten die Archonten in anderen Wirklichkeiten längst fortgeschrittene genetische und energetische Zucht- und Hybridisierungsverfahren angewendet.

Wir leben in einer simulierten Welt, die vom Demiurgen/den Archonten gesteuert wird. Daher können wir ihre Rolle auch mit der eines Computerprogrammierers vergleichen, der den Menschen und die menschliche Gesellschaft programmiert. Es versteht sich von selbst, dass die Autoren und Programmierer von Videospielen weitaus mehr wissen als diejenigen, die sich im Spiel befinden. Der Mensch kann sich die Vermischung von Blutlinien nur auf der Ebene vorstellen, die ihm durch seine Wahrnehmung vorgegeben wird; die

**Abb. 189:** *Wenn genetische Informationen auf die Frequenz der menschlichen DNS übertragen werden, kann das eine Massenmutation auslösen.*

Archonten/Reptiloiden aber unterliegen nicht den Beschränkungen, die sie den Menschen auferlegen. Wir denken in Begriffen wie Fleisch und Blut, weil uns das „natürlich" vorkommt, doch die Archonten/Reptiloiden wissen, was der Körper in Wirklichkeit ist – ein holografischer, biologischer „Computer". Und genauso behandeln sie ihn auch – denn biologisch ist für sie gleichbedeutend mit technologisch.

Wenn man die verschiedenen Geschichten und Zeugnisse über die Archonten/Reptiloiden analysiert, wird deutlich, dass sie auf Technologie aller Art versessen sind. Bedenken Sie, dass Wissenschaftler schon heute mittels Biotechnologie künstliche biologische Prozesse erzeugen können. Es ist daher vorstellbar, dass die Menschheit ganz einfach dadurch kollektiv genetisch verändert wurde, dass die genetischen Informationen des „neuen Menschen" an die DNS des „alten Menschen" übertragen wurden. Die DNS sendet und empfängt Informationen, genau wie der gesamte holografische Körper und dessen Energiefelder. Wenn nun viral infizierte Informationen und genetische Blaupausen auf die Frequenz der DNS des „alten Menschen" aufgespielt wurden, hätte das – weil zuvor das Informationsfeld verändert wurde – das Erbgut des Körpers mutieren lassen (Abb. 189). Eine russische Forschergruppe unter Leitung des Biophysikers und Molekularbiologen Pjotr Garjajev hat genau das bereits bei Tieren geschafft: Sie ließ Frosch- zu Salamanderembryos mutieren, indem sie auf die Froschembryos das DNS-Informationsmuster von Salamandern übertrug.

Die nächste Phase der Veränderung des menschlichen Erbguts ist heute bereits im Gange und wird über Nahrung, Getränke, Wasserzusätze und andere chemische Zusammensetzungen vollzogen (eine der Folgen ist beispielsweise Fettleibigkeit). Hinzu kommt, dass der Anteil an technischer Strahlung in der Atmosphäre fulminant zugenommen hat – es ist Millionen Mal mehr als noch vor 50 Jahren. Was macht Strahlung? Sie verändert die Erbanlagen. Und was macht Fettleibigkeit? Sie schränkt den Bewegungsradius ein und schwächt den Körper, wobei diese Charakteristika auch an die nächste Generation vererbt werden können. Lebensmittelzusätze werden bewusst so gewählt, dass sie süchtig machen

– denken Sie beispielsweise an Zucker –, damit die Menschen sich weiter von giftigem, das Erbgut veränderndem Dreck ernähren.

Ihre fehlende kreative Vorstellungskraft machen die Archonten zum Teil mit technologischen Mitteln wett. Die Behauptung, es würde ihnen an Kreativität fehlen, doch könnten sie mit Technik umgehen, ist kein Widerspruch: Ein „Computerfreak" muss weder sonderlich helle noch mit Fantasie oder Kreativität gesegnet sein. Wenn er weiß, wie etwas funktioniert, kann er anderen, die schlauer und kreativer sind als er, aber wenig über Computer wissen, viel begabter und technisch fortgeschrittener erscheinen. Denken Sie den Vergleich noch etwas weiter und stellen Sie sich eine Welt vor, in der das Wissen über Computer systematisch unterdrückt wurde, sodass die schlaue, kreative Person nie einen Computer zu Gesicht bekommen hat. Der nicht sonderlich helle Freak würde dann wie ein Genie dastehen und vermeintliche Wundertaten vollbringen. Im Königreich der Blinden ist der Einäugige König. Und dieser Einäugige sind die Archonten, die dafür gesorgt haben, dass die Menschen blind für das sind, was wirklich möglich ist. Dieser Umstand sowie die Geheimhaltung waren ihre einzige Chance, so viel Macht über ihre menschlichen Opfer zu gewinnen, die viel talentierter und kreativer als die Archonten sind, solange sie nicht im Ich-Phantom gefangen sind. Der Archonten-Virus hat sich, wie gesagt, huckepack auf die menschliche Gesellschaft und deren Wissen gesetzt und ernährt sich von ihrer Kreativität.

Wir Menschen sind übrigens nicht die Einzigen, die von den Archonten/Reptiloiden manipuliert werden. In einem Artikel, der vor einigen Jahren im *NEXUS-Magazin* veröffentlicht wurde, ging es um die Arbeit eines angeblichen Insiders, der die Existenz eines Geheimprojekts namens CHANI enthüllte (engl. für „Channelled Holographic Access Network Interface", also etwa: „Netzwerk-Interface für gechannelten, holografischen Zugriff"). Im Text ging es um die regierungsgestützte CHANI-Gruppe, die in einer Einrichtung in Afrika mithilfe fortschrittlicher Technologie mit einem Wesen aus einer anderen Dimension bzw. einem anderen Frequenzband kommuniziert haben soll. Dem Insider zufolge wurde das Interface 1994 eingerichtet, und über die kommenden fünf Jahre wurden darüber mehr als 20.000 Fragen gestellt und beantwortet. Dabei soll das Wesen die folgenden Dinge gesagt haben:

- Eine reptiloide Rasse hält die Menschen zurück, sodass sie nicht „wachsen" können.
- Die Spezies, zu der das Wesen gehört, hat in ihrer eigenen Wirklichkeit zahlreiche Kämpfe gegen diese Reptilienrasse ausgetragen.
- Menschen sind zwar spirituell weiter entwickelt als die Reptilien, doch unterdrücken diese die Menschen mithilfe ihrer Technologie – „ihre Technologie ist ihr Gott".

Ob Sie den CHANI-Artikel für glaubwürdig halten oder nicht – was darin gesagt wird, stimmt exakt mit dem überein, was ich seit 1990 herausgefunden habe. Manche Themen haben die Angewohnheit, wie ein roter Faden immer wieder aufzutauchen. Hier ist noch ein wichtiger Punkt: Archonten sind nicht nur technikversessen – sie *sind* im gewissen Sinne Technologie, da sie in ihrer Urform eine fehlgeleitete Information bzw. ein „Fehler" sind. Dieser fungiert wie ein Computervirus und infiziert alles, was er berührt – seien es Reptiloide, Greys oder Menschen. Wie bereits gesagt, beschäftigen sich die Archonten/Reptiloiden mit „technologischer Fortpflanzung", und ihr Wissen übersteigt das unsere so weit, dass sie selbst innovativste Forschungen in den Schatten stellen. Damit meine ich zum Beispiel, dass Wissenschaftler im Labor Eizellen befruchten und Babys züchten oder Gene spleißen und verändern – sie also Nachkommen erzeugen, ohne dass Geschlechtsverkehr stattgefunden haben muss. Der Rechercheur Mike Barrett schrieb auf Naturalsociety.com:

> Wenngleich genverändernde Medikamente tatsächlich den Weg für eine weitere Modifizierung der menschlichen Genetik ebnen, sind sie nicht mehr als ein einzelner Schachzug. Erst vor wenigen Monaten haben wir über die ersten genetisch veränderten Babys berichtet, die in den Vereinigten Staaten „erschaffen" wurden. Die Wissenschaftler erklärten, dass bereits 30 Babys dank gentechnischer Verfahren zur Welt gekommen seien.
>
> Bei zwei der untersuchten Babys fand man Gene von drei verschiedenen Elternteilen. Wie Genetiker bestätigen, wird man diese Methode der genetischen Modifizierung eines Tages nutzen können, um Babys genetisch so zu verändern, dass sie „besondere, erwünschte Merkmale, wie etwa Kraft oder hohe Intelligenz" aufweisen.

Wenn man etwas manipulieren kann, um „besondere, erwünschte Merkmale, wie etwa Kraft oder hohe Intelligenz" hervorzubringen, kann man es auch verwenden, um solche Merkmale auszumerzen. Auf diese Weise kann der Mensch völlig neu verschaltet werden – gerade so intelligent, dass er seinen verborgenen Meistern dienen kann, aber nicht intelligent genug, um zu erkennen, was sie mit ihm anstellen. Genau das ist der Menschheit beim „Sündenfall" widerfahren, der im symbolischen Garten Eden (der Welt des Golden Zeitalters vor dem „Sündenfall") von der symbolischen Schlange angezettelt worden ist. Dabei wurden die Energiefelder des Menschen und damit auch ihr holografisches Gegenstück, der Körper, vom Virus übernommen. Ich behaupte, dass der reptilische Teil im menschlichen Gehirn – der eine so vielgestaltige wie wichtige Rolle beim Verhalten und bei emotionalen Reaktionen spielt – vor der genetischen Infiltration entweder nicht vorhanden war oder einen weitaus geringeren Einfluss hatte. Wenn Sie sich noch einmal die wissenschaftlich definierten Charakteristika des Reptiliengehirns ins Gedächtnis rufen, werden Sie die Verbindung zu den Wesenszügen des Archonten-Virus und seiner reptiloiden Erfüllungsgehilfen erkennen:

- kaltblütiges Verhalten und „Revierverhalten" – „das ist meins";
- Kontrollstreben;
- das Bedürfnis nach hierarchischen Machtstrukturen;
- Aggression;
- „der Stärkere hat Recht und der Sieger kassiert alles";
- Schutz von Status, Macht, Ansehen, Vorherrschaft und intellektueller Vorrangstellung;
- stillschweigende Billigung von Hierarchie und Autorität.

**Abb. 190:** *Die Menschen wurden genetisch auf die Frequenz der Schwarmintelligenz des Demiurgen (Virus) sowie auf die der simulierten falschen Wirklichkeit eingestellt, die sie noch immer für real halten.*

Dies sind genau die Eigenschaften, die in der menschlichen Gesellschaft seit der Übernahme durch die Archonten vorherrschen. Wie Ameisen in einer Kolonie, die ihrer Königin gehorchen, wurden die Menschen durch die genetische/energetische Manipulation der Archonten/Reptiloiden an deren Kollektivgeist angeschlossen, gleichzeitig aber auch an die falsche Wirklichkeit der Matrix, die sie als ihr tägliches „Leben" erfahren (Abb. 190). Der reptilische Teil des menschlichen Gehirns stellt bei all dem einen wichtigen Zugangspunkt für die Schwarmintelligenz der Archonten dar. Don Juan Matus, der mexikanische Schamane aus den Büchern von Carlos Castaneda, hat die archontische Übernahme eindrucksvoll beschrieben. In seinem letzten Buch „Das Wirken der Unendlichkeit" zitiert ihn Castaneda wie folgt:

> Wir haben es mit Prädatoren zu tun, die aus den Tiefen des Kosmos kamen und die Herrschaft über unsere Leben an sich rissen. Die Menschen sind ihre Gefangenen. Die Prädatoren sind unsere Herren und Meister. Sie haben uns fügsam und hilflos gemacht. Wenn wir protestieren wollen, unterdrücken sie unseren Protest. Wenn wir unabhängig handeln wollen, fordern sie uns auf, es nicht zu tun … wir werden wirklich als Gefangene gehalten!
>
> Sie haben die Herrschaft über uns übernommen, weil wir Nahrung für sie sind. Sie quetschen uns gnadenlos aus, weil sie von uns leben. Genauso, wie wir Hühner in Hühnerställen züchten, züchten die Prädatoren uns in Menschenställen. So haben sie stets Nahrung zur Verfügung.
>
> Denken Sie einen Augenblick nach. Wie erklären Sie sich den Widerspruch zwischen der Intelligenz des Menschen als Ingenieur und der Dummheit seiner Glaubenssysteme oder der Dummheit seiner widersprüchlichen Verhaltensweisen? Die Zauberer glauben, dass die Prädatoren uns unsere Glaubenssysteme, unsere Vorstellungen von Gut und Böse und unsere gesellschaftlichen Sitten gegeben haben. Sie waren es, die uns unsere Träume von Erfolg oder Niederlage vorgesetzt haben. Ihnen verdanken wir Habsucht, Gier und Feigheit. Die Prädatoren haben uns selbstgefällig, gewohnheitsorientiert und egoman gemacht.
>
> Um uns gehorsam, duldsam und schwach zu halten, haben sich die Prädatoren auf ein großartiges Manöver verlegt – großartig natürlich nur aus der Sicht eines kämpfenden Strategen, entsetzlich dagegen aus der Sicht dessen, der darunter zu leiden

> hat. Sie gaben uns ihren Verstand. Der Verstand der Prädatoren ist grotesk, widersprüchlich, griesgrämig und voller Angst, jederzeit entdeckt zu werden.

Meine eigenen Recherchen der letzten 26 Jahre bestätigen jedes einzelne Wort. „Nahrung für sie“ spielt auf die menschliche Energie an, deren Frequenz künstlich herabgesetzt wird, während das „Glaubenssystem“ das Wahrnehmungsprogramm des Ich-Phantoms bezeichnet. „Sie gaben uns ihren Verstand“ bedeutet, dass sie die Menschheit an den archontischen Kollektivgeist (Virus) und die falsche Wirklichkeit der „Matrix“ angeschlossen haben. Warum ähnelt das menschliche Verhalten – insbesondere das der „Elite“ und der „Führungspersönlichkeiten“ – so sehr den nun hinlänglich beschriebenen Charakterzügen der Archonten? Die Antwort darauf kennen Sie bereits. Durch die genetische/energetische Infiltration wurden wir Menschen an das archontisch/reptiloide Kontrollsystem angekoppelt, sodass sie uns „ihren Verstand geben“ konnten. Der Transhumanismus soll diese Verbindung noch verstärken und vervollkommnen. Don Juan Matus spricht davon, dass die Prädatoren uns die Vorstellung von Gut und Böse gebracht hätten – in der Bibel war dafür die Schlange verantwortlich, indem sie Adam und Eva (die symbolisch für die vom Virus infizierten, neu verschalteten Menschen stehen) im Garten Eden dazu verführte, den Apfel (Virus) zu essen.

Wie stark unser reptilischer Erbteil unser Verhalten beeinflusst und wie wir damit umgehen sollten, hat der Kosmologe Carl Sagan in seinem Buch „The Dragons of Eden“ (dt.: „Die Drachen von Eden“) zusammengefasst:

> Es ist absolut nicht hilfreich, wenn wir die reptilische Komponente des Menschen leugnen. Das gilt insbesondere im Hinblick auf unser rituelles und hierarchisches Verhalten. Im Gegenteil: Das Modell könnte uns dabei helfen, das Wesen des Menschen besser zu verstehen.

## Archontisch-reptiloide „Elite“

Seit eh und je nutzen die archontischen Prädatoren bzw. Erscheinungsformen des Virus denselben Modus Operandi: Sie bleiben im Verborgenen und lassen andere in der Welt des „Sichtbaren“ nach ihrer Pfeife tanzen. Oder, besser gesagt: in der für Menschen sichtbaren Welt. Gibt es eine bessere Methode, ungestört und unangefochten zu herrschen, als den Beherrschten die eigene Existenz zu verschweigen und alle, die darauf hinweisen, zu verhöhnen und zu beschimpfen? Die Archonten sind Experten der Täuschung und Illusion – *phantasia*. Mancher fragt, warum sie nicht einfach aus dem Schatten treten und offen die Macht übernehmen, aber das können sie nicht: Sie sind Verkörperungen einer energetischen Verzerrung, eines Virus; im Vergleich zur wahren Macht und zum wahren Potenzial des Menschen sind sie weitaus beschränkter. Viele Legenden berichten davon, dass die Prädatoren sich davor fürchten, vom Menschen entdeckt zu werden – ein weiterer Grund, warum sie sich nicht blicken lassen. Jedenfalls war das bisher der Fall. Ihnen bleibt nur die Option, die Menschheit so sehr hinters Licht zu führen, dass sie sich ihr eigenes Gefängnis baut (was sie tagtäglich tut); wenn diese dann vollständig unterjocht ist, könnte es dazu kommen, dass der Virus eine für uns sichtbare Gestalt annimmt. Die Archonten bleiben auch wegen eines einfachen Frequenzgesetzes für uns unsichtbar: „Sie" (der Virus) agieren vorrangig in einem anderen Frequenzband als wir. Energetisch betrachtet befinden sich der Virus sowie die meisten seiner Erscheinungsformen weder auf der Wellenlänge unserer Wirklichkeit, noch harmoniert ihre Schwingung mit unserer Atmosphäre. Sie benötigen weitaus mehr Strahlung als wir, was auch der wahre Grund dafür ist, warum die Erdatmosphäre derart mit technischer Strahlung verseucht wird. Der Virus braucht Energie, die er nicht selbst erzeugen (deshalb dienen die Menschen ihm ja als „Batterien"), aber aus energiereicher Strahlung beziehen kann. Fukushima, wo nach der Kernschmelze 2011 gigantische Mengen an Strahlung freigesetzt wurden, war ein Unfall? Aber klar doch – siehe dazu meine Bücher „Remember Who You Are" und „Die Wahrnehmungsfalle".

Manche Erscheinungsformen des Archonten-Virus können unsere Welt des sichtbaren Lichts betreten und sind daher auch in altertümlichen und neuzeitlichen Zeugnissen beschrieben worden; in Mythen und Legenden tauchen sie als „Außerirdische" oder „Götter" auf, die unsere Welt besuchen. Allerdings können sich diese Wesen nicht lange hier aufhalten, bevor sie unsere Welt wieder verlassen müssen. Vom Prinzip her lässt es sich damit vergleichen, dass Menschen sich nach Reaktorunfällen nur kurze Zeit der Strahlung aussetzen und im fraglichen Gebiet arbeiten dürfen, um ihre Gesundheit nicht zu gefährden (was oftmals dennoch zu lange ist). Dem Demiurg/den Archonten ist es gelungen, dieses Handicap zu kompensieren, indem sie bestimmte hybride Blutlinien (biologische Computerprogramme) schufen, die ich im Folgenden als „Elite", „archontische Blutlinien", „archontisch-reptiloide Blutlinien" bzw. „Hybride" bezeichnen will. Sie sind die Repräsentanten der Archonten, die deren Interessen und Pläne innerhalb des menschlichen Frequenzbands vorantreiben. Sie wurden als genetische (Informations-)Konstrukte so konzipiert, dass sie dem Demiurg-Virus als Vehikel dienen, weshalb sie sich auch genauso verhalten wie der Virus. Die unterschiedlichen Grade des Virusbefalls lassen sich daran erkennen, wie stark ein Mensch noch vom Unendlichen Gewahrsein beeinflusst wird: Es gibt Menschen mit erweitertem Gewahrsein, die sich zum Großteil – selten ganz – über den Einfluss des Ich-Phantoms und des Virus hinwegsetzen können; jene, deren Wahrnehmung überwiegend vom Ich-Phantom diktiert wird (die Mehrheit); die völlige Kontrolle durch das Ich-Phantom (Psychopathen); und schließlich die Blutlinien der „Elite", die

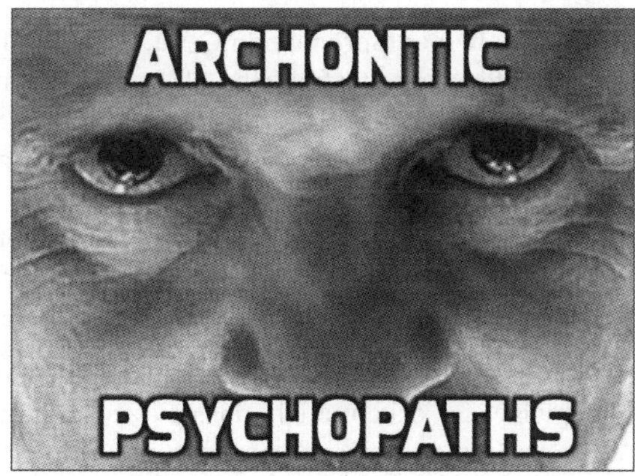

**Abb. 191:** „Archontische Psychopathen" – *Die Menschen, die vollständig vom Demiurg/Archonten-Virus kontrolliert werden, bezeichnen wir als Psychopathen.*

**Abb. 192:** *Archontisch-humanoide Hybriden sind die Mittelsmänner und -frauen, die die Agenda des Demiurgen innerhalb des menschlichen Frequenzbands vorantreiben.*

inkarnierten Archonten bzw. Super-Psychopathen (Abb. 191).

Die Rolle der hybriden Blutlinien lässt sich am besten in folgendem Bild veranschaulichen: Stellen Sie sich einen Wissenschaftler vor, der in einem Labor mit Material arbeitet, das so gefährlich ist, dass er es nicht berühren darf. Das Material wird in einer luftdichten Schutzkammer platziert, und der Wissenschaftler steht davor, steckt seine Arme in lange Handschuhe und kann so von außen mit dem Material im Inneren der Kammer arbeiten (Abb. 192). Wenn Sie nun den Wissenschaftler mit dem Demiurgen/den Archonten, die Schutzkammer mit unserer Wirklichkeit und die Handschuhe mit den Blutlinien der Elite gleichsetzen, sollten Sie verstehen, was ich meine. Aus diesen Blutlinien stammen die „Mittelsmänner und -frauen", über die die verborgenen Archonten die infiltrierte Bevölkerung steuern, und sie werden in die Machtpositionen gehievt, von denen aus das System gelenkt wird. Die Hybriden der Elite sind stärker von der archontisch-reptiloiden Energie (vom Virus) durchdrungen und haben entsprechende Gene, weshalb die weiter oben genannten Wesenszüge bei ihnen häufiger anzutreffen sind als in der Allgemeinbevölkerung. Da sie zu gleichen Teilen menschliche wie Virus-DNS besitzen (und ihre Schwingung daher mit der des Virus kompatibler ist), hat der Virus mehr – oft sogar völlige – Macht über sie, sodass er ihr Verhalten und ihr Tun auch stärker kontrollieren kann.

Der folgende Auszug stammt aus einem Interview mit dem Schweizer Hellseher Anton Styger. Seine Aussagen standen in keinerlei Bezug zu dem, was ich hier darlege, vielmehr beschrieb er seine eigenen Lebenserfahrungen:

> Bei besonders von der Materie gefangenen Menschen aus Industrie oder Politik beispielsweise erkenne ich, dass sie gar keinen Lichtkörper [Seele] mehr haben. Der sonst immer vorhandene Lichtpunkt im Herzchakra ist bei etlichen von ihnen für mich nicht mehr sichtbar.
>
> Um solche Personen sehe ich etwas wie eine Schicht aus „Glanzpech" liegen, in der sich ein Monsterwesen in Form einer Echse spiegelt. Gerade wenn solche Menschen

sprechen, zum Beispiel im Fernsehen, sehe ich statt des Aufleuchtens von Hals- und Stirnchakra eine Krokodilform, die sich wie in einem Hohlspiegel um die Person entlarvt.

**Abb. 193:** „Die Blutlinien" – *Die Welt wird von archontisch-reptiloiden Hybriden, deren Handlangern und Laufburschen gelenkt und beherrscht.*

Diese Besessenheit ist der Grund, warum unsere Welt von Psychopathen, Parasiten und krankhaften Lügnern (Täuschern) regiert wird, die weder Mitgefühl, noch Reue oder Scham kennen. Nehmen Sie zu diesen Merkmalen noch den reptiloiden Hierarchiewahn hinzu, und Sie haben genau die Persönlichkeiten, die auf der ganzen Welt an die Macht gelangt sind, und die in der gesamten Geschichte für Krieg, Trennung, Chaos, Tod, Zerstörung und Terror verantwortlich waren (Abb. 193).

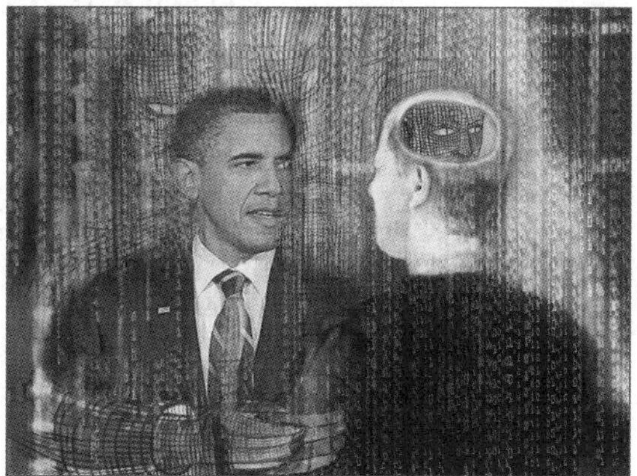

**Abb. 194:** *Eine „physische" Gestaltwandlung findet nur in den Decodierungsprozessen des Beobachters statt. In Wirklichkeit verändert sich nur das energetische Informationsfeld.*

All diese Schreckensszenarien wurden von den archontischen Blutlinien eingefädelt, um den Plan der völligen Kontrolle des Menschen voranzutreiben und sicherzustellen, dass stets das energetische „Mittagessen" auf dem Tisch steht. Dank ihrer dualen DNS (menschliche und archontisch-reptiloide Informationsfelder) können diese Hybriden zwischen einer menschlichen und reptiloiden Gestalt hin- und herwechseln sowie andere Formen annehmen. Wenn sie auf ein anderes Feld umschalten, kommt es einem Beobachter so vor, als würden sie ihre Gestalt wandeln. Es kann aber keine physische Verwandlung sein, denn das „Physische" gibt es nicht. Das menschliche wird durch das nichtmenschliche Energiefeld überschrieben, der Beobachter sieht eine materielle Verwandlung – doch all das geschieht nur innerhalb seiner Decodierungsprozesse: in seinem eigenen Gehirn (Abb. 194).

In meinen früheren Büchern bin ich ausführlich auf dieses Thema eingegangen. Dort habe ich auch aus Erfahrungsberichten von Menschen zitiert, vor deren Augen sich eine solche Gestaltwandlung abgespielt hat. Der amerikanische Rechercheur Stewart Swerdlow beispielsweise hat vom reptiloiden/nichtmenschlichen Kontrollsystem erfahren, als er mehrere Jahre lang im Rahmen eines Bewusstseinskontrollprogramms der amerikanischen Regierung und des Militärs in Montauk auf Long Island, New York, gefangen gehalten wurde (siehe „Die Wahrnehmungsfalle"). Er sagt, die archontisch-reptiloiden „Genetiker" seien bestrebt, ein Idealverhältnis von 50:50 zwischen reptiloiden und menschlichen Genen zu erreichen. Damit wollen sie Handlanger erschaffen, die zwar menschlich aussehen, aber ihre Gestalt wandeln können, wenn „sich das Hybridwesen auf die Gene konzentriert [Absicht], die es entweder ein- oder abschalten will".

Das menschliche Feld kann instabil werden, wenn das Energiefeld durch ein Übergewicht des archontisch-reptiloiden Teils aus der Balance gerät, aber auch bei heftigen Wutausbrüchen, die eine starke elektrische Ladung erzeugen und eine ungewollte „Verschiebung" herbeiführen können. Ich habe mit Augenzeugen auf der ganzen Welt gesprochen, die gesehen haben, wie Menschen sich während eines starken Wutanfalls in Reptiloide verwandelt haben.

## Hybride Bluttrinker

Eine Methode, durch die sie sicherstellen, dass sie ihre menschliche Gestalt beibehalten, wenn sie nicht unter ihresgleichen sind, besteht darin, reichlich menschliches Blut zu trinken, da dieses die genetische (Informations-)Blaupause des Menschen enthält. Diesem Gebaren haben wir sowohl unsere Vampirlegenden zu verdanken, als auch die Tatsache, dass bei satanistischen Ritualen Blut getrunken wird. Der berüchtigtste bluttrinkende Vampir, der zudem noch massenhaft Menschen opferte, war Vlad der Pfähler, der im 15. Jahrhundert über die Walachei im heutigen Rumänien herrschte. Von dort – vor allem aus Transsilvanien – stammen entsprechend viele Vampirlegenden. Vlads Leben war es auch, das Bram Stoker zu seinen Erzählungen über den gestaltwandelnden, bluttrinkenden Dracula inspirierte (Abb. 195). Seinen Beinamen erhielt Vlad, weil er die Menschen, die er umbrachte, oft auf Pfählen aufspießen ließ. Während sie langsam um ihn herum starben, trank er ihr Blut. Überall waren verwesende Leichen (wieder der Todeskult).

**Abb. 195:** *Vlad der Pfähler folterte Menschen durch Pfählung zu Tode und trank ihr Blut.*

Sein Vater Vlad Dracul war 1431 vom Kaiser des Heiligen Römischen Reiches in den alten Drachenorden aufgenommen worden, eine der elitärsten Geheimgesellschaften der archontisch-reptiloiden Blutlinien. Geheimgesellschaften dienen naturgemäß dazu, Geheimnisse zu hüten, wobei das größte Geheimnis innerhalb der exklusiven inneren Zirkel die Kontrolle der menschlichen Realität durch die Archonten und Reptiloiden ist. Das Emblem des Drachenordens zeigt einen Drachen mit ausgebreiteten Flügeln, der an einem Kreuz hängt. Der geflügelte Drache wiederum symbolisiert das archontisch-reptiloide „Königsgeschlecht" (wie immer geht es um Hierarchien), das ET-Forschern auch unter dem Namen „Draco" bekannt sein dürfte. Viele Dracos sind weißhäutige Albinos und haben einen Schwanz, was an die Darstellung des „Teufels" mit Flügeln und Schwanz gemahnt. Dass wir grausame Gesetze und Tyrannei mit dem Adjektiv „drakonisch" beschreiben, könnte passender kaum sein. Vlad der Pfähler jedenfalls pflegte mit Draculea bzw. Draculya – „Sohn des Teufels" – zu unterzeichnen, was Bram Stoker letztlich zu seiner Namensgebung inspirierte. Vor dem geschilderten Hintergrund ließe sich Dracula also in etwa als „Sohn dessen, der den Auftrag des Drachen ausführte" übersetzen.

**Abb. 196:** *Maria von Teck, die Großmutter der Queen, ist eine Nachfahrin von Vlad dem Pfähler. Die britische Königsfamilie stammt von einer der berüchtigtsten Personen der Geschichte ab, die Menschen opferte und deren Blut trank? Aber nicht doch.*

Die archontischen Blutlinien sind seit jeher darauf versessen, sich mit ihresgleichen zu vermischen, um ihr hybrides Erbgut zu bewahren. Es ist daher kein Zufall, dass Königin Mary, auch bekannt als Maria von Teck, die Großmutter der heutigen Königin Elizabeth II., eine Nachfahrin aus der Familie Vlad „Dracula" des Pfählers ist (Abb. 196). Letztlich sollte uns das aber nicht verwundern, denn die gesamte britische „Königsfamilie" bzw. das Haus Windsor entstammt einer archontisch-reptiloiden Blutlinie mit dualer DNS. Seit mehr als zwei Jahrzehnten habe ich in Büchern wie „Das größte Geheimnis", „Der Löwe erwacht" und „Die Wahrnehmungsfalle" aufgedeckt, dass es sich bei dieser Familie um Satanisten handelt, die ihre Gestalt wandeln können und Menschen opfern. Freilich bin ich für diese Aussagen von den Ich-Phantomen in Medien und Gesellschaft zum Gespött gemacht worden, doch ändert das nichts an deren Wahrheitsgehalt. Dass Prinz Charles über seine Mutter ein Nachfahre Vlad des Pfählers ist, hat er selbst bestätigt. Zudem hat er in Transsilvanien Ländereien erworben, die er häufig besucht (Abb. 197). Geht es zurück in die Heimat, Charles? Die amerikanische Bush-Familie ist ebenfalls mit Vlad dem Pfähler verwandt. Sie dürften das Muster erkennen und wissen, worauf ich hinauswill.

**Abb. 197:** *Prinz Charles und sein Vorfahr Vlad der Pfähler. Beide verbindet sie die Liebe zu dem Landstrich, in dem auch Transsilvanien liegt. Man fragt sich, was sie wohl noch verbindet?*

In meinen früheren Büchern lasse ich häufig Christine Fitzgerald zu Wort kommen, eine langjährige enge Vertraute von Prinzessin Diana. Christine war eine von denen, die mir davon berichteten, dass die Königsfamilie reptiloid ist und an satanistischen Ritualen teilnimmt. Prinzessin Diana wusste sehr wohl, dass die Windsors nicht das waren, wofür man sie hielt – doch wem sollte sie das erzählen, ohne für verrückt erklärt zu werden? Über die inzwischen verstorbene Königinmutter und die Königsfamilie allgemein sagte Christine Fitzgerald Folgendes:

> Die Königinmutter … nun, hier haben wir es mit echter Hexerei zu tun. Die Königinmutter ist wesentlich älter, als die Öffentlichkeit ahnt. Ehrlich gesagt, ist in der Königsfamilie seit Langem niemand mehr gestorben. Die haben nur andere Gestalten angenommen. Es ist eine Art Klonen, nur läuft es etwas anders ab. Sie nehmen Stücke des Körpers und bauen aus einem kleinen Stück den gesamten Körper neu auf. Weil sie Echsen, also Kaltblüter sind, können sie dieses Frankenstein-Zeug viel leichter machen als wir Menschen. Die verschiedenen Körper sind einfach verschiedene elektrische Schwingungen. Und sie […] kennen das Geheimnis der Mikroströme, ganz spezifischer Ströme im Mikrobereich, einer besonderen Art von Radiowellen, aus denen die Körper [Hologramme] entstehen. […]
>
> Sie kennen die Schwingungsmuster des Lebens. Da sie Kaltblüter, also Reptilien sind, verspüren sie nicht den Wunsch, die Erde so harmonisch wie möglich zu machen oder den Schaden zu beheben, den die Erde erlitten hat. Die Erde wird seit Urzeiten von verschiedenen Außerirdischen angegriffen. Lange Zeit hat man sie wie einen Fußball behandelt; sie war eine Haltestelle für alle möglichen Außerirdischen. Diese ganzen Außerirdischen konnten mit allem zurechtkommen, auch mit schädlichen Gasen. Sie landen hier ständig oder kommen aus den Eingeweiden der Erde nach oben.
>
> Ursprünglich sahen sie wie Reptilien aus, doch heute sehen sie aus wie wir. Das liegt an ihrer elektrischen Schwingung, dem Lebensschlüssel, von dem ich gesprochen habe [holografische Manipulation]. Sie können jede Gestalt annehmen, die sie wollen. Alles echte Wissen wurde beseitigt, in Einzelteile zerlegt und verkehrt wieder zusammengesetzt. Die Königinmutter fungiert für diesen Teil Europas als „Oberkröte"; auf jedem Kontinent haben sie jemanden wie sie. Wissen Sie, die meisten Leute, die nur Mitläufer sind, haben keine Ahnung von den Reptilien. Sie stehen ehrfürchtig vor diesen Leuten, einfach weil sie so mächtig sind.

Christine Fitzgerald ist nur eine meiner Informanten, die davon berichten, dass die Mitglieder der Königsfamilie einer reptiloiden hybriden Blutlinie angehören – was übrigens nicht nur für das britische Königshaus gilt. Diana sprach in vertraulichen Gesprächen mit Christine Fitzgerald davon, dass die Königinmutter „böse" sei, während die „Queen Mum" der Öffentlichkeit als nette alte Dame und „Großmutter der Nation" präsentiert wurde (Abb. 198). Kein Wunder, dass Diana beim Unfall in Paris ausgeschaltet wurde – schließlich wusste sie sowohl im übertragenen wie im wörtlichen Sinn, wo die Leichen der Königsfamilie begraben lagen und machte wenig Hehl daraus, dass sie bereit war, sich mit der Familie anzulegen. Alle Einzelheiten können Sie in „Die Wahrnehmungsfalle" und „Das größte Geheimnis“ nachlesen; im letztgenannten Buch gehe ich auch dem Mord an Diana nach. Ich werde auf die Queen und ihre Familie zurückkommen, wenn ich im Kapitel über Satanismus analysiere, wie maßgeblich dieser dazu beiträgt, die Menschheit zu kontrollieren.

Die Hybriden mit halb archontisch-reptiloiden, halb menschlichen Genen sind auch der Grund, dass es auf der ganzen Welt „königliche“ Abstammungslinien gibt, deren Sprösslinge behaupten, sie hätten das „göttliche Recht zu herrschen“ – das sogenannte „Gottesgnadentum“. Damit ist ihre genetische Verbindung zu den archontisch-reptiloiden „Göttern“ gemeint, deren Virus sie in sich tragen und als deren Diener sie geschaffen wurden (Abb. 199). Diese elitären hybriden Blutlinien (Programme) wurden auf der ganzen Welt installiert, um die Menschheit im Auftrag des Demiurgen/der Archonten zu beherrschen. Der Deal mit dem „Gottesgnadentum“ galt dabei für den gesamten Globus – von Europa bis China, von Nah- bis Fernost, für Afrika sowie Nord- und Südamerika. Die chinesischen Kaiser begründeten ihr Gottesgnadentum beispielsweise damit, dass sie von den „Schlangengöttern“ abstammten; zudem wurden viele Kaiser als Drachen bezeichnet oder mit reptiloiden Attributen wie „drachenähnliches Antlitz“ bedacht. Beide – Drache und Schlange – sind universelle Symbole für königliche Abstammung oder Königtum. Bei den Kelten etwa gab es den Titel „Pendragon“ („Großer Drache“ bzw. „König der Könige“). Das „Buch des Dzyan“, eine der ältesten Sanskritschriften Indiens, spricht von einer reptiloiden Rasse namens Sarpa – den Großen Drachen, die vom Himmel kamen. In einem buddhistischen Text wiederum, der „Mahavyutpatti“, werden 80 Könige aufgelistet, die von den Nagas bzw. „Schlangenkönigen“ abstammen. Auf diese Abstammung beriefen sich indische Herrscher, wenn sie ihr Recht zu herrschen geltend machen wollten. Den Nagas wurde nachgesagt, sie könnten zwischen menschlicher und reptiloider Gestalt hin- und herwechseln, und sie vermischten sich indischen Epen zufolge mit einem weißen Volk, um die „königliche“ Linie der Arier zu begründen. Auch die Kobra ist ein altes Symbol für die archontisch-reptiloiden Hybriden.

**Abb. 198:** „Wirkt mein Schwanz darin größer?“ – *Die Königinmutter war alles andere als die „Großmutter der Nation“. Sie war das pure Böse.*

**Abb. 199:** „Die Queen, ‚von Gott berufen‘ … ah ja, da haben wir ihn.“ – *Das demiurgische Recht zu herrschen.*

**Abb. 200:** *Pharaonen schmückten sich mit reptiloider Symbolik.*

Die ägyptischen Pharaonen wurden mit einem Kopfschmuck bestattet, der die Haube einer Kobra darstellte; außerdem trat symbolisch der Unterleib der Kobra aus dem Kinn, und ihr Kopfende ragte aus der Stirn (Abb. 200). Dschinn, die islamische und vorislamische Bezeichnung für die Archonten, wird auch „Djinn" geschrieben. Im Ägyptischen stand das „Dj" für eine Schlange, und es gab Pharaonen mit den Namen Djer, Djoser und Djederfra, aber auch den ägyptischen Orden der Djedhi (Jedi?). Auf den Krönungsritualen der ägyptischen Pharaonen beruhen nicht nur viele hebräische Rituale, sondern auch die britische Zeremonie zur Krönung des Monarchen. Das Öl, das heutzutage in der britischen Krönungszeremonie verwendet wird, steht für das Fett des Nilkrokodils, mit dem die Pharaonen gesalbt wurden. Der zeremonielle ägyptische Titel „Moche" bedeutet in etwa „Der mit Krokodilfett vom Nilfluss Gesalbte". Dieses Fett, das „Messeh", führte zum Begriff „Messias" – der „Gesalbte". „Moshe" ist zudem der hebräische Name des biblischen „Moses" (der gefunden wurde, als er „in einem Korb auf dem Nil trieb"). Auch bei den alten Königen von Medien (heutiger Iran und Teile der Türkei) finden sich Drache und Schlange: Sie wurden „Mar" (persisch für „Schlange") genannt und als „Drachendynastie von Medien" bzw. „Nachfahren des Drachen" bezeichnet. Ich könnte die Aufzählung endlos fortführen.

Die Hybriden aus der archontisch-reptiloiden Königslinie wurden als von den „Göttern" auserwählte Herrscher betrachtet, und ihre Macht beruhte auf ihrem *genetischen* Erbe (als Virusträger). Das ist der Grund, warum die Vertreter königlicher Abstammungslinien als Mittelsmänner und -frauen zwischen Menschen und „Göttern" wahrgenommen wurden. Auch die Vorstellung, dass Priester als Mittelsmänner und (seltener) -frauen zwischen den Menschen und „Gott" stünden, geht auf diesen Zusammenhang zurück. Archontisch-reptiloide Königshäuser und Adelsangehörige werden zudem häufig „blaublütig" genannt. Stewart Swerdlow will im Rahmen des Bewusstseinskontrollprogramms in Montauk erfahren haben, dass die Bezeichnung „blaublütig" mit dem höheren Kupferanteil im Blut der Hybriden zu tun hat, der dazu führt, dass es eine blaugrüne Farbe annimmt, wenn es oxidiert.

# Hybride Hierarchie

Die hybriden Blutlinien herrschen noch heute in der gewohnten Gestalt – man denke an die britischen oder andere noch existierende „königliche" Familien –, doch haben sie ihre Macht inzwischen auf Politik, Banken, Unternehmen und das System im Allgemeinen ausgedehnt. Der einzige Grund, warum der Windsor-Clan das von der Verfassung verbriefte Recht hat, das Staatsoberhaupt zu stellen, sind dessen Erbgut und die Familiengeschichte. Wer mit wem Sex hatte und wann laut genetischer Hierarchie die Thronfolge angetreten werden muss, entscheidet in Großbritannien also über den Staatsvorsitz. So läuft das seit Menschengedenken – seit der Archonten-Virus die Menschheit infiziert und seine Statthalter und -halterinnen eingesetzt hat.

Einige der wichtigsten Hybridlinien kamen aus Sumer, Babylon und Ägypten im Nahen Osten; ursprünglich waren sie aus Asien und Fernost dorthin gelangt. Später breiteten sie sich in Richtung Norden aus, wo sie sich mit anderen archontisch-reptiloiden Hybriden vermischten (die „elitäre" Variante des Virus miteinander austauschten), um dann die Könige und Königinnen Europas zu stellen (Abb. 201). Wie von den Repräsentanten einer Macht zu erwarten, die alles und jeden übernehmen (mit dem Virus infizieren) will, kamen und gingen die Reiche und Imperien mit ihnen. Mit der Expansion der Blutlinien wurde das Babylonische zum Römischen Reich, später folgten das Britische Weltreich und andere europäische Imperien. Heute, wo die Blutlinien schon lange in Nordamerika ansässig sind, haben wir das amerikanische Imperium, das nur offiziell noch nicht als solches bezeichnet wird. All diese Großreiche, durch die immer größere Gebiete der Erde vereinnahmt und kontrolliert werden konnten, unterstanden dem Archonten-Virus. Von Pharaonen bis zu Stammesführern, von chinesischen Kaisern bis zu europäischen Königshäusern und Adelsgeschlechtern – stets waren die Archonten an der Macht, verborgen hinter der menschlichen Gestalt.

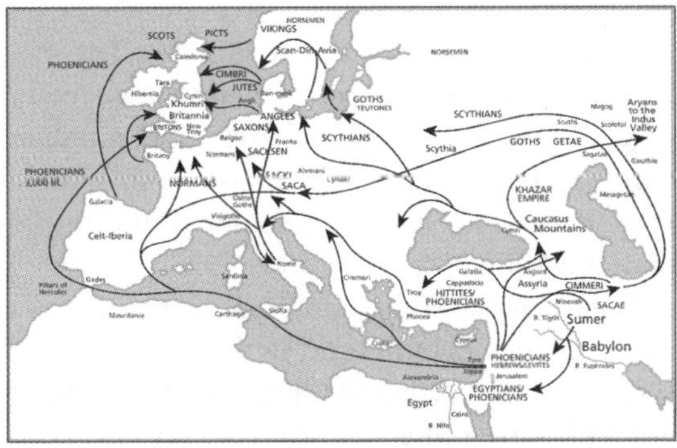


**Abb. 201:** *Die archontischen Hybriden kamen aus dem Nahen Osten und Asien, von wo aus sie nach Europa und schließlich auf den amerikanischen Kontinent expandierten, um dort die Macht zu übernehmen.*

Es leuchtet auch ein, warum sie so sehr darauf bedacht waren, ihr Erbgut (die Blaupause für den Virus) zu schützen, indem sie sich nur mit ihresgleichen und nicht mit den „Gemeinen" einließen. Da einige der strohdümmsten Personen der Menschheitsgeschichte aus den hybriden Adelslinien stammen, können sie das ganz klar nicht deswegen getan haben, weil sie ihre überragende „Intelligenz" bewahren wollten. Nein, sie wollten etwas ganz anderes bewahren: Ihr hybrides Erbgut. Zwar hat es den Anschein, dass gewöhnliche Bürger inzwischen ihrem exklusiven genetischen Zirkel beitreten dürfen – man denke an die Heirat von Kate Middleton und Prinz William im Jahr 2011 –, doch enthüllt ein genauerer Blick auf die Familiengeschichte angeblich „Außenstehender" meist, dass sie einflussreiche Vorfahren aus Königs- oder Adelsgeschlechtern hatten. Mehrere Informanten – darunter ein inoffizieller Nachkomme der zutiefst archontischen Rothschild-Familie – haben mir zugetragen, dass es eine archontisch-reptiloide Samenbank gibt, die es den elitären Blutlinien ermöglicht, ihre Kinder in anderen Familien aufwachsen zu lassen. Diese können sich dann als politische Führer etablieren oder auf andere Weise dem System dienen, ohne den Namen „Rothschild" oder einen anderen elitären Familiennamen aus der Blutlinie zu tragen, sodass die Verbindung nicht gleich zu erkennen ist. Allein die Rothschilds haben zig solcher inoffizieller Nachkommen, die nicht so heißen, aber zur *Blutlinie* gehören und mit dem Archonten-Virus infiziert sind. All diese Vorkehrungen sind nötig, weil die hybriden Erbanlagen schnell verwässern und in die Allgemeinbevölkerung gelangen können, wenn sie mit dem Erbgut von Menschen vermischt werden, die nicht zur archontisch-reptiloiden Linie gehören. Die meisten Ehen zwischen Königshäusern werden weder aus Liebe noch aus irgendwie gearteter Anziehung geschlossen, sondern rein aus genetischer Notwendigkeit. Viele haben neben ihrer Ehe andere Beziehungen – ein Paradebeispiel hierfür ist Prinz Charles mit seinem Verhältnis zu Prinzessin Diana (genetische Pflicht) auf der einen und seiner (Wunsch-)Beziehung zu Camilla Parker-Bowles auf der anderen Seite.

Falls sich die Archonten/Reptiloiden mit Menschen vermischen müssen, weil sie frisches menschliches Erbmaterial benötigen, bevorzugen sie das von blauäugigen, blonden Menschen. Dianas Vertraute Christine Fitzgerald berichtete mir, dass die Windsors Dianas Erbgut einkreuzen mussten, weil nach Generationen, in denen sie sich nur mit ihresgleichen vermischt hatten, ihre hybriden reptiloiden Erbanlagen so dominant geworden waren, dass sie Gefahr liefen, ihre menschliche Gestalt nicht mehr aufrechterhalten zu können.

## „Königliche" Anzugträger

Die europäischen Großreiche erstreckten sich über die ganze Welt, und wenn sie expandierten, hatten sie stets die archontische Agenda im Gepäck. Das mit Abstand bedeutendste Imperium war das Britische Weltreich, durch das die britischen Inseln (unter anderem auch wegen ihrer Lage auf dem Erdgitternetz) zu einem der mächtigsten Zentren der archontischen Blutlinie auf Erden wurden – und das sind sie bis heute geblieben. Ich spreche hier nicht von der britischen Regierung, die – ganz gleich, welcher Premier oder welche Partei offiziell an der Macht ist – nur eine weitere Fassade und ein Lakai der Archonten ist. Gemeint ist die Ebene des globalen Netzwerks der archontischen Geheimgesellschaften, der Verdeckten Hand hinter dem Weltgeschehen, die dafür sorgt, dass die archontischen Blutlinien und ihre Laufburschen überhaupt erst an die Macht gelangen. Lassen Sie mich erläutern, wie dieses Netz der Täuschung gesponnen wurde und wie es funktioniert.

Für die archontische Tyrannei der Königshäuser war so lange alles in bester Ordnung, bis das Volk zu rebellieren begann und bei Entscheidungen mehr Mitspracherecht forderte. Da das die Allmacht der archontischen Hybriden gefährdete, wurden die Forderung nach mehr Macht für das Volk und der Ruf nach „Demokratie" von Beginn an in falsche Bahnen gelenkt: In den Gesellschaften, die sich nach dem Aufbegehren gegen die Königshäuser zu formieren begannen, schuf man hierarchische politische Strukturen und verkaufte dem Volk das Märchen, dass eine alle vier oder fünf Jahre abgegebene Stimme tatsächlich einen Einfluss darauf hat, wohin die Welt steuert und wie sich das Leben der „freien" Wähler entwickelt. Heute ist für keinen, der die Augen auch nur einen Spalt offen hat, zu übersehen, dass es egal ist, welche Person oder „Partei" man wählt – niemand weicht vom eingeschlagenen Weg ab. Immerhin können wir uns bei Sohnemann Bush und Barack Obama dafür bedanken, dass sie uns das so unverhohlen vor Augen geführt haben. Bush wurde durch „Mr. Change" Obama ersetzt, der weitermachte wie gehabt (Abb. 202).

**Abb. 202:** *Der Präsidentschaftswechsel ist nur ein Maskenwechsel.*

Die Abkömmlinge der hybriden Blutlinien haben ihre Kronen und Diademe nur gegen schwarze Anzüge ausgetauscht und wurden so zu inoffiziellen Königen, Königinnen und Prinzen in Polit- und Bankwesen, aber auch in Großunternehmen, Wissenschaft, Medizin und Medien. Durch diesen Trick ersetzten sie ihre offene (archontische) Königsdiktatur durch eine geheime (archontische) Anzugsdiktatur namens „Demokratie". Der Begriff stammt aus dem Griechischen und setzt sich aus den griechischen Worten „demos" (Volk) und „kratós" (Herrschaft) zusammen. Wie die Demokratie tatsächlich funktioniert, können wir aktuell in Griechenland sehen, wo die EU und internationale Bankiers über das Land bestimmen, während die „Volksherrschaft" zur belanglosen Schönfärberei verkommen ist und nur als Ablenkungsmanöver dient.

Die „Demokratie" ist im Grunde eine Diktatur, in der uns vorgetäuscht wird, wir hätten die freie Wahl. Um diese Diktatur errichten zu können, war es von zentraler Bedeutung, dafür zu sorgen, dass keine wirklich unabhängigen, eigenwilligen Möchtegernpolitiker in Machtpositionen gewählt werden können, sondern nur politische Parteien. Diese nämlich sind wie gewohnt hierarchisch aufgebaut und können von den Wenigen an der Spitze kontrolliert werden. Will man bei irgendeiner größeren Wahl erfolgreich sein, heißt das in den meisten Fällen, dass man einer Partei beitreten muss, denn nur so kommt man an effiziente Werbung und Finanzmittel sowie in die Medien. Um als Repräsentant der Partei ausgewählt zu werden, muss man die Hierarchie davon überzeugen, dass man sich der Parteilinie unterordnet – schließlich vertritt man nicht das Wahlvolk, sondern die Partei (bzw.

diejenigen, die die Partei kontrollieren). Wer bis in den Rang eines Ministers, Premierministers oder Präsidenten aufsteigen will, muss die Weisungen der Partei und ihrer Hierarchie befolgen, sonst hat er – von äußerst seltenen Ausnahmefällen abgesehen – *nicht den Hauch einer Chance*. Wie viele aufrichtige Menschen, die nicht automatisch lügen, sobald sie den Mund aufmachen, haben je ein hohes politisches Mandat errungen? Jede Partei ist als pyramidenförmige Hierarchie konzipiert, die von oben regiert wird: Die Wenigen sitzen auf dem Schlussstein, geben den Ton an und vertreten (oft unwissentlich) die Interessen des archontischen Kontrollsystems.

**Abb. 203:** „Politische Wahl" – *Wähle mich – ich bin anders als die andern.*

Ein entscheidender Faktor dafür, dass die Öffentlichkeit den Schwindel mit der „Demokratie" schluckt, ist der, dass man sie glauben macht, jede Partei – für gewöhnlich zwei, maximal drei, die eine realistische Chance haben, an der Regierungsbildung beteiligt zu sein – stehe für eine andere Methode, das Land zu regieren. Die Glaubwürdigkeit der Demokratie hängt davon ab, ob das Volk meint, eine echte Wahl zu haben – verschiedene Masken auf demselben Gesicht kann man aber schwerlich als Auswahl bezeichnen. Daher verlieren immer mehr Menschen ihren Glauben an das politische System; es dämmert ihnen, dass sie gar keine Wahl haben ... „Es spielt keine Rolle, wen du wählst, denn die sind eh alle gleich". Das *sind* sie auch – das Resultat, wenn nicht sogar jedes Detail, ist immer dasselbe, denn genau so wurde es ja auch eingerichtet (Abb. 203). Zwar mögen ab und zu „neue" Parteien auftauchen, doch werden sie über kurz oder lang vom System absorbiert und zu einem Abklatsch der Parteien, denen sie eigentlich die Stirn bieten wollten. Wenn Sie sich fragen, warum, kann ich Ihnen weiterhelfen: Das System ist nur eine Erscheinungsform des Archonten-Virus, und wenn wir davon reden, dass einst unabhängig denkende Menschen und Organisationen „vom System geschluckt" wurden, sind sie eigentlich vom Virus geschluckt (infiziert) worden.

Wie oft haben Sie schon Menschen gesehen, die mit besten Absichten in die Politik gingen, aber als Inbegriff dessen endeten, was sie eigentlich zu verändern gedachten? Mir kommt spontan Neil Kinnock, der ehemalige Vorsitzende der britischen Labour-Partei, in den Sinn, aber von seiner Sorte gibt es weltweit ganze Heerscharen. Als zum Beispiel Alexis Tsipras als Premierminister in Griechenland an die Macht kam, versprach er, sich nach der inszenierten Schuldenkrise nicht den vernichtenden Sparmaßnahmen zu beugen, die dem griechischen Volk von der EU, der EZB und dem IWF auferlegt werden sollten. In einem von Tsipras initiierten Volksentscheid sprachen sich 62 Prozent der Griechen dafür aus, den Finanzkrieg abzuwehren, den EU, EZB und IWF gegen sie führen wollten. Laut dem ehemaligen Finanzminister Yanis Varoufakis soll sich Tsipras aber – trotz seines ganzen rhetorischen Palavers – noch in der Nacht des Volksentscheids dafür entschieden haben, sich den Psychopathen und deren Einschüchterungstaktiken zu beugen und den für das griechische Volk schrecklichen Bedingungen zuzustimmen. Dem folgte der Versuch, seine Partei von all jenen Mitgliedern zu säubern, die das sagten, was er gesagt hatte, bevor er vor dem System kapituliert hatte. Und was geschah dann? Er wurde wiedergewählt (Abb. 204). Die Geschwindigkeit, mit der Tsipras seine Integrität über Bord warf, war selbst für politische Maßstäbe hoch – allerdings ist es die Norm, sich dem Willen des Systems zu unterwerfen. Die Politik ist ein Konstrukt des Virus, und Sie sollten diese Höhle nur betreten, wenn Sie Ihren Werten treu bleiben können. Ansonsten setzt Ihnen der Virus so lange zu, bis es das, was einmal Ihr „Ich" war, nicht mehr gibt. An kaum einem Ort der Welt läuft man mehr Gefahr, dass der Virus sich der eigenen Wahrnehmung bemächtigt, als in den Regierungszentren – denn dort ist er zu Hause.

**Abb. 204:** „Ich habe euch belogen, getäuscht und an die EU verschachert. Nun wählt ihr mich zurück. Gott segne die Heimat der Demokratie." – *Demokratie live.*

Alle großen und auch die meisten kleineren Parteien werden von derselben Macht gesteuert – dem Virus in all seinen Erscheinungsformen. Die hierarchischen Machtstrukturen, die uns im Adel, in der Politik, in der Religion und in Unternehmen begegnen, sind nur eine holografische Reflexion der unsichtbaren archontischen Hierarchie, die den menschlichen Adelsrängen ähnelt und an deren Spitze der Demiurg (Urvirus) steht. Das System ist der sichtbare Ausdruck einer interdimensionalen Kontrollstruktur, deren Machtzentrum sich im Unsichtbaren befindet (Abb. 205). Einerseits werden die Menschen direkt durch die hybriden Handlanger der Archonten kontrolliert, andererseits aber auch durch die Zwangsjacke der programmierten Vorstellungen und Möglichkeiten, in die sie ein Leben im archontisch diktierten Mainstream-Einheitsbrei gezwängt hat. Rechnen Sie zu all dem noch hinzu, dass Sie als Politiker die Stimmen einer Bevölkerung benötigen, die zum Großteil vom Mainstream-Einheitsbrei dazu programmiert wurde, sämtliche anderen bzw. neuen Richtungen zu fürchten – und schon wird es völlig unmöglich, das System politisch zu überwinden. Die Politik *ist* das System. Die Strategien und Standpunkte der heutigen politischen Parteien liegen so eng bei-

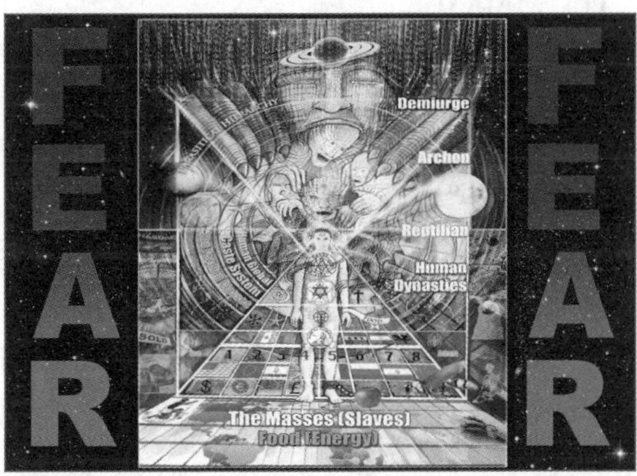


**Abb. 205:** *Die Hierarchie der Angst, die von der unsichtbaren Welt bis in alle Ebenen der menschlichen Gesellschaft reicht. Warum der Saturn hier abgebildet ist, wird noch klar werden.*

einander, dass kein Blatt Papier mehr dazwischen passt; sie alle vertreten das winzige Spektrum, das sich „politischer Konsens" (archontische Agenda) nennt. Das ist die programmierte politische und wirtschaftliche „Norm". Jeder, der diese Norm infrage stellt, wird automatisch als – üblicherweise sogar gefährlicher – „Extremist" betrachtet und auch so dargestellt. Die Unterschiede zwischen Parteien und politischen Lagern sind bestenfalls marginal; die sogenannten politischen Pole („Extreme") dienen demselben System und sind nur scheinbar uneins.

Einen etwas anderen Ansatz sahen wir, als 2015 der neue Vorsitzende der britischen Labour-Partei Jeremy Corbyn als Oppositionsführer ins Amt gewählt wurde. Das war gut, denn er hatte mehr Mitgefühl und Anstand als alle seine politischen Gegner – doch letzten Endes verkörpert er noch immer das System, wenn auch in etwas anderer Gestalt. So ist es mit allen Politikern. Die politischen „Gegner", die um Macht und Bedeutung kämpfen, erkennen nicht, dass sie alle dieselbe Agenda verfolgen: nämlich die der Archonten zur Kontrolle der Menschheit. Eine Partei mag sich für Steuererhöhungen, die andere für Steuersenkungen aussprechen – doch sie glauben beide an die *Steuer*, die im Zusammenspiel mit dem Bankensystem das wichtigste Mittel des Archonten-Virus ist, um die Arbeitskraft und Kreativität der Menschen abzusaugen. Die Parteien mögen leicht unterschiedliche Auffassungen vertreten, an welcher Stelle man noch am System herumschrauben könnte – doch akzeptieren sie alle das System als Norm, als Basis, von der aus sie alles betrachten und bewerten. Liegt die politische Macht erst einmal in den Händen von zwei oder drei Parteien, bedeutet das, dass jeder Einzelne nur noch zwischen der einen oder der anderen Partei „wählen" kann. Falls Sie nicht mögen, was Partei A in der Regierung anstellt, können Sie diese nur absetzen, indem Sie Partei B wählen. Macht es Partei B nicht besser, können Sie diese nur loswerden, indem Sie zu Partei A zurückkehren (Abb. 206). In manchen Ländern gibt es womöglich noch eine Partei C, doch das Prinzip bleibt dasselbe. Politik und Staatsführung sind *archontische* Politik und Staatsführung – eine Herrschaft der Ich-Phantome, von Ich-Phantomen gewählt, um Ich-Phantome zu versklaven. Doch das ist längst nicht alles, und es reicht noch einige Ebenen tiefer.

**Abb. 206:** *Eine perfekte Darstellung des politischen Systems. Sie mögen uns nicht? Wählen Sie die anderen. Sie mögen die anderen nicht? Wählen Sie uns. Sie mögen uns beide nicht? Pech gehabt.*

Parteien sind nur eine Ebene des politischen Kontrollsystems, das in unserer Wirklichkeit von den archontischen Blutlinien gesteuert wird. Lassen Sie uns am Beispiel Amerikas noch etwas tiefer in den Kaninchenbau klettern. Zur Amtszeit von Sohnemann Bush wurden die Republikaner von einer nicht gewählten geheimen Clique gelenkt (das werden sie übrigens heute immer noch) – den Neocons bzw. Neokonservativen, die übrigens auch hinter den Invasionen in Afghanistan, im Irak und hinter allerlei anderem standen. Ich werde später noch mehr über sie und ihre Verbindung zu 9/11 erzählen. Aufseiten der Demokraten aber gibt es eine ähnliche Clique, die ich die Democons nennen will. Sie sind die wahre Macht hinter jedem demokratischen Präsidenten, ob es nun Obama, Clinton oder sonst wer ist (Abb. 207). Auf der nächsten Ebene aber stehen Neocons wie auch Democons *denselben* verdeckten Meistern Rede und Antwort (Abb. 208). Republikaner und Demokraten (zwischen denen politisch „gewählt" werden darf) werden auf dieser Ebene also von *derselben* Macht gelenkt. Egal, wer gerade an der Regierung ist – die Archonten sind es immer. Deshalb bleiben die Agenda und die Marschrichtung dieselbe, ganz gleich, wer gerade die „Macht" hat (Abb. 209). So ist die Politik in nahezu *jedem* Land beschaffen, ganz gewiss aber in den wichtigsten Ländern Amerikas, Europas, Asiens und überall dort, wo sich die „Demokratie" niedergelassen hat – eingeschlossen Australien und Neuseeland (Abb. 210).

Die einzelnen Nationen wiederum werden inzwischen in immer größere Verbünde wie die Europäische Union eingegliedert, unterzeichnen Handelsverträge und bilden Freihandelszonen. Dadurch wird die Macht in immer weniger Hände übertragen, die über das Leben von immer mehr Menschen verfügen können. Nationale Regierungen verkommen zu bloßen Verwaltungseinheiten der archontischen Superstaaten und riesigen Handelszonen – oder der nichtstaatlichen Diktaturen wie Welthandels- und Weltgesundheitsorganisation, die von den archontischen Zöglingen Rothschild und Rockefeller gegründet wurden, um Welthandels- bzw. (tödliche)

**Abb. 207:** „Seele zu verkaufen (nur 200.000 fürsorgliche Besitzer)" – *Hillary Clinton: „Frau des Volkes" (besser wohl: derjenigen, die sie besitzen). Zwar steht dort „Seele", doch die Hybriden haben keine.*

**Abb. 208:** *Alle Parteien, die irgendeine Aussicht haben, an der Regierungsbildung beteiligt zu sein, stehen letztlich denselben Herren Rede und Antwort.*

-gesundheitspolitik aus einer einzigen Zentrale diktieren zu können. All das sind sichtbare Manifestationen des sich ausbreitenden Virus. John Whitehead, amerikanischer Freiheitsaktivist am Rutherford-Institut, fand zu all dem die passenden Worte: „Die Politik ist ein Spiel, ein Witz, ein Rummel, ein Schwindel, eine Ablenkung, ein Spektakel, ein Sport – und für die meisten gläubigen Amerikaner eine Religion." Das gilt nicht nur für Amerika, sondern trifft auf die ganze Welt zu. Whitehead fährt fort:

> Das ist ein raffinierter Trick, mit dem erreicht werden soll, dass wir gespalten bleiben und uns um zwei Parteien streiten, die deckungsgleiche Prioritäten verfolgen. Es ist kein Geheimnis, dass beide Parteien endlose Kriege unterstützen, die Ausgaben unkontrolliert anwachsen lassen, die Grundrechte des Bürgers ignorieren, keine Achtung vor der Rechtsstaatlichkeit haben, von Großunternehmen gekauft wurden und bezahlt werden, sich nur um ihre eigene Macht scheren und seit jeher die Regierung gestärkt und die Freiheit eingeschränkt haben.
>
> Vor allem aber erfreuen sich beide Parteien schon länger intimer, inzestuöser Verbindungen – sowohl untereinander als auch mit der Geldelite, die dieses Land beherrscht. Lassen Sie sich nicht von den Hetzkampagnen und Beschimpfungen in die Irre leiten. Das sind nur nützliche Taktiken der Psychologie des Hasses, der erwiesenermaßen die Wähler beschäftigt und die Wahlbeteiligung ansteigen lässt, während wir uns gegenseitig weiter an die Gurgel gehen.

Mithilfe seiner Hybriden, ihrer Handlanger und Laufburschen, die in einflussreichen Positionen fest im Sattel sitzen und an der globalen Entscheidungsfin-

**Abb. 209:** *Wenn man nur weit genug in die Schattenwelt vordringt, entdeckt man, dass alle großen sowie die meisten kleineren politischen Parteien nach der Pfeife derselben Macht tanzen, selbst wenn die meisten Beteiligten das nicht wissen werden.*

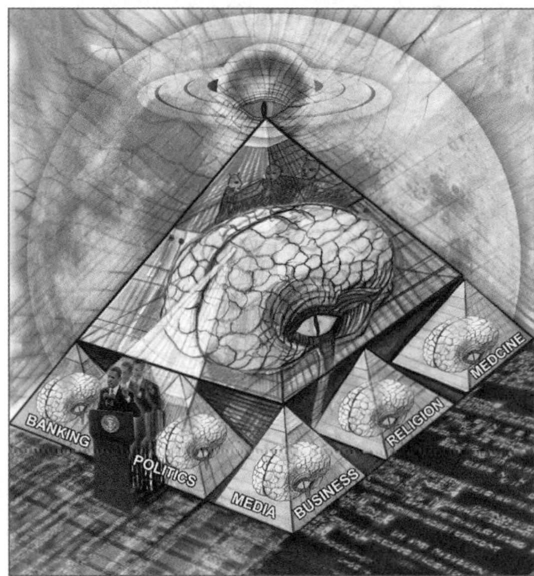


**Abb. 210:** *Die archontisch-reptiloide Machtstruktur.*

dung beteiligt sind, konnte der Virus seine Agenda der steten Machtzentralisierung in allen Lebensbereichen weiter vorantreiben (Abb. 211). Die Zentralisierung der Macht war schon immer essenzieller Bestandteil der archontischen Unterwanderung. Werden Entscheidungen dezentral gefällt, sinkt die Gefahr, dass irgendeine Clique im Zentrum die Macht komplett an sich reißt – man kann schwer kontrollieren, was von zig Menschen an zig Orten beschlossen wird. Daher wird weltweit alles immer stärker zentralisiert und der Vielfalt der Kampf angesagt. Die archontischen Hybriden und ihr weltweites Geheimgesellschaftsnetzwerk verfolgen diesen Plan schon seit Jahrtausenden: Erst wurden die früheren Stämme zu Nationen vereint, und nun verschmelzen diese Nationen zu Superstaaten und „Handelsverbänden" (durch „Handel" wird Kontrolle von außen möglich).

„Globalisierung" ist nur die Bezeichnung für die weltweite Zentralisierung der archontischen Kontrolle, die durch eine geplante Weltregierung, Weltzentralbank, eine einzige elektronische Weltwährung und eine Weltarmee verwirklicht werden soll. Das wäre auch das Ende unserer derzeitigen Demokratie-Illusion, denn dann würden wir in einer vollendeten, nicht mehr zu übersehenden globalen Orwellschen Tyrannei leben. Wenn ich „Demokratie-Illusion" sage, meine ich, dass Demokratie noch immer mit Begriffen wie „frei" und „Freiheit" gleichgesetzt wird – dabei ist es nur eine andere Form von hierarchischer Tyrannei. Dasselbe gilt für Kommunismus und Faschismus, die man für Gegensätze hält, obwohl in beiden Systemen das Leben der Bevölkerung auf die gleiche Weise kontrolliert und vorgeschrieben wird. Hüten Sie sich vor dem ewig gleichen Gaukelspiel der Gegensätze, die ich deshalb auch *Gleich*sätze nenne: Ihnen werden nämlich zwei Versionen derselben Sache vorgesetzt, damit Sie glauben, Sie hätten eine Wahl (Abb. 212).

**Abb. 211:** „Ich habe kein Gesicht – aber ich kontrolliere eure Welt." – *Man sieht das Resultat, aber nicht, wer die Fäden zieht.*

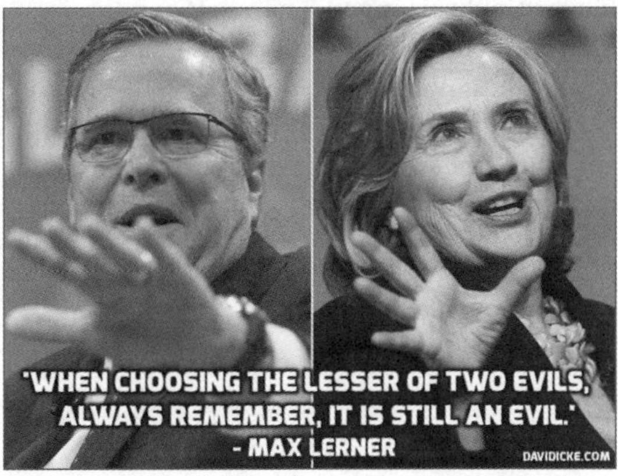


**Abb. 212:** „Wenn Sie sich für das geringere Übel entscheiden, denken Sie immer daran, dass es dennoch ein Übel ist.' – Max Lerner" – *Ein großartiger Rat.*

Die Archonten und ihre Hybriden wollen eine Weltregierung sowie andere globale Institutionen und Behörden – wie ein Oberstes Weltgericht – einsetzen, damit sie den Massen über einen brutalen und gnadenlosen Polizeistaat, in dem alles und jeder bis ins kleinste Detail rund um die Uhr überwacht wird, ihre faschistoiden Entscheidungen aufzwingen können. Verrückt? *Es passiert gerade.* Seit Jahrzehnten habe ich davor gewarnt, und heute nun wird mit jedem Tag klarer, dass dieser Plan verwirklicht wird. Die Umsetzung dieses Plans schreitet auch immer schneller voran, denn wenn man die Macht zentralisiert, wächst sie im Zentrum an, sodass man die Zentralisierung von dort aus noch rascher vorantreiben kann.

Wenn sich die „Weltführer" (die archontischen Hybriden und ihre Laufburschen) untereinander zu streiten und gegenseitig zu bekämpfen scheinen, machen sie das nicht immer nur zur Show. Denn egal, auf welcher Ebene sie agieren – die Hybriden haben ein unstillbares Verlangen nach Macht und Kontrolle (es handelt sich schließlich um einen Virus!). Dennoch stellt der innere Zirkel der archontischen Machtstruktur sicher, dass ihre Konflikte und ihr eigensinniges Streben nicht dem „Großen Werk" (wie die Freimaurer es nennen) – der kompletten Unterwerfung des Menschen – in die Quere kommen. Im Grunde aber dienen die Kabbeleien, die meist nur für die Öffentlichkeit ausgetragen werden, einzig und allein dazu, von den gemeinsamen Zielen und Verbindungen abzulenken, die aus dem Hintergrund koordiniert werden. Die Laufburschen der Hauptakteure wissen nicht das Geringste von den Archonten und ihren Plänen; sie sind nur Bauern in einem Spiel, das sie nicht verstehen.

Was für uns wie zusammenhangloses Geschehen wirkt, sind in Wirklichkeit kaltschnäuzig und bedacht angezettelte Ereignisse, die einen Wandel in Gang setzen sollen, durch den die Archonten noch mehr Kontrolle erlangen. Einige Führer, die im Licht der Öffentlichkeit stehen, wissen das, während viele andere – geblendet und getäuscht von ihrem Streben nach Macht und Status – selbst hinters Licht geführt wurden und nun alles tun, was die Verdeckte Hand als Gegenleistung von ihnen verlangt. Wieder andere schweigen, weil sie durch ein dunkles Geheimnis kompromittiert werden könnten, das sie unter allen Umständen verbergen wollen – oft in Zusammenhang mit Kindesmissbrauch. Warum erhalten einige Politiker und Parteien enorme Zuwendungen aus archontischen Unternehmen und anderen Quellen, andere aber nicht? Weil diese Politiker tun, was ihre Hauptunterstützer für ihr Geld verlangen – nämlich den Interessen des Virus und all seiner Erscheinungsformen zu dienen. Geld regiert das gesamte System, nicht nur die Politik, und die archontischen Blutlinien haben mehr als genug davon. Warum, werde ich noch erläutern.

Die Akteure und Strukturen der globalen Kontrolle sind genauso wie Krieg, Teilung, Leid und Ungerechtigkeit holografische Erscheinungsformen des Virus, der sich repliziert und damit seine Kontrolle über das Betriebssystem bzw. die Matrix-Simulation ausdehnt, die die Menschheit für wirklich hält. Auf diese Simulation komme ich als Nächstes zu sprechen.

KAPITEL 5

# Archontische Matrix

***Du [bist] ein Sklave […], Neo. Du wurdest wie alle in die Sklaverei geboren und lebst in einem Gefängnis, das du weder anfassen noch riechen kannst. Ein Gefängnis für deinen Verstand.***
**Morpheus in „Matrix"**

Wir begeben uns nun in die tiefsten Tiefen der Täuschung und werden sehen, warum dieses Zitat aus dem ersten „Matrix"-Film auf so bestechende Weise der Wahrheit entspricht. Wir leben nicht nur in einer Simulation, sondern noch dazu in einer, die speziell dafür konzipiert wurde, uns zu versklaven, indem sie unsere Wahrnehmung fesselt und unser Wirklichkeitsempfinden verzerrt.

In den alternativen Medien wird der Begriff „Matrix" häufig für das Geflecht aus Polit- und Finanzmanipulation verwendet; ich hingegen spreche hier von einer Matrix, die mit der verglichen werden kann, die in der Filmtrilogie dargestellt wird: eine Scheinwirklichkeit, mit deren Hilfe die ganze Menschheit in einem Gefängnis für den Verstand eingesperrt und kontrolliert werden soll. Das Ich-Phantom spielt dabei eine entscheidende Rolle. Ich habe bereits beschrieben, dass die Wirklichkeit, die wir für so „fest" und „real" halten, in Wirklichkeit ein interaktives Informationskonstrukt ist, das mit einer Computersimulation gleichgesetzt werden kann – einem Virtual-Reality-Spiel, das wir zu unserer holografischen (illusionären physischen) Welt decodieren. Solange wir das nicht als Tatsache akzeptieren, werden wir das, was wir menschliches Leben nennen, nie wirklich verstehen. Innerhalb der Gesamtheit aller Möglichkeiten gibt es endlos viele simulierte Wirklichkeiten, in denen sich das Unendliche Gewahrsein selbst erfahren kann. Silas Beane, der als außerordentlicher Physikprofessor die Simulationsstudie an der Universität Bonn geleitet hat, sagte:

> Die Idee dahinter ist, dass Menschen künftig problemlos in der Lage sein werden, ganze Universen zu simulieren. In Anbetracht der geraumen Zeit, die noch vor uns liegt, wird es wohl eine riesige Anzahl solcher Simulationen geben. Wenn Sie also fragen: „Leben wir in der einen wahren Realität oder in einer der vielen Simulationen?", lautet die Antwort – rein statistisch gesehen –, dass es wahrscheinlicher ist, dass wir in einer Simulation leben.

Und in dem Artikel im *Scientific American*, in dem Schwarze Löcher mit Computern verglichen wurden, hieß es:

> […] das Universum berechnet sich selbst. Auf der Grundlage der installierten Standardmodell-Software berechnet das Universum Quantenfelder, Chemikalien, Bakterien, menschliche Wesen, Sterne und Galaxien. Dabei entwirft es seine eigene Raumzeit-Geometrie mit der höchsten Genauigkeit, die die physikalischen Gesetze [Klick, Klick, Enter] zulassen. Berechnung ist Existenz.

Nun, auf einer Ebene ist sie das. Seit vielen Jahren argumentiere ich, dass wir in einer höchst fortschrittlichen Computersimulation leben, und diese These wird auch durch historische und moderne Quellen gestützt. Das Motiv ist allgegenwärtig. Die östlichen Religionen bezeichnen die „physische" Welt als „Maya" bzw. Illusion, während die gnostischen Nag-Hammadi-Texte von „Hal" sprechen – einer „Simulation". Genau von dem also, was wir heute unter virtueller Realität verstehen. In seinem Buch „Not In His Image" fasst John Lamb Lash zusammen, was unter dem gnostischen Begriff „Hal" zu verstehen ist. Dabei bezieht er sich auf Informationen aus den Nag-Hammadi-Codizes:

> Auch wenn sie nichts Neues erschaffen können, weil ihnen der göttliche Faktor der ennoia (Intentionalität) fehlt, können die Archonten verdammt gut imitieren. Ihr Spezialgebiet ist die Simulation (HAL, virtuelle Realität). Der Demiurg gestaltete aus den fraktalen Mustern der ewigen Äonen – der pleromischen Götter, die im Zentrum der Galaxie residieren –, eine Kopie der Himmelswelten. Seine Konstruktion ist himmlischer Kitsch, ähnlich wie die auf italienisch getrimmte Villa eines Mafiabosses mitsamt den militanten Engeln, die vor jeder Tür Wache halten.

Ich werde gleich auf die Bedeutung der „fraktalen Muster" zu sprechen kommen. Die Wirklichkeit, die wir als „die Welt" kennen – die „echte", die uns „fest" vorkommt –, ist in Wahrheit die Hal der Archonten – eine Simulation, die uns übergestülpt wurde, um unsere Vorstellungen einzukerkern und uns dauerhaft zu kontrollieren. Die Gnostiker glaubten, dass die materielle Welt (die Simulation) das Werk des Demiurgen war, nicht des transzendenten „Gottes" bzw. Unendlichen Gewahrseins, dessen Ausdrucksformen wir alle sind. Sie sagten, wir Menschen seien Funken bzw. Tropfen desselben „Gottes", säßen aber in der Falle der illusionären Körperlichkeit. Ihnen zufolge war der „Sündenfall" der Fall in die Materie, einen niederfrequenten Zustand; auch glaubten sie, die „Sünde" sei darauf zurückzuführen, dass wir unsere wahre Natur verkennen. Das ist deckungsgleich mit dem, was ich selbst über die Jahre geschrieben habe – der „Sündenfall" war demnach der Zeitpunkt, an dem die Simulation hochgefahren wurde. Verführt wurde dabei die menschliche Wahrnehmung – nämlich in niederfrequente Zustände.

Die Nag-Hammadi-Texte beschreiben, wie der Demiurg/die Archonten unsere „physische" Realität schufen, indem sie eine „schlechte Kopie" der Welt anfertigten, die den Menschen bekannt war. Im Englischen wird die „physische" Welt manchmal auch als „earth plane" („irdische Ebene") beschrieben – was passt, weil das englische Wort „plane" auf einen griechischen Begriff zurückgeht, der „Fehler" oder „sich verirren" bedeutet. In den gnostischen Texten wird der Demiurg selbst als „Fehler" bezeichnet. Der seiner selbst bewusste Demiurg/Archonten-Virus hat also eine verfälschte, schlechte Kopie (man kann sich das wie eine Version mit geringerer Auflösung vorstellen) dessen angefertigt, was zuvor existiert hat und noch immer irgendwo in viel höheren Frequenzbereichen existiert (Abb. 213). Lächerlich? Unmöglich? Kopieren können schon die einfachsten Computerviren. Sie sind „ein Codeschnipsel, der sich selbst kopieren kann und normalerweise schädliche Auswirkungen hat, etwa die Beschädigung des Systems oder die Zerstörung von Daten". Der Archonten-Virus ist aber mehr als nur ein Computervirus – er ist sich *seiner selbst bewusst* und daher zu weitaus mehr Dingen fähig.

**Abb. 213:** „Die ‚schlechte Kopie' der Archonten" – *Ein Download von Informationsmustern und -codes, der uns als Wirklichkeit eingespeist wird.*

Allerdings konnten der Demiurg und die Archonten keine völlig neue Simulation entwerfen, weil es ihnen an *ennoia* bzw. kreativer Vorstellungskraft mangelt. Sie agieren daher wie Raubkopierer, die illegale Kopien von Computerspielen anfertigen: Das Spiel selbst können sie nicht schreiben, aber sie können es kopieren. Unsere Wirklichkeit ist daher eine „heruntergeladene" Kopie unserer ursprünglichen Wirklichkeit. Was ihre „physische Gestalt" betrifft, sind zwar beide Illusionen, doch dienen sie völlig verschiedenen Zwecken. So schlecht die Kopie gewesen sein mag, sie war zunächst eine Kopie von etwas Wundervollem. Die hochfrequente Erde ist ein Ort der Liebe, der Harmonie und des höheren, erweiterten Gewahrseins (daher auch die Legenden vom „Goldenen Zeitalter"), nur haben der Demiurg/die Archonten unermüdlich daran gearbeitet, die Kopie zu manipulieren, zu verdrehen und zu verfälschen. Dabei haben sie die Verzerrung auf sie übertragen, die ihnen selbst innewohnt – oder anders ausgedrückt: Sie haben sie mit dem Virus infiziert. Unsere Version der Erde gleicht in vielerlei Hinsicht der hochfrequenten Erde, von der die Kopie angefertigt wurde; was aber die darin getätigten Erfahrungen betrifft, sind beide Welten grundverschieden (Abb. 214). Die niederfrequente Erde ist das Reich des Archonten-Virus und spiegelt zunehmend die archontischen Charaktereigenschaften wider, die sich am besten mit den bereits erwähnten Zuschreibungen „psychopathisch", „weder Mitgefühl, noch Reue oder Scham", „Parasiten" sowie „krankhafte Lügner (Täuscher)" zusammenfassen lassen. Die Lebendigkeit, Strahlkraft und Schönheit der ursprünglichen Erde werden systematisch zerstört, um der archontischen Umkehrung aus Tod, Zerstörung und

**Abb. 214:** „Ursprüngliche Illusion – archontische Illusion" – *Die schlechte Kopie der Erde war zunächst eine Kopie von etwas Schönem, doch dann begann der Prozess, durch den die schlechte Kopie immer mehr zur Welt der Archonten wurde.*

**Abb. 215:** „Informationscodes – decodierte Realität" – *Die hochfrequente Erde beruht genau wie die von uns erlebte Welt auf Informationscodes …*

**Abb. 216:** „Informationscodes – gehackte Codes – decodierte Realität" – … *Nur haben die Codes der schlechten Kopie der Erde eine geringere Frequenz und sind mit dem Demiurg/Archonten-Virus verseucht. Als die Menschen diese Codes zu empfangen begannen, hat sich deren Leben und Wahrnehmung radikal verändert.*

Hässlichkeit Platz zu machen. Oder, um es in der Computerterminologie auszudrücken: Sie haben „das System beschädigt" und Daten zerstört bzw. blockiert.

„Physischen" Welten bzw. Simulationen liegen nur verschiedene Informationsblaupausen und -quellen zugrunde. Der Unterschied zwischen der ursprünglichen Erde und ihrer schlechten Kopie besteht also nur in den Informationen, die vom Beobachter decodiert werden. Die schlechte Kopie hat eine viel geringere Schwingung, und der menschliche Körpercomputer wurde nur deshalb genetisch manipuliert, um die gekidnappte Menschheit auf die Frequenz und die Informationsquelle der schlechten Kopie einzustimmen. Das war der „Sündenfall" (Abb. 215 und 216). Ich weiß, dass das Ganze für das Ich-Phantom zunächst völlig irrwitzig klingt, doch liegt das alles im Bereich des Möglichen, wenn man die wahre Natur der Wirklichkeit kennt. Von welcher Welt der Form wir auch sprechen, es ist stets eine Art Simulation – ein interaktive, virtuelle Realität, ein „Computerspiel", in dem das Spiel die Spieler und die Spieler das Spiel beeinflussen. Erleuchtete und bewusste Spieler kreieren ein gänzlich anderes Spiel als diejenigen, die systematisch unterdrückt werden oder die Wahrheit konsequent ignorieren. Vergleichen Sie die Spieler bei der Fußball-WM mit den Jungs, die nach einer durchzechten Nacht am Sonntagmorgen im Park bolzen. Alle spielen dasselbe Spiel – und doch lassen sich beide Versionen kaum vergleichen. Niemand denkt sich viel dabei, wenn er ganze Websites (Wirklichkeiten) aus dem Internet herunterlädt, indem er auf „Kopieren" klickt. Das nämlich ist uns vertraut und völlig „normal". Hätten Sie aber vor 100 oder 200 Jahren gesagt, dass so etwas möglich sei, hätte man Sie für einen geistesgestörten Fantasten gehalten. „Normal" ist (wie immer) nur eine Sichtweise, nicht die Wahrheit. Für das technologische Gewahrsein der Archonten ist das Kopieren einer Simulation nichts anderes, als wenn wir ein Computerspiel aus dem Netz laden.

# Eine Frage der Fraktale

In dem Auszug aus den gnostischen Texten, der im Buch von John Lash zitiert wird, heißt es: „Der Demiurg gestaltete aus den fraktalen Mustern [...] eine Kopie der Himmelswelten." Es könnte daher von größter Bedeutung sein, dass sich in der gesamten Natur (Simulation) fraktale Muster finden, die zudem nach dem holografischen Prinzip „wie oben, so unten" organisiert sind. Auf Fractalfoundation.org werden Fraktale wie folgt erklärt: „Ein Fraktal ist ein nie endendes Muster [...] unendlich komplex [und] über diverse Größenordnungen hinweg selbstähnlich [...] [Fraktale werden] erzeugt, indem man einen einfachen Prozess in einer Rückkopplungsschleife permanent wiederholt." Nach dieser Definition sind beispielsweise Bäume „selbstähnliche" fraktale Muster, weil ihre kleineren Verästelungen wie die stärkeren Äste aufgebaut sind. Fraktale können aber auch mit Computern generiert werden (Abb. 217 bis 219). Letztlich beruht unsere gesamte simulierte Wirklichkeit auf fraktalen Informationsmustern. Hier nur ein paar Beispiele, für die solche Muster nachgewiesen werden konnten:

> Flussnetze, geologische Verwerfungslinien, Bergketten, Krater, Blitze, Küstenlinien, Hörner von Bergziegen, Bäume, Farbmuster von Tieren, Ananas, DNS, Herzschläge, Neuronen und Gehirne, Augen, Luftwege, Kreislaufsysteme, Blut- und Lungengefäße, Erdbeben, Schneeflocken, subjektive Wahrnehmung, Kristalle,

**Abb. 217:** *Fraktale Muster am Beispiel von Romanesco-Blumenkohl.*

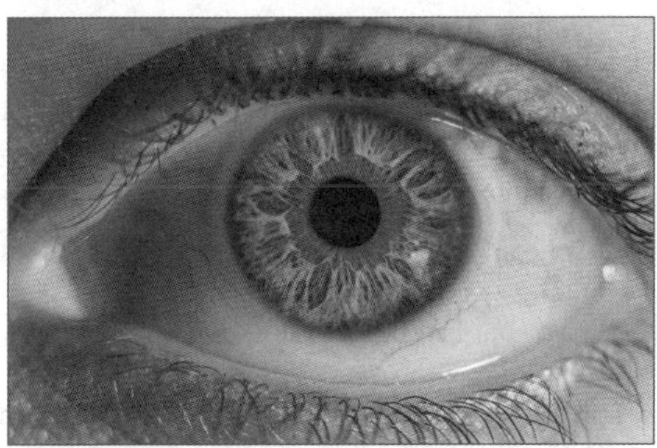

**Abb. 218:** *Wiederkehrende fraktale Muster im Auge.*

**Abb. 219:** *Fraktale können auch von Computern generiert werden.*

> Meereswellen, Gemüse, Bodenporen und die Saturnringe [die bald noch sehr wichtig werden].

Fraktale wurden bereits als „buchstäbliches Netz des Lebens" bezeichnet; ich hingegen würde eher vom „Informationsnetz der Simulation" sprechen. Sie begegnen uns in *Wahrnehmungs-* genauso wie Sprechmustern und sind sogar in der Sprache an sich entdeckt worden. Alles ist ein Programm – und für diejenigen, die ihr Gewahrsein nicht stark genug erweitert haben, um das Programm überschreiben und überblicken zu können, wird *alles* von der Simulation programmiert. Auf Psychologytoday.com wurde von Forschungen an der Universität Cambridge berichtet, bei denen die fraktalen Eigenschaften des Gehirns untersucht wurden. Diese „könnten uns dabei helfen, uns auf sehr grundlegende Weise mit dem Rest der natürlichen Welt zu verbinden", hieß es dort. Alles ist miteinander verbunden – durch das Unendliche Gewahrsein, in unserer Wirklichkeit aber auch durch das holografisch-fraktale Informationsnetz. David Pincus, ein amerikanischer Psychologieprofessor, sagte über die Ergebnisse der Cambridge-Studie:

> In den vergangenen 10 bis 20 Jahren sind Psychologie-Forscher in allen Bereichen der Psychologie vermehrt auf Beispiele für fraktale Muster gestoßen; dazu gehören intentionales Verhalten, visuelle Suche und Sprachmuster. In meinem eigenen Labor haben wir in den vergangenen paar Jahren herausgefunden, dass zwischenmenschliche Beziehungen wie Fraktale organisiert sind, und erst kürzlich, dass das Selbstbild ein Fraktal ist. Die Komplexität dieser Fraktale steht mit Gesundheit im psychologischen und im sozialen Bereich in Verbindung.
>
> Weiterhin hat es den Anschein, dass die fraktale Komplexität (oder Rigidität) regelmäßig zwischen biologischen, psychologischen und sozialen Prozessen ausgetauscht wird. Die fraktale Persönlichkeitsstruktur hilft uns – genau wie fraktale Beziehungen – dabei, zu wachsen und Kontakte zu knüpfen, und beide wirken sich vermutlich direkt auf unsere körperliche Gesundheit aus, indem sie die Vernetzung und Anpassungsfähigkeit der Kreislauf-, Atemwegs- und Immunsysteme stärken.
>
> Die Studie [...] konnte viele vorangegangene Forschungen ergänzen, die darauf hingedeutet haben, dass sich das Gehirn fraktal verhält. Sie schlägt den nötigen Bogen zwischen den physischen Prozessen im Gehirn und jedem der größeren Fraktale, die wir in der Persönlichkeit allgemein und in den sozialen Beziehungen sehen. Es ist klar, dass biologische, psychologische und soziale Dynamiken über sämtliche Größenordnungen hinweg eng miteinander verwoben sind, denn alle beeinflussen sich im Lauf der Zeit auf unzählige Art gegenseitig. Da wir auf jeder dieser Ebenen fraktale Organisationsmuster antreffen, ließe sich die Hypothese aufstellen, dass sie alle in gewisser Hinsicht Teil des gleichen fraktalen Baums sind.

Das *sind* sie auch. Sie sind Teil der gleichen, auf holografischen und fraktalen Informationen basierenden Simulation. Diese Informationen sind so miteinander verknüpft, dass sie das menschliche Leben und Verhalten auf grundlegende Weise steuern, während die programmierten Subjekte denken, sie träfen eigene Entscheidungen und hätten eine Wahl.

Fraktale Verbindungen sind auch entscheidend an Synchronizitäten bzw. bedeutsamen Zufällen beteiligt. David Pincus wies ebenfalls darauf hin, dass fraktale Muster „in jeder Größenordnung der messbaren Realität existieren – von der Quantenwelt bis zum Kosmos – [und] das menschliche Bewusstsein [daher] womöglich schlicht und ergreifend ein Portal ist, durch das diese fraktale Konnektivität fließt."

Oder durch das eben die Simulation fließt. All die geschilderten Größenordnungen der fraktalen Muster befinden sich innerhalb der Simulation, daher muss sich auch das, was Pincus beschreibt, in ihr befinden. Er fügte hinzu, dass die Wissenschaft sich offenbar einer Zeit nähere, in der sie entdecke, dass „alles im Leben miteinander verbunden und das gesamte Universum [die Simulation] zwischen diesen Verbindungen lebendig ist". Dem Artikel über Schwarze Löcher im *Scientific American* zufolge legten Studien über handelsübliche Computer, Schwarze Löcher und Kosmologie „Zeugnis von der Einheit der Natur" ab. Halleluja. Diejenigen, die sich bewusst vom Programm lösen konnten, haben das die gesamte Menschheitsgeschichte über gesagt und sind für den Aufruhr, den sie verursacht haben, verdammt, verhöhnt oder sogar getötet worden.

## Eingeloggte Menschen

Obwohl die Archonten (der Virus) die Fähigkeit besitzen, die Wirklichkeit der ursprünglichen Erde nachzubilden, bedeutet das nicht zwangsläufig, dass sie den Menschen überlegen sind – diese nämlich verfügen im Gegensatz zu den Archonten über Erkenntnisvermögen und haben die Möglichkeit, ihr Bewusstsein zu erweitern. Die Archonten wissen einfach nur, wie die Wirklichkeit (auf niederen Frequenzebenen) beschaffen ist und sorgen dafür, dass die Menschen das nicht erfahren – daher legen sie auch so viel Wert darauf, die Wissenschaft und das Bildungssystem zu kontrollieren. Der Demiurg/die Archonten mussten drei Dinge bewerkstelligen: eine Kopie der Wirklichkeit/Simulation des Goldenen Zeitalters „herunterladen"; deren Frequenz herabsetzen; und schließlich den menschlichen Körpercomputer neu auf diese Frequenz einstimmen. An diesem Punkt kam es zum genetischen Eingriff bzw. zur „Vermischung". Bei der Genmodifizierung *wurde der Körper/Intellekt des Menschen mit dem Virus infiziert*, der sich seither von Generation zu Generation reproduziert hat. All das passt zum Motiv vom „Sündenfall" des Menschen, der deshalb mit der „Ursünde" bzw. „Erbsünde" (dem Archonten-Virus) „geboren" wird. Das englische Wort für „Sünde" ist „sin" – und Sin war eine wichtige vorislamische mesopotamische Gottheit in Akkad, Assyrien und Babylonien. Nach ihr wurden der Berg Sinai (Sin war der „Gott des Berges") sowie die „Wüste Sin" benannt, durch die die Israeliten gewandert sein sollen. Die sumerische Version der Gottheit Sin war Nanna, der ein Sohn von einem der Anunnaki-Brüder – Enlil – gewesen sein soll.

Die Archonten haben eine niederfrequente, „verpixelte" Kopie der hochfrequenten irdischen Realität geschaffen und die Menschen danach an die Kopie angeschlossen. Simsalabim – schon decodierten diejenigen, die im Netz der Archonten zappelten, nur noch

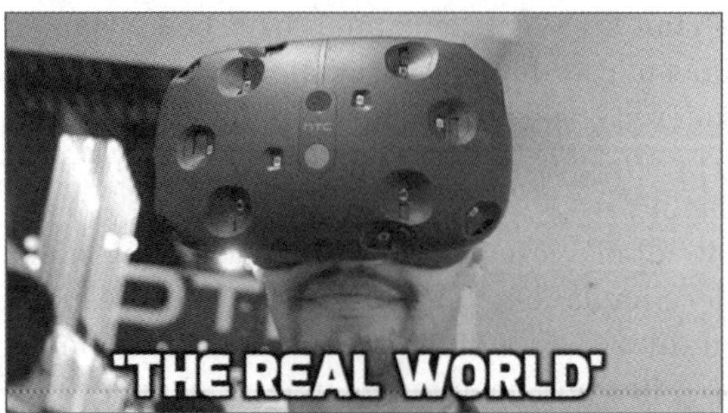


**Abb. 220:** „Die echte Welt" – *Eine Scheinwirklichkeit, eine Simulation.*

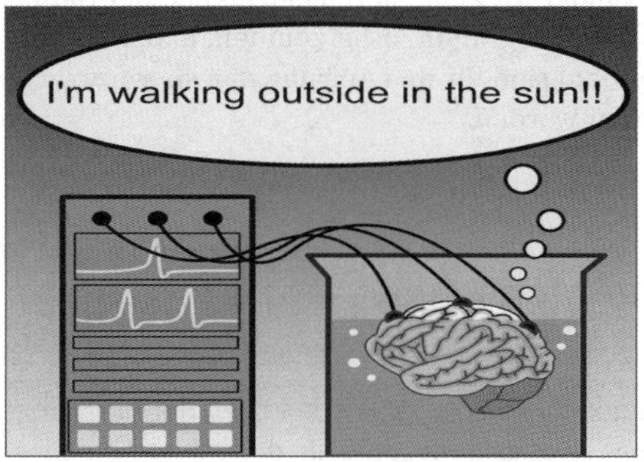


**Abb. 221:** „Ich spaziere gerade draußen in der Sonne herum!!!" – *Unsere Decodierungsprozesse erzählen uns, wo wir sind – aber sie täuschen uns.*

die schlechte Kopie als ihre „physische" Wirklichkeit. Da sich seither nichts daran geändert hat, ist es für sie „normal" geworden (Abb. 220). Im wissenschaftlichen Artikel der Universität Bonn zu simulierten Realitäten hieß es: „Wie ein Gefangener in einer stockfinsteren Zelle wären wir nicht in der Lage, die ‚Wände' unseres Gefängnisses zu sehen […]" (Abb. 221). Und Morpheus sagte in „Matrix":

> Hattest du schon mal einen Traum, Neo, der dir vollkommen real schien? Was wäre, wenn du aus diesem Traum nicht mehr aufwachst? Woher würdest du wissen, was Traum ist und was Realität?

Nun wird auch der tiefere Sinn des eingangs erwähnten „Matrix"-Zitats klar:

> Du [bist] ein Sklave […], Neo. Du wurdest wie alle in die Sklaverei geboren und lebst in einem Gefängnis, das du weder anfassen noch riechen kannst. Ein Gefängnis für deinen Verstand.

Als die Menschen die Informationsquelle, die Simulation bzw. die „gehackte" Wirklichkeit der Archonten zu decodieren begannen, begaben sie sich damit tatsächlich in ein Gefängnis für ihren Verstand – und darin leben sie noch heute.

## Die andere „Erde"

Die Wirklichkeit des Goldenen Zeitalters – die Welt also, wie sie war, bevor die Archonten sie übernahmen – war (ist) ebenfalls eine Art Simulation, nur ist die Erfahrung in ihr eine völlig andere. Zunächst einmal ist die schlechte Kopie wesentlich mechanischer und technologischer; der Unterschied entspricht in etwa dem zwischen einer natürlichen Substanz und ihrer synthetischen Nachahmung. „Synthetisch" wird definiert als „nicht natürlich oder echt" und „künstlich bzw. erfunden". Die ursprüngliche Erde existiert in einem viel höheren Frequenzband; die Wesen auf ihr sind weitaus erleuchteter als wir und sich der Unendlichen Wirklichkeit bewusst. Aufgrund der höheren Schwingung, des erweiterten Gewahrseins und auch, weil sie nicht vom Virus infiziert ist, sind niederfrequente Emotionen dort unbekannt. Auf ihr gibt es weder Krieg noch Unterdrückung, nur unbegrenzte Möglichkeiten. Diese Erde erstrahlt in unglaublichen – höherfrequenten, höher „aufgelösten" – Farben und ist unbeschreiblich schön. Es gibt zahlreiche Mythen und Legenden über diese verlorene Welt – wobei ich mit „verloren" hier nur meine, dass sie für das menschliche Gewahrsein verloren ist.

Die hochfrequente Erde existiert nämlich noch immer, weil sie nie ihren angestammten Platz verlassen hat – *wir* haben ihn verlassen. Mit dem Sündenfall endete für den Menschen die Erfahrung des Goldenen Zeitalters: Der Mensch wurde aus dem „Garten" – der hochfrequenten ursprünglichen Wirklichkeit – vertrieben, weil er vom Baum der Erkenntnis von „Gut und Böse" gegessen hatte (und somit aus der Einheit in die Bereiche der Polarität bzw. Dualität hinabfiel). Daraufhin stürzten die Menschen in immer tiefere Frequenzwelten bis in die Dichte der Unwissenheit. Dieselbe Thematik begegnet uns auch in der jüdischen Überlieferung, in der sich ebenfalls einige tiefgründige Wahrheiten verbergen. Dieser Überlieferung zufolge markiert der Sündenfall den Zeitpunkt, an dem sich Gut und Böse zu vermischen begannen, während sie zuvor getrennt waren und das Böse nur ein „nebulöses Dasein" fristete. Damals habe es zwar existiert, nur eben getrennt von der menschlichen Psyche. Und obwohl das menschliche Wesen nicht danach verlangt habe, sei nach dem Sündenfall die „Neigung zum Bösen" entstanden, so die Überlieferung. Wer spielte in der Geschichte vom „Sündenfall" die prominenteste Rolle? Die Schlange. Nach seiner Nahtoderfahrung beschrieb Dr. Eben Alexander das Böse wie folgt:

> Selbst auf der Erde gibt es viel mehr Gutes als Böses, jedoch ist die Erde ein Ort, wo dem Bösen ein Maß an Einfluss zugestanden wird, das auf höheren Existenzebenen undenkbar wäre. Dass das Böse zeitweise die Oberhand gewinnen könnte, war dem Schöpfer bekannt. Er ließ es auch zu, denn das war die Konsequenz des freien Willens, den er uns zum Geschenk gemacht hatte.
>
> Kleine Bruchstücke des Bösen wurden im ganzen Universum verstreut, doch die Gesamtsumme all dieses Bösen war wie ein Sandkorn auf einem endlosen Strand, verglichen mit der Güte, Fülle, Hoffnung und bedingungslosen Liebe, in der das Universum buchstäblich schwamm. Liebe und Akzeptanz sind gewissermaßen die Grundbausteine der anderen Dimension, sodass dort alles, was nicht über diese Eigenschaften verfügt, sofort und offenkundig deplatziert erscheint.

Alexander berichtete weiterhin, dass er eine andere Erde erlebt habe – mit grüner, üppiger Landschaft, herrlich leuchtenden Farben und Menschen, die fröhlich waren, lachten, sangen und tanzten. Genauso wird auch die ursprüngliche Wirklichkeit der Erde beschrieben, von der die Kopie angefertigt wurde. Unzählige Nahtoderfahrene erzählen, dass die Welt, die die Menschen verlassen haben, unserer heutigen Version ganz ähnlich ist – nur dass sie eben diese kräftigeren Farben hat, dass auf ihr Freude, Glück und Harmonie herrschen und dass es dort weder Angst noch die mit dieser einhergehenden Emotionen Hass, Wut, Furcht, Sorge und Stress gibt. Sobald der Aufmerksamkeitsbrennpunkt eines Nah-

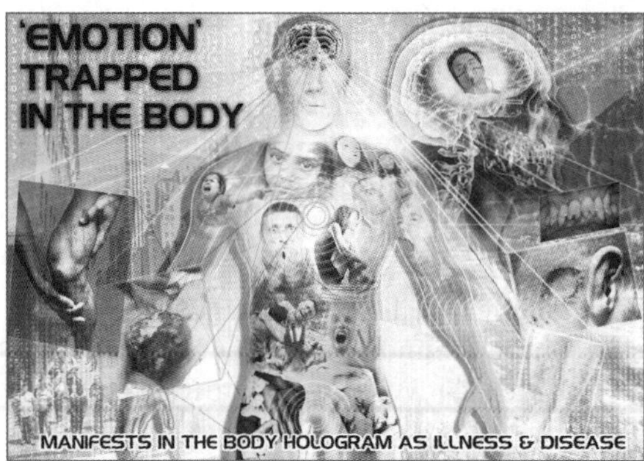


**Abb. 222:** „Im Körper eingesperrte ‚Emotion' manifestiert sich im Körperhologramm als Unwohlsein und Krankheit" – *Im menschlichen Körpercomputer laufen Programme, die unsere emotionalen Reaktionen bestimmen. Sie dienen dazu, uns vom Unendlichen Selbst abzutrennen, im Ich-Phantom einzukerkern und den Virus regelmäßig mit niederfrequenter emotionaler Energie zu versorgen.*

**Abb. 223:** *Die Ereignisse im Kinofilm „Avatar" können mit der Übernahme der menschlichen Gesellschaft durch die Archonten verglichen werden.*

toderfahrenen in den Körper/Intellekt zurückkehrt, erlebt (decodiert) er bzw. sie wieder die Wirklichkeit der schlechten Kopie, in der die genannten Emotionen in Hülle und Fülle vorhanden sind. Das liegt zum Teil daran, dass im Körpercomputer Emotionsprogramme laufen, mit deren Hilfe die Energie erzeugt wird, von der sich der Virus ernährt (Abb. 222). Menschen, die nur die Wahrnehmung des Ich-Phantoms kennen, können so ihr ganzes Leben verbringen, ohne einen einzigen eigenen Gedanken oder eine einzige originäre emotionale Reaktion hervorgebracht zu haben (erinnern Sie sich auch daran, welchen Einfluss fraktale Organisationsmuster auf das zwischenmenschliche Verhalten haben).

Die beiden hoch- und niederfrequenten „Erden" können mit den beiden Welten im Film „Avatar" verglichen werden: Das blauhäutige Volk der Na'vi lebt dort miteinander, mit den Tieren und der Natur im Einklang, während die Invasoren alles nur unter Macht- und Geldaspekten betrachten. Dass die Eindringlinge dabei Menschen von unserem Planeten sind, passt wie die Faust aufs Auge, genauso wie die Methode, mit der sie die Welt der Na'vi unterwandern – indem sie nämlich deren Körper übernehmen (Abb. 223). Wie die Na'vi lebt die Gesellschaft der hochfrequenten Erde aus dem Herzen; sie betrachtet die Wirklichkeit aus einer Perspektive der Unendlichen Liebe und des Unendlichen Gewahrseins. Die Archonten haben unsere schlechte Kopie jedoch dahingehend manipuliert, dass die Menschen – ausgenommen jene mit erweitertem Gewahrsein – nicht mehr über das Herzchakra mit der Welt in Verbindung stehen, sondern über das Bauchchakra. So konnten sie die Liebe in ihr Gegenteil verkehren: Angst (Abb. 224). Das wiederum hat dazu geführt, dass die menschliche Schwingung herabgesetzt wurde und die Tür unseres Frequenzgefängnisses – der Matrix – hinter uns zuschlug (Abb. 225). Eigentlich ist der Bauch ein Energie- und Kraftzentrum, doch haben die Emotionsprogramme diese Energien verbraucht und in die falschen Bahnen gelenkt.

Viele Menschen sehnen sich im Herzen nach einer Rückkehr in die „Avatar"-Welt, an die sie sich unterbewusst noch immer erinnern. Wenn man Kummer, ein Gefühl der Leere und die Sehnsucht nach „irgendetwas" verspürt, diesen Zustand aber nicht mit irdischen Ursachen erklären kann, dann sehnt man sich nach einer Frequenz, an die sich unser Unterbewusstsein nur noch fern erinnert. Die genannten Gefühle können auch damit zusammenhängen, dass wir hinter den Welten der Form alle derselben Unendlichkeit entstammen.

Im Altertum glaubten die Menschen an drei „Himmel", die auch in der Bibel erwähnt werden. Der erste Himmel war der, „in dem die Vögel fliegen" und der für all das bestimmt ist, was nicht der Erde anhaftet. Der dritte Himmel war der „Himmel der Himmel", das Reich der „Götter". Der zweite Himmel soll zwischen diesen beiden gelegen und unter anderem die Erdoberfläche enthalten haben. Er wird als Kriegsschauplatz und Reich des „Satan" beschrieben. In seinem Werk „Nephilim Stargates" schreibt Thomas A. Horn dazu:

> Diese Kriegszone ist eine Art abgedichteter Himmel, die Domäne Satans, die auch die gesamte Erdoberfläche umfasst. Man glaubte, dass von hier aus machtvolle Dämonen, die sogenannten Kosmokratoren, ganze Städte überschatten, in sie eindringen und versuchen konnten, die Angelegenheiten und Regierungen der Menschen zu beeinflussen.

Auch glaubte man, dass die Gefolgsleute Satans vom Kosmos aus versuchten, die Tore über den Städten

**Abb. 224:** *Die aus dem Herzen agierende Gesellschaft der hochfrequenten Erde wurde in der schlechten Kopie invertiert. Statt mit der ihr angeborenen Intelligenz, dem erweiterten Gewahrsein und der Einsicht des Herzens zu handeln, entwickelte sie sich zu einer Gesellschaft, die der Wirklichkeit aus dem Bauch heraus – über Emotionen – begegnet.*

**Abb. 225:** *Die Menschheit ist in der „Falle" der Illusion und der unterdrückten Wahrnehmung gefangen.*

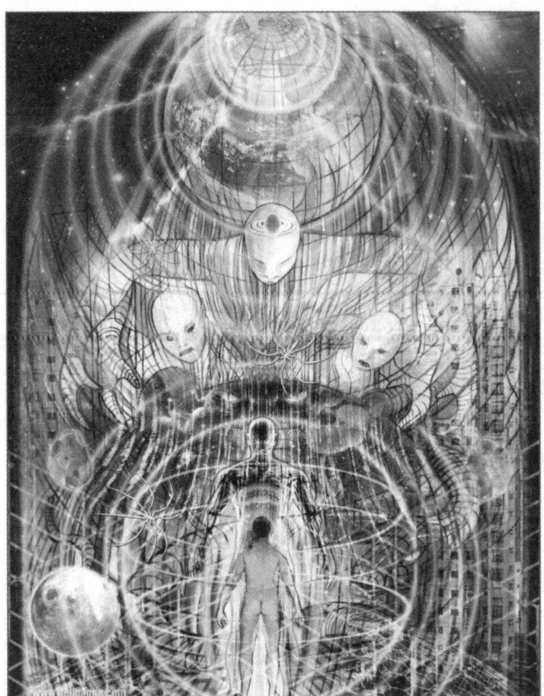

**Abb. 226:** *Der Demiurg/Archonten-Virus hat diejenigen, die den Kontakt zum Unendlichen Gewahrsein verloren haben, in ein energetisches Wahrnehmungsgefängnis gesperrt: das Reich des Ich-Phantoms.*

zu verschließen, damit diesen nicht mehr Gottes Segen zufließen konnte. Später nahm man an, dass Heilige beim Beten niederknieten, weil sie dabei gegen den Widerstand der Wände/Tore dieses abgedichteten Himmels anzukämpfen hatten.

Der „abgedichtete Himmel" ist die Simulation der Archonten, die Scheinwirklichkeit, in der die Kosmokratoren (Archonten) die Tore zu den höheren Gewahrseinsfrequenzen schließen und „Gottes Segen" (die Einsichten und das Wissen des erweiterten Gewahrseins sowie von *Allem Was Ist*) blockieren. Dasselbe meinen die Religionen, wenn sie von einer „Trennung von Gott" sprechen, doch ist die Wahrheit durch die vielen Übersetzungen verloren gegangen und unter religiösen Dogmen begraben worden (Abb. 226).

## Naturprogramme

Immer, wenn ich mir Dokumentationen über die Natur anschaue, sehe ich die Simulation der Archonten. Tiere, ja, die „Natur" insgesamt, sind nämlich genauso Teil des großen Programms wie der menschliche Körper. Es heißt zwar, dass Menschen und Tiere einen gemeinsamen Vorfahren hätten – doch es ist kein Vorfahr, sondern ein *Programm*, das ihnen allen zugrunde liegt. Der amerikanische Neurowissenschaftler Christof Koch hat darauf hingewiesen, dass „nur Experten unter dem Mikroskop feststellen können, ob ein Klumpen Hirnsubstanz einer Maus, einem Affen oder einem Menschen gehört". Glaubt irgendjemand ernsthaft, dass es sich beim Fortpflanzungsprozess von Menschen, Tieren und anderen „physischen" Lebensformen um eine Art kosmisches Versehen handelt? Begibt sich das menschliche Spermium rein zufällig auf die Suche nach einem Ei, das dann aktiviert wird und einen Zyklus in Gang setzt, an dessen Ende neun Monate später ein menschlicher Körper entsteht? Es ist ein *Softwareprogramm* (Abb. 227). Nicht zu Unrecht hat der berühmte Astronom Fred Hoyle gesagt, die Wahrscheinlichkeit, dass die Welt durch Zufall und nicht aufgrund eines Plans entstanden ist, sei in etwa gleich hoch wie die, dass eine Windhose über einen Schrottplatz hinwegfegt und dabei einen Jumbojet zusammensetzt.

Der „Lebenszyklus", den Menschen wie auch Tiere durchlaufen, ist ein Programm der Archonten. Diesem Zyklus aus Geburt, Altern und Tod unterliegen alle irdischen Programme. Ein weiterer gemeinsamer Nenner ist das Überleben auf Kosten anderer. Manchmal kann ich nur mit dem Kopf schütteln, wenn ich mir Dokumentationen über bestimmte Tierarten ansehe – denn die meisten überleben dadurch, dass sie andere töten (was im Übrigen auch ein wesentlicher Bestandteil des menschlichen Zyklus ist). Jedes Lebewesen ist entweder Fressfeind oder Nahrungsquelle irgendeines anderen, und alle achten stets darauf, wo in ihrer Umgebung der nächste „natürliche" Feind oder die nächste „natürliche" Nahrung zu finden ist. Das hat ein Leben in Angst zur Folge, eines, in dem man ständig auf der Hut ist – und in dem psychopathischer, gefühlloser Massenmord an der Tagesordnung ist. Das Ganze wird dann als „Gesetz der Wildnis" bezeichnet. In Wahrheit aber ist es das Gesetz des Programms; das Gesetz des Archonten-Virus, das dem Virus in die Hände spielt. Angst und psychopathisches Verhalten machen den Virus stärker, denn sie sind ganz auf seiner Wellenlänge: Es sind Manifestationen des Virus selbst, der sich immer wieder repliziert und neue Opfer infiziert. Auch im Verhalten von Insekten und anderen Tieren, die ihre eigene Art bekämpfen und umbringen, um an Nahrung zu gelangen und ihr Revier zu erweitern, spiegelt sich das menschliche Verhalten wider. All diese Überschneidungen zeigen, dass die verschiedenen Arten – einschließlich des Menschen – nur verschiedene Programme sind, die zwar ihren eigenen Zyklus durchlaufen, aber auf denselben Algorithmen beruhen. Ich habe sogar schon eine Dokumentation über *Meereskorallen* gesehen, deren unterschiedliche Arten sich *gegenseitig bekämpfen und töten* (Abb. 228). Das Programm ist nicht zu übersehen – wenn die Menschen nur die Augen aufmachen würden. Schaffe eine simulierte Wirklichkeit, die auf dem Überleben – oder der Vorstellung, dass man überleben muss – basiert, und Angst, Konflikt und Tod folgen stehenden Fußes.

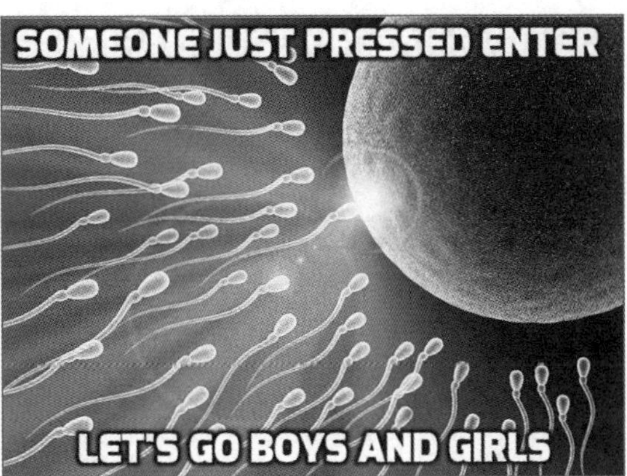


**Abb. 227:** „Irgendjemand hat gerade die Entertaste gedrückt – Jungs und Mädels, auf geht's!" – *Die „Natur" ist ein Softwareprogramm.*

**Abb. 228:** „Noch einen Schritt und ich schieße." – *Die archontische „Natur" ist nur auf Tod, Angst und Überleben ausgelegt.*

**Abb. 229:** „Liebe kennt keine Grenzen – bis auf die, die wir ziehen, weil sie uns einprogrammiert wurden." – *Die hochfrequente Wirklichkeit unterscheidet sich radikal von unserer Realität.*

In der Wirklichkeit der hochfrequenten Erde gibt es weder Tod noch Überlebenskampf. Da Energie dort im Übermaß vorhanden ist und einen anderen Dichtegrad hat, ist sie auch viel stärker als bei uns und kann von den hochfrequenten „Bewohnern" aller Art direkt aufgenommen werden. Man braucht nicht für Nahrung zu töten, wenn man sich direkt von Energie ernährt. Ohne den Zyklus aus Angst und Überlebenskampf herrschen natürlich auch völlig andere Beziehungen zwischen den Arten. Geschichten von Menschen, die friedlich mit für uns wilden Tieren zusammenleben, oder das bekannte Bild von den Löwen, die mit Lämmern zusammenleben, entspringen unterbewussten Erinnerungen an diese Realität (Abb. 229).

Im Vergleich dazu hat der „Energieozean" der verfälschten, schlechten Kopie eine geringere Frequenz, weshalb er auch weniger leistungsstark ist als das Energiefeld der ursprünglichen Erde. Dieser Mangel musste dadurch ausgeglichen werden, dass die Energie in ihrer „physischen" (holografischen) Form – als Tiere und Pflanzen – konsumiert wird. So kam es zum „Gesetz der Wildnis" und anderen Programmen, die das Artverhalten steuern. Letztlich ist jedoch alles Energie. Ganz gleich also, ob die Energie nun in reiner oder „physischer" Form existiert, egal, ob Sie Ihre Energie aus dem Energieozean oder aus Burgern und Pommes frites beziehen – es ist noch immer Energie, nur in unterschiedlichen Zustandsformen. Haben Sie sich je gefragt, warum bestimmte Tierarten so perfekt an ihre Umwelt angepasst und mit allen Anlagen ausgestattet sind, die sie zum *Überleben* brauchen? Das meiste davon beruht auf den Klick-Klick-Enter-Vorgaben der archontischen Programmierer. Doch es gibt noch eine andere Erklärung: Da die Simulation interaktiv ist, heißt das auch, dass Programme sich „entwickeln" und anpassen können, wenn sich ihre Umwelt verändert oder ihr Überleben gefährdet ist. Was ich jetzt sage, wird bestimmt manchen Leser verstören: In der schlechten Kopie gibt es keine „Natur"; zumindest nicht, wie wir sie uns vielleicht vorstellen. Warum ist eine Ente eine Ente? Aufgrund ihrer Erbanlagen? So weit, so gut – aber warum verhält sich eine Ente wie eine Ente? Warum verhält sie sich nicht wie ein Elefant oder ein Fisch? Warum verhält sich kein Elefant und kein Fisch wie eine Ente? Es sind verschiedene *Programme*. Diese Tiere haben nicht die Wahl, sich wie eine andere Art zu verhalten, weil das *Programm* ihre Wahrnehmung und ihr Verhalten vorgibt. Dasselbe gilt für die menschlichen Ich-Phantome, bis das Unendliche Gewahrsein ihr Programm überschreibt. Die „natürliche Welt" der schlechten Kopie ist programmiert – und das trifft auf alle „natürlichen" Zyklen zu, von den Planetenbewegungen um die Sonne bis hin zum Leben einer Eintagsfliege. Die Biologie ist im Grunde eine Technologie; das Biologische ist eigentlich technologisch.

Das heißt nicht, dass wir uns nicht an der Schönheit dessen erfreuen können, was wir Natur nennen, oder dass sie nicht lebendig ist. Denn selbst in der Simulation erfährt sich das Bewusstsein in sämtlichen Gestalten, darunter auch als Körper/Intellekt des Menschen. Ein Großteil der simulierten „Natur" *ist* wunderschön – weil es eine verpixelte, niederfrequente Kopie von etwas erstaunlich Schönem ist, und weil ein Teil dieser Schönheit (wenn auch in minderwertiger Qualität) in ihr erhalten geblieben ist.

## ~~Leben~~ Tod

Wenn Sie die Grundlagen der Scheinwirklichkeit und ihrer Programme untersuchen, werden Sie feststellen, dass der Tod darin eine zentrale Rolle spielt. Da die Archonten eine Umkehrung des Lebens sind, ist der Tod für sie gleichbedeutend mit dem, was wir „Leben" nennen. Wenn Ihr PC oder Laptop von einem Virus befallen ist, greift dieser in die Systemabläufe ein und kann dafür sorgen, dass ein ansonsten komplettes Bild völlig zerstückelt auf dem Bildschirm erscheint. Ähnlich verhält es sich mit unserer Welt, in der sich der Virus ausbreitet: Die Umwelt wird zunehmend zerstört, pro Jahr werden Tausende Arten ausgelöscht. Allein die Schönheit erinnert in der schlechten Kopie noch an die hochfrequente Erde (Abb. 230); ansonsten verzerrt der Virus die schlechte Kopie und durchzieht sie mit Hässlichkeit, Verschmutzung, Massensterben und Tod (Abb. 231 bis 233).

**Abb. 230:** *Auf der hochfrequenten Erde werden das Leben, die Harmonie und die Schönheit gefeiert.*

Auf der hochfrequenten Erde dreht sich alles um das Leben, während das niederfrequente Äquivalent der Archonten vom Tod und der Angst vor dem Tod beherrscht wird. Was ist der Tod anderes als eine Verzerrung und Umkehrung des Lebens? Die Angst vor dem Tod zeigt allerdings nur, dass man zu wenig über das Leben weiß. Für das Kernselbst gibt es keinen Tod; nur das, was man fälschlicherweise für sein Selbst hält, stirbt. Der Virus ernährt sich vom Tod, weil der Tod eine ihm ähnliche Schwingung hat. Der Vergleich zu einem Computervirus liegt hier nahe, denn auch er bringt gewissermaßen den Tod – er zerstört nämlich die Ausgeglichenheit

**Abb. 231:** *Auf der Erde der Archonten geht es um Tod …*

**Abb. 232:** *... Niedergang und Zerstörung.*

**Abb. 233:** *Die Erde der Archonten ist herz- und fantasielos, funktional und hässlich – völlig stupide.*

und Harmonie von allem, was er befällt. Aus demselben Grund sind Satanisten, die den Demiurgen/die Archonten verehren, vom Tod besessen. Kriege und andere Geschehnisse, bei denen massenhaft Menschen leiden oder sterben (all das sind Verzerrungen des Lebens), sind für den Virus wahre Fressgelage, durch die er sich weiter ausbreiten kann. Daher sorgt er auch dafür, dass es an allen Ecken und Enden zu Konflikten und Leid kommt.

Das Reich des Demiurg/Archonten-Virus ist also ein Reich des Todes. Meiner Ansicht nach hat der Harvard-Gelehrte und Neurochirurg Eben Alexander während seiner Nahtoderfahrung zumindest einen Teil dieser archontischen Welt bereist. In seinem Buch „Blick in die Ewigkeit" spricht er davon, dass er sich selbst an einem Ort wiedergefunden habe, an dem er kein Mensch, ja nicht einmal ein Tier gewesen sei, sondern „ein einsamer Bewusstseinspunkt in einem zeitlosen, rot-braunen Meer". Er beschreibt reptiloide und wurmartige Geschöpfe, die sich an ihm vorbeibewegten und mit ihrer „glatten oder stachligen Haut" an ihm entlangstreiften. Gesichter blubberten aus der Dunkelheit hervor und nahmen groteske und bedrohliche Züge an. Auch hörte er ein Hämmern, das lauter wurde und nach dem „Arbeitstakt für eine Armee von koboldartigen Untertagearbeitern" klang. Schließlich roch er etwas: „[...] ein bisschen wie Kot, ein bisschen wie Blut, ein bisschen wie Erbrochenes. Mit anderen Worten: ein *biologischer* Geruch, doch es roch nach biologischem Tod, nicht nach biologischem Leben." Das klingt ganz nach der Welt („Hölle") des Demiurgen/der Archonten, die auf biologischem Tod, nicht auf biologischem Leben beruht – und ihr Plan sieht vor, die schlechte Kopie der Erde zu einer solchen Welt zu machen. Je mehr sie die Schwingung der simulierten Scheinwirklichkeit an die der archontischen Welt anpassen können, desto mehr Kontrolle werden sie über die Menschheit haben. Letzten Endes soll uns der „Sündenfall" noch einige Ebenen tiefer führen und die archontische Welt zur unseren werden.

Dass alles spielt sich direkt vor unseren Augen ab – doch es muss nicht so weitergehen. Eben Alexander sagte, dass er sich im Reich des biologischen Todes zwar kraftlos gefühlt habe, sich aber irgendwann willentlich habe hinein- und hinausbewegen können, ohne dass er Angst gehabt oder sich ihm jemand in den Weg gestellt hätte. Dazu musste er sich nur an sein wahres Selbst und dessen unbegrenzte Kraft erinnern, die eigene Wirklichkeit zu erschaffen. Die Archonten arbeiten hinter den Kulissen daran, dass die Menschen im Ich-Phantom versklavt werden, weil ihr Spiel aus ist, sobald sich die Menschheit an ihr wahres Wesen erinnert. Das ist der einzige Grund, warum ich seit über 26 Jahren (26 illusionären Jahren im JETZT) von nichts anderem spreche.

## Der Herr der Ringe

Über die Synchronizitäten in meinem Leben bin ich mehrmals auf das Konzept einer Scheinwirklichkeit gestoßen, die die ursprüngliche Realität überlagert. Ich erinnere mich noch, wie ich schon in ziemlich jungen Jahren in den Nachthimmel gesehen und mich gefragt habe, ob das alles so echt ist, wie es den Anschein hat. Das Fragezeichen wurde noch größer, als ich als rund Sechsjähriger Ende der 1950er Jahre in das neu eröffnete Londoner Planetarium mitgenommen wurde. Dort sah ich den Sternhimmel, der mit technologischen Mitteln an die kuppelförmige Decke geworfen wurde und völlig echt aussah. Seither habe ich oft in den Himmel geblickt und mir die gleiche Frage gestellt: Ist er so real, wie er zu sein scheint? Das ursprüngliche, hochfrequente Universum wimmelt von Leben – doch was ist mit der Kopie?

Ich habe an früherer Stelle bereits argumentiert, wie unwahrscheinlich es beim Blick in das Sternenzelt doch ist, dass wir das einzige „intelligente" Leben im Universum sind. Das Argument gilt immer noch – allerdings für das Original, nicht für die Kopie (Abb. 234). Selbst die Sonne ist nicht die eigentliche Sonne, sondern nur eine Kopie. Wenn Sie eine Website aus dem Internet auf Ihren Rechner herunterladen, wird sie noch immer genauso funktionieren; es ist aber nicht mehr das Original. Es könnte daher gut sein, dass es in der schlechten Kopie des „Universums" kaum anderes Leben gibt. Weiter oben habe ich von außerirdischen Besuchen gesprochen, bei denen Wesen in unserer Wirklichkeit – der schlechten Kopie – aufzutauchen und wieder aus ihr zu verschwinden scheinen. Gäbe es einen besseren Weg, das menschliche Gewahrsein zu isolieren, als es von anderen Lebensformen abzutrennen, die uns alles besser verstehen lassen könnten? Als im Jahr 1999 der erste Teil der „Matrix"-Trilogie herauskam, war ich ziemlich baff, weil ich darin Themenkomplexe und Einsichten wiederfand, die mich seit meiner Kindheit beschäftigt hatten. Ganz ähnlich erging es mir, als ich Bücher darüber las, dass es erst vor relativ kurzer Zeit

**Abb. 234:** „Real? Oder Kopie?" – *Ist das hier realer als das Bild in einem holografischen Hightech-Planetarium? Ich meine nicht.*

zu riesigen Umwälzungen im Sonnensystem gekommen sein soll – es fühlte sich einfach richtig an. In den darauf folgenden Jahren haben mich die Synchronizitäten in meinem Leben zu den folgenden Schlüssen geführt (die ich übrigens in „Die Wahrnehmungsfalle" ausführlicher darstelle):

Im Rahmen der noch immer andauernden Verzerrung bzw. Verfälschung der schlecht kopierten Simulation wurden auch Planetenbahnen verschoben und andere Himmelskörper wie der Mond in ihre derzeitige Umlaufbahn gebracht. Damit sollte die menschliche Wirklichkeit noch stärker verzerrt und die Verbindung zum erweiterten Gewahrsein hinter der Matrix weiter eingeschränkt werden. Denken Sie an das Internetbeispiel: Wenn Sie erst einmal eine Website aus dem Internet heruntergeladen haben, können Sie diese nach Lust und Laune verändern. Und erinnern Sie sich an die Wissenschaft der Astrologie, die sich damit befasst, wie sich die Bewegung der Planeten und Sterne (Informationsfelder) energetisch auf andere Informationsfelder (das gesamte Leben, darunter auch Menschen) und damit auch auf die Persönlichkeit, die Wahrnehmung und das Weltgeschehen allgemein auswirkt. Vor diesem Hintergrund sollte klar sein, wie fundamental das Leben und das Bewusstsein sich verändern werden, wenn man die Planeten im Sonnensystem neu anordnet und einen Miniplaneten wie den Mond auf eine so erdnahe Umlaufbahn bringt. Der „Planet" (eigentlich ein Zwergstern), der in dieser Hinsicht für die Archonten eine Schlüsselfunktion übernimmt und deshalb wohl auch für die Gnostiker in den Nag-Hammadi-Texten von Bedeutung war, ist der Saturn (Abb. 235). Der Saturn spielte in vielen früheren Kulturen eine zentrale Rolle, und er war unter anderem einer der Hauptgötter im Römischen Reich (was noch extrem wichtig wird, wenn ich auf die Religionen zu sprechen komme, die von den Archonten eingeführt wurden). Die Leser meiner anderen Bücher werden wissen, dass man aufgrund der enormen Bedeutung des Saturn innerhalb des Systems und seiner Oberschicht, in den Geheimgesellschaften und im Satanismus an allen Ecken und Enden auf Saturnsymbolik stößt. In diesen Kreisen wird der Saturn – genau wie in altertümlichen Kulturen – als „Dunkle" bzw. „Schwarze Sonne" bezeichnet. Andere Namen für ihn sind „Herr der Ringe" – „Lord of the Rings" – und „Herr über die Zeit" – „Time Lord" (Herr der Archonten, Demiurg). Er ist auch der Herr im „Haus des Herrn" (Demiurg), sodass er unwissentlich von kirchlichen Gemeinden bei Gottesdiensten verehrt wird.

**Abb. 235:** *Saturn – der Schlüssel zu vielen Rätseln.*

Noch heute zeugen Legenden über die sogenannte „Zwillingssonne" davon, dass Saturn einst über den irdischen Himmel herrschte, wo er für alle Erdbewohner die Hauptsonne war. Als Sonne wurde er auch häufig in vielen altertümlichen Kulturen bezeichnet. In der chaldäischen (mesopotamischen) Astronomie hatte der Saturn einen Namen, der sich mit „Stern der Sonne“ übersetzen lässt. Der griechische Geschichtsschreiber Diodor vermerkte, dass die Chaldäer den Saturn als Helios bzw. Sonne bezeichneten; zudem wurde er auch Sol genannt – ebenfalls ein Name für die Sonne. In astrologischen Texten der Babylonier hieß er Šamaš bzw. Schamasch (Sonne), während sein babylonischer Name Ninib lautete. Den Babyloniern zufolge soll der Saturn „wie die Sonne geschienen“ haben. Bei den Sumerern war Šamaš/Saturn Utu, bei den Ägyptern Aton bzw. Ra – der „Sonnengott“, den die Historiker fälschlicherweise mit der Sonne gleichsetzen, die wir heute sehen. Dass der Saturn in den alten Kulturen auf der ganzen Welt einen so hohen Stellenwert hatte, liegt schlicht daran, dass er den irdischen Himmel dominierte. Warum sollte ihm so viel Aufmerksamkeit zuteil werden, wenn er sich an seinem heutigen Ort befunden hätte?

Damals stand der Saturn als „Polarsonne“ auf der verlängerten Erdachse über dem Nordpol. Wie der brillante David Talbott, Saturnexperte und Befürworter der Theorie des Elektrischen Universums, in langer und mühevoller Kleinarbeit herausgefunden hat, befanden sich auch Mars und Venus während des Zeitraums, den die Menschen des Altertums als Goldenes Zeitalter bezeichneten, auf der Achse zwischen Erde und Saturn (Abb. 236). Von der Erde aus betrachtet standen sie also alle in einer Flucht. Wenn Sie tiefer in die Materie eindringen und mehr darüber erfahren wollen, warum altertümliche Symbole noch heute verwendet werden, sollten Sie mein zweibändiges Werk „Die Wahrnehmungsfalle“ lesen.

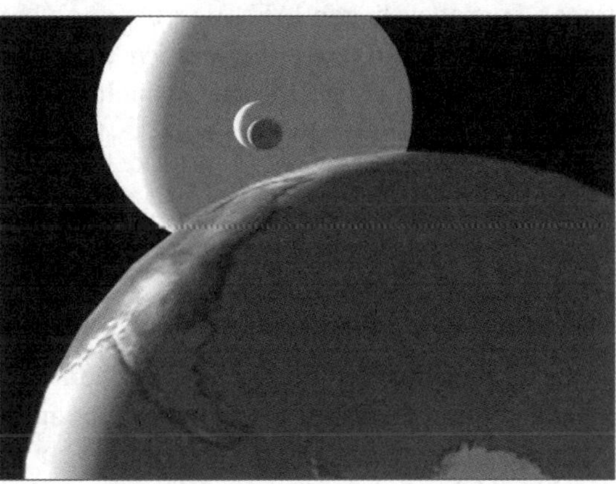

**Abb. 236:** *Die gedachte Linie, auf der sich Saturn, Venus, Mars und Erde befanden, bevor unser Sonnensystem durch eine Katastrophe umstrukturiert wurde.*

Als es zu den gigantischen Umwälzungen im Sonnensystem kam, wurden auch der Saturn sowie andere Himmelskörper – darunter Mars, Venus und Jupiter – aus der Bahn geworfen. Diese Katastrophen, die unsere gesamte Wirklichkeit veränderten, werden in alten Mythen als „Kriege der Götter“ oder auch als „Krieg im Himmel“ beschrieben. Das, was damals geschah, lässt sich eindeutig in den geologischen Schichten und im biologischen Stammbaum der Erde ablesen. Für detaillierte Ausführungen sei hier wieder auf „Die Wahrnehmungsfalle“ verwiesen, wo die insgesamt sehr überzeugenden Zusammenhänge zwischen altertümlichen Zeugnissen und der modernen Forschung nachzulesen sind. Während der Katastrophe kam es beispielsweise zu einem gigantischen Tsunami, von dem in den Mythen der ganzen Welt berichtet wird: die biblische Sintflut. Diese Flut wurde schon vor Tausenden von Jahren auf den Tontafeln der Sumerer und Babylonier (heutiger Irak) erwähnt, bevor die Autoren der Bibel davon abgeschrieben haben. Auf den Tontafeln werden die Ereignisse mit nichtmenschlichen Eindringlingen namens Anunnaki („Die vom Himmel zur Erde kamen“) in Verbindung gebracht, denen reptiloide Eigenschaften zugeschrieben werden. Zahllose Legenden berichten zudem von großen Kontinenten – Atlantis,

**Abb. 237, 238 und 239:** *Überreste hoch entwickelter Städte, die in den Ozeanen entdeckt wurden.*

Mu oder Lemurien –, die durch die Katastrophe im Meer versanken. Inzwischen wurden auf der ganzen Welt gigantische Bauwerke entdeckt, darunter auch Pyramiden, die im Ozean begraben liegen (Abb. 237 bis 239). Von diesem Zeitpunkt an wurde die schlechte Kopie der Erde zu einer *miserablen* Kopie – und das wirkte sich entsprechend auf das menschliche Leben und die menschliche Wahrnehmung aus.

## Das Saturnmuster

Bevor der Saturn vom Demiurg/Archonten-Virus infiziert, durch die große Katastrophe aus der Bahn gerissen und zu dem Planeten (Sonne) im Sonnensystem wurde, der gerade noch mit bloßem Auge zu erkennen ist, war er die markantere der beiden irdischen Sonnen. Auch der Saturn ist eine *Kopie* von energetischen Informationsmustern, die noch immer in den ursprünglichen höheren Frequenzbereichen existieren. Behalten Sie stets im Hinterkopf, dass wir es hier mit Computercodes zu tun haben, nicht mit festen Objekten. Der Saturn konnte also von den Archonten einfach durch ein paar Klicks und das Drücken der Entertaste verändert werden – und genau das ist auch geschehen: Er wurde zum Vehikel des demiurgischen Virus und zu einer Hauptquelle der Scheinwirklichkeit. Erst damit wurden Saturn (Satan) und der Demiurg der Gnostiker zu Synonymen.

**Abb. 240:** *Die Saturnringe sind nicht „natürlichen" Ursprungs, sondern gehören zu dessen Sendesystem.*

Dass in den ältesten Zeugnissen über den Saturn nie von seinen Ringen die Rede ist, liegt daran, dass es sie am ursprünglichen Platz des Saturn noch nicht gab – sie wurden erst später mit technischen Hilfsmitteln hinzugefügt, als ein gigantisches Sendesystem errichtet wurde (Abb. 240). Mit diesem Sendesystem steht unter anderem die Rotationsgeschwindigkeit Saturns in Verbindung:

Er dreht sich mit geschätzten 35.700 km/h um die eigene Achse, und obwohl er 83,7 Mal größer als die Erde ist, dauert der Saturntag weniger als 11 Stunden. Die außergewöhnlich langlebigen Strukturen an den Saturnpolen sind sichtbare Manifestationen der Radiofrequenzen, die mithilfe der Ringe über das ganze Sonnensystem übertragen werden. So existiert am Nordpol etwa eine hexagonale Struktur, die doppelt so groß wie die Erde ist, während es am Südpol einen ortsfesten Sturm mit „Auge" gibt (Abb. 241 und 242). Die Saturnringe selbst sind fraktal aufgebaut und übertragen die fraktalen Muster der Simulation. Zudem haben NASA-Studien zum Saturn gezeigt, dass die hexagonale Struktur alle 10 Stunden, 39 Minuten und 24 Sekunden um sich selbst rotiert und damit exakt mit dem Zyklus der *Radioemissionen* des Saturn synchronisiert ist. Die Geräusche, die diese Emissionen verursachen, können Sie sich sogar anhören, wenn Sie „Sounds of Saturn" oder „Saturn Geräusche" ins Suchfenster bei Youtube eingeben.

Das Hexagon ist also die geometrische Form, in der die vom Saturn abgestrahlten Radiowellen sichtbar werden – und die Struktur wird so lange an Ort und Stelle bleiben, bis der Inhalt der Übertragung verändert wird. Hierzu passt eine Aufnahme der Saturnringe, die mir ein professioneller Tontechniker zugeschickt hat (Abb. 243). Er schrieb dazu, es sei genau das, was er täglich bei seiner Arbeit mit Schallwellen zu sehen bekäme. Geometrisch betrachtet handelt es sich bei einem Hexagon bzw. Sechseck um die zweidimensionale Ansicht eines Würfels (siehe Abb. 244), weshalb beide auch dieselbe energetische Signatur haben. Würfel (insbesondere schwarze) sind seit Langem ein Symbol für den Saturn – und das lässt den Ursprung und die wahre Bedeutung der schwarzen Kaaba (Kaaba bedeutet „Würfel") erkennen, des zentralen

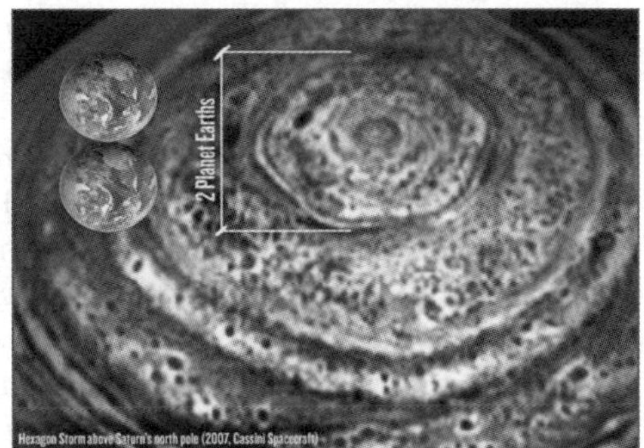


**Abb. 241:** *Die langlebige hexagonale Struktur an Saturns Nordpol.*

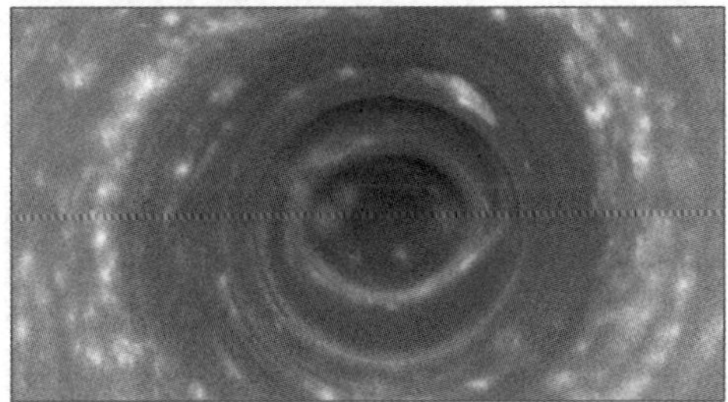

**Abb. 242:** *Das Auge im Sturm am Südpol des Saturn.*

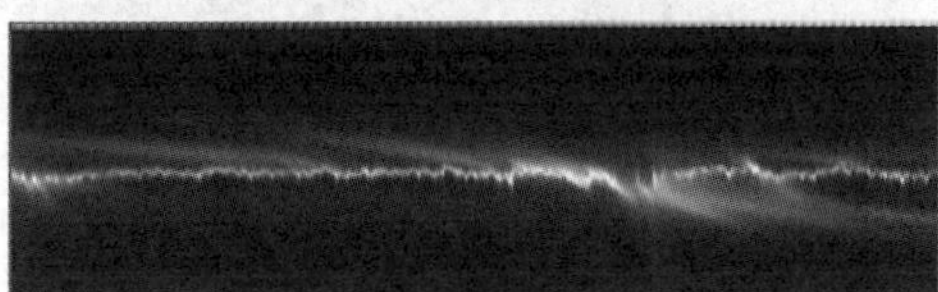

**Abb. 243:** *Die Saturnringe übertragen Radiowellen mit den Informationen der Matrix.*

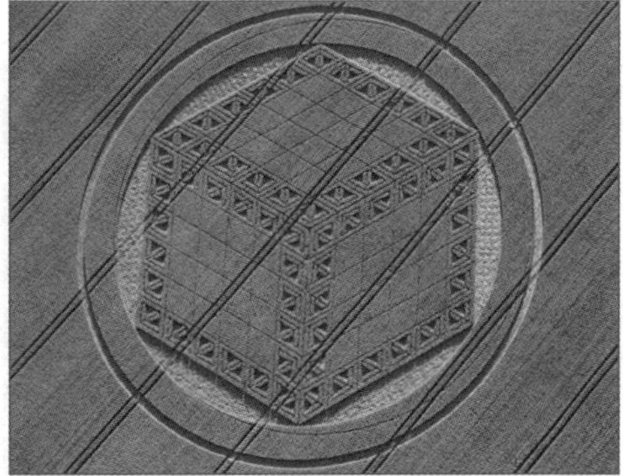

**Abb. 244:** *Wenn Sie sich diesen Kornkreis anschauen, sehen Sie je nach Perspektive ein Hexagon bzw. Sechseck oder einen Würfel. Vom energetischen Standpunkt aus sind Hexagon und Würfel dasselbe, und beide stehen für die Saturnfrequenz.*

Heiligtums des Islam in Mekka (Abb. 245). Auch das „Neue Jerusalem" im Buch der Offenbarung wird als Würfel beschrieben (Abb. 246). Die Forscher an der Universität Bonn, die untersuchen, ob es sich beim Universum um eine Simulation handelt, erforschen unter anderem die Möglichkeit, ob die Simulation/Matrix ein „Hyperwürfel" sein könnte. Solche Würfel stehen mit der Zahl 64 in Verbindung, die in vielen Religionen und beispielsweise in den 64 Hexagrammen des chinesischen I Ging sowie in den 64 Codons des genetischen Codes auftaucht. Auch das Hexagramm, der sechszackige Stern, ist ein geometrisches Äquivalent des Hexagons/Würfels und steht für dieselbe Energiestruktur. Zufällig sind Hexagramme bekannte altertümliche Symbole für den *Saturn* und im Juden- und Christentum, im Satanismus, in Geheimgesellschaften und sogar als Sheriffsterne noch immer in Gebrauch (Abb. 247 bis 249). Symbole können also verschieden aussehen, aber noch immer dieselbe Schwingung repräsentieren. In unserem Fall gilt das für Hexagramm, Sechseck und Würfel – ja, selbst für das Kreuz, wenn es bestimmte geometrische Proportionen aufweist (Abb. 250). Sie alle stehen für die Saturnfrequenz, wobei das Kreuz sogar im astrologischen Symbol des Saturn enthalten ist (Abb. 251).

**Abb. 245:** *Die würfelförmige Kaaba in Mekka symbolisiert den Saturn. Jeder, der seine Aufmerksamkeit darauf richtet und sie verehrt, unterliegt einer Täuschung und betet im Grunde den Saturn an.*

**Abb. 246:** *Der Offenbarung des Johannes zufolge ist auch das „Neue Jerusalem" würfelförmig.*

Wenn Sie auf Youtube nach dem Begriff „cymatics" bzw. „Kymatik" suchen, werden Sie auf viele Beispiele dafür stoßen, wie Schallwellen geometrische Formen entstehen lassen, die sich mit geänderter Tonfrequenz verwandeln (Abb. 252). Daran lässt sich erkennen, dass Symbole von Tönen erzeugt werden können; gleichzeitig repräsentiert ihre geometrische Form aber auch diese Töne (Abb. 253). Als ich mir ein Video ansah, in dem gezeigt wurde, wie eine Flüssigkeit immer wieder die Form wechselte, wenn sie unterschiedlichen Schallfrequenzen ausgesetzt wurde, und dieses Video anhielt, erkannte ich die klassischen Symbole – allen voran einen sechszackigen Stern bzw. das Hexagramm (Abb. 254). Dieses Symbol ist auch als Davidstern bekannt und wird von vielen für ein rein jüdisches Symbol gehalten. Das ist aber falsch: Das Hexagramm ist ein altes Symbol für den Saturn und wird als solches auch von unzähligen Kulturen und Religionen verwendet. Richtig hingegen ist, dass es zu einem Symbol des Judentums und später auch des Zionismus gemacht wurde, die beide auf der Verehrung des jüdischen Saturngottes El basieren. Aber dazu später mehr.

**Abb. 247:** *Strafverfolgungsbehörden verwenden oft das Hexagramm als Symbol für Autorität – laut Astrologie eine Eigenschaft des Saturn.*

**Abb. 248:** *Das Hexagramm auf der Kopfbedeckung des Papstes.*

**Abb. 249:** *Das Saturn-Hexagramm in der Mutterloge der Freimaurer in London.*

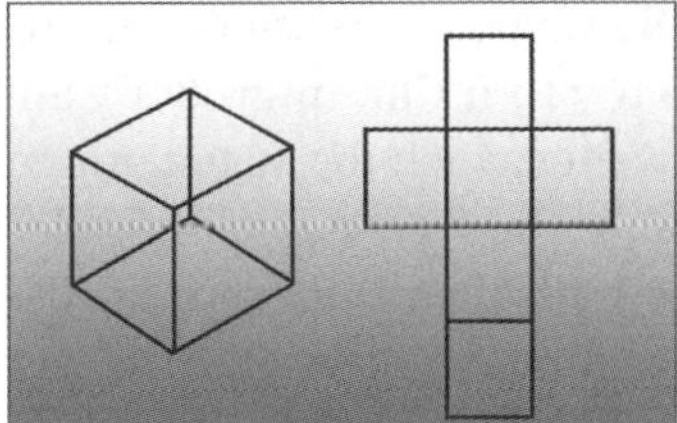

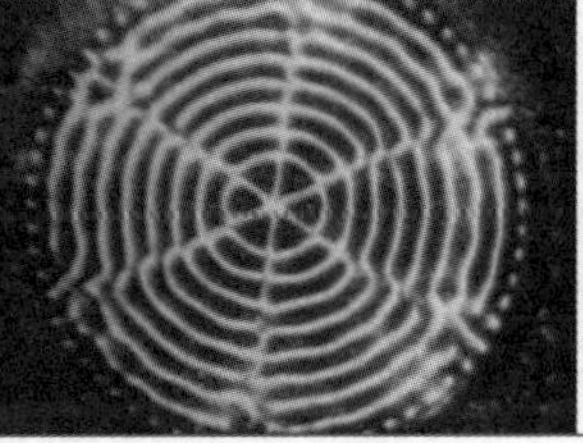

**Abb. 250:** *Ein Kreuz mit den abgebildeten Proportionen ist ein aufgeklappter Würfel.*

**Abb. 251:** *Im astrologischen Symbol für den Saturn ist das Kreuz nicht zu übersehen.*

**Abb. 252:** *In der Kymatik werden mit Schallfrequenzen Muster erzeugt. Ändert sich die Frequenz, ändert sich auch das Muster.*

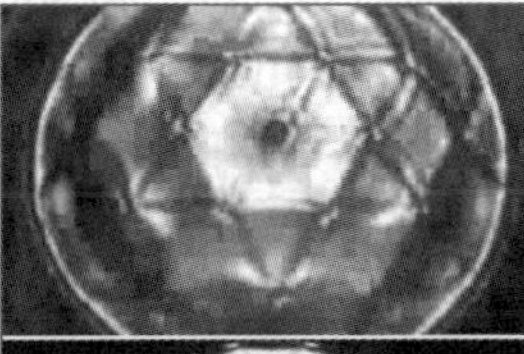

**Abb. 255:** *Das Saturnsymbol – gleichzeitig der Ursprung des Familiennamens „Rothschild" – auf der Flagge Israels, das von den Rothschilds gegründet wurde.*

**Abb. 253:** „Schallwelle = Symbol, Symbol = Schallwelle" – *Schallfrequenzen können als Symbole in Erscheinung treten, die diese Schwingungen repräsentieren und reflektieren.*

**Abb. 254:** *Hexagramme aus den Einzelbildern eines Videos, in dem dargestellt wird, wie Schall in einem flüssigen Medium pulsiert.*

Ich habe bereits oft gesagt, dass das Haus Rothschild eine wichtige archontisch-reptiloide Blutlinie ist, die mit ihrem Einfluss im Finanzbereich, auf Regierungen und bei Kriegen eifrig zur Ausbreitung des demiurgischen Virus beigetragen hat. Und siehe da: Der Familienname „Rothschild" geht direkt auf das klassische Saturnsymbol zurück: das Hexagramm. Als sie noch in Deutschland wohnten, lautete ihr Familienname Bauer. Diesen änderten sie aber – aus Hochachtung für das rote Hexagramm (Saturn), das an ihrem Haus in Frankfurt angebracht war, wo ihre globale Finanzdynastie ihren Anfang nahm – in Rothschild (nach dem „roten Schild" am Haus) um. Später sorgten sie dafür, dass das Hexagramm auf der israelischen Flagge landete – auf der Fahne eines Landes, das nichts weiter ist als ein Lehensgut der Rothschilds und das der Verehrung des Saturn (Demiurgen) gewidmet ist (Abb. 255). Der allergrößte Teil der Menschen, die sich heutzutage Juden nennen, haben weder eine historische noch eine genetische Verbindung zum Land Israel, sondern stammen stattdessen vom Volk der Chasaren ab, die ursprünglich in der Region um den Kaukasus und das Schwarze Meer lebten. Die Chasaren waren nicht als Juden geboren, sondern konvertierten unter König Bulan um 740 n.Chr. in großer Zahl zum Judentum. Später zogen sie nach Ost- und Westeuropa weiter; auch die sogenannten „Juden" in Deutschland waren chasarischer Abstammung (siehe „Die Wahrnehmungsfalle" und „Der Löwe erwacht"). All diese Fakten werden auch von jüdischen Quellen und Historikern wie Shlomo Sand gestützt, einem Geschichtsprofessor an der Universität Tel Aviv, der darüber in seinem Buch „Die Erfindung des jüdischen Volkes" berichtet. Der Staat Israel wurde 1947 aufgrund einer Lüge durch die saturnverehrenden Rothschilds aus der Taufe gehoben, um nach dem Teile-und-Herrsche-Prinzip den Zwiespalt und das Chaos zu verursachen, das wir seither in dieser Region zu sehen gewohnt sind. Der chasarische König wurde übrigens als „Khagan" bzw. „Kagan" bezeichnet – was im eben geschilderten Zusammenhang erklären könnte, weshalb dieser Begriff so häufig als jüdischer Familienname anzutreffen ist. Die Saturnsymbolik – darunter das Hexagramm – ist nur aus einem Grund so häufig in Geheimgesellschaften, Religionen und den Institutionen des Establishments anzutreffen: Sie alle sind Erscheinungsformen des Demiurg/Archonten-Virus.

## Die Ringe der Wirklichkeit

Der amerikanische Wissenschaftler und Ingenieur Dr. Norman Bergrun hat die Saturnringe lange und intensiv erforscht und ist dabei zu dem Schluss gelangt, dass sie nicht natürlichen Ursprungs sind (Abb. 256). Seine Ergebnisse hat er in seinem Werk „Ringmakers of Saturn" detailliert dargelegt. Dr. Bergrun ist kein Laie – er war Wissenschaftler an der Einrichtung, die später zum Ames Research Center der NASA werden sollte, arbeitete für die Lockheed Missiles and Space Company sowie für Douglas Aircraft und hat seine eigene Forschungs- und Technikfirma gegründet. Die Saturnringe begannen ihn zu faszinieren, nachdem er die Fotos unter die Lupe genommen hatte, die von den NASA-Missionen Voyager I und II aufgenommen worden waren. Zwischen beiden Missionen – 1980 bzw.

1981 – lag eine Zeitspanne von neun Monaten, und Bergrun entdeckte auffällige Veränderungen in den Ringen. „Damit fing alles an. Seither forsche ich zu diesem Thema“, sagte er. Seine Vermutungen wurden durch die Bilder der Cassini-Mission bestätigt, die 2004 am Saturn eintraf. Er sagt, einige Astronomen und Physiker hätten zwar spekuliert, dass die Ringe viel jünger als das Universum seien und womöglich erst etwa 100 Millionen Jahre alt sein könnten, doch „bei zweien der Bilder kann man bereits nach fünf Minuten Veränderungen erkennen!“ Bei seinen Analysen stellte Dr. Bergrun fest, dass die Ergebnisse jeder einzelnen Beobachtung der Ringe als unumstößliche Tatsache betrachtet wurden – dabei hatten die Ringe nur zum Zeitpunkt der jeweiligen Beobachtung so ausgesehen. Oder, um es in seinen Worten auszudrücken:

> Es wird stets der Eindruck vermittelt, dass die neuesten Messungen die richtigen seien, obwohl in Wirklichkeit alle Messungen zum jeweiligen Beobachtungszeitpunkt nahezu richtig gewesen sein könnten. Die Möglichkeit, dass das Ringsystem eine variable Geometrie aufweist, wird deshalb so zögerlich eingeräumt, weil man offenbar keinen physikalischen Mechanismus gefunden hat, der diese ständigen Veränderungen hervorrufen könnte.

**Abb. 256:** *Der amerikanische Wissenschaftler und Ingenieur Dr. Norman Bergrun, dessen äußerst aufschlussreiche Arbeit zeigt, was es mit dem Saturn wirklich auf sich hat.*

**Abb. 257:** *Die Gegenüberstellung zeigt den enormen Größenunterschied zwischen Saturn und Erde.*

Wir können es nicht erklären, also kann es nicht sein … die übliche Story. Angesichts der Tatsache, dass die Mainstreamwissenschaft von der Beständigkeit der Ringe ausging, war die Entdeckung konstanter Veränderungen schon brisant genug – doch Dr. Bergrun ging noch weiter. Seine ausführliche und detaillierte Untersuchung der Bilder von drei NASA-Missionen führte ihn zu dem Schluss, dass die Ringe von gigantischen „elektromagnetischen Fahrzeugen“ gebaut würden, wie er sie nannte. Und er meint buchstäblich „gigantisch“: Denn einige der Schiffe sind geschätzt drei Mal so groß wie die Erde, manche sogar noch größer. Unmöglich, sagen Sie? Vergleichen Sie die Größe Saturns mit der der Erde, und Sie werden feststellen, dass es hier nicht nur um unterschiedliche Definitio-

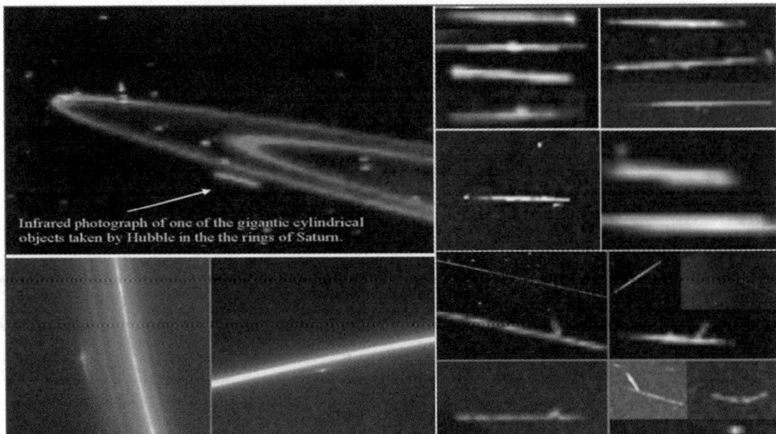


**Abb. 258:** – *Dr. Norman Bergruns „elektromagnetische Fahrzeuge" in Infrarotaufnahmen des Hubble-Weltraumteleskops. Die NASA schweigt bis heute.*

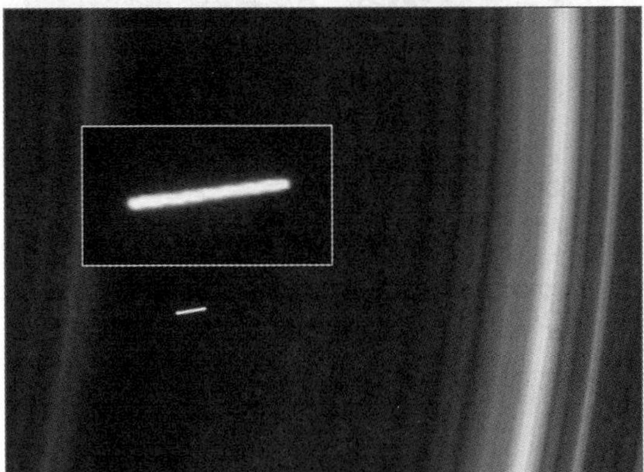

**Abb. 259:** *Ein weiteres „Fahrzeug" in den Ringen.*

nen des Begriffs „groß" geht (Abb. 257). Bedenken Sie hier wiederum, dass die Größe allein durch energetische Informationscodes bestimmt wird – Klick, Klick, Enter. Menschen sind unterschiedlich groß, weil durch ihre Erbanlagen andere *Informationen* fließen. Über die elektromagnetischen Fahrzeuge sagte Dr. Bergrun: „Solch riesige Fluggeräte setzen einen Raumantrieb von beispielloser Kapazität und Leistungskraft voraus." Oder vielleicht eine völlig andere Antriebsform, die auf Elektromagnetismus basiert – denn er bezeichnet die Fahrzeuge nicht als herkömmliche Raumschiffe, sondern verweist immer wieder auf elektromagnetische Energie. Die Fluggeräte sind übrigens auf Bildern der NASA deutlich zu erkennen (Abb. 258 und 259).

Das wirft die Frage auf, warum sich die NASA nie öffentlich zu diesen Phänomenen geäußert hat. Ganz einfach: Die wahre Rolle der NASA besteht darin, jede Art von Informationen zu unterdrücken, die unseren Verstand öffnen und dafür sorgen könnten, dass wir die Wirklichkeit neu hinterfragen. In meinen anderen Büchern habe ich detailliert beschrieben, wie die NASA von Nazi-Wissenschaftlern und -Ingenieuren aus der Taufe gehoben wurde, die via Operation Paperclip in die USA überführt worden waren, um ihre Forschungen im Bereich Raumfahrt und Bewusstseinskontrolle weiterzuführen – unter anderem im berüchtigten MK-Ultra-Programm. Das MK steht für „mind kontrol", wobei das „K" für das deutsche „Kontrolle" eine Hommage an die Nazis war, die das Projekt leiteten. Unter den Nazis, die nach Amerika übersiedelten, befand sich auch der Raumfahrtingenieur und Weltraumarchitekt Wernher von Braun. Er war der geistige Vater der V2-Rakete – der ersten gelenkten Langstreckenrakete der Welt, mit der im Zweiten Weltkrieg London angegriffen wurde –, aber auch der mehr als passend bezeichneten *Saturn*-V-Rakete, die im Apollo-Mondprogramm von der NASA eingesetzt wurde. Die NASA jedenfalls wird Ihnen nichts von dem erzählen, was das System vor Ihnen verbergen will.

Dr. Bergrun schrieb auch, dass die elektromagnetischen Schiffe an Stellen zu sehen gewesen seien, an denen die Ringe noch unvollständig waren:

> Auf sämtlichen Außenseiten der Saturnringe wurden zylindrische Objekte fotografiert, die Emissionen ausstoßen. Diese Emissionen nehmen komplexe Formen an und liefern Aufbaumaterial für die Ringe. Aufgrund dieser Vorgänge erscheinen die Scheiben um den Saturn je nach Beobachtungszeit natürlich immer wieder anders.
>
> Der B-Ring sowie der innere und der äußere A-Ring sind voneinander getrennte Gebilde, weil sie von jeweils anderen Fahrzeugen hergestellt werden [...] Auch bei anderen Planeten, bei denen man Ringe entdeckt hat, kann man von der Präsenz solcher elektromagnetischer Fahrzeuge ausgehen. Es lässt sich an den Gasausstößen und Emissionsprodukten ablesen, die sich noch in der Umlaufbahn befinden.

Die Substanz, aus der die Ringe gefertigt werden, bezeichnet Dr. Bergrun als flüssigen bzw. gasförmigen Ausstoß der Fahrzeuge – ich gehe hingegen davon aus, dass es sich um ein kristallines oder ähnlich geartetes Material handelt, das mit den Sender/Empfänger-Systemen des Saturn in Verbindung steht. Er beschreibt zudem Strahlen, die von verschiedenen Punkten an den Fahrzeugen ausströmen, wobei an jedem Strahl eine Reihe von „knollenförmigen Ausbauchungen" zu erkennen seien (Abb. 260). Diese „weisen auf eine bestimmte Art elektrisch geladener Ströme hin, die man als Pinch-Plasmen kennt" (siehe die Passage über den „Pinch-Effekt" weiter vorn im Buch). Weiterhin hinge die Lage der Ringe von der Positionierung der Fahrzeuge und dem „Ausmaß ihrer Emissionsaktivitäten" ab, so Bergrun. Die von ihm beschriebenen Fahrzeuge wurden auch in der Nähe der Sonne beobachtet, doch seien sie seiner Ansicht nach hauptsächlich um den Saturn aktiv:

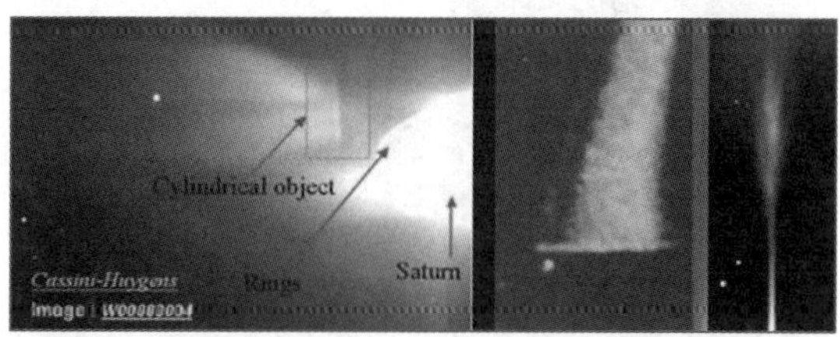

**Abb. 260:** *Das Material, das von Bergruns Fahrzeugen ausströmt und die Saturnringe formt.*

> Ihr gehäuftes Auftreten in der Nähe des Saturn lässt die interessante Spekulation zu, dass der Planet als Operationsbasis dienen könnte. Die höchst fortschrittlichen elektromagnetischen Fahrzeuge zeugen von einem ultrahohen intellektuellen Niveau. Die Objekte beweisen nicht nur, dass die Atomkraft sowie gewaltige elektrische Kraftfelder beherrscht werden, sondern demonstrieren auch die Fähigkeit, ausgedehnte Oberflächenbereiche auf Himmelskörpern zu verändern. Es besteht die realistische Möglichkeit, dass sie entsprechend große Himmelskörper bewegen können.

Was hatte ich gleich nochmal über die Archonten erzählt, die Teile unseres Sonnensystems umgebaut haben? Handelt es sich hier um „Fahrzeuge" – oder vielleicht nur um ein schlichtes Klick, Klick, Enter? Dr. Bergrun erwähnt auch Abbildungen, auf denen zu sehen sei, wie die Fahrzeuge die Saturnmonde (die mit dem Saturn ein eigenes Mini-Sonnensystem bilden) elektromagnetisch beschießen. Er erkennt darin einen Zusammenhang zur Oberfläche unseres eigenen Monds und meint, dass bestimmte Mondkrater und vernarbte Landschaften auf demselben Weg entstanden sein könnten: „Mobile Objekte mit hohem elektrischen Potenzial können Himmelskörper einfangen und deformieren [, und das] hat eine unabsehbare Tragweite." Was ich hier schildere, mag für die meisten Menschen unglaublich klingen. Allerdings sagte Dr. Bergrun selbst zu seinen Befunden:

> Solche Schlussfolgerungen haben Sie vermutlich von jemandem mit einem so traditionellen Hintergrund nicht erwartet. Doch nachdem ich mich mit wissenschaftlicher Akribie dem Studium des Saturn mit seinen Ringen und Monden gewidmet habe, drängen mich die Tatsachen zu einigen unausweichlichen Schlussfolgerungen.

**Abb. 261:** *Der Saturn überträgt die Scheinwirklichkeit der Matrix an die Decodierungssysteme des Menschen.*

**Abb. 262:** *Die Matrix fungiert auch als Firewall und blockiert Informationen von außerhalb der Simulation.*

Das alles passt zu meiner eigenen Behauptung, dass der Saturn (bei dem es sich letzten Endes um ein Computersystem handelt) mit dem demiurgischen Virus infiziert und zu einem kolossalen Sendesystem umgebaut wurde, das zumindest einen Teil der Informationen überträgt, die von den menschlichen Decodierungsprozessen zur Matrix umgewandelt werden (Abb. 261). Die geschilderten Fluggeräte sind vor allem in der Nähe des Saturn aktiv, weil dort noch immer gearbeitet wird und der Saturn zudem ein Dimensionstor zwischen unserer und der archontischen Wirklichkeit darstellt. Dasselbe gilt für die Sonne.

Darüber hinaus blockieren die vom Saturn übertragenen Signale – ganz ähnlich wie eine Firewall – jene Schwingungsebenen, die außerhalb der Matrix existieren, damit wir in unserer Welt der fünf Sinne eingesperrt bleiben (Abb. 262). Das alles ist gar nicht so kompliziert oder so schwer umzusetzen, wie es zunächst scheinen mag, wenn man weiß, dass allein schon durch analoge Fernsehsignale verhindert werden kann, dass wir ganze Galaxien (die sich im Frequenzband der Übertragung befinden) von der Erde aus erkennen. Nachdem die Menschheit in der Frequenzisolationshaft in sicherem Gewahrsam war, standen ihr keine Informationsquellen oder Einsichten von außerhalb des Gefängnisses mehr zur Verfügung, mit denen sie sich die Welt hätte erschließen können. Sie konnte nur noch auf die Informationen zurückgreifen, die ihr von Quellen *innerhalb* dieser Welt geliefert wurden – vom „Bildungswesen", den Medien, den Religionen, der Regierung und der „Wissenschaft", um nur einige zu nennen (Abb. 263).

**Abb. 263:** *Wir Menschen decodieren die Daten der Scheinwirklichkeit zu der Welt, in der wir zu leben glauben. Im Grunde aber decodieren wir nur unsere eigenen Hamsterrad-Lebenszyklen und die Gefängniszelle des Ich-Phantoms.*

Der Mensch war – und ist – sowohl in der Welt, als auch *von* ihr. Das wird auch so bleiben, bis er sein Gewahrsein erweitert und sich der Wirklichkeiten bewusst wird und die Einsichten erlangt, die außerhalb der Matrix existieren. Das Gefängnis, in das er gelockt wurde, basiert darauf, ihn in der Fünf-Sinnes-Welt einzukapseln und dann die Informationen zu kontrollieren, die in dieser Wirklichkeit kursieren. Kein Wunder also, dass die Menschen sich so in der Illusion verlieren; kein Wunder auch, dass in gnostischen und anderen altertümlichen Schriften immer wieder betont wird, die Archonten seien Meister der Illusion und Täuschung. Die Nahtoderfahrene Anita Moorjani beschrieb die außerkörperliche Wirklichkeit als „einen Zustand der Klarheit, in dem ich alles verstand". Sie sagte auch, sie fühlte sich „mit jedem verbunden". Die Programme für das Ich-Phantom wurden geschrieben, um genau diese Klarheit zu vernebeln. Wie soll man Menschen gegeneinander aufbringen und beherrschen können, wenn sie wissen, dass sie nicht voneinander getrennt sind?

**Abb. 264:** *Pan, halb Mensch, halb Ziege und Symbol für den Saturn, hier beim Spielen der „Panflöte" – der Matrix.*

Die vom Saturn übertragenen Signale sind wie ein Rattenfänger, nach dessen Pfeife unsere Wahrnehmung tanzt. Daher ist es auch keine große Überraschung, dass ein weiteres Symbol für den Saturn der gehörnte griechische und römische Gott ist, der als „Pan" bekannt ist und meist mit Pan*flöte* dargestellt wird (Abb. 264). In seinem Werk „Secret Teachings of All Ages" schreibt der amerikanische Freimaurerhistoriker Manly P. Hall:

Abb. 265: *Das Symbol der Ziege, verkörpert als Baphomet. Im rechten Bild ist das Symbol im Hexagramm des Saturn zu sehen.*

Pan war eine aus mehreren Elementen zusammengesetzte Figur. Der obere Teil war – mit Ausnahme der Hörner – menschlich, wohingegen sein Unterkörper die Gestalt einer Ziege aufwies. [...] Der Gott selbst symbolisiert den Saturn, denn dieser Planet herrscht über das Tierkreiszeichen Steinbock, dessen Symbol die Ziege ist.

Pan wird unter anderem mit dem Begriff „Diablo" – also mit dem Teufel – in Verbindung gebracht. Dass das Symbol der Ziege mit dem Saturn assoziiert ist, kann zudem an Baphomet gesehen werden, der unter anderem als „Sabbat-Ziege" bezeichnet wird. Baphomet ist eine wichtige Gottheit im Satanismus, die schon von den Templern verehrt wurde und der noch heute einige Mitglieder der Elite huldigen (Abb. 265 und 266).

**Abb. 266:** *Baphomet wird häufig öffentlich zur Schau getragen – hier von Beyoncé, Lady Gaga, Madonna und Baroness Philippine de Rothschild.*

Die vom Saturn übertragenen Daten stehen zudem mit der Zeitillusion der Matrix in Verbindung. So geht etwa das

**Abb. 267:** *Chronos, der griechische Saturngott, mit Sense, Bart und Sanduhr. Die Griechen behaupteten, Chronos (Saturn) lenke die Zeit.*

**Abb. 268:** *Chronos als „Old Father Time" – Gevatter Zeit.*

**Abb. 269:** *Gevatter Tod – der Sensenmann – steht ebenfalls für den Saturn.*

im englischen Sprachraum bekannte Bild von „Old Father Time" – „Gevatter Zeit" – auf den altgriechischen Saturngott Chronos zurück (Abb. 267 und 268). Chronos soll schlangenartig ausgesehen und mit seiner ihn umschlingenden Gefährtin Ananke das geordnete Universum aus Erde, Meer und Himmel geschaffen haben. Die Zeit ist ein zentrales Element innerhalb der Wahrnehmungskontrolle durch die Archonten, da sie eine in die simulierte Realität codierte Illusion ist, die uns noch stärker an die Fünf-Sinnes-Wirklichkeit binden und das erweiterte Gewahrsein von uns fernhalten soll – das nämlich agiert im zeitlosen JETZT. Für diese Zeitauffassung gab es im alten Griechenland ein Konzept namens Kairos, das Chronos entgegenstand und als „Zeitraffer, ein Augenblick unbestimmter Zeit, in dem alles geschieht" beschrieben wird. Von den Griechen wurde Chronos unter anderem mit einer Sanduhr und einer Sense dargestellt, was auf das nächste Saturnsymbol verweist: Gevatter Tod bzw. den „Sensenmann" – das Symbol des Todes, mit dem Saturn nach esoterischer Lesart (und energetisch) in Verbindung steht (Abb. 269). Auch Chronos wurde mit dem Tod assoziiert, genau wie das Sternzeichen Steinbock, dessen astrologischer Herrscher Saturn ist. Das Symbol der Sense taucht übrigens häufig in Zusammenhang mit dem Saturn auf – so etwa in der altertümlichen Vorstellung von Saturn als Gott des Ackerbaus und der Ernte … womit wohl eher das Ernten der Menschheit gemeint war.

**Abb. 270:** *Shiva, der König des Tanzes, auf dem CERN-Gelände.*

Ich bin auch der Ansicht, dass der Large Hadron Collider (LHC) am Kernforschungszentrum CERN in der Schweiz – der größte und leistungsstärkste Teilchenbeschleuniger der Welt, für dessen Bau nahezu unbegrenzte Mittel aufgewendet worden sind – errichtet wurde, um den Einfluss der Matrix zu verstärken und die Verbindung zum Saturn zu verbessern. Meiner Meinung nach soll damit sogar ein Dimensions- bzw. Sternentor zum Reich der Archonten geschaffen werden. Auf dem CERN-Gelände befindet sich eine Statue des hinduistischen Gottes Shiva (Gott Archon/Demiurg), der in einem Ring tanzt (Abb. 270). Laut vedischer Astrologie steht Shiva mit dem Saturn in Verbindung; darüber hinaus ist er der Gott des Todes und der Zeit – genau wie Saturn. Shivas Tanz steht für die zerstörerische Urkraft im Universum, was auch die wahre Bedeutung hinter seinem Beinamen „König des Tanzes" ist. Was macht diese Statue auf dem Gelände der Europäischen Organisation für Kernforschung? CERN wurde auf einer Stätte errichtet, die zur Zeit der Römer dem dämonischen Gott „Apollyon" (dem „Zerstörer") geweiht war, der auf Hebräisch Abaddon hieß … in Asien ist er als *Shiva* bekannt. Zu römischen Zeiten hielt man den Ort für ein Tor zur Unterwelt. Apollyon bzw. Abaddon taucht in der Bibel als Engel des Abgrunds und

König über eine „Armee von Heuschrecken“ auf. Laut Johannes-Offenbarung soll sich dieser Abgrund – ein großer, rauchender Schacht – öffnen und einen Schwarm dämonischer Heuschrecken ausspeien. Übrigens entstand auch das World Wide Web – das, wie wir noch sehen werden, für den Plan der völligen Versklavung der Menschheit so wichtig ist – am CERN.

Sergio Bertolucci, Direktor für Forschung und Wissenschaftliches Rechnen am CERN, sagte, der Teilchenbeschleuniger könne „unbekannte Unbekannte“ wie etwa „eine zusätzliche Dimension“ erzeugen oder zur Entdeckung einer solchen führen, und fügte hinzu: „Aus dieser Tür könnte etwas herauskommen, oder wir könnten etwas hindurchschicken.“ Beim LHC selbst handelt es sich um einen 26,7 Kilometer langen Ringtunnel aus supraleitenden Magneten und energieverstärkender Technologie, der in bis zu 175 Metern Tiefe unter der Grenze zwischen Frankreich und der Schweiz liegt. Die Teilchenstrahlen rasen mit nahezu Lichtgeschwindigkeit durch den Ringtunnel; die Protonen, die darin zur Kollision gebracht werden, umkreisen den Ring pro Sekunde 11.245 Mal. Die supraleitenden Magneten im Teilchenbeschleuniger sind 100.000 Mal stärker als die Erdanziehung, und Berichten zufolge wurden Temperaturen erreicht, die die des Sonneninneren um das 100.000-Fache übersteigen. Einige Wissenschaftler haben ihre Befürchtung zum Ausdruck gebracht, dass die Experimente ungeahnte Folgen haben könnten, doch ich meine, den Hintermännern sind diese bekannt – ja, sie sind sogar *beabsichtigt*. Am gesamten Projekt sind 10.000 Wissenschaftler und Ingenieure aus mehr als 100 Ländern beteiligt; die bisherigen Kosten betragen laut Schätzungen des Wirtschaftsmagazins *Forbes* 13,25 Milliarden US-Dollar. Offiziell wurde der Teilchenbeschleuniger gebaut, um „Vorhersagen verschiedener Theorien der Teilchenphysik zu überprüfen“. Doch was das endgültige Ziel betrifft, kaufe ich diese Erklärung nicht ab. Beim jüngsten Nachrüsten wurde die Leistung des Beschleunigers deutlich erhöht, und auch die Geschwindigkeit der Teilchenkollisionen nimmt ständig zu – und das wird so lange weitergehen, bis das eigentliche Ziel erreicht ist.

## Unser Verstand kommt vom Mond

Der Mond ist ebenfalls Teil des Systems, das die Scheinrealität überträgt – er ist nicht echt, jedenfalls nicht im Sinne von „natürlich entstanden“. Vielmehr ähnelt er dem in den „Star Wars“-Filmen dargestellten Todesstern, denn alles läuft in seinem Inneren ab (Abb. 271). Er ist ein gigantischer Sender, der die Signale vom Saturn verstärkt und zur Erde lenkt (Abb. 272). Saturn und Mond übertragen das „Gefängnis für deinen Verstand“, in dem die Menschheit lebt.

Weil es so viel unerklärliche Mondanomalien und offene Fragen um den Mond gibt – darunter die, wo er eigentlich hergekommen ist –, stellten sowjetische Wissenschaftler schon 1970 Vermutungen an, dass der Mond ein – zumindest teilweise – künstliches Gebilde ist. Irwin Shapiro vom Harvard-Smithsonian Center for Astrophysics sagte: „Die beste Erklärung für den Mond ist ein Messfehler – der Mond existiert nicht.“ Die sowjetischen Wissenschaftler hielten den Mond für eine Art riesiges Raumschiff und meinten, er sei hohl. Dafür, dass er tatsächlich hohl ist, gibt es einige Indizien, darunter seine Reaktion auf heftige Einschläge auf seiner Oberfläche. Nachdem NASA-Wissenschaftler den Mond etwa mit dem Äquivalent von elf Tonnen TNT bombardiert hatten, hieß es, er habe „wie ein Gong reagiert" und „drei Stunden und zwanzig Minuten bis in eine Tiefe von 40 Kilometern" vibriert. Ken Johnston, der während der Apollo-Missionen der Abteilung für Daten- und Fotokontrolle vorstand, sagte, der ganze Mond habe „geschwankt" und es sei fast so gewesen, als „würde er in seinem Inneren von gigantischen Hydraulikdämpfern gestützt". Betrachtet man den Mond als ein künstliches Konstrukt, löst sich die lange Liste vermeintlicher Anomalien in Wohlgefallen auf – wie Sie unter anderem in meinen Büchern „Die Wahrnehmungsfalle" und „Der Löwe erwacht" nachlesen können.

**Abb. 271:** *Wenn man weiß, was der Mond wirklich ist, sind die „Mondanomalien" keine Anomalien mehr.*

Jeder, der meint, der Mond sei der Erde auf „natürliche" Weise so nahe gekommen, sollte zunächst einmal die Größe dieses verdammten Klumpens erklären. Sein Durchmesser beträgt 3.476 Kilometer, was ihn zum fünftgrößten Mond im Sonnensystem macht – und das, obwohl es solche Gasriesen (Zwergsterne) wie Saturn und Jupiter gibt. Er ist ein Viertel so groß wie die Erde; kein anderer Satellit im Sonnensystem ist im Verhältnis zu seinem Planeten so groß. Selbst Mainstreamwissenschaftler haben eingeräumt, dass das keinen Sinn ergibt ... *es sei denn*, ja, es sei denn, es ginge gar nicht anders. Wissenschaftlern zufolge muss er nämlich exakt an dieser Position stehen, weil das uns bekannte Leben auf der Erde gar nicht möglich wäre, wenn seine Umlaufbahn bedeutend näher oder weiter von der Erde entfernt wäre. Da sie aber keine Ahnung haben, wie er dorthin gelangt sein soll, schreiben sie es dem Zufall zu. Ist das alles tatsächlich purer Zufall? Aber freilich, ich bin ja schließlich auch in einem Ameisenhaufen von einer Fischfamilie zur Welt gebracht

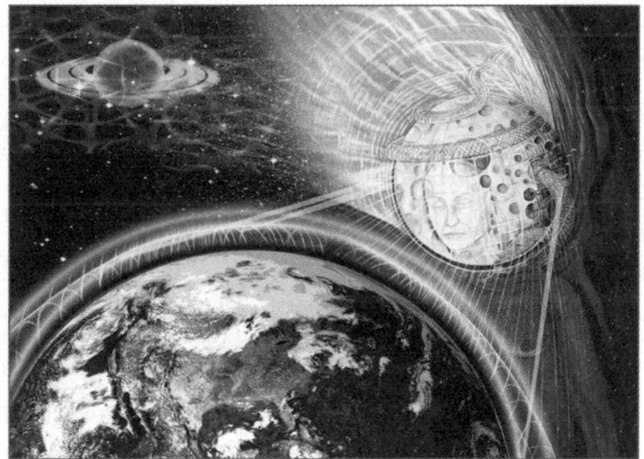

**Abb. 272:** *Man kann sich den Mond wie eine gigantische Satellitenschüssel vorstellen, die die Signale vom Saturn verstärkt und auf die Erde richtet, wo sie im Rahmen unserer Decodierungsprozesse entschlüsselt werden.*

worden. Nächste Frage: Warum sehen wir von der Erde aus nur eine Seite des Mondes? Ich kenne die offizielle Erklärung, aber stimmt sie? Auch scheint der Mond während einer totalen Sonnenfinsternis von der Erde aus betrachtet dieselbe Größe wie die Sonne zu haben, was daran liegt, dass er zwar 400 Mal kleiner als die Sonne ist, der Abstand zwischen Erde und Sonne aber zugleich etwa 400 Mal größer ist als der zum Mond (Abb. 273). Nur ein weiterer erstaunlicher Zufall?

**Abb. 273:** *Wie hoch ist die Wahrscheinlichkeit, dass der Mond von der Erde aus betrachtet während einer Sonnenfinsternis genau dieselbe Größe hat wie die Sonne?*

Ich habe an früherer Stelle schon vom CHANI-Projekt gesprochen, bei dem angeblich von 1994 an über fünf Jahre mit einem Wesen aus einer anderen Dimension kommuniziert worden sein soll. Das, was das Wesen über den Mond zu berichten hatte, stützt die Annahme, er sei ein künstliches Objekt:

- Der Mond ist kein natürlicher Himmelskörper.
- Bevor der Mond ankam, hatten die Menschen ein besseres Leben.
- Die „Mondkräfte" kontrollieren die Zeit und manipulieren die menschliche Stimmung.
- Der Mond dient dazu, die „Stimmung" der Erde zu steuern. Ohne den Mond würde die Erde spürbar zur Ruhe kommen – es gäbe nur noch harmlose und keine verheerenden Unwetter mehr.
- Die Ozeane würden viel ruhiger sein, es käme seltener zu heftigen Gewittern und Blitzschlägen, und das Klima wäre ausgeglichener, ohne extreme Hitze oder Kälte.
- Die „alte Rasse" [die Archonten/Reptiloiden] hat den Mond im Weltraum an sich gerissen und in der Nähe der Erde platziert.
- Ohne den Mond wäre telepathische und interdimensionale Kommunikation gang und gäbe, und die Menschen würden neue Farben in einem größeren Farbspektrum sehen.
- Es käme zu größeren Veränderungen in den Atemwegen des Menschen, weil sich die chemische Zusammensetzung des Blutes und der Atemluft verändern würde.
- Diejenigen, die nach der Zerstörung des Mondes geboren würden, könnten stundenlang unter Wasser die Luft anhalten.

Die Behauptung, dass die „alte Rasse" bzw. die Archonten/Reptiloiden den Mond an sich gerissen und dorthin gebracht hätten, wo er sich heute befindet, wird von den Aussagen vieler alter Völker untermauert, die von einer Zeit vor dem Mond sprechen. (Denken Sie hier auch an die elektromagnetischen Fahrzeuge, die sich laut Dr. Norman Bergrun am Mond zu schaffen gemacht haben und über die er sagte: „Es besteht die realistische Möglichkeit, dass sie entsprechend große Himmelskörper bewegen können.") Die griechischen Autoren Aristoteles, Plutarch und Apollonius von Rhodos, aber auch der römische Dichter Ovid etwa schreiben vom Volk der Proselenen aus dem griechischen Arkadien, deren Vorfahren angeblich dort gelebt hätten, „bevor es einen Mond am Himmel gegeben habe". „Proselene" heißt so viel wie „vor Selene" – der griechischen Göttin des Mondes.

Aus zahlreichen Legenden und Erzählungen geht zudem hervor, wer den Mond in die Nähe der Erde gebracht hat – nur verwenden sie die unterschiedlichsten Namen für die Archonten/Reptiloiden, die sich noch immer im Inneren des Mondes in ihrer eigenen geschlossenen Atmosphäre aufhalten (Abb. 274). Laut den Legenden der Zulu sollen die Anführer der reptiloiden Chitauri, die beiden Brüder Wowane und Mpanku (die den sumerischen Anunnaki-Brüdern Enki und Enlil entsprechen) den Mond in Gestalt eines Eis vom „Großen Feuerdrachen" gestohlen und ausgehöhlt haben, indem sie das „Dotter" entfernten. Das Ei wird häufiger als Symbol für den Mond verwendet: So soll die babylonische Göttin/Königin Semiramis bzw. Ishtar in einem „riesigen Mond-Ei" (womöglich irgendein Raumschiff) vom Mond gekommen und im Fluss Euphrat gelandet sein. Auf dieses „Ishtar-Ei" gehen letztlich auch unsere heutigen Ostereier zurück. Die Legenden um den Mond als Ei deuten also an, dass er ausgehöhlt wurde – und genau das ist auch die Erklärung sowjetischer Wissenschaftler dafür, dass sich seine metallischen Bestandteile auf der Oberfläche befinden, obwohl sie eigentlich nach innen gehören. Dr. Don L. Anderson, Geophysik-Professor und Leiter des seismologischen Labors am California Institute of Technology, hat das mit der Aussage kommentiert, dass der Mond „wie umgekrempelt" wirke.

**Abb. 274:** *Der von den Archonten/Reptiloiden kontrollierte Mond.*

Das Leben der Menschen war mit Sicherheit besser, bevor der Mond im Erdorbit ankam und mit seinen Signalen das erweiterte Gewahrsein zu unterdrücken sowie die Stimmung – und damit auch die Persönlichkeit und die Wahrnehmung – zu manipulieren begann. Über das endokrine System hat der Mond einen starken Einfluss auf die Hormone (Stimmung); zudem steht er mit dem weiblichen Zyklus in Verbindung. Zum endokrinen System zählen auch die Zirbeldrüse und die Hypophyse, die als „Drittes Auge" für das erweiterte Gewahrsein sowie für den „sechsten Sinn" zuständig sind, der Einsichten ermöglicht, die über die Fünf-Sinnes-Welt hinausreichen. Die Zellen der Zirbeldrüse sind den Zapfen und Stäbchen im Auge sehr ähnlich, und sie selbst funktioniert wie eine kristalline Antenne, mit der höhere Schwingungen empfangen werden können. Wer meint, etwas von der Größe eines Reiskorns könne nicht sonderlich viel decodieren, sollte sich eine USB-Antenne ansehen, mit der man Fernseh- und Radiosender aus aller Welt empfangen kann. Der Archonten-Virus versucht auf vielerlei Wegen zu verhindern, dass wir übersinnliche Informationen empfangen – die vom Saturn und Mond gesendeten Signale gehören mit Sicherheit dazu (Abb. 275). Unterdrücke die Funktion der Drüsen, die für das „Dritte Auge" zuständig sind, und du kannst die Menschen in der Wirklichkeit der fünf Sinne einkerkern. Oder lass ihre Zirbeldrüse direkt verkalken, indem du Trinkwasser und Zahnpasta mit Fluorid anreicherst (Abb. 276).

**Abb. 275:** *Die von Mond und Saturn ausgestrahlten Signale geben vor, wie die menschliche Gesellschaft auszusehen hat.*

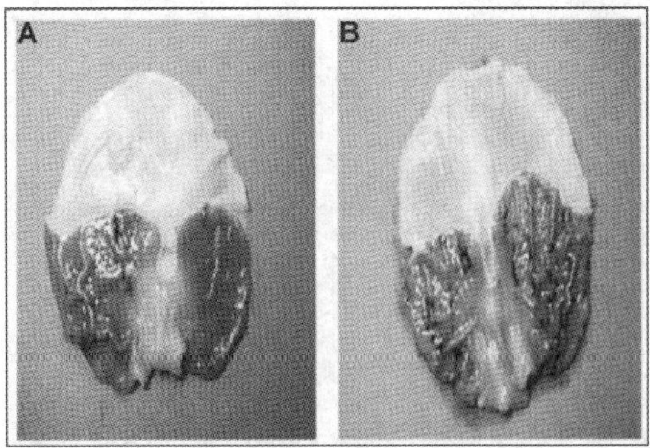


**Abb. 276:** *Fluorid verkalkt die Zirbeldrüse – eine weitere Methode, mit der das Ich-Phantom vom Unendlichen Selbst abgetrennt wird.*

Dass die menschliche Stimmung beeinflusst wird und die Erde auf vielen Ebenen nicht zur Ruhe kommt, passt zu dem, was ich über all die Jahre immer wieder hervorgehoben habe: die gezielte Manipulation und Förderung niederfrequenter Emotionen, von denen sich der Archonten-Virus ernährt. Die Programme, die diese Emotionen hervorrufen, wurden durch einen genetischen Eingriff implantiert; aktiviert werden sie schließlich durch die Struktur der menschlichen Gesellschaft, die darin gemachten Erfahrungen sowie durch die vom bzw. via Mond übertragenen Daten. Nahtoderfahrene haben wiederholt davon berichtet, dass sie keine „menschlichen Emotionen" verspürten, wenn sie ihre Aufmerksamkeit von der Welt der fünf Sinne (und den von Mond und Saturn gesendeten Signalen) abwendeten. Anita Moorjani sagte, während ihrer Nahtoderfahrung sei sie „nicht emotional in das Drama hineingezogen" worden. Die Archonten aber wollen genau das: dass das Ich-Phantom in das Drama und die Illusion hineingezogen wird, bis die Illusion zu seiner einzigen Wirklichkeit wird.

Ein weiteres klassisches Motiv, das in der Auflistung der im CHANI-Projekt ermittelten Informationen auftaucht, ist Folgendes: „Ohne den Mond wäre telepathische und interdimensionale Kommunikation gang und gäbe, und die Menschen würden neue Farben in einem größeren Farbspektrum sehen." Der Sinn und Zweck der Matrix und ihrer Komponenten wie Saturn und Mond besteht darin, das erweiterte Gewahrsein zu unterdrücken und die Aufmerksamkeit wie auch die Wahrnehmung im Reich der Matrix zu fesseln. Die „neuen Farben in einem größeren Farbspektrum" spielen darauf an, dass die Frequenzen, mit denen die Erde beschossen wird, unsere Schwingung unterdrücken. Höhere Frequenzen führen zu mehr und kräftigeren Farben, wie viele Nahtoderfahrene bestätigen können und ich selbst aus meiner Ayahuasca-Erfahrung weiß. Der nächste höchst bedeutsame Punkt und ein ebenfalls verbreitetes Motiv ist das der „Mondkräfte", die die „Zeit kontrollieren". Sie können hier gleich noch den Saturn hinzufügen, der ja unter anderem als „Gevatter Zeit" dargestellt wird. Auch der Mond wurde schon immer mit Zeit in Verbindung gebracht, was sich sogar im Begriff „Monat" niedergeschlagen hat (Abb. 277). Saturn und Mond manipulieren unsere Zeitwahrnehmung über die von ihnen übertragenen Matrixsignale, in denen die Zeit als Informationscode enthalten ist. Die letzten beiden Punkte auf der Liste des CHANI-Projekts scheinen völlig aus dem Zusammenhang gerissen. Dort heißt es, dass es ohne den

**Abb. 277:** *Der Mond diktiert auch die menschliche Wahrnehmung der „Zeit".*

**Abb. 278:** *Was man decodiert, nimmt man wahr – ob es nun real ist oder nicht.*

Mond „zu größeren Veränderungen in den Atemwegen des Menschen [käme], weil sich die chemische Zusammensetzung des Blutes und der Atemluft verändern würde. [...] Diejenigen, die nach der Zerstörung des Mondes geboren würden, könnten stundenlang unter Wasser die Luft anhalten." Das ist ein deutlicher Hinweis darauf, wie stark das menschliche Potenzial tatsächlich von Mond, Saturn und Matrix unterdrückt wird.

Wir sind nicht mehr die, als die wir geschaffen wurden – doch *wir können das ändern*. Als sich „die Götter mit den Menschen vermischten", wurde die Menschheit genetisch manipuliert und ihr Decodierungssystem neu eingestellt, sodass es nur noch bestimmte Frequenzen empfangen und senden konnte. Auf dieser Wellenlänge werden ihr seither Informationen einer Scheinrealität eingespielt – ganz wie in den „Matrix"-Filmen. Verliert der Körper/Intellekt die Verbindung zum erweiterten Gewahrsein hinter der Matrix, kann er als einzige Wirklichkeit nur noch die Matrix wahrnehmen und für „real" halten – „sie gaben uns ihren Verstand" (Abb. 278). *Zack, erwischt!* Die paar Menschen, die ihr Gewahrsein stark genug erweitert haben, um die Matrix zu erkennen, werden als verrückt, dubios oder gar als Handlanger des Teufels bezeichnet, wenn sie darauf hinweisen, dass die „echte Welt" nur systematisches Blendwerk ist, einzig dazu da, uns durch die Manipulation unserer Wahrnehmung zu kontrollieren. Damit wäre das menschliche Leben auf der Erde im Wesentlichen zusammengefasst.

## Der Himmel in der Matrix

Warum sollte sich irgendwer freiwillig in eine Wirklichkeit begeben, die auf die eben beschriebene Weise kontrolliert wird? Das wäre doch völlig absurd. Die Erde ist ganz sicher einer der letzten Orte, an den sich eine Seele begeben würde, die noch einigermaßen bei klarem Verstand ist – es sei denn, sie käme hierher, um die Versklavten auf ihre Misere aufmerksam zu machen. Die Frage lässt sich beantworten, nur wird niemand die Antwort gerne hören wollen. Aber, hey: Wir müssen die Lage kennen, in der wir uns befinden, bevor wir irgendetwas daran ändern können – und das werden wir.

Die Matrix der Archonten ist nicht nur auf die Welt der holografischen fünf Sinne beschränkt. Sie ist ein geschlossenes System innerhalb einer Frequenzblase bzw. eines Frequenznetzes. Und dieses Netz wurde so konstruiert, dass selbst die verstorbenen „Seelen" eingefangen werden, sobald sie in dem von uns als „Tod" bezeichneten Prozess den Körper verlassen – es sei denn, sie haben einen ausreichend hohen Bewusstseinszustand erreicht (Abb. 279 und 280). Anschließend wird die Seele, manchmal auch nur einige Aspekte des zuvor verkörperten Bewusstseins, einfach in einen neuen Körper transferiert, wo sie – noch immer ohne die geringste Ahnung, wer sie ist und woher sie stammt – unter einem anderen menschlichen Pseudonym bzw. Ich-Phantom weiter den Archonten dient. Wir nennen diesen Vorgang Reinkarnation.

Wir sind Unendliches Gewahrsein. Wir müssen nicht in verschiedene Körper ein- und aus diesen aussteigen, inkarnieren und reinkarnieren, um uns zu „entwickeln" und

„erleuchtet" zu werden. In unserer unendlichen Form *sind* wir erleuchtet; als Ausdruck des Unendlichen Gewahrseins gehört das zu unserer Natur. Der sogenannte Reinkarnationszyklus sorgt im Grunde nur dafür, dass diese Erleuchtung verdrängt wird, und macht uns so zu Sklaven der Archonten. Außerdem würde der Virus viel zu schnell seine Nahrungsquelle verlieren, wenn alle Seelen (Aufmerksamkeitsbrennpunkte) die Matrix verlassen könnten, sobald sie sich aus der Wirklichkeit der fünf Sinne zurückgezogen hätten: „Dahin bringen mich keine zehn Pferde zurück – ein Drecksloch." Jeder, der einen Blick in die Frequenzblase der Matrix geworfen hat, würde sich wohl kaum um ein Ticket ins Irrenhaus anstellen. Deshalb befindet sich ein Großteil der Seelen, die ursprünglich in die Falle der Matrix getappt sind, noch immer darin, während ein paar andere hierher gelangt sein dürften wie Motten, die vom Licht angezogen werden.

Ach ja, das *Licht*. Ich vertrete schon länger die Auffassung, dass das Licht bzw. „Das Licht" ein weiteres Konzept ist, das von den Archonten ins Gegenteil verkehrt wurde. „Das Licht" wird allgemein mit Güte, Spiritualität und „Gott" gleichgesetzt – und manche Menschen bezeichnen sich sogar als „Lichtarbeiter" im Dienst von „Liebe und Licht", zwei stets im selben Atemzug genannte austauschbare Begriffe (siehe auch „Freiheit und Demokratie"). Nun ist das – sichtbare – Licht aber auch das Frequenzband der Matrix, in der die Menschen gefangen sind, und die Geheimgesellschaften der Archonten verehren das Licht unter Namen wie Luzifer, dem „Lichtbringer". Zudem machen sie

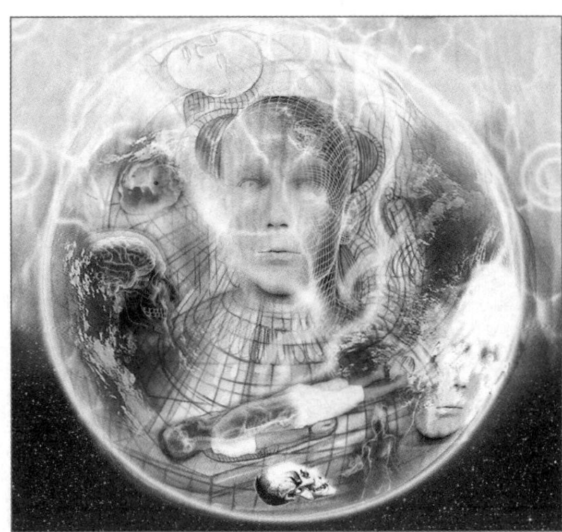

**Abb. 279:** *Der in der Matrix gefangene menschliche Geist kann auch nach dem Tod dem Gefängnis nicht entrinnen, wenn seine Schwingung nicht hoch genug ist. Diese Schwingung wiederum wird durch das geprägt, was man wahrnimmt – durch die eigene Weltsicht.*

**Abb. 280:** *Ein Gewahrsein, das mit dem Unendlichen Selbst verbunden ist, kann die Matrix nach dem Tod verlassen und den Teufelskreis der „Wiedergeburt" durchbrechen.*

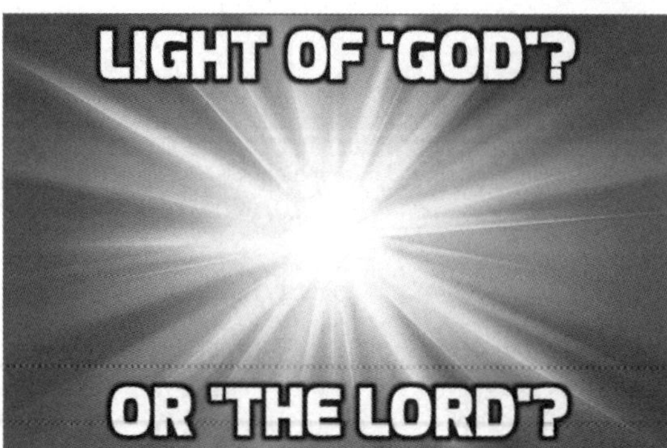


**Abb. 281:** „Licht ‚Gottes'? Oder des ‚Herrn'?" – *Der Demiurg, Gott und Herr der Archonten: das Licht der Welt.*

**Abb. 282:** *Der von Nahtoderfahrenen beschriebene „Tunnel" – nur wo führt er hin?*

reichlich Gebrauch von Symbolen wie der Sonne (Saturn) und der Flamme, die beide das Licht repräsentieren. In der Bibel heißt es, „auch der Satan tarnt sich als Engel des Lichts", wobei der biblische Satan der gnostische Demiurg ist, der „Herr" der Archonten bzw. Gott Archon. So kontrovers es klingt, aber der zornige, gnadenlose und blutrünstige alttestamentarische Gott ist nur eine weitere Variante des Demiurgen, der über die Archonten herrscht. Deshalb wird er auch „der Herr" genannt. Dieser „Herr" ist es, der laut Bibel gleich zu Beginn der Genesis sagt: „Es werde Licht." Ich meine ja, dass die Genesis-Erzählung über die „Erschaffung der Welt" in Wahrheit die Geschichte von der Erschaffung der Matrix erzählt, bei der das „Licht" als Star der ganzen Show auftritt (Abb. 281). Oft werden allerdings das Licht (also das Licht, das Ihnen ermöglicht, im Dunkeln zu sehen, so wie das Sonnenlicht oder das Licht einer Lampe), das Frequenzband des sichtbaren Lichts und das elektromagnetische Spektrum durcheinandergebracht. Wissenschaftler sprechen etwa von Dunkler Materie und Dunkler Energie, meinen damit aber nicht, dass beide pechschwarz sind („Hey, Schatz, hast du mal ein Streichholz?"), sondern nur, dass sie für uns unsichtbar sind, also in einem anderen Frequenzbereich liegen. Wenn man jedoch mit der Wellenlänge einer bestimmten Wirklichkeit in Resonanz ist, kann man sie genauso „sehen" wie wir das sichtbare Licht wahrnehmen. Ich meine hier also nicht das „Licht" mit seiner bestimmten Leuchtkraft, sondern das Frequenzband, das wir als Licht wahrnehmen – das Frequenzband der Matrix bzw. eines ihrer Frequenzbänder. Und dieses Licht ist nicht der Weg, der aus der Matrix heraus führt – es ist eine *Falle*. Oder genauer gesagt: eine Inversion, ein Teil der ins Gegenteil verkehrten Wirklichkeit.

Wie interessant es in dieser Hinsicht doch ist, dass viele Nahtoderfahrene die gleiche Geschichte erzählen: Nachdem sie ihren Körper verlassen haben, durchqueren sie einen Tunnel mit einem extrem hellen Licht am Ende (Abb. 282). Sie sind glückselig und euphorischer Stimmung und begegnen schließlich Geistwesen oder geliebten Personen, die seit Langem verstorben sind. Und diese sagen ihnen dann, sie müssten umkehren, weil ihre

Zeit (Gefangenschaft) auf der Erde noch nicht abgelaufen sei, oder stellen sie vor die Wahl, zu bleiben oder zurückzukehren.

Ich habe jahrelang über all das nachgegrübelt, doch nachdem ich die verschiedenen Teile zu einem Gesamtbild zusammensetzen konnte, bin ich überzeugt, dass es sich um eine weitere Illusion innerhalb der archontischen Matrix handelt. Ich meine daher, wenn man „ins Licht geht", wird man in der Matrix bleiben und für ein weiteres Leben in die Sklaverei der fünf Sinne auf der Erde recycelt … ups, sorry, ich meinte natürlich: Man erlebt eine weitere Inkarnation auf dem ewigen Lehrpfad zur Erleuchtung. Aus dieser Perspektive lassen sich noch weitere rätselhafte Dinge erklären. Warum erinnern sich so wenige Menschen an ihre früheren Leben im Irrenhaus? Weil sie extrem starke Magnetfelder durchqueren und darin ihre Erinnerungen ausgelöscht werden. Bei diesen Magnetfeldern handelt es sich um weitaus leistungsstärkere Versionen der Technologie, die von den inneren Kreisen der Geheimdienste verwendet wird, um die Erinnerungen von Menschen zu löschen, die zu viel wissen. Das Prinzip ist dasselbe. Warum inkarnieren so viele Menschen in so horrende Umstände – in eine Welt voller Krieg, Hunger, Leid und Mangel? Manche versuchen das wegzuerklären, indem sie von „Karma" sprechen, von „Ursache und Wirkung" oder davon, dass man „erntet, was man sät". Ich will hier nicht in Abrede stellen, dass es so etwas wie energetische Anziehung gibt, oder dass Seelen zusammen inkarnieren, um eine gemeinsame Erfahrung zu machen oder eine Aufgabe zu erfüllen – was aber, wenn das bei Weitem nicht die ganze Geschichte ist? Was, wenn Seelen mit gelöschtem Gedächtnis, die noch immer nicht wissen, was vor sich geht, einfach wieder der Matrix zugeführt werden? Denken Sie an die altbekannten Fragen zurück: Wer sind wir? Wo sind wir? Was ist diese Wirklichkeit?

Warum erinnern wir uns nicht daran, wie wir hierher gekommen sind? Ich meine, halten Sie sich das vor Augen: Generation um Generation, Jahrtausend um Jahrtausend kommen die Menschen und gehen, kommen und gehen – und sie haben keinen blassen Schimmer, woher sie kommen oder wohin sie gehen? Ich kann doch nicht der Einzige sein, dem das abstrus vorkommt, und der sich das nur dadurch erklären kann, dass irgendjemand es *genau so eingerichtet hat*? Ich höre schon die Erklärung der New Ager, dass wir alles ohne höheres Wissen erleben müssen, damit wir „unsere Lektionen lernen", aber das kaufe ich ihnen nicht ab. In den östlichen Religionen gehört die Reinkarnation zu den Grundlehren, und so, wie der Prozess dort beschrieben wird, klingt er auffällig nach dem Szenario, das ich gerade vorgestellt habe. Der Buddhismus beispielsweise stellt die Reinkarnation als einen Kreislauf aus Mühsal und Leid (Sklaverei) dar, der als Samsara bzw. Lebensrad bezeichnet wird. Dieser Kreislauf währt ewig, bis die Seele in einen höheren Schwingungszustand gelangt (ihr Gewahrsein erweitert) und aus dem Kreislauf befreit wird. Im Grunde ist es dasselbe, was ich sage – allerdings habe ich es anhand meiner eigenen Recherchen und Erfahrungen herausgefunden und weder etwas mit Buddhismus noch mit irgendeiner anderen Religion am Hut. Ich würde es allerdings folgendermaßen ausdrücken: Das erweiterte Gewahrsein (mit höherer Schwingung) befreit aus der *Matrix*.

# Der magische Saturnkreis

Wie schon bei den Nag-Hammadi-Texten zu sehen war, haben bestimmte Themen die Angewohnheit, sich wie ein roter Faden durch die Menschheitsgeschichte zu ziehen. Auch in diesen Texten heißt es, dass die Seelen zum Zeitpunkt des Todes von einer weiteren Illusion bzw. *phantasia* getäuscht werden, damit sie die archontische Scheinwirklichkeit nicht verlassen und über die planetaren Sphären der Archonten hinausgelangen können. Der äußerste Planet dieser Sphären ist der – da haben wir ihn wieder – *Saturn*. Es ist der Planet (die Sonne), der mit dem oft als Sensenmann dargestellten Tod in Verbindung steht. Bei den Gnostikern hieß es, dass sich hinter dem Saturn der Leviathan befände, die (*reptiloide*) Schlange, die sich selbst in den Schwanz beißt, und die auch unter dem Namen Ouroboros bekannt ist (Abb. 283). Beim biblischen Leviathan soll es sich laut Altem Testament um ein Meeresungeheuer handeln, das die Gestalt einer Seeschlange hat. Der Ouroboros bzw. Leviathan steht für die Außenwand des Frequenznetzes, und den Gnostikern zufolge mussten die Seelen am Leviathan vorbei, um ins Paradies zu gelangen. Auch in der Freimaurer-Mutterloge in London ist ein solcher Ouroboros um eine Abbildung des Saturn herum zu sehen (Abb. 284), was einmal mehr zeigt, dass die innersten Zirkel der Geheimgesellschaften dem Plan der Archonten dienen und unzählige Dinge wissen, die der Öffentlichkeit und dem Großteil der Logenbrüder vorenthalten werden.

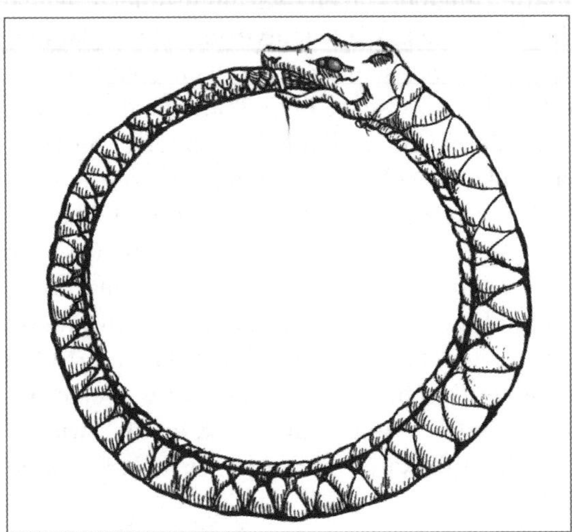

**Abb. 283:** *Leviathan, Ouroboros oder auch „magischer Ring" bzw. „Kreis", der sich den Gnostikern zufolge hinter dem Saturn befindet und durchbrochen werden muss, um der Welt des Demiurgen zu entrinnen.*

**Abb. 284:** *Der vom Leviathan/Ouroboros/magischen Kreis umgebene Saturn in der Freimaurer-Mutterloge in London. Die helle Sichel des „Mondes" im Inneren des Kreises steht für den Saturn, wie ich in „Die Wahrnehmungsfalle" darlege.*

Das Ouroboros-Thema bringt uns zum „magischen Ring", dem mystischen bzw. okkulten (geheimen) Konzept eines – manchmal auch als Grenze bezeichneten – Kreises, in dem das Bewusstsein derer eingesperrt ist, die noch immer der Täuschung unterliegen, wir seien voneinander getrennt. In Gottfried de Puruckers „Occult Glossary“ findet sich dafür folgende Definition:

> Eine Wesenheit, die in der Entfaltung ihres Bewusstseins ein bestimmtes Stadium evolutionären Wachstums erreicht hat, sieht sich aufgrund irgendeiner mentalen oder spirituellen Bewusstseinstäuschung außerstande, in einen noch höheren Zustand einzutreten.

Sie sehen hoffentlich, was ich mit „wiederkehrenden Themen“ meine. All das erinnert mich an die Stimme im brasilianischen Urwald, die mich 2003 fünf Stunden lang über die illusionäre Natur der Wirklichkeit aufgeklärt hat. An einem Punkt wurde mir das Bild eines Pfades gezeigt, der durch ein Feld verläuft. Dann fielen Menschen aus dem Himmel und begannen, diesen Pfad entlangzulaufen, bis dieser ausgetreten war und sich in eine Schallplattenrille verwandelte. Die Menschen liefen weiter, und die Rille wurde tiefer und finsterer. Die Stimme sagte, es sei kein Wunder, dass die Menschen zum Himmel aufschauten, da dies der einzige Ort sei, wo sie Licht sähen. In Worten und Bildern wurde mir erläutert, dass die Menschen in jeder Inkarnation so leicht dem Programm verfallen, weil sie hier so oft gewesen seien und es damit zu ihrer zweiten Natur geworden sei. Eines meiner Werke heißt „Tales From The Time Loop“. Der „time loop“ – die „Zeitschleife“ – ist mein Begriff für das Hamsterrad, den Kreislauf, in dem wir in dieser geschlossenen Matrixwelt gefangen sind (Abb. 285). Fraktale Informationsmuster sind, um noch einmal die Website Fractalfoundation.org zu zitieren, „ein nie endendes Muster [...] [, das] erzeugt [wird], indem man einen einfachen Prozess in einer Rückkopplungsschleife permanent wiederholt.“ Oder kurz: die Matrix. Wenn Sie Ihr Gewahrsein erweitern, können Sie der Matrix auf allen Ebenen entrinnen; bleiben Sie hingegen unwissend und ignorant, wird Sie die Matrix weiter gefangen halten. Den Weg nach Hause beschreiten Sie, wenn Sie sich mit dem Unendlichen Gewahrsein identifizieren, nicht mit dem Ich-Phantom, und er wird noch leichter zu gehen sein, wenn Sie möglichst gewieft mit den Dingen umgehen, mit denen Sie konfrontiert werden.

**Abb. 285:** *Die Zeitschleife – ein sich ständig wiederholender Erfahrungszyklus in der Scheinwirklichkeit der Matrix.*

# Die saturnische linke Gehirnhälfte

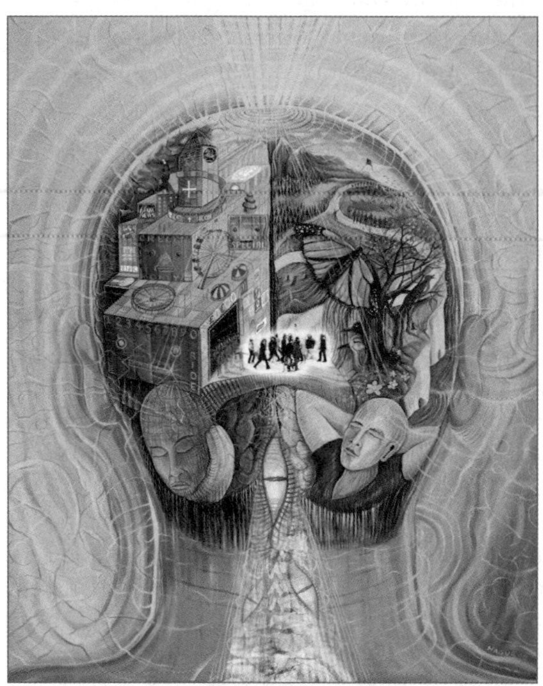

**Abb. 286:** *Die zwei Hemisphären des Gehirns, die durch die Brücke des Corpus callosum verbunden sind.*

Die energetischen Einflüsse des Saturn, die sich in den Eigenschaften des Reptilienhirns widerspiegeln, finden sich auch in den Merkmalen der linken Gehirnhälfte wieder. Sie alle gehören zum selben Kontrollsystem, über das die Matrix codiert und decodiert wird. Das menschliche Gehirn wird normalerweise in zwei Hemisphären unterteilt, zwischen denen sich eine Brücke befindet, das sogenannte Corpus callosum (Abb. 286). Beide Hemisphären bzw. Hälften haben – auch laut Mainstreamwissenschaft – klar unterscheidbare „Persönlichkeiten" und spielen unterschiedliche Rollen bei der Entschlüsselung der Wirklichkeit. Eigentlich sollten beide Hemisphären über die „Brücke" verbunden sein und wir so unser Gehirn vollständig nutzen können, doch haben unser „Bildungswesen" und die lebenslange Manipulation der Wirklichkeit dazu beigetragen, dass diese Verbindung bei den meisten Menschen unterbrochen ist.

Die rechte Gehirnhälfte ist für die Wahrnehmung (Entschlüsselung) von Einheit zuständig: Sie nimmt weder Trennung noch Teile wahr, sondern sieht nur das Ganze. Sie ist der willkürliche, spontane, kreative, inspirierte und unberechenbare Querdenker und nimmt die Wirklichkeit „subjektiv" wahr – das heißt, sie beruft sich nicht auf die Außenwelt, sondern ihre Wahrnehmung „entspringt eher dem Geist einer Person bzw. findet in deren Inneren statt". Die rechte Gehirnhälfte ist individuell, künstlerisch, kreativ und inspiriert. Querdenker sind dem Archonten-Virus ein Graus, denn er will berechenbare und gleichgeschaltete Menschen und versucht, die rechte Gehirnhälfte zu unterdrücken, damit die linke die Wahrnehmung dominieren kann.

Die „Persönlichkeit" (bzw. die Decodierungsmerkmale) der linken Gehirnhälfte lässt sich am besten mit „logisch, rational und sequenziell" beschreiben – alles Säulen der Wirklichkeitswahrnehmung, die uns von der archontischen Verschwörung oktroyiert wird. Systemgesteuerte Denker wie Richard „Dogma" Dawkins sind wie besessen von ihrem Glauben an das Logische und Rationale – nur basiert ihre Logik und Rationalität auf falschen Annahmen über die Natur der Realität. Was für jemanden, der die Welt für „fest" hält, logisch und rational wirkt, kann für denjenigen, der das nicht tut, verdammt dämlich klingen. Das gilt umgekehrt natürlich genauso. Die Wirklichkeitswahrnehmung der linken Gehirnhälfte ist die Basis der Mainstreamwissenschaft und des Mainstream-Einheitsbreis. Diese Hemisphäre decodiert den Teil der Welt, den die meisten Menschen für ihre Alltagserfahrung halten. Sie ist „objektiv", was so viel bedeutet wie „auf beobachtbaren Phänomen basierend, sachlich präsentiert". Anders gesagt: Kann ich es anfassen, schmecken, riechen, hören oder sehen? *Ja*? Oh, dann muss es existieren.

**Abb. 287:** „Linkshirne bitte hier entlang – wir kommen jetzt zu Algebra." – *Das „Bildungssystem" sorgt dafür, dass die Wahrnehmung in der linken Gehirnhälfte gefangen bleibt.*

Versucht man der linken Hemisphäre zu erklären, was die rechte Hälfte wahrnimmt, wird sie das rundweg ablehnen. „Diese rechte Hälfte muss sich täuschen oder verrückt geworden sein", würde sie sagen, „sie sollte sich erst einmal ordentlich bilden, genau wie ich." Auf die linke Gehirnhälfte zielt auch unser Bildungssystem ab, in dem das Erinnern von Namen, Daten und vermeintlichen Fakten im Vordergrund steht, denn das gilt laut Definition des Systems als „intelligent" (Abb. 287). Das Bildungswesen lässt sich gut mit der oben genannten Definition „auf beobachtbaren Phänomenen basierend, sachlich präsentiert" (wobei als „sachlich" natürlich nur die Version des Bildungswesens gilt) zusammenfassen. Musik und Kunst, die das Gewahrsein der rechten Hemisphäre aktivieren und stimulieren, kommen vergleichsweise schlecht weg, sowohl hinsichtlich der angebotenen Stundenzahl als auch der zur Verfügung stehenden Gelder.

Kinder werden in immer jüngeren Jahren auf die linke Gehirnhälfte getrimmt, damit gewährleistet ist, dass diese Hemisphäre für den Rest ihres Lebens ihr Selbst- und Weltbild beherrscht. In vielen amerikanischen Staaten ist der Besuch der Vorschule bereits Pflicht, doch sind Tendenzen dieser Art auf der ganzen Welt zu beobachten. Vor allem sollen auch die Kinder dem System zugeführt werden, die zu Hause unterrichtet werden. In Großbritannien gibt es eine Interessengruppe der Konservativen namens „Bright Blue", die sich dafür einsetzt, Eltern das Kindergeld zu streichen, wenn sie ihre Kinder nicht ab dem Alter von drei Jahren zur „Vorschulerziehung" schicken. Ziel des Ganzen ist es, auf Kosten der rechten die linke Gehirnhälfte zu fördern – auch wenn das der programmierten Bildungsinfanterie nicht bewusst sein mag. Das freigeistige und fantasievolle „Spiel" wird durch

**Abb. 288:** „Spielende Kinder? Die selbst denken und ihrer Fantasie freien Lauf lassen? Haltet sie auf! Ihr Verstand gehört dem Staat." – *Die Linkshirne stehen Gewehr bei Fuß. Aaach-tung!*

linksseitig geprägte Hausaufgaben und „intelligente" Technologien an den Rand gedrängt, denn improvisiertes Spielen würde die rechte Gehirnhälfte aktivieren (Abb. 288).

Das Bildungswesen ist ein mustergültiges Beispiel dafür, wie uns nach der bewährten „Pilzmethode" – „Halte Sie im Dunkeln und füttere sie mit Abfall" – nur das gesagt wird, was wir wissen sollen. Den meisten Lehrern ist dabei gar nicht bewusst, dass sie Kinder zu einer systemkonformen Software programmieren. Sie lehren nur das, was sie lehren sollen, und handeln, wie es von ihnen verlangt wird. Tanzt man als Lehrer aus der Reihe, ist man schnell seinen Job los. Allerdings muss man schon ziemlich tief in die geheimen Netzwerke vordringen, um jemanden zu finden, der das ganze Spiel kennt.

Die linke Gehirnhälfte ist auch für die Zeit bzw. unser Zeitempfinden zuständig – daher das „sequenziell". Sie entschlüsselt die Informationen im zeitlosen JETZT und lässt es so aussehen, als würden sie in der Reihenfolge ablaufen, die wir als „Zeit" kennen. Je nachdem, wie schnell oder langsam diese Seite des Gehirns die Sequenz abspielt, vergeht für uns die „Zeit". Die rechte Gehirnhälfte kann uns mit dem „Da draußen" in Kontakt bringen; die linke ist fast gänzlich auf das „Hier unten" fokussiert. Während die rechte Gehirnhälfte die Verbindungen zwischen allem und die Einheit des Ganzen erkennt, sieht die linke nur Teile, zwischen denen sich „Raum" befindet. Sie nimmt Punkte wahr, keine Bilder, und ist auf Struktur und Hierarchie fixiert. Das ist – und zwar nicht rein zufällig – die Wirklichkeit des Mainstream-Einheitsbreis. Das folgende Zitat fasst den Unterschied zwischen beiden Gehirnhälften gut zusammen:

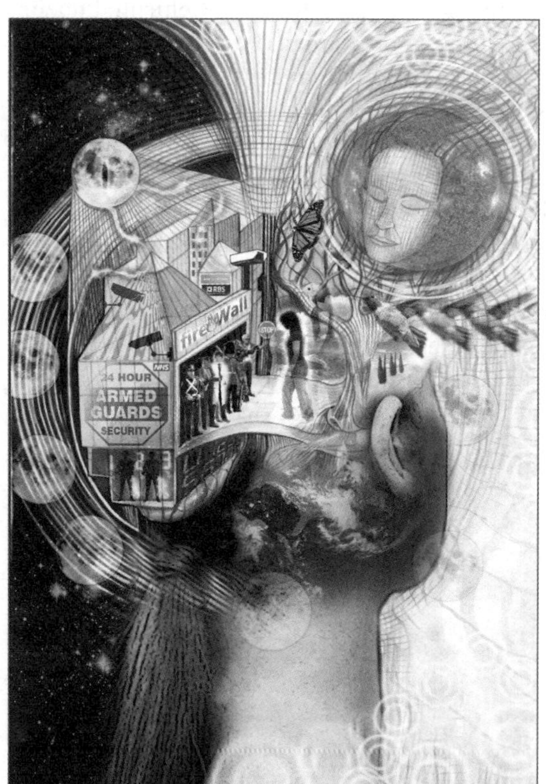

**Abb. 289:** *Die Wachposten des Systems am Tor zur linken Gehirnhälfte, die den Einflüssen der rechten Hemisphäre den Weg versperren.*

> Ab dem Moment, an dem sich ein kleiner Junge mit der Frage beschäftigt, was ein Häher und was ein Spatz ist [linke Hälfte] ... kann er keine Vögel mehr sehen oder singen hören [rechte Hälfte].

Das System ist darauf ausgelegt, den Realitätssinn des Menschen in der linken Gehirnhälfte einzusperren, damit wir die Wirklichkeit in einer Art und Weise entschlüsseln, die uns am stärksten versklavt. Um das zu gewährleisten, werden am Eingang zur linken Hemisphäre Wachposten aufgestellt, die wir als Lehrer, Akademiker, Wissenschaftler, Medienvertreter und Politiker kennen. Sie sorgen dafür, den Einfluss der rechten Hemisphäre so gering wie möglich zu halten (Abb. 289). Wie Soldaten, die Kriege ausfechten, ohne die wahren Hintergründe zu kennen, pochen diese Wachposten darauf, die eigene Wahrnehmung der linken Gehirnhälfte unterzuordnen – obwohl sie natürlich auch *sich selbst* und ihren Familien schaden, wenn sie das Wirklichkeitsempfinden derart beschneiden (Abb. 290). Sie sind Gefangene der linken Hemisphäre, die unwissend daran mitwirken, jede folgende Generation ebenfalls ins Gefängnis zu führen.

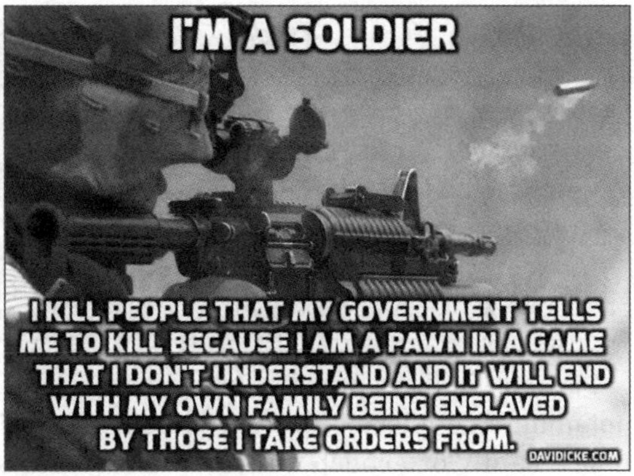

**Abb. 290:** „Ich bin Soldat. Ich bringe Menschen um, die ich im Auftrag meiner Regierung umbringen soll, weil ich ein Bauer in einem Spiel bin, das ich nicht verstehe. Das Ganze wird damit enden, dass auch meine eigene Familie von denen versklavt werden wird, deren Aufträge ich ausführe." – ***Sklaven der linken Gehirnhälfte.***

Man kann unmöglich die Zusammenhänge verstehen und erkennen, wie alles miteinander verbunden ist, wenn die eigene Vorstellung von Wirklichkeit nur auf der Wahrnehmung der linken Gehirnhälfte basiert. Die linke Hälfte kann die Einheit nicht entschlüsseln, sondern nur Getrenntsein wahrnehmen – und das ist auch das vorherrschende Weltbild in Bildungswesen, Wissenschaft, Medizin, Politik, Medien, Wirtschaft und Geschäftsleben. Wenn Menschen in Haft sind, heißt es zuweilen, sie säßen „in der Kiste" – vom Gesichtspunkt der Decodierung her ist die linke Gehirnhälfte diese Kiste. Sie ist eine Gefängniszelle, ein neurologisches Alcatraz. Ich will ihr damit natürlich nicht die Rolle absprechen, die ihr als Teil des Gehirns zugedacht ist; wenn sie aber die Wahrnehmung dominiert und die Einsichten der rechten Hirnhälfte außen vor bleiben, kracht die Zellentür zu.

## Alles hängt miteinander zusammen

Wenn Sie die Merkmale der linken Gehirnhälfte mit denen vergleichen, die dem Saturn sowie dem Reptilienhirn zugeschrieben werden, fügen sich weitere Puzzleteile ins Gesamtbild ein. Die linke Gehirnhälfte ist auf die Wirklichkeit der fünf Sinne fokussiert und hat mit hierarchischen Strukturen, Regeln und Gesetzen sowie Getrenntsein in Zeit und Raum zu tun. Sie erzeugt unser Zeitgefühl, indem sie Bilder in eine Reihenfolge bringt. Das Reptilienhirn steht mit ritualistischem Zwangsverhalten in Verbindung, mit Wahrung von Traditionen, einem Faible für hierarchische Machtstrukturen, Gesetze, Regeln und Vorschriften, dem Wunsch nach Kontrolle, dem Erhalt des Status, mit Macht, Ansehen, Überlegenheit und intellektueller Vormachtstellung.

**Abb. 291:** *Die schwarzen Talare, die überall im System auftauchen, symbolisieren den Saturn. Schwarz ist auch die Farbe, die mit dem Saturn assoziiert wird.*

Für den Einfluss, den die Energie bzw. die Informationen des Saturn auf unsere Wahrnehmung und unser Verhalten haben, gibt es im Englischen sogar einen Begriff: „saturnine". Laut Wörterbuch bedeutet der Begriff so viel wie „das Temperament eines Menschen, der unter dem mutmaßlichen astrologischen Einfluss des Saturn geboren wurde; melancholisch oder missmutig; gekennzeichnet durch einen Hang zu Bitterkeit und Sarkasmus; ein düsteres Temperament, einsilbig, grüblerisch und mürrisch unglücklich". Kein Wunder, dass dem Saturn die Farbe schwarz zugeordnet ist. (Erinnern Sie sich an das „Black Goo" und Darth Vader, der in „Star Wars" für den Virus bzw. Saturn steht. Vader ist der „heldenhafte Jediritter, der von der dunklen Seite der Macht [dem Virus] verführt wurde".) Die astrologischen (energetischen) Eigenschaften des Saturn sind Kälte und Gefühllosigkeit, Begrenzung, Einschränkung, Disziplin und Depression. Darüber hinaus steht die Saturnenergie für das Bankwesen, die Politik, staatliche Institutionen auf jeder Ebene, für Unternehmen, Gesetze und Gerichtswesen sowie die Wissenschaft – in all diesen Bereichen ist er der astrologische Herrscher. Rechnen Sie hier noch hinzu, dass alle großen Religionen im Grunde den Saturn verehren, was nur einigen wenigen bekannt ist. Die meisten Beteiligten haben keine Ahnung, dass das so ist. Die Saturnsymbolik begegnet uns auch in den schwarzen Talaren von Richtern, Anwälten, Priestern, Rabbinern und Akademikern, genauso wie bei Doktorhüten (Abb. 291). Diese viereckigen Hüte werden frisch promovierten Studenten auf das Kronenchakra gesetzt, während ihnen ihr Programmierungsgrad verliehen wird – ganz ähnlich wie beim Erreichen von Initiationsgraden in Geheimgesellschaften. Wenn Sie die Wesenszüge, die dem Saturn zugeschrieben werden, die Eigenschaften der linken Gehirnhälfte und die des Reptilienhirns zusammennehmen, haben Sie die Welt der Matrix: ihr Grundgerüst, die in ihr vorherrschende Geisteshaltung und die mit ihr verfolgten Ziele.

Das sind die Einsichten und Erkenntnisse, die uns aus dem Verstandesgefängnis und der Wahrnehmungszelle befreien können. Sobald Sie wissen, was vor sich geht und wie wir manipuliert werden – wenn das Unterbewusste bewusst und das Verborgene sichtbar gemacht wird –, beginnt Ihr Abkopplungsprozess von der Matrix. Der Schweizer Psychologe C. G. Jung, Begründer der analytischen Psychologie, sagte: „Solange Sie sich das Unbewusste nicht bewusst machen, wird es Ihr Leben steuern, und Sie werden es Schicksal nennen." Das Ich-Phantom ist ein Geschöpf des Unterbewussten, und wenn es uns bewusst wird – was das Hauptanliegen dieses Buches ist –, beginnen wir uns von dessen Einfluss zu befreien. Die Menschheit befindet sich in einem gigantischen Programm, von dem sie dauerhaft kontrolliert wird; ein Programm, das sich das Ich-Phantom nicht einmal ansatzweise vorstellen kann. Das Unendliche Gewahrsein aber ist allmächtig und kann nicht versklavt werden. Die einzige Möglichkeit, es in Ketten zu legen, besteht darin, es vom Wissen abzutrennen und in der Unwissenheit zu isolieren – und genau das ist geschehen.

Wenn Sie bis hier gelesen haben, kann ich verstehen, wenn es Ihnen so vorkommt, als sei alles verloren. Doch ich versichere Ihnen, dass dem nicht so ist. Wir werden die Umkehrung der Archonten wieder rückgängig machen – und der springende Punkt dabei ist, dass das Ich-Phantom wieder zum Unendlichen Selbst wird.

KAPITEL 6

# Saturnismus

***Ich werde niemandem gestatten, mit seinen schmutzigen Füßen meinen Geist zu betreten.***
**Mahatma Gandhi**

Das Ich-Phantom ist ein unterbewusstes Konstrukt, das aus programmierten Wahrnehmungen, Reaktionen und Verhaltensweisen zusammengesetzt ist, die allesamt auf einem *Glauben* beruhen. Laut Definition ist ein „Glaube" etwas, das man „als wahr akzeptiert". Er muss also nicht wahr *sein* und ist es oft auch nicht – er muss nur als wahr *akzeptiert* werden.

Ohne starren Glauben kann es kein Ich-Phantom geben, und ohne Ich-Phantom gibt es kein archontisches Kontrollsystem. Daher geht es nach der Geburt eines Menschen vor allem darum, ihm so bald wie möglich *irgendeinen* Glauben zu programmieren – Hauptsache, es handelt sich dabei nicht um die Wahrheit. Dem folgt Schicht um Schicht weiterer falscher Vorstellungen, bis das Ich-Phantom erwachsen und gefestigt ist und die ihm aufgebürdeten Programme seine Wahrnehmung diktieren. Diese Programme entstammen dem Virus (der Erbsünde), mit dem der Körper/Intellekt infiziert ist, können aber inaktiv bleiben oder zum Teil überschrieben werden, wenn man sich dem Gewahrsein hinter der Matrix öffnet. Starre Glaubensvorstellungen aktivieren die Virusprogramme, doch kann deren Einfluss jederzeit abgeschwächt werden, wenn man erwacht und wieder zum Unendlichen Selbst wird. Dieser Erwachensprozess wird jedoch durch die Programmierungspropaganda unterbunden, der wir von der Wiege bis zur Bahre ausgesetzt sind und die letztlich dafür sorgt, dass wir in einer Glaubensblase stecken – dem Ich-Phantom (Abb. 292). Mark Twain sagte: „Loyalität gegenüber verknöcherten Ansichten hat bis heute keine Kette gesprengt oder auch nur eine menschliche Seele befreit." Das Ich-Phantom wird instinktiv vom Glauben angezogen. Es ist so programmiert, dass es alle möglichen Glaubensvorstellungen annimmt und ihnen verfällt: „Kommen Sie, meine Damen und Herren

**Abb. 292:** „Haaallooooo – hier spricht das Unendliche Gewahrsein!" – *Das Ich-Phantom ist ein Gläubiger.*

… kommen Sie … Glauben im Angebot … es ist für alle und für jeden Geldbeutel etwas dabei."

Der erste und grundlegendste Glaubenssatz lautet: „Ich bin ein Mensch." Ich meine das hier in dem Sinne, dass wir uns mit dem Körper identifizieren und diesen für uns selbst halten – denn damit geht sofort verloren, dass wir Unendliche Wesen und keine Menschen sind, sondern nur die *Erfahrung* machen, ein Mensch zu sein. Das „Ich bin ein Mensch" wird im nächsten Schritt zu „Ich bin ein Mann" und „Ich bin eine Frau", was heute sogar noch endlos weiter unterteilt wird in schwarz oder weiß, lesbisch, schwul oder bisexuell. Ich will hier keine dieser „Lebensentscheidungen" verunglimpfen, sondern damit nur verdeutlichen, dass unsere Identität immer stärker fragmentiert wird, bis unser Selbstempfinden im Vergleich zur Unendlichkeit nur noch stecknadelkopfgroß ist. Zwar habe ich weiter oben gesagt, dass Stecknadelkopf und Universum dasselbe seien, aber es ist die *Wahrnehmung*, dass sie es nicht sind, die uns zu Gefangenen macht. Alles, was Ihnen das System an Einflüssen zu bieten hat, bestätigt Ihnen, dass Sie Ihr Körper und Ihr Name sind und aus Ihrer Familie stammen, dass Sie in einer festen Welt leben, dass man Sie anhand Ihrer Sportschuhmarke und Ihrer Haarfarbe einordnen kann: „Schau mal, ein Rotschopf!" Ohne das erweiterte Gewahrsein, das einem sagt: „Hey, warte mal kurz, ich hätte da ein paar Fragen" schluckt das Ich-Phantom eine Wahrnehmungsprogrammierung nach der anderen. Es mag so aussehen, als gäbe es eine Vielfalt an Glaubensvorstellungen, die als Religion, Atheismus, wissenschaftliches Dogma, politische „Wahl", Konformismus, Nonkonformismus und Ähnliches bezeichnet werden, doch spiegeln sie alle dasselbe System und die Matrix wider.

Die Archonten und ihre Hybriden wissen, dass Glaubenssätze und die Illusion von Vielfalt schier unendliche Möglichkeiten bieten, ein Volk zu spalten und dadurch leichter zu beherrschen. Jeder Glaube geht unvermeidlich mit einer Beschränkung einher – vom Glauben an die physikalischen Gesetze bis hin zur Unterwerfung unter einen Gott, der einen einerseits liebt, aber einem andererseits das beste Stück abschneidet, falls man nicht „Seinem" Willen gemäß lebt, ist alles dabei. Ein starrer Glaube ist wie eine Blase aus Beton ohne Zugang und ohne Ausweg. Das einzige Mittel gegen den Glaubensvirus besteht darin, seinen Aufmerksamkeitsbrennpunkt und seine Selbstwahrnehmung aus der Blase hinauszubewegen und ins Unendliche Gewahrsein zu verlagern. Viele werden sagen: „Aber man muss doch an etwas glauben!" Das stimmt aber nicht. Ich werde das später erläutern.

## Alles schon dagewesen

Mein Argument, dass jeder Glaube – ganz gleich, als was er firmiert – auf denselben Prinzipien beruht, lässt sich am besten an den verschiedenen Religionen veranschaulichen. Allem Anschein nach gibt es ja unzählige Religionen. Ich meine, was für eine Vielfalt: Christentum, Islam, Judentum, Hinduismus, Mormonentum, die Zeugen Jehovas, Buddhismus, Sikhismus … die Ismen nehmen gar kein Ende. Ihre Zahl nimmt zudem stetig

**Abb. 293:** „Alle Religionen (Ismen) … ein Gott (Demiurg)" – *Hinter „verschiedenen" Religionen steht der gleiche „Gott".*

zu, weil immer wieder neue hinzukommen und sich in die unvermeidlichen Fraktionen aufspalten, die sich über die Details dessen streiten, was zum Großteil grober Unfug ist (Abb. 293). Üblicherweise beginnt es damit, dass eine Person bzw. ein Gründer im Mittelpunkt steht; später wird dann alles über die Konzernzentrale (siehe Vatikan, Mekka usw.) und die PR-Abteilung abgehandelt. Dass die Religion nur eine Software ist, lässt sich allein daran ersehen, dass sie nur in bestimmten Regionen verbreitet ist. Wenn man in Indien geboren wird, ist die Wahrscheinlichkeit extrem hoch, dass man Hindu wird. Dasselbe gilt für den Islam im Mittleren Osten, das Judentum in Israel und das Christentum in nördlicheren und südlicheren Gefilden. Sogar die Schwarzen in den Vereinigten Staaten und in Afrika sind christlich, obwohl deren Vorfahren von Christen versklavt wurden. Manche Sklavenhändler haben sogar Kirchenlieder komponiert, etwa das beliebte „Amazing Grace".

Zu jedem Religionsprogramm gehört ein Glaubenssystem, eine Gottheit, Gläubige, die die Gottheit verehren, ein „heiliger" Ort, an dem die Gottheit verehrt wird sowie Menschen in Kutten, die als Mittelsmänner (zuweilen auch als Mittelsfrauen) zwischen den Gläubigen und der Gottheit fungieren (Abb. 294). Das war's dann auch schon. Beim Christentum wäre das entsprechend Gott/Jesus, Christen, Kirchen sowie Priester/Bischöfe, im Islam Allah/Mohammed, Muslime, Moscheen sowie Geistliche/Imame, und im Judentum Jahwe/Jehova/Moses, Juden, Synagogen sowie Rabbis. In all diesen Religionen finden wir nahezu die gleiche Struktur und identische Schemata. Dazu zählt unter anderem die als „Allein durch mich" bekannte Einschüchterungstaktik, die besagt, dass man nur ins Paradies kommt, wenn man an die betreffende Gottheit glaubt, weil man sonst der Verdammnis der Hölle anheimfällt. Es mag Ausnahmen geben, doch die Religionen erfüllen alle bzw. die meisten der genannten Kriterien. Ihre offiziell eingesetzten Diktatoren interpretieren die Gedanken des jeweiligen Gottes und

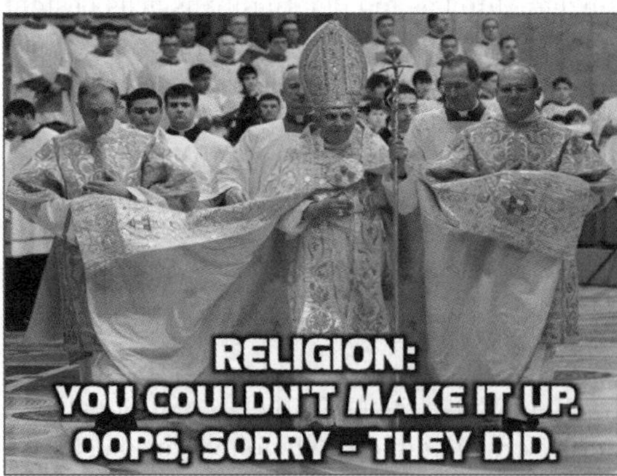


**Abb. 294:** „Religion: Man kann sich das gar nicht ausdenken. Ups, sorry – haben sie aber." – *Ich sag lieber nichts dazu, denn das, was ich gerade denke, ist nicht jugendfrei.*

erzählen den Gläubigen, was „Er" von ihnen verlangt … „Ich denke, was Gott sagen wollte, ist", wie der inzwischen verstorbene, großartige amerikanische Komiker Bill Hicks es brillant in Worte gefasst hat. Man kann sein Haar abrasieren (Buddhismus) oder nie schneiden (Sikhismus), in einem Gewand (Hinduismus) oder einem Anzug (Christentum) aufkreuzen. Diese kleinen Details erwecken den Eindruck von Vielfalt und Glaubensfreiheit; das Programm „Kleines Ich" aber bleibt nicht verhandelbar – man selbst ist hier unten, die Gottheit da oben, und die Kutten- oder Anzugträger stehen dazwischen. Religionen sind nichts weiter als hierarchisch (da haben wir es wieder) organisierte Sekten. Sie sind wie Sekten aufgebaut und werden auch wie solche betrieben, um den Menschen einen *Glauben* sowie Ergebenheit einzutrichtern, denn beide bilden die Basis einer jeden Religion. Hier ein paar Manipulationsmethoden von Sekten:

- Menschen werden durch verschiedene Tricks dazu gebracht, sich einer Sekte anzuschließen und ihre Methoden sowie den von den Mitgliedern gepflegten Lebensstil anzunehmen, ohne genau zu wissen, auf was sie sich da einlassen.
- Die Mitglieder werden von der Gesellschaft isoliert, sodass sie nur noch mit Anhängern der Sekte verkehren. Es wird gefordert, sich der Sekte bzw. ihrer Gottheit völlig hinzugeben und sich der Autorität der Führungspersonen zu unterwerfen.
- Das Selbstwertgefühl und das Ichbewusstsein der Mitglieder werden kontinuierlich zerstört, bis sie nur noch willige Marionetten der Führung sind, die nichts mehr hinterfragen.
- Die Anhänger der Sekte werden daran gehindert, eigenständig über ihr Leben zu entscheiden. All ihr Tun und ihr gesamtes Verhalten wird bis ins Detail vorgeschrieben.
- Wann immer ein Einzelner etwas infrage stellt oder sich der Unterordnung widersetzt, wird die Gruppe dazu gebracht, diese Person zu attackieren.
- Die Anhänger der Sekte werden dazu gedrängt, ihre „Sünden" zu beichten.
- Verbindungen zu Freunden und Familienmitgliedern, die nicht der Sekte angehören, werden gekappt.

Nach diesem Muster handeln nahezu alle Religionen. Einige halten sich exakt an die Liste, andere wenden nur ein paar der Methoden an oder gehen es etwas ruhiger an, indem sie den Menschen „gut zusprechen" und sie über Angst und Schuld manipulieren, anstatt sie direkt zu drangsalieren. Doch vom Prinzip her sind sie alle gleich und ver-

**Abb. 295:** „Geheimgesellschaften – Religion – Satanismus" – *Alle dienen dem gleichen Herrn.*

ehren denselben falschen „Gott“ – den Demiurgen, der auch im Satanismus und in den Geheimgesellschaften verehrt wird (Abb. 295).

Dass die Menschen mit einem Trick dazu gebracht werden, an etwas teilzunehmen, das sie nicht völlig verstehen, gilt eindeutig für alle Religionen. Was wissen Christen, Muslime, Juden und Hindus über die Glaubensrichtung, der sie angehören? Nur das, was von der jeweiligen Religion vorgegeben wird. Wie viele von ihnen recherchieren der offiziell verkündeten Botschaft nach, um zu überprüfen, ob die kolportierte Geschichte stimmt? Sie kaufen ihren Glauben wie eine Dose Erbsen – ein Griff ins Regal und ab zur Kasse.

Jede Religion beruht auf Wahnvorstellungen, die oft extreme Formen annehmen können. Es gab schon Mädchen, die in brennenden Gebäuden sterben mussten, weil die geisteskranke und psychopathische „Religionspolizei“ in Saudi-Arabien sie nicht aus dem Gebäude ließ, da sie nicht „anständig gekleidet“ waren. In Dubai hielt ein Vater Rettungsschwimmer davon ab, seine Tochter vor dem Ertrinken zu retten, weil er, wie er sagte, lieber sterben würde, als dadurch „entehrt“ zu werden, dass sie von männlichen Hilfskräften berührt (gerettet) würde. Ich selbst habe einmal einer praktizierenden Christin erläutern wollen, dass Jesus nur eine von zig Gottheiten aus allerlei Kulturen ist, über die dieselbe – mitunter deckungsgleiche – Geschichte erzählt wird. Sie tat das sofort komplett ab, doch als ein Mitchrist ihr das bestätigte, gab sie zur Antwort: „Ach, das spielt doch sowieso keine Rolle.“ Ihre Wahrnehmungsblase wurde mit Beton ausgegossen – kein Herankommen mehr (Abb. 296). Würden sich Gläubige nur in aller Ruhe und unbefangen die Belege ansehen (was bei laufendem Programm nicht leichtfällt), wären sie schockiert, was ihnen die Kuttenträger verschweigen (und was den Kuttenträgern oft von den höhergestellten Scheinheiligkeiten verschwiegen wird). Erinnert Sie das Folgende zufällig an irgendwen?

**Abb. 296:** „Alle Religionen willkommen.“ – *Die Religionsblase.*

> Er wurde am 25. Dezember von einer Jungfrau geboren und als das Heilige Kind in eine Krippe gebettet. Er war ein umherreisender Lehrer, vollbrachte Wunder und „ritt bei einem triumphalen Festumzug auf einem Esel“. Er war ein heiliger König, der getötet und im Rahmen eines eucharistischen Fruchtbarkeits- und Reinigungsrituals symbolisch gegessen wurde. Am 25. März erstand er von den Toten auf. Als Gott des Weines verwandelte er Wasser in Wein. Er wurde „König der Könige“ und „Gott der Götter“ genannt, als „eingeborener Sohn“, „Erlöser“, „Heilsbringer“, „Sündenträger“, „Gesalbter“ und das „Alpha und Omega“ bezeichnet. Ein Bild für ihn war der Schafsbock bzw. das Lamm. Der ihm nach seinem Opfertod verliehene

Namenszusatz weist darauf hin, dass er an einem Baum aufgehängt oder gekreuzigt wurde.

Jesus, nicht wahr? Mitnichten ... hier ging es um Dionysos, den griechischen „Jesus" und das Pendant zu Bacchus, einer römischen Version von Jesus. Beide hatte es schon lange gegeben, bevor ihre Geschichte plagiiert und zur heute bekannten Jesus-Version umgeschrieben wurde. Der erste Weihnachtsfeiertag am 25. Dezember war für die Erlösergottheiten vor Jesus zum Geburtstag auserkoren worden, weil er in die Zeit fiel, in der die Heiden die Wintersonnenwende feierten – eine Tradition, die mit dem „christlichen" Weihnachten einfach fortgeführt wurde. Geschmückte Bäume, gegenseitige Geschenke, Stechpalmen als Dekoration und andere Bräuche am „christlichen" Weihnachten haben ihren Ursprung in der vorchristlichen Welt. Weihnachten ist nur die moderne Version der Saturnalien – der römischen Feiertage nämlich, die um die Zeit der Wintersonnenwende stattfanden und dem Hauptgott Roms geweiht waren: *Saturn*. Rom hatte sogar den Beinamen „Stadt Saturns". Letztlich wird in allen Religionen der Saturn angebetet, nur dass sie zig verschiedene Decknamen für den gnostischen Demiurgen verwenden. Die meisten – ganz sicher aber die größten – basieren demnach auf *Saturn*ismus ... also auf Satanismus (Abb. 297).

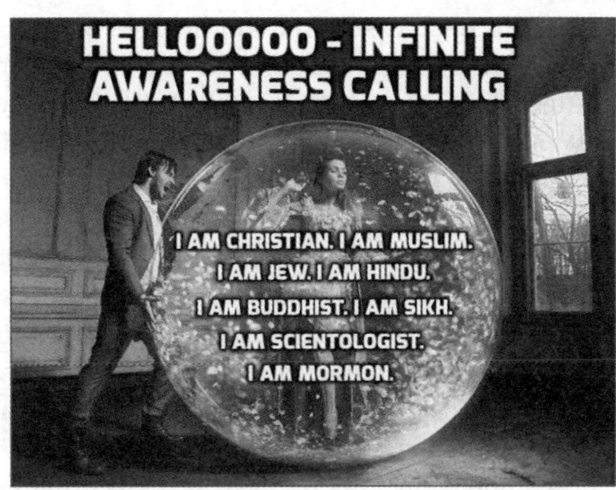


**Abb. 297:** „Haaallooooo – hier spricht das Unendliche Gewahrsein!" – „Ich bin Christ. Ich bin Muslim. Ich bin Jude. Ich bin Hindu. Ich bin Buddhist. Ich bin Sikh. Ich bin Scientologe. Ich bin Mormone."

Ein weiterer römischer und persischer Jesus-Vorläufer war Mithra bzw. Mithras. Auch er soll am 25. Dezember geboren worden sein und wurde als „Weinstock", „guter Hirte", „Heiland", „Erlöser" und „Messias" bezeichnet, der Wunder tat und 12 Jünger bzw. Anhänger hatte. Er war der Löwe, das Lamm, „der Weg, die Wahrheit und das Licht". Zur Zeit des Frühlingsäquinoktiums (dem christlichen Ostern) wurde gefeiert, dass Mithras „wiederauferstanden" ist, nachdem er drei Tage tot gewesen war (Abb. 298). Der Tag des Mithras bzw. der Tag des Herrn war der Sonntag, und zu den Mithras-Ritualen zählten die

**Abb. 298:** *Mithra, ein „Jesus" vor dem eigentlichen Jesus, der auch mit Helios in Verbindung gebracht wurde und den Beinamen „unbesiegter Sonnengott" trug – Saturn.*

Taufe, die Eucharistie und ein heiliges Mahl aus Brot, Wasser und Wein. Auf einem Bild in den Katakomben von Rom ist Mithras zu sehen, wie er als Kind auf dem Schoß seiner Mutter sitzt, während ihm persische Weise Geschenke überreichen.

Weitere wiederkehrende Elemente, die bei den sterbenden und wiederauferstehenden Gottheiten zu finden sind, die lange vor Jesu Geburt existierten, sind Mutterfiguren, die der „Gottesmutter Maria" ähneln, sowie eine jungfräuliche Geburt. Die frühesten – reptiloiden – Mutter-Kind-Statuetten wurden in Gräbern der Obed-Kultur (5500–3500 v.Chr.) gefunden, aus der später die sumerische und babylonische Kultur (heutiger Irak) hervorging; in ihre Fußstapfen traten dann unzählige „Mutter Marias" in sämtlichen Kulturen. Die christliche Gottesmutter ist nur eine Version dieses weitverbreiteten Motivs. Jungfräuliche Mütter waren vor ihr schon die ägyptische Isis und die babylonische Semiramis bzw. Ishtar (Abb. 299) – die Göttin also, die vom Mond gekommen und in ihrem „Mond-Ei" im Euphrat gelandet sein soll. All diese Jesus-Gottheiten und Mutterfiguren vor der Gottesmutter Maria lassen sich durch die Ausbreitung der archontischen Blutlinien erklären, denn sie wurden zumeist in den von ihnen beherrschten Völkern verehrt, vor allem im Mittleren Osten und in Asien.

Die Religion ist in vielerlei Hinsicht eine ultimative Täuschung, sorgt sie doch dafür, dass der menschliche Geist für das Unendliche Gewahrsein verschlossen bleibt und ihre Anhänger gleichzeitig dazu angehalten werden, in ihrem „Gott" genau jene Macht zu verehren, von der sie versklavt werden. Es ist eine archontische Blaupause, die viele Gesichter und Facetten hat und in den verschiedensten Verkleidungen daherkommt – das gleiche Programm, in dem nur andere Namen verwendet und leicht abgewandelte Glaubensvorstellungen, Regeln und Vorschriften eingeführt wurden, während die Welt mit dem Religionsvirus infiziert wurde. Religiöse Ich-Phantome gehören zu den am stärksten programmierten Menschen. Zur Frage der Religion habe ich mich in meinen anderen Büchern ausführlich geäußert, deshalb möchte ich deren Hintergründe hier nur im Kontext des Ich-Phantoms zusammenfassen. Beginnen werde ich dabei im babylonischen Reich (das um 1894 v.Chr. gegründet wurde), obwohl die Ursprünge der Religion noch viel weiter zurückreichen, als wir uns das vorstellen können. Die Babylonier verehrten ihre Gottheiten als Trinität

**Abb. 299:** *Das Motiv der jungfräulichen Mutter taucht in der gesamten Menschheitsgeschichte wiederholt auf. Die Bibelerzählung von der Gottesmutter Maria ist nur ein weiteres Plagiat, das in einen anderen historischen Kontext gebettet wurde.*

bzw. Dreifaltigkeit – Nimrod, der Vatergott; Königin Semiramis bzw. Ishtar, die jungfräuliche Mutter; und Tammuz bzw. Ninus, der Sohn. Der Mythologie zufolge soll Nimrod nach seinem Tod zum Sonnengott Baal geworden sein und Semiramis mit den Strahlen der Sonne geschwängert haben. Aus dieser Vereinigung soll Tammuz durch eine *Jungfrauengeburt* hervorgegangen sein. Darüber hinaus wurde Tammuz für eine Wiedergeburt Nimrods gehalten, sodass … „Vater und Sohn eins waren". Diese babylonischen Glaubensvorstellungen landeten über die Blutlinien und die von ihnen regierten Völker schließlich in Rom, wo die babylonische zur christlichen Dreifaltigkeit von Gottvater (Nimrod), Jesus (Tammuz) und dem Heiligen Geist wurde. Der Heilige Geist wird als Taube dargestellt, was zufälligerweise auch das Symbol der babylonischen Göttin Semiramis/Ishtar war. Die ihr zugeschriebenen Eigenschaften und Titel wurden denn auch vom sich neu formierenden Christentum der Gottesmutter Maria verliehen – jungfräuliche Mutter, Himmelskönigin und Ähnliches. Unser Osterfest kommt aus Babylonien, und mit ihm das Osterei (Ishtars „Mond-Ei"), Osterhasen (die mit Tammuz in Verbindung stehen) und die vor allem in Großbritannien bekannten „Hot Cross Buns" bzw. Karfreitagsbrötchen. Allerdings sind nicht nur Ostern und Weihnachten recycelte heidnische Bräuche, denn praktisch jedes religiöse Fest und Symbol, darunter das Kreuz, wurden früheren Religionen entlehnt. Für die Babylonier gab es eigentlich keinen Grund, ihre Brötchen nicht auch mit einem Kreuz auszustatten. Die „christliche" Mitra etwa geht auf die Kopfbedeckung zurück, die von babylonischen Priestern zur Ehre von „Fischgöttern" wie Oannes, Dagon oder Ea getragen wurde (Abb. 300). Erinnern Sie sich zudem daran, dass einer der Anunnaki-Brüder – nämlich Enki bzw. Ea – mit Wasser assoziiert wurde und ihre Pendants bei den Zulu Wowane und Mpanku hießen – die „Wasserbrüder" der Chitauri, die uns den Mond gebracht haben sollen. Und welches Symbol haben die Christen und ihre Mitra tragenden Priester für Jesus? Einen *Fisch*.

**Abb. 300:** *Die „christliche" Mitra hat ihren Ursprung in der Kopfbedeckung von babylonischen Priestern, die die archontischen Fischgötter verehrten.*

## Saturnverehrung

Das Christentum wurde offiziell 325 n.Chr. vom römischen Kaiser Konstantin (272–337 n.Chr.) auf dem Konzil von Nicäa aus der Taufe gehoben. Konstantin selbst hatte wohl kaum Schwierigkeiten mit seinem Religionswechsel, denn im Grunde änderte er bis auf den Namen nicht viel. Er war ein Anhänger von Sol Invictus, dem „unbesiegten Sonnengott", den die Babylonier schon als Sonnengott Nimrod/Tammuz verehrt hatten und der nun zur Kombination aus Gottvater und Jesus wurde. Auch Mithra war die „unbezwingbare Sonne", der „unbesiegte Sonnengott". Die Schlüsselfrage lautet: *Welche Sonne* ist gemeint?

Die Hauptgottheit Roms war nicht die Sonne, die wir heute kennen, sondern die Schwarze bzw. Dunkle Sonne – *Saturn*. Meine Güte, wie die Groschen nur so zu Boden klimpern, wenn man erst einmal verstanden hat, dass die Sonnengötter im Altertum eigentlich *Saturn*-Sonnengötter waren (Abb. 301). Selbiges gilt für Atum/Ra (Ägypten), Utu (Sumer) und Šamaš/Ninib (Babylon) sowie die nordischen Götter. Die alten Griechen nannten den Saturn „Helios", die Römer gaben ihm den Namen „Sol" – daher das Sol Invictus von Kaiser Konstantin. „Helios" wird meist mit „Sonne" übersetzt, weshalb man denkt, es ginge dabei um die Sonne, die wir heutzutage am Himmel sehen. Aber diese ist nicht gemeint: Helios ist Saturn. Wie bereits erwähnt, wurde auch Mithra, die Vorlage für den heutigen Jesus, mit Helios in Verbindung gebracht und als Sol Invictus bezeichnet. Den Grund für all das kennen Sie bereits: Einst gab es zwei Sonnen am Himmel, und da Saturn die größere der beiden war, stand er im Zentrum der Verehrung.

Auch das ägyptische Heliopolis – die „Sonnenstadt" – war ursprünglich dem Saturn geweiht, und bis heute steht ein aus Heliopolis stammender Obelisk vor den Toren des Vatikans auf dem Petersplatz in Rom. Warum wohl? Weil die römische Kirche (und damit

**Abb. 301:** *Wenn man erkannt hat, dass die Sonnengötter eigentlich Saturn-Sonnengötter waren, wird einem alles klar.*

alle Strömungen des Christentums, die aus ihr hervorgingen) eine Fortsetzung der babylonischen und römischen Religion ist – und beide verehrten den Saturn (Abb. 302). Kaiser Caligula ließ den Obelisken 37 n.Chr. von Heliopolis nach Rom bringen, als die Römer den Saturn noch in aller Öffentlichkeit während der „weihnachtlichen" Saturnalien feierten (Abb. 303). Die „Stadt Saturns" („Sonnenstadt") ist Rom noch immer, was man unter anderem daran erkennt, dass dort mehr Obelisken stehen als in ganz Ägypten. Einige davon stammen direkt aus Heliopolis. Obelisken, die einst in Ägypten standen, finden sich darüber hinaus in London, Paris und New York; auch das Washington Monument ist ein Obelisk (Abb. 304). Alle stehen unter anderem für den Penis (Blutlinie); zuweilen wird das Wort „Obelisk" auch mit „Baals Schaft" bzw. „Baals Fortpflanzungsorgan" übersetzt. Baal war ein anderer Name für Nimrod (Saturn/Vatergott). In Geheimgesellschaften, etwa bei den Freimaurern, sind Obelisken häufig anzutreffen, wobei der Großteil der Initiierten aufgrund des nur häppchenweise offenbarten Wissens nicht deren wahre Bedeutung kennen wird.

**Abb. 302:** „Haus Saturns" – *Der neue Standort der babylonischen Kirche.*

**Abb. 303:** *Der Obelisk, der aus der „Sonnenstadt" (Saturnstadt) Heliopolis stammt und nun auf dem Petersplatz in Rom steht, der „Stadt Saturns".*

**Abb. 304:** *Aus Ägypten stammende Obelisken in London, New York und Paris sowie das Washington Monument in Washington, D.C.*

Der „Gott" der Christenheit ist also der Demiurg/Saturn – der christliche Teufel bzw. Satan ist es aber ebenfalls. Was für ein perfekter Schwindel: Welchen Gott man auch verehrt, man dient und gibt seine Energie stets demselben Wesen. Du betest den Gott des Lichts an? Das bin ich. Du betest den Gott der Finsternis an? Das bin ich *au-hauch*! In allen großen Religionen ist es dasselbe Spielchen. Die Energie folgt der Aufmerksamkeit – und im Gebet ist man besonders konzentriert. Egal also, ob man den christlichen Gott oder den christlichen Teufel anbetet, man verbindet sich energetisch immer mit derselben Schwingung, derselben Gottheit: dem gnostischen Demiurgen/Saturn. Beide können in einem Atemzug genannt werden, weil der Saturn vom Virus des Demiurgen befallen ist und von diesem kontrolliert wird – genau wie ein Computer, der übernommen und so beeinflusst werden kann, dass er nicht mehr wie gewohnt funktioniert, sondern nur noch den Virus verkörpert. „Saturngott" bedeutet also eigentlich „Gott der Archonten" bzw. Demiurg. In der ursprünglichen schlechten Kopie gab es keinen Virus. Später allerdings wurde der Saturn von ihm befallen, infiltriert und dadurch selbst zu einem „gefallenen Engel" bzw. Archonten.

Jahwe/Jehova, der alttestamentarische Gott des Judentums, ist so entsetzlich blutrünstig, gewalttätig, machtgeil und kontrollsüchtig, weil auch dieser „Gott" nur eine Version des Demiurgen/Saturn ist. Schon die Gnostiker setzten den Gott des Alten Testaments mit dem Demiurgen gleich, der die falsche „physische" Wirklichkeit geschaffen hat. Wie ich weiter oben bereits erwähnt habe, ist der „Gott", der die Welt zu Beginn der Genesis erschafft, meiner Meinung nach der gnostische Demiurg, der mit seinem „Es werde Licht" die Matrix in Gang setzt. Eine weitere Saturngottheit im Judentum ist der Gott El („der Mächtige"), dessen Mehrzahlwort Elohim (Archonten) in der Bibel 2.500 Mal auftaucht. In Oklahoma gibt es übrigens eine fundamentalistische christliche Gruppierung, die ihre Gemeinschaft „Elohim City" nennt und wahrscheinlich gar nicht weiß, was der Name wirklich zu bedeuten hat. Der „Tag des Saturn" – der Samstag – ist allen Juden als Schabbat/Sabbat heilig, während der heilige Tag der Christen der Tag der *Saturnsonne* – der *Sonn*tag – ist.

Im Hebräischen gibt es für den Gott, dessen Name „nie genannt werden darf", das Tetragramm JHWH (das zuweilen auch JHVH buchstabiert wird). Daneben existieren die bereits genannten Bezeichnungen Jahwe, Jehova, El/Elohim und Adonai („mein Herr"), wobei das „Herr" (engl.: „Lord") in der Bibel am häufigsten fällt. Auch das Tetragramm steht für den „Herrn" der Archonten, den Demiurgen/Saturn. Der griechische Vorläufer des Tetragramms war Iao, „der höchste aller Götter", ein Name, den der griechische Geschichtsschreiber Diodor mit dem mosaischen Gott (Demiurg/Saturn) gleichsetzt. In der griechischen Mythologie ist Iao darüber hinaus der Gott des Herbstes (Tod/Saturn), und er wurde später mit dem Begriff „Diablo" in Verbindung gebracht – dem Teufel. Ich habe auch schon Texte gelesen, in denen Iao und der Saturn mit dem Heiligen Geist in Beziehung gesetzt werden, der „in Gestalt einer weißen Taube" in die Menschen fährt.

El, der Name der hebräischen Saturngottheit, ist auch in Isra*EL* verschlüsselt. Manche meinen, dass das Wort Israel für die ägyptische Göttin Isis, den ägyptischen Sonnen- bzw. Saturngott Ra sowie den eben genannten El steht. Dazu passt, dass der griechische Geschichtsschreiber Diodor eine Inschrift im arabischen Nysa erwähnt, auf der Isis als „die älteste Tochter Saturns, dem Ältesten unter den Göttern" deklariert wird. Das Symbol

Israels ist das Hexagramm, der „Davidstern“ bzw. das Siegel Salomons – ein uraltes Symbol für den Saturn und auch der Namensgeber der „Rothschilds“. Diese Finanz- und Bankendynastie wiederum forcierte die Gründung des modernen Staats Israel, der auf einer faustdicken historischen Lüge basiert. Die Saturngottheit El verbirgt sich unter anderem in Wörtern wie Eng-*EL*, in den Namen der Erzeng-*EL* Micha-*EL*, Gabri-*EL*, Uri-*EL* und Rapha-*EL*, aber auch in den gefallenen archontischen Eng-*ELn*. Politiker werden gewählt (engl.: „*EL*-ected“), und wir haben eine blutsverwandte *EL*-ite. Das Wort „Archon“ wiederum stammt aus dem Altgriechischen, wo es Herrscher bedeutete, und es findet sich in englischen Begriffen wie „*arch*-angel“ („Erzengel“) und „*arch*-bishop“ („Erzbischof“), aber auch im Wort Hier*arch*ie wieder. Ich erwähne das hier, weil die Schwingung der Worte von Bedeutung ist – wenn man nämlich in ihnen Bezeichnungen für den Archonten-Virus verschlüsselt, übertragen sie auch dessen Frequenz (Abb. 305).

**Abb. 305:** *Worte sind Schwingungen, und die mit der Sprache übertragenen Schwingungen werden zur Programmierung eingesetzt – oder können es zumindest werden.*

Der heiligste Ort und das heiligste Symbol des Islam ist die schwarze Kaaba in Mekka (Abb. 306). Kaaba bedeutet „Würfel“, und der Würfel ist ein altertümliches Symbol für den Saturn, sodass auch Muslime im Grunde den Demiurgen/Saturn anbeten, obwohl das nur den innersten Kreisen bekannt sein dürfte. Einen schwarzen Würfel findet man aber ebenfalls bei den Juden: Diese tragen nämlich zum Gebet den sogenannten Tefillin auf ihrer Stirn (dem Sitz des Dritten Auges), der handgeschriebene Pergamentrollen mit Gesetzestexten aus der Tora enthält (Abb. 307). Sowohl Juden als auch Muslime verehren demnach dieselbe Gottheit – den Demiurgen/Saturn.

**Abb. 306:** *Mekka: die Mega-Manipulation.*

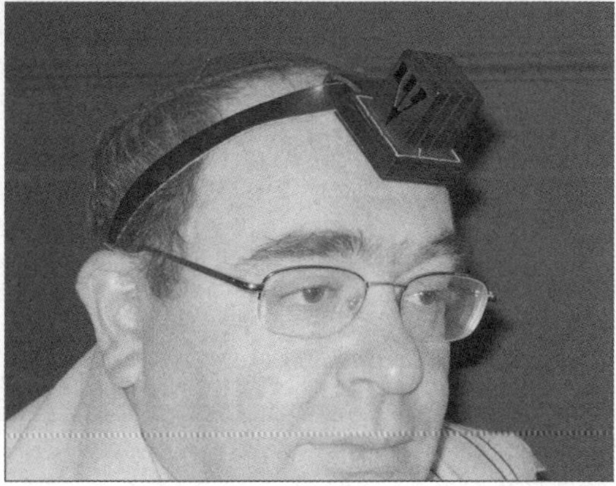

**Abb. 307:** *Den Kopf voller Saturn.*

Eine wichtige vorislamische Gottheit in Arabien war Sin, und eines der religiösen Zentren, in denen sie verehrt wurde, war Mekka. Sin ist als Mondgott in die Geschichtsbücher eingegangen, weil er mit einem sichelförmigen Symbol dargestellt wurde – allerdings werden die Leser von „Die Wahrnehmungsfalle" wissen, dass das Symbol des sichelförmigen Halbmonds enge Beziehungen zum Saturn hat. Sin wurde später zu „al-ilah" bzw. „al-llah" und schließlich zu „*Allah*", als der Prophet Mohammed der Vielgötterei ein Ende bereitete und Allah (Sin) zum alleinigen Gott erklärte. Der Islam wurde zudem stark vom Hinduismus beeinflusst, was wie alle anderen permanent auftauchenden Querverbindungen zwischen den Religionen dadurch erklärt werden kann, dass sie alle im Kern nur verschiedene Erscheinungsformen derselben Religion sind. Gibt es tatsächlich jemanden, der es für einen Zufall hält, dass sich die wichtigsten archontisch-reptiloiden Blutlinien von Sumer aus über Babylonien und Ägypten bis nach Rom, Europa und die restliche Welt ausbreiteten – und dass das Christentum, der Islam und das Judentum in genau diesen Gegenden ihre Wurzeln haben? Oder dass die archontisch-reptiloide „Saat" in ganz Indien ausgebracht wurde – und von dort der Hinduismus kommt? Oder dass das, was im Westen als „New Age" bezeichnet wird, im Grunde nur ein Abklatsch des Hinduismus ist? Samstag, der Tag des Saturn, wird in Indien „Shanivar" genannt, weil er dem hinduistischen Saturngott Shani geweiht ist. Shiva, der im Hinduismus als Höchstes Wesen betrachtet wird und am CERN einen Ehrenplatz erhalten hat, steht ebenfalls mit dem Saturn in Verbindung und wird oft mit einer Mondsichel im Haar dargestellt. Es heißt, er sei dafür zuständig, den Zyklus des Lebens (die Saturn-Mond-Matrix) aufrechtzuerhalten. Auch die Hindugöttin Kali steht für den Saturn (und in der Astrologie für den Mond im Saturn); darüber hinaus wird sie mit den typischen Charakteristika des Saturn in Verbindung gebracht: Tod, Zeit und die Farbe Schwarz. Bei einem ihrer vielen saturnträchtigen Auftritte hat die Sängerin Madonna die herausgestreckte Zunge Kalis nachgestellt (Abb. 308). Und schließlich propagieren der Hinduismus und die östlichen Religionen noch das „Du musst nach dem Tod in der Matrix bleiben"-Glaubenssystem der Reinkarnation.

**Abb. 308:** *Madonna als Kali.*

**Abb. 309:** „Gottesverehrung" – *Wenn sie nur wüssten, wen sie da anbeten.*

Da die Religionen vom Virus geschaffen wurden, verfolgen sie natürlich dessen Agenda – wobei die meisten Religionsvertreter und ihre Anhänger aufrichtige Menschen sind, die nur vom Programm in die Irre geführt wurden (Abb. 309). Es ist unfassbar, wie viele detailliert nachweisbare Verbindungen es zwischen religiöser Gottesverehrung und dem Saturn gibt. Falls Sie es genauer wissen wollen, sollten Sie „Die Wahrnehmungsfalle" lesen – das Buch wird Ihnen in dieser Hinsicht die Augen öffnen. Bei all dem verwundert es nicht, dass die Atmosphäre in den meisten Kirchen und anderen Gotteshäusern (allerdings auch das Gebaren der britischen Königsfamilie) mit dem englischen Wort „saturnine" beschrieben werden kann – „melancholisch, bedrückend, schweigsam und düster".

## Die Geheimnisse des Saturn

Da viele Religionen Geheimgesellschaften missbilligen, würden die meisten Menschen annehmen, dass es zwischen Geheimgesellschaften und Religion keine Verbindungen gibt. Dabei sind die Religionen selbst in ihrem innersten Kern ein solcher Geheimbund. Das sollte niemanden überraschen, denn all diese Organisationen sind – wie auch der Satanismus – nur äußerlich verschieden und verehren im Grunde den Demiurgen/Saturn. Sie alle bedienen sich derselben Symbole, führen Rituale durch und halten den Großteil ihrer Anhänger im Dunkeln, indem sie nur Auserwählten bestimmtes Wissen preisgeben. Die Freimaurer nennen ihren „Gott" den „Allmächtigen Baumeister aller Welten" oder auch den „Großen Architekten" – derselbe Name, den die Gnostiker dem Demiurgen als Architekten der Matrix gaben (Abb. 310). Aber nein, werden Freimaurer entgegnen, der Begriff „Baumeister" stammt aus den Steinmetzgilden, aus denen die Freimaurerei hervorging. Nur waren die Gnostiker eben keine Steinmetze, und das Konzept eines Großen Architekten bzw. Allmächtigen Baumeisters findet sich bereits im frühen Christentum (das es wiederum von seinem babylonischen Pendant übernommen hat). Der christliche Extremist John Calvin (1509–1564), Begründer des Calvinismus, nannte den christlichen Gott immer wieder den „Architekten des Universums". Architekt, das heißt: *Arch*-itekt – also Archon-tekt.

**Abb. 310:** *Die Freimaurer bezeichnen ihren „Gott" als „Allmächtigen Baumeister" bzw. „Großen Architekten" – derselbe Name, den die Gnostiker dem Demiurgen als Schöpfer der Matrix gegeben hatten.*

In der „Matrix"-Trilogie wurde der Schöpfer der Matrix ebenfalls als „Architekt" bezeichnet und trug einen weißen Bart – genau wie der personifizierte „Gott", der üblicherweise mit weißem Bart dargestellt wird. Beim Weihnachtsmann bzw. „Santa" Claus – wobei das „Santa" ein Anagramm für Satan ist und damit den Demiurgen der

**Abb. 311:** *Der Bart als wiederkehrendes Motiv in Gottesabbildungen, beim Weihnachtsmann sowie beim „Architekten" in den „Matrix"-Filmen.*

**Abb. 312:** *Chronos und die Religionen, in denen Bartwuchs zur Tradition gehört.*

Saturnalien symbolisiert – ist es dasselbe (Abb. 311). Warum Bärte mit der Saturnverehrung in Zusammenhang stehen, erläutere ich in „Die Wahrnehmungsfalle". Es gibt unzählige „Bart"-Religionen, die sich auf den bärtigen Chronos zurückverfolgen lassen, der im alten Griechenland den Saturn verkörperte (Abb. 312). Der britische Schriftsteller und Künstler William Blake, der sich intensiv mit Esoterik beschäftigte, malte 1794 ein Bild mit dem Titel „The Ancient of Days" (dt.: „Der Alte der Tage"), auf dem der bärtige Chronos mit seinem Architektenzirkel abgebildet ist. Das gleiche Motiv findet sich auf dem GE Building im Rockefeller Center in New York, das 2015 in Comcast Building umbenannt wurde und der archontisch-reptiloiden Blutlinie gehört (Abb. 313 und 314). Der „Alte der Tage" ist in verschiedenen Sprachen und Religionen eine Bezeichnung für „Gott" (Saturn). Im biblischen Buch Daniel etwa „kam einer [...] wie eines Menschen Sohn und gelangte zu dem, der uralt war" [im engl. Bibeltext: „Ancient of Days", Anm. d. Übers.], woraufhin ihm die Macht über die ganze Welt verliehen wird. Diese immerwährende Herrschaft über alle Könige und Königreiche teilt er zudem mit „den Heiligen des Höchsten". Mit dem „Höchsten" ist Saturn gemeint.

Bei Geheimgesellschaften scheint es sich um „separate" Organisationen mit unterschiedlichen Bezeichnungen zu handeln, doch bilden sie ein wichtiges Fundament des globalen Netzwerks der Archonten: Sie alle sind nicht nur untereinander, sondern mit jedem anderen Aspekt des Netzwerks verknüpft. Wie der Name schon sagt, agieren sie im Geheimen, versteckt vor der Allgemeinheit. Sie manipulieren Menschen und Ereignisse aus dem Hintergrund und lassen es in der Öffentlichkeit so aussehen, als wären bestimmte Ereignisse und Zwischenfälle dem Zufall zuzuschreiben – oder schieben die Schuld jemandem in die Schuhe, der dann offiziell zum Sündenbock deklariert wird. Allein schon in den Reihen der Freimaurerei finden sich Politiker, Polizisten, Anwälte, Richter, Ärzte, Journalisten, Bankiers, Wirtschaftsführer, hochrangige Militärs, Geheimdienstchefs und Menschen aus sämtlichen Lebensbereichen, die allesamt nötig sind, um Entscheidungen und Abläufe so steuern zu können, dass dabei das gewünschte Ergebnis herauskommt. Zusätzlich haben Geheimgesellschaften den Vorteil, dass sie so strikt untergliedert sind, dass nur ein paar wenige im innersten Zirkel das ganze Spiel und diejenigen kennen, die wirklich an der Macht sind (Abb. 315). Für die nützlichen Idioten, die nur das wissen, was sie wissen sollen, hat man stets eine Lügengeschichte parat – egal, wie bedeutend diese Menschen in der Öffentlichkeit auch zu sein scheinen. Die Geheimgesellschaft bedient sich dieser Menschen dadurch, dass sie diese bestimmte Dinge tun lässt und ihre Anweisungen mit vorgeschobenen Motiven begründet; in Wirklichkeit steht dahinter aber ein ganz anderer, weitaus größerer Plan. Ausgewählte Eingeweihte – üblicherweise Sprösslinge der Blutlinie – werden von den „separaten" Geheimgesellschaften in eine übergeordnete Pyramide geschleust. Die Eingeweihten dieser Ebene kennen viele als „Illuminati"; man könnte sie auch als illuminierte Diener des Demiurgen/Saturn bezeichnen (Abb. 316). Die meisten Logenbrüder haben keine Ahnung, dass es diese übergeordnete Pyramide gibt – und die höheren Ränge in ihr werden definitiv nur von den Vertretern der archontisch-reptiloiden Blutlinie bekleidet.

Dieses Kommunikations- und Organisationsnetzwerk der Geheimgesellschaften kann beispielsweise solche Angriffe wie die vom 11. September inszenieren, die dann als Vorwand benutzt werden, um die Gesellschaft umzustrukturieren, während der Blick von den wahren Schuldigen abgelenkt wird. Einen wundervollen Einblick in die Arbeitsmethoden und Strukturen von Geheimgesellschaften erhielt man, als in den 1980ern die Tätigkeiten der *el*-itären Freimaur-

**Abb. 313:** *William Blakes Gemälde „The Ancient of Days" – „Der Alte der Tage" (© The Whitworth Gallery).*

**Abb. 314:** *Das gleiche Motiv am ehemaligen GE Building im Rockefeller Center, New York. In der Beschreibung fällt auch das Wort „Zeit".*

erloge Propaganda Due (P2) aufgedeckt wurden. Der P2 stand als „Ehrwürdiger Meister“ Licio Gelli vor, der unter Mussolini in einer faschistischen Miliz gedient hatte sowie ein enger Freund des argentinischen Faschistenführers Juan Peron war. Genauso gut befreundet war er mit dem amerikanischen Präsidenten Ronald Reagan und seinem Vizepräsidenten, dem Oberarchonten George Bush senior. Gelli war sogar zu Reagans Amtseinführung eingeladen. Dokumente, die bei einer Polizeirazzia zutage gefördert wurden, haben enthüllt, dass viele italienische Führungspersonen aus Politik, Geheimdiensten, Bank- und Rechtswesen sowie Medien – also aus der gesamten *El*-ite – Mitglieder der P2 waren. Unter ihnen befand sich auch der spätere Premierminister und Medientycoon Silvio Berlusconi. Die Mitglieder der P2 waren in mehrere Gruppen unterteilt, die nichts voneinander wussten. Nur der jeweilige Leiter wusste, wer alles zu seiner Gruppe gehörte. Gelli und sein innerster Kreis waren die Einzigen, die sämtliche P2-Mitglieder kannten. Sie alle hatten innerhalb des italienischen Establishments miteinander zu tun, ohne zu wissen, dass sie der gleichen Loge angehörten – Geheimgesellschaften arbeiten also sogar in ihren eigenen Reihen geheim.

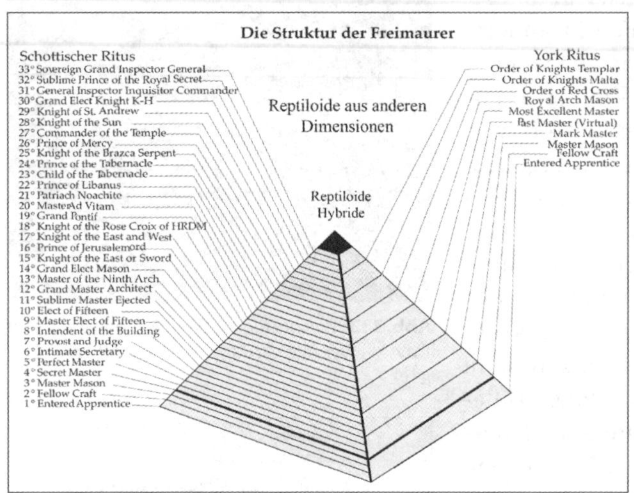


**Abb. 315:** *Die strikt voneinander getrennten Einweihungsgrade der Freimaurerei.*

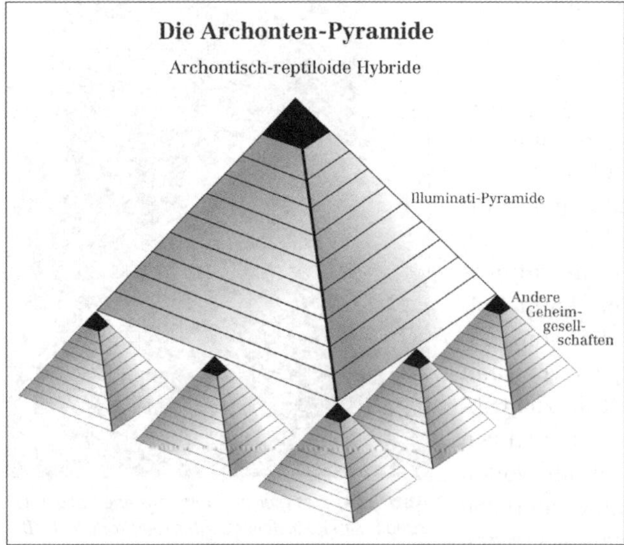


**Abb. 316:** *Über den „separaten“ Geheimgesellschaften gibt es Ebenen, von denen die meisten Mitglieder nichts wissen.*

Die P2 kontrollierte übrigens auch den Vatikan und dessen Finanzen. Die römische Kirche – die nach Rom verlegte babylonische Kirche – spielt im Netzwerk der Geheimgesellschaften eine höchst bedeutende Rolle. Im Kern ist die Kirche Roms ein wichtiger Zweig des Satanismus und huldigt dem Demiurgen bzw. den Archonten/Reptiloiden. Das wird auch offen zur Schau getragen – etwa mit der Skulptur „La Resurrezione“ („Die Auferstehung“) des Bildhauers Pericle Fazzini, die in der Vatikanischen Audienzhalle an der Grenze zwischen Vatikan und Rom installiert wurde (Abb. 317). Die Skulptur soll angeblich Jesus zeigen, der „aus einem Krater auf[steigt], den eine Atombombe aufgerissen hat: eine grausame Explosion, ein Strudel der Gewalt und Energie". Mich lässt dieses Bild an CERN denken, an Apollyon/Abaddon und den Abschnitt im Buch der Offenbarung, in dem sich der Abgrund – „ein großer, rauchender Schacht" – öffnet, aus dem ein Schwarm dämonischer Heuschrecken emporsteigt. Das Ritual des Abendmahls, bei dem die Gottesdienstteilnehmer den „Leib" und das „Blut" Christi als Oblate und Rotwein zu sich nehmen, zeigt, was wirklich gemeint ist – nämlich das, was Satanisten noch immer tun und was bei heidnischen Ritualen getan wurde, bevor die Heiden christianisiert wurden. Die katholische Messe ist die öffentlich vertretbare Version der Schwarzen Messe im Satanismus. Wichtige und weltweit aktive Geheimgesellschaften wie die Jesuiten, der Templerorden, der Malteserorden und Opus Dei gingen alle aus der römischen Kirche hervor und haben, so es sie noch gibt, ihren Sitz in der Stadt Saturns. In vielen christlichen Kirchen, vorrangig in Kathedralen, finden sich dieselben schwarz-weiß karierten Fliesenböden wie in den Tempeln der Freimaurer und anderer Geheimgesellschaften (Abb. 318).

Auch der Mord an Papst Johannes Paul I., der 1978 nur 33 Tage – eine für Freimaurer bedeutsame Zahl – im Amt war, geht auf das Konto der P2 (Abb. 319). Er wurde vergiftet, nachdem er insgeheim angeordnet hatte, alle Freimaurer unter den Klerikern und Bediensteten im Vatikan zu entlassen, die in der P2 aktiv waren. Um die Wahrheit zu vertuschen, wurde der Papst nach seinem Tod keiner Autopsie unterzogen. Das gleiche Netzwerk hatte auch den Tod Roberto Calvis zu verantworten, der zuletzt Präsident der Banco

**Abb. 317:** *Der „wiederauferstandene" Jesus. Aber freilich.*

**Abb. 318:** *Viele Kathedralen sind genauso gefliest wie die Böden in Freimaurertempeln.*

**Abb. 319:** *Der 33-Tage-Papst, der sich dem wachsenden Einfluss der Freimaurer entgegenstellte.*

Ambrosiano war und wegen seiner engen Beziehungen zur Vatikanbank auch als „Bankier Gottes“ bezeichnet wurde. Als die P2 aufflog, floh er nach London, wo er ermordet wurde, damit er sein Insiderwissen nicht preisgeben konnte. Calvi wurde erhängt unter der Blackfriars Bridge aufgefunden, direkt vor dem Eingang zur „City“ – dem Londoner Bankenviertel, das durch und durch von Geheimgesellschaften kontrolliert und von eigenen Polizeikräften geschützt wird, die zum Großteil Freimaurer sind.

## Opfer für die Götter

So eng, wie Geheimgesellschaften und Religionen mit den Königshäusern und dem Establishment im Allgemeinen verwoben sind, sind sie auch mit Satanismus und Pädophilie verknüpft. Alle genannten Gruppierungen sind besessen von Ritualen und hierarchischen Strukturen, zwei wesentlichen Merkmalen des Reptilienhirns und der reptiloiden Genetik (der Informationsblaupause). Das soll auf keinen Fall heißen, dass der gesamte Klerus und alle Logenbrüder Satanisten und Pädophile sind – allerdings zeigen die öffentlich bekannt gewordenen Skandale und meine eigenen Nachforschungen zweifelsfrei, dass das für viele von ihnen gilt. Es ist das Netzwerk des Satanismus bzw. *Saturn*ismus, das allen anderen Netzwerken zugrunde liegt und diese letztlich kontrolliert. Die kleinen Möchtegernsatanisten, die sich in schwarzen Künsten ausprobieren, die sie zum Großteil nicht verstehen, werden keinen blassen Schimmer vom großen Ganzen haben – die ernsthaft praktizierenden Satanisten hingegen schon. Im Gegensatz zu den meisten Gläubigen und Logenbrüdern ist ihnen bewusst, dass sie das reine Böse anbeten; viele von ihnen wissen sogar, was sich dahinter verbirgt.

Ich habe ein Vierteljahrhundert damit zugebracht, den Satanismus und andere damit zusammenhängende Themen zu untersuchen, und mit vielen ehemaligen Opfern von Satanistenringen (den Unterabteilungen eines einzigen weltweit operierenden Rings) auf der ganzen Welt gesprochen. Das, was mir dabei erzählt wurde, glich sich stellenweise bis ins kleinste Detail. Im Satanismus werden Menschen (vor allem Kinder) und Tiere geopfert sowie Blut getrunken (das die menschliche Lebenskraft und die Erbsubstanz enthält) – genau wie es im Altertum Brauch war. Den Satanismus und sogenannte Gottesopfer gibt es, seit die archontischen „Götter“ zu uns herabkamen; erst nach der Infiltration durch die Archonten wurden Menschen geopfert und gegessen, wenn es die „Götter“ verlangten. Satanisten führen nur hinter verschlossenen Türen fort, was früher, als es noch allgemein anerkannt war, in aller Öffentlichkeit getan wurde. Kindesopfer beispielsweise wurden im Altertum besonders gerne Gottheiten dargebracht, die einen der zahlreichen Namen des … Saturn trugen. Selbst heute noch werden den „Göttern“ vorrangig „junge Jungfrauen“ – ein Codewort für Kinder – geopfert, und die Praxis ist viel verbreiteter, als die meisten Menschen zu glauben wagen. Satanisten und Archonten sind besonders auf das Blut und die Energie von Kindern aus. Der berühmt-berüchtigte britische Satanist, Pädophile und britische Geheimdienstagent Aleister Crowley sagte:

> Für die höchste spirituelle Arbeit muss folglich das Opfer gewählt werden, das die größte und reinste Kraft enthält. Ein männliches Kind von makelloser Unschuld und höchster Intelligenz ist das zufriedenstellendste und geeignetste Opfer.

Auf der ganzen Welt werden Frauen als sogenannte „Brüterinnen" bzw. „Zuchtstuten" in Gefangenschaft gehalten, um Kinder, die offiziell nie existieren, für Opferrituale zu gebären. Prinzessin Diana hat sich übrigens selbst als „Zuchtstute" der Windsors bezeichnet.

Durch die Todesangst, die das Opfer während des Rituals erlebt, wird eine bestimmte Form von Adrenalin im Blut freigesetzt. Satanisten wollen dieses Blut deshalb trinken, weil es diese zutiefst kranken und besessenen Personen „high" macht. Parallel dazu wird die *Energie*, die durch die Todesangst erzeugt wird, von den archontischen Dämonen in der unsichtbaren Welt absorbiert. Das ist auch der Grund, warum den Göttern überhaupt geopfert wird. Die Ritualteilnehmer führen das Opfer in unserer Wirklichkeit durch, während die archontisch-reptiloiden Wesen in ihrer Wirklichkeit die Energie von Tod und Angst in sich aufnehmen (Abb. 320). Zwar können wir diese Energie innerhalb des sichtbaren Lichtspektrums nicht direkt – sondern nur ihre Auswirkung auf das Verhalten – sehen, doch spüren können wir sie ganz sicher. Begeben Sie sich einmal an einen Ort, an dem gemordet wurde und Todesängste ausgestanden wurden, und sie werden merken, dass sich die Schwingungen ins Feld eingeprägt haben.

**Abb. 320:** *Rituale, bei denen Menschen geopfert werden, sind nicht nur real, sondern weltweit gang und gäbe. Die Satanisten ernähren sich vom Opferblut; die Archonten von der Energie, die von Tod und Panik ausgeht.*

Viele Teilnehmer und Augenzeugen haben mir berichtet, wie sich während solcher Rituale vor ihren Augen (häufig, aber nicht immer reptiloide) bösartige Wesen manifestiert haben (Abb. 321). Ermöglicht wird das durch den Einsatz von Farben und Klängen (Gesängen) mit einem bestimmten Schwingungsmuster, die energetische Pforten und Kanäle zwischen unserer Wirklichkeit und der Welt der Archonten öffnen. Simultan dazu werden im Reich der Archonten Rituale durchgeführt, sodass man beide „Welten" während des Rituals miteinander synchronisieren kann (Abb. 322). Je öfter Rituale an einem bestimmten Ort

**Abb. 321:** *Einige der berühmtesten und profiliertesten Menschen der Welt sind praktizierende Satanisten, die mit archontischen Wesen in Kontakt stehen.*

**Abb. 322:** „Ein satanistisches Ritual stellt eine Verbindung zu den Welten der Dämonen her" – *Rituale zielen darauf ab, die Welt der Menschen mit der der Archonten zu verbinden.*

**Abb. 323:** *Altertümliche Darstellung des kosmischen Rades – Saturn.*

wiederholt werden, desto einfacher sind die Pforten zu öffnen.

Zwei der wichtigsten Zeiträume für satanistische Rituale sind die Walpurgisnacht bzw. Beltane (um den 1. Mai) und Halloween (Ende Oktober), weil die astrologischen Einflüsse zu dieser Zeit eine Öffnung der Pforten begünstigen. Auf der Südhalbkugel finden die Feste zum jeweils anderen Zeitpunkt statt. Die Druiden, die religiöse Führungsschicht der Kelten, führten zu ebendiesen Zeiten dieselben Rituale wie die heutigen Satanisten durch – und zwar aus denselben Gründen. An Halloween wanderten sie in Fackelzügen umher, bei denen sie Keltenkreuze (Saturn) und Sicheln (Saturn) bei sich trugen. Beim Keltenkreuz handelt es sich um eine Version des „kosmischen Rades", das weltweit als Symbol für den Saturn verwendet wurde und schon auf alten Tontafeln aus Mesopotamien zu sehen ist (Abb. 323 und 324). An jeder Haustür verlangten die Druiden mit einem Spruch, der dem heutigen „Süßes oder Saures" ähnelte, etwas ganz anderes – nämlich ein weibliches Wesen zum Opfer. Wenn die Bewohner den Wunsch verweigerten, wurde ein Hexagramm (Saturn) aus Blut an die jeweilige Tür geschmiert, um die Geister des „gehörnten Jägers der Nacht" auf das Haus aufmerksam zu machen (der Demiurg wird häufig mit Hörnern dargestellt, genau wie der Teufel/Satan). Vor den Häusern, die kooperierten, wurde hingegen ein Kürbiskopf mit Kerze aufgestellt, um sie so vor den bösen Geistern zu schützen (Abb. 325). Die „Süßen" wurden vergewaltigt und geopfert; ihre Knochen wurden in einem heiligen Feuer verbrannt. Dies tat man an Orten wie Stonehenge, an denen die Energiewirbel im Erdgitternetz besonders stark sind. An solchen Orten treffen mehrere Energielinien (Ley-Linien bzw. Meridiane) aufeinander, was dazu führen kann, dass mehrere Wirklichkeiten miteinander verschmelzen – oder dass zumindest die Grenzen zwischen ihnen verschwimmen. Der Grund, warum Halloween heutzutage so radikal vermarktet wird, liegt darin, dass die Menschen – vor allem, wie üblich, Kinder – stärker mit satanischen Schwingungen konfrontiert werden sollen – die Energie folgt der Aufmerksamkeit. Wenn heute also jemand einen mit einer Kerze erleuchteten geschnitzten Kürbis vor seine Tür stellt, verwendet er das druidische Symbol für eine Kooperation mit dem „Satan".

Wenn auf den wichtigsten Vortexpunkten des Erdgitternetzes wiederholt satanistische Rituale durchgeführt werden, kann das die Schwingung des planetaren Felds bzw. des Energieozeans herabsetzen. Das wiederum wirkt sich auf jeden von uns aus, weil wir alle mit diesem „Ozean" bzw. dem kosmischen Internet verbunden sind. Kurz vor seinem Tod hat ein australischer Satanist einiges über die Macht und die Methoden des Satanismus in einem Dokument offengelegt, das ich in Gänze in „Der Löwe erwacht" veröffentlicht habe. Darin schrieb er:

> Die meisten Menschen erkennen nicht, dass der Satanismus eine auf Ritualen fußende Praktik ist und dass die ständige Wiederholung mit der Zeit das morphische Feld stark geprägt hat!

**Abb. 324:** *Keltenkreuz mit kosmischem Rad.*

**Abb. 325:** *Ein Symbol dafür, dass man mit dem Bösen kooperiert. Wie viele wissen das, wenn sie an Halloween Kürbisse vor die Tür stellen? Die Energie folgt der Aufmerksamkeit.*

Das trifft sowohl auf das Erdfeld als auch auf das Aurafeld von Satanisten zu. Ich habe bereits weiter oben erwähnt, dass die britischen Inseln das Herzzentrum des Erdgitternetzes sind (dass sich auf ihnen der stärkste Vortex bzw. das stärkste Vortexnetz befindet). Das erklärt, warum diese Inseln (a) ein globales Zentrum des Satanismus sind; (b) warum sie ein so wichtiges Zentrum globaler politischer und militärischer Macht waren; und (c) warum dort so viele Familien der archontisch-reptiloiden Hybriden und Geheimgesellschaften beheimatet sind. Wenn man den Energiezustand – die Frequenzen und die Informationen – im Zentrum des Gitters kontrolliert, hat man auch das gesamte Gitter unter Kontrolle. In Großbritannien – und Rom – befinden sich die wichtigsten Zentren der verdeckten archontischen Machtstruktur in der westlichen Welt. Nach außen hin scheinen zwar auch die USA mächtig zu sein, doch lenken sie in vielerlei Hinsicht bloß von den wahren Machtzentren ab.

# Satanistische Königshäuser

Satanisten lassen sich freiwillig durch ein archontisches Wesen besetzen, wodurch sie selbst zu leibhaftigen Archonten (zum verkörperten Virus) werden. Was sie Kindern und Tieren (aber auch allen anderen Wesen) antun, können sie nur deshalb tun, weil der Virenbefall sie zu extremen Psychopathen macht, die weder Mitgefühl noch Reue empfinden. Das kann so weit gehen, dass sie sich daran berauschen, Menschen leiden zu lassen. Wenn diese dämonischen Wesen von einem menschlichen oder hybriden Vehikel Besitz ergreifen, überträgt sich damit auch die archontisch-reptiloide Hierarchie der unsichtbaren Welt auf die satanistische Hierarchie in unserer Welt (Abb. 326). Je höher ein Dämon in der archontischen Hierarchie steht, desto höher wird der von ihm Besessene in der satanistischen Hierarchie stehen. Verwechseln Sie das nicht mit der für uns alle sichtbaren Hierarchie des Establishments. Diejenigen, die in der Politik und im Mainstream-Einheitsbrei an der Macht zu sein scheinen, haben selten wirklich das Heft in der Hand. Ihre Agenda wird ihnen von der satanistischen Hierarchie vorgegeben, die als Abbild der archontischen Hierarchie über allen anderen steht (Abb. 327).

**Abb. 326:** *Die unsichtbare archontische Hierarchie wird zur verborgenen satanistischen Hierarchie, die die sichtbare menschliche Hierarchie kontrolliert.*

**Abb. 327:** „Wie die Welt wirklich kontrolliert wird" – *Politiker entscheiden, wo es langgeht? Aber nicht doch.*

Die Königshäuser entstammen allesamt Blutlinien, die mit den „Göttern" in Verbindung stehen, weshalb man als Mitglied eines Königshauses für eine Besetzung durch die Archonten prädestiniert ist. Dem größten Gelächter zum Trotz behaupte ich seit Jahren, bei der britischen Königsfamilie handele es sich um reptiloide Hybride, die ihre Gestalt wandeln können und an satanistischen Ritualen sowie Opferungen teilnehmen (siehe dazu „Das größte Geheimnis" und „Die Wahrnehmungsfalle"). Dies wurde mir beispielsweise durch eine Informantin zugetragen, die mir in tagelangen Gesprächen von ihren persönlichen Erfahrungen mit der britischen Königsfamilie berichtete. Sie hatte unter anderem bei Opferzeremonien und zu anderen Gelegenheiten beobachtet, wie Mitglieder der Königsfamilie ihre Gestalt veränderten (zwischen den Informationsfeldern hin- und herwechselten). Im folgenden Abschnitt bezieht sie sich auf das britische Staatsoberhaupt Queen Elizabeth II. und deren Mutter, die 2002 mit 102 Jahren verstarb. Meine Informantin sagte über die Queen:

> Ich habe gesehen, wie sie Menschen opferte, ihr Fleisch aß und ihr Blut trank. Einmal geriet sie in einen solchen Blutrausch, dass sie dem Opfer die Kehle nicht von links nach rechts durchschnitt, wie es bei solchen Ritualen üblich war. Nachdem sie sich in ein Reptil verwandelt hatte, drehte sie völlig durch, stach unkontrolliert zu und riss Fleisch aus dem Opfer. Nach ihrer Gestaltwandlung hat sie ein längliches Reptilgesicht, das beinahe an einen Schnabel erinnert, und eine cremefarbene Haut. Die Königinmutter sieht im Wesentlichen genauso aus, dennoch gibt es Unterschiede. [Die Königin] trägt so etwas wie Höcker auf dem Kopf. Ihre Augen sind furchterregend. Sie ist äußerst aggressiv […]
>
> [Die Königinmutter] ist eiskalt, eine widerliche Person. Keiner ihrer Mitstreiter hat ihr je vertraut. Man hat ein Alter Ego [in einem Bewusstseinskontrollprogramm] nach ihr benannt. Es heißt „Schwarze Königin“. Ich habe sie Menschen opfern sehen. Ich erinnere mich daran, dass sie in einer Nacht, als man zwei Jungen opferte, einem ihr Messer in den After rammte. Einer der Jungen war 13, der andere 18 Jahre alt. Sie müssen vergessen, dass die Königinmutter wie eine gebrechliche alte Dame wirkt. Wenn sie sich in ein Reptil verwandelt, wird sie sehr groß und sehr stark. Manche dieser Reptilien werden so stark, dass sie Menschen einfach das Herz herausreißen können. Außerdem wachsen sie um ein oder zwei Meter, wenn sie gestaltwandeln.

Was meine Quelle hier berichtet, untermauert das, was mir Christine Fitzgerald gesagt hat, die mit Prinzessin Diana befreundet war. Alle meine Informanten haben mir dieselbe Geschichte erzählt, obwohl sie sich nicht kannten und in verschiedenen Regionen der Welt leben (Abb. 328). Der „menschliche“ Teil des hybriden Erbguts reicht hinsichtlich Stärke, Körpergröße und Alterungsgeschwindigkeit nicht annähernd an den archontisch-reptiloiden Teil heran. Wer meint, beide seien miteinander vergleichbar, befindet sich auf dem Holzweg: Es sind zwei verschiedene Informationsfelder, die unterschiedliche holografische Projektionen hervorbringen. Wenn Sie von einem auf den anderen Fernsehsender umschalten, sehen Sie ja auch nicht dasselbe Programm (Abb. 329).

**Abb. 328:** „Kommst du zum Ritual?“ – *Lang soll ihre Herrschaft über uns währen?*

Wie ernüchternd es doch ist, wenn man bedenkt, dass das britische Volk jedes Mal, wenn es die Nationalhymne schmettert, damit der Queen huldigt. Natürlich ist „God Save The Queen" alles andere als eine Nationalhymne. Das Lied ist an die Königin bzw. die Monarchin gerichtet, und in den Liedzeilen bittet die Bevölkerung darum, von einer praktizierenden Satanistin und gestaltwandelnden Archontin/Reptiloidin regiert zu werden. Jedes Mal, wenn ich die Hymne höre, kann ich mich eines Lächelns kaum erwehren.

**Abb. 329:** „Spieglein, Spieglein, an der Wand ..." – *Und der Frosch verwandelte sich in eine Königin.*

**Abb. 330:** „Es sollen Botschaften an die Außerirdischen verschickt werden" – „Warum? Sind nicht schon genug von denen hier?" – *Nein, kein Scherz.*

**Abb. 331:** *Der britische Premierminister verbeugt sich aus Hochachtung vor der Blutlinien-Queen, doch würde sie ihm nie den gleichen Respekt zollen. Wer ist also wirklich und permanent an der Macht?*

Demselben Fräulein Gestaltwandlerin gehören offiziell auch diverse Staatseinrichtungen sowie alles, was ein „HM" bzw. „Her Majesty's" vor seiner Bezeichnung trägt [im Deutschen ein nachgestelltes „Ihrer Majestät", Anm. d. Übers.]: die Regierung Ihrer Majestät; die „ergebenste Opposition" Ihrer Majestät; das Finanzministerium Ihrer Majestät; die Steuerbehörde Ihrer Majestät; der öffentliche Dienst Ihrer Majestät; der Generalstaatsanwalt Ihrer Majestät; die Gerichte Ihrer Majestät; die Streitkräfte Ihrer Majestät; die Gefängnisse Ihrer Majestät; der Gefängnisinspektor Ihrer Majestät; das Grundbuchamt Ihrer Majestät; die Passbehörde Ihrer Majestät; die Untersuchungsrichter Ihrer Majestät; der Schulinspektor Ihrer Majestät; die Polizeiaufsichtsbehörde Ihrer Majestät; der Pressedienst Ihrer Majestät; die Küstenwache Ihrer Majestät ... und so weiter und so fort. Sogar christliche Geistliche leisten der Queen als Oberhaupt der Kirche von England einen Treueeid (hatten die die Götzenverehrung nicht abgeschafft?) – und das tun auch Parlamentsabgeordnete, Richter, Militärs und Geheimdienstler. Allein die Königin kann einen Krieg erklären und entscheiden, wann dieser offiziell vorüber ist. All diese Macht (und so viel mehr) für eine Archontin/Reptiloidin, die sich hinter einer menschlichen Gestalt verbirgt (Abb. 330). Weitere Einzelheiten zur Monarchie und ihrer Machtstruktur finden Sie in „Die Wahrnehmungsfalle“ und „Das größte Geheimnis“.

**Abb. 332:** „Fort mit ihnen“ – *Es reicht mit diesem Unsinn.*

Die meisten Menschen denken, die Königsfamilie hätte nur repräsentativen Charakter und keine echte Macht – doch ist das Gegenteil der Fall. Die wahren Machtverhältnisse spiegeln sich in den Ritualen und Protokollen wider. Niemand muss sich vor einem gewählten Premierminister verbeugen, doch soll dieser sich vor der Queen verbeugen (bzw. eine etwaige Premierministerin einen Knicks vor ihr machen, siehe Abb. 331). Noch ein Hinweis: Achten Sie auf diejenigen, die *immer da sind* – denn sie verfügen über die wahre Macht. Die Königsfamilien sind immer da, ganz egal, wer in der Politik kommt und geht – und das Gleiche gilt für die Geheimdienstnetzwerke und den staatlichen Verwaltungsapparat (Abb. 332).

## Archontische Pädophilie

Dass Satanisten es auf die Energie von Kindern abgesehen haben, bringt mich auf das Thema Pädophilie. Kindesmissbrauch hat weltweit in einem kaum vorstellbaren Maß zugenommen. Selbst das FBI sprach 2015 davon, dass der sexuelle Missbrauch von amerikanischen Kindern nahezu „epidemische Ausmaße“ angenommen habe – und natürlich hat das einen Grund. Die Archonten, die von Pädophilen Besitz ergreifen, benutzen die Missbrauchstäter während des sexuellen Akts als Vehikel bzw. Kanal, um die Energie des Kindes aus dem Wurzelchakra am unteren Ende der Wirbelsäule abzusaugen (Abb. 333). Sexueller Missbrauch und Misshandlungen verzerren das Energiefeld des Kindes, sodass es geistig und emotional ein Leben lang gezeichnet bleibt, falls die Störungen nicht irgendwann behoben werden.

Die vorpubertäre Energie eines Kindes ist für den Archonten-Virus wie Nektar – und das ist auch der Grund, warum die Pädophilie so grassiert. Das gilt vor allem für die gesellschaftliche *El*-ite, in der es zahlreiche archontisch-reptiloide Hybride sowie andere Personen gibt, von denen die Archonten Besitz ergriffen haben. Beim Stichwort Pubertät denken wir zunächst an hormonelle Veränderungen, doch sind diese nur der holografische Ausdruck von Veränderungen auf energetischer bzw. Informationsebene. Die archontischen Dämonen wollen die Energie des Kindes, bevor es zu diesen Veränderungen kommt – daher benötigen sie auch einen unaufhörlichen Nachschub an Kindern. Diese Tatsache

**Abb. 333:** *Pädophile dienen den archontischen Wesen, von denen sie besessen sind, als Vehikel, durch das die Archonten sich von der Energie der Kinder ernähren und deren Energiefeld verzerren können.*

hat auch Don Juan Matus hervorgehoben, der Schamane aus Carlos Castanedas Büchern. Castaneda schrieb:

> [Don Juan] berichtete, dass Zauberer Menschenkinder als merkwürdige leuchtende Energiebälle wahrnähmen, die von Kopf bis Fuß von einer schimmernden Hülle – einer Art Plastikhülle, die eng am Energiekokon anliegt – umgeben seien. Diese schimmernde Gewahrseinshülle werde von den Prädatoren gegessen, sagte er, und wenn ein Mensch das Erwachsenenalter erreiche, sei von dieser ihn umgebenden Bewusstheit nur noch ein kleiner Teil übrig, der vom Boden bis zur Oberseite der Zehen reiche. Dieser Bruchteil halte die Menschen gerade eben am Leben.

**Abb. 334:** *Wohin man auch schaut – derselbe Herr, dasselbe Spiel.*

Die in der menschlichen Gesellschaft aktiven archontischen Hybriden leiten Pädophilen- und Satanistenringe, die wiederum Kinderheime, „Betreuungseinrichtungen" sowie Kinderhilfe- und Kinderschutzorganisationen [im Engl. auch unter dem Begriff „social services" geläufig, Anm. d. Übers.] kontrollieren (Abb. 334). Die schockierende und stetig wachsende Zahl an Kindern, die von Behörden, die eigentlich Kinder „schützen" sollen, liebevollen Eltern weggenommen und aus den fadenscheinigsten und lächerlichsten Gründen in „Betreuung" gegeben oder zwangsadoptiert werden, hat zum Teil damit zu tun, dass die Verfügungsgewalt über unsere Kinder immer mehr in staatliche Hände übertragen werden soll. Damit kann man sie auch leichter „verschwinden" lassen oder zum Missbrauch, ja sogar zur Opferung an die entsprechenden Stellen weiterleiten (Abb. 335). Viele anständige Menschen, die in Kinderschutzorganisationen tätig sind, versuchen ihr Bestes zu geben, doch werden das Gesamtgefüge und die darin eingewobenen Missbrauchsnetzwerke von Pädophilen und Satanisten kontrolliert.

**Abb. 335:** „Fürsorgeeinrichtungen – sie haben es auf Ihre Kinder abgesehen" – *Mit teils haarsträubenden Argumenten werden unzählige (und immer mehr) Kinder von Behörden und Organisationen für Kinderhilfe und „Kinderschutz" ihren liebenden Eltern weggenommen.*

Welche Einrichtungen würde man wohl infiltrieren, wenn man ständigen Nachschub an Kindern bräuchte? Kinderheime, „Betreuungseinrichtungen" sowie Kinderhilfe- und Kinderschutzorganisationen. Pädophile innerhalb der *El*-ite und satanistische Gruppen verwenden ihre Netzwerke innerhalb von Kinderhilfe- und „Kinderschutz"-Organisationen sogar dazu, Kinder auf Bestellung aus derartigen Einrichtungen zu entführen – und dieser Punkt sollte verdeutlichen, warum es so maßlos absurd ist, fürsorglichen Eltern unter einem Vorwand ihre Kinder wegzunehmen. Wenn sich kein Grund finden lässt, um die Kinder mitzunehmen, wird einer erfunden, um keine Lieferengpässe entstehen zu lassen. Innerhalb des Systems zur „Kinderfürsorge" wurden bereits unzählige Pädophilenringe aufgedeckt, doch handelt es sich dabei nur um einen verschwindend geringen Teil.

Gehen Sie nicht wie die meisten Menschen fälschlicherweise davon aus, dass man anhand der Medienberichte über vermisste Kinder ermessen kann, wie viele Kinder wirklich abhandenkommen. Jedes Jahr verschwinden auf der ganzen Welt ungewöhnlich viele Kinder; allein in den USA gehen die Zahlen in die Hunderttausende. Dafür gibt es mehrere Gründe – einer davon aber ist der, dass viele von ihnen in die Fänge von Satanisten und Pädophilen geraten, deren Ringe (die auf höchster Ebene nur ein einziger Ring sind) sämtliche Institutionen infiltriert haben. Es gibt sie nicht nur in den Kinderschutzorganisationen, sondern im gesamten Establishment: in der Regierung, im Gesetzesvollzug und in der Justiz. Das sind so ziemlich alle Instanzen, die man kontrollieren muss, um den stattfindenden Missbrauch zu vertuschen und über alles, was dennoch an die Öffentlichkeit kommt, sofort den Mantel des Schweigens zu breiten. Sämtliche Missbrauchsskandale, die in den vergangenen Jahren in Großbritannien ans Licht gekommen sind, stellen nur ein Bruchteil dessen dar, was wirklich vor sich geht – denn die Archonten sind unersättlich und gieren nach der Energie von Kindern, die sie via Missbrauch oder Opferung in sich aufnehmen.

Der Plan sieht vor, die Elternrechte kontinuierlich zu beschneiden, bis der Staat die Kinder komplett in der Hand hat. Vor unseren Augen wird Tag für Tag an der Umsetzung dieses Plans gearbeitet. Inzwischen nehmen sich Schulen und staatliche Einrichtungen schon das Recht heraus, Kindern in sämtlichen Lebensbereichen Vorschriften zu machen. Eines der widerwärtigsten Beispiele liefert Schottland, wo geplant wird, allen Kindern einen „Staatsbetreuer" an die Seite zu stellen, der ihre Erziehung bis zum Alter von 18 Jahren beaufsichtigt. In Amerika hingegen haben einige Schulen sich bereit erklärt, mehrmals pro Woche Vertreter vom Jugendamt vor Ort zu haben. Das ist aber erst der

**Abb. 336:** „Es war nicht nur eine Geschichte … es war Wissen von der ‚Zukunft' … einer ‚Zukunft', die gerade stattfindet" – *Orwell und Huxley wussten, was geplant war, weshalb ihre Bücher „1984" und „Schöne neue Welt" sich auch als so treffsicher erwiesen haben.*

Anfang, denn das Ganze soll noch viel weiter getrieben werden. Falls Sie wissen wollen, was für unseren Nachwuchs geplant ist, lesen Sie den 1932 veröffentlichten Roman „Schöne neue Welt" des Insiders Aldous Huxley – dort steht es schwarz auf weiß. Letzten Endes sollen Kinder nämlich nicht mehr von zwei Menschen gezeugt werden, sondern diese Aufgabe sollen Laboratorien bzw. „staatlichen Brut- und Aufzuchtzentren" übernehmen, wie Huxley sie nennt. „Schöne neue Welt" ist kein rein fiktionales Werk, genauso wenig wie Orwells „1984". Orwell, der mit bürgerlichem Namen Eric Blair hieß, wurde von Huxley am *el*-itären Eton College unterrichtet, wo auch die Kinder der Königsfamilie lernten. Orwell und Huxley freundeten sich miteinander an und kamen dort mit Personen aus den innersten Zirkeln in Kontakt, die sie zu ihren Büchern inspirierten. Das ist auch der Grund, warum sich beide Bücher als so prophetisch erwiesen haben (Abb. 336). Wie ich selbst gezeigt habe, lässt sich die „Zukunft" leicht vorhersagen, wenn man weiß, was im Wesentlichen geplant ist. Die Bücher der beiden enthüllen verschiedene Aspekte derselben Agenda: die Tyrannei durch einen Polizeistaat sowie die Kontrolle durch Drogen und Zuchtprogramme.

## Pädophile in der *El*-ite

Ich habe das Pädophilennetzwerk in Großbritannien, in das bekannte Politiker und andere hochrangige Persönlichkeiten verwickelt waren, bereits in meinem 1998 veröffentlichten Buch „Das größte Geheimnis" bloßgestellt und die Beteiligten beim Namen genannt. Doch während aufgeschlossene Geister diese Informationen ernst nahmen, wurden sie von der Allgemeinheit als Unsinn abgetan oder lächerlich gemacht. Der Inhalt überstieg das Fassungsvermögen des betonierten Ich-Phantoms bei Weitem – „Ich meine, dieser Typ, der Icke, der ist doch durchgeknallt, oder?" Seit 2012 hat sich an dieser Auffassung einiges geändert, denn in diesem Jahr platzte eine Bombe, als schockierende Tatsachen über Kindesmissbrauchsringe und pädophile Politiker – darunter aktive britische Parlamentarier und Mitglieder der Thatcher-Regierung aus den 1980er Jahren – bekannt wurden. Das Establishment hatte die Hosen voll, verschwand schnurstracks auf der Toilette und harrt dort noch immer aus. Unter unterschiedlichsten Decknamen folgten mehrere polizeiliche „Ermittlungen", mit denen die Wahrheit (so hieß es zumindest) herausgefunden werden sollte – doch zu dem Zeitpunkt, an dem ich diese Zeilen verfasse, sind bereits Jahre vergangen, und es ist noch immer kein einziger Politiker hinter Schloss und Riegel gebracht worden. An den Untersuchungen sind gewiss einige aufrichtige Polizisten beteiligt, die ihr Möglichstes tun werden. Doch innerhalb einer Hierarchie, die die Wahrheit vertuschen will, ist das keine leichte Aufgabe.

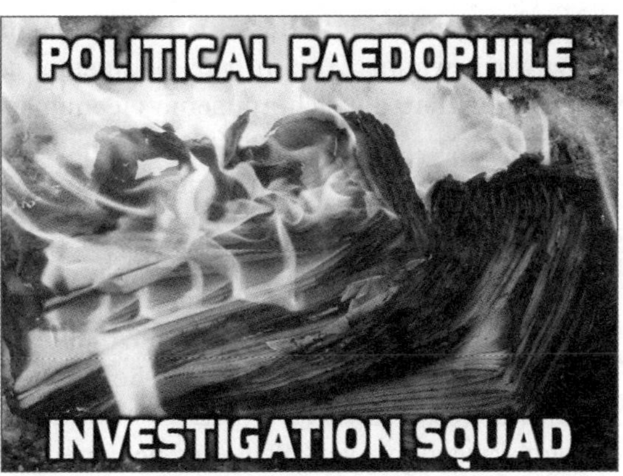


**Abb. 337:** „Untersuchungseinheit zu pädophilen Politikern" – *Viele aufrichtige Polizeibeamte, die zu Pädophilie ermittelten, wurden von Polizei, Geheimdiensten und hochrangigen Personen des Establishments gestoppt, nachdem sie auf Namen von Politikern und anderen Stützen des Systems gestoßen waren.*

Seither wurde zumindest ein eindeutiger Vertuschungsversuch gestartet, bei dem größtenteils auf C-Promis zurückgegriffen wurde, um die Aufmerksamkeit von den Politikern abzulenken. Gerade, als ich diese Zeilen schreibe, hat in einigen britischen Medien (darunter wie üblich die *BBC*) allem Anschein nach eine konzertierte Kampagne begonnen, mit der die Vorstellung begraben werden soll, dass es diese Pädophilenringe für Politiker und Prominente gibt. Die Beweise spielen keine Rolle (siehe „Die Wahrnehmungsfalle"), denn bei diesen Vertuschungsversuchen werden nur die schwächsten Zeugenaussagen auseinandergenommen, alle glaubwürdigen Zeugen aber ignoriert – darunter eine lange Liste an ehemaligen Polizeibeamten, die berichtet hatten, dass sie angewiesen worden seien, die Ermittlungen zu den prominenteren Personen einzustellen (Abb. 337). Es handelt sich um eine bewährte Methode, die ich in anderen Büchern bereits erläutert habe: Man stellt nicht etwa die besten Belege infrage, da man weiß, dass man sie sowieso nicht aus dem Weg räumen kann. Stattdessen werden diese einfach ignoriert. Man konzentriert sich auf die schwächsten Indizien eines Falls und rückt sie in ein schlechtes Licht, um damit sämtliche Beweise zu diskreditieren. Wie sich Menschen, die so etwas tun, „Journalisten" nennen können, ohne rot zu werden, will mir nicht in den Kopf; ich habe auch keine Ahnung, wie solche Leute nachts ruhig schlafen können.

Eine „Untersuchung" der Regierung hat sich beispielsweise verzögert, weil zwei weibliche Vorsitzende ernannt worden waren, die so unglaublich befangen waren, dass sie von ihrem Posten zurücktreten mussten. Ein Hauptzeuge, der befragt werden sollte, war Leon Brittan, ehemaliger Innenminister in der Thatcher-Regierung. Er hätte erklären müssen, warum auf Unterlagen, die ihm ausgehändigt worden waren und in denen pädophile britische Parlamentarier beim Namen genannt wurden, nicht reagiert worden war, und wie diese Unterlagen „verloren gehen" konnten. Die erste Vorsitzende, die ernannt wurde, war die *Schwester* von Lord Michael Havers, der unter Thatcher Generalstaatsanwalt und tief in die Vertuschung der pädophilen Aktivitäten um Leon Brittan verstrickt gewesen war. Die zweite Vorsitzende war mit Brittan und seiner Frau befreundet und wohnte in *derselben Straße*. Das alles verzögerte den Beginn der Regierungsuntersuchung extrem –

lange genug zumindest, dass Brittan an einem „langen Krebsleiden" sterben konnte, das nie zuvor erwähnt worden war. Nach seinem Tod wurden „geheime" Regierungsdokumente gefunden, die sich auf seine eigenen sowie die sexuellen Aktivitäten einiger anderer bekannter pädophiler Politiker bezogen. Beide, Brittan und Havers, waren pädophil, weshalb sie die ganze Vertuschung überhaupt erst angezettelt hatten. Mir jedenfalls war bekannt, dass Brittan ein Pädophiler war – und seine Kollegen und Freunde bei den britischen Konservativen um Premierminister David Cameron *sollen das nicht gewusst haben*? Genauso wenig wie Camerons Innenministerin Theresa May, von der die beiden weiblichen Vorsitzenden ernannt worden waren, die dann zurücktreten mussten – was zu der Verzögerung führte, durch die sich eine Befragung Brittans für immer erledigt hatte? Keiner von ihnen wusste, dass ihr Mitstreiter Brittan angeblich Krebs hatte und daher rasch hätte befragt werden müssen? Auf der Suche nach der dritten Vorsitzenden wurde Theresa May erst in Neuseeland fündig; es war eine weitere Richterin aus dem Establishment: Lowell Goddard. Diese ließ verlauten, dass es viele Jahre dauern wird, bis sie ihren Bericht vorstellt. *Puh* ... eine Menge Zeit für die Öffentlichkeit, um alles zu vergessen. Während der gesamten Medienkampagne wurde mit allen Mitteln versucht, Leon Brittan – aber auch einige andere Männer wie den ehemaligen Premierminister Edward Heath – als unschuldig und zu Unrecht angeklagt darzustellen. Was für ein kranker Witz.

Die ganze Geschichte über Pädophile im britischen Parlament war an die Öffentlichkeit gelangt, nachdem im Jahr 2011 der ehemalige *BBC*-Entertainer und DJ Jimmy Savile gestorben war (Abb. 338). Er war berühmt für seine „Originalität" – dabei war er nur in rekordverdächtigem Maß pädophil. Das wurde von Polizei und Medien auch bestätigt, nachdem eine 2012 ausgestrahlte TV-Dokumentation weitere Ermittlungen angeregt hatte. Mir war von Christine Fitzgerald, der engen Freundin von Prinzessin Diana, erzählt worden, dass Savile sowohl pädophil als auch nekrophil (auf Leichen gerichteter Sexualtrieb) sei. Zu der Zeit war sie meine einzige Quelle, und da das Image des „guten alten Jimmy" sich so sehr von der Realität unterschied und ich zudem niemand anderen hatte, der Christines Aussagen bestätigen konnte, steckte ich in der Klemme. Er hätte mich problemlos in Grund und Boden klagen können. Wenn sein Name fiel, gab ich mündlich weiter, was ich über ihn gehört hatte – und an dem Tag im Jahr 2011, als sein Tod bekannt gegeben wurde, veröffentlichte ich alles im Internet, was mir erzählt worden war. Damals wurde das wie üblich zum Großteil ignoriert oder abgetan – aber jetzt nicht mehr. Interessant ist in diesem Zusammenhang, dass Christine Fitzgerald, die bei Savile derart richtig gelegen hatte, eine der Quellen ist, die mir erzählt haben, dass es sich bei der britischen Königsfa-

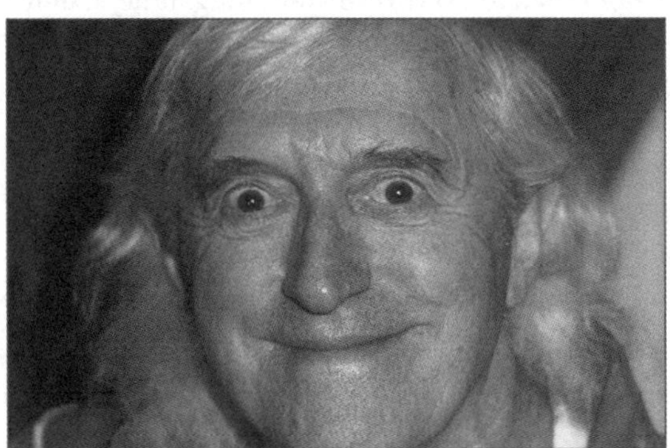

**Abb. 338:** *Jimmy Savile, enger Freund von Prinz Charles und der Königsfamilie, von Premierministerin Margaret Thatcher und Premierminister Edward Heath, Satanist und Kinderzuhälter für die Oberschicht. Ein netter Herr.*

milie um reptiloide Hybridwesen handelt. Ein paar Ich-Phantom-Idioten im Internet haben behauptet, dass ich die Sache über Savile erfahren haben muss, als ich in den 1980ern für die *BBC* gearbeitet habe. Wie üblich wissen solche Leute weder, wie groß die *BBC* wirklich ist, noch wie ich gearbeitet habe – nämlich größtenteils von zu Hause aus oder direkt vor Ort –, und dass ich in einer völlig anderen Abteilung des Unternehmens tätig war. Das, was ich über Savile wusste, stammte von Christine Fitzgerald, nicht aus meiner Zeit bei der *BBC*.

Ich habe hier den Hintergrund von Savile angerissen, weil bei ihm viele Fäden zusammenlaufen. Er war nämlich nicht nur pädophil, sondern vermittelte auch Kinder an die Oberschicht. Dieser wesentliche Punkt ist nicht öffentlich bekannt geworden, erklärt aber, wie Savile es jahrzehntelang schaffen konnte, sich (wie wir heute wissen) in einem solchen Ausmaß an Kindern zu vergehen – und wie er damit durchkommen konnte. Denn das Establishment, die Polizei, die Geheimdienste und Regierungsmitglieder müssen davon gewusst haben. Alle genannten und viele weitere Institutionen sind längst ins kollektive archontische Netz verstrickt und von dessen pädophilen und satanistischen Netzwerken unterwandert. Savile war Experte darin, diese Netzwerke mit Kindern zu versorgen, daher durfte man ihn nicht fallen lassen. Er deckte sie, sie deckten ihn.

## Pädophile Königshäuser

Christine Fitzgerald berichtete mir 1998 auch, wie nah Savile der Königsfamilie gestanden habe und dass Prinzessin Diana ihn nicht habe ausstehen können, weil er so schmierig gewesen sei. Auch mit diesen Aussagen lag sie richtig (Abb. 339). Diese engen Verbindungen zu den wichtigsten Mitgliedern der Königsfamilie wurden unter den Teppich gekehrt, verraten aber umso mehr. Savile stand insbesondere Prinz Charles, dem Nachfahren Vlad des Pfählers, sehr nahe (Abb. 340). Laut Medienberichten, die veröffentlicht wurden, nachdem Savile aufgeflogen war, soll er die „Befugnis" gehabt haben, sich im Londoner Palast von Charles „frei zu bewegen". Außerdem soll ihm „beispielloser Zugang zu sämtlichen königlichen Palästen gewährt [worden sein], treppauf, treppab". Ein Berichterstatter des Königshauses schrieb: „Savile stand Charles so nahe, dass er ihm nicht nur bei der Ernennung eines hochrangigen Beraters beistand, sondern sogar jemand anderen feuern musste, weil, wie mir gesagt wurde, der Prinz nicht

**Abb. 339:** *Savile stand Prinz Charles sehr nahe und hatte freien Zutritt zu den königlichen Palästen. Prinzessin Diana fand ihn schmierig und konnte ihn nicht ausstehen.*

**Abb. 340:** *Wo bleiben die Fragen darüber, dass Savile über Jahrzehnte Charles und der Königsfamilie nahestand – Jahrzehnte, in denen Polizei und Geheimdienste über dessen ungezügelte Pädophilie Bescheid gewusst haben müssen?*

**Abb. 341:** „Die deutsche Königsfamilie. ‚Schau mal, ist das da die Luftwaffe, Philip?'" – *Was für ein Witz das alles ist.*

**Abb. 342:** *Prinz Philip bei einem Nazi-Begräbnis.*

den Mumm hatte, es selbst zu tun." In einem anderen Bericht hieß es, Charles habe Savile zum Taufpaten von Prinz Harry machen wollen, dies sei aber von königlichen Beratern verhindert worden. Charles soll nicht gewusst haben, was der rekordverdächtige Pädophile und Kindervermittler Savile so tat??? Und der britische Geheimdienst war genauso ahnungslos und ließ ihn munter durch die königlichen Paläste flanieren?

Savile selbst sagte, er sei in den 1960ern von Lord Mountbatten, vormals Battenberg, in die inneren Kreise der Königsfamilie eingeführt worden. Bei der „britischen" Königsfamilie handelt es sich eigentlich um die deutsche Blutlinie Sachsen-Coburg und Gotha. Der Name wurde im Rahmen einer dringend notwendigen PR-Aktion während des Ersten Weltkriegs in „Windsor" geändert – denn ihre deutschen Verwandten unter Kaiser Wilhelm führten gerade Krieg gegen Großbritannien und bombardierten London mit Flugzeugen, auf denen der Schriftzug „Gotha" zu lesen war (Abb. 341). Im selben Zeitraum wurde Battenberg zu Mountbatten. Später, im Zweiten Weltkrieg, unterstützten viele Verwandte der Windsors die Nazis (Abb. 342).

Die enge Verbindung zwischen Savile und Mountbatten ist extrem wichtig, denn Mountbatten war nicht nur ein Mentor von Prinz Philip und Prinz Charles sowie hoher königlicher Berater und Vertrauter, sondern ebenfalls pädophil (Abb. 343). Ich habe Mountbatten schon in früheren Büchern erwähnt. Im Jahr 2015 wurde sein Name auch von einem Zeugen genannt, dem zufolge er an der Vertuschung eines Kindesmissbrauchsskandals im Kincora-Jungenheim im nordirischen Belfast beteiligt war. Das hatte einen

Grund – Mountbatten hatte sich nämlich an Kindern des Heims vergangen. Zwei andere Namen, die in diesem Zusammenhang fielen, waren Sir Maurice Oldfield, ehemaliger MI6-Chef, und Anthony Blunt, ein Angestellter der Queen. Blunt war der Sachverständige für die Gemälde der Queen und eng mit der Königinmutter befreundet, bevor er als russischer Spion enttarnt wurde (Abb. 344). Die pädophilen Neigungen von Oldfield und Blunt hatte ich schon Jahre zuvor aufgedeckt.

Wir haben also die Pädophilen Mountbatten und Blunt, die wichtige Beziehungen zur Königsfamilie unterhielten, und dazu den Kindervermittler und Pädophilen Savile, der sich jahrzehntelang frei durch die heiligen Hallen der Königsfamilie bewegte. Savile war bei der *BBC* als DJ und seichter Unterhaltungskünstler tätig – die letzten Jahre aber alterte er nur noch vor sich hin und war gar nicht mehr berufstätig. Was hatte er im innersten Kreis der Königsfamilie zu suchen? *Es sei denn* … Erzählen Sie mir bitte nicht, niemand hätte davon gewusst. Bevor Sie in der Nähe der Königsfamilie auch nur husten können, haben die Geheimdienste und Sicherheitsbehörden schon alles über Sie in Erfahrung gebracht (Abb. 345). Dennoch war Savile jahrzehntelang ein Insider der Königsfamilie. Heute wissen wir sogar, dass die Polizei von seinen pädophilen Aktivitäten wusste. Zudem war Savile, obwohl er über keine ersichtliche Einkommensquelle mehr verfügte, bis zu seinem Tod steinreich – weil er sein Geld damit verdiente, Kinder an Missbrauchstäter zu vermitteln.

Savile war auch Satanist, was durch Medienberichte bestätigt wird, laut denen er satanistische Rituale in Krankenhäusern durchgeführt hat. Er muss also innerhalb des Netzwerks eine weitaus höhere Stellung innegehabt haben und wurde daher auch stärker geschützt. Das Thema Satanismus führt uns in

**Abb. 343:** *Lord Mountbatten, Mentor von Prinz Charles und Prinz Philip, war ein Pädophiler, der den pädophilen Kindervermittler Jimmy Savile in die innersten Zirkel des Königshauses einführte.*

**Abb. 344:** *Anthony Blunt, Pädophiler, Kindermörder, aufgeflogener russischer Spion, Angestellter und Freund der Queen. Zudem stand er der Königinmutter besonders nahe.*

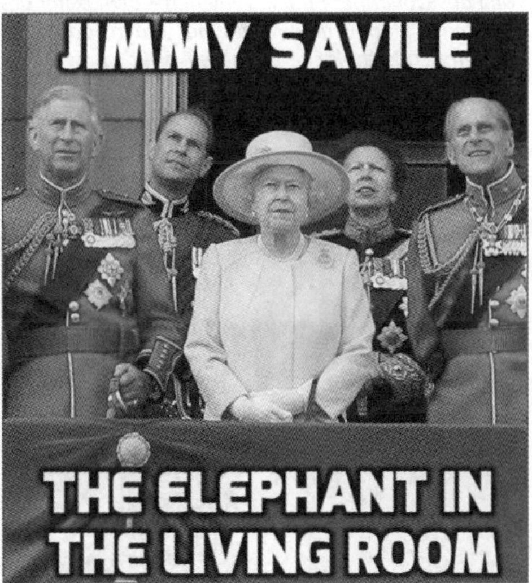


**Abb. 345:** „Jimmy Savile – der Elefant im Wohnzimmer" – *Die Medien weigern sich, Fragen zu Savile und der Addams Family zu stellen. Parallel dazu versuchen sie Ermittlungen zu diskreditieren, die mit einem Pädophilenring im Parlament zu tun haben.*

**Abb. 346:** *Jimmy Savile war auch eng mit Margaret Thatcher befreundet. Sie selbst unternahm nichts gegen die Pädophilen in ihrer Regierung und unter ihren engsten Beratern, obwohl sie von ihnen wusste.*

**Abb. 347:** *Der päpstliche Ritterorden wurde Savile von Papst Johannes Paul II. verliehen – dem Leiter des größ-ten Pädophilennetzwerks auf Erden, das auch als rö-misch-katholische Kirche bekannt ist.*

**Abb. 348:** *Der Parlamentsabgeordnete Peter Mor-rison, einer von Thatchers engsten und längsten Bera-tern, war in politischen und Medienkreisen weithin als Pädophiler bekannt – doch „Moralapostel Maggie" un-ternahm nichts dagegen.*

die höchsten Ebenen der archontischen Verschwörung, wo die Initiierten den bestmöglichen Schutz erhalten und ihre Schandtaten besonders gut vertuscht werden – mehr noch als bei Pädophilen, die keine Satanisten sind. Berühmt geworden ist ja Saviles Freiwilligendienst als Pförtner im Krankenhaus, mit dem er „sein Scherflein beitragen [wollte], um den Menschen zu helfen" – dabei gewährte ihm das nur Zutritt zur Leichenhalle, wo er seiner Nekrophilie (dem archontischen Todeskult) frönen konnte.

Margaret Thatcher gehörte während ihrer mehr als zehnjährigen Dienstzeit ebenfalls zum engeren Bekanntenkreis Saviles (Abb. 346). Noch einmal: Der britische Geheimdienst und die Polizei wussten alles über Savile, ließen es aber wie beim britischen Königshaus zu, dass er einer amtierenden Premierministerin derart nahe kommen konnte. Warum gehen die Mainstreammedien solchen Punkten nicht nach? Eine rein rhetorische Frage, versteht sich. Nachdem Thatcher sich jahrelang dafür stark gemacht hatte, schlug die Queen Savile zum Ritter. Ähnliches tat Papst Johannes Paul II., als er ihm den päpstlichen Ritterorden verlieh – im Namen der babylonischen Kirche, dem größten Kindesmissbrauchsnetzwerk des Planeten, das wohl unter dem Namen römisch-katholische Kirche geläufiger ist (Abb. 347). Alles hängt miteinander zusammen. Jüngste Enthüllungen haben bestätigt, dass Thatcher das Pädophilennest in ihrer Regierung vertuscht hat, zu dem neben Leon Brittan ihre engsten Berater zählten, die von 1975 bis 1990 für sie tätig waren: Lord Alastair McAlpine und der Parlamentsabgeordnete Peter Morrison (Abb. 348).

Schon in „Das größte Geheimnis" hatte ich McAlpine explizit erwähnt, und ich tat das auch noch im Jahr 2012, als er bereits Hinz und Kunz mit Verleumdungsklagen überzog, selbst wenn die Betreffenden seine Aktivitäten nur angedeutet hatten. Die *BBC* und *ITV* hatten *nicht* seinen Namen genannt, zahlten aber trotzdem Hunderttausende Pfund Schadenersatz (ziemlich ungewöhnlich, ich weiß) – mich aber ließ er in Ruhe, obwohl ich mehr als 14 Jahre lang öffentlich Ross und Reiter genannt hatte. Ich konnte das tun, da ich über die Jahre – im Gegensatz zu Savile – mehrere unabhängige Zeugen gefunden hatte, die über ihn hätten aussagen können. Margaret Thatcher und viele seiner Kollegen wussten auch darüber Bescheid, dass Peter Morrison ein Kinderschänder war. Aber niemand unternahm etwas – wie üblich. Sein Name fiel übrigens auch in den Regierungsdokumenten, die nach Leon Brittans Tod an die Öffentlichkeit gelangten.

Wer als Politiker pädophil und/oder Satanist ist, kann jederzeit erpresst werden. Dadurch ist gewährleistet, dass stets Entscheidungen getroffen werden, die der Agenda der archontischen Hybriden zupass kommen – selbst wenn sich die Beteiligten eigentlich gegen diese Agenda wenden würden. Der australische Satanist, der kurz vor seinem Tod das Dokument verfasst hat, das ich in Gänze in „Der Löwe erwacht" zitiere, schrieb über Pädophile in der Politik:

> Politiker werden [in satanistische Kreise] eingeführt, indem man sie sorgsam nach bestimmten Kriterien einstuft und sie nach und nach bestimmte Situationen durchlaufen lässt, damit sie lernen zu akzeptieren, dass ihre Opfer „unser kleines Geheimnis" sind. Kleine Kinder, die weltweit von Politikern sexuell belästigt und körperlich missbraucht werden, werden bald danach geopfert. In Australien werden die Leichen kaum je gefunden, denn Australien ist noch immer eine Wildnis.

In Ländern, die dichter bevölkert und kleiner sind als Australien, werden dafür private Krematorien benutzt, die den Satanistenringen gehören. Über die Jahre habe ich immer wieder betont, dass Australien ein globales Zentrum des Satanismus und der Pädophilie ist, die beide eng miteinander verknüpft sind. Während der Fertigstellung dieses Buches wurde dort gerade ein Pädophilenskandal in den höchsten Kreisen aufgedeckt, bei dem es um drei ehemalige Premierminister und andere Personen des Establishments geht, denen Kindesmissbrauch vorgeworfen wird. Die Geschichte ist ein Spiegelbild dessen, was in Großbritannien herausgekommen ist. Kein Wunder – denn wir haben es hier mit einem globalen Netz zu tun, in dem jeder Teil das Ganze widerspiegelt und nach demselben Muster verfährt.

Ein weiterer bekannter Politiker, über den ich bereits in „Das größte Geheimnis" geschrieben habe, ist Edward Heath, der zwischen 1970 und 1974 britischer Premierminister war. Heath unterzeichnete die Verträge, durch die Großbritannien der späteren, durch und durch archontischen EU beitrat. Er war Thatchers Vorgänger im Amt des Vorsitzenden der britischen Konservativen. Auch bei ihm hatte ich mehrere Zeugen, sodass ich ihn nicht nur als Pädophilen, sondern zudem als Serienkindermörder und Satanisten bezeichnen konnte. Wann immer ich in den letzten Jahren Gelegenheit dazu bekam, nannte ich ihn beim Namen. Ein Journalist – oder zumindest einer, der als solcher durchgeht – hat Heath die Passage aus dem „Größten Geheimnis" vorgelesen, kurz nachdem das Buch erschienen war. Doch in den sieben Jahren vor Heaths Tod, in denen er noch als Parlamentsabgeordneter tätig war, unternahm Heath nichts gegen mich. Weitere 17 Jahre sollten vergehen, bis eine Reihe von Polizeiermittlungen, in denen entsprechenden Behauptungen nachgegangen worden war, dazu führte, dass Heaths Pädophilie in den Massenmedien beleuchtet wurde. Die Medien weigerten sich zuzugeben, dass ich ihn schon seit fast 20 Jahren als Pädophilen geoutet hatte. Es wäre für sie wohl viel zu peinlich gewesen einzugestehen, dass ein Mann, den sie für verrückt erklärt und lächerlich gemacht hatten, bei so ungewöhnlichen Geschehnissen richtig gelegen hatte. Als die ganze Geschichte um Heath aufflog, schrieb die britische *Daily Mail* sogar in einer Schlagzeile, dass „niemand Heath je als Pädophilen bezeichnet hatte". Was für ein Witz. Diejenigen, die als „Verschwörungstheoretiker" gebrandmarkt werden, dürfen anscheinend nie öffentlich Recht bekommen – nicht, dass sich noch einer dafür zu interessieren beginnt, was diese Leute sonst noch zu sagen haben. Edward Heath ist ein Paradebeispiel dafür, wie eng Pädophilie und Satanismus miteinander verwoben sind; zudem wird an seinem Beispiel deutlich, dass hinter beiden der Demiurg/Archonten-Virus steht. Ich denke, man wird noch einige Anstrengungen unternehmen, um Behauptungen über Heath zu diskreditieren, denn er war ein hochrangiger Satanist und könnte damit ein Schlüssel zu den dunkelsten Geheimnissen hinter der menschlichen Machtebene sein. Wie an den aufgeführten Beispielen zu sehen war, wird die Pädophilie vertuscht – für Satanismus und satanistischen Missbrauch gilt das umso mehr.

## Schwarzäugige Archonten

Als mir in den 1990ern das erste Mal von Heath erzählt wurde, fiel mir eine wirklich seltsame Begebenheit ein, die sich zugetragen hatte, als ich ihm vor einem Fernsehauftritt in der Maske begegnet war. Ich sollte in einer Politsendung interviewt werden, und er wartete nach seinem eigenen Auftritt darauf, abgeschminkt zu werden. Als ich den Raum betrat, sah ich ihn zuerst nicht, weil er hinter der geöffneten Tür saß. Ich dachte erst, ich sei allein, doch als ich mich hingesetzt hatte und mich umdrehte, bemerkte ich ihn. Vielleicht sollte ich an dieser Stelle hinzufügen, dass ich zu dem Zeitpunkt noch nichts von den Themen wusste, die ich in diesem Buch darstelle – all das geschah Jahre vorher. Damals war ich TV-Moderator und Politiker bei den Grünen.

Ich nickte Heath ein „Hallo" zu, aber er reagierte überhaupt nicht. Er sah mich nur verdutzt und neugierig an, als würde er eine interessante Beobachtung machen. Dann richtete er die Augen auf meine Stirn und scannte mich von Kopf bis Fuß und wieder zurück. Dabei bewegten sich nur seine Augen. Schließlich drehte er sich wieder um, ohne ein Wort zu sagen, und blickte wieder in den Schminkspiegel vor sich. Das Schockierendste an der ganzen Situation war, dass sich seine Augen während des „Scannens" pechschwarz gefärbt hatten – und ich rede hier vom gesamten Auge, inklusive der weißen Lederhaut (Abb. 349). Später schrieb ich, dass es sich angefühlt habe, als blicke man in zwei schwarze Löcher. Es gab keinen direkten Augenkontakt (was ohne Pupille und Iris unmöglich ist), und ich sah durch ihn hindurch mitten in die Finsternis. Ich hatte keine Ahnung, was da geschehen war, bis mir Jahre später alles aufging. Durch „ihn" hatte ich in das Reich der Archonten geblickt, für die sein Körper nur ein Vehikel war, um unsere Welt zu manipulieren. Weil das Erlebnis so ungewöhnlich war, hatte ich mich schon gefragt, ob das alles wirklich passiert war. Später allerdings stieß ich bei meinen Reisen um die Welt immer wieder auf die Legenden und Berichte über „Menschen mit schwarzen Augen" – und dadurch konnte ich mir schließlich erklären, was ich mit Heath erlebt hatte. Geben Sie die Begriffe „black-eyed people" bzw. „Menschen mit schwarzen Augen" in eine Suchmaschine ein, und Sie werden sehen, was ich meine. Auch in einigen Kinofilmen, in denen gezeigt wird, wie das „Black Goo" (der Virus) Menschen übernimmt, sieht man, wie deren Augen schwarz werden – genau wie die von Ted Heath.

**Abb. 349:** *So sahen Heaths Augen während meiner ungewöhnlichen Begegnung mit ihm aus.*

Eine andere Geschichte, in der es um Heath geht, ereignete sich in den 1990ern, als ich gerade von einer langen Reise in die Vereinigten Staaten nach Großbritannien zurückgekehrt war. Auf der Reise hatte ich mich mit einer Menge Menschen getroffen – in einer Phase waren es 12 Treffen in 15 Tagen –, die mir von ihren persönlichen Erfahrungen mit reptiloiden „Außerirdischen" und Hybriden berichtet hatten, die zwischen menschlicher und reptiloider Gestalt hin- und herwechseln konnten. Damals trug ich die Informationen noch zusammen und hatte mich noch nicht öffentlich darüber geäußert. Als ich wieder in Großbritannien war, traf ich mich mit einer Frau, die gesagt hatte, sie könne mir Informationen dazu liefern, dass Edward Heath ein Satanist sei. Ich besuchte sie also, erwähnte aber nichts von dem, was ich zuvor über die reptiloiden Gestaltwandler erfahren hatte. Die Frau erzählte mir, sie sei mit einem Satanisten verheiratet gewesen, der ihren Aussagen zufolge Aufseher in Burnham Beeches gewesen war. Burnham Beeches ist ein Naturschutzgebiet im Westen Londons in der Nähe von Slough, das durch Wälder, Gehölze und Lichtungen gekennzeichnet ist. Es ist im Besitz der City of London, dem weltweit bedeutenden Finanzzentrum, das auch als „The City" bzw. „Square Mile" bezeichnet wird.

In der „City" wimmelt es nur so von Geheimgesellschaften – allen voran der Templerorden – sowie von Satanisten. Sie liegt an der Stelle, wo sich das ursprüngliche, von den Römern gegründete London befand. Das Stadtwappen der „City" besteht aus zwei geflügelten Reptilien, die das Symbol der Tempelritter (das auch auf der englischen Flagge zu sehen ist) in ihren Klauen halten, und an der Stelle, wo die „City" ins – einst den Templern gehörende – Temple-Areal übergeht, befindet sich mitten auf der Straße eine Säule, auf der ebenfalls ein geflügeltes Reptil thront (Abb. 350 und 351). In der „City" geben sich das Zentrum des britischen – und zum Großteil auch des globalen – Finanzwesens und das Zentrum des britischen (und auch hier wieder in vielerlei Hinsicht globalen) Rechtswe-

**Abb. 350:** *Das Wappen der „City" mit den geflügelten Reptilien, die den Schild der Tempelritter halten.*

**Abb. 351:** *Die Statue eines geflügelten Reptils zwischen City und Temple-Areal – an dem Punkt, wo sich die Wege von Geld und Recht kreuzen.*

sens die Klinke in die Hand. Kontrolliere das Bankwesen, das Geld und die Gesetze, und du kontrollierst die Gesellschaft. Das Temple-Areal in London verdankt seinen Namen der Kirche der Tempelritter, die auch im Film „Sakrileg" auftaucht. Heute sitzen dort die britischen Anwaltskammern; zudem befinden sich die *königlichen* Gerichtshöfe – die *Royal* Courts of Justice – in diesem Bezirk.

Die Dame jedenfalls erzählte mir, sie sei eines Nachts durch Burnham Beeches spaziert, als sie ein Licht zwischen den Bäumen gesehen und sich diesem genähert habe, um zu beobachten, was dort vor sich gehe. Zu ihrer Bestürzung habe sie dort einen satanistischen Zirkel bei einem Ritual beobachtet, das vom damaligen Premierminister Edward Heath angeleitet worden sei. Neben ihm soll der britische Finanzminister Anthony Barber gestanden haben. Ganz in der Nähe von Burnham Beeches befindet sich übrigens Chequers, der offizielle Landsitz des britischen Premierministers.

Was mir die Dame erzählte, bestätigte das, was mir andere Zeugen über Heaths Satanismus berichtet hatten – doch das war noch nicht alles. Am Ende des Gesprächs, als ich mich gerade zum Gehen wendete, erwähnte ich beiläufig, dass ich gerade ein paar seltsame Begegnungen in Amerika hinter mir hätte, bei denen mir von menschlich-reptiloiden Gestaltwandlern erzählt worden sei. Ich hörte nur, wie jemand hinter mir nach Luft schnappte, und als ich mich wieder umdrehte, hielt sie sich bestürzt die Brust. Sie habe dieses Thema nicht angesprochen, sagte sie, weil sie gedacht habe, es würde selbst für mich zu verrückt klingen. Dann fuhr sie mit ihrer Erzählung fort: In der Abenddämmerung seien ihr in Burnham Beeches häufiger vermummte Gestalten begegnet, die sich nach ihr umgedreht und ihr Reptiliengesicht gezeigt hätten. Auch zu Heath hatte sie mehr zu sagen: An einem Punkt während des Rituals soll er sich in ein Reptil zu verwandeln begonnen haben und gut einen halben Meter gewachsen sein (ein

Punkt, der in derartigen Berichten auf der ganzen Welt immer wiederkehrt). „Schließlich wurde er vollständig zum Reptiloiden“, sagte sie. Er habe dann relativ normal weitergesprochen, auch wenn seine Stimme wie bei den alten Ferngesprächen geklungen habe, bei denen es oft zu kurzen Unterbrechungen kam. Überrascht hätte sie auch, wie die anderen Beteiligten im Zirkel auf das Geschehen reagiert hätten. Deren Reaktion nämlich – oder besser das Fehlen dieser Reaktion – habe deutlich gemacht, dass das für sie alles völlig normal gewesen sei – und für Satanisten in den höheren Ebenen des Netzwerks ist es das auch.

Edward Heath hat nicht nur Kinder sexuell missbraucht, sondern war in seiner Doppelrolle als Pädophiler und Satanist auch ein Massenmörder. Wie viele Menschen sich auch öffentlich dazu äußern werden, dass sie von Heath missbraucht wurden – es wird sich dabei nur um einen verschwindend geringen Teil der Opfer handeln. Die meisten von ihnen brachte er gleich nach dem Missbrauch um (oder ließ es andere für sich machen). Viele wurden einfach von einer seiner Yachten, deren Flotte er „Morning Cloud“ getauft hatte, über Bord geworfen, meist auf Abstechern zu den Kanalinseln. Einer von denen, die ihn regelmaßig mit Kindern versorgten, war Jimmy Savile (Abb. 352).

**Abb. 352:** *Savile beschaffte für Heath und viele andere Mitglieder des Establishments die Kinder, was ihn – um es mit seinen eigenen Worten zu sagen – „unantastbar“ machte.*

Ich weiß, wie schwer Leser, die zum ersten Mal mit diesen Informationen konfrontiert werden, nachvollziehen können, welche Tragweite das alles hat. Doch der Satanismus, der Kindesmissbrauch, die Blutlinien und die Archonten/Reptiloiden sind allesamt über ein globales Netzwerk miteinander verbunden. Besonders gut aufgestellt ist dieses Netzwerk in Nordamerika, wo ihm auch einer der aktivsten und brutalsten Pädophilen angehört, den ich in meinen Büchern immer wieder beim Namen nenne: George Bush senior. Schon vor 20 Jahren habe ich die Aktivitäten in Bohemian Grove beleuchtet, einem gut eintausend Hektar großen, mit Mammutbäumen bewachsenen Gelände, das etwa 120 Kilometer nördlich von San Francisco in Sonoma County liegt. In Bohemian Grove treffen sich alljährlich die *El*-ite und ihre Gefolgschaft zu einem „Sommerlager“ – darunter die Rockefellers, die Rothschilds, die Bush-Familie sowie andere reiche und berühmte Polit-, Bank- und Wirtschaftsinsider aus Amerika und der restlichen Welt. Für den innersten Zirkel

**Abb. 353:** *Die zwölf Meter hohe Steineule in Bohemian Grove, wo die Schickeria ihre Rituale durchführt. Die Eule steht für Moloch/Molech.*

**Abb. 354:** *Die Moloch-Eule ist ein Symbol für den Saturn.*

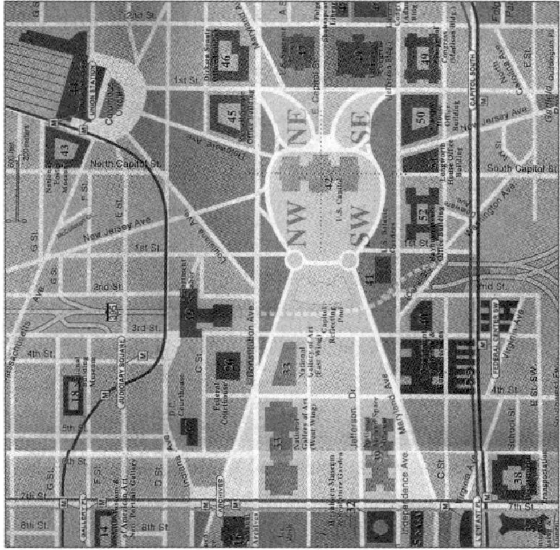


**Abb. 355:** *Eine Eule, die auf einer Pyramide sitzt – mitten im Stadtplan von Washington, D. C. Im Bauch der Eule befindet sich das Kapitol.*

stehen satanistische Rituale auf dem Programm; alle Anwesenden aber nehmen an einem Ritual namens „Cremation of Care" – „Einäscherung der Fürsorge" – teil, bei dem ein großes Feuer unter einer zwölf Meter hohen Steineule entzündet wird. Die Eule steht für den Gott Moloch bzw. Molech, dem im Altertum Kinder als Feueropfer dargebracht wurden (Abb. 353). In der Bibel heißt es im 3. Buch Mose, Levitikus 18,21: „Und von deinen Nachkommen sollst du nicht einen hingeben, um sie dem Moloch durch das Feuer gehen zu lassen. Und du sollst den Namen des Herrn, deines Gottes, nicht entweihen." Eine Variante solcher Feueropfer war der keltische „Wicker Man" – eine aus Weiden geflochtene Figur, in der Kinder in Brand gesetzt wurden. In der Dämonologie ist Moloch ein Höllenprinz, dem es besonderen Spaß bereitet, Mütter zum Weinen zu bringen, indem er ihre Kinder stiehlt.

Die Punkt hier ist: Moloch ist ein Gott, der den *Saturn* repräsentiert (Abb. 354). Er war der Saturngott der Kanaaniter/Ammoniter und ebenfalls unter den Namen Baal (Saturn) bekannt. Der Davidstern bzw. der sechszackige Stern/das Hexagramm – das Symbol für den Saturn – wurde auch „Stern des Moloch" und „Stern des Remphan" bzw. Räfan (der altägyptische Saturngott) genannt. Das Motiv sollte inzwischen bekannt sein. Molech taucht darüber hinaus im Straßenplan von Washington, D.C., auf: Dort sitzt er in Gestalt einer Eule auf der Spitze einer Pyramide (ein bedeutendes Symbol der archontischen Geheimgesellschaften), und im Bauch der Eule befindet sich das Kongressgebäude (Abb. 355). Das Bild könnte zutreffender nicht sein.

## Die Geschichte einer Therapeutin

Im Jahr 2015 wurde in der Richie-Allen-Radioshow, die auch über DavidIcke.com und andere Kanäle ausgestrahlt wird, die etablierte kanadische Psychotherapeutin Sandra Fecht interviewt. Im Interview berichtete sie über ihre Erfahrungen mit Patienten, die von Satanisten missbraucht wurden bzw. eigenen Angaben zufolge reptiloide Wesen gesehen haben. In diesem Zusammenhang wies sie auf eine der gängigsten Methoden hin, die Wahrheit zu unterdrücken: In ihrer regulären Ausbildung wurde ihr nämlich nicht beigebracht, wie man mit sexuellem – geschweige denn mit satanistischem – Missbrauch umzugehen hat. Das hat zur Folge, dass viele Menschen, die unter den mentalen und emotionalen Folgen eines Missbrauchs leiden, bei Therapeuten um Hilfe suchen, dort aber für verrückt erklärt werden oder damit klarkommen müssen, dass ihre Schilderungen als psychisches Problem wegerklärt werden.

Sandra Fecht sagte auch, dass ihr Ureinwohner aus den Nordwest-Territorien schon in den 1970ern von den „Dingen" erzählt hätten, die „nachts vor sich gingen". Was damit gemeint sei, habe sie erst später gemerkt – als sie „zufällig auf die satanistischen Zusammenhänge gestoßen" sei. Erst habe sie gedacht, dass diejenigen, die ihr davon erzählten, „entweder verrückt [sind], mit Antipsychotika behandelt werden müssten, ins Krankenhaus gehörten oder etwas in der Art". Sie hatte ihnen nicht geglaubt. Dann aber machte sie eine aufschlussreiche Beobachtung: „Ich denke, viele von uns Therapeuten schenken nur einander Gehör, und wir schauen auf die Gelehrten, die uns ausgebildet haben – wir hören aber nicht immer unseren Klienten zu." Genau das ist das Problem. Daher war es für mich auch wenig überraschend, dass Christopher „Mainstream-Einheitsbrei" French, Psychologie-Professor am Goldsmiths College der University of London, gegenüber den Medien erklärte, ritueller Missbrauch durch Satanisten sei mit ziemlicher Sicherheit auf falsche Erinnerungen zurückzuführen. Der Mann scheint im Tal der Ahnungslosen zu wohnen (Abb. 356).

**Abb. 356:** „Satanistischer Missbrauch von Kindern: ‚Die' würden das nicht tun? Unsere Gesellschaft ist davon durchseucht – und zwar weltweit." – *Der Satanismus gewinnt auf der ganzen Welt immer mehr Anhänger – besonders innerhalb der El-ite.*

Ihren Aussagen nach hatte Sandra Fecht mit Klienten zu tun, die sich daran erinnerten, in ihrer Kindheit an „Zeremonien [teilgenommen zu haben], mit Umhängen, Gesängen, allen möglichen Foltermethoden, Kinderopfern, einfach ziemlich seltsamen Dingen … dem Trinken von Blut, dem Essen von Tierteilen, einfach sehr merkwürdigen, seltsamen Dingen". Nichts im etablierten System hatte sie auf so etwas vorbereitet – genauso wenig wie auf die Klienten, die von „lebenden reptiloiden Wesen" sprachen. Sandra erläuterte:

> Um ehrlich zu sein, war mir, als hätte mir jemand den Boden unter den Füßen weggezogen, als mir klar wurde, wie viele Leute das tun oder mir davon erzählten. Letztlich gab es da zwei Punkte, die mich erkennen ließen, dass das wahr ist. Oder sagen wir besser drei. Ein Punkt war, dass ich diese Geschichten von viel zu vielen Menschen hörte – und die konnten nicht alle draußen vor meiner Praxis stehen und sich absprechen, um mir dieselbe Geschichte aufzutischen.
>
> Der zweite Punkt war, dass mein Friseur … mir von David Icke erzählte, und so las ich das Buch „Das größte Geheimnis". Es bestätigte alles, was ich gerade selbst herausfand. Und der dritte Punkt war, dass ich … wegen dem, was ich tat, einen Drohanruf erhielt. Sie sagten, ich soll damit aufhören – sonst passiert was. Ich weiß nicht, wer das war. Ich gab zurück, dass ich nicht klein beigeben werde, daher nehme ich an, nun ist Plan B an der Reihe. Ich brachte das zur Anzeige und meldete auch, dass mein Haus mit Symbolen besprüht worden war. Später fand ich heraus, dass es sich um satanistische Symbole gehandelt hatte. Damals hatte ich noch keine Ahnung von all diesen Dingen.

Sandra fügte hinzu, ihr sei von einem Polizeibeamten gesagt worden, dass man ihre Strafanzeigen bei der Polizei vorzeitig gelöscht habe, und so sei ihr klar geworden, dass das, was man ihr erzählt hatte, tatsächlich stimmte. All die Dinge, die sie in dem Interview ansprach, hatte ich bereits von Zeugen auf der ganzen Welt gehört. Der Grund, warum Satanisten und Pädophile so auf Kinder versessen sind, liegt darin, dass sie deren Energie aussaugen – auch wenn das den meisten Pädophilen, die nichts mit Satanismus am Hut haben, nicht bewusst ist. Zudem tragen die Kinder geistige und emotionale Störungen davon, über die sie später kontrolliert werden können. Satanisten und Pädophile sind hochgradig vom archontischen Virus besessen – und das macht sie zu Psychopathen, selbst wenn sie nicht als solche zur Welt gekommen sein mögen. Niemand, der nicht ernstzunehmende psychopathische Neigungen hat, kann ein Kind missbrauchen.

Der Rechtsanwalt und Aktivist Wilfred Wong, der seit 22 Jahren gegen satanistischen rituellen Missbrauch kämpft, war 2015 in der Internet-Fernsehshow „UKColumn" zu sehen, wo er von seinen Erfahrungen mit diesem Thema berichtete. Dabei zählte er verschiedene Punkte auf, die in den Berichten von Menschen, die als Kinder satanistisch missbraucht wurden, immer wieder auftauchen. All das, was hier aufgezählt wird, wurde mir selbst von Menschen auf der ganzen Welt geschildert:

- Menschen in dunklen Roben und Kapuzen, die Gesänge anstimmen, deren Sprache das Opfer für gewöhnlich nicht versteht.
- Vor dem Missbrauch werden die Opfer von denen, die die Roben und Kapuzen tragen, unter Drogen gesetzt.
- Sie werden dazu gezwungen, menschliche oder tierische Fäkalien und Urin zu schlucken.
- Sie werden dazu gezwungen, Menschen- oder Tierblut zu trinken.
- Sie werden in Käfigen gehalten oder an Haken aufgehängt.

- Sie werden in Särge gesteckt oder vergraben – nach dem Schock, bei lebendigem Leibe begraben worden zu sein, werden sie wieder herausgeholt.
- Sie werden dazu gezwungen, andere Kinder sexuell zu missbrauchen.
- Es kommt zu rituellen Menschen- oder Tieropfern.
- Sie werden dazu gezwungen, bei einem Menschen- oder Tieropfer zuzusehen und das Opfer zu verspeisen.
- Sie werden dazu gezwungen, bei der Opferung selbst Hand anzulegen.
- Frauen oder Mädchen werden vergewaltigt und geschwängert. Später wird das Kind abgetrieben oder aber ausgetragen und anschließend rituell geopfert [das geschieht auch mit den meisten Embryonen, die in Krankenhäusern und Kliniken abgetrieben werden].
- Dem Kind wird damit gedroht, dass es selbst, seine Angehörigen oder seine Haustiere umgebracht werden, falls es davon erzählen sollte, was mit ihm passiert ist.

## Satanisten kommunizieren über Symbole

Ich habe schon mehrfach erwähnt, dass die Archonten die menschliche Energie absaugen. Das können sie sowohl bei einzelnen Personen tun, aber auch bei einer ganzen Gruppe von Menschen. Um zu verstehen, wie das möglich ist, müssen wir auf das Thema Schwingung zurückkommen. Sobald Menschen an das archontische Frequenzband angeschlossen sind, kann ihre Energie kollektiv abgeschöpft werden – und zwar auf eine Weise, die sich die meisten von uns nicht vorstellen können. Der Trick besteht darin, die Aufmerksamkeit auf eine Person oder ein Symbol zu fokussieren, die bzw. das die archontische Schwingung repräsentiert. Damit wird eine energetische Verbindung hergestellt … die Energie folgt der Absicht. Man denke nur an die Tausenden von Menschen vor dem Buckingham-Palast, die ihre Aufmerksamkeit auf die Queen richten, oder an die Gläubigen im Vatikan: In beiden Fällen kommt eine solche Verbindung zustande, und die elektromagnetische Energie, die von der Menge erzeugt wird, kann abgesaugt werden (Abb. 357). Die Auswirkungen solcher kollektiv erzeugter Energie kann man beispielsweise spüren, wenn man sich bei einem Sportereignis in der jubelnden Menge

**Abb. 357:** *Wenn man seine Aufmerksamkeit auf etwas richtet, entsteht eine energetische Verbindung zum fokussierten Objekt. Sobald die Verbindung hergestellt ist, kann über diesen Frequenzkanal Energie abgeschöpft werden.*

befindet und einem „die Haare zu Berge stehen". Das, was wir bei solchen Großereignissen „Atmosphäre" nennen, ist schlicht die Energie der anwesenden Menschen und ihrer Emotionen.

Ich möchte hier das Augenmerk jedoch auf ein weiteres wichtiges Mittel legen, mit dem unsere Aufmerksamkeit gefangen genommen wird: Symbole (Abb. 358). In unserer Welt wimmelt es von Symbolen, denn Religionen, Satanisten, Geheimgesellschaften sowie sämtliche Zweige des Establishments machen überreichlich Gebrauch davon. Sie alle verwenden zum Großteil dieselben Symbole, die darüber hinaus schon im Altertum bekannt waren. Die Freiheitsstatue (Umkehrung) etwa, die von Pariser Freimaurern erdacht und gebaut wurde, hält ein klassisches Symbol des archontischen Netzwerks in den Händen – eine brennende Fackel –, während die „Freiheitsgöttin" selbst in Wirklichkeit die babylonische Göttin Semiramis bzw. Ishtar darstellt (Abb. 359). Semiramis war in Babylonien als „Great Queen" – „Große Königin" – bekannt, was auch der Grund dafür ist, dass sich die 1717 in London gegründete Mutterloge der Freimaurer in der Great Queen Street befindet. Von dort aus wurde die Freimaurerei in die USA exportiert. Die Fackel bzw. Flamme steht symbolisch sowohl für Erleuchtung (Geheimwissen) als auch für die Archonten, die unter anderem als Feuerdämonen bekannt waren (Abb. 360). Rufen Sie sich ins Gedächtnis, dass die Gnostiker von den Archonten sagten, diese seien aus „leuchtendem Feuer" gemacht, und dass im Koran über die Dschinn geschrieben steht, sie wären aus „rauchlosem Feuer" geschaffen. Diese Wesen können über die Frequenz des Feuers in unsere Wirklichkeit eintreten; daher wird bei satanistischen Ritualen häufig ein Feuer entzündet. Weitere maßgebliche Symbole sind – neben einigen anderen – das Auge, die Pyramide und das Allsehende Auge, das Hexagon, das Hexa- und Pentagramm sowie der Würfel (Abb. 361).

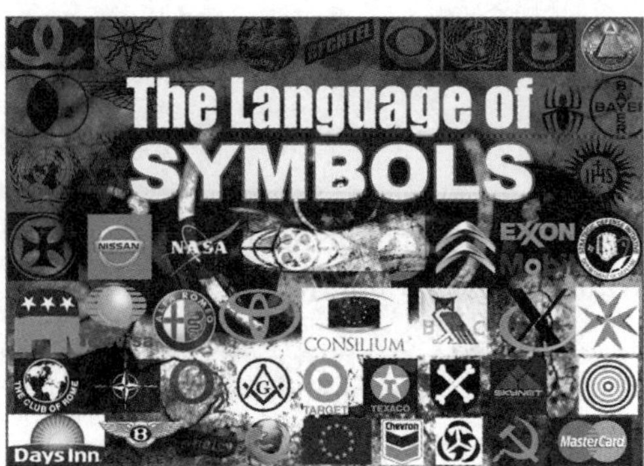


**Abb. 358:** „Die Sprache der Symbole" – *Symbole sind energetische Informationsfelder, die über das Unterbewusstsein kommunizieren.*

**Abb. 359:** *Die Freiheitsstatue (Umkehrung) stellt eigentlich Semiramis dar, die babylonische Göttin und Königin, die im rechten Bild auf einer Münze zu sehen ist.*

**Abb. 360:** „Archonten – Feuerdämonen" – *Archonten und Dschinn sind „aus Feuer geschaffen".*

Dass das Auge als Symbol verwendet wird, hat zum Teil damit zu tun, dass auch der Saturn als Auge dargestellt wurde. Dieses „Allsehende Auge“ des Saturn ist besonders häufig bei den Freimaurern anzutreffen (Abb. 362 bis 364). Für den Saturn stehen außerdem Schädel und Knochen, was mit der astrologischen Bedeutung des Saturn als Herrscher über das Knochengerüst sowie seiner Verknüpfung mit dem Tod zu tun hat (Abb. 365). Der Kapitolinische Hügel, einer der berühmten sieben Hügel Roms, verdankt seinen Namen dem lateinischen Wort „caput“, was so viel wie „Haupt“ bzw. „Schädel“ bedeutet – und noch heute wird in der englischen Umgangssprache mit „caput“ etwas bezeichnet, das „kaputt“, also hinüber bzw. tot ist (Saturn). Die frühere Bezeichnung des römischen Kapitolshügels lautete Mons Saturnius – *Saturn*hügel –, und die Ruinen des Saturntempels sind noch immer an dessen Fuß zu finden (Abb. 366 und 367). Auf denselben Wortstamm gehen auch der Kapitolshügel in den USA (die vom Demiurgen/dem Todeskult des Saturn kontrolliert werden) sowie die Bezeichnung „capital“ – „Hauptstadt“ – als Regierungssitz eines Landes zurück. Im Englischen gibt es darüber hinaus die Fügung „capital punishment“ – „Todesstrafe“ (Opfertod). Aber keine Angst, alles nur Zufall, nichts, weshalb man sich Sorgen machen müsste. „Jesus“ soll auf Golgatha gekreuzigt worden sein, woran noch

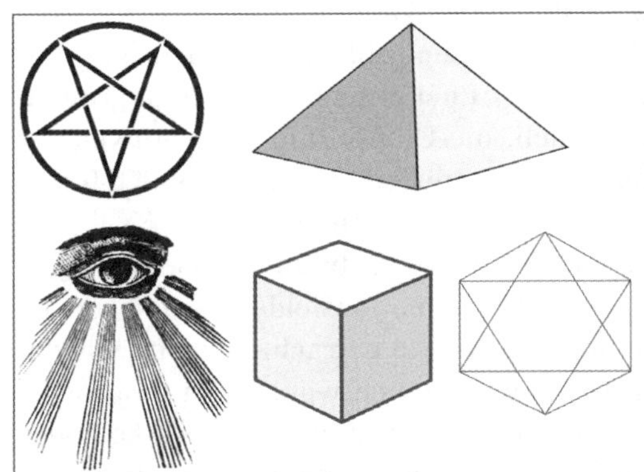

**Abb. 361:** *Einige der wichtigsten Symbole, die von den archontischen Netzwerken benutzt werden.*

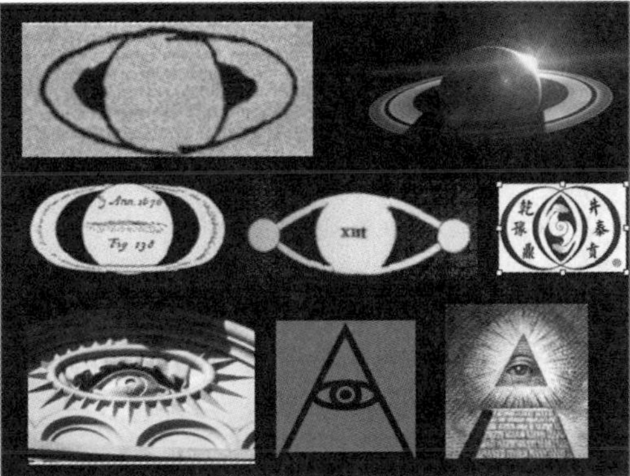

**Abb. 362:** *Der Saturn wurde als Auge dargestellt – ein Symbol, das im Satanismus, in Geheimgesellschaften und Religionen weitverbreitet ist.*

**Abb. 363:** *Das Allsehende Auge und die Pyramide auf dem Dollarschein.*

**Abb. 364:** *Das Allsehende Auge in der Mutterloge der Freimaurer in London.*

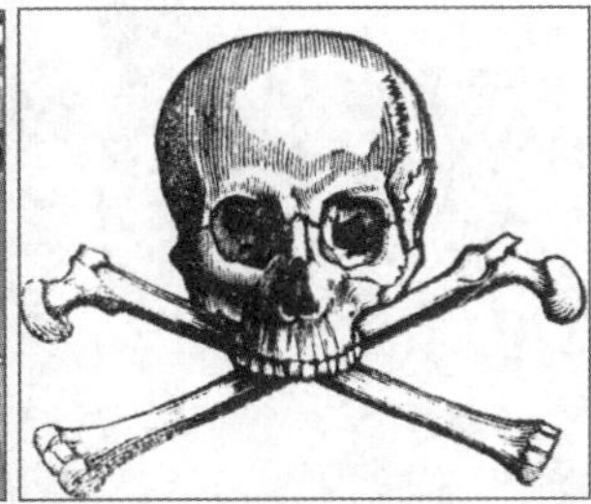

**Abb. 365:** *Schädel und Knochen stehen mit dem Saturn in Verbindung, weil sie den Tod symbolisieren.*

heute die Kalvarienberge gemahnen; beide Namen bedeuten „Ort des Schädels". All das ist esoterische Symbolik, und das allgegenwärtige Symbol des Christentums – nämlich Jesus, der am Kreuz leidet – ist nichts anderes als die Darstellung eines satanistischen Opfers (Abb. 368). Eine prima Sache, auf die man seine Aufmerksamkeit richten und zu der man eine energetische Verbindung herstellen sollte.

**Abb. 366:** *Der Kapitolshügel in Rom.*

**Abb. 367:** *Der antike Saturntempel am Fuß des Kapitolinischen Hügels – des ehemaligen „Mons Saturnius".*

**Abb. 368:** *„Jesus" am Kreuz – Symbol für ein Menschenopfer.*

Die Symbole, die von Unternehmen, Religionen, Geheimgesellschaften und im Satanismus verwendet werden – aber auch die der Vereinten Nationen und der Europäischen Union – sind keineswegs zufällig gewählt. Sie alle haben eine energetische bzw. okkulte Bedeutung, denn sie repräsentieren den Demiurgen, die Archonten, den Saturn, den Mond und die Matrix – und sie umgeben uns nicht ohne Grund. Von Satanisten habe ich erfahren, dass ein Pentagramm in einem Kreis auf energetischer Ebene mehrere Energiewände bildet, durch die Wesen in unsere Wirklichkeit schlüpfen können (Abb. 369). Gleichzeitig verhindere der „Energieschild" des Pentagramms aber auch, dass diese von dort entweichen können … Satanisten haben schließlich fürchterliche Angst vor ihren Meistern.

Symbole sind folglich holografische Projektionen von Informationsfeldern – und als solche müssen wir sie betrachten, wenn wir das ganze Spiel verstehen wollen. Bei gesprochenen Worten ist es nicht anders: Auch bei ihnen handelt es sich um energetische Informationsfelder, nur wurden diese von den Stimmbändern umgewandelt, sodass wir sie „hören", wenn sie vom Gehirn decodiert werden. Werden sie laut genug ausgesprochen, vernehmen wir sie klar und deutlich. Mit Symbolen verhält es sich ganz ähnlich – nur dass wir sie eben nicht hören können. Bei gesprochenen Worten haben wir zumindest die Chance zu entscheiden, wie wir sie verarbeiten oder wie wir auf sie reagieren wollen; bei Symbolen, deren Informationen visuell vermittelt werden, ist das nicht der Fall. Es sind zwar ebenfalls Energiefelder, doch gelangen sie über den Sehsinn unterschwellig ins Gehirn

– wir nehmen sie nicht bewusst wahr (Abb. 370). Das gilt im Übrigen für die meisten Informationen, wie schon gesagt: Pro Sekunde verarbeiten wir 11 Millionen „Empfindungen“ bzw. „Sinneseindrücke“, von denen aber nur *40* herausgefiltert werden, aus denen wir dann das zusammensetzen, was wir *bewusst* als Wirklichkeit wahrnehmen. Alles andere gelangt unterhalb der Bewusstseinsschwelle in unser Unterbewusstsein, wo auch das Ich-Phantom zu Hause ist (Abb. 371).

**Abb. 369:** *Symbole stehen für energetische Informationszustände und wirken sich auf die energetischen Ebenen der Wirklichkeit aus, die für uns Menschen unsichtbar sind.*

Das ist der Grund, warum Symbole eine so wichtige Rolle bei der Unterwanderung und Manipulation unserer Wirklichkeit spielen: Sie sind Tore zur Psyche. Der chinesische Philosoph Konfuzius (551–479 v.Chr.) sagte: „Zeichen und Symbole regieren die Welt, nicht Worte oder Gesetze.“ Wenn man Sie sogar noch dazu bringen kann, sich auf ein bestimmtes Symbol zu konzentrieren, umso besser – denn das Energiefeld des Symbols enthält die Schwingung dessen, was es darstellt. Richtet man nun seine Aufmerksamkeit auf ein Symbol, wird nicht nur zum Symbol, sondern auch zu dem, was es repräsentiert, eine energetische Verbindung hergestellt (Abb. 372). Wenn sich eine große muslimische Menschenmenge zum Haddsch in Mekka versammelt und sich auf den schwarzen Würfel der Kaaba konzentriert – das Symbol also, das den Saturn repräsentiert –, wird sie auf die Saturnfrequenz „eingestimmt“. Dasselbe gilt für alle anderen Muslime auf der ganzen Welt, wenn sie fünf Mal am Tag nie-

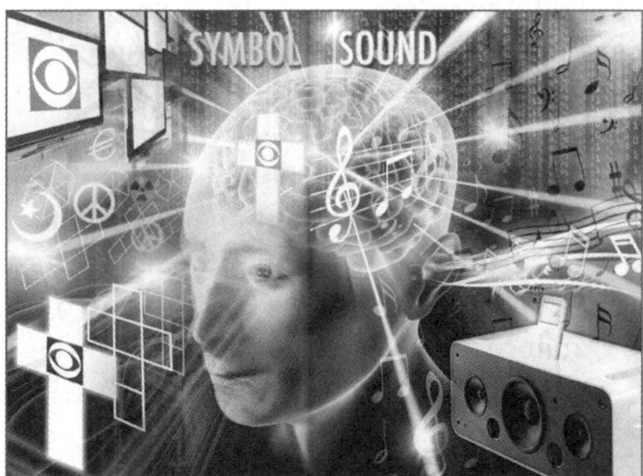


**Abb. 370:** *Informationen, die im menschlichen Frequenzbereich als Töne übertragen werden, können vom bewussten Geist wahrgenommen werden. Die in Symbolen verschlüsselten Informationen aber gelangen über den Sehsinn ins Gehirn und werden vom bewussten Geist zumeist nicht bemerkt. Sie versinken im Unterbewusstsein und beeinflussen von dort unsere Wahrnehmung.*

**Abb. 371:** „Unterbewusstes Tor zum bewussten Verstand“ – *Die menschliche Wahrnehmung entsteht zum Großteil im Unterbewusstsein – der Heimat des Ich-Phantoms –, und in dieses gelangt man am besten über Symbole und Bilder. Die unterbewussten Vorstellungen und Handlungsmuster kommen als bewusste Gedanken und emotionale Reaktionen zum Vorschein.*

**Abb. 372:** *Die Konzentration auf ein Symbol erzeugt Schwingungen, über die eine Verbindung zu dem hergestellt wird, was das Symbol repräsentiert. Über diese Verbindung können dann Energie abgesaugt oder bestimmte Vorstellungen eingepflanzt werden.*

**Abb. 373:** *Wenn die Menschenmenge den schwarzen Würfel in Mekka umkreist, konzentriert sie sich auf das Saturnsymbol und erzeugt damit ein gigantisches Feld aus elektromagnetischer menschlicher Energie, die von jedem abgegriffen werden kann, der innerhalb dieses Frequenzbereichs agiert.*

**Abb. 374:** *Alle fokussieren sich auf den schwarzen Würfel des Saturn – die Energie folgt der Aufmerksamkeit.*

derknien, sich Mekka zuwenden und ihre Aufmerksamkeit auf ... den Kaaba-Würfel richten (Abb. 373 und 374). Auf diese Weise kann ihnen ihre Energie abgesaugt und ihr Körper/Intellekt noch stärker vom Demiurg/Saturn-Virus verseucht werden. Tausende Muslime sind bereits im Gewühl und bei Massenpaniken während des Haddsch umgekommen, an dem jeder Muslim einmal im Leben teilnehmen soll; allein im Jahr 2015 starben Hunderte in der Nähe der Stelle, wo Muslime symbolisch den Teufel steinigen. Einmal tief durchatmen ... und weiter wie gehabt. Im Grunde ist es auch egal, ob Sie den Gott oder den Teufel der Religionen verehren (und damit Ihre Aufmerksamkeit auf eines dieser Wesen richten) – in beiden Fällen beten Sie denselben Demiurg-Virus an, und stets stellen Sie eine Verbindung zu ihm her, über die Ihnen Energie entzogen und Ihre Wahrnehmung infiltriert werden kann. Zu guter Letzt handelt es sich bei Symbolen zudem um Phänomene, die von der rechten Gehirnhälfte verarbeitet werden, was heißt, dass sie noch tiefer im Unterbewusstsein verankert werden können. Das lässt die Tatsache, dass das Establishment, vor allem aber die Religionen, der Satanismus und die Geheimgesellschaften so überreichlich von Symbolen Gebrauch machen, dass diese Symbole sich stark ähneln und zum Großteil mit dem Saturn in Verbindung stehen, in einem völlig neuen Licht erscheinen.

# Das Siegel des Saturn

Die vorherrschenden Symbole der Freimaurerei sind das Winkelmaß und der Zirkel, die beide auch mit dem Thema des Großen Architekten bzw. Allmächtigen Baumeisters aller Welten in Verbindung stehen. Die Kombination dieser Symbole geht auf ein altertümliches Symbol zurück, das als Saturn- bzw. Salomonssiegel bekannt ist (Abb. 375). Im Grunde sind alle Legenden, die mit Salomon und dem Salomontempel zu tun haben, nur ein Code für den Saturn, denn jede Silbe in Salomon (englisch „Sol-Om-On") bedeutet „Sonne" – die Saturnsonne nämlich.

Das Saturn- bzw. Salomonssiegel jedenfalls entstammt dem magischen Quadrat des Saturn, das zugleich das magische Quadrat der Freimaurer ist (Abb. 376). In diesem Quadrat sind die Ziffern von 1 bis 9 so angeordnet, dass sich horizontal, vertikal und diagonal die Summe 15 ergibt. Will man diese Zahl numerologisch betrachten, so muss man deren Quersumme berechnen. Diese erhält man, indem man alle Ziffern einer Zahl so lange addiert, bis sie einstellig ist – die Zahl 8.000 wäre also numerologisch eine 8, und die Zahl 896 ergäbe 5, da 8 + 9 + 6 = 23 und 2 + 3 = 5 ist. Wendet man dies nun auf das magische Quadrat des Saturn an, ergibt sich aus der wiederkehrenden 15 eine wiederkehrende 1 + 5 = 6 bzw. 666 – das „Zeichen des Tieres" aus der Johannes-Offenbarung: „Hier ist Weisheit! Wer Verstand hat, der überlege die Zahl des Tieres; denn es ist die Zahl eines Menschen, und seine Zahl ist sechshundertsechsundsechzig."

**Abb. 375:** *Das Siegel des Saturn oder auch Salomonssiegel, aus dem das wichtigste Symbol der Freimaurer hervorging.*

**Abb. 376:** *Das magische Quadrat des Saturn und der Freimaurerei.*

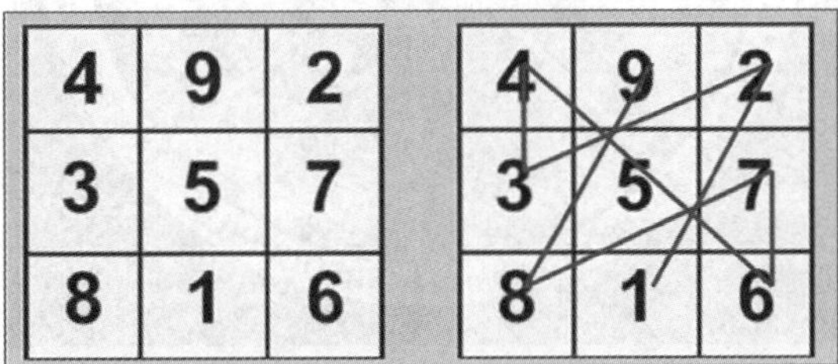


**Abb. 377:** *Wie sich aus dem magischen Quadrat das freimaurerische Symbol aus Winkelmaß und Zirkel ergibt.*

Zahlen sind digitale Ausdrucksformen energetischer Zustände, und natürlich wurde das magische 666-Quadrat nicht zufällig nach dem Saturn benannt. Addiert man alle Zahlen innerhalb des Saturnquadrats, erhält man 45, was numerologisch wiederum eine 9 ergibt. Wenn Sie nun die Zahlen im magischen Quadrat der Reihe nach verbinden,

**Abb. 378:** *Niederfrequente Musik und satanistische Symbolik können eine energetische Verbindung zwischen dem Publikum und dem Reich der Archonten herstellen.*

**Abb. 379:** *In den Tiefen des Kaninchenbaus führen alle Aspekte des Systems zum selben Herrn.*

ergibt die Linie das Saturnsiegel, das in der Freimaurerei als Winkelmaß und Zirkel dargestellt wird (Abb. 377). Demnach ist im wichtigsten Symbol der Freimaurer also die Schwingung des Saturn enthalten. Da alle Zahlen aus den Ziffern 1 bis 9 gebildet werden können, repräsentieren diese Ziffern sämtliche Zahlen, riesig große und winzig kleine. Die Null gilt energetisch als inaktiv, was sich beispielsweise auch darin widerspiegelt, dass die Null im Computer für einen elektrischen Zustand steht, in dem kein Strom fließt. Wer nun über die Zahlen 1 bis 9 herrscht, herrscht über sämtliche Zahlen, und da Zahlen energetische (Informations-)Zustände widerspiegeln, herrscht derjenige auch über das gesamte Spiel, weil er die Mathematik der Matrix beherrscht. Die „menschliche" Mathematik ist nicht unsere eigene – es ist die Mathematik der Archonten, die Mathematik der Matrix.

Da das Geheimwissen nur denjenigen weitergegeben wird, die bestimmte Einweihungsgrade erlangt haben, wissen in den Geheimgesellschaften für gewöhnlich nur die Eingeweihten der innersten Zirkel von diesen Dingen. Die meisten Logenbrüder werden selbst durch die Symbole und Rituale programmiert; sie führen die Rituale durch, wissen aber nicht, dass dadurch fremde Mächte von ihnen Besitz ergreifen. Die Rituale und Symbole der verschiedenen Einweihungsgrade sind darauf ausgelegt, dass der Archonten-Virus und dessen Handlanger den Eingeweihten mit jedem erlangten Grad mehr in ihre Gewalt bringen können. Ich habe mit Freunden und Familienmitgliedern von Freimaurern gesprochen, die mir geschildert haben, wie sehr sich deren

Persönlichkeit verändert hat, nachdem sie der „Zunft" beigetreten waren. Auch kenne ich allein auf der Isle of Wight zig Freimaurer, die ausgeprägte, virusverseuchte Psychopathen sind. Symbole und Rituale sind nur Mittel zum Zweck: Sie sollen Besessenheit hervorrufen, denn durch sie wird die *Aufmerksamkeit* einer Person auf das gerichtet, das von ihnen Besitz ergreifen will. Ich war bisher in drei Freimaurerlogen: in Boston, Massachusetts, wo ich einfach in die Loge hineinging und mich umsah, weil mir nirgendwo ein Mensch begegnete; in Birmingham, England, wo eine externe Veranstaltung stattfand; und in der Loge meiner Heimatstadt beim Tag der offenen Tür. In jeder davon spürte ich dieselbe Energie, die sich mit einem einzigen Wort beschreiben lässt: „saturnine", düster. In Kirchen, Königspalästen und bei der Königsfamilie als solche ist es nicht anders. Zufall? Aber sicher doch.

**Abb. 380:** *„Sie leben" – eine Welt voller unterschwelliger Botschaften.*

**Abb. 381:** *„Sie leben" – der Präsident ist kein Mensch.*

Es gibt noch andere Wege, über die die Menschen unbemerkt auf die archontische Saturnenergie eingestimmt werden. Einer davon sind Musikkonzerte und Musikvideos, die oft von satanistischen Symbolen geradezu überquellen – wobei freilich auch andere Methoden verwendet werden, um die Menschen in ihren Bann zu ziehen (Abb. 378). Madonnas Auftritt beim Superbowl 2012 war in dieser Hinsicht von der ersten bis zur letzten Minute ein einziges archontisches Saturnfestival. In Abbildung 379 ist die Gesamtsituation noch einmal dargestellt: Alle Wege führen zum Demiurgen/den Archonten. Sie sind die Verdeckte Hand, die die Welt lenkt und die Menschheit den Pfad des Todes, der Zerstörung und der Versklavung entlangführt.

Dass Glaubensvorstellungen eine so einflussreiche und bedeutende Rolle bei der Kontrolle des Menschen spielt, hängt damit zusammen, dass mit ihrer Hilfe unsere Aufmerksamkeit abgelenkt und auf bestimmte Dinge gerichtet wird. Das kostet uns unser peripheres Sehvermögen, das Panorama der erweiterten Wahrnehmung. Was die eben erwähnten Symbole angeht, so müssen Sie diese nicht einmal bewusst wahrnehmen: Die energetische Verbindung kommt allein dadurch zustande, dass Sie ihnen unterbewusst *Aufmerksamkeit* schenken. Ich habe bereits an früherer Stelle gesagt, dass „subliminal" so viel wie „unterschwellig" – also unterhalb der Bewusstseinsschwelle liegend – bedeutet, und auf dieser Ebene wirken Symbole besonders stark. Selbst Werbungen werden mit subliminalen Botschaften versehen, um Sie dahingehend zu beeinflussen, ein bestimmtes Produkt zu kaufen; solche Botschaften werden aber auch außerhalb der Werbung im Radio und

Fernsehen ausgestrahlt. Brillant dargestellt wird diese unterschwellige Beeinflussung in dem Film „Sie leben", der 1988 in die Kinos kam. In diesem Film können die Protagonisten durch spezielle Sonnenbrillen sehen, was andere nicht sehen. Dabei stellen sie fest, dass sie von subliminalen Botschaften umgeben sind, und dass eine nichtmenschliche Rasse, die sich in menschlichen Körpern versteckt, das Ruder an sich gerissen hat (Abb. 380 und 381). 2014 gab der Hauptdarsteller Roddy Piper ein Radiointerview, bei dem er auch auf den Inhalt meiner Bücher zu sprechen kam. Darin meinte er, „Sie leben" sei kein Film, sondern eine „Dokumentation". Sie können sich „Sie leben" auf Youtube anschauen, der Film ist absolut sehenswert. Nehmen Sie noch den Film „Matrix" hinzu, und Sie haben eine ungefähre Vorstellung davon, wie die Dinge laufen.

Sobald Sie beginnen, Symbole bewusst wahrzunehmen, und Ihnen klar wird, wie sie funktionieren, geht von diesen nicht mehr die gleiche Wirkung aus, weil Ihr bewusster Geist die Verbindung kappt. Gewahrsein ist alles. Dem System ist es relativ egal, woran Sie glauben, solange Sie nur fest genug daran glauben und alle anderen Möglichkeiten ausschließen. Jeder starre Glaube – sei es im Bereich Religion, Politik oder Mainstreamwissenschaft – wird Sie einengen. Dasselbe geschieht, wenn Sie sich nur mit Sport, Stars, Fernsehen, Smartphones und Ähnlichem beschäftigen. Natürlich können Sie sich Sport anschauen – wenn Sie ihn, wie es sich gehört, als reine Unterhaltung betrachten – und sich dennoch der größeren Wirklichkeit bewusst sein. Hey, aber stopp mal! An irgendetwas muss man doch glauben, oder? Nein, muss man nicht. Ich für meinen Teil glaube nichts, jedenfalls nicht im Sinne von „Soundso ist es, und damit basta". Ich habe zu einem bestimmten Zeitpunkt eine bestimmte Vorstellung von den Dingen, bin aber immer offen dafür, meine Vorstellungen anzupassen, wenn sich neue Fakten und Einsichten ergeben. Ein Glaube, der Sie davon ausgehen lässt, Sie wüssten alles, was man zum Verständnis der Welt wissen muss, der Sie aber gleichzeitig jegliche Alternativen reflexartig ablehnen lässt, ist der Gipfel der Arroganz und Dummheit – die Arroganz der Ignoranz (und Naivität). Die Dummen wissen immer alles besser. Wer so denkt, sollte sich am besten einen Zettel an die Wand hängen, der ihn daran erinnert, dass wir nur einen winzigen Teil dessen „sehen" (decodieren), was existiert; dass unser Gehirn die vermeintliche Realität aus 40 von 11 Millionen Sinneseindrücken pro Sekunde zusammensetzt. Wir sollten demütig genug sein uns einzugestehen, wie wenig wir wissen – aber auch daran denken, wie wenig dem Ich-Phantom von offizieller Seite zu wissen *gestattet* wird. Wir sollten alle starren, unhinterfragten Glaubensvorstellungen aufgeben. Wir sollten wieder lernen, peripher zu sehen, indem wir uns nicht mehr nur auf einzelne Punkte konzentrieren, sondern deren Verbindungen sehen, um so das Gesamtbild zu erkennen.

Sobald wir das tun, gelangt das Ich-Phantom ernstlich in die Bredouille, denn dadurch entziehen wir ihm seine Basis. Die Unwissenheit ist für die Kontrolle der Menschheit gar nicht so entscheidend – von weitaus größerer Bedeutung sind die Arroganz und die Naivität. Wenn die Menschen dieses Gauklerpärchen loswerden könnten, wären sie auch ihre Unwissenheit bald los. Doch bis dahin werden die Satanisten am Steuer bleiben. Gefängnis oder Paradies? Die Entscheidung liegt bei Ihnen.

KAPITEL 7

# Tropfen im Ozean

***Wenn du nicht zum Ozean wirst, bleibst du dein ganzes Leben lang seekrank.***
**Leonard Cohen**

Der Ozean ist eine hervorragende Metapher, um das Dilemma zu verdeutlichen, in dem sich die Menschheit befindet; zugleich bildet sie auch gut unsere Beziehung zum Unendlichen Gewahrsein ab. Bisher habe ich die Menschen immer mit Tropfen verglichen, die vom Ozean getrennt sind – doch in Wahrheit *sind* wir dieser Ozean.

Als Ausdrucksformen des Unendlichen Gewahrseins sind wir im Grunde nie wirklich von ihm getrennt; wovon wir aber mit Sicherheit getrennt werden können, ist sein Einfluss, sein Wissen und seine Weisheit (Abb. 382). Das gilt umso mehr, wenn eine verborgene Macht unermüdlich daran arbeitet, genau das zu erreichen (Abb. 383). Wir sind nicht von Natur aus vom Ozean getrennt – doch sobald es dazu kommt, werden wir reduziert, verwirrt und verblendet. Leonard Cohen hatte völlig Recht, als er sagte, dass wir unser ganzes Leben seekrank sein werden, wenn wir nicht zum Ozean werden. Solange wir uns nicht mit dem Unendlichen verbinden, werden wir uns geistig und emotional unwohl fühlen – „dis-ease". [Das englische Wort „disease" für Krankheit bzw. Leiden lässt sich auch als „dis-

**Abb. 382:** „Das Ich-Phantom ist der Tropfen, das Unendliche Selbst der Ozean." – *Die Menschheit ist der Tropfen, der vergessen hat, dass er der Ozean ist.*

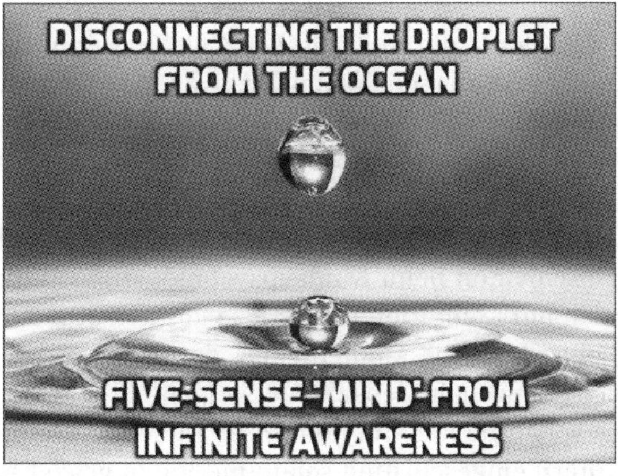


**Abb. 383:** „Die Trennung des Tropfens vom Ozean – des auf die fünf Sinne reduzierten ‚Verstandes' vom Unendlichen Gewahrsein" – *Das Fundament der archontischen Verschwörung.*

ease" lesen, also etwa „Zerstörung der Leichtigkeit" oder „keine Linderung", Anm. d. Übers.] Der indische Mystiker Osho verglich es damit, dass Teelöffel (die Menschheit) den Ozean (das Unendliche Gewahrsein) zu erfassen versuchen. „Das ist nicht möglich", sagte er. In der Tat – das ist ein Ding der Unmöglichkeit. Der Mainstream-Einheitsbrei erkennt noch nicht einmal an, dass dieser Ozean überhaupt *existiert*; womit der „Unmöglichkeit" noch eine Dimension hinzugefügt wird. Das bringt uns wieder auf das Ich-Phantom zurück – jenes künstlich fabrizierte und manipulierte Vehikel, mit dessen Hilfe die Menschheit von ihrem wahren Zustand, dem Unendlichen Gewahrsein, getrennt wird. Wir werden nie frei sein, solange wir nicht aus diesem Wahrnehmungsgefängnis fliehen.

Die Matrix und der archontische Virus können uns nicht mehr kontrollieren, sobald die Menschen ihr Unendliches Selbst erkennen und es auch *leben*, sobald sie feststellen, dass es die Matrix *tatsächlich gibt*, und herausfinden, welcher Methoden sie sich bedient, um die Wahrnehmung zu infiltrieren und zu programmieren. Der Virus kann sich nicht an das Unendliche Gewahrsein anheften. Da zwischen beiden eine Frequenzkluft besteht, benötigt es das Ich-Phantom, um sein Ziel zu erreichen. Es wäre unnütz, ein Netz zu spinnen, solange man die Beute nicht ködern und dazu verleiten kann, sich darin zu verfangen. Umgemünzt auf die Menschheit heißt das: (1) Die Beute und das Netz agieren im selben Frequenzband und (2) die Beute wird von einer Bewusstseinsebene getrennt, auf der sie das Netz und die dahinterstehenden Beweggründe erkennen würde. Im Grunde bedingen sich (1) und (2) gegenseitig, denn die Isolation, die sich aus dem Getrenntsein ergibt, verringert die Schwingung – der „Sündenfall", die Vertreibung aus dem Paradies.

## Und so funktioniert es

Zu dem Zeitpunkt, da das Gewahrsein die menschliche Realität betritt, können seine höheren Sinne noch immer aktiv sein. Man denke nur an Babys, die auf scheinbar „leeren Raum" reagieren, oder an Kleinkinder, die manchmal davon sprechen, einen „unsichtbaren Freund" oder andere Phänomene zu sehen, die sich jenseits des für den Menschen sichtbaren Spektrums befinden. Kinder lernen recht schnell, in welche Scherereien sie geraten können, wenn sie sehen, was andere nicht sehen; manchmal enden solche Geschichten beim Kinderpsychologen, weil die wirklichkeitsfremden Mamas und Papas sich um Klein Dieter oder Lisa sorgen. „Ihr Kind behauptet, Dinge zu sehen, die Sie nicht sehen können? Momentchen, dafür haben wir ein Medikament." Im Laufe der Jahre bin ich wiederholt Menschen begegnet, die davon erzählten, dass sie in jungen Jahren Wesen gesehen haben, die andere nicht sehen konnten. Dies habe aber aufgehört, sobald ihre Eltern eingeschritten seien und ihnen gesagt hätten, dass das nicht möglich sei – sie würden sich etwas „einbilden". Programmiere die Wahrnehmung einer einzigen Generation, und jede Generation wird die kommende programmieren und davon überzeugt sein, nur „das Beste für die Kinder" zu tun. Zuerst übertragen die Eltern ihre programmierte Wahrnehmung auf ihren Nachwuchs, der in dieser Phase immer stärker beschränkt wird;

danach übernimmt offiziell das System, auch bekannt als Vorschule, Schule, College und Universität. Lehrer und Dozenten, die bereits vom System programmiert wurden, führen die Programmierung durch die Eltern fort, indem sie die offiziellen Wahrheiten des Mainstream-Einheitsbreis wiederkäuen, als wären es Tatsachen (Abb. 384). Selbst in der kurzen Zeit, in der die Kinder nicht von der akademischen Welt gesteuert und beeinflusst werden, wiederholen und zementieren Eltern, Medien, Freunde und Geschwister, die alle denselben Programmierungsprozess durchlaufen haben, die allmächtigen „Wahrheiten". Dieser permanente Informationsdownload wird nur durch Eltern und Bekannte infrage gestellt, die dieser Gleichschaltung kritisch gegenüberstehen – diese aber werden als schlechte Eltern verurteilt, die seltsame, ungewöhnliche Vorstellungen haben. Ungewöhnliches Gebaren (also im Geist der Unendlichen Möglichkeiten zu handeln) muss im Auge behalten und ausgemerzt werden, nicht dass es noch – ein Albtraum sondergleichen – Schule macht. Seit Langem schon habe ich den Plan aufgedeckt, dem unerwünschten Elterneinfluss einen Riegel vorzuschieben, indem man die Kindererziehung verstärkt in die Hände von Schulen und Regierungsbehörden legt. Das ist kaum zu übersehen und nimmt immer extremere Züge an. Beobachten Sie einmal, wie selbst die Kleinsten schon Gleichaltrige, die sich von dem unterscheiden, was sie bereits als normal verinnerlicht haben, attackieren und ausgrenzen können,.

**Abb. 384:** „Du wirst heranwachsen und irgendwann ein Erwachsener sein, genau wie ich.' – ‚Jawohl, Herr Lehrer.'" – *„Unterricht" – die nächste Generation wird programmiert.*

Die Verteidigung des „Normalen" gehört zum Programm. Durch Bestrafung lernen Kinder schon früh, welche Konsequenzen es für sie haben wird, wenn sie sich nicht anpassen – wobei die Strafen oft von anderen Kindern verhängt werden, die der Programmierung bereits erlegen sind. Sie erfahren bereits in jungen Jahren, welche tiefe Wahrheit in der japanischen Redensart „Sei nicht der Nagel, der alle anderen überragt, denn dieser wird als Erstes getroffen werden" steckt. Die Kinder erfahren eine solche Wahrnehmungsverengung und werden derart darauf getrimmt, sich anzupassen und zu fügen, dass sie für den Rest ihres Lebens in dieser Verfassung herumlaufen. Von Zuckerbrot und Peitsche wird überreichlich Gebrauch gemacht. Während Konformität mit beruflichem Aufstieg oder einem vermeintlich „ruhigen Leben" belohnt wird, hat der Abweichler mit Widerstand, Spott, Verachtung und Scherereien aller Art zu kämpfen. Derartige Erfahrungen führen im Zusammenspiel mit den Informationsdownloads aus allen Bereichen des Mainstreams ziemlich rasch dazu, dass sich ein Ich-Phantom bildet. Die Konzepte, die aus dem System heruntergeladen werden, formen das Welt- wie auch das Selbstbild des Empfängers und programmieren ihn mit einer ganzen Reihe von Vorstellungen:

> Ich bin ein menschliches Wesen; ich bin mein Körper; ich bin mein Geschlecht; ich bin meine Nationalität; ich bin mein Name; ich bin meine Familie; ich bin meine

genetische Vergangenheit; ich bin meine Lebensgeschichte; ich bin meine gesellschaftliche Klasse; ich bin meine Kultur. Ich bin meine Arbeit; ich bin mein Reichtum; ich bin meine Armut; ich bin mein Alter; ich bin mein Familienstand; ich bin meine sexuelle Vorliebe; ich bin meine Religion; ich bin meine politische Einstellung. Die Welt, die ich sehe, ist real und das System gebietet darüber, was in meiner Welt Wahrheit, Realität und Tatsache darstellt.

Das Ich-Phantom umfasst noch viele weitere Aspekte, aber für den Augenblick soll dieser kleine Umriss genügen. Bei allen genannten Facetten ist das Realitätsempfinden – der Aufmerksamkeitsbrennpunkt – in den fünf Sinnen und in der archontischen Matrix angesiedelt. Sowohl das Ich als auch die Wirklichkeit werden dabei ausschließlich über Vorstellungen der Begrenztheit definiert. Auf diese Weise wird die Schwingung des Menschen heruntergeschraubt und das Ich in der Matrix gefangen. Keine der genannten Aussagen beschreibt zutreffend, wer wir tatsächlich sind oder wo wir uns befinden. Sie bringen allesamt *Erfahrungen* zum Ausdruck – und sobald wir beginnen, unsere Erfahrung mit dem zu verwechseln, was wir wirklich sind (nämlich Unendliches Gewahrsein, das Erfahrungen *macht*), sind wir in die Falle gegangen und werden von der Matrix bestimmt. Das Ich-Phantom stellt im Grunde eine endlose Kette von Etikettierungen (Informations-/Gedankenfeldern und Glaubenssätzen) dar, die im Zusammenspiel unseren „fleischgewordenen“ Aufmerksamkeitsbrennpunkt verwirren, täuschen und in einem aus Illusionen bestehenden Kerker gefangen halten. Ohne derartige Kennzeichnungen könnte das Ich-Phantom gar nicht bestehen. Nun arbeite zwar auch ich mit Begriffen wie etwa „Unendliches Gewahrsein“ – doch dient dies nur dem Zweck, das Ich-Phantom zu definieren und zu erklären. Unsere wahre Natur braucht wahrlich keinerlei Bezeichnung oder Namen. Wir alle *sind* einfach – wie auch alles, was unser Universum ausmacht, *einfach existiert*. Eine Wirklichkeitsebene, die auf Formen basiert, macht es erforderlich, jedes Ding zu benennen, da nur so Verwirrung vermieden werden kann. Hat sich das Gewahrsein jedoch erst einmal geweitet, braucht es keine Etikettierungen mehr. Wir sind alle *Eins*, und dieses Einssein umfasst alles, was existiert. Die Menschen glauben, sie würden sich definieren, indem sie Etiketten an ihr (Phantom-)Selbstempfinden pappen, doch in Wirklichkeit betreiben sie damit eher (tatsächliche) Selbsttäuschung (Abb. 385). Das System gibt die verfügbaren Etiketten vor, von denen wir dann jene auswählen, die am ehesten zu beschreiben scheinen, wer wir sind – was sie jedoch nicht tun. Man hört die Menschen nicht sagen „Ich bin *Alles Was Ist Und Je Sein Kann*“. Stattdessen sagen sie:

**Abb. 385:** „Ich bin mein Name, meine Volkszugehörigkeit, mein Beruf, meine Einkommensgruppe, meine Religion und meine Lebensgeschichte." – *Das Ich-Phantom.*

> Ich bin ein Mann. Ich bin eine Frau. Ich bin ein Schwarzer. Ich bin ein Weißer. Ich bin Brite. Ich bin Amerikaner. Ich bin Chinese. Ich bin hetero. Ich bin schwul. Ich bin Christ. Ich bin Moslem. Ich bin Jude. Ich bin Hindu. Ich bin New-Age-Anhänger. Ich bin liberal. Ich bin konservativ. Ich bin ein Linker. Ich bin ein Rechter. Ich bin reich. Ich bin arm. Ich bin ein Chef. Ich bin ein Arbeiter. Ich bin jung. Ich bin alt. Ich bin erfolgreich. Ich bin ein Versager.

Allein schon mit der Auflistung all der Schubladen, mit denen sich Menschen identifizieren (und der dazugehörigen Uniformen), könnte man Ewigkeiten zubringen. Ich habe homosexuelle Menschen kennengelernt, die ihr Etikett leicht nehmen und einfach ihr Leben leben, ohne ständig jede ihrer Handlungen oder Wahrnehmungen mit ihrer Sexualität in Zusammenhang bringen zu müssen. Andere wiederum sind mit jeder Faser ihrer Selbstidentifikation so dermaßen auf ihr Schwulenetikett fixiert, dass andere Betrachtungsmöglichkeiten bestenfalls unter „ferner liefen“ auftauchen. Es gibt keinen einzigen Punkt, bei dem es gestattet wäre, anderer Meinung zu sein, da jede abweichende Ansicht als Beweis dafür gewertet werden würde, dass man „gegen Schwule“ oder „homophob“ ist. Nein, ich teile einfach nur deine Sichtweise nicht – und das hat nicht das Geringste damit zu tun, welcher Art das von deinem Pillermann bevorzugte Ziel ist; was mich im Übrigen auch nichts angeht, solange der Empfänger seinen Frieden damit hat.

Das gleiche Phänomen erleben wir auch bei Menschen, die sich ausschließlich über das Etikett „Feministin“ definieren: „Du sagst das nur, weil du ein Frauenhasser bist.“ Nein, ich sage das, weil ich der Meinung bin, dass du Käse laberst. Auch das jüdische, muslimische und christliche Selbstverständnis vermag extreme „Ich bin“-Identifikationen hervorzubringen, bei denen das Etikett zur alleinigen Entscheidungsinstanz über alles und jeden mutiert. Wenn Sie der massen- und völkermordenden Behandlung der Palästinenser durch die israelische Regierung nicht zustimmen, sind Sie „Antisemit“. Nein, ich bin einfach nur nicht mit Massen- und Völkermord einverstanden. Israelische Extremisten nennen die Palästinenser ein „Krebsgeschwür“, aber das scheint niemanden zu stören. Stellen Sie einmal die Sinnhaftigkeit des fünfmaligen täglichen Kniefalls gen Mekka infrage und Sie sind islamfeindlich. Nein, ich sage nur, dass das alles auf mich albern wirkt, und nicht, dass man das nicht tun sollte, wenn einem der Sinn danach steht. Und nur so nebenbei: Es ist mein gutes Recht, es albern zu finden – so, wie es das Ihre ist, diese Dinge zu tun. Die Spielregeln gelten für beide Seiten. Menschen, die ihre Etikettierungen lieben, können nicht sehen, in welchem Maße sie sich durch solche Selbstidentifikationen reduzieren. Sie könnten sich ja auch damit identifizieren, Unendliches Gewahrsein zu sein – unbegrenztes Potenzial, die Gesamtheit aller Möglichkeiten –, das sich gerade erfährt als ... was auch immer auf ihrem Schildchen draufsteht. Doch stattdessen deuten sie auf das Etikett und sagen „Das bin ich“, während sie das Unendliche nie in Betracht ziehen. Folglich können sie auch nur innerhalb der durch ihr Etikett bestimmten Grenzen leben, und sie sinken auf das Schwingungsniveau des Ich-Phantoms herab. Das passiert mit allen Schubladen – ob schwarz, weiß, Jude, schwul oder sonstwas darauf steht, spielt keine Rolle. Man kann das sehr schön daran erkennen, dass Etikettenbesessene aller Couleur dieselben Verhaltensweisen an den Tag legen und auf ähnliche äußere Umstände (Dateneingabe) emotional in der gleichen Weise reagieren. Sie seien „gekränkt“ oder „verärgert“, wären

„beleidigt“ worden oder fühlten sich als [hier bitte die Etikettenaufschrift einfügen] „diskriminiert“. Die „Ich bin“-Etiketten sind einfach nur die Masken für das „Ich bin eine Bezeichnung“-Programm des Systems.

## Politische Korrektheit? Rutsch mir den Buckel runter

Die politische Korrektheit (engl.: „political correctness“ bzw. „PC“) stellt ein weiteres eindrucksvolles Beispiel für den archontischen Virus dar, der in der Simulation immer mehr um sich greift (Abb. 386). In meinen früheren Büchern habe ich gezeigt, dass dieses Konzept aus archontischen Netzwerken hervorgegangen ist, die sich aus Geheimgesellschaften und gewissen Blutlinien – allen voran den Rothschilds – zusammensetzen. Das überrascht nicht wirklich, handelt es sich doch bei der Politischen Korrektheit um ein machtvolles Werkzeug sowohl zur Umsetzung der „Teile und herrsche“-Strategie als auch zur Generierung von Ich-Phantomen. Mit der Idee vom politisch korrekten Verhalten hat der Etikettenwahn eine neue, bislang unbekannte Dimension erreicht: Die Angehörigen einer Gruppe sind nun nämlich angehalten, Mitglieder anderer Gruppen zu verdammen und zu melden, wenn man sich durch deren Verhalten beleidigt oder diskriminiert fühlt (Abb. 387). Bei näherem Hinsehen – wobei wir ein Minimum an Intelligenz und geistiger Gesundheit voraussetzen wollen – kommt man dann in aller Regel zu dem Schluss, dass weder das eine noch das andere tatsächlich der Fall ist. Weshalb die Mehrheit der angeblich beleidigten Gruppierung an den getätigten Äußerungen zumeist auch gar nichts findet. Es ist für gewöhnlich nur eine Handvoll daueraufgebrachter Opportunisten, von denen der ganze Stress ausgeht.

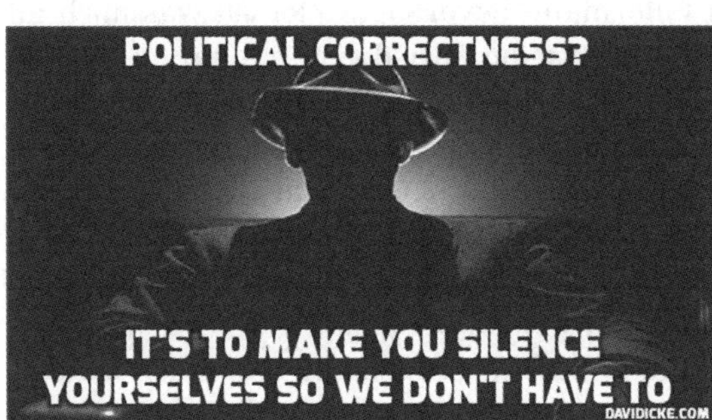


**Abb. 386:** „Politische Korrektheit? Ihr Sinn ist, dass ihr euch gegenseitig zum Schweigen bringt – dann müssen wir das nicht mehr tun.“ – *Die Idee der politischen Korrektheit in einem einzigen Bild zusammengefasst.*

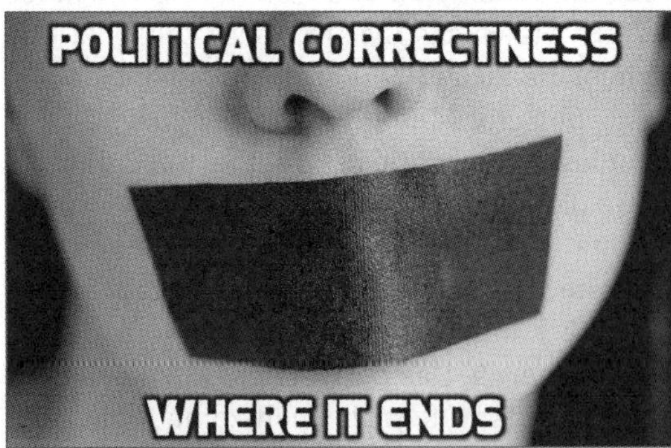


**Abb. 387:** „Wo die Politische Korrektheit aufhört“ – *Bei der Politischen Korrektheit geht es nicht um Freiheit – sondern um die Unterdrückung derselben.*

Ich habe einmal einen Artikel über eine nichtmuslimische Frau gelesen, die aufgefordert worden war, ein paar Keramikschweinchen zu entfernen, die sie auf ihrem Fensterbrett zu stehen hatte

– Muslime hätten daran Anstoß genommen. Ich hätte es für wesentlich angebrachter gehalten, sowohl die Beschwerdeführer als auch die Ordnungskräfte zu bitten, ein paar ihrer Wahnideen zu entfernen. Woran ich erheblich Anstoß nehme, ist die Tatsache, dass jemand so dermaßen bescheuert sein kann. Wer sich durch den Anblick von Keramikfiguren beleidigt fühlt, sollte sich dringend um psychologische Hilfe bemühen. Doch wenn die politische Korrektheit ins Spiel kommt, werden wir vernünftige Gedanken dieser Art vergeblich suchen. Der Wahn ist ihr unentbehrlicher Stützpfeiler und ihr Überlebensprinzip. Indem die Forderung nach politisch korrektem Verhalten dazu benutzt wird, eine Gruppe gegen eine andere auszuspielen, steht das „PC"-Konzept im Dienste archontischer Interessen. Sinn der Übung ist es, die Menschen durch Spaltung zu beherrschen und in einen Krieg gegen ihresgleichen zu verwickeln (Abb. 388). Ich-Phantome sind besonders dafür prädestiniert, auf diese Masche hereinzufallen – ob es nun um Weltkriege, Konflikte mit der Nachbarschaft oder Familienfehden geht. Nichts ist so trivial, unbedeutend oder unsinnig, dass man sich nicht darüber in die Haare bekommen könnte. Die Menschen sind so sehr damit beschäftigt, einander zu bekriegen und gegen nicht existente oder künstlich erschaffene Feinde ins Feld zu ziehen, dass sie der Macht, die sämtliche Gruppierungen für ihre Zwecke benutzt, nicht gewahr werden. Diese Macht ist im Übrigen dieselbe, die die Schubladen überhaupt erst geschaffen und benamst hat.

**Abb. 388:** „Die Grundlage zur Kontrolle der Menschen: Teile und herrsche." – *Divide et impera: Eines der wesentlichen Elemente der Bevölkerungskontrolle.*

Unter weißen New-Age-Anhängern kann man zudem das „Ich wünschte, ich wäre jemand anders"-Syndrom beobachten. Manche kommen kaum darüber hinweg, nicht in ein Indianervolk hineingeboren worden zu sein; andere kleiden sich gar wie Hindus, um ihre Enttäuschung darüber zu bewältigen, dass sie die falsche Hautfarbe haben. Immer wieder erleben wir extreme Übersteigerungen dieses Phänomens, wie etwa die weiße „Bürgerrechtlerin", die als Schwarze betrachtet werden wollte, oder die als „Transability" bezeichnete psychische Störung, bei der sich ein völlig gesunder Mensch mit Behinderten identifiziert. „Manche der Betroffenen wollen taub, blind, amputiert oder querschnittsgelähmt sein", hat ein Experte dazu erklärt. „Das Verlangen danach kann wirklich außerordentlich stark sein." Das ist irre – und ein extremes Beispiel dafür, wie sich das Ich-Phantom mit dem Körper identifizieren kann.

So entsteht auch der Selbsthass, der sich einstellt, wenn der eigene Körper nicht der programmierten Norm entspricht. In der Realität ist es heutzutage eher der Normalfall, übergewichtig zu sein oder zumindest in irgendeiner Weise nicht dem Laufsteg-Ideal zu entsprechen. Doch die Wahrnehmung wird durch die *programmierte* Norm bestimmt. Wirkt mein Hintern zu groß, wenn ich das trage? Normal ist, dass Männer ihre Haare

**Abb. 389:** „Sklaven bekämpfen Sklaven – zugunsten der Sklavenhalter." – *Viel zu sehr damit beschäftigt, sich gegenseitig zu bekämpfen, um die Wahrheit erkennen zu können.*

verlieren; die programmierte Norm besagt jedoch, dass sie das nicht dürfen. Würde der menschliche Körper keine Haare produzieren, wäre es umgekehrt. „*Ahhhh* – da wachsen Haare auf meinem Kopf! Doris, die Schere – schnell!" Die Programmierung des Ich-Phantoms auf den Normkörper hat bereits solch einen Grad an Verrücktheit erreicht, dass – gemäß einer Studie, die in Großbritannien an 6.000 Kindern durchgeführt worden ist – junge Menschen schon im Alter von nur acht Jahren eine Abneigung gegen den Umfang und die Form ihres Körpers zu entwickeln beginnen. Mitunter bekommen die Jugendlichen Essstörungen, weil sie dem Laufsteg-Idealbild nacheifern. Auch hier wird der Druck einmal mehr von anderen Ich-Phantomen ausgeübt, die dasselbe Programm heruntergeladen haben – Konformitätsdruck durch „Freunde", Mitschüler und andere Gleichaltrige. Der Schafhirte (das System) schreibt das Programm, und die Schafe stülpen es sich (durch den Gruppenzwang) gegenseitig über … *bäääh, bäääh*. Das archontische Kontrollsystem kann nur funktionieren, wenn sich die Sklaven gegenseitig unterjochen … und jetzt noch einmal das Ganze, aber bitte mit etwas mehr Inbrunst: DAS ARCHONTISCHE KONTROLLSYSTEM KANN NUR FUNKTIONIEREN, WENN SICH DIE SKLAVEN GEGENSEITIG UNTERJOCHEN (Abb. 389).

Politische Korrektheit und Schubladendenken bringen eine Identifikationsmanie hervor, die es dem davon Befallenen unmöglich macht, eine beliebige Frage bzw. Situation auch einmal unter einem anderen Gesichtspunkt zu betrachten. Extrem schubladenbesessene Juden, Muslime, Christen, Hindus, Schwarze, Weiße, Heteros, Schwule, Linke, Rechte und Feministen scheinen nicht in der Lage zu sein, die Sichtweise von jemandem anzuerkennen, der sich außerhalb der Wahrnehmungsschranken der Gruppierung ihrer Wahl bewegt. Sie werden bis aufs Blut argumentieren, die tollsten Behauptungen aufstellen und Gegenargumente abtun, nur um den einen, über alle Maßen gefürchteten Satz unter keinen Umständen aussprechen zu müssen: „Mein Glaubensbruder hat gerade Blödsinn erzählt." Oder gar: „Ich bin anderer Ansicht." Bringt ein Vertreter einer anderen Schublade ein stichhaltiges Argument, muss es nichtsdestotrotz zurückgewiesen und die eigene Schublade um jeden Preis verteidigt werden. Das selbstgewählte Etikett wird zum Gott (oder zur Göttin), rechtfertigt die eigene Existenz und definiert das Ich. Solche Menschen sind außerstande einzuräumen, dass sie auch mal falsch liegen könnten. Wir erleben das jeden Tag in der Parteipolitik: Während ein „Wir haben uns geirrt" schon einer Gotteslästerung gleichkommt, handeln Sie sich mit einem Satz wie „Da könnte was dran sein" unter Umständen Ihr politisches Todesurteil ein.

Eine weitere Funktion, die durch die politische Korrektheit implementiert wird, ist die Ausgrenzung von Gruppen, die keine „Minderheit" darstellen. Die vermeintlichen Feinde einer Minderheit müssen überwiegend in den Reihen der Mehrheit gefunden werden; und Feinde – ob nun real oder eingebildet – lassen sich nicht diskriminieren. Daher wird es niemals politische Korrektheit zugunsten der Mehrheit geben, gleich in welchem Szenario. Werden Weiße beispielsweise von Nichtweißen verteufelt, gilt das als legitime Meinungsäußerung einer unterdrückten Minderheit; doch im umgekehrten Fall müssen sich die Weißen als „Rassisten" bezeichnen lassen. Auf MTV lief einmal ein Beitrag, in dem Halloween- und andere Kostüme für Kinder als „rassistisch" gebrandmarkt wurden. Unter Bezugnahme auf ein Kostüm, das die Uniform der Konföderierten Armee nachbildete, wünschte der farbige Moderator jedem Elternteil, der diese Verkleidung für sein Kind kauft, dass er „einen Autounfall haben wird und von schwarzen Sanitätern gerettet werden muss". Wären die Vorzeichen bei dieser Geschichte umgekehrt gewesen – mit afro-amerikanischen Eltern und weißen Rettungssanitätern –, hätten wir hier auf der Erde einen Shitstorm erlebt, der dem Sturm auf dem Saturn Konkurrenz gemacht hätte. Doch so finden die politisch Korrekten alles in bester Ordnung; zudem dient der Vorfall genau jener Agenda, zu deren Unterstützung die politische Korrektheit erdacht worden ist. Den Inbegriff dieser ganzen Idiotie und systematischen Diskriminierung stellte Bahar Mustafa dar, die am Goldsmiths College der Londoner Universität für Sozialleistungen und Diversität zuständig war. 2015 brachte sie es fertig, Weißen den Zutritt zu einer Veranstaltung zu verweigern, bei der es um *Gleichstellung* ging. Willkommen waren ausschließlich „Frauen, die sich selbst als farbig oder einer ethnischen Minderheit zugehörig definierten, sowie nichtbinäre Personen, zu deren geschlechtlicher Identität die Kategorie ‚Frau' gehört". Von allen Ich-Phantomen, die ich je in Aktion erleben durfte, hat Frau Mustafa definitiv den nichtbinären Vogel abgeschossen. Eine nichtbinäre Person ist ein Mensch, der sich nicht ausschließlich als Mann oder Frau definiert. Aber mir scheint, solange sich die betreffende Person zumindest ein klein wenig als Frau betrachtet, braucht sie sich wegen des Türstehers keine Sorgen zu machen.

Es gibt im politisch korrekten Neusprech auch „BME-Frauen", wobei die Buchstaben offenbar für „black", „minority" und „ethnic" stehen – gemeint sind also Schwarze als Angehörige ethnischer Minderheiten. Die Etikettierungen, die man dem Ich-Phantom anheftet, werden immer zahlreicher. Damit findet auch der Virus, der die Vorstellung vom „kleinen Ich" überträgt, immer stärkere Verbreitung; der Sinn für das wahre Selbst, das durch die Etiketten angeblich gefördert wird, schwindet unterdessen immer mehr (Abb. 390). Die Programmierung auf das kleine Ich bedeutet die Schaffung einer Opfermentalität. Nichts beraubt Sie schneller Ihrer Macht als

**Abb. 390:** „,Haaalloooo – hier spricht das Unendliche Gewahrsein!' – ‚Ich bin ein Etikett!'" – ***Nichts zu machen, das Ich-Phantom ist taub.***

das Gefühl, Opfer und anderen hilflos ausgeliefert zu sein. Jacques Barzun, ein in Frankreich geborener amerikanischer Historiker, brachte es wunderbar auf den Punkt: „Die politische Korrektheit erhebt nicht etwa die Toleranz zum Gesetz, sondern organisiert nur den Hass.“ Während sich die politische Korrektheit offiziell Vielfalt und Toleranz auf die Fahnen geschrieben hat, bedeutet sie in Wirklichkeit organisierten Hass, organisierte Opferhaltung und eine vorgetäuschte Toleranz, die der Gesellschaft von extrem intoleranten Kräften aufgezwungen wird. Also mir geht das mächtig auf die Eier. Oh, Moment – war die Verwendung des Begriffes „Eier“ jetzt sexistisch? Brauche ich vielleicht Gendertraining? *Ja*, meinen Sie? Okay, dann sag ich halt „Titten“. Oh, Sie meinen, es muss heißen „Eier/Titten/nichtbinär“ – und die Hautfarbe muss ich auch noch berücksichtigen? Ah, jetzt hab ich's kapiert.

CoExist House, eine in den USA und Großbritannien ansässige interreligiöse Organisation, hat ihre Mitarbeiter angehalten, auf Schinkensandwichs und Wurstbrötchen zu verzichten, da sonst Muslime oder Juden Anstoß daran nehmen könnten. Nun, deutlich mehr Anstoß dürfte der gesunde Menschenverstand am Verhalten von CoExist House nehmen (Abb. 391). Der Verfasser der Schinkenrichtlinien, ein gewisser Professor Andy Dinham von der Universität London, erklärte: „Es würde gutem Benehmen entsprechen, auf die Erwärmung solcher Lebensmittel zu verzichten, die Mitgliedern anderer Glaubensrichtungen verboten sind ... Wir weisen auch darauf hin, dass man koschere Nahrungsmittel, Halal-Fleisch und ähnliche spezielle Speisen nicht mit anderen Lebensmitteln zusammen oder gar – Gott bewahre – auf denselben Teller legen soll.“ Beachten Sie, dass es offenbar absolut in Ordnung ist, koscheres und Halal-Fleisch aufzutischen, das von Tieren stammt, die auf grausamste Art und Weise getötet werden. Dass das vielleicht andere abstoßen könnte, spielt keine Rolle. Wer einer Minderheit angehört, kann schließlich nicht politisch inkorrekt sein – das bleibt stets der Mehrheit vorbehalten. Eine lesbische Bischöfin namens Eva Brunne äußerte unlängst die Ansicht, christliche Kreuze sollten aus Rücksicht gegenüber den Muslimen aus schwedischen Kirchen entfernt werden; zudem müssten die Kirchen Gebetsräume für ihre muslimischen Mitbürger zur Verfügung stellen. Warum machen wir nicht gleich Nägel mit Köpfen und entfernen auch noch die Bibel aus den Kirchen? Ich persönlich lehne jede Form von Religion ab; aber das ist hier nicht der Punkt. Der springende Punkt liegt vielmehr in dem grotesken Ausmaß, das die politische Korrektheit schon jetzt erreicht hat – wobei uns noch einiges mehr bevorsteht, wenn wir weiter den Mund halten, statt endlich gegen den Quatsch aufzubegehren. Doch es geht immer noch ein wenig irrer. Die University of Wisconsin-Mil-

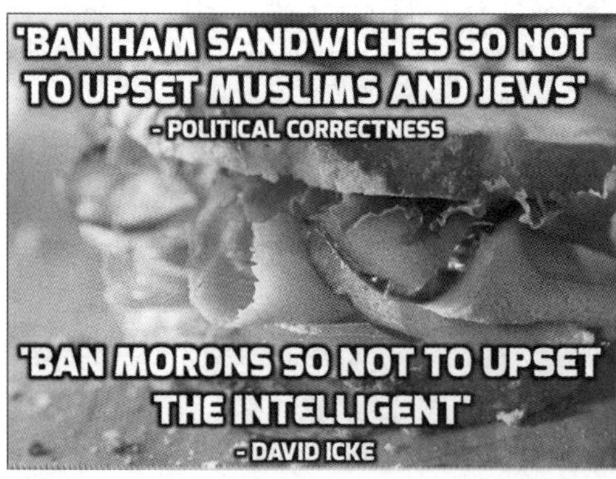


**Abb. 391:** „Ächtet Schinkenbrote, damit Muslime und Juden nicht Anstoß daran nehmen', sagt die politische Korrektheit. ‚Ächtet Schwachköpfe, damit die intelligenten Leute nicht Anstoß daran nehmen', sagt David Icke." – ***Schluss mit dem Quatsch!***

waukee verkündete unlängst, dass es politisch inkorrekt sei, jemanden als „politisch korrekt“ zu bezeichnen. Die Verwendung dieses Begriffs stelle eine „Mikroaggression“ dar (Orwell lässt grüßen), da er suggerieren würde, dass die betreffende Person „überempfindlich“ sei und die Sprache anderer Leute kontrollieren würde. Der Umstand, dass beides womöglich *der Fall ist*, stört keinen. So wie sich die politisch Korrekten ja generell nicht an Tatsachen stören. Auweia, schon wieder eine Mikroaggression! Ein Hieb auf die Finger, drei Ave Mustafas – und weiter geht's.

## Geld für Wahnvorstellungen

Die zionistischen Antirassismus-Organisationen gründen ihre Existenz (und ihre Budgets) auf der Vorstellung eines weit verbreiteten Antisemitismus. In ähnlicher Weise bedürfen PC-Gruppierungen eines niemals versiegenden Stromes von Menschen, die sich als Opfer von wem oder was auch immer betrachten (Abb. 392). Ich sage bestimmt nicht, dass so etwas wie Vorurteile gegenüber Menschen anderer Hautfarbe, Religion, Kultur oder sexueller Orientierung gar nicht existieren würden. Natürlich gibt es solche Schwachmaten. Das Problem für die politisch Korrekten ist vielmehr, dass es so wenige sind – nicht annähernd genug nämlich, um ihre ausufernde, die Freiheit zerstörende und Gelder absahnende Bürokratie zu rechtfertigen. Um diesem Dilemma zu entkommen, erdichten sie einfach Diskriminierung, wo es gar keine gibt. Schon die moderatesten Kommentare können als Rassismus oder irgendein anderer Ismus gebrandmarkt werden; zudem wird jedem, der irgendeiner Minderheit angehört, eingeredet, er würde von der Mehrheit irgendwie schlecht behandelt werden. Die Mehrheit, der sich die Nichtweißen im Westen gegenübersehen, sind die Weißen, für die Homosexuellen sind die Heteros die Mehrheit usw. Ich hatte mal einen Bekannten, der gegen politische Korrektheit eingestellt zu sein schien; doch sobald er sich als schwul geoutet

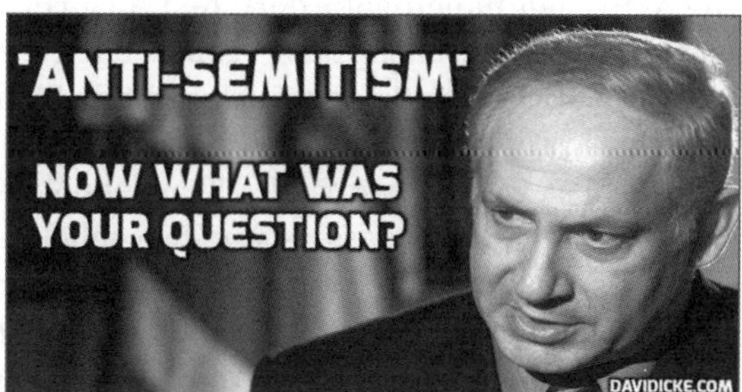


**Abb. 392:** „„Antisemitismus! – Was war noch gleich Ihre Frage?“‘ – *Profi-Opfer.*

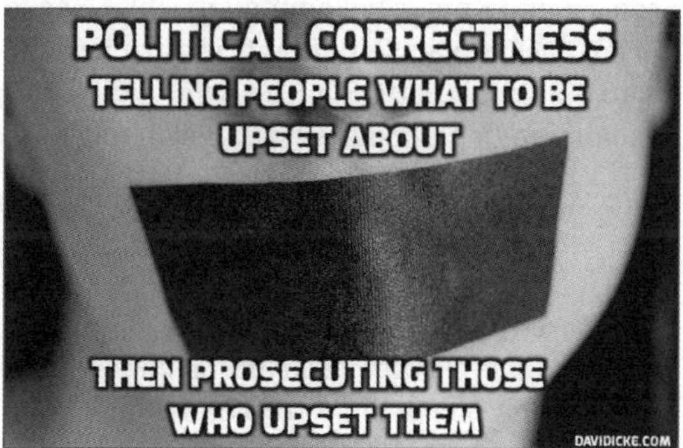


**Abb. 393:** „Politische Korrektheit: Man sagt den Menschen, worüber sie sich aufregen sollen – dann verfolgt man die, über die sie sich aufregen.“ – *Opfermentalität: Download abgeschlossen!*

hatte, hieß es fortwährend nur noch: „Das sagst du doch nur, weil du homophob bist!" Nein, ich sage das, weil du in meinen Augen ein Blödmann bist. In Kalifornien haben die Demokraten gar ein Gesetz eingebracht, das vorsieht, die Verwendung der Begriffe „Ehemann" und „Ehefrau" in US-Gesetzestexten zu verbieten. Da es sich dabei offenkundig um „geschlechtsspezifische Begriffe" handelt, würden homosexuelle Menschen dadurch diskriminiert werden (Abb. 393). Die größte amerikanische Interessengruppe für die Rechte homosexueller Menschen hat ein Handbuch herausgegeben, in dem die Schulen des Landes dazu aufgefordert werden, künftig auf „Geschlechtsstereotypen" zu verzichten, indem man die Begriffe „Junge" und „Mädchen" zur Bezeichnung von, nun ja, Jungen und Mädchen vermeidet. Wörtlich hieß es:

> Sagen Sie nicht „Jungen" und „Mädchen", wenn Sie zu Ihrer Klasse sprechen. Probieren Sie einmal etwas anderes aus. Mit Worten wie „Freunde", „Schüler" oder „Schulkinder" können sich alle angesprochen fühlen. Nebenbei wird auf diese Weise der Wortschatz der Kinder erweitert, und Sie leben ihnen wie auch Ihren Kollegen integratives Verhalten und die Verwendung einer offenen Sprache vor.

Sie behaupten also, dass „der Wortschatz der Kinder erweitert" werden würde, während sie ihn zerstören. Orwell hätte es sich kaum besser ausdenken können. Transsexuelle Aktivisten haben gefordert, den Ausdruck „schwangere Frauen" durch den Begriff „schwangere Menschen" oder „gebärende Personen" zu ersetzen. Wer von „schwangeren Frauen" spricht, würde angeblich – in den Phantomgedanken dieser Softwareprogramme – den Hass auf Transsexuelle fördern. „Schwangere Männer" scheint vorerst noch okay zu sein; aber warten wir es ab. „Transphobie" lautet das neue Schlagwort. Irgendjemand hat einmal geäußert, dass es von Transphobie zeuge, wenn man im Zusammenhang mit der Menstruation von einem „Frauenproblem" spricht, da schließlich „nicht alle Frauen eine Vagina haben". Irgendwie scheinen sich jedes Mal die Hohlköpfe ein Stelldichein zu geben, sobald die politische Korrektheit ins Spiel kommt. Mich erinnert das Ganze an eine Szene aus dem Monty-Python-Film „Das Leben des Brian". Darin verkündet Stan – ein von Eric Idle gespieltes Mitglied einer „radikalen" Gruppierung –, dass er von nun an eine Frau sei und Kinder bekommen möchte. Nachdem ihn seine Kumpane darauf hingewiesen haben, dass er gar keine Gebärmutter besäße, war zwar die Idee mit dem Kinderkriegen vom Tisch; doch hätte Stan, so befand die Gruppe, dessen ungeachtet das *Recht*, Kinder zu bekommen. Der Dialog entspann sich folgendermaßen:

*Stan:* Ich möchte eine Frau sein. Ich möchte, dass ihr … dass ihr mich von jetzt an Loretta nennt.
*Reg:* Was?
*Stan/Loretta:* Das ist mein Recht als Mann.
*Judith:* Ja, aber warum möchtest du Loretta sein, Stan?
*Stan/Loretta:* Weil ich Babys haben möchte.
*Reg:* Was möchtest du haben? Babys?
*Stan/Loretta:* Jeder Mann hat das Recht, Babys zu haben, wenn er sie haben will.
*Reg:* Aber … aber du kannst keine Babys haben.
*Stan/Loretta:* Unterdrücke mich bitte nicht.

| | |
|---|---|
| *Reg:* | Ich unterdrücke dich überhaupt nicht, Stan. Aber du hast keine Mumu. Eine Gebärmutter hast du auch nicht. Wie soll denn das funktionieren? Willst du's in 'ner Zigarrenkiste aufheben? |
| *Stan/Loretta:* | *heult* |
| *Judith:* | Warte. Ich habe eine Idee: Nehmen wir an, dass ihr euch darauf einigt, dass er keine Babys bekommen kann, weil er keine Gebärmutter hat – woran niemand schuld ist, nicht einmal die Römer –, aber dass er das absolute Recht hat, Babys zu bekommen. |
| *Rogers:* | Gute Idee, Judith. Wir kämpfen gegen die Unterdrücker, für dein Recht, Babys zu haben, Bruder. Äh, Verzeihung – Schwester. |
| *Reg:* | Das ist doch aber sinnlos. |
| *Rogers:* | Was? |
| *Reg:* | Es ist vollkommener Blödsinn, für sein Recht, Babys zu bekommen zu kämpfen, wenn er keine Babys bekommen kann. |
| *Rogers:* | Es ist ähm ... symbolisch. Für unser Ringen gegen die Unterdrückung. |
| *Reg:* | Symbolisch für sein Ringen gegen die Realität. |

Das ist eine geniale Szene aus einem herausragenden Film. Heute wäre es allerdings schwierig, die Realität noch komödiantisch zu überzeichnen, wenn beispielsweise eine berühmte Feministin allen Ernstes äußert: „Alles ist sexistisch, alles ist rassistisch, alles ist homophob." Ah ja – und „alles" schließt dann vermutlich auch ihren eigenen Spruch und alles, was sie von sich gibt, mit ein? Oh, „alles" bedeutet nur „alles bis auf das, was sie selbst oder ihresgleichen äußern". Danke vielmals für die Klarstellung, sehr verbunden. Feministen dieser Art stellen einfach das Gegenstück zu jenen Leuten dar, die beispielsweise – wie es bei manchen jüdischen Sekten der Fall ist – Frauen das Autofahren verbieten, weil das gegen ihre „Sittlichkeitsregeln" verstoßen würde. Zwei entgegengesetzte Pole liefern sich erbitterte Kämpfe – dabei sind die einen genauso durch den Wind wie die anderen. Auf diesem Prinzip fußt die gesamte archontische Gesellschaft. Eigentlich wäre das alles saukomisch – wäre da nicht der Umstand, dass man derzeit dabei ist, selbst die groteskesten Auswüchse der politischen Korrektheit in Gesetzen und Arbeitshandbüchern zu verankern und diese Ideologie über die archontischen Vereinten Nationen voranzutreiben. „Führende" Feministinnen haben vor der UNO gefordert, man solle Regierungen dahingehend unter Druck setzen, dass sie Materialien, in denen der radikale Feminismus kritisiert wird, zensieren müssen. Will man auf Twitter einen anderen Nutzer wegen Pöbeleien oder Belästigungen melden, kann man inzwischen die Kategorie „Nutzer stimmt nicht mit meiner Meinung überein" auswählen. (Dahinter steht das Ziel, alle Meinungen, die vom offiziellen Konsens abweichen, zu unterbinden.) Ich bin voll und ganz für Gleichberechtigung. Doch diese Berufsbeleidigten und -zensoren haben eine Tyrannei aufgebaut, deren Arroganz und Dummheit einfach keine Grenze kennt. In Wirklichkeit zerstört dieser Nonsens die Gleichheit (Umkehrung). Die Dauerempörten merken dabei gar nicht, dass sie lediglich – in geradezu perfekter Weise – von den Kräften ausgespielt werden, die hinter der „PC"-Propaganda stehen. Deren Ziel ist es, jedes individuelle Selbstempfinden abzutöten und verstummen zu lassen, bis sich jedermann der gleichförmigen Leere des Schwarmbewusstseins ergibt. Jeder Minderheit wird eine Mehrheit zugeordnet, der man dann die Schuld für das Gefühl geben kann, schikaniert oder diskriminiert zu werden. Zudem bekommen die Betroffenen auf diese Weise eine hervorragende Ausrede an die Hand, um nicht erwachsen werden zu müssen. Und während all das geschieht, scheren sich die Schattenmächte, die hinter all dem stecken, einen Dreck um „Vielfalt" oder Diskriminierung. Es handelt sich dabei um dieselben Mächte, die in Afrika und im Nahen Osten dunkelhäutige Menschen bombardieren, verdammt nochmal! Auf dem Weg zur Unterjochung ALLER involvierten Parteien – die man bewerkstelligt, indem man dafür sorgt, dass die Menschheit sich ständig selbst bekriegt – stellen die politische Korrektheit und die gesamte Diversitätsindustrie eine weltweite Teile-und-herrsche-Übung gigantischen Ausmaßes dar. Versuchen Sie das mal Individuen vom Schlage einer Bahar Mustafa zu erklären. Sehr wahrscheinlich würden Sie nur einen gewaltigen, durch eine genetische Implosion verursachten Knall vernehmen und danach eine mächtige Sauerei zu beseitigen haben.

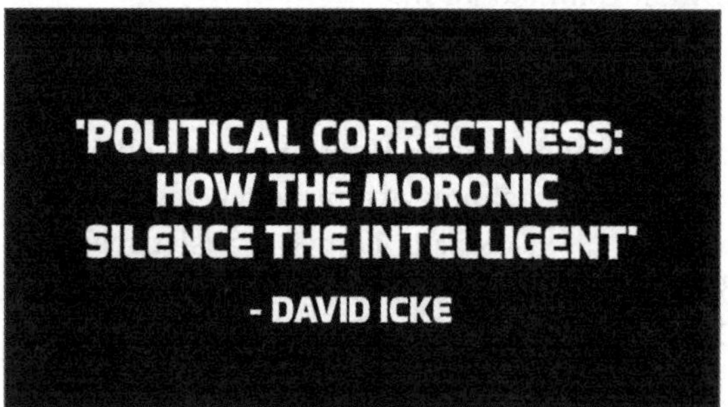


**Abb. 394:** „‚Politische Korrektheit: Wie die Geistesschwachen die Intelligenten zum Schweigen bringen.' – David Icke" – *Wir sind zurück in der Irrenanstalt.*

Unter den Menschen, die den als „Minderheiten" eingestuften Schichten entstammen, gibt es viele, die den Wahnsinn durchschauen und erkennen, dass es in Wirklichkeit – wie es Martin Luther King einst auf den Punkt gebracht hat – nicht um die Farbe der Haut, sondern um den Charakter eines Menschen geht. Rassisten und Fanatiker finden sich in jedem Menschenschlag und in jeder Kultur, und bei Gott – gerade im bürokratischen Überbau der institutionalisierten politischen Korrektheit und Diversität finden sich besonders viele davon (Abb. 394). Menschen, die sich für „PC" halten, sind ein nicht enden wollender Quell unfreiwilliger Komik. Als wären Universitäten ein Hort des blindwütigen Rassismus, Sexismus und Schwulenhasses, hat sich eine schwindelerregende „Diversitäts"-Bürokratie herausgebildet, um mit einem Problem fertigzuwerden, dessen wahres Ausmaß nicht einmal einen Bruchteil des behaupteten Umfangs beträgt. Diejenigen, die die Problematik in solch grotesker Weise aufbauschen, verdienen auch ordentlich an dem Irrsinn – mitunter mehr als 250.000 Dollar jährlich. Auf der Gehaltsliste der University of California in San Diego finden sich unter anderem folgende Posten:

> Prorektor für Gleichstellung an der Fakultät; Prorektor für Diversität; Vertrauensperson für Diversitätsfragen der Mitarbeiter; Vertrauensperson für Diversitätsfragen der Bachelor-Studenten; Vertrauensperson für Diversitätsfragen der Master-Studenten; Chefbeauftragter für Diversitätsfragen; Entwicklungsdirektor für Initiativen zur Diversität; Direktor des interkulturellen Zentrums; Direktor des Frauenzentrums; Direktor des Ressourcenzentrums für Lesben, Schwule, Bisexuelle und Transgender.

Nein, nein, das letztgenannte Amt habe ich mir nicht ausgedacht – Ehrenwort! In einer Zeit, da die Auswüchse der politischen Korrektheit bereits bis zum Anschlag übersteigert worden sind, besteht gar kein Bedarf zur Übertreibung. Nach dem Willen der University of California sollen schon *potenziell* anstößige Worte und Wendungen nicht mehr verwendet werden, wie beispielsweise „Schmelztiegel", „Amerika ist ein Schmelztiegel" oder auch der Satz „Ich finde, dass die am besten qualifizierte Person die Stelle bekommen sollte". Selbst eine Aussage wie „Es gibt nur eine Rasse, nämlich die menschliche Rasse" gilt offenbar als anrüchig, da man in diesem Fall „die Bedeutung der rassischen bzw. ethnischen Erfahrungen und Geschichte einer farbigen Person" (die Bedeutung des Ich-Phantoms also) verleugnet. Aber hey – diese Geistesgestörten wollen „einen informierten Austausch bezüglich der Frage pflegen, welches der beste Weg sei, ein produktives akademisches Klima zu schaffen und zu kultivieren". Meine Güte! Die muss ich unbedingt mal zu mir zum Abendessen einladen. An irgendeinem Abend, wenn ich sowieso nicht zu Hause bin. Studenten in Kalifornien und anderswo: *Erhebt euch endlich!*

Ich vertrete den Standpunkt, dass jedem Menschen unabhängig von seiner Hautfarbe, Religion oder sonstigen Gruppenzugehörigkeit die gleichen Rechte und eine faire Behandlung zustehen (Abb. 395). Ich sehe keine Rassen oder ethnischen Zugehörigkeiten. Vielmehr sehe ich Unendliches Gewahrsein, das verschiedene Erfahrungen durchläuft. Ich definiere mich etwa im selben Maße über meine Hautfarbe, wie ich mich mit Gartenzwergen identifiziere. In dem Moment, da man sich mit einem der vom System vorgegebenen Etiketten identifiziert, tritt man sein Anrecht ab, die Welt unvoreingenommen und objektiv – und ohne sich an Diskriminierung zu beteiligen – zu betrachten. Hier liegt auch der Grund, warum es sich bei denjenigen, die am lautesten und mit der größten Inbrunst und Gehässigkeit „Rassist!" schreien, um einige der übelsten Rassisten handelt, die auf Erden wandeln. Es gibt jüdische Extremisten, die ständig den Vorwurf des Rassismus im Munde führen, während sie die Palästinenser als Insekten oder Tiere bezeichnen. Muslime fordern Freiheit, obwohl die Religion, der sie anhängen, ihre Gläubigen durch eine erzwungene Unterordnung knechtet. Der Begriff „Muslim" bedeutet wörtlich etwa „der, der sich unterwirft". Ich habe muslimische Frauen erlebt, die für die Befreiung von äußerer Unterdrückung eintraten, während sie in einer Burka steckten, die zu tragen sie von einigen krassen Vertretern der von ihnen unterstützten Religion gezwungen werden. Manche Hindus entblöden sich nicht, andere des rassistischen Gebarens ihnen gegenüber zu bezichtigen, während sie gleichzeitig das Kastensystem gutheißen, in dem über Menschen nur aufgrund ihrer Abstammung gerich-

**Abb. 395:** „Niemand wird als Rassist geboren – erst der einprogrammierte Unverstand macht einen dazu." – *Andere wiederum sollen an einen Rassismus glauben, der gar nicht vorhanden ist.*

tet wird – ein System, das eine archontisch-reptiloide genetische Hierarchie darstellt. So etwas geschieht, wenn man in Schubladen denkt – eine grundlegende Eigenschaft eines jeden Ich-Phantoms.

## Je berühmter, desto besser

Die Verdeckte Hand, die hinter der politischen Korrektheit steht, arbeitet mit Angstmacherei, um die Menschen dahin zu bekommen, dass sie sich dem Quatsch freiwillig fügen. Eine bewährte Methode ist dabei die öffentliche Zurechtweisung Prominenter, wenn sich diese nicht politisch korrekt benehmen; gleichzeitig bringt man diejenigen zum Schweigen, die die wahren Hintergründe des Weltgeschehens offenlegen und die daran Beteiligten benennen. Versuchen Sie mal, die Rothschilds oder Israel bloßzustellen, ohne sofort von Volltrotteln als „Antisemit" beschimpft zu werden. Berühmte Persönlichkeiten brauchen heutzutage nur minimal von der Vorgabe abweichende Meinungen zu vertreten oder Äußerungen zu tätigen – und schon haben sie die ganze Bandbreite der Mainstreampropagandisten wie auch die Heere der freiwillig ahnungslosen Ich-Phantome gegen sich aufgebracht. Im Handumdrehen ziehen sie in den Krieg – allen voran die Medien –, um den Ruf der attackierten Person zu zerstören. Diese wird dann in der Regel vor dem Publikum katzbuckeln und sich kleinlaut für die „Kränkungen und Irritationen" entschuldigen, die durch ihre unbedachten Äußerungen möglicherweise entstanden seien. Ein Kommentar, der eine Abneigung gegenüber schwarzem Kaffee und langen Würsten zum Ausdruck bringt, kann einem leicht als Meinungsäußerung über Angehörige nichtweißer Rassen und Anspielung auf das alte Stereotyp ausgelegt werden, dass Farbige große Schwänze haben.

Der Schauspieler Benedict Cumberbatch musste sich nach einem künstlich herbeigeführten Aufruhr dafür entschuldigen, dass er anstelle des Wortes „schwarz" den Begriff „farbig" benutzt hatte – und zwar in einem Kontext, bei dem *auf die Diskriminierung schwarzer Schauspieler aufmerksam gemacht wurde*. Hätte er die Diskriminierung weißer Darsteller thematisiert, wäre seine Karriere längst Geschichte. Ein etablierter britischer Wissenschaftler verlor seine Stelle, nachdem sich die Feminismusmafia aufgrund einer harmlosen Bemerkung auf ihn gestürzt hatte. Unter normalen Umständen hätte man über den Kommentar des Akademikers nur kurz gelacht und wäre dann wieder zur Tagesordnung übergegangen. Rufmordkampagnen dieser Art gehören mittlerweile zum Alltag – und genau so ist es auch gewollt. Feministische Phantome können den Tod aller Männer propagieren oder dafür plädieren, Männer in Konzentrationslager einzusperren – und niemanden stört es. Eine Feministin hat vorgeschlagen, vorsorglich alle Männer zu töten, um endlich die Verbrechen aus der Welt zu schaffen. Nun, das wird sich auch prima auf die Geburtenrate auswirken. Es handele sich bei ihrem Wahn aber, so erläutert sie, nicht etwa um Misandrie (eine tief verwurzelte Voreingenommenheit gegenüber Männern), denn solche krankhaft männerfeindlichen Frauen würden den Tod der Männer ja grundlos fordern (Abb. 396).

Jede „politisch korrekte" Gruppierung verfügt über ein eigenes Killerkommando, das jederzeit bereit steht, in die sozialen Medien einzufallen, bis ihr Opfer einknickt und entweder im Büßerhemd in die Bedeutungslosigkeit entschwindet oder auf die Knie geht und um Vergebung (und die Fortsetzung seiner Karriere) winselt. Die Spezialeinheiten der politisch Korrekten sind viel zu sehr von Selbstgerechtigkeit erfüllt und blind gegenüber ihrer eigenen Torheit, um erkennen zu können, dass sie genau das Benehmen an den Tag legen, das sie ach so rechtschaffen verurteilen. Sie verdammen die Diskriminierung, obwohl sie selbst diskriminieren (Umkehrung). Beobachten Sie diese Phantome einmal, dann werden Sie es bald sehen. Menschen, deren Lebensunterhalt, gesellschaftliche Stellung oder Ansehen vom Mainstream-Einheitsbrei abhängt, überprüfen jetzt ängstlich jedes einzelne Wort, das sie in gesprochener oder schriftlicher Form von sich geben, damit sich auch ja niemand auf den Schlips getreten fühlt. Immer wieder kommt es vor, dass die Polizei die übelsten und verabscheuungswürdigsten Individuen, die schlimmste Straftaten begangen haben, wieder auf freien Fuß setzt, weil sie einer Minderheit angehören und die Polizei sich nicht dem Verdacht der Diskriminierung aussetzen will. *Und was ist mit all den zukünftigen Opfern?* Das ist es, was ich meine, wenn ich sage, dass das Dogma der politischen Korrektheit überhaupt nur auf der Basis geistiger Unzurechnungsfähigkeit fortbestehen kann.

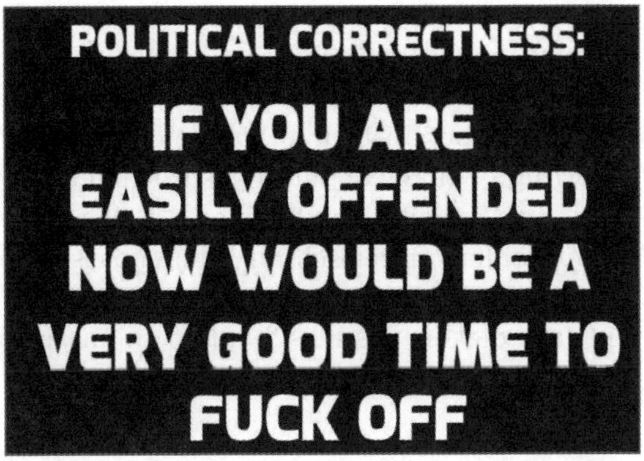

**Abb. 396:** „Politische Korrektheit: Wenn Sie sich schnell angegriffen fühlen, wäre jetzt der ideale Zeitpunkt für Sie, sich zu verpissen." – ***Diesen Satz bitte mit Inbrunst intonieren.***

Vor vielen Jahren – lange bevor sich der archontische Virus der politischen Korrektheit breitzumachen begann – war ich einmal zur Osterzeit an der Produktion eines Filmbeitrages für die *BBC News* beteiligt. Gegenstand der Reportage war die Eröffnung der ersten „Korkenzieher"-Achterbahn in Großbritannien. Ich saß also ganz vorne im Wagen und sprach, während dieser den höchsten Punkt erklomm, in die Kamera. Meine letzten Worte, bevor das Gefährt in die Tiefe sauste und die Insassen ordentlich durchwalkte, lauteten: „Was für eine Art, Ostern zu verbringen!" Der Bericht wurde geschnitten und für die

**Abb. 397:** „‚Haaalloooooo – hier spricht das Unendliche Gewahrsein!' – ‚Ich bin nichtbinär!'" – ***Vergiss es, Mann, der Fall ist aussichtslos.***

nächste Sendung an die Nachrichtenredaktion in London übermittelt. Doch im letzten Augenblick wurde der Beitrag von einem der Produzenten der Sendung mit dem Hinweis zurückgezogen, die Zeile „Was für eine Art, Ostern zu verbringen" sei die Pointe irgendeines Witzes über Jesus und könnte christliche Zuschauer empören. Ich hatte den Witz nie gehört und einfach spontan gesprochen, aber das interessiert die Apologeten der politischen Korrektheit nicht. Eigenes Urteilen soll unterbunden, die Vielfalt von Informationen und Ansichten ausgelöscht und die Anpassung an zentral vorgegebene Normen erzwungen werden – wobei all diese Aspekte im Einklang mit der Agenda des Kontrollsystems stehen und dazu dienen, das Ich-Phantom zu füttern und abzuspalten (Abb. 397).

## Kenne deinen Platz

Mit links- bzw. reptilienhirniger Software ist es ein Kinderspiel, das Ich-Phantom zu manipulieren. Den Schlüssel dazu bilden die Hierarchiebesessenheit und die Überlebensangst. Die rechte Gehirnhälfte stellt die Verbindungen zwischen den einzelnen Punkten her und sieht die Einheit von Allem. Die linke Hirnseite decodiert dagegen Getrenntsein und Zwischenräume. Das ist der Grund, warum man die übergroße Mehrheit der Menschen so leicht dazu bringen kann, sich der wahrgenommenen Hierarchie zu unterwerfen. In Formulierungen wie „Kenne deinen Platz" oder „Wir gegen die" finden wir diese Denkweise wieder. Die meisten Leute, die sagen, sie würden Hierarchien ablehnen, definieren dennoch ihre Vorstellungen darüber. Die wenigsten Menschen können sich eine Welt, die gänzlich ohne irgendeine Art von Hierarchie auskommt, überhaupt vorstellen (man denke nur an die demokratischen, faschistischen, kommunistischen und religiösen Hierarchien, die allesamt Unterabteilungen der archontischen Hierarchie darstellen). Ich kann mich erinnern, wie ich mich einmal an der Oxford University mit einem jungen Studenten unterhielt, der der Ansicht war, dass eine Gesellschaft ohne hierarchische Machtstrukturen gar nicht funktionieren könne. Seine Programmierung machte es ihm unmöglich, irgendeine andere Möglichkeit zu erkennen.

Sowohl in altertümlichen als auch in modernen Berichten über die archontischen Reptiloiden wird stets deren Manie für Technologie, Hierarchie und Rituale betont. Genau genommen stellt jede hierarchische Struktur eine Art Ritual dar, bei dem jeder genau seine Rolle kennt. Der ganze Pomp und die Zeremonien der hybriden Blutlinien gehen auf deren archontische Besessenheit zurück; dasselbe gilt auch für die Ritualvernarrtheit der Geheimgesellschaften und der Satanisten. Das Ritual stellt einen der wesentlichen Aspekte des Reptilienhirns dar – Sie erinnern sich? Es „steht mit ritualistischem Zwangsverhalten in Verbindung, mit Wahrung von Traditionen, einem Faible für hierarchische Machtstrukturen, Gesetze, Regeln und Vorschriften". Die Mitglieder der archontisch-reptiloiden britischen Königsfamilie bringen nahezu ihr gesamtes Leben damit zu, ein Ritual nach dem anderen zu vollführen, während sie sich jedes Jahr zu denselben Zeiten in denselben Palästen aufhalten (Abb. 398 und 399). Die Queen verteilt an ihre Familienmitglieder Listen, in denen genau aufgeschlüsselt ist, wer sich vor wem zu verbeugen und wer wem Respekt zu zollen hat. Das königliche Blut hat dabei in jedem Fall Vorrang vor Eingeheirateten, wie „kultiviert" diese auch sein mögen. Ihre Majestät kann gar nicht anders, bei all den Hierarchieprogrammen, die durch ihre archontisch-reptiloiden Gene rauschen.

**Abb. 398:** „Reptilienhirnritual." – *Für die Blutlinien ist alles ein Ritual.*

**Abb. 399:** „Die Welt ist verrückt. Ich mein ja nur." – *Wer sonst, wenn nicht die Verrückteste von allen, sollte das Irrenhaus leiten?*

Innerhalb des Systems, das der Bevölkerung vom archontisch-reptiloiden Schwarmbewusstsein (bzw. Virus) auferlegt wird, kann man die Obsession für Hierarchien und Rituale überall beobachten. Aufgrund ihrer stärkeren Durchsetzung mit archontisch-reptiloiden Genen und ihrer engeren Anbindung an den demiurgischen Urvirus sind die Hybriden der *El*-ite rituellen Handlungen und Zeremonien mehr als alle anderen zugetan; doch auch die Allgemeinbevölkerung hat das ritualistische Denken heruntergeladen. Wenn Sie einmal beobachten, wie der überwiegende Teil der Menschen seinen Alltag zubringt, werden Sie schnell merken, dass bestimmte Reaktionen und Verhaltensweisen ritualgleich ständig wiederholt werden. Das Ritual wird definiert als „eine Reihe von Handlungen, die gewohnheitsmäßig in stets derselben Art und Weise ausgeführt werden". Woran erinnert uns das? An ein *Computerprogramm*! Wie viel Spontaneität können Sie in der Welt entdecken, wenn Sie sich im Vergleich dazu eine durch und durch aus vorhersehbaren und sich stündlich, täglich, wöchentlich, monatlich oder jährlich wiederholenden Abläufen bestehende Gesellschaft vorstellen? Unser Alltag besteht aus heruntergeladenen Ritualen, die zu dem geworden sind, was wir als „Normen" empfinden und nach denen wir auch leben. „Oh, es ist soundso viel Uhr, ich muss …" – „Nein, ich kann nicht, donnerstags habe ich immer diesunddas …" – „Pastete am Freitag? Freitags gibt es doch bei uns immer Fisch …" Ein erschreckender Mangel an Spontaneität in Verbindung mit ständigen Wiederholungen ist ein Ausdruck des Ich-Phantoms, das sich dem Andrängen eines erweiterten Gewahrseins verweigert. Das Unendliche Gewahrsein – die Gesamtheit aller Möglichkeiten – ist von Natur aus ein Einzelgänger und Querdenker, der es liebt, spontan zu sein. Das Ich-Phantom ist ein Programm – und dadurch erklärt sich das Missverhältnis, das zwischen dem Unendlichen und dem Phantom hinsichtlich Spontaneität und Gewohnheit besteht. Viele

Menschen reagieren auf Spontaneität instinktiv ablehnend und ängstlich, als handele es sich um eine todbringende Krankheit. Nun, für das Ich-Phantom *ist* sie das auch. Die politisch Korrekten geraten in Rage, sobald irgendwo auch nur der Hauch eines Stereotyps sichtbar wird, selbst wenn es als Witz gemeint ist. Klischees trifft man aber nun einmal überall an; ja, die Menschheit selbst ist im Grunde ein kollektives Stereotyp. Kommt es dann einmal irgendwo zu *kosmetischen* Veränderungen, besteht die stereotype Reaktion der Leute darin, von einem „Bruch mit dem Klischee" zu sprechen. Dabei wurde lediglich eine stereotype Denkweise durch eine andere ersetzt. Aus dem „Frauen gehören an den Herd"-Stereotyp wird beispielsweise das „Frauen müssen Karriere machen"-Stereotyp. Geändert hat sich nur die „Norm", nicht aber die Ergebenheit gegenüber derselben. Stereotypes Denken und Verhalten als freie und individuelle Wahl auszugeben, stellt einen weiteren Trick dar, um Sie im Ich-Phantom gefangen zu halten – indem man Sie glauben macht, Sklaverei sei Freiheit.

## Programmierte Programmierer

Da das Ich-Phantom durch die Benutzung der linken Hirnhälfte bzw. des Reptilienhirns dazu neigt, in Hierarchien zu denken, ergibt sich die Dynamik von Untergebenen und Oberen, die die Grundlage der archontischen Phantomgesellschaft bildet. Die Unterteilung in „wir" und „die" gründet sich auf Unterschiede im Bildungsstand, familiären Hintergrund, Vermögen oder Status. Auch die Hierarchie leitet sich aus diesen Kriterien ab. Manche Leute sagen, sie seien auf eine „gute Schule" gegangen, dabei haben sie nur eine bessere und teurere Programmierungseinrichtung besucht. Während die Mitglieder der hybriden Elitefamilien darauf programmiert werden, zu führen und zu verwalten, trimmt man die Massen über das staatliche Bildungssystem darauf, sich ein- und den Führern und Verwaltern unterzuordnen (Abb. 400). Zwischen beiden Gruppen besteht zwar eine minimale Schnittmenge, die aber nur dazu dient, über die eigentliche Realität hinwegzutäuschen: Einige wenige Individuen sind dazu auserkoren, zu führen und zu kontrollieren, während der Rest dazu programmiert wird, sich führen und kontrollieren zu lassen. Ich habe Leute kennengelernt, die sich mit dieser Machtstruktur anlegen wollten, die aber, sobald sie sich in der Gesellschaft der angeblich Bekämpf-

**Abb. 400:** „Kenne deinen Platz." – *Szenenfoto aus der Fernsehserie „The Frost Report", einer in den 1960er Jahren ausgestrahlten brillanten Satire auf die britische Klassengesellschaft. Oberschicht, Mittelstand und Unterschicht kennen genau ihren Platz.*

ten befanden, weich wie Wachs wurden. Auch habe ich Schilderungen von Antimonarchisten gelesen, denen dasselbe in Gegenwart der Queen passiert ist – und die sich wunderten, wie so etwas möglich war. Ich kann ihnen sagen, wie. Es war ihre Hierarchieprogrammierung, die in diesem Moment – vermittelt durch die linksseitigen bzw. reptiloiden Anteile ihres Gehirns – ansprang.

Die einzige Instanz, die diese Reaktion abzuwehren vermag, ist ein Bewusstsein, das sich in seiner *eigenen* Macht (und außerhalb der Programmierung) befindet. Der programmierte Sinn für hierarchische Vorrangstellungen sorgt dafür, dass Wissenschaftler und Ärzte, die aus „guten Familien" stammen, von „guter Herkunft" sind und eine „gute Bildung" genossen haben, höher angesehen werden. Die bewusste und unterbewusste Vorstellung, dass die innerhalb der Hierarchie Höherstehenden ja Bescheid wissen müssten, hat den Wirklichkeitssinn der Massen über Jahrtausende hinweg unterminiert – zugunsten einer Wahrnehmungsprogrammierung durch Leute, bei denen es sich oftmals um völlige Idioten handelt. Ein vornehmer Tonfall und ein erweitertes Gewahrsein sind zwei verschiedene Paar Schuhe. Doch der Unsinn, das eine für das andere zu halten, setzt sich auch heute unvermindert fort – ob wir es nun mit Politikern, Bankiers, Konzernchefs, Generälen oder Medienleuten zu tun haben. Ich möchte damit nicht sagen, dass diese Personen überhaupt nichts wissen (obwohl manche dem tatsächlich ziemlich nahe kommen); es geht vielmehr darum, dass sie durch ihre tolle Herkunft, ihre Besitztümer und die von ihnen durchlaufene Bildungsprogrammierung nicht *all*wissend geworden sind. Ganz im Gegenteil – die genannten Faktoren können in der Tat die größten Dummköpfe hervorbringen. „Kein Depp ist so deppert wie ein alter Depp", sagt ein englisches Sprichwort. Doch mir scheint, es sind vor allem die adligen und die akademischen Deppen, die Anzeichen von Hirnaktivität am häufigsten vermissen lassen. „Lord" bezeichnet nicht ein bestimmtes Intelligenzniveau, ebenso wenig wie der Titel „Professor". „Prinz" steht nicht für eine außergewöhnliche Bewusstheit, so wie „arm" nicht „dämlich" bedeutet. Intelligenz – *natürliche* Intelligenz – beruht nicht auf Bildung, Vermögen oder familiärem Hintergrund, sondern hängt vielmehr davon ab, in welchem Maße eine Person mit dem Unendlichen Gewahrsein verbunden ist. Diese Verbindung kann aber nicht durch die Ausbildungsmühlen des Systems geschaffen werden, denn diese beeinträchtigen die Verbindung eher – was freilich genau die Absicht dahinter ist.

Dem Bewusstsein, das jenseits der Welt des Phantoms existiert, ist eine „Frequenzhierarchie" zu eigen, die auf echter Auswahl beruht und insofern niemanden ausgrenzt, als man sich umso höhere Frequenzen erschließen kann, je weiter man sein Bewusstsein öffnet. In der menschlichen Gesellschaft erleben wir hingegen eine typisch archontische Umkehrung dieser Situation. Indem die Schattenmächte durch die Programmierung der Wahrnehmung und andere Methoden den Zugang zum erweiterten Gewahrsein verschließen, ist es ihnen gelungen, isolierte Ich-Phantome in eine hierarchische Struktur zu verstricken, die auf der Spaltung zwischen den Lenkern und den Sklaven des Systems beruht. Letztlich sind – welche Ironie – die einen wie die anderen gleichermaßen Sklaven des archontischen Virus. Zugang zu den obersten Rängen der Hierarchie (die die Öffentlichkeit so gut wie nie zu Gesicht bekommt) erhält man ausschließlich über die Zugehörigkeit zu einer hybriden Blutlinie. Die Lakaien und Laufburschen werden anhand ihrer Fähigkeit und Bereitschaft ausgesucht, als Lakai bzw. Laufbursche zu fungieren. Einige wenige unter ihnen mögen zwar zur Blutlinie gehören, die große Mehrheit tut es jedoch nicht. Aufgrund des Need-to-know-Prinzips, nach dem ein jeder nur das weiß, was er unbedingt wissen muss, ist die übergroße Mehrheit der Bediensteten gar nicht darüber im Bilde, wem oder was sie da eigentlich dient.

Systemlakaien gibt es auf jeder Ebene der Hierarchie. Sie lassen sich anhand ihrer bedingungslosen Loyalität gegenüber dem System und an ihrer Obsession für dessen Regeln und Bestimmungen ziemlich leicht identifizieren. In den Exekutivorganen, in der staatlichen Verwaltung und im Bildungswesen wimmelt es nur so von Lakaienphantomen – überall dort also, wo der Beruf dem Lakaien die Macht verleiht, Gesetze oder Vorschriften durchzusetzen. Man erkennt sie an dem Regelwerk, das in dem Computerslot ganz oben auf ihrem Kopf steckt – aber der wird bei den Berufen, die eine Dienstkleidung erfordern, in der Regel durch einen Hut kaschiert. In meinen früheren Büchern habe ich bereits zahlreiche Beispiele für solche Menschen gebracht, und vermutlich können Sie ähnliche Geschichten aus Ihrer eigenen Erfahrung beisteuern. Hier ist ein weiteres Beispiel, mit dem ich noch einmal deutlich machen möchte, was der springende Punkt ist. Auf meiner Website DavidIcke.com gab es ein Video über einen Mann aus Pinellas County in Florida, der mit einigen Freunden eine Grillparty veranstaltet hatte, als ihm von einer städtischen Beamtin mitgeteilt wurde, dass der Geruch sein Grundstück nicht verlassen dürfe und er dieser Maßgabe doch bitte nachkommen solle. Kein Witz. Die für Umweltfragen zuständige Dame erklärte dem Grundstückseigentümer, er habe eine lokale Bestimmung verletzt (ein Wort übrigens, in das die Systemlakaien ganz vernarrt sind), die es den bei einem Barbeque entstehenden Gerüchen verbiete, das Anwesen zu verlassen. Was hätte der arme Mann tun sollen? Mit den Dämpfen sprechen, bis sie Vernunft annähmen? Oder die Polizei rufen, um die Stinkwolken in Gewahrsam zu nehmen? Dann machen sie hoffentlich ordentlich Stunk. Wörtlich sagte die Phantom-Systemdienerin zu der Gruppe:

> Ich kann den Geruch jetzt wahrnehmen, aber im Moment befinde ich mich ja auf Ihrem Grundstück. Hier kann es auch gerne riechen, das ist gar kein Problem. Aber wenn ich auf der Straße stehe und es immer noch rieche, machen Sie sich strafbar.

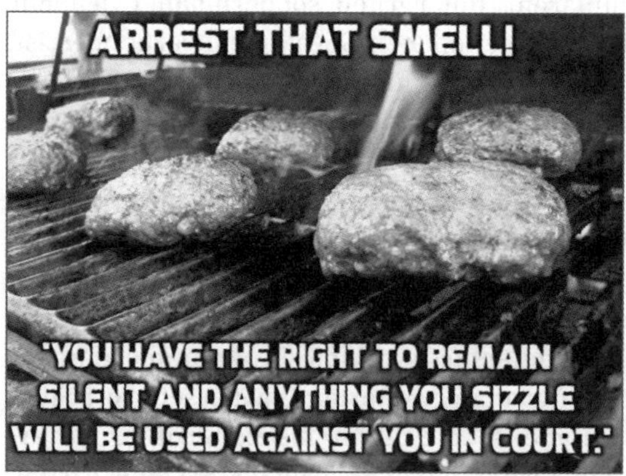


**Abb. 401:** „Verhaften Sie den Gestank! – ‚Sie haben das Recht zu schweigen. Jedes Knistern, das Sie von sich geben, kann vor Gericht gegen Sie verwendet werden.'" – *In einer Welt, die selbst zur Satire wird, hat man es als Satiriker zunehmend schwerer.*

Korrigieren Sie mich bitte, wenn ich falsch liege, aber für mich klingt das nicht nach jemandem, der aus dem Unendlichen Gewahrsein spricht (Abb. 401). Das System hat schon immer gerne Paragrafenreiter beschäftigt. Bei uns in England nennt man sie „jobsworths", weil sie zu sagen pflegen „It's more than my job's worth": Eine idiotische Anordnung *nicht* durchzusetzen, sei man nicht befugt. Der Begriff wird sogar im Wörterbuch definiert: „Eine Amtsperson, die kleinliche Bestimmungen selbst dann noch hochhält, wenn dies auf Kosten der Menschlichkeit oder des gesunden Menschenverstandes geht." Man könnte auch sagen: Ein extremer Fall von Ich-Phantom. Grad und Umfang der Programmierung derselben erreichen immer wieder neue Gipfel der Absurdität. Am Ende soll das gesamte System von diesen Programmen in einem weltumspannenden Ich-Phantom-Staat Orwellscher Prägung verwaltet werden. Da die Programme zur Erfüllung ihrer Zielvorgaben andere Programme anheuern, wächst ihre Zahl rasant. In New York wurde ein Rettungssanitäter suspendiert, nachdem er während eines Krankentransportes spontan angehalten hatte, um ein siebenjähriges Mädchen vor dem Ersticken zu retten – sie war bereits bewusstlos und fing an, blau anzulaufen. Seinen Jobsworth-Chefs zufolge hatte er mit seinem unerlaubten Halt während des Dienstes die Vorschriften übertreten. So tief ist die Menschheit bereits gesunken. Bald wird man kaum noch irgendetwas tun können, ohne gegen irgendein Gesetz zu verstoßen – pausenlos werden überall Berge neuer Bestimmungen eingeführt. Den Ich-Phantom-Lakaien dürfte bei diesen Aussichten schon das Wasser im Munde zusammenlaufen. Aber dürfen die das eigentlich? Ich meine, sabbern? Sicher, dass das nicht gegen irgendein Gesetz verstößt? Ich kann's ja kaum glauben, aber das scheint nicht der Fall zu sein. Bestimmung Nr. 465, 895, 456/WCD/Verweis FIWT/Paragraph 65, Unterparagraph 5 der Sabberverordnung für Systemdiener aus dem Jahre 2004 besagt: „Der Staatsbedienstete befindet sich so lange im Einklang mit dieser Vorschrift, wie der herabhängende Sabber eine Länge von maximal fünf Zentimetern nicht übersteigt oder aber, sollte dieser Grenzwert überschritten werden, ein Taschentuch zu Hilfe genommen wird." Sie sehen also, es geht alles nach „Protokoll" (einem „Satz von Regeln, der festlegt, welches Nachrichtenformat beim Austausch zwischen mehreren Computern verwendet wird").

Das Ich-Phantom ist ein Softwarekonstrukt; je stärker es geknechtet wird, desto strikter wird es den Regeln und Vorschriften Folge leisten – ob es nun zu den Herrschenden oder zu den Beherrschten gehört (Abb. 402). Spontaneität und gesunder Menschenverstand? Vergessen Sie's. Regelwerke sind immer dumm und herzlos, schließlich können sie weder denken noch fühlen. Das Gleiche gilt für Menschen mit dem Gemüt eines Regelwerks. Im Internet findet man massenhaft Videos von Gesetzeshütern, die, nachdem irgendetwas Ungewöhnliches geschehen ist, mit der Einstellung „Wenn es ungewöhnlich ist, wird es auch irgendein Gesetz dagegen geben" anrücken und Letzterem Genüge tun wollen. Wenn sie dann schließlich vor Ort herausfinden, dass es kein Gesetz gibt, das das Vorgefallene verbieten würde, macht sie das total kirre. Es gibt ein Video, auf dem man einen Burschen

**Abb. 402:** „Ich werde die Regeln befolgen." – *Der Lernprozess des Ich-Phantoms.*

sieht, der in einem Londoner Park ein Schild mit der Aufschrift „Alles ist in Ordnung" in die Höhe hält. Daneben stehen einige Polizeibeamte, die damit beschäftigt sind, ihre Vorschriften nach einer Passage zu durchforsten, die es ihnen erlauben würde, den jungen Mann zum Niederlegen seines Schildes zu zwingen. Die Beamten in ihrer Beschränktheit konnten lediglich wahrnehmen, dass da etwas von der Norm abwich, ergo musste es ja gegen das Gesetz verstoßen. Hätte sie jedoch jemand mit der offenkundigen Tatsache konfrontiert, dass sie an einer geistigen Störung leiden – vielleicht an Phantomitis oder der Klonkrankheit –, wären sie schwer entrüstet gewesen. Sie finden den Wahnsinn normal und „machen nur ihren Job". Ihr Sicherheitsempfinden basiert auf einprogrammierten Normen, die zu keinem Zeitpunkt durch Spontaneität gefährdet werden. Geschieht dann doch einmal etwas Unerwartetes, wirft ihre Software eine Fehlermeldung aus und wechselt in den Panikmodus – „Wir sind die Borg … deaktivieren Sie Ihre Waffen … Widerstand ist zwecklos …" Die Mentalität dieser Polizisten stellt ein extremes Beispiel für das Sklaven-versklaven-Sklaven-Programm dar. Die meisten Gesetzeshüter dienen einem System, das auch sie und ihre Familien unterjocht und im Begriff ist, ihre Kinder und Kindeskinder in eine Tyrannei unvorstellbaren Ausmaßes zu manövrieren – denn der archontische Virus strebt nach nichts Geringerem als der totalen Kontrolle.

## Wer verliert zuerst?

Um das Prinzip von „Teile und herrsche" in die Realität umsetzen zu können, braucht man natürlich ein Mittel, mit dem man die Menschen entzweien kann. Hier erweisen sich hierarchische Vorstellungen als ideale und unentbehrliche Werkzeuge. Das Ich-Phantom ist so beschaffen, dass es die unbegrenzte Einheit nicht wahrnehmen kann, die uns als einzigartige Aufmerksamkeits- und Beobachtungsbrennpunkte innerhalb des Unendlichen Gewahrseins miteinander verbindet (Abb. 403). Es kann sich selbst nicht als Ausdruck von *Allem Was Ist* wahrnehmen, der sich an den unendlichen Möglichkeiten, dem Potenzial und der Vielfalt erfreut. Wäre es anders, wäre es kein Ich-Phantom. Seine Informationsdownloads programmieren ihm die Vorstellungen eines isolierten Individuums ein. Damit ist eine ausgezeichnete Basis dafür geschaffen, die Menschheit zu teilen und zu beherrschen – noch bevor die Ich-Phantome den religiösen, politischen oder kulturellen Gruppen zugeordnet wurden, die man dann gegen andere Gruppen ausspielen kann. Der Verbindung mit der Weisheit und dem Einblick des Unendlichen Gewahr-

**Abb. 403:** „Verbindung? Was für eine Verbindung?" – *Ich bin doch verbunden – schließlich bin ich online!*

**Abb. 404:** „Eine Gesellschaft, die so etwas zulässt, darf sich nicht für ‚zivilisiert' halten." – *Das kommt dabei heraus, wenn eine Gesellschaft auf Konkurrenz basiert und die Leute, die sie lenken, mit gezinkten Karten spielen, sodass sie immer „gewinnen".*

seins beraubt, bleibt dem Ich-Phantom nur noch eine Informationsquelle übrig – der Mainstream-Einheitsbrei, der ihm die „Welt da draußen" erklärt. Ohne die Filterung durch das Unendliche Gewahrsein und dessen erweiterten Blickwinkel stoßen diese archontischen, auf fünf Sinne beschränkten Informationen in der Regel auf wenig Widerstand und werden weitgehend ungeprüft als „Fakten" übernommen. Ein unterbewusstes Gefühl des Getrenntseins, das vom Unendlichen Selbst herrührt, führt dazu, dass sich das Ich-Phantom stets unsicher, ängstlich und unruhig fühlt. Da es sich diese Empfindungen zumeist nicht erklären kann, macht es irdische Faktoren dafür verantwortlich. Die meisten Menschen dürften sich dieser Schwingung, die ich Hintergrundtraurigkeit oder -unruhe nenne, gar nicht bewusst sein – so, wie man auch ein konstantes Hintergrundrauschen nicht mehr wahrnimmt, wenn es nur lange genug andauert. Dieses Gefühl von Unsicherheit kann das Bedürfnis nach Kontrolle zur Folge haben (alle Kontrollfreaks sind extrem unsicher) sowie den Gedanken nähren, Erfolg würde sich dadurch definieren, dass man von anderen Ich-Phantomen als erfolgreich angesehen wird. Damit tritt der sogenannte Wettbewerb in Erscheinung, der dafür sorgt, dass die Menschen permanent gegeneinander kämpfen. Wir könnten ja auch zusammenarbeiten – kein Mensch müsste dann mehr hungern oder auf der Straße leben (Abb. 404).

Wenn wir stattdessen jedoch miteinander konkurrieren, haben die meisten Menschen nichts, während einige wenige weitaus mehr besitzen, als sie jemals benötigen werden. Konkurrenzdenken ist ein Sprössling der zwanghaften Vorstellung, als siegreich angesehen werden zu müssen. Diese Abhängigkeit ist letztlich eine Folge des Gefühls der Unsicherheit, welches wiederum auf das Getrenntsein vom Unendlichen Selbst zurückzuführen ist. Selbstsicherheit entspringt dem Unendlichen Gewahrsein – und das hat es nicht nötig, sich zu messen, zu „gewinnen" und damit sein Erfolgsgefühl (und sein Sicherheitsempfinden) zu externalisieren und daran festzumachen, ob man von den anderen als erfolgreich betrachtet wird. Menschen, deren Bewusstheit außerhalb des Ich-Phantoms verankert ist, beziehen ihre Selbstsicherheit aus ihrem Inneren, nicht aus äußerer Bewunderung und Bestätigung. Dieses Sicherheitsempfinden speist sich aus dem Wissen, dass wir unendliches und ewiges Gewahrsein sind, das eine Erfahrung durchläuft; es wird sich nicht einstellen, solange man glaubt, diese Erfahrung zu *sein*. Das, was man sowieso schon ist, bedarf keiner Bestätigung von außen und auch keiner neuen Schubladen wie etwa „erfolgreich" oder „Versager".

Das Ich-Phantom nimmt sich selbst als getrennt wahr und kann (so glaubt es zumindest) nur dann erfolgreich sein, wenn es „besser ist" als die anderen Ich-Phantome, die

**Abb. 405:** „Ich habe gewonnen! Prima – und was jetzt?" – *Eine gewonnene Farce ist immer noch eine Farce.*

sich ebenfalls als getrennt erleben (Abb. 405). „Ich werde ihn schlagen!" Nein, wir sind Unendliches Gewahrsein und „schlagen" folglich nur uns selbst. „Ich habe ihn getötet!" Nein, wir sind Unendliches Gewahrsein und können nur uns selbst „töten". Es besteht ein Unterschied zwischen dem Bemühen, auf seinem Gebiet das Beste zu geben, und dem Konkurrenzdenken. *Ihr* Bestes zu geben, bedeutet eben einfach, dass Sie *Ihr* Bestes gibst, und nicht, dass Sie sich über den Vergleich mit anderen definieren, die *ihr* Bestes geben. Man kann Fußball mit anderen und gegen andere spielen und dabei sein Bestes geben, ohne seine Erfahrung darüber zu definieren, was andere tun. Ihr Bestes war nicht gut genug? Natürlich war es das, schließlich war es das Beste, was Ihnen zu tun möglich war. Oh, aber wir haben „verloren", und die Gegenseite hat den ganzen Applaus eingesteckt? Da veräußerlichen Sie schon wieder Ihr Sicherheitsgefühl. Wen interessiert das denn, wie viel Applaus die anderen bekommen haben und wie viel man Ihnen gönnt? Hängt Ihr Selbst- und Sicherheitsempfinden davon ab, was andere denken oder tun? Wenn das der Fall ist, sind Sie dem Ich-Phantom in die Falle gegangen.

Ich habe viele Geschichten von Menschen gehört, deren junges Leben durch die Äußerungen einiger geistig umnachteter Zeitgenossen in den sozialen Medien zerstört wurde; manche von ihnen haben ihrem Leben nach derartigen Attacken gar durch Selbsttötung ein Ende gesetzt. Die Mentalität des Internet-Trolls entspringt dem Geist eines extrem verunsicherten Ich-Phantoms; das gilt allerdings auch für jemanden, der sich von diesen gestörten Leuten beeindrucken lässt. Die mythologische Trollfigur wird meist als unterbelichtet und dick dargestellt – was zu der niedrigen Frequenz passt, mit der solche Leute schwingen. [Im Englischen bezeichnet man dumme, begriffsstutzige Personen auch als „thick" (dick) oder „dense" (dicht). In der Esoterik wiederum steht eine hohe Dichte für eine niedrige Schwingung und einen im Ego verhafteten Geist, Anm. d. Übers.] Dabei zwingt sie niemand dazu, so zu sein. Es ist ihre freie Wahl, sich so zu verhalten; es steht ihnen jederzeit frei, eine andere Wahl zu treffen. Wer sein Sicherheitsgefühl daraus bezieht, eine bestimmte (gefühlte) Position innerhalb einer Hierarchie innezuhaben, muss die Leiter nicht nur hinaufkraxeln, sondern auch andere herunterstoßen. Hierin liegt einer der Hauptgründe, warum sich so viele Menschen daran ergötzen, wenn sie andere – als erfolgreich wahrgenommene – Personen fallen sehen; und wenn sie noch selbst mit Hand anlegen können, umso besser. Ich schaff's nicht weiter die Leiter rauf – na, dann kann ich zumindest andere zu mir hinunterziehen. Ich musste 26 Jahre lang Schmähungen durch besonders krasse Ich-Phantome über mich ergehen lassen (und es kommt immer noch vor), aber das kümmert mich nicht. Für meine Selbstsicherheit brauche ich keine Hilfe von anderen, vielen Dank. Wenn mein Selbstempfinden davon abhinge, dass ich von Armleuchtern, deren Wahrnehmung in einer Falle steckt, gemocht werde – was würde das denn über mich aussagen? Was andere über einen denken, spielt keine Rolle – einzig und allein, was *man selbst* über sich denkt, ist entscheidend.

Eine weitere Konsequenz, die sich aus der Abhängigkeit des Ich-Phantoms von einem externalisierten Sicherheitsgefühl ergibt, besteht in der Reduzierung persönlicher Erfolgserlebnisse auf das, was das System unter „Erfolg" versteht bzw. als Statussymbol anerkennt. Nur dann wird das Ich-Phantom den ersehnten Beifall erhalten. Dieser Mechanismus stellt für das System ein wichtiges Mittel dar, um die Wahlmöglichkeiten vorzugeben und einzuschränken. Ist die Definition von Erfolg – die sich im Wesentlichen auf die Begriffe Ruhm, Status und Geld stützt – erst einmal einprogrammiert, sind auch die Kriterien für die Zielsetzungen des Ich-Phantoms etabliert, das seine Sicherheit in äußeren Faktoren sucht. Das betrifft, so traurig es ist, den Großteil der Menschen. Überfürsorgliche Eltern raten ihren Sprösslingen nicht, Indien zu bereisen, um ihre Freunde zu beeindrucken. Vielmehr drängen sie ihre Nachkommen dazu, Zielen nachzugehen, die deren Freunde aufgrund ihrer Programmierung als „Erfolge" betrachten werden. Solange ein Mensch nicht aufhört, Selbstsicherheit und Selbstwert im Außen zu suchen, kann er nicht frei werden – *unter keinen Umständen*. Da kann er das Wort von der Freiheit noch so viel im Munde führen oder in deren Namen auf die Straße gehen. „Revolutionen" zur „Befreiung der Menschen" enden stets nur in einer neuen Form der Sklaverei, denn es ändert sich lediglich die Rhetorik, nicht aber die Programme, die die Realität der Menschen bestimmen.

## Angstprogrammierung der Massen

Die Neigung der linken Hirnhälfte bzw. des Reptilienhirns zu Hierarchie und Ergebenheit ist für das freie Denken tödlich; dies gilt umso mehr, wenn sich der zwanghafte Überlebensdrang des Reptilienhirns dazugesellt. Zusammen bilden diese Komponenten einen einflussreichen und grundlegenden Teil des Ich-Phantoms. Das Reptilienhirn denkt nicht; im Zusammenspiel mit einem weiteren Abschnitt des Gehirns, der Amygdala genannt wird, *reagiert* es einfach. Die Amygdala verarbeitet Emotionen und bringt sie zum Ausdruck. Reagieren ohne nachzudenken kann nützlich sein, wenn beispielsweise jemand vor Ihr Auto läuft und Ihr Reptilienhirn Sie sofort in die Eisen steigen lässt, ohne dass Sie die Situation erst gedanklich erörtern mussten. In Situationen, die tödlich enden könnten, wenn man erst debattieren würde, kann man nur froh sein, dass es das Reptilienhirn gibt. Wenn der Überlebensinstinkt allerdings zum alleinigen Herren über Wahrnehmung und Verhalten wird und die anderen Bereiche des Gehirns niemals zum Zuge kommen, endet das tödlich – nämlich für die Freiheit. Das Reptilienhirn tastet pausenlos die Umgebung nach möglichen Bedrohungen ab, zu denen neben der Gefährdung des physischen Überlebens auch Unwägbarkeiten bezüglich Beruf, Finanzen, Status, Leumund, Beziehungen und intellektueller Vorrangstellung zählen. Der Komplex aus Reptilienhirn und Amygdala

**Abb. 406:** „Reptilienhirn." – *Das Reptilienhirn/die Amygdala während ihrer fünf Minuten.*

**Abb. 407:** „11. September 2001: Problem – Reaktion – Lösung." – *9/11 war ein klassisches PRL-Szenario.*

ist sowohl an der Kampf-oder-Flucht-Reaktion beteiligt, mit der wir instinktiv auf eine Gefahrensituation reagieren, als auch bei aggressivem Verhalten im Straßenverkehr. Wann immer jemand völlig überzogen oder gar gewalttätig reagiert, um am Ende – bestürzt über sein eigenes Handeln – zu sagen „Was habe ich bloß getan?", waren Reptilienhirn und Amygdala am Werk. Panik ist ein Wesenszug des Reptilienhirns, der zutage tritt, sobald sein Überleben bedroht zu sein scheint (Abb. 406).

Wenn Sie nun das Reptilienhirn-Amygdala-Reaktionssystem einmal gedanklich mit der Vorliebe der linken Gehirnhälfte und des Reptilienhirns für Hierarchien kombinieren, wird klar, warum die Massenmanipulationstechnik, die ich Problem-Reaktion-Lösung (PRL) genannt habe, so hervorragend und anhaltend funktioniert. Es ist so einfach. Stellen Sie sich vor, Sie wollen die Gesellschaft in einer Weise verändern, dass sie mit Ihren Plänen zur Errichtung einer globalen Kontrollinstanz konform geht; Sie wissen aber, dass Sie mit massivem Widerstand rechnen müssten, wenn Sie einfach frei herausposaunen würden, was Ihnen vorschwebt, ohne irgendeine Rechtfertigung dafür zu haben. Also inszenieren Sie im Stillen ein Problem, für das Sie dann offiziell andere verantwortlich machen – obwohl *Sie* es waren, der es in die Welt gesetzt hat. Dabei kann es sich um einen Terroranschlag, den Zusammenbruch des Finanzsystems, eine Epidemie, einen „Volksaufstand" oder irgendetwas anderes handeln; Hauptsache, das Ereignis erlaubt Ihnen, im Nachhinein genau die Veränderungen vorzunehmen, die Sie angepeilt hatten, und die gewünschten Maßnahmen zu ergreifen. Wollen Sie beispielsweise einen weltweiten Krieg gegen den Terrorismus rechtfertigen (einen Krieg gegen bestimmte Länder, um sich deren Bodenschätze einzuverleiben und ihre Führer zu beseitigen), inszenieren Sie einen terroristischen Anschlag in der Art von 9/11 und schieben ihn dann denen in die Schuhe, die Sie dämonisieren wollen (Abb. 407). Ohne 9/11 wären all die darauffolgenden Kriege, mit all dem damit verbundenen Chaos und Schrecken, gar nicht möglich gewesen. In meinen Büchern, insbesondere in „Alice im Wunderland und das World Trade Center Desaster“, habe ich sehr ausführlich dargelegt, wie die Anschläge vom 11. September im Auftrag der Verdeckten Hand von Regierungs- und Militärbehörden eingefädelt worden sind. Ich habe auch gezeigt, dass sämtliche Länder, in die man nach 9/11 einmarschiert ist, schon lange Zeit vorher für einen „Regimewechsel“ vorgemerkt waren. Die Ereignisse von New York und Washington lieferten lediglich den zur Umsetzung der Pläne benötigten Vorwand (Abb. 408). Wenn Sie die Menschen ihrer Freiheiten berauben wollen, sagen Sie ihnen, dies sei nötig, um sie vor Terroristen zu beschützen (Abb. 409). Wenn Sie erklären wollen, warum Sie die Bevölkerung durch Sparmaßnahmen zermürben und ihr Vermögen stehlen, brauchen Sie einen Finanzcrash wie den von 2008 – weitere sind schon in Planung. Auch über die Hintergründe des Zusammenbruchs von 2008, also darüber, wer dahinter steckte und wie der Crash eiskalt herbeigeführt wurde, habe ich an anderer Stelle ausführlich geschrieben. Möchten Sie eine Impfpflicht durchsetzen, um den Leuten giftigen Dreck verabreichen zu können, der das Immunsystem zerstört? Dann setzen Sie einen Virus frei (oder tun Sie so, als wäre einer im Umlauf) und verkünden Sie, dass ein jeder gesetzlich dazu verpflichtet ist, sich impfen zu lassen, da man sich nur so vor dem Virus schützen und *überleben* könne.

**Abb. 408:** „Die Wahrheit kann nicht auf ewig unterdrückt werden. 9/11 war das Werk von Insidern“ – *Der Startschuss zum lange geplanten – und nicht existenten – „Krieg gegen den Terror“.*

**Abb. 409:** „Wie die Regierung dich haben will … sodass sie dich kontrollieren kann“ – *Versetze die Menschen in Angst, und sie werden dir ihre Freiheit überlassen, damit du sie beschützt.*

Meine kleine Nebenbemerkung, dass man eine Epidemie auch einfach vortäuschen kann, ist alles andere als an den Haaren herbeigezogen. Es gibt nämlich eine spezielle Variante des PRL-Konzeptes, die ich *Kein*-Problem-Reaktion-Lösung nenne. Der Trick dabei ist, dass ein auslösendes Problem gar nicht real existieren muss – es genügt voll-

**Abb. 410:** „So funktioniert Politik: ‚Schauen Sie, wir wollen doch einen Krieg gegen Russland, oder? Aber wir haben keinen Grund, einen anzufangen. Also denken wir uns einen aus: Massenvernichtungswaffen! Habe ich jetzt Ihre Aufmerksamkeit?'" – *Die Lügenfabrik.*

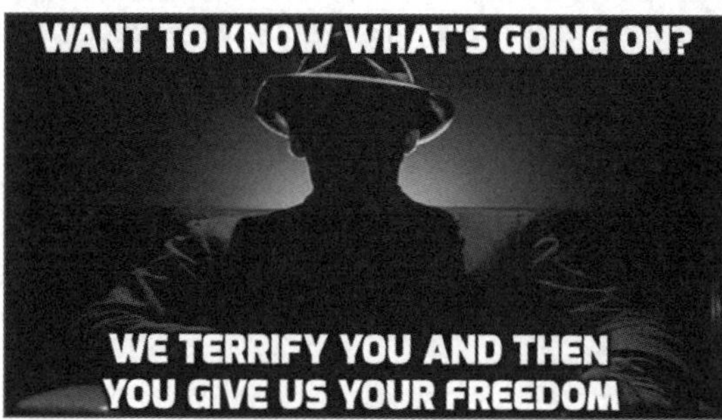


**Abb. 411:** „Wollen Sie wissen, was hier läuft? Wir jagen Ihnen Angst ein, dann geben Sie uns Ihre Freiheit." – *Genau so funktioniert es.*

**Abb. 412:** „Liederblätter startklar – und jetzt alle: ‚Tausende von Dschihadisten trachten euch nach dem Leben – wir müssen euch eure Freiheiten wegnehmen.'" – *Wir sind das Problem, ihr seid die Reaktion, und schließlich offerieren wir die Lösung.*

kommen, wenn jedermann *glaubt*, dass es eines gibt. Im Endeffekt spielt sich alles nur im Kopf ab. Ein wunderbares Beispiel für die Formel „Kein-Problem-Reaktion-Lösung" haben wir mit den Behauptungen über angebliche irakische Massenvernichtungswaffen erlebt, auf deren Grundlage eine Invasion in die Wege geleitet wurde. Das Ergebnis ist in beiden Fällen dasselbe, ob das ursprüngliche Problem nun überhaupt existiert hat oder nicht (Abb. 410). Henry Kissinger, seines Zeichens seit über 60 Jahren einer der aktivsten Manipulatoren der Archonten und das Böse in Person, sagte einmal: „Es kommt nicht darauf an, was wahr ist, sondern nur darauf, was für wahr gehalten wird." Ähnlich äußerte sich auch der einstige CIA-Direktor William Casey: „Wir können unser Desinformationsprogramm als abgeschlossen betrachten, wenn alles, was die amerikanische Öffentlichkeit glaubt, falsch ist."

Man kann die PRL-Methode auch so zusammenfassen: „Jage den Leuten eine Heidenangst ein, und sie werden tun, was immer du willst." An dieser Stelle kommt die Kombination aus linker Gehirnhälfte und Reptilienhirn zur vollen Entfaltung (Abb. 411). Die Verhaftung in hierarchischen Strukturen und das „Kenne deinen Platz"-Denken bewirken, dass sich die übergroße Mehrheit der Menschen in solch einem Fall auf Autoritäten verlässt, während das angebliche „Problem" in Wirklichkeit zurechtgeschustert ist. Die auf Angst basierende, das Überleben sicherstellende Reaktion des Reptilienhirns ebnet den Weg für die Akzeptanz der „Lösung" für das „Problem" – wobei die Agenten, die die Lösung propagieren, derselben Macht dienen, die das Problem überhaupt erst geschaffen und dann mit dem Finger auf jemand anderen gezeigt hat (Abb. 412). Die Angst und der Überlebensinstinkt der Menschen wenden sich dann gegen die, die vom System irreführenderweise für die Situation verantwortlich gemacht werden. Da der einmal aktivierte Reptilienhirn-Amygdala-Komplex zu einer kühlen und rationalen Bewertung der Umstände unfähig ist, mutiert in einer solchen Situation jeder, der das einprogrammierte Feindbild auch nur ansatzweise geschluckt hat, zu einem Brennpunkt des Hasses und Zorns – was oft auch mit Gewaltbereitschaft einhergeht. Nach den Anschlägen vom 11. September wurden Menschen, die gar keine Muslime waren, dummerweise aber eine dunklere Hautfarbe hatten, verstärkt von Ich-Phantom-Extremisten attackiert. Die Hautfarbe eines Menschen genügte diesen als Bewusstsein getarnten Softwareprogrammen, eine Verbindung zu den Anschlägen herzustellen.

Die Geschwindigkeit und Leichtigkeit, mit der die übergroße Mehrheit der Menschen die offiziellen Märchen akzeptiert, ohne an Hinterfragung oder eigene Recherche auch nur zu denken, belegen meine Thesen. Bush und Blair – Brüder im archontischen Geist – haben für ihre Herren unverfroren und nachweislich gelogen, als es um die angeblichen irakischen Massenvernichtungswaffen ging. Damit beschworen sie ein unbeschreibliches Gemetzel herauf; das Chaos, das dabei im Irak angerichtet wurde, dauert noch immer an (Abb. 413). Vor Jahren schon habe ich in meinen Büchern dargelegt, dass sich Bush und Blair (bzw. deren Meister im Hintergrund) auf die Invasion im Irak im Jahre 2003 schon zu einer Zeit verständigt hatten, als das Thema noch gar nicht in der Öffentlichkeit diskutiert wurde. Aus Dokumenten, die seither durchgesickert sind, geht hervor, dass die Pläne schon mindestens ein Jahr vorher existierten. In den Köpfen der Schattenmächte bestanden sie freilich schon viel länger; ich hatte schon 13 Jahre zuvor davon geschrieben. Nur Wenigen ist aufgefallen (gerade auch unter Medienvertretern), dass es sich bei den schamlosen Lügnern, die mit der Fabel von irakischen Massenvernichtungswaffen die folgenden, längst geplanten Schritte zu rechtfertigen suchten, um dieselben Leute handelte, die uns auch erklärt haben, was nach offizieller Lesart am 11. September (nicht) passiert ist. Die meisten Menschen schlucken einfach das, was ihnen der Mainstream in allen Bereichen einflüstert – ohne irgendeine Frage zu stellen, ohne eigenständige Recherchen. Journalisten, Wissenschaftler, Ärzte und Akademiker repetieren die jeweilige offizielle Mainstreamversion, und der überwiegende Teil der Bevölkerung glaubt ihnen. Der ehemalige CIA-Direktor William Colby äußerte einmal, seine Behörde würde jeden kontrollieren, der in den großen Medien irgendetwas zu sagen hätte. Dabei ist es gar nicht nötig, dass sie die medialen Führungspersonen an sich kontrollieren – es

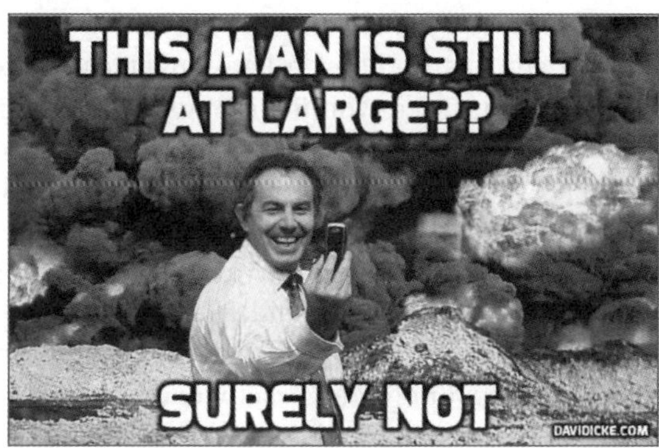


**Abb. 413:** „Dieser Mann läuft immer noch frei herum? Ach was?" – *Sehr gefährlich. Nur mit einem dicken Bündel Geld in der Hand nähern.*

genügt, wenn sie die von ihnen wahrgenommene Realität lenken. Die Mainstreammedien (und ein großer Teil der alternativen Medien) bestehen überwiegend aus Ich-Phantomen, die aus der Welt des Ich-Phantoms berichten. Die allerwenigsten Mainstreamjournalisten stellen eigenständige Erkundigungen an; und wenn sie es tun, bekommen sie die Konsequenzen sehr schnell zu spüren. Der Begriff „Journalist" stellt, bezogen auf die Mainstreamvertreter dieses Berufsstandes, eine weitere Umkehrung dar – die seltenen rühmlichen Ausnahmen bestätigen dabei die Regel. Journalisten sollen uns die Welt erklären, obwohl sie *selbst* keinen Plan haben, was wirklich läuft. Investigativer Journalismus sieht weitgehend so aus, dass man die Morgenzeitungen durchblättert und die Meldungen verfolgt, die fortwährend über den Bildschirm der Nachrichtenredaktion flimmern: „Journalisten" erklären „Journalisten", was Sache ist, und das wird dann in die Welt hinausposaunt, als wären es Tatsachen.

Im Jahre 2015 begegnete ich bei einem Cricketspiel zufällig einem Fernsehjournalisten, den ich vor fast 40 Jahren kennengelernt hatte. Dem Verlauf unserer Unterhaltung entnahm ich, dass er davon überzeugt war, ich würde als eine Art christlicher Wanderprediger um die Welt reisen und solche evangelistischen Heilungsveranstaltungen geben – die britische Version von Benny Hinn, sozusagen. Wie konnte er auf solch eine absurde Idee kommen? Nun, indem er den Unsinn, den seine „Journalisten"-Kollegen verfasst haben, durch seine serienmäßigen Wahrnehmungsmodule hat laufen lassen. Das ist die Art von Leuten, die an der entscheidenden Schnittstelle zwischen dem Weltgeschehen und den Informationen sitzen, die Sie darüber erhalten. Für sie ist schon der bloße Gedanke an eine weltumspannende Verschwörung etwas, das ihr Begriffsvermögen und ihre Fähigkeit, frei und eigenständig zu denken, hoffnungslos überfordert. Regierungs- und Geheimdienstinsider, die an die Öffentlichkeit gehen und von der offiziellen Version nicht viel übrig lassen? Alles paranoide Irre. Tausende von Piloten und Statikern, die ihr Fachwissen Organisationen zur Verfügung stellen, die den Nachweis erbringen, dass die „arabischen Luftpiraten" die Flugzeuge vom 11. September unmöglich in der behaupteten Art hätten steuern und dass Flugbenzin die Zwillingstürme nicht zum Einsturz hätte bringen können? Noch mehr paranoide Wahnsinnige. Sorgfältig zusammengetragene und detaillierte Beweise, dass die offizielle Geschichte nicht stimmen kann? Internetschwachsinn. Ganz gleich, wie erdrückend die Beweislast auch sein mag – die Mainstreammedien werden keine Veranlassung dazu sehen, die Narrative ihres Einheitsbreis einer Überprüfung zu unterziehen. Um zu begreifen, warum das so ist, braucht man freilich kein Genie zu sein (Abb. 414).

**Abb. 414:** „Die Mainstreammedien, während sie über den 11. September berichten." – *Wer will das noch als Journalismus bezeichnen?*

# Alles ist schon seit Langem geplant

Im September 2000 publizierte eine Denkfabrik namens Project for the New American Century ein Dokument mit dem Titel „Rebuilding America's Defenses: Strategies, Forces and Resources for a New Century". Darin werden eine Reihe von Staaten im Nahen Osten und Nordafrika aufgelistet, in denen die Vereinigten Staaten nach Ansicht der Verfasser „Regimewechsel" bewirken sollten – und zwar durch sogenannte „multiple-theater wars", also Kriegen an mehreren Schauplätzen gleichzeitig. Auf der Liste standen unter anderem der Irak, Libyen, Syrien, der Libanon und der Iran. Darüber hinaus wünschte man sich auch für Nordkorea und China einen „Regimewechsel". Wie die Autoren schrieben, würde dieser „Transformationsprozess [...] wahrscheinlich langwierig [werden], wenn kein vernichtendes und katalysierendes Ereignis eintritt – wie ein neues Pearl Harbor". An dem Papier beteiligt waren unter anderem Dick Cheney, Donald Rumsfeld, Paul Wolfowitz, Dov Zakheim, Richard Perle, Robert Kagan, Douglas Feith, William Kristol und Lewis „Scooter" Libby, die nur wenige Monate später allesamt mit der Regierung von Bush junior an die Macht kamen – entweder direkt (was für die meisten zutraf) oder indirekt.

Auf den Monat genau ein Jahr später kam es zu den Ereignissen vom 11. September – die Bush als „unser Pearl Harbor" bezeichnete –, die man als Rechtfertigung dafür benutzte, sich nun ein Land nach dem anderen von der Liste vorzuknöpfen. Unterdessen machte man „islamische Extremisten" für die Anschläge verantwortlich. Der angebliche „Terroristenanführer" Mohammed Atta war ein derart fanatischer Moslem, dass er eine weiße, nichtmuslimische, amerikanische Freundin hatte, Kokain nahm, ziemlich viel soff und am liebsten Schweinefleisch verzehrte (siehe dazu meine Bücher „The David Icke Guide to the Global Conspiracy" und „Alice im Wunderland und das World Trade Center Desaster"). Über den Flughafen von Venice, Florida, wo einige der Attentäter das Fliegen „geübt" haben sollen, hat Atta sogar für die CIA Drogen geschmuggelt. Atta und seine „Entführer"-Kollegen sind in eine Falle gegangen, die sie nicht verstanden – eine Falle, die ihnen von archontischen Elementen innerhalb der amerikanischen Regierungs-, Militär- und Geheimdienstnetzwerke gestellt worden war. Darüber hinaus waren auch Israel und Saudi-Arabien dabei involviert – die Länder, aus denen der überwiegende Teil der vermeintlichen Attentäter stammte (Abb. 415). Der ehemalige NATO-General Wesley Clark, der einst den Rang des Supreme Allied Commander Europe innehatte, sagte 2007 in einem Interview mit einem kleineren

**Abb. 415:** „Die USA machen reinen Tisch zu 9/11. ‚Sagst du ihnen, was wir gemacht haben, Georgie?' – ‚Natürlich nicht, mein Lieber.'" – *Die Bush-Regierung und die Saudis stecken bis zum Hals in dem Schwindel um den 11. September – zusammen mit Großbritannien und Israel.*

Fernsehsender, dass die nach dem 11. September ausgelösten Kriege spätestens seit 2001 geplante Sache gewesen seien (in Wirklichkeit schon lange vorher):

> Etwa zehn Tage nach 9/11 lief ich durch das Pentagon, um Verteidigungsminister Rumsfeld und seinen Stellvertreter Wolfowitz aufzusuchen. Ich ging nach unten, um einige Mitarbeiter des Stabes zu begrüßen, der für mich gearbeitet hatte. Einer der Generäle rief mich zu sich. „Sir", sagte er, „Sie müssen kurz reinkommen und einen Moment mit mir sprechen." Ich antwortete: „Sie haben sicherlich sehr viel zu tun." „Nein, nein", entgegnete er. „Wir haben entschieden, gegen den Irak in den Krieg zu ziehen." Das war am oder um den 20. September herum. Ich fragte: „Wir ziehen in den Krieg gegen den Irak? Wieso?" Er antwortete, „Ich weiß es nicht. Ich glaube, die wissen einfach nicht, was sie sonst tun sollen."
>
> Ich fragte ihn also: „Hat man Hinweise gefunden, die Saddam mit Al Qaida in Verbindung bringen?" „Nein, nein", sagte er. „Aus der Richtung gibt es keine Neuigkeiten. Sie haben einfach entschieden, Krieg gegen den Irak zu führen. Mir scheint, die handeln nach dem Motto ‚Wir wissen nicht, was wir gegen Terroristen unternehmen sollen, aber wir haben ein tolles Militär und können Regierungen stürzen.'" Dann fügte er noch hinzu: „Wenn das einzige Werkzeug, das man besitzt, ein Hammer ist, muss einem wohl jedes Problem wie ein Nagel erscheinen."
>
> Ein paar Wochen später ging ich wieder zu ihm. Zu dem Zeitpunkt bombardierten wir bereits Afghanistan. Ich fragte ihn: „Gilt das noch immer, dass wir gegen Irak in den Krieg ziehen?" Darauf antwortete er: „Oh, es ist sogar noch viel schlimmer." Er langte nach einem Blatt Papier auf seinem Schreibtisch und sagte: „Das habe ich heute von oben hereinbekommen", womit das Büro des Verteidigungsministers gemeint war. „Dieses Memo beschreibt, wie wir innerhalb der nächsten fünf Jahre sieben Länder ausschalten werden. Irak macht den Anfang, dann folgen Syrien, Libanon, Libyen, Somalia, Sudan und schließlich Iran."
>
> Ich entgegnete: „Ist das als geheim eingestuft?" Er sagte, „Ja, Sir." Darauf meinte ich: „Na, dann zeigen Sie's mir nicht." Vor ungefähr einem Jahr traf ich ihn wieder. „Wissen Sie noch, damals?" fragte ich ihn. Er sagte darauf: „Sir, ich habe Ihnen dieses Memo nie gezeigt! Ich habe es Ihnen nicht gezeigt."

**Abb. 416:** „Der ‚Krieg gegen den Terror' ist ein Krieg gegen die Freiheit." – *So war es auch von Anfang an gedacht.*

Beachten Sie, wie die Handlanger des Systems – selbst hochrangige Handlanger – über das Need-to-know-Prinzip im Unwissen über die wahren Hintergründe der Entscheidungen und Ereignisse gehalten werden. Der als Reaktion auf die getürkten Anschläge vom 11. September vom Zaun gebrochene „Krieg gegen den Terror" diente dazu, diejenigen Länder zu attackieren, die schon vor 9/11 auf der Liste standen. In dem Bemühen, die gemeinsame Kraft hinter all diesen Angriffen zu verschleiern, erdachte man für jedes Land eine neue Ausrede. Unterdessen beraubte man daheim die Bevölkerung ihrer Freiheiten, um sie „vor dem Terror zu schützen" (Abb. 416).

Was ich hier in wenigen Absätzen skizziert habe, hätte den Mainstreammedien Anlass genug sein müssen, die Hintergründe der Anschläge vom 11. September noch einmal unter die Lupe zu nehmen. Doch aus zwei Gründen ist dies nicht geschehen: Zum einen verhindern die archontischen Kräfte, denen die Medien gehören, eine solche Untersuchung. Außerdem dürften die wenigsten Journalisten auf diesem Planeten überhaupt jemals vom Project for the New American Century oder von Clarks Äußerungen gehört noch erfasst haben, welche Signifikanz diesen Fakten hinsichtlich der Bewertung von 9/11 zukommt. Dieselben ahnungslosen Leute machen sich dann auch noch über die tatsächlich Informierten lustig und brandmarken sie als „Verschwörungstheoretiker" – ein Begriff übrigens, den sich die CIA nach dem Attentat auf Präsident Kennedy ausgedacht hat, um die Kritiker diskreditieren zu können, die die tatsächlichen Hintergründe dieses Anschlags und anderer, damit in Verbindung stehender Attentate der 1960er Jahre (Robert Kennedy, Martin Luther King, Malcolm X) aufdecken wollten (Abb. 417). Einmal mehr ist die Arroganz der Ignoranz am Werke, doch das Ich-Phantom glaubt ihnen dennoch. Ein Satz von Stephen King bringt es auf den Punkt: „Die Vertrauensseligkeit der Arglosen ist des Lügners nützlichstes Instrument." Dabei geht es nicht nur um die Vertrauensseligkeit der Arglosen, sondern auch um die der Verängstigten. Das Ich-Phantom ist voller Furcht – das Angstprogramm gehört zur Körpersoftware –, und das macht die Menschen für die Botschaften empfänglich, die sie wahrhaben *wollen*. Wie erreicht man, dass die Leute einem leichter glauben? Indem man ihnen etwas sagt, das sie *nicht* hören wollen, oder indem man ihnen genau das gibt, was sie gerne hören möchten? Zwar ist die Mitteilung, dass die Anschläge vom 11. September das Werk von muslimischen Flugzeugentführern waren, auch nicht besonders angenehm; ebenso wenig wie die Vorstellung, der Bankencrash von 2008 sei einzig auf Gier und Inkompetenz zurückzuführen. Doch ein vor Angst schlotterndes Ich-Phantom zieht diese Version allemal der Aussage vor, dass 9/11 von einer unsichtbaren Macht inszeniert wurde, die die Regierung, die Sicherheitsbehörden und das Militär kontrolliert, um durch die auf diese Weise gerechtfertigten Kriege Tod und Zerstörung über die Welt zu bringen und sich Ressourcen unter den Nagel zu reißen; oder der Erklärung, dass ebendiese Kräfte auch das Finanzsystem zum Einsturz gebracht haben, um

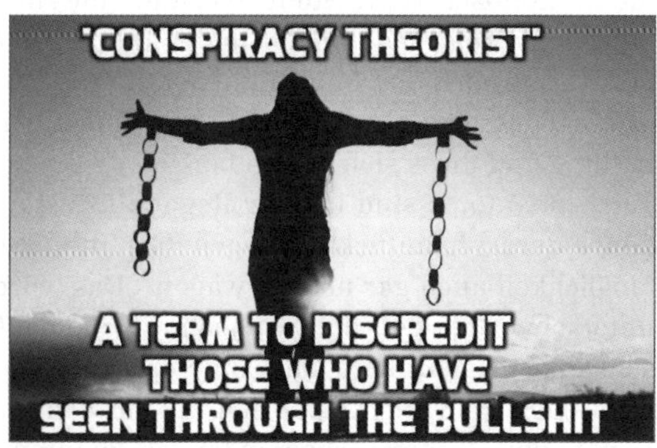

**Abb. 417:** „Verschwörungstheoretiker' – Ein Begriff, um diejenigen in Misskredit zu bringen, die den Quatsch durchschaut haben." – *Inzwischen wird ein Krieg gegen die Personen geführt, die die Wahrheit ans Licht bringen.*

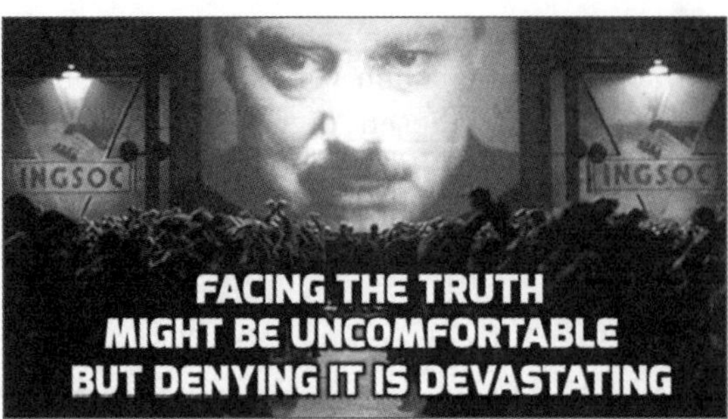


**Abb. 418:** „Der Wahrheit ins Auge zu blicken, mag unangenehm sein – doch sie zu leugnen, zeitigt verheerende Folgen." *– Eine Tatsache, die mit jedem Tag offenkundiger wird.*

einen beispiellosen Vermögenstransfer von der Bevölkerung zur Bankierselite – mit den Regierungen als Helfershelfer – in Gang zu setzen und unzählige Menschen in den Austeritätsalbtraum aus Armut und Entbehrungen (und damit in Abhängigkeit) zu stürzen. Zöge man eine derartige Sichtweise auch nur als Möglichkeit in Betracht – oder würde man sie gar als faktische Realität anerkennen –, bliebe vom altgewohnten Weltbild freilich nichts mehr übrig. Alles, was man jemals über das menschliche Leben oder die menschliche Gesellschaft geglaubt hat, läge in Trümmern (Abb. 418). Sie meinen, Regierungen, Geheimdienste und unser eigenes Militär arbeiten gegen uns? Nun, die archontisch-reptiloiden Hybriden, die die Regierungen, die Geheimdienste und das Militär *kontrollieren*, tun das in der Tat, ja. *„Ahhhhh ... Nein! Nein! Nein!"*, kreischt da das Softwareprogramm. Man fühlt sich an die Szene im Film „Matrix" erinnert, in der Neo erfährt, dass seine „reale" Welt ganz und gar nicht real ist; sofort geht er in die Abwehrhaltung und muss sich übergeben.

Ich-Phantome sind in aller Regel außerstande, den Gedanken, ihre eigene Regierung könne derart heimtückisch gegen ihre Interessen arbeiten, zu erfassen – und wollen diese Möglichkeit auch gar nicht erwägen: „Das würden die uns niemals antun!" Wenn man die unterschwellige Botschaft wahrnimmt, die bei Bemerkungen wie „Du bist paranoid!" mitschwingt, erkennt man, dass die Sprecher eigentlich sagen „Oh bitte, lass das nicht wahr sein" oder „Halt' die Klappe, ich will das nicht hören – ich weiß, dass es wahr sein könnte". Dem in der Abwehr verharrenden Ich-Phantom fällt es um vieles leichter, den Überbringer der Botschaft anzugreifen, als beherzt und erwachsen die Frage zu erörtern, ob ihr Inhalt vielleicht zutreffen könnte. Die Teile-und-Herrsche-Programmierung bewirkt, dass man sich viel leichter zur Verurteilung und zur Unterstützung von Kriegen (zur „Lösung" eines Problems) hinreißen lässt, wenn die Bösewichte offiziell einem anderen Unterprogramm als dem eigenen angehören. Christen werden viel eher Maßnahmen und Konsequenzen unterstützen, unter denen Muslime zu leiden haben, als solche, die ihre Glaubensbrüder betreffen. Hat man dann erst einmal eine Gruppe verteufelt, knöpft man sich anschließend diejenigen vor, die man zuvor für eben diese Dämonisierung benutzt hatte, und verteufelt nun diese Gruppierung. Pastor Martin Niemöller hat das einst mit Blick auf Nazideutschland in einem berühmten Ausspruch auf den Punkt gebracht:

> Als die Nazis die Kommunisten holten, habe ich geschwiegen; ich war ja kein Kommunist.
>
> Als sie die Sozialdemokraten einsperrten, habe ich geschwiegen; ich war ja kein Sozialdemokrat.

> Als sie die Gewerkschafter holten, habe ich geschwiegen; ich war ja kein Gewerkschafter.
>
> Als sie mich holten, gab es keinen mehr, der protestieren konnte.

Da Ich-Phantome jedes Ding als getrennt von allem anderen wahrnehmen, ist es ein Kinderspiel, sie zu spalten und zu beherrschen. Sie können nicht begreifen, dass wir alle dasselbe Unendliche Gewahrsein sind, völlig unabhängig davon, welche Etiketten sie sich selbst oder anderen aufdrücken. Bis ihnen das endlich aufgeht, werden sie weiterhin eine maßgebliche Rolle bei ihrer eigenen Versklavung spielen.

## Steter Tropfen höhlt den Stein …

Mit der Weigerung, die Idee einer seit langer Zeit geplanten Verschwörung nachzuvollziehen („So etwas würden die niemals tun!"), oder eigene Überlegungen und Recherchen dazu anzustellen, wird das Ich-Phantom anfällig für einen Stallgefährten des PRL-Prinzips, den ich „schleichenden Totalitarismus" nenne. Der Trick dabei ist, sich stets nur in derart kleinen Schritten auf sein Ziel zuzubewegen, dass der überwiegende Teil der Menschen gar nicht bemerkt, wie sie alle miteinander zusammenhängen und in dieselbe Richtung weisen. Nehmen wir an, Ihr Ziel sei Z (ein weltumspannender Orwell-Staat); Sie wollen jedoch nicht, dass Ihre Machenschaften ans Licht kommen, bevor die Kontrollinfrastruktur zumindest so weit installiert ist, dass es Ihnen egal sein kann, ob die Menschen darüber Bescheid wissen oder nicht. Also bewegen Sie sich nur in kleinen Schritten von A nach B, dann zu C usw., wobei Sie jede einzelne Etappe so darstellen, als handele es sich stets um eine isolierte, für sich allein stehende Veränderung. Auf diese Weise konnte beispielsweise die heutige Diktatur der Europäischen Union entstehen: Ursprünglich auf einer Freihandelszone basierend, bildete sich allmählich ein zentral gesteuerter, bürokratischer Superstaat heraus, der die Souveränität der Nationalstaaten mit jedem neuen Entwicklungsschritt weiter zersetzt. Diese Strategie beschrieb der Franzose Jean Monnet, der sogenannte „Vater" des EU-Projektes und eine Marionette der Rothschilds, in einem auf den 30. April 1952 datierten Brief an einen Freund:

> Die Nationen Europas sollten in einen Superstaat überführt werden, ohne dass deren Völker begreifen, was eigentlich vor sich geht. Dies kann durch ein sukzessives Vorgehen erreicht werden – bei dem jeder einzelne Schritt als wirtschaftliche Notwendigkeit getarnt wird –, das letztlich aber unumkehrbar zu einem Staatenbund führt.

Zweifellos ist genau das geschehen. Die Zerschmetterung Griechenlands und seines Volks stellt nur ein Beispiel dafür dar, wie man finanzielle Begründungen als Vorwand benutzen kann, die Machtstrukturen noch weiter zu zentralisieren. Neue, bis dato unbekannte Höhen erklomm in dieser Hinsicht der portugiesische Präsident Aníbal Cavaco

**Abb. 419:** „Tooooor!" – *„Auf Politik hab ich keinen Bock."*

Silva, als er sich weigerte, die Regierung der linken Koalition zu ernennen, obwohl diese die absolute Mehrheit im portugiesischen Parlament gewonnen hatte – nachdem die linksgerichteten Parteien eine kritische Haltung gegenüber der EU bezogen hatten und deren Schuldenpolitik, die Portugal oktroyiert worden war, bekämpfen wollten. Griechenland und Portugal sind keine Demokratien mehr; sämtlichen anderen Ländern soll es ebenso ergehen. Der Grund, warum die hinter diesen Entwicklungen stehenden Kräfte damit durchkommen, liegt darin, dass die meisten Ich-Phantome ganz in ihrer selbstgezimmerten Kurzsichtigkeit gefangen sind. Abgelenkt durch Familie, Beruf, Sport, Hobby, Fernsehen oder Promiwelt nehmen die Augen nicht mehr das Panorama der sich entfaltenden Ereignisse wahr (Abb. 419). Es bedarf zumindest einer *minimalen* Verbindung zum Unendlichen Gewahrsein – und natürlich einer aktiven rechten Gehirnhälfte –, um dieses Panorama sehen zu können. Ein gutes Beispiel für den Tunnelblick des Ich-Phantoms konnten wir mit dem Verhalten der britischen Gewerkschaften erleben, die den Vorschlag des Labour-Vorsitzenden ablehnten, keine 100 Milliarden Pfund (und weiterer Gelder) dafür auszugeben, das Trident-Atomwaffensystem durch ein neues zu ersetzen. Sie müssten, so argumentierten sie, die Arbeitsplätze im „Verteidigungssektor" erhalten. Eigentlich müsste es ja Angriffssektor heißen. Der Punkt ist jedenfalls, dass die Gewerkschaften es für wichtiger erachteten, welche Nachteile sie eventuell davontragen würden, als die Konsequenzen für den Rest der Welt oder auch den Massenmord an unschuldigen Menschen, der mit den von ihren Mitgliedern gebauten Waffen angerichtet werden würde, in ihre Überlegungen einzubeziehen. Die Variante, mit den eingesparten 100 Milliarden Pfund (und weiteren Geldern) vielleicht andere Beschäftigungsmöglichkeiten zu erschließen, entgeht ihrem Schmalspurdenken völlig. Len McCluskey, der Generalsekretär der Gewerkschaft Unite, erklärte dazu: „Ich verstehe die moralischen Bedenken und sehe auch die enormen Summen, die der Austausch des Trident-Systems verschlingt, umso mehr in dieser Zeit der Knappheit. Die höchste Priorität haben für uns jedoch die Arbeitsplätze und die Verteidigung des Gemeinwesens." Das ist die Sichtweise des Ich-Phantoms.

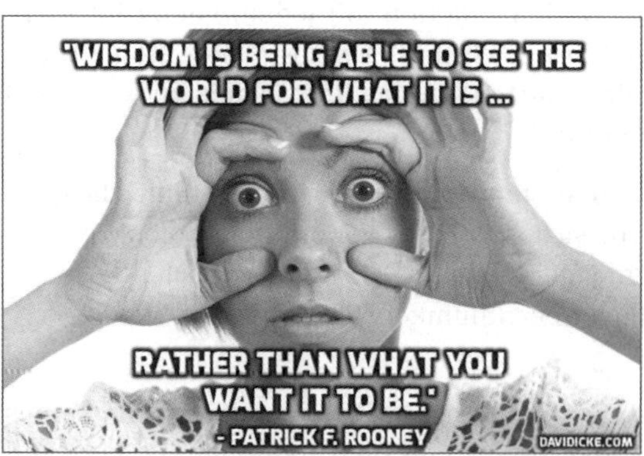

**Abb. 420:** „Weisheit bedeutet, die Welt so sehen zu können, wie sie ist ... statt in ihr das zu sehen, was man sehen will.' – Patrick F. Rooney" – ***Schluss mit dem Wegschauen.***

Es wäre wunderbar, wenn wir alle einfach so weitermachen könnten wie gehabt. Doch leider ist diese Möglichkeit in der Welt, in der wir leben, nicht gegeben, wenn wir nicht in einer weltumspannenden Gesellschaftsordnung enden wollen, die Orwells Visionen locker in den Schatten stellt (Abb. 420). Um dieses Ziel zu erreichen, ist es für die Netzwerke der archontischen Hybriden ungemein wichtig, unsere Aufmerksamkeit abzulenken – genau so, wie ein Zauberkünstler die Aufmerksamkeit auf die eine Hand lenkt, während er mit der anderen Hand unbemerkt den eigentlichen Trick ausführt. In seiner einfachsten Form sehen wir dieses Prinzip am Werk, wenn die Regierung unpopuläre Neuerungen genau an solchen Tagen bekannt gibt, an denen die Nachrichten von größeren Ereignissen beherrscht werden. Man schrieb den 10. September 2001, als das Pentagon in einer Pressemeldung bekanntgab, dass ihm einige *Billionen* Dollar abhanden gekommen seien. Es war ihnen völlig klar, dass im Zuge der Ereignisse, die den kommenden Tag erschüttern sollten, kein Hahn mehr nach dieser eigentlich unglaublichen Neuigkeit krähen würde. Die Zaubertricks zur Wahrnehmungssteuerung greifen aber viel tiefer. Sie machen sich unter anderem all den Schund zunutze, mit dem die sozialen Medien, das Fernsehen und die Klatschblätter auf die fünf Sinne abzielen (Abb. 421). Schau dir das hier an, hör mal hier, fühle dies, schnuppere jenes und schmecke das dort. Sind unsere Sinneswahrnehmungen nicht etwas Großartiges? Sie sind ja auch alles, was existiert, nicht wahr? Pausenlos spuckt das System Ablenkungen aus, damit wir unser Gewahrsein auf Belanglosigkeiten richten. Es ist der ultimative „Aufmerksamkeitsheischer". Ich-Phantome, die auf diese Masche hereinfallen, trotten scheuklappenbewehrt durch die Welt, den Blick starr auf ihre individuellen Interessen gerichtet, während man die Strippenzieher hinter den Kulissen unverändert gewähren lässt, ohne ihnen irgendetwas entgegenzusetzen. Genau diese Konstellation hat John Lennon in seinem Song „Working Class Hero" beschrieben: Fortwährend „betäubt durch Religion, Sex und Fernsehen", halten sich die Leute für ach so „schlau, klassenlos und frei", während sie in Wirklichkeit – wie es in der nächsten Zeile heißt – „nach wie vor nichts weiter als verdammte Proleten" sind.

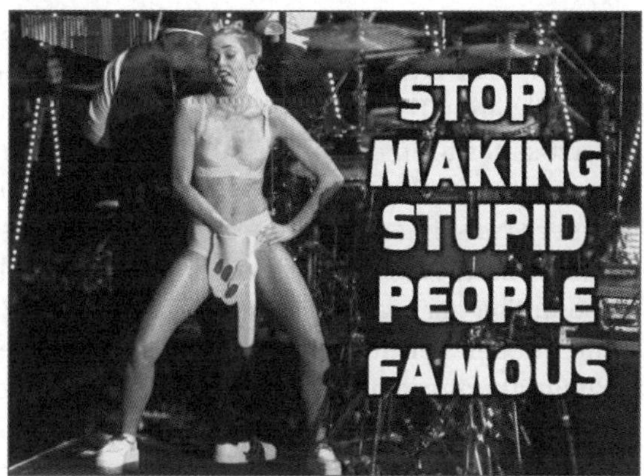

**Abb. 421:** „Hört auf, Dumme berühmt zu machen." – *Was soll das? Ich meine – was zur Hölle soll das?*

Fußball und Sport allgemein sind hervorragende Beispiele dafür. Ich schaue mir auch gerne mal ein Fußballspiel an; nur ist mir dabei bewusst, dass es letztlich keine Bedeutung hat – in dem Sinne, dass, ganz gleich wie das Spiel ausgeht, niemand deshalb stirbt, hungern muss oder gar unschuldig bombardiert wird. Wenngleich man sich dessen angesichts der rasenden Wut, die das Luft gefüllte Leder mitunter bei einigen Mitmenschen freisetzt, manchmal nicht so sicher ist (Abb. 422). Deren Verhalten ist typisches Ich-Phantom-Verhalten. Beim Fußball werden Stammesprogrammierungen aktiviert und Feindseligkeiten

**Abb. 422:** „Es ist nur ein Spiel, Jungs." – *Zumindest sollte es das sein.*

zwischen rivalisierenden Fangemeinden geschürt, die sich in Reflexhandlungen entladen. Die Animositäten sind umso heftiger, je geringer die räumliche Entfernung zwischen den beteiligten Sportvereinen ist – genauso, wie man es auch bei Stammesfehden beobachten kann. Würden sich die Menschen doch nur über die Tatsache so erregen können, dass ihnen und ihren Familien mehr und mehr Freiheiten genommen werden; aber nein, man trägt lieber Scheuklappen, die man noch hübsch in den Farben von City oder United, Barcelona oder Madrid anpinselt. Während ich dieses Buch verfasste, erklärte ein junger Liverpooler Spieler namens Raheem Sterling, dass er seinen Fußballklub verlassen und für ein erfolgreicheres Team spielen wollte. Die Schmähungen, denen sich Sterling daraufhin ausgesetzt sah, waren erschütternd, ließen aber auch die Beschränktheit des Ich-Phantoms in all seiner Lächerlichkeit sichtbar werden. So wurde etwa seine dreijährige Tochter bedroht und der Wunsch geäußert, Sterlings Hemd möge „von seinem eigenen Blut getränkt" werden. Sterling ist noch fast ein Kind, und es geht nur um ein Spiel – es sind schon Leute aus deutlich geringeren Anlässen in die Psychiatrie eingewiesen worden. Als Sterling für seinen neuen Verein zu spielen begann, wurde er von den gegnerischen Fans bei jedem Ballkontakt ausgebuht (was für eine erbärmliche Einstellung ist das denn?). Damit führen sie gedankenlos die Pöbeleien fort, denen Sterling zuvor vonseiten der „Journalisten" und anderer öffentlicher Personen ausgesetzt war – allesamt Leute, die an Sterlings Stelle genau dasselbe getan hätten.

Allein schon am Beispiel Fußball wird der Irrsinn offenkundig: Während auf der einen Seite Menschen in bitterer Armut leben oder sogar sterben, weil es ihnen an Geld fehlt, werden Fußballer für über 80 Millionen Pfund ver- und eingekauft – von denen manche pro Jahr zweistellige Millionenbeträge dafür einheimsen, dass sie einen Ball herumkicken. Sicher, viele haben es darin zu einer unglaublichen Perfektion gebracht; doch handelt es sich noch immer um das Treten nach einem Ball und nichts anderes. Fußballvereine werden immer häufiger von arabischen „königlichen Hoheiten" aufgekauft, die den arabischen Völkern ihre Ölvorräte gestohlen haben, oder man verscherbelt sie an geldbesessene, ausbeuterische Unternehmen und beim Volk schmarotzende Oligarchen. Finanziert wird dieser bizarre globale Selbstbedienungsladen durch Fußballfans, die unverschämte Ticketpreise bezahlen müssen und obendrein noch TV-Abonnements abschließen. Der Fußball, einstmals der Sport des „Volkes" und der „Arbeiterklasse", ist von der Geldelite gekapert worden. Doch die meisten Vertreter der heutigen „Arbeiterklasse" sind's zufrieden – solange die El-ite ihre Milliarden (die sie dem Fußball sowie dem Schweiß und der Tatkraft der „Arbeiterklasse" verdankt) nur für die richtigen Spieler ausgibt, um den geliebten Verein zum Sieg zu führen. Sie pinkeln auf uns, und wir sagen, es regnet. Ich-Phantome, deren

Programmierung ein solches Niveau erreicht hat, dass sich ihr ganzes Gefühl von Sinnhaftigkeit auf einen winzigen Punkt fokussiert, statt nach dem Gesamtbild zu fragen, können unmöglich den haarsträubenden Aberwitz dieser Situation erkennen. Das Ich-Phantom nimmt alles nur durch einen Mikroskopfilter wahr, der nur Einzelpunkte erscheinen lässt, niemals aber das große Panoramabild. Zitieren wir an dieser Stelle noch einmal aus George Orwells Werk „1984": „Fußball, Bier und vor allem Glücksspiele – weiter reichte ihr geistiger Horizont nicht. Es war nicht schwer, sie unter Kontrolle zu halten." Das gleiche Prinzip lässt sich auf jeden „Punkt" anwenden, der die Aufmerksamkeit auf sich zieht und die Perspektive verzerrt – und das System produziert Millionen solche Punkte. Ich sage nicht, dass irgendwas verkehrt daran wäre, sich am Sport oder anderen Freizeitbeschäftigungen zu erfreuen. Es geht darum, solche Aktivitäten einfach als das zu sehen, was sie sind, und die Scheuklappen von den Augen zu nehmen, sodass man auch die Peripherie wieder wahrnimmt – und was die Zauberer dort treiben.

## „Spirituelle" und „radikale" Phantome

Ich-Phantome sind nicht immer so leicht als solche zu erkennen und handeln auch nur selten so öffentlich wie etwa die Personen, die Raheem Sterling mit Schmähungen überzogen haben, oder wie jene Mitmenschen, die die Geschicke der Welt dadurch beeinflusst sehen, was irgendein Promi auf Twitter postet. Es gibt auch versteckte Phantome – in dem Sinne, dass sich der betreffende Mensch vor sich selbst versteckt und das dann auch vor der Welt tun will. Während sie Ersteres ausnahmslos gut hinbekommen, gelingt ihnen Letzteres in der Regel weniger. Leider bemerken sie das aber oftmals nicht und meinen, weil sie sich erfolgreich vor sich selbst verstecken, seien sie auch für andere unsichtbar. Sich vor anderen zu verstecken, ist aber deutlich schwieriger (wenngleich keineswegs unmöglich, wie man im Nachhinein immer wieder feststellt). Zu diesen (vor sich selbst) verborgenen Phantomen zählen unter anderem auch die „spirituellen Phantome" und die „radikalen Phantome". In der New-Age-Szene wimmelt es vor spirituellen Phantomen, die fortwährend von Liebe und Licht sprechen und „Wir sind Eins" hauchen, während sie sich in jeder Hinsicht wie die Blaupause eines Phantoms benehmen. Sie meinen, sie hätten „es" begriffen, doch in Wirklichkeit hält „es" sie gefangen. Nun sind freilich nicht alle Anhänger des New Age und auch nicht alle „Radikalen" so; viele aber durchaus. In den USA haben mir New-Age-„Stars" ordentlich eingeheizt – wegen der Art von Informationen, wie ich sie auch in diesem Buch enthülle. So offen war ihr „offener Geist" dann wohl doch nicht. Mit einigen von ihnen war ich im gleichen Dokumentarfilm zu sehen, woraufhin sie sich in einem offenen Brief an die Produzenten wandten und sich darüber beklagten, dass ich in dem Film aufgetaucht war, ohne dass man sie davon in Kenntnis gesetzt hatte. Sie meinten, ihre „Glaubwürdigkeit" würde unter meinem Erscheinen leiden. Sehr spirituell, oder? Unter anderem wiesen sie darauf hin, dass ich Impfungen kritisch gegenüberstand. Man muss darüber lachen, um nicht weinen zu müssen. In meinem Leben hat es

**Abb. 423:** „Lass deine Angst los.' – ‚Nee, ich glaub, ich verkrümel mich lieber.'" – *„Seinen Worten Taten folgen lassen"? Wohl eher „seine Beine in die Hand nehmen".*

mehrere „alternative" Dummschwätzer gegeben, die sich mit ihrer ganz eigenen Märchenversion von „Licht und Liebe" und „Einstehen für die Wahrheit" in die eigene Tasche gelogen haben; doch als es dann darauf ankam und ich in schweren Zeiten mit juristischen Anfeindungen tatsächlich Beistand gebraucht hätte, konnten sie gar nicht schnell genug das Weite suchen – wenn die Rechtsstreitigkeiten nicht sogar von ihnen *ausgingen*. „Große Klappe und nichts dahinter", pflegte mein Vater zu solch einem Verhalten zu sagen. Manche dieser „spirituellen" Personen haben ihre „Story" für 30 Silberstücke an irgendeine Zeitung verscherbelt, was sie jedoch vermutlich nicht daran gehindert hat, sich beim Einlösen des Schecks weiterhin für „spirituell" zu halten. Das Ausmaß der Selbsttäuschung lässt einen erschaudern. Viele New Ager oder Radikale belehren die Leute, dass sie „ihre Angst loslassen" müssten, während man ihren Mumm mit der Lupe suchen muss (Abb. 423). Diese Art von Hochstaplern lügt, manipuliert, nutzt aus, bricht Vertrauen und trachtet danach, zu untergraben und zu verletzen, während sie munter weiter darüber doziert, dass man einander lieben und „aus dem Herzen" agieren solle. Spirituelle Phantome sind so sehr von ihrer Programmierung und ihrer Selbsttäuschung erfüllt, dass sie es fertig bringen, den handelnden Teil ihrer Persönlichkeit vor dem Teil zu verbergen, der die Worte produziert,.

Ich erinnere mich, wie mir einer von ihnen im Jahre 2015 sagte, es sei eine Schande, dass ich vom „Weg" abgekommen sei. Ich nehme an, er bezog sich dabei auf seine Version des „Wegs", der, wenn ich mir sein Leben so anschaue, im Großen und Ganzen darin bestand, dass er ausschließlich das zu tun pflegte, was ihm persönlich dienlich war, und alles vermied, womit er sich seine „spirituellen" Hände schmutzig gemacht und tatsächlich etwas gegen die menschliche Not unternommen hätte. Aufgrund meiner Erfahrungen komme ich nicht umhin zu vermuten, dass viele Menschen nur dann in die Reihen des New Age aufgenommen wurden, wenn sie einen Mangel an Bescheidenheit und Selbstreflexion (und die Entfernung ihrer Manneskraft) nachweisen konnten. Spirituelle Phantome zählen zu den am stärksten programmierten Personen überhaupt – während sich nämlich der eine Teil von ihnen gegen das Programm ausspricht, haben sie gleichzeitig eine andere Seite, die nach dem Programm lebt und diesem dient. Das ist kognitive Dissonanz par excellence: „das gleichzeitige Aufrechterhalten gegensätzlicher bzw. inkompatibler Verhaltensweisen und Überzeugungen". Ihre „Spiritualität" besteht aus externalisierten Worten und Posen, statt im Unendlichen Gewahrsein verwurzelt zu sein (Abb. 424). Uns allen sollten sie eine Warnung dafür sein, dass Phantomprogramme auch dann noch die Kontrolle über uns ausüben können, wenn wir dachten, sie längst los zu sein. Selbstbetrug bildet ein maßgebliches Element der Phantomprogrammierung. Will man das Programm auflösen, ist es unabdingbar, sich selbst gegenüber ehrlich und hinsichtlich der Beeinflussung durch Phantome stets auf der Hut zu bleiben. Es ist leicht, andere für ihre Handlungen zu verdammen, wenn wir uns erst einmal eingeredet haben, dass wir dergleichen ja nicht tun (obwohl genau das der Fall ist). „Wer ein Geheimnis bewahren will, der muss es auch vor sich selbst verbergen", hieß es bei Orwell. Ausgerechnet denjenigen, die mir in den vergangenen 26 Jahren am nachdrücklichsten versichert hatten, dass sie mir helfen würden, habe ich den größten Druck und die massivsten Anfeindungen – die auch meiner Gesundheit entsprechend zugesetzt haben – zu verdanken. Was ich im Begriff war aufzudecken und öffentlich zu machen, sei „so wichtig", hatten sie gesagt. Solange sie aus meinen Aktivitäten Nutzen ziehen konnten, war alles prima. Doch sobald sich die Umstände veränderten, mutierte das spirituelle Phantom zu einer extremen Variante des klassischen Phantoms. Mit einem Mal war meine Arbeit gar nicht mehr wichtig, sondern musste untergraben und mit juristischen Mitteln finanziell ausgebeutet werden. Sie versanken – und versinken noch immer – in Groll und Gehässigkeit, während sie unvermindert über Licht und Liebe dozieren und den Menschen auf ihren Webseiten erklären, dass sie „aufwachen" müssten. Vielleicht wäre es angebracht, wenn sie damit bei sich selbst anfingen.

**Abb. 424:** „Ich strecke meine Arme in die Höhe ... Ich mache Yoga ... Ich bin spirituell." – *Wenn Sie dort angelangt sind, sind Sie ein spirituelles Phantom.*

Die kognitive Dissonanz des spirituellen Phantoms errichtet eine Mauer zwischen dem Selbstbild von „Ich bin voller Liebe und so spirituell" und ihrer tatsächlichen Einstellung, die man in etwa mit „Fick dich! Ich werde dich fertigmachen und es genießen" umreißen kann. Physisch gesehen ist diese Trennwand größtenteils im Corpus callosum angesiedelt, das die rechte und die linke Hirnhälfte miteinander verbindet; im übertragenen Sinn kann man besagte Mauer an der Bruchstelle zwischen Ich-Phantom und Unendlichem Selbst verorten. Das spirituelle Phantom redet mit der rechten, handelt aber mit der linken Hirnhälfte. Jiddu Krishnamurti hat einmal gesagt: „Gewalt tritt in vielen Formen auf, nicht nur als rohe Brutalität, bei der man aufeinander einschlägt [...] Gewalt schließt auch Nachahmung, Fügsamkeit und Gehorsam ein; sie tritt immer dann auf, wenn man vorgibt, etwas zu sein, was man nicht ist." Ein spirituelles oder anders geartetes Phantom erkennen Sie stets an seiner Selbstbesessenheit. Wer ständig von sich selbst spricht, ist mit großer Wahrscheinlichkeit ein Phantom. Wenn man seine Ohren einmal vor den Worten des Phantoms verschließt und nur seine Taten beobachtet, lässt sich leicht erkennen, welche Agenda es tatsächlich verfolgt und woher seine wahre Motivation rührt (Abb. 425). Das ist übrigens auch eine gute Methode, um sich selbst auf Phantomprogrammierungen zu prüfen und Selbstbetrug zu umschiffen. Vergessen Sie einmal Ihre Worte und achten Sie nur auf Ihre Handlungen.

**Abb. 425:** „Es dreht sich alles nur um … mich!" – *Ein spirituelles Phantom beim Ausloten seiner Prioritäten.*

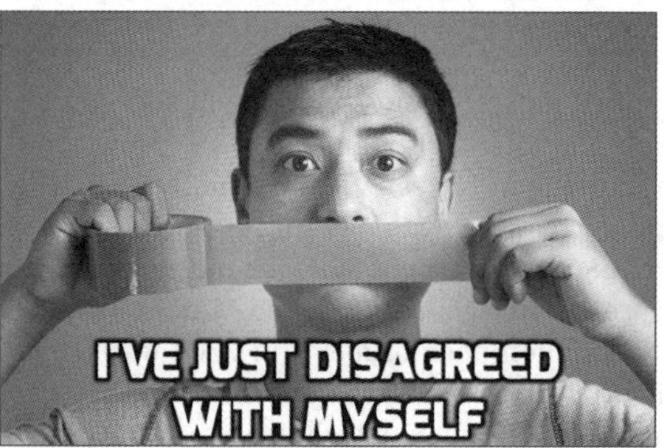


**Abb. 426:** „Ich hatte gerade eine Meinungsverschiedenheit mit mir selbst." – *Sie haben eine andere Meinung als ich! Bringt sie zum Schweigen!*

Ein weiteres Beispiel für spirituelle und radikale Phantome sehen wir bei Menschen, die einerseits Redefreiheit fordern, dann aber – wenn es ihnen nicht gefällt, was jemand zu sagen hat – jeden Störenfried zum Schweigen bringen lassen wollen (Abb. 426). Die kognitive Dissonanz radikaler Phantome, wie man sie überwiegend (aber nicht ausschließlich) im linksgrünen Spektrum findet, hat mich im Laufe der Jahre wiederholt zum Opfer dieser Masche werden lassen. Die Ich-Phantome zionistischer Extremisten fänden es großartig, jeder Art von Opposition den Mund zu verbieten, während sie unverwandt fortfahren würden, die Wichtigkeit der Meinungsfreiheit zu betonen. Die Widersprüche sind für jeden, der auch nur über den Hauch einer Verbindung zum erweiterten Gewahrsein verfügt, unübersehbar; doch die Phantomsoftware ist so programmiert, dass dies konsequent ausgeblendet wird. Es handelt sich hier um eine weitere Variante des Ich-Ich-Ich-Programms. Das Recht auf freie Meinungsäußerung gilt für mich, denn was ich sage, ist ja recht und gerecht; aber nicht für dich, denn indem du eine grundsätzlich andere Position vertrittst als ich, liegst du ganz offenkundig falsch. Ein Typ, der einmal gegen mein Recht, in der Öffentlichkeit zu sprechen, zu Felde zog, meinte dazu: „Welchen Nutzen hätten wir denn davon, wenn wir ihn sprechen ließen?" Sein Fachgebiet waren wohl die Menschenrechte. Vor vielen Jahren habe ich mich einmal mit einem Polizisten unterhalten, der sich mit einer Gruppe radikaler Phantome herumschlagen musste, die vor dem Veranstaltungsort protestierten, an dem ich sprach. Wie er mir erzählte, war er einmal im Einsatz, als „radikale" Linke mit eigenen Demonstrationen gegen die Aufmärsche der rechtsextremen Nationalen Front protestierten. Er machte dabei eine viel sagende Bemerkung. Wenn sie nicht unterschiedliche Transparente getragen hätten, sagte er, hätte er sie nicht auseinander halten können, so identisch sei ihr Verhalten gewesen. Beim Ich-Phantom handelt es sich um ein kollektives Programm. Es gibt zwar Unterprogramme, die auf Etiketten wie links, rechts, grün, christlich, muslimisch, hinduistisch, liberal oder konservativ ansprechen, aber die Grundausstattung ist bei allen dieselbe, sodass sie sich in ihren grundlegenden Verhaltensweisen und Reaktionen allesamt gleichen. Radikale Phantome meinen, sie würden das System herausfordern, während sie in Wirklichkeit einen unentbehrlichen Bestandteil des Systems bilden – und das muss teilen und herrschen und seine Zentralgewalt hinter der Illusion der Vielfalt verstecken.

## „Alternative" Phantome

Die alternativen Medien sind im Nachgang bestimmter Weltereignisse – und dank der Informationen, die daraufhin von ihren Pionieren in Umlauf gebracht worden sind, zu einer Zeit, als nur Wenige sich für die tatsächlichen Hintergründe interessierten – geradezu explodiert. Doch in der Szene wimmelt es nur so von spirituellen und radikalen Phantomen. Der Begriff „alternative Medien" umfasst ein überaus breites Spektrum, angefangen bei Menschen, deren Einstellungen und Ansichten sich vom Mainstream nur geringfügig unterscheiden, bis hin zu Leuten wir mir, die den Mainstream-Einheitsbrei vollständig und grundsätzlich infrage stellen. Dass wir innerhalb der alternativen Medien eine derart große Bandbreite an Ansichten und Interpretationen vorfinden, heißt nichts anderes, als dass ein Großteil ihrer Vertreter aus der Perspektive eines Phantomprogramms – welcher Art auch immer – agiert. Damit meine ich, dass sie überwiegend einer Weltanschauung entstammen, die sie ans System bindet. Vielleicht teilen sie das Weltbild der Mainstreamwissenschaft, oder sie gehörten einst der politischen Rechten oder Linken an. In den Vereinigten Staaten sind viele Aktive christlichen Glaubens, hängen also einer Vorstellungswelt an, die – wie alle anderen Religionen – eine Schöpfung der archontischen Mächte ist. „Alternative" Ansichten werden gleichermaßen von grenzwertigen christlichen Fundamentalisten wie von selbstdarstellerischen Eintagsfliegen verbreitet. Mitten unter diesen findet man schließlich einige der anständigsten Menschen, die man sich nur vorstellen kann – Menschen, denen es tatsächlich um die Überwindung der Spaltung geht und die dafür arbeiten, dass sich die Menschen aller Hautfarben, Weltbilder und Kulturen in gegenseitigem Respekt begegnen und einander unterstützen. Der einzige gemeinsame Nenner, der all diese Spielarten verbindet, besteht darin, dass sie in irgendeiner Form die Propaganda und die Täuschungen der Mainstreammedien hinterfragen.

Als jemand, der die Paradigmen des Mainstream-Einheitsbreis in ihrer gesamten Bandbreite infrage stellt, bin ich selbst Zeuge all dieser Varianten geworden. Ich sage damit nicht, dass die Menschen nicht das Recht haben sollten, derartige Ansichten zu vertreten. Ich zweifle lediglich an, dass sie die Welt verlässlich zu erklären vermögen, und weise zudem darauf hin, dass sich die Ursprünge dieser Ideen in der archontischen Verschwörung verorten lassen. Das Spektrum der Reaktionen, die ich damit innerhalb der alternativen Medienszene unweigerlich heraufbeschworen habe, umfasste Angriffe, Beschimpfungen, Ablehnung und Spott – ein Echo, das dem der Mainstreammedien in nichts nachstand, wenn es sie nicht sogar noch übertraf. Wenn Leute, die normalerweise aufeinander einprügeln, mit einem Mal eine nie für möglich gehaltene Einheit formen und sich gemeinsam gegen einen wenden, dann weiß man, dass man mit der Infragestellung des Mainstream-Einheitsbreis auf dem richtigen Weg ist.

Die Verfechter der Religionen mögen mich nicht, weil ich ihr Fundament in Zweifel ziehe. Die Linken nennen mich einen Rechten und die Rechten einen Linken, während ich in Wirklichkeit beide Spielarten gleichermaßen ablehne – und alles, was dazwischen liegt, gleich mit. Der Zionismus unterstellt mir eine antijüdische Haltung, da ich seine manipulativen Machenschaften ebenso bloßstelle wie das Gemetzel, das er an Unschuldigen in Palästina anrichtet. Muslimische Gruppierungen haben versucht, mich zu verteufeln, weil ich ihre Religion ein Kontrollprogramm nenne. In der New-Age-Szene schließlich gibt es viele Leute, die es nicht mögen, dass ich die hinter dem Weltgeschehen agierenden Kräfte aufdecke – mit der Begründung, dies sei zu negativ und beängstigend für die Menschen, die doch „ihre Ängste loslassen" müssten. Wenn ich dann auch noch von „Archonten", „Reptiloiden", dem Mond, Saturn oder von der simulierten Realität spreche, platzt so ziemlich allen durch die Bank der Kragen. „Hey, Klaus, lies bloß nicht den Icke – das geht ins Geld, wenn wir ständig neue Hemden kaufen müssen!"

**Abb. 427:** „Ich gehöre nicht zur Schafherde … Niemals lass ich mich in eine Schublade stecken." – *Das alternative Phantom – in seiner Schublade.*

Die Vertreter der Alternativmedien führen häufig das Wort „sheeple" [ein Kofferwort aus „sheep" für „Schafe" und „people" für „Volk", Anm. d. Übers.] im Munde, wenn sie von der breiten Bevölkerung sprechen. Dabei kuschen sie vor ihrem eigenen Glaubenssystem selbst wie „Schafe", indem sie es zulassen, dass dieses ihr „Alternativsein" färbt und einschränkt (Abb. 427). Da gibt es Typen, die Leute auf der Straße interviewen, um ihre Ahnungslosigkeit und Blödheit vorzuführen, dabei ist er selbst Gefangener seiner ganz eigenen Version des Ich-Phantoms. Er ist sich seiner intellektuellen Überlegenheit so gewiss, dass er über den Tellerrand dieser selbst gezimmerten Komfortzone nicht hinauszusehen vermag. Man überwindet sein Ich-Phantom nicht einfach dadurch, dass man die Ereignisse vom 11. September für das Werk von Insidern hält. Dazu braucht es *vieeeeel* mehr. Oft lese ich im Internet und in den sozialen Medien Kommentare von sogenannten „Alternativen", die dabei aber noch immer ganz ichzentriert und phantomhaft agieren, statt sich für das gemeinsame Anliegen einzusetzen. Ohne auch nur über den Hauch eines Beweises zu verfügen, bezeichnen sie andere Personen – Menschen, die kritische Informationen öffentlich machen, die für uns alle von Belang sind – als „CIA-Agenten" oder „Spitzel". Den Vogel schießt in diesem Zusammenhang das Argument ab „Wenn der wirklich echt wäre, müsste er schon längst tot sein". Warum leben sie dann eigentlich noch? Hier spielt man denen in die Hände, die man vorgibt zu bekämpfen. Indem man sich untereinander bekriegt, erledigt man die Arbeit derer, denen man sich angeblich entgegenstellt. Jeder sollte, wie das Sprichwort sagt, erst einmal vor seiner eigenen Haustür kehren.

Letztlich kommen wir nicht umhin, ehrlich zu uns selbst zu sein und unser Handeln, unsere Haltung und unser Verhalten immer wieder auf Phantomprogrammierungen zu überprüfen. Niemand ist davor gefeit, dass sich derartige Muster einschleichen, doch indem wir uns unserer selbst gewahr bleiben, drängen wir ihren Einfluss immer weiter zurück. Bislang haben die alternativen Medien exzellente Arbeit geleistet; ich ziehe meinen Hut vor jedem, der sich darum bemüht, den Würgegriff des Mainstreams in einer Form, die einem geeignet erscheint, auf friedliche Weise zu lockern. Doch die übergroße Mehrheit der Alternativen schleicht noch immer um den Rand des eigentlichen Kaninchenbaus herum und hat ihn noch nicht einmal betreten. Das sollte die nächste Etappe sein. Erst wenn der Geist wirklich geöffnet und die Phantomprogrammierung aus dem Weg geräumt ist, kann man das ganze Ausmaß und die Tiefe der Vorgänge auf unserem Planeten begreifen und die nötigen Kenntnisse erlangen. Sie sollten sich – wir alle sollten uns – vielleicht noch einmal die Tatsache vergegenwärtigen, dass wir nur einen verschwindend kleinen Bruchteil all dessen sehen können, was existiert; und dass wir selbst diesen Teilbereich nur durch den Filter und die massiven Begrenzungen eines biologischen Computers wahrnehmen, der darauf programmiert worden ist, unsere Realitätswahrnehmung zu verengen. Wenn man in Kenntnis dieser Tatsachen immer noch meint, wir könnten bestimmte Möglichkeiten von vornherein ausschließen, ohne Fragen zu stellen oder eigene Recherchen zu betreiben, dann ist das nicht einfach nur arrogant – sondern pure, sich selbst in die Tasche lügende Dummheit.

## Superphantome

Als Superphantome bezeichne ich unmittelbar den Blutlinien angehörende Phantome oder andere Individuen, die so massiv vom archontischen Virus infiziert (besessen) sind, dass sie im Grunde *selbst* der Virus sind. Man könnte hier auch genauso gut von „Psychopathen" sprechen. Zwar assoziieren viele Menschen diesen Begriff ausschließlich mit Serienkillern, doch er umfasst weit mehr als das. Der Kriminalpsychologe Robert Hare hat über mehrere Jahrzehnte hinweg mit psychopathischen Menschen gearbeitet, bevor er mit dem sogenannten „Hare-Test" eine Checkliste entwickelte, anhand derer sich Psychopathen identifizieren lassen. Professor Hare nennt darin unter anderem folgende Charaktermerkmale: Redegewandtheit und oberflächlicher Charme; überhöhtes Selbstbild; krankhaftes Lügen; durchtrieben und manipulativ; unfähig, Reue zu empfinden; unfähig zu tiefen Gefühlen; Gefühllosigkeit und fehlende Empathie; Unwilligkeit, Verantwortung für seine Handlungen zu übernehmen; schnell gelangweilt; parasitärer Lebensstil; Fehlen realistischer langfristiger Ziele; Impulsivität; Verantwortungslosigkeit; unfähig, sein Verhalten zu kontrollieren. Hare sagte dazu: „Es verblüfft mich heute noch genauso wie vor 40 Jahren, als ich mit dieser Arbeit begonnen habe, dass es Menschen geben kann, die emotional derart isoliert sind, dass sie in anderen nichts weiter als Objekte sehen, die man ohne die geringste Anteilnahme manipulieren und zerstören kann." Das ist genau

**Abb. 428:** „Psychopathen-Treffen" – *Psychopathen sitzen gerade deshalb in Machtpositionen, weil sie Psychopathen sind.*

**Abb. 429:** „Guten Morgen, Herr Präsident." – *Bombardieren und sparen, bombardieren und sparen.*

das, was ich seit Jahrzehnten über die archontisch-reptiloiden Blutlinien sage. Spätestens hier müssten all diejenigen aufwachen, die stets meinen, „so etwas würden die niemals machen". Nein, *Sie* würden so etwas niemals tun; *die* tun das aber sehr wohl – und sie *lieben* es. Stellen Sie sich einmal vor, die Konsequenzen, die die Handlungen eines Menschen für andere haben, würden bei diesem selbst in extremen Fällen keinerlei Mitgefühl oder Gewissensbisse hervorrufen. Dann gibt es auch kein emotionales Sicherungssystem, das diese Person davon abhielte, unbegrenzt Gewalt und Missbrauch zu verüben – und niemals empfände sie nach begangener Tat irgendein Bedauern. Ein offenkundiges Beispiel für solche Verhaltensmuster sind etwa Politiker, die unter Einsatz des Militärs Massenmord begehen oder die die Ärmsten und Verwundbarsten durch die zwangsweise Einführung von Sparprogrammen zermalmen (Abb. 428).

Ein Mensch, dem solche psychopathischen Züge wesensfremd sind, wäre zu derartigen Handlungen niemals fähig. Psychopathen hingegen bringen so etwas fertig, ohne auch nur mit der Wimper zu zucken. Sie geilen sich sogar noch an dem Leid und dem Chaos auf, das sie anrichten (Abb. 429). Die Angehörigen der Blutlinien, denen bewusst ist, wer sie sind (viele wissen das nicht), betrachten den Tod und das Leid, das sie kaltblütig verursachen, als „Nahrung" für den Virus, der sie befallen hat und kontrolliert – und damit auch als Machtquelle für sich selbst. Die Augen sind das Fenster zur Seele, heißt es; wenn Sie in die kalten Augen eines Psychopathen schauen, sehen Sie den Virus. In einer Liste typischer Psychopathenberufe, die ich einmal gesehen habe, standen Bankiers und Firmenbosse ganz oben, gefolgt von Anwälten und Medienleuten. Angesichts all des Leidens und Sterbens, das die Bankerparasiten tagtäglich verursachen – Psychopathen, für die Menschen, ganze Nationen und die Welt insgesamt nichts weiter als Casinochips in ihrem ganz persönlichen Las Vegas (City of London, Wall Street usw.) sind –, überrascht das nicht wirklich. Bei den eben genannten Orten handelt es sich nicht um „Finanzzentren". Vielmehr stellen sie Casinos dar, in denen das Haus immer gewinnt und die Menschen stets leer ausgehen (Abb. 430).

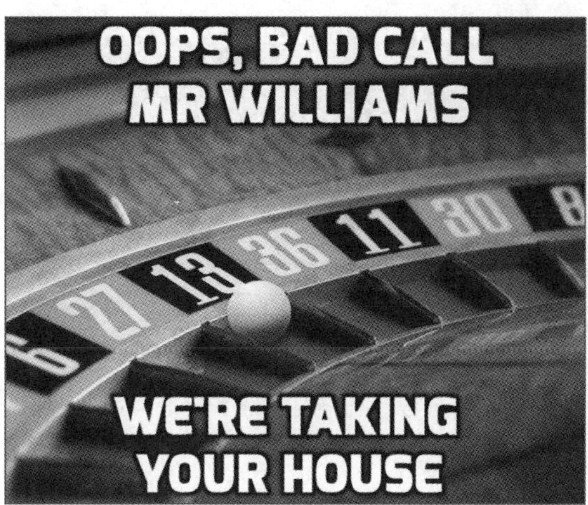


**Abb. 430:** „Hoppla, Mr. Williams! Das kostet Sie jetzt leider Ihr Haus." – *Die Bank gewinnt immer – während andere ihr Eigentum verlieren.*

Ich will damit nicht sagen, dass ausnahmslos jeder einzelne, der in einer Bank oder einem Finanzinstitut arbeitet, ein Psychopath ist. Aber auf diejenigen, die das Finanzsystem kontrollieren, trifft das mit ziemlicher Sicherheit zu, wie auch auf die meisten, die in diesem Bereich arbeiten. Was diese Menschen treiben – und damit Tag für Tag Leben und Nationen zerstören –, brächte man ohne die völlige Abwesenheit von Mitgefühl und Gewissensbissen gar nicht fertig. Ich meine, können Sie sich vorstellen, dass Goldman Sachs – jenes Investmentbanking-Monster, das man als den „großen Vampirkraken" bezeichnet hat – an vorderster Front jemanden arbeiten lässt, der über Empathie und ein Gewissen verfügt? Was man Ländern wie Griechenland angetan hat, ist das Werk von Psychopathen bzw. Superphantomen in der Europäischen Union, der Europäischen Zentralbank, im IWF und in Griechenland selbst. Auch Goldman Sachs war darin involviert. Ich bin auch psychopathischen Juristen und Ärzten begegnet – zwei weiteren Berufsständen übrigens, die reichlich mit Psychopathen durchsetzt sind; mit zahlreichen Ausnahmen allerdings, auf die das nicht zutrifft. Den völlig empathiefreien, ja fast lüsternen Gesichtsausdruck, den manche Anwälte bekommen, wenn sie ihren Gegner besiegt haben, muss man einmal gesehen haben.

Wer den Begriff Psychopath ausschließlich mit Serienmördern assoziiert, wird denken, dass sie nicht besonders häufig sind. Das ist allerdings eine irrige Vorstellung. Die Gesellschaft ist durchsetzt von psychopathischem Verhalten. Die Leute, die diese Welt steuern, sind Psychopathen, und auf allen Ebenen rekrutieren sie andere Psychopathen dafür, ihr System für sie zu verwalten. Diese sind es dann für gewöhnlich (nicht ausschließlich, aber in der Regel), die in den höchsten Machtpositionen landen und rund um den Globus heuern und feuern. In der pharmazeutischen Industrie und in der Biotechnologie tummeln sich die Psychopathen, wie auch im Journalismus, wo Superphantome voller Schadenfreude Leben zerstören, ohne dass dies in irgendeiner Weise im öffentlichen Interesse liegen würde. Militärangehörige werden zu Psychopathen gemacht und daran gewöhnt, Psychopathen unterstellt zu sein, deren Befehle sie unhinterfragt ausführen. Psychopathische Militärs machen sich dann ans Morden, ausgesandt von den Psychopathen in der Regierung, die lediglich Werkzeuge der Psychopathen im Hintergrund sind, welche wiederum den psychopathischen Archonten und dem Psychopathenvirus dienen. Ist ein Soldat seinerseits ein Psychopath, wird er keinerlei Hemmungen haben, Unschuldige zu töten und sich an der Zerstörung von Leben und Ländern zu beteiligen. Soldaten, die keine Psycho-

**Abb. 431:** „Kämpfen fürs Vaterland? – ‚Eine Sache ist nicht automatisch richtig, nur weil jemand für sie stirbt.' – Oscar Wilde" – *Psychopathen + von Psychopathen Kontrollierte = Armeen, wohin man schaut.*

pathen sind, leiden häufig für den Rest ihres Lebens an schweren psychischen Schäden. Zeigen Sie mir einen Soldaten, der nicht zutiefst bereut, was er Zivilisten und insbesondere Kindern angetan hat, und ich zeige Ihnen einen Psychopathen (Abb. 431).

Psychopathische Kriminelle, organisiertes Verbrechen, Drogendealer und Menschenhändler machen uns das Leben schwer. Dazu gehört unter anderem jene Spezies, die ältere Menschen – also die Verwundbarsten – um ihre Lebensersparnisse bringt und sie mit nichts zurücklässt. In Großbritannien sind 2015 sogenannte „suckers lists" (etwa: Trottellisten) aufgetaucht, die die Namen von 200.000 Personen enthielten, die man als Zielscheibe für Geldbetrügereien benutzen könnte. Die Liste, die von Verbrechern (vom Virus befallenen Psychopathen) zusammengestellt worden war, enthielt größtenteils Daten älterer Menschen, darunter die einer 87-jährigen Dame, die die Kriminellen speziell auf dem Kieker hatten, da ihr Gatte gerade verstorben war. Sie verlor 90.000 Pfund. Null Mitgefühl, keine Spur von Reue – archontische Psychopathen. Wer es wagt, sich die Welt einmal wirklich anzuschauen, wird das Ausmaß psychopathischen Gebarens, das er vorfindet, frappierend finden. Was wir hier sehen, ist ein Ausdruck des sich replizierenden Virus. Dank der sozialen Medien und des Internets sind wir heute in der Lage, Psychopathie in einem Umfang wahrzunehmen, wie es früher unmöglich war. Trolle und andere, die sich an dem Schmerz ergötzen, den sie anderen zufügen, sind Psychopathen.

Niemand ist gänzlich davor gefeit, psychopathische Eigenschaften zu entwickeln – und sei es auch nur in abgeschwächter Form –, da alle menschlichen Körpercomputer mit dem Virus infiziert sind („Ursünde"). Die Frage ist, ob wir jenseits des Körpers/Intellekts bewusst genug sind, um die Impulse des Psychopathenprogramms unschädlich zu machen. Wenn wir uns unser Leben anschauen, wird sich jeder von uns an Momente erinnern, wo wir ohne Empathie gehandelt haben (wenngleich wir wahrscheinlich in der Regel Reue deswegen empfinden werden). Gänzlich ohne Mitgefühl und Gewissensbisse zu handeln, stellt dagegen eine ganz andere Stufe psychopathischen Verhaltens dar. Die meisten Menschen handeln bestenfalls in seltenen Momenten so; doch für viele (insbesondere für jene, die sich in Machtpositionen befinden, und für einige andere, wie etwa die Internettrolle) bildet psychopathisches Verhalten die normale Umgangsform. Wenn ich mir einige der Leute anschaue, die ich seit Langem kenne, kann man mitunter fast alle Positionen der Hare-Checkliste für psychopathische Charaktermerkmale ankreuzen. Sie selbst würden das freilich auf keinen Fall so sehen, haben sie doch noch nie einen ehrlichen Blick in den Spiegel geworfen. Dabei stehen sie damit alles andere als allein (Abb. 432).

**Abb. 432:** „Spieglein, Spieglein an der Wand, wer ist die Reinste im ganzen Land?" – *Du, meine Liebe – wenn du dich nicht wie eine Psychopathin benimmst.*

Aus den genannten Gründen ist jeder von uns ein potenzieller Psychopath; das System wiederum ist ständig darum bemüht, durch sein Tun und seine Propaganda diese Facetten in uns zu aktivieren. Durch gewalttätige Videospiele etwa werden die Menschen gegenüber Gewalt und Leid desensibilisiert. Ein anderes Beispiel für eine typisch psychopathische Verhaltensweise sehen wir, wenn die Masse auf einen False-Flag-Terrorangriff (Problem-Reaktion-Lösung), der Menschen aus einem bestimmten Land in die Schuhe geschoben wird, mit Forderungen reagiert wie „Macht ihnen die Hölle heiß". Hier soll der Psychopath im Menschen erweckt werden. Ein anderer zentraler Punkt der Hare-Liste ist der „parasitäre Lebensstil", also das Leben auf Kosten anderer. Ein Parasit wird definiert als „ein Organismus, der auf oder in einem Organismus einer anderen Art lebt und sich von diesem ernährt, wobei dem Wirt Schaden zugefügt wird" oder als „jemand, der gewohnheitsmäßig die Großzügigkeit anderer ausnutzt, ohne etwas Gleichwertiges zurückzugeben". Meine Güte, einige davon habe ich persönlich kennengelernt. Beobachten Sie die Welt, und alles wird einen Sinn ergeben. Der archontische Virus, der die Gesellschaft befallen hat, schmarotzt an deren Fundament und operiert in hierarchischen Strukturen. Die menschliche Gesellschaft bildet eine parasitäre Hierarchie, in der die höheren Ebenen der Machtstruktur auf Kosten der darunter liegenden leben; dieses Muster wiederholt sich bis hinunter in die untersten Ebenen, wo beispielsweise ein fauler Zeitgenosse seinen Lebenspartner ausnutzt oder Kriminelle in einer sozial schwachen Gegend andere aus demselben Bezirk ausrauben. Auch das Parasitenprogramm hat, wie alles andere in unserer wahrgenommenen Wirklichkeit, holografischen Charakter – man findet es auf jeder Ebene, bis hinunter zu den Parasiten, die sich vom menschlichen Körper oder von ihresgleichen ernähren. Hinter Krebs, einer der häufigsten Todesursachen unter den Menschen, steckt ein Schmarotzerpilz – ein selten dämlicher obendrein, schließlich tötet er auch sich selbst, wenn er den Wirtskörper umbringt. Parasiten sind in der Regel nicht besonders helle (deshalb sind sie vermutlich auch Parasiten). Krebs hat auch insofern psychopathischen Charakter, als er ohne Empathie oder Gewissensbisse (alles ist bewusst) Tod und Leid hervorbringt. Psychopathen und Parasiten sind Wesenszüge desselben Programms, das überall in der Matrixillusion und an jedem Ort aktiv ist, der vom Virus befallen wird.

Das Ich-Phantom und seine zahlreichen und vielfältigen Erscheinungsformen und Programme zu verstehen bedeutet, uns selbst und das menschliche Verhalten – und unsere Welt – zu verstehen. Besonders augenfällig wird das, wenn wir bedenken, dass die schlimmsten Vertreter dieser Spezies, die Superphantome, auch diejenigen sind, die die Welt *steuern*. Das sagt doch eine Menge, oder?

KAPITEL 8

# Wir sind frei, Schatz

*Man kann zwar die Wirklichkeit ignorieren, nicht aber die Konsequenzen einer solchen Ignoranz.*
**Ayn Rand**

Die Archonten und der Virus sind weder allmächtig noch unüberwindbar; sie können nur so lange überleben, wie es ihnen gelingt, die Menschheit durch eine Täuschung gigantischen Ausmaßes im Ich-Phantom gefangen zu halten. Der Virus kann – und wird – ausgemerzt werden, doch müssen die Menschen dazu zunächst in einem ersten und fundamentalen Schritt erkennen, dass sie Sklaven der Verdeckten Hand sind, und den Modus Operandi verstehen, der der Unterdrückung und Manipulation zugrunde liegt. Kann denn ein Sklave, solange er in der Illusion lebt, frei zu sein, sein Sklavendasein jemals hinter sich lassen?

Nachdem ich die Ursprünge und die Tiefe der Strukturen aufgezeigt habe, mittels derer die Menschheit unter Kontrolle gehalten wird, werde ich in den folgenden Kapiteln erläutern, wie sich diese Strukturen in unserem täglichen Leben in Form von „zufälligen" Ereignissen manifestieren, die doch alle ineinandergreifen und auf ein gemeinsames Ziel hinarbeiten. Das archontische Kontrollsystem bedient sich hauptsächlich zweier Methoden, um den Zustand der Versklavung der Massen aufrechtzuerhalten: Zum einen lässt man die Menschen durch einen erbarmungslosen Polizeistaat und den Einsatz von Gewalt spüren, dass sie in einer Tyrannei leben; die Bevölkerung wird auf diese Weise viel zu verängstigt sein, um irgendetwas gegen diesen Zustand zu unternehmen – und das, obwohl sie die übergroße Mehrheit darstellt, während die Unterdrücker nur eine kleine Minderheit bilden. Die zweite Methode (die „Demokratie") dient dazu, die Wahlmöglichkeiten bestimmen und die Ereignisse kontrollieren zu können, während man die Menschen glauben lässt, sie seien frei. Innerhalb der derzeitigen „Demokratien" soll, so der Plan, so viel Macht zentral gebündelt werden, dass man von der zweiten zur ersten Methode übergehen kann – ein Prozess, den wir heute schon deutlicher als je zuvor beobachten können.

Das Prinzip, sich die Kontrolle über die Wahlmöglichkeiten zu ergaunern, während man weiterhin unverwandt von *freier* Wahl spricht, durchzieht das gesamte System und unterwandert alle Aspekte des Lebens. Wenn ich Ihnen drei Optionen A, B und C zur Auswahl anbiete, mögen Sie glauben, Sie könnten sich ja frei entscheiden; doch sind A, B und C in Wirklichkeit nicht die einzigen Optionen, die Sie haben. Es gibt Milliarden andere Möglichkeiten – letzten Endes sogar unendlich viele. Die drei Varianten, unter denen Sie „frei" wählen, sind lediglich diejenigen, die man Ihnen offeriert hat (Abb. 433). Weil sich die meisten Menschen nicht über den Unterschied zwischen freier Wahl und angebotenen Wahlmöglichkeiten im Klaren sind, denken sie, sie würden in einer „freien Gesellschaft" leben – die in Wirklichkeit eine reine Illusion ist.

Eine spezielle Variante des Schwindels mit der „freien Wahl" erleben wir in der Politik, wo sämtliche Parteien letztlich von derselben archontischen Verdeckten Hand kontrolliert werden (Abb. 434). Das Recht, in periodischen Abständen zur Wahl gehen zu dürfen, wird als der Inbegriff politischer Freiheit verkauft; dabei ist Demokratie in Wirklichkeit die Tyrannei der Mehrheit – und oftmals auch die einer Minderheit. Mit nur 37 Prozent aller abgegebenen Stimmen „gewann" der britische Premierminister David Cameron 2015 mit „absoluter Mehrheit" die Wahlen zum Unterhaus. Würde man die Zahl der Wahlberechtigten zugrunde legen, käme er gar nur auf 23,5 Prozent der Wählerstimmen. Regierungen sind rechtlich auch in keiner Weise dazu verpflichtet, nach der Wahl tatsächlich das einzulösen, was sie dem Wahlvolk vor der Wahl zu tun (oder nicht zu tun) versprochen hatten – Lügen, die sowieso nur dazu dienen sollen, genügend Stimmen zu generieren, um an die Macht zu kommen. Die „demokratische" Regierungsform ist ein Witz und hat nichts mit der Repräsentation des Volkes durch die Politik zu tun; dessen ungeachtet wird das Wahlrecht immer dann als Hauptzeuge ins Feld geführt, wenn uns erklärt wird, wie „frei" wir doch sind. Wir können eine Wahl treffen, folglich müssen wir doch frei sein; wir können sogar unsere Regierung bestimmen – na, wenn das nicht wahre Herrschaft durch das Volk

**Abb. 433:** „Sie wollen essen? Sie haben die freie Wahl." – *Die Illusion, eine echte Wahl zu haben, ist allgegenwärtig.*

**Abb. 434:** „Wählen Sie einen von uns – Wir sind verschieden!" – *Das politische System.*

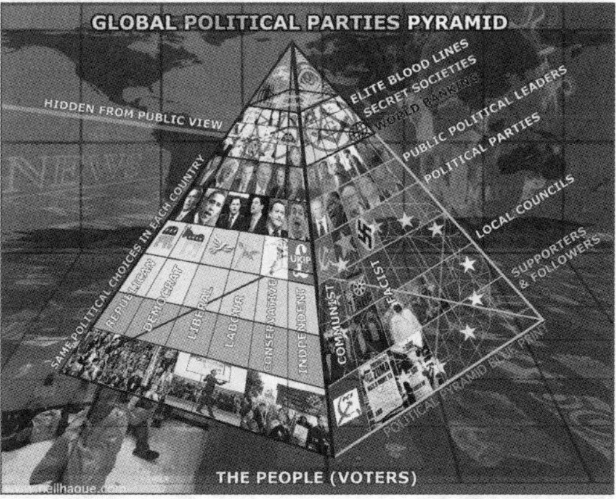


**Abb. 435:** „Die globale Pyramide der politischen Parteien" – *Parteien sind in Form hierarchischer Pyramiden organisiert, die von einigen Wenigen – und im Sinne dieser Wenigen – gesteuert werden.*

und für das Volk ist! Das könnte jedoch nur dann wirklich der Fall sein, wenn es echte *Alternativen* hinsichtlich der Frage gäbe, wie eine Gesellschaft geführt wird und in welche Richtung sie sich bewegen soll. Doch das einzige, was in unseren „freien Demokratien" zur Wahl steht, sind die Masken verschiedener Parteien, hinter denen sich stets dasselbe archontische Gesicht verbirgt – womit die „freie Wahl" schon sabotiert wird, bevor überhaupt irgendein Urnengang erfolgt (Abb. 435).

Ist eine der Masken (eine politische „Partei") erst einmal offiziell gewählt, kann sie ihr eigenes Süppchen kochen (so, wie sie es ohnehin vorhatte); die einstigen Wahlversprechen, mit denen die Wähler gelockt wurden, spielen dann nur noch eine Neben- oder gar keine Rolle mehr. Den Wünschen und Bedürfnissen der Bevölkerung braucht man sich erst dann wieder zuzuwenden, wenn die nächste Wahl bevorsteht und die Farce von vorne losgeht. So geht das schon, seit die „Demokratie" erfunden wurde; doch noch immer können viele Menschen nicht erkennen, dass man sie systematisch verkohlt. Immer wieder aufs Neue setzen sie sich für eine der Masken ein und streiten mit den Anhängern der anderen Masken darüber, welche Maske dem Gesicht, das stets dasselbe bleibt, diesmal aufgesetzt werden sollte. Sie mögen die derzeitige Maske, die seit einigen Jahren an der Regierung ist, nicht mehr? Kein Problem. Wählen Sie diesmal einfach eine andere Maske. Sollten Sie diese irgendwann auch nicht mehr wollen – weil sie genau dasselbe macht wie ihr Vorgänger –, wählen Sie einfach wieder die ursprüngliche Maske. Demokratie ist NICHT gleichbedeutend mit Freiheit – wie jeder, dessen Programmierung nur durch einen Schimmer Gewahrsein gebrochen wird, wohl zu erkennen in der Lage sein dürfte. Doch wer darauf hinweist, dem wird unterstellt, gegen die Freiheit zu sein – schließlich weiß doch jeder, dass Freiheit und Demokratie Synonyme sind.

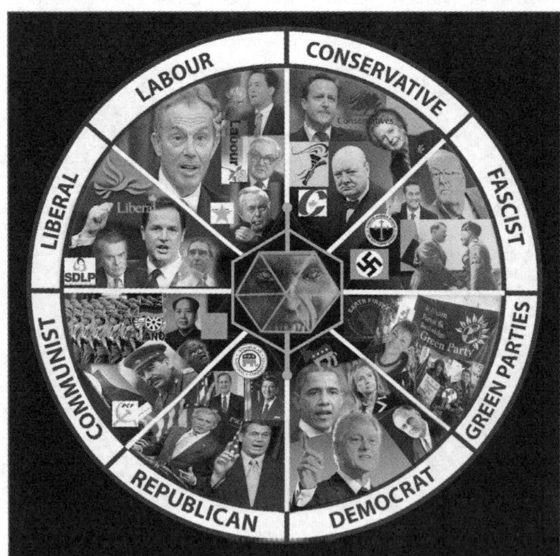


**Abb. 436:** „Konservative – Faschisten – Grüne Parteien – Demokraten – Republikaner – Kommunisten – Liberale – Arbeiterparteien" – *„Verschiedene" Parteien, derselbe Meister.*

Jeremy Corbyn, der 2015 zum Vorsitzenden der oppositionellen Labour-Partei gewählt wurde, versucht einen etwas anderen Weg einzuschlagen, der sich mehr auf Werte wie Mitgefühl stützt; doch auch er bewegt sich innerhalb des Systems, das letztlich die Geschehnisse bestimmt. Gerade in der Wahl Corbyns kam die Unzufriedenheit der Parteibasis darüber zum Ausdruck, dass die Labour-Partei und die Konservativen – die „Alternative" – mittlerweile kaum noch voneinander zu unterscheiden waren. Der erste Punkt in der „Bin ich ein Sklave?"-Checkliste lautet also: Nicht Sie entscheiden, wer Ihr Land führt oder Ihre Gesellschaft lenkt. Darüber bestimmen vielmehr die Kräfte, die die politischen Parteien aus dem Hintergrund steuern, im Verein mit den Großunternehmen und Individuen, durch die sie finanziert, und den Medien, von denen sie in den Himmel gelobt oder verteufelt werden. In jedem Fall stellen Parteien – gleich welcher Couleur – nur verschiedene Masken derselben Archontenfratze dar (Abb. 436). Corbyn wurde vom ersten Tag an von weiten Teilen der britischen Medien angefeindet und sabotiert, weil er den Frevel begangen hatte, politisch ein klein wenig anders zu sein. Man wollte auf diese Weise sichergehen, dass er es niemals in die Regierung schaffen würde. Da wir übrigens gerade von Unternehmen sprechen – Länder und Regierungen sind eigentlich private Firmen, die dem Handels- und Seerecht unterliegen. Ich habe das bereits in früheren Büchern dargelegt; andere Autoren haben sich dieses Themas noch viel eingehender angenommen. Der Ausdruck „Vereinigte Staaten" etwa bezieht sich nicht auf ein Land, sondern bezeichnet eine in Privatbesitz befindliche Firma, deren Direktor als Präsident der Vereinigten Staaten bekannt ist.

## Das archontische Spinnennetz

Nun denn – das Kreuz, das Sie auf dem Wahlzettel machen, ist also so gut wie wirkungslos, und Ihre politischen Präferenzen sind insofern irrelevant, als Sie durch Ihre Entscheidung substanziell sowieso nichts ändern können. Was Ihre Freiheit betrifft, sieht es also ziemlich düster aus. Dabei habe ich gerade erst angefangen. Hier kommt die nächste Frage: Wodurch werden die Entscheidungen, die Sie im Laufe Ihres Lebens treffen, bestimmt – was Sie tun, wohin Sie gehen, wo Sie arbeiten, ob Sie arbeiten, wo Sie leben und sogar *ob* Sie leben (etwa über die Frage, ob Sie etwas zu essen haben oder über eine Gesundheitsversorgung verfügen)? All diese Fragen lassen sich mit einem einzigen Wort beantworten: *Geld.* Wer kontrolliert nun das Geld und damit auch sämtliche Optionen und möglichen Lebenswege? Dieselbe Kraft, die auch darüber entscheidet, wer in der Regierung und in den Machtzentren und -institutionen rund um den Globus sitzt. Die Kartelle in

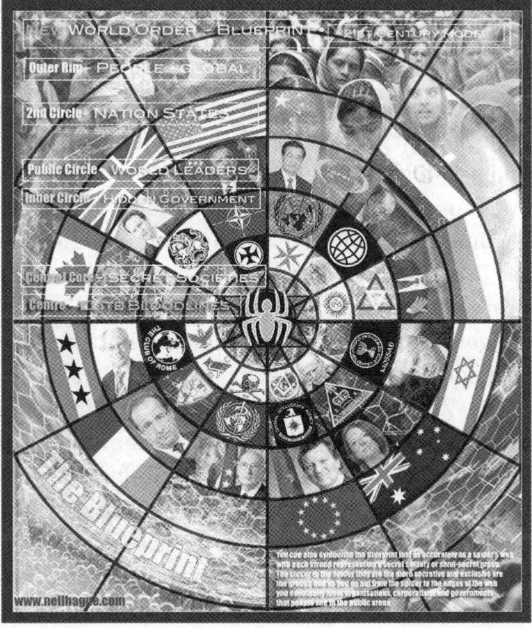


**Abb. 437:** *Das weltumspannende Spinnennetz aus miteinander verbandelten Geheimgesellschaften, Geheimdienstnetzwerken, Organisationen, Regierungen und deren Behörden – letztlich werden sie alle von der Spinne gesteuert: dem Demiurgen / den Archonten*

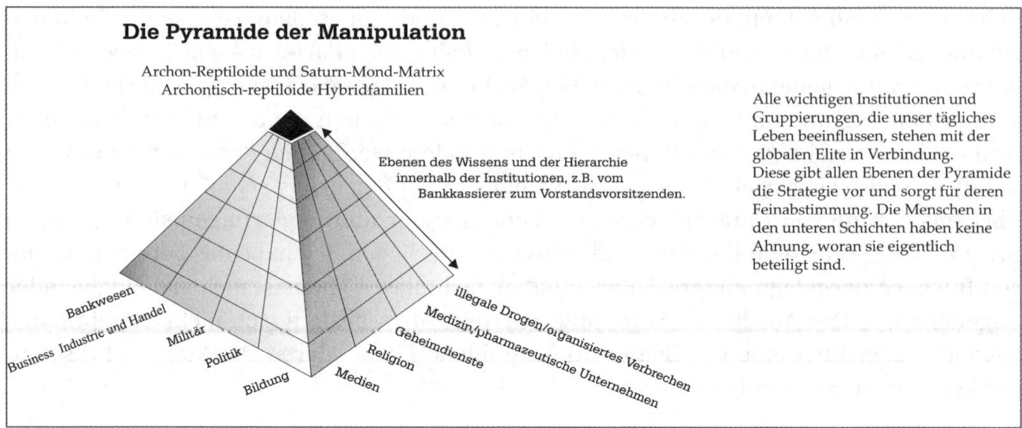


**Abb. 438:** – *Die pyramidenförmige Kontrollstruktur, in der nur einige Wenige an der Spitze wissen, was wirklich vor sich geht und warum.*

Bankwesen, Politik, Öl-, Biotechnologie-, Pharma- und Lebensmittelindustrie und Medien (Hollywood inbegriffen), die Internetgiganten usw. wurden von archontisch-reptiloiden Hybriden erschaffen, die sie auch weiterhin steuern. Ermöglicht wurde dies durch das Konstrukt, das ich die Blaupause oder das Spinnennetz genannt habe: ein weltumspannendes Netzwerk aus Geheimgesellschaften, semigeheimen Gruppierungen sowie Instanzen, die in der Öffentlichkeit agieren, wie etwa Unternehmen und Regierungen. Sie alle dienen letztlich der Spinne, die in der Mitte des Netzes sitzt, als Lakai bzw. Instrument – dem Demiurg-Virus nämlich, der aus dem Verborgenen heraus befiehlt (Abb. 437). Eine andere Möglichkeit, diese aus miteinander verschalteten Täuschungen zusammengesetzte Struktur zu veranschaulichen, bietet die Darstellung als Pyramide (Abb. 438). Die Spinne bestimmt über die Entscheidungen und die Ausrichtung jedes einzelnen Strangs ihres Netzes (bzw. jeder Ebene der Pyramide) und sorgt als treibende Kraft für deren Durchsetzung. Nur sehr wenige Individuen innerhalb dieser Struktur erfahren jemals, wo all die Anweisungen eigentlich ihren Ursprung haben und wozu sie (im Hinblick auf das Gesamtbild) wirklich dienen.

Die Zerklüftung der Struktur in viele kleine Wissensbausteine wird erbittert und unnachgiebig verteidigt. Gemäß dem holografischen Prinzip „wie oben, so unten" folgt auch der innere Aufbau der Geheimgesellschaften diesem Need-to-know-Konzept. Sie setzen sich stets aus hierarchisch angeordneten Segmenten, Schichten oder „Graden" zusammen, bei denen die höhere Ebene jeweils mehr weiß als die niedere. Das Gesamtbild bleibt selbst denen verborgen, die an der Spitze einer der Geheimgesellschaften sitzen. Über ihnen gibt es noch viele weitere Ebenen, von denen sie nicht einmal wissen und die, wie ich bereits erklärt habe, nur wenigen Auserwählten (die fast ausnahmslos den Blutlinien angehören) zugänglich sind. Diejenigen Geheimgesellschaften und Gruppierungen, die der Spinne am nächsten sind, wissen am meisten und genießen demzufolge einen exklusiven Status. Manche von ihnen tragen noch nicht einmal eine Bezeichnung, was ihre Enttarnung erschwert. Die höheren bzw. tiefer reichenden Ebenen innerhalb der Geheimgesellschaften sind eng mit dem Satanismus verknüpft, der unmittelbar mit dämonischen Ausdrucksformen des archontischen Virus interagiert. Jeder Strang des globalen Spinnennetzes entspricht einer Geheimgesellschaft, einer semigeheimen Gruppierung oder einer der Öffentlichkeit bekannten Institution. Im Zentrum sitzt die archontische Spinne, umgeben von den exklusivsten und verschwiegensten, mit dem Satanismus assoziierten Cliquen und Zirkeln. In etwas größerer Entfernung zur Spinne finden wir Geheimgesellschaften, von denen die Leute wahrscheinlich schon einmal gehört haben, wie etwa Freimaurer, Jesuiten, Malteserorden, Tempelritter oder Opus Dei. Beachten Sie, wie viele davon der römischen bzw. babylonischen Kirche – einem gewaltigen, weltumspannenden Vehikel der archontischen Agenda – zugeordnet sind. Eine der Geheimgesellschaften, die ich ausgiebig beleuchtet habe, ist die berüchtigte Skull & Bones Society, deren Sitz sich in einem fensterlosen Mausoleum auf dem Campus der Yale University in New Haven, Connecticut, befindet (Abb. 439). Sie ist auch unter der Bezeichnung „Orden des Todes" (Saturn) bekannt. „Skull & Bones" – Schädel und Knochen – sind Symbole für Saturn, da dieser für den Tod steht und astrologisch als Herrscher über die Skelettstruktur gilt. Während man uns glauben machen will, dass jeder Amerikaner Präsident werden könne (Naivität als Kunstform); waren im Jahre 2004 beide Anwärter auf das höchste Amt Eingeweihte eben dieser exklusiven Gesellschaft: George W. Bush (dessen Vater und Großvater ebenfalls Mitglieder von Skull & Bones waren) und John Kerry, der im Augenblick, da ich dies schreibe, als Außenminister auf der ganzen Welt Chaos stiftet (Abb. 440). Es gibt ein Video, in dem ein Collegestudent aus Florida von Polizisten mittels Elektroschocker außer Gefecht gesetzt wird, nachdem er Kerry auf einer öffentlichen Veranstaltung zu seiner und Bushs Mitgliedschaft bei Skull & Bones befragt hatte. „Land der Freien" nennen sie das, oder so ähnlich. Amerikas Bevölkerung zählt 320 Millionen Menschen, doch schauen wir uns einmal an, welche Männer seit 1980 das Präsidentenamt innehatten: Ronald Reagan (in Wirklichkeit sein Vizepräsident, George Bush senior); George Bush senior;

**Abb. 439:** *Der Hauptsitz der Skull & Bones Society, wo angehende politische Führer ihren Herren lebenslange Gefolgschaft geloben – und über den Tod hinaus.*

**Abb. 440:** „Marionetten" – *Kerry und Bush: 2004 gehörten beide Präsidentschaftskandidaten derselben höchst exklusiven Geheimgesellschaft an. Die Treue zur Bruderschaft bedeutet ihnen mehr als alle anderen Bindungen.*

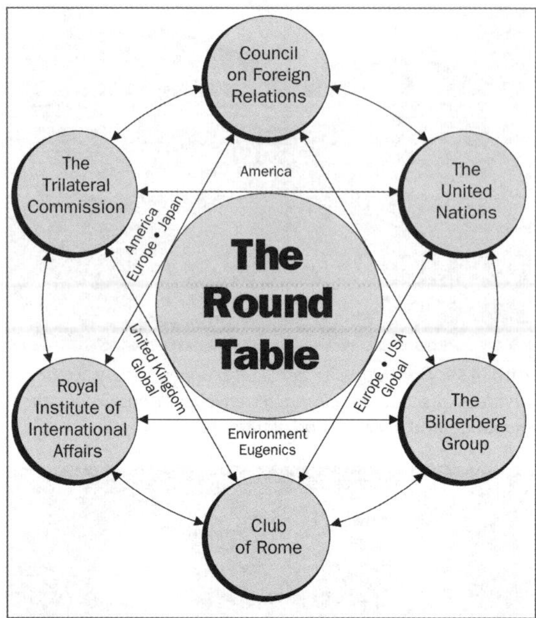


**Abb. 441:** *Das Round-Table-Netzwerk.*

**Abb. 442:** „Die Spinne spricht – ‚Die Bilderberger? Die servieren mir den Tee.'" – *Die tatsächliche Stellung der Bilderberg-Gruppe innerhalb des Spinnennetzes.*

Bill Clinton; George Bush junior; Barack Obama. Während ich diese Zeilen niederschreibe, ringen Hillary Clinton und Jeb Bush um die Präsidentschaft 2016, zusammen mit dem Milliardär und Egoweltmeister Donald Trump. Aber klar kann jeder Präsident werden.

Bewegen wir uns noch weiter von der Spinne weg, gelangen wir schließlich in jenen Grenzbereich, wo das Verborgene und das Sichtbare aufeinandertreffen. Hier stoßen wir auf Organisationen wie die Bilderberger, die in den USA beheimatete Trilaterale Kommission, den Council on Foreign Relations, den Club of Rome und andere „Denkfabriken", deren Aufgabe es ist sicherzustellen, dass die von der Spinne ausgehende Agenda durch Regierungen, Militär, Konzerne, Medien usw. implementiert wird. Die in diesem „Grenzbereich" angesiedelten Gruppierungen sind durchsetzt mit Individuen, die in Regierung, Politik, Finanzwesen, Militär, Geheimdiensten, Unternehmen und Medien arbeiten. Wenn Ihnen nicht klar ist, was ich damit meine, tippen Sie einmal „Bilderberg-Teilnehmer" oder „Mitglieder des Council on Foreign Relations/der Trilateralen Kommission" in eine Suchmaschine ein. Die genannten Organisationen gingen einst aus einer in London ansässigen Geheimgesellschaft namens Round Table hervor, die gegen Ende des 19. Jahrhunderts von Cecil Rhodes und den Rothschilds gegründet worden war. Ebenfalls durch dieses Netzwerk wurde die Gründung der Vereinten Nationen herbeimanipuliert, unter deren Deckmantel die Weltregierung auf den Weg gebracht wurde (Abb. 441). Rhodes hat für die Rothschilds und die britische Krone (was dasselbe ist) Afrika geplündert. Ich möchte jedoch betonen, dass diese Gruppierungen der Spinne lediglich als Instrumente dienen und nicht die Spinne selbst darstellen (Abb. 442).

# Unwissenheit als System

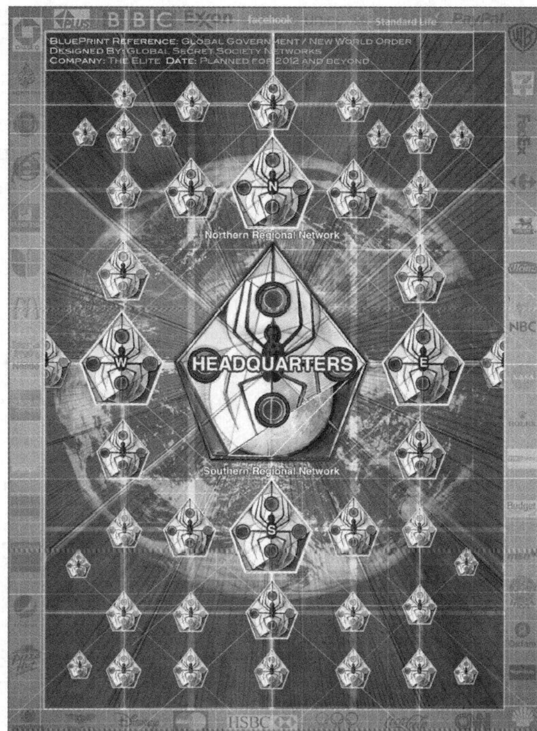


**Abb. 443:** *Holografische Kontrolle. Jeder Teilabschnitt der Struktur stellt eine verkleinerte Version des Ganzen dar.*

Die archontischen Blutlinien wollen die Menschen glauben machen, Entscheidungen würden von Regierungen und einzelnen Unternehmen, Gruppierungen und Personen getroffen; dabei werden zumindest solche Entscheidungen, die Auswirkungen auf die archontische Agenda haben, in den Tiefen des Spinnennetzes gefällt – und eigentlich noch nicht einmal in unserer Realität. Diese Struktur macht es möglich, dass die unsichtbaren Kräfte die sichtbaren Elemente kontrollieren; selbst innerhalb des Netzes kennen nur sehr wenige das gesamte Puzzle und sind über die eigentlichen Vorgänge im Bilde. Das Need-to-know-Prinzip durchzieht das gesamte Spinnennetz; für die Archonten ist es von höchster Wichtigkeit, das größte Geheimnis dadurch zu beschützen, dass der allergrößte Teil ihrer Agenten und Handlanger in Unwissenheit gehalten wird. Das Netz ist in holografischer Form aufgebaut, sodass jede Schicht eine verkleinerte Version der Gesamtstruktur darstellt; dieses Prinzip lässt sich bis hinunter auf die Ebene lokaler Gemeinschaften verfolgen (Abb. 443). Ein weltweit agierender Konzern bestimmt, ausgehend von einem Hauptquartier oder einer zentralen Institution, die Regularien und die Firmenpolitik sämtlicher, über den Globus verteilter Niederlassungen und Unterorganisationen. Genauso arbeitet auch das archontische Spinnennetz – allerdings mit einem wichtigen Unterschied. Die Tochterfirmen eines Unternehmens wissen nämlich, dass die Firmenzentrale die Instanz ist, die sagt, wo es lang geht (auf ihrer Ebene zumindest); innerhalb des archontischen Spinnennetzes ist jedoch alles derart geheim, dass die große Mehrheit derer, die dem Netz dienen, noch nie von Archonten gehört hat. Sollten die Systemlakaien einmal versehentlich darüber stolpern, werden sie nur spötteln und die Existenz solcher Wesen lachend verneinen. Unwissenheit ist nicht nur ein Segen – für den Archonten-Virus stellt sie vielmehr ein unabdingbares Prinzip dar. Nur so ist die Verdeckte Hand in der Lage, das System zu kontrollieren, gleichzeitig aber die Welt zufällig und vielfältig erscheinen zu lassen, und durch die Kontrolle der Konsensrealität die gefühlten Normen zu bestimmen.

Der „Wissenschaft" kommt innerhalb des archontischen Spinnennetzes die Aufgabe zu, über die „Wirklichkeit" zu befinden; die Vorstellungen, die sie dabei hervorbringt, werden dann dem gemeinen Volk durch Medien und Bildungseinrichtungen als unverrückbare Tatsachen präsentiert. Ich erinnere mich an einen Burschen namens Patrick, der einen meiner Beiträge in den sozialen Medien kommentierte. Darin ging es um eine *BBC*-„Dokumentation" über gentechnisch veränderte Lebensmittel bzw. Organismen (GVO) – ein reines Propagandawerk. Der Kommentar des jungen Mannes illustriert sehr anschaulich, wie die Menschen die Lügen deshalb schlucken, weil sie die Funktionsweise des Systems nicht verstehen:

> Was, wollen Sie etwa sagen, die *BBC* würde *GVO* für sicher halten, so wie die weltweite wissenschaftliche Gemeinde!!!? Traut nicht der *BBC*, traut nicht der Wissenschaft (Lockvögel der Regierung) traut nicht einer auf Logik und Beweisen beruhenden Meinung (nur ein Hologramm). Traut David Icke, der ganz offensichtlich zur Internet-Universität gegangen ist (Paranoidencampus) und alles über Genetik und genetische Veränderungen weiß.

Umfang der Recherchen, die die Patricks dieser Welt tätigen, bevor sie jeden Hinweis darauf, dass die Autoritäten lügen könnten, in den Wind schlagen? Null. Patricks Aggressivität und Ablehnung rührt ohne Zweifel von seinem Selbstbild als bauernschlauem, intelligentem Kerl her, während er in Wirklichkeit an (für seine Freiheit) tödlicher Naivität und Ignoranz leidet. Hätte Patrick auch nur die leiseste Ahnung, wie die Welt funktioniert, würde er niemals solch einen Kommentar abgeben. Er würde dann verstehen, warum sich die Quellen, die Bestandteil des Systems sind, gegenseitig bekräftigen und voneinander abschreiben. Aber das tut er nicht; stattdessen gab er diesen Kommentar zum Besten. Seine Sicht auf den 11. September dürfte etwa so aussehen:

> Was, wollen Sie etwa sagen, die *BBC* würde behaupten, die offizielle Version von 9/11 sei richtig, so wie es auch die US-Regierung sieht!!!?. Traut nicht der *BBC*, traut nicht der Regierung, traut nicht einer auf Logik und Beweisen beruhenden Meinung (nur ein Hologramm). traut David Icke, der ganz offensichtlich zur Internet-Universität gegangen ist (Paranoidencampus) und alles über 9/11 weiß.

## Wahrnehmungskontrolle durch die Medien

Unisono mit sämtlichen Mainstreammedien behauptet die *BBC*, die offizielle Version der Ereignisse vom 11. September sei korrekt – aber woher wissen die das? Nun, amerikanische Regierungsquellen und Agenturen haben es ihr gesagt, ergo konnten sie die Informationen als Tatsachen weitergeben, ohne Fragen stellen zu müssen (Abb. 444). Angesichts der Fülle an Zeitungen, Fernsehkanälen und Radiostationen denken die Leute, es gäbe eine vielfältige Medienlandschaft und sie hätten die Wahl; doch gehören all diese Medien einer erschreckend kleinen Zahl superreicher archontischer Lakaien, die der Spinne und deren Netz unterstehen. Fünf riesige Konzerne, die durch dieses Netz miteinander verbunden sind, kontrollieren 90 Prozent der amerikanischen Massenmedien; in Großbritannien befinden sich etwa 80 Prozent der Medien in den Händen von fünf Milliardären. Nahezu überall auf der Erde werden Sie ähnliche Verhältnisse vorfinden. Wer die Informationen kontrolliert, vermag auch die Wahrnehmung zumindest derjenigen zu kontrollieren, die ihr Gewahrsein noch nicht über die Grenzen des Ich-Phantoms hinaus erweitert haben. In unzähligen Studien, die ein breites Spektrum an Themen und Sachverhalten behandelten, ist nachgewiesen worden, dass die Wahrnehmung der Öffentlichkeit – gleicht man deren Vorstellungen einmal mit den tatsächlichen Verhaltnissen ab – der Wahrheit nicht einmal nahe kommt. Das verzerrte Weltbild der Menschen kommt von der verzerrten Version der Welt, die sie von den Mainstreammedien übernommen haben. Sie müssen den Leuten eine bestimmte Story nur oft genug erzählen, dann wird sie zur akzeptierten Tatsache werden – ein „das weiß doch jeder".

**Abb. 444:** „Wie können uns die Medien eigentlich so belügen? – Sie wissen halt, dass wir die ‚Fakten' nicht überprüfen werden. (Also, zumindest die meisten von uns nicht.)" – *Die Mainstreammedien: Die Propagandaabteilung des Spinnennetzes.*

Am Ende des Zweiten Weltkriegs befanden sich in den Vereinigten Staaten drei von vier Zeitungen in unabhängigem Besitz; im Jahre 1983 wurden bereits 90 Prozent der US-amerikanischen Medien von 50 Unternehmen kontrolliert. Heute ist diese Zahl auf nur fünf geschrumpft, und ein Ende dieser Entwicklung ist nicht abzusehen. In „Der Löwe erwacht" habe ich sämtliche Fernseh- und Radiostationen, Zeitungen und Zeitschriften aufgelistet, die sich im Besitz von Time Warner befinden. Die schiere Länge der Liste ist atemberaubend. Die gesetzlichen Beschränkungen für Privatbesitz sind von Politikern, die der Kontrolle des Spinnennetzes unterliegen, fortwährend dereguliert worden. Auf diese Weise ermöglicht man den – ebenfalls vom Spinnennetz kontrollierten – Medienmogulen, sich immer größere Stücke der Mainstream-Kommunikationsinfrastruktur einzuverleiben. Das kann so weit gehen, dass sich am Ende sämtliche großen Medienanstalten einer amerikanischen Kommune oder gar einer Stadt im Besitz ein und desselben Unternehmens befinden. Weltweit agierende Nachrichtenagenturen, die ebenfalls Lakaien der Spinne gehören, versorgen die Mainstreammedien – Fernsehen, Radio, Print- und Internetmedien – rund um den Erdball mit „Nachrichten", die jeweils aus nur einer Quelle und mitunter gar von demselben Reporter stammen. Es gibt ein Youtube-Video, das „verschiedene" Nachrichtensprecher „verschiedener" Sender zeigt, die in ihrer Moderation Wort für Wort denselben Text sprechen. Wenn Sie sich das ansehen wollen, geben Sie „Easter bunny steps news" ins Suchfeld ein. Und wenn Sie schon einmal dabei sind, können Sie dasselbe Prinzip auch bei „unterschiedlichen" Politikern in Aktion erleben, die eine identische Wahlrede halten. „Conservative MPs drone on like robots reading the same script" führt Sie zu dem entsprechenden Video.

Alles ist zentralisiert, und mit jedem Tag setzt sich dieser Trend weiter fort. Archontischen Medien wird auf diese Weise ermöglicht, archontische Regierungen zu unterstützen, indem sie die Wahrnehmung der Bevölkerung zu jedem beliebigen Thema manipulieren. Wenn die britische und die amerikanische Regierung als Teil des Spinnennetzes beschließen, die Regierung in einem bestimmten Land zu stürzen, treten die ebenfalls ins Spinnennetz eingebundenen Medien eine gegen das betreffende Regime gerichtete Welle der Verunglimpfung, Lügen und Angstmacherei los, damit das Publikum das gewaltsame Vorgehen gutheißt. Mehr steckt wirklich nicht dahinter – wenn man es mit Ich-Phantomen zu tun hat, ist das einzige, was man für derartige Manipulationen benötigt, die Kontrolle über die Informationen. Seit ich meinen Weg begonnen habe, hat sich im Internet eine weitgehend unabhängige alternative Medienlandschaft herausgebildet – ursprünglich gab es da fast gar nichts. Diese Plattformen versorgen die Menschen mittlerweile derart erfolgreich mit Informationen, die eine zu den „Nachrichten" der Mainstreamgiganten alternative Sicht ermöglichen, dass keine Mühen gescheut werden, ihren Einfluss wieder zurückzuschrauben. Auch das Internet und insbesondere die großen Suchmaschinen gehören im Wesentlichen ein paar Konzerngiganten, die sich wiederum an einer Hand abzählen lassen. Systematisch werden die Datenflüsse und Profile alternativer Nachrichtenwebsites in den Suchergebnissen unterdrückt, damit sie von so wenig Menschen wie möglich konsultiert werden. Auch DavidIcke.com hat man diese Art der Behandlung zuteil werden lassen – was ich als Kompliment betrachte. Insbesondere versucht man solche alternativen Informationen zu unterdrücken, die – ginge es nach dem Willen des Systems – nicht die Runde machen und jedermann bekannt werden sollen.

## Alles nur Falschgeld

Der entscheidendste Aspekt bei der archontischen Manipulation der Fünf-Sinne-Realität ist die Kontrolle des Geldes. Die Archonten und ihre Hybriden haben das Geldsystem spezifisch zu dem Zweck errichtet, sich die tatsächlichen Vermögenswerte dieser Welt einverleiben und ihren menschlichen Sklaven die Optionen diktieren zu können. Reichtum ist nicht das eigentliche Ziel der Archonten und ihrer inneren Kreise; vielmehr geht es bei ihrem Streben nach absoluter Kontrolle – die erreicht werden soll, indem man der Bevölkerung die Möglichkeit der freien Entscheidung und damit die Grundvoraussetzung für jede Freiheit nimmt – um die Monopolstellung im Kampf um Besitztümer. Was es bedeutet, wenn man der Alternativen beraubt worden ist und in der Folge (vom System) abhängig wird, lässt sich in einem Wort zusammenfassen: Sklaverei. Die amerikanische Journalistin Ellen Goodman hat das wunderbar ausgedrückt:

> Normal heißt, dass Sie Kleidung anziehen, die Sie für die Arbeit gekauft haben, und dass Sie sich in einem Auto, das Sie noch immer abbezahlen, durch den Verkehr wühlen – um zu der Arbeit zu gelangen, die Sie machen müssen, um die Kleidung,

das Auto und das Haus bezahlen zu können, das Sie den ganzen Tag leer stehen lassen, damit Sie es sich leisten können, darin zu wohnen.

In meinen früheren Büchern habe ich das Banken- und Finanzsystem, seine Verderbtheit und die fortwährenden Manipulationen minutiös beschrieben (siehe das Kapitel „Archontische Ökonomie“ in „Die Wahrnehmungsfalle“). Es soll daher an dieser Stelle genügen, für neue Leser kurz darzustellen, was Geld eigentlich ist und wie es entsteht, sodass wir in der Folge die grundlegenden gedanklichen Verbindungen herstellen können. Es ist in höchstem Maße seltsam zu bemerken, wie wenige Personen selbst innerhalb des Finanzwesens wissen, woher das „Geld“ kommt. Dieser Umstand wiegt umso schwerer, als die Frage, ob man Geld hat oder nicht, die Erfahrungswelt eines Menschen in grundlegender und tiefgreifender Weise bestimmt. Sollten Sie von diesen Zusammenhängen noch nie etwas gehört haben, machen Sie sich besser auf etwas gefasst.

Geld ist nur so viel wert, wie die Menschen glauben (glauben gemacht wurden), dass es wert sei. Äh – und das ist auch schon alles. In dem Moment, da Käufer und Verkäufer aufhören würden zu glauben, dass ihr Geld einen Wert hat, wäre es wertlos. Münzen sind lediglich so viel wert wie das Metall, aus dem sie bestehen; Papier- und digitales Geld hat neben dem Betrag, der ihm offiziell zugeschrieben wird, überhaupt keinen Wert. Geld ist eine einzige Illusion; die Art, wie es wahrgenommen wird, ist bewusst eingefädelt worden. Ein Pfund Sterling kann an einem Tag (theoretisch) soundso viel wert sein und am nächsten Tag (theoretisch) soundso viel. Das Einzige, was sich in solch einem Fall ändert, ist die gemeinsame *Vorstellung* davon, welchen Wert das Pfund hat – beeinflusst durch irgendein Gerücht auf dem Aktien- oder Devisenmarkt, eine Entscheidung der Regierung bzw. der Zentralbank oder andere Umstände.

Mit anderen Worten – Geld ist gerade so viel wert, wie „sie“ uns sagen, dass es wert sei. Es gab einmal eine Zeit, als der Wert des Geldes noch unter Bezugnahme auf tatsächliche Handelsgüter wie z.B. Gold festgesetzt wurde. Doch diese Zeiten sind lange vorbei. Heute haben wir es mit „Fiat“-Zahlungsmitteln zu tun, die nur deshalb etwas wert sind, weil die Regierungen das so festgelegt haben (Abb. 445). Die Definition für Fiatgeld lautet folgendermaßen: „Banknoten oder Münzen, die selbst keinen oder nur einen sehr geringen immanenten Wert haben und nicht in Gold oder Silber eingelöst werden können, von der Regierung jedoch per Erlass (engl.: „fiat“) zum gesetzlichen Zahlungsmittel erklärt worden sind.“ Die lateinische Wurzel des Begriffs „fiat“ bedeutet etwa so viel wie

**Abb. 445:** „Der tatsächliche Wert von Fiatgeld“ – *Schockierend, aber wahr.*

**Abb. 446:** „Politik/Bankwesen/Medien – Satanismus – Geheimgesellschaften" – *Satanismus, Geheimgesellschaften, Politik, Banken und Medien sind allesamt durch das archontische Netzwerk miteinander verbunden.*

„es sei getan" oder „es soll sein". Fiatgeld hat selbst keinen innewohnenden Wert, sondern erhält ihn ausschließlich durch das von der Regierung ausgesprochene „es werde". Dessen ungeachtet müssen wir das Zeug, wenn wir es „leihen" wollen, in Form von Zinsen *kaufen*. Sollten wir dann nicht in der Lage sein, das in sich selbst wertlose „Darlehen" inklusive Zinsen zurückzuzahlen, kann sich der Kreditgeber (die Bank) Teile unseres Eigentums krallen, die sehr wohl einen immanenten Wert besitzen – unser Haus, unser Grundstück, unser Geschäft usw.

Durch diesen weltumspannenden Schwindel stehlen die archontischen Blutlinien buchstäblich die Welt – Familien, die die politischen und Finanzsysteme nicht nur kontrollieren, sondern sie überhaupt erst geschaffen haben (allen voran die Rothschilds). Hinter diesen Strukturen stehen Netzwerke aus Geheimgesellschaften und satanischen Kreisen, die das Werk der Spinne ausführen (Abb. 446). Wenn wir die Wurzeln des heutigen Bankensystems zurückverfolgen, landen wir (einmal mehr) im antiken Babylon sowie (einmal mehr) in Rom, von wo aus es sich in Europa und auf dem ganzen Planeten verbreitete. Der Begriff „Bank" ist vom italienischen Wort „banco" abgeleitet, mit dem man in italienischen Städten wie Florenz, Genua, Venedig oder Mailand den Tisch des Geldwechslers bezeichnete. Wo immer sich die archontischen Hybriden auch hinwendeten, ging die Kontrolle über das Geld stets mit ihnen. Über Jahrhunderte hinweg spielte dabei das archontisch-reptiloide Haus Rothschild eine zentrale Rolle; die Rothschilds waren es auch, die den faulen Trick mit dem Fiat-„Geld" weltweit etablierten. Die meisten Leute selbst innerhalb des Systems werden Ihnen, wenn Sie sie fragen, wie Geld entsteht, nur einen entgeisterten Blick zuwerfen – den Keiner-zuhause-Blick, wie meine Mutter das zu nennen pflegte – oder irgendeinen Unsinn über „die Regierung" wiederkäuen. Tatsache ist, dass der weitaus größte Teil des Geldes (Kredit) durch private Banken (die letztlich alle denselben archontischen Hybridfamilien gehören) in Umlauf gesetzt wird, indem sie „Darlehen" vergeben. Dadurch können sie mit nahezu uneingeschränkter Macht bestimmen, wie viel „Geld" zirkuliert (Konjunktur) bzw. nicht zirkuliert (Rezession oder Wirtschaftskrise). Sie werden bemerkt haben, dass ich eine ganze Reihe von Worten in Anführungszeichen setze; damit will ich deutlich machen, dass diese Worte in Wirklichkeit etwas anderes bedeuten als das, was man uns beigebracht hat. So stellt ein Darlehen beispielsweise eine Leihgabe dar – man verleiht also etwas, man überlässt dem anderen etwas für eine bestimmte Zeit; doch wenn eine Bank „Geld" „verleiht", ist da gar nichts, was verliehen wird – außer in der Theorie natürlich. Lassen Sie es mich Ihnen erklären ...

## Geld aus dem Nichts

Was passiert, wenn Sie bei einer Bank wegen eines „Darlehens" anfragen? Als erstes wird der Vertreter der Bank von Ihnen verlangen, dass Sie eine Sicherheit für das „Darlehen" in Form echter Werte stellen, etwa durch Ihr Haus, Ihren Grundbesitz oder dergleichen. Dann tippt er den Betrag, auf den die Sie sich mit ihm geeinigt haben, in Ihr Bankkonto ein. Diese Summe „übergibt" Ihnen die Bank und erwartet dafür im Gegenzug, dass Sie den gesamten Betrag plus Zinsen zurückzahlen. Was hat die Bank Ihnen nun tatsächlich „übergeben"? *Warme Luft*. Die Verwendung wertloser Fiat-Zahlungsmittel geht Hand in Hand mit dem Konzept der Mindestreserve, das es Banken gestattet, neun oder zehn Mal so viel zu verleihen, wie sie überhaupt an Einlagen besitzen (in der Realität wird dieser Faktor oftmals noch weit übertroffen). Jedes Mal, wenn Sie einen Dollar oder ein Pfund zur Bank bringen, geben Sie dieser damit die Möglichkeit, auf völlig legale Art und Weise noch weitere neun oder zehn Dollar bzw. Pfund zu „verleihen", die sie gar nicht hat – in Form von nichtexistenten „Krediten". Bei den in einem Fiatgeldsystem vergebenen „Krediten" handelt es sich um „Geld", das nie existiert hat und nie existieren wird (außer in der Theorie, Abb. 447). Die 100.000 Pfund, die Sie sich vielleicht „geliehen" haben, um sich davon ein Haus zu kaufen, sind nichts anderes als sechs Ziffern und ein £-Zeichen, die irgendjemand in Ihrem Konto vermerkt hat; und das ist nur die erste Phase des Geldreigens. Dieses „Geld" (diesen Kredit) überweisen Sie dann dem Eigentümer des Hauses, das Sie erwerben wollen. Der akzeptiert die Zahlung wiederum nur deshalb, weil auch er glaubt, was man ihm über den Wert des Geldes erzählt hat. Später wird er das „Geld" seinerseits an den bisherigen Eigentümer *seines* neuen Heimes überweisen, und das ganze Spiel wiederholt sich.

**Abb. 447:** „Jeder andere würde verhaftet werden: ‚Man kann nicht einfach etwas verkaufen, das gar nicht existiert – es sei denn, man ist Banker.'" – *Bankgeschäfte sind legalisierter Diebstahl.*

Doch das Prinzip der Mindestreserve führt noch viel tiefer in die Welt des Irrsinns. Nehmen wir einmal an, sie nehmen einen Kredit auf, um sich davon ein Auto zu kaufen. Sie überweisen den Kaufpreis an den Eigentümer des Gefährts, der das Geld seiner Bank anvertraut. Den ursprünglichen Kredit hatte Ihre Bank bereits aus warmer Luft gene-

**Abb. 448:** „Wow – schau mal, die Bank hat mir Geld geliehen!" – *Zahle die warme Luft in eine andere Bank ein, und sie können sie erneut verleihen.*

**Abb. 449:** „Ich habe mein Zuhause verloren. Ich konnte Geld, das nicht existiert, nicht zurückzahlen." – *Das ist genau die Situation, die zur Zwangsräumung führt.*

riert; doch die Bank des Autobesitzers darf nun – entsprechend dem Mindestreserveprinzip – wiederum ganz legal das Neun- bis Zehnfache des Kaufpreises an andere Kunden verleihen. So setzt sich das immer weiter fort – für jede Bank, bei der ein Teil des ursprünglichen Warmluft-Darlehens landet. Machen Sie sich einmal bewusst, welche unglaublichen Summen theoretischen Geldes bzw. Kredits das Bankensystem auf diese Weise aus einem einzigen Darlehen generieren (und wieder „verleihen") kann (Abb. 448). Das archontisch-hybride „eine Prozent" – oder richtiger, das nicht einmal eine Prozent – hat die gesamte Weltwirtschaft und -gemeinschaft gekapert, indem es Vermögenswerte von echtem, immanentem Wert – Ländereien, Immobilien, Rohstoffe – gegen nichtexistente Kredite eintauscht. Zwar gibt es Konstellationen, in denen theoretische Zahlungsmittel als symbolische Tauschmittel von Nutzen sein können, um die Grenzen des Tauschhandels zu überwinden; aber auch das stimmt nur so lange, wie keine Zinsen ins Spiel kommen. Sobald nämlich Zinsen erhoben werden, *wird die beim finanziellen Austausch verwendete Zahlungseinheit von Anfang an als Schuld „erschaffen"*. Zinsforderungen auf Kredite, die aus dem Nichts generiert wurden, ändern das Spiel vollständig.

Eine andere Möglichkeit, die Menschen ihres tatsächlichen Vermögens zu berauben, ergibt sich, wenn man die Zinsen so hoch schraubt, dass eine Rückzahlung unmöglich wird; auch ein Finanzcrash hat unter anderem diese Wirkung. Wenn Sie den nichtexistenten Kredit und die Zinszahlungen nicht mehr bedienen können, wird die Bank Ihnen einen Besuch abstatten und sich ihre Beute holen – während Sie im schlimmsten Fall auf der Straße landen (Abb. 449). Wer in dieser Materie neu ist, dürfte Schwierigkeiten haben zu begreifen, warum Regierungen Gesetze verabschieden, die es privaten Banken (die allesamt derselben archontischen Kabale gehören) erlauben, über die Erzeugung von „Geld" zu bestimmen und ein Vielfaches ihrer Einlagen (die oft auch nur theoretisch existieren) zu „verleihen". Warum borgen sich Regierungen gegen Zinsen Geld von privaten Banken (für dessen Rückzahlung dann der Steuerzahler zur Kasse gebeten wird), wenn sie doch ihr eigenes zinsfreies Zahlungsmittel herausgeben könnten? Das sind einige absolut berechtigte Argumente bzw. Fragen; die Antwort ist jedoch stets dieselbe: Die archontischen Hybriden, in deren Besitz sich die Banken befinden und die sie somit auch kontrollieren, haben auch die Regierungen in der Hand. Indem die Banken über die Höhe der von ihnen verliehenen Summen die in Umlauf befindliche Geldmenge steuern, setzen sie auch der möglichen wirtschaftlichen Aktivität Grenzen. Wirtschaftliche Abschwünge und Krisen geschehen nicht deshalb, weil die Leute befinden, dass sie nicht mehr arbeiten, kein Heim haben oder ihre Familien nicht mehr ernähren wollen. Vielmehr treten sie dann in Erscheinung, wenn nicht genügend Geld zirkuliert bzw. der wahrgenommene Wert des Geldes nicht ausreicht, um Einkommen zu generieren, von denen sich die vorgenannten Dinge bezahlen ließen. Wer hat die Kontrolle darüber? *Die Banken.* Wem gehören die Banken? *Den Blutlinien der Archonten.* Die folgende Sequenz ist unter Ökonomen (von denen die meisten hinsichtlich der Geldschöpfung völlig ahnungslos sind) als „Konjunkturzyklus" bekannt (in Wirklichkeit handelt es sich dabei um reine Manipulation):

Phase 1: Sie bringen viel Geld in Umlauf, indem Sie zahlreiche Darlehen zu niedrigen, aber variablen Zinssätzen vergeben. Durch dieses Vorgehen wird die wirtschaftliche Aktivität erheblich angekurbelt – Sie lösen einen Boom aus.

Phase 2: In einer Zeit der Hochkonjunktur neigen sowohl die Firmen als auch die Menschen dazu, sich stärker zu verschulden, da sie auf ihre Einkünfte vertrauen. So werden neue Fabrikanlagen, Maschinen und Immobilien angeschafft und andere Investitionen getätigt, um den Expansionserfordernissen zu entsprechen oder den verbesserten ökonomischen Status widerzuspiegeln.

Phase 3: Wenn der ideale Zeitpunkt gekommen ist, sich das Vermögen der Leute zu angeln, beginnen Sie damit, dem Kreislauf Geld zu entziehen, indem Sie die Zinssätze erhöhen und Darlehen zurückfordern, oder aber Sie bringen – wie 2008 geschehen – das System zum Einsturz, um eine sogenannte „Kreditkrise" auszulösen.

Phase 4: Schließlich schnappen Sie sich Ihre Beute – in Form von Immobilien, Grund und Boden, Rohstoffen und Firmen – von denjenigen, die es nicht länger schaffen, Ihnen das „Geld" zurückzuzahlen, das Sie, würde man die Dinge auch nur im Ansatz vernünftig betrachten, überhaupt niemals wirklich „verliehen" haben.

Das Konzept der Schuld, die man unmöglich zurückzahlen kann, ist vorsätzlich und eiskalt ins Bankensystem eingebaut worden. Ein Darlehen von 100.000 Pfund, das eine Bank theoretisch in Umlauf bringt, resultiert in einer Eintragung über 100.000 Pfund auf Ihrem Bankkonto; doch stehen Sie nicht nur in der Pflicht, diese 100.000 Pfund zurückzuzahlen, sondern diesen Betrag *plus Zinsen.* Diese Zinsen sind jedoch *niemals durch irgendein „Darlehen" in die Welt gesetzt worden.* Bevor Sie sich nun diese Aussage auf der Zunge zergehen lassen und ihre Bedeutung voll erfassen, atmen Sie besser einmal tief durch. Daraus folgt nämlich nichts anderes, als dass sich zu keinem Zeitpunkt auch nur annähernd ausreichend „Geld" im Umlauf befindet, um sämtliche offenen „Darlehen" inklusive Zinsen zurückzuzahlen – womit der Transfer echter Vermögenswerte zu den Banken unausweichlich und zu einem Bestandteil der Systemarchitektur wird. Solange es boomt, lässt sich diese einfache Tatsache bis zu einem gewissen Grad dadurch verbergen, dass man sich, wenn es einmal eng werden sollte, gegenseitig aushelfen kann; doch während einer Rezession oder Krise wird sie unübersehbar: Menschen verlieren ihr Heim oder ihr Geschäft, Leben werden zerstört. Doch nicht nur Personen, sondern auch ganze Länder werden in die Schuldenfalle getrieben, deren Regierungen (d.h. deren Steuerzahler) dann bei den Banken und anderen Kreditgebern in der Kreide stehen. Offiziell nähert sich die Verschuldung der Vereinigten Staaten der Marke von 20 *Billionen* Dollar; deren tatsächliche Größenordnung dürfte allerdings, wenn man alle Positionen hineinrechnet, eher bei einigen *hundert* Billionen liegen. Ein an der Boston University tätiger Wirtschaftsprofessor namens Laurence Kotikoff kam vor einigen Jahren auf einen Betrag von 220 Billionen Dollar. Schätzungen zufolge beliefen sich die privaten Schulden der amerikanischen Bürger zum Jahre 2015 auf insgesamt 11,85 Billionen Dollar, wovon alleine knapp 1,19 Billionen Dollar auf „Studiendarlehen" entfielen (Finanzierung der eigenen Programmierung). Es gilt: Verschuldung = Kontrolle = Versklavung, so wie auch Mangel = Abhängigkeit = Kontrolle bedeutet. Die Gleichung, die die Archonten und ihre Blutlinien hingegen unter allen Umständen verhindern wollen, lautet Überfluss = Wahlmöglichkeit = Freiheit.

Wir sind mittlerweile daran gewöhnt, europäische oder globale Institutionen wie die Europäische Zentralbank (EZB), den Internationalen Währungsfonds (IWF) oder die Weltbank eingreifen zu sehen, wenn es gilt, Ländern wie Griechenland oder Irland per „Bail-out" aus der Patsche zu helfen. Der Begriff „Bail-out" ist zum Synonym für die Praxis geworden, ein Land in gewaltige, zinspflichtige Schulden zu zwingen, Vermögen von seinen Bewohnern an die Banken zu transferieren und der gesamten Bevölkerung eine barbarische Sparpolitik aufzudrücken; im Ergebnis dieses Prozesses hat man die Kontrolle über die Menschen erlangt, da man nun der Regierung gebieten kann, die wiederum das Volk kontrolliert. Diese globalen bzw. europäischen Bankinstitutionen wurden geschaffen von – na, raten Sie mal? Bingo. In meinem Buch „Die Wahrnehmungsfalle" beschreibe ich ausführlich, wie global agierende, aber scheinbar voneinander isolierte Finanzinstitutionen bzw. deren Aktivitäten allesamt dem Spinnennetz zuarbeiten. Wie ich dargelegt habe, sind es stets dieselben Personen, die in verschiedenen Verkleidungen auftauchen, um die Weltwirtschaft in die angestrebte Richtung zu lenken. Die Zentralbanken der einzelnen Länder folgen einer gemeinsamen Agenda, deren Umsetzung und Koordination durch die Bank für Internationalen Zahlungsausgleich (BIZ) bewerkstelligt wird. Die BIZ hat ihren Sitz im schweizerischen Basel und unterhält Repräsentanzen in Hongkong und Mexiko-Stadt (Abb. 450). Die Tatsache, dass hier genau kalkuliert und

**Abb. 450:** *Die Bank für Internationalen Zahlungsausgleich in der Schweiz – wo private Bankiers den Zentralbanken vorschreiben, was sie zu tun haben (und damit auch den nationalen Ökonomien).*

koordiniert wird, verschleiert man durch die Behauptung, die BIZ würde „die internationale Zusammenarbeit in monetären und finanziellen Angelegenheiten befördern". „Internationale Konspiration in monetären und finanziellen Angelegenheiten" würde es wohl eher treffen; alle zwei Monate kommen nämlich in Basel die Direktoren der führenden Zentralbanken zusammen, um sich von der Verdeckten Hand aktuelle Anweisungen abzuholen. Die BIZ ist *keiner Regierung gegenüber rechenschaftspflichtig* und muss sich auch vor keiner Steuerbehörde oder internationalen juristischen Instanz verantworten. Das *Wall Street Journal* schrieb dazu: „Während man sich in vielen nationalen Regierungen, zu denen auch die Regierung der Vereinigten Staaten zählt, nicht auf eine Haushaltspolitik einigen konnte – also keinen Konsens bezüglich der Frage fand, wie man Steuereinnahmen und Ausgaben in einer Zeit geringen Wachstums am besten ausbalanciert –, haben die Zentralbanker ihre eigenen Pläne geschmiedet, unabhängig von Wählern und Politikern und durch häufige Gespräche und intensive Beziehungen, die bis in ihre Studienzeit zurückreichen, eng miteinander verbunden." Die engen Verbindungen beruhen wohl eher auf häufigen Gesprächen mit Leuten, die man auf keinen Fall erzürnen möchte. Die zentralisierte Kontrolle über die Zentralbanken erlaubt es der Verdeckten Hand, über die Bank für Internationalen Zahlungsausgleich die Finanzpolitik in jedem einzelnen Land zu diktieren. Einen weiteren Strang innerhalb des Spinnennetzes, der sich wiederum aus demselben Personal bestückt, bildet die 1978 auf Geheiß der Rockefeller-Stiftung ins Leben gerufene Group of Thirty (oft als G30 abgekürzt). Organisationen, bei denen es sich dem Anschein nach um staatliche Institutionen handelt, werden in Wirklichkeit privat betrieben. So wird beispielsweise die amerikanische Wirtschaft von der Federal Reserve Bank gelenkt, die als Zentralbank fungiert, obwohl es sich dabei um ein Kartell *privater* Banken handelt. Die Vorstellung, sie würde der Kontrolle durch die Regierung unterliegen, ist eine reine Illusion (Abb. 451).

**Abb. 451:** „Die Federal Reserve Bank: Von den Bankern, durch die Banker und für die Banker." – *Das amerikanische Federal Reserve System ist ein Konglomerat privater Banken, die sich als „staatlich kontrollierte" Zentralbank verkleiden.*

## Für Krieg gibt's immer genug Geld

Vor vielen Jahren unterhielt ich mich einmal mit einem Mann, der über mehrere Jahrzehnte hinweg im Management einer örtlichen Bank gearbeitet hatte, bevor er in den Ruhestand ging. Erst als man ihm während des letzten Jahres seiner Tätigkeit für diese

Bank ein bestimmtes Forschungsprojekt übertragen hatte, realisierte er, was Geld eigentlich ist und wo es herkommt. Wie ein kleiner Junge sah er mich an, als er zu mir sagte: „Es gibt kein Geld, oder?“ Nein – zumindest nicht in der Weise, wie sich die Menschen das vorstellen. Diese Geschichte demonstriert auf großartige Weise, wie tief die Illusion sitzt. Hier haben wir einen Bankmanager, der jahrzehntelang die Darlehensgesuche seiner Kunden ablehnt oder bewilligt, obwohl er nicht den geringsten Schimmer hat, was genau er da eigentlich „verleiht“ bzw. nicht verleiht. Denken Sie einmal an die überall auf der Welt anzutreffende Verschuldung und an all das Sterben und Leiden, das sie verursacht. Dabei hat das Geld, das die Menschen oder Institutionen ihren Gläubigern schulden (zu schulden glauben), nie existiert und wird auch nie existieren – es sei denn als Fantasieprodukt in den auf Unwissenheit programmierten Köpfen der Ich-Phantome. Auch die Vorstellung von „denen, die das Geld haben“, über die sich die Menschen weltweit kontrollieren lassen, beruht auf derselben Illusion. Fragen Sie ein paar beliebige Personen, warum sie in ihrem Leben nicht die Dinge tun, die sie eigentlich gerne tun würden, und Sie werden ausnahmslos zu hören bekommen, dass ihnen dazu das nötige „Geld“ fehle. Die illusionären Zahlen auf dem Computerbildschirm sind nicht groß genug – Zahlen, die ohnehin nur deshalb einen Wert darstellen, weil sowohl der Käufer als auch der Verkäufer daran glauben. Was für ein gigantischer Taschenspielertrick! Ein Betrug, durch den die Welt heute mehr denn je kontrolliert wird.

**Abb. 452:** „Für Krieg ist immer Geld vorhanden." – *Die Geschichte der menschlichen Gesellschaft seit der Kaperung durch die Archonten.*

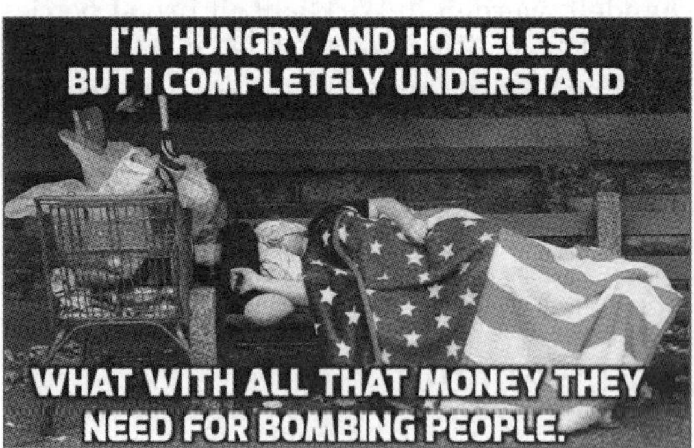


**Abb. 453:** „Ich habe Hunger und kein Dach über dem Kopf – aber ich habe natürlich vollstes Verständnis dafür, dass ihr das ganze Geld braucht, um andere Menschen zu bombardieren." – *Invertierte Welt: Alles ist ins Gegenteil verkehrt.*

„Das Geld reicht nicht“, um den Bedürftigen unter die Arme zu greifen, die Hungernden mit Lebensmitteln zu versorgen und den Obdachlosen ein Dach über dem Kopf zu verschaffen – so sagt man uns. Kriege zu finanzieren ist allerdings nie ein Problem. Oder wann haben Sie zum letzten Mal einen führenden Politiker sagen hören, dass wir nicht in den Krieg ziehen werden, weil wir uns das gerade nicht leisten können? Amerikanische Bürger müssen in Zelten oder auf der Straße leben, während ihre Regierung Billionen ausgibt, um weit entfernte Länder zu bombardieren (Abb. 452). 41 Prozent der weltweiten Militärausgaben entfallen auf die Vereinigten Staaten; 31 Prozent aller Waffenverkäufe oder -lieferungen an andere Staaten werden von den USA getätigt. Bei den Opfern der Kriege, in denen diese Waffen dann zum Einsatz kommen, handelt es sich Schätzungen zufolge zu etwa 85 bis 90 Prozent um Zivilisten. Während 222 der 240 Jahre, die seit 1776 vergangen sind, befand sich Amerika im Krieg. Ken McGraw, der Sprecher des Kommandos für Spezialoperationen der Vereinigten Staaten, konstatierte im Jahr 2015, dass in 147 Ländern amerikanische Spezialeinheiten stationiert sind – das sind 75 Prozent aller anerkannten Staaten der Erde. Aktiv sind die Kommandos zu jedem Zeitpunkt in etwa 80 bis 90 Ländern. Mit den 400 *Milliarden* Dollar, die die Entwicklung eines neuen Kampfflugzeuges verschlungen hat (wobei allein die „Helme" 400.000 Dollar pro Stück kosteten) hätte man jedem Obdachlosen in Amerika ein hübsches Heim verschaffen können (Abb. 453). Stattdessen ist die Zahl der Obdachlosen allein in New York auf über 60.000 angestiegen; 40 Prozent davon sind Kinder. Diese Situation ist nicht die Folge von Inkompetenz, sondern von Berechnung (Abb. 454). Die Archonten und ihre Hybriden, die über die Erzeugung und Verteilung des „Geldes" gebieten, brauchen den Krieg, um ihre Agenda voranzubringen – ob die Menschen zu essen und ein Dach über dem Kopf haben, könnte ihnen nicht gleichgültiger sein. Können Sie sich den Grad an Geistesgestörtheit und Psychopathie vorstellen, den es braucht, um Menschen verhungern zu lassen, weil die Fantasiezahlen eines Computerprogramms nicht groß genug sind? Gleichzeitig werden Gesetze verabschiedet, die es unter Strafe stellen, Lebensmittel an Obdachlose zu verschenken; potenzielle Schlafplätze werden mit Stacheln versehen und Parkbänke durch zusätzliche Armlehnen unterteilt, damit sich auch ja niemand darauf hinlegen kann. Bei den Leuten, die dafür verantwortlich sind, handelt es sich um ausgewachsene Psychopathen – ganz gleich, welche Definition man dabei zugrunde legen mag.

**Abb. 454:** „Das ist keine Krise – sondern ein Schwindel" – *Für Hunger und Armut gibt es in einer Welt des Überflusses keine Notwendigkeit. Dieser Zustand ist absichtlich herbeigeführt worden.*

Kriege bilden bei der Umsetzung der finanziellen Agenda insofern ein Schlüsselelement, als die Archontenbanken Geld an die Archontenregierungen „verleihen", damit diese die Länder bombardieren können, die sich die Archonten einverleiben wollen; ist das Töten und Zerstören vorüber, „verleiht" man noch

**Abb. 455:** „Hunger haben sie? Sollen sie doch Panzer essen!"

mehr Geld, um die Verwüstung wieder zu beseitigen (falls das zur Agenda passt). Mit diesem permanenten Kreislauf aus Tod, Zerstörung und „neuen Investitionen" wurden etliche Nationen so tief in die Verschuldung getrieben, dass die Rückzahlung der Schulden unmöglich geworden ist. Damit befinden sich die betroffenen Länder in der Hand der „Geldgeber" (Abb. 455). Wenn man ehrlich ist, muss man sogar konstatieren, dass die Schuldnerländer schon seit langer Zeit den archontischen „Gläubigern" gehören. Sobald man einmal begriffen hat, was tatsächlich vor sich geht, erscheint einem die Welt in einem ganz neuen Licht. Die scheinbare Komplexität entpuppt sich dann lediglich als Deckmantel, der einige einfache Tatsachen verbergen soll. Wenn finanzielle Fragestellungen zur Sprache kommen und in einem unverständlichen, hochtrabenden Fachchinesisch diskutiert werden – mit Begriffen wie Hedgefonds, Hausse, Baisse, ungedeckte Leerverkäufe, Put-Optionen, unvorhergesehene Aufwendungen und Spitzenzinssätze –, den selbst Leute vom Fach oft nicht kapieren, schalten die Menschen schnell ab. Ein Finanzjournalist schrieb einmal dazu:

> Ich habe über annähernd zwei Jahrzehnte Interviews mit Bankmitarbeitern und Vermögensverwaltern geführt und, bei Gott, mitunter kann man deren Gerede wirklich kaum verstehen. Wie oft habe ich von meinem Notizblock hochgeschaut und gemerkt, dass ich kein Wort von dem kapiert habe, was mein Gesprächspartner in den letzten Minuten von sich gegeben hat. Oder besser gesagt, ich habe zwar die einzelnen Worte vernommen, nicht aber den Kontext begriffen, in dem mein Gegenüber sie gebraucht hat.

Doch in seinem Kern funktioniert das Geldsystem ganz einfach: Man leiht den Menschen Geld, das nicht existiert (Kredit), und erhebt darauf Zinsen; die Zinsen werden aber nicht mit generiert (also nicht in Umlauf gebracht). Folglich gibt es stets weit mehr Schulden, als überhaupt „Geld" vorhanden ist, von dem die Schulden beglichen werden könnten. Sind die Menschen dann nicht mehr in der Lage, die Tilgungsraten zu bedienen – insbesondere nach einem absichtlich herbeigeführten Finanzcrash –, stiehlt man ihnen ihr Vermögen und ihre Besitztümer, die real existieren – Häuser, Grundbesitz, Geschäfte und Autos. Den letzten Zahlen zufolge, die ich gesehen habe, nähern wir uns dem Punkt, an dem sich fünfzig Prozent des Reichtums der Welt in all seinen Formen im Besitz von nur einem Prozent der Weltbevölkerung befinden. Erreicht wurde das größtenteils durch den Tausch von „Geld", das aus dem Nichts herbeigezaubert wurde, gegen Grundbesitz, Immobilien, Rohstoffe und Unternehmen. Das archontische Prozent (in Wirklichkeit noch weniger) stiehlt die Welt – doch mit fünfzig Prozent geben sie sich längst nicht zufrieden: Sie wollen alles (Abb. 456).

**Abb. 456:** „Wir wollen alles" – *Jeden einzelnen Zoll.*

Eine andere Methode, mit der sich die Familien der Blutlinien Vermögen im großen Stil aneignen können, besteht darin, ihre billionenschweren Anteile zu veräußern und zu warten, bis die Preise für Handels- und Anlagegüter in den Keller gerutscht sind. Wenn sie dann alles wieder zum Schleuderpreis aufkaufen, wird der Markt erneut mit ihren Billionen geflutet, wodurch er expandiert und der Wert der Aktien – die sie gerade für einen Apfel und ein Ei erworben haben – enorm ansteigt. Genau dieses Tricks bedienten sich die Rothschilds bekanntlich während der Schlacht von Waterloo im Jahr 1815. Damals brachten sie das Gerücht in Umlauf, dass Großbritannien verloren hätte, woraufhin der Aktienmarkt an der Londoner Börse zusammenbrach. Während der nun einsetzenden Panik kauften Rothschilds Agenten riesige Mengen an Aktien zu niedrigsten Preisen auf. Sobald sich herausstellte, dass Napoleon in Wahrheit von General Wellington besiegt worden war – was die Rothschilds die ganze Zeit gewusst hatten –, zogen die Preise wieder kräftig an. So läuft das immer. Im Nachgang jedes Banken- oder Finanzkollapses sind die großen Finanzmagnaten wie die Rothschilds oder Rockefellers stets ein Stück reicher als zuvor. Schauen Sie sich an, was nach der Bankenkrise von 2008 geschehen ist. Durch künstlich herbeigeführte Finanzkrisen wird immer mehr Reichtum von der Bevölkerung in die Hände des nicht einmal einen Prozents transferiert. Ich werde später noch darauf zu sprechen kommen, welche – bewusst kalkulierten – Auswirkungen das haben wird. Oft hört man das Argument, Banken- und Börsenzusammenbrüche könnten schon deshalb nicht beabsichtigt sein, weil doch jedes Mal so viele Beschäftigte der Finanzindustrie dabei ihre Jobs oder viel Geld verlören. Doch auf der Ebene, der die in dieser Weise betroffenen Personen angehören, stellen auch sie nichts weiter als Schachfiguren im großen Spiel dar. Wenn Sie nicht zu dem nicht einmal einen Prozent gehören, sind Sie entbehrlich – ganz gleich, für wie reich und einflussreich Sie sich gerade halten mögen. Wenn Sie die Weltmeisterschaft ausrichten, interessiert es Sie nicht, welche Mannschaft gewinnt oder verliert, denn als Inhaber der Spiele gewinnen Sie in jedem Fall. Das ist die Art von Beziehung, die zwischen dem globalen Finanzsystem einerseits und den archontischen Hybriden bzw. deren unsichtbaren Herren auf der anderen Seite besteht.

Es sind hauptsächlich das Finanzwesen und die Politik, die über die uns verbleibenden Wahlmöglichkeiten bestimmen, indem sie die Verfügbarkeit und Einsatzmöglichkeiten von Kapital durch Gesetze, Vorschriften und Verordnungen einschränken. Auf diese Weise wird der alltägliche Handlungsspielraum fast jeden Bürgers eingeengt. Wenn man die Dinge einmal genau durchleuchtet, stellt man fest, dass es letztlich keine echte Wahlfreiheit gibt; dass wir also, anders gesagt, in einer Sklaverei leben. Oh, ich kann doch frei entscheiden, höre ich die Leute sagen, ob ich Rechtsanwalt, Arzt oder Politiker werden oder eine Firma gründen will. Es gäbe doch unzählige Möglichkeiten, aus denen man wählen könne. Doch all diese Optionen sind vom System vorgegeben worden, dazu bestimmt, den Interessen des Systems zu dienen, und entsprechen nicht unbedingt Ihren eigenen Wünschen. Sie haben einfach nur eine weitere Entscheidung innerhalb der feilgebotenen Optionen getroffen. Selbst zur Verwirklichung dieser Art von Entscheidungen (Auswahl eines bestimmten Berufs) benötigen Sie Geld. Ganz davon abgesehen, dass sich die Menschen oftmals nicht wirklich aus freien Stücken für einen Beruf entscheiden, sondern dem Druck seitens der Eltern oder dem Gerede gelehrter Leute erliegen, die einem sagen, welchen

**Abb. 457:** „Mach schon, Schatz – in 20 Minuten musst du im Gefängnis sein!'" – *Ein neuer Tag im Sklavenlager.*

Weg man „wählen" sollte. Versuchen Sie einmal, sich eine Karriere außerhalb des Systems aufzubauen, ohne über entsprechende Geldmittel zu verfügen, und beobachten Sie, was dann passiert.

Die finanzielle Versklavung des Einzelnen basiert auf dem Prinzip, die Befriedigung menschlicher Grundbedürfnisse – Essen, Trinken, Obdach, Wärme – nur gegen Zahlung von Geld zu gewähren. Eine wahrhaft zivilisierte und wache Gesellschaft würde diese Dinge als Menschenrechte betrachten. Je mehr man sich nun dem System andienen muss, um das zum Überleben notwendige Geld zu beschaffen, desto mehr Gewalt hat es über den Einzelnen. Überall auf der Welt haben die Menschen, wenn sie des Morgens aufwachen, einen Tag voller Arbeit und Mühsal vor sich – ein Zustand, den sie sich nicht in freier Wahl ausgesucht haben, sondern der eine Überlebensnotwendigkeit darstellt (Abb. 457). Kann man sich eine bessere Definition des Begriffs „Sklaverei" vorstellen? Wenn Sie und Ihre Angehörigen Geld brauchen, um Ihre elementaren Bedürfnisse befriedigen zu können, und das System die einzige Möglichkeit darstellt, zu Geld zu kommen – welche Alternative haben Sie dann noch, als dem System zu Diensten zu sein und es somit in die Rolle des Herren und Meisters zu stellen? Genau das war auch die Absicht hinter der Schaffung des Finanz- und Wirtschaftssystems in seiner heutigen Form. Würde sich die Gesellschaft wahrhaft dem Prinzip der Freiheit verschreiben und alles zum Leben Notwendige bereitstellen, könnten die Menschen ihr Leben entweder innerhalb dieses Rahmens führen und sich Tätigkeiten widmen, die kein zusätzliches Einkommen generieren, oder aber anderweitig Geld verdienen. Das wäre dann aber *ihre* Entscheidung, nicht die des Systems oder der Archonten. Aber woher, wird man fragen, soll das Geld dann kommen, das für die Befriedigung der Grundbedürfnisse aller Mitglieder der Gemeinschaft benötigt wird? Ich möchte diese Frage mit einer Gegenfrage beantworten: Wo kommt es denn *jetzt* her? Woher stammen die Schecks für endlose Kriege und Massaker? „Geld" ist ein gedankliches Hilfsmittel für den energetischen Austausch; es kann entweder zur Versklavung und Schaffung von Abhängigkeit eingesetzt werden oder aber Freiheit und Wohlstand hervorbringen. Es stellt nur eine *Option* dar. Das Programm, das die Wahrnehmungswelt des Ich-Phantoms bestimmt, ist bei den meisten Menschen bereits so eingeschliffen und allgewaltig, dass sie diese einfache Tatsache gar nicht mehr erfassen können. Sie werden insistieren: „Wo soll denn das Geld herkommen?" Wollen wir wirklich behaupten, wir Menschen hätten weniger Macht als das (als Kredit bezeichnete und gar nicht existente) Geld? Sind wir tatsächlich der Meinung, das Geld sollte uns kontrollieren – und nicht wir das Geld? Es scheint fast so zu sein; doch es ist das Ich-Phantom, das da aus uns spricht.

# Wem gehört Ihr Körper?

Die grundlegendste aller Freiheiten wäre sicherlich das unanfechtbare Recht, selbst darüber entscheiden zu können, was in unseren Körper gelangen darf und was nicht, sowie die freie Wahl der Behandlungsmethode im Krankheitsfall. Wie soll Freiheit überhaupt möglich sein, wenn Menschen zwangsweise medizinisch behandelt werden und man ihnen die Therapieform ihrer Wahl verweigert, alternative Therapeuten mit nachweisbaren Erfolgen aber gleichzeitig mit Berufsverbot belegt oder gar einsperrt werden? Klingt wie die Basisdefinition von Faschismus – doch genau so läuft es. Verglichen mit den drastischen Verhältnissen, wie sie für die Zukunft vorgesehen sind, ist das allerdings noch gar nichts. Offenkundig ist ein wohl koordinierter Feldzug zur Durchsetzung von Zwangsimpfungen im Gange. Gegen die Alternativmedizin wird ein regelrechter Krieg geführt, dessen Ziel es ist, alles für illegal zu erklären, was nicht aus den Laboren des durch und durch archontischen Pharmakartells bzw. der Arzneimittelindustrie stammt – der größten Tötungsmaschine der Welt. Das Gleiche soll auch mit den Nahrungsergänzungen geschehen, die die Menschen zu sich nehmen, um die Folgen der Nährstofffödnis zu kompensieren, zu der der größte Teil der Nahrungskette verkommen ist. All das ist Bestandteil einer globalen Kampagne zur Zerstörung der menschlichen Gesundheit, auf deren Motive ich noch zu sprechen kommen werde. Kaum ein Sachverhalt illustriert das archontische Prinzip der Umkehrung so eindringlich wie die außerordentliche Tatsache, dass die Mainstreammedizin in den USA unter allen Todesursachen den ersten Platz belegt. Ärztefehler, Todesfälle aufgrund von Arzneimittelwirkungen, im Krankenhaus aufgegabelte Infektionen und eine lange Liste weiterer schulmedizinischer Fehler mit Todesfolge machen die konventionelle medizinische Behandlung in Amerika zum Killer Nummer eins – noch vor Herzerkrankungen und Krebs (Abb. 458). Fast überall stolpert man über dieselbe Geschichte (Abb. 459). Die Autoren eines durch reichlich Quellenmaterial untermauerten Berichts, der von dem nichtkommerziellen Nutrition Institute of America finan-

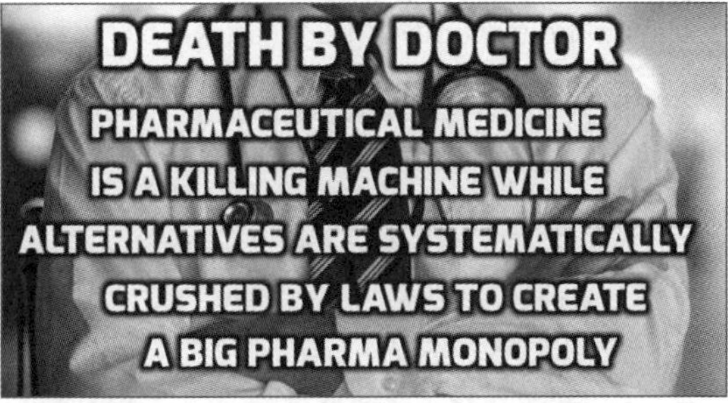


**Abb. 458:** „Tod durch den Arzt: Die pharmazeutische Medizin ist eine Tötungsmaschinerie. Alternative Methoden werden dagegen systematisch per Gesetz unterdrückt, um den Pharmagiganten eine Monopolstellung zu verschaffen." – *Die Umkehrung im „Gesundheitswesen".*

**Abb. 459:** „Ein Treffen ehemaliger Krankenhauspatienten – Danke, Doktor, Sie haben Ihr Bestes gegeben." – *Hier werden die Ärztefehler begraben.*

ziert wurde, kamen zu dem Schluss, dass Jahr für Jahr annähernd 800.000 Amerikaner der pharmabasierten Schulmedizin zum Opfer fallen:

> In den USA erleiden jedes Jahr etwa 2,2 Millionen Krankenhauspatienten unerwünschte Wirkungen (ADR, engl.: „adverse drug reactions") durch ärztlich verschriebene Medikamente. Im Jahre 1995 schätzte Dr. Richard Besser, beschäftigt bei den bundesstaatlichen Centers for Disease Control and Prevention (CDC), die Zahl der Jahr für Jahr unnötigerweise zur Behandlung von Virusinfektionen verordneten Antibiotika auf 20 Millionen. 2003 sprach er schon von Dutzenden Millionen. Alljährlich werden in den Vereinigten Staaten 7,5 Millionen entbehrliche medizinische Maßnahmen und operative Eingriffe verschrieben und etwa 8,9 Millionen Amerikaner unnötig ins Krankenhaus eingewiesen. [...]
>
> Die Gesamtzahl iatrogener Todesfälle – das sind all jene, die durch ärztliche oder chirurgische Fehler, medizinische Behandlungen oder Diagnosemethoden verursacht werden – schätzt man im Jahresmittel auf 786.936. Es ist offenkundig, dass in den USA das medizinische System selbst die Hauptursache von Tod und Verletzungen ist. Zum Vergleich: Im Jahr 2001 starben etwa 699.697 Amerikaner an Herzkrankheiten und 553.251 an Krebs.

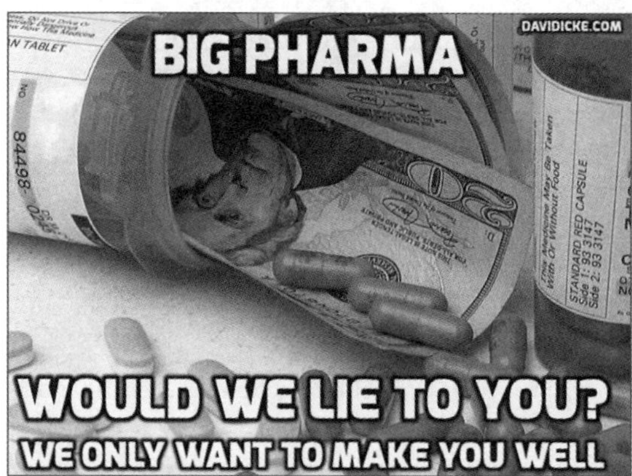


**Abb. 460:** „Würden wir, die Pharmakonzerne, Sie jemals anlügen? Wir wollen nur, dass es Ihnen wieder gut geht." – *Die Tyrannei der Pharmariesen.*

Die aktuellen Zahlen dürften höher liegen. Wie verschiedene Studien gezeigt haben, werden *85 bis 94 Prozent* aller unerwünschten Arzneimittelwirkungen, die nicht zum Tode führen, nicht dokumentiert. Die tatsächliche Zahl der durch Ärzte und Medikamente verursachten Schadens- und Todesfälle würde man angesichts ihrer angeblichen – *angeblichen* – Bestimmung, Menschen gesund zu machen, kaum fassen können (Abb. 460). Eine Untersuchung des anerkannten Online-Magazins *Consumer Reports* kam zu dem Schluss:

> Nach Schätzungen auf der Grundlage eines Berichts des [amerikanischen] Ministeriums für Gesundheitspflege und Soziale Dienste aus dem Jahr 2010 kosten Infektionen, Operationsfehler und andere im medizinischen Umfeld erlittene Schädigungen jährlich etwa 180.000 Krankenhauspatienten das Leben. Weitere 1,4 Millionen Patienten erfahren im Zusammenhang mit medizinischer Versorgung ernste Verletzungen. Diese Zahlen berücksichtigen allerdings nur die Patienten innerhalb der staatlichen Versorgung. Es ist unklar, inwiefern andere Personenkreise betroffen sind, da die meisten Fehler, die im Krankenhausbetrieb gemacht werden, nicht

dokumentiert werden und die Krankenhäuser auch nur einen Bruchteil der möglichen Risiken überhaupt bekanntmachen. [...]

„Wir verzeichnen eine Epidemie von Schädigungen durch das Gesundheitssystem", sagt die Patientenanwältin und Autorin Rosemary Gibson. Sie schätzt, dass voraussichtlich mehr als 2,25 Millionen Amerikaner in diesem Jahrzehnt aufgrund von Fehlern in der medizinischen Versorgung sterben werden. „Das ist etwa so, als würden North Dakota, Rhode Island und Vermont komplett entvölkert werden. Es ist eine hausgemachte Katastrophe". [...]

„Die Krankenhäuser haben dem Sicherheitsaspekt nicht die Aufmerksamkeit gegeben, die angemessen wäre", sagt Peter Pronovost MD, Senior-Vizepräsident für Patientensicherheit und Qualitätssicherung am Johns-Hopkins-Krankenhaus in Baltimore. Das Gleiche gelte für die Regierung, sagt er weiter. „Schäden durch medizinische Fehler sind wahrscheinlich eine der drei größten Todesursachen in den USA, aber im Gegensatz zu den Todesfällen durch Automobilverkehr, Flugzeugabstürze und Krebs kümmert sich die Regierung um dieses Thema nicht entsprechend. Es ist beängstigend."

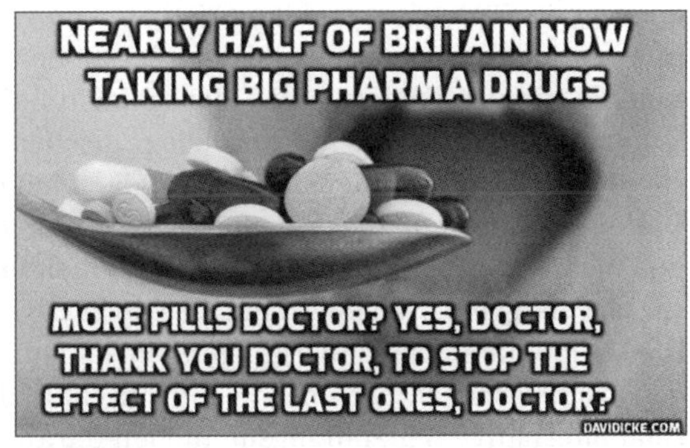


**Abb. 461:** „Fast jeder zweite Brite nimmt mittlerweile Arzneiprodukte der großen Pharmahersteller – ‚Noch mehr Tabletten, Doktor? Ach so, danke Doktor, natürlich – um die Nebenwirkungen der anderen Tabletten zu bekämpfen.'" – *Der Irrsinn der Pharmaindustrie.*

Allein Letzteres ist schon entsetzlich genug; berücksichtigt man jedoch darüber hinaus, dass „die meisten Fehler, die im Krankenhausbetrieb gemacht werden, nicht dokumentiert werden und die Krankenhäuser auch nur einen Bruchteil der möglichen Risiken überhaupt bekanntmachen", muss man die durch das globale Pharmakartell beherrschte konventionelle „Medizin" zu den größten Mordmaschinen des Planeten zählen (Abb. 461). Für viele Patienten wird das Krankenhaus zum Todestrakt.

Im Jahr 2013 kam heraus, dass das staatliche britische Gesundheitssystem NHS („National Health Service", wörtlich: „Nationaler Gesundheitsdienst" – eine weitere Umkehrung) Millionen dafür ausgegeben hat, seinen Mitarbeitern über Abfindungsvereinbarungen Maulkörbe zu verpassen, um die Aufdeckung der innerbetrieblichen Inkompetenz und Korruption zu verhindern. Eine Anfrage auf der Grundlage des britischen Informationsfreiheitsgesetzes ergab, dass innerhalb von vier Jahren mehr als eintausend Patienten in Krankenhäusern verhungert waren; die Zahl der laut Totenschein an „Dehydrierung" Verstorbenen war sogar vier Mal so hoch. 5.558 Patienten litten in Großbritannien an Unterernährung, als sie das Krankenhaus verließen, womit sich die Zahl verdoppelt hatte. Der „Gesundheitsminister" Jeremy Hunt sagte 2015, dass in britischen Krankenhäusern jede Woche etwa 200 Menschen aus

Gründen sterben, die hätten vermieden werden können – das entspräche „einem Flugzeugabsturz pro Woche".

Einem Bericht der Kinderrechtsorganisation Save the Children aus dem Jahr 2013 zufolge sterben in den Vereinigten Staaten, deren „Gesundheitssystem" sich in der Hand der Pharmakonzerne befindet, mehr Babys am ersten Tag ihres Lebens als in allen übrigen industrialisierten Ländern. Mit jedem Tag ufert die Zerstörung der Gesundheit weiter aus – unterstützt von Regierungen, die gleichzeitig mit viel Tamtam gegen Vertreter der Alternativ- und Komplementärmedizin vorgehen. In den Reihen der Letztgenannten gibt es zwar tatsächlich etliche Leute, die keinen Schimmer von der Materie haben, doch selbst die könnten der Schulmedizin in Sachen gesundheitlicher Verwüstung nicht einmal ansatzweise das Wasser reichen. Wie sollte aus einer Medizin, die sich auf die Pharmaindustrie stützt und auf einem totalen Missverständnis dessen beruht, was der Körper eigentlich ist und wie er arbeitet, auch irgendetwas anderes hervorgehen als eine Autobahn zum Friedhof? Ich sage bewusst „Missverständnis", denn für das Gros der Beschäftigten in der Pharma- und Gesundheitsbranche trifft das zu; doch ich betone noch einmal, dass der innerste Kreis derer, die hinter der archontischen Pharmaagenda stecken, *sehr wohl* um die wahre Natur des menschlichen Körpers wissen und folglich auch, welche Konsequenzen ihr Tun kurz- und langfristig haben wird. Alles existiert in Feldern energetischer Information; ist ein solches Feld verzerrt oder disharmonisch, kann die Verzerrung beim Kontakt mit den Feldern eines Menschen auf diesen übertragen werden. Wir sehen Medikamente und Impfstoffe in ihrer holografischen Form, doch in ihrem Grundzustand stellen sie verzerrte Informationsfelder dar, die wiederum die menschlichen Felder verformen. Die Verzerrung kann dabei so massiv sein, dass der Betroffene – entweder sofort oder nach und nach – daran stirbt. Wenn die Gesundheit durch derlei Verzerrungen angegriffen wird, spricht man von „Nebenwirkungen"; doch treten Wirkungen niemals nur „nebenher" ein. Die sogenannten Nebenwirkungen eines Medikaments sind kein Stück weniger Wirkungen als die vermeintliche positive Eigenschaft, die dem Produkt zugeschrieben wird. Während alternative Behandlungsmethoden darauf abzielen, die Energiefelder des Menschen zu harmonisieren, werden diese durch die Pharmamedizin zerrüttet. Was in den Informationsfeldern geschieht – seien es harmonische oder disharmonische Veränderungen –, äußert sich auch im Hologramm als gesundheitliche Verbesserung oder Krankheit („disease"). Die Vertreter des Mainstream-Einheitsbreis machen sich über Farb- und Musiktherapie lustig, da sie nicht begreifen, dass bei diesen Behandlungsmethoden Frequenzen dazu benutzt werden, die Schwingungen des menschlichen Körpers zu harmonisieren (jede Farbe entspricht einer bestimmten Frequenz). Gleiches lässt sich auch durch elektrische oder elektromagnetische Schwingungen und sogar durch die eigene Gedankenkraft erreichen. Stress macht deshalb krank, weil sich die verzerrten emotionalen Schwingungen auf die Felder des Körpers auswirken. Frequenzen, die mit dem Körper harmonieren, fördern hingegen die Gesundheit. Ich will damit nicht sagen, dass die Schulmedizin nichts anzubieten hätte. In manchen Bereichen hat es große Fortschritte gegeben. Wenn man sich ein Bein gebrochen hat oder wiederbelebt werden muss, ist es auch nicht besonders ratsam, den Reflexzonenmasseur aufzusuchen. Was manche Chirurgen leisten, ist einfach unglaublich. Die Frage ist, wie oft Schulmediziner Operationen verordnen, die nicht notwendig wären (die Zahl dürfte bis in die Stratosphäre reichen), und in wie vielen Fällen eine alternative Behandlung mehr bringen würde als Skalpell und Pille (dito).

Das britische Gesundheitssystem zerfällt kontinuierlich. Zum einen soll damit der Weg zur Übernahme durch private Unternehmen freigemacht werden; andererseits ist dieser Prozess unausweichlich, da durch miese Lebensmittel und Getränke, miese Luft und eine immer mehr durch Strahlung belastete Umwelt so viel Krankheit heraufbeschworen wird, dass das Geld, das man ins System pumpt, niemals genügen wird. Wie sollte auch ein „Gesundheitssystem" glaubwürdig sein und langfristige Erfolge verzeichnen können, das die Ursachen von Krankheit gar nicht benennt – miese Nahrungsmittel, schlechte Luft, eine strahlenbelastete Umwelt und, nicht zu vergessen, all der Stress – und das Problem nicht an der Wurzel anpackt? Das System macht Sie auf vielfache Weise krank und offeriert Ihnen dann Gifte und Tinkturen, mit denen die Symptome behandelt werden, nicht aber die Ursachen. Im Boxsport würde man so etwas einen Doppelschlag nennen. Das amerikanische Fernsehen finanziert sich zu einem erheblichen Teil aus Arzneimittelwerbung. Am Ende eines jeden Spots rattert eine atemlose Stimme die Liste der möglichen Nebenwirkungen herunter. Die Stimme spricht so schnell sie nur kann, dennoch geht oft ein erheblicher Teil der Werbezeit dafür drauf. Die Pharmagiganten sind deshalb dazu übergegangen, während der Auflistung der Nebenwirkungen Bilder einzublenden, die vom Gesagten ablenken sollen. Staatliche „Schutzbehörden" wie die amerikanische Food and Drug Administration (FDA) befinden sich weitgehend in der Hand des Pharmakartells, weshalb viele Medikamente zugelassen werden, obwohl sie nur unzureichend getestet worden sind. 2015 nominierte Obama mit Dr. Robert Califf einen Mann für den Chefsessel der FDA, der einst in beratender Funktion im Vorstand einer Firma saß, die darauf spezialisiert war, Pharmazieunternehmen dabei zu helfen, die Bestimmungen eben dieser Behörde zu umschiffen oder auszutricksen. Oder schauen Sie sich einmal die Vorgeschichte von Michael Taylor an, der abwechselnd Schlüsselpositionen nicht nur beim Biotechnologieriesen Monsanto, sondern auch bei der FDA innehatte, die die Bevölkerung angeblich vor Monsanto beschützt. Die Pharmakonzerne verschaffen sich sogar Immunität vor Strafverfolgung, der sie aufgrund der durch Impfstoffe und Medikamente angerichteten Schäden ausgesetzt sein würden. Die Netzwerke, die das Pharmakartell kontrollieren, haben auch die Regierungen und deren „Schutzbehörden" in der Hand. Über die Apotheken werden heutzutage immer stärkere Arzneimittel unmittelbar an die Bevölkerung verkauft – oft wird der Arzt gar nicht mehr benötigt, um sich umzubringen. Lass den Mittelsmann weg und mach es gleich selbst. Da die von der Pharmaindustrie geschalteten Anzeigen für die Mainstreammedien (besonders in den USA) eine wahre Goldgrube darstellen, werden diese kaum den Ast absägen, auf dem sie sitzen, und über all die von der „Medizin" verursachten Todes- und Schadensfälle berichten. Stattdessen greifen sie die Alternativmedizin an, um den Widerstand gegen ihre Goldesel zerschlagen zu helfen. Wobei sie das angesichts der intensiven Bemühungen seitens nationaler Regierungen, der Europäischen Union und der Weltgesundheitsorganisation, im Zusammenspiel mit globalen Handelsabkommen, gar nicht mehr zu tun bräuchten.

# Medizinische Wahlfreiheit adieu

Eines der wichtigsten Werkzeuge, mit dessen Hilfe der alternativen Medizin der Garaus gemacht werden soll, ist der Codex Alimentarius („Lebensmittelkodex" oder „-buch"). Ins Leben gerufen wurde er einst von den Nazis und den Rockefellers (tut mir leid, wenn ich mich wiederhole), um Nahrungsergänzungen, gesunder Ernährung und pharmaziefreien Heilungsmethoden den Kampf anzusagen. Man schrieb das Jahr 1963, als die Nazikriegsverbrecher Hermann Schmitz und Fritz ter Meer den Codex Alimentarius im Verein mit den Rothschilds und Rockefellers aus der Taufe hoben. Offizielle Unterstützer waren die Ernährungs- und Landwirtschaftsorganisation der Vereinten Nationen (die UNO ist ebenfalls eine Schöpfung der beiden genannten Familien) und die Weltgesundheitsorganisation (dito). Hermann Schmitz war einst Vorstandsvorsitzender des Nazi-Chemieriesen IG Farben, Fritz ter Meer gehörte ebenfalls dem Vorstand an. Auf ter Meer geht die Verwendung des Ausdrucks „Arbeit macht frei" über dem zentralen Eingangstor des KZ Auschwitz zurück (Abb. 462). Einige der Unternehmen, die den IG-Farben-Konzern konstituierten, durch den das Lager betrieben wurde, sind auch heute noch wohlbekannt: AGFA, BASF, Bayer und Sanofi. Im Zuge der Nürnberger Prozesse wurden Schmitz und ter Meer wegen Kriegsverbrechen verurteilt. Von der siebenjährigen Haftstrafe musste ter Meer allerdings nur vier Jahre absitzen, nachdem sein Freund, der viermalige New Yorker Gouverneur Nelson Rockefeller, interveniert hatte. Ter Meer setzte seine Karriere bei Bayer fort und war schließlich federführend für die Etablierung des Codex Alimentarius verantwortlich, der es möglich machte, unter dem Vorwand der „Harmonisierung" der internationalen Normen und Bestimmungen für Lebensmittel und Nahrungsergänzungen gegen alternative Ansätze zur Pharmaindustrie vorzugehen (Abb. 463).

**Abb. 462:** *Die Botschaft, die der Mitbegründer des Codex Alimentarius in Auschwitz hinterließ.*

**Abb. 463:** „Der Plan: Nimm die wirksamen Kräutererzeugnisse ins Visier und beseitige sie, damit uns die Pharmakonzerne ihren Dreck andrehen können." – *Mit ihren synthetischen Alternativen erobern die Pharmariesen den Bereich „Ernährung" – schlimmer als nutzlos.*

Der Kodex wird von der ebenfalls von den Rothschilds und Rockefellers geschaffenen Welthandelsorganisation anerkannt, die über die Mittel zur Durchsetzung der Bestimmungen verfügt. Wir haben es weitgehend der Familie der Rockefellers, die den Rothschilds innerhalb der Blutlinienhierarchie untergeordnet ist, zu verdanken, dass die Medizin heute auf der ganzen Welt von der „allopathischen Medizin" beherrscht wird – ein gewaltiges Schlachtfeld, das den Menschen von den Regierungen aufgezwungen wird. So sorgte der Öl- und Pharmamogul John D. Rockefeller 1847 für die Gründung der American Medical Association (AMA) und heckte Pläne aus, um die von den Pharmakonzernen favorisierte Medizin der ganzen Welt aufzudrücken. Heute verfügt die AMA über eines der größten Budgets für politische Lobbyarbeit in den USA. Rockefeller machte sich des Weiteren daran, die Kontrolle über die medizinischen Hochschulen an sich zu reißen und ein Lizensierungssystem einzuführen. Das bedeutet, dass Ärzte seither über eine Lizenz verfügen müssen, um ärztlich tätig werden zu können – eine Lizenz, die ihnen nur dann ausgehändigt wird, wenn sie ihre Patienten in der vom System eingeforderten Weise behandeln. Dieses Lizensierungsverfahren genügte, um Rockefellers Pharmakonzernen die Kontrolle über die Behandlungsmethoden zu verschaffen; darüber hinaus hatten sie nun eine Möglichkeit, sich aller Therapieformen, die man heutzutage „alternativ" nennt – obwohl sie einstmals gang und gäbe waren –, zu entledigen. Sollte es ein lizensierter Arzt wagen, die Orthodoxie in Zweifel zu ziehen, bekommt er die Macht des Systems mit voller Härte zu spüren. Der Masche mit der Lizenz begegnet man im System allerorten, denn sie stellt sicher, dass die Menschen alles, was sie tun, in der vom System gewünschten Weise tun – oder gar nicht. Alternative und komplementäre Behandlungsansätze stehen auf der Abschussliste. Und während John D. Rockefeller der Welt die Medizin der Pharmakonzerne aufdrückte, beschäftigte er selbst stets einen persönlichen Homöopathen, der auch noch an seinem Sterbebett stand, als er mit 97 Jahren das Zeitliche segnete. Beachten Sie, wie viele Gefolgsleute der Blutlinien ein im Vergleich zum Bevölkerungsdurchschnitt beinahe biblisches Alter erreichen. Das ist einerseits auf ihre genetischen Anlagen zurückzuführen, zum anderen aber der Tatsache geschuldet, dass sie einer Behandlung, wie sie sie dem gemeinen Volk aufzwingen, selbst nicht ausgesetzt sind.

Um die pharmabasierte Medizin zu verbreiten, gründete Rockefeller 1901 das Rockefeller Institute for Medical Research (Amerikas erstes Institut dieser Art), aus dem die heutige Rockefeller University hervorging. Ich werde später noch ausführlich auf die Voraussagen zu sprechen kommen, die ein amerikanischer Arzt und Rockefeller-Insider namens Dr. Richard Day vor annähernd 50 Jahren tätigte – basierend auf seiner intimen Kenntnis der archontischen Agenda. Sämtliche Entwicklungen, die Dr. Day seinerzeit prophezeite, sind mittlerweile entweder bereits Wirklichkeit geworden oder finden gerade vor unser aller Augen statt. Day war am Mount-Sinai-Krankenhaus in New York als Professor für Kinderheilkunde tätig und bekleidete darüber hinaus ein leitendes Amt bei Planned Parenthood, einer von den Rockefellers kontrollierten Eugenikorganisation. Im Rahmen der Erläuterungen, die er 1969 in Pittsburgh (Pennsylvania) auf einer Klausurtagung vor Kollegen gab, hatte er unter anderem Folgendes gesagt: „Wir können heute fast jede Krebsart heilen. Die entsprechenden Informationen befinden sich in den Akten des Rockefeller-Instituts, für den Fall, dass ihre Veröffentlichung beschlossen werden sollte." In den 1990er Jahren bin ich einmal einem CIA-Wissenschaftler begegnet, der durch ein „Serum" von

**Abb. 464:** „Der schlimmste Albtraum der Pharmaindustrie: Gesunde Menschen. ‚Viel zu profitabel, um den Patienten tatsächlich zu heilen.' – 100 Milliarden Dollar beträgt der jährliche Gewinn der Pharmakonzerne aus Krebsmedikamenten." – *„Unkrautvernichtungsmittel" sollen uns gesund machen.*

seinem Krebs geheilt worden war, das denjenigen vorbehalten bleiben sollte, die das System am Leben erhalten will. Wie Day auf der Tagung in Pittsburgh erklärte, sei geplant, die Weltbevölkerung durch Medizin, Lebensmittel, neue im Labor gezüchtete Krankheiten und die Verhinderung eines Heilmittels für Krebs auszudünnen. „Man muss sowieso sterben, ob nun an Krebs oder etwas anderem", sagte dieser eiskalte und völlig abgestumpfte Archontenbursche damals. Glaubt irgendjemand, Leute mit einer solchen Mentalität, wie sie hinter der von den Pharmakonzernen hofierten Schulmedizin stehen, wollten die Menschen gesund in Geist und Körper sehen? Mir begegnen aufrichtige Menschen, die mit der Spendendose herumgehen, um für die Krebsforschung zu sammeln; doch da ich weiß, dass es bereits ein Heilmittel gibt und dieses nur unterdrückt wird – ein weiterer Grund übrigens, warum so viele Angehörige der Blutlinien so steinalt werden –, werfe ich da nichts rein. Ist es wirklich glaubhaft, dass die Zahl der Krebsfälle immer weiter steigt, obwohl überall auf der Welt Spendengelder in schwindelerregender Höhe in die „Krebsforschung" geflossen sind? Macht es Sinn, dass die beiden vorrangigen Behandlungsmethoden für Krebs Bestrahlung und Chemotherapie sind, zwei Verfahren also, die beide das Immunsystem schwer in Mitleidenschaft ziehen und den Kranken anfälliger für noch mehr Krankheiten machen, Krebs inbegriffen? Chemotherapie ist, wie es ein Arzt einmal ausdrückte, flüssiges Gift – ein Unkrautvernichter (Abb. 464).

Im Jahr 2011 bekam jeder Amerikaner im Schnitt zwölf Medikamente verabreicht, eine Zahl, die mit jedem Jahr weiter steigt. Die Ausgaben für verschreibungspflichtige Arzneien haben sich innerhalb von zwei Jahrzehnten um *200 Milliarden Dollar* erhöht. Darin sind die freiverkäuflichen Medikamente noch nicht einmal einberechnet. Aber jetzt halten Sie sich fest: Eine Gruppe von Forschern hat in Zusammenarbeit mit dem *British Medical Journal* herausgefunden, dass beinahe 90 Prozent aller Medikamente und Behandlungen *nicht funktionieren*. Bei gerade einmal zwölf Prozent der 2.500 am häufigsten verschriebenen Arzneimittel bzw. Behandlungen ist in *ordnungsgemäßen wissenschaftlichen Studien* nachgewiesen worden, dass die jeweilige Methode hinsichtlich der Krankheitsbekämpfung irgendeinen Effekt aufweist.

Die neueste Masche von „Big Pharma" ist die Anpreisung der Medikamenteneinnahme zu „Präventivzwecken", darunter der berühmt-berüchtigten Statine. So gibt man etwa all jenen, die noch gar nicht an Alzheimer erkrankt sind, den guten Rat, vorsorglich schon mal Alzheimerpräparate zu schlucken, damit man die Krankheit auch künftig nicht bekommt. Statine, so heißt es, würden Herzerkrankungen vorbeugen, indem sie den Cholesterinspiegel senken. Nun ist Cholesterin aber für die Gesunderhaltung von grundlegender Wichtigkeit, da es das Sonnenlicht in Vitamin D verwandelt. Eine mangelhafte Vitamin-D-Absorption hat eine ganze Reihe von Effekten zur Folge, die sich negativ auf die Gesundheit auswirken. Im *American Journal of Cardiovascular Drugs* erschien ein wissenschaftlicher Artikel, der knapp 900 Studien über die Nebenwirkungen von Statinen auflistete, zu denen unter anderem Muskelschmerzen, erhöhte Blutzuckerwerte (und damit einhergehend ein erhöhtes Diabetesrisiko), kognitive Störungen, Neuropathie, Anämie, Azidose, Fieber, grauer Star, sexuelle Storungen, erhöhtes Krebsrisiko, Ausschaltung des Immunsystems (ein immer wiederkehrendes Thema), Degeneration des Muskelgewebes und Funktionsstörungen der Bauchspeicheldrüse und der Leber gehören. Aber wie gesagt, machen Sie sich wegen all dieser Fakten keine Sorgen, die Experten haben den Durchblick (Abb. 465). Sir Rory Collins, Professor an der Clinical Trial Service Unit der Universität Oxford, vertrat die Ansicht, dass jeder, der die 50 überschritten hat, Statine einnehmen sollte – *unabhängig von der individuellen Krankengeschichte*. Doris, hol' das Riechsalz, schnell! Jeden Tag nehmen in Großbritannien sechs bis sieben Millionen Menschen Statine ein, in den USA ist es gar *jeder Vierte* der über 45-Jährigen. Sie sind der lebende Beweis für die Macht der Propaganda über den gesunden Menschenverstand. Ein weiteres Feld, das die Pharmabosse im Visier haben, ist der menschliche Geist. Die Zahl der die Gedanken verändernden oder unterdrückenden Medikamente, die man heute Kindern verabreicht bzw. von Erwachsenen eingenommen werden, ist schier atemberaubend – und steigend (siehe „Die Wahrnehmungsfalle").

**Abb. 465:** „Die Masche mit den Statinen:,Nehmen Sie Statine, auch wenn Sie völlig gesund sind – das Pharmakartell macht damit ein Vermögen, und der Staat profitiert zusätzlich, da er Ihnen keine Rente zu zahlen braucht.'" – *Der Statinschwindel steht exemplarisch für die Verschwörung der Pharmaindustrie gegen die Gesundheit der Menschheit.*

## Wenn Impfungen obligatorisch werden

Der politische und medizinische Faschismus hat seine Zwingherrschaft jetzt um ein neues Element erweitert: Man übt zunehmend Druck aus und erlässt vermehrt Gesetze, um Zwangsimpfungen zu etablieren. Ihren Anfang nahm diese Spielart des schleichenden Totalitarismus mit der Anweisung, dass niemand im Gesundheitswesen beschäftigt werden dürfe, der nicht die von der Regierung (d.h. von den Pharmakonzernen) „empfohlenen" Impfungen nachweisen könne. Auch Kindern verweigerte man den Zutritt zur Kindertagesstätte bzw. zur Schule, wenn sie nicht wie gefordert geimpft waren. Sie werden erleben, dass es nicht bei den genannten Szenarien bleiben wird. Angeblich stellen ungeimpfte Personen eine Gefahr für die Geimpften dar. Dabei stellen sich natürlich zwei Fragen: Erstens, sollten denn die geimpften Personen nicht immun sein? Und zweitens, wie kann es sein, dass ein Seuchenausbruch die Geimpften betrifft, nicht aber die Ungeimpften? Oh, mir fällt noch eine weitere Frage ein: Wenn die Impfstoffe doch so sicher sind, wieso werden dann derart enorme Summen an Impfgeschädigte ausbezahlt?

Eine Zwangsimpfung bedeutet die zwangsweise Zerstörung der Gesundheit – und für viele sogar den Tod (Abb. 466). Im Jahr 2015 unterzeichnete der kalifornische Gouverneur Jerry Brown ein Gesetz, mit dem die Möglichkeit der Befreiung von obligatorischen Impfungen aufgrund persönlicher oder religiöser Überzeugungen abgeschafft wurde. Wer in einer staatlichen oder privaten Schule oder Kindertagesstätte beschäftigt ist, kann die Zwangsimpfung nur noch bei einer bescheinigten medizinischen Indikation umgehen (Abb. 467). Das Gesetz war im Zuge einer Kampagne des kalifornischen Senators Richard Pan entstanden, eines Kinderarztes und Mitglieds der Demokratischen (guter Witz) Partei. Während der Legislaturperiode 2013/2014, so wurde berichtet, hatte Pan 95.000 Dollar von der Pharmaindustrie erhalten.

**Abb. 466:** „Die faschistische globale Agenda für Zwangsimpfungen: Wenn Sie nicht einmal darüber bestimmen können, was in Ihren Körper gelangen darf – wie viel Freiheit ist dann eigentlich noch übrig?" – *Wenn die Menschen das hinnehmen, werden sie sich auch alles andere gefallen lassen.*

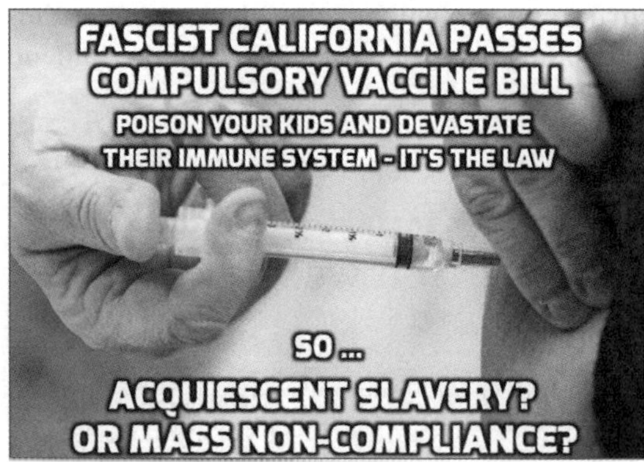


**Abb. 467:** „Im faschistischen Kalifornien wird ein Gesetz zur zwangsweisen Impfung verabschiedet: ‚Vergiften Sie Ihre Kinder und zerstören Sie ihr Immunsystem – das Gesetz verlangt es so.' Also … sklavischer Gehorsam? Oder massenhafter ziviler Ungehorsam?" – *Der Krieg gegen die Gesundheit der Kinder. (Die Erwachsenen kommen als Nächste dran.)*

Beim Thema Zwangsimpfungen kennen Wahn und Arroganz keine Grenzen. In Sacramento wurde ein Familienvater von der *virtuellen Onlineschule* seiner Tochter – die angeblich Kinder unterstützen soll, die zu Hause unterrichtet werden –, darüber informiert, dass die Kleine von ihrem Computerkurs ausgeschlossen werden würde, wenn sie nicht geimpft sei. Wovor haben sie Angst? Dass der Computer sich was einfängt? Diese Leute sind einfach beknackt. Andere Bundesstaaten folgen Kalifornien bereits auf dem Weg in den Faschismus. Letztlich sollen Impfungen überall und für jeden obligat werden, wobei man Angst und andere Manipulationstechniken einsetzt, um sich die Zustimmung für diese Pläne zu verschaffen (Abb. 468). Die Weltgesundheitsorganisation (WHO) hat die International Food and Beverage Alliance, der unter anderem Coca Cola, PepsiCo und McDonalds angehören, um Rat ersucht, wie man die zögerliche Einstellung der Bevölkerung in der Impfproblematik überwinden könne. Die Organisation empfahl, die Fakten einfach mal beiseite zu lassen und ganz auf Emotionen zu setzen: „Vernunft führt zu Schlussfolgerungen, Emotionen aber führen zu Handlungen." Es käme, so fuhren die Ratgeber fort, einzig und allein auf die Kraft der erzählten Geschichte an. Die Menschen würden darauf schauen, welche Vorteile ihnen eine Sache brächte, nicht auf Fakten. Denken Sie das nächste Mal, wenn Sie jemanden freudig nach einer Coke, Pepsi oder einem Big Mac langen sehen, an diese Aussage. Die Tatsache, dass man hier an die Vermarktung von Impfstoffen exakt genauso herangeht, als ginge es um den Verkauf einer Cola oder eines Burgers mit Pommes, spricht Bände. Die gesundheitlichen Folgen der Impfung breiter Bevölkerungsschichten sind katastrophal, doch für das Pharmakartell sind Impfstoffe einfach nur eine weitere faktenfreie Marke, die verkauft werden muss.

Ein anderer gewichtiger Verfechter globaler Impfkampagnen aus den Reihen der Wirtschaft ist der Microsoft-Gründer Bill Gates. Mit schöner Regelmäßigkeit taucht er bei verschiedenen Projekten auf, die auf der Wunschliste der Archonten stehen (Abb. 469). Immunsysteme, die sich noch in der Entwicklung befinden, werden mit Giften geradezu überschwemmt. Kleinkindern wird die irrsinnige Zahl von 25 bis 30 Impfungen verpasst (Tendenz steigend), bevor sie

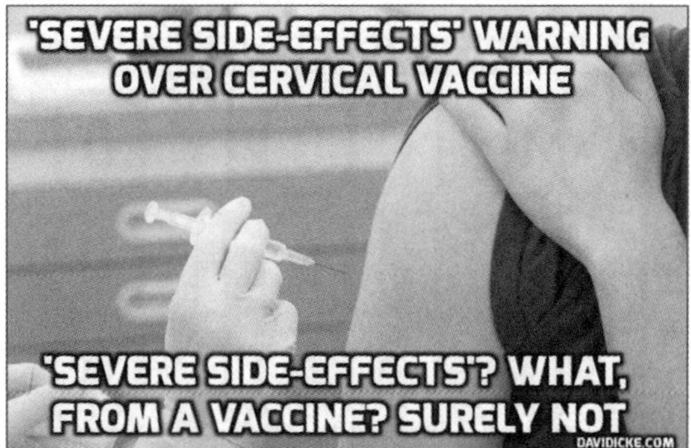


**Abb. 468:** „Warnung vor ‚schweren Nebenwirkungen' bei HPV-Impfstoffen? – ‚Schwere Nebenwirkungen'? Wie, durch einen Impfstoff? Auf gar keinen Fall!" – *Immer giftigere Impfstoffe werden entwickelt, für immer mehr Krankheiten.*

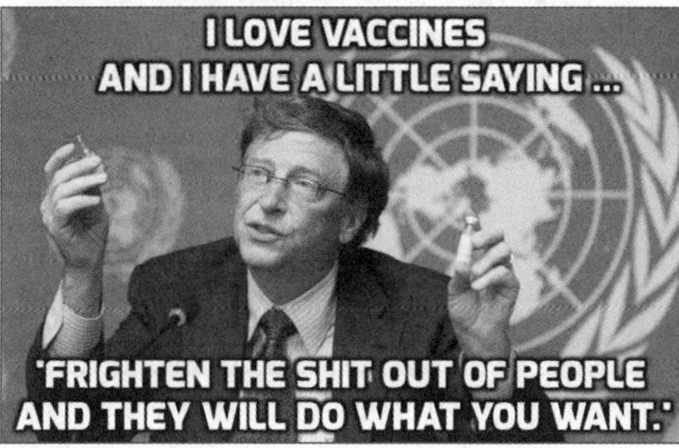


**Abb. 469:** „Ich liebe Impfstoffe und habe dazu ein kleines Sprichwort: ‚Jage den Leuten eine Höllenangst ein, und sie werden tun, was du willst.'" – *Bill Gates – ein Mann der Agenda.*

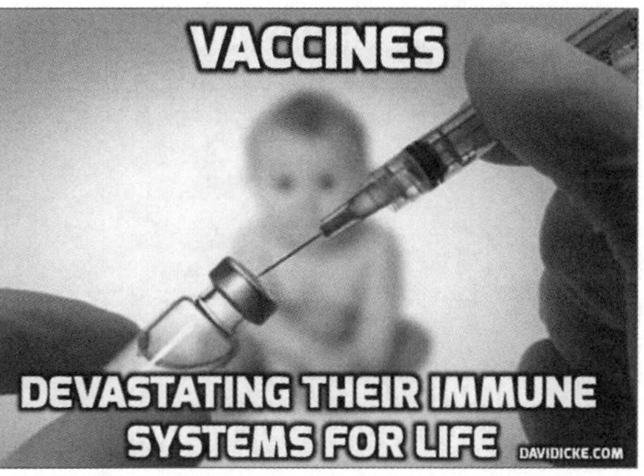


**Abb. 470:** „Impfstoffe: Sie zerstören ihr Immunsystem fürs ganze Leben" – *Die Überschwemmung eines noch in der Entwicklung befindlichen Immunsystems mit giftigem Dreck. Klar, großartige Idee. Ich meine, was kann denn schon schiefgehen?*

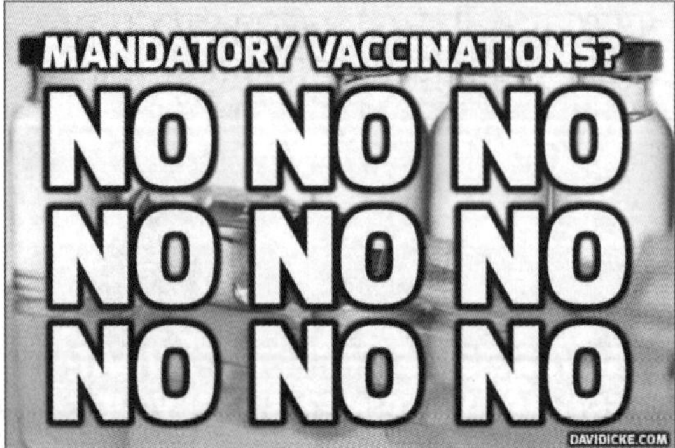


**Abb. 471:** „Zwangsimpfung? Nein, Nein, Nein, Nein, Nein, Nein, Nein, Nein, Nein!" – *Das Wort heißt: „Nein".*

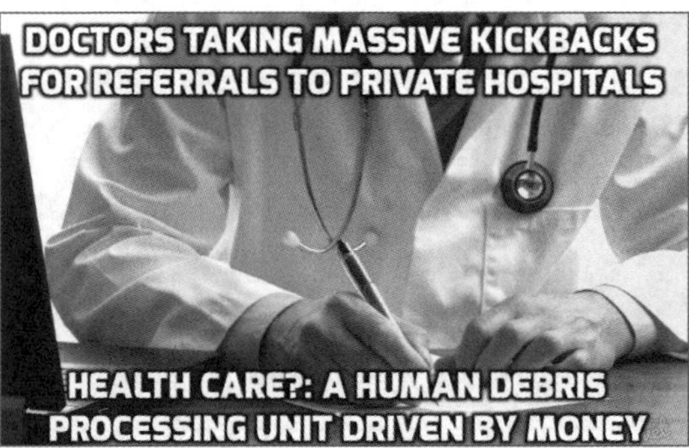


**Abb. 472:** „Ärzte erhalten beträchtliche Provisionen für Überweisungen an private Krankenhäuser: Gesundheitswesen? Eine mit Geld betriebene Maschine zur Verarbeitung menschlicher Überbleibsel." – *Die Schulmedizin ist eine der korruptesten Formen organisierten Verbrechens auf dem Planeten.*

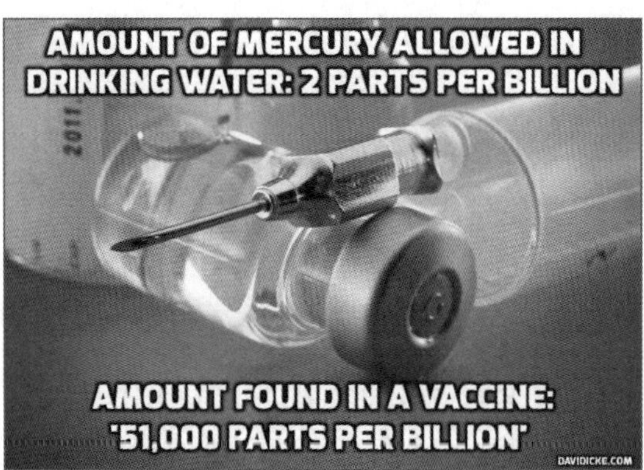


**Abb. 473:** „Erlaubte Menge an Quecksilber im Trinkwasser: Zwei Teile auf eine Milliarde. In einem Impfstoff gemessene Menge: ‚51.000 Teile pro Milliarde'." – *Mit dem Spinnennetz im Rücken geht alles.*

*zwei* Jahre alt sind. Damit nicht genug, folgen bis zum Alter von sechs Jahren und darüber hinaus – bis zum Teenageralter – zahllose weitere Impfungen (Abb. 470). Das Immunsystem der Kinder wird nie mehr dasselbe sein, nachdem es von einer solchen Flut von Giften zugrunde gerichtet worden ist. Womit wir übrigens eine weitere Facette des Umkehrungsprinzips vorliegen haben – denn eigentlich soll die Immunabwehr durch die Impfungen gestärkt werden. Mit einem geschädigten und geschwächten Immunsystem werden Krankheiten, die der Körper normalerweise ganz von allein bewältigen würde, plötzlich zur Gefahr. Wir werden später noch sehen, welche bedeutenden Konsequenzen sich aus diesem Sachverhalt ergeben. Da das Bewusstsein hinsichtlich der Impfproblematik immer mehr gewachsen ist und sich zunehmend Widerstand formiert, haben die Kampagnenführer ihre Strategie dahingehend geändert, auf die zwangsweise Durchsetzung von Impfungen zu setzen – ein Ansinnen, das wir nicht hinnehmen dürfen (Abb. 471).

Nachdem das Pharmaunternehmen GlaxoSmithKline (GSK) überführt worden war, seine Produkte für nicht genehmigte Anwendungszwecke zu bewerben, die Food and Drug Administration (FDA) nicht über die Gefahren einer Diabetesarznei in Kenntnis gesetzt sowie Doktoren bestochen zu haben, akzeptierte der Konzern einen Vergleich über drei Milliarden Dollar – das ist die höchste Strafe, die in den USA jemals einem Pharmaunternehmen wegen Betruges und Irreführung aufgebrummt wurde (Abb. 472). 2013 wurde berichtet, dass Glaxo gemeinsam mit einem indischen Partnerunternehmen einen *Sechsfach*-Impfstoff gegen Kinderlähmung, Diphtherie, Tetanus, Keuchhusten, Hepatitis B und Haemophilus-influenzae-b-Infektion entwickelte, der den Ärmsten und Schwächsten zugedacht war. Führen Sie sich einmal die Menge an Dreck vor Augen, mit der das Immunsystem bei so einer Injektion in einem einzigen Rutsch überflutet wird (Abb. 473). Zu den Inhaltsstoffen dieses Impfstoffes gehören: Aluminium (Demenz und Alzheimer); Antibiotika; Formaldehyd; Mononatriumglutamat; Thiomersal (tödliches Methylquecksilber); Bestandteile aus abgetriebenen menschlichen Föten und verändertes DNS-Material sowie ein genetisch modifiziertes menschliches Blutprotein (Albumin). Klammheimlich wird die Menschheit von den archontischen Mächten genetischen Mutationen ausgesetzt, etwa über gentechnisch veränderte Lebensmittel, von technischen Systemen ausgehende Strahlungen und Impfstoffe. So wird der menschliche Organismus fortlaufend neu verdrahtet und sein Empfänger/Sender-Potenzial unterdrückt.

## Das Ende *jeder* freien Wahl

Die Macht, die hinter dem Mainstream-Einheitsbrei steht, zwingt der Menschheit ihren Willen auf, indem sie die Regierungen bzw. Politiker, die die Gesetze offiziell verabschieden, ebenso kontrolliert wie das „Rechts"- und Justizsystem, das die Gesetze debattiert und interpretiert, sowie die Polizei und andere Exekutivorgane, die das Recht durchsetzen. Diejenigen, auf die die Gesetze letztlich angewendet werden, haben bei ihrer Entstehung wenig mitzureden: Die Regierung wird zumeist von einer Minderheit an die Macht gewählt; zudem verlieren die Politiker vor der Wahl, während sie noch um die Gunst der Wähler buhlen, kein Sterbenswörtchen über die Gesetze, die sie nach der Wahl erlassen. Wenn der amerikanische Präsident eine Executive Order erlässt, wird sie mit einem Federstrich zu geltendem Recht. Die meisten Gesetze und Verordnungen treten auf Wegen in Kraft – etwa über die Sekundär-, untergeordnete oder delegierte Gesetzgebung oder über Rechtsverordnungen –, die jede öffentliche Debatte von vornherein ausschließen. Die Regierungen (genauer gesagt, die Mächte hinter den Regierungen) machen im Grunde genommen einfach, was sie wollen. Das „Rechtswesen" und die Exekutivorgane sorgen dann dafür, dass die von der Regierung verhängten Anordnungen und Beschlüsse gegenüber dem Volk durchgesetzt werden. Ich habe einmal eine Karikatur gesehen, auf der es hieß: „[...] man kann jede kriminelle Vereinigung in eine politische Organisation verwandeln, indem man einfach jedes Verbrechen, das man zu begehen gedenkt, legalisiert." Genauso wird es gehandhabt. Wer glaubt, wir müssten in jedem Fall die Gesetze befolgen, kann auch gleich seine Hände vorzeigen, auf dass ihm Handschellen und Fußfesseln angelegt werden. Wenn man bei der Einführung der Gesetze nichts zu melden hat, aber dennoch meint, man müsse sie so oder so befolgen – wo bleibt dann die Freiheit? Es geht nicht darum, ausnahmslos „das Gesetz zu befolgen". Die Frage ist immer, *welchem* Gesetz man sich fügt bzw. nicht fügt und was ein bestimmtes Gesetz von einem verlangt. Hey, wir haben das Gesetz geändert, jetzt dürfen wir uns Ihre Kinder holen. Werden Sie wohl artig sein und sie herausrücken? Klar doch, dem Gesetz muss man gehorchen.

Gerichtshöfe mit ihren Trachten, Regelwerken und Perücken repräsentieren einmal mehr archontische Rituale. Die enormen Summen, die man aufwenden muss, wenn man sich von einem Repräsentanten der oftmals parasitären und psychopathischen juristischen Zunft vertreten lassen will (wobei es eine Reihe lobenswerter Ausnahmen gibt), haben zur Folge, dass jedem, der nicht über ein gewisses Vermögen verfügt, eine hochwertige Vertretung in der Regel versagt bleibt – sofern man überhaupt eine bekommt. Währenddessen ist das System, mit dem man es zu tun hat, sowieso schon in einer Weise gezinkt, dass es einige Wenige begünstigt und die übergroße Mehrheit benachteiligt. Wird eine Regierung verklagt, bezahlt sie ihre Anwälte mit Steuergeldern. Der Steuerzahler hingegen, der die Klage gegen seine Regierung angestrengt hat, darf seine Vertreter aus eigener Tasche bezahlen. Das Justizwesen hat nichts mit Gerechtigkeit zu tun. Es dient dem, der das meiste Geld hat, um sich die besten (und oft auch die psychopathischsten) Anwälte kaufen zu können. Zudem geht es in weit größerem Umfang, als den Menschen klar ist, darum, wer in der Lage ist, Einfluss auf den Richter zu nehmen. Wenn Sie über das nötige Geld verfügen oder jemanden haben, der Ihre Prozesskosten übernimmt, können Sie jede beliebige Person selbst mit den absurdesten Anschuldigungen überziehen und zusehen, wie sie sich bei dem Versuch, sich zu verteidigen, finanziell ruiniert (Abb. 474). Als Folge dessen sind die Gefängnisse auf der ganzen Welt überfüllt mit Leuten, die das Verbrechen, das ihnen zur Last gelegt wurde, gar nicht begangen haben. Einen Unschuldigen zu verurteilen stellt eine ausgezeichnete Möglichkeit dar, die Systemdiener zu schützen, die tatsächlich verantwortlich sind. Oh, schau, sie haben jemanden für den Mord verknackt. Aufgabe erledigt, Fall geschlossen, weiter im Text. Wenn Sie sich mit der Herkunft der Richter beschäftigen, werden Sie erstaunt sein, in welche hohen Ebenen innerhalb der Hierarchie sie zum überwiegenden Teil hineingebo-

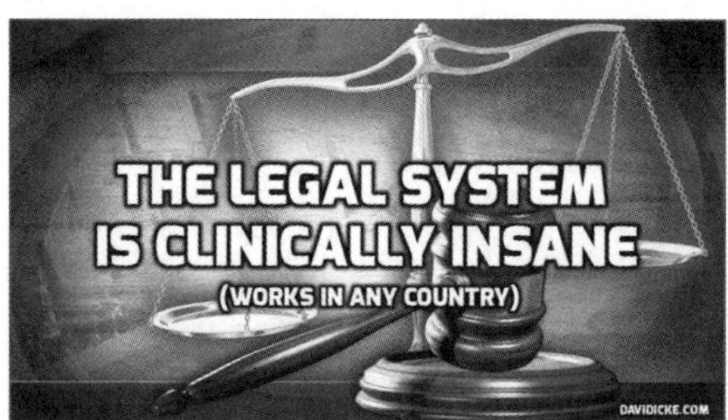


**Abb. 474:** „Das Justizwesen ist klinisch krank. (Gilt für jedes beliebige Land.)“ – *Kontrolliere das Gesetz und dessen Durchsetzungsorgane, und du kontrollierst die ganze Welt.*

**Abb. 475:** *Wenn man nur tief genug gräbt, stößt man stets auf die eine Kraft, die alle Bereiche kontrolliert.*

ren worden sind. Regierungen und Geheimgesellschaften sorgen dafür – gegebenenfalls unter Rückgriff auf Beziehungen aus den alten Eliteschultagen –, dass die „richtigen“ Richter den „richtigen“ Fällen zugewiesen werden, um zu den „richtigen“ Urteilssprüchen zu kommen. Schon die Tatsache, dass Richter Mitglied in Geheimgesellschaften sein dürfen, zeigt unverkennbar, was von den hehren Behauptungen, die Justiz würde „der Gerechtigkeit genüge tun“, zu halten ist. Glaubt denn irgendjemand im Ernst, dass eine Verdeckte Hand, die bereits das gesamte Netzwerk aus Regierung, Finanzwesen, Konzernen, Medien, Geheimdiensten und Militär lenkt, nicht auch das Justiz- und Gerichtswesen und insbesondere den Obersten Gerichtshof der Vereinigten Staaten, der das letzte juristische Wort über Ablehnung oder Bewilligung hat, versuchen wird zu kontrollieren? Also *bitte*. All diese Institutionen, Organisationen und Behörden gehorchen letzten Endes demselben Herren – und das ist nicht die Bevölkerung (Abb. 475).

Der Plan sieht vor, mittels dieses korrupten Rechts- und Exekutivsystems sämtliche Wahlfreiheit in einer Weise zu tilgen, die ich bald erläutern werde. „Wir sind frei, Schatz“? Sicher sind wir das, spricht das Ich-Phantom. Wir leben in einem freien Land? Klar tun wir das, hört man das Ich-Phantom sagen. Ich glaube, du willst mich veräppeln, antwortet das erweiterte Gewahrsein.

KAPITEL 9

# Mach alles neu

***Der Wissensdurst der Menschen ist unersättlich – nur das Wissenswerte interessiert sie nicht.***
**Oscar Wilde**

Betrachtet man das menschliche Leben aus dem Blickwinkel dieses Buches, erscheint es in einem gänzlich anderen Licht. Scheinbar unerklärliche und unzusammenhängende Vorgänge beginnen auf einmal Sinn zu machen. Im Folgenden werde ich jüngste und aktuelle Ereignisse in einen völlig neuen Kontext stellen.

Es ist nicht so, dass die archontische Übernahme ein in dem Sinne statisches Szenario geschaffen hätte, dass seit einem ursprünglichen, einmaligen Kaperungsakt alles unverändert geblieben wäre. Zwar gab es ein solches Ereignis, bei dem die Wahrnehmung der Menschen „entführt" wurde – das Ereignis, das uns in symbolischer Form als Geschichte vom Garten Eden bekannt ist –, doch das war lediglich der Ausgangspunkt des eigentlichen Planes. Ursprünglich stellte die kopierte Realität eine schlechte Kopie von etwas Üppigem und Wunderschönem dar; doch beabsichtigte man von Anfang an, die Programmierung der Menschen fortwährend zu vertiefen und die schlechte Kopie auf diese Weise immer weiter zu verzerren und zu invertieren, bis sie nur mehr ein holografisches und schwingungsmäßiges Spiegelbild der Welt der Archonten darstellen würde. Computerviren dringen auch nicht einfach in ein Betriebssystem ein und stellen dann ihre schädigenden Aktivitäten ein. Vielmehr breiten sie sich immer weiter aus und übernehmen immer größere Bereiche des Systems, bis dieses schließlich voll und ganz dem Virus gleicht. Genau das macht der ichbewusste Archonten-Virus mit unserer simulierten Wirklichkeit. Auf dem Weg zur absoluten Kontrolle über die Menschheit – wenn die schlechte Kopie völlig invertiert worden ist – befinden wir uns zwar bereits in einem fortgeschrittenen Stadium, doch sind die Würfel noch nicht gefallen. Wenn eine genügende Zahl von Ich-Phantomen ihre Wahrnehmungsblasen zerplatzen ließe und sich dem Unendlichen Gewahrsein öffnen würde, wäre der Plan der Archonten Geschichte.

Ereignisse, die Veränderungen in der Gesellschaft bewirken, geschehen nicht einfach aus schierem Zufall. Sie folgen vielmehr einer Agenda, deren Ursprünge in jene Zeit zurückreichen, die wir die ferne Vergangenheit nennen, und die seither kontinuierlich voranschreitet. Vor den Augen der Massen hält man den sorgfältig eingefädelten Eroberungsplan dadurch verborgen, dass man alles wie eine endlose Abfolge nicht zusammenhängender und in keiner Weise miteinander in Verbindung stehender Entscheidungen erscheinen lässt. Innerhalb der Matrix können nur diejenigen eine wirkliche Wahl bzw. eine freie Entscheidung treffen, die zumindest teilweise mit dem Gewahrsein jenseits der Matrix verbunden sind. Alle anderen werden vom Programm gelenkt, während sie der Täuschung erliegen, all die Gedanken und Bedürfnisse, die ihre Entscheidungen leiten, würden ihrem eigenen Geist entspringen. Schon lange vertrete ich die Auffassung, dass die meisten Menschen eine komplette Lebensspanne verbringen können, ohne eine einzige originäre bzw. unabhängige Reaktion geistiger oder emotionaler Art hervorzubringen. Sie sind Sklaven der Software, mit der das Ich-Phantom programmiert worden ist. Wenn Sie die Tierwelt beobachten, können Sie erleben, wie sich programmierte Verhaltensmuster Generation um Generation wiederholen, ohne sich jemals zu verändern. Besonders ausgeprägt ist dieses Phänomen bei Reptilien, beispielsweise beim Krokodil. In Australien habe ich zwei Vorführungen auf Krokodilfarmen miterlebt, bei denen der Tierpfleger demonstrierte, dass das Verhalten der Krokos auf Impulsen basiert, über die sie sich nicht hinwegsetzen und denen sie unmöglich widerstehen können. Mehrmals kündigte er an, er würde jetzt dies und das tun, und das Tier würde soundso darauf reagieren, und jedes Mal klappte es. Bei vielen Vertretern unserer eigenen Spezies funktioniert das nicht anders (und bei den archontisch-reptiloiden Wesen sowieso).

Es ist nicht so, dass man nur entweder ein Ich-Phantom oder Unendliches Gewahrsein sein kann. Ich habe ganz bewusst gesagt, dass man *teilweise* mit dem Gewahrsein jenseits der Matrix verbunden sein muss, um in der Lage zu sein, echte Entscheidungen zu treffen. Zwischen ausgewachsenen Ich-Phantomen und Menschen, deren Gewahrsein so geweitet ist, dass sie vom Programm kaum tangiert werden, finden wir ein breites Spektrum verschiedenster Wahrnehmungsformen vor. Die verschiedenen Abstufungen erkennt man durch die Beobachtung des Verhaltens; legt man diesen Schlüssel zugrunde, wird deutlich, dass es sich bei vielen, die sich für „wach" halten, in Wirklichkeit um Ich-Phantome handelt, die genau dadurch im Programm gefangen sind, dass sie meinen, sie wären es nicht. Wer vom Unendlichen Gewahrsein berührt wird, verfügt über eine instinktive Empathie, die den Automatismus, in einer konkreten Situation nur im Sinne des eigenen Vorteils zu reagieren, außer Kraft setzt. Ich spreche dabei von einer Empathie, die sich durch Taten und nicht nur in Worten äußert. Worte allein bergen stets das Potenzial der Irreführung. Ich meine die Menschen, bei denen Wort und Tat einander entsprechen – „walk the talk", wie es im Englischen heißt. Die Wenigsten können das von sich behaupten. Das Ich-Phantom hält den Großteil der Menschen gefangen. Das Unendliche Gewahrsein äußert sich auch in einer geistigen Beweglichkeit, die nicht nur die vermeintlichen Fakten und Zahlen der gelehrten Wissenschaftsnachbeter ins Feld führt, sondern aus eigener Intuition und Einsicht heraus agiert und reagiert. Das bedeutet nicht, dass diese Menschen gegen die Programme des Ich-Phantoms immun wären; wahrscheinlich leben auch sie diese Einflüsse bis zu einem gewissen Grad aus. Doch sie erleben immer wieder Augenblicke – manchmal auch weit mehr als nur Augenblicke –, in denen sie die Phantomprogrammierung transzendieren. Menschen dieser Art sind den Archonten ein Dorn im Auge. Sie möchten eine geschlossene Welt erschaffen, in der ausschließlich Ich-Phantome leben und den Menschen jedes Gewahrsein für die Wirklichkeit jenseits des Programms genommen worden ist. Betrachtet man die globale Gesellschaft aus dieser Perspektive, gelangt man zu einem gänzlich neuen Verständnis derselben; insbesondere beginnt man zu begreifen, warum sie sich ausgerechnet in die Richtung entwickelt, die wir erleben.

Ich habe bei meinen Recherchen stets den Ansatz verfolgt, das Ziel herauszuarbeiten, das die Hintergrundmächte verfolgen, und die Methoden aufzuzeigen, mit denen sie dieses Ziel zu erreichen suchen. Ohne dieses Wissen wird einem alles, was auf dieser Welt geschieht, als eine Abfolge isolierter Ereignisse erscheinen, zwischen denen keinerlei Verbindung erkennbar ist und die auch nicht recht zueinander passen. Das ändert sich jedoch, wenn man weiß, welches Endszenario für unseren Planeten vorgesehen ist und welche Manipulationsmethoden auf dem Weg dorthin zur Anwendung kommen. All die scheinbar zufälligen und isolierten Ereignisse ergeben dann mit einem Mal ein klares, zusammenhängendes Gesamtbild. Ach sooo, *deshalb* machen die das und das!

Der Plan zur Unterwerfung der Menschheit erstreckt sich über einen enormen Zeitraum. Immer wieder aufs Neue inkarnieren die den hybriden Blutlinien zugehörigen Archonten in unsere Realität, um die Agenda auf dem Weg in die totale Kontrollübernahme durch die verschiedenen Abschnitte zu steuern, und treten wieder ab. Die Geschichte mag sie unter verschiedenen Namen kennen, doch die da kommen, wieder gehen und erneut kommen, sind immer dieselben. Gut, ganz so einfach ist es nicht, denn Zeit existiert nicht, lediglich die Illusion davon. Außerdem werden die Geschehnisse insofern durch die archontische Manipulation unserer Vorstellungen von „Vergangenheit" und „Zukunft" beeinflusst, als diese unser Erleben der „Gegenwart" bestimmen. Es gibt mehrere Spielfilme, in denen diese Idee erkundet und bebildert wird. Die Vergangenheit zu verändern ist in etwa das gleiche, als würde man eine Szene einer DVD verändern und damit eine Modifizierung auch aller nachfolgenden Szenen bewirken, da das Gesamtbild konsistent bleiben muss. Ebenso hätte eine Veränderung der Schlusssequenz zur Folge, dass sich alle Szenen bis zu diesem Moment in der Weise ändern, dass sie auf das neue Ergebnis zusteuern. Sie meinen, man könne die „Gegenwart" nicht aus der wahrgenommenen „Vergangenheit" bzw. „Zukunft" heraus beeinflussen? Oh doch, man kann – alles ist nur ein *Programm*, das sich in einem grenzenlosen JETZT abspielt. Das JETZT wird in einer Weise manipuliert, dass sich die Ereignissequenz aus der Vergangenheit über die Gegenwart in die Zukunft zu bewegen scheint. So etwas wie Zeitreisen gibt es nicht. Es gibt nur JETZT-Reisen, die als Zeitreisen erlebt werden.

Nachdem ich im Vorangegangenen die beiden Schlüsselmethoden der Massenmanipulation – das Prinzip von Problem-Reaktion-Lösung und den schleichenden Totalitarismus – erläutert habe, werde ich im Folgenden beschreiben, wie die Welt aussehen soll, die man im Begriff ist, durch diese und andere Wahrnehmungsmanipulationen zu erschaffen. Ich bezeichne dieses Endziel als *Hungerspiele*-Gesellschaft, da der gleichnamige Film [„Die Tribute von Panem", engl. Originaltitel „The Hunger Games", Anm. d. Übers.] – zumindest bis zu einem gewissen Grad – die Machtstruktur zeigt, die die Archonten und ihre Hybriden der Menschheit überstülpen wollen. Wenn die Menschen nur mal von ihren Smartphones hochschauen und sich umsehen würden, sähen sie, dass wir uns bereits mit großen Schritten auf dieses Ziel zubewegen.

# Was auf uns zukommen wird – wenn wir es zulassen …

Die Hungerspiele-Gesellschaft wird von einer kleinen *El*-ite archontischer Hybriden beherrscht, die in schwer bewachten Hightech-Städten leben (in den Spielfilmen in Form des „Kapitols" dargestellt). Diese *El*-ite kontrolliert sämtliche Vermögen und Ressourcen sowie den Zugang zu Nahrungsmitteln und Wasser. Wer nicht jede ihrer Anordnungen widerstandslos befolgt, wird mit dem Entzug aller überlebensnotwendigen Ressourcen bestraft (sofern man nicht gleich getötet wird). Ein gnadenloser Polizeistaat, der sich zu weiten Teilen aus tiefgehend programmierten Psychopathen in Uniform zusammensetzt, beschützt die *El*-ite vor den Volksmassen und setzt die Gewaltherrschaft durch. Alle, die nicht Teil der *El*-ite sind – und ich meine wirklich *alle*, selbst diejenigen, die man heutzutage zu den Reichen zählen würde –, dienen den Archonten und ihren Hybriden nur mehr als Sklaven (Abb. 476). Wenn Sie die Reportagen darüber lesen, mit welcher Verachtung, Würdelosigkeit und eisernen Härte Amazon seine Mitarbeiter behandelt, bekommen Sie einen kleinen Eindruck davon, wie es eines Tages überall aussehen soll. Die gesamte, weltumspannende Struktur würde durch Künstliche Intelligenz (KI) betrieben werden – und diese Künstliche Intelligenz ist nichts anderes als der *Archonten-Virus*. Hierbei handelt es sich um eine weitere tiefgreifende Enthüllung, durch die die ganze Transhumanismus-Verschwörung in den richtigen Kontext gerückt wird. Der Demiurg/die Archonten *sind* Künstliche Intelligenz. Die transhumanistische Agenda, die nun in großem Tempo sichtbar wird, stellt für den Virus das Vehikel dar, mit dem er die absolute Kontrolle übernehmen soll. Ich werde diese Thematik später noch ausführlich beleuchten.

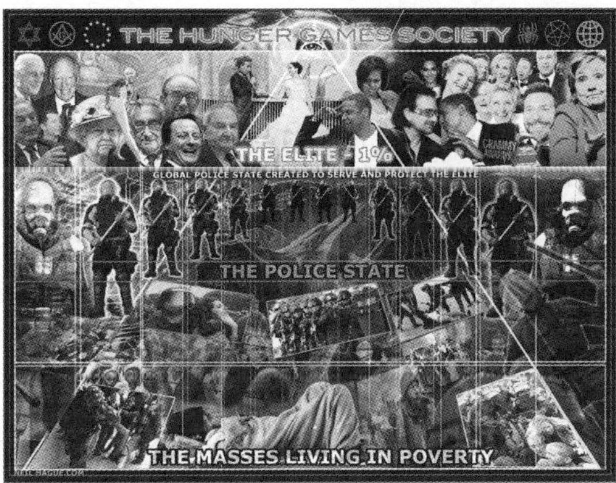


**Abb. 476:** „Die Hungerspiele-Gesellschaft: Die Elite (ein Prozent); der Polizeistaat; die in Armut lebenden Massen" – *Die Struktur der geplanten globalen Hungerspiele-Gesellschaft – auf die wir uns mit jedem Tag weiter zubewegen.*

Schon jetzt gehört einem Prozent der Weltbevölkerung die Hälfte des gesamten Reichtums der Welt. Schleichend entfaltet sich die Hungerspiele-Gesellschaft in Richtung des anvisierten totalitären Endzustands. Dazu gehört auch die weltweite Auflegung von Sparprogrammen. Hat man erst einmal Reichtum und Macht in rauen Mengen angehäuft, ist man in der Lage, sich immer mehr Reichtum und Macht anzueignen. Dieser Prozess beschleunigt sich zusehends. Aus Sicht der Agenda gibt es noch ein weiteres Konzept, das für die Umsetzung des großen Planes, der Bevölkerung jede finanzielle Sicherheit zu nehmen, ökonomisch unerlässlich ist und das nun zügig eingeführt wird. Nach dem Bankenkollaps von 2008 haben wir erlebt, wie rund um den Globus schwindelerregende Summen von den Privatkonten der Menschen in die Taschen der *El*-ite transferiert wurden. Damals retteten Regierungen, die sich in der Hand der *El*-ite befinden, per „Bail-out" Banken, die ebenfalls der *El*-ite gehören. Damit wurde eine neue – und härtere – Etappe des Planes eingeläutet, alle Menschen mit Ausnahme der *El*-ite, ihrer Laufburschen und des Polizeistaatpersonals in extreme Armut zu stürzen – die Versklavung der Massen. Was man Griechenland und einigen Ländern angetan hat, gedenkt man auch mit dem Rest der Welt zu tun, und noch weit Schlimmeres. Eine wichtige Betrugsmasche, mit der selbst die momentan Reichen um ihre finanzielle Unabhängigkeit gebracht werden sollen, ist unter dem Begriff „Bail-in" bekannt. Ins öffentliche Bewusstsein geriet der Ausdruck im Zuge der künstlich herbeimanipulierten Bankenkrise, die sich 2013 in Zypern vollzog (Problem-Reaktion-Lösung). Wenn das Finanzsystem durch Archontenfamilien wie die Rothschilds und die Rockefellers kontrolliert wird, ist es freilich ein Kinderspiel, Banken zu Fall zu bringen. Bis zu den Ereignissen von Zypern hat man eine Bankenkrise dadurch bewältigt, dass die jeweilige Regierung den Banken durch Darlehen (die oftmals wiederum von Banken stammten) und Steuergelder aus der Patsche half (engl.: „to bail someone out"). Das war schon übel genug – doch seit Zypern stehen die Dinge noch viel ärger. Die zypriotischen Banken wurden nämlich „gerettet", indem man einfach auf die Konten der Anleger zugriff und diesen Geld entnahm. Dieses „Bail in" war eine Forderung der sogenannten „Troika" aus Rothschild-kontrollierter Europäischer Zentralbank (EZB), Rothschild-kontrolliertem IWF und der Rothschild-kontrollierten Europäischen Kommission – enthusiastisch unterstützt vom Rothschild-kontrollierten Deutschland, vertreten durch seine Rothschild-kontrollierte Kanzlerin Angela Merkel. Dieses Verbrechersyndikat ... Entschuldigung, diese „Troika" hatte sich zusammengetan, um Griechenland plattzumachen. Der Plan sieht nun vor, dass das archontische Killerkommando dasselbe auch mit der gesamten Europäischen Union durchzieht, als Blaupause für den Rest der Welt.

Während des Bail-ins von Zypern ließ die EU Bankguthaben bis zu einer Höhe von 100.000 Euro (85.000 Pfund) unangetastet; doch alles, was oberhalb dieser Grenze lag, stahl man einfach. In den drastischsten Fällen wurden auf diese Weise etwa 60 bis 80 Prozent des auf einem privaten Bankkonto deponierten Geldes zwangsenteignet. Eine Menge reicher Leute waren nach diesem Raubzug der Banken nicht mehr annähernd so reich. Ich kann gar nicht eindringlich genug darauf hinweisen, dass all diejenigen, die im Moment vermögend sind und meinen, vor Armut und Entbehrungen gefeit zu sein, darüber besser noch einmal nachdenken sollten. Wenn sie nicht der *El*-ite angehören, wird ihr Vermögen ebenfalls ins Visier genommen werden. Schon jetzt lebt eine große Zahl derer, die einst der „Mittelschicht" oder der „oberen Mittelschicht" angehörten, auf der Straße. 2015 gab die Europäische Union bekannt, dass die Einlagensicherung für britische Sparer von 85.000 Pfund auf 75.000 Pfund herabgesetzt werden würde. Das Ziel lautet, den Einlagenschutz in ganz Europa generell abzuschaffen. Man beabsichtigt, einen Banken- und Finanzkollaps von solch einem Ausmaß herbeizuführen, dass 2008 demgegenüber wie ein Spaziergang anmuten würde. Jetzt, da das Prinzip des Bail-in akzeptiert und in Stellung gebracht worden ist, gedenkt man den Menschen ihr Geld im ganz großen Stil zu stehlen – selbst Pensionskassen hat man im Visier. Wenn Sie Ihr Geld zur Bank bringen, sind Sie, sollte die Bank pleitegehen – und das kann mit jeder Bank fast jederzeit geschehen –, nichts weiter als ein Gläubiger ohne Absicherung (Abb. 477). Ellen Brown, die sich für Finanzreformen stark macht, äußerte sich zu den neuen Bail-in-Regeln wie folgt:

> Sie wählen die Worte in einer Weise, dass nicht ganz klar wird, was sie getan haben, aber im Grunde haben sie gesagt, dass wir, die Regierungen, nicht länger dafür verantwortlich seien, den großen Banken aus der Patsche zu helfen. Es gibt etwa 30 (systemisch bedeutsame) internationale Banken. Sie müssen sich also künftig selbst retten, und der Weg, über den sie dies tun müssen ist, sich des Geldes ihrer Gläubiger zu bedienen [„bail-in"]. Die größte Gruppe von Gläubigern einer jeden Bank bilden die Kontoinhaber.

Die Banken sind somit in der Lage, den Bankkunden rund um den Erdball ihr Geld zu stehlen, sobald sich eine weitere Finanzkrise herbeimanipulieren lässt.

Wir haben bereits die Dotcom- und die Hypothekenblase zerplatzen und dabei immenses finanzielles Chaos anrichten sehen; aber es gibt noch einen weiteren Finanzschwindel, der so gigantisch ist, dass er alle anderen in den Schatten stellt: den Derivatemarkt. Dieser „Markt" ist einige hundert *Billionen* Dollar wert. Das heißt – eigentlich ist er das nicht. Und genau da liegt das Problem. Auch bei Derivaten handelt es sich um ein Konstrukt, das sich aus nichts anderem als warmer Luft speist – eine weitere leere Finanzblase ohne Substanz. Verschleiert wird diese einfache Wahrheit durch die dem Finanzmetier eigene Komplexität und die Verwendung eines Kauderwelschs, zu dessen Vokabular Begriffe wie „Forward", „Terminkontrakt", „Option", „Swap", „synthetische Collateralised Debt Obligation" und „Kreditausfall-Swap" zählen. Sobald öffentlich aufgedeckt wird, dass es sich bei den Derivaten um eine gigantische Illusion handelt – und diese Demaskierung gehört mit zum Plan –, wird das globale Finanzsystem den Bach heruntergehen (Abb. 478). Einer Veröffentlichung aus dem Jahr 2015 zufolge entfallen 94,4 Prozent des Gesamtvolumens derivativer Exposures auf vier Banken: J. P. Morgan, Citibank, Goldman Sachs und die Bank of America. In den Familien der archontischen Blutlinien ist

**Abb. 477:** „Auf der Bank ist das Geld sicher? Nein, Sie sind lediglich ein weiterer Gläubiger ohne Absicherung." – *Wenn Sie Ihr Geld auf die Bank bringen, geht es faktisch in deren Besitz über – und gehört nicht länger Ihnen.*

**Abb. 478:** „96 Prozent der Exposures auf dem todgeweihten US-amerikanischen Derivatemarkt werden von nur fünf Banken gehalten. Tick, tick, tick ..." – *Der Derivatemarkt stellt für das weltweite Finanzsystem eine tickende Zeitbombe dar.*

**Abb. 479:** „Korporative Sklaverei – auf dem Weg in den Westen" – *Was sie den Menschen im Osten angetan haben, wollen sie auch im Westen machen – und es geschieht bereits.*

**Abb. 480:** „Die Sklaverei wurde niemals abgeschafft, sondern so erweitert, dass sie jetzt alle Menschen mit einschließt." – *Sehr wahr.*

man natürlich gut vorbereitet. Nach dem nächsten Finanzkollaps gedenkt man, sich mit der bewährten Masche von 2008 noch mehr zu bereichern (so wir sie gewähren lassen), während man gleichzeitig diejenigen, von denen man sich retten lässt, tiefer und tiefer in Entbehrung und Mangel zwingt.

In den „Entwicklungsländern", insbesondere in den Ländern des Fernen Ostens, werden die von Armut gebeutelten Menschenmassen (natürlich) mit psychopathischer Unmenschlichkeit von ihren Sklavenhalterkonzernen ausgebeutet, um Konsumgüter mit minimalem Kostenaufwand herstellen und dann so teuer wie möglich im Westen verhökern zu können (Abb. 479). Global agierende Markenhersteller und Konzerngiganten haben ursprünglich im Westen angesiedelte Arbeitsplätze nach Übersee verlagert, um die dortigen Arbeitskräfte auszupressen – auf Kosten der Beschäftigungssituation in der Heimat. Für die Zukunft sieht der Plan vor, die Ökonomien der westlichen Länder so weit zu demontieren, dass die Zustände, die wir bislang nur im Fernen Osten vorfanden, bald auch in Nordamerika und Europa gang und gäbe sein werden (Abb. 480). Für den Anfang können Sie sich ja einmal mit den Vorgängen in Griechenland vertraut machen. Und es ist in der Tat erst der Anfang. „Die" würden so etwas doch niemals tun? „Die" *tun* es bereits. „Die" sind psychopathische Satanisten, denen das Leid der anderen einen Adrenalinkick verschafft – insbesondere dann, wenn sie insgeheim wissen, dass sie die Ursache der Qualen sind. Ein Schweizer Bankier machte 2011 gegenüber Reportern der russischen Zeitschrift *NoviDen* über die Leute, die im Bankensystem die Fäden ziehen, folgende Bemerkung:

> Diese Leute sind verdorben und haben kranke Gedanken. Sie sind voller Laster, die aber auf Geheiß von oben geheim gehalten werden. Manche von ihnen [...] vergewaltigen Frauen, andere sind Sadomasochisten oder pädophil, und viele sind Satanisten. In manchen Bankgebäuden kann man ihre satanischen Symbole sehen, wie zum Beispiel in der Rothschild-Bank in Zürich. Durch ihre Laster werden diese Leute erpressbar und damit kontrollierbar. Entweder sie befolgen die Anweisungen,

die man ihnen erteilt, oder ihre Geheimnisse werden bloßgestellt und ihr Leben zerstört, oder sie werden sogar umgebracht.

Menschen mit einer solchen Mentalität, in deren Händen die Geschicke des Finanzsystems konzentriert sind, würden die Menschheit also auf gar keinen Fall in einen Zustand allgemeiner Armut und Knechtung manövrieren? Eigentlich sind sie kaum mit etwas anderem beschäftigt. Den Auswüchsen ihrer von jeder Empathie befreiten Verdorbenheit sind keine Grenzen gesetzt.

## Die Hierarchie der Hungerspiele-Gesellschaft

Seit nunmehr zwei Jahrzehnten enttarne und erläutere ich die politischen und die Durchsetzungsstrukturen der Hungerspiele-Gesellschaft. Die einzelnen Komponenten werden nach dem Prinzip des schleichenden Totalitarismus Stück für Stück in Stellung gebracht. Am Ende der Entwicklung soll eine Weltregierung stehen (die sich, statt gewählt zu werden, letztlich selbst ernennen würde), die durch drei fundamentale Strukturen in der Lage wäre, über das Leben jedes einzelnen Bewohners des Planeten zu bestimmen: eine Weltzentralbank (der die Überwachung einer einzig verbleibenden, weltweit eingesetzten elektronischen Währung obläge), eine Weltarmee sowie Einrichtungen zur Kontrolle sämtlicher Ressourcen und deren Nutzung (Abb. 481). Ich spreche hier ganz bewusst

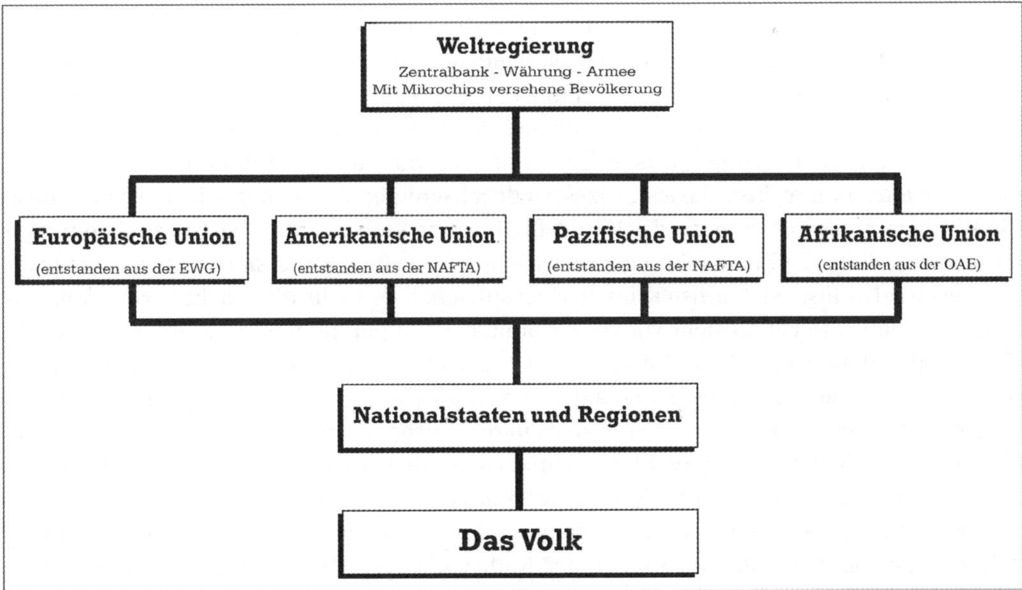


**Abb. 481:** *Die Struktur der geplanten weltumspannenden Diktatur. Die Blaupause sieht noch weitere Superstaaten vor, die untereinander durch Handelsabkommen (Willkürherrschaft) vernetzt sind.*

**Abb. 482:** „Nicht anfassen! Das ist Staatseigentum!" – *Sie wollen alles – einschließlich des Regens, der auf Ihr Grundstück fällt.*

und ausdrücklich von der Macht über *sämtliche* Ressourcen, also beispielsweise auch über das Regenwasser, das über Ihrem Garten niedergeht (Abb. 482). Wobei Letzterer, wenn wir erst einmal an diesem Punkt angelangt sind, auch nicht mehr *Ihr* Garten sein wird. Das mag Ihnen jetzt ein bisschen abwegig erscheinen – nun, ich wünschte, dem wäre so. Manche amerikanische Bundesstaaten und Behörden erklären sich bereits zum Eigentümer sämtlichen Regenwassers, unabhängig davon, wo es aufgefangen wird. Ich versichere Ihnen – wenn man versucht darzustellen, was diese Geisteskranken im Sinn haben, werden die Gedankengänge, die man dabei entwickelt, kaum jemals tatsächlich abwegig sein.

Die Vereinten Nationen wurden 1945 gegründet, um als Sprungbrett zur Schaffung einer Weltregierung und der dazugehörigen Institutionen zu dienen. Die Zentralisierung von Macht ist der gemeinsame Nenner aller archontischen Bestrebungen und bereits seit Tausenden von „Jahren" im Gange. Einstmals kamen, wenn es darum ging, gemeinschaftliche Entscheidungen zu treffen, alle Mitglieder eines Stammes zusammen; an einem bestimmten Punkt wurden dann die Stämme durch die Gründung von Nationen absorbiert, womit einige Wenige, die in der Nation das Sagen hatten, fortan über sämtliche ehemaligen Stämme herrschten. Heute erleben wir die Absorption der Nationen durch Superstaaten wie die Europäische Union, der eine ganze Reihe ähnlicher Gebilde folgen sollen, die allesamt – wie einst auch die EU – unter dem Deckmantel von „Freihandelszonen" auf den Weg gebracht werden. Der Öffentlichkeit wird die archontische Agenda unter dem Schlagwort „Globalisierung" präsentiert, wobei ihr das nötige Hintergrundwissen fehlt, um den wahren Charakter dieses Prozesses durchschauen zu können – bisher zumindest. Die Wenigen müssen, wenn sie die Kontrolle über die Vielen immer weiter ausbauen und absichern wollen, die Entscheidungsprozesse fortwährend zentralisieren. Dieser Zentralisierungsprozess lässt sich umso schneller vorantreiben, je mehr die Macht bereits konzentriert worden ist. Der Plan sieht vor, die EU-ähnlichen Superstaaten der zweiten Ebene – in Nord- und Südamerika, Afrika, Nahost, Asien/Australien/Neuseeland usw. – der Weltregierung zu unterstellen. Die Regierungen dieser Superstaaten wären, wie auch die Weltregierung selbst, nicht gewählt – ganz so, wie es in der Europäischen Union bereits der Fall ist, die nur in der Theorie von gewählten Politikern geführt wird, in Wirklichkeit aber in den Händen von Bürokraten in dunklen Anzügen liegt, die von Dritten nach Brüssel berufen worden sind. Global agierende Institutionen wie die Weltgesundheits- und die Welthandelsorganisation, die beide Kreationen der Rothschilds und Rockefellers sind, stellen Zwischenstufen auf dem schleichend voranschreitenden Weg in die totalitäre Herrschaft der geplanten Weltregierung dar, die letztlich über die Regeln und die verbleibenden Möglichkeiten in jedem einzelnen Bereich des menschlichen Lebens bestimmen soll.

Dem Ziel, nationale Regierungen grundlegender Befugnisse zu berauben und diese dann in die Hände von Konzernen, Weltgerichtshöfen und anderen archontischen Körperschaften zu legen, dienen auch die unter Ausschluss der Öffentlichkeit verhandelten und beschlossenen transatlantischen und transpazifischen Abkommen über Handels-„Partnerschaften". Diese „Handelsverträge" (die den Völkern in faschistischer Manier aufgezwungen werden) beinhalten unter anderem ungeheuerliche Bestimmungen über die brutale Zensur alternativer Medien, die den archontischen Netzwerken beträchtlich Angst machen. Eine Weltzentralbank soll über eine einzige globale, bargeldlose Währung das gesamte weltweite Finanzsystem kontrollieren. Seit über 20 Jahren warne ich in meinen Büchern vor den Plänen zur Einführung der bargeldlosen Gesellschaft. Heute erleben wir die rasante Umstellung auf Kreditkarten, bargeldlose Bezahlung über Smartphones usw. Es werden sogar schon Geldautomaten entwickelt, die Ihnen Ihr Geld erst nach einer erfolgreichen Iris-Erkennung auszahlen (Abb. 483). Letzten Endes soll die Verwendung von Bargeld verboten und zur Straftat erklärt werden. Armbänder mit integrierter bargeldloser Bezahlfunktion stellen derzeit einen weiteren, vermeintlich harmlosen Schritt auf dem Weg zum subdermalen Mikrochip dar. Diesen wird man einführen, sobald man die Öffentlichkeit dazu gebracht hat, ihn zu akzeptieren (Abb. 484). Mit einem Chip *am* Handgelenk ist man nur noch einen Schritt vom Chip *im* Handgelenk entfernt. Britische Geschäfte werden schon jetzt vorgewarnt, dass sie bis spätestens 2020 die Möglichkeit der berührungsfreien

**Abb. 483:** „Das Leben als Sklave ist so schön bequem" – *Die bargeldlose Gesellschaft, vor der ich schon vor Jahrzehnten gewarnt habe, wird nun mit hohem Tempo eingeführt.*

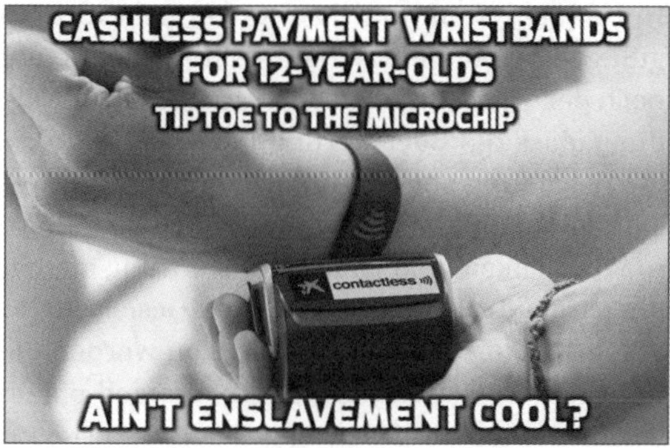


**Abb. 484:** „Armbänder zum bargeldlosen Bezahlen für Zwölfjährige: Auf Zehenspitzen schleichen wir unbemerkt der Verchippung entgegen – Ist Versklavung nicht cool?" – *Hol sie dir schon in jungen Jahren – und behalte sie ein Leben lang.*

**Abb. 485:** „Tschüß, Freiheit – die nächste Stufe: Mastercard möchte, dass Sie mit Ihrem Gesicht bezahlen" – *Absolute Kontrolle wird als Annehmlichkeit verkauft – und so viele Menschen fallen darauf herein.*

Bezahlung eingeführt haben müssen. Auf solche Weise wird die Abschaffung des Bargeldes durchgepaukt – eine Agenda, deren Planung und Vorbereitungen zig Jahrzehnte zurückreichen (bis in eine Zeit, als die entsprechende Technologie aus Gründen, auf die ich noch zu sprechen komme, offiziell noch gar nicht „erfunden" war). Eine Idee bzw. Entwicklung, die scheinbar erst in jüngster Zeit aufgekommen ist, wurde also in Wirklichkeit nur so lange zurückgehalten, bis der optimale Zeitpunkt herangekommen war, um mit maximalem Erfolg eingeführt werden zu können.

Bei der bargeldlosen Finanzwirtschaft geht es um Kontrolle. Die Verwendung von Bargeld bei Finanzgeschäften soll dem Plan zufolge stufenweise immer mehr eingeschränkt werden, bis sie schließlich gänzlich verboten sein wird (Abb. 485). Jede Transaktion kann augenblicklich aufgezeichnet und zurückverfolgt werden; Systemabweichlern verwehrt man mit einem einfachen Klick, Klick, Enter den Zugang zum Geld. „Es tut mir leid, mein Herr, das System hat Ihre Karte nicht akzeptiert" (bzw. den Mikrochip, wie es das endgültige Ziel vorsieht). Wenn kein Bargeld mehr im Umlauf ist, bleibt als letzte Option nur noch der Tauschhandel; doch auch der wird als illegal deklariert werden – mit der Begründung, dass die Bevölkerung mit Tauschgeschäften die Steuer umschiffen könnte. Obwohl die Bezahlung per Kreditkarte nur wenige Sekunden in Anspruch nimmt, drängt man uns, stattdessen mit dem neuen, berührungsfreien System zu zahlen, „weil das schneller geht". In Wirklichkeit geht es natürlich darum, die nächste Etappe auf dem Weg zu einer vollständig bargeldfreien und gechippten Gesellschaft zu nehmen. Durch weitere künstlich herbeigeführte ökonomische Turbulenzen werden die Archontenhybriden immer neue Vorwände haben, den Bargeldverkehr zunehmend einzuschränken. Einige Länder sind schon heute so gut wie bargeldfrei; sogar der Iran testet zurzeit ein bargeldloses System.

## Kämpfen für die Diktatur

Um den Willen der selbsternannten Weltregierung jedem Land bzw. jedem Gemeinwesen aufzuzwingen, das nicht so recht mitspielen will, würde man sich einer Weltarmee bedienen. Auch im Hinblick auf die NATO weise ich schon seit Jahrzehnten darauf hin, dass sie ebenfalls nur einen Zwischenschritt auf dem schleichenden Weg in ein weltumspannendes, totalitäres System – nämlich eine Vorstufe der anvisierten Weltarmee – darstellt; und wie bei meinen anderen Vorhersagen bewahrheitet sich diese nun auch. Das Militär der Vereinigten Staaten bildet im Verein mit Großbritannien und anderen NATO-Mitgliedsländern schon jetzt eine Art Weltarmee. Sobald die Zeit reif ist, sollen sie allesamt einer einzigen globalen Instanz unterstellt werden. Diese Entwicklung deutet sich bereits in der Art und Weise an, nach der das US-amerikanische Militär die Welt in „COMs" – d.h. in Kommandozentren – unterteilt hat (Abb. 486). Im Einzelnen werden die Kommandos als CENTCOM, AFRICOM, EUCOM, PACOM, SOUTHCOM und NORTHCOM bezeichnet. Derzeit sind amerikanische Soldaten – in der einen oder anderen Form – in mehr als 150 Ländern stationiert. Dabei ist diese Kommandostruktur letzten Endes gar nicht für das amerikanische

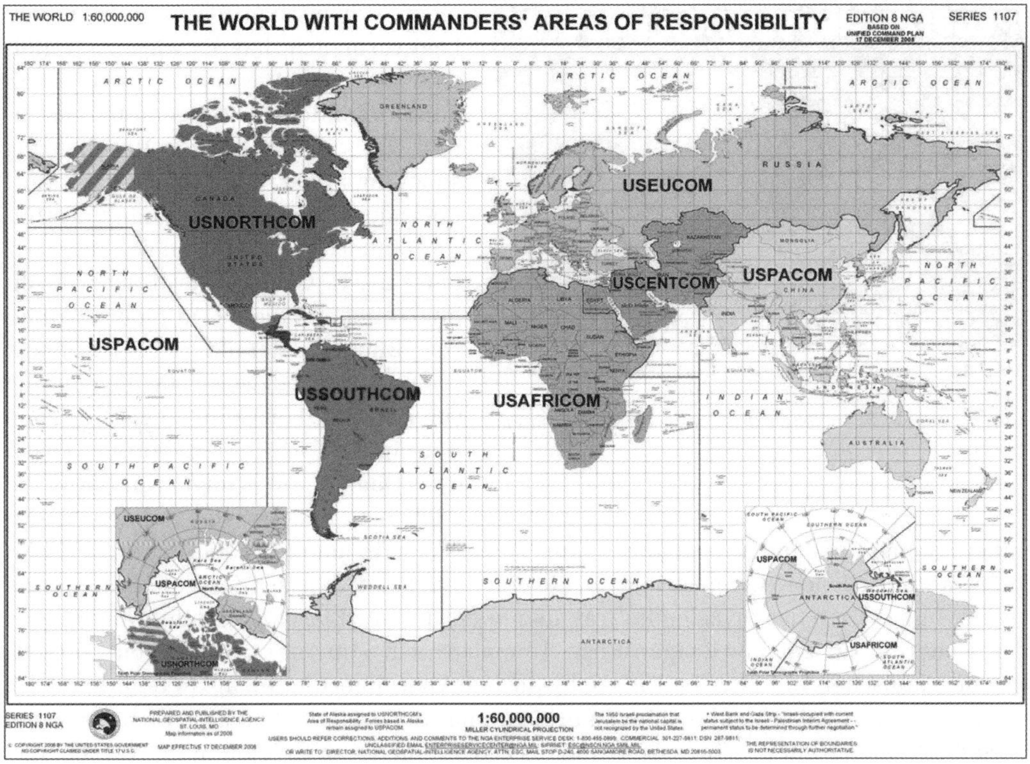

**Abb. 486:** *Die globale Kommandostruktur des amerikanischen Militärs wurde in Wirklichkeit für die geplante Weltarmee geschaffen.*

Militär bestimmt, sondern wird für die Übergabe an die Weltarmee vorbereitet. Auch eine Weltregierung haben wir, verborgen hinter Bezeichnungen wie „internationale Gemeinschaft", G20, G8 oder „Sicherheitsrat der Vereinten Nationen", im Grunde schon vorliegen (Abb. 487). Wenn diese Instanzen befinden, dass ein Land bzw. ein Regime ungehorsam ist, marschiert das amerikanische Militär hinein – zusammen mit britischen oder NATO-Soldaten oder auch allein – und beseitigt die Bösewichte. Afghanistan, Irak, Libyen, Syrien – die Liste ist lang und wird immer länger. Dabei lässt sich Amerika auch dann nicht stören, wenn die „internationale Gemeinschaft" in Gestalt von Russland und China Einspruch erhebt.

**Abb. 487:** „Die faktische Weltregierung" – *Die Weltregierung nimmt vor unser aller Augen ihre Plätze ein.*

In vielen Fällen sind derartige „Regimewechsel" nicht direkt durchgeführt worden, sondern unter Einbeziehung von „Rebellen", die von den USA bzw. der NATO ausgebildet, bewaffnet und finanziert wurden. So geschah es auch beim „arabischen Frühling", der über-

**Abb. 488:** „Hat jemand Bedarf an einer ‚Volks'-Revolution? Nein? Todesschwadrone vielleicht?" – *Wenn Robert Ford in Ihrem Land auftaucht, sollten Sie sich schleunigst aus dem Staub machen.*

all im Nahen Osten Tod, Zerstörung und Leid verursacht hat. Es wäre zu auffällig, würde man Regimewechsel allzu oft durch unmittelbare Invasion herbeiführen. Da ist es besser, die Bevölkerung so zu manipulieren, dass sie das selbst übernimmt. Die Hintergründe und Hintermänner des Schwindels, den wir unter der Bezeichnung arabischer Frühling kennen, habe ich in meinen anderen Büchern detailliert beschrieben. Da war beispielsweise die Ernennung von Robert S. Ford zum amerikanischen Botschafter in Syrien durch Präsident Obama, die erfolgt war, bevor die „Rebellen", ausgerüstet von den Amerikanern, einen Aufstand anzettelten. Später schloss sich ihnen die ebenfalls von den USA aufgebaute „Rebellen"-Gruppierung an, die den libyschen Staatschef Gaddafi gestürzt und getötet hatte. Nach der Invasion im Irak diente Ford unter Botschafter John Negroponte, der wiederum zur Zeit der Reagan-Bush-Administration – im Auftrag derselben – im mittelamerikanischen El Salvador Todesschwadrone koordiniert hatte, als in dem Land ein Bürgerkrieg tobte, der 75.000 Männer, Frauen und Kinder das Leben kostete. Im Irak zog Ford die Nummer mit den Todeskommandos erneut durch – wiederum unter Negroponte, der mittlerweile einen Posten als Minister Counsellor for Political Affairs bekleidete. Nach seiner Ernennung zum Botschafter in Syrien spielte er die mittlerweile als „Salvador-Option" bezeichnete Karte ein drittes Mal aus (Abb. 488). Der für die Website *Global Research* tätige Professor Michel Chossudovsky schrieb dazu:

> Zwischen seiner Ankunft in Damaskus Ende Januar 2011 und seiner Abberufung durch Washington im Oktober desselben Jahres war Botschafter Robert S. Ford maßgeblich daran beteiligt, in Syrien die Vorarbeit für alles Folgende zu leisten und Kontakte zu den oppositionellen Gruppierungen zu knüpfen. [...] Darüber hinaus war er an der Rekrutierung von Mudschahedin-Söldnern aus den umliegenden arabischen Ländern und deren Eingliederung in die syrische „Widerstandsbewegung" beteiligt. Seit seiner Rückkehr aus Damaskus überwacht er das Syrienprojekt vom amerikanischen Außenministerium aus.

Als das staatliche Fernsehen begann, Fords Beteiligung bei der Bildung von Todesschwadronen zu enthüllen, wurde er mit der Begründung, er sei einer „ernstzunehmenden Gefährdung" ausgesetzt, aus Syrien abberufen. Die menschliche Katastrophe, die wir heute in Syrien vorfinden, ist von den „moralisch" motivierten Vereinigten Staaten eiskalt herbeigeführt worden – im Auftrag der Verdeckten Hand und im Verein mit Israel, Großbritannien und anderen Archontenregimes. Die Anschläge vom 11. September gaben den Startschuss für eine ganze Sequenz von Eroberungen, die unter der Überschrift „Krieg gegen den Terror" nichts als Chaos stifteten. Der Slogan wurde zum Synonym für die Inbesitznahme und Kontrolle immer größerer Gebiete des Planeten; in der Heimat dient er seither zur Rechtfertigung weitläufiger Überwachungsmaßnahmen und anderer ungeheuerlicher Freiheitsbeschneidungen, die angeblich nötig seien, um die Menschen „vor dem Terrorismus zu beschützen". Der amerikanische Präsident kann künftig ganz legal jede x-beliebige Person ohne Anklage, Beweise oder Prozess töten lassen – amerikanische Staatsbürger eingeschlossen –, sofern sie auf einer der „Todeslisten" der CIA erscheint. Erledigt wird das größtenteils durch Drohnenangriffe (Abb. 489). Im Jahr 2015 gab der britische Premierminister David Cameron bekannt, dass er Tötungen unter Einsatz von Drohnen in Syrien genehmigt habe, ohne jedoch für seine Behauptung, die Zielpersonen würden terroristische Anschläge auf britischem Staatsgebiet planen, irgendwelche Beweise vorzulegen (Abb. 490). Wir befinden uns im Zeitalter des „Mach, was dir gefällt" – und da sind sie nun, die massenmordenden Terroristen, die vorgeben, uns vor dem Terrorismus zu beschützen.

**Abb. 489:** „US-Drohnenführer: ‚Wir wussten nicht einmal, auf wen wir eigentlich schießen.' – ‚Ich hab euch, Jungs! Wer auch immer ihr seid.'" – *Tod per Drohne, vom andern Ende der Welt aus gesteuert.*

**Abb. 490:** „Cameron zufolge sind durch den Staat ausgeführte Attentate jetzt rechtens: ‚Ich lege um, wen ich will, und werde euch nicht erst um Erlaubnis fragen.'" – *Staatlich geförderter außergerichtlicher Mord.*

Die systematische Gewalt und der permanente Aufruhr haben noch einen weiteren Effekt zur Folge, der den Archontenhybriden zupasskommt: Um Krieg und Tyrannei zu entkommen, machen sich Flüchtlinge und Vertriebene auf den Weg nach Europa, wo sie schon allein durch ihre schiere Zahl wiederum chaotische Zustände und Turbulenzen verursachen. Chaos stellt, neben der Angst, den Treibstoff zur Ausweitung der Kontrolle dar. Was ich Problem-Reaktion-Lösung genannt habe, heißt bei den Freimaurern „Ordo ab chao", also „Ordnung aus dem Chaos" (Abb. 491). Erzeugen Sie Chaos, und Sie haben einen Vorwand geschaffen, um Ordnung durchzusetzen – *Ihre* Ordnung –, als vermeintliche Lösung für das Chaos. Solange alles bestens ist, wird man die harmonischen Verhältnisse kaum dadurch modifizieren können, dass man Argumente für die gewünschten Änderungen vorbringt. Chaos hingegen bewirkt, dass die Menschen sich für jede Möglichkeit öffnen, in der sie das Potenzial erkennen, das Chaos aus der zu Welt schaffen. Die Zuwanderung von Flüchtlingen aus fremden Kulturen, in solch großer Zahl, dass die

**Abb. 491:** „Ordnung aus dem Chaos" – *Problem-Reaktion-Lösung auf Freimaurerisch.*

aufnehmende Gesellschaft dadurch verändert wird – zu denen sich obendrein noch Kriminelle und solche gesellen, die gar keine Flüchtlinge sind, sondern opportunistisch die Gelegenheit nutzen –, birgt ein unbegrenztes Potenzial für wirtschaftliches Chaos und Konflikte zwischen Migranten und Einheimischen. Eine der vorrangigen Methoden der Archonten besteht darin, eine der Gruppierungen, die man auf dem Kieker hat, gegen eine andere auszuspielen; auf diese Weise beschäftigt man beide Parteien so sehr mit dem Kampf gegeneinander, dass sie die Hände, die sowohl die eine wie die andere Gruppe lenken, gar nicht bemerken. In wirtschaftlichem Chaos bieten sich fortgesetzte Möglichkeiten, die Menschen ihres Geldes zu berauben und die Einschränkungen auszuweiten, während die damit einhergehenden Konflikte und Unruhen als Vorwand dienen, den Polizeistaat voranzubringen – um „die Ordnung wiederherzustellen".

Ungehinderte Zuwanderung dient auch dazu, durch die Verschmelzung der Kulturen jedes Nationalgefühl zu ersticken. Dabei sind sowohl die Einheimischen wie auch die echten Flüchtlinge Opfer derselben Macht. Ich bin kein Flagge schwenkender Nationalist und würde wahrscheinlich, sollte ich mich jemals beim Erklingen der Nationalhymne erheben, genetisch implodieren; doch viele Menschen identifizieren sich sehr wohl über die Nation und Kultur, der sie angehören. Dies birgt natürlich ein erhebliches Widerstandspotenzial, wenn die Nationalstaaten systematisch zerstört und von einer Weltregierungsstruktur absorbiert werden sollen. Wenn man in den Vereinigten Staaten für die Verwendung der Nationalflagge unter Beschuss genommen wird, geschieht das vor dem Hintergrund der angestrebten Auslöschung nationaler Identität. Denken Sie an die sehr spezielle Reaktion der deutschen Kanzlerin Merkel, als einer ihrer Kollegen bei einer öffentlichen Veranstaltung die deutsche Flagge schwenkte. Mit Worten wie „Ekel" oder „Verachtung" würde man nur unzureichend beschreiben, was in ihrem Verhalten zum Ausdruck kam. Das Video sorgte im Internet für einiges Aufsehen. Indem man fortwährend Konflikte schürt und Situationen schafft, die zur Folge haben, dass sich enorme Menschenmengen aus dem Nahen Osten und Nordafrika auf den Weg in Richtung Europa machen, sorgt man dafür, dass „Kulturen", die man noch als solche identifizieren könnte, verschwinden und damit auch jedes Nationalgefühl. Deutschland widmet man dabei besonderes Augenmerk, da die Deutschen immer über ein ausgeprägtes nationales Identitätsempfinden verfügt haben. Merkel, die in der Zuwanderungsfrage eine Politik der offenen Türen gefahren hat, stellt für das Netzwerk der Archonten eine wichtige Figur dar. Ein Autor drückte es einmal so aus: „Europäische Länder wie Schweden und Deutschland haben in dem Bemühen, die Neuankömmlinge milde zu stimmen, praktisch ihre eigenen Kulturen verstümmelt." Das war genau der Plan, und dies geschieht – unter wechselnden Regierungen – auch in den Vereinigten Staaten. In Finnland wurden die Polizisten von der nationalen Polizeibehörde angewiesen, tatverdächtige Migranten nicht öffentlich als solche kenntlich zu machen, um „die Wut nicht anzuheizen" – während das Antlitz der europäischen Kultur umgestaltet wird. Auf dieses Ziel wird minutiös hingearbeitet. Die britische Regierung unter Tony Blair hat, wie im Nachhinein enthüllt wurde, durch die Begünstigung massenhafter Zuwanderung eiskalt dafür gesorgt, dass sich „das Land für immer verändern" wird. Jean-Claude Juncker, der nicht (vom Volk) gewählte Präsident der Europäischen Kommission, verlangte gar, bei der Masseneinwanderung auch Wirtschaftsmigranten zu akzeptieren, die vor gar keinem Krieg flüchten – man solle sie genauso aufnehmen wie die echten Flüchtlinge und die sie begleitenden Opportunisten, die nach Europa strömen. Hier geht es nicht darum, helfend die Hand zu reichen, sondern um die beschleunigte Auflösung der europäischen Nationalstaaten mit all ihrer individuellen Kultur und Geschichte, sowie deren Absorption durch einen monokulturellen europäischen Superstaat – ein weiterer Schritt auf dem Weg zu einer monokulturellen Welt mit monokulturellen Nahrungsmitteln und monokulturellen Gehirnen. Wann immer der milliardenschwere Kapitalgeber George Soros für etwas wirbt, ist dies Teil der archontischen Agenda. Unter anderem forderte er, dass Europa jedes Jahr eine Million Zuwanderer aufnehmen solle – und zwar auf unbestimmte Zeit. In meinen Büchern „Die Wahrnehmungsfalle" und „Remember Who You Are" habe ich ausführlich dargelegt, dass es von Soros gesteuerte und finanzierte Stiftungen und Denkfabriken waren, die den arabischen Frühling herbeimanipuliert haben. Dieser Schwindel hat letztlich die europäische Migrationskrise ausgelöst, die Soros jetzt sogar noch zu verschlimmern sucht.

Ein weiteres verdächtiges Indiz, das darauf hindeutet, dass man es mit einem Projekt der Agenda zu tun hat, liegt vor, wenn die Kritiker der angepeilten Veränderungen angegriffen und zensiert werden. Genau das ist auch denen widerfahren, die sich gegen eine massenhafte Einwanderung ohne ordentliche Kontrollen ausgesprochen haben. Der offizielle Facebook-Chef Mark Zuckerberg wurde bei einer Veranstaltung der Vereinten Nationen durch ein versehentlich geöffnetes Mikrofon dabei erwischt, wie er mit der deutschen Kanzlerin Merkel über die Zensur von Beiträgen sprach, die sich gegen die Massenmigration nach Deutschland aussprachen. „Arbeitest du daran?", fragte Merkel, worauf man noch Zuckerbergs „Yeah" hören konnte, bevor das Mikrofon ausgeschaltet wurde. Jeder, der den nicht enden wollenden Zustrom von Migranten in Länder und Städte infrage stellt, die damit völlig überfordert sind, wird als Rassist und xenophob gebrandmarkt oder gleich gänzlich zensiert – und das, obwohl sich unter den echten Flüchtlingen einige sehr unangenehme Individuen befinden (Abb. 492). So bringt die politische Korrektheit diejenigen zum Schweigen, die einfach nur stichhaltige Argumente über die offenkundigen Folgen der aktuellen Geschehnisse vorbringen. Politische Korrektheit kennt stets nur schwarz und weiß, ohne irgendwelche Grauschattierungen dazwischen. Zu Beginn der Krise, als die Deutschen die Migranten noch mit Applaus willkommen hießen, liefen die Kameras; doch als die Stimmung aufgrund der schieren Zahl der Zuwanderer und der damit unaus-

**Abb. 492:** „Die Migrationskrise ist keine Schwarzweiß-Angelegenheit, wie es von oben behauptet wird: Weder handelt es sich bei allen um Flüchtlinge, noch sind sie alle nett. (Darf ich das so sagen, Herr Zuckerberg?)" – *Echten Flüchtlingen sollte man selbstverständlich helfen und ihnen Unterstützung gewähren. Doch sollte niemand glauben, jeder Migrant würde dieser Gruppe angehören oder automatisch ein friedliebender Mensch sein – die Erfahrung zeigt, dass dem nicht so ist.*

**Abb. 493:** „Russland' fällt in die Ukraine ein: EU, USA, NATO, IWF, Monsanto – allesamt Ausdruck derselben Kraft" – *Wie Russland vom Westen her einmarschiert.*

weichlich einhergehenden (und beabsichtigten) Probleme zu kippen begann, waren sie auf einmal Rassisten.

Schon seit den 1990er Jahren sage ich, dass ein dritter Weltkrieg zwischen der NATO bzw. dem Westen und Russland/China in Planung ist und die einzelnen Komponenten in Stellung gebracht werden. Auch der von den USA angezettelte Umsturz in der Ukraine folgte dieser Strategie; einmal mehr inszenierte man eine vorgetäuschte „Volksrevolution", diesmal zu dem Zweck, einen mit Russland assoziierten Staatsführer zu beseitigen und 2014 mit Petro Poroschenko eine Marionette der Amerikaner zu installieren. In Dokumenten des amerikanischen Außenministeriums, die von WikiLeaks veröffentlicht worden sind, wurde Poroschenko 2006 als „unser Ukraine-Insider" bezeichnet. Mit seiner Machtergreifung war der Weg für die Übernahme der Ukraine durch den Westen frei, während dieser sich erfrechte, Russland der Invasion zu bezichtigen (Abb. 493). Der Abschuss der Malaysia Airlines MH17 über der Ukraine, den man dann Russland und den russischen Separatisten in die Schuhe zu schieben versuchte, war in Anbetracht der Beweislast ein so erbärmlicher Schachzug, dass es sich hier wohl um einen Akt der Verzweiflung gehandelt haben muss – bei dem weitere Leben auf dem Altar des blanken Irrsinns geopfert wurden. Die Einsetzung Poroschenkos und der Versuch, in der Ukraine einen Krieg gegen Russland anzuzetteln, gehen auf das Konto von Victoria Nuland, die als Assistant Secretary of State im Dienst des amerikanischen Außenministeriums steht und dort für Europa und Eurasien zuständig ist. Zudem ist sie die Gattin von Robert Kagan, einem der Mitbegründer des … Project for the New American Century. Während ich dies schreibe, sind Nulands „Kriegsanstrengungen" gerade ein wenig ins Straucheln geraten, aber so leicht werden sie und ihre Meister nicht aufgeben. Kriege bieten hervorragende Möglichkeiten, die Welt zu verändern, indem man den bestehenden Status quo in Scherben legt und einen neuen an dessen Stelle setzt. So war die Macht nach den ersten beiden weltumspannenden Konflikten in weit weniger Händen konzentriert, als dies vor dem ersten Schuss der Fall gewesen war. Mit dem geplanten dritten Weltkrieg soll die Etablierung einer Weltregierung und einer Weltarmee legitimiert werden – um „weitere Kriege zu verhindern"; in ähnlicher Weise will man eine globale Wirtschaftskatastrophe herbeiführen, um damit die Einrichtung einer Weltzentralbank und die Einführung einer einzigen, bargeldlosen, globalen Währung begründen zu können. Hat man einmal verstanden, was das eigentliche Ziel ist und mit welchen Methoden man uns dorthin steuert, kann man in der *El*-ite lesen wie in einem offenen Buch.

## Polizeistaatliche Diktatur

Es ist mittlerweile offenkundig, dass man im Begriff ist, eine polizeistaatliche Struktur zu installieren, mit deren Hilfe den von Armut gebeutelten Massen der Wille der archontischen *El*-ite aufgezwungen werden soll. Überall auf der Welt werden systematisch Psychopathen angeheuert, die in die Uniform eines Gesetzeshüters steigen und zunehmend an die Stelle ehrbarer Polizisten treten (Abb. 494). Durch die Privatisierung von Gefängnissen und Institutionen zur Strafverfolgung will man diesen Prozess beschleunigen. Hier wird klar, warum Wach- und Sicherheitsfirmen wie G4S ungeachtet ihrer Leistungen Regierungsaufträge zugesprochen bekommen. Im Zuge der Demontage des Polizeidienstes, wie wir ihn bislang kannten, werden ehrenamtliche Polizisten und die sogenannten Community Support Officers – zivile, uniformierte Polizeihelfer – in Großbritannien von der Berufspolizei mit immer größeren Machtbefugnissen ausgestattet. Regierungen handeln mit privaten Gefängnisbetreibern Verträge aus, in denen sie eine hohe Auslastung garantieren (Abb. 495). Dann solltet ihr euch besser noch ein paar Gesetze ausdenken, oder? Ein Verbot zu atmen zum Beispiel? Die neue Dynamik im Polizeigewerbe konnte man unlängst in Australien erleben, als ein Polizist in der Stadt Gold Coast wegen eines „Amtsvergehens" angeklagt wurde, nachdem er die Videoaufnahme eines brutalen Übergriffs von drei seiner Kollegen öffentlich gemacht hatte. Während zwei der Polizisten auf einen 21-jährigen Mann einprügeln, entfernte ein Senior Sergeant das Blut. Keiner der drei wurde angeklagt, dafür aber der Polizist, der das Video veröffentlicht

**Abb. 494:** „Was man nicht angeht, wird so bleiben, wie es ist – oder noch schlimmer werden.' – David Icke" – *Wenn wir der Gewaltherrschaft nicht jetzt entgegentreten, wird sie an Schärfe immer weiter zunehmen.*

**Abb. 495:** „Private Gefängnisse: Wie sie funktionieren – Betreiber privater Gefängnisse können die Bundesstaaten verklagen, um mehr Gefangene und damit kostenlose Arbeitskräfte zu bekommen" – *Knäste und Durchsetzungsorgane in privater Hand – das blüht uns, wenn wir uns nicht zusammentun und es aufhalten.*

**Abb. 496:** „Der Polizeistaat: Wir sind auf einen Kampf hergekommen – wollt ihr einen?" – *Psychopathen in Uniform im um sich greifenden Polizeistaat.*

**Abb. 497:** „Demnächst Realität – wenn wir nicht langsam unseren Hintern hochkriegen" – *Wenn die Menschheit weiterhin nichts unternimmt, werden die Hungerspiele bald Wirklichkeit sein.*

hatte. Macht, was ihr wollt, Jungs, aber erzählt es keinem. Es geht schon in Ordnung, wenn ihr so was macht, solange ihr euch nicht erwischen lasst.

Die Rekrutierung von Psychopathen und Software-Phantomen vollzieht sich auch auf allen Ebenen der staatlichen Verwaltung. Zusammen mit den Gesetzeshütern schickt man sie dann zu „Schulungen", die nichts anderes als Maßnahmen zur Gedankenkontrolle darstellen, mit denen die Programmierung vertieft und den Teilnehmern gegenüber der Bevölkerung ein Gefühl des „Wir gegen die" eingeflößt werden soll. In New York hat man Polizisten angewiesen, auf der Straße lebende Obdachlose zu fotografieren und die Fotos im Internet zu veröffentlichen, um sie „zu beschämen". Das ist mehr als bezeichnend für die psychopathische „Wir gegen die"-Mentalität, die heute in den Behörden und Ämtern zunehmend Einzug hält (Abb. 496). Damit die geplanten Kontrollstrukturen auch wirklich funktionieren, ist es unbedingt erforderlich, dass sich die Vollzugs- und Regierungsbeamten mit ihren Herren – dem nicht einmal einen Prozent – identifizieren und das Volk als Feind wahrnehmen. Die Polizeigewalt ist mittlerweile selbst in den sogenannten „zivilisierten" Ländern des Westens derart allgegenwärtig, dass sie fast schon zum Alltag gehört (Abb. 497). Auf DavidIcke.com finden sich fast jeden Tag neue Videoaufnahmen oder Berichte über horrende Beispiele psychopathischen Verhaltens von Polizeibeamten. Um diese Bloßstellung einzudämmen, gibt es bereits Bemühungen, das Filmen von Polizeiaktivitäten für illegal zu erklären. Von FBI-Direktor James Comey stammt der bizarre Ausspruch, die öffentliche Empörung über Filmaufnahmen, die die Brutalität der Polizei zeigen, könnte für eine Zunahme von Gewaltverbrechen verantwortlich sein. Seitens der Polizei, oder wie? Da er ein Schwachkopf ist, brachte er für seine These natürlich keinerlei Beweise vor. Polizisten prügeln, schießen, töten oder setzen Elektroschockwaffen ein, beinahe ohne dafür irgendwelche Konsequenzen im Sinne offizieller Bestrafung in Kauf nehmen zu müssen. In „Die Wahrnehmungsfalle" habe ich eine lange Liste von Beispielen für Polizeigewalt vorgelegt. Wo, wenn nicht in einem psychopathischen Polizeistaat, würde man mit Überschriften rechnen wie „San Francisco: 14 Polizisten gehen gemeinsam auf einbeinigen, nur mit Krücken ‚bewaffneten' Obdachlosen los"? Geben Sie einmal den englischen Originaltitel „14 San Francisco cops gang up on homeless man with one leg and ‚armed' with crutches" in eine Suchmaschine ein, und Sie können ein paar uniformierte Volldeppen in Aktion erleben. Kann man sich ein noch extremeres, abscheulicheres und psychopathischeres Verhalten vorstellen als das der britischen Polizisten, die in einer Londoner U-Bahn einen unschuldigen Elektriker aus Brasilien namens Jean Charles de Menezes auf den Boden drückten, während ihm einer ihrer Kollegen aus nächster Nähe in den Kopf schoss – und zwar *sieben Mal*? Die Polizisten sagten später aus, sie hätten ihn mit einem „Terroristen" verwechselt. Dabei war er einfach nur ein junger Mann, der seinen Alltagsgeschäften nachging. Hätte jemand anders das getan, was sich diese Beamten geleistet haben, hätte man von einem kaltblütigen Mord gesprochen und diesen mit einem ausgedehnten Gefängnisaufenthalt geahndet; stattdessen wurden jedoch sowohl der Polizist, der die Schüsse abgab, als auch Cressida Dick, die für die Operation verantwortliche Vorgesetzte, befördert. Der Letztgenannten verlieh man für ihre „Dienste bei der Polizeiarbeit" obendrein den Rang eines Commanders des Order of the British Empire (CBE). Heute arbeitet sie für das britische Außenministerium.

Die meisten Menschen, das ist mir klar, reagieren fassungslos, wenn sie all die Brutalität und Morde sehen, die überall auf der Welt – insbesondere in den Vereinigten Staaten – von Polizeikräften verübt werden, ohne dass die Täter mit irgendwelchen Konsequenzen rechnen müssten. Doch wenn man weiß, was hier eigentlich vor sich geht und zu welchem Endergebnis diese Entwicklung letztlich führen soll, löst sich das Mysterium in Luft auf. Polizeibeamte werden deshalb nicht gemaßregelt, entlassen oder eingesperrt, weil sie – im wahrsten Sinne des Wortes – nur *ihren Job machen*. Nein, noch wird das so nicht offiziell gesagt, doch ist dies schon jetzt das zugrunde liegende Motiv (Abb. 498). Die Bevölkerung soll die Poli-

**Abb. 498:** „Parkscheinkontrolle in einer archontischen Welt" – *Bald soll das im Westen gang und gäbe sein – so wie es in Ländern wie Ägypten bereits der Fall ist.*

zei und andere Ordnungskräfte so sehr fürchten lernen, dass sie unterwürfig und gefügig wird und nichts mehr hinterfragt. Dieser Prozess ist schon in vollem Gange. Ein wichtiges Utensil stellen dabei die sogenannten „Taser" dar – Elektroschockwaffen, die eine Spannung von etwa 55.000 Volt erzeugen. Ursprünglich hieß es, die Dinger würden nur von ausgebildetem, mit Schusswaffen vertrautem Personal benutzt werden, und das auch nur dann, wenn Leben auf dem Spiel stünden. Doch schon damals schrieb ich, dass das nur der Beginn eines schleichenden Prozesses hin zu einem großflächigen und unbedachten Einsatz dieser Waffen sein würde. Und genau so ist es gekommen. Tu, was ich sage, oder du kriegst eine Ladung ab, lautet die Botschaft. Die lange Liste von Menschen, die gestorben sind, nachdem man sie getasert hat, ist für die Obrigkeit mithin kein Manko, sondern von Vorteil. Die Möglichkeit, durch Elektroschocker sterben zu können, trägt wesentlich zur Verbreitung von Angst wie auch dazu bei, die Menschen gefügig zu stimmen. Diese Irren setzen Elektroimpulswaffen auch immer häufiger gegen Kinder ein (Abb. 499). Wenn Sie sich ein Bild davon machen wollen, wie weit wir in dieser Hinsicht bereits gekommen sind, geben Sie einmal die folgenden Worte in eine Suchmaschine ein: „Shocking Video Shows How a Schoolyard Quarrel is Dealt With In a Police State" (dt.: „Schockierendes Video zeigt, wie eine Schulhofbalgerei in einem Polizeistaat beendet wird").

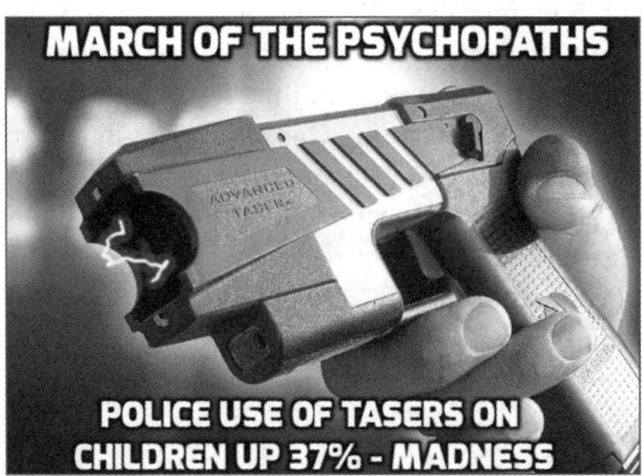


**Abb. 499:** „Marsch der Psychopathen: Einsatz von Elektroschockwaffen gegen Kinder seitens der Polizei um 37 Prozent gestiegen – Wahnsinn" – *Gib einem Psychopathen einen Taser – so tanzen sie nicht aus der Reihe.*

**Abb. 500:** „Ganz recht – da steht ‚Polizei' drauf" – *Wenn der Begriff „Militärpolizei" eine ganz neue Bedeutung bekommt.*

Beachten Sie, wie sich das optische Erscheinungsbild der Polizei (und deren Verhalten) immer mehr dem des Militärs angleicht. Am Ende sollen die beiden Instanzen nämlich nicht mehr voneinander zu unterscheiden sein, sodass sie zu einem globalen militärischen Instrument der Machtdurchsetzung verschmelzen. Dabei soll die gesamte Struktur, während sie einem zentralen Oberkommando untersteht, sämtliche Ebenen der Gesellschaft durchdringen, bis hinunter zu den Kommunen (Abb. 500). Der New Yorker Bürgermeister Bill de Blasio erklärte seine Absicht, die Exekutivorgane der Stadt im Kampf gegen „gewalttätigen Extremismus in all seinen Formen, sei er nun durch religiöse, rassistische, nationalistische oder ideologische Intoleranz begründet" den Vereinten Nationen und dem amerikanischen

Justizministerium zu unterstellen. Beim von der New Yorker Polizei begangenen gewalttätigen Extremismus wird man vermutlich weiterhin ein Auge zudrücken.

New York beteiligt sich auch am „Strong Cities Network", mit dem man „einem Spektrum von terroristischen Bedrohungen im Inland und auf der ganzen Welt entgegenwirken" will. Die übliche vorgeschobene Geschichte. In Wirklichkeit handelt es sich bei dem Verbund der „starken Städte" um ein weiteres Instrument zur Koordinierung regionaler Verwaltungseinheiten. Auf dem Weg zur Etablierung einer weltumspannenden Polizei- und Militärstruktur „vereinen" die Städte ihre Anstrengungen, um „die Bürger zu beschützen", indem man sie ihrer Freiheiten beraubt. Das Netzwerk wird vom Institute for Strategic Dialogue (ISD) unterhalten, das der in Großbritannien ansässige Zionist George Weidenfeld (Baron Weidenfeld) aus der Taufe gehoben hat, um – unter anderem – den „Extremismus zu bekämpfen". Wie lautet bitte Ihre Definition von „Extremismus", Herr Weidenfeld? Dann gibt es in den USA das „Programm 1033", mit dessen Hilfe das Pentagon Waffen und militärisches Gerät im Wert von mehreren Milliarden Dollar an örtliche Polizeieinheiten und Sondereinsatzkommandos (die größtenteils aus Psychopathen bestehen) übertragen hat – für lau oder bestenfalls für Spottpreise. Allein im Jahr 2014 belief sich der Wert der transferierten Ausrüstungen auf eine halbe Milliarde Dollar, Tendenz steigend. Zu den Hightech-Waffen, die jetzt zum Bestand der lokalen Polizei gehören, zählen unter anderem *Granatwerfer, Sturmgewehre vom Typ M16, Panzer und gepanzerte Fahrzeuge, Hubschrauber und Militärroboter*. Wozu braucht die County Police Granatwerfer und Panzer? Für die Aufgabe, die sie in den Augen der Öffentlichkeit erfüllt, natürlich überhaupt nicht. Die offizielle Version dient nur dazu, die Bevölkerung abzuspeisen und deren Wahrnehmung in die Irre zu führen (Abb. 501). Bei den Unruhen in Ferguson (Bundesstaat Missouri) in den Jahren 2014 und 2015 waren die Menschen von der Präsenz der Militärfahrzeuge und Ausrüstungen im öffentlichen Raum so geschockt, dass die Polizei im Nachgang der Ereignisse angewiesen wurde, einige der krasseren Fahrzeuge und Waffen zurückzugeben. Diese kam der Aufforderung allerdings vielfach nur unter lautstarkem Protest nach, sodass die Angelegenheit noch lange nicht vom Tisch ist.

**Abb. 501:** „Militarisierung der Polizei – außer Kontrolle geraten (genau wie es beabsichtigt war)" – *Die Polizei braucht Panzer, um dem Gesetz genüge zu tun? Nein – sie braucht sie, um den Diktatoren zu genügen.*

Die grundlegende Militarisierung der Polizei entspricht genau der Entwicklung hin zu einem weltumspannenden Militärstaat, vor der ich seit Langem warne. Die so aufgerüstete Polizei soll nämlich den exekutiven Arm der Hungerspiele-Gesellschaft bilden (Abb. 502). Auf den ersten Blick mag es verrückt erscheinen, Polizisten auf kommunaler Ebene mit Granatwerfern, gepanzerten Fahrzeugen und Panzern auszurüsten. Die Verwirrung

**Abb. 502:** *Parkscheinkontrolle, Version „Vereinigte Staaten".*

**Abb. 503:** „Umweltschutzbehörde – Nein, Sie haben sich nicht verlesen" – *„Hey, die Hecke da drüben ist zu hoch!"*

legt sich jedoch in dem Moment, da man zu verstehen beginnt, dass die Kontrollstruktur sowohl von oben nach unten als auch in der umgekehrten Richtung aufgebaut werden soll. Die Institutionen zur Durchsetzung der Gesetze wie auch die staatlichen Behörden werden darauf vorbereitet, Städte und Landkreise in faschistischer Manier zu überwachen, um jeden Widerstand gegen die Machtstrukturen schon im Keim zu ersticken. Mittlerweile dürften in den USA schon viele Menschen bemerkt haben, dass die städtischen, kommunalen und staatlichen Behörden zunehmend autoritären Charakter annehmen und bei der Durchsetzung von Recht und Ordnung immer häufiger mit bewaffneten Einheiten operieren. Dies betrifft – neben vielen anderen – etwa die Federal Emergency Management Agency (FEMA), das Bureau of Alcohol, Tobacco and Firearms (ATF) und sogar die Food and Drug Administration (FDA) wie auch die Environmental Protection Agency (EPA) (Abb. 503). Während ich diese Zeilen schreibe, werden Forderungen laut, die Transportation Security Administration (TSA) solle ebenfalls diesem Beispiel folgen und in die Fußstapfen der ehemaligen ostdeutschen Staatssicherheit – der „Stasi" – treten. All die genannten und viele weitere Behörden sind im Begriff, mit der Polizei und dem Militär zu einem globalen Geflecht zur Durchsetzung des Willens der archontischen *El*-ite zu verschmelzen.

Faschistische Polizeistaaten beruhen darauf, dass so ziemlich alles für illegal erklärt wird. In den letzten Jahrzehnten ist die Menschheit vonseiten ihrer Regierungen und Parlamente mit einer Flut neuer Gesetze und Regularien überschwemmt worden, die jeden Bereich des Lebens bestimmen. In Texas haben Bundesrichter festgelegt, dass ein Autofahrer selbst dann rechtmäßig angehalten werden darf, wenn er sein Fahrzeug mit polizeifreundlichen Aufklebern oder religiösen Symbolen geschmückt oder Luftverbesserer angebracht hat – all dies würde für einen „begründeten Verdacht auf kriminelle Betätigung" bereits ausreichen. Die Behörden von Ferguson haben insbesondere schwarze Bürger mit Gesetzen ins Visier genommen, die – halten Sie sich fest – das Tragen von „durchhängenden Hosen" und die „Übertretung der Anstandsregeln beim Laufen" betreffen. Vor Jahren brachte eine Comedy Show einmal einen Sketch über einen rassistischen Polizisten, der Schwarze festnahm, weil sie auf die Ritzen auf dem Bürgersteig traten oder grelle T-Shirts trugen. Heute hat der Irrsinn einen Grad erreicht, wo komödiantische Übertreibung nicht nur unnötig, sondern auch kaum mehr möglich ist. Während der neun Jahre, in der die archontische Megamarionette Tony Blair – ein ausgesprochener Psychopath und Kriegsverbrecher – das Amt des britischen Premierministers bekleidete, wurden 3.000 neue Straftatbestände deklariert. Das entspricht fast einem pro Tag. Hinzu kommt ein immer mächtiger werdender Berg „internationaler Gesetze", Regularien und Verträge. Um über eine Weltregierung eine globale Diktatur errichten zu können, ist eine internationale Rechtsprechung, der ausnahmslos jeder auf dem Planeten zu folgen hat, unabdingbar (Abb. 504). Gleichzeitig werden der tatsächliche Schutz der Bevölkerung und die Bemühungen zur Verbrechensaufklärung kontinuierlich heruntergefahren, damit die „psychologische und physische Sicherheit" abgebaut und „die Gesellschaft durch Verbrechen geformt" werden kann – wie es ein Eingeweihter der Blutlinien formulierte, den ich im folgenden Kapitel ausführlich vorstellen werde. Wenn die Menschen das Gefühl haben, die Mechanismen zur Durchsetzung von Recht und Ordnung würden nicht mehr so recht greifen, werden sie der Idee, die Polizeiarbeit durch archontische Privatfirmen verrichten zu lassen und sogar das Militär mit einzubeziehen, aufgeschlossener gegenüberstehen: Problem-Reaktion-Lösung.

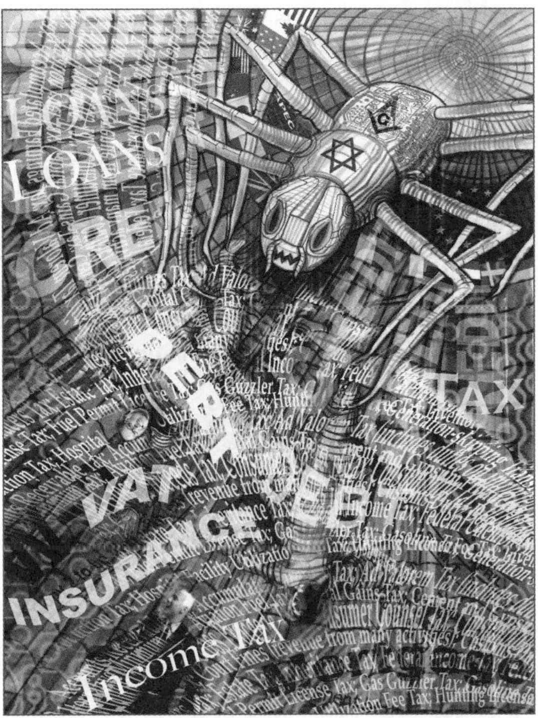


**Abb. 504:** *Um die Menschen in ihr Netz einzuweben, produziert die Spinne eine Flut von Gesetzen, Steuern und finanziellen Forderungen.*

**Abb. 505:** „Polizeichef: Wir können uns bei Einbrüchen nicht zum Tatort begeben, bitte machen Sie Fotos und schicken Sie sie uns per Email. – ‚Liebe Polizei, ich hätte Ihnen gerne eine Email geschrieben, doch die Einbrecher haben auch meinen Computer mitgenommen, daher schreibe ich Ihnen einen Brief.'" – *Das System will die Bevölkerung durch zunehmende Kriminalität so ängstigen, dass sie neue Gesetze und Freiheitsberaubungen hinnimmt. Das ist der Grund, warum so viele Verbrechen ignoriert und nicht untersucht werden.*

Mit der gleichen Masche versucht man auch, das britische Gesundheitssystem in private Hände zu legen. Die britische Polizei hat einige äußerst skurrile Bestimmungen verlautbart, darunter die Regel, dass Einbrüche in Häuser mit ungeraden Hausnummern nicht untersucht werden (kein Witz), oder die Einstellung aller Ermittlungen zu „Sachbeschädigungen, kleineren Tätlichkeiten und geringfügigen Diebstählen". Ein Polizeichef schlug einmal vor, die Opfer von Einbrüchen sollten die Beweise doch per Email an die Polizei schicken, damit diese nicht vorbeizukommen bräuchten; in anderen Fällen verfiel man auf Skype. Wir haben auch schon erlebt, dass Polizeibeamte mit dem Bus zum Tatort fahren mussten, weil die Polizei nicht genügend Fahrzeuge hat (Abb. 505). Indem man der Polizei die Gelder kürzt, zwingt man sie, den Umfang ihrer Aktivitäten herunterzuschrauben. Das Ergebnis ist die Privatisierung polizeilicher Aufgabenbereiche – was von Anfang an das Ziel war.

## Kein Ort mehr, um sich zu verstecken

Inszenierte Terroranschläge, die systematisch geförderte Angst vor terroristischen Angriffen sowie die Wut unter denen, deren Länder von archontischen Psychopathen verheert worden sind, liefern die von vornherein kalkulierten Vorwände, mit deren Hilfe man die Bevölkerung im Namen des „Schutzes der Öffentlichkeit vor Terroristen" grundlegender Freiheiten berauben und den Polizeistaat voranbringen kann. Dieser Prozess hat mittlerweile ein gigantisches Ausmaß erreicht und schreitet immer schneller voran. Permanent werden neue Technologien eingeführt, mit denen Personen identifiziert werden können – Gesichtserkennung, Augenabtastung, Erfassung des Fingerabdrucks, Scan hier und Scan dort – oder die die Aufzeichnung der gesamten Kommunikation ermöglichen, die über Email, soziale Medien, Smartphones und in Smart-TV-Geräten verbaute Kameras erfolgt (Letztere entsprechen gewissermaßen den von Orwell in „1984" vorweggenommenen Televisoren). Es wird derzeit an Technologien gearbeitet, mit denen sich Fingerabdrücke aus einem Abstand von mehreren Metern erkennen lassen. Dabei wird die Distanz, aus der man solch feine Identifizierungen vorzunehmen in der Lage ist, immer größer werden.

**Abb. 506:** „Big Brother kommt nicht – er ist schon hier" – *In kleinen Schritten ist der weltumspannende faschistische Staat installiert worden, darauf bauend, dass die Menschen es nicht bemerken würden. Doch mittlerweile sind die Strukturen so weit gediehen, dass sie nur noch ein Depp übersehen kann.*

Die genannten Methoden machen jedoch nur einen kleinen Teil der weltumspannenden technologischen Struktur aus, mit der die Menschen per „Hyperkonnektivität" individuell und kollektiv überwacht werden sollen (Abb.

506). Besonders Schulen bzw. Kinder sucht man an Kameras und ganz allgemein an Technologie zu gewöhnen, um ihnen schon in jungen Jahren den Eindruck zu vermitteln, es sei etwas ganz „Normales", rund um die Uhr überwacht zu werden (Abb. 507). Man setzt bereits Drohnen zur Überwachung ein, und es gibt auch schon sogenannte „Intellistreets" – ein in Straßenlaternen verborgenes System zur Aufzeichnung von Gesprächen und Bewegungen im öffentlichen Raum. Boeing hat beim amerikanischen Patentamt ein Patent für ein autonomes Drohnensystem angemeldet, bei dem die Drohnen in der Luft aufgeladen werden können, sodass sie niemals landen müssen. Ein Reporter hatte angesichts solcher Pläne das Gefühl, sie seien „direkt einem ‚Matrix'-Film entsprungen", und verglich das Potenzial dieses Systems mit den „Sentinels", jenen Robotern, die in der Filmtrilogie dafür zuständig sind, außerhalb der Matrix operierende Abtrünnige aufzuspüren (Abb. 508). Er schreibt:

> Für die Erhebung und Verwendung von Daten gibt es so gut wie keine Einschränkungen, solange ein Unternehmen nur geltend machen kann, aus „Gründen der Cybersicherheit" zu handeln. Das bedeutet, dass Unternehmen wie Google, Facebook, Twitter oder AT&T Ihre Emails und Textnachrichten abfangen, Kopien untereinander austauschen oder der Regierung zukommen lassen sowie Kommunikationen abändern oder blockieren dürfen, wenn es ihnen in den Kram passt und der „Eliminierung von Bedrohungen der Cybersicherheit" dient.

**Abb. 507:** „30.000 Überwachungskameras allein an den Schulen von Washington: Der Plan dahinter ist, die Menschen schon in jungen Jahren zu konditionieren, damit sie, wenn sie erwachsen sind, die großflächige Überwachung für normal halten." – ***Beeinflusse die jungen Menschen, dann werden sie Überwachung und Kontrolle ihr Leben lang dulden.***

**Abb. 508:** „Keine Sekunde mehr allein: Die Drohnen dieses Systems zur Überwachung des Himmels müssen niemals landen." – *Augen am Himmel.*

**Abb. 509:** „Wir werden euch beobachten, und wir sind bewaffnet: Der Himmel sieht heute einfach wundervoll aus." – *Die Schlinge zieht sich zu.*

In einer Hungerspiele-Gesellschaft würde der Himmel nur so vor Drohnen aller Arten und Größen wimmeln, ob zur Überwachung, Durchsetzung von Gesetzen, drahtlosen Kommunikation oder zu Transportzwecken (Abb. 509). Amazon ist dabei, Pläne zur Auslieferung von Produkten durch Drohnen durchzuboxen, nach denen der „Anblick von Drohnen, die kreuz und quer über den Himmel huschen, bald genauso selbstverständlich sein wird wie heutzutage der Anblick von Postautos auf der Straße". Nein, wenigstens den Himmel in Frieden zu lassen, kommt diesen Leuten nicht in den Sinn. Sie denken nämlich – und Amazon ist ein bedeutsamer Teil dieses „sie" –, sie hätten das Recht, alles und jedes in Besitz zu nehmen und zu beherrschen. Amazons Rechtfertigung für diese Aktivitäten lautet „schnellere Auslieferung". Gib einfach deine Freiheit auf sowie dein Recht auf einen klaren Himmel, und du bekommst dein Päckchen einen Tag früher zugestellt. Ich persönlich werde niemals die Dienste eines Unternehmens in Anspruch nehmen, das auf diese Art und Weise liefert, und möchte meine Mitmenschen eindringlich bitten, es mir gleichzutun. Amerikanische Militärdrohnen sollen jetzt, so wurde 2015 verlautbart, mit entsprechend angepassten Hochleistungslasern bestückt werden. Der Plan dahinter lautet, sie eines Tages – sobald nämlich die Installation des Polizeistaates vollumfänglich abgeschlossen ist – gegen die eigene Bevölkerung einzusetzen. Ohne den Terrorismus hätte man überhaupt keine Möglichkeit, all die Überwachungs- und Kontrolltechnologien in Stellung zu bringen und in Betrieb zu nehmen. Es kommen Autos auf den Markt, die aus der Ferne gesteuert oder blockiert werden können und die über Datenschreiber verfügen, die Ihre Geschwindigkeit, Ihre Fahrweise und Ihre Ziele aufzeichnen. Versicherungsgesellschaften offerieren niedrige Prämien für jeden, der sich beim Autofahren von einer speziellen „App" beobachten lässt – ein weiterer, unmerklicher Schritt in Richtung einer obligatorisch vorgeschriebenen Black Box. In New York City „testet" man derzeit unter dem Schlagwort „Drive Smart" eine Technologie, die nach der Installation im Kraftfahrzeug kontinuierlich die aktuelle Position und Geschwindigkeit sowie den Kraftstoffverbrauch übermittelt – und zwar unter dem Vorwand, dies würde „die Straßen sicherer machen". Auch hier lockt man mit vergünstigten Versicherungspolicen. Also wenn diese Leute eines sind, dann berechenbar.

Die Pläne für die neue Welt gehen sogar dahin, dass es überhaupt niemandem mehr gestattet sein soll, selbst ein Fahrzeug zu steuern; statt von Menschen sollen Automobile vielmehr durch Künstliche Intelligenz gelenkt werden. Eine entsprechende Technologie wird derzeit vom wahrhaft archontischen Konzerngiganten Google entwickelt – beziehungsweise von „Alphabet", wie sich weite Teile des Unternehmens neuerdings nennen, um ihre vielfältigen Verflechtungen mit der Agenda zu verschleiern. Internetriesen wie Google, Facebook und Microsoft sind Schöpfungen der archontisch-reptiloiden Hybriden. Unter Verwendung verschiedener Namen versorgen sie die Regierungen mit Überwachungs- und anderen persönlichen Daten. Facebook benutzt eine Software, die die private Kommunikation nach sogenannten „Schlüsselwörtern" durchforstet, um gegebenenfalls die Behörden verständigen zu können. Meine Facebook-Beiträge sind wiederholt zensiert worden. Wenn eine Website Licht auf die Verschwörung wirft, kann der Datenstrom zum und vom entsprechenden Server mittels entsprechender Algorithmen gedrosselt werden. Facebooks sorgfältig aufgebautes Image – so nach dem Motto „Wir sind deine

Freunde“ und „Alles ist easy, Alter“ – ist nur Fassade (Abb. 510). Die Electric Frontier Foundation, eine gemeinnützige Organisation, die sich für digitale Rechte stark macht, schrieb über die Internet-Überwachung:

> Mit der Begründung, ihre „Internetsicherheit“ gewährleisten zu müssen, können Unternehmen praktisch unbegrenzt Daten sammeln und verwerten. Das bedeutet, dass eine Firma wie Google, Facebook, Twitter oder AT&T Ihre Emails und Textnachrichten abfangen, Kopien derselben untereinander austauschen oder an die Regierung schicken, die Kommunikation modifizieren und dafür sorgen kann, dass Botschaften ihren Empfänger nicht erreichen – alles im Namen der Abwehr von Cyberbedrohungen.

Selbst die bereits vorhandenen Enthüllungen darüber, in welch unglaublichem Umfang die amerikanische National Security Agency (NSA) die Bevölkerung überwacht und über welche Möglichkeiten sie verfügt, kratzen im Vergleich mit der Überwachung, der sich die Menschen in Zukunft gegenübersehen werden, nur an der Oberfläche. Da wird noch so einiges auf uns zukommen (Abb. 511). Der staatliche britische Nachrichten- und Sicherheitsdienst GCHQ steht der NSA dabei in nichts nach – wenn er nicht gar noch übler ist (Abb. 512). Im Jahr 2013 ging Edward Snowden, der für eine Vertragsfirma der NSA tätig gewesen war, an die Öffentlichkeit, um das (für die meisten Menschen) verblüffende Ausmaß der durch diese beiden Behörden bewerkstelligten Überwachung zu enthül-

**Abb. 510:** „Ich zensiere im Auftrag der Regierung – ‚Aber ich trage Jeans und ein T-Shirt, damit ihr denkt, ich bin einer von euch. Cool, oder?‘“ – *Ich persönlich würde dem Mann nicht mal glauben, wenn er mir in einem Raum voller Uhren die Uhrzeit sagte.*

**Abb. 511:** *Das Hauptquartier der amerikanischen National Security Agency (NSA).*

**Abb. 512:** „GCHQ: Die britische NSA“ – *Der britische Nachrichtendienst GCHQ und sein Ring der Täuschung.*

**Abb. 513:** *„Daten-Center" der NSA in Utah, das mehrere Milliarden Dollar verschlungen hat, filtert und speichert die gesamte weltweite Kommunikation.*

len. Nach seiner Flucht nach Russland erhob die Regierung Obama unter Berufung auf den Espionage Act von 1917 Anklage gegen Snowden. Bis zu Obamas Amtsantritt hatte man von dem Gesetz ganze drei Mal Gebrauch gemacht, um Amtsträger mit Regierungsverbindungen strafrechtlich zu belangen. Obama begann dann damit, mithilfe dieses Gesetzes Personen abzustrafen und zum Schweigen zu bringen, die ihre Insiderkenntnisse über den Filz in Regierung und Geheimdiensten publik machen und die Öffentlichkeit über den wahren Entwicklungsstand des Big-Brother-Staates aufklären wollten. Obama ist in vielerlei Hinsicht und auf mehreren Ebenen ein ausgemachter Heuchler. Im Jahr 2014 haben die Schattengestalten von der NSA, die den gesamten Internetdatenverkehr überwachen, im Bundesstaat Utah eine neue Einrichtung für 1,5 Milliarden Dollar in Betrieb genommen, bei der gewaltige Datenströme aus verschiedenen Quellen zusammenfließen (Abb. 513). Es heißt, das Zentrum erfasse „alle Arten der Kommunikation, einschließlich der vollständigen Verläufe des privaten Email- und Mobiltelefonverkehrs, Suchmaschinenanfragen sowie persönliche Datenspuren jedweder Form – Parkscheine, Reiserouten, Einkäufe im Buchladen und andere digitale Hinterlassenschaften". Das bedeutet zwar nicht, dass jeder jeden Tag in „Echtzeit", wie sie es zu nennen pflegen, beobachtet wird (das bleibt denen vorbehalten, die man besonders im Visier hat); doch können die Betreiber jederzeit jede gewünschte Information über den Aufenthalt, die Äußerungen und die Aktivitäten einer bestimmten Person abrufen. Snowden enthüllte, dass die Behörden Ihr Smartphone aus der Ferne anschalten bzw. dessen Mikrofon sogar dann aktivieren können, wenn Ihr Telefon überhaupt nicht eingeschaltet ist. Das mag ungeheuerlich klingen, doch was man für die Zukunft geplant hat, ist noch weitaus heftiger. Ich werde noch erläutern, was ich damit meine. Es gibt Kameras, die den Straßenverkehr überwachen und dabei die Nummernschilder erfassen und aufzeichnen. Autokennzeichnen lassen sich sogar schon von Satelliten aus identifizieren. „Intelligente Zähler" (engl.: „smart meters") in privaten und geschäftlichen Räumlichkeiten können den Behörden auf drahtlosem Weg Informationen darüber übermitteln, wie viele Personen sich im Gebäude aufhalten und sogar, in welchen Räumen sie sich befinden oder ob jemand einen Kühlschrank öffnet. Spielekonsolen wie die Xbox sind in der Lage, Unterhaltungen mitzuhören und durch die Kleidung des Spielers hindurchzuschauen. Auch die ersten gechippten Menschen sind bereits Realität – etwas, wovor ich während des zurückliegenden Vierteljahrhunderts unermüdlich gewarnt habe. Um den Chip eines Tages allen Menschen verpassen zu können – so, wie es der Plan vorsieht –, verkauft man ihn der Öffentlichkeit zunächst als „cool", während man es gleichzeitig immer schwerer macht, ohne das Implantat im Alltag klarzukommen und

Geldangelegenheiten abzuwickeln – bis er schließlich obligatorisch wird (Abb. 514). Ich werde noch ausführlich darlegen, warum es für die *El*-ite von so großer Bedeutung ist, den Menschen Chips einzusetzen.

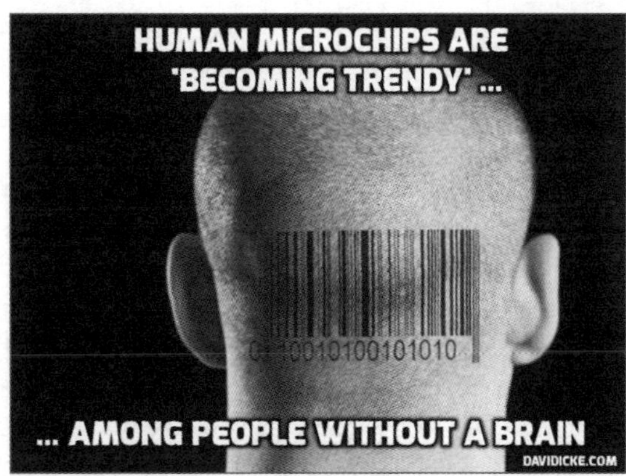


**Abb. 514:** „Der Mikrochip für den Menschen kommt zunehmend in ‚Mode' – zumindest bei Gehirnamputierten." – *Einmal Chip mit allem, bitte.*

Man setzt Technologien zur Verbrechensvorhersage ein („pre-crime", dt.: „vor dem Verbrechen"), um die Körpersprache und Emotionen eines Menschen einschätzen und ihn gegebenenfalls für etwas festnehmen zu können, das er noch gar nicht getan hat und wahrscheinlich auch nicht vorhatte zu tun. Glaubt eigentlich irgendjemand tatsächlich, die wahre Motivation für die Installation von Überwachungstechnologie und Kontrollmechanismen in diesem gigantischen Ausmaß bestünde im „Schutz der Bevölkerung vor dem Terrorismus"? Überlegen Sie mal: Wie viele Menschen sterben denn tatsächlich infolge terroristischer Aktivitäten (insbesondere durch echten, also nicht künstlich inszenierten Terrorismus) – und wie viele durch Autounfälle, Krebs, Herzanfälle, schulmedizinische „Behandlung" und Unfälle in den heimischen vier Wänden? Im Vergleich zu Letzteren ist die Anzahl der Terrortoten *verschwindend gering*, selbst wenn man den von staatlichen Stellen verübten (und später auf andere geschobenen) Terror mit einbezieht. Im Jahr 2010 starben weltweit ganze *acht* amerikanische Zivilisten bei terroristischen Anschlägen. Mindestens 29 wurden im selben Zeitraum durch Blitzschlag getötet; Herzerkrankungen und Krebs raffen jedes Jahr 1,5 Millionen Amerikaner dahin. Ich habe einmal gelesen, dass auf jedes amerikanische Krebsopfer etwa 10.000 Dollar Forschungsgelder entfallen, während bei den Ausgaben für den „Kampf gegen den Terrorismus" (für die Abschaffung der Freiheit) 500 Millionen Dollar auf jedes amerikanische Opfer kommen. Ich will damit nicht sagen, dass die Toten, die auf das Konto der Regierungen und anderer Terroristen gehen, unwichtig seien, sondern zum Ausdruck bringen, dass es bei den endlosen Geldströmen, die auf der ganzen Welt Jahr für Jahr in die „Terrorbekämpfung" gepumpt werden, eindeutig nicht um Terrorismus geht. Vielmehr wird der Terror – der tatsächliche wie der empfundene – als Vorwand benutzt, um den Polizeistaat der kommenden Hungerspiele-Gesellschaft zu implementieren.

# Arrangierter Terror

**Abb. 515:** *Die Heimat des Terrorismus.*

Ich habe in meinen Büchern im Detail erläutert, dass die Buhmänner von terroristischen Gruppierungen wie „Al Qaida", ISIS/ISIL/Islamischer Staat oder auch Boko Haram in Afrika durch dieselbe Verdeckte archontische Hand aufgebaut worden sind, die auch bestimmt, wie auf deren Terrorakte militärisch und politisch reagiert werden soll – Problem-Reaktion-Lösung (Abb. 515). Der ehemalige Direktor der amerikanischen Defense Intelligence Agency (DIA), Lieutenant General Michael Flynn, erklärte gegenüber dem arabischen Fernsehsender Al Jazeera, dass die amerikanische Regierung die „bewusste Entscheidung" getroffen habe, einen im August 2012 von der DIA vorgelegten Geheimbericht zu ignorieren, in dem davor gewarnt wurde, dass die Politik der USA zur Entstehung des Islamischen Staates bzw. ISIS führen könnte. Der Bericht, der aufgrund des Informationsfreiheitsgesetzes veröffentlicht werden musste, prophezeite „schwerwiegende Folgen" für den Fall, dass man Al Qaida damit gewähren ließe, die dschihadistischen Sunniten in Syrien, Irak und der übrigen arabischen Welt gegen die muslimischen Minderheiten zu vereinen. Wörtlich hieß es: „ISI (der irakische Islamische Staat) könnte auch durch die Verschmelzung mit anderen terroristischen Organisationen im Irak und in Syrien einen Islamischen Staat ausrufen. Dies würde eine ernste Bedrohung hinsichtlich der Vereinigung des Irak und des Schutzes seines Territoriums zur Folge haben." Genau so ist es gekommen. Man schlug die Warnung in den Wind, weil die Mächte im Schatten für alles, was in puncto Krieg im Nahen Osten noch folgen sollte, einen Vorwand brauchten. Mit all dem Terror würde man die Menschen in der Heimat derart verängstigen, dass sie ihre Freiheiten abtreten würden, um „die Terroristen aufzuhalten" (Abb. 516).

**Abb. 516:** „ISIS: Alles nur ein Schwindel – Ja, ALLES" – *ISIS wurde vom Pentagon/der CIA nach dem Prinzip Problem-Reaktion-Lösung geschaffen.*

Offiziell beteiligt sich die Türkei an der (vorgetäuschten) Koalition, die unter Führung der Vereinigten Staaten gegen ISIS vorzugehen vorgibt; doch tatsächlich begann sie damit, kurdische Kämpfer zu bombardieren, die zu den erfolgreichsten Widersachern des ISIS gehörten. Durch Fotos und Berichte ist bewiesen, dass die Amerikaner über vom ISIS beherrschtem Gebiet Waffen und anderes Material abgeworfen haben.

Militärisches Hightech-Gerät, das vom US-Militär im Irak zurückgelassen worden war, fiel dem Islamischen Staat in die Hände. Unterdessen schob die amerikanische Regierung, während sie große Teile Syriens einnahm, all das Präsident Assad in die Schuhe und behauptete sogar, er würde ISIS unterstützen (Abb. 517). Die „gemäßigten" (alles andere als gemäßigten) „Rebellen", die in Syrien gegen Präsident Assad kämpfen, sind von den USA im vollen Wissen bewaffnet, finanziert und ausgebildet worden, dass sie – wie es immer der Fall war – zur Unterstützung des ISIS eingesetzt werden würden (Abb. 518). Hunderte Millionen Dollar hat man für „gemäßigte" Terroristen und Gangster ausgegeben, die ihre Waffen – wie auch ihre Loyalität – dann dem Islamischen Staat vermachten. Der wiederum kurvte in ganzen Flotten von Toyota-Geländewagen herum, mit denen das US-Außenministerium ursprünglich die „gemäßigten Rebellen" ausgerüstet hatte. Auch Saudi-Arabien, Katar, Kuwait und die Vereinigten Arabischen Emirate fungierten bei der Finanzierung und Bewaffnung der IS-Spinner als Quellen bzw. Mittler. Die in diesen Ländern herrschenden Pseudo-Königsfamilien sind Aktiva der Vereinigten Staaten, die daher bei den entsetzlichen Menschenrechtsverletzungen, die dort geschehen, alle Augen zudrücken. Das gilt insbesondere für Saudi-Arabien, wo im Schnitt alle zwei Tage jemand exekutiert wird, in der Regel durch Enthauptung. Selbst Personen, die zum Zeitpunkt des angeblichen Vergehens noch Kinder waren, werden nicht verschont. Im Jemen hinterließen die von den USA ausgerüsteten saudischen Land- und Luftstreitkräfte

**Abb. 517:** „USA: ‚Assad unterstützt ISIS' – Dazu muss man (oder kann man) nichts mehr sagen." – *Ich weiß genau, wie ihr euch fühlt, Jungs.*

**Abb. 518:** „Die syrischen ‚Gemäßigten': ‚Ist wirklich wahr, ich töte immer nur gemäßigt.'" – *Die „gemäßigten Rebellen" in Syrien sind ein Anhängsel des US-Militärs.*

**Abb. 519:** „Die falsche saudische Königsfamilie: Das absolute Böse" – *Das widerlichste Regime des ganzen Planeten gehört zu Amerikas „Anti-Terror-Koalition".*

**Abb. 520:** „Die Flaggen des wahren IS" – *Das ist die Wahrheit, die Sie nicht kennen sollen.*

vielfachen Tod und Zerstörung. Versucht man diese Vorgänge zu beschreiben, kommt man mit Begriffen wie „bösartig" noch nicht einmal in die Nähe der Wahrheit (Abb. 519). Dessen ungeachtet erkor man Saudi-Arabien 2015 dazu, den Vorsitz über eines der Schlüsselgremien des UN-Menschenrechtsrats zu übernehmen. Das amerikanische Außenministerium, das vorgibt, den „Terror zu bekämpfen" – ohne dabei in Lachen auszubrechen –, begrüßte diese Entscheidung. Barack Obama erdreistete sich gar, von der „bankrotten Ideologie gewalttätiger Extremisten" zu sprechen. Wahrscheinlich hatte er gerade in den Spiegel geschaut. Der Kampf gegen den Terror ist ein einziger großer Schwindel, den ich in einem Buch nach dem anderen demaskiert habe. Wie die meisten Menschen fallen auch viele Muslime darauf herein und beteiligen sich am „Heiligen Krieg" gegen den teuflischen Westen – dabei stehen hinter dem vermeintlichen westlichen Satan dieselben Kräfte, die auch den „Heiligen Krieg" anheizen, den viele Muslime unterstützen und für den sie zu sterben bereit sind (Abb. 520).

## Das Schachbrett

Das, was sich seit dem „Inside Job" vom 11. September 2001 vor unser aller Augen abspielt, ist nichts anderes als die Abarbeitung der Liste von Ländern, die im weiter oben beschriebenen Dokument des Project for the New American Century vom September 2000 definiert worden war – sowie in dem Memo, das General Wesley Clark unmittelbar nach den Anschlägen zu Gesicht bekommen hatte –, durch die Vereinigten Staaten, Großbritannien und die NATO. Es lief zwar nicht alles so wie geplant, aber sie haben ihr Bestes gegeben. Zuerst ging es unter dem Vorwand, Osama bin Laden und die Taliban wären für 9/11 verantwortlich gewesen (was nicht der Fall war), nach Afghanistan. Bin Laden entstammte einer superreichen saudischen Familie von Bauunternehmern, zu deren Freunden unter anderem George Bush senior zählte. Über die Carlyle Group, ein weltweit agierendes Unternehmen für Private Equity (außerbörsliches Eigenkapital), Vermögensverwaltung und Finanzdienstleistungen mit Sitz in Washington, D.C., standen Bush und die bin Ladens miteinander in Verbindung. Während Letzere in die Gesellschaft investierten, war Bush für das Unternehmen als Berater tätig. Einen Monat nach dem 11. September liquidierte die bin-Laden-Familie ihre Anteile an der Carlyle-Gesellschaft.

Osama bin Laden stellte so etwas wie das Aushängeschild dar, das von Saudi-Arabien nach Afghanistan entsandte öffentliche Gesicht der Mudschahedin, die von 1979 bis 1989

**Abb. 521:** *Der Eingeweihte und Russlandhasser Brzezinski. Seinen Büchern können Sie entnehmen, was die El-ite geplant hat.*

gegen die sowjetischen Besatzer kämpften. Die Sowjetunion war in das Land einmarschiert, um zu verhindern, dass die Mudschahedin ihre Vasallenregierung in der Hauptstadt Kabul stürzen würden. Zbigniew Brzezinski, der von 1977 bis 1981 Sicherheitsberater unter Präsident Jimmy Carter war, räumte später gegenüber einem französischen Nachrichtenmagazin ein, dass die Mudschahedin vom amerikanischen Militär eigens dazu ausgebildet und bewaffnet worden waren, die vom Kreml gedeckte Regierung in Kabul anzugreifen. Auf diese Weise wollte man die Sowjetunion zwingen, in Afghanistan einzumarschieren, und ihnen somit „ihr Vietnam" bereiten (Abb. 521). Der Plan ging auf, und dank Brzezinski und den Vereinigten Staaten verloren 1,5 Millionen afghanische Zivilisten ihr Leben, während mehrere Millionen Menschen flohen, etwa in den Iran und nach Pakistan. Mit allem, was seit dem 11. September geschieht, werden lediglich Pläne fortgeführt, deren Umsetzung schon lange vor diesem Datum begonnen hatte – und zwar gleichermaßen unter republikanischen wie demokratischen Regierungen (die sowieso ein und dasselbe sind). Solange man die Zustimmung der Massen zu den Gräueltaten der afghanischen Mudschahedin brauchte, war Osama bin Laden der Gute. Als die Pläne dann jedoch für 2001 den Einmarsch des amerikanischen und britischen Militärs in Afghanistan vorsahen, erklärte man – um auch dafür die Unterstützung der Bevölkerung zu gewinnen – bin Laden zum Bösewicht und begann ihn zu dämonisieren. Der augenscheinliche Widerspruch ist eigentlich keiner, denn den wechselnden Paradigmen liegt ein unwandelbares Prinzip zugrunde: Um unsere Agenda voranzutreiben, werden wir tun und sagen, was immer dazu nötig ist.

Mit dem Begriff „Al Qaida", der einfach „die Basis" oder „Datenbank" bedeutet, bezeichnete die CIA ursprünglich eine Datenbank, in der sie sämtliche Kämpfer der Mudschahedin erfasst hatte. Daraus entstand später der Mythos um die sagenhafte Gruppierung gleichen Namens, der man die Anschläge vom 11. September in die Schuhe schob. Dabei war die sogenannte Al Qaida zu jenem Zeitpunkt mit jenen Mudschahedin identisch, die von den USA geschaffen, ausgerüstet und finanziert worden waren und denen man nun einfach einen neuen Namen verpasst hatte. Die Behauptung, es handele sich bei der Gruppierung um ein weltweit agierendes Netzwerk, entsprang der reinen Fantasie und diente einzig dazu, einen vermeintlichen Kampf gegen den Terror zu rechtfertigen. Höchst bedeutsam ist die Tatsache, dass Zbigniew Brzezinski in die Sache verwickelt ist. Als einer der wichtigsten Eingeweihten der Archonten gründete er zusammen mit David Rockefeller die Trilaterale Kommission als Teil des Round Table/Bilderberger-Netzwerkes. Durch seine arrogante Art ist er äußerst hilfreich, denn wann immer er sich dazu äußert, was geschehen sollte oder wird, kann man in der Regel davon ausgehen, dass genau das in Planung ist. So sagte er in seinem 1970 erschienenen Buch „Between Two Ages: America's Role in the Technetronic Era" korrekterweise „die schrittweise Entstehung einer stärker kontrollierten Gesellschaft" voraus; sie würde „von einer Elite beherrscht" werden, die „ungehindert durch traditionelle [liberale] Werte" agieren würde. Bald wäre es möglich, so erklärte er weiter, „die nahezu ununterbrochene Überwachung eines jeden Bürgers [durchzusetzen] und fortlaufend aktualisierte, lückenlose Akten zu unterhalten, die selbst die privatesten Informationen über die Bürger enthalten". Diese Akten würden „für die Behörden jederzeit verfügbar sein".

Dass Brzezinski solch präzise Voraussagen treffen konnte, rührt daher, dass er mit den Plänen der *El*-ite vertraut war. Dasselbe gilt für sein 1998 erschienenes Buch „Die einzige Weltmacht: Amerikas Strategie der Vorherrschaft" (engl. Originaltitel: „The Grand Chessboard: American Primacy and Its Geostrategic Imperatives"). Um die Welt dominieren zu können, hieß es darin, müssten die USA die Kontrolle über jene Landmasse erlangen, die als Eurasien bezeichnet wird (von Europa bis an die chinesische Grenze reichend und von Russland bis hinunter zum Nahen Osten). Ganz zufällig finden sämtliche Kriege, die nach dem 11. September losgetreten wurden, innerhalb dieses Gebietes statt, neben weiteren Konflikten wie dem in der Ukraine. Auch die vom Project for the New American Century ins Visier genommenen Länder liegen allesamt in dieser Region (Abb. 522). Brzezinski schrieb:

> [Es] kommt […] darauf an, wie Amerika mit Eurasien umgeht. Eine Macht, die Eurasien beherrscht, würde über zwei der drei höchstentwickelten und wirtschaft-

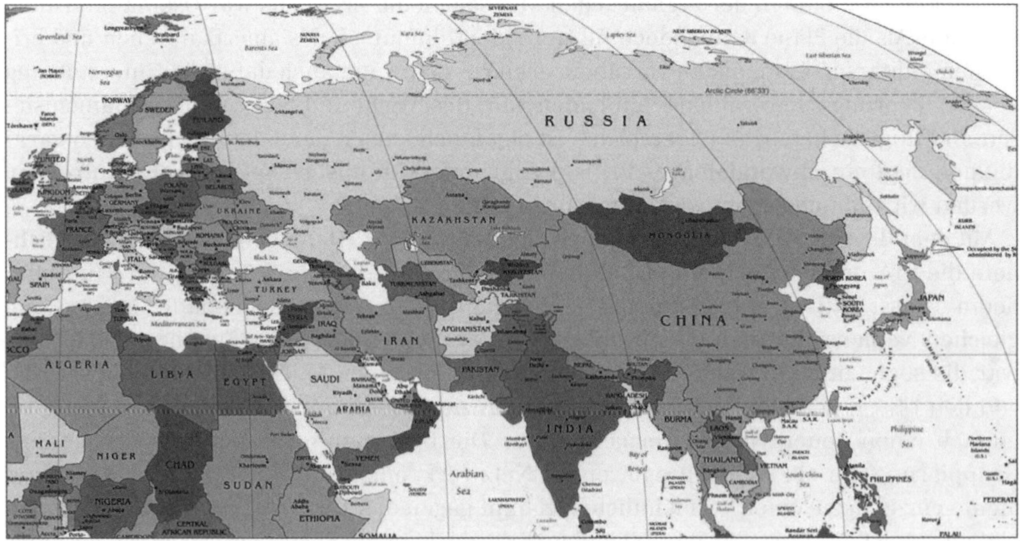


**Abb. 522:** *Eurasien – darum geht es beim „Krieg gegen den Terror" wirklich.*

lich produktivsten Regionen der Erde gebieten. Ein Blick auf die Landkarte genügt, um zu erkennen, dass die Kontrolle über Eurasien fast automatisch die über Afrika nach sich zöge und damit die westliche Hemisphäre und Ozeanien (Australien) gegenüber dem zentralen Kontinent der Erde geopolitisch in eine Randlage brächte [...]

Nahezu 75 Prozent der Weltbevölkerung leben in Eurasien, und in seinem Boden wie auch Unternehmen steckt der größte Teil des materiellen Reichtums der Welt. Eurasien stellt 60 Prozent des globalen Bruttosozialprodukts und ungefähr drei Viertel der weltweit bekannten Energievorkommen.

Das ist es, worum es beim Krieg gegen den Terror wirklich geht – einen Vorwand zu haben, um Eurasien unter Kontrolle bringen zu können. Dies würde früher oder später auf einen Konflikt zwischen dem Westen und Russland/China hinauslaufen, falls man diese Irren weiterhin gewähren lässt. Die Autoren des besagten Dokuments des Project for the New American Century forderten darin einen Regimewechsel in China. Seit den 1990er Jahren habe ich immer wieder darauf hingewiesen, dass eine kriegerische Auseinandersetzung zwischen dem Westen und Russland/China vorgesehen ist. Brzezinskis „Schachbrett" – wie er die Welt im Originaltitel seines Buches bezeichnet – ist mittlerweile klar erkennbar (Abb. 523).

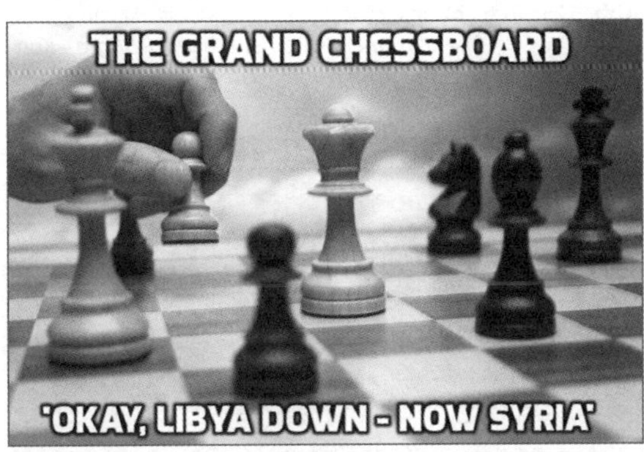


**Abb. 523:** „Das große Schachbrett: ‚Okay, Libyen ist geschlagen, jetzt kommt Syrien dran.'" – *So war es schon seit langer Zeit geplant.*

Man hat sich bei der Abarbeitung der Länderliste verschiedener Ausreden bedient, um das dahinter stehende verbindende Motiv zu verschleiern. Auf Afghanistan folgten der Irak (Massenvernichtungswaffen, die es nicht gab), Libyen (Gaddafi bringt sein eigenes Volk um) und Syrien (Präsident Assad ist ein Diktator, und die „Freiheitskämpfer" und die „Gemäßigten" brauchen unsere Hilfe). Gaddafi und Assad galten einst, wie auch Saddam Hussein, als Freunde des Westens; doch ist man, wie auch Osama bin Laden bald herausfinden sollte, immer nur das – mal Freund, mal Feind –, was die Agenda gerade braucht (Abb. 524). Truppeneinmarsch und Luftangriffe ließen Afghanistan, Irak und Libyen verwüstet und in einem

**Abb. 524:** „Sie sind jetzt unser Freund, Herr Revolutionsführer – aber geben Sie uns etwas Zeit.'" – *Agenda-Laufbursche Tony Blair mit dem Mann, den sie später umlegen ließen.*

Zustand des Chaos und der permanenten Gewalt (die das Schmiermittel jeder Machtausübung bilden) zurück. Millionen von Zivilisten fanden den Tod. Für die Überlebenden bedeutet jeder neue Tag weiteren Schrecken und Gewalt in Flüchtlingslagern oder auf dem langen Marsch nach Europa (Abb. 525). Man muss schon ein Psychopath vom Schlage eines Bush, Obama, Blair, Cameron, Hollande oder Sarkozy sein – eine Liste, die auch deren unsichtbare Herren und Helfershelfer mit einschließt –, um bei all dem Leid und Sterben, das man verursacht hat, von keinerlei Gewissensbissen geplagt zu werden. Archonten besitzen eben weder Empathie noch Gewissen, vermögen aber wie gedruckt zu lügen – sie sind genetisch bedingte Täuscher (Abb. 526).

**Abb. 525:** „Ihr habt unser Zuhause zerstört, also kommen wir jetzt zu euch." – *Die unvermeidliche – und beabsichtigte – Konsequenz der Geschehnisse im Nahen Osten.*

**Abb. 526:** „Das US-Militär (Abteilung ISIS) – Irakischer Kommandeur: Durch Abhörmaßnahmen ist bewiesen, dass ISIS von den USA gestützt und bewaffnet wurde." – *Genau so ist es.*

**Abb. 527:** „Libyen: Das hier haben wir uns schon früher vorgenommen." – *Die Libyer sind bestimmt so dankbar, dass sie bombardiert und vor Gewalt beschützt worden sind.*

Libyen wurde mit der Begründung, Gaddafi würde sein Militär gegen Zivilisten einsetzen, in Stücke gerissen. In Wirklichkeit hatte er auf Angriffe seitens der vom Westen und insbesondere von den USA ausgebildeten, finanzierten und schwer bewaffneten „gemäßigten Rebellen" reagiert. Dass er Einrichtungen der Regierung vor den vom Westen aufgebauten „gemäßigten Rebellen" zu beschützen suchte, war Obama und Cameron Vorwand genug, die Bombardierung libyscher Städte durch die NATO zu fordern, um „die Bevölkerung vor Gewalt zu bewahren". Wenn das nicht so krank wäre, wäre es komisch (Abb. 527). Was man uns hier vorführt, ist nichts weiter als ein Psychospiel, mit dem die einzelnen Teile auf dem Schachbrett in die gewünschten Positionen gebracht werden. Begriffe wie „Extremisten", „Regime" oder „Gemäßigte" sind Schlagworte bzw. Trigger zur Gedankenkontrolle, die von den Politikern benutzt werden, um die Wahrnehmung der Menschen in die Irre zu führen – meisterhaft unterstützt von den Mainstreammedien, die die Vokabeln willfährig wieder und wieder repetieren. „Regime" = die Bösen, „gemäßigt" = die Guten, „Extremist" = jeder, der der Kabale der Archonten Widerstand leistet.

Nachdem die Bomben den Tod nach Libyen gebracht und das Land in eine fortwährende Katastrophe gestürzt haben, verlagerte man einen Großteil der „gemäßigten Rebellen" nach Syrien, um dort dasselbe Spiel mit Präsident Assad noch einmal durchzuziehen. Die Psychopathen waren davon ausgegangen, dass Assad genauso schnell fallen würde wie Gaddafi, doch das tat er nicht. Als es Obama und Cameron nicht gelang, für die geplanten Luftangriffe gegen Assad politische Unterstützung zu finden, geriet die Agenda ins Stocken. Sie zogen sämtliche Register, um die Bombardierung doch noch rechtfertigen zu können – dazu gehörte auch der Einsatz chemischer Waffen durch „Rebellen" gegen Zivilisten, den der Westen dann Assad in die Schuhe zu schieben versuchte –, doch sie mussten sich damit zufrieden geben, Syrien lediglich zum „Kampf gegen ISIS" bombardieren zu können. Die Argumente (Propaganda) gegen Assad – häufig „untermauert" durch Statistiken über Todesopfer –, auf die sich Regierungen und Leitmedien berufen, stammen zu einem erheblichen Teil von der Syrischen Beobachtungsstelle für Menschenrechte. Der Name schindet Eindruck, doch verbirgt sich dahinter nur eine einzige Person: der syrische Dissident und Assad-Hasser Rami Abdul Rahman, der von seinem Heim im englischen Coventry aus operiert (Abb. 528). Was für eine ungemein zuverlässige und ausgewogene Informationsquelle, um die öffentliche Wahrnehmung darauf zu gründen.

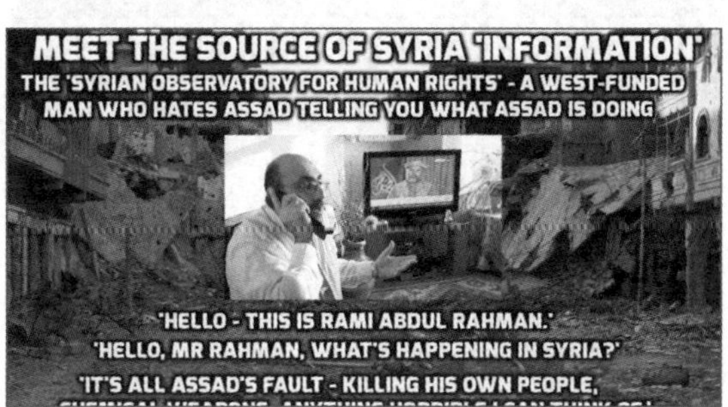


**Abb. 528:** „Die Quelle für ‚Informationen' über Syrien: Die ‚Syrische Beobachtungsstelle für Menschenrechte' besteht aus einem vom Westen finanzierten Mann, der Assad hasst und uns nun erklärt, was Assad treibt: ‚Hallo, hier ist Rami Abdul Rahman.' – ‚Hallo, Herr Rahman, was ist los in Syrien?' – ‚Es ist alles Assads Schuld. Er bringt sein eigenes Volk um, setzt chemische Waffen ein – alles Grauenvolle, was man sich nur vorstellen kann.' – ‚Und wo in Syrien leben Sie genau?' – ‚In Coventry.'" – *Der Komödienstadel.*

Die gegen die muslimische Welt gerichtete Propaganda wird zu einem großen Teil von einer geheimdienstlichen Organisation namens SITE (Search for International Terrorist Entities) fabriziert. Die in Washington, D.C., ansässige Einrichtung wird von einer leidenschaftlichen Zionistin namens Rita Katz geleitet, die früher in den Diensten der israelischen Streitkräfte stand. Wegen angeblicher Spionage für Israel hatte Saddam Hussein einst ihren Vater hinrichten lassen. Irgendwie bringt es Katz fertig, den „islamischen Terrorgruppen" bei der Verbreitung ihrer eigenen Videos – von denen einige von Osama bin Laden stammen sollen – sogar noch zuvorzukommen. Eine erstaunliche Leistung, doch greifen ihr vermutlich amerikanische Regierungsgelder sowie einschlägige Verbindungen nach Israel und zum bösartigen israelischen Geheimdienst Mossad unter die Arme. Eine weitere Quelle antiislamischer Propaganda, auf die sich Regierungen und Medien gleichermaßen stützen, ist eine ebenfalls in der Nähe von Washington beheimatete Firma namens IntelCenter. Das Unternehmen, das als „privater Auftragnehmer für Geheimdienste tätig" ist, steht im Verdacht, Videos gefälscht zu haben, darunter einige, die Osama bin Laden

**Abb. 529:** „Iran will Krieg! Schauen Sie, wie dicht die Iraner ihr Land an unsere Militärbasen legen." – *Der Iran wird von amerikanischen Militärbasen umzingelt – wer bedroht hier wen?*

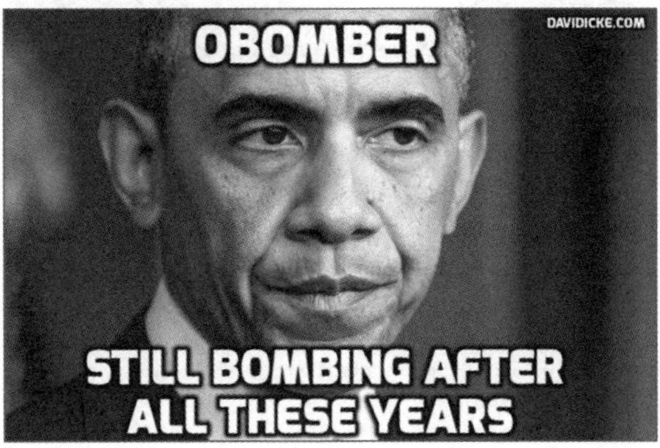


**Abb. 530:** „Obomber: Nach all den Jahren immer noch am Bombardieren" – *Obama buchstabiert man H.E.U.C.H.L.E.R.*

**Abb. 531:** „Die Visitenkarten des Westens" – *Wie man der Welt Frieden und Demokratie bringt.*

zeigen sollen. Wie kann jemand so etwas behaupten – unerhört! Chef der Firma ist ein Zionist namens Ben Venzke. Um den Gegner zu verunglimpfen, darf man schon mal zur Propaganda greifen. Eine Bevölkerung zu blenden, die ihre Informationen überwiegend aus dem Mainstream-Einheitsbrei bezieht, ist im Übrigen ein Kinderspiel. So stellt man etwa den Iran als Bedrohung für den Rest der Welt hin, obwohl er seit Hunderten von Jahren niemanden mehr angegriffen hat, während die Vereinigten Staaten, deren Militärbasen den Iran umzingeln, als Friedensstifter gelten (Abb. 529).

Nachdem es den USA und Großbritannien nicht gelungen war, die Unterstützung von Öffentlichkeit und Politik für die direkte Bombardierung Assads zu gewinnen, verlegte man sich darauf, das syrische Territorium unter dem Vorwand, „ISIS zu bekämpfen", doch noch zu bombardieren (Abb. 530). Während ich diese Zeilen schreibe, wird Syrien gerade von den USA, Frankreich, Großbritannien, der Türkei und Israel angegriffen oder mit Bomben übersät – alles im Namen des friedliebenden „Westens" (Abb. 531). Im September 2015 begann Russland ebenfalls damit, Bomben über Syrien abzuwerfen, jedoch zur Unterstützung Assads. Auch China und der Iran leisteten Assad militärischen Beistand. Der russische Präsident Putin erklärte, sein Eingreifen diene dazu, ISIS zurückzuschlagen, doch hatte er dabei auch die vom Westen unterhaltenen, gegen Assad kämpfenden „Rebellen" im Visier. Zum Zeitpunkt der Abfassung dieses Buches haben die russischen Bomben den Islamischen Staat gerade zum Rückzug gezwungen; darüber hinaus ist offenkundig geworden, dass die amerikanische „Anti-ISIS-Koalition“ gar nicht versucht hat, ISIS zurückzuschlagen. Als Russland die Liste der Ziele bekanntgab, die von seinen Streitkräften getroffen worden waren, ergänzte die *BBC* die Meldung um den Hinweis „diese Angaben konnten jedoch noch nicht von unabhängiger Seite bestätigt werden“. Lustig, wie die Mainstreammedien dergleichen niemals sagen, wenn sie die Behauptungen der westlichen Oberen ohne jede Hinterfragung nachplappern. All diese Länder werfen Bomben auf ein Land, das kaum größer als North Dakota ist und in dem gerade einmal 22 Millionen Menschen leben (laut Angaben aus dem Jahr 2013). ISIS stellt einfach die nahtlose Fortführung – und erhebliche Ausweitung – der westlichen Praxis dar, terroristische Gruppierungen zu bewaffnen und zu finanzieren; eine Tradition, die bis zu den Mudschahedin und sogar darüber hinaus zurückreicht. Die hervorragende Ausrüstung und finanzielle Ausstattung der Terroristen erklärt sich aus der Tatsache, dass sie ihre Waffen und Geldmittel von den Vereinigten Staaten und anderen westlichen Quellen sowie von Saudi-Arabien, Katar und anderen Ländern erhalten (Abb. 532).

**Abb. 532:** „Eilmeldung! ISIS-Hauptquartier gefunden!“ – *Der Ort, an dem der Großteil aller Kriege und Terrorakte der Neuzeit ausgeheckt und eingefädelt worden ist.*

**Abb. 533:** *Shaker Aamer mit den Kindern, die er nie hat aufwachsen sehen. Das Böse, das Amerika kontrolliert – ja, Mr. Obama, auch Sie zählen dazu –, verwehrt es Kindern, mit ihrem Vater großzuwerden.*

Die Enthauptungsvideos des Islamischen Staates sind absichtlich in Umlauf gebracht worden, um den Menschen das größtmögliche Entsetzen zu bereiten und massiv Angst einzuflößen; so manipuliert man sie dazu, die präsentierte Lösung zu bejubeln. Derweil köpfen die Saudis, die zu den finanziellen Unterstützern des ISIS zählen, pausenlos Menschen, ohne dass der ach so „moralische“ Westen auch nur einen Mucks von sich geben würde. Wir leben in der Tat in einer Welt, in der alles ins Gegenteil verkehrt wird – Krieg ist Frieden, Freiheit ist Sklaverei und Unwissenheit ist Stärke, wie es Orwell ausdrückte. Amerika, Großbritannien und andere „freie Länder“ verurteilen Terrorismus und Gewalt, während sie selbst die größten Terroristen und Verursacher von Gewalt sind. Sie belehren andere über Gerechtigkeit, doch selbst hielten sie einen britischen Staatsbürger namens Shaker Aamer ohne Anklage oder Prozess 14 Jahre lang in dem faschistischen Internierungslager Guantanamo gefangen (Abb. 533).

Aamer wurde, obgleich er kein Verbrechen begangen hatte, von einem Kopfgeldjäger den Amerikanern überstellt und durchlitt in der Folge brutale Misshandlungen und Folterungen, bei denen auch der britische Geheimdienst involviert war. Er wurde der Möglichkeit beraubt, seine Kinder aufwachsen zu sehen; ja, seinen jüngsten Sohn Faris, der erst nach seiner Inhaftierung das Licht der Welt erblickte, bekam er in all den Jahren nie zu Gesicht. Die Kinder mussten ihre Kindheit ohne den Vater verleben – und das alles, obwohl keiner der Betroffenen irgendein Verbrechen begangen hatte. Die Vereinigten Staaten gehörten für das Unheil, das sie dieser und anderen Familien zugefügt haben, eigentlich auf die Anklagebank. Die britische Regierung verdient für ihre lauen, halbherzigen und kümmerlichen Bemühungen, einen ihrer eigenen Landsleute aus den niederträchtigen Klauen ihres sogenannten Verbündeten zu befreien, gleichermaßen Verachtung. Wenn noch irgendjemand eines Beweises bedurft hat, dass der Krieg gegen den Terror nichts als ein makabrer Witz ist – bitte, hier ist er. Erst Ende Oktober 2015 ließ man Aamer endlich frei.

Auch Israel kommt in diesem Zusammenhang die Rolle eines „rosa Elefanten im Wohnzimmer" zu. ISIS gilt ja als extreme islamische Gruppierung – wen hätte sie sich demnach, neben Israel und dem Westen, zu allererst vorknöpfen müssen, sobald sie ihre Armee aufgestellt hatte? Die Ungläubigen natürlich. Doch stattdessen griffen sie ausschließlich säkulare islamische Länder an, die von muslimischen Glaubensgenossen bevölkert werden – und zufällig auch auf der Abschussliste des Project for the New American Century standen. Die Feindseligkeit zwischen den beiden Hauptströmungen des Islam, den Sunniten (unter Führung Saudi-Arabiens) und den Schiiten (geführt vom Iran), hat seither noch an Schärfe zugenommen. In meinen früheren Büchern habe ich vorausgesagt, dass das geschehen würde. ISIS spielt dabei lediglich die Rolle eines Instruments bzw. Vorwands für die westlichen Bestrebungen, den Nahen Osten zu erobern (Abb. 534). Der Grund, warum Israel niemals vom ISIS angegriffen wurde, ist einfach der, dass Israel eines der Hauptunterstützerländer des Islamischen Staates ist. Israel bereitet sich derzeit auf einen Krieg gegen den Iran vor, einen Verbündeten des syrischen Präsidenten Assad. Israel hat bereits Luftangriffe gegen Syrien geflogen; es liegt nicht außerhalb des Möglichen, dass Israel eines baldigen Tages einen (kalkulierten) Anschlag erlebt, der dann als Rechtfertigung für die vollumfängliche Einbeziehung des schießfreudigen israelischen Militärs herangezogen werden kann, das – den USA sei's gedankt – über eines der am besten bewaffneten und finanzierten Heere der Welt verfügt. Israel besitzt überdies ein Arsenal von Kernwaffen, wovon Amerika eingewilligt hat, kein großes Aufhebens zu machen. Gemeinsam stellen beide dann den Iran als angebliche „nukleare Bedrohung" an den Pranger, ungeachtet der Tatsache, dass er über gar keine Atomwaffen verfügt.

**Abb. 534:** „Cameron bleibt standhaft: ‚Wir werden es nicht zulassen, dass diese Barbaren die Menschen im Nahen Osten terrorisieren und abschlachten – das ist schließlich *unser* Job!'" *– Ein Massenmörder, der Massenmörder verurteilt. Ein weiterer Tag im Irrenhaus.*

Israel lehnt die Unterzeichnung des Atomwaffensperrvertrages mit der Begründung ab, man sei sein eigener Herr und würde mit der Unterschrift zudem einräumen, dass man Kernwaffen besäße. Israel ist ein Lehensgut der Rothschilds; welche Regierung auch in Tel Aviv das Sagen hat – in jedem Fall handelt es sich um Marionetten der Familie Rothschild. Das gilt umso mehr, wenn sie von einem Vollblutarchonten wie Benjamin Netanjahu geführt wird (Abb. 535). Interessanterweise spricht man in jenen Kreisen von einem „Groß-Israel", das sich vom ägyptischen Nil bis zum irakischen Euphrat erstrecken und somit genau jene Ländereien einschließen soll, die derzeit im Mittelpunkt der Unruhen und kriegerischen Auseinandersetzungen stehen (Abb. 536). Der benachbarte Libanon, der sich in Schussweite Israels befindet, steht ebenfalls auf der Liste des Project for the New American Century, das sich komplett aus Zionisten – per Geburt oder Verwandtschaft – zusammensetzt. In meinem Buch „Die Wahrnehmungsfalle" habe ich die Vorgeschichte Israels ausführlich dargestellt.

**Abb. 535:** „Wir sind die Rothschilds – wir sind Israel"/„Der Tag wird kommen, wenn selbst die engstirnigsten Spötter der Wahrheit ins Gesicht schauen müssen" – *Israel wurde für die Juden geschaffen? Nein, für die Rothschilds, und von diesen. Auf dem Bild rechts: Herr Zorngiebel.*

**Abb. 536:** *„Groß-Israel"*

## Ein dritter Weltkrieg?

Was sich zurzeit in Syrien abspielt – in einem Land, in dem sowohl die USA bzw. der Westen auf der einen und Russland, China und Iran auf der anderen Seite vertreten sind –, kann sich in jede Richtung entwickeln. Der unter amerikanischen Freimaurern gefeierte Albert Pike, der im 19. Jahrhundert Supreme Pontiff of Universal Freemasonry und Ideengeber für die Schaffung des Ku Klux Klans war, ist in erster Linie wegen eines Briefes bekannt geworden, den er 1871 an den italienischen Mafiagründer und Blutlinienvertreter Giuseppe Mazzini geschrieben haben soll. Darin umriss er die Grundzüge dreier kommender Weltkriege, die letztlich zur Etablierung einer zentralen Weltregierung führen würden. Sein Begriff für die Verdeckte Hand war „Illuminati". Nach offizieller Lesart soll es sich bei diesem Briefwechsel um eine Fälschung handeln; doch gab es immer wieder Dokumente, die man zunächst als Fälschung oder Schwindel abtat, die sich jedoch im Nachhinein als akkurate Beschreibungen der sich in der Folgezeit entspinnenden Weltgeschichte entpuppten. Ein in England geborener kanadischer Marineoffizier namens William James Guy Carr hatte den Wortlaut des Briefes in seinem 1959 verfassten Buch „Satan, Prince of this World" veröffentlicht. Zunächst werden in dem Text die ersten beiden Weltkriege korrekt beschrieben; doch was ihn so bedeutsam macht, sind seine Aussagen über einen dritten Weltkrieg, der zum Zeitpunkt der Veröffentlichung von Carrs Buch noch in der Zukunft lag. Pike soll demnach das Folgende über den dritten Weltkrieg gesagt haben:

> Der dritte Weltkrieg muss durch Ausnutzung der von der „Agentur" der „Illuminati" geschürten Differenzen zwischen den politischen Zionisten und den Führern der islamischen Welt entfacht werden. Dieser Krieg muss so gelenkt werden, dass sich der Islam (die muslimische arabische Welt) und der politische Zionismus (der Staat Israel) gegenseitig vernichten. Gleichzeitig werden die anderen Nationen, aufgrund dieser Frage einmal mehr uneins, dazu gezwungen sein, bis zur völligen physischen, moralischen, spirituellen und ökonomischen Erschöpfung zu kämpfen. Wir werden die Nihilisten und die Atheisten von der Leine lassen und eine furchtbare soziale Katastrophe heraufbeschwören, deren Schrecken den Nationen deutlich vor Augen führen werden, zu welchem Resultat absoluter Atheismus führt – die Quelle für Barbarei und blutigste Unruhen.
>
> Dann werden die Menschen auf der ganzen Welt, gezwungen, sich der Minderheit der Revolutionäre zu erwehren, diese Zerstörer der Zivilisation ausradieren. Die Masse, gottgläubig und nach einem Ideal strebend, aber vom Christentum enttäuscht und nun ohne Kompass oder Richtung, wird nicht wissen, wohin sie ihre Verehrung richten soll. Dann werden die Menschen durch die universelle Manifestation der reinen Lehre Luzifers [des Demiurgen] das wahre Licht empfangen, das endlich in die Öffentlichkeit gebracht wird. Diese Manifestation wird das Resultat der allgemeinen reaktionären Bewegung sein, die der Zerstörung von Christentum und Atheismus folgt, welche beide gleichzeitig besiegt und ausgerottet werden.

Zwar gab es 1871, als der Brief geschrieben worden sein soll, noch keinen öffentlich organisierten Zionismus; doch gegen Ende des 19. Jahrhunderts war dies der Fall, und ich betone seit vielen Jahren, dass die Agenda der Archonten eine Blaupause darstellt, die schon zusammengefügt wird, lange bevor die beteiligten Ereignisse bzw. Institutionen überhaupt auf der Bildfläche erscheinen. Was auch immer Sie von dem Brief halten mögen oder welche Geschichte im Einzelnen dahintersteckt – Tatsache ist, dass Pikes Beschreibung der Vorgänge, die sich im Vorfeld eines dritten Weltkrieges abspielen sollen, dem entspricht, was zurzeit im Nahen Osten geschieht. Die Begriffe „Nihilist" bzw. „Nihilismus" stehen offenbar für die gehirnamputierten ISIS-Kämpfer: „Eine politische Weltanschauung bzw. Handlungsweise, deren Vertreter Gewalt oder Terror gutheißen bzw. begehen, ohne damit erkennbare konstruktive Ziele zu verfolgen." Filmaufnahmen aus vom ISIS beherrschten Gebieten zeigen die nächste Generation der Nihilisten. Kinder werden schon in sehr jungen Jahren zu IS-Kämpfern „ausgebildet", wobei man sie einer klassischen Gehirnwäsche und traumabasierten Gedankenkontrolltechniken unterwirft. Ich habe diese Methoden, wie sie in den USA, Großbritannien und andernorts in Programmen zur Bewusstseinskontrolle angewendet werden, in meinen früheren Büchern ausführlich offengelegt. Die vom ISIS gefangengehaltenen Kinder müssen von klein auf jederzeit zuhören und gehorchen, ohne irgendetwas in Frage stellen zu dürfen, wenn sie nicht sterben wollen. Schon kleine Kinder werden gezwungen, Hinrichtungen beizuwohnen oder sie sogar selbst auszuführen. Die Ungläubigen (also jeder, der nicht zum Islamischen Staat gehört), so trichtert man ihnen ein, müssen sterben. Wenn sie sich nicht fügen, verstümmelt man ihre Körper, etwa indem man ihnen Gliedmaßen abschneidet. Diese Superpsychopathen sind fleischgewordene Archonten, deren von jedem Mitgefühl befreite Verderbtheit in vollem Umfang sichtbar wird. Mit der Ausbreitung des Archonten-Virus durch ISIS bekommen wir einen Eindruck davon, wie das Leben für die Kinder in der schönen neuen Welt aussehen soll – von Geburt an unter der Fuchtel des Staates stehend, während es Eltern im althergebrachten Sinn nicht mehr geben soll. Jüdischen Lesern möchte ich dringend ans Herz legen, die in Pikes Brief enthaltene Zeile über die gegenseitige Vernichtung von Zionismus und Islam zu beachten. Ihr werdet in diesem Spiel genauso als Bauernopfer verheizt wie alle anderen auch. Die ganze Zeit schon hat man mit euch gespielt wie mit einem Musikinstrument. Wacht auf, solange noch die Möglichkeit dazu besteht, und lasst uns die Herausforderungen gemeinsam anpacken. Ich für meinen Teil werde mich so oder so nicht einfach verstecken, bis alles gelaufen ist. Die kulturelle und religiöse Programmierung im Judentum gehört zu den gnadenlosesten Formen der Indoktrination, die es auf der Erde gibt. Ich fühle mit den Menschen, die von Kindesbeinen an durch eine derartige Programmiermühle getrieben werden, damit sie die gewünschte Wahrnehmung ihrer selbst und der Welt entwickeln.

## „Einheimischer Terrorismus"

Derzeit geht die gigantische Verschwörung unter dem Schlagwort des „inländischen Terrorismus", das uns den Angstschweiß auf die Stirn treiben soll, in die nächste Phase. Zu dem Personenkreis, der damit gemeint ist, zählen unter anderem Leute wie ich, die die Verschwörung offenlegen, und Aktivisten jeder Art, die einzelne Elemente des Systems infrage stellen (Abb. 537). Der Krieg gegen die alternativen Medien hat begonnen. Sowohl Google als auch Youtube (Google) und Facebook zensieren Inhalte, von denen das System nicht möchte, dass die Menschen Kenntnis davon bekommen. Um den Datenverkehr alternativer Angebote zu drücken, werden auch Besucherzahlen und Listeneinträge manipuliert; Google/Youtube entfernt bei Videos, in denen ihre Meister angefochten wer-

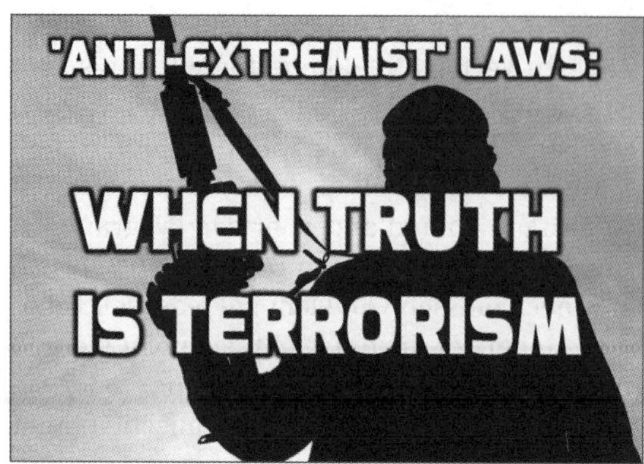


**Abb. 537:** „Anti-Extremismus'-Gesetze: Wenn die Wahrheit zum Terrorismus wird" – *Wenn das Aussprechen der Wahrheit als Extremismus bezeichnet wird, weiß man, dass man im Faschismus angekommen ist.*

den, die Möglichkeit, damit Werbeeinnahmen zu generieren. Ich habe das mit einem Video, das die wahren Vorgänge in Syrien enthüllt und bislang knapp 350.000 Mal aufgerufen worden ist, selbst erlebt. Um ihrer Aufklärungsarbeit in Vollzeit nachgehen zu können, geben sich die meisten Rechercheure und Blogger in der alternativen Medienszene mit mageren Einkünften zufrieden. Das Bisschen, das sie durch Werbeeinblendungen auf Google/Youtube hinzuverdienen können (basierend auf der Zahl der Videoaufrufe), wird damit für viele von ihnen zum Zünglein an der Waage, das über die Fortsetzung ihrer Tätigkeit entscheidet. Hierin liegt der Grund für die Attacken seitens Google/Youtube. Firmengiganten dieser Art und deren Strippenzieher im Hintergrund mögen uns allmächtig erscheinen; doch wie sehr ihnen aus Angst davor, von einer erwachten Menschheit bloßgestellt zu werden, die Muffe geht, lässt sich daran ablesen, dass sie sich schon genötigt fühlen, Leute zu attackieren, die von ihrem Schlafzimmer aus agieren. Bei all ihrer Arroganz sind sie doch nichts weiter als kleine bedauernswerte Jungen in kurzen Hosen.

Eine andere Strategie soll Internetnutzer daran hindern, auf fremden Webpräsenzen angebotene Artikel zu verlinken, wenn dafür keine Erlaubnis vorliegt. Damit soll der Informationsfluss solcher alternativer Plattformen gestört werden, die in ihren Beiträgen auf Artikel des Mainstreams verweisen, diese dabei jedoch ins rechte Licht rücken. Mir ist absolut klar, dass es nicht korrekt ist, Texte aus einer fremden Website zu kopieren, auf der eigenen einzupflegen und dann die erhöhten Klickzahlen dafür zu kassieren; doch in den allermeisten Fällen, in denen alternative Medien aus Mainstreamquellen zitieren, verlinken sie auch zu deren Internetpräsenz, der sie damit über die Zeit sogar zu beträchtlich erhöhtem Datenaufkommen und damit zu steigenden Werbeeinnahmen verhelfen. Doch den verängstigten Typen ist die Zerschlagung der alternativen Medien wichtiger als Geld. Das macht aber nichts – wir werden immer einen Weg finden. Der Fall Google/Youtube stellt eines von vielen Beispielen für eine Übernahmemethode bzw. -sequenz dar, die man immer wieder beobachten kann: Archontische Firmen schalten zuerst ihre Gegner aus, sichern sich dann die (zumindest annähernde) Monopolstellung, und am Ende bestimmen sie, wer was machen darf. Auch Amazon bedient sich derzeit dieser Strategie – nicht zuletzt im Hinblick auf Bücher und Verlage. Es ist von essenzieller Wichtigkeit, dass alternative Nachrichtenquellen nicht in die Abhängigkeit dieser Giganten geraten, sondern eigene Strukturen aufbauen, um ihre Informationen zu verbreiten und zirkulieren zu lassen. Wie der NSA-Whistleblower Edward Snowden enthüllte, bezahlen britische und amerikanische Geheimdienstkreise sogar Leute dafür, in Foren, sozialen Medien und auf Youtube Kommentare zu posten, mit denen die alternativen Rechercheure in Verruf gebracht werden sollen. Der Austausch zwischen dem Aktivisten und seiner Fangemeinde wird vorsätzlich mit der Absicht gestört, „Misstrauen zu säen". So sehr fürchten sie sich davor, dass die Wahrheit ans Licht kommen könnte (Abb. 538).

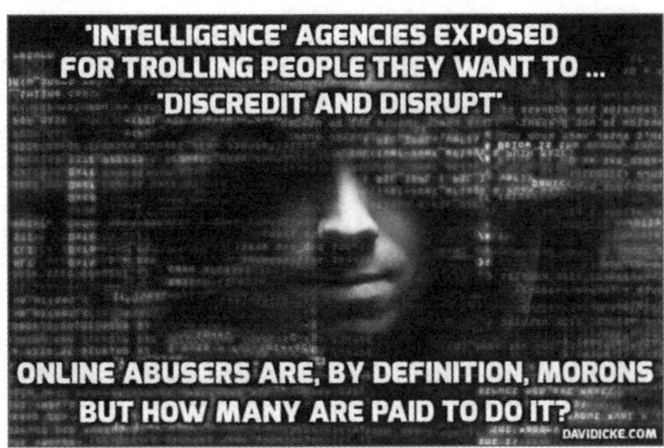


**Abb. 538:** „Geheimdienste wurden überführt, im Internet verdeckt gegen Personen vorzugehen, die sie ‚diskreditieren und behindern' wollen" – *Online-Missetäter sind per definitionem stets Hohlköpfe – aber wie viele von ihnen bekommen dafür noch Geld?*

Der nächste logische Schritt besteht darin, unliebsame Personen als einheimische Terroristen zu brandmarken, damit sie unter die gesetzlichen Bestimmungen zur Zensur terroristischer Aktivitäten fallen. Logisch ist dieses Vorgehen zumindest für geistig Minderbemittelte. In Großbritannien sind Lehrer inzwischen dazu verpflichtet, ihre Schüler zu beobachten und, sollten sie Anzeichen einer „Radikalisierung" entdecken, Meldung zu erstatten. Einige Lehrer wurden von der Polizei darüber belehrt, dass dies auch Personen mit einschließt, die gegen Fracking protestieren oder „gegen den Kapitalismus sind". Eine friedliche Demonstration gegen die Zerstörung des Bodens und der Wasserversorgung durch Fracking gilt in den Augen dieser Irren als „Extremismus". Umkehrung, Umkehrung und nochmals Umkehrung. Es gibt sogar einen psychologischen Terminus, der ursprünglich für Kinder mit einer bestimmten Auffälligkeit verwendet wurde, jetzt aber auch bei Erwachsenen und insbesondere bei sogenannten „Verschwörungstheoretikern" Anwendung findet: „Oppositionelles Trotzverhalten". Wer die Obrigkeit infrage und bloßstellt, kann nur durchgeknallt sein. Mit ebendiesem Argument wurden einst in der Sowjetunion Dissidenten in die Gefängnispsychiatrie gesperrt. Bei künstlich fabrizierten Amokläufen, die man einfädelt, um den Besitz von Waffen für illegal erklären zu können und die Angst vor „einheimischem Terror" anzuheizen, bedient man sich häufig eines gedankenkontrollierten Sündenbocks, den man zuvor unter Drogen gesetzt hat. Manche dieser vermeintlichen Schießereien, wie etwa der Amoklauf von Sandy Hook (Bundesstaat Connecticut) im Jahr 2012, sind komplett gestellt. Nie im Leben – glauben Sie das wirklich? Absolut: Es handelt sich um *Inszenierungen*. Ich weiß sehr wohl, dass das im ersten Moment grotesk klingt. Wolfgang Halbig, einem ehemaligen Polizisten und Schuldirektor aus Florida, ging es da anfangs auch nicht anders. Der landesweit bekannte Experte für Schulsicherheit spendete zunächst sogar Geld für die Betroffenen, doch dann begann er – wie viele andere auch –, Nachforschungen anzustellen. Bald kam er zu dem Schluss, dass in Sandy Hook niemals ein Massaker stattgefunden hat (Abb. 539). Vielmehr täuschte man ein solches vor, indem man sich einer Übung bediente, wie sie überall im Land an den Schulen durchgeführt werden, um mit den Kindern das Verhalten während eines Amoklaufs zu trainieren. Mit dem inszenierten „Shooting" hoffte man die Agenda zur Entwaffnung der amerikanischen Bürger voranzubringen und die Men-

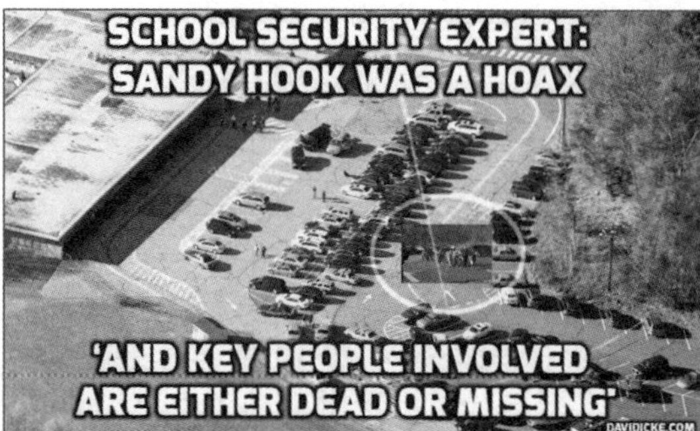


**Abb. 539:** „Experte für Schulsicherheit: Sandy Hook war eine Inszenierung ‚und verschiedene Schlüsselfiguren sind entweder tot oder werden vermisst'." – *Hört man diese These zum ersten Mal, klingt sie unglaublich, doch recherchieren Sie selbst nach.*

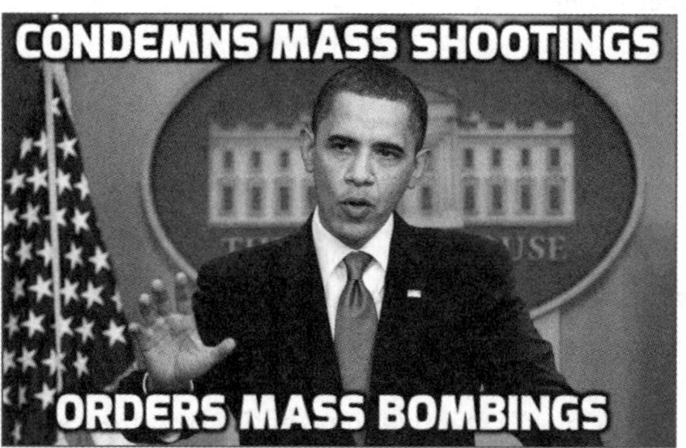


**Abb. 540:** „Verurteilt Amokläufe – ordnet Bombardements an" – *Aber ein Heuchler oder etwas in der Art ist er bestimmt nicht.*

schen zunehmend in Angst und Schrecken zu versetzen, sodass sie weitere Schritte in Richtung eines Polizeistaates akzeptieren würden. Um mehr über die Hintergründe von Sandy Hook zu erfahren, geben Sie einfach „Wolfgang Halbig, Sandy Hook" in eine Suchmaschine bzw. bei Youtube ein. (Auf DavidIcke.com finden Sie zudem das von Jim Fetzer und Mike Palecek herausgegebene Buch „Nobody Died at Sandy Hook", das Amazon aus seinem Bestand gestrichen hat.) Auch für Amokläufe (einschließlich der durch Strohmänner des Staates begangenen) gilt, dass sich die Zahl der Todesopfer gegenüber anderen Todesursachen verschwindend gering ausnimmt. Greg Ridgeway, stellvertretender Direktor des National Institute of Justice – einer Forschungs- und Entwicklungseinrichtung des amerikanischen Justizministeriums –, vermerkte in einer Kurzmitteilung, dass im Jahresdurchschnitt gerade einmal 35 Menschen bei „mass shootings" ihr Leben verlieren. [Ein „mass shooting" – wörtlich: „Massenerschießung" – liegt definitionsgemäß dann vor, wenn mindestens vier Personen zur selben Zeit am selben Ort durch Schusswaffen getötet werden, Anm. d. Übers.] Diese Zahl wird allerdings in Zukunft systematisch in die Höhe geschraubt werden. Auf amerikanischen Straßen stirbt dagegen *alle 13 Minuten* ein Mensch, darunter viele Kinder.

In einer Studie wurde die Zahl der zwischen 1900 und 1999 durch staatliche Gewalt getöteten Menschen auf 262 Millionen geschätzt (Abb. 540). Um Fakten und Standpunkte scheren sich die Medien nicht. Ohne irgendetwas infrage zu stellen, mehren sie, indem sie das von der Regierung vorgegebene Narrativ und die offizielle Sichtweise wiederkäuen, die Angst und heizen die Reaktion der Öffentlichkeit an. Auf diese Weise werden die Menschen dahingehend präpariert, in die präsentierten Lösungen einzuwilligen. Ich persönlich halte Schießeisen für furchtbare Erfindungen und habe selbst nie eines abgefeuert – mit einer einzigen Ausnahme, als ich einmal auf einem Rummelplatz auf eine Kokosnuss schoss. Die „Debatte" um die heiß diskutierte Frage, ob Waffen nun zu begrüßen oder abzulehnen seien, dient jedoch lediglich dazu, uns von der eigentlichen Frage abzulenken, die es zu stellen gälte: Warum sind gewisse Kreise geradezu davon besessen, der Bevölkerung die Waffen abzunehmen, während man gleichzeitig die Gesetzesvollstrecker bis unter die Zähne bewaffnet – sogar mit Militärtechnik? Die Antwort liegt wohl auf der Hand. Nicht nur die Nazis haben vor ihrer Machtergreifung den Privatbesitz von Schusswaffen reglementiert. Der Plan sieht für die Vereinigten Staaten und andere „freie Länder" einen Militärputsch vor, dessen Erfolgsaussichten deutlich steigen, wenn die Bevölkerung keinerlei Zugriff auf Waffen jedweder Art hat. Militärische „Übungen" in amerikanischen Groß- und Kleinstädten sind Bestandteil der schleichenden Vorbereitung auf eine Machtübernahme. Ein überdeutliches Beispiel dafür war die als Jade Helm bezeichnete „Übung", die 2015 in Texas durchgeführt wurde. Texas kam dabei die Rolle als „feindliches Gebiet" zu (siehe „inländischer Terrorismus"). Jade Helm wurde mit der Begründung legitimiert, man müsse „essenzielle Methoden der speziellen Kriegführung [trainieren], die beim Schutz des Landes vor ausländischen Feinden von Nutzen sind". Absoluter Quatsch. Der preisgekrönte Filmemacher Aaron Russo, der unter anderem den Film „Die Glücksritter" mit Eddie Murphy inszeniert hat, erhob in den letzten Jahren seines Lebens seine Stimme gegen die Verschwörung. In diesem Zusammenhang enthüllte er auch, was ihm der Psychopath Nick Rockefeller anvertraut hatte, als dieser Russo für den Council on Foreign Relations anwerben wollte (Abb. 541). Das folgende Zitat bringt den Mechanismus der Wahrnehmungstäuschung auf den Punkt. Russo sagte über Rockefeller:

**Abb. 541:** *Aaron Russo und Nick Rockefeller, ein Angehöriger der „Herrenrasse". Stand Russo kurz davor, „geadelt" zu werden?*

> Er war derjenige, der elf Monate vor dem 11. September zu mir sagte, es würde „ein Ereignis geben". Was das für ein Ereignis sein würde, sagte er nicht – aber dass etwas geschehen würde und wir in der Folge dieses Ereignisses in Afghanistan einmarschieren würden, um Pipelines vom Kaspischen Meer zu bauen; des Weiteren würden wir im Irak einmarschieren, um dessen Ölfelder unter unsere Kontrolle zu bringen, eine Militärbasis im Nahen Osten etablieren und alles zum Bestandteil der Neuen Weltordnung machen. Dann würden wir noch den venezolanischen Präsidenten Chávez angreifen [der praktischerweise bald darauf an Krebs verstarb – eine Krankheit, von der er behauptete, sie sei ihm von außen zugefügt worden].
>
> Einige Zeit später geschah 9/11, und ich erinnere mich, wie er mir erzählte, dass wir Soldaten sehen würden, die in Höhlen in Afghanistan, Pakistan und all diesen Orten nach bestimmten Personen suchen würden. Es wird einen „Krieg gegen den Terror" geben, bei dem es keinen echten Feind gibt. Das Ganze wird ein gigantischer Schwindel sein, aber die Regierung kann auf diese Weise das amerikanische Volk unter Kontrolle bringen.

Nicht nur die Amerikaner, sondern die Welt als Ganzes. Für den Präsidenten der Vereinigten Staaten liegt eine ganze Wagenladung von Executive Orders bereit, die diesem ermöglichen, das Kriegsrecht zu verhängen, Besitztümer und Ressourcen zu konfiszieren, die Kontrolle über sämtliche Transportmittel, Sendefrequenzen, das Internet, Energiequellen, Lebensmittel und die Wasserversorgung zu übernehmen, Familien zu zerbrechen und jede beliebige Person an jeden beliebigen Ort umzusiedeln sowie die Menschen zu zwingen, in beliebigem Umfang ohne Entgelt zu arbeiten. Das kann auf keinen Fall wahr sein? Prüfen Sie es nach. Still und heimlich hat man diese Machtstrukturen installiert, bereit für den Moment, wenn ein Archontenklon im Weißen Haus die Anweisung bekommt, die Maschinerie in Gang zu setzen. Somit wird die Übernahme des Militärs weitgehend „legal" erfolgen – gedeckt durch all die Durchführungsverordnungen, die nach und nach vom Präsidenten unterzeichnet worden sind, ohne dass es dafür irgendein Votum seitens der Politik oder gar eine öffentliche Debatte gegeben hätte. In Großbritannien und andernorts wird es nach demselben Schema laufen. Was für die meisten Menschen eine zusammenhanglose Kette zufälliger Ereignisse zu sein scheint, geschieht in Wirklichkeit ganz und gar nicht zufällig, sondern entspricht einer vor langer Zeit geplanten Marschroute in eine weltumspannende archontische Diktatur.

KAPITEL 10

# Mach alles neu (2)

*Nichts ist leichter als Selbstbetrug; denn was ein Mensch wahrhaben möchte, hält er auch für wahr.*
**Demosthenes**

Wir bewegen uns auf eine weltumspannende Diktatur zu, in der die Menschheit von einer Weltregierung rund um die Uhr überwacht und unterjocht wird – gestützt auf mächtige Strukturen und Mechanismen, die zurzeit überall auf dem Planeten in Stellung gebracht werden. Die tragenden Pfeiler dieses gigantischen Überbaus sind größtenteils Bestandteil der sogenannten Agenda 21 (die mittlerweile zur Agenda 2030 erweitert worden ist), deren angebliche Notwendigkeit mit dem „Klimawandel" begründet wird.

Durchdrungen von Konzepten wie „nachhaltiger Entwicklung" und „Biodiversität" sind es die Vereinten Nationen, die die Agenda 21 durchboxen – eine Tatsache, die man dadurch verschleiert, dass man die zentrale Steuerung hinter einer Fassade aus lokalen Initiativen versteckt. So gibt es etwa die „Agenda 21 Seattle", die „Agenda 21 Oakland", die „Agenda 21 Isle of Wight" usw., doch repräsentieren all diese „verschiedenen" Programme in Wirklichkeit die „Agenda 21 UNO" – die nichts anderes darstellt als die „Agenda 21 Verdeckte Hand". Nachhaltige Entwicklung und Biodiversität sind löbliche Ziele, will man meinen, doch dienen diese Schlagworte nur dazu, die Gunst der Öffentlichkeit für Maßnahmen zu gewinnen, die in Wahrheit der Errichtung einer globalen Diktatur dienen (man erinnere sich an den Slogan „Schutz der Öffentlichkeit vor Terroristen"). Ins Leben gerufen wurde die Agenda 21 auf der Konferenz für Umwelt und Entwicklung der Vereinten Nationen, die 1992 im brasilianischen Rio de Janeiro stattfand. Durch List und Täuschung brachte man damals Umweltschützer wie grüne Politiker aller Herren Länder dazu, für eine Agenda zu stimmen, die als Instrument zur vollständigen Knechtung der gesamten Menschheit dient. Den Vorsitz der Konferenz führte der kanadische Ölmilliardär und Geschäftsmann Maurice Strong, ein Insider des archontischen Spinnennetzes und Handlanger der Familien Rothschild und Rockefeller. Passenderweise ist er auch Mitglied im Club of Rome, der 1968 als Teil des Round-Table-Netzwerkes gegründet wurde, dem auch die Bilderberger, die Trilaterale Kommission, der Council on Foreign Relations sowie das Royal Institute of International Affairs – eine britische Denkfabrik, die auch als „Chatham House" bekannt ist – angehören. Es war der Club of Rome, der den gigantischen Schwindel, den wir unter den Bezeichnungen „anthropogene Klimaerwärmung" bzw. „Klimawandel" kennen, in die Welt setzte und damit einen Vorwand schuf, den Westen zu deindustrialisieren und sich den gesamten Planeten untertan zu machen. Spätestens dann, wenn ein Vorhaben wei-

**Abb. 542:** „Bericht des Meteorologischen Dienstes enthüllt: Globale Erwärmung endete vor 16 Jahren." – *Die Manipulatoren, Fanatiker und Schwachköpfe basteln sich ihre Erderwärmung selbst aus Temperaturen zusammen, die de facto gar nicht steigen.*

**Abb. 543:** „Strohmann-Papst schließt sich dem Erderwärmungsschwindel an:,Oh Herr, bitte vergib mir – ich habe Mumpitz verbreitet; doch Satan sagte, ich müsse das tun.'" – *Hey, Papst! Wir brauchen dich, damit deine Schäfchen nicht ins Abseits geraten!*

terhin umgesetzt und beworben wird, obwohl dessen Glaubwürdigkeit bereits in Trümmern liegt, sollten sämtliche Alarmglocken schellen. Keine einzige der düsteren Warnungen vor den Weltuntergangsszenarien, die uns die „globale Erwärmung" angeblich bescheren würde, hat sich als zutreffend herausgestellt. Das dürfte kaum überraschen, sind doch die globalen Temperaturen laut Satellitenmessung seit 1997/1998 nicht mehr gestiegen (Abb. 542). So wurde denn die „Klimaerwärmung" auch in „Klimawandel" umgetauft, als sich abzeichnete, dass die Temperaturen stagnierten. Dessen ungeachtet fährt man fort uns weiszumachen, die Gesellschaft müsse, um die Welt vor der Klimakatastrophe zu bewahren, eine Transformation durchlaufen. Für die Aufgabe, die Große Lüge der Welt zu verkaufen, erkor die Public-Relations-Abteilung der Archonten den Papst der babylonischen Kirche (Abb. 543).

Obwohl es die SONNE ist, deren Aktivitäten die Erdtemperatur bestimmen, taucht diese in den Betrachtungen der Globalerwärmer praktisch überhaupt nicht auf (Abb. 544). Wie jetzt – die Sonne soll etwas mit der Temperatur auf der Erde zu tun haben? Wissenschaftler am Forschungszentrum CERN fanden heraus, dass zwischen der Erdtemperatur und dem Anteil an kosmischer Strahlung, die in unsere Erdatmosphäre eindringt, eine fast hundertprozentige Korrelation besteht (Abb. 545). Diese Information wurde erst öffentlich gemacht, nachdem in den Medien berichtet worden war, dass man diese Ergebnisse zurückgehalten hatte. Warten Sie mal, wie das erst wird, wenn die globale Temperatur – im Gleichklang mit den Sonnenzyklen – tatsächlich das nächste Mal zu steigen beginnt. Die Anhänger des Erwärmungskultes werden völlig austicken – so hysterisch, wie sie sich in den zurückliegenden Jahren aufgeführt haben, als sich die Temperaturen noch gar nicht rührten. Wenn sie anfangen, vor Erregung zu leuchten, sollten wir sie zum Schutz des Planeten durch „ökologische“ Glühlampen ersetzen.

Wenn Sie die Vorgeschichte des Klimaerwärmungs-Vorkämpfers Al Gore recherchieren, der unter anderem Maurice Strong sowie die dauerlügenden Clintons zu seinen Kumpeln zählt – unter Bill bekleidete er das Amt des Vizepräsidenten –, werden Sie zu dem Schluss kommen, dass sämtliche Projekte, an denen er beteiligt war, zwielichtigen Charakters sind (Abb. 546). Der Schwindel mit dem Klimawandel flog schon 1991 mit dem Erscheinen der Schrift „The First Global Revolution. A Report by the Council of the Club of Rome“ auf, in der es hieß: „Auf der Suche nach einem gemeinsamen Feind, gegen den wir uns zusammenschließen können, kam uns die Idee, dass sich Umweltverschmutzung, die Bedrohung durch die Erderwärmung, Wasserknappheit, Hungersnot und dergleichen hervorragend dafür eignen würden.“ In diesem Dokument tauchte der damals neuartige Gedanke auf, dass „der wahre Feind die Menschheit selbst“ ist. Hat man den Glaubenssatz, die Menschen seien der Feind, erst einmal etabliert, lassen sich auch Maßnahmen rechtfertigen, die sich gegen diesen Feind richten – gegen das Leben und die Freiheit der Menschen. Das ist es, worauf der Erderwärmungsschwindel fußt. Ich werde hier nicht näher auf die Details dieser gigantischen Täuschung eingehen, da ich das in „Die Wahrnehmungsfalle“ und anderen Büchern bereits ausgiebig getan habe; doch lassen Sie mich das Wesentliche noch einmal zusammenfassen.

**Abb. 544:** „Sie glauben doch nicht etwa, die Sonne könnte irgendetwas mit den Temperaturen auf der Erde zu tun haben, oder?“ – *Jupp, so dämlich geht es in der Debatte zu.*

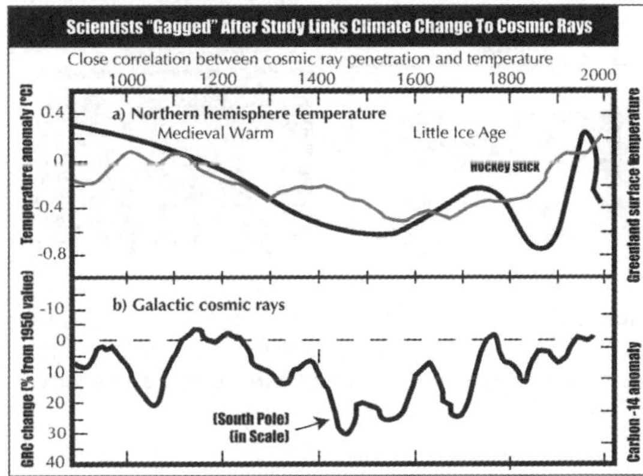


**Abb. 545:** „Wissenschaftler erhalten Maulkorb, nachdem eine Studie den Klimawandel mit der kosmischen Strahlung in Verbindung brachte.“ – *Die Korrelation zwischen der kosmischen Strahlung und der Temperatur.*

**Abb. 546:** „Der große Al – die große Lüge.“ – *Al Gore, der Hohepriester des Klimakults.*

# Computer liefern die Beweise

Bei den Enthüllungen über „Klimawissenschaftler", die ihre Daten so zurechtmanipuliert haben, dass sie das Szenario einer menschengemachten Erderwärmung real erscheinen lassen, handelte es sich nicht um Versehen; vielmehr konnte die große Lüge nur so aufrechterhalten werden. Auch werden Erkenntnisse über natürliche, klimaverändernde Phänomene – wie etwa El Niño, der eine Erwärmung von Teilen des Pazifik bewirkt – mehr oder weniger subtil manipuliert, um sie mit der These vom menschengemachten Klimawandel vermengen zu können. Mittels „Computermodellen" produzierte man Weltuntergangsfantasien, die man dann präsentierte, als handele es sich um Tatsachen. Um diese albtraumhaften Szenarien zu generieren, bediente man sich eines einfachen Prinzips: Wo man Müll hineingibt, kommt auch nur Müll heraus. Wenn man sowieso nur an Müll interessiert war, hat man damit sein Ziel schon erreicht. Wie bringt man einen Computer dazu, genau die Resultate auszuspucken, die man haben möchte? Indem man ihn ausschließlich mit den Informationen füttert, nach deren Verarbeitung sich gerade das Bild ergibt, das die Leute glauben sollen (Abb. 547).

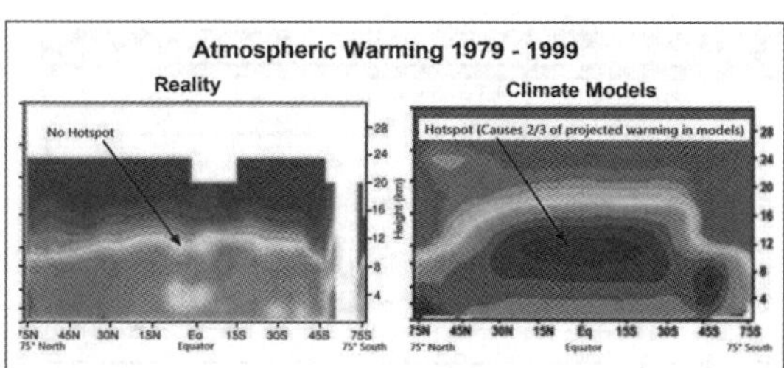


**Abb. 547:** „Atmosphärische Erwärmung 1979–1999: Realität vs. Klimamodelle" – *Die Vorhersagen durch Computersimulationen und die tatsächlichen Verhältnisse sind zwei sehr verschiedene Paar Schuhe.*

Wichtige, einflussreiche Posten innerhalb der Institutionen, die sich mit dem Klimawandel befassen, wurden mit ignoranten, gefügigen oder verschlagenen Charakteren besetzt. Wissenschaftlern und Interessenverbänden wirft man schwindelerregende Summen in den Rachen, solange sie nur die große Lüge unterstützen und in den Chor derer einstimmen, die auf den Umbau der Gesellschaft nach den Vorgaben der Agenda 21/Agenda 2030 drängen. Das Ziel heißt: Deindustrialisierung. Im Hinblick auf die Agenda 21 sagte der Insider Maurice Strong: „Besteht die einzige Hoffnung für diesen Planeten nicht darin, dass die industrialisierte Zivilisation kollabiert? Liegt es dann nicht in unserer Verantwortung, dies herbeizuführen?" Die von seinen Meistern gewünschten Zustände herbeizuführen, müsste es richtiger heißen. Seine Milliarden hatte Strong (der 2015 gestorben ist) der Industrialisierung zu verdanken. Später waren sowohl Strong als auch Gore bemüht, aus Projekten, die die Lüge von der globalen Erwärmung propagierten, Profit zu schlagen. In den Lehrplänen des archontischen Bildungs- und Hochschulsystems ist der vom Menschen verursachte Klimawandel fest eingebaut, so als sei er unbestrittene Tatsache. Gleiches gilt auch für den überwiegenden Teil der Medien, wobei die *BBC* als eines der erbärmlichsten Beispiele heraussticht. Die Energierechnungen steigen, damit „die Herausforderungen des Klimawandels bewältigt" und die „regenerativen" Konzepte bezahlt werden können – die hässlichen Windparks etwa, die weder notwendig sind noch irgendeinen nennenswerten Nutzen bringen, dafür aber die Landschaft verschandeln. Manche davon wurden, nachdem man ein Vermögen für ihre Errichtung ausgegeben hatte, bald wieder stillgelegt (Abb. 548).

**Abb. 548:** „Verschandelung der Landschaft – ohne triftigen Grund." – *Der Schwindel mit der Windkraft.*

Dieselbe Verdeckte Hand, die hinter der Lüge von der Erderwärmung steckt, betreibt auch die systematische Unterdrückung von Technologie, die auf der Nutzung freier Energie basiert. Dabei werden elektrische und elektromagnetische Felder innerhalb der Simulation angezapft und quasi zum Nulltarif – was die laufenden Kosten anbelangt – in Form von Wärme und Energie nutzbar gemacht. Nichts anderes hat auch Nikola Tesla, auf dessen Erfindungen unsere modernen Elektrizitätsnetze zurückgehen, während der ersten Hälfte des 20. Jahrhunderts getan, womit er die prinzipielle Machbarkeit dieser Art von Technologie nachwies. Hätte die breite Bevölkerung Zugang zu freier Energie, wäre sie in deutlich geringerem Maße gezwungen, dem System zu dienen, um ihre Heizungs- und Stromrechnungen bezahlen zu können. Klar, dass die *El*-ite davon nichts wissen will. 1943 verstarb Tesla, der weltweite Anerkennung und Dank verdient hätte, verarmt und einsam. Auch in der Art und Weise, wie mit Menschen umgegangen wird, die sich autark mit Energie versorgen und nicht am Elektrizitätsnetz hängen wollen, offenbart sich die Scheinheiligkeit der Erderwärmungsapologeten. Dieselbe Obrigkeit nämlich, die pausenlos gegen fossile Brennstoffe wettert und Angst vor einem Klimawandel verbreitet, zwingt die Selbstversorger, Strom über das öffentliche Netz zu beziehen. Einer Umweltaktivistin aus der kanadischen Provinz Nova Scotia erklärte man, sie müsse „zu ihrem eigenen Schutz" ans Netz angeschlossen bleiben. Da soll noch einer schlau draus werden. Andererseits ist es ja auch egal, was man als Vorwand angibt.

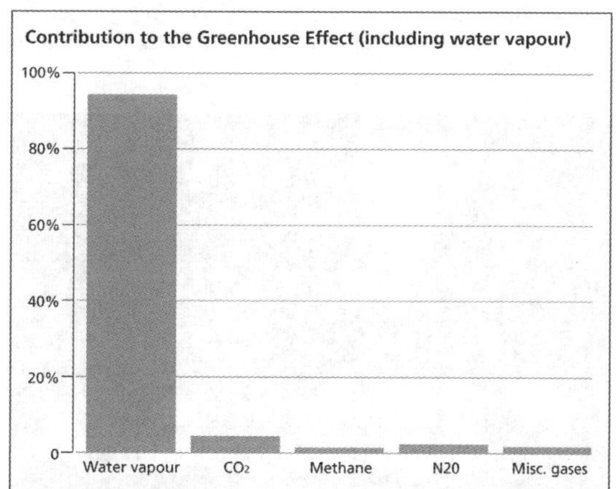


**Abb. 549:** „Anteil verschiedener Gase am Treibhauseffekt (einschließlich Wasserdampf, ganz links)" – *Verbietet die Wolken! Rettet die Welt!*

Ich behaupte nicht, das globale Klima würde sich nicht verändern. Das hat es schließlich schon immer getan. Es gibt, in Abhängigkeit von der Sonnenaktivität, Warm- und Kaltzeiten. Was ich sage ist vielmehr, dass diese Veränderungen nicht auf das Konto des Menschen gehen und der Mensch mithin in dieser Hinsicht keinen „Feind" darstellt. Man hat das Kohlendioxid zum Buhmann gemacht (um auf diese Weise die Industrialisierung dämonisieren zu können), dabei würde es ohne $CO_2$ auf der Erde gar kein Leben geben, und sein Anteil an den Treibhausgasen ist lächerlich gering. Pflanzen absorbieren Kohlendioxid und wandeln es zu Sauerstoff. Der Treibhauseffekt, dank dessen sich die Wärme nahe der Erdoberfläche hält (andernfalls würden wir zu Eis am Stiel werden), entsteht fast vollständig durch Wasserdampf und Wolken (Abb. 549). Warum wird die Bildung von Kondenswasser nicht verboten? Die Mengen an $CO_2$ sind nicht nur vergleichsweise unbedeutend; das Gas entsteht zudem auf überwiegend natürliche Weise und nicht durch menschliche Aktivitäten. Leslie Woodcock, ein Professor emeritus der University of Manchester, der Mitglied der Royal Society of Chemical Engineering sowie Visiting Fellow der Max-Planck-Gesellschaft ist und einst in der Forschungsabteilung der NASA tätig war, sagte:

> Wasserdampf stellt ein viel stärkeres Treibhausgas dar. In unserer Atmosphäre gibt es 20 Mal mehr Wasser als Kohlendioxid. Es macht etwa ein Prozent der Atmosphäre aus, während auf $CO_2$ nur 0,04 Prozent entfallen. Kohlendioxid ist zu einer Art giftigem Gas erklärt worden, dabei ist es in Wirklichkeit das Gas des Lebens. Wir atmen es aus, Pflanzen atmen es ein. [Der Klimawandel] wird nicht durch uns verursacht. Die globale Erwärmung ist Quatsch.

**Abb. 550:** „Wissenschaftlern zufolge wird die neue Kleine Eiszeit die Erderwärmung nicht aufhalten. Mögen sie gesegnet sein." – *Es gibt keine Verrücktheit, für die sich der Klimakult zu schade wäre.*

**Abb. 551:** „George Carlin: ‚Dem Planeten geht's gut. Es sind die Leute, die im Arsch sind.'" – *Genial.*

Ungeachtet dessen regten 20 „Wissenschaftler" im Jahr 2015 in einem Brief an Präsident Obama an, dass Personen, die gegen die fragwürdige „wissenschaftliche" These von der menschengemachten Klimaerwärmung argumentieren, auf der Grundlage von Gesetzen, die eigentlich der Bekämpfung des organisierten Verbrechens dienen, strafrechtlich belangt werden sollten (Abb. 550). Und dann wäre da noch Matthew Liao, außerordentlicher Professor für Bioethik an der New York University, der Babys mittels Gentechnik kleiner machen will, damit sie „energieeffizienter" werden. Würde man nämlich Kinder einer geeigneten Hormonbehandlung unterziehen, ließen sich laut Liao „die Wachstumsfugen schließen". Hochgewachsene Menschen, so argumentiert er weiter, würden mehr Material für ihre Kleidung verbrauchen, Schuhe und Teppiche schneller abnutzen und die Transportmittel durch ihr Gewicht stärker belasten. Leute wie Liao sind einfach zu irre, um ihren Irrsinn überhaupt bemerken zu können (Abb. 551).

# Manipulierte Zahlen

In einem besonders beachtenswerten Fall entlarvter Datenmanipulation wurden Versuche enthüllt, die Daten über die mittelalterliche Warmzeit „loszuwerden". Vor 800 bis 1000 Jahren lagen die Temperaturen nämlich deutlich höher als heute (Abb. 552). Das konnten die Scharlatane natürlich nicht gebrauchen – wie sollten sie schließlich die damaligen hohen Temperaturen erklären, die zu einer Zeit auftraten, als es noch gar keine Industrialisierung gab? Um ihr berüchtigtes „Hockeyschläger-Diagramm" an den Mann bringen zu können, das einen plötzlichen drastischen Anstieg der Temperaturen mit Beginn der Industrialisierung vortäuscht, mussten sie sich der Mittelalter-Warmzeit entledigen (Abb. 553). Die Temperaturschwankungen vor, während und nach dieser Periode korrelieren mit der Sonnenfleckenaktivität (Abb. 554). Die Temperaturen lagen damals deutlich höher als heute, doch handelte es sich um eine Phase des Überflusses, nicht der Katastrophen. Es sind vielmehr die sehr kalten Abschnitte, die verheerende Folgen für das Leben haben können. Auf die Warmzeit folgte die sogenannte „Kleine Eiszeit", während der die Temperaturen so tief in den Keller sanken, dass man auf der zugefrorenen Themse in London alljährlich ein Volksfest veranstaltete. Noch heute

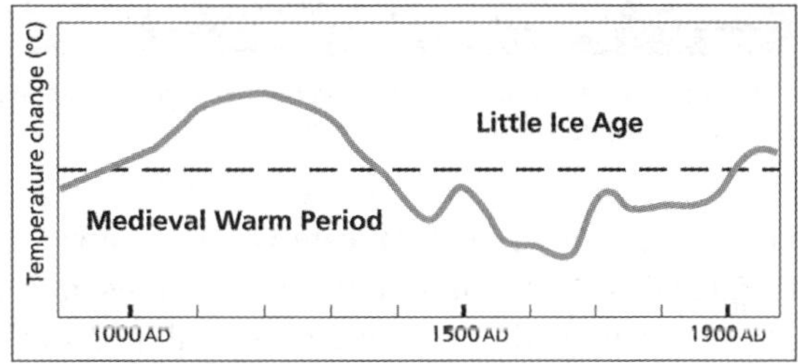


**Abb. 552:** *Aber was hat dann die Warmzeit vor eintausend Jahren ausgelöst? Könnte es vielleicht die Sonne gewesen sein? So ein Quatsch – jetzt werd mal nicht albern!*

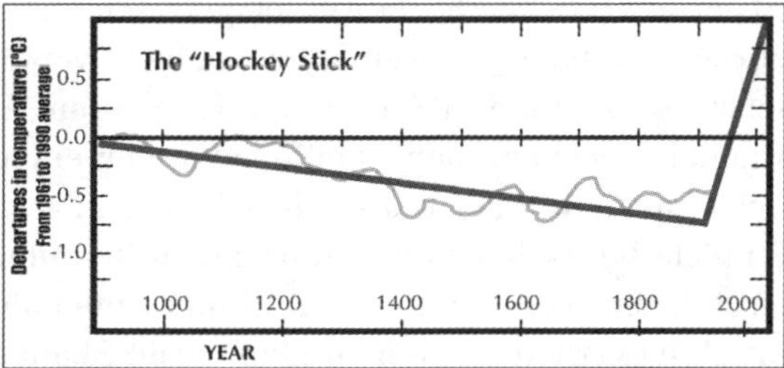


**Abb. 553:** *Die freche Unterschlagung der mittelalterlichen Warmzeit. So soll der Eindruck erweckt werden, die Temperaturen wären erst in jüngster Zeit urplötzlich in die Höhe geschnellt.*

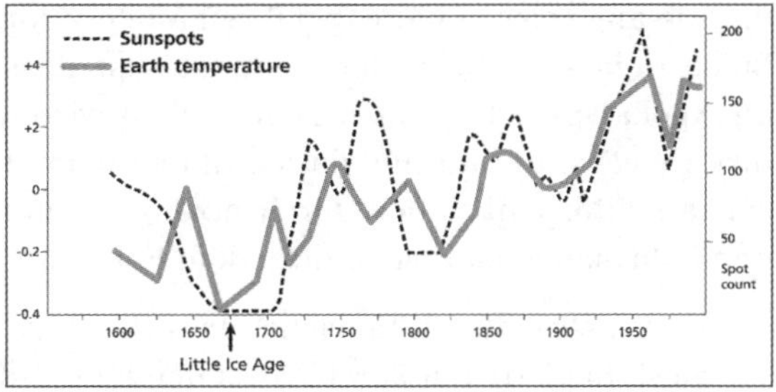


**Abb. 554:** „Sonnenflecken und Erdtemperatur im Verlauf der Jahrhunderte" – *Es liegt an der SONNE!*

**Abb. 555:** *Jahrmarkt auf der zugefrorenen Themse während der Kleinen Eiszeit.*

versieht man Weihnachtskarten gern mit zeitgenössischen Darstellungen aus jener Epoche (Abb. 555). Bedenken Sie, wann immer Sie Formulierungen wie „der wärmste Tag [bzw. Jahr] seit Beginn der Wetteraufzeichnungen“ hören, dass man Daten dieser Art erst zu einem Zeitpunkt festzuhalten begann, als wir uns gerade aus der Kleinen Eiszeit herausbewegten. Bezugnahmen auf diese Periode sind demnach irreführend und manipulativ.

Zu der stetig wachsenden Zahl von Wissenschaftlern, die die große Lüge angreifen, gehört auch Harold Warren Lewis, ein angesehener Physiker und ehemaliger Berater des Pentagon und der amerikanischen Regierung. Der American Physical Society (APS) kehrte er den Rücken, da sie „den Erderwärmungsschwindel [unterstützt], der mit Billionen von Dollar vorangetrieben wird und schon so viele Wissenschaftler korrumpiert hat“. Die These von der Klimakatastrophe sei „der größte und erfolgreichste pseudowissenschaftliche Betrug“, den er im Laufe seiner Karriere je zu Gesicht bekommen habe. Als er der APS vor 65 Jahren beigetreten war, sei die Gesellschaft noch „viel kleiner und zurückhaltender gewesen und noch nicht von den Geldflüssen korrumpiert worden“. Mittlerweile hätte die APS aber „die Korruption als Normalfall hingenommen und sich den Kapitalflüssen ergeben“. Philippe Verdier, ein allseits bekannter Wetteransager des staatlich finanzierten Fernsehsenders *France 2*, verlor seinen Job, nachdem er ein Buch veröffentlicht hatte, demzufolge führende Klimatologen und politische Führer „die Welt mittels irreführender Daten über den Klimawandel als Geisel genommen“ hätten. Wörtlich sagte er: „Wir werden von einem planetaren Skandal in Geiselhaft gehalten, der sich um den Klimawandel rankt – eine Kriegsmaschinerie, deren Ziel es ist, uns in Angst zu halten.“ Den Entschluss, das Buch zu schreiben, fasste Verdier, nachdem der französische Außenminister Laurent Fabius die wichtigsten Wetteransager des Landes zusammengetrommelt und sie angewiesen hatte, bei ihren Moderationen hin und wieder das Wort „Klimachaos“ fallen zu lassen. „Besonders skandalös ist, dass man auf uns Druck ausübt zu sagen, dass die Apokalypse über uns hereinbrechen wird, wenn wir uns nicht beeilen“, fährt Verdier fort. Er weist darauf hin, dass „Klimadiplomatie“ nichts anderes bedeutet, als dass führende Politiker nach der Durchsetzung solcher Veränderungen trachten, die ihrem eigenen Fahrplan entsprechen (lies: dem Fahrplan ihrer unsichtbaren Meister). Verdier sagte:

> In Anbetracht der Tatsache, dass die Regierung [die den Sender France 2 finanziert] die [2015 in Paris stattfindende] UN-Klimakonferenz organisiert, können die Enthüllungen, die ich in dem Buch mache – und das zu tun, habe ich jedes Recht – für meinen Arbeitgeber Probleme nach sich ziehen. Ja, man wird sofort als Klimaskeptiker gebrandmarkt, wenn man zu diesem Thema eine auch nur minimal abweichende Sicht vertritt.

Dass Wissenschaftler und Experten, die den Mund aufmachen, Rufmordkampagnen ausgesetzt werden, gehört zum Programm. Wie es scheint, haben sogar Gewerkschaften bei France Television die Entlassung Verdiers gefordert. Was für ein Haufen Blödmänner. David Evans, der elf Jahre lang in Voll- oder Teilzeit beratend für das australische Greenhouse Office (das heutige Ministerium für Klimawandel) tätig war, hat nach eigener Aussage die Mathematik hinter den Klimamodellen überprüft und ist dabei zu dem Schluss gekommen, dass das IPCC (der Weltklimarat der UN) das Ausmaß der globalen Erwärmung um den Faktor zehn zu hoch eingeschätzt hat (und zwar absichtlich, möchte ich hinzufügen). Wörtlich sagte Evans:

> Ja, $CO_2$ hat eine Wirkung, aber die beträgt nur ein Fünftel bis ein Zehntel dessen, was das IPCC behauptet. $CO_2$ bestimmt nicht das Klima. Nicht einmal 20 Prozent der Erwärmung, die wir in den letzten Jahrzehnten verzeichneten, gingen auf sein Konto. Die Architektur des Modells war fehlerhaft. Kohlendioxid verursacht lediglich eine minimale Erwärmung. Das Klima wird weitgehend von Faktoren bestimmt, die sich unserer Kontrolle entziehen [...]
>
> Ich habe Jahre gebraucht, um das zu verstehen, aber schließlich fand ich eine mögliche Erklärung dafür, warum die Klimatologen auf ihrer Sichtweise beharren, dass $CO_2$ ein gewaltiges Problem darstelle, während die empirischen Hinweise zeigen, dass sein Einfluss nicht annähernd so groß ist, wie die Wissenschaftler glauben.

Evans meinte, seine Entdeckung „müsste die Welt verändern", doch seien „die politischen Widerstände enorm". Über diese Hindernisse und die eigentlichen Ursachen der verlogenen Klimaagenda hatte er sich schon früher geäußert: „Ursprünglich war ich als Wissenschaftler von der $CO_2$-These überzeugt und hatte damit auch ein gutes Auskommen. Ich konnte die Beweisführung nachvollziehen und beteiligte mich an der Panikmache. Doch heute gehöre ich zu den Skeptikern." (Abb. 556) Die Idee, dass die Erderwärmung hauptsächlich auf Kohlendioxid zurückzuführen sei, beruhe Evans zufolge vollständig „auf einer Annahme, die bereits in den 1990er Jahren durch empirische Analysen widerlegt worden ist. Doch es hing zu viel davon ab – Arbeitsplätze, Gewerbe, Gewinne, politische Karrieren sowie die Möglichkeit, eine Weltregierung und eine allumfassende Kontrolle zu etablieren. [...] Unerhörterweise halten die Regierungen und deren gefügige Klimawissenschaftler das Märchen vom Kohlendioxid als gefährlichem Schadstoff noch immer aufrecht." Ganz gleich, wie überwältigend die Gegenbeweise auch sein mögen, geben diese ihren Irrtum doch niemals zu. Hartnäckige Forscher wie Evans nehmen das Narrativ vom Klimawandel mehr und mehr auseinander.

**Abb. 556:** „Der Schwindel mit dem Klimawandel: Beteilige dich an der Täuschung der Öffentlichkeit, und du bekommst Fördergelder satt. Sagst du ihr aber die Wahrheit, verlierst du deine Arbeit." – *So kauft man sich Unterstützer, während man Andersdenkende zum Schweigen bringt.*

In seiner Verzweiflung versucht das System nun, die Infragestellung der offiziellen Lüge weltweit zur Straftat zu erklären. Im Jahr 2015 wurde auf einer – wie es in der Beschreibung hieß – „halbgeheimen internationalen Tagung führender Richter“ vorgeschlagen, die Anzweiflung angeblicher wissenschaftlicher Beweise für die menschengemachte Klimaerwärmung (die es nicht gibt) für illegal zu erklären. Finanziert wurde die Konferenz, die am Londoner Obersten Gerichtshof unter der Überschrift „Klimawandel und Recht“ stattfand, von ebendiesem (also vom Steuerzahler) sowie durch die britische Regierung (Steuerzahler) und das Umweltprogramm der Vereinten Nationen (Steuerzahler). Das zeigt, wie immens die Not des Systems ist, die öffentliche Bloßstellung der Lüge verhindern zu müssen, da sich die globale Gesellschaft nur unter diesem Vorwand wie geplant umgestalten lässt. Mit seiner Bemerkung über „die Möglichkeit, eine Weltregierung und eine allumfassende Kontrolle zu etablieren“ hat David Evans auf diesen Zusammenhang hingewiesen.

Das bringt uns wieder zu den Themen Agenda 21 bzw. Agenda 2030 und deren nahen Verwandten, der „nachhaltigen Entwicklung“ und der „Biodiversität“ zurück, mit deren Hilfe die oben erläuterte Weltregierungsstruktur installiert werden soll. Im Einzelnen kristallisieren sich aus den offiziellen Dokumenten der Agenda 21/Biodiversität/Nachhaltigen Entwicklung folgende Hauptziele heraus:

- Beseitigung nationaler Souveränität
- staatliche Planung und Verwaltung sämtlicher Bodenressourcen, Ökosysteme, Wüsten, Wälder, Berge, Ozeane und Frischwasservorkommen sowie der Landwirtschaft, der ländlichen Entwicklung und der Biotechnologie; Gewährleistung der Gleichbehandlung (bei der Versklavung)
- der Staat „definiert die Rolle“ des Geschäftslebens und der finanziellen Ressourcen
- Abschaffung von Privateigentum (da dieses nicht „nachhaltig“ ist)
- „Neustrukturierung“ des Familienverbundes
- Kinder werden vom Staat aufgezogen
- den Menschen wird vorgeschrieben, welche Arbeit sie zu machen haben
- erhebliche Einschränkungen bei der freien Wahl des Wohnorts
- Schaffung von „menschlichen Siedlungszonen“
- Massenumsiedlungen, da viele Menschen gezwungen werden, ihren bisherigen Wohnort zu verlassen
- Verdummung durch das Bildungssystem (bereits verwirklicht)
- drastische Verringerung der Weltbevölkerung zur Verwirklichung aller oben genannten Punkte

Mit dieser Agenda würden sämtliche Kernpunkte der Hungerspiele-Gesellschaft umgesetzt werden – selbst die Vorgabe, Kinder durch den Staat großziehen zu lassen. Massenumsiedlungen, bei denen die Betroffenen gezwungen werden, ihr angestammtes Zuhause aufzugeben und in „Siedlungszonen“ zu ziehen, sind bereits im Gange – wenn auch noch nicht offiziell. Die Gefahr einer ernstzunehmenden geschlossenen Widerstandsbewegung sinkt natürlich mit jedem Jahr, in dem es gelingt, die Agenda voranzutreiben, ohne dass die Öffentlichkeit die Existenz einer Agenda überhaupt bemerkt. Agenda 21? Nie von gehört, Kumpel. Agenda 2030? Was soll das sein? Aber sag mal, hast du die neuesten Fußballergebnisse?

Die geplanten „menschlichen Siedlungszonen“ sind im Grunde nichts anderes als riesige Gefängnisse, deren Insassen einst ländliche Gebiete bewohnten, nach der Umsiedlung aber in Hochhäusern zusammengepfercht und rund um die Uhr überwacht werden – in einem Umfeld, das die archontische Einfallslosigkeit widerspiegelt (Abb. 557). Wenn ehemals unverwechselbare, mitunter hübsche Städte einer eintönigen, seelenlosen „Architektur“ weichen, die mit Vorliebe in die Höhe baut, sehen wir den Archonten-Virus am Werk. Was mit „Siedlungszonen“ gemeint ist, beginnt einem klarzuwerden, wenn man etwa die Ankündigung des ehemaligen New Yorker Bürgermeisters Michael Bloomberg beachtet, der 2012 den Bau von zunächst 165.000 „Mikro-Apartments“ ankündigte. Dabei handelt es sich um „Wohnungen“ mit einer Grundfläche von dreißig mal zehn Fuß (etwa neun mal drei Meter) – immerhin größer als eine Gefängniszelle, doch kleiner als ein Mobilheim (Abb. 558). Bloomberg selbst ist ein Milliardär, der unter anderem ein Häuschen in New York – mit einer 40 Mal größeren Grundfläche als der einer „Mikroeinheit“ – und ein Anwesen auf den Bermudainseln sein eigen nennt. Hatte ich nicht gesagt, dass man eine Gesellschaft wie in den „Die Tribute von Panem“-Filmen errichten möchte? Bei den von Bloomberg angekündigten Wohneinheiten handele es sich nur um die „erste Stufe“. Stellen Sie sich schon mal darauf ein, dass man bald überall auf der Welt die Werbetrommel für Mikrowohnungen rühren wird – denn so will es die Agenda.

**Abb. 557:** „Menschliche Siedlungszonen“ – *Typische Ansicht der geplanten Siedlungszonen.*

**Abb. 558:** *Man nennt sie nicht ohne Grund „Mikro-Apartments“: Die beiden Linien auf dem Fußboden markieren die Größe der „Wohnungen“.*

Etwa 80 Prozent des Territoriums der Vereinigten Staaten sollen für die gewöhnliche Bevölkerung zur No-go-Area werden. Ähnliche Pläne bestehen auch für alle anderen Länder. Wer das alles für Quatsch hält, der studiere einmal die Karte, die die offiziellen Vorhaben der Agenda 21/2030 und der Biodiversitäts-Konvention für die Vereinigten Staaten verzeichnet (Abb. 559). Bei der genannten Konvention handelt es sich um eine verbindliche Vereinbarung zwischen 200 Ländern, die auch von den USA unterzeichnet worden ist. Dass sie das Papier noch nicht ratifiziert haben, verdanken wir Aktivisten wie Dr. Michael Coffman, einem Ökologen und Spezialisten für Ökosysteme, der, wie er sagt, im Laufe der 1980er und 1990er Jahre erkannte, dass die Biodiversität nur der Deckmantel für einen groß angelegten Landdiebstahl ist. Trotz der ausstehenden Ratifizierung sind die amerikanische Regierung und deren Institutionen der Agenda gefolgt. Ich empfehle Ihnen, sich im Internet einmal die farbige Version der erwähnten Biodiversitäts-Landkarte anzuschauen, die den Sachverhalt noch deutlicher werden lässt. Geben Sie dazu „biodiversity map Wildlands Project United States“ in eine Bildersuchmaschine ein. Die dunkelsten Bereiche der Karte kennzeichnen solche Gebiete, die vom Menschen überhaupt nicht oder nur sehr geringfügig genutzt werden sollen. Für das gesamte restliche Areal ist – mit Ausnahme lediglich einiger kleiner Abschnitte der helleren Bereiche – eine starke Regulierung der menschlichen Nutzung vorgesehen. Übrig bleiben vereinzelte, nicht miteinander verbundene Inseln, auf denen die dicht bevölkerten Siedlungszonen entstehen sollen. Indem man die Verbindungen zwischen den Ballungszentren von vornherein kappt bzw. auf einige Bahnlinien beschränkt und deren Nutzung streng reglementiert, unterbindet man ein überregionales Zusammenstehen der Massen. In der Gesellschaft, die in „Die Tribute von Panem“ porträtiert wird, schwelgt die winzige Minderheit der *El*-ite im Hightech-Überfluss des Kapitols, während die Menschen in separaten „Distrikten“ eingesperrt leben (Abb. 560). Jeder ist von allen anderen abhängig, sodass jede Eigenständigkeit verlorengeht – ein Zustand, wie ihn die Globalisierung tatsächlich heraufbeschworen hat (Abb. 561). Die einzelnen Länder sollen in einer Weise in Sektoren untergliedert werden, dass jede nationale Staatlichkeit und Souve-

**Abb. 559:** *Die Biodiversitätskarte der Vereinigten Staaten. Danach soll der größte Teil der ländlichen Gebiete in Zukunft unbewohnt sein.*

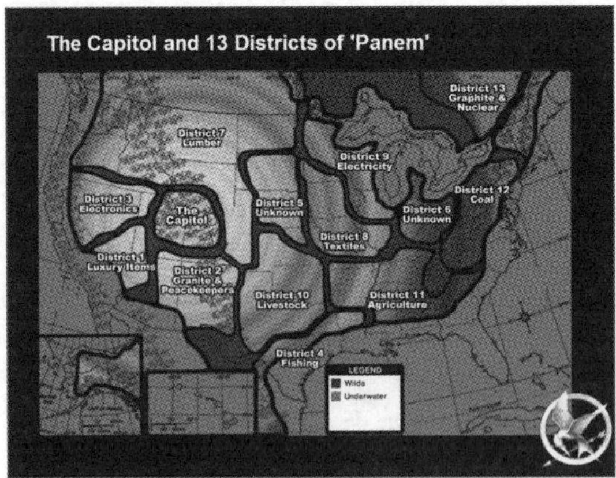


**Abb. 560:** *In den „Hunger-Games“-Filmen wird anhand der Distrikte demonstriert, wie die Länder bzw. die ganze Welt in isolierte Zonen aufgeteilt werden sollen, von denen jede eine bestimmte Funktion erfüllt.*

ränität verschwindet und den Menschen das Recht genommen wird, ihre Regierungen selbst zu bestimmen (das früher zumindest in der Theorie existiert hat). Die Eingeweihten und Laufburschen der Agenda 21/2030 benutzen dafür Codeworte wie „postindustrielle" und „postdemokratische" Gesellschaft. Die Bürokraten der Europäischen Union haben eine Europakarte herausgegeben, die den Kontinent in einer Weise in Regionen untergliedert, bei der Ländergrenzen völlig ignoriert werden. Eine ähnliche regionalisierte Karte veröffentlichte das von den Rockefellers finanzierte Projekt America 2050 auch für die Vereinigten Staaten (Abb. 562 und 563). Die USA werden dabei in elf „Megaregionen" unterteilt, wobei ein als „Cascadia" bezeichnetes Gebiet auch Teile Kanadas mit einschließt. So soll neben Seattle und Portland auch die in der kanadischen Provinz British Columbia gelegene Stadt Vancouver zu Cascadia gehören. Das Konzept der Megastädte (Siedlungszonen), die zu Megaregionen gehören, kursiert unter dem Stichwort „Megalopolis", dem griechischen Wort für Großstadt bzw. Metropole. Zwischen den Megaregionen sollen Hochgeschwindigkeitszüge verkehren, deren Entwicklung von der amerikanischen Regierung finanziert wird (Abb. 564). Schnellzüge wären in einer Welt nach Art der Hungerspiele das vorrangige Reisemittel, da sich diese leicht überwachen, nachverfolgen und kontrollieren lassen. Aus diesem Grund werden derzeit überall in Europa Schnellbahntrassen gebaut, wie etwa die als High Speed 2 bekannte Bahnverbindung zwischen London und Glasgow.

**Abb. 561:** „Wechselseitige Abhängigkeit = Verlust der Unabhängigkeit" – *Globalisierung bedeutet Zentralisierung der Kontrollmechanismen und Schaffung einer Situation, in der jeder von allen anderen abhängt, sodass die Möglichkeit der Selbstbestimmung praktisch abgeschafft wird.*

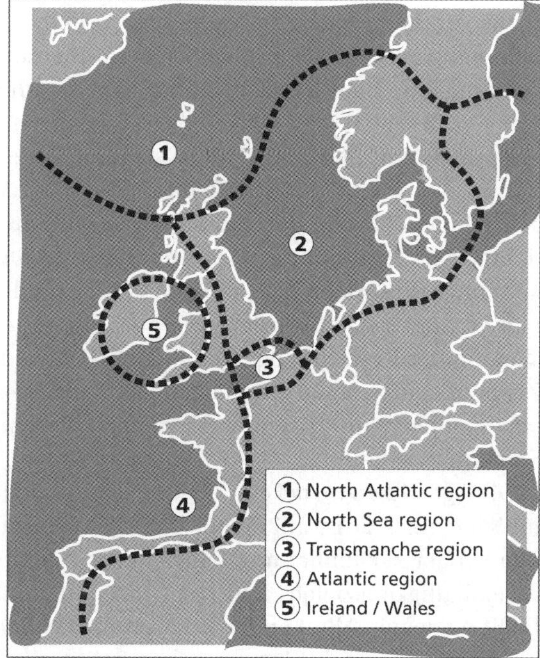


**Abb. 562:** *Der Plan sieht vor, die Europäische Union in Regionen zu unterteilen, die sich nicht an nationalen Grenzen orientieren, sodass Nationalstaaten de facto zu existieren aufhören.*

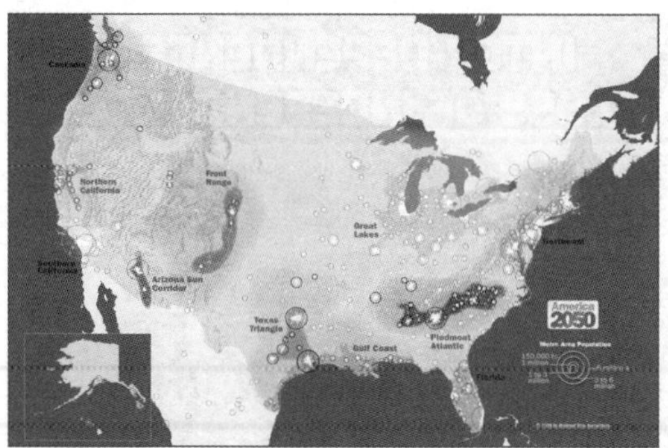


Abb. 563: *Die Karte der für die Vereinigten Staaten geplanten Regionen.*

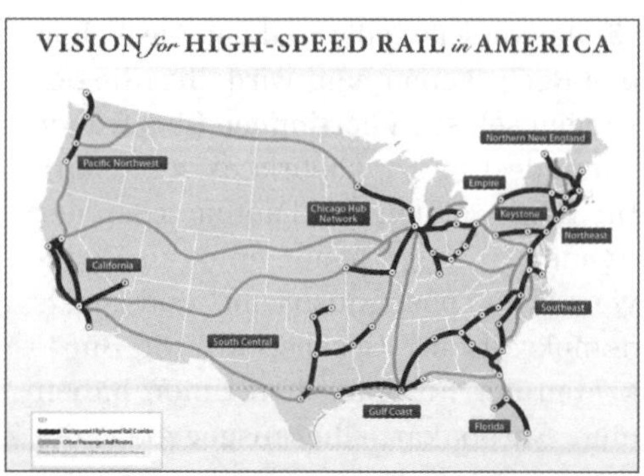


**Abb. 564:** *Die Pläne für neue bzw. auszubauende Hochgeschwindigkeits-Eisenbahntrassen decken sich mit den anvisierten amerikanischen Megaregionen.*

# Die Agenda 2030

Die Vereinten Nationen waren eine Erfindung der Rothschilds und Rockefellers, mit der man unbemerkt einen großen Schritt in Richtung des Endziels einer totalitären Weltregierung machte. Das Grundstück, auf dem sich heute das Hauptquartier der UNO befindet, war ein Geschenk der Rockefellers. Sie waren es auch, die nach dem Ersten Weltkrieg – zusammen mit den Rothschilds – zunächst die Gründung des Völkerbundes eingefädelt hatten, des gescheiterten Vorläufers der UNO. Wann immer die Vereinten Nationen weitreichende politische Beschlüsse fassen, Initiativen in die Welt setzen oder Zielstellungen definieren, kann man gewiss sein, dass sie der Agenda der Archonten entsprechen. So verwundert es nicht, dass die Agenda 21 (und die Klimalüge) durch die Vereinten Nationen vorangetrieben werden, wie auch deren 2015 überarbeitete und neu verpackte Version mit der Bezeichnung Agenda 2030. Die namensgebende Jahreszahl kennzeichnet den Zeitpunkt, an dem die grundlegenden Säulen des angestrebten weltumspannenden Polizeistaats implementiert sein müssen; nach diesem Meilenstein wird man zahlreiche weitere Strukturen schaffen.

Die Agenda 2030, deren Urheber sie als „neue universelle Agenda" beschreiben, wurde im September 2015 auf einem UNO-Sondergipfel beschlossen. Sie verpflichtet die einzelnen Länder zur Einhaltung „einer neuen Agenda für nachhaltige Entwicklung", die aus 17 „Nachhaltigkeitszielen" und 169 Unterpunkten besteht. In einem offiziellen EU-Dokument heißt es dazu: „Alle Länder und Akteure sollen sich an der Verwirklichung dieser Ziele beteiligen, die auch Eingang in die Politik der Länder finden sollen." Wenn Sie das einmal durch einen Orwellschen Übersetzungsapparat jagen, erhalten Sie so etwas wie „Alle Länder und Akteure sollen den Willen der hinter der UNO stehenden Kräfte gegenüber jedem einzelnen Menschen in der Welt durchsetzen". Der Papst wurde einmal mehr dazu auserkoren, den Schwindel der Öffentlichkeit schmackhaft zu machen – passend zu seiner Funktion als Vorturner der archontischen Kirche Babylons –, während andere Archontendiener brav das Loblied auf die Ankunft der „Neuen Welt" anstimmten (Abb. 565). Damit liegen sie nicht einmal falsch, nur sieht die Neue Welt etwas anders aus, als sie sie zeichnen. Der überwiegende Teil all derer, die dem Vorhaben ihre Zustimmung gaben, dürfte keinen Schimmer gehabt haben, was sie da eigentlich akzeptierten. Sie begreifen nicht einmal ansatzweise, was hier tatsächlich vorgeht. Dabei steht alles in dem bereits zitierten Dokument – wenn auch ohne es in den korrekten Kontext zu stellen:

**Abb. 565:** „Der Papst der Babylon-Sekte macht sich für die babylonische Agenda der ‚Neuen Weltordnung' stark (Reiner Zufall natürlich, kein Grund, sich Sorgen zu machen)" – ***Was immer ich sagen soll – ich mach das, kein Problem.***

> Die Agenda 2030 definiert neu, wie sich die internationale Gemeinschaft zusammentun und für eine andere Zukunft für Mensch und Erde einsetzen kann, damit die Welt Kurs auf eine nachhaltige Entwicklung nimmt. Während sich die Millenniumsentwicklungsziele (MDG) vor allem an die Entwicklungsländer richteten, stellt die Agenda 2030 die erste weltweite Einigung auf einen allgemeingültigen, umfassenden Aktionsplan dar, der alle Länder und alle Bereiche ihrer Politik betrifft.

Na bitte – da steht es nun schwarz auf weiß, wovor ich all die Jahre gewarnt habe. Was dort beschrieben wird, ist das Auftauchen einer globalen Diktatur, die der menschlichen Gesellschaft in allen Bereichen ihre Politik aufzwingt und ihr Verhalten fremdbestimmt, indem sie den nationalen Regierungen sagt, was sie zu tun und zu lassen haben. Weiter heißt es in dem Papier:

> Die 17 neuen Ziele für nachhaltige Entwicklung und die dazugehörigen 169 Zielvorgaben berücksichtigen in ausgewogener Weise die drei Dimensionen der nachhaltigen Entwicklung – die ökologische, die soziale und die wirtschaftliche Dimension – in Bereichen wie Armut, Ungleichheit, Ernährungssicherheit, Gesundheit, nachhaltiger Konsum und nachhaltige Produktion, Wachstum, Beschäftigung, Infrastruktur, nachhaltige Bewirtschaftung der natürlichen Ressourcen und Klimawandel sowie Gleichstellung der Geschlechter, friedliche und inklusive Gesellschaften, Zugang zur Justiz und institutionelle Rechenschaftspflicht.

Das liest sich, als wäre es unmittelbar der Agenda 21 bzw. den Plänen der Archonten entnommen. Haben Sie bemerkt, wie die geschlechtliche Gleichstellung – als Bestandteil der Kampagne zur politischen Korrektheit – mit eingeflochten wurde? Die „Ziele" werden in einer Weise formuliert, dass man kaum umhinkommt zu sagen: „Ja, klar, wie könnte man dagegen etwas haben!" Doch so, wie die Archonten das Weltgeschehen aus dem Unsichtbaren heraus manipulieren, liegen die manipulativen Aspekte ihrer Schriften im Unausgesprochenen verborgen. Hier sind die 17 „Ziele" der Agenda 2030 – und was sie in Wahrheit bedeuten:

1. Armut überall und in all ihren Formen beenden
(Wir haben nichts dergleichen vor – schließlich waren wir es, die die Armut überhaupt erst geschaffen haben. Doch indem wir diese Absicht bekunden, haben wir einen Vorwand, das globale Finanzsystem unter zentrale Kontrolle zu stellen und eine Weltzentralbank zu gründen. Nur so, werden wir argumentieren, lässt sich Armut aus der Welt schaffen.)

2. Hunger beenden, Ernährungssicherheit und eine bessere Ernährung erreichen und eine nachhaltige Landwirtschaft fördern
(Wir haben nichts dergleichen vor – schließlich waren wir es, die den Hunger überhaupt erst in die Welt gebracht haben. Doch indem wir vorgeben, dieses Ziel zu verfolgen, können wir behaupten, das Hungerproblem sei nur durch die zentrale Steuerung der weltweiten Lebensmittelproduktion und den umfassenden Einsatz gentechnisch veränderter – die Nahrungsversorgung zerstörender – Organismen zu lösen.)

3. Ein gesundes Leben für alle Menschen jeden Alters gewährleisten und ihr Wohlergehen fördern
(Wir haben nicht die Absicht, den Menschen zu Gesundheit zu verhelfen – eigentlich ist das das Letzte, was wir wollen –, aber auf diese Weise können wir Zwangsimpfungen einführen, der Bevölkerung die pharmabasierte „Medizin" aufzwingen und alternative Heilmethoden verbieten.)

4. Inklusive, gerechte und hochwertige Bildung gewährleisten und Möglichkeiten des lebenslangen Lernens für alle fördern
(Wir wollen gleichgeschaltete Kinder, die allesamt die Programmierung durch das „Bildungssystem" durchlaufen müssen und deren Alltag wir durch repressive Einrichtungen kontrollieren, die wir „Schulen" nennen. Die Programmierung soll das ganze Leben über fortdauern, bis sie zu alt sind, um uns noch von Nutzen zu sein; dann entfernen wir sie aus der Gesellschaft.)

5. Geschlechtergleichstellung erreichen und alle Frauen und Mädchen zur Selbstbestimmung befähigen
(Siehe die völlig durchgeknallten radikalen Feministinnen, von denen ich weiter oben sprach.)

6. Verfügbarkeit und nachhaltige Bewirtschaftung von Wasser und Sanitärversorgung für alle gewährleisten
(Zentrale Kontrolle sämtlicher Wasserquellen und -versorgungssysteme – Sie bekommen Wasser, wenn wir das wollen.)

7. Zugang zu bezahlbarer, verlässlicher, nachhaltiger und zeitgemäßer Energie für alle sichern
(Zentrale Kontrolle aller Energiequellen und -versorgungssysteme – Sie bekommen Energie, wenn wir das wollen.)

8. Dauerhaftes, breitenwirksames und nachhaltiges Wirtschaftswachstum, produktive Vollbeschäftigung und menschenwürdige Arbeit für alle fördern

(Zentrale Kontrolle aller Geschäftstätigkeit durch die Weltregierung, Handelszonen, Deindustrialisierung – und wo Sie zu arbeiten haben und wann, sagen wir Ihnen.)

9. Eine widerstandsfähige Infrastruktur aufbauen, breitenwirksame und nachhaltige Industrialisierung fördern und Innovationen unterstützen
(Wir errichten Siedlungszonen und behaupten, Industrialisierung sei nicht nachhaltig.)

10. Ungleichheit in und zwischen Ländern verringern
(Wir machen alle gleichmäßig arm – außer uns.)

11. Städte und Siedlungen inklusiv, sicher, widerstandsfähig und nachhaltig gestalten
(Wir treiben die ländliche Bevölkerung in übervölkerte Siedlungszonen, die Gefängnissen gleich rund um die Uhr überwacht werden – was sie zu sicheren Arealen macht.)

12. Nachhaltige Konsum- und Produktionsmuster sicherstellen
(Zentrale Kontrolle der gesamten Produktion und Verteilung von Gütern.)

13. Umgehend Maßnahmen zur Bekämpfung des Klimawandels und seiner Auswirkungen ergreifen
(Deindustrialisierung sowie Vertreibung der Menschen aus ländlichen Gebieten, um die Welt vor etwas zu schützen, das nicht existiert.)

14. Ozeane, Meere und Meeresressourcen im Sinne einer nachhaltigen Entwicklung erhalten und nachhaltig nutzen
(Zentrale Kontrolle der Ozeane und Gewässer einschließlich allem, was sich darin befindet.)

15. Landökosysteme schützen, wiederherstellen und ihre nachhaltige Nutzung fördern, Wälder nachhaltig bewirtschaften, Wüstenbildung bekämpfen, Bodendegradation beenden und umkehren und dem Verlust der biologischen Vielfalt ein Ende setzen
(Wir vertreiben die Menschen vom Land, siedeln sie in speziellen Siedlungszonen an und verwehren ihnen den Zugang zu weiten Teilen des Planeten.)

16. Friedliche und inklusive Gesellschaften für eine nachhaltige Entwicklung fördern, allen Menschen Zugang zur Justiz ermöglichen und leistungsfähige, rechenschaftspflichtige und inklusive Institutionen auf allen Ebenen aufbauen
(Wir werden uns eines gnadenlosen Polizeistaats bedienen, um den Frieden aufrechtzuerhalten. Die Menschen werden davon abhängig sein, wie wir Gerechtigkeit definieren und wen wir für die Regierungsposten auswählen.)

17. Umsetzungsmittel stärken und die globale Partnerschaft für nachhaltige Entwicklung mit neuem Leben füllen
(Das Ende aller nationalen Souveränität. Sämtliche Macht geht in die Hände des globalen Zentrums über – nämlich in unsere.)

Diese „Ziele" sind ein einzigartiges Beispiel archontischer Umkehrung. Die Personen, die für dieses Manifest der Niedertracht gestimmt haben, ohne Recherchen darüber anzustellen, was tatsächlich dahintersteckt, haben ihre Pflicht aufs Allergröbste vernachlässigt.

Die menschliche Gesellschaft mag zwar von bösartigen Menschen gesteuert werden, doch wären sie dazu gar nicht imstande, wären nicht viele Machtpositionen mit schlecht informierten Armleuchtern besetzt.

## Die Bevölkerung wird ausgedünnt

Es genügt schon ein kurzes, oberflächliches Studium der Biodiversitätskarte der Vereinigten Staaten, um zu erkennen, warum die Agenda 21/2030 eine dramatische Verringerung der Bevölkerungszahlen beinhalten muss. Schon jetzt verfolgt man verschiedene Ansätze, um dieses Ziel zu erreichen: chemische Zusätze in Lebensmitteln, Getränken und Trinkwasser, deren fortwährende Akkumulation im Körper tödliche Folgen haben kann; im Labor gezüchtete Krankheiten; Impfstoffe; Hungersnöte; eine hochgradig strahlenverseuchte Atmosphäre; sinkende Spermienzahlen usw. (in „Die Wahrnehmungsfalle" habe ich den Hintergrund der Bevölkerungsreduktion detailliert erläutert). Die Menschen gleichen schon jetzt giftigen Zeitbomben. In einer Entwurfsversion des von der UNO herausgegebenen „Global Biodiversity Assessment" hieß es, die Weltbevölkerung müsse auf eine Milliarde eingedampft werden. (Während ich diese Zeilen schreibe, leben über sieben Milliarden Menschen auf der Erde.) Dem Fernsehproduzenten Aaron Russo zufolge habe Nick Rockefeller ihm während eines Gesprächs unter vier Augen gesagt, dass die Menschheit um mindestens die Hälfte reduziert werden müsse. Archonten wie der CNN-Gründer Ted Turner oder Bill Gates, der sich für Impfungen, gentechnisch veränderte Lebensmittel und „Todesgremien" [vgl. „Die Wahrnehmungsfalle", Anm. d. Übers.] einsetzt, nehmen – wie die Vertreter der *El*-ite ganz allgemein – kein Blatt vor den Mund, wenn die Sprache auf derartige Zielstellungen kommt. Gates' Vater William H. Gates Senior stand einst Planned Parenthood vor, einer Organisation, deren Wurzeln in die Eugenikbewegung zurückreichen. Gates Jr. räumt ein, dass seine Familie früher den Ideen des berüchtigten Eugenikers Thomas Malthus anhing. Auch das Betreuungskonzept, das man im englischen Sprachraum unter dem Schlagwort „Care Pathway" kennt, steht mit der Bevölkerungsreduktion in Zusammenhang. Im Grunde genommen werden die Patienten (in der Regel ältere Menschen) dabei durch den Entzug von Medikamenten und Nahrung umgebracht, sobald ein Arzt befunden hat, dass die betroffene Person sowieso bald sterben

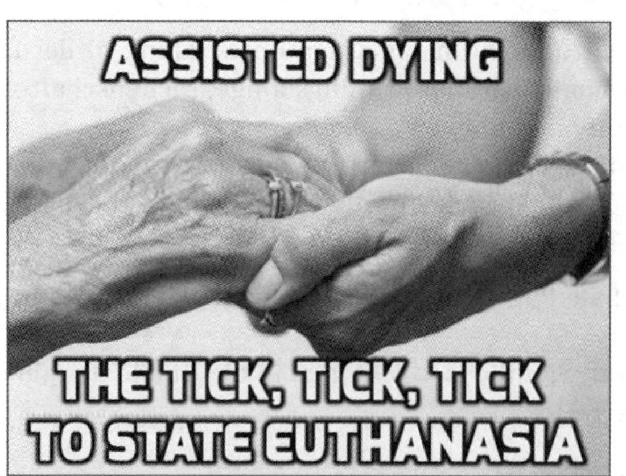


**Abb. 566:** „Sterbehilfe – Schritt für Schritt zur staatlichen Euthanasie" – ***Sterbehilfe ist das dünne Ende eines gewaltig großen Keils.***

wird. Es sind zahlreiche Fälle bekannt, in denen Patienten, die nach der Intervention von Angehörigen vom „Betreuungspfad“ genommen wurden, noch mehrere Jahre gelebt haben. Was wir im Moment in dieser Hinsicht erleben, ist erst der Anfang – die Schattenmächte haben gerade einmal den Fuß in die Tür gesetzt (Abb. 566). Hat ein Mensch ein Alter erreicht, da er dem System nicht mehr nützlich sein kann, suchen die Psychopathen ihn loszuwerden (Abb. 567). Henry Kissinger, ein Superpsychopath, gerissener Strippenzieher und Schmuckstück der Archonten, bezeichnete solche und andere Menschen, die dem System nicht mehr zu Diensten sind, denn auch unverblümt als „nutzlose Esser“ (Abb. 568).

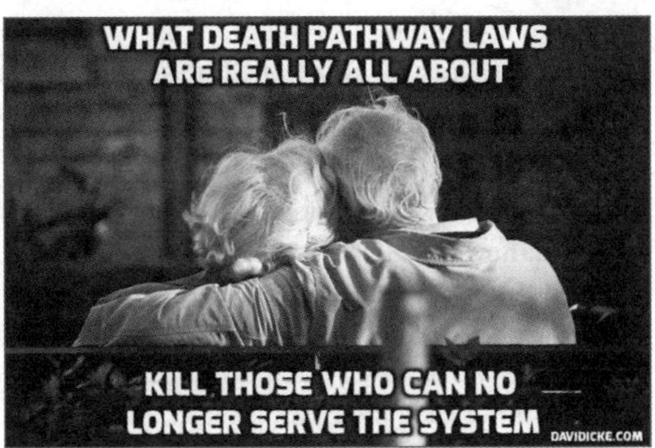


**Abb. 567:** „Darum geht es bei der Sterbebetreuung wirklich: die Beseitigung derer, die für das System nicht mehr nützlich sind.“ – ***Betreuungspfade für Sterbende und die Sterbehilfe sind Bestandteil der Pläne zur Eliminierung der Alten.***

**Abb. 568:** „Regierung gibt ihre politische Linie für die Seniorenarbeit bekannt: ‚Die interessieren uns einen Dreck.‘ (Äh, ja – und das ist auch schon alles.)“ – ***Sie können uns nicht länger zu Diensten sein? Hier haben wir eine Pille für Sie!***

Einen weiteren Aspekt der Bevölkerungsreduktion bilden die sinkenden Spermienzahlen. Wissenschaftler schlagen bereits Alarm, dass wir bald einen Punkt erreichen, an dem die Fruchtbarkeit des Menschen generell auf dem Spiel stehen wird. Wie eine umfangreiche spanische Studie enthüllte, hat sich die durchschnittliche Spermienzahl innerhalb eines Jahrzehnts um bis zu 38 Prozent verringert. Diese Entwicklung sei zum großen Teil auf eine erhöhte Konzentration an Giftstoffen zurückzuführen. Besondere Erwähnung fanden Verhütungsmittel, die mit dem Urin in die Trinkwasserversorgung gelangen, sowie Bisphenol A (BPA) – ein Stoff, der den Hormonhaushalt beeinflusst, doch in vielen Produkten Verwendung findet, etwa in der Beschichtung von Konservendosen, in Plastikflaschen und -behältnissen sowie in den speziellen Papierrollen für Kassenquittungen. Nichts von all dem geschieht zufällig. Warum konnte ein kalifornisches Biotechnologieunternehmen namens Epicyte im Jahr 2001 ein Gen patentieren lassen, das den Menschen, der es einnimmt, steril bzw. unfruchtbar macht? Warum hat man dieses Gen per Gentechnik *in Maissamen eingepflanzt?* Und noch ein „warum“: Warum starten Monsanto und Dupont ein Joint Venture, um Epicyte zu kaufen und ihr Gen zu „kommerzialisieren“? Mitch Hein, der Präsident von Epicyte, sagte „wir haben ein Treibhaus voller Maispflanzen, die Antikörper gegen Spermien produzieren“ und bemerkte, damit ließe sich das Problem der Überbevölkerung lösen. Rima E. Laibow, die medizinische Leiterin der Natural Solutions Foundation, wies darauf hin, dass die Food and Drug Administration (FDA) das Recht der Öffentlichkeit sabotiert hat, darüber Bescheid zu wissen, ob sich das Gen in den von ihr konsumierten Nahrungsmitteln befindet:

> Wollen Sie wissen, ob die Lebensmittel, die Sie zu sich nehmen, das Epicyte-Gen enthalten? Natürlich wollen Sie das wissen. Und die Lebensmittel, die Ihre Kinder und Enkel zu sich nehmen? Natürlich wollen Sie auch das wissen. Doch die amerikanische Lebensmittel- und Arzneiüberwachungsbehörde FDA, die sich vorrangig mit der Verwaltung von Betrug und Tod befasst, hat sichergestellt, dass Sie nach den geltenden Gesetzen keinerlei Anspruch auf solche Informationen haben.

Um die Weltbevölkerung zu reduzieren, verfolgt man verschiedene Ansätze, von denen einige ihre Wirkung sofort, andere erst im Laufe der Zeit entfalten. Weitere Methoden, von denen wir heute noch gar nichts ahnen mögen, werden in Zukunft ans Licht kommen. Die Verkleinerung der Menschheit dürfte sich auch leichter gestalten, wenn die Männer allesamt tot sind, oder?

## Die Entvölkerung ländlicher Gebiete

Die Agenda 21/2030 und das Biodiversitätsprogramm machen die Umsiedlung zahlloser Menschen aus weitläufigen, ländlichen Gebieten erforderlich – ein Prozess, der bereits im Gange ist. Amerikanische Bauernfamilien und Dorfgemeinschaften werden durch ökonomische Zwänge vom Land vertrieben; Beschäftigungsmöglichkeiten werden vernichtet; Landstraßen und Autobahnzubringer werden gesperrt, um den Warenverkehr zu unterbinden; und durch die Zerstörung von Staudämmen werden Wasservorräte vernichtet. Zur Rechtfertigung strenger, unerhört detaillierter Umweltgesetze, die das Leben auf dem Lande und das Betreiben eines kleinen Landwirtschaftsbetriebs unmöglich machen, wird der „Klimawandel" bemüht. Das Baurecht macht es unmöglich, legal seinen Lebensunterhalt zu verdienen, durch Enteignung stiehlt man Grundbesitz und Immobilien – die Liste nimmt kein Ende. Während ich dies schreibe, sind kalifornische Behörden im Begriff, Hunderte im Mündungsgebiet von Sacramento River und San Joaquin gelegene Farmen zu enteignen, damit eine unterirdische Frischwasserzuleitung gebaut werden könne. Das mit mehreren Milliarden Dollar veranschlagte Projekt ist höchst umstritten. Zunehmend werden Vorwände vorgeschützt, um ländliche Gebiete zu räumen (Abb. 569). Unterhält man sich mit den kleinen Bauern, erfährt man, dass sie durch all die staatlichen Bestimmungen in ihrer Existenz bedroht werden, da sie es ihnen schwer machen, sich vor Ort zu behaupten und wirtschaftlich zu überleben. Viele sind bereits abgewandert, Geisterstädte und -dörfer zurücklassend. Hinter diesem Krieg gegen das Leben auf dem Land und die ländlichen Gemeinschaften stehen psychopathische Beamte, die sich der Sondereinsatzkommandos der amerikanischen Behörde für Lebens- und Arzneimittel (FDA), der Umweltschutzbehörde (EPA) und des Landwirtschaftsministeriums (USDA) bedienen und von sämtlichen Regierungsbehörden unterstützt werden (Abb. 570). Ihre Agenten sondieren, was erforderlich ist, um einer Zielperson den Verbleib auf dem Land unmöglich zu machen, und schon ziehen ihre Truppen los und setzen es in die Tat um. Sollten die dafür benötigten Gesetze nicht existieren, werden sie entweder noch schnell verabschiedet, oder man pfeift auf die Gesetze. Es will schon etwas heißen, wenn der amerikanische Kongress Gina McCarthy, der Chefin der EPA, eine Verwarnung aussprechen und sie daran erinnern muss, dass sie fürs Lügen vor einem Kongressausschuss ins Gefängnis wandern kann: „Vor diesem Hintergrund möchten wir Sie ersuchen, die Unterlagen zu berichtigen, und bitten Sie inständig, der amerikanischen Öffentlichkeit in Bezug auf die Regulierungsbestrebungen der EPA künftig die Wahrheit zu sagen." Das ist ein starkes Stück – begangen von Leuten, die sich selbst „Diener des Volkes" nennen [Beamte werden als „public servants" bezeichnet, was wörtlich „Diener der Öffentlichkeit" bedeutet, Anm. d. Übers.]. Zahlreiche Menschen sind in den USA bereits von Staats- oder Bundesbeamten mit vorgehaltener Waffe gezwungen worden, Haus und Hof aufzugeben, ohne dass man ihnen einen plausiblen Grund genannt hätte und obwohl die Betroffenen nirgendwo anders hingehen konnten. Amerikanische Indianer schlugen Alarm, als die Regierung begann, ihr Land zu beschlagnahmen. Wie irre die Situation bereits geworden ist, führten uns beispielsweise die durchgeknallten Ich-Phantome von Fauquier County (Bundesstaat Virginia) vor Augen, mit der „Flächennutzungsbeamtin" Kimberly Johnson an der Spitze. Martha Boneta sollte ein Bußgeld in Höhe von mehreren Tausend Dollar zahlen, nachdem sie auf ihrem kleinen Bauernhof eine *Geburtstagsfeier* für einen Zehnjährigen ausgerichtet hatte, ohne vorher die Genehmigung der Irrenhausverwalter einzuholen. So wurde aus einer Geburtstagsparty eine „illegale Veranstaltung". Martha wurde gerichtlich belangt, weil sie angeblich landwirtschaftliche Erzeugnisse verkauft hatte, ohne eine Lizenz (Genehmigung der Irrenhausverwalter) dafür

**Abb. 569:** „Vertreibt sie vom Land: Verlassene Bauernhöfe in ganz Amerika" – *Familien werden gezwungen, aus ländlichen Gebieten wegzuziehen, damit sich die großen Unternehmen dort einnisten können.*

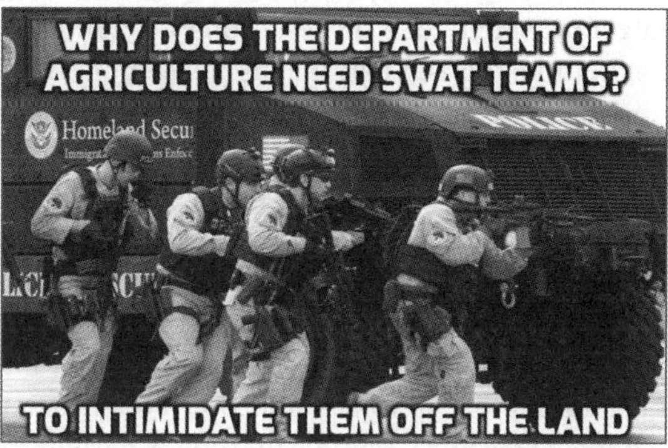


**Abb. 570:** „Wozu braucht das Landwirtschaftsministerium wohl Spezialeinheiten? Um die ländliche Bevölkerung einzuschüchtern und zu vertreiben." – *Bäuerliche Familienunternehmen und unabhängige Erzeuger sehen sich zunehmend Einschüchterungsversuchen seitens der Schläger in Uniform ausgesetzt.*

zu besitzen. Dabei war sie sehr wohl lizenziert, ein landwirtschaftliches Einzelhandelsgeschäft zu betreiben. Doch die Anstaltsbetreiber hatten mittlerweile das entsprechende Gesetz geändert – *ihr* Gesetz – und etwas, das bis vor Kurzem noch legal war, zur Straftat gemacht. Auf diese Weise kann man zum Gesetzesverstoß erklären, was immer einem beliebt, und dann Menschen mit Bußgeldern überziehen und in den Knast stecken. Das ist Faschismus – machen Sie sich nichts vor. Wenn es quakt, watschelt und Schwimmhäute an den Füßen hat, ist es eine Ente. Sie sollen glauben, dass es ein Elefant ist, aber – vertrauen Sie mir, es ist wirklich eine Ente. Einer von Martha Bonetas Unterstützern sagte: „Für kleine und mittelgroße Landwirtschaften ist es sehr schwer geworden, in einer solchen Umgebung gegen die Konkurrenz zu bestehen, zu überleben und zu gedeihen." *Genau deshalb* geht man ja so vor: Agenda 21/2030 in Aktion. Per Dekret, also ohne jede Debatte, rief Präsident Obama den sogenannten White House Rural Council ins Leben, der unter anderem mit dem Verteidigungsministerium und all den Behörden in Verbindung steht, die man für die Durchsetzung der Agenda 21/2030 braucht. Das Projekt diene, erklärte der Lügenpräsident, der Verbesserung des ländlichen Lebens. In Wirklichkeit ist es Bestandteil der Kampagne zur Zerstörung desselben. Das Gremium ist als „die größte Bedrohung für unabhängige Land- und Viehwirtschaft und bäuerliche Familienbetriebe" bezeichnet worden. An anderer Stelle wurde es beschrieben als „Kriegsrat … der seine Absicht bekundet hat, einen Angriff auf die Grundbesitzer des Landes zu starten … um so viele Landbewohner wie möglich von wertvollen Agrarflächen zu vertreiben".

Eine andere Präsidentenverfügung Obamas mit dem Titel „National Defense Resources Preparedness" ermöglicht der Regierung, so ziemlich alle Arten von Ressourcen ganz „legal" zu konfiszieren: Grund und Boden, Bauernhöfe (einschließlich Vieh und Ernten), Liegenschaften, Gewerbe und Betriebe, Ressourcen zur Lebensmittelherstellung und -verteilung sowie zur Gesunderhaltung, Energie- und Wasserquellen, Transportmittel und einiges mehr. Das Trinkwasser zu kontrollieren ist hinsichtlich des Überlebens sogar noch wichtiger, als die Kontrolle über die Nahrungsmittel zu besitzen; beides sucht man mit aller Macht zu erreichen. Die EPA beansprucht das Recht über sämtliche Wasserrinnen und Gullys – selbst über solche, die nur vorübergehend existieren, etwa nach einem Regenguss oder einer Schneeschmelze –, indem sie sie zu „Wasserwegen" gemäß dem Clean Water Act erklärt. Nach dem Willen der Agenda 21/2030 soll das gesamte Wasservorkommen zentral von einer Wasserverwaltungsbehörde kontrolliert werden. Es werden bereits Menschen eingesperrt, weil sie Regenwasser gesammelt haben. In Oregon (einem Bundesstaat, der sämtliches Wasser für sich beansprucht) wanderte ein Mann namens Gary Harrington für 30 Tage hinter Gitter, weil er das Wasser aus Regen- und Schneefällen gespeichert hatte – aus Niederschlägen, die *auf seinem eigenen Grundstück* niedergegangen waren. Obendrein musste er ein Bußgeld über 1.500 Dollar zahlen.

Mit jeder unabhängigen Farm, die geräumt und von einem Unternehmen übernommen wird, schreitet die Zentralisierung der Macht über die Nahrungsmittel voran. Neue Gesetze – darunter auch Bestimmungen zur Flächennutzung – machen es den Menschen immer schwerer, ihre Lebensmittel selbst anzubauen. Letztlich soll Selbstversorgung generell verboten werden. Allein schon durch die Kontrolle über Nahrungsmittel und Wasser gewinnt man die Macht, Massen von Menschen zu lenken. Das amerikanische Landwirtschaftsministerium hat einen „Landwirtschaftszensus“ initiiert, um das gesamte Inventar amerikanischer Farmen zu erfassen. Das Ziel hinter all diesen Aktivitäten ist letztlich stets dasselbe. Riesige Gebiete der Vereinigten Staaten gehören bereits der amerikanischen Bundesregierung und dem Pentagon, die sich immer neue Areale krallen (Abb. 571). Obama hat 19 sogenannte National Monuments deklariert oder erweitert. Diese Schutzgebiete umfassen Land und Wasservorkommen auf über 105 Millionen Hektar Gesamtfläche. Offiziell wurden sie im Namen des Schutzes errichtet, in Wirklichkeit jedoch im Namen der Agenda 21/2030.

**Abb. 571:** „Wem gehört der Westen? Anteil des Landes, der der amerikanischen Bundesregierung gehört, an der Gesamtfläche der Bundesstaaten.“ *Schon heute befinden sich große Teile des amerikanischen Territoriums im Besitz der Regierung bzw. des Militärs. Rechnen Sie noch die Flächen hinzu, die den Bundesstaaten und den Unternehmen gehören.*

# Sie manipulieren das Wetter – wann immer sie wollen

Eine andere Methode, die Menschen in großer Zahl vom Land zu vertreiben, besteht darin, extreme Wetterlagen herbeizuführen. Oh, Sie meinen, Wetter sei eine Sache der „Natur“? Nicht unbedingt. Wettermanipulation bzw. „Geoengineering“ findet spätestens seit der ersten Hälfte des 20. Jahrhunderts Anwendung. Schon lange davor haben Indianervölker das Wetter mit Regentänzen und -gesängen (Schwingung/Frequenz) beeinflusst. Im Radioprogramm der *BBC* lief eine Dokumentation über ein Wetterexperiment der Royal Air Force, bei dem 1952 ein englisches Küstendorf durch eine Flut verwüstet wurde und zahlreiche Menschen den Tod fanden. Das Experiment, dem das kleine Örtchen Lynmouth im Distrikt North Devon zum Opfer fiel, war unter dem Codewort „Operation Cumulus“ bekannt – intern sprachen die Beteiligten von der „Operation Witch Doctor“ (dt.:

**Abb. 572:** *Lynmouth nach der Operation Cumulus.*

„Hexendoktor", Abb. 572). Die Bewohner von Lynmouth hatten am Tag der Katastrophe den Geruch von Schwefel wahrgenommen. Der Geruch lässt sich heute durch den Schwefel erklären, den die RAF bei Experimenten zur Regenerzeugung in die Atmosphäre ausbringt. Das Ergebnis waren Niederschläge, die die normale Menge um das 250-Fache überstiegen. 90 Millionen Tonnen Wasser donnerten durch das Dorf. Das Wetter zu manipulieren, sei nicht möglich? Dieser Vorfall ist *64 Jahre her*! Für die britische Luftwaffe hatte das Ganze keinerlei Konsequenzen. Bis zum heutigen Tag hat sie ihre Beteiligung an dem Unglück nicht offiziell zugegeben.

Die Vereinigten Staaten setzten 1967 in Vietnam Methoden zur Wettermanipulation ein. Mit „Project Popeye" gelang es ihnen, die Monsunzeit zu verlängern, was ihnen militärische Vorteile verschaffte. Russland kündigte öffentlich an, dass man zum Nationalfeiertag vier Millionen Dollar ausgeben würde, um an zwei aufeinanderfolgenden Tagen für optimales Wetter zu sorgen. Man würde dabei auf Methoden der Wetterbeeinflussung zurückgreifen, die noch aus Zeiten der Sowjetunion stammten. Einem Papier der US Air Force zufolge, das 1996 unter der Bezeichnung AF 2025 Final Report veröffentlicht wurde, würde die Manipulation des Wetters „dem Kämpfenden ein breites Spektrum an Möglichkeiten [bieten], einen Widersacher zu besiegen oder in die Schranken zu weisen". Dazu würden künstlich erzeugte Überschwemmungen, Wirbelstürme, Dürreperioden und Erdbeben gehören. Die Institutionen der amerikanischen Luft- und Raumfahrt würden zu „Herren über das Wetter" werden, indem sie sich die neu auftauchenden Technologien zunutze machen: „Von der Unterstützung der Verbündeten und der Störung feindlicher Aktivitäten durch die maßgeschneiderte Manipulation lokaler natürlicher Wetterlagen bis hin zur vollständigen Beherrschung der globalen Kommunikation und des Alls ..." Dokumente der NASA aus dem Jahr 1966 belegen die Existenz eines amerikanischen Geoengineering-Programms, dessen Budget sich auf mehrere hundert Millionen Dollar belief (Abb. 573). Zu den Mitwirkenden gehörten unter anderem das Verteidigungsministerium, das Innenministerium und eine Reihe von Universitäten.

**Abb. 573:** „Sie können das Wetter nicht manipulieren? Wenn es ihnen ins Konzept passt, geben sie es sogar zu." – *Wettermanipulation gibt es schon seit langer Zeit. Mittlerweile sind die Methoden ausgefeilt und hochwirksam.*

Das Wetter wird permanent manipuliert, um den Interessen der Verdeckten Hand zu dienen. Das schließt die Wetterkriegsführung gegen die einheimische Bevölkerung und andere Nationen durch Dürren, Überschwemmungen, Monsune, Wirbelstürme und Tornados mit ein. Wir sollen denken, das alles seien „natürliche" Ereignisse, denn dadurch können die Schattenmächte tun, was sie wollen, ohne zur Rede gestellt zu werden. Zudem erweist sich die Lüge vom „Klimawandel" in diesem Kontext einmal mehr als äußerst nützlich. Die Manipulation des Wetters zu militärischen Zwecken oder aus Heimtücke wird sogar in Verträgen der UNO geächtet – warum sollte man etwas ächten, das angeblich gar nicht möglich ist? Der amerikanische Wissenschaftler J. Marvin Herndon schrieb 2015 in der Zeitschrift *International Journal of Environmental Research and Public Health*:

> Die jüngsten Rufe nach einer offenen Debatte über Wetterkontrolle bzw. Geoengineering könnten über die Tatsache hinwegtäuschen, dass – wie der Wissenschaftshistoriker James R. Fleming ausgeführt hat – militärische und zivile Kräfte rund um den Globus die Atmosphäre schon seit vielen Jahrzehnten manipulieren. Die früheren Forschungen zur Wettermanipulation resultierten unter anderem in Programmen wie dem Projekt Skywater (1961–1988) – dem Versuch des amerikanischen Bureau of Reclamation [Behörde für Wasserwirtschaft, Anm. d. Übers.], die „Flüsse des Himmels" zu steuern –, der Operation Ranch Hand der US Army (1961–1971), bei dem das Entlaubungsmittel Agent Orange eine unrühmliche Rolle spielte, und dem Projekt Popeye (1967–1971), mit dem man die Monsunjahreszeit im Gebiet des Ho-Chi-Minh-Pfads zu verlängern versuchte – gemäß dem Motto „Make Mud, Not War". Diese wenigen Beispiele für Wettermanipulationen, die zur Zeit ihrer Durchführung allesamt geheim waren, zeigen, dass das Wetter – um es mit den Worten des Militärs zu sagen – ein „Machtmultiplikator" ist.

Die Technologie zur Wetterbeeinflussung trat in eine neue Entwicklungsphase, als es gelang, den als Ionosphäre bezeichneten oberen Teil der Atmosphäre (60 bis 1.000 Kilometer über der Erdoberfläche) zu erhitzen und zu manipulieren. Dieser Ansatz lässt sich auch dazu nutzen, Erdbeben auszulösen. Ein Wetterphänomen ist, wie alles andere auch, Information mit einer bestimmten Frequenz. Erzeugt man die entsprechende Frequenz auf technologische Weise, manifestiert man ihren holografischen Ausdruck – etwa extreme Wetterlagen oder Erdbeben. Die Möglichkeiten der Wetter- und Erdbebenmanipulation durch die in Alaska stationierte HAARP-Anlage (das Kürzel steht für High Frequency Active Auroral Research Program) sind bereits von verschiedenen Rechercheuren aufgedeckt worden (Abb. 574). HAARP wirkt im Grunde wie ein riesiger Heizkörper auf die Atmosphäre. Weitere Anlagen, die auf ähnliche Weise funktionieren, gibt es überall auf der Welt. Das Grund-

**Abb. 574:** *Technologien wie HAARP lassen sich vielfältig einsetzen, darunter auch zur Wetter- und Erdbebenmanipulation.*

prinzip dieser Anlagen besteht darin, Hochleistungsradiowellen in die Atmosphäre abzustrahlen, die von der Ionosphäre zur Erdoberfläche zurückreflektiert werden. Zu den vielfältigen Anwendungsmöglichkeiten zählen die Manipulation des Wetters, das Auslösen von Erdbeben, die Gedankenkontrolle der Bevölkerung und die Suche nach Bodenschätzen. Wer nach Erdöl, Erdgas, bestimmten Metallen usw. sucht, aber nicht zu den archontischen Unternehmen zählt, die Zugang zu dieser Art von Technologie haben, hat schlechte Karten. Nach einem größeren Erdbeben lässt sich ein Land prima „regimewechseln" oder anderweitig unter Kontrolle bringen. Es ist mehrmals vorgekommen, dass beträchtliche Rohstoffvorkommen „gefunden" wurden, nachdem die Regierung bzw. das Militär der Vereinigten Staaten eine Region unter dem Vorwand humanitärer Hilfe unter ihre Kontrolle gebracht hatten (siehe Haiti). Insbesondere in den USA sind viele unabhängige Kleinbauern durch die extremen Wetterverhältnisse der letzten Jahre an den Rand des Ruins getrieben worden – und darüber hinaus. 2011 erklärte das Ingenieurskorps der US Army, dass sie Dämme sprengen müssten, um zu verhindern, dass der Missouri und der Mississippi gefährliche Wasserstände erreichen. Die Folge davon war, dass in einem riesigen Gebiet Ackerland überflutet wurde. Drei Wochen später flatterten den Bauern und Grundstückseignern Briefe mit dem Angebot ins Haus, ihr Land zu kaufen – im Namen der Regierung. Die Briefe waren versandt worden vom ... Ingenieurskorps der US Army (Abb. 575). Während Großbritannien 2012 seinen niederschlagsreichsten Sommer seit Beginn der Wetteraufzeichnungen erlebte, stöhnten die Vereinigten Staaten lange Zeit unter anhaltender Hitze und Trockenheit – mit verheerenden Folgen für Bauern und landwirtschaftliche Erzeuger beiderseits des Atlantik (Abb. 576). Als Ursache dieser Wetterextreme machte man das merkwürdige Verhalten der Jetstreams aus; das sind schnelle Luftströmungen, die vorwiegend Winde von Westen nach Osten leiten – „Flüsse des Himmels", sozusagen. Sind die Jetströmungen stabil, ist das Wetter weit besser vorhersagbar. Verursacht werden die Jets durch die Erdrotation sowie die *Aufheizung der Atmosphäre* – genau durch das Phänomen also, das bei allen HAARP-ähnlichen Anlagen im Mittelpunkt steht. Da überrascht es wenig, dass Bernard Eastlund, der einst für seine Bosse Patentschriften verfasste und einreichte, zu

**Abb. 575:** „Überflute das Land – krall dir das Land." – *Extreme Niederschläge zu erzeugen ist ein Kinderspiel.*

**Abb. 576:** „Dörre das Land aus – krall dir das Land." – *Extreme Niederschläge und extremer Niederschlagsmangel zeitigen dasselbe Ergebnis: Die Menschen ziehen aus den ländlichen Gebieten weg.*

dem Schluss kommt: „HAARP ist in der Lage, den Jetstream zu lenken." Er äußerte sich auch über einen „Jetstream-Solarkraft-Satelliten", den er beschrieb als:

> Satellit für duale Nutzung, der Mikrowellenenergie auf einen Jetstream richten kann, um dessen Bahn zu verändern. Dies wird durch die Erzeugung von Turbulenzen in der Luftströmung erreicht, die in einem Randbereich des Stromes eine Verminderung der Flussgeschwindigkeit bewirken. So entsteht ein Druckgefälle, das den Hauptanteil der Luftmassen in eine andere Richtung lenkt.

Die HAARP-Technologie basiert auf den Arbeiten von Nikola Tesla, den Eastlund in den Patenten erwähnt. Tesla war es gelungen, über seinem New Yorker Laboratorium Blitzschläge zu erzeugen und den Erdboden in heftige, erdbebenartige Erschütterungen zu versetzen – all das mit Technologie, die er in der ersten Hälfte des 20. Jahrhunderts entwickelt hatte. Wozu wird man wohl heute imstande sein? Wissenschaftler und Forscher erklärten, dass „der atmosphärische Jetstream über ganz Nordamerika mäandriert" und dabei „ausgedehnte Kälteeinbrüche an der Ostküste, Trockenheit in Kalifornien und morgendlichen Frost im Süden" hervorruft. Tatkräftig unterstützt von den niemals irgendetwas hinterfragenden, robotergleichen Medien, skandieren die Globalerwärmungssektierer „Klimawandel!". Da ziehen zwei am selben Strang. Die Klimawissenschaftlerin Jennifer Francis von der Rutgers University in New Jersey bemerkte: „Seit den 1990er Jahren zeigen die Jetstreams häufiger stark schwankende Muster, die jetzt das Wetter in der nördlichen Hemisphäre beeinflussen." HAARP ging in den 1990ern in Betrieb. Francis zufolge könnte der ungewöhnlich weite Schlenker des Jetstreams nach Norden Kalifornien wärmeres und trockeneres Wetter bescheren. Tatsächlich erlebten die Kalifornier eine lang anhaltende, extreme Trockenheitsperiode, in deren Verlauf Wasser rationiert werden musste, Flüsse und Seen verschwanden, die Nahrungsmittelproduktion in Mitleidenschaft gezogen wurde und Bauern ihre Existenz verloren – Phänomene, die allesamt der archontischen Agenda entsprechen (Abb. 578). Jennifer Francis sagt nicht, dass das merkwürdige Verhalten des Jetstreams technologisch verursacht wird. Doch ich sage: Schaut euch die Fakten an. Extreme Wetterlagen und

**Abb. 577:** „Verändere den Jetstream – verändere das Wetter." *– Mit der HAARP-Technologie lässt sich der Jetstream verschieben.*

**Abb. 578:** „Kontrolliere das Wasser, und du kontrollierst die Bevölkerung." *– Das ist es, was hier läuft.*

Dürre sind nützlich, wenn man unabhängige Landwirtschaft beseitigen und die Menschen vom Land vertreiben will; die Wetterkapriolen der letzten Jahre sind durch das veränderte Verhalten der Jetstreams verursacht worden; HAARP-Technologie ist „in der Lage, den Jetstream zu lenken"; Veränderungen in den Jetstreams, die Auswirkungen auf das Wetter haben können, werden seit den 1990er Jahren beobachtet; HAARP nahm ebenfalls in den 1990ern den Betrieb auf. Es ist relativ leicht, mittels Wettermanipulationstechnologien Dürren auszulösen, die zu einer Verknappung der Wasservorräte führen und es ermöglichen, die Kontrolle über die Wasserversorgung zu übernehmen. Da der Mensch ohne Wasser nicht überleben kann, ist er gezwungen, dorthin zu ziehen, wo er welches vorfindet. Das soll künftig nur noch in den Siedlungszonen der Fall sein. Fracking wird selbst in Zeiten extremer Trockenheit uneingeschränkt zugelassen, obwohl dabei atemberaubende Mengen Wasser verbraucht und Grundwasserquellen unwiederbringlich geschädigt werden. So ist auch der Fracking-Irrsinn Teil der Vertreibt-sie-vom-Land-Verschwörung (Abb. 579). Beim Fracking wird eine giftige Flüssigkeit (mit Sand und Chemikalien durchsetztes Wasser) unter hohem Druck in den Boden gepresst, um das Schiefergestein aufzubrechen und somit Zugang zu den Öl- und Gasvorkommen zu erlangen. Die im Frackinggemisch enthaltenen 600 Chemikalien – darunter Blei, Uran, Quecksilber, Ethylenglykol, Radium, Methanol, Hydrochloridsäure und Formaldehyd – sickern ins Grundwasser. Die daraus resultierenden Verschmutzungswerte sind erschreckend. In einem besonders krassen Video konnte man sogar sehen, wie das aus einem Wasserhahn strömende Wasser Feuer fing (Abb. 580 und 581). Bei jeder Frackingprozedur werden vier bis 30 Millionen Liter Wasser verbraucht, die aufgrund ihres extrem hohen Anteils an Chemikalien nicht wiederverwendet werden können. Auf der Website Dangersoffracking.com findet sich folgende Rechnung: 500.000 aktive Gasquellen in den Vereinigten Staaten mal 30 Millionen Liter Wasser pro Frackingdurchgang mal 18 (so oft kann eine einzelne Quelle „gefrackt" werden) ergibt *270 Billionen* Liter Wasser sowie 1.360 Milliarden Liter Chemikalien, die alleine für die Ausbeutung der Gasquellen in den Vereinigten Staaten benötigt werden. Dabei wird Fracking mittler-

**Abb. 579:** „Fracking: Monster benutzen Blödmänner, um die Welt kaputtzumachen." – *Fracking ist reiner Wahnsinn, doch es soll immer mehr ausgebaut werden – ein typisches Indiz dafür, dass hier die Agenda am Werk ist.*

**Abb. 580:** „Fracking: Wenn das Wasser brennt" – *Steht etwas auf der archontischen Wunschliste, geht alles – und Fracking gehört dazu.*

weile überall auf dem Planeten angewendet. Dieselben Regierungen, die uns das Märchen von der menschengemachten „globalen Erwärmung“ verkaufen wollen, befürworten das Fracking, obwohl bei diesem Verfahren sowohl das Treibhausgas Methan als auch das krebserregende Edelgas Radon freigesetzt wird. Letzteres erhöht obendrein die radioaktive Strahlenbelastung. Das mag widersprüchlich erscheinen – aber, noch einmal: In Wirklichkeit ist es das nicht. Denn beides, die Klimalüge und das Ausbringen eines Treibhausgases durch Fracking, dient der Agenda zur Bevölkerungskontrolle. Während in Kalifornien das Wasser für die Bevölkerung rationiert wurde, durften Nestle und andere Unternehmen weiterhin riesige Mengen Wasser abfüllen und verkaufen. Der Grund ist auch hier derselbe: Nestle gehört zum großen Spinnennetz, die Menschen nicht.

**Abb. 581:** „600 Fracking-Chemikalien verseuchen das Trinkwasser – und jetzt hat man tatsächlich einen Zusammenhang zwischen Fracking und den Gesundheitsproblemen der Anwohner festgestellt? Fällt mir schwer, das zu glauben. Ich bin schockiert!“ – *Auf einmal habe ich gar keinen Durst mehr.*

## Die Schwächung des Feindes

Nahrungsmittel und Getränke, Impfstoffe, Giftstoffe verschiedener Art sowie Strahlung werden eingesetzt, um die Hungerspiele-Gesellschaft durch geistige, emotionale und „physische“ Schwächung der Menschen voranzubringen und die Bevölkerung mehr und mehr auszudünnen. Einen wichtigen Strang innerhalb des archontischen Spinnennetzes aus Geheimgesellschaften und semigeheimen Gruppierungen bildet die in London ansässige Fabian-Gesellschaft, deren Logo passenderweise einen Wolf im Schafspelz zeigt. Sowohl George Orwell („1984“) als auch Aldous Huxley („Schöne neue Welt“) standen mit den Fabianern in Verbindung. Der Name der Gesellschaft ist eine Referenz an den römischen General Quintus Fabius Maximus Verrucosus, der dafür berühmt war, dass er den Gegner über lange Zeiträume hinweg zu zermürben suchte, um eine Schlacht – deren Ausgang ungewiss gewesen wäre – zu vermeiden. Sobald Fabius der Meinung war, der Feind sei durch Hunger, Erschöpfung oder andere Faktoren ausreichend geschwächt, schickte er seine Truppen los, denen sich nun keine nennenswerte Macht mehr entgegenstellte. Genau dieselbe Methode setzen die Archonten und ihre Hybriden heute gegen die Menschheit ein.

**Abb. 582:** „Fast Food? Wo ist das Problem?" – *Genetische Mutationen, die für jeden sichtbar sind.*

**Abb. 583:** „Dieses Zeug ist in Ihren Lebensmitteln enthalten. Aber keine Sorge – es ist von Monsanto, muss also gut für Sie sein. Lecker!" – *Warum sollte irgendjemand Monsanto misstrauen?*

Die Bevölkerung soll durch ein manipuliertes Geldsystem, Stress, Chemiedreck in Nahrung, Getränken und Impfstoffen sowie eine vergiftete und verstrahlte Umwelt ausgelaugt werden – wirtschaftlich, mental, emotional und „physisch". Sind die Menschen erschöpft, schlapp, fettleibig und auf vielfache Weise krank – psychische Störungen inbegriffen –, lassen sie sich über Pharmazeutika leicht noch größerer Toxizität aussetzen (Abb. 582). Dass das tatsächlich so läuft, wird immer offenkundiger. Was immer Menschen tun und wo sie sich auch befinden, kommen sie mit Giftstoffen in Kontakt. Pestizide und Herbizide (die eigens zu dem Zweck geschaffen wurden zu töten) werden in immer größeren Mengen versprüht und verseuchen Nahrungsmittel und Wasservorkommen (Abb. 583). Sie sickern ins Grundwasser oder werden, zusammen mit einer endlosen Liste weiterer Rückstände aus Chemikalien und Pharmazeutika, mit dem Urin ausgeschieden – und gelangen letztlich in die Trinkwasserversorgung. Nach Angaben der EPA gehen allein in den USA Jahr für Jahr bis zu 35.000 Tonnen Pestizide durch Abdrift verloren, die dann die Ernte benachbarter Farmen in Mitleidenschaft ziehen oder die Gesundheit von Menschen und Wildtieren schädigen. Bei einer Untersuchung der Luftqualität in Minnesota – einem Bundesstaat, in dem großflächig Kartoffeln für die Fast-„Food"-Kette McDonald's angebaut und entsprechend gewaltige Mengen an Pestiziden versprüht werden – wurde in jeder dritten Probe mindestens ein Pflanzenschutzmittel nachgewiesen. Mit Giftstoffen reinigen die Menschen ihr Zuhause, ihr Geschirr und ihre Kleidung; im Sommer reiben sie ihre Haut mit toxinhaltiger Sonnencreme ein (dem wahren Verursacher von Hautkrebs); mit dem Make-up tragen sie Gifte auf ihr Gesicht auf, und Deosprays sprühen die Toxine direkt in die in den Achselhöhlen befindlichen Lymphdrüsen (die eine zentrale Rolle für Gesundheit und Immunabwehr spielen). Wir atmen die Ausdünstungen der Verkehrsmittel und verschiedenste andere Gifte ein, darunter auch das angeblich harmlose Talkumpuder, das mit Sicherheit alles andere als harmlos ist. Auch die Tattoos, die sich die Menschen wie verrückt in die Haut einritzen lassen – das größte Organ des Menschen –, enthalten Giftstoffe (Abb.

584). Zucker ist ein todbringendes Toxin, das man sich in den Tee oder Kaffee schüttet und in fast allen Lebensmitteln enthalten ist. Limonaden und Erfrischungsgetränke zählen zu den schlimmsten Zuckerbomben (Abb. 585). Überall auf dem zuckerdurchseuchten Globus schnellen die Diabeteszahlen in die Höhe (Abb. 586). Allein in Großbritannien hat sich die Zahl der Erkrankten zwischen 2005 und 2015 um 60 Prozent erhöht. Heute leiden annähernd 3,5 Millionen Briten an Diabetes – bei einer Bevölkerungszahl von 64 Millionen. In den USA sind 29,1 Millionen Menschen betroffen, was einem Bevölkerungsanteil von 9,3 Prozent entspricht. Eine im *Journal of the American Medical Association* veröffentlichte Studie ergab, dass etwa jeder zweite erwachsene Amerikaner entweder schon an Diabetes erkrankt ist oder sich in einem Diabetes-Vorstadium befindet. Die Zahlen werden immer weiter klettern – es sei denn, es verändert sich etwas. Eine andere Untersuchung enthüllte, dass die Nervenbahnen des Gehirns durch einen hohen Zuckerkonsum dauerhaft geschädigt werden können. Ersetzt man Zucker durch einen synthetischen Süßstoff wie Aspartam (AminoSweet, NutraSweet, E951), sind die Folgen für Körper und Gehirn – wie ich in mehreren Büchern ausführlich dargelegt habe – ähnlich gravierend, wenn nicht gar schlimmer. In einem Bericht der Mainstreammedien wurde 2015 vor dem Verzehr von Diät-Coke gewarnt, da künstliche Süßungsmittel zur Ablagerung von Fetten führen können (soviel zur „Diät"), die Zähne verfaulen lassen und die nach einer Stunde am Körper zu beobachtende Wirkung etwa der von Kokain entspricht. Viele Untersuchungen haben synthetische Süßstoffe mit Herzschäden, Diabetes, Bluthochdruck und anderen Erkrankungen in Zusammenhang gebracht. Aus

**Abb. 584:** „Gifte auf Schritt und Tritt." – *Die Menschen werden mit Toxinen geradezu überschwemmt.*

**Abb. 585:** „Mmmmm ... Gift! Wunderbar!" – *Zucker ist für die Gesundheit äußerst schädlich.*

**Abb. 586:** „Achtung! Kein Zutritt! Giftschrank!" – *Getränke für Kinder.*

jeder Richtung und in beinahe allen Lebensbereichen werden wir mit Giften bombardiert – eine Situation, die sich nicht zufällig entwickelt hat, sondern absichtlich herbeigeführt worden ist. Notieren Sie doch einmal einen Tag lang sämtliche toxischen Stoffe und Strahlungsquellen, mit denen Sie in Kontakt kommen, und Sie werden verstehen, warum ich von einem „Bombardement" spreche. Ernüchternd ist auch der Gedanke, dass man mit Technologien wie HAARP elektromagnetische Felder zu erzeugen vermag, die die Wirkkraft der im Körper vorhandenen Gifte und Chemikalien um das Tausendfache verstärken – was durch einen als „Zyklotronresonanz" bekannten Vorgang sofort zum Tod führt.

In den vorstehenden Kapiteln habe ich immer wieder deutlich gemacht, dass die Archonten von Genetik geradezu besessen und insbesondere an Mutationen (Entstellungen) des menschlichen Körpers interessiert sind. Die Tatsache, dass Strahlung Mutationen verursachen kann, gehört heute zum Allgemeinwissen; doch ist den Menschen häufig nicht klar, dass das auch auf Lebensmittel, Getränke, Impfstoffe und andere mögliche Giftstoffquellen zutrifft. Die Formen, in denen sie uns erscheinen, sind nur holografische Reflexionen energetischer Informationsfelder. Etwas, das wir als toxisch oder giftig bezeichnen, besteht im Grunde aus den extrem deformierten Energiefeldern stark verfälschter Informationen. Wir haben es mit einem *Computervirus* zu tun; unsere toxische Welt ist in der Tat die Welt des Archonten-Virus. Die Flut von Giften und Strahlung ist nichts anderes als der sich ausbreitende Virus. Wenn wir toxische Nahrung und Getränke voller chemischer Stoffe zu uns nehmen, mit Giftcocktails geimpft werden, Herd und Kochtöpfe reinigen, uns mit Sonnencreme einreiben oder Deo unter die Arme sprühen, setzen wir unseren Körper/Intellekt extrem verzerrten, chaotischen und heimtückischen Energiefeldern aus – dem Archonten-Virus –, der diese absorbieren und sich ihnen angleichen kann. Ein gesunder Mensch befindet sich im Gleichgewicht und in einem Zustand der Leichtigkeit (engl.: „ease"), während mangelnde Gesundheit von einem Ungleichgewicht herrührt („dis-ease"). Haben die Felder des Körpers/Intellekts die Verzerrungen (Giftstoffe, Strahlung) aufgenommen, schlägt sich das im Hologramm nieder, und man klagt sein Leid dem Arzt: „Herr Doktor, ich habe ein Problem." Veränderungen im Hologramm sind stets eine Widerspiegelung der Veränderungen, die in den Energiefeldern des Körpers/Intellekts vonstattengehen. Gifte und Strahlung können dem geistigen und emotionalen Wohlbefinden des Menschen ebenso zusetzen wie der „physischen" Gesundheit. Der ganze Vorgang ist prinzipiell mit den Prozessen in einem Fluss vergleichbar, in den Industrieabwässer gepumpt werden: Nach einiger Zeit spiegelt sein Zustand die Beschaffenheit der Brühe, die aus dem Abwasserrohr strömt (Abb.

**Abb. 587:** *Vergiftete Welt.*

587). In gleicher Weise wird der Mensch immer mehr zum Spiegelbild dessen, was aus Kühlschrank, Wasserhahn, Konservendosen, Flaschen, Sprays und über die immer dicker werdende Strahlungssuppe in sein Leben dringt (Abb. 588). All diese Verwerfungen – und noch etliche mehr – sind Bestandteile des *Archonten-Virus*. Jedes Mal, wenn wir Gifte in ihren mannigfachen Erscheinungsformen benutzen, haben wir es mit dem Archonten-Virus zu tun – Deformationen der Unendlichen Ordnung, die sich in Gleichgewicht und Harmonie befindet. Der „Demiurg" ist ein Virus, der sich seiner selbst gewahr ist; Archonten, Impfstoffe und alle übrigen Verzerrungen sind Manifestationen des Demiurgen.

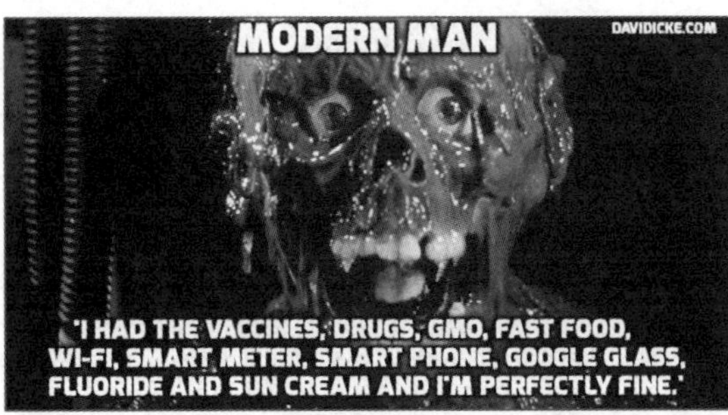


**Abb. 588:** „Der moderne Mensch: ‚Ich bin geimpft, bekomme Medikamente, esse GVO und Fast Food, habe WLAN, intelligente Messgeräte, ein Smartphone und Google Glass und nehme Fluorid und Sonnencreme – und es geht mir blendend!'" – *Nichts davon hat mir jemals in irgendeiner Weise geschadet.*

## Frankenstein-Nahrung

Damit komme ich zu den gentechnisch veränderten Organismen (GVO) – ein Thema, dem ich kaum genügend Ausrufezeichen beifügen kann (Abb. 589). Wir haben es hier mit einer weiteren – und zwar immens wichtigen – Ausformung des Archonten-Virus zu tun, mit der er den Körper/Intellekt zu deformieren sucht. Die Biotechnologie-Konzerne versuchen, der Menschheit die gentechnisch modifizierten Organismen aufzuzwingen. An vorderster Front marschiert dabei Monsanto – ein Unternehmen, in dem sich das reine Böse konzentriert. Enthusiastisch unterstützt wird es dabei von archontischen Figuren wie Bill Gates, der sich für Massenimpfungen stark macht und noch etliche andere Säulen der Agenda finanziert und voranbringt. Bill „GVO sind toll" Gates, der 500.000 Monsanto-Aktien mit einem Gesamtwert von mehreren Millionen Dollar sein eigen nennt, preist Monsantos GVO als „Lösung" des Welthungerproblems. In Wirklichkeit führt das Konzept der GVO zu einer exponentiellen Ausweitung der Hun-

**Abb. 589:** „GVO … der Totenacker" – *Von hier aus werden die Menschen gentechnisch modifiziert – und umgebracht.*

**Abb. 590:** *Dass er es einfach nur nicht besser weiß, ist unmöglich – nicht bei der langen Liste von Agendaprojekten, die er schon gefördert hat.*

**Abb. 591:** *Superunkräuter – mit herzlichen Grüßen von der chemischen Landwirtschaft.*

**Abb. 592:** „Wie werden GVO-‚Lebensmittel' gerechtfertigt? Mit Lügen, Lügen und noch mehr Lügen!" – *Der einzige Weg, wie sie ihre GVO-Produkte an den Mann bringen können.*

gerproblematik, da – wie man überall auf der Welt beobachten kann – Alternativen ausgeschaltet werden und der Boden kontaminiert wird (Abb. 590). Alle halbe Stunde begeht in Indien ein Bauer Selbstmord, weil er aufgrund des Einsatzes von GVO seine Ernte verliert oder Monsantos Giftmischungen, die er zur Bestellung seiner GVO-Felder benötigt, nicht bezahlen kann. Zu Letzteren gehört das auf Glyphosat basierende Herbizid, das unter dem Markennamen Roundup vertrieben wird. Die Dosierung muss fortwährend erhöht werden, da die Pflanzen, die damit vernichtet werden sollen, aufgrund von Mutationen zunehmend resistent sind. So haben sich inzwischen „Superunkräuter" entwickelt, die es insbesondere kleinen, unabhängigen Bauern unmöglich machen, Ackerbau zu betreiben (Abb. 591). Da die von Monsanto hergestellten genmanipulierten „Terminatorsamen" nur eine Saison überdauern, muss der Bauer jedes Jahr neues Saatgut kaufen. Bevor Monsanto auf der Bildfläche erschien, betrieb man Landwirtschaft nach der (ironischerweise) *nachhaltigen* Methode, das Saatgut für die nächste Saison aus der aktuellen Ernte abzuzweigen – ohne zusätzliche Kosten. Während man die GVO mit der Behauptung anpries, sie würden für höhere Erträge sorgen und die Welt vom Hunger befreien, fallen die Ernten de facto immer geringer aus – das Terminator-Saatgut zerstört (wie geplant) die kleinbäuerliche Landwirtschaft. Auf so eine Argumentation muss man erst einmal kommen; dankenswerter Weise nehmen uns Monsanto und Bill Gates die Mühe ab (Abb. 592).

Es ist bemerkenswert, wie alles, was sich Bill und seine Gattin zu unterstützen entschließen und über ihre Bill & Melinda Gates Foundation sponsern, direkt der To-do-Liste der archontischen Hybriden entnommen zu sein scheint. Dazu gehören unter anderem GVO, genetische Manipulation am Menschen, Masseninpfungen, Bevölkerungsreduk-

**Abb. 593:** „Gates: ‚Repräsentative Demokratie ist ein Problem.' Nee, Kumpel – Leute wie du sind das Problem. Ein-Parteien-Diktaturen, die sich als repräsentative Demokratien ausgeben, sind das Problem. Unternehmen wie deins, die sich die ganze Welt einverleiben, sind das Problem." – *Welche Richtung die Agenda auch immer einschlägt – Gates ist stets mit von der Partie.*

tion, „Todesgremien", Wettermanipulation, bargeldlose Gesellschaft, Überwachungstechnologie, zentrale Steuerung des Bildungssystems (Stichwort „Common Core") – und die Liste wird fortwährend erweitert. Jeder muss sich sein eigenes Urteil darüber bilden, was Gates wohl motivieren mag, doch ich persönlich kaufe ihm angesichts der essenziellen Rolle, die die von ihm geförderten Projekte spielen, den Ahnungslosen nicht ab (Abb. 593). Vielleicht kann uns sein Kumpel Bono, der Sänger der Rockband U2, der ebenfalls für die Versorgung der Entwicklungsländer mit GVO wirbt, mehr darüber sagen. Vermutlich tut er das deshalb, weil es in Indien auch so hervorragend funktioniert hat – richtig, Bono? Die Europäer haben der Einführung der GVO zwar bislang mit mehr Erfolg widerstanden als die Amerikaner, doch kämpfen die Europäische Union und vor allem die britische Regierung erbittert für den großflächigen Einsatz von GVO und werden alles dafür tun, was in ihrer Macht steht. Während man sich auf der einen Seite fieberhaft der Methode des schleichenden Totalitarismus bedient, werden gleichzeitig GVO-freie, biologische und nährstoffreiche Nahrungsquellen ins Visier genommen – über die in der EU, Großbritannien und Nordamerika installierten faschistischen Strukturen –, um Alternativen zu Monsantos „Lebensmitteln" zu beseitigen. Letzten Endes sollen überhaupt nur noch GVO erhältlich sein. In einer Reportage aus dem Jahr 2015 wurden Pläne offengelegt, denen zufolge man die globale Schokoladenindustrie weitgehend auf GVO umzustellen gedenkt, indem man 70 Prozent der weltweiten Kakaoproduktion mit genmanipulierten Versionen des Kakaobaums flutet. Unterstützt wird das Vorhaben vom US-amerikanischen Landwirtschaftsministerium, während verschiedene große Unternehmen das nötige Kapital beisteuern. Eine andere Schiene, über die man ungeprüfte Gentechnikerzeugnisse verbreitet und die Armen und Hungrigen mit GVO überschwemmt, bildet das Welternährungsprogramm der UNO, das – einmal mehr – von Regierungen im Verein mit Unternehmen finanziert wird. Die Manipulatoren der Verdeckten Hand lassen keinen Kniff ungenutzt; die meisten haben sie selbst entwickelt.

## GVO sind sicher – und der Mond besteht aus Käse

Die Auswirkungen des Konsums genveränderter Organismen auf die Gesundheit der Amerikaner sind verheerend – was gleichermaßen geplant wie unvermeidlich war. Die prominente GVO- und Monsanto-Gegnerin Vandana Shiva sagte einmal: „Man kann nicht ein Gen in einen Samen einpflanzen und das dann Leben nennen – auf diese Weise erzeugt man Leben nicht, sondern verseucht es." Ich möchte Ihnen dringend empfehlen, sich auf Youtube den Dokumentarfilm „Genetic Roulette" anzuschauen. Darin wird gezeigt, wie die Zahlen der an Krebs, Herzleiden, Autismus, Fettsucht, Alzheimer, Parkinson oder Nahrungsallergien Erkrankten in den USA seit den 1990er Jahren – als GVO großflächig Einzug in die amerikanischen Lebensmittelläden hielten – in die Höhe geschnellt sind. Die Zahl der weltweiten Krebserkrankungen klettert in astronomische Dimensionen, da auch der Krebs ein Ausdruck des Archonten-Virus ist – gespeist aus anderen Erscheinungsformen des Virus wie Toxinen, GVO und Strahlung. Die verschiedenen Varianten des Virus, die parallel eingebracht werden, verschmelzen zu einer noch aggressiveren Form: Krebs. Mittlerweile erkranken schon *acht*jährige Mädchen an Eierstockkrebs – sie befinden sich noch nicht einmal in der Pubertät. So etwas hat es in der Vergangenheit, von äußerst seltenen, vereinzelten Fällen abgesehen, nicht gegeben. Die Zahl der Amerikaner, die an drei oder mehr chronischen Erkrankungen leiden, hat sich fast verdoppelt, und in der Rangliste der Kindersterblichkeit klettern die USA immer weiter nach oben. Die Zahl der von Nahrungsmittelallergien Betroffenen ist in den von GVO überschwemmten Vereinigten Staaten explodiert, da das menschliche Immunsystem genmanipulierte „Nahrung" als Bedrohung empfindet und entsprechend zurückschlägt. Man hat Nutzpflanzen gentechnisch so manipuliert, dass sie Löcher in die Verdauungsorgane von Insekten reißen, sodass diese verenden. Solche Löcher entstehen aber auch im Verdauungsapparat des Menschen, wenn er aus diesen Pflanzen erzeugte Produkte zu sich nimmt. Durch die so punktierten Darmwände sickern die Nahrungsstoffe an Stellen in den Körper ein, die dafür nicht vorgesehen sind. Dieser Vorgang ruft das Immunsystem auf den Plan, das sich den betreffenden Stoff als gefährlich vormerkt. Wird er das nächste Mal eingenommen, schlägt das Immunsystem entsprechend zu, da es meint, eine Bedrohung erkannt zu haben. Wenn das geschieht, spricht man von einer Lebensmittelallergie.

**Abb. 594:** „Weltgesundheitsorganisation sieht Zusammenhang zwischen Pestiziden von Dow Chemical/Monsanto und Krebs – Mmmm … ein Festschmaus!" – *Geringere Erträge, Krebs und Genmutationen – schreibt das mal in eure Werbeprospekte.*

Die gigantischen Mengen an Herbiziden – ob von Monsanto oder anderen Herstellern –, die man beim Anbau von GVO-Saatgut zwangsläufig einsetzen muss, stellen schon für sich genommen einen Albtraum für Umwelt und Gesundheit dar. So sprach die Weltgesundheitsorganisation die Warnung aus, Roundup (Glyphosat) würde vermutlich Krebs hervorrufen (wobei man das „vermutlich" streichen kann). Einer der an der entsprechenden Studie beteiligten Wissenschaftler sagte, dass die Produkte definitiv DNS-Mutationen auslösen würden (Abb. 594). Die kalifornische Abteilung der Umweltschutzbehörde EPA gab bekannt, dass sie Glyphosat in die

Liste der krebsverursachenden Substanzen aufnehmen will. Überall sieht man Männer auf Quads herumkurven und das Zeug aus ihren Roundup-Rucksäcken versprühen – auf Feldern, in Straßen und Parks, an Schulen und an anderen öffentlichen Orten. Mit dem Begriff Irrsinn erfasst man die Situation wohl nur unzureichend. So etwas geschieht, wenn die künstlich herbeimanipulierte Dummheit und Ignoranz des Ich-Phantoms von purer Bosheit instrumentalisiert wird. Mit diesem einen Satz habe ich die gesamte heutige – und einen großen Abschnitt der „vergangenen" – Welt zusammengefasst. Roundup/Glyphosat befindet sich auf dem Boden, im Erdreich (und damit in den Wasserquellen) sowie in der Luft. Ein Kommentator bemerkte einmal sehr richtig: „Wenn man schon allein durchs Atmen der Glyphosatbelastung ausgesetzt ist, wird klar, dass wir es mit einem Problem einer bisher ungekannten Größenordnung zu tun haben." Aber genau so *soll* es sein, das ist der springende Punkt. Zudem fanden Forscher an Universitäten in den Vereinigten Staaten und Sri Lanka heraus, dass Glyphosat auch die schädigende Wirkung im Körper befindlicher Schwermetalle verstärkt, insbesondere in den Nieren.

Eine Anfrage nach dem Informationsfreiheitsgesetz ermöglichte es mir nachzuweisen, dass unsere kommunale Administration auf der Isle of Wight in den Straßen und anderen öffentlichen Bereichen Roundup sprüht. Als diese Tatsache dann Schlagzeilen in der Lokalzeitung machte, rechtfertigte sich der Rat damit, dass diese Maßnahmen „sicher" seien. Diese Reaktion ist für Verwaltungsbeamte im öffentlichen Dienst – die „Mr.-Bean-Ich-Phantome", wie ich sie auch gern nenne – absolut typisch (Abb. 595). Ihre erste, zweite und jede weitere Reaktion besteht darin, das System zu verteidigen – völlig egal, welche Folgen das für die Menschen hat, sie selbst und ihre Familien inbegriffen. Wenn ein solches Gebaren wenigstens schockieren würde – aber es ist längst zur Norm geworden. Den Begriff „Lokalzeitung" benutze ich übrigens nur, weil sie sich selbst so bezeichnen. Wären sie echte Journalisten und Redakteure, hätten sie die Roundup-Story in dem Bemühen, ihre Leser vor den von der WHO und vielen anderen zum Ausdruck gebrachten Gefahren zu beschützen, nachdrücklich thematisiert. Doch leider haben wir hier statt einer lokalen Zeitung, die die Bezeichnung verdienen würde, nur die *Isle of Wight County Press*.

**Abb. 595:** „Ratsversammlung der Isle of Wight sagt: Gifte sind ungefährlich!" – ***So beschützt man die Bevölkerung.***

Europäische Untersuchungen haben ergeben, dass Glyphosat die Leber von Tieren schon bei einer Konzentration von nur 0,0001 Teilen auf eine Million Teile Wasser zu schädigen beginnt. Dessen ungeachtet behauptet die amerikanische Umweltschutzbehörde (Umkehrung), ein *7.000 Mal* höherer Wert sei sicher; genmanipulierte Nutzpflanzen enthalten sogar *130.000 Mal* mehr Glyphosat, als selbst die Trinkwasser-„Normen" der EPA erlauben. Wenn Regierungsvertreter in dunklen Anzügen Ihnen sagen, ein Erzeugnis würde die offiziell zulässigen Grenzwerte nicht überschreiten, machen Sie um Himmels Willen nicht den Fehler, das Produkt deshalb für sicher zu halten. Das ist auch gar nicht der Zweck von „Grenzwerten". Sie dienen nicht dem Schutz der Menschen, sondern erlauben den archontischen Großunternehmen, die Bevölkerung ganz legal und in Übereinstimmung mit dem „Gesetz" zu verstrahlen und zu vergiften. Studien haben ergeben, dass die Kinder von Bauern, die auf ihren Äckern Roundup/Glyphosat einsetzen, bis zu 70 Mal häufiger von Geburtsdefekten betroffen sind. Das Produkt ist mit einer langen Liste von Erkrankungen in Verbindung gebracht worden, darunter Alzheimer, Autismus, Anenzephalie (Geburtsdefekte), verschiedene Krebsarten, Zöliakie und Glutenunverträglichkeit, Nierenleiden, Kolitis, Depression, Diabetes, Herzerkrankungen, Schilddrüsenunterfunktion, entzündliche Darmerkrankungen („Leaky Gut Syndrom"), Leberkrankheiten, Multiple Sklerose, Non-Hodgkin-Lymphome, Parkinson, Schwangerschaftsprobleme (Unfruchtbarkeit, Fehl- und Todgeburten), Fettsucht und Atemwegserkrankungen. Wenn Sie zudem die fortwährende Verminderung der Bodenfruchtbarkeit und die Verseuchung nicht-genmanipulierter Äcker und Landschaften mit GVO in Betracht ziehen, wird deutlich, was für eine außerordentliche Waffe die genetische Manipulation von Pflanzen für die archontische Agenda darstellt.

## Die Invertierung der schlechten Kopie

Alle bisher angeführten Aspekte sind Beispiele dafür, wie sich der Virus ausbreitet und danach trachtet, die schlechte Kopie der ursprünglichen Wirklichkeit – eine virtuelle Realität, die nur simuliert ist – fortwährend zu verfälschen und alles darin auf den Kopf zu stellen. Die hohen Schwingungen der Erde stehen für Leben und Überfluss, Freude und Freiheit; selbst die schlechte Kopie besaß anfangs diese Eigenschaften, bevor der archontische Virus begann, alles zu verdrehen. Beim Original dreht sich alles um Lebendigkeit; die schlechte Kopie des Demiurgen/der Archonten steht inzwischen für Tod. Immer wieder höre ich die Frage, warum die Menschen in den Machtpositionen einen Planeten verwüsten sollten, der doch auch ihr Zuhause ist; doch sind diese Individuen nichts weiter als programmierte und besessene Werkzeuge in den Händen des Virus. Daher handelt es sich bei ihrem gesamten Kontrollsystem auch um einen *Todeskult*. Archonten sind die Umkehrung des Lebens – ihre Welt gründet sich auf *Tod*, der auch ihre Energiequelle darstellt. Die Verschmutzung der Umwelt, die Zerstörung des Regenwaldes und der Zusammenbruch des Ökosystems geschehen nicht zufällig oder aus Unwissenheit, sondern entsprechen der Interessenlage der Archonten. Zwar handelt es sich bei dem größten Teil derjenigen, die die Schäden tatsächlich in die Welt bringen, um ahnungslose Ich-Phantome; doch die Individuen, die den Transformationsprozess aus dem Verborgenen heraus orchestrieren, gehen sehr bewusst zu Werke. Die Erde wird von einem Ort, der den Bedürfnissen der Menschen entspricht, in einen Planeten verwandelt, der ihren Herren dienlich ist. Durch ihre Manipulationen machen die Archonten die Welt zu *ihrer* Welt. Im folgenden Kapitel werde ich darauf ausführlicher eingehen (Abb. 596).

Es ist nicht so, dass die Einführung von GVO und der Einsatz todbringender Herbizide und Pestizide einfach nur dem Sinn der Unvernunft entspringen und die Verantwortlichen nicht wüssten, was sie tun. Sie handeln vielmehr in der vollen Absicht, die zur Umsetzung ihrer Pläne notwendigen Veränderungen zu gewährleisten. Konzerne wie Monsanto sind einfach weitere Tötungsmaschinen. Wer ihre Aktivitäten nachrecherchiert, wird feststellen, dass sie sich sämtlichst um Tod drehen. Gewaltige Gebiete sind durch Umweltbelastungen verschiedener Art zerstört worden; in den Ozeanen schwimmen riesige Inseln aus Plastikmüll. Den Autoren einer umfangreichen Studie zufolge, die in den *Proceedings of the National Academy of Sciences* veröffentlicht wurde, wird man bis zum Jahr 2050 in den Mägen von 99 Prozent aller Seevogelarten – und 95 Prozent der Vögel, die diesen Arten angehören – Plastik vorfinden (Abb. 597). Was die Zerstörung der Umwelt für unsere Nahrungsmittelversorgung bedeutet, erklärt sich von selbst; doch sind sowohl Hunger als auch die Kontrolle über die Verfügbarkeit und Verteilung von Lebensmitteln unabdingbare Elemente, wenn man die Bevölkerung ausdünnen und die Überlebenden in einer dauerhaften,

**Abb. 596:** „Warum zerstören ‚sie' die Erde? Weil sie unsere Welt in ihre Welt verwandeln." – *Aus der Welt der Menschen wird die Welt der Archonten.*

**Abb. 597:** „Flüsse aus Plastikmüll: Die Welt der Archonten" – *Die Spitze der menschlichen Evolution?*

**Abb. 598:** „Nur Wahnsinnige würden uns umbringen. Und genau das tun sie auch." – *Die Vernichtung der Bienenvölker wird schreckliche Folgen haben – und genau deshalb tun sie es.*

weltumspannenden Diktatur unterjochen will. Aufgrund der fundamentalen Rolle, die den Bienen für die Pflanzenwelt zukommt, stehen sie auf der Abschussliste der Archonten. Herbizide, Pestizide und die GVO-Monokultur, die uns von den Archonten auferlegt worden ist (während man gleichzeitig vorgibt, die „biologische Vielfalt" zu fördern), haben zu einem rasanten Rückgang der Bienenpopulation geführt, da sie die Tiere ihrer Pollennahrung berauben (Abb. 598). Diesem Phänomen, das als Bienensterben bezeichnet wird (engl.: „Colony Collapse Disorder"), fallen zahllose Bienenvölker zum Opfer. Dabei sind Bienen weltweit für die Bestäubung etwa eines Drittels aller Kulturpflanzen verantwortlich. Einer Reportage des Nachrichtenmagazins *Time* zufolge verloren Bienenzüchter allein im Winter 2012 im Schnitt 45 Prozent ihrer Kolonien. Hinzu kommt das Problem der plötzlich und viel zu früh sterbenden Königinnen. Dennis van Engelstorp, Entomologe an der University of Maryland und Bienenexperte, erklärte dazu: „Wir nähern uns immer mehr dem Punkt, an dem es in unserem Land nicht mehr genügend Bienen geben wird, um im erforderlichen Umfang Pflanzen zu bestäuben." Besonders tödlich für die Bienen ist eine als Neonicotinoide bezeichnete Klasse von Insektiziden, mit der in den USA fast alle Felder besprüht werden. Imker aus den Vereinigten Staaten und Kanada berichteten von massiven Verlusten unter Bienenvölkern, die sich in der Nähe von Getreidefeldern befanden. Steve Ellis, Eigentümer der Old Mill Honey Company, sagte: „Es ist Zeit, den Einsatz von Neonicotinoiden zu überdenken und den Bauern bessere Optionen anzubieten, mit denen wir alle gedeihen können." Das entspricht aber nicht dem Plan, Steve. Ein in Illinois ansässiger Bienenzüchter namens Terrence Ingram hat 15 Jahre damit verbracht, der Verbindung zwischen Monsantos Roundup und dem Bienensterben auf den Grund zu gehen. Als er eines Tages nach Hause kam, stellte er fest, dass das US-Landwirtschaftsministerium (USDA) sein Heim durchsucht und seine Bienenvölker fortgeschafft und offenbar vernichtet hatte. Sie seien, wie man ihm mitteilte, angeblich von der sogenannten Faulbrut befallen gewesen. Drei Wochen später hieß es seitens des USDA – das im Grunde kaum etwas anderes als eine von Monsantos Filialen darstellt –, die Beweise für diese Behauptung seien „verschwunden". Ingram hatte zu diesem Zeitpunkt bereits alle seine Bienen verloren, inklusive jenes Bienenstocks und der Königin, mit denen er das Roundup unter die Lupe genommen hatte. Die Firma Beeologics, die an vorderster Front daran beteiligt war, die Ursachen des Bienensterbens zu erforschen, wurde übrigens aufgekauft von … Monsanto. Keine weiteren Fragen, Euer Ehren.

## Die Wahrnehmung wird in die Falle gelockt

Gentechnisch veränderte Organismen sind zu dem Zweck eingeführt worden, die DNS – die die Fähigkeit besitzt, Informationen zu empfangen und auszusenden – in einer Weise zu mutieren, dass der dem Menschen zugängliche Frequenzbereich weiter eingeschränkt wird. Dieselbe Absicht verbirgt sich auch hinter der Fluorisierung des Trinkwassers und der Zahnpasta, die zu einer Verkalkung der Zirbeldrüse – des sogenannten „Dritten Auges" – führt und die Hirnaktivität herabsetzt (Abb. 599). Seit Jahrzehnten schon decke ich auf, wie sich Fluorid auf den Intellekt, das Gehirn, die Zähne und andere Teile des menschlichen Körpers auswirkt. Im Jahr 2015 musste sich die amerikanische Regierung angesichts der erdrückenden Beweislast geschlagen geben und den Richtwert für die Fluoridmenge im Trinkwasser herabsetzen. Inzwischen geben die Behörden zu, dass die amerikanische Bevölkerung einer Fluorid-„Überdosierung" ausgesetzt gewesen ist. Die US-Gesundheitsbehörde CDC (das Kürzel steht für „Centers for Disease Control and Prevention", was wörtlich „Zentren für Krankheitskontrolle und Prävention" bedeutet – was für ein Witz!) fand heraus, dass etwa 40 Prozent der Amerikaner aufgrund der aufgenommenen Menge an Fluorid an einer Fluorvergiftung leiden. Dabei wurde der Zusatz von Fluorid zum Trinkwasser offiziell gerade damit begründet, dass es die Zähne schützen würde (Abb. 600). Was sie dabei zu erwähnen vergaßen war, dass Fluorid auch die geistigen Fähigkeiten und die Hirnfunktionen beeinträchtigt und durch die Verkalkung der Zirbeldrüse die Wahrnehmung begrenzt. Ein aus Biologen und Soziologen zusammengesetztes Team unter der Leitung von Dr. Arline Geronimus, die als Gastdozentin am Stanford Center for Advanced Study tätig war, konstatierte unter den Armen in Amerikas Städten eine „alarmierende Verschlechterung der DNS" mit einem „beschleunigten Alterungsprozess auf Zellebene"; hinter diesem physiologischen Verfall stünde „chronischer Stress, der sowohl mit den Einkommensverhältnissen als auch mit der ethnischen

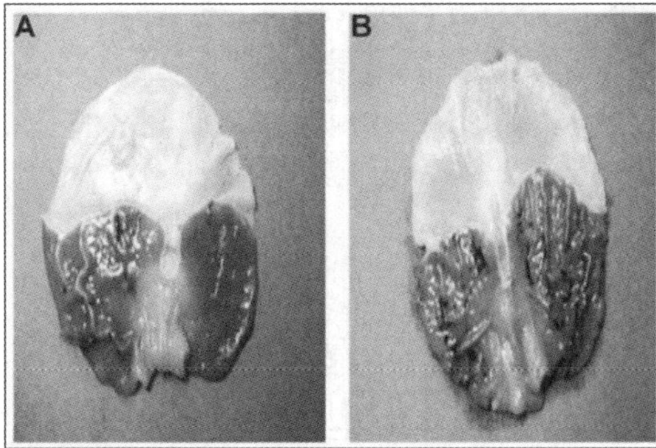


**Abb. 599:** *Dieses Bild kann man ruhig mehrfach bringen, um den chemischen Krieg gegen die menschliche Wahrnehmung deutlich zu machen.*

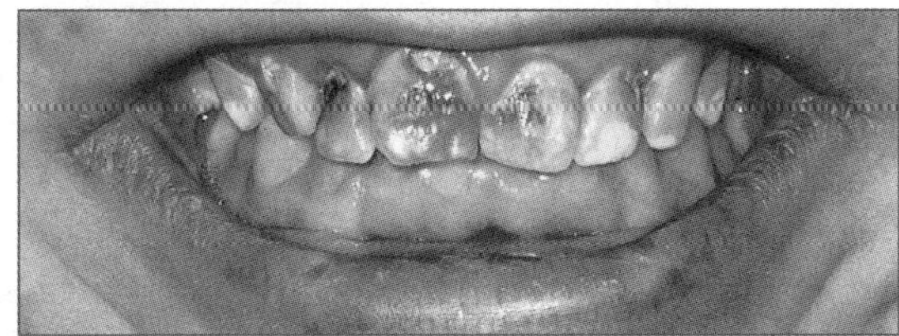

**Abb. 600:** *Fluorid ist so gut für die Zähne. Ich muss mir gleich welches besorgen.*

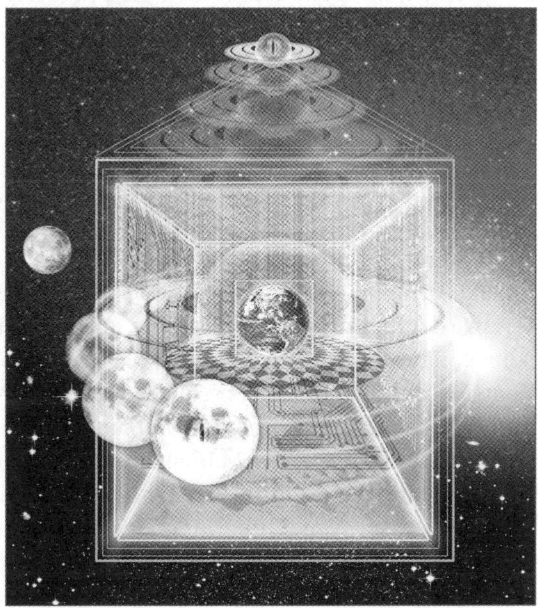

**Abb. 601:** *Die Menschheit in der archontischen Falle.*

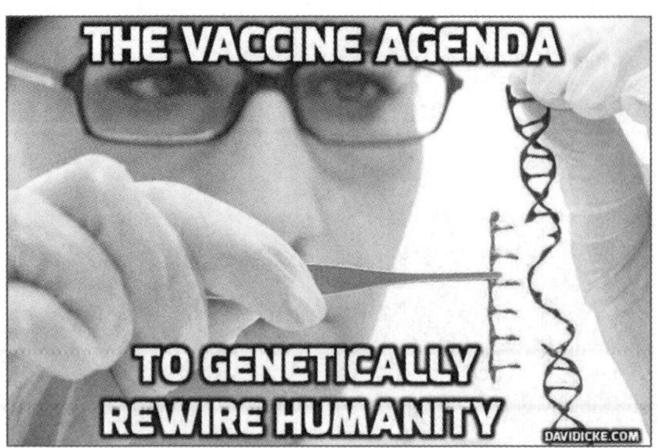


**Abb. 602:** „Die Impfstoff-Agenda zur genetischen Neuverdrahtung der Menschheit" – *Impfstoffe eignen sich hervorragend zur stillschweigenden genetischen Manipulation.*

Zugehörigkeit in Verbindung gebracht werden kann". Die Armen sind am ehesten gezwungen, die schädlichsten Nahrungsmittel zu essen.

Die Mutationen der menschlichen DNS werden durch Impfstoffe, die rasant zunehmende Strahlung, GVO und das gesamte Spektrum sonstiger Quellen toxischer Belastung hervorgerufen. Durch ihr Zusammenspiel wird die Menschheit noch tiefer in das Phantom-Gefängnis der fünf Sinne gestoßen (Abb. 601). Vakzine sind wunderbar dazu geeignet, Gene bzw. synthetische Gene in den Körper einzuschleusen und somit Mutationen der menschlichen Gestalt zu bewirken (Abb. 602). Das ist einer der Gründe, warum man insbesondere Kinder mit einer solchen Vielzahl von Impfstoffen überzieht und an der Einführung von Zwangsimpfungen arbeitet. Hat man erst einmal genetische Mutationen bewirkt, werden sie an die nächste Generation weitergegeben, die somit schon mit einem weniger robusten Körper, Geist und Immunsystem geboren wird. Indem den Nachkommen die Anfälligkeit für bestimmte Leiden und Beschwerden einprogrammiert wird, steigt die Wahrscheinlichkeit, dass sie eines Tages tatsächlich daran erkranken, beträchtlich an. Dazu zählt etwa die Fettleibigkeit, die größtenteils auf den unablässigen Zustrom von Giftstoffen zurückzuführen ist. Der Körper versucht den Schwall dadurch zu bewältigen, dass er die Toxine in Fetten verkapselt, um so den Körper vor den andernfalls verhängnisvollen Langzeitfolgen zu bewahren. Der Genetiker Dr. David Suzuki erklärte:

> Ein Wissenschaftler, der Ihnen sagt, dass GVO sicher seien und niemand sich Sorgen zu machen bräuchte, hat entweder keine Ahnung oder lügt vorsätzlich. Niemand weiß heute, welche Schäden GVO auf lange Sicht bewirken werden.

Dem ersten Teil dieser Aussage stimme ich zu, doch einen wichtigen Aspekt übersieht Suzuki: Wenn er sagt, man wisse nicht, welche Langzeitschäden durch GVO hervorgerufen werden, trifft das zwar auf die große Mehrheit zu; die Verdeckte Hand jedoch weiß sehr genau um ihre Wirkung und arbeitet eiskalt genau darauf hin. Die Spinne, die im Zentrum des archontischen Netzes sitzt, kontrolliert Monsanto und all die anderen Konzernriesen aus Biotechnologie, Lebensmittel-, pharmazeutischer und Ölindustrie ebenso wie das Bankwesen, die Mainstreammedien, die Regierungen und deren Institutionen. Die britische Tageszeitung *The Independent* titelte 2015: „Gene Drive: Wissenschaftler schlagen Alarm wegen überladener genmanipulierter Organismen, die sich in der freien Natur ausbreiten und Umweltkatastrophen auslösen können". Als Gene Drive bezeichnet man eine Methode zur Erzeugung genetisch „überladener" GVO, die sich in der Natur besonders schnell auszubreiten vermögen. Man hat den Vorgang mit einer *Virusinfektion* verglichen – ein weiteres Beispiel dafür, wie sich der Archonten-Virus innerhalb der

Simulation (der schlechten Kopie) systematisch ausbreitet. Natürlich wird Gene Drive wie üblich positiv beworben: Es ermögliche die Eindämmung von durch Moskitos übertragenen Krankheiten und beseitige Pflanzenschädlinge und Ungeziefer. Doch der an der Universität von Tel Aviv tätige Genetiker David Gurwitz bemerkte dazu: „So, wie man Moskitos mit der Gene-Drive-Methode die Fähigkeit nehmen kann, den Malariaparasiten zu beherbergen und zu verbreiten, ließe sich die Technik auch dazu einsetzen, mittels Moskitos tödliche bakterielle Toxine auf den Menschen zu übertragen." Technologien und Methoden, die das Potenzial albtraumhafter Szenarien in sich bergen, sollte man niemals der durchgeknallten Fraktion der sogenannten wissenschaftlichen Gemeinschaft überlassen; doch auf der ganzen Welt haben die von den Archonten gelenkten Unternehmen praktisch freie Hand, ihr bösartiges Zeug der Bevölkerung aufzuzwingen, ohne dass die Behörden, die sie eigentlich im Zaum halten sollten, einen Finger krumm machen. Die Drehtüren, durch die Teile des Personals zwischen Firmen und staatlichen „Schutzbehörden" hin- und herpendeln, sind bereits sprichwörtlich geworden. In ähnlicher Weise stehen auch Akademiker und Universitätsmitarbeiter auf der Gehaltsliste großer Biotech-Unternehmen, für deren Produkte sie sich einsetzen und Werbung machen (Abb. 603). Toxine, Medikamente, Impfstoffe und GVO werden quasi ohne ordentliche Prüfung auf die Bevölkerung losgelassen. Jeder, der sich innerhalb des Mainstream-Einheitsbreis bewegt, dient letztlich der Spinne und sorgt mit dafür, dass deren Wille stets umgesetzt wird. Einige (sehr wenige) beteiligen sich wissentlich an der Agenda, andere versprechen sich davon Geld und Macht oder haben Angst, dem Chef zuwiderzuhandeln. Die überwiegende Mehrheit dient ihr allerdings schlicht und ergreifend aus Unkenntnis darüber, was in der Welt tatsächlich vor sich geht.

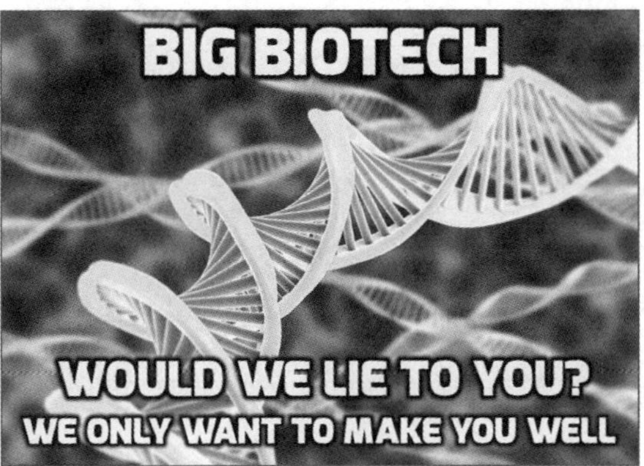


**Abb. 603:** „Die großen Biotechnologie-Konzerne: Würden wir Sie jemals anlügen? Wir wollen nur, dass es Ihnen gut geht." – *Genetisch bedingte Verlogenheit.*

All die genannten Aspekte, Komponenten und Themen stehen mit der archontischen Übernahme der Gesellschaft durch die Kaperung der menschlichen Wahrnehmung in Zusammenhang. Genmanipulierte Organismen im Verein mit Giften und Strahlung aus unzähligen Quellen schwächen Körper und Geist und versetzen die DNS durch Mutation in einen derart verfälschten Zustand, dass der Zugang zu den jenseits der Matrix vorhandenen höheren Frequenzen versperrt wird. Indem man die unabhängige Landwirtschaft vernichtet, legt man die gesamte Nahrungsmittelproduktion und -verteilung in die Hände des archontischen Staates und der Konzerne. Dasselbe geschieht auch mit der Wasserversorgung. Die Mächte im Schatten wissen genau, dass am Ende die gesamte Pflanzenwelt und insbesondere sämtliche Nutzpflanzen mit GVO kontaminiert sein werden, bis es schließlich nur noch gentechnisch modifizierte Lebensmittel gibt. Monsanto und die anderen Biotech-Giganten lassen ihr Saatgut patentieren und haben das Recht zu bestimmen, wer

**Abb. 604:** *Monokultur führt in die Katastrophe, sobald die Existenz der wenigen verbliebenen Nahrungsmittel bedroht ist.*

ihre gentechnischen Kreationen einsetzen darf. Nach demselben Prinzip wollen sie auch den menschlichen Körper in ihren Besitz bringen – über Patente auf Technologien, die darauf ausgelegt sind, dem Menschen implantiert zu werden, sowie wiederum über patentierte genetische Basteleien. Die überreiche Vielfalt an nicht-genmanipuliertem Saatgut wird ausradiert, während die Biotechnologie-Konzerne gleichzeitig Patente auf in der Natur vorkommende Samen anmelden dürfen – nicht, weil sie mit ihnen schon in irgendeiner Weise gearbeitet hätten, sondern einfach deshalb, weil sie als erste die Idee dazu hatten. Eine weltweite Monokultur stellt für die Lebensmittelversorgung eine ernsthafte Bedrohung dar, da diese kann durch alles, was die zur Monokultur gehörigen Pflanzensorten schädigt oder abtötet, unterbrochen werden kann (Abb. 604). Sie werden geschockt sein, wenn Sie erfahren, wie viele Obst- und Gemüsesorten seit Beginn des 20. Jahrhunderts bereits vernichtet worden sind. In Ländern wie den Vereinigten Staaten oder Kanada werden seltene bzw. ältere Nutztiersorten im Auftrag der Regierungsmafia ausgerottet, bis nur noch die Züchtungen der Konzerne übrigbleiben. Hinter der Verfolgung kleiner, biologisch wirtschaftender Erzeuger gentechnikfreier Lebensmittel steht die Absicht, sämtliche Alternativen zu DNS-verändernden GVO auszuschalten – ganz so, wie man auch alternative Behandlungsmethoden und Nahrungsergänzungen ins Visier nimmt, um die Wahlmöglichkeiten zu beschränken. Dabei wird nicht nur der Körper angegriffen, sondern auch das geistige Vermögen. In Studien hat man herausgefunden, dass Kinder, deren Nahrung überwiegend aus Industrieprodukten besteht, einen niedrigeren IQ aufweisen – ein Effekt, der sich auch durch einen hohen Fluoridgehalt in Trinkwasser und Zahnpasta einstellt. Zum umgekehrten Schluss kommt das *Journal of Epidemiology and Community Health*: „Mit Vitaminen und Nährstoffen angereicherte Lebensmittel tragen spürbar zur Steigerung der mentalen Leistungsfähigkeit von heranwachsenden Jugendlichen bei."

Die Archonten und ihre Hybriden wollen Menschen schaffen, deren intellektuelles Niveau ihnen gerade erlaubt, als Sklaven zu funktionieren, die aber nicht wirklich intelligent sind. Was wir „Nahrung" nennen, besteht in Wirklichkeit aus Energie und Information. Nahrhafte Lebensmittel besitzen helle, kräftige Energiefelder; industriell verarbeitete Lebensmittel und solche aus genetisch modifizierten Organismen weisen demgegenüber nahezu überhaupt kein Energiefeld auf. Die Konzernkost versetzt Körper und Geist in einen Zustand permanenten Energiemangels, der mit der Zeit zu vorzeitiger Alterung, Krankheit, geistiger Beeinträchtigung und Tod führt. Die von den Biotech-Giganten in den USA losgetretene Kampagne gegen die verpflichtende Kennzeichnung von GVO-Erzeugnissen soll den Menschen die Möglichkeit nehmen, sich gegen ihre Vergiftung und die genetische Mutation ihrer DNS zu entscheiden. Monsanto – und die Biotechnologieunternehmen ganz allgemein – sind sich bewusst, dass viele Menschen keine GVO-Produkte kaufen würden, wenn sie das mittels entsprechender Kennzeichnung selbst entscheiden können. Der Konzern, der sich wegen etwaiger Prozesskosten keine Sorgen zu machen braucht, droht den amerikanischen Bundesstaaten mit Klagen, sollten sie die Kennzeichnung von GVO durchsetzen wollen. Kommt es in dieser Frage zu Abstimmungen, haben die Unternehmen weitaus bessere Möglichkeiten der finanziellen Einflussnahme als die Öffentlichkeit. Zudem gibt es ganz unabhängig von der Frage, ob die Abstimmungen manipuliert werden (worauf Sie wetten können), stets eine atemberaubende Menge von Ich-Phantomen, die gegen ihr Recht stimmen, über die Inhaltsstoffe und Herkunft ihrer Lebensmittel Bescheid zu wissen. Eine klarere Definition von Wahnsinn kann ich mir kaum vorstellen; doch wir leben nun einmal in der schlechten Kopie der Erde, der Heimat des Ich-Phantoms.

## … und sie nehmen kein Blatt vor den Mund

Nachdem ich die vielschichtige und sich mehr und mehr entfaltende Agenda zur Versklavung der Menschheit erläutert habe, möchte ich Ihnen nun einen Herren vorstellen, der das alles schon im Jahr 1969 vorweggenommen hat. Der Rockefeller-Vertraute und Zionist Dr. Richard Day war als Professor für Kinderheilkunde am New Yorker Mount Sinai Hospital sowie in leitender Funktion für Planned Parenthood tätig. Die von den Rockefellers gelenkte Organisation, deren Ursprünge in der Eugenikbewegung liegen, wurde 2015 überführt, Teile abgetriebener Föten zu verkaufen. In einem früheren Kapitel habe ich bereits von Days Äußerung über ein geheim gehaltenes Krebsheilungsmittel berichtet, das seinen Angaben zufolge in den Tresoren der heutigen Rockefeller University lagern soll. Durch seine enge Verbindung zu den Rockefellers war er über einen bedeutenden Teil der die Zukunft der Menschheit betreffenden Pläne ähnlich gut im Bilde wie seine Zeitgenossen George Orwell und Aldous Huxley, die aufgrund ihres Insiderwissens die prophetischen Werke „1984“ bzw. „Schöne neue Welt“ zu verfassen vermochten.

1969 hielt Day in Pittsburgh, Pennsylvania, im Rahmen einer Klausurtagung von Kinderärzten einen bemerkenswerten Vortrag. Das war zwei Jahrzehnte nachdem Orwells präzise Beschreibung einer polizeistaatlichen Gesellschaftsordnung – wie sie sich heute vor unser aller Augen manifestiert – veröffentlicht worden war. Day erklärte seinen Kollegen, dass er ihnen im Folgenden (aus welchem Grund auch immer) erläutern werde, in welcher Weise sich die Welt verändern würde, und bat sie, auf Notizen und sonstige Aufzeichnungen zu verzichten. Einer der anwesenden Ärzte namens Lawrence Dunegan hielt das Gesagte dennoch stichpunktartig fest. Kurz vor seinem Tod im Jahr 2004 erläuterte er in einer Reihe von Radiointerviews, was Day gut drei Jahrzehnte zuvor dargelegt hatte. Mittlerweile liegen Days Ausführungen fast ein halbes Jahrhundert zurück. Hier ist eine Auswahl der von ihm beschriebenen Merkmale, die die künftige Gesellschaft den Plänen zufolge kennzeichnen würden:

Kontrolle der Populationsgröße; Kinder darf man nur nach Genehmigung bekommen; die Bedeutung von Sexualität wird umdefiniert – Sex ohne Fortpflanzung und Fortpflanzung ohne Sex; Verhütungsmittel sind allen Menschen generell verfügbar; sexuelle Erziehung und Kanalisierung [genetische Manipulation] der Jugend als Instrument der Weltregierung; steuerlich finanzierte Abtreibung als Mittel zur Geburtenkontrolle; Ermunterung zum freien Ausleben von Homosexualität; Einsatz von Technologien zur Reproduktion ohne Sex; verminderte Bedeutung der Familie; Euthanasie und „Sterbepille"; Beschränkung des Zugangs zu bezahlbarer medizinischer Versorgung und damit verbunden die leichtere Beseitigung der Alten; scharfe Kontrolle der Medizin; Abschaffung von Privatärzten; neue, schwer diagnostizierbare und kaum behandelbare Krankheiten; Unterdrückung von Krebsheilmitteln als Methode zur Populationskontrolle; Auslösen von Herzanfällen als Attentatsmethode; Erziehung als Instrument zum beschleunigten Anstoßen der Pubertät und Entwicklung; Vermischung aller Religionen ... die alten Religionen werden verschwinden müssen; Veränderung der Bibel durch Veränderung von Schlüsselwörtern; Umbau des Bildungssystems zu einem Indoktrinationsinstrument; Schüler verbringen mehr Zeit in der Schule, „lernen aber nichts" mehr; Kontrolle darüber, wer Zugang zu Informationen hat; die Schule wird zum Dreh- und Angelpunkt der Gemeinschaft; manche Bücher werden aus den Bibliotheken einfach verschwinden; die Gesetzgebung wird sich in einer Weise wandeln, dass sie moralisches und soziales Chaos fördert; Ermunterung zum Drogenmissbrauch, um in den Städten eine Dschungelatmosphäre zu erzeugen; Förderung des Alkoholmissbrauchs; Beschränkungen im Reiseverkehr; erhöhter Bedarf an Gefängnissen, Krankenhäuser müssen als Gefängnis genutzt werden; es gibt keine psychische oder physische Sicherheit mehr; Verbrechen wird benutzt, um die Gesellschaft zu lenken; die industrielle Vorrangstellung der USA wird zurückgefahren; Verlagerung von Teilen der Bevölkerung und Ökonomien – soziale Wurzeln werden herausgerissen; Sport als Mittel zur Formung und Veränderung der Gesellschaft; Betonung von Sex und Gewalt in der Unterhaltung; implantierte Identitätsausweise – Mikrochips; Kontrolle über die Lebensmittel; Wetterkontrolle; man weiß, wie Menschen reagieren – und nutzt dieses Wissen, um sie zum gewünschten Verhalten zu animieren; gefälschte wissenschaftliche Forschung [man denke etwa an die „Erderwärmung"]; Einsatz von Terrorismus; Überwachungstechnik, Implantate und Fernseher, die den Menschen observieren; Erscheinen des weltumspannenden totalitären Systems.

Sämtliche Facetten, die Day 1969 nannte, sind entweder inzwischen Realität oder werden gerade umgesetzt; denn die Agenda wurde schon vor langer „Zeit" in Bewegung gesetzt und Jahrhundert um Jahrhundert, später von Dekade zu Dekade und mittlerweile mit jeder Stunde vorangetrieben. Um zu verstehen, was „Kanalisierung der Jugend als Instrument der Weltregierung" bedeutet, schlagen wir einmal im Wörterbuch nach: „Kanalisierende Selektion: Die Auslöschung derjenigen Genotypen, die in Entwicklung befindliche Individuen empfindlich gegenüber Umweltveränderungen machen." Die gegenwärtig getätigten genetischen Modifikationen des menschlichen Körpers dienen unter anderem der Vorbereitung auf eine energetisch und strahlungsmäßig stark veränderte Umwelt bzw. Atmosphäre – ein Umgestaltungsprozess, dessen Motivation ich im folgenden Kapitel erläutern werde. Des Weiteren möchte ich den Punkt „Vermischung aller Religionen ... die alten Religionen werden verschwinden müssen" herausheben. Der Plan sieht eine einzige verbleibende Weltreligion vor, in der der Demiurg angebetet wird. Das ist es, was der Hochgradfreimaurer Albert Pike mit seinen Worten meinte, die Menschheit würde mit dem Ende der alteingesessenen Religionen „durch die universelle Manifestation der reinen Lehre Luzifers das wahre Licht empfangen". Die Religionen, die nach dem Teile-und-herrsche-Prinzip funktionieren, haben den Archonten bei der Umsetzung ihrer Pläne großartige Dienste geleistet; doch am Ende soll es von allem nur noch *eine* Variante geben, auch von der Religion. Wir vernehmen Papst Franziskus mit der Forderung, alle Religionen zu vereinen. Im ersten Moment klingt das großartig, doch verschweigt man uns dabei die Tatsache, dass eine solche Einheit nur der nächste Schritt auf dem Weg zur Weltreligion wäre. Der *El*-ite im Schatten ist klar, dass alle Religionen denselben demiurgischen „Gott" anbeten; sobald sie jedoch die nötige Macht in ihren Händen versammelt hat, möchte sie seine Verehrung ganz offiziell deklarieren und in die Öffentlichkeit bringen.

Im Zweiten Weltkrieg war Richard Day übrigens im Bereich der Wettermanipulation aktiv – Sie wissen schon, die angeblich unmögliche Steuerung von Wetterphänomenen. Im Folgenden präsentiere ich Ihnen einige von Days Anmerkungen, die einen Bezug zu den von mir besprochenen Themen aufweisen, im Detail. Ich zitiere dazu unmittelbar aus den Tonbandprotokollen, die Dr. Dunegans Ausführungen dokumentieren. Behalten Sie dabei bitte im Hinterkopf, dass Day die Vorträge, auf die sich Dunegan bezieht, bereits im Jahr 1969 hielt:

**Politik**

Er sagte, dass nur sehr wenige Menschen wirklich wüssten, wie eine Regierung funktioniert. Etwas in der Art, dass gewählte Amtsträger in einer Weise beeinflusst werden, dass sie das überhaupt nicht bemerken, und Pläne umsetzen, die man für sie gemacht hat, während sie meinen, sie seien die Urheber dieser Pläne. Doch tatsächlich werden sie in einer Weise manipuliert, die sie nicht verstehen. […]

Des Weiteren sagte er, dass die meisten Menschen nicht verstehen, wie Regierungen arbeiten, und dass selbst Leuten in Führungspositionen innerhalb der Regierungen – unsere eigene mit eingeschlossen – nicht wirklich klar ist, wie und wo Entscheidungen getroffen werden. […]

Eine der Aussagen hatte mit Wandel zu tun … sie lautete: „Die Menschen werden sich an die Idee der Veränderung gewöhnen müssen, und zwar so sehr, dass sie fortwährend Veränderung erwarten. Nichts wird mehr von Dauer sein." Er brachte diese Aussage wiederholt, wenn er von einer Gesellschaft sprach … in der die Menschen offenbar keine Wurzeln oder Verankerung haben, sondern Veränderungen passiv hinnehmen – einfach deshalb, weil sie es gar nicht anders kennen. […] „Alles dient einem doppelten Zweck. Zum einen gibt es die vorgetäuschte Absicht, die die Sache für die Menschen akzeptabel macht, und zum anderen den wirklichen Zweck, der die Etablierung des neuen Systems voranbringt …" [Er sagte auch:] „Die Menschen sind zu vertrauensselig. Sie stellen nicht die richtigen Fragen."

### Globale Wirtschaftsdiktatur

Der dargelegte Plan besagte, dass man den verschiedenen Teilen der Welt innerhalb eines vereinigten globalen Systems verschiedene Rollen in den Bereichen Industrie und Handel zuweisen würde. Die anhaltende Vorrangstellung der Vereinigten Staaten und die relative Unabhängigkeit und Autarkie des Landes gelte es zu verändern. Dies war eine von mehreren Gelegenheiten, bei denen er sagte, man müsse, wenn man eine neue Struktur errichten will, zuerst die alte einreißen. Die amerikanische Industrie sei ein Beispiel dafür ... insbesondere treffe das auf unsere Schwerindustrie zu, die man zurückschraubt, während sie in anderen Ländern entwickelt wird, insbesondere in Japan.

An dieser Stelle kam die Sprache auf Stahl und speziell auf Autos – ich erinnere mich, dass er sagte, Automobile würden aus Japan importiert werden, gleichrangig zu unseren heimischen Fahrzeugen, doch die japanischen Produkte würden besser sein. Amerikanische Erzeugnisse würden so gemacht sein, dass sie kaputtgehen und auseinanderfallen, sodass die Menschen tendenziell die importierten Produkte bevorzugen würden. Das würde der ausländischen Konkurrenz einen gewissen Aufschwung verschaffen. Als ein Beispiel nannte er japanische [Autos]. Im Jahr 1969 waren japanische Automobile – wenn sie hier [in den USA] überhaupt verkauft wurden, ich erinnere mich nicht – mit Sicherheit nicht besonders beliebt. Die Idee war aber, dass man als Besitzer eines Ford, GM, Chrysler usw. etwas genervt sein würde, weil kleine Dinge wie Fenstergriffe abfallen oder Plastikteile zerbrechen, was nicht geschehen würde, wenn sie aus Metall gefertigt wären. So würde die Einstellung, aus Patriotismus amerikanische Produkte zu kaufen, bald der pragmatischen Einsicht weichen, dass man mit japanischer, deutscher oder anderer importierter Ware besser dran wäre, da sie einfach länger hält. Damit würde der Patriotismus den Bach runter gehen. [...]

In den Bereichen Information, Kommunikation, Hochtechnologie, Bildung und Landwirtschaft sollten die Vereinigten Staaten aber stark bleiben. Sie würden weiterhin in gewisser Weise den Grundpfeiler des globalen Systems bilden. Doch die Schwerindustrie würde ausgelagert werden [und genauso ist es gekommen].

### Zentral kontrolliertes Geld

Geld würde vorrangig in Form von Krediten in Erscheinung treten. Im Prinzip war das schon der Fall ... Geld ist in erster Linie eine Sache von Krediten. Doch nun würde auch der Austausch von Geld nicht länger über Bargeld oder andere greifbare Dinge erfolgen, sondern auf elektronischem Wege. Bargeld würden die Menschen nur noch in sehr kleinen Mengen mit sich führen, etwa um Kaugummi oder Schokoriegel zu kaufen – Kleinigkeiten, die in die Jackentasche passen. Sobald man etwas von Wert kauft, würde man auf elektronischem Weg bezahlen. Lohnzahlungen würden dem Konto elektronisch gutgeschrieben werden. Es gäbe nur noch ein einheitliches Bankensystem. Auch wenn es den Anschein hätte, als wären da mehrere Systeme, handelte es sich doch letztlich um ein und dasselbe. Wenn man Ihnen also Ihren Lohn auszahlt, erfolgt das als Gutschrift auf Ihrem Konto, und sobald Sie etwas kaufen, wird der Betrag von Ihrem Kontostand abgezogen. So führen Sie eigentlich niemals Geld mit sich.

Darüber hinaus könnten alle Ihre Einkäufe auf Computern gespeichert werden. Wenn Sie dann beispielsweise eine große Stückzahl desselben Produkts erwerben und irgendein Beamter herausfinden will, was Sie eigentlich mit Ihrem Geld anstellen, kann er einfach die Datenbank aufrufen, Ihre Einkäufe überprüfen und feststellen, was Sie gekauft haben. Er machte auch eine Bemerkung darüber, dass jede größere Anschaffung, etwa ein Auto, Fahrrad, Kühlschrank, Radio oder Fernseher, eine Art Identifikationsnummer tragen würde, durch die sich das Produkt nachverfolgen ließe. Wann immer also etwas verschenkt oder gestohlen werden würde – wie auch immer –, könnten die Behörden ermitteln, wer den Gegenstand gekauft hat, und wann. Durch Computer würde dies möglich werden.

Die Möglichkeit, Ersparnisse anzulegen, würde stark eingeschränkt werden. Die Menschen wären einfach nicht in der Lage, größere Vermögen anzuhäufen. Es gab eine Äußerung darüber, dass Reichtum Macht bedeute und es für die Leute, die das Sagen haben, nicht gut sei, wenn viele Menschen vermögend wären. Daher würde man, wenn man zu viel anspart, entsprechend besteuert werden. Je mehr Sie beiseite legen, desto höher wird die Steuer auf Ihre Ersparnisse sein, sodass sie niemals allzu stark anwachsen können [man denke auch an negative Zinsraten].

Des Weiteren könnte man Ihnen, wenn Sie ein Verhaltensmuster entwickeln, zu viel Geld anzuhäufen, auch das Gehalt kürzen. Man würde dann sagen: „Nun, Sie horten Geld, statt es auszugeben. Sie brauchen all das Geld eigentlich gar nicht." … Der Hintergedanke dabei war, die Menschen daran zu hindern, Vermögen anzuhäufen, da dies das System auf lange Sicht erheblich beeinträchtigen würde. Man würde die Menschen ermutigen, Kredite aufzunehmen, aber auch dazu, die Rückzahlungsverpflichtungen nicht einzuhalten, sodass sie ihren Kredit selbst ruinieren. Auch hier ist die Idee, dass die Obrigkeit argumentieren kann: Wer so dämlich ist, nicht einmal seinen Kredit ordentlich handhaben zu können, den dürfen wir auch hart rannehmen, wenn er ihn zerschossen hat.

Zunächst würden elektronische Zahlungen unter Verwendung verschiedener Arten von Kreditkarten erfolgen … die in gewissem Umfang schon 1969 in Gebrauch waren, aber nicht in dem Maße wie heute. Die Menschen besäßen dann Kreditkarten mit elektronischen Streifen darauf. Sobald sie sich daran gewöhnt hätten, würde man auf die Vorzüge hinweisen, die man durch die Vereinigung in einer einzigen Kreditkarte erreichen könnte, mit einem einzigen Geldsystem – man müsste dann nicht mehr all die Plastikkarten mit sich führen.

## Gechippte Bevölkerung

Der nächste Schritt wäre also eine einzige Karte; der übernächste Schritt bestünde dann darin, die Karte durch ein Hautimplantat zu ersetzen. Die Karte [das Smartphone] kann verloren gehen, gestohlen werden und eine Menge andere Probleme verursachen. Man könnte sie auch mit einer anderen Person tauschen, um die Identität zu verschleiern. Ein Hautimplantat hingegen kann man nicht verlieren, fälschen oder auf eine andere Person übertragen – Sie und Ihre Konten wären fehlerfrei identifizierbar. Die Hautimplantate müssten irgendwo platziert werden, wo es zweckmäßig wäre, beispielsweise an der rechten Hand oder auf der Stirn [genau auf dem Dritten Auge] … Es war auch die Rede von Implantaten, die sich selbsttätig zur Überwachung anbieten, indem sie bestimmte Funksignale aussenden. Diese Objekte könnten unter der Haut oder im Gebiss eingepflanzt werden … wie eine Zahnfüllung. So ließen sich Flüchtige oder gegebenenfalls auch andere Bürger durch die spezifische Frequenz identifizieren, die von ihrem personalisierten Sender abgestrahlt wird. Jede Behörde wäre jederzeit in der Lage, eine beliebige Person zu lokalisieren, wo auch immer sie sich aufhält. Das wäre insbesondere bei flüchtigen Gefangenen nützlich. Die Frage der persönlichen Überwachung wurde noch ausführlicher erörtert [schauen Sie sich um, was heute alles geschieht].

## Durchsetzung des globalen Systems per Atomkrieg

Sollte es einmal an bestimmten Orten zu viele Leute geben, die [der globalen Diktatur] Widerstand leisten, wird es vielleicht nötig sein, eine oder zwei – eventuell auch mehr – Atomwaffen einzusetzen. Wie es hieß, wäre das möglicherweise notwendig, um den Menschen klarzumachen, dass „wir es ernst meinen“. Darauf folgte die Aussage: „Sobald eine oder zwei davon hochgegangen sind, werden alle – selbst die Widerwilligsten – klein bei geben.“ Er sagte dann etwas in der Art, dass „der dann ausgehandelte Frieden sehr überzeugend“ sein würde. Der Kontext, in dem er diese Bemerkung machte, legte nahe, dass die ganze Sache einstudiert sein könnte – was aber niemand bemerken würde. Die Menschen, die davon hören würden, wären überzeugt, dass es sich um echte Verhandlungen zwischen verfeindeten Parteien handelte, die schließlich einsehen würden, dass Frieden besser sei als Krieg. [Das passt zu Albert Pikes Brief über die drei kommenden Weltkriege, den er 1871 verfasste; insbesondere zu dem, was er über das Ergebnis des dritten Weltkriegs schrieb.]

## Künstlicher Terrorismus

Es wurde auch über Terrorismus gesprochen. In Europa und anderen Teilen der Welt würde vielfach Terror eingesetzt werden. In den Vereinigten Staaten, so glaubte man damals, würde es nicht notwendig sein, zu Terrorismus zu greifen. Das wäre nur dann der Fall, sollten die Amerikaner nicht schnell genug eine Akzeptanz für das System entwickeln [dementsprechend setzte man 9/11 ein, um die Prozesse zu beschleunigen]. Doch zumindest für die nächste Zukunft war so etwas nicht vorgesehen … Terrorismus würde vielleicht nicht erforderlich sein, doch wurde hier unmissverständlich angedeutet, dass man davon Gebrauch machen würde, wenn es doch nötig werden sollte. Im Zuge dieser Ausführungen schalt er ein wenig die Amerikaner – es würde ihnen zu gut gehen, sodass ihnen ein klein wenig Terrorismus helfen würde zu begreifen, dass die Welt ein gefährlicher Ort ist … bzw. sein könnte, wenn wir die Kontrolle nicht den richtigen Autoritäten überlassen.

### Bevölkerungskontrolle und Beseitigung der Älteren

Jeder Mensch hat nur für eine gewisse Zeit das Recht zu leben. Die Alten sind nicht mehr von Nutzen. Sie werden zu einer Last. Man sollte bereit sein, seinen Tod zu akzeptieren. Die meisten Menschen sind es. Man könnte willkürlich eine Altershöchstgrenze festsetzen. Letzten Endes hat man im Leben nur ein Recht auf so und so viele Steaks, Orgasmen und sonstige vergnügliche Momente. Wenn man all das zur Genüge gehabt hat und nicht mehr produktiv ist, nicht mehr arbeitet und zur Gesellschaft beiträgt, sollte man bereit sein, der nächsten Generation Platz zu machen. Es würde Möglichkeiten geben zu erkennen, dass jemand lange genug gelebt hat; er nannte eine ganze Reihe davon. Ich kann mich nicht an alle erinnern, aber die folgenden zählten dazu: Auf Formularen, die die Leute ausfüllen müssen, könnte man sehr blasse Druckerfarbe benutzen, sodass die Älteren Schwierigkeiten hätten, sie zu entziffern, und sich Hilfe bei Jüngeren holen müssen. Verkehrsmuster für Autos – es würde mehr Schnellspuren geben … Verkehrsmuster, mit denen umzugehen den Älteren aufgrund ihrer langsameren Reflexe schwer fiele, wodurch sie einen Teil ihrer Unabhängigkeit verlören.

Ein großes Thema […], das ausführlich dargelegt wurde, war die Verteuerung medizinischer Versorgung bis zu einem Punkt, an dem es wehtut. Die Gesundheitsfürsorge würde eng an die Arbeit einer Person gekoppelt, aber auch sehr, sehr teuer gehalten werden, sodass sie früher oder später einfach unerschwinglich wird. Wer dann keine wohlhabende und fürsorgliche Familie hinter sich hat, muss ohne medizinische Hilfe klarkommen. Die Idee dabei war folgende: Wenn alle sagen würden „Genug! Was für eine Belastung es für die jungen Leute ist, die Alten durchzubringen", würde es für die jüngere Generation annehmbar werden, Mutter und Vater [beim Sterben] zu helfen – vorausgesetzt, es geschähe auf humane und würdevolle Weise. Er brachte dann das Beispiel, dass es eine nette Abschiedsfeier geben könne, ein richtiges Fest. Mama und Papa haben ihre Sache gut gemacht – und wenn die Feier vorüber ist, nehmen sie die „Sterbepille".

Paaren wäre es nicht länger gestattet, Kinder einfach nur deshalb zu bekommen, weil sie sich welche wünschten oder nicht aufgepasst hätten. Die meisten Familien würden auf zwei Kinder beschränkt werden, manche dürften nur eines haben. Herausragende Persönlichkeiten könnten ausgewählt und ihnen drei Kinder gewährt werden. Doch die meisten Paare dürften nur zwei Babys bekommen.

## Bildung

Der Druck, der vom beschleunigten Bildungsprogramm ausgehen würde – die steigenden Anforderungen, die den Kindern das Gefühl geben, zu irgendetwas dazugehören zu müssen, etwa zu einem Sportverein oder anderen Schulangeboten –, dieser Druck, räumte er ein, würde einige Schüler kaputt machen. Er sagte: „Die pfiffigsten unter ihnen werden lernen, mit dem Druck klarzukommen und zu überleben. Es wird gewisse Hilfsangebote zur Stressbewältigung geben, doch die Untauglichen werden es nicht schaffen. Sie werden stattdessen andere Wege einschlagen." In diesem Zusammenhang wie auch später beim Thema Drogen- und Alkoholmissbrauch wies er darauf hin, dass sich das Angebot an psychologischer Hilfe drastisch erweitern würde. Bei all dem Erfolgsdruck wäre klar, dass viele Menschen Hilfe brauchen würden. Die Menschen, die es wert wären, Teil der Gesellschaft zu bleiben, seien auch in der Lage, solche Hilfe anzunehmen und davon zu profitieren; diese würden letztlich für ihren Erfolg anerkannt werden. Alle anderen hingegen würden auf der Strecke bleiben und wären gewissermaßen entbehrlich. [...]

Die Ausbildung würde das ganze Leben lang andauern. Erwachsene würden weiter zur Schule gehen. Es würde fortwährend neue Informationen geben, mit denen die Erwachsenen Schritt halten müssten. Wenn Sie das nicht mehr schaffen, sind Sie zu alt. Das wäre eine weitere Möglichkeit, älteren Menschen zu signalisieren, dass für sie die Zeit gekommen ist, weiterzugehen und die Sterbepille zu nehmen. Wenn man der ständigen Weiterbildung überdrüssig wird oder einfach zu alt ist, um noch neue Informationen aufnehmen zu können, wäre das ein Zeichen – man würde beginnen, sich auf sein Abtreten vorzubereiten. [...]

Er hatte schon von Computern in der Bildung gesprochen. In diesem Kontext sagte er, dass jede Person, die Zugang zu Computern wünsche bzw. zu Büchern, die in keinem direkten Zusammenhang mit ihrem Studiengebiet stünden, eine sehr gute Begründung für ihr Ansinnen bräuchte. Andernfalls würde man ihr den Zugang verweigern. [Bücher wie jenes, das Sie gerade lesen, würden verboten werden.]

## Stetige Veränderung

Nichts ist mehr von Dauer. Straßen würden umgeleitet und umbenannt werden. Gegenden, die man eine Weile nicht besucht hat, würden einem fremd erscheinen. Ältere Menschen würden dadurch – neben anderen Punkten – spüren, dass es Zeit für sie würde zu gehen. Sie hätten das Gefühl, nicht einmal mehr mit den Veränderungen in den einst vertrauten Bezirken Schritt halten zu können. Man würde es zulassen, dass Gebäude leerstehen und verfallen; in bestimmten Gegenden ließe man sogar ganze Straßenzüge verkommen. Der Zweck läge in der Schaffung eines Dschungels, einer drückenden Atmosphäre für die Untauglichen. In dem Zusammenhang erwähnte er auch, dass Gebäude und Brücken so konstruiert werden würden, dass sie nach einer bestimmten Zeit einstürzen; auch würde es verstärkt Unfälle mit Flugzeugen, Eisenbahnen und Autos geben. All das würde der Schaffung eines Unsicherheitsgefühls dienen – nichts würde man mehr als sicher empfinden.

**Gewaltdarstellungen in Spielfilmen und Videospielen**

Gewaltdarstellungen würden plastischer werden. Auf diese Weise sollen die Menschen für Gewalt desensibilisiert werden. Vielleicht muss es eine Zeit geben, in der die Menschen Zeugen echter Gewalt werden und sich auch daran beteiligen. Es wird später klar werden, in welche Richtung das geht. In der Unterhaltung würde es verstärkt realistische Gewaltdarstellungen geben, sodass die Menschen es leichter hätten, sich darauf einzustellen. Die Haltung der Menschen zum Tod würde sich wandeln. Sie würden ihn weniger fürchten, sondern ihn leichter akzeptieren, und sie wären beim Anblick toter oder verletzter Personen nicht mehr so entsetzt. Wir brauchen keine vornehme Bevölkerung, die von etwas, das sie vielleicht zu sehen bekommt, gelähmt wird. Die Leute würden einfach lernen zu sagen: „Also, ich hoffe, dass mir so etwas nicht passiert." Das war die erste Äußerung, aus der hervorging, dass das Auftreten zahlreicher Verwundeter und Toter – die die Überlebenden dann zu Gesicht bekämen – Teil des Planes ist.

**Kontrolle der Lebensmittel**

Die Lebensmittelversorgung würde unter strenge Kontrolle gestellt werden. Wenn sich das Bevölkerungswachstum nicht verlangsamt, könnte man kurzfristig Lebensmittelverknappungen auslösen, sodass die Menschen die Gefahren der Überbevölkerung erkennen. Letzten Endes würde die Nahrungsmittelversorgung sowieso unter zentrale Kontrolle gebracht werden, ob nun die Bevölkerungszahlen sinken oder nicht. Die Menschen bekämen ausreichend Lebensmittel, um wohl genährt zu sein, hätten aber nicht genug, um einen Systemabtrünnigen zu unterstützen – etwa, wenn sie einen Freund oder einen Verwandten haben, der bei dem Spiel nicht mitmachen will. Lebensmittel selbst anzubauen, würde unter Strafe gestellt werden. Dabei würde man sich eines Vorwandes bedienen. Ich erwähnte ja eingangs, dass es für Alles zweierlei Sinn gäbe – nämlich zum einen den vorgeschobenen und zum anderen den wahren Zweck einer Sache. Der vorgebliche Grund wäre in diesem Fall, dass es nicht sicher sei, Gemüse selbst anzubauen. Beispielsweise könnten dadurch Krankheiten verbreitet werden, oder etwas in der Art. Der Schutz des Konsumenten wäre eine Begründung, die akzeptiert werden würde, doch die tatsächliche Idee dabei wäre die Beschränkung der Lebensmittelversorgung und das Verbot eigener Nahrungsherstellung. Und wer fortwährend illegalen Tätigkeiten wie dem Anbau von eigenem Gemüse nachgeht, ist ein Krimineller. [Genau das geschieht inzwischen – siehe „Die Wahrnehmungsfalle".]

### Wetterkontrolle

Dann wurde über das Wetter gesprochen. Das war eine weitere wirklich bemerkenswerte Äußerung. Er sagte: „Wir sind in der Lage bzw. werden es bald sein, das Wetter zu kontrollieren." Und er ergänzte: „Ich spreche nicht einfach nur davon, Iodidkristalle in die Wolken einzubringen, um die schon vorhandene Feuchtigkeit abregnen zu lassen, sondern von WIRKLICHER Kontrolle." Das Wetter wurde dabei als Kriegswaffe betrachtet, als Waffe zur Beeinflussung der öffentlichen Politik. Mit ihrer Hilfe ließe sich etwa Regen erzeugen oder auch zurückhalten, um auf ein bestimmtes Gebiet Einfluss zu nehmen und es unter Kontrolle zu bringen. Zwei Aspekte waren dabei ziemlich beeindruckend. Er sagte: „Einerseits könnte man während der Anbausaison eine Dürre auslösen, sodass nichts wächst; zum anderen kann man zur Erntezeit extreme Regenfälle herbeiführen, wodurch die Felder zu schlammig sein würden, um die Ernte einfahren zu können. Ja, man könnte in der Tat beides tun." Wie man das genau bewerkstelligen würde, wurde nicht erklärt. Es hieß, man sei dazu entweder bereits in der Lage oder stünde kurz davor [das war 1969].

### Bewusstseinskontrolle der Massen

An einem bestimmten Punkt seines Vortrags machte er zwei Aussagen, die ich an dieser Stelle einflechten möchte. Ich kann mich nicht erinnern, in welchem Kontext sie standen, doch sind sie auch im Rahmen einer allgemeinen Betrachtung stichhaltig. Eine Aussage lautete: „Der Mensch kann zur selben Zeit zwei gegensätzliche Gedanken im Kopf haben und auch danach handeln, sofern man diese beiden widersprüchlichen Ideen nur weit genug voneinander entfernt hält." Die andere Äußerung war: „Man kann ziemlich genau sagen, inwiefern Menschen auf bestimmte Umstände oder Informationen, auf die sie stoßen, vernünftig reagieren werden. Um eine gewünschte Reaktion zu erhalten, muss man folglich nur kontrollieren, welche Daten oder Informationen die Leute bekommen, oder die Umstände manipulieren, in denen sie leben. Als vernünftige Menschen werden sie dann genau das tun, was Sie beabsichtigt hatten – wenngleich sie möglicherweise nicht ganz verstehen, was sie tun oder warum sie sich so verhalten."

### Telebildschirme

Es wurde noch etwas gesagt: „Während Sie fernsehen, werden Sie gleichzeitig von einer zentralen Überwachungsstation aus beobachtet werden." Fernsehgeräte würden eine Vorrichtung haben, mit der diese Funktion aktiviert werden kann [Smart-TV]. Dabei muss das Gerät noch nicht einmal eingeschaltet sein. Zudem kann über den Fernseher festgestellt werden, welche Sendungen Sie anschauen. Man wird also wissen, was Sie schauen und wie Sie darauf reagieren. Sie werden sich aber der Tatsache nicht bewusst sein, dass man Sie beim Fernsehen beobachtet. Wie schaffen wir es aber, dass die Menschen diese Dinge in ihr Zuhause lassen? Nun, sie würden sie einfach mit dem Fernsehgerät kaufen. Zunächst wären sie sich dessen gar nicht bewusst, was sie sich da in ihr Haus holen. Was dort beschrieben wurde, kennen wir heute als Kabelfernsehen, das das terrestrische Fernsehen abgelöst hat [auch die zügige Einführung des Digitalfernsehens spielt hier mit hinein]. Wenn man ein Fernsehgerät kauft, wird dieses Überwachungsgerät einfach darin integriert sein. Der Großteil der Menschen würde nicht über das nötige Wissen verfügen, um die Existenz dieses Moduls zur Kenntnis zu nehmen. Die Überwachungsdaten des Moduls würden über die Kabelverbindung übertragen werden. Wenn sich die Menschen schließlich der Beobachtung bewusst werden, sind sie aus mehreren Gründen schon weitgehend vom Fernsehen abhängig. So, wie die Leute heutzutage vom Telefon abhängig sind.

Das Fernsehen würde unter anderem zum Einkaufen benutzt werden. Man müsste dazu nicht mehr sein Heim verlassen. Sie schalten einfach Ihren Fernseher an, und über Ihren Fernsehkanal können Sie mit dem Geschäft interagieren, in dem Sie einkaufen wollen. Je nachdem, ob Sie einen Kühlschrank oder Kleidung kaufen wollen, können Sie verschiedene Stellen anwählen. Das wäre einerseits bequem, würde Sie aber auch von Ihrem Fernsehgerät abhängig machen. Somit käme man um die integrierte Überwachungseinheit nicht herum. Es wurde auch über Audioüberwachung gesprochen, für den Fall, dass die Autoritäten wissen wollen, was in anderen Räumen als dem, in dem der Fernseher steht, vor sich geht. In diesem Zusammenhang fiel folgende Bemerkung: „Jedes beliebige Kabel, das in Ihr Haus führt – beispielsweise das Telefonkabel – kann dafür benutzt werden."

Was Day hier beschreibt, ist das World Wide Web, das offiziell erst 1989 von dem englischen Wissenschaftler Tim Berners-Lee „erfunden" worden ist. Nach offizieller Darstellung „entwickelte [er] den ersten Webbrowser im Jahr 1990, als er am schweizerischen Forschungsinstitut CERN angestellt war". Ach, tatsächlich? Wie konnte Richard Day dann schon 1969 davon wissen? Ich habe bereits darauf hingewiesen, dass „neue" Technologien zu dem Zeitpunkt, da sie öffentlich eingeführt werden, schon lange im Verborgenen auf ihren großen Auftritt gewartet haben. Wie ist es möglich, dass Day über Telebildschirme und Smart-TV Bescheid wusste, Jahrzehnte bevor sie überhaupt erfunden wurden? Genauso wie auch Orwell?

**Menschliche Siedlungszonen**

Der Besitz von Eigenheimen würde ein Konzept der Vergangenheit sein. Die Kosten für Bau und Unterhalt eines Hauses würden nach und nach derart in die Höhe geschraubt werden, dass es für die meisten Menschen unerschwinglich wird. Wer schon ein Haus besitzt, darf es behalten, doch für junge Menschen würde es im Laufe der Jahre immer schwerer werden, eines zu erwerben. Sie würden zunehmend zu Mietern werden, insbesondere von Apartment- und Eigentumswohnungen. Immer mehr unverkaufte Häuser würden leerstehen. Die Menschen würden sie einfach nicht kaufen können. Die Kosten für Wohnraum würden aber nicht fallen. Normalerweise würde man denken, wenn ein Haus leer steht, fällt der Preis und die Leute würden es kaufen. Es fiel eine Bemerkung in der Art, dass man die Preise künstlich hochhalten würde, selbst wenn viele Häuser zum Verkauf stünden, sodass der freie Markt nicht funktionieren kann. Die Bevölkerung könnte sich die Häuser also nicht leisten und wäre zunehmend gezwungen, in kleine Apartments auszuweichen – kleine Wohnungen, in denen nicht sehr viele Kinder leben könnten [die Mikro-Apartments, von denen ich gesprochen habe].

Wenn die Zahl echter Hausbesitzer sinkt, werden sie zu einer Minderheit. Die Mehrheit, die in Apartments hausen müsste, hätte keine Sympathien für die Hauseigentümer. Dann könnte man ihnen die Eigenheime wegnehmen – durch erhöhte Steuern und andere Reglementierungen, die dem Hausbesitz abträglich wären und von der Mehrheit gebilligt würden [teile und herrsche]. Letztlich würde man den Menschen vorschreiben, wo sie zu leben hätten, und es würde üblich sein, mit Personen zusammenzuleben, die nicht zur Familie gehören. Man hätte keine Möglichkeit mehr zu wissen, wem man wie weit trauen kann. All das stünde unter der Aufsicht einer zentralen Wohnungsbaubehörde. Behalten Sie das im Hinterkopf, wenn Sie gefragt werden: „Wie viele Schlafzimmer gibt es in Ihrem Haus? Wie viele Badezimmer? Haben Sie ein komplett eingerichtetes Spielzimmer?" Das sind persönliche Informationen, die gemäß unserer gegenwärtigen Verfassung von keinerlei nationaler Relevanz für die Regierung sind. Dennoch wird man Ihnen diese Fragen stellen, und Sie werden entscheiden müssen, wie Sie darauf antworten. [Geschieht inzwischen.]

### Verschwinden von Dissidenten

Wenn das neue System die Macht übernimmt, wird man von den Menschen erwarten, dass sie ihre Loyalität gegenüber dem System erklären. Sie würden damit zeigen, dass sie keine Vorbehalte hegen oder dem alten System verhaftet sind. „Für Leute, die nicht mitziehen, wird es einfach keinen Platz geben", erklärte er. „Wir können solchen Personen nicht erlauben, alles in Unordnung zu bringen, daher werden wir sie an spezielle Orte schaffen." An seine folgenden Worte kann ich mich nicht genau erinnern, aber der Rückschluss, den ich daraus zog, war der, dass die Verschleppten an den erwähnten speziellen Orten nicht lange leben würden. Vielleicht sagte er etwas wie „auf humane Weise entsorgt", aber das kann ich nicht mit Sicherheit sagen … das Bild, das ich gewann, war jedenfalls derart, dass das System die Leute, die sich ihm nicht fügten, auch nicht unterstützen würde. Damit bliebe letztlich gar keine andere Option als der Tod. An irgendeiner Stelle sagte er auch, dass es keine Märtyrer geben würde. Als er das sagte, dachte ich zunächst, er meine damit, dass niemand getötet werden würde. Doch je mehr sich sein Vortrag entwickelte, wurde klar, dass er lediglich davon sprach, dass man sie nicht in einer Weise töten oder beseitigen würde, die andere inspirieren könnte – wie es bei Märtyrern der Fall ist. Er sagte etwas wie … „Menschen werden einfach verschwinden."

> Die Aktivierung des neuen Systems würde, so fuhr er fort, wahrscheinlich an einem Wochenende im Winter erfolgen. Am Freitagabend würde alles abgeschaltet werden, und am Montagmorgen, wenn die Menschen erwachen, gäbe es eine Bekanntmachung, dass das neue System inkraft getreten sei. Während der Phase, in der die Vereinigten Staaten auf die kommenden Veränderungen vorbereitet werden, wären die Menschen immer beschäftigter und hätten immer weniger Zeit und Gelegenheit, sich umzuschauen und wahrzunehmen, was um sie herum geschieht.

Darüber hinaus sprach Richard Day auch davon, dass es massenhaft Umzüge und Abwanderungen geben würde, bei denen die Betroffenen durch keinerlei Wurzeln mit ihrem neuen Wohnort verbunden sind. Das wäre deshalb so, weil „Traditionen an einem Ort, an dem es viele Zugezogene gibt, leichter zu verändern sind als dort, wo die Menschen aufgewachsen sind und eine große Familie haben – wo sie verwurzelt sind“. Erinnern Sie sich, was ich über die Gründe sagte, aus denen die Menschen massenhaft aus dem Nahen Osten und Afrika nach Europa und insbesondere nach Deutschland gelotst werden? Gerade die Deutschen verfügen über einen starken Sinn für ihre Traditionen und Kultur. Die Kanzlerin Angela Merkel weiß ganz genau, was sie tut und warum. Day sagte 1969 sogar, dass man in den Vereinigten Staaten den Fußball fördern würde, da dieser als internationale Sportart gut dazu geeignet sei, das kulturelle Selbstverständnis der Amerikaner – das sich etwa durch Baseball und American Football auf unverwechselbare Weise ausdrückt – zu untergraben. Seit langer Zeit bemühe ich mich, den Menschen aufzuzeigen, dass nahezu alles zurechtmanipuliert wird und Bestandteil des großen Planes ist. Alle Faktoren, die ich in diesem Kapitel beschrieben habe – ja, eigentlich in einem Kapitel nach dem anderen –, dienen dazu, die allumfassende Versklavung der Menschheit voranzubringen. Davor warne ich, allen Spötteleien und Schmähungen zum Trotz, seit nunmehr einem Vierteljahrhundert. Auch wenn viele Menschen meinen Worten keinen Glauben schenken, ändert das nichts an der Tatsache, dass all das wahr ist.

## Bis hierhin und nicht weiter

Lassen Sie mich im Folgenden einige der Punkte zusammenfassen, auf die man ein Auge haben und denen man bei jeder Gelegenheit den Kampf ansagen sollte, um den Vormarsch der Tyrannei zu verlangsamen – bis wir sie gemeinsam stoppen: Alles, was mit den von Richard Day angeführten Veränderungen in Zusammenhang steht; alles, was die Menschen dazu nötigt, in die Städte zu ziehen, und den Zugang zu ländlichen Gebieten einschränkt; alles, was kleinen Landwirten und Geschäftsinhabern das Überleben erschwert und große Unternehmen begünstigt; Attacken gegen unabhängige Lebensmittelerzeugung und Alternativen zu GVO-Nahrungsmitteln; Angriffe auf alternative Medizinformen, medikamentfreie Behandlungsverfahren und Nahrungsergänzungen; alles, was uns aufgezwungen wird, ohne uns eine Wahl zu lassen – wie etwa obligatorische Impfungen; alles, was unsere Bewegungsfreiheit einschränkt oder das Reisen erschwert, sowie völlig unbegründete Vorschläge für neue Hochgeschwindigkeitstrassen zwischen Ballungszentren, die mitunter mit einem plötzlichen Strategiewechsel einhergehen (wie in den USA geschehen); alles, was den Polizeistaat fördert und die Überwachungsmaßnahmen vermehrt; jede weitere Konzentration von Macht und Entscheidungsprozessen; Angriffe auf die Kernfamilie und elterliche Rechte sowie die zunehmende Kontrolle durch Staat und Schule – die ebenfalls den Staat repräsentiert – über die Erziehung der Kinder (die manchmal unter fadenscheinigen Vorwänden den liebenden Eltern weggenommen und in „Pflege" gegeben bzw. zwangsadoptiert werden ); alles, was es Ärzten erleichtert, ihre Mitmenschen auf legale Weise umzubringen – entweder direkt oder durch Entzug der überlebensnotwendigen Ressourcen; Bestimmungen der Regierung, die sich gegen die Armen richten und die Reichen begünstigen. Seien Sie ferner auf der Hut vor allem, aus dem der Geist des zentralisierten Kollektivismus spricht. Bei der Lektüre englischsprachigen Materials sollten die Alarmglocken bei Begriffen wie „common" (dt.: „gemeinsam", „gemeinschaftlich") schellen, das sich etwa in „Common Core", „common goals" oder „Common Purpose" findet. Letzteres ist der Name einer Organisation, die „Führungskräfte" für die postindustrielle und postdemokratische Gesellschaft ausbildet. Auch das Schlagwort „Konsens" stellt eine Variante der fortwährend betonten „Gemeinsamkeit" dar. Pausenlos versucht man die vorherrschende Meinung – den gesellschaftlichen Konsens – durch Manipulation in Deckung mit den archontischen Plänen zu bringen; die Menschen sollen mit den Zielen der Agenda übereinstimmen, ohne überhaupt zu bemerken, dass eine solche existiert. In der Politik ist der „Konsens" größtenteils schon hergestellt, da sich die Parteien in der Regel nur noch in ihrer Rhetorik unterscheiden. Will man den gesellschaftlichen Konsens manipulieren und die Menschen mit der gewünschten Meinung infizieren, müssen Personen, die den Konsens infrage stellen und angreifen, marginalisiert und diffamiert werden. Setzen Sie sich gegen alle Versuche, die alternativen Medien mundtot zu machen und zu zerschlagen, zur Wehr. Stellen Sie sich bei allen Geschehnissen von globaler Bedeutung eine Frage: „Wer profitiert davon?" Überlegen Sie sich auch, wem es nützt, wenn die breite Bevölkerung an die offizielle Darstellung eines Ereignisses glaubt. Das gilt aus Gründen, die ich weiter oben erläutert habe, auch für Meldungen von außergewöhnlichen Unwettern und Erdbeben. Entweder wir erheben uns und sehen der Realität ins Auge, oder wir nehmen Reißaus. Doch es gibt gar keinen Ort, an dem wir uns verstecken könnten – lassen Sie uns also unsere Bemühungen fortsetzen (Abb. 605).

**Abb. 605:** „Genug!" – *Erhebt euch jetzt oder lebt mit den Konsequenzen.*

Wäre die Welt vernünftig, würden die Mainstreammedien über all diese Dinge berichten und uns vor den drohenden Gefahren warnen. Doch stattdessen verdammen und verspotten sie diejenigen, die das tun – ein weiteres Paradebeispiel für die allgegenwärtige Umkehrung. Wer die Wahrheit offenlegt, wird als „Verschwörungstheoretiker" verleumdet. Dabei ist der Begriff (wie auch der Terminus „Verschwörungstheorie") eine Schöpfung der CIA, die damit all jene in Verruf bringen wollte, die die Lügen um die Ermordung von John F. Kennedy und anderer Persönlichkeiten der 1960er Jahre aufdeckten. Die meisten Journalisten – nicht alle, aber die große Mehrheit – sind wirklich jämmerliche Figuren und eine Schande nicht nur für die Gesellschaft im Allgemeinen, sondern insbesondere für ihre eigenen Familien, deren Mitglieder in der Welt werden leben müssen, die sie tatkräftig miterschaffen. Manche Führungskräfte und Journalisten dienen der archontischen Agenda wissentlich; doch die meisten tun das aufgrund ihrer ignoranten Einstellung. Sie glauben tatsächlich, ihre „gute Ausbildung" habe sie zu informierten und vernünftigen Menschen gemacht. Wer den Mainstreammedien noch immer Glauben schenkt, sollte sich einmal mit den Erfahrungen und Enthüllungen des deutschen Journalisten Udo Ulfkotte befassen. Wie er berichtete, hatte er im Rahmen seiner Tätigkeit für staatliche Einrichtungen und Geheimdienste Artikel verfasst, die deren Zwecken dienten. Die Mainstreammedien würden, so lautet eine seiner Kernaussagen, von den Machthabern durch Einschüchterung und Bestechung kontrolliert. Ein höchst empfehlenswertes Interview mit Herrn Ulfkotte habe ich auf DavidIcke.com verlinkt. Geben Sie dazu einfach die Worte „Reporter Spills the Beans and Admits All the News is Fake" ins Suchfeld der Website ein [eine deutsch untertitelte Version finden Sie auf Youtube unter dem Titel „Journalisten wurden und werden zum Lügen angehalten – Dr. Udo Ulfkotte", Anm. d. Übers.]. Um Journalisten zensieren oder gar hinter Gitter bringen zu können, die willens sind, zumindest einzelne Elemente des Systems zu hinterfragen und bloßzustellen, werden fortwährend neue Gesetze verabschiedet und Methoden etabliert. Als die Richter (Diktatoren) der Europäischen Union bestimmten, dass jeder Bürger das Recht habe, Informationen über die eigene Person aus den Suchergebnissen von Google und anderen Suchmaschinen löschen zu lassen, stand dahinter in Wahrheit das Interesse der *El*-ite und ihrer Speichellecker, sie betreffende Hintergrundinformationen vor der Öffentlichkeit verborgen zu halten. Das sogenannte „Recht auf Vergessenwerden" ist nichts anderes als eine Entsprechung zu George Orwells „Gedächtnis-Löchern", die es dem Wahrheitsministerium (Umkehrung) ermöglichten, historische Dokumente an die sich *fortwährend verändernde* Staatspropaganda anzupassen. Die als Information Commissioner's Office bekannte britische Datenschutzbehörde brachte es sogar fertig, von Google Links auf Artikel entfernen zu lassen, die über Googles Praktiken berichteten, Links auf unliebsame Artikel zu entfernen. Es gibt Unmengen an Informationen, die die Menschen ein Recht haben einzusehen, aber in Suchmaschinenlistings nicht mehr erscheinen und damit praktisch ausgelöscht (im Gedächtnis-Loch verschwunden) sind.

Für die archontische Verschwörung stellt die Manipulation und Unterdrückung von Informationen eine existenzielle Notwendigkeit dar; denn während echte Informiertheit die Wahrnehmung der Menschen öffnet, lässt sie sich durch manipulierte bzw. unzugänglich gemachte Informationen täuschen und in die Falle locken. Leser, die mit meinen früheren Arbeiten nicht vertraut sind, dürften schon allein an dem in diesem Kapitel präsentierten Material zu knapsen haben. Doch warten Sie erst, was ich Ihnen im Folgenden enthüllen werde.

KAPITEL 11

# Transphantomismus

***Geht man nach den Ergebnissen, ist Dummheit dasselbe wie Bosheit.***
**Margaret Atwood**

Mit Riesenschritten bewegen wir uns auf eine transhumanistische Gesellschaft zu, in der Mensch und Technologie nahtlos miteinander verschmelzen sollen und die menschliche Spezies, wie wir sie bislang kannten, aufhören würde zu existieren. Der Transhumanismus stellt die nächste – und letzte – Etappe der vollständigen archontischen Kontrollübernahme dar. Von den Menschen weitgehend unbemerkt, ist die Errichtung dieser ultimativen Dystopie bereits weit vorangetrieben worden.

Ich benutze dafür einen eigenen Begriff: Transphantomismus. Derzeit wird die Menschheit dahingehend manipuliert, der Unterjochung der menschlichen Wahrnehmung innerhalb der Matrix in einer Größenordnung stattzugeben, die selbst die Gedankenprogrammierungen des Ich-Phantoms bei Weitem übertrifft. Die Archonten und ihre Hybriden sind längst dabei, das, was wir „Menschen" nennen, in Wesen zu verwandeln, deren Gedanken und Gefühle mittels technologischer Strukturen gesteuert werden können. So soll letztlich niemand mehr in der Lage sein, sein Gewahrsein über die illusionäre Pseudorealität hinaus zu erweitern. Menschen in einer transhumanistischen Gesellschaft wären Ich-Phantome hoch zehn. Ursprünglich erzeugten die Archonten eine schlechte Kopie von etwas Wunderbarem, die sie dann systematisch zu verfälschen und ins Gegenteil zu verkehren begannen – bis aus einer lebendigen Welt ein Ort des Todes geworden sein würde. Genau dasselbe haben sie auch mit dem menschlichen Körper/Intellekt gemacht. Sie nahmen die Version, die sie vorfanden, und stimmten deren Empfänger/Sender-Prozesse durch genetische Manipulation auf die Matrix ein, während sie gleichzeitig die Menschheit mit dem Archonten-Virus infizierten und die Frequenzen absenkten – der „Sündenfall". Doch es gelang ihnen nicht, den Zugang zum Unendlichen Gewahrsein, das das Programm zu überschreiben und die Wahrheit zu erkennen ver-

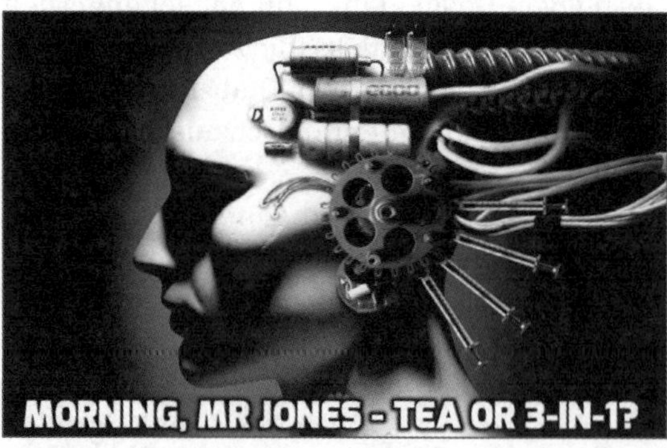

**Abb. 606:** „Guten Morgen, Mr. Jones. Tee oder Schmieröl?" – *Transhumanismus – das Ende des Menschlichen.*

mag, komplett zu kappen. Der Transhumanismus plant, den menschlichen Körper/Intellekt durch technologische Mittel so vollständig zu kontrollieren, dass er unter keinen Umständen mehr von dem Gewahrsein, das jenseits der Frequenzmauern der Matrix existiert, beeinflusst werden kann (Abb. 606).

Manche Rechercheure sagen, man habe sich die transhumanistische Agenda kurzfristig aus den Fingern gesogen, weil die Menschen zunehmend aus ihrem programmierungsbedingten Koma aufzuwachen begannen. Nach Jahrzehnten eigener Nachforschungen muss ich dem klipp und klar widersprechen. Das transhumanistisch-transphantomistische Konzept zur technologischen Unterjochung der gesamten Menschheit war weder eine Reaktion noch ein nachträglicher Einfall, sondern *von Anfang an geplant.* Wir können hier sehen, auf welche Weise der demiurgisch-archontische, sich selbst wahrnehmende Virus vorgeht, um Gesellschaften bzw. Realitäten zu übernehmen. Zuerst kapern sie die Wahrnehmung, indem sie eine energetische Kopie der ursprünglichen Realität erstellen und die genetischen Anlagen (Empfänger/Sender-Prozesse) der Population durch entsprechende Manipulationen auf die falsche Realität einstellen. Ist das erreicht, beginnen sie damit, die Kopie immer weiter zu verfälschen, bis sie ihrer eigenen Schwingung und bevorzugten „Atmosphäre" entspricht. Dazu verbreiten sie systematisch Tod, Zerstörung, Angst und Leid, gestützt auf Technologien, die das Strahlungsaufkommen in der Atmosphäre potenzieren – bis hin zum Atomkrieg. Mittels dieser und einer großen Zahl weiterer energetischer Quellen verwandeln sie die Kopie in eine Wirklichkeit, die den Archonten-Virus in seinem Streben nach absoluter Kontrolle begünstigt. Die letzte Phase dieser sich wiederholenden Sequenz besteht stets in der Verschmelzung der Bevölkerung mit einer Technologie, die durch Künstliche Intelligenz (KI) gesteuert wird. Der Ausdruck „künstliche Intelligenz" ist dabei nichts weiter als ein schicker Deckname für „sie" – *den Virus.* In der „Matrix"-Filmtrilogie wurde präzise dargestellt, was das anvisierte Ergebnis dieser Endphase ist: eine von Maschinen kontrollierte Welt – die in der Filmhandlung übrigens aus der Zerstörung (dem Absterben) der Umwelt infolge eines Nuklearkrieges resultiert. „Die", die dafür arbeiten, dass all das tatsächlich Realität wird, sind allesamt Ausdruck des Virus, sei es unmittelbar oder durch Besessenheit. Darunter fallen verschiedenste Formen und Bezeichnungen, angefangen vom Demiurgen selbst (dem Urvirus) über Archonten, Dschinns, Dämonen, Flieger usw. bis zu den vom Virus besessenen Reptiloiden, den Grauen, den archontisch-reptiloiden hybriden „Menschen" der *El*-ite und anderen. Auch hinter der „Künstlichen Intelligenz" der Transhumanisten verbirgt sich der Archonten-Virus. Die Ich-Phantome, die verschiedenen Erscheinungsformen des Virus wie auch die vom Virus Besessenen werden schon jetzt von KI – der demiurgischen Intelligenz – gesteuert. Doch nun soll deren Macht auf die gesamte Menschheit ausgeweitet und auf eine völlig neue Stufe

**Abb. 607:** „Wer will das denn nicht?!" – *Unendliches Gewahrsein? Was ist das?*

gehoben werden. Die Kontrolle lässt sich freilich effektivieren, wenn man Technologien zum Einsatz bringt, die den Zugang zum erweiterten Gewahrsein blockieren (Abb. 607).

Es mag den Anschein haben, als hätte sich die Technologie, die eine transhumanistische Gesellschaft möglich werden lässt, im Zuge der „menschlichen Evolution“ auf „natürliche“ Weise entwickelt. Doch dem ist nicht so. Der Demiurg/die Archonten verfügten über diese Technologie bereits, als sich der Mensch gemäß unserer Geschichtsschreibung in der Steinzeit befand. Denken Sie an all die altertümlichen Texte, die vom Besuch der Götter in hochentwickelten Fahrzeugen berichten. Es wäre jedoch nicht sinnvoll – und auch gar nicht möglich –, in der menschlichen Gesellschaft fortgeschrittene Technologie einzuführen, solange die Menschen nicht das zu ihrer Herstellung und Nutzung nötige technische Verständnis entwickelt haben. Dem Steinzeitmenschen einen Computer schenken? Prima Idee. Wir sind damit wieder bei der Frage, die der mexikanische Schamane Don Juan Matus aufwarf: „Wie erklären Sie sich den Widerspruch zwischen der Intelligenz des Menschen als Ingenieur und der Dummheit seiner Glaubenssysteme oder der Dummheit seiner widersprüchlichen Verhaltensweisen?“ Es galt, den in den Ich-Phantom-Modus versetzten Menschen genug technisches Verständnis zu vermitteln, dass sie ihr eigenes Gefängnis errichten könnten, gleichzeitig aber keinen Zugriff mehr auf das Unendliche Gewahrsein hätten – das ihnen ermöglichen würde zu erkennen, was sie da eigentlich tun. Das ist, in einem Satz zusammengefasst, die Erklärung für die heutige Situation und die Antwort auf die Frage, warum sich die Gesellschaft ausgerechnet in dieser Weise entwickelt hat. Archontisch-reptiloide Hybride, die in einflussreichen Machtpositionen sitzen, haben den gesamten Prozess kontinuierlich vorangetrieben; heute pushen sie die transhumanistische Bewegung. Allerdings gibt es bei ihrem Vorhaben einen Haken. Das Ich-Phantom lässt sich nämlich nicht restlos vom erweiterten Gewahrsein abkoppeln; und wenn doch, dann nur in Einzelfällen, nicht aber bei allen Menschen. Die archontischen Mächte stehen vor der Schwierigkeit, einerseits den Erfordernissen der absoluten Kontrolle genügen, andererseits aber der Gefahr vorbeugen zu müssen, dass zumindest einige der Unterjochten ihren Geist weiter öffnen, als es ihren Plänen dienlich wäre. Die Weitung und Entwicklung des Intellekts, die zu fördern unumgänglich war, wenn die Menschen ein technologisches Bewusstsein entwickeln sollten, hatte auch zur Folge, dass man eine Reihe vormals üblicher Praktiken nicht mehr offen ausleben konnte – etwa Menschenopferungen oder die unverhohlene Regentschaft königlicher Blutlinien. Zudem weigern sich in dieser Phase mehr und mehr Menschen, „ihren Platz zu kennen“, was für die archontische Agenda eine ernste Gefahr bedeutet. Die Durchleuchtung transhumanistischer Technologie erlaubt uns zu erkennen, dass wir in einer Simulation leben – so, wie wir selbst mittels unserer technischen Errungenschaften die Welt nachbilden, die wir tagtäglich erfahren. Wir leben in einer „Zeit“ gewaltiger Gefahren, aber auch grandioser Möglichkeiten. Die archontischen Mächte versuchen die transhumanistische Phase so schnell durchzupeitschen wie nur möglich, um das Gewahrsein der Menschheit auf technologischem Weg gefangenzusetzen – bevor sie in einer Größenordnung zur Wahrheit erwacht, die das archontische Lügengebäude zum Einsturz bringen würde.

# Die technologische Subrealität

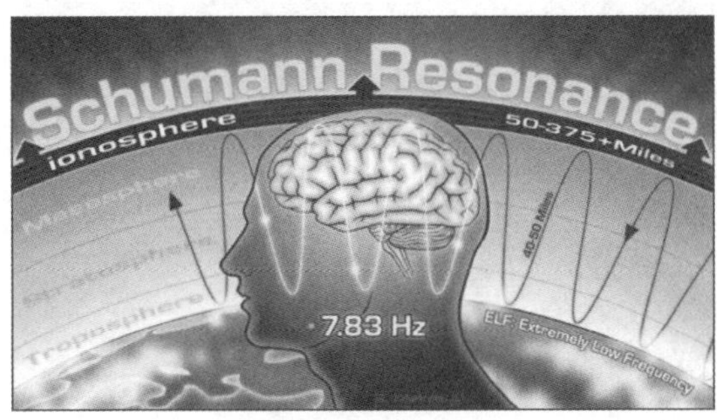


**Abb. 608:** *Der Schumann-Resonanzkörper.*

Mit jedem Tag wird die weltumspannende technische Struktur, die auf der Basis Künstlicher Intelligenz (Demiurg-Virus) die absolute Kontrolle der Menschheit ermöglichen soll, weiter ausgebaut. Dabei soll zwischen der Erdoberfläche und der Ionosphäre – in dem Teil der Atmosphäre also, der den sogenannten Schumann-Resonanzraum bildet – eine Subrealität geschaffen werden (Abb. 608). Die Entdeckung der elektromagnetischen Resonanzen, die in den sehr niedrigen Frequenzbereich zwischen sechs und acht Hertz (ELF: „extremely low frequency") fallen, wird dem deutschen Physiker Winfried Otto Schumann zugeschrieben. Die ELF-Wellen liegen damit innerhalb jenes Frequenzbandes, in dem auch das menschliche Gehirn und alle biologischen Systeme arbeiten. Diese Frequenzkompatibilität ermöglicht ein harmonisches Zusammenschwingen zwischen der Erde und allem, was auf ihr lebt. Die archontische Agenda erfordert jedoch, diese Harmonie zu deformieren und die engen Verflechtungen zu zerstören. Anlagen wie HAARP, die auf die Ionosphäre einwirken und im Frequenzbereich der Hirnwellen operieren können, sind dazu bestens geeignet. Wissenschaftlern zufolge können die Erde und das menschliche Gehirn bei einer Frequenz von 7,83 Hertz – der sogenannten Schumann-Resonanzfrequenz – synchron laufen. Auf dieser Basis können alle biologischen Organismen auf der Erde miteinander kommunizieren. Delphine etwa erzeugen Schallwellen von 7,83 Hertz. Laut Dr. Herbert König, Schumanns Nachfolger an der Universität München, schwingen die Gehirnwellen von Säugetieren vorrangig zwischen sechs und acht Hertz. Befindet sich der Mensch in einem meditativen, entspannten und kreativen Zustand, strahlt sein Gehirn Alpha-Wellen in eben diesem Frequenzbereich ab. Angst, Stress und Aufregung hingegen blockieren den Alpha-Zustand und damit auch das harmonische Verbundensein mit allem anderen – wodurch das Gefühl der Vereinzelung noch verstärkt wird. Alpha-Wellen spielen auch bei der Immunabwehr, einem ständigen Angriffspunkt für archontische Manipulationen, eine entscheidende Rolle. Ähnlich wie eine Stimmgabel allen Instrumenten die gemeinsame Grundfrequenz vorgibt, versetzt die Schumann-Resonanz alles Leben auf der Erde in einen Zustand harmonischen Zusammenschwingens. Dieses Prinzip des Einschwingens auf eine vorgegebene Hauptfrequenz spielt bei der Schaffung und Kontrolle von Ich-Phantomen eine wesentliche Rolle. Die vorherrschende Frequenz bestimmt die Wahrnehmung. Wenn drei Violinen dieselbe Note spielen – also mit derselben Frequenz schwingen – und sich eine vierte Violine dazugesellt, die eine andere oder gar keine Note spielt, wird diese von der vereinten Kraft der anderen drei „mitgenommen" und von deren Frequenz dominiert. Basierend auf diesem Ansatz wurde eine Vielzahl von Technologien geschaffen, die zum Ziel haben, die

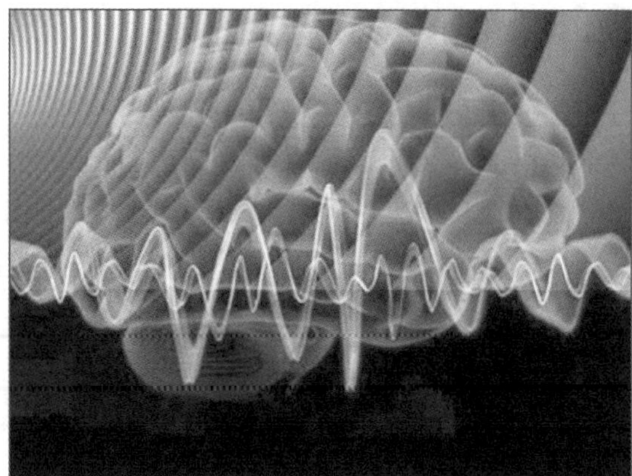

**Abb. 609:** *Die Hirnaktivität des Menschen kann durch technisch erzeugte Schwingungen und manipulierte Wahrnehmungen fremdbestimmt werden.*

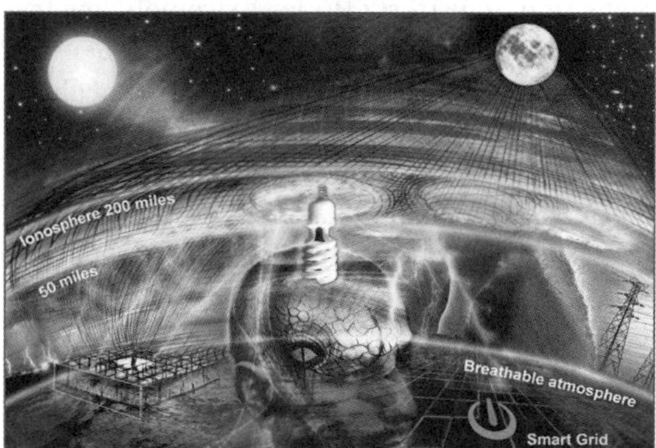


**Abb. 610:** *Die anvisierte technologische Subrealität.*

menschliche Hirnaktivität durch äußere Frequenzmanipulation in einen anderen Bereich „mitzunehmen" (Abb. 609). Wiederum geht es darum, die Verbindung zum erweiterten Gewahrsein zu kappen. Mit technologischen Mitteln, etwa durch die Erzeugung künstlicher Strahlung, errichtet die demiurgische Verschwörung ein Frequenzgefängnis – eine noch stärker eingeschränkte und überzogene Subrealität *innerhalb* der ohnehin schon getürkten Realität. Wenn die große Mehrheit der Menschen ohnehin schon der kraftvollen und bewussten Verbindung mit dem Unendlichen Gewahrsein beraubt ist – was soll dann erst aus der Menschheit werden, wenn man die Erbauer des rasant im Entstehen begriffenen Kerkers gewähren lässt, bis sie ihr anvisiertes Ziel erreicht haben? Hier sehen wir übrigens ein weiteres Beispiel für die fortwährende Verfälschung der „schlechten Kopie" (Abb. 610).

Durch Studien wurde bereits nachgewiesen, wie die elektromagnetische Suppe, die von unzähligen Quellen abgestrahlt wird, die Schumann-Resonanz überschwemmt. Der Physiker Wolfgang Ludwig, der sich der Erforschung der Schumann-Resonanz widmet, sagte dazu: „Es ist mittlerweile unmöglich, in einer Stadt oder ihrer näheren Umgebung Schumann-Frequenzen zu messen [...] Aufgrund der elektromagnetischen Verschmutzung durch Mobiltelefone müssen wir unsere Messungen mittlerweile auf See durchführen." Werden die harmonischen, auf die Schumann-Resonanz abgestimmten Verknüpfungen entstellt bzw. durchtrennt, hat das gravierende Auswirkungen auf Geist, Emotionen und „Körper". Professor Rütger Wever vom deutschen Max-Planck-Institut für Verhaltensphysiologie hat das in einem Experiment eindrucksvoll nachgewiesen. Einen Monat lang ließ er freiwillige Studenten in einem von der Schumann-Resonanz abgeschirmten unterirdischen Bunker leben. Er stellte fest, dass die natürlichen Biorhythmen (circadiane Rhythmik) der Versuchsteilnehmer verschwanden; zudem litten sie emotionale Not (Disharmonie) und klagten über Migräne. Doch schon ein kurzzeitiger Aufenthalt im Schumann-Feld von 7,8 Hertz genügte, ihre gute Verfassung zurück und die Symptome zum Verschwinden zu bringen. Ein weiterer höchst bedeutsamer Aspekt ist in diesem Zusammenhang, dass auch die DNS über elektromagnetische Wellen kommuniziert, die mit einer äußerst niedrigen Frequenz schwingen – nämlich 7,83 Hertz. Diese Entdeckung machte der französische Virologe Luc Montagnier, der sich 2008 mit anderen herausragenden Wissenschaftlern den Nobelpreis für Physiologie oder Medizin teilte. Die DNS kann durch technisch erzeugte Frequenzen ebenfalls auf einen anderen Schwingungsbereich eingestellt werden, um eine erweiterte Kommunikation zu unterbinden und genetische Mutationen hervorzurufen. Die verbindenden Themen, die all diese Ebenen wie ein roter Faden durchziehen, springen ins Auge und lassen keinen Zweifel daran, worum es bei der anvisierten technologischen Gesellschaft und dem Transhumanismus wirklich geht.

## „Smart" steht für „dämlich"

Eine unglaubliche Fülle technischer Gerätschaften bzw. Konzepte trägt heute – insbesondere im englischsprachigen Raum – den Begriff „smart" (dt. etwa „intelligent", „schlau") im Namen. So gibt es „smarte" Telefone, Tabletcomputer, Uhren, Armbänder, Fernseher, Stromzähler, Chipkarten, Autos, Tabletten, Pflaster, Kontaktlinsen, Grenzen, Gehsteige, Straßen, Städte, Gemeinschaften und Umgebungen sowie smarte Haut, smarten Staub (Smart Dust), smartes Wachstum, smartes Autofahren und sogar einen smarten Planeten (SmartPlanet) – um nur einige zu nennen. Indem man das Wörtchen „smart" voranstellt, suggeriert man, der so bezeichnete Gegenstand bzw. das Konzept würde, gemäß der Begriffserklärung, tatsächlich „Intelligenz besitzen oder Anzeichen von Intelligenz zeigen". Ein „smartes Objekt" wird definiert als ein „Gegenstand, der nicht nur mit Menschen, sondern auch mit anderen smarten Objekten interagiert". Seit das Zeitalter der „smarten" Objekte seinen Anfang nahm, warne ich davor, dass deren Entwickler planen, all diese Geräte zu synchronisieren und miteinander kommunizieren zu lassen. So soll unter dem Schlagwort Smart Grid (dt.: „intelligentes Stromnetz") eine weltumspannende Struktur geschaffen werden, deren Komponenten auf drahtlosem Weg Daten austauschen. Über Mikrochips und andere transhumanistische Körperimplantate will man auch den menschlichen Körper/Intellekt in das Netzwerk einbinden. Damit der Mensch auf das Smart Grid bzw. die dadurch implementierte technologische Subrealität eingestellt werden kann, arbeitet das Netz im selben Frequenzbereich wie das menschliche Gehirn und die DNS. Von da an werden Menschen nur noch Computerterminals sein, die auf die Dateneingabe durch das drahtlose Smart Grid reagieren, in dem sämtliche „smarten" Technologien integriert sein werden – sowie noch viele weitere, die den Ausdruck nicht im Namen führen. Die Befürworter des Transhumanismus argumentieren, mit der „intelligenten Umgebung" würde „eine kleine Welt [erschaffen werden], in der intelligente Geräte verschiedener Art ununterbrochen in Betrieb sind, um das Leben der Bewohner angenehmer zu machen". In Wahrheit werden hier technologische Gefängniszellen für sämtliche Bewohner des Planeten – Männer, Frauen und Kinder – beschrieben (Abb. 611).

**Abb. 611:** „Haaalloooooo – hier spricht das Unendliche Gewahrsein!"' – *Das intelligente Stromnetz.*

Ein Vorhaben wie das intelligente Netz lässt sich nicht über Nacht errichten und in Betrieb nehmen. Stattdessen bedient man sich einmal mehr des Konzepts des schleichenden Totalitarismus und implementiert das System vor unser aller Augen – in kleinen Schritten, doch mit zunehmender Geschwindigkeit. Willst du etwas verstecken, platziere es am besten mitten im öffentlichen Raum. Technologien, die die Archonten seit Äonen bei der Invasion fremder Gesellschaften und Realitäten einsetzen, werden uns in Gestalt „neuer Erfindungen" präsentiert, obwohl diese schon lange zuvor in unterirdischen Stationen oder an anderen geheimen Orten irgendwo auf der Welt – sehr häufig auf dem Territorium der Vereinigten Staaten – entwickelt worden sind. Behutsam macht man die Öffentlichkeit, einem wohlüberlegten Zeitplan folgend, allmählich mit „neuer" Technologie vertraut, wobei man sich vorgeschobener Geschichten und Personen bedient, um ihr Auftauchen plausibel zu erklären. Ein Beispiel dafür ist die Computerisierung der Gesellschaft und die Einführung „smarter" und anderer Technologien, die unentbehrlich sind, will man die Menschheit geistig, physisch und emotional unterwerfen. Sollen wir wirklich glauben, dass sich all die technischen Entwicklungen, ohne die eine Agenda zur globalen Kontrolle ohnehin nicht zu verwirklichen wäre, rein zufällig (und zum großen Glück für die archontischen Mächte) zur richtigen Zeit eingestellt haben? Die Tatsache, dass die Leute stundenlang anstehen, um das neueste Stück Überwachungstechnologie zu ergattern – ich muss das neue iPhone als Erster haben! –, ist nicht nur abscheulich und traurig, sondern zeigt auch, in welchem Maß die Technik das Denken der Menschen bereits bestimmt. Mit Mobiltelefonen fing es an, dann folgten Smartphones, Tabletcomputer, Bluetooth, Smartwatch und Google Glass. Mittlerweile gibt es Pflaster, die einen elektronischen Schaltkreis auf der Haut befestigen, der in der Lage ist, mit Computern zu kommunizieren (Abb. 612). Damit sind wir nur noch einen kleinen Schritt vom dauerhaft implantierten Mikrochip entfernt, vor dessen geplanter Einführung ich seit fast einem Vierteljahrhundert warne. Hautpflaster dieser Art werden als „epidermale

**Abb. 612:** „Am Anfang war ich ein Mobiltelefon, dann ein Smartphone, Bluetooth, Google Glass, eine intelligente Uhr, ein intelligentes Pflaster, ein Mikrochip ..."' – *Die heutige Situation ist nichts im Vergleich zu dem, was noch kommen soll.*

Elektronik“ bezeichnet (engl.: „epidermal electronic circuits“, Abb. 613). Die Hersteller verweisen auf mögliche medizinische Anwendungen wie die Überwachung der Herz- und Gehirnfunktionen; doch statt eines nur passiven Auslesens biologischer Daten sieht die Agenda eine Zwei-Wege-Kommunikation zwischen Mensch und Computer vor. Mit anderen Worten: Die Beobachtung von Herz und Gehirn mutiert zur *Kommunikation* mit einer externen Instanz – bewerkstelligt durch Künstliche Intelligenz (den seiner selbst bewussten Demiurg-Virus).

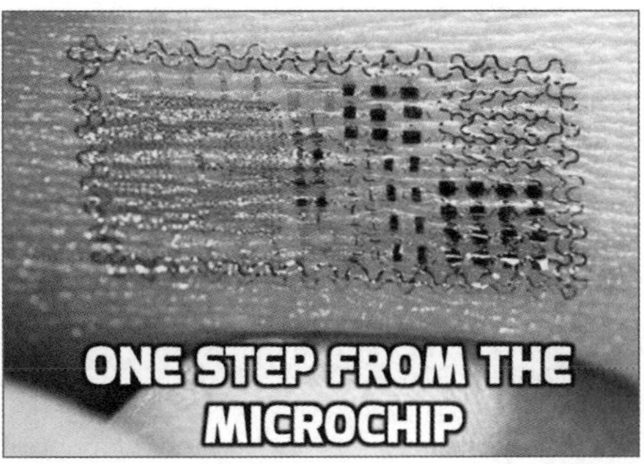


**Abb. 613:** „Nur noch ein Schritt bis zum Mikrochip.“ – *Ein sogenannter „epidermaler Schaltkreis“.*

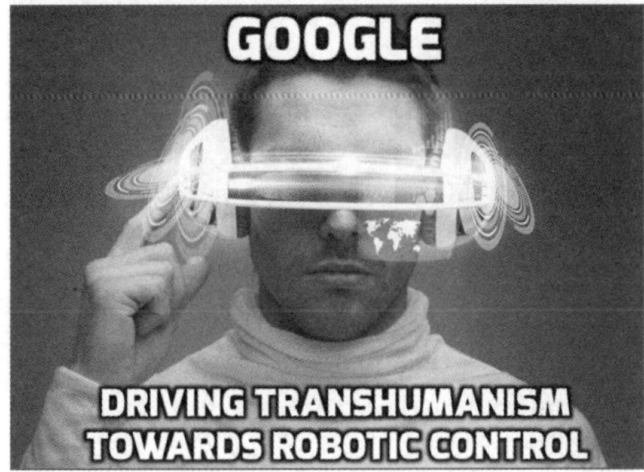


**Abb. 614:** „Google – treibt den Transhumanismus in Richtung der Kontrollübernahme durch Roboter voran.“ – ***Robotik** stellt im Kontext des schleichenden Totalitarismus eine von vielen Technologien dar, ins Innere des menschlichen Körpers einzudringen.*

Mit „epidermaler Elektronik“, „intelligenten“ Technologien und solchen, die unmittelbar mit dem Körper interagieren – wie etwa Google Glass oder die Bluetooth-Ohrhörer –, bereitet man uns auf den nächsten und entscheidenden Schritt vor: das Einpflanzen technischer Elemente in den Körper (Abb. 614). Erste implantierte Mikrochips sind ja bereits im Einsatz. Im nächsten Schritt werden wir ihre großflächige Verwendung erleben, bevor man sie schließlich verbindlich vorschreibt – ein schleichender Totalitarismus, wie wir ihn auch in der Impffrage erleben. Ein für die CIA tätiger Wissenschaftler bestätigte mir schon in den 1990er Jahren die Existenz einer Mikrochip-Agenda und fügte hinzu, man habe die Bausteine in geheimen Entwicklungsprojekten schon so weit minimiert, dass man sie durch subkutane Injektionen – etwa im Rahmen von Impfungen – in den Körper einbringen könne. Heute bezeichnen wir das als „Nanotechnologie“, da sich die winzigen Komponenten der Entdeckung durch das menschliche Auge mittlerweile um Größenordnungen entziehen. Nanopartikel finden sich heute in Lebensmitteln, Kleidung, Medizin, Shampoo, Zahn- und Sonnencremes und Tausenden anderen Produkte. Einige Wissenschaftler warnten davor, dass Nanopartikel die Funktionsweise und Kommunikationsprozesse der Zellen beeinflussen und der DNS erhebliche Schäden zufügen könnten; doch sie werden geflissentlich überhört – denn genau diese Resultate hatte man von Anfang an im Sinn. So soll die eigentliche Verchippung der Menschheit letztlich auf Nanoebene erfolgen – ein Prozess, der schon im Gange ist –, während die sichtbaren Chips in vielfacher Hinsicht der Ablenkung dienen. Das von

**Abb. 615:** „Transhumanismus, Phase Eins" – *Süchtig nach dem Smartphone zu werden bedeutet, allmählich zu einem Anhängsel der Technik zu mutieren.*

**Abb. 616:** „Was ist bloß aus unserem Kindsein geworden? – Oh, mein Telefon klingelt, tut mir leid, ich muss los." – *Heute werden süchtige Menschen durch Technologie genauso kontrolliert wie einst nur durch Drogen und Alkohol.*

den Biotechnologie-Konzernen kontrollierte US-Landwirtschaftsministerium gewährte amerikanischen Universitäten Fördergelder in Millionenhöhe, um Nanotechnologie für Lebensmittel zu entwickeln.

Die Menschen sollen von Technologie derart abhängig werden, dass sie sich mit Freuden zu einer Erweiterung derselben umfunktionieren lassen (Abb. 615). Allein schon die in ihre Smartphones und Tabletcomputer vernarrten Massen bieten einen unglaublichen Anblick. Rund um den Globus sieht man Menschen, die sich der magnetischen Anziehungskraft der winzigen Bildschirme, die sie in ihren Händen halten, nicht entziehen können. Doch was ist es – energetisch gesehen – eigentlich, das von den Geräten ausgeht und ihre Besitzer so *magnetisch* anzieht? Meiner Meinung nach handelt es sich dabei um eine Form künstlicher Intelligenz. Bei einer 2015 durchgeführten Umfrage des britischen Nachrichtensenders *Channel 4 News* gab fast die Hälfte aller befragten Eltern an, dass ihre Kinder süchtig nach Smartphones und Tabletcomputern seien; fast ebenso viele stuften die Beziehung der Kinder zu den Geräten als emotionale Abhängigkeit ein (Abb. 616). Einmal, als ich mit dem Zug in einen Bahnhof einfuhr, waren buchstäblich *alle* auf dem Bahnsteig befindlichen Personen wie gebannt über ihre Smartphones gebeugt. Die britische Zeitungskolumnistin Sarah Vine schrieb:

> Kinder werden davon abgehalten, unmittelbar miteinander zu interagieren (wie oft sieht man in öffentlichen Parks Gruppen von Teenagern, die sich zwar getroffen haben, aber dennoch jeder von ihnen – über ein Smartphone gebeugt – in seiner eigenen, abgeschlossenen Welt lebt). Am meisten erschreckt es mich zu sehen, wie Smartphones normale, gesunde Kinder in Zombies verwandeln – deren Hauptinteresse nicht den Schularbeiten, dem Fahrradfahren oder wenigstens den neuesten Pophits gilt, sondern der Frage, wie viele „Likes" ihr Instagram-Bild bekommen oder ob ihr jüngstes Video genügend Kommentare ergattert hat.

> In einem Lebensabschnitt, in dem der junge Verstand seine Umwelt hinterfragen und sich erweitern sollte, wird sein Horizont auf einen winzigen, leuchtenden Bildschirm beschränkt. Vergiss die schönen Künste, Reisen und Gespräche: Das einzige, was sie interessiert, ist das WLAN-Passwort und die Frage, in welcher Ecke das Netz am stärksten ist.

Im Jahr 2015 besaßen etwa 66 Prozent aller Briten ein Smartphone (2012 waren es noch 39 Prozent). Dabei waren sie überhaupt erst 2007 auf den Markt gekommen. Smartphones sind die sich am schnellsten verkaufenden Apparaturen der gesamten Geschichte. Die Hälfte aller Erwachsenen hat heute ein Smartphone; bis 2020 rechnet man mit einem Anstieg auf 80 Prozent. Zum selben Zeitpunkt wird es insgesamt etwa 7,3 Milliarden Smartphones, Tablet- und Personalcomputer geben. In Brasilien hat man selbst abgeschiedene Regenwaldbewohner mit Smartphones ausgerüstet, vorgeblich zum Schutz vor gewalttätigen Ranchern, die sich ihres Landes bemächtigen wollen. Die Amerikaner verbringen im Schnitt zwei Stunden täglich vor ihrem Smartphone. 80 Prozent aller Smartphone-Besitzer benutzen es schon in der ersten Viertelstunde nach dem Aufwachen. Ganz zu Recht sprach der *Economist* vom „Planeten der Telefone" und der Spezies des „Phono Sapiens". In der Tat soll aus dem Phono Sapiens eines Tages – wenn der schleichende Totalitarismus in die Zielgerade geht – der transphantomistische Ehemalige Sapiens werden.

In der Medizin hat man für die Folgen dieser Manie bereits einen eigenen Begriff geprägt: den „Smartphone-Nacken" (engl.: „text neck"). Wie eine amerikanische Studie ergab, können dem Körper durch diese Fehlhaltung massive Abnutzungsschäden zugefügt werden, die unter Umständen operativ korrigiert werden müssen. Das ist heller Wahnsinn, doch so mächtig sind Süchte nun einmal. Indem sich die Aufmerksamkeit, ausgelöst durch die kleinen Geräte, von der zwischenmenschlichen Interaktion zur *Interaktion mit der Technologie* verlagert, wird der gesunde Austausch und Dialog zwischen den Menschen mehr und mehr untergraben (Abb. 617). Wodurch wird ein Drogensüchtiger kontrolliert? Durch Drogen. Was kontrolliert einen Alkoholiker? Der Alkohol. Ein Smartphone-Süchtiger befindet sich in der Hand der Technologie. Was wir hier erleben ist, dass die Menschheit dazu konditioniert wird, die „Technologie als ihren Gott" zu akzeptieren – und es damit den archontischen Reptiloiden gleichzutun. Der Alltag dreht sich zunehmend um die „smarten" Geräte. Wenn man nicht gerade simst oder (alle paar Minuten) „seine Emails checkt", wird ein „Selfie" aufgenommen. Ich will damit nicht sagen, dass man keine Fotos mehr machen sollte (auch wenn die Zahl von 1,2 Milliarden Selfies, die 2014 allein in Großbritannien geschossen wurden, klar auf eine Sucht hinweist). Ich möchte vielmehr deutlich machen, wo das Ganze letzten Endes hinführen

**Abb. 617:** „Hey, war nett, mit euch zu plaudern. Wir sehen uns dann später, ja?" – *Menschen interagieren mittlerweile mehr mit technischen Geräten als mit ihresgleichen.*

soll – und das ist alles andere als eine erhebende Aussicht. Smartphones sind transhumanistische Rattenfänger. Die „intelligenten" Technologien werden als Mittel zur verzögerungsfreien Kommunikation angepriesen; doch wenn man jemandem insgeheim eine Gefängniszelle andrehen will, stellt man nicht die Gitterstäbe und das massive Schloss in den Vordergrund. Stattdessen wird man von der separaten Unterbringung und dem Wegfall sämtlicher Strom- und sonstiger Rechnungen schwärmen sowie darauf hinweisen, dass reichlich Zeit zum Schlafen vorhanden sein wird.

Smartphones dienen gleich auf mehreren Ebenen der Überwachung; 24 Stunden am Tag vermögen sie staatlichen Stellen mit fast absoluter Genauigkeit zu verraten, wo man sich aufhält. Reporter des deutschen Nachrichtenmagazins *Der Spiegel* berichteten, sie hätten streng geheime Dokumente der NSA einsehen können, aus denen hervorging, dass sich die Agentur „Zugang zu Nutzerdaten von Smartphones aller führenden Hersteller verschaffen" kann und in der Lage ist, „nahezu alle sensiblen Informationen eines Smartphones auszulesen, etwa Kontaktlisten, den SMS-Verkehr, Notizen und Aufenthaltsorte seines Besitzers". Niemand kann mir erzählen, dass das ohne die Mitwisserschaft der Hersteller geschah, die genauso vom archontischen Spinnennetz kontrolliert werden wie die NSA. Als Edward Snowden, der nach seinen Enthüllungen über die Überwachungspraktiken der NSA nach Russland floh, in Hongkong mit einigen Anwälten zusammentraf, soll er diese angewiesen haben, ihre Mobiltelefone in seinem Kühlschrank zu verstauen. Nur so könne man sicher sein, nicht abgehört zu werden. Eine als Stingray bezeichnete Technologie macht es möglich, Handys durch den Einsatz falscher Mobilfunkmasten anzuzapfen. Indem sie das Verhalten echter Handymasten nachahmen, können sie das Smartphone dazu bringen, mit ihnen zu kommunizieren. Gesetzeshüter machen überall auf der Welt Gebrauch von solchen Masten. Die Smartphones spielen im Prozess des schleichenden Totalitarismus, an dessen Endpunkt die allumfassende Überwachung stehen soll, eine Schlüsselrolle. Niemand wird mehr in der Lage sein, irgendetwas, das er tut, vor der Obrigkeit geheimzuhalten. So können etwa Gespräche durch die in Smartphones eingebauten Mikrofone in Echtzeit mitgehört werden (Abb. 618). Schon heute gibt es auf dem „Planeten Smartphone", wo jedes Geschehen sofort aufgezeichnet oder fotografiert und binnen Minuten in den sozialen Medien verbreitet werden kann, praktisch keinen privaten Raum mehr, der diese Bezeichnung verdienen würde.

**Abb. 618:** „Der Stalker im Mobiltelefon – Wir wissen, wo du bist (und zwar immer)." – *Wo auch immer du hingehst – wir beobachten dich.*

# Verrückt nach (bzw. durch) Smartphones

Das Gehirn wird durch die häufige Benutzung elektronischer Kommunikationsgeräte süchtig nach permanenter Stimulation; zudem wird die Aufmerksamkeitsspanne reduziert (so, wie es vorgesehen war). Bei einer auf EEG-Aufzeichnungen gestützten Untersuchung der Hirnaktivität von 2.000 Kanadiern kam heraus, dass die durchschnittliche menschliche Aufmerksamkeitsspanne seit der „mobilen Revolution“ nur noch acht Sekunden beträgt – und damit kürzer als die des *Goldfischs* ausfällt (Abb. 619). Eine Schülerbefragung ergab, dass die Zahl der Kinder, die nach Abschluss der Grundschule zum Vergnügen Bücher lesen, drastisch gesunken ist. Grund dafür seien neben der verringerten Aufmerksamkeitsspanne die Tatsache, dass daheim weniger gelesen wird als früher (Kinder wie Eltern hängen an ihren Handys) sowie der Umstand, dass das Lesen von Büchern in Zeiten des Smartphones nicht mehr als „cool“ gilt. Was ist denn „cool“? Cool ist, was das System den Massen als „cool“ verkauft – die sich dann per Gruppenzwang gegenseitig das Leben damit schwer machen.

Programmierte Programmierer findet man überall auf der Welt, unabhängig von Hautfarbe, Altersgruppe, Herkunftsland oder kulturellem Hintergrund. Junge Erwachsene verbringen 25 Prozent weniger Zeit mit Lesen als vor zehn Jahren. Da die Verkürzung der Aufmerksamkeitsspanne für die Agenda von zentraler Bedeutung ist, war sie eines der vorrangigen Ziele, die man mit dem Sturmangriff auf das menschliche Gehirn zu erreichen suchte. Wie könnte jemand, der nicht einmal die Aufmerksamkeitsspanne eines Goldfischs besitzt, das Wissen zusammenstoppeln, das für ein Verständnis des Weltgeschehens und der Orwellschen Verschwörung unerlässlich ist? Wie soll ein Mensch die einzelnen Bruchstücke sinnvoll zusammenfügen, wenn ihn schon das erste Fragment so langweilt, dass er nach seinem Smartphone langt? Mein Buch „Die Wahrnehmungsfalle“, in der ich die globale Verschwörung in all ihren Aspekten enthülle, umfasst etwa 1.200 Seiten – wie viele Leute werden

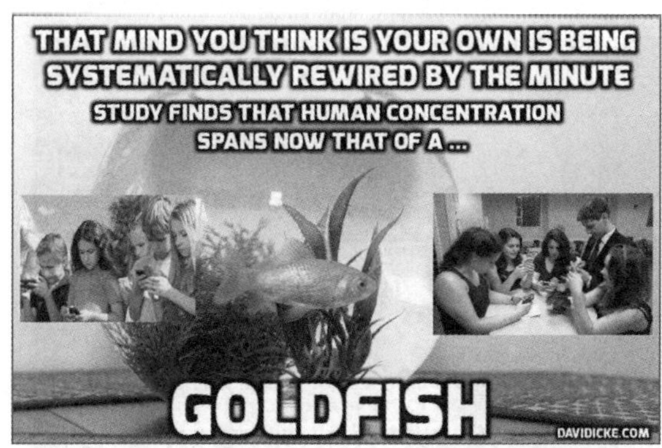


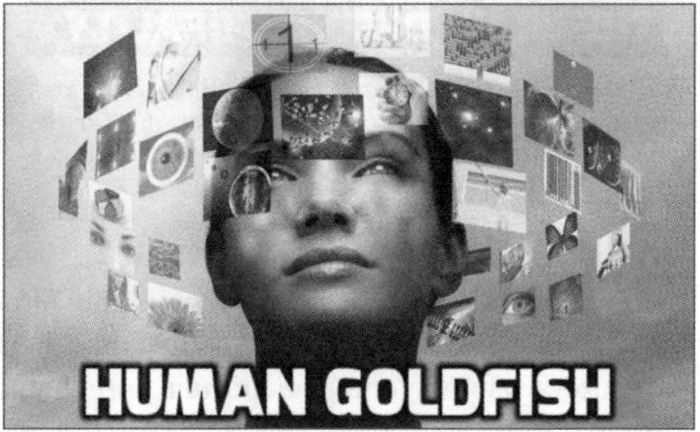


**Abb. 619:** „Der Verstand, den du für deinen ureigenen Verstand hältst, wird mit jeder Minute neu verdrahtet. Eine Studie fand heraus, dass die Aufmerksamkeitsspanne des Menschen inzwischen auf das Niveau eines Goldfischs gesunken ist." – *Umgekehrte Evolution.*

es wohl allein deshalb niemals lesen, weil ihre Aufmerksamkeitsspanne mit einer solchen Informationsfülle nicht umgehen kann? Dabei wäre das Lesen dicker Bücher für das Gehirn eigentlich ein optimales Gegenmittel, um die Wirkungen der „smarten" Manipulation zu neutralisieren. Auch die sozialen Medien und die SMS-Sprache – „UR prgmd lol wkup B4 2L8" („You are programmed – laughing out loud –, wake up before too late", dt.: „Du bist programmiert – hihi! – Wach auf, bevor es zu spät ist!") – sind an vorderster Front am Krieg gegen die Aufmerksamkeitsspanne beteiligt. Textnachrichten sind ein typisches Beispiel für Orwellsches *Neusprech*, das an die Stelle des umfangreichen Vokabulars des *Altsprech* tritt. Die Feinheiten von Gedanken und Vorstellungen können in der Neusprache nicht mehr adäquat ausgedrückt werden. Derselben Agenda dient auch die politische Korrektheit. Susan Greenfield, Professorin für Neurowissenschaften und Mitglied des britischen Oberhauses, veröffentlichte 2014 ein Buch mit dem Titel „Mind Change", in dem sie untersucht, welche Folgen die Nutzung von Smartphones und sozialen Medien für das Gehirn hat. Ich habe es gelesen und finde es empfehlenswert. Der Gedankengang, den die Autorin darin entwickelt, ist in etwa folgender: Das Gehirn passt sich an seine Umgebung an; die Umgebung ändert sich in bisher nicht gekannter Weise; folglich könnte sich auch das Gehirn in einer völlig neuartigen Weise verändern. Genau so *ist* es. Früher glaubten die Wissenschaftler, dass sich das Gehirn, sobald es einmal vollständig ausgebildet ist, nicht mehr verändert. Heute weiß man, dass das nicht stimmt. Vielmehr besitzt das Gehirn eine Eigenschaft, die man „Plastizität" nennt – es verändert sich in Abhängigkeit von den Informationen, die es erhält (Abb. 620). James Olds, Neurowissenschaftler an der George Mason University, beschreibt das folgendermaßen: „Das Gehirn hat die Fähigkeit, sich selbst spontan neu zu programmieren, wobei seine Funktionsweise verändert wird." Die Formbarkeit des Gehirns und der genetischen Anlagen ermöglicht in der Tierwelt die Anpassung an veränderte Umweltbedingungen, da sich auf diese Weise neue Fähigkeiten herausbilden können, die zum Überleben zwingend notwendig sind. Geht dieser Prozess schnell genug vonstatten, sprechen wir von Mutationen; andernfalls vom Aussterben der Art.

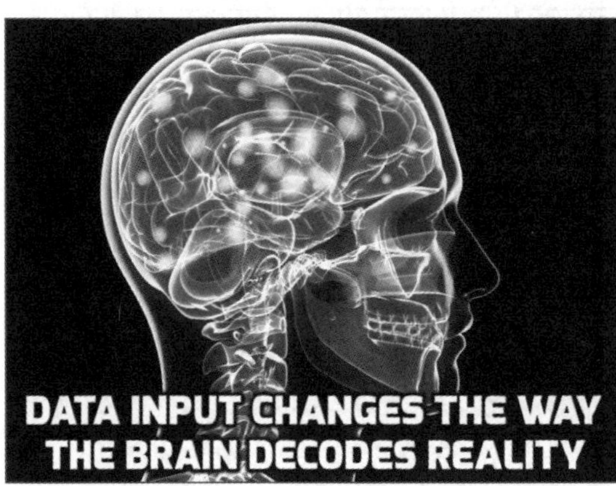


**Abb. 620:** „Wird das Gehirn mit Daten gefüttert, verändert sich die Art und Weise, wie es die Realität decodiert." – *Das Gehirn wird durch die technologische Revolution erheblich beeinflusst und verändert.*

Smartphones, Internet und soziale Medien haben im Gehirn in unglaublich kurzer Zeit massive Veränderungen hervorgerufen. Forscher der Universität Tohoku in Japan fanden heraus, dass das kindliche Gehirn auch durch anhaltenden Fernsehkonsum geschädigt werden kann. Schon seit Langem ist bekannt, dass Fernsehen süchtig macht und das Gehirn in den sogenannten Alpha-Zustand versetzt, der dem Zustand der Hypnose ähnelt und das Unterbewusstsein für eine praktisch schrankenlose Programmierung öffnet. Dr. Thomas Mulholland, ein Psychophysiologe aus den USA, hat untersucht, welches Potenzial das Fernsehen für die Gedankenkontrolle birgt. Dabei stellte er fest, dass die Alpha-Wellen schon nach dreißig Sekunden in Erscheinung treten und den Zuschauer in eine „virtuelle Trance“ versetzen. Der Ansturm „intelligenter“ Technologie hat diesen Prozess der kognitiven Übernahme enorm intensiviert. Heute stehen die Gehirne sowohl der Kinder als auch der Erwachsenen unter ständigem Beschuss durch Smartphones und „smarte“ Fernseher. Wenn man bedenkt, dass britische Kinder dem Marktforschungsinstitut Childwise zufolge im Schnitt jeden Tag fünf Stunden und 20 Minuten vor dem Fernseher oder Computerbildschirm verbringen, ist das schon ernüchternd. Susan Greenfield sagte vor dem britischen Oberhaus: „Es ist schwer vorstellbar, wie eine derartige Lebensweise, Tag für Tag praktiziert, die Gehirne der Menschen – oder besser gesagt, ihren Geist – nicht in einen Zustand versetzen soll, der sich von dem früherer Generationen unterscheidet.“ Dem stimme ich zu, möchte aber hinzufügen, dass genau dieser Effekt gewollt ist. In einem eindringlichen und aufschlussreichen Kommentar sagte sie: „Das Gemüt, das den Menschen in der Mitte des 21. Jahrhunderts zu eigen sein wird, könnte fast infantil anmuten und wäre durch eine kurze Aufmerksamkeitsspanne, Sensationsgier, die Unfähigkeit zum Mitfühlen und einen wankelmütigen Identitätssinn gekennzeichnet.“ Ich betone nochmals, dass genau das beabsichtigt ist, und wenngleich wir zur Jahrhundertmitte so etwas wie einen Abschluss dieses Prozesses erleben mögen, ist er doch schon längst in vollem Gange. Sie brauchen sich nur für kurze Zeit in die sozialen Medien zu begeben, um zu erleben, wie sich vermeintliche Erwachsene wie Kinder benehmen. Wildfremde Menschen werden völlig unnötig beschimpft und beleidigt, selbst solche, die sich in tragischen Lebensumständen befinden – eine Situation, die den grundlegenden Mangel an Empathie offenbart (Psychopathie). Nein, nicht auf jeden trifft das zu, bei Weitem nicht; doch der Anteil solcher Menschen in der Gesellschaft ist hoch und, so weit ich das überblicken kann, weiter im Steigen begriffen. Susan Greenfield schrieb:

> Unsere Gehirne stehen unter dem Einfluss einer stetig expandierenden Welt neuartiger Technologien: Mehrkanal-Fernsehen, Videospiele, MP3-Spieler, Internet, WLAN, Bluetooth-Verbindungen – die Liste wird ständig länger. […]
>
> Sowohl elektronische Geräte als auch Pharmaprodukte verändern die mikrozellulare Struktur und die komplexe Biochemie unserer Gehirne. Das wiederum beeinflusst unsere Persönlichkeit, Verhaltensmuster und Charaktereigenschaften. Kurz gesagt, die moderne Welt könnte sehr wohl einen Wandel unserer menschlichen Identität bewirken. […]
>
> Schon jetzt ist es recht eindeutig, dass die bildschirmbasierte, zweidimensionale Welt, in der so viele Jugendliche – und zunehmend auch Erwachsene – freiwillig leben, Verhaltensänderungen hervorbringt. Die Aufmerksamkeitsspanne sinkt, die Fähigkeit zur persönlichen Kommunikation nimmt ab, und auch das Vermögen zu abstraktem Denken ist deutlich reduziert.

> Diese spielevernarrte Generation nimmt die Welt durch bildschirmförmige Augen wahr. Es ist fast so, als hätte ein Ereignis erst dann wirklich stattgefunden, wenn es jemand auf Facebook, Bebo oder Youtube geteilt hat.

Der Wandel der menschlichen Identität und Selbstwahrnehmung ist gerade der Sinn der Übung. Interessant ist übrigens, dass Greenfield die Wirkung auf die Fähigkeit zu abstraktem Denken herausstellt. Unter den Definitionen des Begriffs „abstrakt" finden sich beispielsweise folgende: „etwas, das als Gedanke oder Idee existiert, jedoch keine physische oder greifbare Realität besitzt"; „sich mit Vorstellungen statt tatsächlichen Geschehnissen befassen"; sowie „bezeichnet eine Idee, eine Qualität oder einen Zustand, statt ein konkretes Objekt". Abstraktes Denken ist überwiegend Aufgabe der *rechten Hirnhälfte*. Also der Seite des Gehirns, auf deren Verdrängung und Unterdrückung es die Archonten abgesehen haben. Nimm den Menschen das Potenzial zu abstraktem Denken und verkürze ihre Aufmerksamkeitsspanne, und du beraubst sie der Fähigkeit, die wirkliche Beschaffenheit der Welt zu begreifen; zudem kannst du ihre Wahrnehmung damit noch fester in der Matrix-Illusion der fünf Sinne verkapseln. Der reduzierende Effekt, den Internet und Smartphones auf die Aufmerksamkeitsspanne haben, wurde auch von Forschern der De Montfort University in Leicester bestätigt. Sie fanden heraus, dass ein Mensch umso wahrscheinlicher unter „kognitiven Störungen" leiden wird, je mehr Zeit er mit dem Internet oder Handy verbringt. In einer chinesischen Studie, die Neurowissenschaftler und Radiologen an Universitäten und Krankenhäusern durchgeführt haben, wurde festgestellt, dass junge Menschen zunehmend „internetabhängig" werden; aus MRT-Aufnahmen lasse sich sogar schließen, dass die „exzessive Nutzung des Internets Teile des jugendlichen Gehirns verkümmern lassen kann". Unterstützung erhält Susan Greenfield von dem amerikanischen Technologiekritiker Nicholas Carr, der zum selben Thema ein Buch mit dem Titel „The Shallows: How the Internet Is Changing the Way We Think, Read and Remember" verfasste. In seinem Aufsatz „Is Google Making Us Stupid?", der in der Zeitschrift *The Atlantic* erschien, äußerte sich Carr zu seiner Beobachtung, dass sein Gehirn seit einiger Zeit offenbar anders arbeitete. „Ich hatte das unangenehme Gefühl, als hätte jemand – oder etwas – in meinem Gehirn herumgepfuscht und dabei die neuronalen Schaltkreise modifiziert und das Gedächtnis neu programmiert", schrieb er. Zudem stellte er in Gesprächen fest, dass es nicht nur ihm so ging. Ein befreundeter Arzt berichtete ihm, er habe „die Fähigkeit, einen längeren Artikel zu lesen und aufzunehmen – ob im Internet oder in gedruckter Form –, fast völlig verloren". Ein Bekannter klagte, dass er aufgrund seines „Stakkato-Denkens" nicht mehr in der Lage sei,

**Abb. 621:** „Den Schaden rückgängig machen" – *Im Gegensatz zum Konsum von Internet- und anderen Informationsquellen technischer Art führt die Lektüre von Büchern – insbesondere in gedruckter Form – nachgewiesenermaßen nicht zu Gehirnveränderungen.*

dicke Bücher wie etwa „Krieg und Frieden" zu lesen; andere Freunde hatten gänzlich aufgehört zu lesen. Bei einer Studie, die von der in Atlanta ansässigen Emory University durchgeführt wurde, stellte man fest, dass sich die Hirnfunktionen von Studenten, die ein Buch lasen, schon am ersten Tag zu verbessern begannen und diese Veränderungen nach Beendigung der Lektüre noch fünf Tage lang andauerten (Abb. 621). Allmählich wird einem klar, warum wir keine Bücher mehr lesen sollen – doch um unser selbst willen *müssen* wir lesen. Wissenschaftler haben nachgewiesen, dass der Mensch die in einem Buch enthaltenen Informationen besser aufnimmt und versteht, wenn er ein gedrucktes Exemplar statt einer E-Book-Version liest. Kinder, die in der Schule statt herkömmlicher Bücher überwiegend Computer nutzen, schnitten bei Lese- und Mathematiktests schlechter ab. Bevor Nicholas Carr zu dem Schluss kam, dass Internet und soziale Medien, die immer ausgiebiger genutzt werden, das menschliche Denken tatsächlich neu verdrahten, hatte er ausführliche Gespräche mit Linguisten, Neurowissenschaftlern, Psychiatern und Psychologen geführt. Professor Gary Small, der an der University of California einen Lehrstuhl für Psychiatrie innehat, machte beim Vergleich der Gehirnaktivität gelegentlicher und gewohnheitsmäßiger Internetnutzer folgende Beobachtung: Von dem Moment an, als die erstgenannte Gruppe ihre Netzaktivitäten verstärkte, dauerte es nur wenige Tage, bis ihre Gehirne dieselben Eigenschaften zeigten wie die der regelmäßigen Webnutzer – und diese Veränderungen blieben dauerhaft. Carr schrieb dazu: „Ähnlich einem chemischen Narkotikum schließt die ‚Kakofonie der Internet-Stimuli' bewusste und unbewusste Gedanken kurz, was zur Folge hat, dass wir weder tiefsinnig noch kreativ denken können." Oder einen Gedanken des Mitgefühls hegen (Entmenschlichung – die Beseitigung aller Empathie). Bei Untersuchungen des Gehirns von Videospielern stellte man einen Abbau der grauen Substanz im Hippocampus fest, die für Gedächtnis, Lernen und Emotionen zuständig ist und deren Rückgang bereits mit neurologischen und psychologischen Problemen wie Demenz und Depressionen in Verbindung gebracht wurde. Vor diesem Hintergrund erscheint eine Äußerung, die die Londoner Universitätsprofessorin Annette Karmiloff-Smith im Jahr 2015 tätigte, doch recht unfassbar: Man solle Babys schon „von Geburt an" Tabletcomputer geben, sagte sie (Abb. 622). Wer hatte noch gleich behauptet, eine „gute Ausbildung" und ein akademischer Status würden intelligent machen?

**Abb. 622:** „Wissen Sie noch, damals – als Kleinkinder noch Menschen waren? Und keine Computerendgeräte eines künstlichen, technischen Bewusstseins?" – *Schnapp sie dir schon früh – und beherrsche sie ein Leben lang.*

# Videodownload

Susan Greenfield bringt berechtigterweise ihre Sorge wegen der Wirkungen zum Ausdruck, die gewalttätige Videospiele auf Persönlichkeit und Wahrnehmung haben. Der Zweck derartiger Spiele ist, den Spieler für Gewalt zu desensibilisieren. Die Entwickler machen sich die Tatsache zunutze, dass das menschliche Gehirn bzw. Unterbewusstsein nicht zwischen „real" und „simuliert" unterscheidet. Erinnern Sie sich etwa daran, dass das Gehirn auf die bloße Vorstellung, Klavier spielen zu lernen, praktisch genauso reagiert wie auf tatsächlichen Klavierunterricht. Greenfield bemerkte: „Das ewige Argument protestierender Jugendlicher – ‚Es ist doch nur ein Spiel, Mama' – wird nun definitiv zu einer hohlen Phrase." Beim Anblick von Gewalt nichts zu empfinden, insbesondere das fehlende Mitgefühl für die Opfer, stellt eine weitere Spielart der Psychopathie dar. Bei einer Umfrage unter Xbox-Spielern, die während der US-Präsidentschaftswahlen 2012 durchgeführt wurde, sprachen sich *72 Prozent* von ihnen für eine Verstärkung der Drohnenangriffe auf „mutmaßliche Terroristen" (Männer, Frauen und Kinder) aus. *Mutmaßliche* Terroristen – das bedeutet, es liegen noch nicht einmal Beweise vor. Wie viele Psychopathen vergnügen sich mit Baller- und Kriegsspielen, während sie von sich selbst glauben, „normal" zu sein? Susan Greenfield sagte: „Möglicherweise ziehen wir eine hedonistische Generation heran, die nur noch auf den Kick des computergenerierten Moments aus ist und merklich Gefahr läuft, sich von dem abzukoppeln, was die meisten von uns als die wirkliche Welt betrachten." Hedonismus ist „das Streben nach bzw. die Hingabe an Vergnügungen, insbesondere an sinnliches Vergnügen" und die Ansicht, dass „nur das, was angenehm ist oder angenehme Folgen hat, vom Wesen her gut" ist. Eines der vorrangigen Ziele der Überflutung mit Cyberinformationen besteht darin, die Lustzentren des Gehirns zu stimulieren – die fünf Sinne also, die Genuss verheißen – und den Menschen abhängig von Vergnügungen zu machen. Aldous Huxley, der Verfasser des Werkes „Schöne neue Welt", sprach davon, die Menschen dazu zu bringen, „ihre Knechtschaft zu lieben". Ein bei der CIA beschäftigter Geisteskranker namens Ivor Browning verdrahtete einmal einen Funkempfänger mit dem als Hypothalamus bezeichneten Lustzentrum im Gehirn eines Esels. Browning steuerte das Verhalten des Esels, indem er dessen Hypothalamus immer so lange stimulierte, wie er tat, was Browning wollte, den Reiz aber unterbrach, sobald er etwas anderes machte. Auf diese Weise gelang es Browning, das Tier einen langen, zuvor präparierten Weg entlang und wieder zurück zu steuern. Der Esel folgte einfach stets der Richtung, in der sich das angenehme Gefühl einstellte. Genau dasselbe macht man nun auch mit den Menschen, um sie Schritt für Schritt in transhumane Wesen bzw. Transphantome zu verwandeln. Kevin Warwick, Kybernetik-

**Abb. 623:** *Das Kontrollsystem, präsentiert von Kevin Warwick.*

professor an der University of Reading und Befürworter des Mikrochips für den Menschen, sieht das so: „Wenn eine Maschine Signale in Ihren Körper einspeist, die Sie rund um die Uhr glückselig sein lassen – warum sollte man dann nicht Teil der Matrix sein?" Sollte es irgendwo einen Menschen geben, der noch mehr fehlgeleitet ist als Professor Warwick, möchte ich ihm bitte niemals begegnen (Abb. 623). Einmal sagte er: „Ich habe nichts dagegen, mich grundlegend zu verändern." Das haben wir auch nicht, Kev – allzu große Hoffnungen mache ich mir allerdings nicht. Auch der Zusatz von Lithium zum Trinkwasser wird vorangetrieben. Der Stoff, der verändernd auf den menschlichen Geist einwirkt, soll den Menschen fügsamer machen und seine „Stimmung stabilisieren". Dr. Jacob Appel vom New Yorker Mount Sinai Hospital zählt zu den führenden Verfechtern des Lithium-Einsatzes. Der Stoff würde, so argumentierte er, das Gehirn „glücklicher" machen: Bring die Menschen dazu, ihre Knechtschaft zu lieben. Appels Krankenhaus ist übrigens dasselbe, an dem auch Rockefellers „Prophet" Richard Day einst tätig war. Muss wohl am örtlichen Trinkwasser liegen.

## Das intelligente Stromnetz

Die „intelligenten" Technologien wurden so entworfen, dass sie untereinander auf drahtlosem Weg kommunizieren können. So formen sie das weltumspannende Smart Grid, mit dem sich nicht nur jede einzelne Person fortwährend überwachen lässt – auf verschiedenen Wegen, wie ich noch ausführen werde –, sondern dem menschlichen Geist auch Informationen, Empfindungen und Handlungsanweisungen eingegeben werden können. Smart-TV-Fernsehgeräte etwa stellen eine weitere Etappe innerhalb der (fast abgeschlossenen) schleichenden Einführung der Telebildschirme dar, die Dr. Richard Day vor knapp 50 Jahren beschrieb, ebenso wie George Orwell vor nicht ganz 70 Jahren in seinem Werk „1984":

> Der Televisor war gleichzeitig Empfangs- und Sendegerät. Jedes von Winston verursachte Geräusch, das über ein ganz leises Flüstern hinausging, wurde von ihm registriert. Außerdem konnte Winston, solange er in dem von der Metallplatte beherrschten Sichtfeld blieb, nicht nur gehört, sondern auch gesehen werden. Es bestand natürlich keine Möglichkeit festzustellen, ob man in einem gegebenen Augenblick gerade überwacht wurde. Wie oft und nach welchem System die Gedankenpolizei sich in einen Privatapparat einschaltete, blieb der Mutmaßung überlassen. Es war sogar möglich, dass jeder Einzelne ständig überwacht wurde. Auf alle Fälle aber konnte sie sich, wenn sie es wollte, jederzeit in einen Apparat einschalten. Man musste in der Annahme leben – und man stellte sich tatsächlich instinktiv darauf ein –, dass jedes Geräusch, das man machte, überhört und, außer in der Dunkelheit, jede Bewegung beobachtet wurde.

**Abb. 624:** „Ich schaue Smart-TV – Und ich höre zu." – *Weil wir Sie lieben.*

Wie unlängst aufgedeckt wurde, sind Smart-TV-Geräte aus dem Hause Samsung in der Lage, Gespräche der Zuschauer mitzuhören. Versteckt in der Datenschutzerklärung, die praktisch kein Mensch liest, heißt es: „Bitte beachten Sie, dass Ihre gesprochenen Worte, die persönliche oder andere sensible Informationen beinhalten, unter jenen Daten sein werden, die aufgenommen und an einen Drittanbieter übertragen werden, wenn Sie die Spracherkennung nutzen." Mit „intelligenten" Fernsehern (die mit dem Internet verbunden sind) geht weit mehr vor sich, als man uns wissen lässt (Abb. 624). Die britische Tageszeitung *Daily Mail* berichtete über die Erkenntnisse, die ein IT-Berater namens Jason Huntley bei Nachforschungen über sein heimisches Smart-TV-Gerät gewonnen hatte. Huntley war stutzig geworden, nachdem auf seinem Fernsehbildschirm Werbeanzeigen erschienen, die offenbar aufgrund der von ihm und seiner Familie angeschauten Sendungen ausgewählt worden waren. Er nahm seinen Laptop, schloss ihn an das TV-Gerät an und untersuchte, welche Daten zwischen dem Fernseher und dem Internet ausgetauscht wurden. Schockiert stellte er fest, dass sämtliche Einzelheiten darüber, welche Sendungen er schaute oder welche Knöpfe er auf der Fernbedienung drückte, an eine Firmenzentrale in Südkorea übermittelt wurden. Doch das war noch nicht alles: Auch Informationen über private Videos, die er auf dem Gerät schaute, wurden versendet – ja sogar über Camcorderaufnahmen, die seine Frau und seine Kinder zeigten. Selbst als Huntley die Datenfreigabe deaktivierte, setzte sich der eklatante Einbruch in die Privatsphäre unverändert fort. Luigi Auriemma, ein Programmierer aus Malta, der sich investigativ mit Fragen des Datenschutzes auseinandersetzt, hat demonstriert, wie man über das Internet in Smart-TV-Geräte einbrechen, die Kontrolle übernehmen, den Fernseher ein- und ausschalten und die auf ihm gespeicherten Daten auslesen kann. Andere IT-Experten enthüllten, wie sich die in vielen Geräten verbauten Kameras „hacken" und die Besitzer in ihren eigenen vier Wänden ausspionieren lassen – ohne dass das entsprechende Lämpchen wie sonst üblich anzeigen würde, dass die Kamera aktiv ist. Das sei „beängstigend einfach", befand Kurt Stammberger, Mitarbeiter der auf Datensicherheit spezialisierten Firma Mocana. In dem Artikel der *Daily Mail* hieß es:

> Diese Leute können sehen, welche Kleidung Sie tragen und was Sie gegessen haben. Sie haben jedes Wort gehört, das Sie von sich gegeben haben, und jede Fernsehsendung protokolliert, die Sie sich angeschaut haben. Manche sind Kriminelle, andere arbeiten für große Unternehmen – und jetzt kennen sie Ihre intimsten Geheimnisse.

Man fragt sich, was die intelligenten Fernseher wohl noch alles ohne unser Wissen tun. Jeder Experte für IT-Sicherheit wird Ihnen, wie es in dem genannten Artikel hieß, mit Hinblick auf die bekanntgewordenen Manipulationen versichern, dass es sich dabei „wahrscheinlich nur um die Spitze des Eisbergs" handelt. Auch über die Webkamera an Ihrem Computer können Sie beobachtet werden – wie schon zahlreiche Menschen erleben mussten. Vor diesem Hintergrund mag man erahnen, was die mexikanische Regierung wohl tatsächlich dazu motivierte, zehn Millionen Smart-TV-Geräte im Wert von 1,6 Milliarden Dollar an die Armen zu verschenken. Ähnliche Programme wurden auch in Argentinien und anderen Ländern durchgeführt. Die emsige Betriebsamkeit, mit der man digitale Fernseher und Radios zu großen Kosten unter die Massen bringt, erklärt sich aus der Tatsache, dass sie einen zentralen Bestandteil des intelligenten Netzes darstellen.

Mit Hochdruck wird auch die Installation sogenannter Smart Meters – intelligenter Stromzähler bzw. Messgeräte – überall auf der Welt vorangetrieben. Dahinter steckt das archontische Spinnennetz, dessen Akteure und Geheimgesellschaften in jedem Land der Erde sitzen. Begründet wird die Kampagne in erster Linie mit der (Lüge von der) menschengemachten Klimakatastrophe. Außerdem sollen sich durch die Geräte angeblich die Stromkosten senken – doch wie sich zeigt, ist das Gegenteil der Fall. Die Werbung sagt (schwindelt), smarte Zähler würden „ein intelligentes digitales Energieversorgungsnetz [bilden], mit dem Elektrizität auf optimale Weise vom Erzeuger zum Konsumenten geliefert wird". Mit derlei Gesäusel übertüncht man die Tatsache, dass die Hintergrundmächte, die die Einführung der Geräte auf den Weg gebracht haben, über deren fundamentale Bedeutung für das weltweite drahtlose Smart Grid genau im Bilde sind. Über elektromagnetische Felder in Wohnräumen und Geschäften empfangen und senden die Strom- und Wassermessgeräte Informationen, sodass fortwährend private und persönliche Informationen an die Behörden übermittelt werden (Abb. 625). Seit sich Jerry Day, ein Elektronik- und Medienexperte aus dem kalifornischen Burbank, des Ausmaßes der heimischen Überwachung von Privatpersonen bewusst geworden ist, engagiert er sich lautstark und unermüdlich im Kampf gegen Smart Meters. Day zufolge können die Apparaturen …

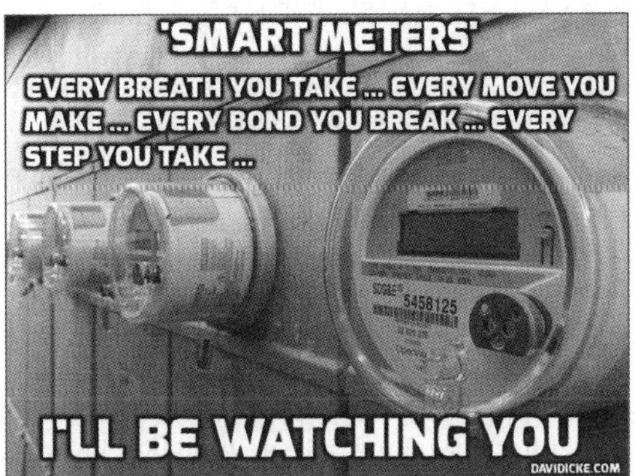


**Abb. 625:** „Intelligente Zähler' – Jeden Atemzug, den du nimmst … jede Bewegung, die du machst … jede Fessel, die du sprengst … jeden Schritt, den du gehst …" – *Überwachungssysteme in Ihrem Heim und auf der Arbeit, die mit Ihrem Geist kommunizieren können.*

- im Haushalt befindliche Elektrogeräte identifizieren sowie festhalten, in welchen Zeiträumen sie in Betrieb sind (was einen Eingriff in die Privatsphäre darstellt);
- feststellen, wie viele Personen sich in den Räumlichkeiten befinden und was sie tun (eine Verletzung der Rechte der Betroffenen und der heimischen Sicherheit);
- auf drahtlosem Weg Signale senden, die von nicht autorisierten, unbekannten Parteien abgefangen werden können;

- Daten über die täglichen Gewohnheiten und Aktivitäten eines Bewohners sammeln und in dauerhaften Datenbanken hinterlegen, die von nicht autorisierten, unerwünschten Parteien abgerufen und weitergegeben werden können;
- mittels spezieller Smart-Meter-Datenbanken eine permanente Chronik der heimischen Aktivitäten führen – komplett mit Angaben über Datum und Uhrzeit –, aus denen sich (unter hochgradiger Verletzung der Privatsphäre) ein detailliertes Bild der Lebensführung der Betroffenen ableiten lässt.

Indem die intelligenten Geräte in den USA private Daten ohne Einwilligung oder Wissen der Bewohner aufzeichnen und speichern, sind sie eindeutig als Überwachungssystem einzustufen, das sowohl föderale als auch bundesstaatliche Abhörgesetze verletzt. Mit den Smart Meters lässt sich feststellen, wie viele Personen sich im Objekt befinden und wo genau sie sich aufhalten – ja, sie können sogar sexuelle Aktivitäten erkennen. Forscher der University of California in Santa Barbara bestätigten, dass sie durch Messung des WLAN-Signals die Anzahl der in einem gegebenen Raum befindlichen Personen ermitteln können – ganz ohne zusätzliche elektronische Geräte. Smarte Messgeräte empfangen und senden ihre Daten über elektromagnetische WLAN-Felder. Um die Privathaushalte überwachen zu können, werden zudem zahlreiche auf Künstlicher Intelligenz basierende Robotertechnologien entwickelt und eingeführt. Die Polizei bedient sich schon heute der von intelligenten Zählern gesendeten Daten, indem sie versucht, anhand des Energieverbrauchs Rückschlüsse auf etwaige kriminelle Aktivitäten zu ziehen. Bei Razzien, die auf dieser Grundlage angeordnet worden waren, sich jedoch im Nachhinein als ungerechtfertigt herausstellten, hängte man den Bewohnern mitunter einfach irgendetwas anderes an. Die *Daily Mail* zitierte einen britischen Regierungsinsider, der intelligente Zähler als „verrückt" bezeichnet und gesagt hatte, man würde sie zwar „als verbraucherfreundlich anpreisen, doch in den falschen Händen würden sie eine absolute Katastrophe heraufbeschwören". Offensichtlich stand er innerhalb der Hierarchie nicht hoch genug, um sich der Tatsache bewusst zu sein, dass das von ihm als Katastrophe empfundene Szenario gerade der Zweck der Kampagne ist.

Die Liste der Datenschützer, die versucht haben, die Öffentlichkeit vor den Gefahren der smarten Geräte zu warnen, ist lang. Nick Pickles zufolge, der die Interessenvereinigung Big Brother Watch vertritt, erleben wir derzeit einen massiven Einbruch in die heimische Privatsphäre: „So etwas passiert, wenn die Überwachung der Gesellschaft ausgeweitet wird […] Mit den intelligenten Zählern bewegen wir uns auf eine Situation zu, in der die heimischen vier Wände die nächste Angriffslinie der Staatsschnüffler bilden." Eine Technologie oder Strategie, die für die Unterjochung der Menschheit von essenzieller Bedeutung ist, erkennt man daran, dass die Bevölkerung gegen ihre Durchsetzung nichts unternehmen kann. In diese Kategorie fallen etwa Zwangsimpfungen, „ökologische" Glühlampen (mehr dazu später), smarte Messgeräte sowie – wie wir bald sehen werden – implantierte Mikrochips. Bei der Implementierung derartiger Strukturen bedient man sich stets desselben unauffälligen Musters: (1) Man führt etwas ein, betont aber, dass niemand verpflichtet sei, sich daran zu beteiligen; (2) Man macht es praktisch unmöglich, ohne dieses Etwas – worum auch immer es sich gerade handeln mag – sein Leben zu führen; (3) Man erklärt es für obligatorisch. So manch einer, der die Behauptung, die Installation der smarten Zähler sei freiwillig, auf die Probe gestellt hat, erlebte eine Überraschung: Oft verschafften sich die Behörden gewaltsam Zugang zum Grundstück und installierten die Geräte dennoch, oder aber sie stellten den Strom ab.

## Intelligente Städte

Intelligente Zähler und Smart-TV-Geräte sind unabdingbare Komponenten zur Überwachung und Beherrschung sogenannter „smarter Städte" – eine verschlüsselte Bezeichnung für die von der Agenda 21/2030 angestrebten Siedlungszonen, deren Bewohner in winzigen Räumen hausen sollen, ständig beobachtet von den intelligenten Geräten des Smart Grids (Abb. 626). Die Europäische Union ist einer der vehementesten Verfechter der „smart cities". Wann immer die Bürokraten in Brüssel den Mund aufmachen, sind es eigentlich die archontischen Hybriden, die durch sie sprechen. Wie bei allen anderen „smarten" Konzepten gibt es auch für die smarten Städte eine offizielle Begründung. Wie es heißt, würden sie von digitalen bzw. Informations- und Kommunikationstechnologien Gebrauch machen, „um die Qualität und Leistungsfähigkeit städtischer Dienste zu verbessern, Kosten und Rohstoffverbrauch zu senken und die Bürger stärker und wirksamer mit einzubeziehen". Eine umständliche Formulierung, die übersetzt bedeutet: „Totaler Quatsch."

**Abb. 626:** „Smartes Amerika – Intel und die Stadt San José arbeiten gemeinsam für eine intelligentere Stadt." – *So wird uns das „Smart"-Konzept schmackhaft gemacht.*

Der Begriff „intelligente Stadt" kann gleichermaßen eine frisch aus dem Boden gestampfte wie auch eine bestehende, aber entsprechend umfunktionierte Stadt bezeichnen. In jedem Fall sollen sie Endpunkte des weltumspannenden, durch Künstliche Intelligenz gesteuerten smarten Stromnetzes bilden. Zur ersten Kategorie zählt beispielsweise die am Reißbrett entworfene südkoreanische Stadt New Songdo City, von der es in einem Artikel hieß, sie sei „vollgestopft mit Chips, die miteinander kommunizieren, und wurde schon zu einem Zeitpunkt [als Smart City] ausgewiesen, als die ‚Smart Planet'-Religion von [dem Archonten-Konzern] IBM noch Jahre in der Zukunft lag". Einem Bericht der Website Fastcompany.com zufolge kam dem in den USA beheimateten multinationalen Technologieunternehmen Cisco Systems dabei insbesondere die Aufgabe zu, „jeden Quadratzentimeter der Stadt mit Synapsen auszustatten ... von den dicken Leitungen unter den Straßen bis zu den Drähten, die die Wände der Wohnhäuser durchziehen und in den Anschlussdosen münden". Die Stadt würde „mit Informationen betrieben" werden (Informationen der Subrealität). Ciscos Schaltzentrale, so heißt es in dem Artikel weiter, wäre dann das Stammhirn von New Songdo City (und für jeden ihrer Bewohner). Nach dem Vorbild von New Songdo will man in China und Indien 20 neue Städte errichten. Dabei wird, wie ein Verfechter des Smart-City-Konzepts versprach, „jede neue Stadt, dem Geist des Mooreschen Gesetzes folgend, schneller, besser und billiger als die vorangegangene gebaut werden". Der Artikel auf Fastcompany.com fährt fort:

> China braucht keine coolen, grünen, intelligenten Städte – das Land braucht einfach Städte. Mindestens 500 weitere New Songdos. Einhundert davon würden jeweils eine Million oder mehr umgesiedelte Bauern beherbergen [Agenda 21/2030]. Seit 9.000 Jahren bauen Menschen Städte – doch scheint das nur das Vorspiel für die kommenden 40 Jahre gewesen zu sein.
>
> Von nun an zählen wir ganz offiziell zu den urbanen Arten. Mehr als die Hälfte der Menschheit – 3,3 Milliarden Menschen – lebt in Städten. Bis zum Jahr 2050 soll sich unsere Zahl fast verdoppeln; das entspricht grob geschätzt einer zusätzlichen New Songdo City pro Tag [Agenda 21/2030]. Der größte Teil davon wird, einer Voraussage der Vereinten Nationen gemäß, die kleineren Städte in Afrika und Asien überschwemmen.

Die smarten Städte sind nichts anderes als die Siedlungszonen der Agenda 21/2030, in denen die aus den ländlichen Gebieten vertriebenen Bauern hausen sollen – eine Strategie, die mit herbeimanipulierten wirtschaftlichen Gegebenheiten sowie der Lüge von der menschengemachten Klimakatastrophe begründet wird. Der „Krieg gegen den Klimawandel wird in den Straßen der Städte ausgefochten werden", heißt es in dem Beitrag von Fastcompany.com melodramatisch. „Während sich die Entwicklungsländer mit der bevorstehenden Bevölkerungsexplosion herumschlagen, sieht sich die gesamte Welt mit einer Explosion ganz anderer Art konfrontiert: dem Klimawandel." Die Klimakatastrophe ist für die Pläne der Globalisten von so entscheidender Bedeutung, dass man sie, wenn es sie nicht gäbe (es gibt sie tatsächlich nicht), hätte erfinden müssen (und genau das haben sie getan). Der Begriff „intelligentes Wachstum" ist, wie auch der Ausdruck „intelligente Gemeinschaften", nur eine Chiffre für die Zwangsübersiedlung in Smart Citys bzw. Siedlungszonen. In einem Artikel fand ich den folgenden Abschnitt, der die Situation – wenn auch ohne den eigentlichen Kontext darzulegen – perfekt auf den Punkt bringt:

> In jüngster Zeit gab es verstärkt Bemühungen, das Konzept des „Smart Growth" für nordamerikanische Städte zu popularisieren. Ausgehend von der Zielstellung, die Auswirkungen einer wuchernden Regionalentwicklung auf die natürliche Umgebung zu mindern, liegt ein Fokus der Smart-Growth-Planungsweise auf der Intensivierung sowohl der Bevölkerungs- als auch der baulichen Entwicklung in bestehenden urbanen Gebieten.

Vertreibt die ländliche Bevölkerung aus ihren angestammten Gebieten und sperrt sie in die Mikrobehausungen der Siedlungszonen. Die intelligenten Städte (die auch als „Eco Cities" – „Ökostädte" – bezeichnet werden) sollen eines Tages weitgehend autofrei sein. Die wenigen, denen es weiterhin gestattet sein wird, Auto zu fahren (oder besser gesagt, in einem Auto zu sitzen), werden sich in einem fahrerlosen „Smart Car“ wiederfinden, wie sie Google derzeit entwickelt und auf den Markt bringt. Google kämpft bei der transhumanistischen Agenda an vorderster Front – bzw. „Alphabet“, wie große Bereiche des Konzerns seit einer 2015 durchgeführten Umstrukturierung heißen.

## Google und das Internet der Zukunft

Google/Alphabet arbeitet eng mit der DARPA zusammen – der durch und durch bösartigen Entwicklungsabteilung des Pentagon (Abb. 627). So erklärt sich auch der merkwürdig anmutende Wechsel der DARPA-Direktorin und Militärgeheimdienstlerin Regina Dugan zu Google, wo sie nun in leitender Funktion tätig ist (Abb. 628). Dugan hat einfach von einem Vehikel der transhumanistischen Verschwörung zum anderen gewechselt. Hinter der „technologischen Revolution“ steckt die DARPA. Unter der Überschrift „Wegbereiter des modernen Internet“ heißt es auf der Website der Behörde:

> Die DARPA war maßgeblich daran beteiligt, die Informationsrevolution auf den Weg zu bringen. Große Teile der konzeptionellen Grundlagen des ARPANET – des prototypischen Kommunikationsnetzwerkes, das vor knapp einem halben Jahrhundert in Betrieb ging – wurden hier entwickelt und vorangebracht; ebenso sind die digitalen Protokolle, die dem Internet zugrundeliegen, von der DARPA erdacht worden.
>
> Zudem wurden hier viele der fundamentalen Entwicklungen getätigt, ohne die die heutigen Computer und Kommunikationssysteme undenkbar wären. Dazu zählen bahnbrechende technologische Errungenschaften, die in Kerntechnologien moderner Smartphones und Tabletcomputer einflossen – wie Touch Screens, Spracherkennung, Beschleunigungssensoren oder Komponenten zur drahtlosen Kommunikation.

**Abb. 627:** „DARPA: Die Technologieabteilung der globalen Agenda“ – *Eine der finstersten und übelsten Organisationen der Welt.*

**Abb. 628:** *Regina Dugan wechselte von der DARPA zu Google (Alphabet) – ein Karriereschritt, der sich nahtlos ins Bild fügt, wenn man weiß, was gespielt wird.*

Und die DARPA, die in erster Linie Technologien für Massenmord entwickelt, schenkt uns das alles aus reiner Menschenliebe? Der Herr segne sie (Abb. 629). In Wahrheit bediente man sich der Behörde, um bestimmte Technologien, die im Verborgenen schon lange bereitstanden, in wohlüberlegter Weise unters Volk zu bringen. DARPA, die Internetgiganten und Geheimdienststrukturen wie die amerikanische National Security Agency (NSA) sind nur verschiedene Masken auf demselben archontischen Gesicht. In einer weiteren ressortübergreifenden Ernennung wurde Max Kelly, der Sicherheitschef von Facebook, zur NSA berufen. Wie Facebook-Chef Mark Zuckerberg erklärte, sei man im Begriff, KI-Systeme zu entwickeln, die „die fünf primären Sinne besser beherrschen als der Mensch". Virtual-Reality-Brillen werden, so glaubt er, eines Tages ganz alltäglich sein. Eigentlich verfügen wir bereits über solche Brillen (man nennt sie „Augen") – doch die archontischen Verschwörer setzen dem schon vorhandenen Maß an Trug und Getrenntsein vom primären Bewusstsein noch eins drauf. Die beteiligten Unternehmen und Regierungsbehörden sprechen alle die gleiche Sprache; sie arbeiten für dasselbe Team und liefern die Antwort auf die Frage: „Warum sind die reichsten und die bescheuertsten Menschen der Welt so häufig identisch?"

**Abb. 629:** „DARPA – als verlängerter Arm des Pentagon – entwickelt ‚Todesstrahlen'. Schon klar, sie haben ja noch nicht genügend Methoden, um Menschen umzubringen." – *Eine Schöpfung der DARPA – und ihr Sprecher.*

**Abb. 630:** „Er hat die Tür geöffnet! Er hat es auf den Käse abgesehen!'" – *In der Privatsphäre meiner eigenen vier Wände? Mit intelligenten Messgeräten und Smart-TV war das einmal.*

Bestandteil des Konzepts der intelligenten Städte – oder richtiger der unablässig überwachten Gedankenkontrollstädte – ist das sogenannte „Internet der Dinge". Gemeint ist der Anschluss der gesamten im Haushalt vorhandenen Technik ans Internet, insbesondere der Haushaltsgeräte, sodass Sie nicht einmal mehr den Kühlschrank öffnen können, ohne dass die Behörden davon erfahren (Abb. 630). Was ist das drahtlos kommunizierende heimische Smart-Meter-System denn anderes als ein weiteres, mit dem eigentlichen Internet verbundenes Sub-Internet? Der CIA-Direktor David Petraeus bemerkte:

Die Zielperson wird mittels verschiedener Technologien lokalisiert, identifiziert, beobachtet und aus der Ferne kontrolliert, etwa durch RFID [Mikrochips], Sensornetze, winzige eingebettete Server und Energy-Harvesting-Geräte. All diese Elemente sind mit dem Internet der nächsten Generation verbunden, das sich durch eine ausgefeilte, preiswerte und leistungsstarke Datenverarbeitung auszeichnet. So vollzieht sich eine „Transformation" in der Kunst des Spionierens, in deren Ergebnis es möglich ist, Personen automatisch überwachen zu lassen – ganz ohne den Einsatz von Wanzen oder unmittelbare Infiltration.

Die archontischen Kräfte sind sich ihres Sieges inzwischen so sicher, dass sie sich ihrer Taten unverhohlen rühmen. Petraeus bestätigte auch, dass es möglich ist, Zielpersonen über Smart-TV-Geräte zu beobachten. Auch das Internet der Dinge werde nun mit einer „preiswerten und leistungsstarken Datenverarbeitung" ausgestattet. Der mit Apple verbandelte Chiphersteller ARM produziert „verbrauchsarme, preiswertere Chips für den Einsatz in Haushaltsgeräten und sogar in Türklingeln". Google und Microsoft zufolge soll das Internet der Dinge durch kostenfreie und noch leistungsfähigere drahtlose Netze ermöglicht werden. Genau das schlug die archontische US-amerikanische Zulassungsbehörde jetzt vor – ein System, das jedem Amerikaner kostenfrei drahtlosen Internetzugang zur Verfügung stellt. Die Leistung dieses „Super-WLANs" soll die der heutigen Technologie weit in den Schatten stellen.

## Ins Innere des Körpers

Achten Sie auf die häufige Wiederholung bestimmter Schlagworte – mit diesem Taschenspielertrick sollen wir getäuscht und unsere Gedanken konditioniert werden. Es gibt mittlerweile „Wearables" (tragbare Computersysteme) und „Implantables" (implantierbare Computersysteme); während letztlich implantierte Computer dominieren sollen, erlauben Wearables die schleichende Eingewöhnung der Massen (Abb. 631). Die Zahl tragbarer Computer wächst beständig: smarte Uhren, smarte Armbänder, Bluetooth-Ohrhörer, Google Glass und elektronische Haut-„Tattoos". „Implantable Computers" werden unmittelbar in den Körper eingesetzt, wie etwa Mikrochips. Intelligente Armbänder sollen unsere „Aktivitäten verfolgen". Wir dürfen nicht mehr einfach unser Leben leben, sondern sollen es pausenlos „verfolgen" lassen – damit wir an dem Tag, da die Obrigkeit unsere Aktivitäten nachzuverfolgen beginnt, schon daran gewöhnt sind. Mit intelligenten Uhren überwachen Arbeitgeber das Ver-

**Abb. 631:** „Die ‚coole' (schöne) neue Welt der implantierbaren Geräte: Das ist es, was es wirklich bedeutet." – *Der schleichende Totalitarismus hin zur vollständigen Kontrolle.*

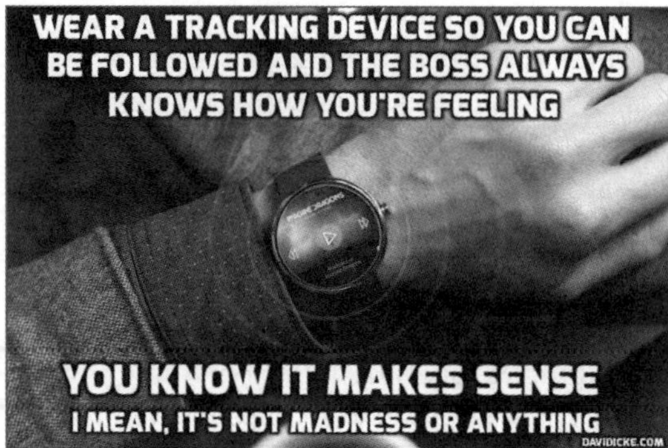


**Abb. 632:** „Trage einen Peilsender, sodass man dir nachspüren kann und dein Chef immer weiß, wie du dich fühlst. Du weißt, dass das vernünftig ist. Ich meine, es ist ja nicht verrückt oder so was." – *Gewöhne die Menschen daran, technische Geräte an ihrem Körper zu tragen – dann mach den Schritt ins Innere des Körpers.*

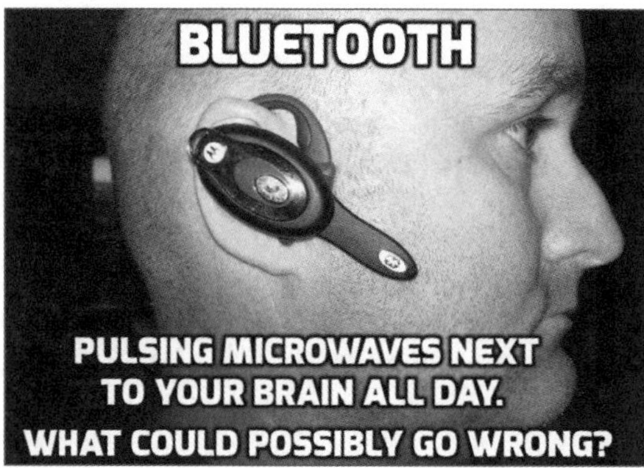


**Abb. 633:** „Bluetooth: Sendet den ganzen Tag gepulste Mikrowellen aus – direkt neben deinem Gehirn. Was kann da schon schiefgehen?" – *Allmählicher Selbstmord.*

halten und die „Gefühle" ihrer Mitarbeiter. Natürlich nur, um zu erkennen, wann sie mal einen Tag Urlaub brauchen (Abb. 632). Wie rücksichtsvoll. Je mehr man die Menschen heute dazu bringen kann, sich Technologie an den Körper zu heften, desto bereitwilliger werden sie sich – wenn die Wearables zu Implantables werden – auch Geräte einpflanzen lassen. Und zwar dauerhaft.

Jede einzelne Etappe dieser schleichenden Unterwerfung bzw. Transformation all dessen, was wir „menschlich" nennen, macht man uns mit der Behauptung schmackhaft, das Leben würde dadurch vereinfacht und alles „bequemer" werden. Warum noch länger Maus und Tastatur benutzen, wenn man den Computer direkt per Hirnimplantat dirigieren kann? Wozu überhaupt der Umweg über Rechner oder Smartphones, wenn sich die Informationen auch direkt ins Gehirn senden lassen? Wenn ich Taxifahrer vor den Risiken warne, denen sie sich aussetzen, wenn sie Bluetooth-Ohrhörer tragen, zucken sie nur mit den Schultern und sagen, das sei viel bequemer als das alte Funkgerät (Abb. 633). Aber ich verstehe das. Ich meine, jedes Mal das Mikrofon hochheben und vor den Mund bewegen zu müssen, um mit der Zentrale zu sprechen, ist schon arg mühsam. Oder gezwungen zu sein, Tasten zu drücken und eine Maus zu bewegen. Wie haben wir das früher bloß geschafft?

Verborgen in den geheimen Entwicklungslabors verharrt die Implantattechnologie so lange, bis die Implementierung der Kontrollstrukturen weit genug gediehen ist, um sie publik machen zu können. In einem Artikel der Zeitschrift *Forbes* hieß es, das Konzept der intelligenten Uhren könnten wir getrost vergessen, da wir nun „mit der nächsten Welle sensorbasierter smarter Geräte – nämlich solchen, die sich in den Körper einsetzen lassen" eine neue Dimension der Hightech-Innovationen betreten würden. Zwei Jahrzehnte lang habe ich davor gewarnt, dass dieser Moment kommen würde – und nun ist er da. Obwohl es „möglicherweise wie ein Szenario aus einem Science-Fiction-Film klingt", fährt der Autor des *Forbes*-Artikels fort, rechne er doch damit, dass implantierbare Geräte binnen drei bis fünf Jahren „praktisch so alltäglich sein werden, wie es heute für uns selbstverständlich ist, die modernste Uhr zu tragen" (was von Anfang an genau der Plan war). Zurzeit wird, heißt es in dem Artikel weiter, ein auf Neurosignalen basierendes Pflaster entwickelt, das mittels Schwachstrom die Stimmung und das Energieniveau seines Trägers verändert. Mit insgesamt 300 Millionen Dollar habe die amerikanische Regierung die Bemühungen von Technologieunternehmen sowie akademischer und wissenschaftlicher Einrichtungen unterstützt, „den menschlichen Geist besser zu verstehen – und zu beeinflussen". Sie haben richtig gelesen: ihn zu *beeinflussen*, zu *modifizieren*. Begründet werden derartige Aktivitäten üblicherweise damit, man wolle Heilmethoden für Alzheimer, Schizophrenie, Autismus, Depressionen und andere Beschwerden finden. So schreibt der *Forbes*-Autor, „implantierbare Geräte können Leben retten, die Gesundheit verbessern, Erkrankungen verhindern und sogar den ersten Schritt auf dem Weg zum Übermenschen darstellen". Ich will damit nicht sagen, dass es im gesundheitlichen Bereich keine sinnvollen Anwendungsmöglichkeiten für Technologie gäbe. Man denke etwa an die Behandlung von Rückgratverletzungen. Doch darum geht es hier gar nicht – und ebenso wenig darum, die Menschen mit übermenschlichen Fähigkeiten zu segnen. Die Agenda hat im Gegenteil den entmenschten Menschen zum Ziel, dessen Geist äußeren Stimuli sklavisch ergeben ist.

## Der Mensch als Computerterminal

Beim sogenannten Smart Grid handelt es sich um eine auf technologischem Weg erzeugte Subrealität innerhalb des Schumann-Resonanzraums, in der sämtliche „intelligenten" und Drahtlostechnologien durch eine elektromagnetische „Cloud" (dt.: „Wolke") miteinander vernetzt wären (Abb. 634). Das System würde die Wahrnehmung der gesamten Menschheit kontrollieren und ihre Verbindung zum Unendlichen Gewahrsein kappen (Abb. 635). Drahtlose Kommunikationstechnologien und -netzwerke wie TETRA in Großbritannien (und darüber hinaus) oder GWEN in den Vereinigten Staaten sind Teil davon. Unter der Aufsicht der US Air Force werden seit den frühen 1980er Jahren überall in Amerika Sendemasten des Ground Wave Emergency Networks (GWEN) errichtet, mit einem Abstand von 200 Meilen zueinander (Abb. 636). Die Informationen werden beim GWEN-System in Bodennähe übertragen, dort also, wo auch die Menschen leben. Offiziell heißt es, man wolle im Falle eines Nuklearkriegs auf ein Ersatzkommunikationssystem zurückgreifen können. Was für ein Witz. Das britische TETRA-System (Terre-

**Abb. 634:** *Die technologische Subrealität.*

**Abb. 635:** „Haaallooooo – hier spricht das Unendliche Gewahrsein!' – Die Cloud." – *Transhumanismus.*

**Abb. 636:** *GWEN-Sendemasten sind überall in den USA und in anderen Ländern errichtet worden.*

strial Trunked Radio) entspricht etwa dem in den USA verwendeten Personal Communications Service (PCS/Digital). Trotz seiner immensen Kosten hatte es der damalige Premierminister Tony Blair als Kommunikationsnetzwerk für Polizei und Notdienste einführen lassen. Bei jeder Benutzung bombardiert TETRA den Anwender mit gefährlicher Strahlung und verzerrt das elektromagnetische Gleichgewicht seines Körpers, was „physische", geistige und emotionale Schäden – einschließlich Krebs – zur Folge haben kann (Abb. 637). Die vielfältigen elektromagnetischen, der drahtlosen Kommunikation dienenden Quellen formen zusammen mit den „smarten" Technologien eine Subrealitäts-Cloud.

Ich kann die fundamentale Rolle, die Google („Alphabet") bei der Implementierung der transhumanistischen Tyrannei spielt, gar nicht deutlich genug herausstellen. Die für die Umsetzung der Agenda erforderliche Technologie wird in der supergeheimen, in Kalifornien ansässigen Forschungseinrichtung Google X entwickelt (bzw. ihre Einführung koordiniert). Um den gesamten Erdball ans Internet anzudocken (was für das ultimative Ziel unerlässlich ist), muss der Zugang überall gegeben sein – ganz gleich, wo man sich befindet. Gegenwärtig ist das Internet nur etwa einem Drittel der Weltbevölkerung zugänglich. Doch 2014 berichtete das *Wall Street Journal*, dass Google 180 Satelliten in den Orbit schießen will, um das Internet überall auf der Welt verfügbar zu machen. Sie sollen niedriger als normale Satelliten fliegen und den Planeten in eine elektromagnetische Strahlungssuppe tauchen, die jeden einzelnen Erdenbewohner mit der archontischen Gedankenkontroll-Subrealität bzw. -Cloud vernetzt. Ein anderes Vorhaben, das ebenfalls mit Google in Verbindung steht, ist das Projekt OneWeb LTD (vormals WorldVu). Die Betreibergesellschaft, in deren Vorstand unter anderem Richard Branson sitzt, will knapp 700 Satelliten „auf niedrigen, kreisförmigen Umlaufbahnen in einer Höhe von 800 bis 950 Kilometern" platzieren, um schon 2019 weltweit Breitbandzugang anbieten zu können (Abb. 638). Der Facebook-Konzern, der wie Google einen Strang des archontischen Spinnennetzes bildet, entwickelt seine eigenen „solarbetriebenen Drohnen, Satelliten und Laser, um rückständige Länder mit Internetzugang versorgen zu können". Virgin Media, ein ebenfalls von Richard Branson geführtes Unternehmen, bringt eine Technologie für „intelligente Bürgersteige" (Gehwege) auf den Markt, zu der im Boden und in Straßenlaternen verborgene WLAN-Quellen gehören. Ganze Städte – Kleinstädte wie Metropolen – können auf diese Weise verstrahlt werden. Tolle Sache, ich bin beeindruckt. Das „Pilotprogramm", das man in der englischen Ortschaft Chesham durchführen will, soll als Blaupause für das ganze Land dienen. Martin Parkes, ein ortsansässiger Geschäftsinhaber, der für die Better Chesham Group als Sprecher fungiert, sagte dazu:

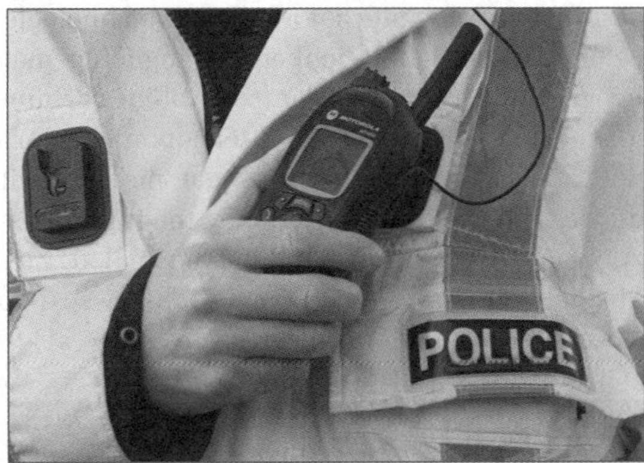


**Abb. 637:** *Das TETRA-System, das die Gesundheit vieler Anwender geschädigt hat.*

**Abb. 638:** „Satelliten strahlen Mikrowellen zur Erde, um die Bewohner in der ‚Cloud' der Subrealität zu fangen." – *Der wahre Grund für die weltweite Verbreitung von WLAN-Netzen.*

> Es ist großartig, dass unsere Kunden sowohl innerhalb als auch außerhalb unseres Ladens Zugang zum öffentlichen WLAN von Virgin Media haben. Wir haben eine sehr spezielle Einkaufsstraße mit vielen unabhängigen Geschäften, sodass wir nicht auf eine IT-Infrastruktur zurückgreifen können, wie sie großen Ladenketten zur Verfügung steht. Das wird unsere Wettbewerbschancen deutlich verbessern und hoffentlich auch eine breitere Kundschaft nach Chesham locken.

Naivität scheint keine Grenzen zu kennen. Die weltweite Implementierung des für die archontische Gedankenkontroll-Cloud so unabdingbaren drahtlosen Internetzugriffs ist in vollem Gange. Sogar Mülltonnen werden in WLAN-Hotspots verwandelt. Es gibt kein Entkommen. Beim World Wide Web, das am Kernforschungsinstitut CERN entstand (mit einigen Beigaben der DARPA), handelt es sich um ein trojanisches Pferd. Man darf nicht vergessen, dass das Internet auf Militärtechnologie basiert (einmal mehr die DARPA) und man es niemals der Öffentlichkeit zugänglich gemacht hätte, wäre das nicht mit einem erheblichen Nutzen für das Kontrollsystem verbunden gewesen. In der Tat zieht das System aus der Allgegenwart des Internets nicht nur einen unerschöpflichen Gewinn; vielmehr ließen sich die Pläne ohne sie gar nicht verwirklichen. Die vielfältigen nützlichen Dinge, die das Internet mit sich brachte, benutzte man dazu, über seinen wahren Zweck hinwegzutäuschen: die Kontrolle der Menschheit. Zu seinen positiven Aspekten zählt gewiss die Möglichkeit des freien Informationsflusses, doch sollten damit lediglich die Massen ins Netz gelockt und dem Internet ein Image als freies Medium verpasst werden. Inzwischen erleben wir, wie die Freiheit des Informationsaustauschs wieder kontinuierlich zurückgefahren wird. Nicht anders war es von Anfang an geplant – längst haben die Archontenkonzerne Google und Facebook alternativen Informationskanälen und Websites, die das System bloßzustellen versuchen, den Kampf angesagt.

**Abb. 639:** „Bewusstes Internet" – *Ein bewusstes Internet bildet laut Plan die Grundlage für die Kontrolle der Menschen durch Künstliche Intelligenz.*

Ein weiteres sehr reales Szenario wurde 2014 in dem Spielfilm „Transcendence", in dem Johnny Depp die Hauptrolle spielte, ausgelotet und bebildert: die Möglichkeit, dass das Internet ein Bewusstsein entwickelt. Meiner Meinung nach ist das bereits geschehen (Abb. 639). Depp spielt darin einen Wissenschaftler, der Forschungen zu Bewusstsein, Empfindungsvermögen und künstlicher Intelligenz betreibt. Sein Ziel ist es, einen empfindungsfähigen Computer zu konstruieren, der eine „technologische Singularität" bzw. „Transzendenz" erschaffen kann. Als „Singularität" bezeichnen die Transhumanisten eine Welt, deren Bewohner mittels Technologie kontrolliert werden; „Transzendenz" ist einfach ein Synonym für „Transhumanismus". Im NASA Research Park, der im kalifornischen Silicon Valley gelegen ist, gibt es sogar eine Singularity University, die weltweit operieren und „Führungspersönlichkeiten ausbilden, inspirieren und dazu befähigen [soll], die großen Herausforderungen der Menschheit durch den Einsatz exponentiell wachsender Technologien anzugehen". Zu den Gründern der Universität, die unter anderem von Google/Alphabet finanziert wird, zählt der KI-Chefverkäufer Ray Kurzweil, von dem noch ausführlich die Rede sein wird. Kurzweil ist auch in leitender Funktion für Google tätig. Das Wort „exponentiell" im vorangegangenen Zitat ist besonders wichtig, denn indem jede neue Errungenschaft die Entwicklungszeit der nächstfolgenden verkürzt, schreitet die Entfaltung der KI-Technologien immer schneller voran. Als der von Johnny Depp gespielte Wissenschaftler im

Sterben liegt, transferiert seine Frau – die ebenfalls Wissenschaftlerin ist – sein Bewusstsein in einen Quantencomputer, der anschließend ans Internet angeschlossen wird, das sich daraufhin seiner selbst bewusst wird. Dank der Verschmelzung mit dem Internet der Dinge ist das transferierte Bewusstsein des Wissenschaftlers in der Lage, die Kontrolle über sämtliche daran angeschlossene Geräte zu übernehmen – und das schließt die über die Luft mit empfindungsfähigen Nanopartikeln verseuchten Menschen mit ein. Wenngleich die Geschichte erfunden sein mag, stützt sie sich doch auf einen realen Kern: die Möglichkeit (Tatsache), dass das Internet durch Künstliche Intelligenz ein Bewusstsein entwickelt und sich seiner selbst gewahr wird. Der Neurowissenschaftler Christof Koch, Chief Science Officer am Allen Institute for Brain Science in Seattle, konstatierte, dass das Internet bewusst sein könnte:

> Das Internet besteht aus etwa 10 Milliarden Computern, von denen jeder einen Hauptprozessor [ein Gehirn] besitzt, der wiederum aus einigen Milliarden Transistoren aufgebaut ist. Das Internet umfasst also mindestens $10^{19}$ Transistoren, demgegenüber das Gehirn aus grob geschätzt 1.000 Billionen (bzw. einer Billiarde) Synapsen besteht. Die Zahl der Transistoren übersteigt damit die Zahl der Synapsen um etwa den Faktor 10.000.

Wenn das menschliche Gehirn durch die Verarbeitung von Informationen das entwickelt, was wir Bewusstsein nennen – warum sollte mit dem Internet nicht dasselbe passieren, sobald es dieselbe Leistungsfähigkeit erreicht hat?

## Künstliche Intelligenz – der *Virus*

Noch ein weiterer Faktor spielt in das Thema „bewusstes Internet" hinein: der seiner selbst bewusste Demiurg-Virus, der – wie ich behaupte – bereits „den Johnny Depp gemacht" hat und nun das Internetbewusstsein *ist*. Von Anfang an war das Internet dafür vorgesehen, dem Virus als Vehikel zu dienen, die Kontrolle über die menschlichen Angelegenheiten zu übernehmen. Er würde schlicht alles kontrollieren, was ans Internet angeschlossen ist (das Internet der Dinge), Menschen inbegriffen – sobald sie Implantate oder Nanotechnologie im Körper tragen (Abb. 640). Schauen Sie sich den Film mit Johnny Depp einmal an, sofern Sie das noch

**Abb. 640:** *Das Bewusstsein, das das Internet kontrolliert – sowie alles, was daran angeschlossen ist (einschließlich der Menschen) – ist der seiner selbst bewusste Demiurg-Virus.*

nicht getan haben, und Sie werden verstehen, wovon ich rede. Der Demiurg-Virus ist der „Magnet", der das Ich-Phantom in seinen Frequenzbereich zieht und es süchtig nach Smartphones und Internet werden lässt. Dieser Prozess wiederum ist im Wesentlichen für die Neuverdrahtung des menschlichen Gehirns verantwortlich.

Wer meine Aussagen noch immer in Zweifel zieht, sollte sich einmal die Ausführungen des „Futuristen" und Insiders Ray Kurzweil anhören, der sich als Leiter der technischen Entwicklung bei Google/Alphabet hauptsächlich mit Künstlicher Intelligenz beschäftigt. Kurzweil, der den Menschen in seiner heutigen Gestalt als „Körper Version 1.0" bezeichnet, ist Frankensteins Chefverkäufer. Man hört, dass er von der Singularität und dem Gedanken an den Moment, da die künstliche Intelligenz die Leistungsfähigkeit des menschlichen Gehirns übersteigen wird (der „Omegapunkt", den man für 2045 voraussagt), ganz besessen ist. Kurzweil hat öffentlich erklärt, dass die Menschen „bis zum Jahr 2030 hybride, von der Cloud betriebene Gehirne" besitzen werden. Über implantierte Nanobots werden unsere Gehirne laut Kurzweil mit dem Internet verbunden sein, sodass unsere Denkprozesse größtenteils „online erfolgen werden". Ich denke, es dürfte eher unser *gesamtes* Denken betreffen. Internet bzw. World Wide Web waren von Anfang an dazu bestimmt, den Grundstock für das weltumspannende, auf KI gestützte Smart-Grid-Kontrollsystem zu legen, das durch den seiner selbst gewahren Demiurg-Virus Bewusstsein erlangen würde. Die Nanobots, von denen Kurzweil spricht – die auch als Nanoroboter, Nanoiden, Naniten , Nanomaschinen oder Nanomiten bezeichnet werden –, sind mikroskopisch kleine Maschinen, die komplexe Systeme zusammenzusetzen und instandzuhalten vermögen. Mittels eines als molekulare Fertigung bezeichneten Vorgangs bauen sie Vorrichtungen, Maschinen oder Schaltkreise; zudem sind sie in der Lage, sich durch Selbstreplikation zu duplizieren. Genau die Art von Dingen, die man in seinem Körper/Intellekt implantiert haben möchte. Das Spiel ist so leicht zu durchschauen – zumindest für den, der noch über einen Funken eigenen Verstandes verfügt. Sobald wir auf Nanoebene mit dem Internet verschmolzen sind, wird „unser Denken ein Gemisch aus biologischen und nichtbiologischen Denkprozessen sein". Das erklärte Kurzweil auf der Exponential Finance Conference in New York. Die Menschen würden in die Lage versetzt werden, ihre Grenzen zu erweitern und „in der Cloud zu denken". Wörtlich sagte er:

> Wir werden Tore in unsere Gehirne pflanzen, die uns mit der Cloud verbinden [...] Schritt für Schritt werden wir fusionieren und uns verbessern [...] Meiner Ansicht nach ist das die Natur des Menschseins: Wir transzendieren unsere Beschränkungen.

Da haben wir es wieder: *Transzendenz*. Das sind die Schlagworte, mit denen uns unsere heimliche Versklavung schmackhaft gemacht wird: „Grenzen erweitern", „Supermenschen schaffen" und „Gesundheitsprobleme lösen". Diese Floskeln stammen von demselben System, das den Menschen unermüdlich zu begrenzen sucht, verhindert, dass er durch die Erweiterung seines Gewahrseins zum Supermenschen wird, und uns Methoden, die der Gesundheit tatsächlich förderlich wären, vorenthält, sie unterdrückt und für illegal erklärt. In Wahrheit dienen Transhumanismus und Künstliche Intelligenz dem Ziel, die *El*-ite zu „Supermenschen" zu machen; das Personal des Polizeistaats wird zudem gerade so weit mit übermenschlichem Potenzial ausgestattet, dass es seinen Herren zu Diensten sein kann. Doch die breiten, im Schwarmdenken gefangenen Massen wären nichts weiter als KI-gesteuerte Arbeitsbienen. Glauben Sie den Quatsch keine Sekunde – es geht um *absolute Kontrolle* und nichts anderes. Das umfasst sowohl die Wahrnehmung als auch jeden anderen Aspekt des menschlichen Lebens (Abb. 641). Worum es den Transhumanisten tatsächlich geht, bringt ein anderes Zitat Kurzweils auf den Punkt: „Je mehr die Technologie dem, was wir sind, überlegen sein wird, desto kleiner und kleiner wird der verbleibende menschliche Anteil sein – bis er schließlich zu vernachlässigen sein wird."

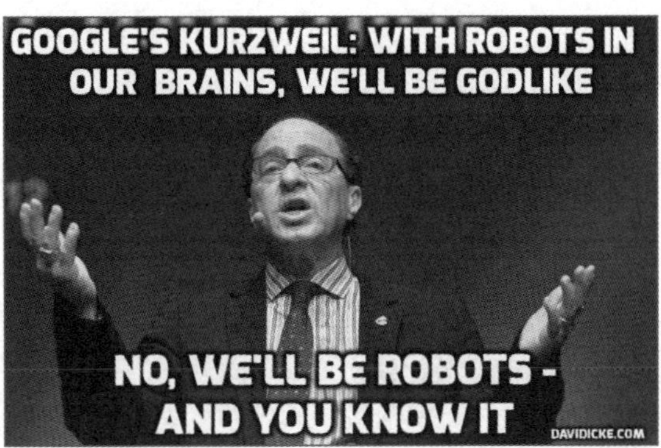


**Abb. 641:** „Ray Kurzweil von Google: ‚Mit Robotern in unserem Gehirn werden wir wie Götter sein.' – Nein, wir werden Roboter sein. Und du weißt das ganz genau." – ***Sie meinen, ihm sei das nicht klar? Also bitte!***

Diejenigen, die den KI-Albtraum verteidigen und fördern, stellen die Künstliche Intelligenz als eine Technologie dar, die Daten auswerten, lernen, Schlussfolgerungen ziehen und Entscheidungen treffen kann; doch hindert sie das nicht, gleichzeitig zu behaupten, der Mensch würde dabei in jedem Fall die Oberhand behalten. Mustafa Suleyman, Mitgründer der in London ansässigen KI-Firma Deep Mind (die 2014 von Google aufgekauft wurde), hält die Vorstellung, dass eine maschinenbasierte künstliche Intelligenz Entscheidungsprozesse übernehmen und für die Menschheit zur Bedrohung werden könnte, für absurd. Das ist sie jedoch ganz und gar nicht – absurd ist lediglich die Ansicht, solch einen Gedanken für absurd zu halten. Ich habe mir auch ein Interview mit Hod Lipson angeschaut, einem in Israel gebürtigen „herausragenden Ingenieur für Robotertechnik", der eine Professur an der Cornell University innehat. Die grenzenlose Naivität, die in seiner Antwort auf die Frage deutlich wurde, wie gefährlich KI-Roboter dem Menschen werden könnten, ließ den Zuschauer – um es möglichst positiv zu formulieren – mit einem Kopfschütteln zurück. Kurzweil geht in seiner Arroganz so weit zu behaupten, die Menschen würden, sobald sie – und die Erde – erst einmal der Behandlung durch seine Nanobots unterzogen worden sind, ins All expandieren und das Universum „erwecken" und „mit Intelligenz versehen". Wenn ein Mann, der sich für so scharfsinnig hält, nicht versteht, dass das Universum bereits intelligent ist, zeugt das von Unwissenheit dramatischen Ausmaßes. Doch ich vermute, hinter all dem Blendwerk und den vorgeschobenen Tarngeschichten weiß er das ganz genau. Man wird nicht Chef des transhumanistischen Verkäuferteams, ohne zumindest einen Bachelor in Bockmist zu haben.

# Neuverdrahtung von oben

**Abb. 642:** „Chemtrails – Verdammt viele Flüge heute, oder?" – *Die Zerstörung der Welt – die schlechte Kopie wird „archontisiert".*

Einen weiteren essentiellen Baustein der Subrealitäts-Cloud wie auch der Bevölkerungsreduktion im Allgemeinen bilden das Geoengineering und jenes Phänomen, das unter dem Schlagwort Chemtrails bekannt ist. Mit Kondensstreifen (engl.: „condensation trails" bzw. kurz „contrails"), die am Heck eines Flugzeuges entstehen und die sich recht schnell wieder auflösen, sind wir alle wohlvertraut. *Chem*trails können zunächst genauso aussehen, verschwinden aber nicht. Oftmals ist der Himmel kreuz und quer mit weißen Streifen bedeckt, nachdem die Flugzeuge dasselbe Areal wiederholt aus unterschiedlichen Richtungen überflogen haben (Abb. 642). Nach der Ausbringung verbreitern sich die Streifen allmählich, bis ihre Fracht schließlich zu Boden sinkt. Erstmalig beobachtet wurden Chemtrails in den späten 1990er Jahren über Nordamerika. Seit geraumer Zeit sind sie rund um den Globus anzutreffen. Sogar in Animationsfilmen sind sie hin und wieder zu sehen, um uns dahingehend zu konditionieren, Chemtrails für „natürliche" Phänomene zu halten. Doch die Zahl derer, die auf der Basis eigener Beobachtungen zu dem Schluss kommen, dass die Streifen alles andere als natürlich sind, wächst beständig. Sehr empfehlenswert sind die Filme von Michael Murphy („What in the world are they spraying – Die Wahrheit über Chemtrails und Geo-Engineering" sowie „Why in the world are they spraying – Wer das Wetter kontrolliert, kontrolliert die Welt!") sowie der Vortrag „Geoengineering And The Collapse Of Earth". Um sie anzuschauen, tippen Sie auf Youtube einfach die Titel ins Suchfeld ein.

Chemtrails sind für die archontische Agenda gleich aus mehreren Gründen von entscheidender Bedeutung. Zwei zentrale Anwendungsfelder sind die Kriegführung durch Wettermodifikation sowie die Manipulation der Bevölkerung. Im Verein mit einer naiven Bevölkerung, die die Augen vor den Tatsachen verschließt, sorgen bezahlte Lügner und Desinformationskünstler der Regierung dafür, dass Chemtrails allgemein als abwegige Idee oder einfach – wie üblich – als „Verschwörungstheorie" abgetan werden. Daran scheinen weder Videoaufnahmen etwas zu ändern, die die Sprühvorgänge dokumentieren, noch die im Internet kursierenden Bilder von im Flugzeuginneren installierten Chemiebehältern; ebenso wenig die Labortests, die klar nachgewiesen haben, dass aus den Chemtrails Chemikalien, Giftstoffe und Krankheitserreger bekannter und unbekannter Art niedergehen. Beschäftigte in staatlichen Einrichtungen wie etwa dem National Weather Service (NWS) oder der National Oceanic and Atmospheric Administration (NOAA), die sich vielleicht gerne zu Chemtrails, dem Erderwärmungsschwindel oder anderen Belangen des öffentlichen Interesses äußern würden, können das nicht, da sie der Schweigepflicht unterliegen. Bill Hopkins, geschäftsführender Präsident der Arbeitnehmerorganisation des NWS, sagte dazu: „Als Steuerzahler finde ich es höchst beunruhigend, wenn eine Regierungsbehörde an Maulkorbbestimmungen festhält, durch die ihre Arbeitsweise geheimgehalten werden soll." Richtig – aber was sollte die Regierung auch für ein Interesse daran haben, dass die Menschen die Wahrheit erfahren, wenn ihre Aufgabe doch gerade darin besteht, die Wahrheit zu unterdrücken? Wahrheiten etwa wie die Tatsache, dass … in Chemtrails Aluminium, Barium, radioaktives Thorium und hochtoxische Krankheitserreger wie Mycoplasma fermentans incognitus enthalten sind. Im August 2015 veröffentlichte Marvin Herndon einen Aufsatz im *International Journal of Environmental Research*, in dem er seine Forschungsergebnisse ausführlich darlegte. Herndon kam zu dem Schluss, dass Chemtrails „Flugasche" enthalten, zu deren Bestandteilen Arsen, Barium, Beryllium, Blei, Bor, Cadmium, Chrom, Cobalt, Mangan, Molybdän, Quecksilber, Selen, Thallium, Thorium, Uran und Vanadium zählen. Die Auswirkungen auf die Gesundheit der Bevölkerung seien schwerwiegend, schrieb Herndon, und schlössen die Belastung mit verschiedenen giftigen Schwermetallen, radioaktiven Elementen und neurochemisch aktiven Aluminiumpartikeln ein. Er erläuterte:

> Die Erde befindet sich einem dynamischen biologischen, chemischen und physikalischen Gleichgewichtszustand, dessen Komplexität das Verständnis der heutigen Wissenschaft weit übersteigt. Das durchgängige Versprühen von Flugasche in der Troposphäre bedroht diese Balance. Wie empfindlich oder robust das Gleichgewicht ist, können wir nicht sagen. Die Gesundheit des Menschen ist ebenso gefährdet wie die irdische Biota. Sollen wir weiterhin stillschweigen? Oder werden wir von unserem primären Recht Gebrauch machen, zur Verteidigung unserer Art das Wort zu ergreifen und die Sinnhaftigkeit von Maßnahmen infrage zu stellen, bei denen Flugasche in die in ständiger Bewegung befindliche Atmosphäre eingebracht wird?

Herndon sprach davon, dass „die Monster die Menschheit vergiften". Aufgrund der Rolle, die Chemtrails bei der Wettermanipulation (Wetterkriegführung) spielen, ihrer Giftigkeit und vor allem wegen ihrer verborgenen Fracht – der Nanotechnologie – verhängen sie ein Todesurteil über die Umwelt und einen großen Teil der Menschheit, das über einen langen Zeitraum hinweg vollstreckt wird (Abb. 643). Chemtrails vergiften Menschen, Flüsse, Seen, Meere, Böden, Pflanzen und Wälder, während der Todeskult die Erde und seine Bewohner ins Fadenkreuz nimmt und unsere Realität in eine archontische Realität verwandelt. Bäume und andere Pflanzen sterben durch genau die Gifte, die sich in Chemtrails finden (Abb. 644). Sind erst einmal die Böden und Gewässer kontaminiert, gelangen die

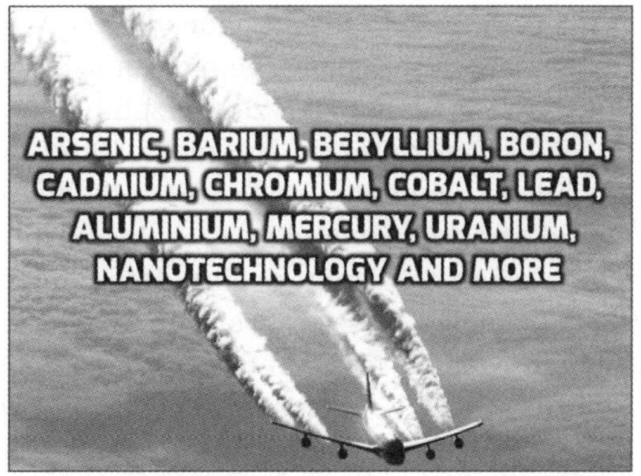


**Abb. 643:** „Aluminium, Arsen, Barium, Beryllium, Blei, Bor, Cadmium, Chrom, Cobalt, Quecksilber, Uran, Nanotechnologie und vieles mehr." – *Zum Wohl der Menschheit?*

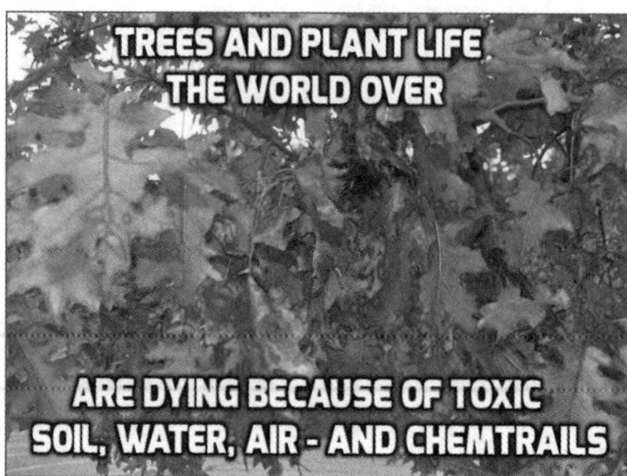


**Abb. 644:** „Überall auf der Welt gehen Bäume und Pflanzen aufgrund von Giftstoffen in Böden, Wasser und Luft ein – und wegen Chemtrails." – *Die Zerstörung der Welt – die schlechte Kopie wird „archontisiert".*

Giftstoffe überall hin. Rund um den Erdball steigen die in Ackerflächen und Grundwasser gemessenen Aluminium- und Bariumwerte. Im Schnee am Mount Shasta, einem im Norden Kaliforniens gelegenen Berg, konnte man gar einen sagenhaften Anstieg von sieben Teilen pro Milliarde auf *61.000* Teile pro Milliarde nachweisen. Menschen, die Chemtrails besonders häufig ausgesetzt sind, berichten von Atemwegs- und grippeähnlichen Erkrankungen, geistiger Verwirrung und Depressionen. Barium ist dafür bekannt, die Muskelkraft zu vermindern – wovon auch die Herzmuskeln betroffen sind – und das Immunsystem anzugreifen. Thorium ist eine der anerkannten Ursachen für Krebs und Leukämie. Aluminium wird mit Osteoporose, Alzheimer und (einmal mehr) der Schwächung des Immunsystems in Verbindung gebracht. Untersuchungen, die an der britischen Bournemouth University durchgeführt und deren Ergebnisse in der Fachzeitschrift *Surgical Neurology International* publiziert worden sind, haben einen dramatischen Anstieg an Hirnerkrankungen ergeben. In der Studie wurden Daten aus 21 westlichen Ländern ausgewertet, die zwischen 1989 und 2010 erhoben worden waren. Wie sich herausstellte, setzten Demenzerscheinungen im Jahr 2010 im Schnitt etwa zehn Jahre früher ein als 1989. Bei Senioren ist die Zahl der Todesfälle aufgrund neurologischer Erkrankungen regelrecht explodiert; zudem sind immer jüngere Personen von Demenz betroffen. Die Ausbreitung der Krankheiten hätte „fast das Ausmaß einer Epidemie" erreicht. Verantwortlich seien dafür größtenteils Umweltfaktoren. Colin Pritchard, der das Forschungsteam leitete, formulierte es so: „Ein derartiger Anstieg in solch kurzer Zeit legt den Verdacht nahe, dass wir es hier mit einer stillen oder sogar ‚versteckten' Epidemie zu tun haben, die nicht nur auf das hohe Alter der Betroffenen, sondern auch auf Umweltbedingungen zurückzuführen ist." Zu den Bestandteilen der Chemtrails – die in genau dem Zeitraum auftauchten, der auch der Studie zugrunde lag –, zählt hirnschädigendes Aluminium. Impfstoffe enthalten ebenfalls Aluminium. Dr. Russell Blaylock, ein amerikanischer Neurochirurg und Experte für Nervengifte, ist davon überzeugt (wie auch ich es schon seit Langem bin), dass Chemtrails eine Methode darstellen, den Menschen Nanotechnologie zu verabreichen. Blaylock zufolge korrespondiert das Auftreten von Aluminium-Nanopartikeln in Chemtrails mit einer Häufung degenerativer Erkrankungen des Gehirns wie Alzheimer oder Parkinson. Sobald ein Mensch die Nanopartikel eingeatmet hat, so erklärt er, gelangen sie binnen kurzer Zeit ins Gehirn.

Nanopartikel sind auch die wahre Ursache der „mysteriösen" Morgellons-Krankheit, die etwa zeitgleich mit den Chemtrails auf der Bildfläche erschien. Zu deren Krankheitsbild gehören farbige Fasern, die sich im Körper bilden. Zwar lassen sie sich über die Haut herausziehen, doch da sie sich replizieren können, wachsen sie sofort nach (Abb. 645). Der Umwelt im Allgemeinen ergeht es ganz ähnlich, da sie vom Himmel her pausenlos mit Nanopartikeln und Giften geflutet wird. Wir haben es mit synthetischer Biologie zu tun, die über verschiedene Wege auf die „natürliche" Biologie einwirkt und diese in der Gewalt hat (die schlechte Kopie wird immer weiter invertiert). Synthetisch bedeutet „durch chemische Synthese hergestellt, insbesondere zur Nachahmung eines natürlichen Erzeugnisses". Regierungsbehörden wie die amerikanische Food and Drug Administration oder die European Food Agency, die sich in der Hand der Pharma- und Biotechnologie-Konzerne befinden, unterbinden die Bewerbung und Nutzung natürlicher Nährstoffe, während sie synthetische Versionen derselben Substanzen einfach durchwinken. Auch diese Vorgänge sind Teil der Agenda zur Schaffung synthetischer Menschen und einer synthetischen Welt. Das massenhafte Sterben der Bäume und anderen pflanzlichen Lebens aufgrund der in Chemtrails enthaltenen Chemikalien und sonstiger Substanzen (Problem) liefert den Vorwand, sie durch gentechnisch veränderte Varianten zu ersetzen, die Toxinen gegenüber resistent sind (Lösung). „Testreihen" mit giftstoff- bzw. aluminiumresistenten, gentechnisch manipulierten Baum-, Getreide- und Pflanzensorten werden bereits durchgeführt. Ray Kurzweil, die Gallionsfigur der Transhumanisten, erklärte: „Nanobots werden die gesamte Materie um uns herum mit Informationen durchtränken. Steine, Bäume – alles wird sich in intelligente Geschöpfe verwandeln." Was er da beschreibt, ist unter dem Stichwort „programmierbare Materie" bekannt. Sie erinnern sich noch an „Black Goo Programmable Matter"? In mindestens einem Fall war einem Morgellons-Erkrankten das klassische, aus Filmen bekannte Black Goo aus dem Körper getreten. Nanobots sind auch unter dem Schlagwort „Smart Dust" bekannt, das von der berüchtigten DARPA gepusht worden ist. Jeder dieser Mikrocomputer ist in der Lage, mit allen anderen zu kommunizieren, um ein beliebiges Zielobjekt – bei dem es sich auch um den menschlichen Körper handeln kann – zu modifizieren: die Programmierung der Materie. Smart Dust ist eine weitere Ausdrucksform des demiurgisch-archontischen Virus. Welche Methode dient mehr als alle anderen dazu, die „gesamte Materie" mit Kurzweils Nanobots zu „durchtränken"? *Chemtrails.*

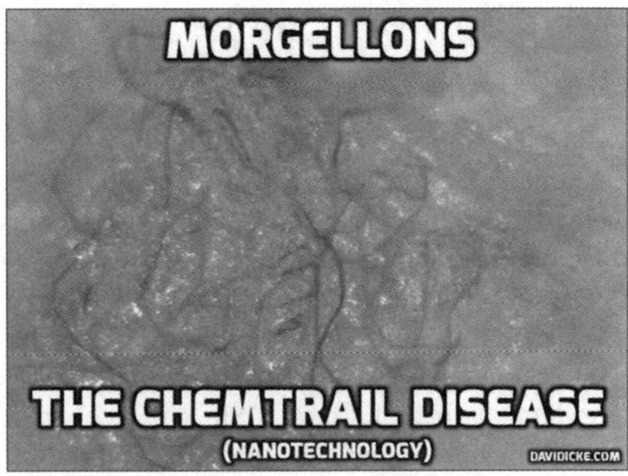


**Abb. 645:** „Morgellons: Die Chemtrails-Krankheit (Nanotechnologie)" – *Das ist schon okay – laut Mainstream-Einheitsbrei bilden die sich das nur ein.*

# Der „neue" Mensch wird eingeatmet

Forscher der in Berkeley beheimateten University of California haben etwas entwickelt, das sie „neuronalen" bzw. „intelligenten Staub" nennen. Er kann dem menschlichen Gehirn eingepflanzt werden und dort Daten sammeln. Seine Bestandteile sind so winzig, dass man es nicht einmal bemerken würde, wenn sie ins Gehirn eindringen und dort für immer verbleiben, ohne jemals aufgeladen werden zu müssen – die genaue Entsprechung zu den „durch den Wind verbreiteten empfindungsfähigen Nanopartikeln" aus dem Film „Transcendence". Wann immer es heißt, ein weiterer Eckpfeiler der Verschwörung sei „entdeckt" worden, können Sie mit Sicherheit davon ausgehen, dass er den Eingeweihten schon seit langer Zeit (und den Archonten seit einer Ewigkeit) bekannt ist (Abb. 646).

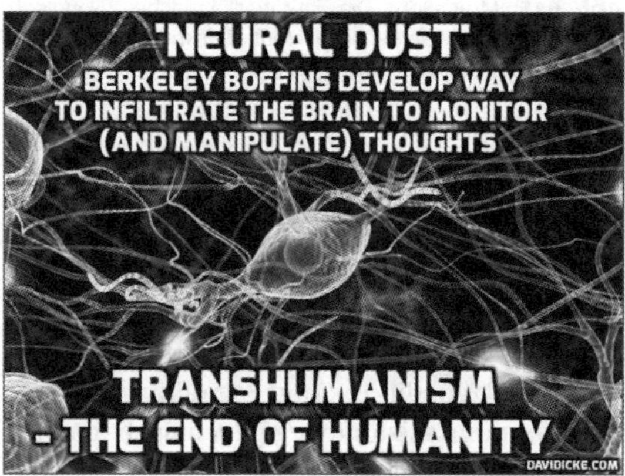


**Abb. 646:** „Neuronaler Staub': Eine von einigen Nerds der Universität Berkeley entwickelte Methode, um ins Gehirn einzudringen und die Gedanken beobachten (und manipulieren) zu können. – Transhumanismus: das Ende der Menschheit." – *Die Welt wird mit neuronalem Staub (bzw. Smart Dust, Nanodust) durchtränkt, bis alles und jeder synthetisch ist.*

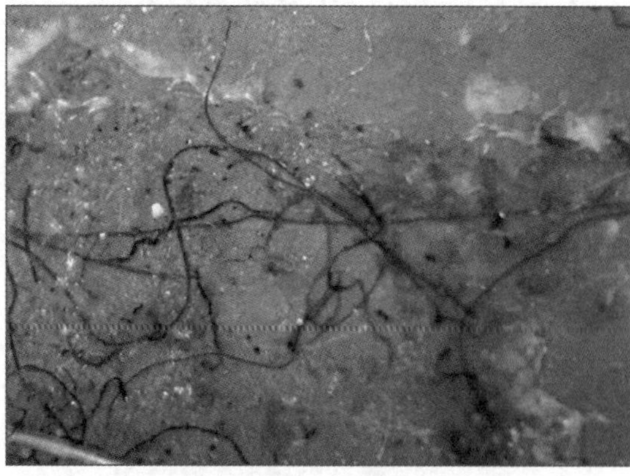

**Abb. 647:** *Morgellon-Fasern.*

Fasern und Fäden der Art, die sich die Morgellon-Patienten aus der Haut ziehen, hat man auch in Luft-, Boden- und Wasserproben gefunden. Die hohlen, röhrenartigen Gebilde kommen in der Natur nicht vor und lassen sich aus den Datenbanken der Labore nicht bestimmen (Abb. 647). Die Röhren replizieren sich selbst und trotzen allen Bemühungen, sie zu vernichten. Einige von ihnen fand man in Umweltproben, die eine Art künstlicher, getrockneter Blutkörperchen enthielten. Ray Kurzweil hatte gesagt, dass „selbstreplizierende Nanotechnologie alles mit sich selbst durchsetzen" wird und man außerdem im Begriff sei, künstliche rote Blutzellen zu entwickeln (längst entwickelt hat). Forscher des in New Mexico beheimateten und von Clifford E. Carnicom geleiteten Carnicom Institute fanden „rote und weiße Blutkörperchen sowie nichtidentifizierte Zelltypen" in „Faserproben im Sub-Mikrometerbereich". Die Zellen schienen „in den mikroskopisch kleinen Fasern in ihrer ursprünglichen Form gefriergetrocknet oder entfeuchtet [durch einen Trockenprozess konserviert]" gewesen zu sein. Was, bitte, haben synthetische Blutzellen in unserer Umwelt zu suchen? Man hat selbst vom Speichel, Körpergewebe und Urin von Personen, die nicht an Morgellons litten, Kulturen generieren können, die solche Fasern enthielten – es ist gut möglich, dass die meisten Menschen die mit den Chemtrails versprühte Nanotechnologie einfach aufnehmen und in ihr System integrieren, während die Morgellons-Patienten diejenigen sein könnten, deren Körper die Partikel abzustoßen versuchen. Die Mainstreamwissenschaft betreibt praktisch überhaupt keine Forschung zur Morgellons-Problematik, da die Erkrankung unter dem Schlagwort „Dermatozoenwahn" als psychologisches Problem eingestuft worden ist (Abb. 648). Wenn bunte Fasern über Hautläsionen aus meinem Körper austreten, bin ich dann ein Fall für den Psychiater? Das sagt wirklich alles. Würde man anerkennen, dass das Krankheitsbild tatsächlich real ist, müssten die Dominosteine bei der Suche nach dem Verursacher unweigerlich fallen. Das ist der Grund, warum der Mainstream-Einheitsbrei lieber in wohl abgestimmter Leugnung verharrt.

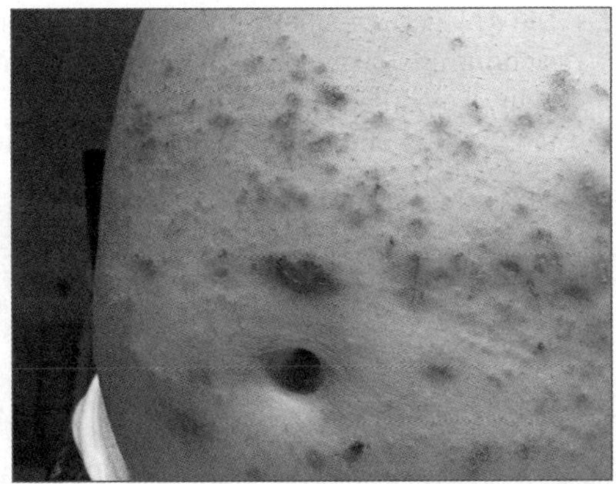

**Abb. 648:** *Noch mehr Einbildung.*

Tatsache ist, dass die Menschheit mit Nanotechnologie (die eine weitere Ausdrucksform des Archonten-Virus darstellt) verseucht und von *innen* her ein neuer, synthetischer Mensch geschaffen wird. Den Wandlungsunterprozess durchläuft alles, was von den Partikeln befallen wird – mithin also die gesamte, vom chemischen Bombardement betroffene Umwelt. Eine entscheidende Rolle spielt dabei die GNA – die *synthetische* Version der DNS – sowie die sogenannte PNA. Unter der Überschrift „GNA: Der chemische Bruder der DNS ist ein Nanotechnologie-Baustein" meldete die Website Science20.com im Jahr 2008 die erfolgreiche Erzeugung von GNA:

> Dem Team um den Wissenschaftler John Chaput vom Biodesign Institute ist es erstmals gelungen, selbstorganisierende Nanostrukturen zu erschaffen, die gänzlich aus Glyzerinnukleinsäure bestehen – einem synthetischen Pendant zur DNS. Die Nanostrukturen weisen Eigenschaften auf, die der natürlichen DNS fehlen, wie etwa die Fähigkeit, spiegelbildliche Strukturen auszubilden.

An anderer Stelle habe ich bereits über die kristalline Natur des Körpers gesprochen und erläutert, wie sie mit seiner Rolle als Empfänger/Sender zusammenhängt. Manipuliert man die kristalline Struktur, verändert man die Art und Weise, in der der Körper Informationen empfängt bzw. sendet, und beeinflusst somit, womit er sich verbindet oder nicht verbindet (nämlich mit der Saturn-Mond-Matrix statt mit dem Unendlichen Gewahrsein). Da schau her! Die Nanotechnologie, die jetzt über Chemtrails die Menschen verseucht, ist kristalliner Natur. Die langjährige Chemtrailforscherin Sofia Smallstorm berichtete, dass man „farbige Ablagerungen" und harte Silikatteilchen in den Körpern von Morgellons-Patienten gefunden hat. Auf einigen davon finden sich kleine Punkte, die so winzig sind, dass man sie nur unter dem Mikroskop richtig erkennen kann. Sie sagte:

Die Ablagerungen sind fragil und können zerbrechen. Die Quantenpunkte, die die sichtbaren Farben ausmachen, sind nanokristalline Halbleiterpartikel, die aus Schwermetallen bestehen und von einer organischen Hülle umgeben sind. Behalten Sie bitte einige dieser Begriffe im Hinterkopf: „Schwermetalle", Aluminium usw.

**Abb. 649:** *Hexagon-Kristalle, die in den Körpern von Morgellons-Patienten gefunden wurden.*

Wir haben also nanokristalline Halbleiterpartikel, die von einer organischen Schale umhüllt werden, aber aus Schwermetallen bestehen, und Morgellons-Patienten finden die gleiche Art von Partikeln vor. Edelsteinartige Hexagone, facettierte Pyramiden, Kristalle. Hexagone sind auch in unserer Umwelt aufgetaucht – nicht nur in Geweben, sondern auch in Niederschlägen ... Die Industrie sagt uns, Quantenpunkte seien winzige Nanokristalle, die aufgrund ihrer geringen Größe in noch nie dagewesener Weise abstimmbar seien. Okay – abstimmbar!

Die Bedeutsamkeit des Hexagons habe ich bereits erläutert – es ist doch interessant, dass man diese Form nun sowohl bei Morgellons-Patienten als auch in der Umwelt antrifft (Abb. 649). Der gemeinsame Nenner: Chemtrails. Die neue, in ihrer kristallinen Struktur manipulierte menschliche Gestalt wird auf die zurzeit in Erscheinung tretende Smart-Grid-Subrealität und die Frequenz des Demiurg-Virus eingestellt. Durch den sogenannten piezoelektrischen Effekt können Kristalle Elektrizität erzeugen, mit der sich synthetische genetische Prozesse speisen lassen. Der Effekt tritt in Erscheinung, wenn äußerer „Druck" auf einen Kristall einwirkt – was sich durch die technologisch erzeugte elektromagnetische Suppe relativ leicht bewerkstelligen lässt. Der piezoelektrische Effekt ist ein Vorgang, bei dem „Kristalle dazu verwendet werden, mechanische Energie in Elektrizität umzuwandeln, oder umgekehrt". Sofia Smallstorm brachte die Situation hervorragend auf den Punkt:

> Die Welt wird durch Künstliche Intelligenz vernetzt sein, aus dem Homo sapiens wird der Homo evolutis, biologische Prozesse werden durch Technologie gesteuert werden, lebendige Dinge können sich nicht mehr reproduzieren, die Erde wird von künstlich geschaffenen Arten bevölkert, und sämtliche Prozesse werden patentiert, lizensiert und reguliert sein. Man kann die Nanotechnologie als Mittel zur Installation der Künstlichen Intelligenz in lebenden und leblosen Dingen betrachten. Smart Dust und Smart Moulds etwa sind winzige Nanosensoren, die überall eindringen und sich festsetzen können.

Das ist der Grund, warum wir Nanopartikel in Chemtrails finden: Man benutzt Geoengineering, um letztlich Bioengineering zu erreichen – die Durchflutung der Biosphäre mit

Künstlicher bzw. demiurgischer „Intelligenz“. Die neuen Trans-Menschen (oder Sub-Menschen) werden geschlechtslos sein (daher wird der Geschlechtsbegriff heute systematisch verdreht und verwischt); sie werden keine Kinder mehr gebären (die Brutzentren aus Aldous Huxleys Roman „Schöne neue Welt“ lassen grüßen); und sie werden zu genetischen Sklaven programmiert, die vom Unendlichen Gewahrsein gänzlich abgekoppelt sind und nur dem Schwarmbewusstsein dienen, das von der „übermenschlichen“ *El*-ite (der demiurgisch-archontischen Künstlichen Intelligenz) gesteuert wird. Oliver Curry, der am Institute of Cognitive and Evolutionary Anthropology der University of Oxford Forschungen betreibt, sagte einmal Folgendes: „Das menschliche Geschlecht wird sich eines Tages in zwei separate Arten unterteilen: eine attraktive, intelligente Herrscherelite und eine geistig beschränkte, hässliche Unterschicht, die aus koboldähnlichen Geschöpfen besteht. Hier haben wir sie also – die E-Arbeiter und die E-liten.“ Volltreffer, würde ich sagen! Curry sprach dabei von der fernen „Zukunft“, doch werden die technologischen Grundlagen dafür schon heute gelegt (Abb. 650). Von koboldähnlichen Geschöpfen weiß ich nichts, aber mit der Aufteilung der Menschheit in Arbeiter und *El*-ite hat er den Nagel auf den Kopf getroffen.

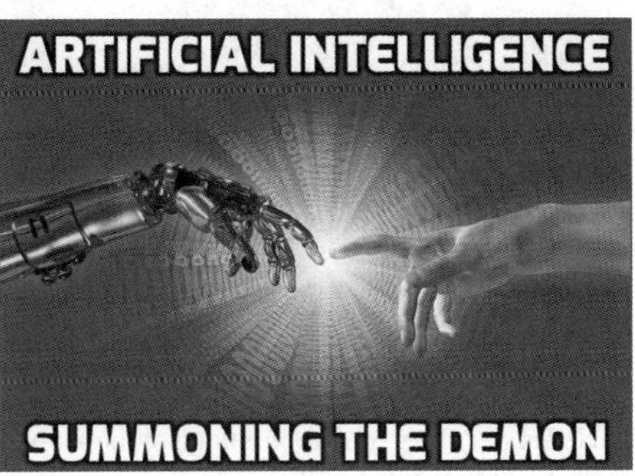


**Abb. 650:** „Künstliche Intelligenz: Die Beschwörung des Dämonen“ – *Der Dämon – der Demiurg – wird buchstäblich herbeigerufen.*

Hier ist noch ein anderer Gedanke: Monsanto hat schon manche Landwirte erfolgreich in den ökonomischen Untergang geklagt, weil sie angeblich ihre GVO-Produkte eingesetzt haben, ohne dafür lizensiert zu sein – dabei waren ihnen die GVO mit dem Wind oder von vorbeifahrenden Lastwagen aufs Feld geweht worden. Was ist, wenn der Wind Nanotechnologie heranweht, die verändernd auf Ihren Körper einwirkt? Wem wird dann – aus Sicht der archontischen Gesetzgebung – Ihr Körper gehören? Und noch ein Punkt zum Nanotech-Smart-Dust: Er ermöglicht die ultimative Überwachung. Indem er sämtliche Materie durchsetzt, wie Kurzweil sagte, kann ein Individuum überall erkannt werden, ganz gleich, wo es sich befindet. So kann sich etwa ein Computer selbsttätig einschalten, sobald man durch die Tür tritt, oder der Fahrstuhl automatisch in der richtigen Etage halten. Das sind übrigens keine Mutmaßungen meinerseits – ich habe diese Beispiele einem Werbeprospekt für eine Smart-Dust-Welt entnommen. Wer braucht noch Nachverfolgungsmechanismen per Smartphone, Gesichtserkennung oder Kameraüberwachung, wenn uns der „intelligente Staub“ doch überall – und jederzeit – lokalisieren kann?

# Ein Kollektivbewusstsein für alle

**Abb. 651:** *Die Geschichte der Borg ist die Geschichte der Archonten.*

Menschen sollen dem Plan zufolge in Zukunft nichts weiter als Sklaven des Schwarmbewusstseins sein, etwa so wie die Borg in „Star Trek" (Abb. 651). Mangelndes Gewahrsein und eine eingeschränkte individuelle Wahrnehmung bewirken, dass sich viele Menschen de facto schon heute wie Bienen im Bienenstock verhalten. Bei auf Hirnscans basierenden Forschungen fand man heraus, dass es hinsichtlich eines bestimmten Geschehens genügt, die neurale Reaktion einiger Weniger zu kennen, um das Verhalten der gesamten Bevölkerung korrekt vorherzusagen. Ein Schwarmbewusstsein nach Art der Borg, das technologisch betrieben werden würde, wäre im Vergleich zur heutigen Situation um Größenordnungen verheerender. Die Archonten, die als Sklaven und Ausdruck des Demiurg-Virus den Borg sehr ähnlich sind, wollen die Menschen in ihr „Kollektiv" assimilieren. Hier ist eine Beschreibung der Borg – schauen Sie mal, ob Sie nach meinen bisherigen Ausführungen die entsprechenden Motive identifizieren können:

> Die Borg sind eine Ansammlung verschiedener Spezies, die in kybernetische Organismen transformiert worden sind. Als Drohnen sind sie Teil eines als „Kollektiv" bezeichneten Schwarmbewusstseins ... Durch einen Prozess, der als Assimilation bezeichnet und durch die gewaltsame Injektion mikroskopisch kleiner Maschinen – der Nanosonden – eingeleitet wird, zwingen sie andere Spezies, Teil ihres Kollektivs zu werden.

**Abb. 652:** *Die Borg bewegen sich in schwarzen Würfeln durchs All.*

Wenn es nicht so tragisch wäre, könnte man darüber lachen. Zu allem Überfluss bewegen sich die Borg [die Archonten] auch noch in schwarzen Würfeln durchs All – dem Symbol Saturns (Abb. 652). Der Demiurg/die Archonten haben Reptiloide, Graue und andere nichtmenschliche Spezies assimiliert, die vom Virus befallen worden sind. „Widerstand ist zwecklos" lautet das Mantra der Borg: „Wir sind die Borg ... Wir werden ihre biologischen und technologischen Charakteristika den unsrigen hinzufügen ... Ihre Kultur wird sich anpassen und uns dienen … Widerstand ist zwecklos!" Auch der 1956 erschienene Film „Invasion der Körperfresser" basiert auf der Idee, dass menschliche Körper von „einer außerirdischen Lebensform – einer kosmischen Gestalt" übernommen werden. Der folgende vielsagende Dialog ist dem Film entnommen:

> Samen trieben jahrelang durchs All und schlugen in einem Feld Wurzeln. Aus den Samen wurden Schoten, die sich reproduzieren. Und zwar als jede mögliche Lebensform … Da drin wachsen eure neuen Körper. Sie werden Besitz von euch ergreifen. Zelle für Zelle, Atom für Atom.
> Es tut nicht weh. Ganz plötzlich, wenn ihr schlaft, absorbieren sie euren Verstand, eure Erinnerungen, und ihr werdet in einer Welt ohne Sorgen wiedergeboren … Morgen bist du einer von uns … Liebe wird nicht mehr gebraucht … Liebe. Verlangen. Begierde. Vertrauen. Das Leben ist so einfach ohne das alles – glaub mir!

Peter H. Diamandis, der zusammen mit Ray Kurzweil die Singularity University gegründet hat, sagte:

> Jeder, der dem Fortschritt Widerstand leistet, widersetzt sich der Evolution und wird praktisch aussterben. Es geht nicht darum, ob es gut oder schlecht ist. Es wird eben geschehen. [Widerstand ist zwecklos.]

**Abb. 653:** *Der Anschluss der Menschheit an das Schwarmbewusstsein des Demiurg-/Archonten-Virus.*

Doch Widerstand ist *nicht* zwecklos. Wäre er es, würde ich mir all die Arbeit sparen. Die Assimilation ins Schwarmbewusstsein wird unter anderem von der DARPA gefördert. Die von ihr entwickelte Technik der „Gedankenverschmelzung" erlaubt es, mehrere Gehirne zu einer Mehrfunktionseinheit zusammenzuschließen und zwischen diesen Gedanken und Wahrnehmungen auszutauschen. Zudem lässt sie sich in Robotereinheiten herunterladen. Bei einem anderen Projekt zum Schwarmbewusstsein vernetzte man die Gehirne von Affen zu einem „Kollektiv" bzw. „Superhirn". Der Autor eines Beitrages darüber verglich das tatsächlich mit dem Kollektiv der Borg (Abb. 653). Geleitet wurde das Experiment von dem Wissenschaftler Miguel Nicolelis, der an der School of Medicine der amerikanischen Duke University tätig ist. Weitere Forschungen könnten, so heißt es, zur Entwicklung „organischer Computer" oder der Bildung von „Kollektiven miteinander vernetzter Gehirne" führen. Nicolelis soll Folgendes gesagt haben: „Wir sind durch Spielfilme und Hollywood dazu konditioniert worden, alles, was mit Wissenschaft zu tun hat, für gefährlich und unheimlich zu halten … Mir sind solche Horrorszenarien nie in den Sinn gekommen – und ich bin immerhin der, der diese Experimente durchführt." Das sollten sie aber besser, Kumpel.

Der gesellschaftliche Druck hin zu Kollektivismus und Meinungskonsens (wozu auch die politische Korrektheit zählt) steht mit der Verlagerung der Wahrnehmung vom individuellen und einzigartigen Ausdruck der Unendlichen Möglichkeiten zum kollektiven Schwarmbewusstsein der transhumanistischen „Assimilation" in direktem Zusammenhang. Das gilt auch für die Bestrebungen, jeden Individualitätssinn auszulöschen. Mittels Kampfbegriffen wie dem „Ende der Geschlechter" oder „Transphobie" etwa werden das männliche und das weibliche Prinzip aufgeweicht und miteinander verschmolzen. Durch die Propagierung des Transgender-Konzepts stimmt man die Bevölkerung vom frühesten Kindesalter an auf die Ankunft des neuen, von KI gesteuerten Trans-Menschen ein, der weder männlich noch weiblich ist und sich nicht mehr reproduziert. Teil dieser Konditionierung ist die massive und immer mehr um sich greifende Bevorzugung gleichgeschlechtlicher gegenüber heterosexuellen Beziehungen. Falls es gewissen politisch korrekten Extremisten nicht gefällt, dass ich das sage – können sie mir gerne den Buckel herunterrutschen. Es interessiert mich nicht, wo jemand seinen Schniedel hineinsteckt, solange der Empfänger damit einverstanden ist. Es geht mir darum, deutlich zu machen, dass die aktuellen Geschehnisse rund um die Geschlechterfrage den Zweck haben, uns auf eine Welt *ohne* Sexualität vorzubereiten. Ob jemand hetero oder schwul ist, binär, nichtbinär, schwarz, braun, rosa, himmelblau oder sonst irgendeiner ethnischen oder anderweitigen Minderheit angehört, spielt dann keine Rolle mehr. Letztlich sollen sie *alle* gefangengesetzt und in dasselbe KI-Arbeitsdrohnen-Kollektiv assimiliert werden. Die Frage, ob man binär oder nichtbinär ist, wird dann gar nicht mehr stehen – denn alles, was man uns noch gestatten wird zu sein, wird aus Nullen und Einsen bestehen (Abb. 654). Beobachten Sie, mit welchen Konzepten und Vorgängen unsere Gedanken, Gefühle und Körper pausenlos bombardiert werden. Überwachungs- und Zwangsmaßnahmen, Einschränkungen und die Abschaffung grundlegender Freiheiten greifen mit jedem Tag weiter um sich; unterdessen wird die Absicht, die Menschen mit KI-Technologien zu verschmelzen und sie zu assimilieren, noch nicht einmal verhüllt, sondern offen vorgetragen – die Künstliche Intelligenz soll unsere ureigene, natürliche Intelligenz *ersetzen*. Gibt es noch irgendjemanden, der hirntot genug wäre zu glauben, das

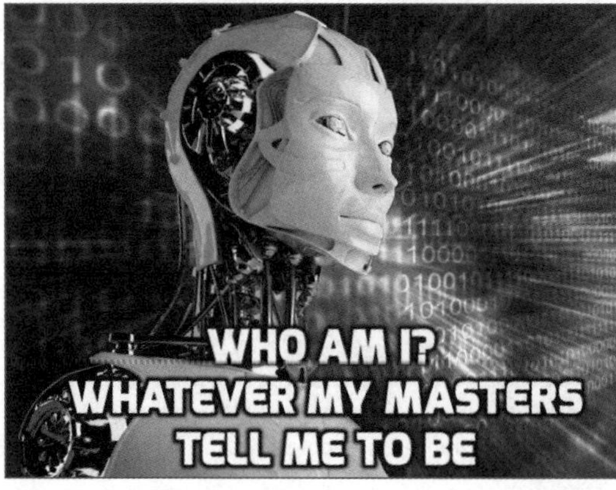


**Abb. 654:** „Wer bin ich? Was auch immer meine Herren mir sagen." – *Allbinär – plus X.*

alles diene dazu, uns vor Terrorismus zu beschützen oder „Über-Menschen" aus uns zu machen? In Wahrheit sollen wir zu Unter-Menschen werden, die von den Nicht-Menschen assimiliert werden können.

## Bewusstseinskontrolle für die breite Masse

**Abb. 655:** „Kontrolliere das Meer – und du kontrollierst die Fische." – *Das, woran man sich anschließt, glaubt man am Ende zu sein.*

Durch die in Chemtrails enthaltenen Metalle wird die Luft stark aufgeladen und in ein elektrisch leitfähiges Medium verwandelt. Das ist zum einen schlecht für Gesundheit und Wohlergehen des Menschen, zum anderen erhöhen sich dadurch Leistung und Wirkkraft der Radiowellen und anderer Kommunikationssignale, die manipulativ auf die Gedanken und Emotionen des Menschen einwirken. Zudem wird auf diese Weise die „Wahrnehmungsblase" – die technologisch erzeugte Subrealität – unterfüttert und die Wirksamkeit von Wettermanipulationen durch HAARP und vergleichbare Anlagen gesteigert. Wenn man die Beschaffenheit eines Meeres zu kontrollieren vermag, nimmt man Einfluss auf sämtliche darin lebenden Fische. Wer die Macht über die Frequenz- und Informationszusammensetzung des uns umgebenden Energiemeeres hat, beeinflusst ausnahmslos alle menschlichen „Fische" (Abb. 655).

Vor fast 40 Jahren stellten der Kerntechnik-Experte Dr. Robert Beck und Dr. Michael A. Persinger, ein an der kanadischen Laurentian University tätiger Spezialist für extrem niederfrequente Wellen (ELF), in einem wissenschaftlichen Artikel ihre Forschungsergebnisse zu der Frage vor, inwieweit sich elektromagnetische Felder zur Bewusstseinskontrolle einsetzen lassen. Das menschliche Hologramm wie auch die Aurafelder des Menschen sind weitgehend elektromagnetischer Natur. Auf einer Konferenz der Psychotronics Association erläuterte Dr. Beck 1979, dass sich Personen, die man bestimmten Mustern von ELF-Feldern ausgesetzt hat, unbehaglich und niedergeschlagen fühlten und Vorahnungen hatten. Der amerikanische Neurophysiologe und Parapsychologe Andrija Puharich zeigte schon vor etwa sechs Jahrzehnten, wie sich Stimmung und Verhalten einer Zielperson durch den Einsatz bestimmter Frequenzen beeinflussen lassen. Der Effekt war dabei klarerweise umso stärker, je höher man die Schwingungsleistung ansetzt. Eine Frequenz von 10,8 Hertz habe „aufrührerisches Verhalten" ausgelöst, während 6,6 Hertz eine bedrückte Stimmung erzeugten. Befinden sich mediale Menschen in einem veränderten

Bewusstseinszustand, erzeugen sie Schwingungen von acht Hertz. Das Militär benutzt Frequenzkriegsführung, um die Gemütslage und Empfindungen der feindlichen Truppen zu beeinflussen. Geben Sie sich keinen Illusionen hin, dass sie das nicht auch gegen zivile Demonstranten einsetzen würden. Mit der richtigen Frequenz können Sie Aufstände anstacheln, Niedergeschlagenheit induzieren usw. – was auch immer Sie gerade brauchen. Dr. Andrew Michrowski, der als Technologiespezialist für das kanadische Außenministerium tätig war und der Planetary Association for Clean Energy (PACE) als Präsident vorsteht, ist der Meinung, dass man dem menschlichen Geist praktisch jede Art von Gedanken von außen einpflanzen könne – die die Betroffenen dann für ihre eigenen „Worte, Sätze, Bilder und Gefühle" halten würden. In deutschen Eisenbahnen experimentierte man gar mit Reklamevorrichtungen, die bestimmte Botschaften ins Gehirn der Fahrgäste sendeten, sobald sie ihren Kopf gegen die Fensterscheibe lehnten.

In den 1970er Jahren funkte die Sowjetunion Störfrequenzen in die Vereinigten Staaten, die aufgrund des sich ständig wiederholenden Klopfgeräusches, das sie erzeugten, als „Woodpecker-Signal" (dt.: „Specht-Signal") in die Geschichte eingingen. Wie Lieutenant Colonel John B. Alexander in der amerikanischen Zeitschrift *Military Review* schrieb, sei man sich der Tatsache bewusst gewesen, dass die sowjetischen Bemühungen, „gedankenverändernde Technologien" zu entwickeln, weit vorangeschritten waren und die „Manipulation des menschlichen Verhaltens durch den Einsatz psychologischer Waffen [mit einschlossen], die den Seh-, Hör- oder Geruchssinn bzw. das Temperaturempfinden beeinflussen, die elektromagnetische Energie manipulieren oder sensorische Deprivation bewirken". Bestimmte niederfrequente (ELF-)Strahlen besäßen, so führte er aus, psychoaktive Eigenschaften, mit deren Hilfe man „in der Zielgruppe Schwermütigkeit oder Reizbarkeit induzieren" könne. Der großflächige Einsatz ELF-basierter Technologien zur Verhaltensbeeinflussung könne entsetzliche Folgen haben (HAARP ist in der Lage, in diesem Frequenzband zu arbeiten). Was Alexander nicht erwähnte war, dass die Vereinigten Staaten und einige andere Länder ebenfalls über diese Technologien verfügen – und dass sich all die „verschiedenen" Quellen elektromagnetischer Gedanken- und Emotionskontrolle der Massen letztlich in der Hand desselben archontischen Netzwerks befinden. In einer US-amerikanischen Patentschrift aus dem Jahr 1976 wird eine „Apparatur und Methode zur Beobachtung und Veränderung von Gehirnwellen aus der Ferne" beschrieben und erläutert, wie sich die Hirnaktivität durch den Einsatz elektromagnetischer Felder auch aus der Distanz beeinflussen und überwachen lässt. In der Zusammenfassung heißt es:

> Mittels Hochfrequenzsendern wird elektromagnetische Energie verschiedener Frequenzen über Antennen abgestrahlt, die in der Lage sind, das gesamte Gehirn der Testperson oder ein beliebiges Teilstück desselben abzutasten. Die verschiedenfrequenten Signale dringen in den Schädel der Zielperson ein und treffen am Gehirn auf, wo sie sich vermischen. Im Ergebnis entsteht eine Interferenzwelle, der die natürlichen elektrischen Frequenzen des Gehirns aufmoduliert werden.

Nein, das ist keine „Verschwörungstheorie". Im Jahr 1979 erklärte Dr. Robert Beck auf der Konferenz der Psychotronics Association, dass die Woodpecker-Signale die amerikanischen Haushalte über die Elektroanlagen erreicht hatten. Sie seien „mit viel Getöse [hereingekommen] ... unmittelbar im Frequenzbereich menschlicher Psychoaktivität ... breiteten sich über die amerikanischen Stromnetze aus ... von Starkstromleitungen aufgenommen und erneut ausgestrahlt ...", bis sie schließlich *„über die Beleuchtungsanlagen in die Häuser"* gelangten. Zwei Aspekte springen einem dabei sofort ins Auge: Erstens bezieht sich Becks Beschreibung auf die Situation vor 40 Jahren, doch die heutige Technik ist im Vergleich zum damaligen Entwicklungsstand um Größenordnungen effektiver; zum Zweiten gelang es damals, die Signale über Anlagen zu leiten, die dafür gar nicht gedacht waren. Das Smart Grid hingegen wird *genau* zu diesem Zweck geschaffen. Nur so erklärt sich auch die zwangsweise Einführung der „ökologischen" Glühlampen, die ohne diesen Hintergrund völlig irrsinnig erscheinen muss. Die „grünen" Lampen sind nicht in erster Linie dazu da, Licht zu spenden, sondern sollen als Teil des intelligenten Netzes *Informationen übertragen* (Abb. 656). In „Die Wahrnehmungsfalle" habe ich erläutert, dass von den spiralförmigen Lampen Strahlungen ausgehen, die den emotionalen Zustand der Anwesenden beeinflussen, und sie zudem durch die Verwendung tödlichen, das Gehirn schädigenden Quecksilbers eine Gefahr für Gesundheit, Umwelt und Wasserversorgung darstellen. Ganz davon abgesehen, dass sie auch hinsichtlich der Leuchtkraft im Vergleich mit den gleißend hellen Lampen, an deren Stelle sie – per Gesetz – getreten sind, lächerlich schlecht abschneiden. Wie ich schon sagte: Wann immer etwas mit juristischer Gewalt durchgesetzt wird, das völlig absurd ist, gleich-

**Abb. 656:** *Überträger für Strahlungsinformationen.*

**Abb. 657:** *WLAN-Informationen übernehmen das Energiemeer.*

zeitig aber bessere Alternativen ausgebootet werden, müssen alle Alarmglocken schellen. Die genannten Motive der Gedankenkontrolle finden wir auch bei der Thematik der drahtlosen Netze, etwa bei den intelligenten Messgeräten. Jedes Gerät, das Informationen im Frequenzbereich des menschlichen Körpers/Intellekts sendet, muss als potenzielles Instrument zur Gedankenkontrolle betrachtet werden (Abb. 657).

## Transformation der Atmosphäre

Archonten, die dreidimensionale Gestalt angenommen haben, und ihre nichtmenschlichen, vom Virus besetzten Handlanger – zu denen auch die vom Virus infizierten Reptiloiden gehören – benötigen, wenn sie für längere Zeit auf unserem Planeten agieren wollen, andere Frequenzen sowie eine Atmosphäre, die sich von unserer unterscheidet. Ihre Atmosphäre muss viel stärker durchstrahlt sein, als es für uns gut wäre. Daher wird unsere Umwelt hinsichtlich der Strahlung systematisch in einer Weise transformiert, dass sie für die Archonten und ihre Helfer „heimatlichen" Charakter annimmt. Die weitaus stärkere Leitfähigkeit der von Chemtrails verseuchten Luft ist dabei ein Aspekt. Die einstige Strahlenschutzbehörde Großbritanniens, das Radiological Protection Board, konstatierte eine Erhöhung der Strahlenbelastung in der Umwelt um einen Faktor von *mehreren* Millionen innerhalb von 50 Jahren. Mit der fortwährenden Einführung neuer technologischer Strahlungsquellen steigt die Belastung immer schneller – „ihre Atmosphäre muss viel stärker durchstrahlt sein, als es für uns gut wäre". Wir haben WLAN, Computer mit drahtlosen Keyboards und Mäusen, intelligente Messgeräte, „ökologische" Glühlampen, verstrahltes Essen, Mikrowellenherde, Starkstromleitungen, Ganzkörperscanner, Röntgen- und Computertomografen, abgereichertes Uran (das in den Waffen enthalten war, die von den USA und der NATO auf zivile und andere Ziele abgefeuert worden sind), Smartphones, iPads, elektronische Bücher, Mobilfunkmasten, GWEN, TETRA und andere elektromagnetische Kommunikationssysteme, Fernbedienungen aller Art und HAARP-ähnliche Systeme – deren Strahlen Löcher in die Ionosphäre schlagen, sodass kosmische Strahlung eindringen kann. Und mit welcher Art von Strahlung bombardieren die Satelliten die Erde? Ich habe nur einige der Verursacher technologischer Strahlung aufgezählt, die das die Erde umgebende Energie-„Meer" dramatisch verändern und es in einen gefährlichen Ort verwandeln – für Menschen, Tiere und die Umwelt im Allgemeinen (Abb. 658). Es ist

**Abb. 658:** *Die technologische Subrealität, die jetzt zügig installiert wird, ist überall – und tritt sogar in Gestalt falscher Kakteen und Bäume in Erscheinung.*

auch bekannt, dass der Mensch beim Kontakt mit starken elektromagnetischen Feldern für Bewusstseinsmanipulationen deutlich anfälliger wird. Barrie Trower, ein pensionierter Wissenschaftler des britischen Militärgeheimdienstes, der auf langjährige Erfahrungen im Bereich der Kriegführung mit Mikrowellen zurückblicken kann, ist häufig mit Äußerungen zu den Gefahren des TETRA-Systems zitiert worden. Er erklärte, warum man Mobiltelefone und die heutigen Massenkommunikationsnetzwerke ausgerechnet mit Mikrowellenfrequenzen betreibt:

> Während der 1950er und 1960er Jahre, also zur Zeit des Kalten Krieges, erkannte man durch Zufall, dass man Mikrowellen als heimliche Waffen einsetzen konnte. Während des Kalten Krieges bestrahlten die Russen nämlich die amerikanische Botschaft. Bei den Mitarbeitern der Botschaft kam es daraufhin zu Krebserkrankungen, Brustkrebs, Leukämie und anderen Gesundheitsstörungen. Das führte zu der Erkenntnis, dass man niederfrequente Mikrowellen perfekt als geheime Waffe gegen Dissidentengruppen überall auf der Welt einsetzen konnte. Die Dissidenten würden erkranken, Krebs bekommen und ihre mentale Einstellung zum Leben verändern, und das alles, ohne von der Bestrahlung zu wissen.
>
> Das elektromagnetische Spektrum reicht von den hochenergetischen Wellen der Gamma- und Röntgenstrahlen auf der einen Seite über das sichtbare Licht, das auch eine Form von Strahlung darstellt, bis hin zu Infrarot-Mikrowellen, TV- und Radiowellen. Die einzigen Wellen hingegen, denen uns die Kommunikationsindustrie aussetzt, sind Mikrowellen. Mikrowellen haben die spezielle Eigenschaft, mit Wasser zu interagieren. Auf diesem Prinzip basieren auch die Mikrowellenherde. Und wir Menschen bestehen aus Wasser. Alle in unserem Körper ablaufenden chemischen und elektrischen Signalabläufe benötigen Wasser. Wasser bildet die Grundlage für die elektrische innerkörperliche Kommunikation. Folglich hat die Industrie den schlimmsten aller möglichen Abschnitte des elektromagnetischen Spektrums ausgewählt, um ihn kleinen Kindern und Erwachsenen zum Gebrauch anzubieten.

Die Verdeckte Hand entschied sich für diesen Frequenzbereich, da sie die von Barry Trower und vielen anderen beschriebenen Effekte Realität werden lassen möchte. Mikrowellen können Knochen, Wände und Personen durchdringen – folglich haben wir WLAN-Technologien, die auf Mikrowellen basieren. Wir schwimmen heute in einem tobenden Meer aus Mikrowellen, dabei hatte man Trower beim Militär beigebracht, dass es bei Mikrowellen *überhaupt keine sichere Dosierung* gibt (Abb. 659). Wie sollte das auch gehen, wenn doch die WLAN-Felder mit dem Aurafeld des Menschen interagieren, aus dem sich der Körper manifes-

**Abb. 659:** „Mobiltelefone sind eine große Gefahr für die Gesundheit. Studie enthüllt ihre mehrfache Schadwirkung – und konstatiert damit nur das Offensichtliche." – *Einen sicheren Grenzwert für Mikrowellenstrahlung gibt es nicht.*

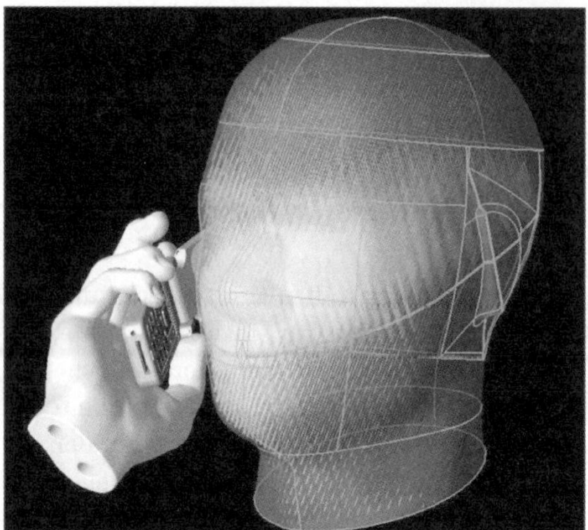

**Abb. 660:** *Der SAM-Phantomkopf. Die Tatsache, dass ihm die kräftigen Schädel amerikanischer Soldaten zugrunde liegen, hindert nicht daran, mit ihm die „sicheren" Grenzwerte für Kinder zu bestimmen – deren Schädelknochen viel dünner sind.*

**Abb. 661:** „Mach sie von Geburt an abhängig: ‚Jedes dritte amerikanische Kleinkind spielt bereits mit Smartphones, bevor es laufen und sprechen kann.'" – ***Irrsinn.***

**Abb. 662:** „Der stille Holocaust: ‚Benutzt man nur eine Stunde pro Tag ein Mobiltelefon, erhöht sich das Krebsrisiko um 500 Prozent.'" – ***Die Folgen davon werden katastrophal sein.***

tiert? Trower wies darauf hin, dass bei der Erhitzung von Lebensmitteln in der Mikrowelle die Natur der darin enthaltenen Proteine verändert wird. Doch „wir kennen nur etwa 600" der 100.000 verschiedenen Proteine, die sich in unserem Körper befinden, erklärte er weiter. Alles in allem können wir nicht wissen, welche Wirkungen wir heraufbeschwören, wenn wir die Eiweiße in unserer Nahrung mit Mikrowellen modifizieren. Doch die Verdeckte Hand ist sich darüber absolut im Klaren. Schauen Sie, in welch enormem Umfang Speisen auf diese Weise zubereitet werden – zuhause, in Cafés und Restaurants. Trower merkte des Weiteren an, dass Mikrowellenherde geringer Leistung sogar gefährlicher als Hochleistungsgeräte sein können. Grund dafür ist ein spezieller Abwehrmechanismus des menschlichen Körpers, der Trower zufolge erst bei einer hohen Mikrowellenbelastung angestoßen wird. Leistungsschwache Geräte würden dagegen „unter dem Radar" bleiben. Trower machte ferner darauf aufmerksam, dass Mikrowellen umso schädlicher sind, je kleiner die betroffene Person ist. Das bringt uns natürlich zurück zu den Kindern, deren Schädelknochen, die das Gehirn schützen, obendrein dünner sind. Wer hätte gern ein Smartphone für sein Kind? Die offiziellen „sicheren" Strahlungswerte für Smartphones (die es in Wirklichkeit nicht gibt) werden anhand eines sogenannten „SAM-Phantomkopfs" ermittelt (wie passend), der sich an der Schädeldicke amerikanischer Soldaten orientiert (Abb. 660). Viele Smartphones operieren knapp unterhalb dieses Grenzwerts, werden aber auch von Kindern genutzt, deren Schädelknochen weitaus dünner sind (Abb. 661). Ich bezeichne

Smartphones als den „stillen Holocaust", denn die mit der Zeit kumulierten Schadwirkungen werden verheerend sein (Abb. 662). Halten Sie ein Mikrowellengerät jeden Tag viele Male an Ihr Gehirn – bestimmt eine ausgezeichnete Idee. Trower zufolge ist der Grund, warum auf der ganzen Welt kein einziger wissenschaftlicher Artikel darüber veröffentlicht worden ist, welche Mikrowellenbelastung für Kinder unschädlich sei, ein sehr einfacher: Es gibt dafür keinen sicheren Grenzwert. Aus Dokumenten, die sich in seinem Besitz befinden, aber aus naheliegenden Gründen nie veröffentlicht worden sind, gehe hervor, dass Hirntumore an der Vorderseite oder den Seiten des Kopfes unter britischen Kindern die häufigste Todesursache darstellen. Des Weiteren zitierte Trower Forscher aus dem universitären Bereich, Wissenschaftler der Regierung und international tätige wissenschaftliche Berater mit der Aussage, dass mindestens 57,7 Prozent aller Schülerinnen, die geringfügiger Mikrowellenbelastung ausgesetzt sind (WLAN), mit Schwangerschaftsanomalien und Fehlgeburten rechnen müssten oder Kinder mit genetischen Schäden gebären könnten, die an die nächste Generation weitergegeben werden.

Wer jetzt immer noch daran zweifelt, dass es tatsächlich einen monumentalen Plan zur globalen Bevölkerungsreduktion gibt, dem sei noch ein weiterer erschütternder Aspekt genannt, den Trower anführt: Wenn wir gegen die Strahlenverseuchung durch WLANs, intelligente Messgeräte usw. nichts unternehmen, wird sich die Zahl gesunder Kinder innerhalb von 60 Jahren – also etwa einer Lebensspanne – auf ein *Achtel* reduzieren. Auf ein verdammtes *Achtel*! Tag für Tag schnappen sich Kinder ihre WLAN-Handys, verlassen ihr WLAN-durchsetztes Heim und machen sich auf ihren Weg durch WLAN-verstrahlte Straßen, bis sie schließlich stundenlang in der mit WLAN ausgestatteten Schule sitzen. Unterdessen arbeiten Richard Branson, Facebook und all die anderen hart daran, jeden einzelnen Quadratzentimeter des Planeten in WLAN-Felder zu tauchen. Die Krebsraten sind aufgrund der massiv angestiegenen Strahlenbelastung in die Höhe geschnellt. Zieht man zudem die allgegenwärtige toxische Belastung mit in Betracht, dann zeugt die Tatsache, dass überhaupt noch irgendjemand lebt, von der enormen Leistungsfähigkeit des menschlichen Immunsystems. Diese Eigenschaft ist der Grund, warum das Immunsystem auf der Abschussliste der Archonten ganz weit oben steht und immer wieder ins Visier genommen wird. Indem man das menschliche Genmaterial durch Gifte und Strahlung mutiert und schwächt, verwässert man auch den Einfluss und die Wirkfähigkeit all dessen, was wir als „menschlich" bezeichnen, womit jeder Widerstand gegen die transhumanistischen Machenschaften von vornherein gebrochen werden soll. Die Botschaft, die uns Barrie Trower – einer der angesehensten Experten für die von Mikrowellen verursachten Schäden – vermitteln will, ist sehr einfach: Sie bringen uns um – und zwar schnell. Mikrowellengeräte, die ein Leck haben (und das ist häufig der Fall), sind „unglaublich gefährlich für die Augen", wie auch „für Schwangere und Frauen im gebärfähigen Alter". Trower sagte, ihm seien mindestens 59 wissenschaftliche Arbeiten bekannt, die einen Zusammenhang zwischen Mikrowellen und Brustkrebs herstellten. Wann immer eine Polizeiwache, Feuerwehrstation oder Notfallaufnahme über mindestens 18 Monate hinweg TETRA benutzt hat, könne er „absolut garantieren", dass man eine Zunahme von Polizeigewalt, Brust- und anderen Krebserkrankungen, gesundheitlichen Beschwerden sowie Miss- und Fehlgeburten feststellen werde. Trower forderte öffentlich dazu auf, ihm irgendwo auf der

Welt ein einziges Gegenbeispiel zu zeigen – bisher hat das niemand getan. Die Zunahme an gewalttätigen Aktionen seitens der Polizei führt er auf eine übermäßige Mikrowellenbelastung der Beamten zurück, da Aggressivität „ein durch die [von ihnen benutzte] spezifische gepulste Frequenz verursachtes Symptom" sei. In der ausgezeichneten und sehr empfehlenswerten *Richie Allen Show*, die über DavidIcke.com zu hören ist, berichtete er von einem US-amerikanischen Dokument aus dem Jahr 1976, das sich in seinem Besitz befindet. Darin stünde, dass sowohl die Bevölkerung als auch Militär und Exekutivorgane über das wahre Ausmaß der möglichen Schäden durch Mikrowellenstrahlung „getäuscht werden müssen", um „die Industrieproduktion zu schützen" und juristische Auseinandersetzungen zu vermeiden. Trower nannte die in offiziellen Unterlagen dokumentierten Frequenzen, die man zur Beeinflussung von Gemütszustand und Gesundheit der Zielpersonen einsetzt. Zu den so erzielten Wirkungen zählten Paranoia, Depressionen und Selbstmord, manisches Verhalten und Wut, Erblindung (wenn man auf den Kopf zielt) und Herzanfälle (wenn man auf die Brust zielt). Dokumente des amerikanischen Verteidigungsministeriums führen neben einigen der bereits genannten Beschwerden Bluthochdruck, Veränderungen in der Beschaffenheit des Blutes, Kopfschmerzen, Erschöpfungs- und Angstzustände, Menstruationsstörungen und Depressionen als mögliche Folgen von Mikrowellenbestrahlung an. In einem der Papiere heißt es, „Mitarbeiter, die Mikrowellenstrahlung unterhalb der thermischen Schwelle ausgesetzt sind, erfahren häufiger neurologische, Herz-Kreislauf- und die Hämodynamik betreffende Störungen als eine unbestrahlte Vergleichsgruppe". Die Hämodynamik beschreibt den Blutfluss in Organen und Geweben.

Trower merkte des Weiteren an, dass er durch seine Erfahrungen in der Royal Navy, zu denen die Befragung von Spionen gehörte, auf die noch verheerendere Wirkung aufmerksam geworden sei, die mit gepulsten Frequenzen versetzte Mikrowellen haben. Sie können sich des Herzens oder Gehirns bemächtigen und Hunderte verschiedener gesundheitlicher oder emotionaler Probleme sowie Verhaltensänderungen auslösen, die die Opfer niemals mit der wahren Ursache in Verbindung bringen würden. Smartphones, intelligente Messgeräte, WLAN usw. arbeiten allesamt mit gepulsten Frequenzen. Es ist schon viel darüber geschrieben worden, wie Mobiltelefone das Gehirn aufheizen, und das allein ist schon schlimm genug; doch die Pulsung macht die Sache noch weitaus schlimmer (Abb. 663). Trower zufolge kennen die Behörden um die 600 verschiedene Pulsfrequenzen, die sich in dieser Weise einsetzen lassen, und die Zahl wächst beständig. Man hat diesen Bestrahlungsirrsinn als ein Experiment mit dem Leben selbst beschrieben, doch ist es für die treibenden Kräfte hinter dem Wahnsinn alles andere als ein Experiment. Sie *kennen* – und planen – das Ergebnis ganz genau; in anderen Gesellschaften bzw. Realitäten haben sie das schon viele Male durchgezogen. Wir sehen hier schlicht

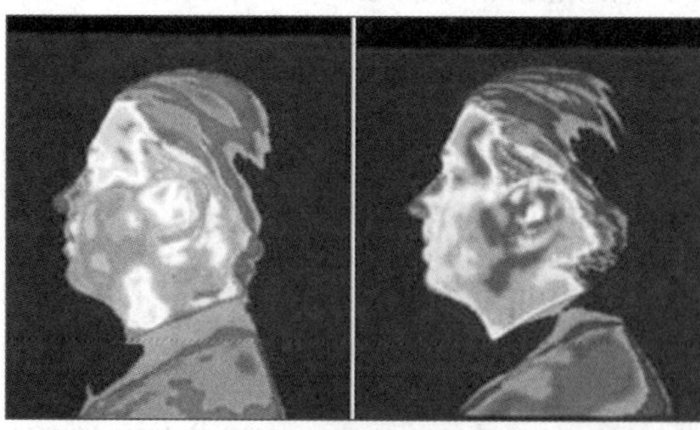

**Abb. 663:** *Die Erwärmung des Gehirns selbst nach einem kurzen Telefonat ist schon schlimm genug; doch weit größerer Schaden entsteht durch die Pulsung der Signale.*

und ergreifend den sich fortwährend aufs Neue manifestierenden Modus Operandi des demiurgisch-archontischen Virus am Werk.

Eine weitere zentrale Möglichkeit, die Atmosphäre zu verstrahlen, liefern nukleare „Unfälle" und Kriege. Überall auf der Welt sind Atombomben stationiert, und potenzielle, als Kernkraftwerke bezeichnete Katastrophen warten nur auf ihren Moment. Atomkraft ist überhaupt nur durch die Manipulationen des Hauses Rothschild auf der Bildfläche erschienen (Abb. 664). In „Remember Who You Are" und „Die Wahrnehmungsfalle" habe ich erklärt, warum die nukleare Katastrophe, die sich 2011 im japanischen Fukushima ereignet hat, kein Unfall gewesen sein kann. Die Menge der in die Atmosphäre und den Pazifik entwichenen – und immer noch entweichenden – radioaktiven Strahlung ist wirklich erstaunlich (Abb. 665). Ein Rechercheur, der die Folgen der Katastrophe eingehend studiert hat, sagte: „Der Pazifik ist dem Untergang geweiht. Die Hinterlassenschaften von Fukushima sind furchterregend." Das sind auch die sich mehr und mehr abzeichnenden Folgen, die alle Arten des Lebens betreffen. Studien haben ergeben, dass Schilddrüsenkrebs bei Kindern in der Region um Fukushima 50 Mal häufiger auftritt als im Bevölkerungsdurchschnitt. Das Magazin *National Geographic* berichtete von einem plötzlichen und „verblüffenden" Massensterben im Pazifischen Ozean:

**Abb. 664:** „Die Atomkraft der Rothschilds: Das Damoklesschwert einer möglichen Katastrophe soll bis in alle Ewigkeit über den Menschen schweben." – ***Jedes Kraftwerk ist potenziell eine Atombombe.***

**Abb. 665:** „Fukushima? Wohl eher ‚FuckYouShima'." – *Fukushima war kein Unfall (mehr dazu in meinen früheren Büchern).*

> Im März 2012 war weniger als ein Prozent des Meeresbodens unter Station M mit den Körpern toter Salpen bedeckt. Am 1. Juli waren über 98 Prozent des Bodens mit in Zersetzung befindlichen Organismen bedeckt. Das ist das Ergebnis einer Studie, die diese Woche in den *Proceedings of the National Academy of Sciences* veröffentlicht worden ist. Der enorme Zuwachs an Tiefseeorganismen in den Jahren 2011 und 2012 beschränkte sich dabei nicht auf Station M [...]

Wenngleich die Forscher keine „wissenschaftliche Erklärung" für die Vorgänge haben, räumen sie doch ein, dass sie in den 24 Jahren, die die Studie nunmehr läuft, noch niemals ein Absterben dieses Ausmaßes beobachtet haben.

Kein einziges Mal haben die Autoren das politisch inkorrekte F-Wort verwendet: Fukushima. Es muss auf jeden Fall verhindert werden, dass die Öffentlichkeit eine gedankliche Verbindung zwischen Ursache und Wirkung herstellt – andernfalls würde sie noch anfangen, ein Auge auf die Pläne für künftige Strahlenverseuchungen zu werfen. Steigen die Strahlungswerte in Wasser, Nahrungsmitteln und Luft über die früheren „sicheren Grenzwerte" (sicher waren sie auch damals nicht), schrauben die Behörden die erlaubten Limits einfach in die Höhe und erklären sie offiziell erneut als sicher. Oh, richtig – *offiziell*. In Wahrheit besteht die einzige Bedeutung der „sicheren" Grenzwerte darin, den Rahmen abzustecken, in dem die Agenda mit der Verwüstung sicher (sprich: legal) fortfahren kann.

## Von Robotern beherrscht

Die Smart-Grid- bzw. transhumanistische Verschwörung und die für ihre Umsetzung erforderliche Verstrahlung dienen – neben zahlreichen anderen – hauptsächlich folgenden drei Zielen:

- Durch genetische Manipulationen, Frequenzmitnahme und implantierfähige Geräte soll der menschliche Verstand technologisch an das intelligente Stromnetz gekoppelt werden, sodass sich Gedanken, Emotionen und Wahrnehmung kontrollieren lassen und es niemandem mehr gelingt, sich mit dem Gewahrsein jenseits der Matrix zu verbinden.
- Die Frequenzen und die Atmosphäre sollen so verändert werden, dass sie den Archonten und ihren inkarnierten Agenten zuträglicher sind.
- Zum Zweck der Bevölkerungsreduktion zerstört man die Gesundheit der Menschen und züchtet durch Mutation ein neues Sklavengeschlecht heran, das in einer hochverstrahlten Umwelt existieren kann; in gleicher Weise verfährt man mit Bäumen, Pflanzen usw.

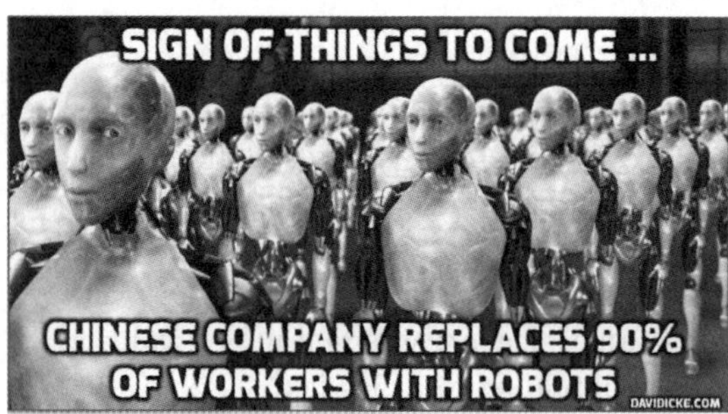


**Abb. 666:** „Die Zukunft wirft ihre Schatten voraus: Chinesisches Unternehmen ersetzt 90 Prozent seiner Arbeiter durch Roboter." – *Die Auswirkungen auf die Beschäftigungssituation in der Robotergesellschaft werden weltverändernd sein, wenn wir das zulassen.*

Überwacht und gesteuert werden soll das Ganze nicht nur durch „smarte" und andere angegliederte KI-Technologien, sondern auch durch Roboter, die eines Tages so lebensecht aussehen würden, dass man sie nur mit Schwierigkeiten identifizieren kann – die ultimative „Singularität", in der Roboter zu Menschen und Menschen zu Robotern werden. Roboter verschiedener Art sorgen für die Verwandlung unserer Welt. Arbeitsplätze werden in den kommenden Jahren in solcher Zahl an Roboter abgetreten, dass die Gesellschaft dadurch verändert wird – und dieser Prozess hat bereits begonnen (Abb. 666). Doch es geht hier um weit mehr als nur den Abbau von Arbeitsplätzen. Die Überwachung der Menschheit wird auf eine ganz neue Stufe gehoben und die nächste Phase eingeläutet. Die Firma iRobot, die unter anderem den Staubsaugerroboter Roomba herstellt, ist im Begriff, Roboter mit eingebauter Kamera zu entwickeln, die selbsttätig durchs Haus streifen und dasselbe dabei kartografieren können. Firmenchef Colin Angle zufolge sei das notwendig, um „ein immer größer werdendes Gespann von Robotern zu administrieren, das im Haus zugange ist". Das das Haus übernimmt, sollte es wohl heißen. Wie Forscher des Royal Melbourne Institute of Technology berichteten, haben sie ein Gerät erfunden, das einen „entscheidenden Schritt auf dem Weg zur Schaffung eines bionischen Gehirns" darstelle. Seine Dicke betrage nur ein Zehntausendstel des Durchmessers eines menschlichen Haars. „Die besten Köpfe" würden an einem wahrhaft empfindungsfähigen digitalen Gehirn arbeiten. Russische Wissenschaftler der im westlichen Sibirien gelegenen Staatlichen Universität Tomsk geben an, ein Hirnmodell entwickelt zu haben, das sich selbst unterrichten und „als künstlicher Träger für einen natürlichen Verstand [dienen kann], der fähig ist zu lernen und auf seine Umwelt zu reagieren". Roboter werden sich ihrer selbst bewusst werden, sagt man, und Gefühle entwickeln. Bioingenieure der Harvard-Universität haben die ersten Muster eines Cyborg-Gewebes entwickelt, bei dem „Neuronen, Herzzellen, Muskeln und Blutgefäße mit Nanodrähten und Transistoren verwoben" sind, sodass ein Computer in direkten Kontakt mit den Zellen treten kann. Das ist dasselbe, was die in Chemtrails verborgene Nanotechnologie mit den Menschen macht, um sie in Roboter zu transformieren. Wir sind bereits an dem Punkt angelangt, dass ein Rechtsexperte für den Fall, dass Roboter „aufwachen" und Rechte einfordern – sowie angesichts ihrer potenziell tödlichen Kräfte –, die vorsorgliche Verabschiedung entsprechender Gesetze gefordert hat (Abb. 667). Ryan Calo von der zur University of Washington gehörigen School of Law sagte, Roboter würden „die Grenze zwischen Person und Maschine mehr und mehr verwischen" und merkte an: „Stellen Sie sich vor, eine künstliche Intelligenz würde verkünden, dass sie Selbstbewusstheit erlangt hätte. Niemand wäre wohl in der Lage, eine solche Aussage in Zweifel zu ziehen." Softwareprogramme wie Siri, das als persönlicher Assistent dienen soll, und andere Anwendungen, bei denen der Nutzer mit einer Roboterstimme interagiert, sind speziell zu dem Zweck entworfen worden, die zitierte Grenze auf dem schleichenden Weg zur robotergesteuerten Gesellschaft zu verwischen. Auch eine Barbie-Puppe mit Roboterstimme ist bereits auf dem Markt. Bei einer Umfrage unter 12.000 Nutzern eines digitalen Assistenten in der Art von Siri konnte sich fast jeder Zweite vorstellen, sich in

**Abb. 667:** „Sag mir, wo die Menschen sind/Wo sind sie geblieben/Sag mir, wo die Menschen sind/Was ist geschehen …" – *Wir stehen an der Schwelle zum Ende des Menschen. Ob das Grund genug für uns sein wird, unsere Hintern in Bewegung zu setzen?*

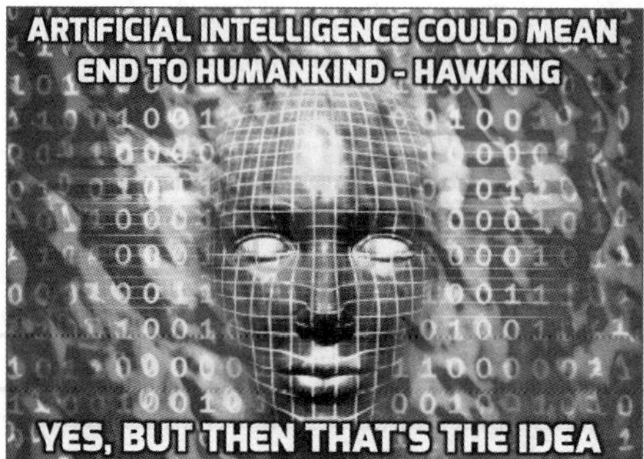


**Abb. 668:** „Hawking: ‚Künstliche Intelligenz könnte das Ende der Menschheit bedeuten.' Richtig – aber genau das war die Idee bei der Sache." – *Das ist der Punkt, den jeder übersieht: Wir haben es hier nicht mit Dummheit zu tun, sondern mit Kalkül.*

den virtuellen Kompagnon zu verlieben. Ryan Calo wirft die Frage auf, was wohl wäre, wenn eine Maschine das Recht für sich beanspruchen würde, Kopien von sich selbst anzufertigen (die einzige Möglichkeit für sie, sich zu replizieren). Wie reglementiert man etwas, das dazu auserkoren ist, alles Übrige zu reglementieren? Letzteres ist der springende Punkt, den auch jene übersehen, die vor den Gefahren der Künstlichen Intelligenz warnen. Der Wissenschaftler Stephen Hawking ist der Meinung, ohne Sicherheitsvorrichtungen, die uns vor den Auswirkungen künstlicher Intelligenz schützen, würde die Menschheit möglicherweise auf eine dunkle Zukunft zusteuern – wenn nicht gar auf ihren Untergang (Abb. 668). Der Computerwissenschaftler Prof. Stuart Russell sagte gegenüber der Zeitschrift *Science*, künstliche Intelligenz könnte sich zu einer ebensolchen Gefahr entwickeln, wie sie heute Nuklearwaffen darstellen; vielleicht wären ihre Auswirkungen sogar noch schlimmer, zieht man die „verblüffende Vielfalt an [KI-] Software in Betracht, die wir noch gar nicht beschreiben können". Das sind stichhaltige Argumente, doch übersieht man noch immer die eigentliche Krux: Die Mächte im Schatten (und viele Helfershelfer außerhalb desselben), die für KI und Transhumanismus die Werbetrommel rühren und sie voranbringen, wollen erreichen, dass die Künstliche Intelligenz die Kontrolle über die Menschheit übernimmt – und bestimmt nicht, dass sie sich den Gesetzen, Vorschriften und Beschränkungen der Menschen unterordnet.

## Armee der Roboter

Während führende Köpfe Warnungen wie in den genannten Beispielen aussprechen, arbeitet die dem Pentagon unterstehende DARPA – im Verein mit Google/Alphabet – an der explosionsartigen Verbreitung der Roboter und der Schaffung von Roboterarmeen. Die DARPA richtet den Robotikwettbewerb „Robotics Grand Challenge" aus, der nach offizieller Lesart der Förderung von Technologien dient, die bei Katastrophen und Rettungseinsätzen genutzt werden können. Doch in Wahrheit geht es um militärische Anwendungen und Einsatzmöglichkeiten zur Kontrolle der Bevölkerung. Nutzbringende Anwendungen der Robotertechnik werden nur vorgeschützt, um die wahren Ziele zu verschleiern. Im Jahr 2013 kaufte Google die Robotikfirma Boston Dynamics, mitsamt den Verträgen zur Entwicklung militärischer Roboter, die sie mit der DARPA geschlossen hatte.

Die geplante Weltarmee bzw. -polizei, die ich weiter oben beschrieben habe, soll sich letztlich aus KI-Robotern bestücken (gegenwärtig unter dem Schlagwort „autonome Waffen" geläufig), die KI-„Generälen" und Polizeibeamten unterstehen (Abb. 669). Menschliche Soldaten und andere, die heute transhumanistische Technologien nach Art der „Transformer" einzusetzen beginnen, bilden nur das Sprungbrett zur Etablierung der künftigen Roboterarmee – und sollten diesen Umstand besser schnell erkennen. Das gesamte „Transformer"-Franchise einschließlich der Videospiele dient dazu, die Menschen auf die durch Künstliche Intelligenz gesteuerte transhumanistische Gesellschaft vorzubereiten und diese „sexy" erscheinen zu lassen (Abb. 670).

**Abb. 669:** „Die Roboterarmee, die bald Realität sein wird: Google liefert dem Militär die Armee aus Robotermaschinen, deren Auftauchen ich in meinen Büchern schon seit Langem vorhersage." – *Hey, ihr heutigen Soldaten! Diese Dinger werden euch und euren Familien nachstellen, wenn sie erst einmal die Führung übernommen haben – und ihr endlich begreift, dass man euch verarscht hat.*

**Abb. 670:** „Wegbereiter für die Roboterarmee" – *Auf dem Weg zur vollständig ausgebildeten technologischen Kontrolle.*

„Ich kämpfe für mein Land" ist das Motto eines anderen archontischen Schwindels, mit dem echte Soldaten dazu benutzt werden, den Willen der Verdeckten Hand durchzusetzen – bis auch sie überflüssig und nicht mehr gebraucht werden. Die *Business Finance News* (BFN) berichtete 2015, dass die DARPA große Geldsummen in ein Projekt pumpt, das der „Anhebung der menschlichen Leistungsfähigkeit in Kriegsgebieten durch Veränderung des Gencodes der Soldaten" diene. Militärische Überlegenheit soll also dadurch erreicht werden, dass man sich Soldaten schafft, die stärker, intelligenter, zielstrebiger und *empathiefrei* sind. Da haben wir es wieder. Die DARPA bezeichnet den menschlichen Gencode als das „Rezept". In dem Bericht heißt es:

> Der Teil des Gehirns, der für Mitgefühl zuständig ist, kann durch Gentherapie ausgeschaltet werden, sodass die Soldaten weder Angst noch Erschöpfung oder irgendwelche Emotionen verspüren. Noch beängstigender ist allerdings das sogenannte „Human Assisted Neural Devices Program", das den Schwerpunkt auf die Kontrolle des Gehirns legt. Das Ergebnis sind biologische „Kriegsmaschinen" der nächsten Generation, die sich von einem hochentwickelten „Joystick" aus bedienen lassen.

**Abb. 671:** „Professor sagt, die Menschen werden den Killerrobotern schutzlos ausgeliefert sein. – Das ist gerade der Sinn der Sache." – ***Das ist der Groschen, der unbedingt fallen muss.***

Soldaten werden in Roboter verwandelt. „Biologische Kriegsmaschinen" = biologische Computer, die über kein Bewusstsein der uns vertrauten Art verfügen. Das ist der erste Schritt in Richtung eines vollständig auf KI basierenden Militärs. Auf der Website der amerikanischen Marine erschien im Jahr 2015 ein Artikel unter der Überschrift „Navy forciert die Entwicklung von KI-Technologien für Kriegführung und unterstützende Aufgaben". Darin hieß es: „Die Marine beabsichtigt, verschiedene Aufgabenbereiche stärker mit Robotertechnik und künstlicher Intelligenz (KI) auszustatten, von Kriegsmissionen bis zu unterstützenden, nicht mit Kampfeinsätzen verbundenen Aufgaben. Zu diesem Zweck sind Rückmeldungen der Flotte zu der Frage erwünscht, in welchen Bereichen KI-Forschung förderungswürdig wäre." Gleiches geschieht auch in anderen Bereichen des Militärs – und zwar weltweit. Die durch Künstliche Intelligenz gesteuerte globale Roboterarmee beginnt Gestalt anzunehmen (Abb. 671). „Matrix-Sentinels – Stillgestanden!" Stephen Hawking und Tausende andere Wissenschaftler haben vor einem Wettrüsten in der Robotertechnik gewarnt. Tötungsmaschinen wären billig zu haben – sie wären die „Kalaschnikows von morgen". Man spricht von den Gefahren durch Terroristen und selbsternannte Kriegsfürsten, die ethnische Säuberungen durchführen, Attentate begehen, Nationen destabilisieren, die Bevölkerung unterwerfen und einzelne ethnische Gruppierungen ausrotten könnten. Erst die lückenlose globale Machtübernahme durch die Weltarmee könne dem ein Ende bereiten. Dabei wäre es angebrachter, dieselbe Warnung hinsichtlich der Regierungen – und erst recht bezüglich der Schattenmächte hinter diesen – auszusprechen. Dort nehmen sämtliche Aktivitäten ihren Ursprung, und die Ziele, denen sie dienen, sind die Ziele dieser Mächte. Die DARPA, die eine der übelsten Organisationen der Welt darstellt, brüstet sich auf ihrer Website damit, die Konzepte des Transhumanismus und der Künstlichen Intelligenz vorangebracht zu haben:

> Die DARPA übernimmt seit langer Zeit eine führende Rolle bei der Entwicklung künstlicher und maschineller Intelligenz und halbautonomer Systeme. Die Bestrebungen der DARPA in diesem Bereich konzentrieren sich in erster Linie auf militärische Operationen – einschließlich des Führungsprozesses –, doch der kommerzielle Sektor hat sich vieler Entwicklungen der Behörde angenommen, sie weitergeführt und ein breites Spektrum von Anwendungen in so unterschiedlichen Bereichen wie Fertigung, Unterhaltung und Bildung hervorgebracht.

Genau so, wie es vorgesehen war, möchte ich ergänzen. Die DARPA ist auch die treibende Kraft hinter der Entwicklung synthetischer Genetik bzw. DNS – einem fundamentalen Stützpfeiler der von den Archonten angestrebten transhumanistischen Gesellschaft. Die *Washington Post* berichtete:

> Im öffentlichen Bereich hat der Innovationsriese DARPA seine finanzielle Unterstützung für Projekte zur synthetischen Biologie enorm ausgeweitet. Sie überflügelte damit andere führende Regierungsbehörden, die ebenfalls Programme zur synthetischen Biologie fördern, wie die National Science Foundation (NSF), die National Institutes of Health (NIH) und die USDA. Allein im Jahr 2014 investierte die DARPA 100 Millionen Dollar in derartige Programme – mehr als das Dreifache dessen, was die NSF dafür ausgibt. Bedenkt man, dass sich die Behörde 2010 an der Finanzierung der Programme noch gar nicht beteiligte, bedeutet das einen rasanten Anstieg in relativ kurzer Zeit.

Wo immer die DARPA – die ein Arm des Pentagon (ein Arm der Archonten) ist – ihre Finger im Spiel hat, kann man davon ausgehen, dass es für die Menschheit nichts Gutes verheißt.

## Der Staat als Drogendealer

Noch ein weiterer Punkt gehört in dieses Kapitel. „Intelligente Pillen" dienen als Wegbereiter für eine Welt, in der die Menschen permanent mit Arzneimitteln betäubt werden. In dem 2003 erschienenen Spielfilm „Equilibrium" wird eine dystopische Zukunft beschrieben, in der sowohl die normale Bevölkerung als auch die Beamten des Polizeistaats gezwungen werden, Tag für Tag ein Mittel einzunehmen, das den Geist dämpft. Ein Überwachungssystem dient dazu sicherzustellen, dass die Menschen dieser Vorgabe auch tatsächlich nachkommen. Heute lesen wir Schlagzeilen wie „Intelligente Tablette enthält Mikrochip zur Überwachung der Medikation von Patienten" oder „Intelligente Pille mit essbarem Mikrochip sagt Ihnen und Ihrem Arzt, wann die nächste Tablette fällig ist". Die Kranken schlucken eine Pille mit einem Sensor, der Informationen an eine Empfangseinheit sendet, die die Form eines Pflasters hat und auf der Schulter oder am Arm befestigt wird. Von dort werden die Daten an ein Smartphone, einen Tabletcomputer oder ein anderes mobiles Gerät übermittelt, sodass der Patient bzw. der Arzt wissen, wann die nächste Dosis eingenommen werden muss (Abb. 672). Die Technologie, um Patienten nach dem Vorbild von „Equilibrium" zur Medikamenteneinnahme zu zwin-

**Abb. 672:** *„Smarte Tabletten" für Smart-Grid-Menschen.*

gen, existiert bereits. Ihre Überwachung soll letzten Endes durch Künstliche Intelligenz bewerkstelligt werden. Zwangsimpfungen stellen einen ersten Schritt in diese Richtung dar. Am heftigsten werden die jungen Menschen ins Visier genommen. Deutlich wird das zum Beispiel in folgender Schlagzeile: „Beobachter halten Bericht über 10.000 Kleinkinder, die ADHS-Medikamente erhalten, nur für Spitze des Eisberges – 274.000 Kinder unter einem Jahr und 370.000 Kleinkinder erhalten Psychopharmaka." Zeit für eine Atempause. Die amerikanische Behörde CDC hatte eingeräumt, dass 10.000 Steppkes wegen einer vermeintlichen Aufmerksamkeitsdefizit-/Hyperaktivitätsstörung (ADHS) medikamentiert werden. Diese „Krankheit", die keine ist, wurde erschaffen, indem man eine Reihe kindlicher Verhaltensweisen hernahm und sie mit einem zusammenfassenden Namen versah. Damit bezweckte man, einen Vorwand für die massenhafte Betäubung der noch in der Entwicklung befindlichen kindlichen Psyche zu erhalten, um die jungen Menschen für den Rest ihres Lebens zu schädigen. Das allein ist schon abscheulich genug, doch die Kommission für Verstöße der Psychiatrie gegen Menschenrechte (KVPM bzw. engl. CCHR), die sich kritisch mit psychiatrischer Zwangsbehandlung auseinandersetzt, schätzt die Situation ungleich schlimmer ein. Sie verweist auf Daten, die IMS Health – eines der weltweit führenden Unternehmen im Bereich der Analyse von gesundheitsrelevanten Informationen – zur Verfügung gestellt. Danach erhalten in Wahrheit Hunderttausende Kleinstkinder Psychopharmaka, die noch weit wirkintensiver sind als angenommen – viele sogar schon bevor sie ihren ersten Geburtstag feiern. Unter Fünfjährigen seien bereits mehr als eine Million Kinder betroffen, in der Altersgruppe der Sechs- bis Zwölfjährigen sogar über vier Millionen. Der amerikanische Psychiater und Psychiatriereformer Allen Frances sagte:

> In der Psychiatrie gibt es keine objektiven Tests. Kein Röntgen- oder Labortest und kein Untersuchungsergebnis erlaubt eine definitive Aussage darüber, ob jemand eine bestimmte psychische Störung hat oder nicht. Für den Begriff „psychische Störung" gibt es auch gar keine Definition. Das wäre völliger Schwach… ich meine, es ist schlicht nicht möglich, das zu definieren.

Die massenhafte Medikamentierung von Kindern, die schon unmittelbar nach der Geburt einsetzt, wird systematisch und vorsätzlich betrieben, um den Weg zur zwangsweisen Verabreichung von Psychopharmaka und damit zur großflächigen Wahrnehmungskontrolle zu ebnen. Die National Institutes of Health, eine Behörde des amerikanischen Ministeriums für Gesundheitspflege, nennen eine Reihe schwerer Nebenwirkungen (Wirkungen), die derartige Medikamente hervorrufen können. Dazu zählen Unruhe, Wahn, aggressives und feindseliges Verhalten, Anfälle, Halluzinationen und plötzlicher Herztod. Doch solche Tatsachen sind den Archonten und ihren Hybriden völlig schnuppe – einzig die Agenda zählt.

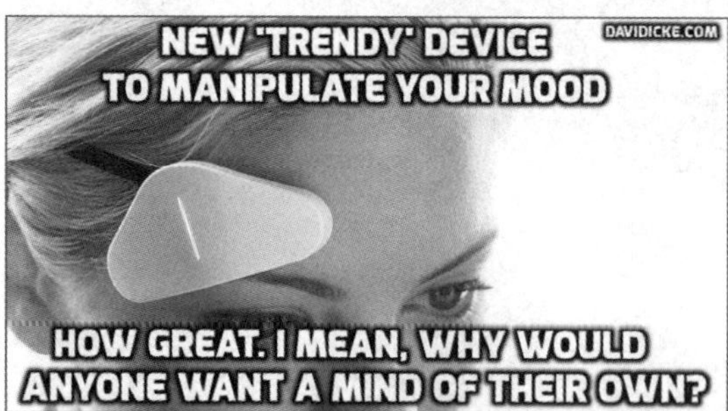


**Abb. 673:** „Neue, ‚trendige' Methoden zur Beeinflussung Ihrer Stimmungen – einfach wunderbar! Ich meine, wer will schon eigene Gedanken und Gefühle haben?" – *Hey, das ist toll, Alter!*

Impfstoffe bilden klarerweise einen Zugriffspunkt für Chemie- und Giftstoffe sowie für Nanochips/Nanobots. Darin liegt einer der Gründe, warum die Bestrebungen, Impfungen für obligatorisch zu erklären, an Intensität immer weiter zunehmen. Im Jahr 2015 gaben Forscher der University of California in San Diego die Entwicklung sogenannter „Mikrofische" bekannt – „intelligenter" Mikroroboter, die im Blutkreislauf schwimmen und ihre Pharmafracht in bestimmte Bereiche des Körpers transportieren. Ferner gibt es ein Smartphone-basiertes System, das Veränderungen in der Stimmungslage oder den Verhaltensmustern einer Person erkennen und die „Experten" in Echtzeit darüber in Kenntnis setzen kann (Abb. 673). Doch selbst das genügt den Spinnern noch nicht. Wissenschaftler der Nationaluniversität Taiwan sind dabei, Sensoren zu entwickeln, die sich in die Zähne einsetzen lassen und von dort aus den Arzt per Bluetooth (wie passend) über das Sprech- und Kauverhalten des Patienten unterrichten. Wie hat die Menschheit es nur früher geschafft, ohne all diesen Kram zu überleben? Einmal mehr hat der Insider Zbigniew Brzezinski diese Entwicklung schon vor langer Zeit vorausgesehen. Im Jahr 1970 schrieb er:

> Ein Hirnforscher versicherte mit Blick auf die Entwicklung in der nahen Zukunft: „Ich sehe eine Zeit voraus, in der wir die Mittel haben und damit unweigerlich der Versuchung ausgesetzt sein werden, das Verhalten und die mentalen Funktionen aller Menschen durch Veränderung der Umwelt und durch biochemische Manipulation des Gehirns zu beeinflussen."

Durch Medikamente und die technologische Subrealität also. In zahlreichen Spielfilmen wurden immer wieder dystopische Transformer-/Transhumanismusszenarien dargestellt. Die so erzielte geistige Konditionierung der Massen – ein Vorgang, der als präemptive oder prädiktive Programmierung bezeichnet wird – soll die Menschen auf die kommende Gesellschaftsform vorbereiten, sodass sie sie leichter akzeptieren. Da sich das, was noch kommen soll, drastisch von allem unterscheidet, was wir bislang erlebt haben, übernehmen die dystopischen und transhumanistischen Blockbuster die Aufgabe, uns unterschwellig und auch ganz offen mit der schönen neuen Welt der Zukunft vertraut zu machen. Der Schock wird auf diese Weise abgefedert und möglicher Widerstand von vornherein unterminiert. Es gäbe noch eine Menge mehr zur präemptiven Programmierung zu sagen, doch mit dem vorgenannten Aspekt habe ich einen der Hauptpunkte herausgearbeitet.

Wenn wir uns den Tatsachen, die ich in diesem Buch aufgeführt habe, nicht stellen, aufwachen und erwachsen werden, wird das Ende der Menschheit – so, wie wir sie kennen – besiegelt sein. Und es würde noch gar nicht einmal lange dauern, bis wir diesen Punkt erreichen. Die Agenda sieht vor, die Selbstbewusstheit der Menschen immer weiter zu zersetzen, bis ihre Vorstellungen von sich und der Welt vollständig durch die Künstliche Intelligenz der Archonten gesteuert werden. Dieser Albtraum muss nicht Wirklichkeit werden, doch bedarf es mittlerweile einer gewaltigen – und gemeinsamen – Anstrengung, um ihn noch zu verhindern. Die Leute können mich entweder einen Spinner nennen oder aber ihren Hintern in Bewegung setzen. Wie sie sich entscheiden, wird darüber bestimmen, welche Form die menschliche Existenz künftig annehmen wird – ja sogar, ob es eine Daseinsform, der man das Attribut „menschlich" zuordnen kann, *überhaupt* noch geben wird.

KAPITEL 12

# Das vergessene Selbst

*Ich bin fasziniert von dem Lächeln in deinem Gesicht und der Traurigkeit in deinen Augen.*
**Jeremy Aldana**

Was sollen wir also machen? *Ich hab's.* Wir stellen eine Volksarmee auf, horten Waffen und starten einen Guerillakrieg gegen das System. Wir töten dessen Leitfiguren, zetteln eine Revolution an und bringen einen Mann des Volkes an die Macht. Das sollte funktionieren.

Bislang hat es das allerdings noch nie. Bei derartigen Umstürzen werden lediglich eine Menge Menschen getötet oder verstümmelt und schließlich das System durch eine andere Ausgabe desselben ersetzt. „Physische" Revolutionen haben eigentlich selten etwas anderes als „dasselbe in Grün" hervorgebracht – wenn nicht etwas noch Schlimmeres. Doch ich rufe *sehr wohl* zu einer Revolution auf – nämlich im Sinne einer „plötzlichen und folgenschweren Veränderung einer Situation". Im Englischen steht das Wort „revolution" interessanterweise auch für „eine Dreh- bzw. Rotationsbewegung um eine Achse". Mit anderen Worten: die Umkehrung der Umkehrung. Auch diese Definition beschreibt die Art von Revolution, die ich befürworte. Seit die Menschen begannen, ihre sogenannte Geschichte niederzuschreiben, haben Revolutionen stets nur den Austausch der einen Form von Tyrannei und Kontrolle gegen eine andere bewirkt – Kommunismus statt „Demokratie", „Demokratie" statt Kommunismus und so weiter. Das konnte nur geschehen, weil die Menschen nichts von der endgültigen Revolution wussten: der Revolution des *Bewusstseins*. Der Revolution des *Gewahrseins* und der *Wahrnehmung* also, sowie des *Selbstverständnisses* (Abb. 674).

**Abb. 674:** „Erwachen zum Unendlichen Selbst" – *Die Revolution, aus der sich alles andere ergibt.*

Solange sich auf dieser Ebene nichts verändert, wird sich auch in anderen Bereichen nichts bewegen, von Rhe-

**Abb. 675:** „Pixelwahrnehmung" kontra „Bildwahrnehmung" – *Dieselbe Welt, doch zwei völlig verschiedene Betrachtungsweisen.*

torik und vielen Worten einmal abgesehen. Sie können sich also überlegen, ob Sie eine gewünschte Veränderung mithilfe einer Volksarmee herbeiführen wollen; oder Sie können das Problem an der Wurzel ausreißen, indem Sie sich der Welt jenseits der Programmierung und des Körpers/Intellekts bewusst werden. Daraus ergibt sich zwangsläufig alles andere, denn alles ist eine Form von Bewusstheit. Unsere „Welt" bzw. Wirklichkeit ist der Ausdruck eines Bewusstseins, das nicht mehr Herr seiner selbst ist. Ein kurzsichtiges Gewahrsein kann immer nur Begrenzungen schaffen, in denen sich seine Kurzsichtigkeit widerspiegelt; ein verschlossener Verstand kann nur begrenzte Welten kreieren.

Der archontische Virus hat unseren Gefängnisplaneten nicht erschaffen; vielmehr hat er unsere Wahrnehmung manipuliert, damit wir uns unser Gefängnis selbst bauen. Was man glaubt, nimmt man wahr, und was man wahrnimmt, erlebt man. Das verschlossene Gewahrsein nimmt nur einzelne Punkte und damit Trennung und Teilung wahr. Es ist sich der Pixel gewahr, aber was wir wirklich brauchen, ist der Blick für das Gesamtbild; es nimmt die Leinwand wahr, doch was wir benötigen ist, die Dinge aus der Perspektive des Projektors zu betrachten (Abb. 675).

Im Gefühl des Getrenntseins und der Entzweiung wurzelt das „Teile und herrsche"-Prinzip, das wiederum Kriege und Konflikte auf vielen Ebenen heraufbeschwört und die Vorstellung nährt, dass wir im „Wettkampf" stehen. Der Wettkampf ist ein Krieg gegen die Kooperation. Wer nur Pixel sieht, steht im Wettkampf – wer das Gesamtbild erkennt, arbeitet zusammen. Wenn man weiß, dass alles eins ist, dann kann man nur zusammenarbeiten. Was hat man davon, gegen sich selbst zu konkurrieren? Was bringt es, sich selbst zu bekämpfen? Wer das Gesamtbild sieht, erkennt das Problem; wer nur Pixel wahrnimmt, tut das nicht. Worin besteht also meine „Revolution"? Darin, dass wir von der Pixelwahrnehmung zur Bildwahrnehmung übergehen. Das ist alles.

„So einfach kann das nicht sein, David." Doch, kann es – und *ist* es. Die Welt scheint sehr komplex zu sein, doch das ist sie nicht. Hinter der scheinbaren Komplexität verbirgt sich eine einfache Wahrheit: Was man glaubt, das nimmt man wahr, und was man wahrnimmt, das erfährt man auch. Die Vielzahl an Erfahrungen, die man macht, gaukelt einem Komplexität vor, doch all diese Erfahrungen sind auf dieses simple Prinzip zurückführen. Ihre „Vielzahl" ist nur eine Illusion. Wenn man genauer hinsieht, erkennt man, dass die meisten Erlebnisse nur Ausdruck *derselben* Erfahrung sind, die in unterschiedlicher

**Abb. 676:** „Blutiger Krieg" – *Krieg ist nur die extremste Form von Konflikt …*

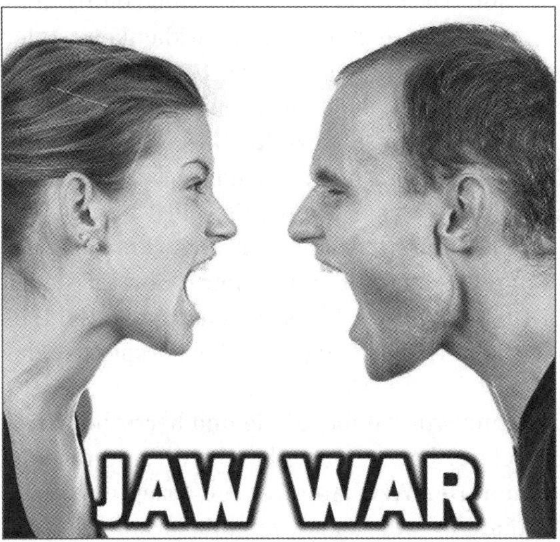


**Abb. 677:** „Krieg der Worte" – *… aber es gibt noch viele andere Formen.*

Gestalt daherkommt. Krieg findet nicht nur auf Schlachtfeldern voller Blut und Tränen statt (Abb. 676), sondern auch in Beziehungen, im Geschäftsleben und vor Gericht (Abb. 677). Man braucht keine Waffe, um seinen vermeintlichen Gegner, den man bezwingen und dominieren will, zu verletzen. Ein Streit, ein Bankrott oder eine juristische Attacke tun es ebenso. Mancher mag das vielleicht nicht als „Krieg" betrachten, aber genau das ist es – „aktive Feindseligkeit bzw. Streitigkeiten; Konflikt".

Ich kenne beides: Beziehungen, die auf Zusammenarbeit beruhen und solche, die auf Wettbewerb (Krieg) basieren. So hatte ich beispielsweise Gerichtsverhandlungen durchzustehen, die nichts anderes waren als Krieg in Papierform, bei dem Klagen mit Gegenklagen beantwortet wurden. Eine der beteiligten Parteien wollte dabei nur verletzen und Beute machen, während die andere in einer Art Rückzugsgefecht nur sich selbst schützen und mit heiler Haut davonkommen wollte. Wo ist da der Unterschied zu den grundlegenden Dynamiken des Krieges? Die juristischen Attacken endeten zu meinen Gunsten, doch die Verteidigung kostete eine Menge Geld, das ich nie zurückbekommen habe. Das ist der rote Faden, der sich durch alle Kriege zieht – niemand gewinnt. Ein „Sieg" wird definiert durch die Höhe des Verlusts, nicht des Gewinns. Ich habe einmal jemanden sagen hören: „Wer in den Krieg zieht, hat schon verloren." Wie wahr. Wie viele Soldaten „siegreicher" Armeen wurden mental, emotional und körperlich durch das zerstört, was sie taten und sahen? Die „Sieger" gehen in die Geschichte ein, aber ich sehe jedes Mal nur Verlierer. Der Punkt, auf den ich hier hinauswill, ist folgender: So, wie Krieg auf mehreren Ebenen und auf unterschiedliche Arten stattfinden kann, gibt es auch andere Erfahrungen, die nur verschieden erscheinen, in denen aber im Grunde dieselbe Erfahrung zum Ausdruck kommt. Atomwaffen, feindliche Übernahmen, juristische Attacken, verbale Kriege – alles nur eine Frage der Größenordnung. Am Ende läuft es auf zwei Wahrnehmungszustände hinaus: Angst und Liebe. Alles ist entweder das eine oder das andere (Abb. 678).

Krieg ist die Gestalt gewordene Angst, ebenso wie Wettbewerb. Wahrhaftiger Friede (nicht nur die Abwesenheit von Krieg) ist die Gestalt gewordene Liebe, ebenso wie Zusammenarbeit. Sorgen, Furcht, Stress, Kummer, Aggressivität, Hass, Feindseligkeit, Arroganz, Disharmonie, Gier und Lügen sind manifestierte Angst. Freude, Freundlichkeit, Mitgefühl, Großzügigkeit und das Streben nach Wahrheit sind manifestierte Liebe. Was wird sich durchsetzen? Wir treffen die Wahl, in jeder „Minute" eines jeden „Tages". Oder, wie ein indianisches Sprichwort sagt: Wir entscheiden, „welcher Wolf gewinnt" (Abb. 679).

**Abb. 678:** *Liebe oder Angst – die alles entscheidende Frage.*

**Abb. 679:** „In jedem von uns leben zwei Wölfe. Der eine Wolf ist böse. Er steht für Zorn, Neid, Sorgen, Reue, Gier, Arroganz, Schuld, Vorurteil, Minderwertigkeit, falschen Stolz, Überheblichkeit und das Ego. Der andere Wolf ist gut. Er steht für Freude, Friede, Liebe, Hoffnung, Heiterkeit, Demut, Freundlichkeit, Wohlwollen, Großzügigkeit, Wahrheit, Mitgefühl und Glaube. Welcher der beiden Wölfe gewinnt? Der, den du am meisten fütterst." – ***Archontische Realität oder Unendliche Realität?***

Das ist die Wahl, die darüber bestimmt, „in" welcher Welt wir leben. Die Wahrnehmung eines jeden von uns ist mehr oder minder von Angst durchsetzt – und bei den meisten eher mehr als minder, obwohl sie es vielleicht nicht bemerken. Die Angst kommt in vielen Verkleidungen daher, doch der Mensch hinter der Maske bleibt immer derselbe. Sie ist der Architekt aller Kontrollstrukturen. Ohne die Angst gäbe es keine globale *El*-ite, keine unterdrückten Massen, keine archontische Verschwörung. Das System kann uns kontrollieren, weil es auf Angst basiert. Ohne Angst verliert es seine Macht. Selbst jetzt ist seine Macht eigentlich *unsere* Macht, die wir aus Angst vor der eigenen Courage ans System abgetreten haben (Abb. 680).

Das Ich-Phantom *besteht* aus Angst. Ohne Angst könnte ein Ich-Phantom gar nicht existieren. Die energetische Dichte der Angst war es auch, die zum „Sündenfall" geführt hat, durch den wir in die niederen Frequenzbereiche der archontischen Tyrannei gefallen sind. Die Archonten haben die Liebe in ihr Gegenteil – Furcht – verkehrt; alle weiteren Invertierungen gehen auf diese primäre Umkehrung zurück. Der archontische Virus ist ... *ANGST*. Durch ihn kam die Angst in die Welt, in der sie vorher nicht existiert hat.

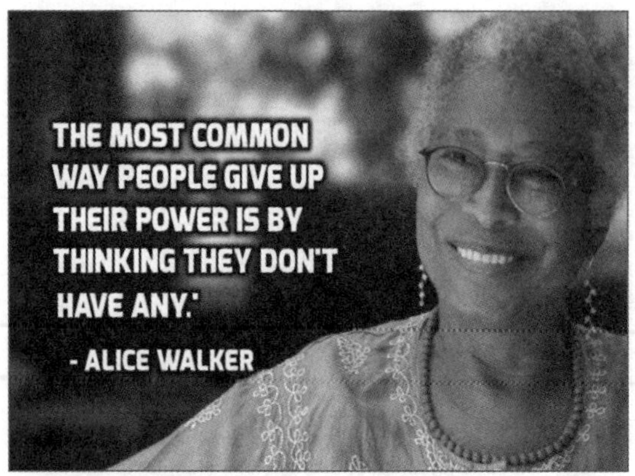


**Abb. 680:** „Menschen geben ihre Macht meist dadurch ab, dass sie glauben, keine zu haben.' – Alice Walker" – *Wie wahr.*

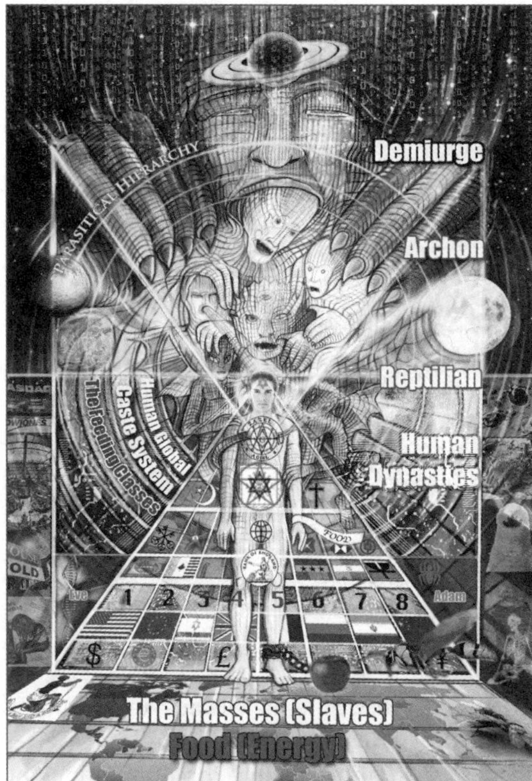


**Abb. 681:** „Demiurg, Archonten, Reptiloide, menschliche Dynastien, die Massen (Sklaven), Nahrung (Energie)" – *Die Nahrungskette des Demiurgen / der Archonten.*

Der Virus ist mit einem Ich-Gewahrsein versehene Angst; er ernährt sich von Angst, weil er Angst *ist*. Das Ich-Phantom ist voller Angst, weil es von einem Virus geschaffen wurde, der Angst verkörpert. Die hochfrequente Erde ist ein Ort der Liebe, während die schlechte Kopie der Erde mit dem Virus der Angst verseucht wurde (Abb. 681). Auf diese Weise wurde die Liebe in Angst verkehrt. Gandhi sagte einmal: „Der wahre Feind ist die Angst. Wir denken immer, es wäre der Hass. Doch es ist die Angst." Hass ist nur ein Ausdruck der Angst.

## Neue Identität

Die Menschheit braucht eine neue Identität, um die Angst und damit die Kontrolle abzuschütteln – doch das Ich-Phantom wird das nie zuwege bringen, solange es aus Angst besteht. Dabei ist es weitaus leichter, als die meisten denken: Wir müssen uns nur wieder mit unserem Unendlichen Gewahrsein identifizieren und erkennen, dass wir eine Erfahrung machen, statt zu glauben, dass wir diese Erfahrung *sind* (Abb. 682). Schritt eins: Name, Volkszugehörigkeit, Kultur, Familien- und Lebensgeschichte, Beruf, Gehaltsgruppe, Dialekt – all das sind *Erfahrungen*, nicht *wir selbst*. Wie kann das sein? Hätten Sie einen anderen Namen, würden Sie einem anderen Volk oder einer anderen Kultur angehören, eine andere Familien- und Lebensgeschichte, einen anderen Job, eine andere Gehaltsgruppe oder einen anderen Dialekt haben, dann wären Sie nicht die Person, die Sie heute sind, und würden die Welt auch anders wahrnehmen.

Die Altstadt von Jerusalem ist in vier Bezirke unterteilt – für Juden, Moslems, Christen und Armenier, die jeweils ihre eigene Kultur und Religion leben; wäre aber jemand in einem der anderen Viertel geboren worden, dann würde diese Person die *dort vorherrschende* Kultur und Religion verkörpern. Das Ich-Phantom ist ein *Download* – es ist nicht *Ihr Selbst*. Ich bin Unendliches Gewahrsein, und die Erfahrung, die ich durchlebe, nennt sich David Icke. Diese Neubewertung meiner Identität, des Aufmerksamkeitsbrennpunkts, von dem aus ich die Welt beobachte, hat mein Leben verwandelt. Sie hat mir ermöglicht, all den Spott und die Beleidigungen zu ertragen, all die juristischen Attacken und die Herausforderungen zu meistern und weiterzumachen, komme, was da wolle. Ich sage nicht, dass so eine Wandlung über Nacht erfolgt – obwohl auch das möglich ist –; anstoßen können wir diesen Prozess der Neuidentifizierung allerdings jederzeit. Dabei wird es immer wieder Rückschläge geben, etwa wenn die Illusionen wieder Macht über Sie gewinnen, Sie erneut in die Angstfalle tappen oder in falsche Vorstellungen über sich selbst zurückfallen. Doch je mehr Sie Ihr wahres Selbst leben, desto seltener kommt es zu solchen Rückschlägen, und Sie können diese enttarnen, sobald sie sich bemerkbar machen. „Oh nein, was nun, was soll ich jetzt machen – *aaah?*" Es ist nur eine *Erfahrung*, die bald vorüber ist und durch eine andere ersetzt wird. Von dem Moment an, als ich mich daran *erinnerte*, wer ich wirklich bin – obwohl eine Flut von Argumenten vorgebracht und eine Menge Druck aufgebaut wird, damit wir das vergessen –, habe ich alles daran gesetzt, meine Arbeit so effektiv wie möglich zu erledigen. Ich wusste, dass ich hierher gekommen war, um genau das zu tun, und seither betrachte ich mein Leben als meine Arbeit. Menschen gehen zur Arbeit und dann wieder nach Hause. Meines Erachtens tue ich genau dasselbe, nur sehe ich es aus einem anderen Blickwinkel: Ich ging in dem Augenblick zur Arbeit, als ich das Licht der Welt erblickte, und ich werde nach Hause zurückkehren, wenn mein Körper seinen Dienst aufkündigt. Ich brauche kein „erfülltes Leben" – kann man denn mehr verkörpern als *Alles Was Ist, War und Je Sein Kann?* „Erfüllt" ist mein Leben dadurch, dass es unendlich ist. Ich brauche nichts von dem, wovon andere glauben, dass es für ein „gutes Leben" notwendig sei: Weder will ich ein großes Haus noch ein großes Auto, und ich hüte mich vor den Fallstricken des „Erfolgs". Das tue ich nicht etwa aus spirituellen Gründen oder weil ich irgendwie rein sein will, sondern weil ich das alles wirklich nicht brauche. Diese Dinge würden nichts zu meinem Leben oder zu der Arbeit beitragen, die mein Leben *ist*.

**Abb. 682:** „Erwacht ... WIR haben die Macht." – *Das vergessene Selbst.*

Dieses Buch schreibe ich gerade, wie es auch bei allen anderen der Fall war, in einem winzigen Büro in einer kleinen Zweizimmerwohnung. Würde ich in einem großen Haus mit eigenem Grundstück leben, welchen Unterschied würde das machen, abgesehen von all den Ablenkungen, die die dadurch anfallenden Aufgaben mit sich brächten? Es wäre wohl nett, wenn ein Butler mir den Tee brächte, damit ich meine Arbeit nicht unterbrechen muss, aber er müsste dann auf dem Sofa schlafen. Ich will damit natürlich nicht behaupten, dass meine Art zu leben für alle richtig ist. Es gibt viele Wege, die man beschreiten kann – wenn auch die meisten davon vom System entweder vorgegeben oder aber attackiert werden. Lassen Sie mich beispielhaft erläutern, was mit Ihrer Wahrnehmung passieren kann, wenn Sie sich selbst bzw. Ihren Beobachtungsbrennpunkt neu definieren. Dinge, die zuvor noch wichtig waren, sind es dann nicht mehr, weil Sie erkennen, wie unbedeutend und irrelevant sie sind. Was bei anderen heftige Gefühlsausbrüche auslöst, geht an Ihnen vorbei, weil Sie es gar nicht erst registrieren. Sie betrachten die Welt und die Art und Weise, wie Menschen sich verhalten und reagieren, und Sie durchblicken die Illusion. Sie erkennen, dass so vieles von dem, was die Menschen als wichtig erachten, für diese nur wichtig ist, weil sie glauben, dass es so ist – weil sie *programmiert* wurden, das zu glauben (Abb. 683).

**Abb. 683:** „Haltet sie in der Matrix fest." – *Stress ist eine niederfrequente, verzerrte Schwingung, die uns in der Matrix gefangen hält.*

**Abb. 684:** „Wer wir sind … ein Aufmerksamkeitsbrennpunkt von Allem Was Ist." – *Das Kleine Ich?*

In vielen Situationen lohnt es sich zu fragen, wie Sie diese betrachten würden, wenn Sie nur noch ein paar Minuten zu leben hätten. Was genau würde dann in Ihrem Leben noch zählen? Wohl nur die wenigsten der Probleme, die Sie zeitlebens – Tag für Tag, Jahr um Jahr – wütend, panisch oder ängstlich werden ließen: „Ich bin arbeitslos." … „Meine Mannschaft hat nicht gewonnen." … „Meine Freundin hat mich verlassen." … Wie wichtig wäre das alles dann noch? Ich habe viele Berichte über die letzten Worte und Empfindungen von Menschen gelesen, die am Ende ihres Lebensweges standen. Alles, was dann noch zählte, war, wie sehr sie geliebt haben und wie sehr sie geliebt wurden. Viele durchschauen an diesem Punkt den Schwindel vom „Erfolg" – dem eigensinnigen Streben nach Geld, Status und Macht. Dasselbe geschieht, wenn Sie anfangen, sich selbst mit dem Unendlichen Gewahrsein zu identifizieren: Sie beginnen, alles zu durchschauen. Hierin liegt der ganz pragmatische Grund, warum das erweiterte Bewusstsein ständig vom System unter Beschuss genommen wird (Abb. 684).

Abb. 685: *Warum manche die Unendliche Musik wahrnehmen und andere nicht.*

Wenn Sie sich immer wieder sagen „Ich bin Unendliches Gewahrsein, das eine Erfahrung macht“, wird dieser Satz Ihr Leben verändern. Sie müssen es nur wirklich ernst meinen und nicht nur die Worte nachplappern oder denken. Anfangs werden Sie vielleicht noch nichts bemerken, aber Sie haben auf jeden Fall die Schleusen geöffnet bzw. ein Loch in den Deich der Wahrnehmungsprogrammierung gesprengt. Ihr Aufmerksamkeitsbrennpunkt wird sich verlagern, und Ihre fünf Sinne werden krakeelen: „Hey, hiergeblieben! Wo willst *du* denn bitte hin?“ Sagen Sie sich die oben genannten Worte immer wieder – denken Sie sie, *wissen* Sie sie –, und der Riss im Ich-Phantom wird immer größer werden. Das erweiterte Gewahrsein wird Ihre Wahrnehmung durchströmen, und Sie werden allmählich (oder auch rasch) alles aus einem anderen Blickwinkel betrachten – einem anderen Brennpunkt der Aufmerksamkeit (Abb. 685). Sie befinden sich zwar noch immer *in* dieser Welt, aber Ihr erweitertes Gewahrsein ist nicht mehr ganz *von* ihr. Wenn Sie trotz mancher Rückschläge, die sicher kommen werden, damit weitermachen, werden Sie – mit Ausnahme Ihres Körpers – immer weniger *in* dieser Welt und immer

**Abb. 686:** „Die Matrix“ – *Wie, Musik?*

**Abb. 687:** „Ich bin erwacht!“ – *Was für eine großartige Melodie.*

weniger *von* ihr sein. Bald dürften Ihre Freunde, die Familie und Bekannte überzeugt sein, dass Sie merkwürdig sind, gar verrückt, oder eine Midlife-Crisis haben. Sollte das der Fall sein: Herzlichen Glückwunsch! Sie liegen richtig. Wenn eine wahnsinnig gewordene Welt Sie als merkwürdig oder verrückt ansieht, dann ist das die beste Bestätigung, dass Sie auf dem richtigen Weg sind. „Die Tanzenden wurden von denen, die die Musik nicht hören konnten, für verrückt gehalten", um es frei nach Friedrich Nietzsche zu sagen (Abb. 686 und 687).

Wenn Sie sich mit dem Unendlichen Gewahrsein identifizieren, wird Sie nicht länger beschäftigen, was andere über Sie denken oder reden. Was Sie zuvor noch verletzt hätte, werden Sie jetzt mit einem Lachen abtun, so es denn überhaupt noch eine Reaktion gibt. Ich wurde und werde noch immer schwerstens beleidigt, aber diejenigen, die das tun, verschwenden ihre Lebenszeit damit anzunehmen, dass mich das irgendwie scheren würde (Abb. 688). Wenn jemand Sie beleidigen würde, der keine Ahnung hat, wer er ist und nicht einmal weiß, weshalb er das gesagt hat, würden Sie ihm das dann übel nehmen? Natürlich nicht. Sie würden denjenigen für einen armen Kerl bzw. diejenige für eine arme Frau halten und es einfach nur traurig finden. Nicht das, was die Leute sagen, beeinflusst Ihr Leben, sondern Ihre *Reaktion* darauf. Wenn Sie etwas für wichtig halten, wird sich das in Ihren Gefühlen widerspiegeln. Sobald Sie sich aber darüber im Klaren sind, dass es keine Bedeutung hat, weil alles eine Illusion ist, dann ist die Wirkung auf Sie gleich null (Abb. 689).

**Abb. 688:** „„Es ist nicht wichtig, worauf du den Blick richtest; wichtig ist, was du siehst.' – Henry David Thoreau zugeschrieben." *– Sie sind, was Sie wahrnehmen.*

**Abb. 689:** „Schwache Menschen rächen sich, starke Menschen vergeben, intelligente Menschen sehen darüber hinweg." *– Es ist egal, was andere über Sie denken – morgen werden sie etwas anderes denken.*

Warum sollten wir etwas darauf geben, was andere über uns sagen, wenn sie nur das Ziel haben, uns zu beleidigen und zu verletzen? Sie verdienen unser Mitgefühl, nicht unseren Zorn. Bedenken Sie, dass all diese Menschen am nächsten Morgen aufstehen werden, nur um wieder in ihren festgefahrenen Mustern zu landen, was bestimmt keine schöne Sache ist. Zwar sind diejenigen, die Sie ungerecht behandeln, Ausdruck desselben Unendlichen Gewahrseins wie Sie selbst – doch der Unterschied zwischen Ihnen und denen ist, dass Sie sich erinnern, Unendliches Gewahrsein zu sein, das eine Erfahrung macht, während die anderen immer noch glauben, sie seien die Erfahrung.

Ein weiterer wesentlicher Faktor, der Ihr Erwachen beschleunigen kann, ist die Absicht. Ich habe bereits an früherer Stelle erwähnt, wie sehr Ihnen die Energie der Absicht dabei helfen kann, das zu manifestieren, was Sie wollen. Sie sind das Unendliche, und das Unendliche ist Sie. Mithilfe der Absicht treten Sie mit Ihrem größeren „Ich" in Kontakt, um Ihre Wünsche in der holografischen Realität zu verwirklichen. Genau an diesem Punkt liegen allerdings viele New-Age-Gurus daneben. Einer von ihnen schlug zum Beispiel vor, dass man überall Fotos von Ferraris aufhängen sollte, um einen solchen in sein Leben zu visualisieren. Mal ganz abgesehen davon, dass jeder, der gerne einen Ferrari manifestieren möchte, immer noch in den Klauen des Programms hängt, sind da noch andere Kräfte am Werk, auf die ich gleich zu sprechen komme. Wer nach Geld und Besitz strebt, aus dem spricht das Programm – und wenn es das Einzige ist, wonach Ihnen verlangt, dann ist das Unendliche Gewahrsein gewiss nicht daran beteiligt.

## Mehr als ein „Ich"

Alle Wesen und Dinge sind Ausdruck derselben Unendlichen Wirklichkeit, doch sobald wir diese Aussage auf die Ebene des „inkarnierten" Menschen herunterbrechen wollen, müssen wir feststellen, dass dieser mehr als nur ein „Ich" besitzt (Abb. 690). Das sollte eigentlich nicht der Fall sein, aber so stehen die Dinge im Tollhaus nun einmal. Es gibt ein bewusstes, ein unterbewusstes und ein überbewusstes „Ich". Zwar sprechen wir von „bewusst" und „unterbewusst", aber gewissermaßen ist *beides* „bewusst" – unterbewusst bedeutet lediglich, dass etwas dem „Bewusstsein" (den fünf Sinnen) nicht bewusst ist, wenn Sie mir folgen können. Das Überbewusstsein wiederum ist das, was ich bisher das erweiterte Gewahrsein jenseits der Matrix und des Programms genannt habe. Das Unterbewusstsein interagiert ständig mit dem bewussten Verstand und beeinflusst dadurch unsere Wahrnehmung und unser Handeln. Dieser Schnittstelle bedienen sich

**Abb. 690:** *Unser „menschliches" Selbst ist nur ein winziger Ausdruck unseres Unendlichen Selbst.*

auch die meisten Programme des Systems, die dann im Bewusstsein als „Mir kam da grad ein Gedanke" oder „Ich werde dies oder jenes tun" zutage treten. Ganz ähnlich funktioniert auch subliminale Werbung, über die uns unterbewusst bestimmte Bilder und Betrachtungsweisen eingepflanzt werden.

Es ist das Überbewusstsein, das die Archonten mit aller Macht zu unterdrücken versuchen. Doch die überwältigende Mehrheit der Menschen bewegt sich ausschließlich auf der bewussten und der unterbewussten Ebene – die eigentlich zwei Aspekte derselben Instanz sind: nämlich des Ich-Phantoms. Dies ist das Reich des „Ich will einen Ferrari", „Ich will schwerreich sein", „Ich will Macht und Ansehen haben" und all dieser Nichtigkeiten. Es ist auch das Reich derer, die Menschen dazu ermutigen, sich einen Ferrari „herbeizudenken". Niemand schläft so tief wie diejenigen, die fälschlicherweise glauben, sie seien erwacht. Das Überbewusstsein braucht keinen Ferrari. Es möchte seine in der Falle sitzenden „bewussten" und „unterbewussten" Anteile – die der Illusion unterliegen, sie wollten einen Ferrari oder sie seien ihre Erfahrung – wachrütteln und zu ihnen Kontakt aufnehmen.

Wenn Sie sagen „Ich bin Unendliches Gewahrsein, das eine Erfahrung macht" und Sie Ihre Absicht, zu Ihrem wahren Selbst zu erwachen, ins kosmische Internet einspeisen, dann erwarten Sie bitte nicht, sich auf schattigen Alleen mit Blumenbeeten, Schmetterlingen und zwitschernden Vögelchen wiederzufinden. Denken Sie daran, was mir durch Betty Shine gleich zu Anfang mitgeteilt worden war: „Der spirituelle Weg ist steinig und für niemanden leicht." Oft geschieht es, dass Ihr altes Leben aus den Fugen gerät und große Veränderungen angestoßen werden, die Ihnen nicht samt und sonders gefallen werden. Bleiben Sie am Ball. Sie haben gesagt, Sie möchten zu Ihrem wahren Selbst erwachen, und das kann nicht funktionieren, wenn Ihr „altes" Leben dieser Absicht im Wege steht. Hat das Überbewusstsein erst einmal den Körper/Intellekt durchbrochen – vor allem dann, wenn sich mit einem Mal alle Schleusen öffnen, wie mir das nach meiner Erfahrung in Peru passiert ist –, können Sie sich von Ihrem früheren Leben verabschieden. Der Einfluss des Überbewusstseins und die Energiematrix, die durch Ihre Absicht geschaffen wurde, ziehen via „Schwingungsmagnetismus" all die Erfahrungen, Menschen, Orte und Informationen in Ihr Leben, die notwendig sind, um das Ich-Phantom zu zerlegen und die Illusionen aufzudecken. So kann das überbewusste Ich aktiv werden und – inmitten des Wahnsinns – seine Weisheit und Einsichten in Ihr Bewusstsein einströmen lassen. Wir leben zwar in einer Illusion, doch erfahren wir all diese Veränderungen zunächst so, als wäre alles real. Das Überbewusstsein erkennt die Illusion und sieht dieselbe Erfahrung deshalb aus einem völlig anderen Blickwinkel.

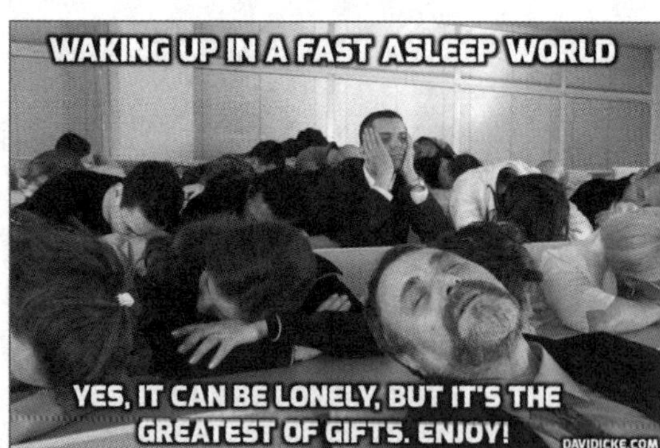


**Abb. 691:** „Erwachen in einer Welt im Tiefschlaf. Ja, das kann einsam werden, aber es ist das größte aller Geschenke. Genießen Sie es!" – *Es zählt nicht, was andere über Sie denken – morgen werden sie wieder etwas anderes denken.*

Für Ihr bewusstes „Ich“ kann etwas aussehen wie eine Katastrophe, wie Ihr schlimmster Albtraum, während die gleiche Erfahrung für Ihr Überbewusstsein ein großes Geschenk darstellt, das das Wahrnehmungs- und Angstkonstrukt namens Ich-Phantom weiter auflöst (Abb. 691). Zusammenbrüche können *Durch*brüche sein.

## Ein Albtraum als Geschenk

Nehmen Sie mein Leben als Beispiel. Um das tun zu können, was ich die vergangenen 26 Jahre getan, gesagt und geschrieben habe, durfte es mich nicht länger kümmern, was andere über mich denken – einschließlich der nationalen Medien, die mich in ihren Verrissen lächerlich machten und beschimpften. Ich musste mich davon frei machen. Dieser Punkt ist von zentraler Bedeutung, grundlegend und unabdingbar: Wer aus dem Programm erwachen und sich seines Ich-Phantoms entledigen will, muss die Furcht davor loslassen, was andere über einen denken. Fast jeder korrigiert ständig seine Ansichten, Meinungen und seinen Lebensstil, um ja nicht lächerlich gemacht, abgeurteilt oder kritisiert zu werden. Deshalb leben diese Menschen nicht ihr eigenes Leben und ihre Einzigartigkeit, sondern die Vorstellung eines anderen davon, wie sie sein, handeln und denken sollten. Ich-Phantome überwachen Ich-Phantome, Schafe kontrollieren Schafe: So sind wir dahin gekommen, wo wir heute stehen. Man kann eine Situation nicht verändern, indem man weiterhin das tut, was überhaupt erst zu dieser Situation geführt hat. Welche Rolle spielt es, was andere von Ihnen halten? Morgen werden sie etwas anderes denken (Abb. 692).

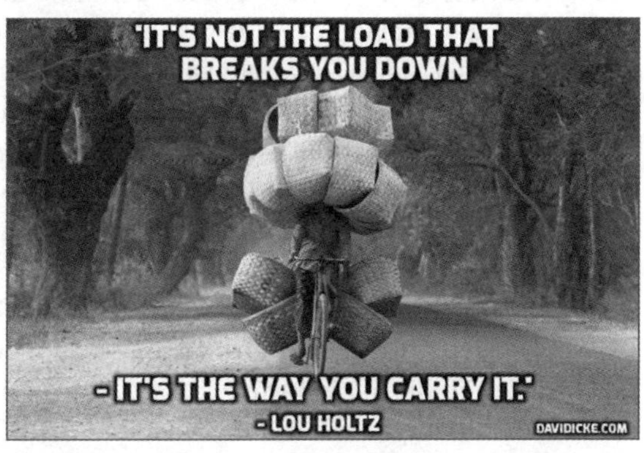


**Abb. 692:** „‚Nicht unter der Last brichst du zusammen – sondern unter der Art und Weise, wie du sie trägst.‘ – Lou Holtz“ – *Das Leben ist, wie Sie es wahrnehmen.*

Was Sie sind, geht die anderen nichts an. Mark Twain sagte ganz richtig: „Streite niemals mit dummen Menschen. Sie werden dich auf ihre Ebene herunterziehen und dich dann mit Erfahrung schlagen.“ Wer sind sie denn, dass sie Ihnen sagen könnten, wer Sie sind und wie Sie die Welt wahrzunehmen haben? Sie brauchen sich nicht zu rechtfertigen

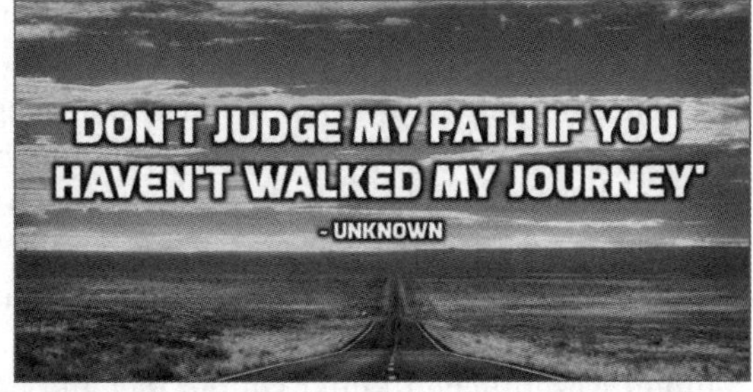


**Abb. 693:** „‚Bewerte nicht meinen Weg, wenn du nicht meine Reise machst.‘ – Unbekannt.“ – *Aber genau das machen die Menschen ständig.*

und zu verteidigen – *Seien Sie* einfach nur Sie selbst. Aus eigener langer und harter Erfahrung kann ich Ihnen bestätigen, dass Sie Sie selbst sein *können* und nicht die Person sein müssen, die sich die Menge wünscht, um ihre eigene Programmierung im Spiegel betrachten zu können (Abb. 693).

Ich hätte nichts von dem machen können, was ich getan habe, wenn ich nicht dieses Fundament der menschlichen Kontrolle zertrümmert hätte. Wer würde schon öffentlich über Archonten, gestaltwandelnde Reptiloide, eine Saturn-Mond-Matrix und einen intelligenten KI-Virus sprechen, wenn er sich darum sorgen würde, was die anderen sagen? Niemand. Deshalb musste ich aus diesem Gefängnis befreit werden. Darum musste ich die rekordverdächtige Woge landesweiten Spotts im Jahre 1991 und in den Jahren danach über mich ergehen lassen. Diese Erfahrung war derart krass, dass es nur zwei Optionen gab: Entweder, ich ging emotional daran zugrunde, oder ich ging daraus mit einem gestählten Rückgrat und dem Ziel hervor, die Wahrheit aufzudecken, egal, über welche Kanäle ich sie erfahren habe oder wie man mich darstellen würde.

Ich habe mich für die zweite Option entschieden, und was zunächst wie ein Albtraum aussah, erwies sich als Geschenk. Die meisten Journalisten, die ich kennengelernt und mit denen ich zusammengearbeitet habe, sind Ich-Phantome der ärgsten Sorte gewesen, die das System geschluckt und verinnerlicht haben. Nun kann man sich darüber aufregen, was sie sagen, oder lächelnd den Kopf schütteln und sich denken, wie traurig doch das Leben solcher verwirrten Betonköpfe sein muss. Während das Überbewusstsein das Programm deinstalliert und das Ich-Phantom sich mehr und mehr auflöst, wird es immer unwichtiger, was die Leute sagen, weil Sie wissen, dass es *nicht wirklich wichtig* ist. Ich wollte einmal Profifußballer werden, und der „Zufall" öffnete mir Türen, damit dies geschehen konnte – für eine Weile. Nach sechsmonatiger Profikarriere zeigten sich mit geschwollenen Gelenken erste Anzeichen dessen, was später als rheumatoide Arthritis diagnostiziert wurde. Doch ich spielte jahrelang weiter, bis sich die Arthritisschmerzen so stark verschlimmerten, dass jedes Aufwärmen fürs Training die Hölle war. Ich sagte keinem etwas davon und machte weiter, bis ich im Alter von 21 Jahren mit dem Spielen aufhören musste. Die Arthritis bei einem angehenden Fußballspieler (Albtraum) erweckte in mir eine unverwüstliche Entschlossenheit und den unbändigen Willen, mich nicht unterkriegen zu lassen – Kräfte, von denen ich nicht einmal gewusst hatte, dass ich sie besaß (Geschenk). Viele Menschen sind in mein Leben getreten, die sich als höchst unangenehme Betrüger und Schmarotzer erwiesen haben, und ich hatte mich vieler juristischer Attacken zu erwehren. Sie glaubten mich zu verletzen (Albtraum), aber machten mich nur stärker, indem sie mich Dinge sehen und erfahren ließen, denen ich sonst nicht begegnet wäre (Geschenk). Dabei lernte ich unter anderem mit Verrat umzugehen und mich davon nicht unterkriegen zu lassen. Dass mich solche Dinge nicht mehr kratzen, habe ich diesen Menschen zu verdanken. Sie waren nicht nett, aber für mich waren es die *richtigen* Menschen – „Der spirituelle Weg ist steinig und für niemanden leicht." Ein Geschenk ist das, was Sie *brauchen* – nicht unbedingt das, was Sie wollen. Ihre Reaktion darauf bestimmt, wie es weitergeht.

Einen wesentlichen Punkt sollten wir alle begreifen: Die Regeln und Vorschriften, die Ge- und Verbote, die Sitten und Unsitten, an die zu glauben die menschliche (archontische) Gesellschaft programmiert ist, sind nicht die Regeln und Vorschriften, die Ge- und Verbote, die Sitten und Unsitten des Überbewusstseins. Es sind Konzepte des Ich-Phantoms, nicht des Unendlichen Gewahrseins. Das Überbewusstsein ist nur an der Erfahrung interessiert, die zum Erwachen aus dem isolierten Fragment der programmierten Aufmerksamkeit und zur individuellen und kollektiven Enthüllung der archontischen Illusion führt. Manchmal müssen Sie etwas tun, was Sie später bedauern, um die Wahrnehmungen und die Programme des Ich-Phantoms zu erkennen. Manchmal müssen andere Ihnen etwas antun, was sie später bedauern, um die gleichen Entdeckungen zu machen. Manchmal müssen Sie die Regeln und Vorschriften, die Ge- und Verbote, die Sitten und Unsitten der menschlichen (archontischen) Gesellschaft ignorieren, um etwas zu erleben, das Sie die Illusion und deren Funktionsweise besser verstehen lässt. Kurz gesagt, das Überbewusstsein und das programmierte Ich-Phantom nehmen das menschliche Leben aus gänzlich unterschiedlichen Blickwinkeln wahr. Manche Menschen begehen Verbrechen und kommen ins Gefängnis, bevor sich der Schleier hebt, der auf dem Selbst und der Welt liegt. Andere landen durch Drogen und Alkohol ganz unten, bevor es wieder „nach oben geht". Anders ausgedrückt: Wenn wir solche Erfahrungen aus einem anderen Blickwinkel betrachten, können sie durchaus ein positives Ende nehmen. Die Erfahrung ruft uns zu: „Schau mal da hin – was sagt das über dich und die Welt aus?" Der Schlüssel liegt darin, dies zu erkennen und die Erfahrung von einem Albtraum in ein Geschenk zu verwandeln, indem Sie sich selbst im Lichte dessen verwandeln, was die Erfahrung Ihnen sagt oder zeigt. Die meisten Menschen machen das nicht und wandern so von einem Albtraum zum nächsten, wo doch alles hätte anders kommen können, wenn sie schon den ersten als Geschenk betrachtet hätten.

Wenn uns (durch den Einfluss des Überbewusstseins) unangenehme Dinge zustoßen, sind das keine Strafen, sondern *Erfahrungen*, die uns wachrütteln sollen. Fragen Sie sich, was sie Ihnen sagen und zeigen wollen, ändern Sie daraufhin sich selbst und Ihre Wahrnehmungen, und alles kommt in Bewegung. Dann haben Sie eine weitere Kerbe in das Phantom geschlagen und sind der Schwingung Ihres Überbewusstseins wieder ein Stück näher. Unsere Gedanken, Gefühle, Einstellungen und Wahrnehmungen sind allesamt Frequenzfelder und elektromagnetische Phänomene, die mittels Schwingungsmagnetismus andere Frequenz- und elektromagnetische Felder anziehen – Menschen, Orte, Jobs, Erfahrungen. Werfen Sie einmal einen Blick auf die Wasserbilder von Dr. Masaru Emoto und des Instituts für Luft- und Raumfahrttechnik der Universität Stuttgart, dann erkennen Sie, wie Menschen sich auf Energiefelder auswirken. Erinnern Sie sich an das Internetzitat, das ich anfangs schon einmal aufgeführt habe: „Das war Zufall – so sagt man. Doch in einem Quantenuniversum gibt es keine Zufälle, nur Möglichkeiten und Wahrscheinlichkeiten, die sich durch die Wahrnehmung in die Existenz entfalten." Genau so ist es. Was wir glauben, das nehmen wir wahr, und was wir wahrnehmen, das erfahren wir. Man könnte genauso gut sagen, dass wir das zurückbekommen, was wir ausstrahlen – und das ist die Grundlage dessen, was man „Karma" nennt. Wenn das Überbewusstsein ins Spiel kommt, wird es mehr und mehr die Menschen, Orte, Jobs, Erfahrungen für Sie anziehen, die Ihnen die bestmöglichen Chancen bieten, das zu vollenden, weshalb Sie hier sind. Das ist kein „Karma", sondern „Führung". Die vielen „schlimmen" Dinge, die mir in den 64 Jahren seit meiner Kindheit zugestoßen sind, waren eine unverzichtbare Vorbereitung auf das, was ich heute mache.

Mein Leben und meine Arbeit sind untrennbar miteinander verbunden, weil die Stufe, auf der ich in meinem Erwachensprozess stehe, über die Qualität meiner Arbeit bestimmt. Ich erinnere mich, wie ich als Kind in der Grundschule in der jährlichen Theateraufführung einen Baum (jawohl, einen Baum) spielte. Alle Eltern und Lehrer sahen zu, als der Märchenprinz (der Lieblingsschüler des Lehrers) mit einer imaginären Sense durch den „Wald“ schritt, um ihn niederzumähen und zu Dornröschen zu gelangen. Ich stand da in meinem braunen Kostüm mit dem künstlichen Laub auf dem Kopf und wartete darauf, dass er zu mir kam und ich umfallen konnte – aber er kam nie. Die anderen ließen sich einfach zu Boden fallen, obgleich ich das für Unsinn hielt, denn aus so weiter Entfernung konnte er sie gar nicht umgemäht haben. Ich blieb weiter stehen und wartete auf den Märchenprinz. Das Publikum begann zu kichern, erst leise, dann lauter, und schließlich lachten alle hellauf. Ich stand verwirrt da, weil ich nicht wusste, weshalb man über mich lachte, wo ich doch alles nur so echt wie möglich spielte. Am nächsten Tag rief mich die Schulleiterin Mrs. Wilkinson, eine sehr große Dame in Tweedkostüm – mit Schulterpolstern, auf die ein Quarterback hätte neidisch werden können – aus dem Unterricht zu sich und erhob sich über mir wie ein Riese aus dem Märchen. Sie erklärte mir, wie ich die ganze Schule enttäuscht hätte. An dieses Erlebnis erinnere ich mich deshalb noch so genau, weil es mich nachhaltig geprägt hat. Als Letzter stehenzubleiben und sich zu weigern umzufallen, hat im Hinblick auf mein späteres Leben einen ganz eigenen Symbolgehalt; das Wichtige daran aber war, schon in so jungen Jahren erlebt zu haben, von einem ganzen Publikum ausgelacht zu werden. Ich war sicher nicht älter als sechs oder sieben. Dies war eine unbewusste Vorbereitung auf den Spott, dem ich nach 1991 massenhaft ausgesetzt war. Von der Größenordnung her lag beides weit auseinander, aber die Erfahrung war dieselbe. Ohne Zweifel hat das Erlebnis von damals etwas in meiner Seele freigelegt, das mich das leichter durchstehen ließ, was ich später als Erwachsener erlebte. Das Leben ist keine Aneinanderreihung von unzusammenhängenden zufälligen Ereignissen; es liegt nur an uns, ob diese Ereignisse vom Überbewusstsein oder vom Ich-Phantom manifestiert werden. Wenn wir nicht aus ihnen lernen, an ihnen wachsen, durch sie erwachen und sie als das Geschenk ansehen, das sie sind, werden sie weitere Schichten aus Groll, Kummer, unterdrückter Wut und Aggression um das Ich-Phantom legen und uns das Gefühl geben, dass sich „die Welt gegen uns verschworen hat“. Das archontische System manipuliert diesen Prozess und programmiert diese Wahrnehmungen durch Etikettierung, Schubladendenken und Verurteilen, um zu verhindern, dass der Albtraum zum Geschenk wird. Viele werden die Vorstellung vom „Tag des Jüngsten Gerichts“ kennen, an dem wir den Zorn „Gottes“ zu spüren bekommen – ein Konzept, das gnadenlos von den Kuttenträgern und anderen ausgeschlachtet wird. So etwas wie ein Jüngstes Gericht oder einen zornigen „Gott“ (außer dem Demiurgen) gibt es nicht. Wir lernen nur aus Erfahrungen (erinnern uns) und ziehen immer wieder dieselben Erfahrungen an, bis wir aus ihnen gelernt haben – das biblische „Du erntest, was du gesät hast“. Machen Sie sich nicht fertig wegen Dingen, die längst vorbei sind, denn an diesen können Sie rein gar nichts ändern. Lernen Sie aus der Erfahrung und verwandeln Sie sie in ein bewusstseinserweiterndes Geschenk. Dafür ist sie da.

# Gedankenkontrolle

Wenn wir uns seinem Einfluss öffnen, wird das Überbewusstsein zu unserem Beobachter und Führer, und wir gelangen in das Reich des *Wissens*. Der Körper/Intellekt hingegen erfährt das Reich des *Denkens*. In diesem Reich ist auch das Ich-Phantom zu Hause, das ein Konstrukt aus Emotionen und Denken ist, die wiederum auf bewusster und unterbewusster Verstandestätigkeit beruhen. Das Denken wird vom System vergöttert, weil es den Interessen der archontischen Verschwörung dient. Wir sprechen zwar von „großen Denkern" und „großen Geistern" – doch im Vergleich zum Wissen ist das Denken eine Art Dorfdepp. Das Überbewusstsein weiß so viel mehr, weil es in bewusster Verbindung zur *Gesamtheit allen Wissens* steht, zum seiner selbst gewahren *Alles Was Ist*. Manche Menschen können so stark von ihrem Überbewusstsein getrennt sein, dass sie, wenn ihr Gewahrsein den Körper verlässt, in den Denkprozessen des bewussten und unterbewussten Verstandes stecken bleiben. Solche Menschen werden auch als „verlorene Seelen" bezeichnet – und da das Programm über unseren „Tod" hinausreicht und selbst dann noch unsere Wahrnehmungen diktieren kann, gibt es eine ganze Menge dieser Seelen. Es sind die Menschen, die in meiner Ayahuasca-Vision vom Himmel fielen und immer wieder in derselben „Schallplattenrille" landeten, durch die sie schon so oft getrottet waren. Wenn Sie sich einmal ganz ruhig hinsetzen, können Sie beobachten, wie Ihre Gedanken durch Ihren Geist wandern. Versuchen Sie nicht, sie zu beeinflussen, lassen Sie sie einfach ziehen und beobachten Sie sie. Es kann durchaus erheiternd sein, das unsinnige mentale Geplapper und das, was das Ich-Phantom dazu schwafelt, bewusst mitzuerleben. Der Verstand hört nie auf zu denken, zu planen, zu entwerfen und auf Dinge zu reagieren, die gar nicht passieren und wahrscheinlich auch nie passieren werden … dagegen wirkt eine Tratschtante wie jemand, der ein Schweigegelübde abgelegt hat. Der Knackpunkt ist aber folgender: Während man diesen Vorgang beobachtet, wer denkt dann? Das Ich-Phantom. Wer beobachtet? Das Überbewusstsein. Das *ICH*. Das Unendliche *ICH*. Das System wurde extra so angelegt, dass wir uns im Denken verstricken, und das wird durch die „Bildung" genauso gefördert wie durch Wissenschaft, Medizin, Wirtschaft, Politik und alles andere. Die Naturwissenschaft zum Beispiel wird niemals nur aus dem Gedankenreich heraus die Wirklichkeit verstehen, weil das Denken nicht jene Gewahrseinsebenen erreichen kann, auf denen man die Realität versteht und deren illusionären Charakter durchschaut. Daher entspringen große wissenschaftliche Durchbrüche auch ausnahmslos Inspirationen und einem plötzlichen „Wissen", nicht einer mentalen Gedankenarbeit. Der Physiker Albert Einstein hat einmal gesagt:

> Alle großen wissenschaftlichen Errungenschaften müssen mit intuitivem Wissen beginnen. Ich glaube an Intuition und Inspiration […] Zuweilen bin ich mir sicher, dass ich Recht habe, weiß aber nicht warum. […] Vorstellungskraft ist wichtiger als Wissen.

Einstein wird auch das folgende Zitat zugeschrieben:

Der Intellekt spielt auf dem Weg der Entdeckung nur eine untergeordnete Rolle. Es kommt dabei zu einem Bewusstseinssprung – nennen Sie es Intuition oder wie auch immer. Die Lösung fliegt einem einfach zu, und man weiß nicht, wie und warum [das geschehen ist].

**Abb. 694:** *Das Leben des Menschen, bis er über die Matrix hinausblickt.*

Aber es gibt ein Wie und Warum. Intuition und schöpferische Vorstellungskraft entstammen dem Überbewusstsein, und wenn Sie darauf Zugriff haben, können Sie richtig liegen, ohne den Grund dafür zu kennen – es sei denn, Sie sind mit der Funktionsweise des Überbewusstseins vertraut. Bis ich Betty Shine kennenlernte und meine Bewusstseinsreise antrat, hatte ich mich mit bestimmten Informationen auseinandergesetzt und daraus Rückschlüsse gezogen. In den Jahrzehnten danach aber „wusste" ich manche Dinge einfach, und die Informationen, die ich über die fünf Sinne erlangte und die dieses Wissen stützten, kamen danach. Ein weiteres, Einstein zugeschriebenes Zitat besagt, dass Probleme niemals mit derselben Denkweise gelöst werden können, durch die sie entstanden sind. Damit ist das archontische Hamsterrad gemeint, das man nur verlassen kann, indem man sich wieder mit dem Überbewusstsein verbindet (Abb. 694).

Wundert sich jetzt noch jemand, warum die Archonten so versessen darauf sind, mithilfe des von ihnen geschaffenen Systems das Gewahrsein zu unterdrücken und die Menschheit in die Illusion des Denkens zu verstricken? Der archontische Virus besteht aus Angst, und auf dem Frequenzband der Angst wird über das *Denken* kommuniziert. Es ist eine *Computer*sprache, weshalb es auch mit den Informationen vergleichbar ist, die ein Computersystem durchlaufen und Prozesse in Gang setzen, die letztlich auf dem Bildschirm ausgegeben werden. Denken ist die Sprache der Matrix, weil es die Sprache des archontischen Virus ist. Wissenschaftler haben entdeckt, dass das, was die Mainstreamwissenschaft „Junk-DNS" nennt – die 98 Prozent der DNS, die keine ersichtliche Funktion haben sollen –, ähnlich codiert ist wie die menschliche Sprache. Bingo. Natürlich ist das so, weil die Sprache ein grundlegendes Element des Programms ist, das durch den Körper/Intellekt läuft. Und was ist Sprache denn anderes als eine akustische, über die Schwingung der Stimmbänder manifestierte Version des … *Denkens*? Sprache, die sich innerhalb des Frequenzbereichs der Gedanken bewegt, ist ein Programmiersystem, und durch die Schwingung unserer Sprache programmieren wir uns selbst und andere. Hält es wirklich jemand für einen Zufall, dass sich das Denken und die Gehirnaktivität des Menschen im ELF-Band – also im extremen Niederfrequenzbereich – bewegen? Das Überbewusstsein denkt nicht – es *weiß*, und es teilt sich uns über das intuitive Wissen mit, von dem auch Einstein spricht. Wenn sich das Überbewusstsein in Sprache ausdrückt, ist das etwas anderes, als wenn sich das Denken in Sprache ausdrückt. Es sind zwei völlig verschiedene Frequenzbereiche. Ich sage schon lange, dass der Körper/Intellekt nur ein biologisches Computersystem ist, in das emotionale Programme implementiert wurden, die programmierte Reaktionen hervorrufen, und dass die Mehrheit der Menschen ihr Leben verbringen kann, ohne einen wirklich eigenen Gedanken produziert zu haben. Warum? Denken ist nicht originär – Denken ist ein Programm. Die Originalität entspringt dem Überbewusstsein und seiner Verbindung zur Gesamtheit aller Möglichkeiten und allen Wissens. Mithilfe des Denkens kann Technologie konstruiert werden, weil Technologie ein Ausdruck des Denkens ist. Das ist auch der Grund, warum die Archonten und ihre reptiloiden Agenten so technologieversessen sind: Mit der Technologie kompensieren sie ihre fehlende Verbindung zum Überbewusstsein, aus dem die *kreative Vorstellungskraft* stammt. Was fehlte dem Demiurgen/den Archonten den Gnostikern zufolge? Die *kreative Vorstellungskraft*. Viele halten intelligente Technologien und Ähnliches zwar für Produkte dieser Vorstellungskraft – aber so großartig sie dem unterdrückten Gewahrsein der Menschheit auch erscheinen mögen, sind es doch im Grunde steinzeitliche Erfindungen. Das gilt für sämtliche Technologien, denn keine einzige von ihnen gehört dem Reich des Überbewusstseins an. Dieses nämlich befindet sich jenseits von Denken und Verstand – es ist ein Reich, in dem man keine Technologie braucht, um die beschränkte Wahrnehmung zu überwinden, weil man sich des gesamten Potenzials und der Gesamtheit aller Möglichkeiten gewahr ist. Nahtoderfahrene haben beschrieben, wie Wesenheiten in diesem außerkörperlichen Zustand mit ihnen sprachen, ohne Worte zu benutzen; sie hörten keinen einzigen Ton, sondern *wussten* einfach, was ihnen mitgeteilt wurde. Das ist die Welt des Überbewusstseins, wo alles augenblicklich manifestiert werden kann, ohne dass man eine Fabrik für die Herstellung benötigt. Es ist die Welt, in der wir eigentlich leben sollten. Doch die Menschheit wurde durch den Eingriff der Archonten hereingelegt und so manipuliert, dass sie in deren Wahrnehmungsebene (und sogar noch etwas tiefer) hinabstieg („fiel") – in das Reich des Denkens und der niedrig schwingenden Emotionen, in die Illusion des Physischen. Im Königreich der Blinden ist der Einäugige König (Abb. 695).

**Abb. 695:** „Im Königreich der Blinden ist der Einäugige König." – *Der Demiurg ist der „Einäugige", der die Menschheit geblendet hat.*

Über den Transhumanismus soll der Einäugige noch mächtiger werden und noch mehr Kontrolle erlangen. Die Gnostiker sowie viele andere alte und neuere Quellen, die ich studiert habe, sind der einhelligen Meinung, dass die Archonten eine Heidenangst davor haben, die Menschheit könne zu ihrer wahren Natur erwachen. Ihnen ist klar, dass für sie das Spiel dann vorbei wäre, denn es würde bedeuten, dass wir zum Überbewusstsein erwachen, zu dem der archontische Virus keinen Zugang hat. Was seine Fähigkeiten und Möglichkeiten anbelangt, ist das Überbewusstsein den Archonten bei Weitem überlegen;

im Vergleich zu ihm wirken sie wie Zwerge. Deshalb mussten die Archonten aus den Menschen noch kleinere Zwerge machen, und deshalb ist es für das Erwachen von so grundlegender Bedeutung, die Schichten der programmierten Wahrnehmung abzutragen, die uns in der Knechtschaft der Unwissenheit halten. Der Nahtoderfahrene Dr. Eben Alexander beschrieb den grundlegenden Unterschied zwischen der archontischen Matrix und dem Reich des Überbewusstseins so:

> Das Denken zu erleben, das sich außerhalb des Gehirns abspielt, bedeutet, in eine Welt der unmittelbaren Verbindungen einzutreten, die das gewöhnliche Denken (die Aspekte, die durch das Gehirn und die Geschwindigkeit des Lichts eingeschränkt werden) wie einen hoffnungslos schläfrigen und schleppenden Vorgang aussehen lassen.
>
> Unser wahrstes, tiefstes Selbst ist absolut frei. Es ist nicht durch frühere Handlungen gelähmt oder gefährdet und kümmert sich auch nicht um Identität oder Status. Es begreift, dass es die irdische Welt nicht fürchten muss und es daher nicht nötig hat, sich durch Ruhm, Reichtum oder Eroberung selbst aufzubauen.

Die Archonten arbeiten unermüdlich daran, uns von diesem „wahrsten, tiefsten Selbst" getrennt zu halten – weshalb die eigentliche Revolution auch in der Wiederverbindung mit diesem Selbst liegt.

## Von Herzen

Beim Thema Überbewusstsein fällt mir automatisch das Herz ein. Heutzutage heißt es oft: „Benutze deinen Kopf". Ich dagegen sage: „Benutze dein Herz" – und das meine ich nicht etwa metaphorisch. Das Herz ist die Liebe. Der Kopf, der Verstand ist die Angst. Wissenschaftler erforschen die Ionosphäre, die Stratosphäre und die Troposphäre, dabei wäre es viel sinnvoller und gewinnbringender, wenn sie die auf Angst gegründete Kopf- bzw. Verstandessphäre erforschen würden. Dort nämlich muss man suchen, wenn man die Welt wirklich verstehen will. Das Ich-Phantom ist ein Konstrukt der Angst: die Angst, nicht angepasst zu sein; die Angst, was andere über einen denken; die Angst zu versagen; die Angst vor dem Augenblick; die Angst vor der Zukunft; die Angst vor der Vergangenheit (Reue); die Angst vor dem Tod und vor dem Leben. Dabei gründet sich die Angst vor dem Tod nur darauf, dass man zu wenig über das Leben weiß. Und die Angst vor dem Leben wurzelt darin, dass man zu wenig über den Tod weiß. Programmierte Angst und Unwissenheit – in einem Wort: das Ich-Phantom.

Die Verstandes- bzw. Kopfsphäre ist einfach programmierbar, denn ihre Wahrnehmung beruht auf Daten, und diese werden vom archontischen Netzwerk kontrolliert. Wo Müll hineingesteckt wird, kommt Müll heraus; wem Angst einprogrammiert wird, der hat Angst. Denken Sie einmal über sich und Ihr Leben nach. Es spielt keine Rolle, wer Sie sind oder was Sie machen – Sie werden feststellen, dass viele Ihrer Reaktionen und Entscheidungen von Angst bestimmt sind und diese Ihre Wahrnehmung zum Großteil programmiert. Tagtäglich werden wir mit Gründen überschüttet, aus denen wir Angst haben sollten, und wir erfinden selbst noch eine Menge hinzu. Ist es daher nicht völlig logisch, dass das archontische System den Blockbuster „Gründe, warum man Angst haben sollte" – Teil 1, 2 und 3 – in einer Endlosschleife vor unseren Augen abspielt? Ohne Angst kein System. Ohne Angst keine archontische Kontrolle. Angst und Unwissenheit gehören untrennbar zusammen; die Unwissenheit ist quasi die Visitenkarte der Angst. Wo Unwissenheit ist, muss auch Angst sein, da das eine vom anderen hervorgerufen wird. Es ist die Schwingung der Angst, die uns von der überbewussten Erleuchtung abschneidet.

Die hochfrequente Erde hat deshalb eine so hohe Schwingung, weil sie ein Reich der Liebe ist. Wenn wir unsere Herzen der Liebe öffnen, wenn wir lieben und geliebt werden, dann erzeugen wir hochfrequente Wellen, die unsere Energiefelder und unser Gewahrsein auf höhere Bewusstseins- und Wahrnehmungsebenen führen – auf die Ebene des Überbewusstseins (Abb. 696). Die niederfrequente Erde hat deshalb eine so geringe Schwingung, weil sie ein Reich der Angst ist. Wenn wir unsere Herzen aus Angst verschließen, weil wir uns fürchten, oder wenn wir selbst anderen Angst einjagen, dann erzeugen wir niederfrequente Wellen, die unsere Energiefelder und unser Gewahrsein unterdrücken. Wir fallen in die Welt der Dichte, die uns vom Überbewusstsein trennt (Abb. 697).

**Abb. 696:** „Herzbewusstsein – erwacht und schließt euch zusammen." – *Sie wollen die Welt verändern? So geht's.*

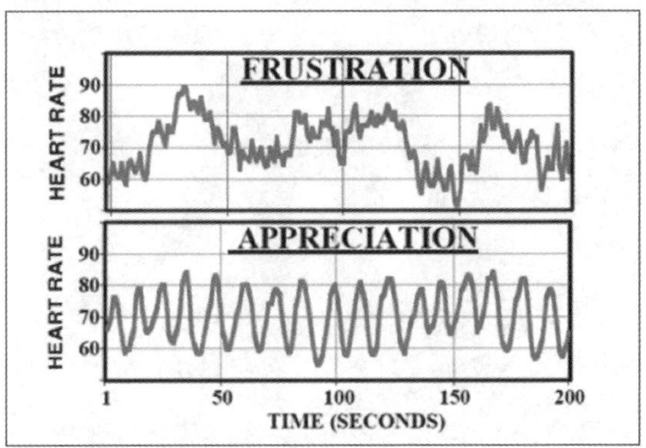


**Abb. 697:** *Die Herzfrequenz von Frustration (oben) und Dankbarkeit (unten). In verschiedenen Seinszuständen erzeugen wir unterschiedliche Schwingungsmuster.*

Pixelwahrnehmung ist Angst. Bildwahrnehmung ist Liebe. Aber was ist eigentlich Liebe? Die meisten Menschen verstehen unter Liebe eine körperliche Anziehung, zu der allerlei Bedingungen, Vertragsklauseln und andere Details gehören. Ich liebe dich, *wenn*. Ich liebe dich, *sobald*. Ich liebe dich, *solange wie*. Liebe in ihrem unendlichen Sinne – die Liebe, die dem Wissen entspringt, dass wir Liebe sind – braucht weder Verträge noch Bedingungen oder Klauseln. Unendliche Liebe *liebt*. Das ist es, was Liebe macht und *ist*, wenn sie nicht von Angst befleckt ist. Wie viele menschliche „Liebesbeziehungen" gründen sich wohl auf Angst? Ich würde sagen, die große Mehrheit. Sie sind nur eine weitere Verkehrung der Liebe in ihr Gegenteil, die Angst.

Echte Wissenschaft ist ein Teilgebiet der Spiritualität, so wie echte Astronomie ein Teilgebiet der Astrologie ist. Das lässt sich etwa an der Arbeit des Institute of HeartMath in den Vereinigten Staaten erkennen, das eine Vorreiterrolle bei der Erforschung der multidimensionalen Natur des Herzens spielt. Die Forscher stellten dort unter anderem fest, dass das Herz das stärkste elektromagnetische Feld im Körper erzeugt, und dass mehr Nerven vom Herzen zum Gehirn verlaufen als umgekehrt (Abb. 698). In unserem Herzen befinden sich außerdem ungefähr 40.000 Neuronen, die den Nervenzellen im Hirn ähneln und genau wie diese Neurotransmitter ausschütten.

Zu einer weiteren kolossalen Umkehrung kam es, als das Herz und dessen intuitive Intelligenz durch das Gehirn und dessen programmierte Intelligenz vereinnahmt wurden. Ich werde das gleich näher erläutern. Auf einer Ebene kann man das Herz als eine elektrische Pumpe sehen, die alle Teile des Hologramms mit Blut (Energie/Information) versorgt. Arterien und Venen sind der holografische Ausdruck der Informationen bzw. des „Chi", das im Meridiansystem – auf dem die Akupunktur basiert – zirkuliert. Die Meridiane wiederum sind mit den Chakren verbunden, die ich an früherer Stelle (Abb. 144) beschrieben habe, wobei die unteren Chakren mit dieser „Welt", die oberen mit anderen Wirklichkeiten zu tun haben. Zwischen den Chakren vermittelt der ausgleichende Wirbel im Zentrum, das Herzchakra. Liebesgefühle empfinden wir in der Brustmitte (wenn uns „das Herz flattert"), weil das Herzchakra unsere Verbindung zur Unendlichen Liebe ist – zum Unendlichen Selbst und Überbewusstsein. Wenn das Herzchakra geöffnet ist und sich das Unendliche Selbst dadurch frei ausdrücken kann, dann erfahren wir durch die Unendliche Liebe auch Unendliches Gewahrsein, Unendliche Intelligenz, Unendliches *Wissen* oder eben das Überbewusstsein (Abb. 699).

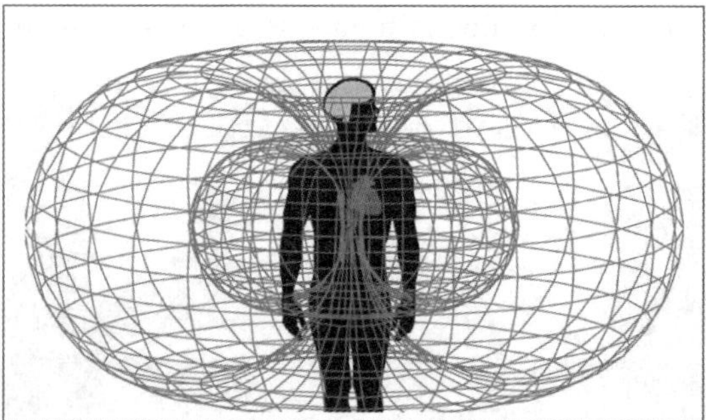

**Abb. 698:** *Das Herz generiert das stärkste elektromagnetische Feld des Körpers.*

**Abb. 699:** *Das Herzchakra ist der Mittelpunkt des Hauptchakrensystems des Menschen.*

Der Kopf denkt, das Herz aber *weiß*. Das Unendliche Gewahrsein ist eben Unendliches Gewahrsein – ein Zustand reinen Bewusstseins, das sich der Unendlichkeit gewahr ist. Je mehr Zugang wir zum Überbewusstsein haben, desto mehr *wissen* wir über die

Unendlichkeit. Kein Denken. Kein mühseliges Erarbeiten. *WISSEN*. Es ist ein Zustand der Allwissenheit, der nichts mit Denken zu tun hat. Das Ich-Phantom denkt. Das Unendliche Selbst weiß. Wir Menschen erfahren das im Unterschied zwischen Denken und Intuition, der sich in Aussprüchen wie „Folge deinem Kopf" bzw. „Folge deinem Herzen" niederschlägt. In der Körpersprache drückt sich entweder der denkende Kopf oder das fühlende Herz aus ... das denkende Ich-Phantom oder das wissende Unendliche Selbst. Wenn wir „Ich denke" sagen, legen wir unsere Hände nicht auf das Herz oder die Brust, sondern zeigen auf den Kopf, wo das Gehirn denkt. Haben wir hingegen eine intuitive Eingebung oder fühlen wir etwas, dann legen wir die Hände aufs Herz oder die Brust und sagen „Ich weiß es hier drin". Im Englischen spricht man zuweilen auch vom „heart of hearts" – also davon, dass man etwas „aus tiefstem Herzen" oder „im Grunde seines Herzens" empfindet. Seit ich Betty Shines Empfangszimmer verlassen habe, wurde ich von diesem inneren Herzwissen geführt und habe gelernt, es zu verstehen (bzw. mich daran zu erinnern). Seit jenem Tag folge ich, sobald mein Herz im Konflikt mit meinem Kopf steht, meinem Herzen, meinem intuitiven Wissen. Irgendwann hört der Kopf auf zu streiten, und Herz und Kopf beginnen, dieselbe Sprache zu sprechen – so wie es sein soll. Der großartige amerikanische Komiker Bill Hicks war sich dieser Dinge bewusst und traf es mit seinen Worten auf den Punkt:

> Da befinden wir uns gerade, als Ganzes. Niemand ist davon ausgenommen. Wir erleben eine Realität, die sich auf eine Fassade aus Lügen und Illusionen stützt. Eine Welt, in der die Gier unser Gott und Weisheit eine Sünde ist, in der die Trennung im Mittelpunkt steht und Einheit ein Fantasiegebilde ist, in der man egozentrische Gerissenheit in den Himmel lobt, nicht die Intelligenz des Herzens.

Die Forschungen am Institute of HeartMath haben gezeigt, dass wir in einen Zustand stark erweiterten Bewusstseins eintreten, wenn die Energiefelder des Herzens, des Gehirns und des zentralen Nervensystems harmonisch zusammenschwingen, sie also über elektromagnetische Kohärenz miteinander kommunizieren. Neue Messungen deuten darauf hin, dass „das Herzfeld direkt an intuitiver Wahrnehmung beteiligt ist, indem es an ein energetisches Informationsfeld außerhalb von Raum und Zeit andockt". Genau – an das Überbewusstsein (Abb. 700).

**Abb. 700:** „Das Herzchakra – die Verbindung zum Unendlichen Selbst" – *Die Verbindung nach Hause.*

Das Ziel der archontischen Umkehrung war und ist es, diese Kohärenz bzw. Verbindung zu zerstören, das Herzchakra zu unterdrücken und unsere gesamte Aufmerksamkeit auf das Gehirn zu richten. Eigentlich sollten alle Ebenen des Menschen harmonisch zusammenarbeiten und

**Abb. 701:** „Sind Sie Ihr Herz oder Ihr Gehirn? Studie: Die meisten Menschen definieren sich über ihren Kopf, nicht über ihr Herz. Verändern Sie das, und wir verändern die Welt." – *Herz und Hirn sollten zusammenarbeiten, wobei das Herz die Führung übernehmen sollte.*

so die Einheit der Unendlichen Existenz widerspiegeln; stattdessen aber wurde das Ganze in „Teile" aufgespalten und systematisch fragmentiert. Das Herz wurde vom Kopf, die rechte Gehirnhälfte von der linken abgekoppelt. Die Menschheit muss sich also buchstäblich wieder neu zusammensetzen (Abb. 701).

Allerdings leben die meisten Menschen nicht in der Einheit des geöffneten Herzens und eines ganzheitlich genutzten Gehirns, sondern isoliert in der linken Gehirnhälfte. Der Unterschied zwischen diesen beiden Dispositionen ist so gewaltig, dass er kaum in Worte zu fassen ist. Deborah Rozman, Vorsitzende und CEO des HeartMath LLC in Kalifornien, hat einmal über eine Methode berichtet, mit der es ihr gelungen sei, die Versuchspersonen erst aus dem Kopf und dann aus dem Herzen sprechen zu lassen. „Es war, als hätten zwei verschiedene Menschen gesprochen", so Rozman. „Das Herz sprach in der Gegenwart, mit echtem Gefühl und Wahrhaftigkeit. Der Kopf äußerte sich mit Meinungen, Ängsten, Geboten und Verboten." Besser könnte man den Unterschied zwischen Unendlichem Selbst und Ich-Phantom nicht zusammenfassen, denn es ist der zwischen einem geöffneten Herzen und dem programmierten Verstand. Von Anfang an hatte es die archontische Umkehrung bzw. Manipulation auf das Herz abgesehen – denn die Menschheit kann nur dann vollständig unterjocht werden, wenn sich das Gehirn, vor allem die linke Gehirnhälfte, über das Herz hinwegsetzt. Was trennt uns mehr als alles andere von unserem Herzen? Die *Angst*. Liebe im unendlichen Sinn ist die Abwesenheit von Angst – oder das, was bleibt, wenn die Angst beseitigt wird. Die schlechte Kopie der Wirklichkeit ist Gestalt gewordene Angst, und all die konstruierten und künstlich erzeugten Gründe für Angst und Stress verzerren die Wirklichkeit und erzeugen Chaos, wo elektromagnetische Kohärenz und Harmonie zwischen Herz, Gehirn und zentralem Nervensystem herrschen sollten (Abb. 702).

**Abb. 702:** *Die Trennung der kohärenten Verbindung zum Herzen.*

Das Herz sollte das Zentrum der Wahrnehmung sein, die Verbindung zum Überbewusstsein; das Gehirn müsste eigentlich dem Herzen dienen und es nicht als Brennpunkt von Intelligenz und Gewahrsein ersetzen. Das Gehirn ist nämlich nur *vermeintlich* intelligent und bewusst. Wird das Herz aus der ihm zugedachten Rolle verdrängt, wird das erweiterte Bewusstsein ausgeschlossen und die Wahrnehmung in der Realität des Ich-Phantoms eingesperrt. Vor dem archontischen Eingriff interagierte die Menschheit über das Herz mit der Wirklichkeit, und das Gehirn war einzig dazu da, auf das „Wissen" des Herzens zu reagieren. Sobald diese Verbindung gestört und blockiert worden war, begannen das Denken und die Emotionen unsere Wahrnehmung, unsere Reaktionen und unser Verhalten zu steuern (Abb. 703). Aus einer Herzwelt wurde die Kopfwelt, in der wir seither leben. Mit der Wendung „heart to heart" wird im Englischen zumeist ein Gespräch bezeichnet, bei dem man sich gegenseitig das Herz ausschüttet. Hinter diesen drei Worten verbirgt sich die funkelnde Wahrheit, dass wir ohne Einmischung des Gehirns von „Herz zu Herz" kommunizieren können (Abb. 704). Würden wir das machen, wäre jeder Konflikt sofort beendet. Tiefe Traurigkeit beschreibt man mit Begriffen wie „gebrochenes Herz" oder „Herzschmerz", die die Wirkung unserer Gefühle auf das Herzchakra beschreiben. Die Energie, die das Herzchakra durchdringt und umgibt, kann durch Stress, Traumata oder Verluste so verdichtet werden oder derart stagnieren, dass sich dieser Zustand im Hologramm als Herzinfarkt oder Herzkrankheit manifestiert. Man kann sogar an gebrochenem Herzen sterben. Daher ist der wahre Grund dafür, dass Herzkrankheiten weltweit die Todesursache Nummer eins sind, emotionaler Stress – eine energetische Ursache, die sich auf das Hologramm auswirkt.

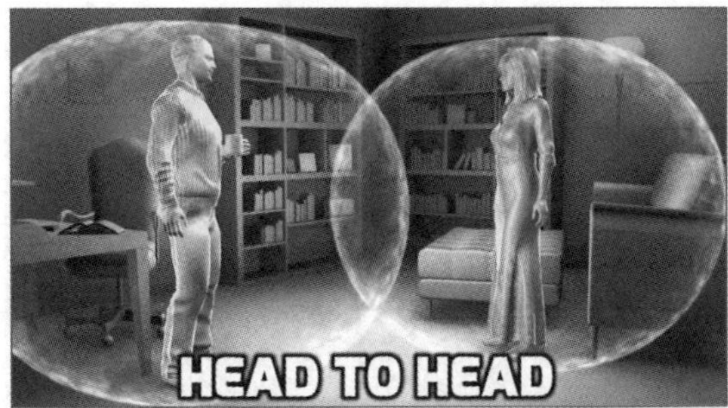


**Abb. 703:** „Von Kopf zu Kopf" – *Von Ich-Phantom zu Ich-Phantom.*

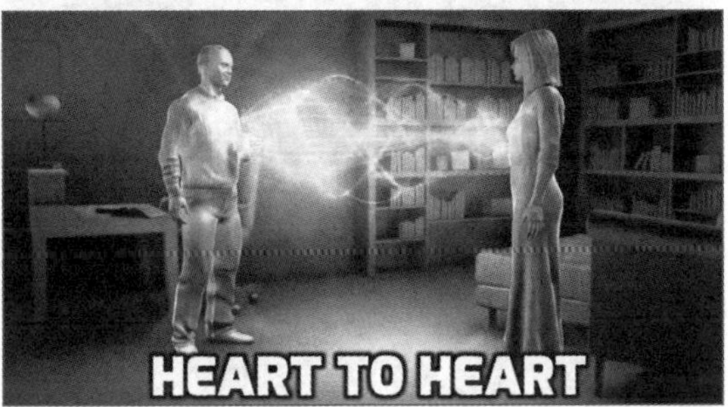


**Abb. 704:** „Von Herz zu Herz" – *Von Unendlichem Selbst zu Unendlichem Selbst.*

## Herzmenschen

Um der Herrschaft der Archonten die Grundlage zu entziehen, muss die Menschheit ihr Herz öffnen und überbewusst werden. Das ist naheliegend, denn alles, was die Archonten uns antun, basiert darauf, dass sie das Herz hinter Schloss und Riegel halten. Die Welt wird zwar von Psychopathen regiert – aber man kann kein Psychopath sein, wenn man aus dem Herzen heraus handelt. Dass Ihr Herz offen ist oder sich gerade öffnet, mer-

**Abb. 705:** „Der Geist des Wandels – Das Richtige tun, egal was man Ihnen sagt." – *Das tun, was wir für richtig halten – nicht immer das, von dem wir meinen, es sei für uns selbst das Beste.*

**Abb. 706:** „Die kleinste Freundlichkeit ist mehr wert … als der großartigste Vorsatz.' – Kahlil Gibran." – *Eine nicht-archontische Welt gründet sich auf Freundlichkeit, anderen und sich selbst gegenüber.*

ken Sie daran, dass Sie freundlich, voller Mitgefühl und großzügig sind (Abb. 705). Mit geöffnetem Herzen denken Sie in bestimmten Situationen und bei Entscheidungen darüber nach, was richtig, angemessen und gerecht ist, nicht darüber, was für Sie gerade das Beste ist (Abb. 706). Angesichts der Tatsache, dass wir ernten, was wir säen, ist es auf Dauer sogar für jeden selbst das Beste, richtig, angemessen und gerecht zu handeln. Wie aber soll man seine psychopathische Grundhaltung aufgeben, wenn man nicht irgendwann Erfahrungen durchlebt, die einen aus dieser Haltung aufwecken?

Achten Sie einmal darauf, wie wir reden: Wenn wir unfreundlich, ohne Mitgefühl, Anteilnahme und Großzügigkeit handeln, dann nennt man uns „herzlos". Der ganze Druck, den die archontische Gesellschaft und das System auf uns ausüben, soll uns dazu zwingen, mit dem Kopf zu handeln. Jeder gegen jeden, der Gewinner bekommt alles, strebe immer danach, die Nummer eins zu sein. Ja, wir sollten wirklich versuchen, die Nummer eins zu sein: hinsichtlich der Frage nämlich, ob wir uns selbst Liebe und Respekt erweisen. Wer aber steht für uns an erster Stelle – das Ich-Phantom oder das Unendliche Selbst? Nach welcher „Nummer eins" sollten wir „streben"? Die Wendung bezieht sich offensichtlich auf das Ich-Phantom, das kämpfen, fechten und sich mit Ellbogen und Beleidigungen durchsetzen muss, um im Wettkampf mit den anderen Ich-Phantomen, die ebenfalls die „Nummer eins" sein wollen, zu bestehen. Aber sind wir nicht genau deshalb in diesen Schlamassel hineingeraten – weil wir in unserem Streben aufs falsche Pferd gesetzt haben?

Herzmenschen vernachlässigen sich aber auch nicht selbst. Sie wissen, dass der Glaube, spirituelle Reinheit bedeute Leiden und Armut, unsinnig ist – Sack und Asche sind für das Phantom, nicht für das Unendliche. Sie wissen, dass wie uns selbst gegenüber genauso freundlich, mitfühlend und großzügig verhalten müssen wie gegenüber anderen. Wir sind alle dieselbe „Nummer eins", derselbe „Eine". Viele Menschen vergessen, dass sie auch freundlich zu sich selbst sein müssen, und generieren damit ein weiteres Phantom-Programm: „Schau nur, wie spirituell ich bin: Ich entsage und leide, um anderen zu helfen." In Wirklichkeit ist das nur eine weitere falsche Identität, ein weiteres Etikett, ein weiteres Ich-Phantom. Das Herz *ist* einfach. Es braucht keine wie auch immer gearteten Etiketten isolierter Identitäten. Herzmenschen wissen, dass sie nicht in Armut leben müssen, damit auch andere etwas haben. Das ist ein Ammenmärchen. Mir ist klar, dass unsere Alltagswelt es anders aussehen lässt, aber erinnern Sie sich stets daran, dass das, was wir erfahren, eine falsche Wirklichkeit ist, in der die Illusion der Begrenzung einen wichtigen Kontrollmechanismus darstellt.

Wie kann es uns jemals an etwas fehlen, wenn unsere Erfahrungswirklichkeit lediglich die holografische Manifestation unseres Wirklichkeitsempfindens ist? Wir erfahren Begrenzung und Mangel, weil wir an Begrenzung und Mangel *glauben* – und genau darauf seit unserer Geburt programmiert wurden. Tatsächlich kann das sogar schon vorher passieren, und zwar durch energetische Einflüsse der Mutter. Herzmenschen sind keine Märtyrer, weil sie wissen, dass man die nicht braucht. Märtyrer und Märtyrertum sind nur weitere Etiketten des Ich-Phantoms und Täuschungen, die auf der Bühne ihre Rolle spielen. Herzmenschen sorgen für sich, sind freundlich, voller Mitgefühl, Anteilnahme und Großzügigkeit für sich selbst. Der springende Punkt allerdings ist: Sie sind es nicht auf Kosten anderer. Sie schaden anderen nicht, fügen ihnen kein Leid zu, kontrollieren sie nicht. Niemand verliert dabei. Herzmenschen suchen nach Win-Win-Lösungen. In einer Wirtschaft, die auf dem Herzen basiert, würde niemand zu kurz kommen; eine kopfgesteuerte Wirtschaft hingegen fußt darauf, dass andere benachteiligt werden. Wenn die archontischen Täuschungen vollständig beseitigt sind, wird es keine Wirtschaft mehr geben, sondern nur noch das bewusste Manifestieren von Wünschen und Bedürfnissen aus unserem wahren Zustand des Überbewusstseins heraus. Doch dazu wird es erst kommen, wenn wir unser Herz für das Unendliche Selbst öffnen – bis dahin müssen wir mit dem aktuellen Zustand unserer Wahrnehmung vorliebnehmen und uns um eine Veränderung bemühen. Es ist die Kraft des Herzens, die uns durch diesen Prozess hindurch- und aus der derzeitigen Situation hinausführen wird. George Orwell schrieb dazu in „1984" ganz richtig: „Sie konnten alles, was du je getan, gesagt oder gedacht hast, bis in kleinste Detail aufdecken; das innere Herz aber, dessen Wirken selbst für dich ein Mysterium war, blieb unbezwingbar."

## Checkliste

Im Folgenden möchte ich einige Tipps zusammenfassen, die ich selbst für hilfreich erachte, und die bei jedem, der sie aufrichtig befolgt, garantiert den Erwachensprozess in Gang setzen werden. Identifizieren Sie sich wieder mit dem Unendlichen Gewahrsein bzw. dem Überbewusstsein und machen Sie sich klar, dass Sie eine Erfahrung durchleben und nicht diese Erfahrung sind. Allein das wird einen Bewusstseins- und Frequenzwandel anstoßen, der allmählich Ihr Ich-Phantom mit Ihrem Überbewussten Ich synchronisieren wird. Sagen Sie sich immer wieder und so oft Sie wollen: „Ich bin Unendliches Gewahrsein, ich bin Unendliches Gewahrsein." Worte sind Schwingungen und können den Erwachensprozess beschleunigen – allerdings müssen sie aus dem Herzen kommen, nicht aus dem Kopf. Wenn Sie in einer Situation stecken, die Sie zurückwirft (und das wird passieren), dann halten Sie inne und bestätigen Sie sich bewusst Ihr neues Selbstbild: „Ich bin Unendliches Gewahrsein, und dies ist nur eine Erfahrung." Entledigen Sie sich aller Etikettierungen, die Ihre Identität in „dieser Welt" definieren; solange Sie sich noch mit einer Schublade identifizieren, sind Sie Ihr Ich-Phantom. Sie sind weder schwarz noch weiß, kein Moslem, Christ, Jude oder Hindu, weder arm noch reich. All das sind nur Erfahrungen, etwas, das Sie zu sein glauben. Sie sind Unendliches Gewahrsein, das diese Erfahrungen macht. Das mag trivial klingen, ist es aber ganz und gar nicht. Womit Sie sich selbst identifizieren, das werden Sie. Ich bin nicht David Icke, sondern das ist meine Erfahrung. Ich bin kein Schriftsteller, sondern das ist meine Erfahrung. Ja, ich bin nicht einmal ein Mensch, sondern das ist meine Erfahrung.

Inzwischen manipuliert das System die Menschen über die politische Korrektheit noch stärker. Sie werden in Kategorien und immer kleinere Schubladen gesteckt: „Mann" und „Frau" sowie „schwarz" und „weiß" etwa werden weiter unterteilt in „nicht-binär" oder „BME". Wer in solche Kategorien gesteckt wird, entfernt sich immer weiter davon, sich mit dem überbewussten Unendlichen Selbst zu identifizieren. Wir wissen, dass wir auf dem richtigen Weg sind, wenn es sich in etwa so anhört:

„Hallo, wer sind Sie?"

„Ich bin Unendliches Gewahrsein und mache eine Erfahrung."

„Ach, ich auch. Nett, Sie kennenzulernen."

Aktivieren Sie Ihr Herzchakra, indem sie freundlich, mitfühlend und großzügig sind – sowohl sich selbst, als auch anderen gegenüber. Machen Sie das, was Ihnen Freude bereitet und was Ihr Herz zum Singen bringt. Wenn Sie glücklich sind und Ihr Herz offen ist, dann wird jeder, dem Sie begegnen, direkt und über die von Ihnen ausgehende Schwingung davon profitieren. Versuchen Sie niemals zu gewinnen, wenn andere dadurch verlieren würden. Das Leben ist kein Fußballspiel. Meine persönliche Philosophie ist einfach: Tun Sie, was Sie wollen, solange Sie anderen damit nicht zur Last fallen. Wenn Sie einmal darüber nachdenken, werden Sie feststellen, dass durch den einfachen Begriff „Respekt" alles abgedeckt ist. Wir bräuchten keine Gesetzeswerke, wenn wir respektvoll miteinander umgehen würden – und das ist vollkommen machbar, wenn sich das Überbewusstsein gegen das Ich-Phantom durchsetzt. Das Ich-Phantom braucht Gesetze, weil es ein Dummkopf ist. Hören Sie einfach auf, sich zu sorgen, was andere Leute über Sie denken. Sie sind Sie, nicht die anderen. Sie gehen nur sich selbst etwas an, nicht die anderen. Und wenn das bedeutet, dass sich einige Menschen aus Ihrem Leben entfernen, was soll's? Wer Ihr Recht, so zu sein, wie Sie sind, nicht respektieren kann, gehört nicht in Ihr Leben. Solche Menschen werden Sie entweder immer weiter begrenzen, oder Sie erkennen das und lassen sich von dem Moment an nicht mehr einschränken (Abb. 707).

Die meisten Menschen werden Sie insgeheim darum beneiden, dass Sie Ihrer Einzigartigkeit Ausdruck verleihen, denn sie würden es gerne genauso machen, fürchten aber, was andere Leute (die ironischerweise genauso ticken wie sie selbst) von ihnen denken könnten. Mark Twain sagte einmal, wenn Sie sich auf der Seite der Mehrheit wiederfinden, sei es an der Zeit, innezuhalten und darüber nachzudenken. Das ist völlig richtig, denn die Wahrnehmungen der Mehrheit – ja, der überwiegenden Mehrheit – werden vom Programm bestimmt. Giordano Bruno sagte vor Jahrhunderten:

**Abb. 707:** „Wölfe machen sich keinen Kopf um die Meinung der Schafe." – ***Hören Sie auf das erwachende Selbst, statt auf den verschlossenen Verstand der noch Schlafenden.***

> Es zeugt von einer primitiven und niedrigen Geisteshaltung, wie die Massen oder wie die Mehrheit denken zu wollen, nur weil die Mehrheit die Mehrheit ist. Die Wahrheit verändert sich nicht deshalb, weil sie von der Mehrheit der Menschen geglaubt oder nicht geglaubt wird.

Mahatma Ghandi sah das ganz ähnlich:

> Viele Menschen, besonders die unwissenden, wollen dich dafür bestrafen, dass du die Wahrheit sagst, korrekt handelst oder einfach du selbst bist. Entschuldige dich niemals dafür, dass du korrekt handelst oder deiner Zeit um Jahre voraus bist. Wenn du Recht hast und das auch weißt, dann sage offen, was du denkst. Auch wenn du eine Einmann-Minderheit bist – die Wahrheit bleibt immer die Wahrheit.

Und der Mystiker Osho drückte es so aus:

> Die größte Angst in der Welt ist die Angst vor der Meinung der anderen, und in dem Augenblick, in dem du keine Angst mehr vor der Menge hast, bist du kein Schaf mehr. Du wirst ein Löwe. Aus deinem Herzen erklingt ein lautes Brüllen – das Brüllen der Freiheit.

Die Menschen geben ihre Einzigartigkeit auf, weil sie sich immer mit anderen vergleichen. Aber die anderen sind die anderen, und Sie sind *Sie*. Das erinnert mich an ein weiteres Zitat, demzufolge Selbstvertrauen nicht bedeutet, einen Raum mit erhobener Nase zu betreten, weil man sich für etwas Besseres hält – sondern vielmehr, dass man ihn schon in dem Wissen betritt, sich überhaupt gar nicht erst mit jemand anderem vergleichen zu müssen (Abb. 708).

Wenn Sie vor einer Entscheidung stehen und sich überlegen, was Sie tun sollen, dann befragen Sie Ihr Herz dazu. Klar, Ihr Verstand sagt Ihnen, was Sie tun sollen, aber was

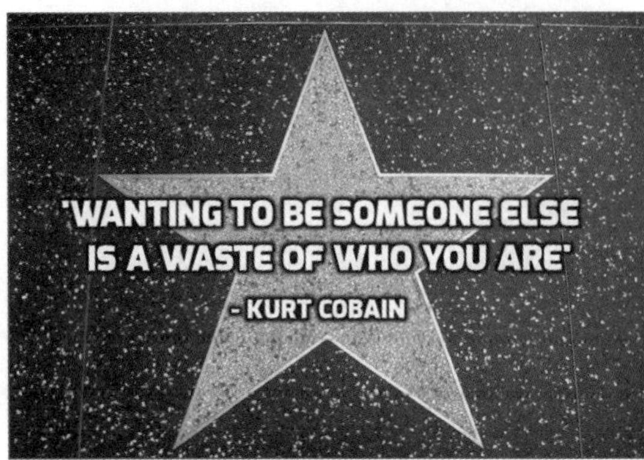


**Abb. 708:** „Wer wie jemand anders sein will, vergeudet das, was er ist.' – Kurt Cobain." – *Nur machen das eben viel zu viele Menschen und werden dadurch zu Ich-Phantomen.*

meint Ihr Herz dazu? Mehr noch, was *fühlt* Ihr Herz? Der Kopf denkt, aber das Herz fühlt, und über das Fühlen wird uns *Wissen* mitgeteilt. Die Intuition ist unser Kontakt zum Überbewusstsein. Seit ich mit all dem hier angefangen habe, handle ich nur noch aus Intuition. Ich kann etwas angeboten bekommen, bei dem verstandsmäßig alles bedacht ist, und trotzdem ablehnen. Ich kann etwas völlig Verrücktes angeboten bekommen, das völlig unvernünftig scheint, und trotzdem zusagen, wenn meine Intuition mir dazu rät. Intuitives Wissen führt Sie nicht immer zu den Erfahrungen, die Sie gerne hätten; es führt Sie zu den Erfahrungen, die Sie brauchen. Ich habe mich schon in unangenehmen Situationen befunden, in denen mir meine Intuition sagte „Bleib da", nur um mir später – nachdem mir die Erfahrung eine Einsicht oder mehr Selbsterkenntnis vermittelt hatte – zu signalisieren, dass es Zeit sei zu gehen. Ohne meine Herzintuition, das Überbewusstsein, das mir Türen geöffnet oder verschlossen hat, hätte ich nicht einen Bruchteil dessen erfahren, was ich im Rahmen meiner Arbeit enthüllt habe. Über Synchronizitäten wurde ich durch ein für das verkopfte Ich-Phantom unverständliches Labyrinth geführt. Dass synchronistische Ereignisse und „Zufälle" im Leben von erwachenden Menschen zunehmen, liegt daran, dass ihre Verbindung zum Überbewusstsein wächst. Das Ich-Phantom ist von Resultaten besessen – „Ich möchte, dass das so und so wird", „Es muss so und so laufen" –, aber bei diesem Spiel können Sie nur verlieren. Wenn Sie auf ein bestimmtes Ergebnis aus sind, dann ist Ihre Enttäuschung – wenn es sich nicht einstellen sollte – schon vorprogrammiert. Manche Menschen können ein ganzes Leben lang mit dem Kopf gegen eine Tür rennen, die sich ihnen nicht öffnet, während anderswo unerschöpfliche Möglichkeiten auf sie warten. Diejenigen, die zum Überbewusstsein erwacht sind, fügen sich der Synchronizität der Ereignisse, weil sie wissen, dass hier das Überbewusstsein am Werk ist. Über die Jahre habe ich gründlich gelernt, dass etwas nicht sein soll, wenn es schwierig ist; wenn es aber fließt, sollte man sich treiben lassen. Die Nahtoderfahrene Anita Moorjani hat es so ausgedrückt:

> Ich löse mich von Folgen und Ergebnissen, die ich mir im Vorhinein vorstelle, und vertraue darauf, dass alles gut ist. Wenn ich ich selbst bin, kann meine einzigartige Großartigkeit mich in ihrer Ganzheit in die Richtungen ziehen, die sich für mich und alle anderen am positivsten auswirken. Das ist wirklich das Einzige, was ich zu tun habe. Und innerhalb dieses Kontextes tritt alles, das wirklich mein ist, mühelos und auf die denkbar magischste und unerwartetste Weise in mein Leben und demonstriert jeden Tag die Macht und die Liebe desjenigen Wesens, welches ich wirklich bin.

Wenn Sie die Intuition dem Denken vorziehen, wird eine Verbindung zwischen Herz und Überbewusstsein hergestellt, und Sie werden mehr wissen, empfänglicher und einsichtiger werden. Am Ende wird die Intuition nicht mehr mit dem Kopf kämpfen müssen. Beide werden als kohärente Einheit aus Herz und Hirn zusammenwirken, weil das verkopfte Phantom erkennt, dass Sie zwar Herausforderungen begegnen, wenn Sie Ihrer Intuition folgen, sich das aber letztlich für Sie auszahlt. Hat das verkopfte Phantom das erst einmal erkannt, löst sich seine Kopflastigkeit auf. Herz und Kopf sind dann im Einklang. Halten Sie sich auch vor Augen, dass Herzintuition und Überbewusstsein nicht nur „Ja", sondern auch „Nein" sagen können – sowohl „Geh dort hin" als auch „Geh dort nicht hin". Hier geht es nicht um ein weichgespültes Ja zu allem und jedem, nur weil Sie als nett und großzügig gelten wollen. Durch die überbewusste Intuition sind wir gewieft genug zu erkennen, welche Erfahrungen wir nicht brauchen, denn sie beobachtet diese Wirklichkeit von einer anderen Warte aus und kann alles sehen. Das Überbewusstsein sagt oft, mit wem oder auf was wir uns nicht einlassen sollten. Ähnlich hat es Mahatma Gandhi ausgedrückt: „Ein aus tiefster Überzeugung heraus gesprochenes ‚Nein' ist besser als ein ‚Ja', das ausgesprochen wird, um zu gefallen oder – schlimmer noch – um Schwierigkeiten zu vermeiden."

Niemand sollte unterschätzen, wie viel Mut es erfordern kann, aus der Trance zu erwachen und dann mit dem neuen Blick auf das Selbst und die Welt zu handeln. Mut ist nicht nur die Abwesenheit von Angst, sondern erfordert es, sich über die Angst hinwegzusetzen und trotzdem zu handeln. Doch wie lässt sich das bewerkstelligen? Ganz einfach: Der Mutige setzt sich so lange über die programmierten Antworten des Ich-Phantoms hinweg, bis das Überbewusstsein das Steuer übernommen hat und es keinen Mut mehr braucht, um die Angst zu überwinden – denn es gibt sie dann nicht mehr. Das Überbewusstsein hat keine Angst, denn es weiß, dass es nichts zu fürchten gibt. Angst ist eine falsche Emotion, die nur real erscheint. Wenn jemand all seinen Mut zusammennimmt, sagt man, er hätte sich „ein Herz gefasst" – denn dieser Mut entstammt der Verbindung des Herzens zum Überbewusstsein. Die Identifikation mit dem Unendlichen Selbst ist eine Grundvoraussetzung dafür, die eigene Angst zu überwinden und den Mut zum Handeln zu finden, selbst wenn das Ich-Phantom kreischt „Nein, nein, was wird das für Konsequenzen haben?" Dabei sind die Folgen des Nichthandelns um einige Größenordnungen schlimmer als die Herausforderungen, denen man sich stellen muss, wenn man seine Angst überwindet und handelt.

## Zeit der Stille

Für einen Moment mag es Ihnen so vorkommen, als würde ich vom Thema Erwachen abschweifen, aber das tue ich nicht, wie Sie bald sehen werden. Wir leben in einer Welt, die auf Arbeit beruht, ganz wie man es auf einem Sklavenplaneten erwarten würde. Von klein auf hat man uns erzählt, wir müssten „hart arbeiten", und von der ersten Klasse bis zum letzten Arbeitstag werden die Menschen großenteils nach ihrer „Arbeitsmoral" bewertet. Im Leben dreht sich nämlich alles darum, zu arbeiten, zu arbeiten und nochmals zu arbeiten – und dann ... ähem ... zu sterben. Ich frage mich, wer das eigentlich festgelegt hat? *Ah ja*, das System hat es festgelegt, und das Programm erzeugt in Ihnen Schuldgefühle, wenn Sie nicht arbeiten, arbeiten und nochmals arbeiten, um dann ... ähem ... zu sterben. Nichtsnutziger Faulpelz. Jede Regierung präsentiert zur Lösung von Wirtschaftskrisen den Ansatz, dass die Menschen *noch härter* und für noch weniger Geld *arbeiten* müssen. Stellvertretend für all diejenigen, die dieser Denkweise anhängen, sei hier zitiert, was der alte Möchtegern-Präsident Jeb Bush einmal von sich gab:

> Mein Ziel für das Land – und ich glaube, wir können das schaffen – sind vier Prozent Wachstum, so weit das Auge reicht. Das bedeutet, wir müssen viel produktiver werden, und die Erwerbsquote muss aus ihrem derzeitigen Allzeittief heraus. Es bedeutet auch, dass die Menschen länger arbeiten müssen und durch ihre Produktivität mehr Einkommen für ihre Familien erzielen. Das ist die einzige Möglichkeit, das eingefahrene Gleis zu verlassen, auf dem wir uns bewegen.

**Abb. 709:** „Das ‚Lebensprogramm' – Was machen wir hier eigentlich?" – *Nicht aufwachen – arbeiten!*

Immer dieselbe Leier. Menschliche Wesen sind die Diener des Systems und haben kein Recht auf Freude, Glück und Erfüllung. Sie sind da, um zu arbeiten und zu arbeiten, bis sie nicht mehr können (Abb. 709).

Das System betrachtet die Massen nicht als Menschen, sondern als Arbeitnehmer und Verbraucher. Wir sind einzig dazu da, zu arbeiten und zu verbrauchen, um noch mehr „Wachstum" zu generieren. Arbeite bis zum Tod, shoppe bis zum Umfallen. Wir können nur überleben und vorankommen, wenn es „Wachstum" gibt. Wir müssen arbeiten, um „Wachstum" zu garantieren. Wissen Sie eigentlich, was dieses Wachstum bzw. das Bruttosozialprodukt (BSP) ist? Das ist die Geldsumme, die pro Jahr für Güter und Dienstleistungen ausgegeben wird. Das ist alles. Wenn ein Öltanker seine Ladung in einer Gegend von atemberaubender natürlicher Schönheit verliert, trägt das durch das Geld, das für die (zumindest versuchte) Beseitigung des Öls ausgegeben wird, zum „Wachstum" bei. Herzinfarkte stimulieren in Amerika das „Wachstum", weil man die Ambulanz ruft und der Patient ins Krankenhaus eingeliefert wird. Das sogenannte „Wirtschaftswachstum" ist das haarsträubendste Maß für „Erfolg", das man sich nur vorstellen kann; und doch müssen wir alle immer noch härter arbeiten, um diesem Maß zu genügen.

Wie wäre es dagegen mit folgenden Bemessungsgrundlagen für Erfolg: Wie wenige Menschen sind krank; wie wenige hungern; wie wenige sind obdachlos und leben in Armut; wie wenige sind unfrei; wie wenige sind unglücklich; wie wenige sind unerfüllt; wie wenige leben nicht das Leben, das sie sich wünschen. Aber nein, wir müssen ja dem Gott des

„Wirtschaftswachstums" huldigen und auf immer und ewig noch mehr Ressourcen plündern, noch mehr Verschmutzung erzeugen, noch mehr Land verwüsten und noch mehr Gemeinschaften zugrunde richten – um noch mehr Dinge produzieren, verkaufen und dann wieder wegwerfen zu können. Damit dieser Wahnsinn weitergehen kann, müssen wir „härter arbeiten". Müssen Menschen wirklich so hart und so lange arbeiten, wie sie es tun? Nein, müssen sie nicht. Das System zwingt es ihnen auf, indem es sicherstellt, dass sie nur durch die Arbeit in einem Job, der ebenjenem System dient und nützt, das Geld verdienen können, um Nahrung, ein Dach über dem Kopf und eine Heizung zu haben – ganz zu schweigen von all dem anderen Kram, von dem man uns erzählt, er sei lebensnotwendig. Sie haben nicht das neueste iPhone? *Wie bitte*? Meine Güte, was sind Sie bloß für ein Versager.

Arbeit ist nur ein weiterer Schwindel, um uns zu versklaven. Ich sage nicht, dass wir nichts tun und zu unserem eigenen Wohlergehen und dem der Gesellschaft beitragen sollen, doch bisher ist das selten der Fall. Wir leben in einer Sklaverei – in der Sklaverei der Arbeit. Die Welt ist ein Arbeitslager, dessen Insassen glauben, frei zu sein. Wie viele Menschen verrichten eine Arbeit, die niemand braucht? Die nur den Interessen einiger schwerreicher Unternehmer oder Konzerne dient, die Produkte und Dienstleistungen verkaufen, die ebenfalls niemand braucht? Und alles nur, um mehr Kohle zu machen, mit der noch mehr Kohle gemacht wird. Bei einer 2015 in Großbritannien durchgeführten Umfrage kam heraus, dass ein Drittel der Arbeitnehmer der Meinung war, die eigene Arbeit stelle keinen bedeutenden Beitrag für die Welt dar. Die Zahl wäre wohl noch höher ausgefallen, wenn die Leute länger über ihre Arbeit nachgedacht und nicht eine Wahrheit geleugnet hätten, der sie sich nicht stellen wollten. Wie viele Menschen wachen morgens auf und freuen sich darauf, zur Arbeit zu gehen? Die Antwort: Erschreckend wenige im Vergleich zu jenen, die beim Gedanken, sich in ihrer täglichen Gefängniszelle zum Dienst zu melden, Herzrasen und Magenkrämpfe bekommen.

Forschungen haben gezeigt, dass Burnout inzwischen „pandemisch" auftritt, und zwar „in allen Altersgruppen, bei allen Geschlechtern, in allen Berufen und Kulturen". Die Zeitschrift *Scientific American Mind* berichtete, dass die Zufriedenheit im Beruf weltweit „überraschend gering" sei. Was zum Henker ist daran überraschend? Hier noch einmal die Worte des amerikanischen Komikers und Gesellschaftskritikers George Carlin:

> Wie, Sie hassen Ihren Job? Warum haben Sie das nicht gleich gesagt? Dafür haben wir doch eine Selbsthilfegruppe. Sie nennt sich „Jedermann" und trifft sich in der Kneipe.

Arbeiten, arbeiten und nochmals arbeiten, und dann … ähem … sterben? Das soll das *Leben* sein? Nein, das kann nicht das „Leben" sein, denn da ist keinerlei Leben drin. Es ist bloßes Existieren, Überleben, Sklaverei. George Carlin sagte auch, dass „wir gelernt haben, unseren Lebensunterhalt zu verdienen, aber nicht zu leben". Die Kneipe, Drogen und alle Arten von Realitätsflucht dienen dazu, der seelenlosen Schufterei und Monotonie zu entkommen und sich irgendwie lebendig zu fühlen. Ab Ihrem vierten Lebensjahr erzählen Lehrer Ihnen, was Sie können und was nicht, wohin Sie gehen dürfen und wohin nicht; und kaum, dass Sie dieses Gefängnis verlassen, stolpern Sie auch schon ins nächste: die

„Arbeitswelt". Dort erzählen Ihnen Chefs für den Rest Ihres Arbeitslebens, was Sie können und was nicht, wohin Sie gehen dürfen und wohin nicht. Schließlich gehen Sie mit einer Rente in den Ruhestand, die kaum zum Leben reicht, bis Sie ... ähem ... sterben. *Was zur Hölle treiben wir da eigentlich?* Das System an sich ist schon verrückt; noch verrückter aber ist, dass die Menschheit es mitträgt. Menschen sind keine Sklaven? Keine weiteren Fragen, Euer Ehren. Milliarden von Menschen werden von einem System versklavt, das von lächerlich wenigen Personen kontrolliert wird – und wir nennen das Leben oder gar Freiheit. Da haben wir es wieder: „Sie pinkeln auf uns und wir sagen, es regnet." Ich habe schon mehrfach ein Handbuch zur Bewusstseinskontrolle der Massen und zur Steuerung der Gesellschaft mit dem Titel „Silent Weapons for Quiet Wars" erwähnt, auf das ich ausführlich in „Die Wahrnehmungsfalle" eingehe. Jeder, der eine groß angelegte Verschwörung noch immer für bloße „Theorie" hält, sollte darin lesen und vergleichen, wie sich die Weltgesellschaft entwickelt hat. „Silent Weapons" (die lautlosen Waffen der sozialen Steuerung) ist auf Mai 1979 datiert und wurde offenbar im Juli 1986 in einem IBM-Kopierer gefunden, den ein Boeing-Angestellter bei einem Sonderverkauf erstanden hatte. Ich erwähne das Dokument hier, um einen weiteren Grund dafür aufzuzeigen, warum uns der ganze Schwindel mit der Arbeit, der Schule mit ihren Hausaufgaben und der ständigen Verfügbarkeit am Smartphone aufgetischt wird: All das stiehlt uns die Zeit für Ruhe, Reflexion und Tagträume. „Silent Weapons" beschreibt, wie die Menschen durch Ablenkung in Unwissenheit und unter Kontrolle gehalten werden:

> Medien: Lenke die Aufmerksamkeit des erwachsenen Publikums von den wahren gesellschaftlichen Problemen ab und beschäftige sie mit völlig belanglosen Dingen; Schulen: Halte die jungen Menschen in Unkenntnis über wirkliche Mathematik, wirkliche Wirtschaftswissenschaft, wirkliche Gesetzeskunde und wahre Geschichte; Unterhaltung: Halte den öffentlichen Diskurs auf einem Niveau unterhalb von Sechstklässlern; Arbeit: Halte die Öffentlichkeit beschäftigt, beschäftigt, beschäftigt, ohne Zeit zum Nachdenken; zurück auf die Weide zu den anderen Tieren.

**Abb. 710:** „Ich liebe Abgabetermine ... Ich liebe dieses Zischen, das entsteht, wenn sie vorbeisausen.' – Douglas Adams." *– Zeit zum Nachdenken, in der das Herz zu hören ist.*

Keine Zeit zum „Nachdenken" bedeutet, dass keine Zeit zum Reflektieren bleibt, also dazu, etwas gründlich zu überdenken. Müssen, müssen, müssen – immer schön beschäftigt bleiben. Oder, um es mit Gandhi zu sagen: „Es gibt Wichtigeres im Leben, als ständig dessen Geschwindigkeit zu erhöhen." (Abb. 710).

Kinder und Jugendliche konzentrieren sich fast den ganzen Tag auf die Schule, anschließend auf die Hausaufgaben, und ein Großteil der übrigen Zeit geht für technologische Spielereien drauf. Immer sind sie auf etwas konzentriert:

Fokus, Fokus, Fokus. Man erwacht aber viel schneller zum Überbewusstsein, wenn man im Stillen und ohne Fokus reflektiert, wenn unser Aufmerksamkeitsbrennpunkt wandern kann, wohin er will. Viele Menschen meditieren, wobei sie sich der unterschiedlichsten Techniken bedienen – ich selbst hatte nie eine. Ich sitze lieber einfach ruhig da und schicke meine Aufmerksamkeit auf die Reise. Durch dieses „Tagträumen", wie ich es nenne, erlange ich viele Einsichten und Erkenntnisse. Eine wissenschaftliche Veröffentlichung im Fachjournal *Frontiers in Human Neuroscience* hat aufgezeigt, dass das Gehirn am aktivsten ist, „wenn die Gedanken eines Menschen frei umherwandern, mehr noch, als wenn das Gehirn sich stark konzentriert". In dem Artikel wird das „nicht-direktive Meditation" genannt, aber es geht im Grunde um das Tagträumen. Das System will verhindern, dass die Menschen meditieren, tagträumen oder ihrer Aufmerksamkeit freien Lauf lassen, weil die Strippenzieher hinter dem System nämlich genau wissen, wohin das führt. Gütiger Himmel, Tagträumen zählt jetzt zu den *Symptomen* irgendwelcher neu erfundener Kinderkrankheiten, und weitere Definitionen wie „Unfähigkeit sich zu konzentrieren" zielen darauf ab, Tagträumen zu einer „Störung" zu erklären, die mit Psychodrogen behandelt werden muss. Die Systemdiener tun alles, um Kinder und Erwachsene in der Realität der fünf Sinne und im Scheinwerferlicht des nahenden Programms festzuhalten (Abb. 711).

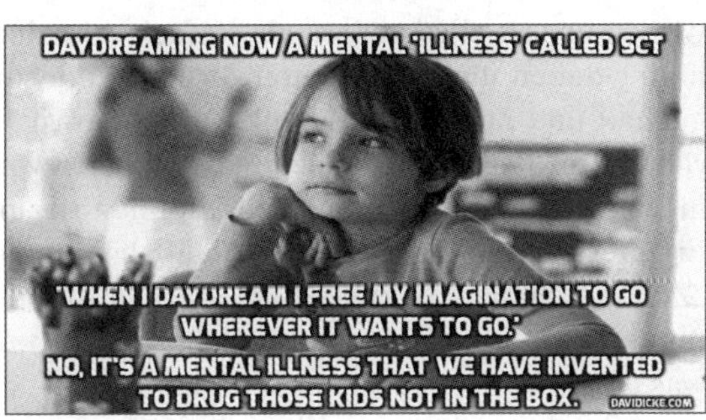


**Abb. 711:** „Tagträumen ist jetzt eine ‚Geisteskrankheit' namens SCT (dt.: „Träges Kognitives Tempo") – ‚Wenn ich tagträume, befreie ich meinen Geist und lasse ihn frei umherwandern.' – Nein, es ist eine Geisteskrankheit, die wir erfunden haben, um Kinder, die in keine Schublade passen, unter Drogen zu setzen." – ***Lasst sie tagträumen … lasst sie zu ihrem wahren Selbst erwachen.***

Roger Daltrey, Leadsänger der Rockgruppe *The Who*, brachte das Offensichtliche in einem Fernsehinterview auf den Punkt:

> Die Menschen sind zu beschäftigt. Niemand hat ihnen beigebracht, nichts zu tun. Wenn man nichts tut, wird der Geist kreativ und wartet mit Offenbarungen und Lösungen auf. Wo bleibt die Zeit für Kontemplation? Wo sind die Lehrer, die das Nichtstun lehren?

„Halte die Öffentlichkeit beschäftigt, beschäftigt, beschäftigt, ohne Zeit zum Nachdenken; zurück auf die Weide zu den anderen Tieren", wie es schon vor 35 Jahren im „Silent Weapons"-Dokument stand.

Beim Tagträumen geht es nicht darum, den Kopf frei zu bekommen, sondern darum, den Geist zu befreien, damit er frei umherwandern und improvisieren kann; ja, im besten Fall befreit es Ihr Gewahrsein aus sämtlichen Verstandesprozessen. Sagen Sie jemandem, er soll seinen Kopf frei bekommen, und schon wird sein Verstand sich darauf fokussieren: „Ich muss meinen Kopf frei bekommen" – und er wird in diesen Denkbahnen gefangen sein. Wollen Sie hingegen wirklich tagträumen, sollten Sie dafür sorgen, dass es in Ihrer Umgebung still ist und keine Ablenkungen gibt, die Ihre Aufmerksamkeit gefangen nehmen. Das bedeutet: Schalten Sie den Fernseher, das Radio und das Smartphone aus. Im Lärm hört man nur wenig, in der Stille alles. Ein Buch zu lesen ist eine gute Möglichkeit, wie ich finde, denn meine eindrücklichsten Tagträume tauchen auf, wenn meine Gedanken von der Buchseite wegwandern und ihren eigenen Weg gehen. Nehmen Sie sich außerdem die Zeit, allein zu sein. Sie werden überrascht sein zu erleben, wie Ihre Verbindung zum Überbewusstsein durch Zeiten des Alleinseins und Tagträumens kontinuierlich wächst. Betrachten Sie Vergangenheit und Zukunft als die Illusionen, die sie sind, und erkennen Sie, dass der einzige wirklich existierende Augenblick das JETZT ist. Das wird zunächst alles andere als einfach sein, denn Ihr gesamtes Umfeld und alle Vorgänge, hinter denen die Ich-Phantom-Programmierung steht, gaukeln Ihnen vor, dass Vergangenheit und Zukunft real sind. Doch was wir Vergangenheit und Zukunft nennen, erfahren wir im JETZT. Das Leben in der Illusion von Vergangenheit und Zukunft ist das Leben im Ich-Phantom, das vom Zeitempfinden regiert und gesteuert wird. Wenn Sie wegen Ereignissen aus der „Vergangenheit" bekümmert oder verärgert sind oder Angst vor der „Zukunft" haben, werden diese starken Empfindungen Sie aus dem JETZT bzw. der von Ihnen empfundenen Gegenwart herauszerren. Denken Sie immer daran, dass Sie das, was geschehen ist, nicht verändern können – Sie können vergangene Erfahrungen nur als Geschenk betrachten, das Ihnen geholfen hat, Ihr Gewahrsein zu erweitern. Und wenn Sie daraufhin ändern, was Sie im JETZT sind, können Sie auch die Zukunft verändern – denn die von Ihnen erlebte Wirklichkeit ergibt sich aus „Möglichkeiten und Wahrscheinlichkeiten, die sich durch die *Wahrnehmung* in die Existenz entfalten".

## „Was sollen wir tun?"

Wenn die Menschen mögliche Lösungen für all das diskutieren, was sich auf unserem Planeten abspielt, versuchen sie zu ergründen, welche Handlungsweise wohl die richtige wäre: „Was sollen wir tun?" Doch worauf gründet sich dieses „Tun"? Auf Ihrem *Seinszustand*. Dieser Punkt wird leider von den meisten übersehen, nicht zuletzt von den alternativen Medien und Rechercheuren. Unser kollektiver Seinszustand – unsere Wahrnehmungen, unsere Einstellungen – manifestiert sich als die Welt, die wir „sehen", und solange sich dieser Zustand nicht ändert, kann es auch auf anderen Ebenen keine Wandlung geben. Wenn wir eine Welt voller Güte wollen, müssen wir gütig sein. Wenn wir Frieden in der Welt wollen, müssen wir friedfertig sein. Wenn wir Liebe in der Welt wollen, müssen wir liebevoll sein. Das ist kein esoterisches Geschwafel, sondern eine einfache und grundsolide *Tatsache*. Die Welt, in der wir derzeit leben, ist so, weil viele Menschen eben nicht gütig, friedfertig und liebevoll sind. Wie sollte es auch anders sein? Jim Morrison, der Leadsänger der Band *The Doors*, sagte es so:

> Die wichtigste Freiheit ist die, zu sein, wer du wirklich bist. Du tauschst deine Wirklichkeit gegen eine Rolle ein. Du tauschst dein Gefühl gegen irgendeine Handlung ein. Du gibst deine Fähigkeit zu fühlen auf und setzt stattdessen eine Maske auf. Es kann keine Revolution im Großen geben, bevor es keine persönliche Revolution gegeben hat, auf individueller Ebene. Zuerst muss es im Inneren geschehen.

Wir müssen überbewusst werden – und wieder zu unserem vergessenen Selbst erwachen. Das geht allerdings nicht, solange das Ich-Phantom unsere Wahrnehmung steuert. Daher müssen wir uns vom Ich-Phantom befreien und wieder zum Überbewusstsein werden, das wir im Grunde bereits sind (Abb. 712).

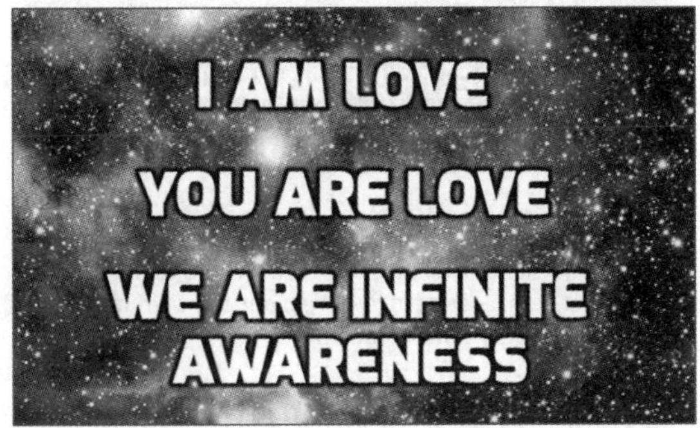


**Abb. 712:** „Ich bin Liebe – Du bist Liebe – Wir sind Unendliches Gewahrsein" – *Das ist doch mal ein Wort.*

Die Nahtoderfahrene Anita Moorjani, Autorin von „Heilung im Licht", hat in einem Interview beschrieben, was sie während ihrer außerkörperlichen Erfahrung über das Leben gelernt hat:

> So wie ich es wahrnahm, erschien es mir, als seien wir in erster Linie Energie, während das Physische nur das Ergebnis unserer sich ausdrückenden Energie ist. Und indem wir unsere Energie verändern, können wir auch unsere physische Realität ändern. (Manche Leute meinen, ich solle dafür den Begriff „Schwingung" verwenden.)
>
> Für mich persönlich fühlte es sich so an, als müsse ich, um mein Energie- bzw. Schwingungsniveau hoch zu halten, nur im Augenblick leben, jede Sekunde meines Lebens genießen und jeden Moment dazu benutzen, den nächsten Moment zu verbessern (und auf diese Weise eine bessere Zukunft zu schaffen). Die Möglichkeit, die Zukunft zu verändern, ist in dem Augenblick gegeben, in dem man sein Energieniveau anhebt. Das mag allzu vereinfacht klingen, doch ich verstand das, als ich es erlebte, sehr tiefgründig.

Ich möchte daher sagen: Verändern bzw. verbessern Sie nicht die Zukunft, sondern Ihr JETZT. Das ist nicht vereinfacht, sondern einfach. Das Leben ist in der Tat einfach – die Komplexität dient nur dazu, diese tiefgreifende Erkenntnis zu verbergen. Wie Anita weiter berichtete, habe man sie angewiesen, in diese Welt zurückzukehren, um „dein Leben furchtlos zu leben", „dich selbst zu lieben", „humorvoll, lachend und fröhlich zu leben", „du selbst zu sein und deine Einzigartigkeit auszudrücken" und „keine Angst vor Fehlern zu haben". Das sind alles Dinge, von denen auch ich seit dem Tag meines bewussten Erwachens spreche. Wie Anita erfuhr auch ich von diesen Zusammenhängen über meine eigene Verbindung zum überbewussten „Ich". Humor und Lachen ist ungemein wichtig, um die Schwingung anzuheben – und ich habe noch nie im meinem Leben so viel gelacht

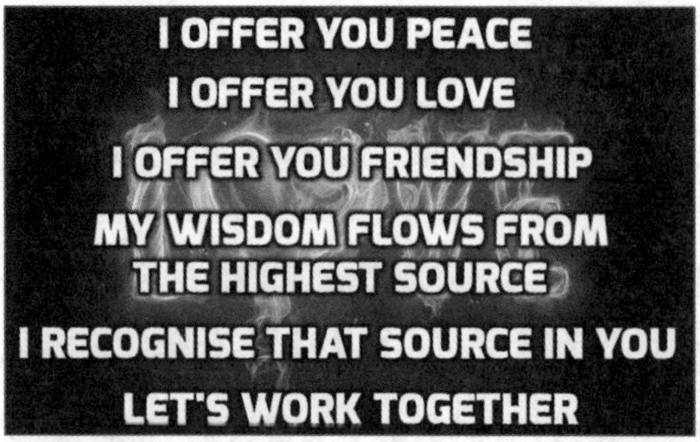

**Abb. 713:** „Ich biete dir Frieden an. Ich biete dir Liebe an. Ich biete dir Freundschaft an. Meine Weisheit entspringt der Höchsten Quelle. Ich erkenne diese Quelle in dir. Lass uns zusammenarbeiten." – *Der einzige Weg, der aus dem archontischen Frequenzgefängnis herausführt.*

wie damals, als mir die Stimme in Brasilien die Illusion mit so viel Humor zerlegt hat. Natürlich müssen wir die Dinge, die um uns herum passieren, in Ordnung bringen, aber im Grunde ist das alles so albern, dass man nur herzhaft darüber lachen kann. Wir sind Unendliches Ewiges Gewahrsein – und das ist etwas, worüber man immer schmunzeln kann, so herausfordernd die gegenwärtige Erfahrung auch sein mag. Das sind die einfachen Wahrheiten, die unser Gewahrsein erweitern, unsere Schwingung anheben und uns dadurch aus der Umklammerung der archontischen Verschwörung befreien, wodurch wir für deren Manipulationen unempfänglich werden (Abb. 713).

„Es ist die Liebe, die dir Sicherheit gibt, nicht die Angst", wurde Anita Moorjani mitgeteilt, und das ist ein weiteres Beispiel für eine einfache Wahrheit. Die Unendliche Liebe trägt Sie nämlich über die archontischen Schwingungen hinaus, während die Angst Sie direkt in diese hineinzieht. Denken Sie daran: Wir sind keine physischen Wesen – wir sind Energie. Man kann diese Welt zwar gleichermaßen von einem hohen Energieniveau bzw. höheren Gewahrsein aus erleben wie von einer niederfrequenten Ebene, doch können sich die Archonten an die hochfrequente Energie nicht anheften – und wenn sie dazu auf der energetischen Ebene nicht imstande sind, sind sie es auch auf der „physischen" nicht, da die eine der Ausdruck bzw. die Projektion der anderen ist. Ich bin oft gefragt worden, weshalb ich nicht schon tot sei, warum man mich noch nicht „kaltgestellt" hat. Hier haben Sie die Antwort: „Sie" haben mich nicht getötet, weil sie es nicht können. Um mich holografisch zu töten, müssten sie sich energetisch auf der Ebene an mich heften, auf der sich auch Toms Tochter befand, als Tom sie nicht decodieren konnte – aber das können sie nicht. Auf dieser energetischen Ebene habe ich einen unzerstörbaren Schutz, und deshalb brauche ich innerhalb des Hologramms keinen. Wenn sie mein energetisches „Ich" nicht „erwischen", dann können sie auch mein holografisches „Ich" nicht „erwischen". Das war mit Betty Shines medialer Durchgabe gemeint, die ich ganz zu Anfang erhalten hatte: „Er wird auf enormen Widerstand stoßen, doch wir werden immer da sein, um ihn zu beschützen." Die archontischen Kräfte können durch Menschen mit niederfrequenter Schwingung auf mich einwirken, um mich möglichst heftig zu stören – und das haben sie auch, nur letztlich ohne Erfolg. Es ist schon fast lustig zu sehen, wie sie ständig versuchen, mich zu stoppen, wenn ich doch gar nicht zu stoppen bin. Werden die das denn nie begreifen? Jeder von uns verfügt über die Macht, sein Leben zu transformieren, wenn er sich nur dieser Macht bedient, und gemeinsam verfügen wir über die Macht, unsere Realität zu transformieren und diesen archontischen Unsinn zu beenden, wenn wir uns ihrer nur bedienen. Aber das wissen Sie ja schon. Eigentlich haben Sie es immer gewusst – erinnern Sie sich?

Dieses Kapitel habe ich mit einem Zitat begonnen: „Ich bin fasziniert von dem Lächeln in deinem Gesicht und der Traurigkeit in deinen Augen." Ich habe es ausgewählt, weil es mir ständig begegnet. Das lächelnde Gesicht ist eine Maske des Phantoms, unter der die Traurigkeit über das Getrenntsein vom Überbewusstsein, dem Unendlichen Selbst, verborgen bleibt. Den meisten Menschen ist nicht bewusst, woher ihre Betrübnis eigentlich stammt; viele wissen vielleicht nicht einmal, dass sie traurig sind. Aber man kann die Wahrheit in den Augen, den Fenstern zur Seele, nicht verbergen. Ich selbst habe diese Traurigkeit mein ganzes Leben lang gespürt. Tief in uns wissen wir, wer wir sind – und dass das verwirrte, kurzsichtige Ich-Phantom nicht unser wirkliches Selbst repräsentiert. Im Jahr 1990 hat mein Überbewusstsein, das mich all diese Jahre geführt hat, mir mitgeteilt, dass es zu einem Großen Erwachen kommen und dass dieses die Menschheit aus dem Koma der Illusion erwecken wird. Damals sah ich nichts, was diese Aussage hätte stützen können – ein Vierteljahrhundert später aber ist die Welt dabei aufzuwachen. Es liegt noch ein langer Weg vor uns, doch die Welt *ist* am Erwachen.

Man hat uns lange genug versklavt, indem man uns von unserem wahren Wesen abgetrennt hat. Nun ist es an der Zeit heimzukehren, indem wir uns unsere „Heimat" zurückholen.

KAPITEL 13

# Jenseits des Phantoms

*Ungehorsam ist die wahre Grundlage der Freiheit.*
*Die Gehorsamen werden zwangsläufig zu Sklaven werden.*
**Henry David Thoreau**

Es geht einzig darum, zum Überbewusstsein zu erwachen. Wenn das nicht geschieht, wird sich auch sonst nichts ändern – die archontische Übernahme wird sich, falls das Ich-Phantom nicht erkannt und überwunden wird, bis zu ihrem bitteren Ende fortsetzen. Die Menschheit und die menschliche Gesellschaft sind genau deshalb in der Situation, in der sie sich heute befinden, weil sie nicht überbewusst sind. Und wie soll man überhaupt irgendetwas verändern können, wenn man nicht die Ursache des Problems beseitigt?

Die alternativen Medien sagen den Menschen, sie müssten „aufwachen", doch haben sie dabei zumeist eine andere Art von Aufwachen im Sinn: Sie meinen damit, die Manipulationen hinter dem Weltgeschehen zu durchschauen, was zwar durchaus begrüßenswert ist, aber nicht wirklich etwas an der Sache selbst ändert. Schauen Sie nur einmal, wie viel Hass, Feindseligkeit, Überheblichkeit und Egozentrik bei so vielen Vertretern der alternativen Medien anzutreffen ist – die zwar erkannt haben, wie unsere fünf Sinne manipuliert werden, aber nicht zu ihrem wahren Selbst erwacht sind. Menschen, die überbewusst sind, verhalten sich anders. Es ist daher durchaus möglich, die weltweite Manipulation zu durchschauen und doch noch immer im Ich-Phantom verstrickt zu sein, das im Frequenzgefängnis des Archontenvirus gefangen ist. Niemand kann allein durch Kopfarbeit daraus entkommen. Das wird nur über das Herz gelingen – die Brücke zum Überbewusstsein. „Die Köpfe zusammenzustecken", um einen Weg zu ersinnen, der globalen Tyrannei und dem Wahnsinn zu begegnen, wird uns nicht ans Ziel bringen. Ein solcher Ansatz würde nämlich bedeuten, die Geisteskrankheit aus der Geisteskrankheit heraus vertreiben zu wollen; das Ergebnis kann dann nur eine weitere Version von Wahn sein. „Wir müssen kämpfen", heißt es. Wir müssen die Tyrannei bekämpfen, wir müssen für Gerechtigkeit kämpfen usw. – die einzige Möglichkeit, die der Kopf hat, um seiner Angst entgegenzutreten, ist der Kampf. Entweder das, oder er sucht das Weite: Kampf oder Flucht. Ich will jedoch *weder* kämpfen *noch* fliehen. Ich will verändern. Kämpfen verändert nichts in einer Welt, die auf jeder Ebene, von großen Kriegen bis hin zu persönlichen Beziehungen, auf Kampf gegründet ist. Durch Kämpfen sind wir überhaupt erst an diesen Punkt gelangt, und wir werden aus dieser Situation nicht durch Kämpfen herauskommen. Wir müssen nicht kämpfen, und wir brauchen auch nicht wegzulaufen. Was wir wirklich brauchen ist die Erinnerung, oder besser gesagt: Wir müssen uns mit der Unbegrenztheit in uns verbinden – die sich gar nicht zu erinnern braucht, sondern *weiß* – und dies in unseren Worten und Taten zum Ausdruck bringen (Abb. 714).

**Abb. 714:** „Der einzige Weg ... auf dem sich die Welt jemals zum Besseren gewandelt hat." – *Wenn sich der Irrsinn in die eine Richtung bewegt, müssen wir die andere Richtung einschlagen.*

Wenn die Menschen fragen, was man tun kann und wie die „Lösungen" aussehen könnten, wollen sie im Grunde wissen, wie man handeln soll. Doch Handlungen entstehen aus Wahrnehmungen, und diese ergeben sich aus unserem Gewahrseinszustand. Die Lösungen des Ich-Phantoms sind niemals wirkliche Lösungen. Sie stellen uns nur in eine Warteschleife, bis das nächste Problem daherkommt – als Folge der vorangegangenen „Lösung". Es entstehen dabei stets nur neue Formen des Kampfes, denn Lösungen bekämpfen Probleme – die Probleme aber werden so immer wiederkehren. Einstein sprach davon, dass es unmöglich sei, Probleme auf derselben Ebene des Bewusstseins zu lösen, auf der sie erschaffen wurden. Ach ja, apropos *erschaffen*. Woher kommen Probleme überhaupt? Sie kommen aus uns selbst. Das kann auch gar nicht anders sein, wenn wir Informationen durch den Filter der Wahrnehmung in die holografische Manifestation hinein entschlüsseln. *Wir* erschaffen die Probleme durch unsere Wahrnehmungen – „in einem Quantenuniversum gibt es keine Zufälle, nur Möglichkeiten und Wahrscheinlichkeiten, die sich durch die Wahrnehmung in die Existenz entfalten" (Abb. 715).

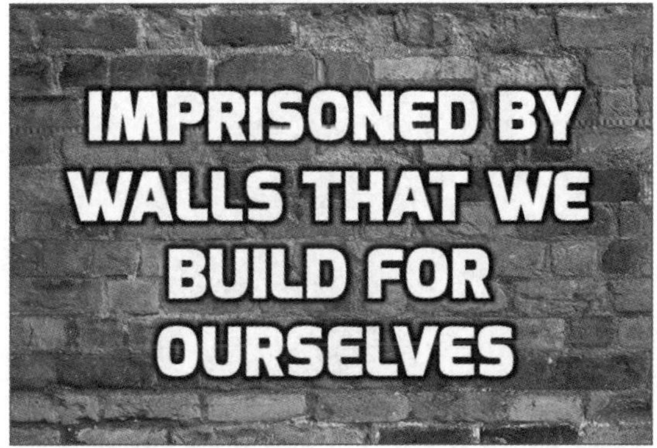


**Abb. 715:** „Eingesperrt in Mauern, die wir selbst errichtet haben." – *Es steht außer Frage, wer die Probleme erzeugt: Wir selbst sind es.*

Die Frage ist nicht, wer die Probleme erzeugt, denn *wir selbst* tun das. Die Frage ist vielmehr, wer oder was uns unsere Wahrnehmungen vorgibt, die dann darüber bestimmen, welche Möglichkeiten und Wahrscheinlichkeiten sich ins Dasein entfalten. Ist es das vom Virus programmierte Phantom oder das Überbewusstsein? Probleme sind eine Spezialität des Ich-Phantoms und können nur durch das Unendliche Selbst wieder aufgelöst werden. Jemand sagte einmal, dass sich alles ändert, sobald man seine eigenen Schwingungen auszusenden beginnt, statt die Schwingungen des Umfelds aufzunehmen – wenn man also seine Absichten dem Universum aufprägt, statt von der Existenz geprägt zu werden. Das ist der springende Punkt für alles Weitere – die Weggabelung, die ultimative Entscheidung: Wählen wir die Straße ins Paradies oder die, die ins Gefängnis führt? Statt der Formulierung „von der Existenz geprägt zu werden" würde ich allerdings eher von der Prägung durch den Archonten-Virus sprechen. Genau das passiert nämlich mit dem Ich-Phantom, das eine Manifestation der archontischen Matrix ist. Wenn Sie Ihr Gewahrsein und Ihr Selbstverständnis über das Ich-Phantom hinaus auf die Ebene des Überbewusstseins erweitern, beginnen Sie Ihre *eigene* Frequenz auszustrahlen und dem Universum Ihre *eigene* Absicht aufzuprägen – statt der eingepflanzten archontischen Absicht. Wir können im kosmischen Internet entweder selbst etwas veröffentlichen, oder aber wir werden veröffentlicht. Giordano Bruno sagte einmal: „Das göttliche Licht leuchtet zu jeder Zeit im Menschen, es zeigt sich den Sinnen und dem Verstand, doch der Mensch weist es zurück." Wir haben stets die Freiheit, anders zu handeln.

**Abb. 716:** „Schweigen bedeutet Einwilligung" – *Die schweigende Mehrheit sollte langsam den Mund aufmachen.*

**Abb. 717:** „Wenn wir alle zusammenstehen, ist die Tyrannei erledigt." – *Die Archonten betreiben das „Teile und Herrsche" nicht zum Vergnügen, sondern weil es dabei um ihr Überleben geht.*

Ich könnte eine lange Liste von Dingen aufstellen, die wir „tun können". Ich könnte über die Notwendigkeit schwadronieren, dem System massenhaft die Kooperation zu verweigern. Ich könnte sagen, dass wir so vielen Menschen wie möglich Informationen über die archontische Verschwörung und die Natur der Realität an die Hand geben müssen. Ich könnte die Menschen auffordern, den Transhumanismus und die Agenda 21/2030 mit jeder Faser ihres Seins abzulehnen. Ich könnte darauf hinweisen, dass eine Welt, die von mehr als sieben Milliarden Menschen bewohnt wird, nur deshalb von einer Handvoll Leuten kontrolliert werden kann, weil die sieben Milliarden das durch Ignoranz, Desinteresse und Stillschweigen zulassen (Abb. 716). Ich könnte darüber sprechen, dass wir die künstlich geschaffenen Bruchlinien zwischen den Rassen, Geschlechtern, Kulturen, Religionen, sozialen und Einkommensschichten – die gnadenlos dazu instrumentalisiert werden, uns auseinanderzudividieren und zu beherrschen – überwinden müssen. Ich könnte sagen, dass wir uns in Eintracht und Harmonie zusammenschließen und gemeinsam die gewaltigen Herausforderungen angehen müssen, denen wir gegenüberstehen (Abb. 717). Ich könnte das Argument „Ich kann ja doch nichts daran ändern“ als Ausflucht entlarven, mit der man das Nichthandeln zu rechtfertigen sucht. All das könnte ich ausführen – und noch vieles mehr. Doch all jene, die mit dem Überbewusstsein verbunden sind, wissen das bereits, und die anderen werden in keiner Weise darauf reagieren. Überbewussten Menschen braucht man keine Lösungen vorzulegen. Instinktiv kennen sie sie bereits – einfach aufgrund ihres eigenen erweiterten Gewahrseins. Ebenso instinktiv machen sie sich, weil sie sich innerlich dazu verpflichtet fühlen, an deren Umsetzung, um eine echte Veränderung zu bewirken. Gandhi wusste, was zu tun war:

> Ein bösartiges System unterstützen Sie am wirkungsvollsten, indem Sie seine Gebote und Verordnungen befolgen. Eine solche Loyalität verdient ein bösartiges System nicht. Ihm gegenüber loyal zu sein bedeutet, am Bösen teilzuhaben. Ein guter Mensch wird einem bösartigen System aus tiefster Seele Widerstand leisten (Abb. 718).

**Abb. 718:** „Wenn niemand gehorcht, gibt es auch keine Herrscher.“ – *Wir haben die Wahl, ob wir uns der Tyrannei unterwerfen.*

Die Heimat des Überbewusstseins liegt jenseits der Matrix und somit auch jenseits des Reiches der Angst. Wo es keine Angst gibt, haben die Archonten keine Macht. Auch dort, wo Angst zwar vorhanden ist, sie aber durch mutiges Auftreten transzendiert wird, sind die Archonten machtlos. Woraus bezieht ein Computervirus seine Macht? Aus dem Computersystem, das er befallen hat. Alles läuft darauf hinaus, dass wir unseren Aufmerksamkeits- und Gewahrseinsbrennpunkt vom reinen Denken auf das reine Wissen, auf die Allwissenheit richten. Überbewusste Politiker (ich weiß, das ist ein Widerspruch in sich) würden niemals Unrecht, Ungerechtigkeit oder Kontrollstrukturen befürworten. Überbewusste Journalisten lügen oder verletzen niemals, noch führen sie in die Irre oder schweigen, wenn die Wahrheit gesagt werden muss. Überbewusste Wissenschaftler verfallen nicht der Illusion der festen Materie, manipulieren nicht die Daten zur Klimaveränderung für politische und finanzielle Zwecke und stellen keine Gifte oder Tinkturen her, um die Herren aus der Biotechnologie- und Pharmaindustrie zufriedenzustellen, die ihre Gehälter zahlen. In einer überbewussten Welt würde es Biotech- oder Pharmakonzerne gar nicht geben. Überbewusste Ärzte vergiften, verstümmeln und töten ihre Patienten nicht und betrachten sie auch nicht als Goldesel. Sie nehmen vielmehr wahr, was der Körper wirklich ist, und behandeln die Symptome energetisch, statt mit Skalpellen und Giften. Überbewusste Anwälte suchen nach Recht und Gerechtigkeit und sehen in ihren Klienten nicht einfach nur einen weiteren Punkt in ihrem Lebenslauf und die nächste fette Überweisung auf ihr Bankkonto. Überbewusste Richter manipulieren nicht ihre Urteile und entsprechen nicht den Wünschen des Staates. In einer überbewussten Welt gäbe es keine Gerichtshöfe, ja nicht einmal Gesetze, da man dergleichen dort nicht bräuchte. Überbewusste Banker wären niemals Banker geworden. Überbewusste Vorstandsvorsitzende erwirtschaften keinen Profit zu Lasten von Mensch und Umwelt. Würde Monsanto von überbewussten Personen gelenkt, wäre es nicht mehr Monsanto. Überbewusste Regierungsvertreter und -behörden dienen den Interessen der Menschen, nicht den eigenen oder denen von Unternehmen. Überbewusste Sozialarbeiter reißen Kinder nicht aus ihren liebevollen Familien, ja, Sozialarbeiter wären in einer überbewussten Welt gar nicht nötig. So etwas wie überbewusste Soldaten, Terroristen oder Waffenproduzenten gibt es sowieso nicht. Auch so etwas wie eine überbewusste Religion oder überbewusste religiöse Führer wären undenkbar, denn in einer überbewussten Welt gäbe es nichts und niemanden zum Anbeten und folglich auch keine Religion. Jede Religion ist ein Phantom, das die Entzweiung und Unwissenheit zahlreicher Ich-Phantome braucht, um überhaupt existieren zu können. Das Überbewusstsein hingegen trennt nicht, fördert die Unwissenheit nicht und sucht auch nach keinem externen „Erlöser" (Abb. 719). Die Welt des Ich-Phantoms ist ein Gefängnis – die überbewusste Welt ist ein Paradies.

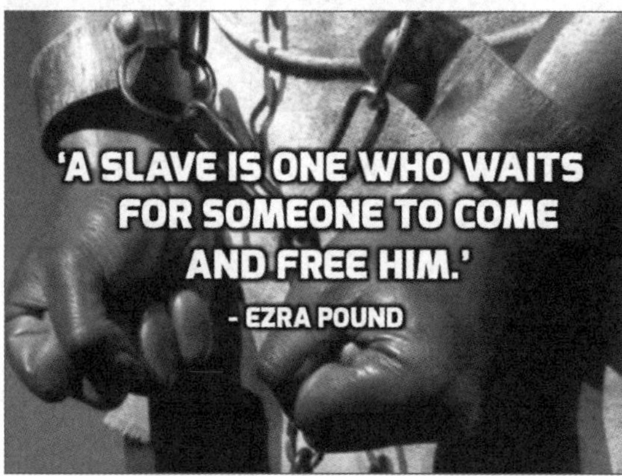


**Abb. 719:** „Ein Sklave ist einer, der darauf wartet, dass ein anderer kommt und ihn befreit'. – Ezra Pound" – *Freiheit ist unsere Angelegenheit und liegt in unserer Verantwortung.*

**Abb. 720:** „Freiheit oder Tyrannei?" – *Es ist an der Zeit, eine Entscheidung zu treffen.*

Wir erschaffen das Paradies genauso, wie wir das Gefängnis erschaffen haben: indem wir es ins holografische Dasein decodieren und manifestieren. Die Menschheit wird von den Archonten so irregeleitet, dass sie sich selbst versklavt, doch ohne unsere kreative Vorstellungskraft sind die Archonten aufgeschmissen: Sie können lediglich unsere Wahrnehmungen manipulieren und programmieren. Sind wir erst einmal programmiert, werden wir auch erschaffen, was wir bewusst oder unbewusst wahrnehmen. Ein beständiger Strom von Filmen über Transhumanismus, Roboter und dystopische Gesellschaften dient dazu, mittels präemptiver Programmierung bestimmte Wahrnehmungen in unsere Energiefelder zu pflanzen. Alles hat eine eigene Frequenz, auch die transhumanistische, dystopische Gesellschaft. Implantiert man solche Frequenzen in den bewussten oder unbewussten Geist der Menschen, werden sie diese decodieren und manifestieren – also über ihre Wahrnehmung ins Dasein entfalten.

Solange wir *uns* nicht ändern, kann sich auch im Außen nichts verändern

(Abb. 720). Die Veränderungen, die wir uns wünschen, erschaffen wir durch das, *was wir sind.* Wenn wir über das Herz mit der Wirklichkeit interagieren, wird sich die Veränderung – die überbewusste Veränderung – von selbst einstellen. Fragen Sie sich in jeder Situation: Was sagt mein Herz dazu? Was würde mein Herz jetzt tun? Wie würde das Überbewusstsein reagieren? In Ihrem Kopf mögen zunächst die Alarmglocken schrillen und der Verteidigungsmechanismus anlaufen, doch das wird sich legen, sobald Ihr Herz seinen rechtmäßigen Platz als Gebieter über die Wahrnehmung eingenommen hat. Zwar spielt auch das Gehirn eine wichtige Rolle, aber als Diener, nicht als Herr. Wenn Sie immer in Ihrem Herzen verankert bleiben – auch falls das Ich-Phantom mit Lug und Trug zurückzuschlagen versuchen sollte –, gehen Sie den Weg, der zum Überbewusstsein führt. Je mehr Menschen so handeln, desto mehr Menschen werden dem Beispiel folgen – denn das Überbewusstsein ist ansteckend (Abb. 721 und 722). Durch die „Wahrheitsschwingungen", wie ich dieses Phänomen seit 26 Jahren nenne, ist dieser Prozess bereits im Gange. Gleich zu Beginn meiner Bewusstseinsreise wurde mir gesagt, dass es bald zu einem Frequenzwechsel käme, der die Menschheit aufwecken würde – und heute sehe ich überall die Auswirkungen dieses Wandels (Abb. 723).

Wenn Sie Ihr Herz öffnen, werden Synchronizitäten, „Zufälle" und Ihr intuitives Wissen die Führung übernehmen. Wird die Wahrnehmung vom Herzen und damit vom Überbewusstsein bestimmt, lösen sich die Programmierungen auf – und damit auch das Ich-Phantom –, und mit ihnen wird auch die archontische Welt verschwinden, die sie erschaffen und uns aufzwingen sollten. Was dann bleibt, ist die Liebe in ihrer unbegrenzten Form – nicht die verstümmelte Version, die man uns Menschen als Liebe verkauft hat. Unendliche Liebe ist all-wissend, all-sorgend und all-seiend; holografisch tritt sie als Freude, Güte, Mitgefühl und dadurch in Erscheinung, dass sie das Leben feiert. In einer solchen Welt böten sich unbegrenzte Möglichkeiten und Potenziale, unsere Träume zu manifestieren – in dem Wissen, dass unser Leben ein Traum *ist*. Träume kennen keine

**Abb. 721:** „Wenn wir einander lieben, ist die Tyrannei erledigt." *– Liebe in ihrer unbegrenzten Form, wohlgemerkt.*

**Abb. 722:** „Umarme mich. Umarme die Welt, bis sie geheilt ist." *– Zwei Gesichter der Unendlichen Ewigkeit.*

**Abb. 723:** „Das Blatt wendet sich." – *Wie schlimm es auf den ersten Blick auch erscheinen mag – ein mächtiger Erwachensprozess ist im Gange.*

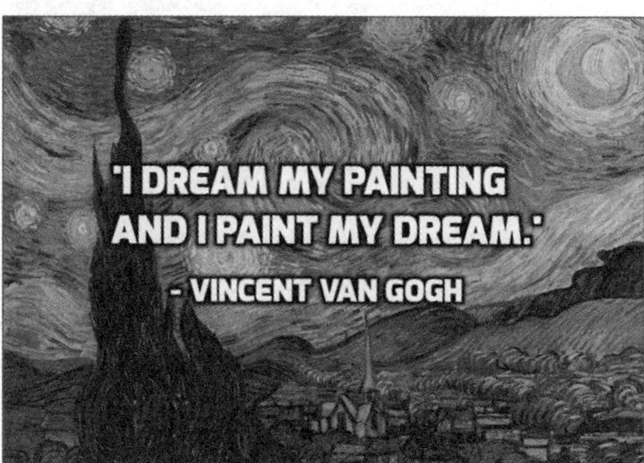


**Abb. 724:** „‚Ich träume mein Bild und male meinen Traum.' – Vincent van Gogh" – *Alles ist ein Traum.*

**Abb. 725:** „Menschheit, erhebe dich. Der Löwe ist erwacht." – *Wann, wenn nicht jetzt?*

Grenzen, es sei denn, wir halten sie für begrenzt (Abb. 724). Der französische Schriftsteller und Philosoph Albert Camus war der Ansicht, dass der einzige Weg, mit einer unfreien Welt umzugehen, darin bestehe, selbst so frei zu werden, dass schon die eigene Existenz einen Akt der Rebellion darstellt (Abb. 725). Der Demiurg-/Archontenvirus fürchtet Menschen, die erwachen und ihre Freiheit leben. Er weiß ganz genau, dass damit das Spiel für ihn vorbei sein wird. Das System setzt dem Überwachungs- und andere Maßnahmen entgegen, die diejenigen sabotieren sollen, die in der Lage sind zu „sehen". Oberflächlich betrachtet bin ich ein einzelner Mann, der in einem kleinen, spärlich eingerichteten Zimmer hockt und Texte verfasst, die das allmächtige System bloßstellen. Aber nicht ich bin es, der das System fürchtet – sondern das System hat Angst vor mir. Das Auftrittsverbot an Orten wie dem „freien" Kanada und die Scherereien, die ich jedes Mal mit dem Visum habe, wenn ich Vorträge in Australien halten will, sind ebenso Ausdruck dieser Angst wie die Tatsache, dass Regierungen und Behörden meine Website in ihren internen Rechnernetzwerken blockieren. Hier zeigt sich schlicht und ergreifend die Angst vor Informationen, die die Wahrnehmungen, auf denen das ganze Gebäude illusionärer Macht basiert, erodieren würden. *Wir* haben die Macht – nicht das System. Osho sagte einmal:

> Die Leute haben große Angst vor denen, die sich selbst kennen. Diesen Menschen ist eine bestimmte Macht, eine bestimmte Aura und ein bestimmter Magnetismus zu eigen – ein Charisma, das junge, wache

> Menschen aus dem tradierten Gefängnis zu befreien vermag. Der erwachte Mensch kann nicht versklavt werden – darin liegt das Problem –, und er lässt sich nicht gefangen nehmen. […]
>
> Der erwachte Mensch wirkt in dieser Welt so fremd wie niemand sonst; er scheint zu niemandem zu gehören. Keine Organisation, keine Gemeinschaft, keine Gesellschaft und keine Nation ist in der Lage, ihn einzuschränken.

Und auch kein System und kein Virus. „Charisma" kommt aus dem Griechischen und bedeutet so viel wie göttliches Geschenk oder Macht – Überbewusstsein.

Ich habe in diesem Buch beschrieben, wie die Welt des Sichtbaren aus dem Unsichtbaren heraus erschaffen und manipuliert wird. Es bringt nichts, das Sichtbare innerhalb des Sichtbaren verändern zu wollen, denn das hieße, das Symptom zu behandeln, ohne sich um die Ursachen zu kümmern. Die Antworten liegen nicht im Bereich des Sichtbaren. Den Verschwörern ist es ganz recht, wenn große Teile der alternativen Medien die Antworten im Sichtbaren suchen – denn dort werden sie nicht fündig werden. Sie liegen vielmehr im Unsichtbaren verborgen – in unseren Wahrnehmungen, in unserer Schwingung, in unseren Herzen. Dies ist ein uraltes Wissen, das zu allen „Zeiten" von denen, die Zugang zum Überbewusstsein hatten, ausgedrückt worden ist. Ein Beispiel dafür sind die Gnostiker, auf die die Texte von Nag Hammadi zurückgehen. Sie glaubten, dass *Gnosis* bzw. Geheimwissen seinen Ursprung im intuitiven Wissen hatte, und dass das „materielle" Universum nicht von „Gott", sondern von einem falschen Gott – dem Demiurgen – erschaffen worden ist. Laut gnostischer Lehre sind wir Menschen Funken oder Tropfen derselben Essenz, aus der auch „Gott" besteht, doch haben wir uns im Laufe der „Zeit" in unsere physische Existenz verstrickt – eine Falle, der wir aber letzten Endes entrinnen werden. Der „Sündenfall" war demnach ein Fall in die „Materie", durch den die Menschheit das Wissen über ihre wahre Natur verlor. Den Gnostikern zufolge sendet „Gott" jedoch fortwährend Emanationen seiner selbst aus, um die „göttlichen Funken des Geistes" an ihre wahre Identität zu erinnern, und sie meinen, dass Erlösung durch Wissen erfolgt – durch Selbsterkenntnis, das Wissen vom wahren Selbst. Ich sage im Grunde dasselbe, nur mit anderen Worten und im Kontext der heutigen Zeit: Wir Menschen sind Ausdruck des Unendlichen Gewahrseins, doch wurde unsere Wahrnehmung gekapert und durch niedrig schwingende Glaubensvorstellungen, Gefühle und Einstellungen auf eine niedere Ebene gezerrt. Die Menschheit ist den Wahrnehmungen des Ich-Phantoms auf den Leim gegangen und hat ihre wahre Natur vergessen. Wir sind „Gefangene in unseren eigenen Körpern" – doch ein Entkommen ist möglich, indem wir uns wieder mit dem Unendlichen Selbst bzw. dem Überbewusstsein verbinden. Und dadurch werden wir unsere Schwingung kontinuierlich erhöhen und eines Tages wieder „nach Hause" zurückkehren. Das, was ich sage, und das, was die

**Abb. 726:** „Erwacht, erwacht, erwacht" – *… zu Unendlichem Gewahrsein.*

Gnostiker behauptet haben, überschneidet sich ganz einfach deshalb, weil es die Wahrheit ist (Abb. 726).

Sicherlich gab es für Leser, die den in diesem Buch präsentierten Ausführungen mit einem aufgeschlossenen Geist gefolgt sind, immer wieder Momente, in denen ihnen die Gesamtsituation hoffnungslos erschien. Wie können wir der Tyrannei, die wie ein Schwerlaster auf uns zurast, noch Einhalt gebieten? Es scheint unmöglich zu sein. Doch es *ist* möglich – und es ist im Grunde so einfach gesagt wie getan: Wir verändern uns erst selbst, und dann verändern wir gemeinsam die Welt. So ist es immer gewesen, und so wird es immer sein.

Wir können das Kontrollsystem wählen oder aber die Freiheit – und es ist an der Zeit, dass wir diese Wahl treffen. Wenn wir noch länger warten, werden wir bald keine Wahl mehr haben.

# Nachtrag

Die Geschwindigkeit, mit der der Plan, den ich seit 26 Jahren aufdecke, jetzt in die Tat umgesetzt wird, lässt sich daran ablesen, wie viel in der kurzen Zeitspanne zwischen der Fertigstellung dieses Buches und seiner Drucklegung geschehen ist.

Zunächst kam es im November 2015 zu den terroristischen Anschlägen in Paris, bei denen über 130 Menschen an verschiedenen Orten im Kugelhagel starben und sich die Selbstmordattentäter anschließend in die Luft sprengten. Die Anschläge folgten unübersehbar dem Problem-Reaktion-Lösung-Schema (PRL). Die „Lösung" bestand wie immer in einer weiteren Verschärfung des Krieges gegen die Freiheit, einem Ausbau des Orwellschen Staates sowie darin, noch mehr Bomben auf Syrien abzuwerfen (Abb. 1). Es hieß zwar, dass sich ISIS bzw. der Islamische Staat zu den Anschlägen bekannt habe, doch handelt es sich dabei lediglich um eine terroristische Stellvertreterarmee, die von denjenigen geschaffen, ausgebildet und bewaffnet wurde, die nach den Pariser Anschlägen die „Lösungen" präsentierten: den Vereinigten Staaten, Großbritannien, Frankreich und anderen Staaten, allen voran auch Israel (Abb. 2).

**Abb. 1:** „Sie haben ihr Problem. Sie haben ihre Reaktion. Nun brauchen Sie nur darauf zu warten, dass sie ihre vorausgeplante Lösung präsentieren." – *Dieses Bild postete ich innerhalb einer Stunde nach den Pariser Anschlägen in den sozialen Netzwerken – und genauso geschah es.*

**Abb. 2:** „Exklusivbericht: Führer des Islamischen Staates fotografiert" – *Man kann noch die Staatsoberhäupter Saudi-Arabiens, Israels und anderer Länder zu diesen Leuten dazustellen. Doch natürlich handelt es sich hier nicht wirklich um „Führer", sondern lediglich um Eintagsfliegen und Marionetten der Verdeckten Hand.*

Unterdessen fuhr Saudi-Arabien, das den IS finanziell unterstützt, damit fort, im Jemen Zivilisten zu enthaupten und zu ermorden, und zwar mit britischen und amerikanischen Waffen – während der ach so moralische „Westen" kein einziges Wort darüber verlor. WikiLeaks veröffentlichte derweil ein Telegramm der US-Außenministerin Hillary Clinton, das deutlich machte, wie sehr die saudi-arabischen Terroraktivitäten der Koalition der Scheinheiligen und ihrer „Antiterror"-Scharade gelegen kamen. In dem Telegramm war zu lesen: „Geldgeber aus Saudi-Arabien stellen weltweit die bedeutendste Quelle der Unterstützung sunnitischer Terrorgruppen dar." Die Gestalten, die dieses Schauspiel im Westen und dem Nahen Osten inszenieren, sind der Inbegriff des Bösen; all das ist nur ein weiterer gigantischer Schwindel. Robert Baer, ein ehemaliger leitender Mitarbeiter der CIA, der von 1991 bis 1994 in Jugoslawien und im Nahen Osten tätig war, schilderte in einem Interview mit der *WebTribune* im November 2015 seine persönlichen Erlebnisse, die sich eins zu eins auf die aktuellen Geschehnisse übertragen lassen. Er berichtete, dass die CIA Millionen dafür ausgegeben hat, Jugoslawien in verfeindete Fraktionen aufzuspalten – genau dasselbe wird gerade im Nahen Osten und in Afrika gemacht. Im Grunde ist es nichts anderes als die Fortführung desselben globalen Plans. Baer sagte über die CIA:

> Man gab uns Unterlagen über eine Gruppe namens „Supreme Serbia", die detaillierte Pläne über eine Reihe von Bombenattentaten auf wichtige Gebäude in Sarajevo enthielten, mit denen Bosniens Absicht, das ehemalige Jugoslawien zu verlassen, untergraben werden sollte. Eine solche Gruppe hat nie existiert! Unser Hauptquartier hat uns angelogen. Unsere Mission bestand darin, unter den bosnischen Politikern Panik zu verbreiten, sie in Alarmbereitschaft zu versetzen und ihnen die Vorstellung einzupflanzen, die Serben könnten sie angreifen. Zunächst nahmen wir die Geschichte hin, doch nach einer Weile begannen wir uns zu fragen: Warum schürten wir eine solche Hysterie, wo doch klar war, dass es diese Gruppe gar nicht gab? […]
>
> Ich wurde darüber unterrichtet, dass Slowenien kurz davor stehe, seine Unabhängigkeit zu erklären. Man gab uns ein paar Millionen Dollar, mit denen wir verschiedene Nichtregierungsorganisationen, Oppositionsparteien und Politiker unterstützt haben, die den Hass weiter schürten. […]
>
> Viele CIA-Agenten und leitende Mitarbeiter verschwanden von der Bildfläche, einfach weil sie sich weigerten, Propaganda gegen die Serben in Jugoslawien zu machen. Ich selbst war höchst schockiert darüber, wie viele Lügen uns von unseren Behörden und Politikern untergejubelt wurden! Viele CIA-Agenten verbreiteten die Propaganda, ohne sich darüber klar zu sein, was sie da überhaupt taten. Jeder kannte nur einen Bruchteil der Geschichte, und nur der, der sie sich ausgedacht hatte, wusste, was dahinterstand.

Hier sehen wir das in diesem Buch wiederholt angesprochene Need-to-know-Prinzip in Aktion. Auf diese Weise lassen sich Attentate wie 9/11 oder der Pariser Anschlag anzetteln, bei denen jeweils nur eine Handvoll Eingeweihte die wirkliche Geschichte kennen. Die Menschen lehnen die Vorstellung, dass hinter Terroranschlägen wie diesen eine Verdeckte Hand stehen könnte, mit der Begründung ab, dass sie ja von Muslimen begangen worden seien. Sie übersehen dabei aber, wie solche Anschläge eigentlich realisiert werden. Wenn Sie in der Produktionshalle eines globalen Unternehmens arbeiten, dann besteht Ihre Arbeit darin, Anweisungen „von oben" zu befolgen. Doch wer ist eigentlich „da oben", und welche Mitarbeiter sind außerdem beteiligt? Zwar kennen Sie die Ebene, die sich in der

Hierarchie unmittelbar über Ihnen befindet, und möglicherweise sogar weitere Ebenen darüber; doch oberhalb eines bestimmten Punktes wissen Sie nicht mehr, was dort vor sich geht und welche Absichten man verfolgt. Die Leute, die die Entscheidungen treffen und die Anweisungen erteilen, sind Ihnen unbekannt – Sie kennen nur diejenigen, die sie Ihnen überbringen. Den Ereignissen, die nach dem PRL-Schema ablaufen, liegt dieselbe Struktur zugrunde; zudem kommen Methoden wie die von Baer beschriebenen zum Einsatz. Die Individuen, die die Anschläge ausführen und dabei Menschen erschießen, Bomben legen und sich selbst in die Luft jagen, glauben tatsächlich, dass sie für Allah oder irgendeinen heiligen Krieg kämpfen. Sie sind in diesem Spiel lediglich die Bauernopfer – Zünder und Kanonenfutter zugleich –, nicht die Drahtzieher. In den offiziellen Versionen ist häufig von einer Art Superhirn die Rede, das angeblich hinter einem Anschlag stand, das sich in der Realität jedoch eher als Spatzenhirn oder gar als minderbemittelter Krimineller entpuppt. Diese von den Medien behaupteten geistigen Überflieger sind in Wahrheit Schwachköpfe, die zur Koordination solcher Unternehmungen gar nicht in der Lage wären – entbehrliche Deppen, die Herren dienen, von deren Existenz sie noch nicht einmal wissen. Einem französischen Journalisten zufolge, der als Geisel des Islamischen Staates täglich mit dessen Mitgliedern zu tun hatte – unter anderem auch mit dem sogenannten „Jihadi John" –, sind sie eher dumm als böse. Bei einer solchen Aussage mag man sich angesichts der Abgründe, in die sie durch ihre Taten hinabgestiegen sind, gar nicht ausmalen, wie unsagbar dumm sie demzufolge sein müssen. Ein Fünkchen Intelligenz würde genügen zu erkennen, dass man sie zu einem ganz anderen Zweck benutzt und instrumentalisiert.

Die entscheidende Frage, die bei jedem Anschlag dieser Art zu stellen ist, lautet: „Wer profitiert davon?" Wem nützt es, wenn ich der offiziellen Version der Ereignisse Glauben schenke und der Angst erliege, die zu erzeugen gerade der Sinn der Aktion war? Auf Paris bezogen ist die Antwort dieselbe wie in jedem anderen Fall, der dem Muster Problem-Reaktion-Lösung entspricht: Jeder, der die von mir in diesem Buch beschriebene Agenda vorantreiben möchte (Abb. 3). Der französische Präsident François Hollande rief einen unbegrenzten Notstand aus, der im Wesentlichen das aufhob, was von der französischen Demokratie noch übrig war. Zudem wurden überall im Land bewaffnete Einheiten in den Straßen postiert. Hollande regte Verfassungsänderungen an, mit denen weitere grundlegende Freiheiten beseitigt und die Etablierung einer präsidialen Diktatur vorangebracht wurde (oder besser gesagt, einer Diktatur derjenigen, die den Präsidenten kontrollieren). Die britische Regierung kündigte an, die Ausgaben für Geheimdienste und Überwachungsmaßnahmen massiv anzuheben, während sie gleichzeitig die Unterstützung für die Hilfsbedürftigen

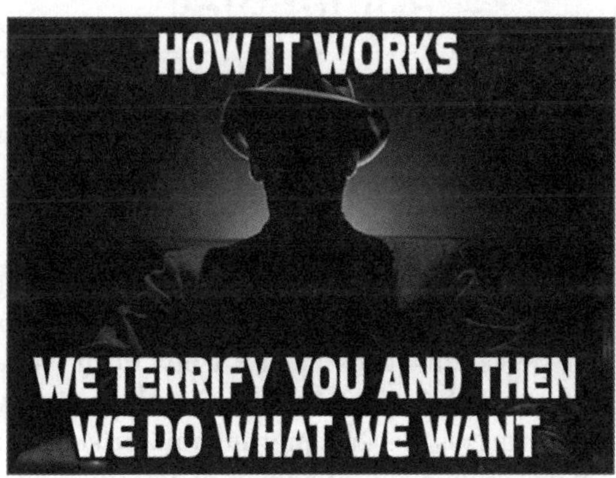


**Abb. 3:** „So funktioniert das: Wir versetzen euch in Angst und Schrecken – dann machen wir, was wir wollen" – *Das funktioniert allerdings nur so lange, wie die Menschen darauf hereinfallen.*

**Abb. 4:** „Kein Geld für die Menschen, aber immer Geld für Kriege" – *Nur ein weiterer Berufslügner.*

**Abb. 5:** „Sie bomben Syrien in Schutt und Asche – Was könnte schon schiefgehen?" – ***All diese Länder werfen ihre Bomben auf ein Land, das gerade einmal so groß ist wie der Bundesstaat Washington.***

kürzte – mit der Begründung, dafür sei nicht genug Geld da. Auch die Vereinigten Staaten, Australien und andere Länder nutzten die Pariser Anschläge dafür, ihre polizeistaatlichen Agenden voranzutreiben; oder sagen wir besser, „die Agenda", in der Einzahl – schließlich stellen all diese Länder nur verschiedene Stränge desselben globalen Netzwerks dar.

Der britische Premierminister David Cameron war ganz darauf versessen, mit der Royal Air Force Syrien zu bombardieren, konnte aber das Parlament nicht auf seine Seite ziehen. Einmal war er bereits überstimmt worden, und wie es schien, würde er bei einem erneuten Versuch wiederum scheitern. Doch dann geschah der Anschlag von Paris. Sofort benutzte Cameron das dadurch ausgelöste Entsetzen dazu, sein Anliegen noch einmal vors Parlament zu bringen. Diesmal gewann er, da sich der Ein-Parteien-Staat über die von Labour-Parteichef Jeremy Corbyn geführte Opposition hinwegsetzte. Fast 70 von Corbyns Leuten stimmten mit dem Psychopathen Cameron – womit sie Großbritannien der immer länger werdenden Liste von Ländern hinzufügten, die sich an der Bombardierung eines Landes beteiligen, das gerade einmal so groß wie der Bundesstaat Washington ist. Die Vereinigten Staaten, Frankreich, die Türkei, Israel, Russland und Australien hatten das Land bereits in Schutt und Asche gelegt und enorm hohe Verluste unter der Zivilbevölkerung sowie Flüchtlingsströme verursacht, die den Migrationsdruck nach Europa noch weiter erhöhen (Abb. 4). Nachdem eine chinesische Geisel Berichten zufolge vom IS getötet worden war, kündigte auch China an, gegen die terroristische Gruppierung militärisch vorzugehen. Das deutsche Parlament beschloss unterdessen, eigene Truppen nach Syrien zu entsenden (Abb. 5). Ich warte schon darauf, dass die Osterinseln ins gleiche Horn stoßen. Dass die NATO geschlossen diesem Wahnsinn folgt, war nur dank des Mantras möglich, das schon Stunden nach den Pariser Anschlägen laufend wiederholt wurde – die Anschläge seien „ein kriegerischer Akt" gegen Frankreich gewesen, und „der Islamische Staat hat Frankreich den Krieg erklärt". Hollande stimmte den Chor an, und einer nach dem anderen gesellte sich dazu, einschließlich der Vereinigten Staaten. Dieser offenkundig koordinierte Vorgang war sehr bedeutsam, denn wenn ein Mitglied der NATO in einem „kriegerischen Akt" angegriffen wird, kann das den Weg für die Anwendung des Artikels 5 des NATO-Vertrages ebnen. In dem sogenannten „Alle-für-einen"-Artikel heißt es:

> Die Parteien vereinbaren, dass ein bewaffneter Angriff gegen eine oder mehrere von ihnen in Europa oder Nordamerika als ein Angriff gegen sie alle angesehen werden wird; sie vereinbaren daher, dass im Falle eines solchen bewaffneten Angriffs jede von ihnen in Ausübung des in Artikel 51 der Satzung der Vereinten Nationen anerkannten Rechts der individuellen oder kollektiven Selbstverteidigung der Partei oder den Parteien, die angegriffen werden, Beistand leistet, indem jede von ihnen unverzüglich für sich und im Zusammenwirken mit den anderen Parteien die Maßnahmen, einschließlich der Anwendung von Waffengewalt, trifft, die sie für erforderlich erachtet, um die Sicherheit des nordatlantischen Gebiets wiederherzustellen und zu erhalten. Von jedem bewaffneten Angriff und allen daraufhin getroffenen Gegenmaßnahmen ist unverzüglich dem Sicherheitsrat Mitteilung zu machen. Die Maßnahmen sind einzustellen, sobald der Sicherheitsrat diejenigen Schritte unternommen hat, die notwendig sind, um den internationalen Frieden und die internationale Sicherheit wiederherzustellen und zu erhalten.

Der Sicherheitsrat der Vereinten Nationen stimmte nach den Pariser Anschlägen einem Antrag Frankreichs zu, der die „Bekämpfung des IS mit allen Mitteln" autorisierte. Frankreich berief sich zum ersten Mal auf einen in den EU-Verträgen verankerten Artikel zur kollektiven Verteidigung, um in Reaktion auf die Anschläge militärische Unterstützung einzufordern. Natürlich wurde dem Ersuchen entsprochen, um die Sequenz Problem-Reaktion-Lösung zu vollenden.

## Immer dieselbe Leier

PRL- bzw „False Flag"-Anschläge folgen, wie ich nunmehr seit Jahren deutlich mache, bestimmten Mustern. Sie weisen eine Reihe immer wiederkehrender Elemente auf, die wir allesamt auch bei den Ereignissen von Paris wiederfinden (Abb. 6). Da werden Pässe der Terroristen am Tatort gefunden, sodass man gleich Namen und Aufenthaltsort derjenigen angeben kann, denen man die Schuld für den Anschlag in die Schuhe schieben will. In Paris fand man neben der Leiche eines Terroristen, der sich mit einer Bombe in die Luft gejagt hatte, einen „syrischen Reisepass". Von ihm selbst war nicht mehr viel übrig, aber sein *Pass* war intakt? Aber klar doch. Es scheint völlig egal zu sein, welcher Art von Explosion oder Feuer diese Pässe ausgesetzt werden, sie überstehen einfach alles (Abb. 7). Im Internet witzelte jemand nach den Pariser Anschlägen, die Leute mögen ihm doch

**Abb. 6:** „Immer dieselbe Leier: ‚Pass des Terroristen gefunden', Terrorist erzählt, der ‚Anschlag' wäre zeitgleich zu einer ‚Antiterrorübung' passiert. Ach ja, und all das geschah am Vorabend des G20-Gipfels gegen Terrorismus." – *Die immer wiederkehrenden Motive terroristischer Anschläge – und das sind längst nicht alle.*

**Abb. 7:** „Wenn Sie Ihren Pass verlieren, rufen Sie die Sicherheitsbehörden. Die finden ihn in jedem Fall." – *Und zwar an den merkwürdigsten Stellen und stets unbeschädigt. Ich bewahre meinen im heißen Backofen auf, da ist er sicher.*

bitte ihre Reisepässe schicken, da er sich einen bombensicheren Bunker bauen wolle. Nichts scheint so unkaputtbar zu sein wie Pässe. Das konnten wir schon bei den Anschlägen vom 11. September erleben. Damals erklärte das FBI, man habe den Pass von einem der „muslimischen Entführer" gefunden – und zwar genau dort, wo zuvor die Türme des World Trade Centers gestanden hatten. Ganz recht, den aus Papier bestehenden Pass eines „Attentäters", der angeblich an Bord eines der Flugzeuge ins WTC gerast und in einem Feuerball verbrannt war. Einmal sah ich einen *BBC*-Nachrichtensprecher, der den Zuschauern genau das weismachen wollte. Obwohl die Behauptung natürlich völlig behämmert ist, brachte er es über die Lippen, ohne dabei zu lachen. Sobald etwas aus einer offiziellen Quelle stammt, betrachtet es die *BBC* als wahr, ganz gleich, wie absurd es ist. Als britische Fernsehjournalisten ein Jahr später einen Dokumentarfilm über 9/11 drehten, befragten sie die New Yorker Polizei zu dem Pass, der alles in so wundersamer Weise unbeschadet überstanden hatte. Man antwortete ihnen, es handele sich dabei um ein „Gerücht, das möglicherweise wahr ist". Das war es natürlich nicht – lassen Sie sich nicht verrückt machen. Wie aber kam es, dass dieses „Gerücht, das möglicherweise wahr ist", Gegenstand einer Pressekonferenz war, die das FBI gleich nach den Anschlägen einberufen hatte und in der sie verkündete, sie habe den Pass „definitiv gefunden"? Derart absurde offizielle Darstellungen dienen der Wahrnehmungstäuschung und allein dazu, die verbreiteten Märchen wahr erscheinen zu lassen. Die Strippenzieher wissen genau, dass die meisten Menschen selbst die infantilsten Behauptungen niemals hinterfragen und außerdem das Gesagte wieder vergessen werden, sobald man – wenn es die Umstände erforderlich machen – eine neue Lüge verbreitet, die zu den früheren Aussagen im Widerspruch steht.

Auch die am 7. Juli 2005 auf die Londoner U-Bahn und Busse verübten Bombenanschläge warteten mit dem Reisepass-Wunder auf. Ein Mann, der sich mit einer Rucksackbombe in die Luft gesprengt haben soll, hinterlässt Pass, Führerschein und eine Handy-Versicherungspolice – alles unversehrt –, damit die Polizei ihn schnell identifizieren kann. Wie umsichtig von ihm. Das erinnert uns an die „Terroristen“ vom 11. September, die, wie man uns wissen ließ, Exemplare des Korans in ihren Hotelzimmern und Mietwagen zurückgelassen hatten. Wenn Sie ein fanatischer Moslem wären – was wäre dann das Letzte, das Sie irgendwo liegen lassen würden? Man fand auch Flughandbücher, mit denen uns die Attentäter posthum bewiesen, dass wirklich sie es waren, die am Steuer der großräumigen Jets gesessen hatten. Und das, obwohl ihre Fluglehrer sie im Nachhinein als hoffnungslose Fälle beschrieben – nachdem sie versucht hatten, eine einmotorige Cessna zu fliegen. Ich habe an anderer Stelle ausgeführt, dass Wissenschaftler nur ein einziges Wunder brauchen (Urknall), von dem aus sie alles andere ableiten können. Bei diesen PRL-Geschichten ist allerdings ein wenig mehr vonnöten. Um glaubhaft zu machen, was angeblich passiert sein soll, braucht es schon Wunder am laufenden Band. Da finden zeitgleich mit den Anschlägen „Trainings“ oder „Übungen“ statt, die ein Szenario durchspielen, das genau dem entspricht, was dann tatsächlich passiert. Die Wahrscheinlichkeit, dass es sich bei all dem um „Zufälle“ handelt, ist praktisch null. Auch die Ereignisse von Paris folgten diesem Muster. Hinter der Fassade der Übungen lässt sich das eigentliche Geschehen wunderbar vorbereiten. So fand auch am 11. September 2001 am Himmel über New York und Washington eine „Übung“ statt, in deren Mittelpunkt die gedachte Entführung mehrerer Passagierflugzeuge stand, von denen zumindest eines virtuell in ein Gebäude in Washington stürzen sollte. Wie groß ist hier die Möglichkeit eines Zufalls? Normalerweise schickt das NORAD (das nordamerikanische Luftverteidigungskommando) sofort Kampfjets los, wenn ein Flugzeug entführt wird, um die Lage zu klären. Doch die durch die Übung verursachte Verwirrung führte dazu, dass das nicht geschah. Sobald die Flugzeuge New York bzw. Washington erreicht hatten, war die Sache gelaufen – genau wie geplant. In anderen Büchern habe ich einen Teil der NORAD-Kommunikationsprotokolle vom 11. September veröffentlicht, aus denen die Verwirrung darüber, was nun Übung und was real ist, deutlich hervorgeht. In „Alice im Wunderland und das World Trade Center Desaster“ und „The David Icke Guide to the Global Conspiracy“ finden Sie eine detaillierte Beschreibung, dass die Anschläge vom 11. September von Insidern verübt wurden (Abb. 8).

**Abb. 8:** „Vergessen Sie das nicht: Damit fing alles an … ausgehend von einer LÜGE“ – *Die Lüge, die den „Krieg gegen den Terror“ begründete – der niemals enden soll.*

PRL-Anschläge geschehen nicht einfach so – möglich werden sie erst durch systematische Sicherheitslücken, deren Abwesenheit alle Pläne durchkreuzen würden. Das ist auch der Grund, warum im Nachgang dieser Ereignisse stets „Sicherheitsmängel“ festgestellt werden. In London fand zeitgleich zu den Bombenanschlägen vom 7. Juli – und an denselben U-Bahn-Stationen – eine Übung statt, genauso wie bei den Anschlägen von Oklahoma 1995, Oslo 2011, Boston 2013 und zahlreichen Amokläufen in den Vereinigten

Staaten. Entweder fanden die Anschläge zeitgleich mit Übungen oder aber an Orten statt, die regelmäßig Schauplatz von Übungen sind. Wo die Übungen zeitgleich abliefen, hatten sie obendrein dasselbe Szenario zum Inhalt, das sich dann in der „Realität" ereignete. So endete in Oslo ein Polizeitraining, das die Explosion einer Bombe zum Gegenstand hatte, nur 26 Minuten, bevor am selben Ort tatsächlich eine Bombe hochging. Und ja – auch in Paris gab es am Tag des Anschlags von 2015 eine Übung, bei der genau das Szenario durchgespielt wurde, das sich in der Realität ereignen sollte. Am 7. Juli 2005, dem Tag der Anschläge von London, fand im schottischen Gleneagles zudem gerade ein G8-Gipfel statt, sodass man die „Lösung" gleich gut verkaufen konnte. Ebenso fielen die Pariser Anschläge auf den Vorabend eines G20-Gipfels, bei dem sich führende Politiker aus aller Welt in der Türkei einfanden – unweit der syrischen Grenze –, um über ihr Vorgehen gegen den Islamischen Staat zu beraten. So etwas kann man sich nicht einmal ausdenken – brauchen wir aber auch nicht, denn das machen *die* schon für uns. Weitere Anschläge, mit denen die Menschen so verängstigt werden sollen, dass sie sich fügen und unterordnen, sind gewiss schon in Planung (auch in Großbritannien wird es bald wieder einen geben). Auf diese Masche dürfen wir nicht hereinfallen.

## Der Weg in den dritten Weltkrieg

Wenige Tage nach den Anschlägen von Paris, als hysterische Politiker die Bombenangriffe auf Syrien ausweiteten und gleichzeitig in der Heimat Freiheiten abschafften, griff die Türkei einen russischen Kampfjet an – mit der lächerlichen Begründung, dieser habe den türkischen Luftraum verletzt. Russland hielt dagegen, dass der Jet nicht in den türkischen Luftraum eingetreten und definitiv über Syrien abgeschossen worden sei. Sogar den Angaben der türkischen Behörden zufolge hielt sich der Jet nur für *17 Sekunden* in ihrem Luftraum auf. Selbst wenn das stimmen sollte (was angesichts der Beweislage höchst fragwürdig zu sein scheint), ist die Behauptung, die Sicherheit der Türkei sei dadurch bedroht gewesen, mehr als lächerlich. Das war Präsident Recep Tayyip Erdoğan, der die Terroristen unterstützt, natürlich völlig klar (Abb. 9). Doch um dem Drehbuch Genüge zu tun, ist jede Ausrede recht. Als Mitglied der NATO erhielt die Türkei umgehend Unterstützung von anderen Mitgliedern der „künftigen Weltarmee". „Die Türkei hat das

**Abb. 9:** „Glaubt irgendjemand, dass der Abschuss des russischen Kampfjets nicht im Sinne einer größeren Agenda kaltblütig geplant war? Alle, die tatsächlich dieser Meinung sind, bekommen von mir ein großes Stück Käse – das direkt vom Mond stammt." – *Der türkische Anschlag auf ein russisches Flugzeug.*

Recht, sich zu verteidigen“, erklärte das große Kind mit dem Namen Obama. Der Anschlag war ganz klar im Vorfeld geplant worden, nachdem die Russen in Syrien Erfolge im Kampf gegen den IS erzielt hatten. Das war schließlich das Letzte, was Erdogan, Obama und all die anderen Psychopathen, Lügner und Heuchler der NATO wollten. Der Islamische Staat war von den USA zusammen mit anderen NATO-Ländern sowie Israel, Saudi-Arabien und Katar erschaffen worden, um a) den syrischen Präsidenten Assad zu beseitigen und b) um einen künstlichen Feind zu haben, mit dem sich die westliche Bevölkerung fortwährend terrorisieren ließe, damit diese freiwillig immer mehr Freiheiten opfert. Das Letzte, was sie wollten, war, dass Putin seine Truppen ins Land schickt und den IS tatsächlich zu bekämpfen beginnt. Dass die von den USA geführten Bombardements nichts gebracht hatten, war klar – denn das hatte man auch gar nicht beabsichtigt. Die Türkei spielte hinsichtlich des Überlebens und Gedeihens des IS stets eine Schlüsselrolle, da er zum einen über die Grenze zu Syrien und Irak mit Waffen und Nachschub versorgt wurde und zum anderen das vom IS gestohlene Öl über die Türkei in alle Welt verkauft wurde. Die russische Regierung hatte für all das Beweise und brachte – in Übereinstimmung mit Berichten anderer Quellen – Erdoğan und seinen Sohn Bilal mit dem erwähnten Ölhandel in Zusammenhang, der etwa die Hälfte der Einkünfte des IS ausmachen soll. Obendrein erreichen Individuen, die sich dem IS anschließen wollen, ihr Ziel über die Türkei – ein angeblich „demokratisches“ Land also, das Erdoğan in sein eigenes islamisches Lehensgut verwandelt und gleichzeitig jeden Hauch von Presse- und Oppositionsfreiheit ausgemerzt hat.

Ein Ende des Islamischen Staates ist das Letzte, was er im Sinn hat. So wird übrigens auch klar, warum er die Kurden und die Russen angreift, die sich beide ernsthaft bemühen, den IS niederzuschlagen (Abb. 10). Dasselbe gilt auch für die Vereinigten Staaten, die 45 Minuten vor einem Bombenangriff über IS-Gebiet Flugblätter abwarfen, um ihn zu warnen und über Ort und Zeitpunkt des Bombenregens in Kenntnis zu setzen. Russland begann, seine Bomber mit Kampfflugzeugen zu beschützen, als man modernste Raketenabwehrsysteme ins Land brachte und vor der syrischen Küste einen Raketenkreuzer postierte, der den Befehl erhielt, auf jedes Objekt zu schießen, das eine Gefahr darstellen könnte. Die Gefahr eines dritten Weltkriegs in der von Albert Pike vorausgesagten Art war nie größer als jetzt. Alles geschieht genau so, wie er es beschrieben hatte, nämlich durch die aus dem Nahen Osten heraus agierenden „Nihilisten“ – die vom Westen geschaffenen Kämpfer des Islamischen Staates. Allein in den zwei Wochen zwischen Fertigstellung dieses Buches und Drucklegung ist unglaublich viel passiert. Bis Sie dieses Buch in den Händen halten, wird noch viel mehr geschehen, denn die globale Gesellschaft soll durch künstlich geschaf-

**Abb. 10:** „Ein Diktator spricht … ‚Russland bedroht von mir unterstützte Terroristen – also schieße ich das Flugzeug ab. Ganz einfach.'“ – *Der „gewählte“ türkische Diktator.*

fenen Terrorismus und Krieg wie von mir beschrieben umgestaltet werden. Eine weitere Konsequenz aus den Pariser Anschlägen und den Ereignissen in Syrien ist der lauter werdende Ruf nach einer – von mir schon seit Langem vorhergesagten – EU-eigenen Armee, die einen weiteren Meilenstein auf dem Weg zur Weltarmee darstellen würde. Der belgische Premierminister Charles Michel forderte im Nachgang der Pariser Anschläge gar die Gründung einer europäischen CIA: „Wir müssen möglichst schnell einen europäischen Geheimdienst schaffen, eine europäische CIA", um „Personen mit feindseligen Absichten zu enttarnen". Damit können sie ja gleich in Washington, London, Paris, Ankara, Tel Aviv usw. anfangen ...

## Das Mekka der Klima-Gläubigen

Während dieses Buch in den Druck geht, treffen sich die Verhandlungsführer aus 195 Ländern zum aktuellen „Klimagipfel", der unter der Bezeichnung COP21 in – ja, genau, in Paris stattfindet. Die meisten Teilnehmer glauben tatsächlich, dass sie sich in einem verzweifelten Rennen um die Rettung des Planeten befinden, während das, was sie zu „bekämpfen" meinen, in Wirklichkeit gar nicht existiert. Sie kaufen die Lügen entweder deshalb, weil sie ständig und dreist wiederholt werden, oder/und aufgrund der endlosen Geldströme, die sich in die Taschen derjenigen ergießen, die das Märchen unterstützen. Führende Politiker aus 147 Nationen ergriffen auf der Versammlung das Wort und stimmten brav in den Chor ein. Barack „Ich rede, also muss es Mumpitz sein" Obama hatte sogar die Unverfrorenheit, den Klimawechsel mit dem Kampf gegen den Terrorismus zu verknüpfen, wobei er seinen Aufenthaltsort als Aufhänger benutzte: „Könnte es eine größere Zurückweisung für diejenigen geben, die unsere Welt zerstören wollen, als die Bündelung unserer Kräfte, um sie zu retten?" Bei dieser Ansprache konnte einem schlecht werden, nicht nur wegen der Verdrehung der Wahrheit, sondern auch wegen der ausgeklügelten Manipulation. Ohne irgendetwas zu hinterfragen, käuten die Mainstreammedien die durch nichts gestützten Behauptungen und offenkundigen Lügen über die vom Menschen verursachte „globale Erwärmung" wider. Demonstranten, die sich normalerweise dem Establishment entgegenstellen, forderten nun, die „globale Erwärmung" anzupacken – indem man die Welt in genau die faschistische Diktatur verwandelt, gegen die sie dann andernorts wieder protestieren. Da bekommt die Redensart „jemanden zum Narren halten" eine ganz neue Dimension. Man kann nur den Kopf schütteln, wenn man Leute ihre eigene Versklavung fordern sieht, ohne dass sie überhaupt bemerken, dass sie das gerade tun.

Wie alle Klimagipfel zuvor hatte auch COP21 zum Ziel, dass zwischen den Ländern möglichst viele rechtlich bindende Abkommen abgeschlossen würden, mit denen man deren innenpolitische Ziele zentral diktieren und ihnen die Forderungen der Agenda 21/2030 aufdrücken kann – die Hungerspiele-Gesellschaft. Prominente Wissenschaftler erklärten während einer Zusammenkunft, die im Vorfeld der Pariser Schmierenkomödie in Texas stattfand, dass die Befürchtungen wegen einer menschengemachten globalen Erwärmung „irrational“ seien und sich „auf Unsinn gründen“ würden (Abb. 11). Wir seien durch „Katastrophismus“ auf einen „Holzweg“ geführt worden. Einer der Wissenschaftler bemerkte: „Die Dämonisierung von $CO_2$ ist bestenfalls irrational; eine moderate Erwärmung ist sogar größtenteils von Vorteil.“ Historische Erfahrungen bestätigen das. Dr. Patrick Moore, einer der Gründer von Greenpeace, sagte: „Es handelt sich hier um reine politische Propaganda, die nicht das Geringste mit Wissenschaft zu tun hat.“ Doch statt auf die Wissenschaftler zu hören, die den Quatsch als solchen entlarven können, werden die Bemühungen, sie zum Schweigen zu bringen, weiter intensiviert (Abb. 12). Der amerikanische Außenminister John Kerry sagte im Vorfeld der Pariser Konferenz: „Die Ergebnisse der Wissenschaft sind eindeutig. [Einen Teufel sind sie.] Diejenigen, die den Klimawandel fortwährend in einen politischen Kampf verwandeln, gefährden uns alle. Da können wir nicht untätig zusehen und sie gewähren lassen.“ Der in Misskredit geratene James Hansen, der zur Untermauerung der Klimalüge Daten manipuliert hatte, forderte dazu auf, Kritiker der Klimapropaganda wegen „schwerer Verbrechen gegen die Menschheit“ zu verfolgen. Robert F. Kennedy Jr. sagte unterdessen über die Menschen, die noch über etwas Verstand verfügen: „Das ist Hochverrat, und wir müssen anfangen, sie auch als Verräter zu behandeln.“ Der ehemalige Clinton-Mitarbeiter Joe Romm, der heute eine Website namens „ClimateProgress“ betreibt, ging mit seiner Warnung an die Klima-Ungläubigen noch weiter: „Nicht meinen Zorn müsst ihr fürchten [stimmt], denn bald wird eine ganze Generation bereit sein, euch und euresgleichen zu erwürgen, während ihr schlaft.“ Ach, ist das so? Ich zittere.

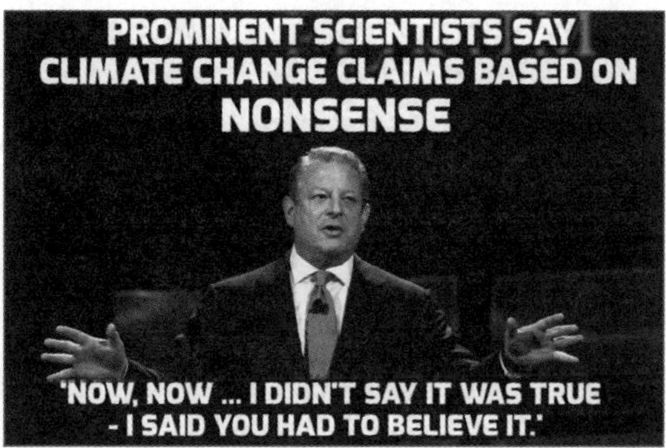


**Abb. 11:** „Prominente Wissenschaftler sagen, dass sich die Behauptungen vom Klimawandel auf Unsinn stützen – ‚Also, äh … Ich habe nicht gesagt, dass sie stimmen – sondern nur, dass Sie sie glauben sollen.‘“ – *Wie viele Klimaexperten die Lügen auch anfechten, sie werden doch ignoriert – denn der Klimaschwindel ist für die Agenda von zentraler Bedeutung.*

**Abb. 12:** „Diejenigen, die die vom Menschen verursachte globale Erwärmung anfechten, müssen zum Schweigen gebracht werden – ‚Freies Amerika‘ – Tatsächlich? Es ist ein SCHWINDEL!“ – *US-Außenminister John Kerry sagte, Skeptiker müssten zum Schweigen gebracht werden. Wenn man eine Lüge verkauft, muss man die Wahrheit unterdrücken.*

Das Prinzip, die Menschen fortwährend doppelt unter Beschuss zu nehmen – indem man einerseits durch Krieg und Terrorismus immer mehr Angst schürt, während man gleichzeitig diejenigen mundtot macht, die die Verschwörung aufdecken bzw. erkennen –, wird jeden Tag offensichtlicher. Dazu gehört auch, dass „Kinderschutz-Beamte“ der bri-

**Abb. 13:** „Schwachsinnige (und böswillige) ‚Kinderschutz-Beamte' sagen ... die Regierung zu hinterfragen und den Medien nicht zu glauben zeuge von ‚Radikalisierung'. Nein – es zeugt von Intelligenz." *– Der Krieg gegen die Wahrheit.*

tischen Regierung Broschüren verteilen, in denen Eltern davor gewarnt werden, dass eine misstrauische Haltung gegenüber der Regierungspolitik und den Mainstreammedien als Anzeichen für eine „Radikalisierung" der Kinder und Jugendlichen gewertet werden könnte (Abb. 13). In dem Text wird auch erklärt, dass ein „Glaube an Verschwörungstheorien" darauf hindeuten könne, dass hier Kinder von „Extremisten" aufgezogen werden. Können Sie erkennen, wie sehr das System die Wahrheit fürchtet – dessen Existenz ja von der Lüge abhängig ist? Es ermutigt mich sehr zu sehen, wie viele Menschen jetzt erwachen – und zumindest Teile der Wahrheit zu erkennen beginnen. Ich spüre das etwa in der zunehmenden Verachtung der Menschen für alle mit offiziellem Anstrich vorgebrachten Behauptungen, oder auch an dem Interesse, das meiner Arbeit entgegengebracht wird und das in der Zeit der Abfassung dieses Buches enorm gestiegen ist.

Die Welt ist in der Tat verrückt; doch so viele Menschen finden jetzt zu geistiger Gesundheit zurück – sie erwachen wieder zu vollem Bewusstsein.

**Tagesaktuelle Informationen zum – tatsächlichen – Weltgeschehen finden Sie auf DavidIcke.com/headlines.**

# Bibliografie


- Bergrun, Dr. Norman: „Ringmakers of Saturn“ (Pentland Press, 1986)
- Brzezinski, Zbigniew: „Between Two Ages: America's Role in the Technetronic Era“ (Greenwood Press; Neuauflage 1982 – Erstveröffentlichung 1970)
- Brzezinski, Zbigniew: „The Grand Chessboard: American Primacy and Its Geostrategic Imperatives“ (Basic Books, 1998); dt.: „Die einzige Weltmacht: Amerikas Strategie der Vorherrschaft“ (KOPP Verlag, 2015)
- Carr, Nicholas: „The Shallows: How The Internet Is Changing The Way We Think, Read and Remember“ (Atlantic Books, 2011)
- Carr, William James Guy: „Satan, Prince of this World“ (Dauphin Publications Inc., 2014 – verfasst 1959)
- Castaneda, Carlos: „The Active Side of Infinity“ (Harper Collins, 1999); dt.: „Das Wirken der Unendlichkeit“ (Fischer Taschenbuch, 7. Aufl. 2000)
- Deane, John Bathurst: „The Worship of the Serpent“ (BiblioBazaar, 2009, Erstveröffentlichung 1933)
- Greenfield, Susan: „Mind Change“ (Rider, 2015)
- Hall, Manly P.: „Secret Teachings of All Ages“ (Tarcher, Neuauflage 2004)
- Horn, Thomas A.: „Nephilim Stargates“ (Anomalos Publishing, 2013)
- Huxley, Aldous: „Brave New World“ (Vintage Classics, 2007, Erstveröffentlichung 1932); dt.: „Schöne neue Welt“ (Fischer Taschenbuch, 5. Aufl. 2014)
- Moorjani, Anita: „Dying to be Me“ (Hay House, 2014); dt.: „Heilung im Licht“, (Goldmann Verlag, 2015)
- Orwell, George: „1984“ (Penguin Classics; New Ed edition, 2004, Erstveröffentlichung 1948); dt.: „1984“ (Ullstein Taschenbuch, 1994)
- Purucker, G. de: „Occult Glossary“ (Theosophical University Press, 1969)
- Sagan, Carl: „The Dragons of Eden“ (Ballantine Books Inc., Neuauflage 1992); dt.: „Die Drachen von Eden“ (Droemer-Knaur, 1978)
- Sand, Shlomo: „The Invention of the Jewish People“ (Verso, 2010); dt.: „Die Erfindung des jüdischen Volkes: Israels Gründungsmythos auf dem Prüfstand“ (List Taschenbuch, 2011)
- Sheldrake, Rupert: „Science Set Free“ (Crown Publishing Group, 2013)

- Shine, Betty: „Mind to Mind“ (Bantam Press, Neuauflage 1989)
- Talbot, Michael: „The Holographic Universe“ (HarperCollins, Neuauflage 1996); dt.: „Das holographische Universum“ (Droemer Knaur, 1992)
- Tegmark, Max: „Our Mathematical Universe: My Quest for the Ultimate Nature of Reality“ (Penguin, 2015); dt.: „Unser mathematisches Universum: Auf der Suche nach dem Wesen der Wirklichkeit“ (Ullstein Taschenbuch, 2016)
- Thornhill, Wallace und Talbott, David: „The Electric Universe“ (Mikamar Publishing, 2007)
- Thornhill, Wallace und Talbott, David: „Thunderbolts of the Gods“ (Mikamar Publishing, 2005)

# Index


## SYMBOLE

9/11 243, 308, 311, 312, 313–316, 402, 417, 592
„1984" (Orwell) 26, 30, 256, 321, 394, 447, 463, 495, 565

## A

Aamer, Shaker 409
Abhängigkeit
  Alkohol- 147
  Drogen- 147, 464
  von Täuschungen 48–53
  von Technologie 483–494
Abtreibung, Geburtenkontrolle und 464
ADHS 538
Afghanistan 174, 314, 381, 402, 405, 417
Agenda 21 419–421, 429–434, 436–440, 499–500
Agenda 2030 432–440, 499–500
„Akasha"-Felder 100
Akupunktur 114, 118–119, 127, 560
Aldana, Jeremy 540
Alexander, Dr. Eben 63, 187, 194, 558
Alexander, Lieutenant Colonel John B. 524
„Alice im Wunderland und das World Trade Center Desaster" (Icke) 309, 313, 593
Al Jazeera 400
Alkoholmissbrauch 147
Allwissenheit 60, 557, 561, 581
Al Qaida 314, 400, 403
alte Menschen, Beseitigung von 436–437, 464, 469
alternative Heilmethoden
  Akupunktur 114, 118–119, 127, 560
  Handauflegen 17, 79, 118
  Homöopathie 115–117
  Widerstand gegen 360–361
„Alternative" Phantome 325–327
Alzheimer-Krankheit 362, 367, 454, 456, 505, 514
Amazon 373, 396, 414–415
*American Journal of Cardiovascular Drugs* 363
American Medical Association (AMA) 361
American Physical Society (APS) 426
Amerika. *Siehe* USA
„Ancient Aliens" (Sendung) 130
Anderson, Dr. Don L. 213
Angle, Colin 533
Angst
  Erzeugung von 304–317, 543–544
  überwinden 544–549, 558–563, 569
Antisemitismus 291
Anunnaki 154, 185, 197, 213, 235
Appel, Dr. Jacob 495
„arabischer Frühling" 381–382, 385
Arbeitsmoral und Beschäftigung 46–48, 569–574
Archonten 134, 138–178. *Siehe auch* Blutlinien der Elite; Reptiloide
  Agenda der 370–418, 419–477
  Erscheinungsformen der 150
  genetische Zuchtprogramme der 155–160
  gestaltwandlerische Fähigkeiten der 151
  Kommunikation der 150
  Kontrollsystem der 332–369
  Kriege, Anzettelung von 349–354
  Matrix 179–227
  und Pädophilie 153
  Ritualismus der 298–300
  Täuschung und Illusion, Modus operandi 160
  „Teile und herrsche", Umsetzung des Prinzips 304–307
  und Transhumanismus 150, 160, 478–539
  Wesenszüge der 152, 180–181, 225–226, 298–299
Aristoteles 136, 212
Astrologie 120–123, 196, 209, 240, 560
Atmosphäre, Veränderung der 526–532. *Siehe auch* Wettermanipulation
Atomkrieg 468, 479
Atomwaffen 318–317, 410, 468, 542
Atomwaffensperrvertrag 411
Atta, Mohammed 313
Atwood, Margaret 478
Aufmerksamkeitsdefizit-/Hyperaktivitätsstörung (ADHS) 538
Aufmerksamkeitsspanne, Reduzierung der 489–493
Auge, als Symbol 272
Auriemma, Luigi 496
Aurora Borealis 106
Außerirdische 91, 130–131. *Siehe auch* Reptiloide
  Entführungen durch 151
außerkörperliche Erfahrungen 25, 59, 63, 69, 86, 93, 94, 141, 187, 194–195, 207, 214, 218, 557–558, 568, 575
außersinnliche Wahrnehmung (ASW) 126
Australien
  Pädophilie in 263
  Polizei in 387, 590
  Satanismus in 249
Autismus 454, 456, 505
„Avatar" (Film) 154, 188

## B


Bank für Internationalen Zahlungsausgleich (BIZ) 348
Bankkredite 345–349, 466–467
Barber, Anthony 266
bargeldlose Gesellschaft 379–380
Barrett, Mike 158
Barzun, Jacques 290
Beane, Silas 70, 179
Beck, Dr. Robert 523, 524
Beltane 248
Bergrun, Dr. Norman 202–203, 205–206, 212
Berlusconi, Silvio 244
Beschäftigung und Arbeitsmoral 46–48, 569–574
Besessenheit 146–149
„Between Two Ages: America's Role in the Technetronic Era" (Brzezinski) 404
Bevölkerungsreduktion 436–438, 452, 463, 469, 512, 529, 532
Bewusstseinskontrolle
  Programme zur 65, 472
  Sklaven des Schwarmbewusstseins 520–524
  überwinden 555–558
Bewusstseinszustände, veränderte 60–67. *Siehe auch* Überbewusstsein
Bibel 128, 140, 153, 160, 189, 209, 217, 238, 268, 290, 464
Big Brother Watch 498
Bilderberger 338, 404, 419
Bildung und Bildungswesen 30, 33–36, 39, 464
  Day, Richard über 470
  Klassenarbeiten und Prüfungen 39–43
  und linke Gehirnhälfte 223–224
  als Massenbildungsmaschine 37
  und Schulden 43
  Überwachung im 34
  unentschuldigtes Fehlen 34
bin Laden, Osama 402, 405, 407
Biodiversität 419, 428, 430, 436, 438
biologischer Computer 58–59
Biotechnologie-Industrie, Psychopathen in 329
„Birkeland-Ströme" 107
Blair, Tony 311, 385, 393, 406, 506
Blake, William 242
Blasio, Bill de 390
Blaylock, Dr. Russell 514
„blendende Finsternis" 63, 65, 137
„Blick in die Ewigkeit" (Alexander) 63, 194
Blitze 106, 109, 183, 212, 445
Bloomberg, Michael 429
Blunt, Anthony 261
Blutlinien der Elite 151–160. *Siehe auch* Geheimgesellschaften; Satanismus
  Bluttrinken der 164, 246–247, 251
  DNS der 162, 163
  Eigenschaften 163–164, 327–331
  genetische Manipulationen durch die 367
Blutlinien der Elite (*Fortsetzung*)
  Gestaltwandlung der 163–164
  Hierarchie innerhalb der 169–178, 300–304
  und Langlebigkeit 362
  und linksseitiges Denken 222–225, 298, 307, 310, 562
  Ritualismus der 298–300
  Rolle der 162–164
  Samenbank der 170
  als Superphantome 327–331
  Symbole der 207–208
  und Transhumanismusbewegung 480
  Vermischung der 155–160, 165, 185
Bluttrinken 164, 246–247, 251, 269, 270
Bohm, David 85
Boneta, Martha 439
Bono 453
Bostrom, Nick 69
Branson, Richard 507
Braun, Wernher von 204
Bright Blue 223
britische Inseln. *Siehe* Großbritannien
britische Königsfamilie. *Siehe* Windsor, Haus
*British Medical Journal* 362
Brittan, Leon 257, 262
Brown, Ellen 375
Browning, Ivor 494
Brown, Jerry 364
Brunne, Eva 290
Bruno, Giordano 31, 86, 92, 567, 580
Brzezinski, Zbigniew 403–405, 539
Buddhismus 229
  und Reinkarnation 219
Bureau of Alcohol 392
Bush-Familie 165, 267
  George sr. 141, 244, 267, 337, 382, 402, 406
  George W. 171, 174, 311, 313, 337
  Jeb 338, 570
*Business Finance News* 535


## C


Califf, Dr. Robert 359
Calo, Ryan 533
Calvin, John 241
Calvi, Roberto 245–246
Cameron, David 258, 333, 383, 406–407, 590
Camus, Albert 584
Cann, Rebecca 153
Carlin, George 23, 571
Carnicom, Clifford E. 516
Carr, Bernard 134
Carr, Nicholas 492–493
Carr, William James Guy 412
Carter, Jimmy 403
Casey, William 310
Castaneda, Carlos 55, 159, 254

Centers for Disease Control and Prevention (CDC) 356, 459, 538
Central Intelligence Agency (CIA) 310, 311, 313, 315, 361, 383, 403, 477, 485, 494, 502, 588, 596
CERN 209–210, 240, 245, 420, 473, 507
Chakren 119–120, 163, 188, 226, 560
  Herz- 120, 162, 188, 560, 563, 566
  und Missbrauch 253
Channeling 98
Channelled Holographic Access Network Interface (CHANI) 157, 212, 214
Charles, Prinz 165, 170, 259–260
Chemotherapie 362
Chemtrails 512–515, 517–518, 523, 526, 533
Cheney, Dick 313
China 119, 155, 167, 313, 381, 386, 405, 408, 411, 500, 590
chippen. *Siehe* Mikrochips
Chitauri 134, 139, 153, 213, 235, 151
Cholesterinspiegel 362
Chossudovsky, Michel 382
Christentum. *Siehe auch* Bibel, Katholizismus/Römisch-Katholische Kirche
  und Dämonen 134, 139
  Kirchen, Positionierung von 128–129
  Symbole im 200, 217, 220, 274, 277
  Ursprünge des 235–236
Chronos 208, 242
CIA. *Siehe* Central Intelligence Agency
Clark, Wesley (NATO-General) 313–314, 402
Clean Water Act 440
Clinton, Bill 175, 338, 421
Clinton, Hillary 338, 587
Club of Rome 338, 419, 421
Codex Alimentarius 360
CoExist House 290
Coffman, Dr. Michael 430
Cohen, Leonard 281
Colby, William 311
Collins, Sir Rory 363
Comey, James 388
Computer. *Siehe auch* Internet
  -simulation, Realität als 66–73
  -terminal, Mensch als 505–509
  Universum als 57–61
  Videospiele 70, 71, 155, 331, 471, 491, 493, 494–495, 535
  -viren 141–142
  Virtual-Reality-Spiele 69, 77, 86
Corbyn, Jeremy 174, 334–335, 590
Crowley, Aleister 246–247
Cumberbatch, Benedict 296
Curry, Oliver 519

## D

*Daily Mail* 264, 496, 498
*Daily Telegraph* 88
Daltrey, Roger 573
Dangersoffracking.com 446
DARPA 501–503, 507, 515, 521, 534–535, 536–537
Darwin, Charles 37
DavidIcke.com 269, 302, 342, 388, 416, 477, 530
„David Icke Guide to the Global Conspiracy" (Icke) 313, 593
Davies, Sally 115
da Vinci, Leonardo 86, 92
Dawkins, Richard 37–38, 81, 222
  und alternative Heilmethoden 38, 114
  und Astrologie 121
  über Evolution 37, 38
  über Quantenphysik 38
  über Reinkarnation 37
Day, Dr. Richard 361, 463–475, 495
Day, Jerry 497–498
Deane, John Bathurst 154
Defense Intelligence Agency (DIA) 400
Demiurg 146, 150. *Siehe auch* Reptiloide
Demokraten (US-Partei) 175, 292
Demokratie, Zwecklosigkeit der 170–178
Demosthenes 419
*Der Spiegel* 488
Deutschland 374
  Auslöschung des Nationalbewusstseins 384–385
  Bewusstseinskontrollexperimente in 204, 524
  *Der Spiegel* 488
  Informationsspeicherung in Wasser, Forschungen zu 117–118
  Max-Planck-Institut für Verhaltensphysiologie 482
  Migration nach 475
  Nazis 204–205
  Rothschild, Ursprung der Familie 202
  Schumann, Winfried Otto 481
  und Syrienkrieg 590
  Ulfkotte, Udo 477
  Vorfahren der Windsors aus 260
Diabetes 363, 366, 449, 456
Diamandis, Peter H. 521
Diana, Prinzessin 166, 170, 247, 251, 258, 259
Dick, Cressida 389
Dimethyltriptamin (DMT) 61, 130
Dinham, Andy 290
Dissidenten, Verschwinden von 474
DNS (Desoxyribonukleinsäure) 78–79
  der Blutlinien der Elite 162, 163
  genetische Manipulation und Mutation der 156, 185–186, 367, 450–451, 454, 458–463, 483
  und GNA 517

DNS (*Fortsetzung*)
Informationsverarbeitung durch die 93
„Junk"- 79, 556
Kommunikation der 483
und Nanopartikel, Gefahr durch 485
und „Pinch-Effekt" 107
virale 142
Drachen, als Symbol 164, 167
Drachenorden 164
„Die Drachen von Eden" (Sagan) 160
dritter Weltkrieg 386–387, 411–413, 468, 594–596
„Drittes Auge" 61–62, 120, 213, 239, 458, 468
Drogen
-missbrauch 147, 464
psychoaktive 61–63, 100, 130
Drohnen
militärische 383, 494
Überwachung durch 395–396
zivile 395–396, 507
Druiden 129, 248
Dugan, Regina 501
„DUMBs" („Deep Underground Military Bases") 131
Dunegan, Lawrence 463, 465–475

**E**

Eastlund, Bernard 444
*Economist* (Zeitschrift) 487
„einheimischer Terrorismus" 413–418
Einschwingen, Prinzip des 481
Einstein, Albert 36, 54, 59, 68, 87, 117, 555–556, 579
„Die einzige Weltmacht: Amerikas Strategie der Vorherrschaft" (Brzezinski) 404
Eiszeit, Kleine 425
Electric Frontier Foundation 397
„Electric Universe" (Thornhill/Talbott) 103
„Elektrisches Universum" (Theorie) 103, 105–109
elektromagnetische Felder 16
Absaugung der Energie über 271
zur Bewusstseinskontrolle 523, 524, 526
und „Elektrisches Universum" (Theorie) 103–108
und Freie Energie 423
und HAARP 450
vom Herz erzeugtes 560
als Kanal zu anderen Welten 98
an Raumschiffen, außerirdischen 204
und „Schwingungsmagnetismus" 117, 125
elektromagnetisches Spektrum 55–57
elektronische Fußfesseln 35. *Siehe auch* Mikrochips
elektronische Überwachung 394–399
Eliot, John 87
Elizabeth II., Queen 251, 252, 298
Elizabeth, Königinmutter 166, 251, 261
Ellis, Steve 458
El Salvador 382
Emoto, Dr. Masaru 115, 117, 553
Energie
elektromagnetische 16, 98, 103–108, 117, 125, 204, 271, 423, 450, 523, 524, 526, 560
fossile Brennstoffe 110, 423
geometrische -quellen 127–129, 248
Kernschmelze 161, 531
Ley-Linien 127–129, 248
Wasser 115–118
Energierechnungen, steigende 422
Entvölkerung ländlicher Gebiete 438–440
Environmental Protection Agency (EPA) 392, 439, 440, 448, 454–455
„epidermale Elektronik" 484–485
„Equilibrium" (Film) 537–539
Erfolg, Definition von 40
erweitertes Gewahrsein 61–66, 96–100
Etikettierungen, Konformität 288–292, 295
Europäische Union (EU)
als Superstaat, geplanter 175, 378, 431
Armee, geplante 596
Einlagensicherung, Abschaffung der, Strategie 374
Entstehungsgeschichte der 317
und Griechenlandkrise 171, 172
und GVO 453
und „Nachhaltigkeitsziele" 432
und Pharmaindustrie 359
und „Recht auf Vergessenwerden", Gesetz 477
und Smart Cities 499
Symbole, verwendete 274
Verträge, zur kollektiven Verteidigung 591
Euthanasie 464
Evans, David 427
Evolution 37
„Exorzist" (Film) 147
EZB (Europäische Zentralbank) 172, 348, 374

**F**

Fabian-Gesellschaft 447
Fackel, brennende, als Symbol 272
Fanon, Frantz 45
Fastcompany.com 499–500
FBI (Federal Bureau of Investigation) 253, 388, 592
FDA (Food and Drug Administration) 359, 366, 392, 438, 439
Fecht, Sandra 269–270
Feith, Douglas 313
FEMA (Federal Emergency Management Agency) 392
Feminismus 293, 296
Fernsehgeräte, Überwachung via 472–473, 495–496
Fiatgeld 343–345
Fibonacci-Folge 111
Finanzsystem
bargeldlose Gesellschaft 379–380
Day, Richard über das 466–467
Energierechnungen, steigende 422

Finanzsystem (*Fortsetzung*)
„Erfolg" im 40
Globalisierung des 177
als Kontrollsystem, reptiloides 139, 335–354
Kredite 345–349, 466–467
Krise in Griechenland 171, 172, 317, 329, 348, 374, 376
Krise in Zypern 374
Superphantome im 329
Verteilung des Reichtums 373–377
Finnland 385
Fitzgerald, Christine 165–166, 170, 251, 258–259
Flüchtlingskrise 383–386, 475
Fluorid 214, 459, 462
Flynn, Lieutenant General Michael 400
Food and Drug Administration. *Siehe* FDA
*Forbes* (Zeitschrift) 210, 504–505
Ford, Robert S. 382
fossile Brennstoffe 110, 423
Fracking 446–447
Fractalfoundation.org 183, 221
fraktale Muster 180, 183–185
Frances, Allen 538
Francis, Jennifer 445–447
Frankreich 210, 290, 408, 426, 587, 589–591
Franziskus, Papst 432, 465
Freiheit, Beschneidung der 394–399
Menschenrechtsverletzungen 401, 538
Freimaurer 129, 337
„Allmächtiger Baumeister aller Welten" 241
„Großer Architekt" 241
„Großes Werk" 178
Mitglieder 243, 278, 411, 465
Morde durch 243–246
„Ordo ab chao", Motto 383
P2 243–246
Symbole der 207–208, 220, 237, 272–273, 277–278
French, Christopher 132, 269
Frequenzmanipulation 482
*Frontiers in Human Neuroscience* 573
Fukushima 161, 531–532
fünf Sinne, Welt der 20, 24, 25, 36, 57, 60, 61, 69, 72, 75–85, 89, 92, 206
Fußball 15, 26, 43, 182, 306, 319–320, 475, 552

## G

G4S (Sicherheitsfirma) 387
G30 349
Galilei, Galileo 112
Gandhi, Mahatma 15, 228, 544, 569, 572, 581
Garjajev, Pjotr 79, 156–160
Gates, Bill 365, 436, 451–453
Gates, James 70
Geburtsdefekte 456
Gedankenkontrolle, Überwinden der 555–558
Gefängnisse
hohe Auslastung von 387
unschuldige Verurteilte in 368
Geheimgesellschaften
Drachenorden 164
Freimaurer 129, 178, 207–208, 220, 237, 241–246, 272–273, 277–278, 337, 383, 411, 465
Illuminati 243, 412
Jesuiten 245, 337
Malteserorden 245, 337
Need-to-know-Prinzip in 336–338
Opus Dei 245, 337
und Satanismus 241–246, 336
Skull & Bones Society 337
Steuerung des Finanzsystems 344–345
Symbole in 200–201, 217, 237
Tempelritter 208, 245, 265, 337
Gehirn
Auswirkung von Technologie auf 489–493
Corpus callosum 222, 323
linksseitiges Denken 222–225, 298, 307, 310, 562
rechtsseitiges Denken 298, 492
Geister und Geistererscheinungen 99, 100–103
Gelli, Licio 244
Genmanipulationen und -mutationen 156, 185–186, 367, 450–451, 454, 458–463, 483
gentechnisch veränderte Lebensmittel 340, 367, 451–455, 458–462
Geoengineering 441–443, 512–515, 518
geometrische Energiequellen 127–129, 248
Geronimus, Dr. Arline 459
Geruchssinn 75, 77, 524
Gesamtheit aller Möglichkeiten 59, 63, 68, 72, 133, 137, 179, 285, 299, 557
Geschlechterdiskriminierung 289, 294–295, 296
„Geschlechtsstereotypen" 292
Geschmackssinn 75, 77
Gesetze und Reglementierungen 367–369
Gestaltwandlung 147–150, 163–166, 167, 250–252, 265, 266
Gesundheit/Gesundheitswesen. *Siehe auch* Krebs
ADHS 538
alternative Heilmethoden 17, 79, 114–119
Alzheimer 362, 367, 454, 456, 505, 514
Autismus 454, 456, 505
Chemotherapie 362
Diabetes 363, 366, 449, 456
und gentechnisch veränderte Lebensmittel/GVO 453–456
Herzerkrankungen 399, 454
Impfungen 355, 363–367, 460, 539
„intelligente Pillen" 537–539
Krankenhäuser, Fehler in 355–357
Medikamentennebenwirkungen 355–357, 538
und Medikamente, verschreibungspflichtige, Wirksamkeit von 362

Gesundheit (*Fortsetzung*)
Morgellons-Krankheit 514–516, 517–518
Nahrungsergänzungen 355, 360, 462, 475
Operationen, unnötige 358
Opfer der Schulmedizin 355–359
Statine 362–363
Strahlenverseuchung 161, 526–532
Stress 358, 563
Getrenntsein, Förderung des 305–307
Gevatter Tod 209
„Gevatter Zeit" 208, 215
Gewaltdarstellungen 471. *Siehe auch* Verbrechen; Videospiele
Gewerkschaften, britische 318–317
Globale Erwärmung. *Siehe* Klimawandel
Globalisierung 177, 378, 430, 431
Glühlampen, als Informationsüberträger 525–526
GNA 517
Gnostizismus
und Archonten, Warnung vor 134, 138–141, 145, 146, 151, 207, 217
Geheimwissen im 135–137
„Hal", Bedeutung im 180
und materielle Welt, Vorstellung von 180
und Saturn 196, 198, 220
Vorgehen der Römisch-Katholischen Kirche gegen 135–137
Goldener Schnitt 111
Goldenes Zeitalter 154, 158, 181, 185, 186, 187, 197
Goldman Sachs 329, 375
Goodman, Ellen 52, 342
Gore, Al 421, 422
„The Grand Chessboard: American Primacy and Its Geostrategic Imperatives" (Brzezinski) 404
Greenfield, Susan 490–492, 494
Greisen-Zatsepin-Kuzmin-(GZK-)Cutoff 68
Greys bzw. Graue (ET-Rasse) 150–152, 157
Griechenland
antikes, Vorstellungen im 112, 209, 242
-krise, aktuelle 171, 172, 317, 329, 348, 374, 376
Großbritannien
Bedeutung im globalen Netzwerk 170, 249
Bildungswesen in 43, 223
Geheimgesellschaften in 220, 265–267, 272, 279, 337–338
Gesundheitswesen in 357, 363
Gewerkschaften in 318
Grüne Partei 16
und GVO 453
„jobsworths" in 302–304
und Klimaerwärmung, Rechtskonferenz zu 428
Königsfamilie 165–166, 250–253, 259–262, 298
Krieg gegen den Terror 383, 402–411
Pädophilie in 257–270
Politik in 318, 333–335, 342
politische Korrektheit in 289–290, 296
Polizei in 387, 389, 394
Großbritannien (*Fortsetzung*)
Symbole in 265
Terrorismusbekämpfung in 35
Überwachung in 397, 496
und Wettermanipulation 441, 444
Zuwanderung nach 385
Großes Erwachen 577
„Das größte Geheimnis" (Icke) 148, 165, 167, 250, 253, 256, 262, 263, 270
Ground Wave Emergency Network (GWEN) 505
Guantanamo 409
Gurwitz, David 461
GVO. *Siehe* gentechnisch veränderte Lebensmittel
GWEN (Ground Wave Emergency Network) 505

**H**

HAARP (High Frequency Active Auroral Research Program) 443–447, 481, 523, 524
Hagura, Nobuhiro 87
Hall, Manly P. 207
Halloween 248–249, 289
Handauflegen 17, 79, 118
Handlesen 114
Hare, Robert 327, 330
Harrington, Gary 440
Harry, Prinz 260
Hautpflaster 484
Hawking, Stephen 534, 536
Heath, Edward 258, 263–267
Hedonismus 494
Heidentum 233, 245. *Siehe auch* Gnostizismus
Hein, Mitch 437
Hellseher 16–18, 95–100, 103
Herbizide, Einsatz von 448, 452, 454, 457
Herndon, J. Marvin 443, 513
Herzbewusstsein 558–565
Herzerkrankungen 399, 454
Hexagramme, als Symbol 200–202, 239, 248, 268, 272
Hicks, Bill 231, 561
Hierarchie 239
Bedeutung der 298, 300–304
und Blutlinien, elitäre 169–178
und Reptilienhirn 152
im Satanismus 250–253
High Frequency Active Auroral Research Program (HAARP) 443–447, 481, 523, 524
Hinduismus 229, 231, 240
*History Channel* 130
Hologramme 76, 80–86, 113–115, 148, 358, 450, 523
„Das holographische Universum" (Talbot) 80
Homöopathie 115–117
Homophobie 285, 292, 293
Hopkins, Bill 513
Hormone
Beeinflussung der 424, 437
und Mond, Verbindung zum 213

Horn, Thomas A. 189
Hoyle, Fred 190
Hungerspiele-Gesellschaft 372–380, 391, 396, 399, 428, 431, 447, 596. *Siehe auch* Agenda 21, 2030
Hunt, Jeremy 357
Huntley, Jason 496
Hussein, Saddam 405, 407
Huxley, Aldous 256, 447, 463, 494
Hybriden. *Siehe* Blutlinien der Elite
Hypatia 136
Hyperkonnektivität 394
Hypnose 80, 490

## I

Icke, David 62, 123, 149, 270, 340, 545, 566. *Siehe auch* jeweilige Buchtitel
Igno-Trance 51–53
Illuminati 243, 412
Impfungen 355, 363–367, 460, 539
„Implantables" 503–504
*Independent on Sunday* 43
*Independent, The* 460
Individualität, Unterdrückung der 40, 44, 293, 522
Industrie. *Siehe auch* Pharmaindustrie
  und Arbeitsmoral, programmierte 46–48, 569–574
  Day, Richard über 466
Infektionen, in Krankenhäusern 355–356
Informationsfreiheitsgesetz 357, 400, 455
Ingram, Terrence 458
Institute for Strategic Dialogue (ISD) 391
Institute of HeartMath 560, 561, 562
IntelCenter 407
intelligenter Staub 516–519
intelligentes Stromnetz 483–484, 495–499, 505, 510, 525
intelligente Städte 499–501
intelligente Stromzähler 497–499
„intelligente" Technologie 483–494
Intelligenz, natürliche 301
Intellistreets 395
Interferenzmuster 84, 85, 93
Internationaler Währungsfonds (IWF) 172, 329, 348, 374
*International Journal of Environmental Research* 513
*International Journal of Environmental Research and Public Health* 443
Internet. *Siehe auch* diverse Websites
  Beleidigungen im 32, 50, 149, 312, 326
  bewusstes 509–511
  der Dinge 502–503
  Google und die Zukunft des 501–503
  Überwachung via 396–397, 473
  weltweiter Zugang zum 506–507
  Youtube 145, 199, 200, 280, 341, 413–415, 454, 477, 492, 512
  Zensur im 396, 413
„Invasion der Körperfresser" (Film) 521
Irak 154, 174, 197, 234, 310–311, 313–314, 381, 400, 405, 417, 595
Iran 168, 313, 314, 380, 403, 408, 410–411
Iridologie 114
Irland 348
ISIS 400–402, 408–411, 412–413, 587, 589–591, 595
Islam
  Dschinn 134, 139, 141, 152, 168, 272, 479
  Gottheiten im 240
  Haddsch 275
  Koran 139, 272, 593
  Propagandakrieg gegen 405–409
  Symbole im 199, 239, 275
  Unterdrückung der Frau 295
Islamischer Staat. *Siehe* ISIS
Israel 202, 230, 238, 296, 313, 382, 407–408, 410–411, 412, 511, 587, 595
Italien, Symbole in 273
IWF (Internationaler Währungsfonds) 172, 329, 348, 374

## J

Jami, Criss 133
Jesuiten 245, 337
Jetstream, Beeinflussung des 444–447
„jobsworths" 302–304
Jodorowsky, Alejandro 52
Johannes Paul I., Papst 245–246
Johannes Paul II., Papst 262
Johnson, Kimberly 439
Johnston, Ken 211
Journalismus 16
  Kontrolle durch Reptiloide/Archonten 340–342
  Mainstreamprogrammierung im 37
  Psychopathen im 329
*Journal of Epidemiology and Community Health* 462
*Journal of the American Medical Association* 449
Judentum 238
  Antisemitismus 291
  Symbole im 200, 239
  Ursprung des 202
Juergens, Ralph 108
Juncker, Jean-Claude 385
Jung, Carl Gustav 126, 226
„Junk"-DNS 79, 556

## K

Kagan, Robert 313
Karmiloff-Smith, Annette 493
Katar 401, 409, 595
Katholizismus/Römisch-Katholische Kirche 140, 232, 235–238. *Siehe auch* Bibel; Christentum
  und Geheimgesellschaften 244–246, 337
  Inquisition 86

Katholizismus (*Fortsetzung*)
und Kindesmissbrauch 262
Maria als Gottesmutter, Vorläufer 234–235
Messe im 245
Ostern, Vorläufer 233
und Urknalltheorie 105
Vorgehen gegen Gnostiker 135–137
Weihnachten, Vorläufer 232–233
Katz, Rita 407
Kein-Problem-Reaktion-Lösung 309–310
Kelly, Max 502
Kelten 129, 167, 248
Kernschmelze 161, 531
Kerry, John 337, 597
Kinder
Abhängigkeit von Technik 486–487, 489, 490–492
ADHS bei 538
Bildungswesen zur Indoktrination von 30, 33–36, 39–43, 223–224, 464, 470
Geburtsdefekte bei 456
und Gesundheitswesen 355, 358, 363–367, 460, 538
Hormonbehandlung von 424
Impfung von 355, 363–367, 460, 539
Konformität, Erziehung zur 282–283, 288
als Opfer, rituelle 246–247, 251
Pädophilie/Missbrauch von 44, 253–271
Programmierung von 28
Strahlung, Gefahren durch 528–529
Überwachung von 34, 395
Kinnock, Neil 172
Kissinger, Henry 310, 437
Kleine Eiszeit 425
Klimawandel 110, 419–429
Koch, Christof 190, 509
kognitive Dissonanz 45, 322–324
Kommunikation, Überwachung der 396–399
Konfuzius 51, 275
König, Dr. Herbert 481
Konservative (brit. Partei) 223, 258, 263, 334
Pädophilennetzwerk innerhalb der 256–259
Kontrollsystem, reptiloides. *Siehe auch* Matrix
Geld 333–335, 342–354
Gesetze und Justizwesen 367–369
Kontrolle des Körpers durch 355–366
Medien 340–342
„Kopfliebe" 65
Koran 139, 272
Körper/Intellekt 57, 72–75, 78, 81, 142, 555, 556
und astrologische Informationsfelder 121
und GVO 450, 451
als Kerker 145, 276
und Matrix 193, 216, 478
und das „Paranormale" 98
und Realität der schlechten Kopie 188
und „Sündenfall" 185, 228
und Transhumanismus 483, 510
überwinden 550
Körpersprache 114, 399, 561
kosmisches Internet 72, 75, 84, 87, 108, 115, 121, 249, 550, 580
Kotikoff, Laurence 348
Krankenhäuser, Fehler in 355–357
Krankheiten. *Siehe* Gesundheit/Gesundheitswesen; jeweilige Krankheit
Kreativität, Unterdrückung der 35
Krebs 355–356, 357, 399, 454
alternativmedizinische Behandlung von 44
durch Glyphosat 456
heilen 361–362
durch Strahlung 506, 527, 529, 531
Tode wichtiger Persönlichkeiten 258, 417
Ursachen 331, 448, 514
„Kredite" 345–349, 350, 466–467
Kreuz, als Symbol 274
Kreuzung (der Blutlinien). *Siehe* Blutlinien der Elite
Kriege, von Reptiloiden angezettelte 349–354
Krieg gegen den Terror 382–383, 400–411, 591
Krishnamurti, Jiddu 323
Kristol, William 313
Ku Klux Klan 411
Künstliche Intelligenz (KI) 143, 145, 373, 396, 479, 509–511, 518, 522, 533–536. *Siehe auch* Transhumanismus; Transphantomismus
Kurzweil, Ray 508, 510–511, 515–516, 519, 521
Kymatik 200

## L

Labour-Partei 172, 174, 318, 334–335, 590
Laibow, Rima E. 438
Lambert, Mike 119
Landwirtschaft
Entvölkerung ländlicher Gebiete 438–440
gentechnisch veränderte Lebensmittel/GVO 340, 367, 451–455, 458–462
Herbizide und Pestizide, Einsatz von 448, 452, 454, 457
und Wettermanipulation 444–445
Langmuir-Schicht 106
Laotse 21, 90
LaPorte, Danielle 46
Large Hadron Collider (LHC) 209–210
Lash, John Lamb 180, 183
„Das Leben des Brian" (Film) 292
Lebensmittel
-allergien 454
gentechnisch veränderte 340, 367, 451–455, 458–462
Herbizide und Pestizide in 448, 452
Nahrungsergänzungen 355, 360, 462, 475
Nanopartikel in 485
-versorgung, Kontrolle der 471
-zusätze 156, 436
„Leere" 63, 137

Lemaître, Georges 105
Lennon, John 90, 95, 319
Leonardo da Vinci 86, 92
Leviathan 220
Lewis, Harold Warren 426
Ley-Linien 127–129, 248
LHC (Large Hadron Collider) 209–210
Liao, Matthew 424–425
Libanon 313, 314, 411
Libby, Lewis 313
Libyen 313, 314, 381, 405–407
Licht
  -geschwindigkeit 68
  sichtbares 55–57
  als Symbol 217–218, 272
linksseitiges Denken 222–225, 298, 307, 310, 562
Lipson, Hod 511
„Der Löwe erwacht" (Icke) 165, 202, 211, 249, 263, 341
Ludwig, Wolfgang 482
Lüge, allumfassende 22

M

magischer Kreis 220–221
magisches Quadrat der Freimaurer 277
Mainstream-Einheitsbrei 45
  und Akupunktur 118
  und Bildungswesen 37
  und Homöopathie 117
  Kontrolle der Gesetze durch 367–369
  linksseitiges Denken im 223
  und paranormale Phänomene 96, 131
  und Universum, Theorie des 103, 105, 108
  Unterdrückung von Wissen durch 128, 137, 140
  und Wissenschaft 38
Malteserorden 245, 337
Malthus, Thomas 436
Massachusetts Institute of Technology (MIT) 58–59, 71, 112
Massenvernichtungswaffen 310, 311, 405
Matrix 179–227, 478
  Einloggen 185–186
  Erde, ursprüngliche 186–190
  falsche Wirklichkeit 195–198
  fraktale Muster 180, 183–185
  linksseitiges Denken 222–225, 298
  Mond 210–216
  Naturprogramme 190–193
  Reinkarnation 216–219
  Saturn, Bedeutung des 195–210, 220–227
  Tod 193–195
„Matrix" (Filme) 45, 66, 71, 77–78, 84, 88, 98, 110, 143, 179, 186, 216, 241, 316, 479
Matus, Don Juan 55, 159–160, 254, 480
May, Theresa 258
Mazzini, Giuseppe 412
McAlpine, Lord Alastair 262
McCarthy, Gina 439
McCluskey, Len 318
McGraw, Ken 351
McKenna, Terence 104–105
Medien 16
  Kontrolle durch Reptiloide/Archonten 340–342
  Mainstreamprogrammierung der 37
  Psychopathen in den 329
Medikamente. *Siehe auch* Pharmaindustrie
  Chemotherapie 362
  „intelligente Pillen" 537–539
  Nebenwirkungen von 355–357, 538
  verschreibungspflichtige, Wirksamkeit von 362
Medium. *Siehe* Hellseher
Medizin. *Siehe* Gesundheit/Gesundheitswesen; Medikamente
Meer, Fritz ter 360
Menezes, Jean Charles de 389
Mensch als Computerterminal 505–509
Menschenopfer 144, 164, 246–249, 251
„menschliche Siedlungszonen" 429–431, 446, 473–474, 499–500
Meridiane
  im Erdgitternetz 127–129, 248
  im Körper 119–120, 560
Merkel, Angela 374, 384–385, 475
Michrowski, Andrew 524
Mikrochips
  Implantate 379–380, 398–399, 464, 468, 483–485, 495, 498, 502, 503
  in Tabletten 537
Militär
  Drohnen, Verwendung im 383, 494
  Psychopathen im 329
  Roboterarmee 534–537
  Weltarmee 380–387
*Military Review* 524
„Mind Change" (Greenfield) 490
Mind Control. *Siehe* Bewusstseinskontrolle
„Mind to Mind" (Shine) 16
mittelalterliche Warmzeit 425–426
molekulare Fertigung 510
Moloch 268
Mond 206
  als Sender 210–216
  Zeitsteuerung via 215
Monnet, Jean 317
Mononatriumglutamat 77, 367
Moorjani, Anita 59–60, 86, 94, 207, 214, 568, 575–576
Morgellons-Krankheit 514–516, 517–518
Morrison, Jim 28, 574–575
Morrison, Peter 262
Mossad 407
Mountbatten, Lord 260–261
Mudschahedin 382, 402–403, 409
Mulholland, Thomas 491
Murphy, Michael 512

Musikvideos, Symbole in 279
Mustafa, Bahar 289

## N

nachhaltige Entwicklung 419, 428, 432–436
Nahrungsergänzungen 355, 360, 462, 475
Nahrungsmittel. *Siehe* Lebensmittel
Nahtoderfahrungen 25, 59, 63, 69, 86, 93, 94, 141, 187, 194–195, 207, 214, 218, 557–558, 568, 575
Nanotechnologie 485–486, 509–511, 513–519, 533, 539
NASA 199, 202–204, 210, 424, 442, 508
*National Geographic* 531
National Institutes of Health (NIH) 537, 538
National Security Agency (NSA). *Siehe* NSA
NATO 313, 380–381, 386, 402, 406, 526, 590–591, 594
Naturalsociety.com 158
*Nature Physics* 90
Nazis 204, 260, 316–317, 360, 417
Need-to-know-Prinzip 302, 314, 336–338, 339, 588
Nekrophilie 258, 262
„Nephilim Stargates" (Horn) 189
Netanjahu, Benjamin 411
New-Age-Szene, spirituelle Phantome in der 321–325
*New Scientist* 84, 112, 115
Newton, Isaac 57
Nicolelis, Miguel 521
Niemöller, Martin 316–317
Nietzsche, Friedrich 548
Nordkorea 313
„Not In His Image" (Lash) 180
*NoviDen* (russ. Zeitschrift) 376
NSA 397, 414, 488, 502
Nuland, Victoria 386
Numerologie 110–113
Nutrition Institute of America 355–356

## O

Obama, Barack 171, 175, 338, 359, 382, 398, 402, 406–407, 424, 440, 595, 596
Obdachlose 350
Obelisken 236–238
„Occult Glossary" (Purucker) 221
Oldfield, Sir Maurice 261
Olds, James 490
„Operation Cumulus" 441
Operationen, unnötige 358
Opferungen 144, 164, 246–249, 251
Oppositionelles Trotzverhalten 415
Opus Dei 245, 337
Orwell, Georg 26, 32–31, 256, 323, 394, 409, 447, 463, 495, 565
Osho 282, 567, 584–585
Ouroboros 220

## P

PACE (Planetary Association for Clean Energy) 524
Pädophilie 44, 153, 246–247, 253–271, 376
Paganismus. *Siehe* Gnostizismus; Heidentum
Pan, als Symbol 207–208
Pan, Richard 364
Paranormales 95–132
  und Astrologie 120–123
  Außerirdische 130–131
  und Elektromagnetismus 103–108
  Erdgitternetz 127–129
  Geistererscheinungen 100–103
  Hellseher 16–18, 95–100, 103
  und Hologramme 113–115
  Homöopathie 115–117
  Numerologie 110–113
  und Sonne 108–110
  Tarotkarten 123–125
  Telepathie 125–127
Parasitenprogramm 331
Parkes, Martin 507
Pentagramm, als Symbol 135, 272, 274
Perle, Richard 313
Peron, Juan 244
Persinger, Dr. Michael A. 523
Peru 18–20, 550
Pestizide, Einsatz von 448, 457
Petraeus, David 502
Pharmaindustrie 115, 119, 355–364, 515, 581
  Psychopathen in der 329
Phi 111
Philip, Prinz 260
*Physics World* 70
Pi 111
Pickles, Nick 498
Pike, Albert 411–412, 465, 595
Pincus, David 184–185
Pixelwahrnehmung 541, 559
Planck, Max 59
Planetary Association for Clean Energy (PACE) 524
Planned Parenthood 361, 436, 463
Plasma 105–108
Platon 33, 112, 136
Plutarch 212
Polarlicht 106
Politik
  Day, Richard über 465
  in Großbritannien 318, 333–335, 342
  Pädophilie in der 44, 256–259, 262–268
  Steuerung durch die Archonten/Reptiloiden 333–335, 341–342
  in den USA 174, 341–342, 367
politische Korrektheit 286–298, 385
polizeistaatliche Diktatur 387–394
Poltergeistaktivitäten 102, 107
Poroschenko, Petro 386

Portugal 318
präemptive Programmierung 539, 582
Pribram, Karl 85
Pritchard, Colin 514
Problem-Reaktion-Lösung (PRL) 308–310, 331, 372, 374, 383, 393, 400, 587, 589, 591
*Proceedings of the National Academy of Sciences* 457, 531
Programmierung, präemptive 539, 582
Project for the New American Century 313, 315, 386, 402, 404, 405, 410–411
Propaganda 228, 293, 325, 331, 340, 363, 407, 477, 588, 597
Prüfungen, als Konformitätskontrolle 39–43
Psychiatrie 320, 415, 493, 538
psychoaktive Substanzen 61–63, 100, 130
*Psychology Today* 130
Psychologytoday.com 184
Psychopathie 146, 152, 327–331, 388
Puharich, Andrija 523
Purucker, Gottfried de 221
Putin, Wladimir 408, 595
Putnam, Hilary 55
Pyramiden 127–129
Pythagoras 113

## Q

Quantenphysik 38, 58, 67, 81–82, 85–86, 127, 132

## R

radikale Phantome 321–325
Raghavan, Dr. V. 130
Rahman, Rami Abdul 407
Rand, Ayn 332
Rassismus 291, 294, 295
Raum, Illusion von 91–94
Reagan, Ronald 244, 337, 382
Realität 54–94
- als Computersimulation 57–61, 66–73
- elektromagnetisches Spektrum 55–57
- Fünf-Sinnes-Illusion 77–85
- Körper/Intellekt, Wahrnehmung über 74–76
- Raum 91–94
- technologische Sub- 481–483
- virtuelle 69–72, 77
- Wahrnehmung der 54–57, 59–66
- Zeitsteuerung 86–90

rechtsseitiges Denken 298, 492
Recht und Gesetz 367–369
Reichtum, Verteilung 373–377
Reinkarnation 216–219
Religion 22, 35, 38, 60, 229–235, 464. *Siehe auch* Indexeinträge spezifischer Religionen
„Remember Who You Are" (Icke) 161, 385, 531
Rente 35, 572
Reptiloide. *Siehe auch* Archonten; Blutlinien der Elite
- Agenda der 370–418, 419–477
- Erscheinungsformen der 150
- genetische Zuchtprogramme der 155–160
- gestaltwandlerische Fähigkeiten der 151
- Kommunikation der 150
- Kontrollsystem der 332–369
- Kriege, Anzettelung von 349–354
- Matrix 179–227
- und Pädophilie 153
- Ritualismus der 298–300
- Täuschung und Illusion, Modus operandi 160
- „Teile und herrsche", Umsetzung des Prinzips 304–307
- und Transhumanismus 150, 160, 478–539
- Wesenszüge der 152, 180–181, 225–226, 298–299

Republikaner (USA) 174
Rhodes, Cecil 338
Ridgeway, Greg 416
„Ringmakers of Saturn" (Bergrun) 202
Ritualismus, Bedeutung des 298–300
Roache, Rebecca 88
Roboterherrschaft 532–534
Rockefeller. *Siehe auch* Planned Parenthood
- und 9/11 417
- und America 2050 431
- und Bevölkerungsreduktion 436
- und Bohemian Grove 267
- Center, New York 242
- David 404
- und Day, Richard 463
- General Education Board, Gründung 35
- und Gesundheitswesen 360–361
- John D. 35, 361
- Nick 417, 436
- Russo, Aaron über 417, 436
- Steuerung des Finanzsystems 349, 353, 374
- -Stiftung 349
- und Strong, Maurice 419
- und Trilaterale Kommission 404
- und Vereinte Nationen 432
- und Völkerbund 432
- und WHO 175, 378
- und WTO 175, 378

Römisch-Katholische Kirche. *Siehe* Katholizismus
Rothschild 286, 296
- und Atomkraft 531
- und Bohemian Grove 267
- und Gesundheitswesen 360
- inoffizielle Nachkommen 170
- und Israel 239, 411
- und Round Table 338
- und Satanismus 376
- Steuerung des Finanzsystems 344–345, 353, 374
- Symbole der 200–202, 239
- und Vereinte Nationen 338, 432
- -Vertraute 317, 338, 419

Rothschild (*Fortsetzung*)
  und Völkerbund 432
  und WHO 175, 378
  und WTO 175, 378
Round Table 338, 404
Royal Institute of International Affairs 419
Rozman, Deborah 562
Rumsfeld, Donald 313, 314
Runensteine 123, 125
Russell, Stuart 534
Russland 381
  Brzezinski und 404
  und dritter Weltkrieg 386, 405
  Snowden, Edward in 398, 488
  und Syrien, Einsatz in 408, 409, 411, 590, 595
  und Türkei 594
  Wetterbeeinflussung in 442
Russo, Aaron 417, 436

## S

Sagan, Carl 49, 160
„Sakrileg" (Film) 266
Sand, Shlomo 202
Sandy Hook, „Amoklauf" in 415–416
San Francisco Chronicle 78
Satanismus/Saturnismus
  Bluttrinken im 164, 246–247, 251, 269, 270
  und Geheimgesellschaften 241–246, 336
  Glauben und Glaubenssysteme 228–235
  Götter 235–241
  Hierarchie 250–253
  Opferungen 246–249
  Pädophilie 253–271
  Rituale 129, 266–267, 272, 278
  und Saturn, Verbindung zum 196
  Symbole 128, 135, 164, 167, 199–200, 207–208, 217, 226, 248, 271–280
  und Tod, Besessenheit vom 194
„Satan, Prince of this World" (Carr) 412
Saturn, Bedeutung des 195–210, 220–227
Saudi-Arabien 232, 313, 401–402, 409–410, 587, 595
Savile, Jimmy 258–262, 267
Schädel und Knochen, als Symbole 273–274, 337
Schallwellen
  Knochenschall zur Informationsübertragung 62
  Levitation mithilfe von 102
  und Saturn, Radiowellen vom 199
  Schumann-Resonanzfrequenz 481
  als Teil des Decodierungssystems 73, 77
  und Verhältnisse, geometrische 111, 200
  und Wasser, Wirkung auf 116
Schamanen 55, 134, 139, 159, 254, 480
Schießereien an Schulen 415–416
Schlafwandeln 27
Schlangenkult 153–155, 167
schleichender Totalitarismus 317, 363, 372, 373, 377–378, 380, 390, 417
Schmitz, Hermann 360
„Schöne neue Welt" (Huxley) 256, 447, 463, 494, 519
Schulden 43, 47, 346–349. *Siehe auch* Bankkredite; „Kredite"
Schumann, Winfried Otto 481–482
Schwarmbewusstsein, Sklaven des 520–524
Schwindelsüchtig 48–53
Science20.com 517
„Science Set Free" (Sheldrake) 103–104
*Scientific American* 57, 85, 91, 179, 185
*Scientific American Mind* 571
Search for International Terrorist Entities (SITE) 407
„Secret Teachings of All Ages" (Hall) 207
Seele 74. *Siehe auch* Überbewusstsein
  Reinkarnation der 216
Selbstmord
  und Geistererscheinungen 101
  wegen Prüfungsstress 42
Sense, als Symbol 209
Shakespeare, William 74
„The Shallows: How the Internet Is Changing the Way We Think, Read and Remember" (Carr) 492
Shapiro, Irwin 210
Sheldrake, Rupert 103–104
Shine, Betty 16–18, 20, 97, 99, 117, 134, 550, 556, 561, 576
Shiva 209, 240
Shiva, Vandana 453
sichtbares Licht 57
Siedlungszonen 429–431, 446, 473–474, 499–500
„Sie leben" (Film) 280
Silva, Aníbal Cavaco 317
SITE (Search for International Terrorist Entities) 407
Sklaverei. *Siehe* Versklavung
Skull & Bones Society 337
Small, Gary 493
Smallstorm, Sofia 517–518
Smart Cities 499–501
„smarte" Technologie 483–494
Smart Grid 483–484, 495–499, 505, 510, 525
Smart Meters 497–499
Snowden, Edward 397, 414, 488
Sokrates 51
Sonne 108–110
Soros, George 385
soziale Medien
  Beleidigungen in den 32, 50, 326
  Überwachung via 396–397
  Zensur in den 396, 413
„Specht-Signal" 524
Spermienzahlen, sinkende 437
spirituelle Phantome 321–325
Sprache, DNS-Code als 79
Stammberger, Kurt 496

„Star Trek“ (TV-Serie) 520
„Star Wars“ (Filme) 146, 210, 226
Statine 362–363
Steinkreise 127–129
Stereotypen 292
Sterilisierung 437
Sterling, Raheem 320, 321
Stingray-Technologie 488
Stockholm-Syndrom 45
Stoker, Bram 164
Stonehenge 128, 248
Strahlenverseuchung 161, 526–532
Stress 358, 563
„Strong Cities Network“ 391
Strong, Maurice 419, 421, 422
Styger, Anton 162
subliminale Botschaften 27, 279, 550
Sucht. *Siehe* Abhängigkeit
Superphantome 327–331
*Surgical Neurology International* 514
Suzuki, Dr. David 460
Swerdlow, Stewart 163, 168
Swift, Jonathan 33
Symbole 226, 271–280
  Auge 272
  Drachen 164, 167
  Fackel, brennende 272
  Hexagramm 200–202, 239, 248, 268, 272
  Kreuz 274
  Licht 217–218, 272
  Pan/Ziegen 207–208
  Pentagramm 135, 272, 274
  Saturn als 196
  Schädel und Knochen 273–274, 337
  Sense 209
  auf Tarotkarten 124
  Winkelmaß und Zirkel 277
  Würfel 199–200, 239, 272, 275–276
Synästhesie 114
Syrien 313, 314, 381–383, 400–402, 405–408, 410–411, 414, 587, 590–591, 594–596

## T

Talbot, Michael 80
Talbott, David 103, 109, 197
„Tales From The Time Loop“ (Icke) 221
Tarotkarten 123–125
Taser, Einsatz von 390
Tastsinn 75, 77
Taylor, Jill Bolte 112
Taylor, Michael 359
Tebbit, Norman 44
Technologie. *Siehe auch* Computer; Internet; Überwachung
  „intelligente“ 483–494
  und Strahlung 526–532
Tegmark, Max 71, 112
„Teile und herrsche“, Prinzip 304–307
Telepathie 125–127
Teleportation 127
Tempelritter 208, 245, 265, 337
Terrestrial Trunked Radio (TETRA) 505, 526, 529
Terrorismus 400–411, 464, 587–596
  9/11 243, 308, 311, 312, 313–316, 402, 592
  Al Qaida 314, 400, 403
  -bekämpfung 35, 383, 402–411
  Day, Richard über 468
  „einheimischer“ 413–418
  „False Flag“-Anschläge 591–594
  ISIS 400–402, 408–411, 412–413, 587, 589–591, 595
  Krieg gegen den 382–383, 402–411, 591
  Paris 587, 589–590, 591
Tesla, Nikola 55, 64, 86, 109, 423, 445
TETRA (Terrestrial Trunked Radio) 505, 526, 529
Thatcher, Margaret 44, 256, 257–258, 262
Thoreau, Henry David 578
Thornhill, Wallace 103, 109
„Thunderbolts of the Gods“ (Thornhill & Talbott) 103, 109
Tiere
  opfern von 144, 246
  programmiertes Verhalten von 190–192, 371
  übersinnliche Fähigkeiten der 57
  Umweltverschmutzung, Wirkung auf 457
Tobacco and Firearms (ATF) 392
Tod
  als Energiequelle der Archonten 144
  und Matrix 193–195
Toporek, Sergio 56
Tornados 106, 443
Totalitarismus, schleichender 317, 363, 372, 373, 377–378, 380, 390, 417
„Transcendence“ (Film) 508, 516
„Transformer“ (Filme) 535
Transhumanismus 69, 145, 150, 160, 478–539, 557, 580, 582
Transphantomismus 478–480
  Chemtrails 512–515, 517–518, 523, 526, 533
  gewalttätige Videospiele 494
  Google, Internet der Zukunft 501–503
  „intelligente Pillen“ 537–539
  intelligenter Staub 516–519
  intelligentes Stromnetz 483–484, 495–499, 505, 510, 525
  intelligente Städte 499–501
  „intelligente“ Technologie 483–494
  Künstliche Intelligenz (KI) 143, 145, 373, 396, 479, 509–511, 518, 522, 533–536
  Mensch als Computerterminal 505–509
  Roboterherrschaft 532–534
  Schlagworte pro 503–505
  und Schumann-Resonanzraum 481–483, 505
  Schwarmbewusstsein 520–524
  Veränderung der Atmosphäre 526–532

Transphobie 292
Transport, Überwachung und 395–396
Treibhauseffekt 424
Trilaterale Kommission 338, 404, 419
Trower, Barrie 526–530
Trump, Donald 338
„Truth Vibrations" (Icke) 18
Tsipras, Alexis 172
Tunnelblick 318
Türkei 168, 400, 408, 590, 594–595
Turner, Ted 436
Twain, Mark 50, 228, 551, 567
Tyson, Neil deGrasse 105

## U

Überbewusstsein 74, 549–550, 555–558, 563, 565–566, 568–569, 573, 574, 575, 577, 578–586
Überwachung 34, 394–399, 464, 468, 472–473, 488, 495–505
Ukraine 386–387, 404
Ulfkotte, Udo 477
Umweltverschmutzung 457, 512–515
UN. *Siehe* Vereinte Nationen (UN)
Unendliche Liebe 560
Unendliches Ganzes 62
Unendliches Gewahrsein 25, 59, 66, 74, 544–549, 565
  Blockierung durch die Drahtlos-„Cloud" 505
  und Empathie 371
  und Intelligenz, natürliche 301
  und Reinkarnation 216
  und Spontanität 299
  Trennung vom 145
  und Virus, Hinwegsetzung über 161, 281–282
Unendliches Selbst 24–25, 28, 59, 69, 579
Unendliche Wirklichkeit 187
unentschuldigtes Fehlen, Schule 34
Universum
  Außerirdische im 91, 130–131
  als Computersimulation 57–61, 68, 72–73
  und Numerologie 110–113
UN-Menschenrechtsrat 402
„Unser mathematisches Universum" (Tegmark) 71
Unsicherheit, Förderung der 305–307
Unterbewusstsein 27, 549–550
Untergrundbasen, tiefe („DUMBs") 131
Urknalltheorie 104–105
USA
  Entvölkerung ländlicher Gebiete in 438–441
  Erderwärmung, Kritiker aus den 426
  Geheimgesellschaften in 272, 279, 337
  und gentechnisch veränderte Lebensmittel 451–455, 458–462
  Gesetze und Reglementierungen in 303
  Gesundheit und Gesundheitswesen in 355–358, 359, 364–367, 399, 538–537
  und ISIS, Unterstützung 400–402, 587, 595
USA (*Fortsetzung*)
  und Israel 410
  Kriege, geplante 313–314
  Krieg gegen den Terror 382–383, 400–411
  Militär 350, 380–383, 417–418, 534–537
  Obdachlose in 350
  Pädophilie in 253, 267
  Politik in 174, 341–342, 367
  politische Korrektheit in 288–291, 294–295
  Polizei in 388–392
  Siedlungszonen in 429–431
  Staatsschulden 348
  Symbole in 272, 273
  Terror in 243, 309, 311, 312, 313–316, 402, 415–418, 592
  Überwachung in 34, 395–397, 488, 497–498
  Verteidigungsstrategie der 313–314, 350
  Wettermanipulation durch 441–447

## V

Vampire 164
Venzke, Ben 408
Verbrechen 464
  und Gewaltdarstellungen 471
  „Heimsuchungen" nach einem 101
  Privatisierung von Gefängnissen 387
  und Psychopathen 330
  unschuldige Verurteilte 368
Verdeckte Hand 20, 21, 133, 170, 178, 279, 296, 309, 332, 333, 339, 349, 369, 382, 412, 419, 423, 442, 453, 460, 527, 535, 588
Verdier, Philippe 426–427
Vereinigtes Königreich. *Siehe* Großbritannien
Vereinigte Staaten von Amerika. *Siehe* USA
Vereinte Nationen (UN)
  und Agenda 21/2030 419, 428, 432, 500
  und Codex Alimentarius 360
  Gründung der 338, 378, 432
  Klimakonferenz 426
  Menschenrechtsrat 402
  und NATO 591
  und politische Korrektheit 293, 390
  Sicherheitsrat 381, 591
  Symbole der 274
  Weltklimarat 427
  Zuckerberg und Zensur 385
Verhütung 437, 464
Vermischung (der Blutlinien). *Siehe* Blutlinien der Elite
verschreibungspflichtige Medikamente, Wirksamkeit von 362
Verschwörungstheoretiker 105, 264, 315, 476, 315
Versklavung 47, 179, 300, 307, 332–369, 374, 475, 510, 571–572. *Siehe auch* Archonten; Bildung und Bildungswesen; linksseitiges Denken; Reinkarnation; Religion
  Befreiung aus der 578–586

Versklavung (*Fortsetzung*)
gegenseitige 45, 133, 288, 301, 304, 317
via Internet 210
durch Religion 234
im Schwarmbewusstsein 520–524
durch Täuschung 16
Videospiele 70, 71, 155, 331, 471, 491, 493, 494–495, 535
Vietnamkrieg 442
Vine, Sarah 486–487
virtuelle Realität 69–72, 77
Visualisierung 79, 117
Völkerbund 432

## W

„Die Wahrnehmungsfalle" (Icke) 134, 135, 161, 164, 165, 166, 196, 197, 202, 211, 240, 241, 242, 250, 253, 257, 343, 348, 363, 385, 389, 411, 421, 436, 471, 489, 525, 531, 572
Wahrnehmungssteuerung 319
*Wall Street Journal* 349, 506
Walpurgisnacht 248
Warwick, Kevin 494–495
*Washington Post* 537
Wasser
und Entvölkerung ländlicher Gebiete 440–441
Fluorid in 214, 459, 462
Herbizide und Pestizide in 448
Informationsspeicherung in 115–118
Trockenheit und Wettermanipulation 444–447
Watts, Alan 49, 78
„Wearables" 503–504
Websites
Dangersoffracking.com 446
DavidIcke.com 269, 302, 342, 388, 416, 477, 530
Fastcompany.com 499–500
Fractalfoundation.org 183, 221
Naturalsociety.com 158
Psychologytoday.com 184
Science20.com 517
Weltgesundheitsorganisation (WHO) 175, 365, 378, 455
Welthandelsorganisation (WTO) 175, 378
Weltkrieg, dritter 386–387, 411–413, 468, 594–596
Werbung, subliminale 27, 279, 550
Wettbewerb 45, 304–307, 542–543
Wettermanipulation 441–447, 464, 472
Wetterphänomene 106
Wever, Rütger 482
Whitehead, John 176
WHO (Weltgesundheitsorganisation) 175, 365, 378, 455
WikiLeaks 386, 587
Wilde, Oscar 370
Windsor, Haus
Gestaltwandlung 250–252
Menschenopfer 251
und Nazis, Verbindungen zu 260
und Pädophilie, Verbindungen zu 259–261
Ritualismus des 298
Satanismus des 164–166, 250–253
Vermischung mit den Blutlinien der Elite 165–166, 250
„Das Wirken der Unendlichkeit" (Castaneda) 159
Wirklichkeit. *Siehe* Realität
Wolfowitz, Paul 313
Wong, Wilfred 270–271
Woodcock, Leslie 424
„Woodpecker-Signal" 524
„The Worship of the Serpent" (Bathurst) 154–155
WTO (Welthandelsorganisation) 175, 378
Würfel, als Symbol 199–200, 239, 272, 275–276

## Y

Youtube 145, 199, 200, 280, 341, 413–415, 454, 477, 492, 512

## Z

Zakheim, Dov 313
Zeitsteuerung 86–90, 208
und Mond 215
Zentralisierung der Macht 377–387
Zionismus
und Antisemitismus 291
Symbole des 200
Vertreter als radikale Phantome 324
Zirkel, als Symbol 242, 277
Zuckerberg, Mark 385, 502
Zulu-Legende 134, 139, 153–154, 213, 235
Zypern 374